日本歴史災害事典

北原糸子　松浦律子　木村玲欧
【編】

吉川弘文館

東日本大震災

貞観津波の再来ともいわれる平成23年東日本大震災は強く長い振動と大津波で東日本の広域にさまざまな被害を与えた。中でも岩手・宮城・福島の3県は強震動と大津波で甚大な被害を被った。特集としてこれら3県での被害と救援・復旧の模様を限られた紙数ではあるが振り返る。　　　　　　　　　　（松浦律子）

1　津波の襲来　岩手県九戸郡野田村前浜。激しい水流に防潮林と堤防が飲み込まれていく。養殖が大規模に行われていない沿岸部では怖ろしく美しい海水が押し寄せた。堤防と海岸の建物は壊れ，湾口の広い人口4,600余人の野田村でも37名の犠牲者が出た。お台場公園から撮影。

衛星写真で見る津波襲来の痕跡 岩手県陸前高田市広田湾。7万本の松の防潮林で有名な陸前高田の被災前後のパンシャープンカラー画像。被災前（前年8月6日撮影）には青々とした江戸時代以来の防潮林「高田松原」が気仙川河口の左岸に広がり，その背後に古川沼を挟んで陸前高田の町並みがあった。風波がたつ広田湾の東側奥にはカキの養殖筏が整然と並ぶ。被災後（3月24日撮影），松原の部分は津波の浸食と地震の地殻変動とで，植生を失った地盤が半ば以上水没し，古川沼と広田湾とが繋がり，湾の東には瓦礫の帯が漂う。1本だけ残っていた松も根が海水に浸かった状態が続き，懸命の延命作業も効なく立ち枯れしつつある。撮影した日本の陸域観測技術衛星「だいち」は震災後1ヵ月余で機能停止し，掲載した被災後の写真が被災地の最後の撮影となった。

(©JAXA／㈱横山空間情報研究所)

2　被災前

3 被災後

4 高田の一本松

岩手県釜石市両石漁港の津波
高所避難した人々の眼前で，津波は湾奥ほど高くなり，浮かせた家や船を翻弄しながら，道路横の堤防も越水して倒すほど満ちては，湾底が見えるほど引くことを繰り返し，全てを沖へ持ち去って行った。

5　防波堤を越える津波

6　残骸を伴って引いていく津波

7　海底をえぐっていく引き波

8　市街に襲いかかる津波
　　山田町役場前

岩手県下閉伊郡山田町の被害
東側の太平洋と，船越の低地を越して南側から流れ込んだ津波に襲われた山田湾の中央町では，家屋の残骸や自動車を乗せて津波が道路を遡上した。津波火災は瓦礫で埋まった道路を越えて延焼し続け，4日間で16㌶余を焼き尽くした。南隣の船越湾に面した田の浜でも，堤防が破壊され，浸水域では数棟の建物以外は悉く破壊された。

9　役場前の引き続く火災
　　山田町役場前

10　田の浜地区の壊滅した市街

11 津波被害の仙台空港　海から1㌔離れた仙台空港にも到達した津波は，地震直後にスクランブル発進した民間旅客機を除いて，多数のセスナ機，ヘリコプター，車両などを流し，空港内ビルも2階まで浸水した為，人々は上階へ逃れた。

12 仙台湾沿岸の砂浜沿いでの津波　津波がまさに貞山堀を越えて仙台空港（右下）へ浸水するところ。名取市北釜や南側の岩沼市域は既に浸水し，避難先となる高所も堀より陸側しかない。仙台市宮城野・若林の沿岸部も同様に4㌔内陸まで浸水した。

13 救助される漂流者 福島県沖に津波で家屋ごと流された漂流者が，漸く救助のボートに発見された。流されている屋根などの上に掴まったまま他の漂流物にぶつからなければ，運良く救助される場合もあるが，途中で家族を見失う悲劇も起こる。

14 宮城県石巻市の瓦礫撤去 家屋や家財が破片と化した一面の瓦礫を撤去しなければ，捜索も物資輸送も始まらない。重機や操作員も被災地外から調達する。

15 宮城県松島での自衛隊による一斉捜索 多数の行方不明者手がかりを求めて，陸上の瓦礫の中に加えて，瓦礫が沈む湾内も捜索対象となった。

16　福島第1原子力発電所全景

原子力発電所事故　敷地内の送電線鉄塔の倒壊によって地震直後に停電した福島第1原発では、その後に襲来した津波によって非常用電源設備が流失・浸水し、全電源喪失から炉心溶融、水素爆発と深刻な大事故となった。定期点検中だった一番手前の4号炉まで爆発で建屋天井が吹き飛び、放射性物質は広範囲に飛散・流失した。これを除去する作業が60㌔離れた校庭でも必要となった。

17　破壊された第3号機

18　表土の除染作業
福島県立明成高等学校

緒　　言

　本事典は，災害列島とも呼ばれるわが国の災害を歴史的に通覧し，その発生機構，被害実態，社会的対応，復旧・復興過程，防災上の意義などを総合的視点から分析，解説したものである。ここでは，貞観時代から2011年の東日本大震災，同年の台風12号に至るまで当該社会に少なからざる影響を及ぼした自然災害を主な対象とした。ただし，自然災害だけでなく，火災，飢饉など人為性の強いものについても，災害史上看過できないものを積極的に取り上げた。本事典において"歴史災害"としたのは，歴史時代に発生した災害という狭い意味に留まらず，今後の防災上の視点からも社会に何らかの影響を持つ災害を取り上げるという編集上の意図を含んでいる。

　特に編纂上留意いたした点は，理学，工学系の視点からの災害分析や解説だけではなく，人文系，社会科学系の研究に基づく災害に対する社会の対応力についての解説，考察を加え，検証したことである。災害は自然現象と社会現象の双方の側面を持つ。このため，災害科学に従事する理学，工学の第一線の研究者のみならず，人文科学，社会科学の研究者にも執筆のお願いをした。この結果，本事典の構成は，災害の概説，時代ごとの災害の特徴，個別の歴史災害

解説，災害を理解するための基本用語解説，災害史年表など，これまで刊行された災害辞典・事典類とは異なり，歴史災害を総合的に見渡せる内容となった。

　2011年3月の東日本大震災の発生以来，過去の災害を見直す必要があるとする声が大きい。この災害は，わが国にとどまらず，世界的にも文明がもたらす禍いについて見直しを迫るものである。漸く復興の道筋が見えてきたこの大災害については巻頭に特集を組むことで現段階の姿を捉えて置くことに留め，原子力発電がもたらす放射能汚染問題の行く末を含め，のちの検証に委ねることとした。

　2012年4月

編　者　識

目　　次

　　緒　言
　特集　東日本大震災 ……………………………………… 1
　　1　災害の発生機構
　　2　震災に伴う死者・行方不明者の特徴
　　3　メディアと風評被害
　　4　福島原発事故
　　5　災害の心理的・精神的影響
　　6　災害対応策の経過措置
　　7　避難行動と防災教育
Ⅰ　災　　害 ……………………………………………… 13
　　地震災害 ……………………………… 14
　　火山災害 ……………………………… 22
　　津波災害 ……………………………… 33
　　風水害　 ……………………………… 39
　　土砂災害 ……………………………… 44
　　火　災　 ……………………………… 50
　　　column1　地震考古学　57
　　　column2　被災歴史資料の保全と活用　59
　　　column3　災害と医療　61
　　　column4　災害時要援護者　63
Ⅱ　災害と現代社会 ……………………………………… 65
　　災害と気象 …………………………… 66
　　災害心理と社会 ……………………… 72
　　災害観の変遷 ………………………… 78
　　地震予知と予測 ……………………… 84
　　災害と法律 …………………………… 92
　　災害と建築 …………………………… 97
　　災害と土木 …………………………… 106
　　　column5　原発と地震　114
　　　column6　文化遺産防災へ向けて　116
　　　column7　災害ボランティア　118
　　　column8　防災教育　120

III 災害の歴史 …………………………………… 123
古代の災害 …………………… 124
中世の災害 …………………… 131
近世の災害 …………………… 138
近代の災害 …………………… 143
災害と環境の歴史 …………………… 152

column9 地震口説節 160
column10 災害と日本赤十字社 162
column11 足尾鉱毒事件と洪水被害 164
column12 震災写真の虚実 166

IV 歴史災害 …………………………………… 169

864富士山貞観噴火／869貞観11年陸奥国地震・津波／874開聞岳噴火／989永祚の風／1281弘安の役の暴風／1498明応地震／1585天正地震／1596慶長伏見地震／1605慶長東海・南海地震／1611慶長会津地震／1640北海道駒ヶ岳噴火／1641-43寛永の大飢饉／1657明暦大火／1662寛文近江・若狭地震／1665寛文越後高田地震／1684貞享三原山噴火／1694元禄能代地震／1703元禄地震／1704岩舘地震／1707宝永地震／1707宝永富士山噴火／1732享保の大飢饉／1741寛保地震・噴火・津波／1742寛保2年洪水／1766明和津軽地震／1771明和八重山地震津波／1772明和大火／1777安永三原山噴火／1783天明浅間山噴火／1783-84天明の大飢饉／1785青ヶ島噴火／1786天明6年洪水／1788天明京都大火／1792寛政雲仙岳噴火／1793寛政西津軽地震／1793寛政南三陸沖地震／1804象潟地震／1806文化大火／1819文政近江地震／1822文政有珠山噴火／1828シーボルト台風／1828三条地震／1832-38天保の大飢饉／1833天保庄内地震／1834富士山雪代洪水／1846弘化3年大洪水／1847善光寺地震／1854伊賀上野地震／1854安政東海・南海地震／1855安政江戸地震／1858飛越地震／1858安政大町地震／1868慶応4戊辰年大洪水／1872浜田地震／1880横浜地震／1885淀川大洪水／1888磐梯山噴火／1889明治22年大水害／1890エルトゥールル号遭難事件／1891濃尾地震／1892明治25年水害／1894明治東京地震／1894庄内地震／1896明治三陸地震津波／1896陸羽地震／1896明治29年9月洪水／1898明治31年洪水／1899別子鉱山台風／1900安達太良山噴火／1902伊豆鳥島噴火／1905明治芸予地震／1907明治40年大水害／1909姉川地震／1910明治43年関東大水害／1914桜島噴火／1914秋田仙北地震／1917大正6年東京湾台風災害／1917大正7年豪雪／1923関東大震災／1925北但馬地震／1926十勝岳噴火／1927昭和2年豪雪／1927北

丹後地震／1930北伊豆地震／1932白木屋デパート大火／1933昭和三陸地震津波／1934函館大火／1934室戸台風／1938塩屋崎沖地震／1938阪神大水害／1938黒部峡谷雪崩／1942周防灘台風／1943有珠山噴火／1943鳥取地震／1944東南海地震／1945三河地震／1945枕崎台風／1946南海地震／1947カスリーン台風／1948福井地震／1948アイオン台風／1949キティ台風／1950ジェーン台風／1951ルース台風／1952昭和十勝沖地震／1952明神礁噴火災害／1953西日本大水害／1953南紀豪雨／1953昭和28年台風13号／1954洞爺丸台風／1957諫早豪雨／1958阿蘇山噴火／1958狩野川台風／1959伊勢湾台風／1960チリ津波／1961第2室戸台風／1962-63三八豪雪／1964新潟地震／1965-70松代群発地震／1966昭和41年台風26号／1967昭和42年7月豪雨／1968えびの地震／1968日向灘地震／1968十勝沖地震／1972千日デパートビル火災／1972昭和47年7月豪雨／1973根室半島沖地震／1973大洋デパート火災／1974伊豆半島沖地震／1974昭和49年多摩川水害／1975大分県中部地震／1976昭和51年台風17号／1976酒田大火／1977-78有珠山噴火／1978伊豆大島近海地震／1978宮城県沖地震／1980川治プリンスホテル火災／1980-81五六豪雪／1982ホテルニュージャパン火災／1982長崎豪雨／1983日本海中部地震津波／1983山陰豪雨／1984長野県西部地震／1986伊豆大島噴火／1990雲仙岳噴火／1991平成3年台風19号／1993北海道南西沖地震／1995阪神・淡路大震災／1997ナホトカ号事件／1999東海村ウラン加工施設事故／2000有珠山噴火／2000三宅島噴火／2000東海豪雨／2000鳥取県西部地震／2003十勝沖地震／2004平成16年新潟・福島豪雨／2004浅間山噴火／2004平成16年台風23号／2004新潟県中越地震／2005福岡県西方沖地震／2006平成18年豪雪／2007能登半島地震／2007新潟県中越沖地震／2011平成23年台風12号

V 災害基本用語 …………………………………… 749

付録　活断層分布図　日本の歴史災害略年表
図版目録
索引

凡　例

1. 本書は,「特集東日本大震災」「Ⅰ災害」「Ⅱ災害と現代社会」「Ⅲ災害の歴史」「Ⅳ歴史災害」「Ⅴ災害基本用語」およびコラム・付録をもって構成した。昨年,平成23年(2011)3月11日の東日本大震災については,調査・研究は未だ進行中であるが,特集として地震・津波とその被害,社会的影響や復興の過程について,現時点での状況を記した。今後の推移に併せて留意されたい。
2. 本書は,災害の発生と被害の概要についてはもちろん,政治や社会との関係や影響を明らかにするとともに,救済・復旧・復興について特に留意した。
3. 「歴史災害」は,古代から平成23年まで,災害史上大きな被害をもたらしたもの,あるいは政策の変化,法律の改正など政治の転換をもたらしたもの,土木・建築工法の変更を迫るものなど重要な災害について,地震,津波,噴火,風水害,土砂災害,火災の分野から選択し,解説した。
4. 「災害基本用語」は,理学・工学関係,歴史学および社会科学などの分野で,災害発生などのメカニズム,歴史資料,社会的影響などの理解に必要な基本的な用語で構成した。
5. 本文中の年号表記は,日本国内の記事については和暦をもって示し,西暦を注記した。その際,明治6年(1873)改暦以前は,天正10年9月18日(1582年10月4日)まではユリウス暦を,その翌日の天正10年9月19日以降から改暦まではグレゴリオ暦をもって西暦を注記した。なお,記述中で災害名について西暦を付して災害名を記した場合もある。
6. 地震の規模を示すマグニチュードは,Mの略字を持って表記した。
7. 記述中の被害等に関する数値は,典拠とした資料により発表機関や媒体により異なる場合がある。
8. 本書では,概説・項目の冒頭および改行箇所での1字下げはせずに左詰とした。
9. 執筆者名については,記述の冒頭ないし文末に付した。
10. 図版の出典等については,巻末図版目録に記した。
11. 記号はおおよそ以下のようにした。
    『　』　典籍・雑誌名
    「　」　引用文または引用語句,特に強調する語句,および論文名を囲む
    (　)　注記
    －　区間を示す
    ～　数値の幅を示す

執筆者一覧

荒牧重雄	池谷　浩	石川正純	石橋克彦	一瀬啓恵	伊藤和明
井上公夫	井ノ口宗成	宇井忠英	植村善博	牛山素行	榎原雅治
尾池和夫	大江　篤	大窪健之	太田一也	大町達夫	岡本浩一
奥村　弘	小田貞夫	加藤祐三	河合利修	河島克久	河田惠昭
菊池勇夫	北原糸子	木村玲欧	小林丈広	小林哲夫	小松原琢
古宮雅明	小山真人	笹井洋一	笹生　衛	佐竹健治	寒川　旭
清水義彦	首藤伸夫	白井勝二	白石睦弥	関澤　愛	関谷直也
髙田　亮	高野宏康	髙山慶子	滝口正哉	武村雅之	立木茂雄
田中重好	田村圭子	知野泰明	津久井雅志	津村建四朗	富澤達三
中川光弘	中林一樹	中村　操	中村洋一	成尾英仁	西澤泰彦
西田幸夫	西村明儒	西山昭仁	饒村　曜	沼田　清	橋本直子
長谷川成一	羽鳥徳太郎	林　春男	林　豊	林　能成	東島　誠
広瀬弘忠	藤井敏嗣	藤縄明彦	古沢勝幸	古村孝志	北條勝貴
堀内　眞	本田明治	松井宗廣	松浦律子	松尾卓次	松島　健
松田時彦	三沢伸生	三松三朗	宮地直道	村上仁士	諸井孝文
安国良一	安田孝志	安田政彦	矢田俊文	柳澤和明	山崎栄一
山下文男	吉越昭久	吉本充宏	渡辺智裕		

特集　東日本大震災

1　災害の発生機構　　　　　　　　　古 村 孝 志

東北地方太平洋沖地震の発生　宮城県沖では，これまでM7.5〜8の規模の地震が，およそ40年の周期で起きていた。前回の昭和53年(1978)の地震から時間が経過し，今後30年以内の発生確率は99％に高まっていた。こうした状況下で発生した，平成23年(2011)3月11日の東北地方太平洋沖地震は，地震の規模は日本の観測史上最大のM9.0，そして震源域は岩手県沖から茨城県沖にかけて，500×200㌔の範囲に広がった。

　過去には，貞観11年(869)の貞観地震(M8.4程度)のように，地震の連動による，より大きな規模の地震発生を示唆する史料や津波堆積物の調査結果もあった。しかし，東北沖の日本海溝では巨大地震が起きにくいと一般に考えられており，こうした巨大地震の可能性は十分議論されていなかった。

巨大津波の発生メカニズム　この地震は，巨大津波を生成する特異なメカニズムを持っていたことが，のちに地震計や津波計の観測データから明らかになった。東京大学地震研究所と東北大学が釜石沖50㌔と80㌔の地点に設置していた海底ケーブル津波計は，地震の直後に海面が2㍍まで盛り上がり，その後，急激に5㍍まで急上昇するという，2段階の津波の成長を捉えていた。これは，プレート境界の深部でのプレートの大きなズレ動きに加えて，さらに日本海溝寄りの浅部プレート境界で巨大なズレ動きが起きたことを意味していた。そのズレ動き量は，海溝付近では最大57㍍に達し，海底面が最大10㍍大きく隆起して巨大津波が発生したのだった。

海溝型地震の連動と津波地震の「大連動」　通常の海溝型地震は，海底下10〜40㌔の，やや深いプレート境界が急激にズレ動くことにより発生する(図1)。ところが，東北地方太平洋沖地震では，深部から始まったプレートのズレ動きは勢いを増して海溝にまで到達，勢いをつけて大きく飛び出すように動いた。

　海のプレートが沈み込む海溝付近は，まれに津波地震が起きる。津波地震は強い揺れを起こさず，津波が突然押し寄せて被害を拡大させる。今回の地震の震源域の北側では，明治29年(1896)に明治三陸地震(M8.4程度)が発生，2万人以上の犠牲者が出た。また，南側では延宝5年(1677)に延宝房総沖の地震(M8程度)が発生し，数百名を超える津波犠牲者が出た。すなわち，今回の地震は，三陸はるか沖南部(岩手県沖)・宮城県沖・福島県沖・茨城県沖の4つの震源域が連動しただけでなく，さらに明治三陸地震と延宝房総沖の地震に挟まれた，津波地震の空白域も同時に「大連動」した特異な地震であった(図2)。

地震による強震動　地震発生により，重力加速度(G)を超える強い揺れは，地震直後に宮城県牡鹿半島付近に最初に到達し，60秒後には岩手県〜茨城県の広い範囲に広がった。宮城県沖約100㌔から始まった震源破壊は，約170秒をかけて震源域全体に広がり，強い揺れが複数回にわたって放射された。地震の開始から110秒後には宮城に2回目の強い揺れが到来，そして160秒後には，福島・茨城県境付近を3回目の強い衝撃が襲った。この結果，

東北〜関東全域には何度も強い揺れが到来し，揺れは数分間にわたって長く続いた。

短周期地震動による強い揺れ，被害 この地震により，宮城や茨城では最大震度7を観測し，震度6の範囲は岩手から千葉に広がった。強く長く続いた揺れは，地滑りや液状化などの大規模な地盤災害を引き起こしたが，地震の揺れの強さ（加速度）は，これまで日本で起きたM8級の地震の地震動レベルを大きく超えてはいない。今回の地震では，地滑りや液状化などの地盤災害による住宅の被害は目立ったが，地震の強い揺れによる倒壊は比較的少なく，その地域も限定的であった。

震度7を観測した地点の地震波形データの分析から，周期0.2秒以下のごく短周期の成分が非常に強かったことがわかり，いっぽう，木造家屋を倒壊させる周期1〜2秒の

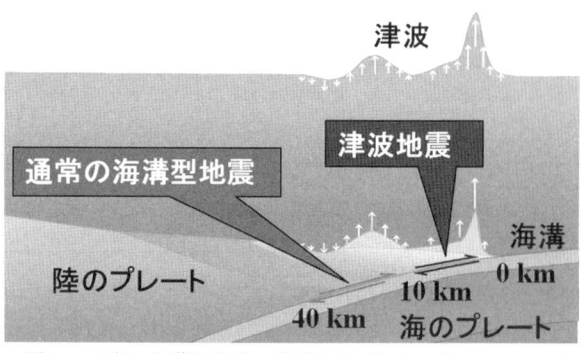

図1 通常の海溝型地震と津波地震が起きる場所とその大連動による巨大地震発生メカニズム

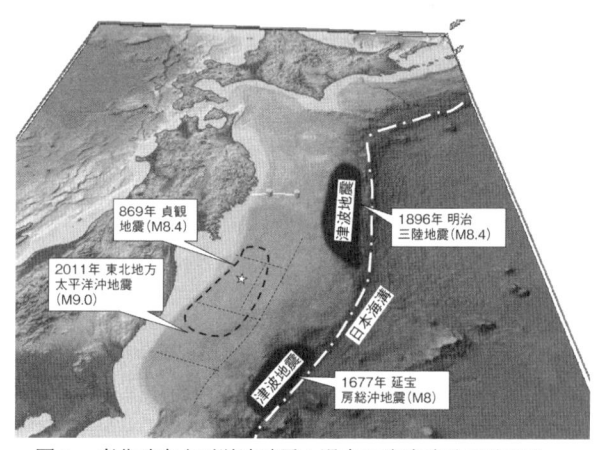

図2 東北地方太平洋沖地震と過去の津波地震の震源域

成分は比較的弱く，阪神・淡路大震災の神戸の記録と比べても3分の1程度であったことが示された。木造家屋の倒壊が比較的少なかったのは，こうした地震動の特性によるものであり，必ずしも住宅の耐震性が高まったからだけではないことに注意が必要である。同様の地震動の特性は，2005年宮城県沖地震や2008年岩手宮城内陸地震でも見られた。短期成分が特に強かったのは，この地域で起きる地震の特徴や，地盤の増幅特性による可能性がある。

長周期地震動による影響 東京・名古屋・大阪などの堆積平野では，周期数秒以上の長周期地震動が発生。この揺れに超高層ビルが共振を起こし，十数分間以上にわたって大きく長く揺れた。新宿の30〜50階建ての超高層ビルでは最大30㌢（片震幅）の揺れを記録。人が感じる揺れは十数分以上にわたって長く続いた。これより遠く離れた大阪湾岸の55階建ての超高層ビルでは，長周期地震動による揺れは最大137㌢にもなった。

今回の地震の長周期地震動のレベルは，2004年新潟県中越地震（M6.8）において新宿で観測したレベルと同程度であり，地震の規模から考えると比較的小さかったと考えられる。1944年東南海地震（M7.9）の東京大手町の地震計記録と比べても，半分以下であった。宮城県沖で起きる地震では，関東平野の長周期地震動が小さくなることが，経験的に知られ

ている．逆に，南海トラフの地震では同じ地震の規模でも何倍も大きくなる恐れがあり注意が必要である．

余震と誘発地震の発生 地震によるプレートの急激なズレ動きにより，東北日本は牡鹿半島を最大に5.3㍍東南東に大きく引き延ばされ，また海岸線は1.2㍍沈降した．

地震の影響により，震源域では数ヵ月にわたってＭ５以上の地震500個以上を含む多数の余震が発生した．秋田・長野・静岡などではＭ６級の誘発地震が発生，一時的に13の火山の周辺で地震活動が高まるなど，北海道～中部日本の地震活動が一気に高まった．

地震後に起きる地殻変動(余効変動)は，しわが延びるように時間をかけて，日本海側や岩手・青森，関東地方に広がっている．こうした巨大地震の影響は，今後数十年にわたって長く続くと考えられ，依然として警戒が必要だ．

2　震災に伴う死者・行方不明者の特徴　　牛山素行

死者・行方不明者数の推移 東日本大震災の重要な特徴の１つは，人的被害がきわめて多かったことである．死者・行方不明者数は一時２万人代後半の値が報告されており，その後減少しつつあるものの，発災から９ヵ月以上が経過した平成23年(2011)12月現在も確定に至る状況になく，このことも近年の日本の自然災害では見られなかった異例な事態である．本稿では，この災害による死者・行方不明者の基礎的な特徴について整理する．

平成23年(以下月日のみの記載はすべて平成23年を指す)11月14日発表の警察庁資料による全国の死者は15,838名，行方不明者3,647名，計19,485名である．警察庁は都道府県別の死者・行方不明者数を発災以来ほぼ毎日発表しているが，その値は大きく変化してきた．発災から２週間ほどは日に日にその値が急増した．３月12，13日には千人台だったが，14日に１万人台となった．その後毎日千人規模で値が増え，３月24日に２万７千人を超えた．ピーク値は４月13日19時時点の28,525人で，その後は減少に転ずる．５月５日には２万５千人を下回り，９月６日に２万人以下となり，11月時点でも多い日は数十人規模で変動が続いている．日々の死者・行方不明者数の減少は，ほぼ常に死者数の増加より，行方不明者数の減少が上回っているために生じている．遺体の新たな発見や身元判明の数よりも，行方不明者とされていた人で生存が確認された人の方が常に多いことに原因があると思われる．たとえば，阪神・淡路大震災の際の行方不明者数は災害約２週間後の1995年２月２日時点で10名以下まで減少しており，様相が全く異なっている．

年代別の特徴 1999年以降の日本の災害では，総務省消防庁が発表する事例毎の資料に，県別の死者・行方不明者数が示され，その別表として個々の犠牲者の遭難場所(市町村名)，年齢，性別が表記されており，ここから犠牲者の年齢，性別に関する集計を行うことができた．しかし，東日本大震

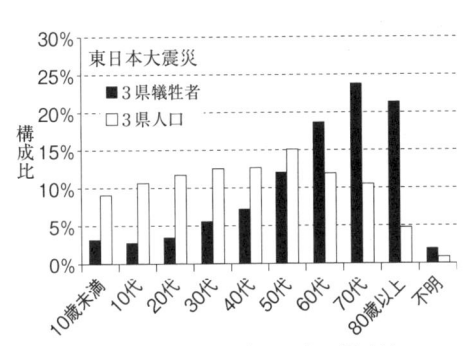

図３　年代別死者・行方不明者の構成比

4　特集　東日本大震災

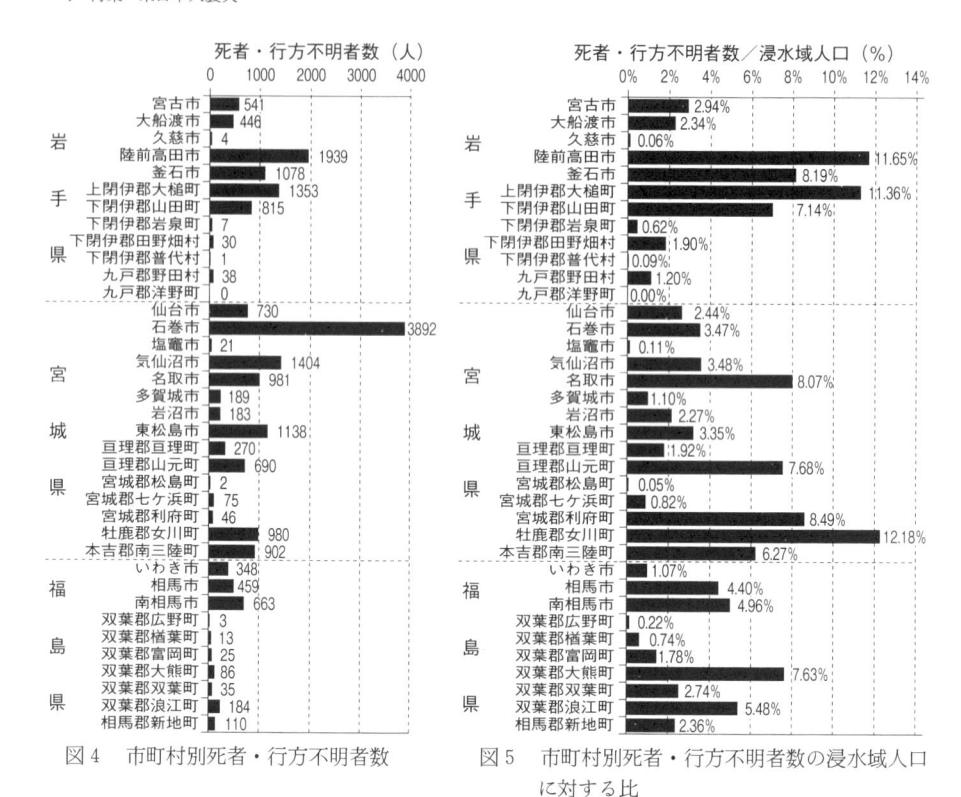

図4　市町村別死者・行方不明者数

県	市町村	死者・行方不明者数（人）
岩手県	宮古市	541
	大船渡市	446
	久慈市	4
	陸前高田市	1939
	釜石市	1078
	上閉伊郡大槌町	1353
	下閉伊郡山田町	815
	下閉伊郡岩泉町	7
	下閉伊郡田野畑村	30
	下閉伊郡普代村	1
	九戸郡野田村	38
	九戸郡洋野町	0
宮城県	仙台市	730
	石巻市	3892
	塩竈市	21
	気仙沼市	1404
	名取市	981
	多賀城市	189
	岩沼市	183
	東松島市	1138
	亘理郡亘理町	270
	亘理郡山元町	690
	宮城郡松島町	2
	宮城郡七ケ浜町	75
	宮城郡利府町	46
	牡鹿郡女川町	980
	本吉郡南三陸町	902
福島県	いわき市	348
	相馬市	459
	南相馬市	663
	双葉郡広野町	3
	双葉郡楢葉町	13
	双葉郡富岡町	25
	双葉郡大熊町	86
	双葉郡双葉町	35
	双葉郡浪江町	184
	相馬郡新地町	110

図5　市町村別死者・行方不明者数の浸水域人口に対する比

県	市町村	死者・行方不明者数／浸水域人口（％）
岩手県	宮古市	2.94%
	大船渡市	2.34%
	久慈市	0.06%
	陸前高田市	11.65%
	釜石市	8.19%
	上閉伊郡大槌町	11.36%
	下閉伊郡山田町	7.14%
	下閉伊郡岩泉町	0.62%
	下閉伊郡田野畑村	1.90%
	下閉伊郡普代村	0.09%
	九戸郡野田村	1.20%
	九戸郡洋野町	0.00%
宮城県	仙台市	2.44%
	石巻市	3.47%
	塩竈市	0.11%
	気仙沼市	3.48%
	名取市	8.07%
	多賀城市	1.10%
	岩沼市	2.27%
	東松島市	3.35%
	亘理郡亘理町	1.92%
	亘理郡山元町	7.68%
	宮城郡松島町	0.05%
	宮城郡七ケ浜町	0.82%
	宮城郡利府町	8.49%
	牡鹿郡女川町	12.18%
	本吉郡南三陸町	6.27%
福島県	いわき市	1.07%
	相馬市	4.40%
	南相馬市	4.96%
	双葉郡広野町	0.22%
	双葉郡楢葉町	0.74%
	双葉郡富岡町	1.78%
	双葉郡大熊町	7.63%
	双葉郡双葉町	2.74%
	双葉郡浪江町	5.48%
	相馬郡新地町	2.36%

災においては，消防庁資料にこのような情報が収録されていない．一方，従来の災害では発表されたことがなかったが，警察庁からは「今回の災害でお亡くなりになり身元が確認された方々の一覧表について」(以下「一覧表」)として，身元が確認された死者の発見場所(県のみ)，氏名，年齢，性別，住所(大字程度)が公表されている．そこでここでは，11月14日現在の「一覧表」(岩手・宮城・福島3県のみ，14,801名)を用いて，犠牲者の年代構成を10歳ごとに集計し，平成17年国勢調査の値を元に3県の年代構成と比較した(図3)．犠牲者は，全人口の年代構成と比較し60代以上の構成比が高く，50代以下で低く，おおむね若年層ほど構成比の差が大きくなっている．全犠牲者(年齢不明を含む)の64.0％が60歳以上，45.3％が70歳以上であり，高齢者への偏在が見られる．阪神・淡路大震災時にも同様な偏在が見られるが，60歳以上は58.3％，70歳以上が39.3％であり，東日本大震災の方がより偏在している．また，阪神・淡路大震災時に見られた20代での若干の比率の増加は見られない．

地域別犠牲者数　市町村別の被害は警察庁からは公表されておらず，ここでは10月11日公表の消防庁資料をもちいている．一般に，警察庁資料と消防庁資料の死者・行方不明者数は，同日発表の資料であっても一致しない．被害の集中した岩手・宮城・福島3県のうち沿岸部にある37市町村の市町村別死者・行方不明者数が図4である．最も被害が多かったのは宮城県石巻市の3,892人で，岩手県陸前高田市・釜石市・大槌町，宮城県気仙沼市・東松島市で千人を超える．死者・行方不明者が生じなかったのは岩手県洋野町のみで，22

表1 明治以降の主な日本の自然災害

災害名	発　　生	死者・行方不明者
関東大震災	1923年 9月 1日	約10万5千人
明治三陸地震津波	1896年 6月15日	21,959人
濃尾地震	1891年10月28日	7,273人
阪神淡路大震災	1995年 1月17日	6,437人
伊勢湾台風	1959年 9月26日	5,098人
東日本大震災	2011年 3月11日	19,485人

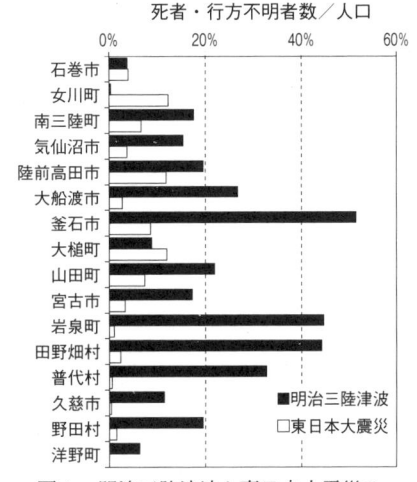

図6 明治三陸津波と東日本大震災の犠牲者率の比較

市町村では百人を超えている。市町村別犠牲者数や，報道記事をもとに筆者が集計したところでは，明らかに津波以外に起因すると考えられる死者・行方不明者は60〜70名（死者・行方不明者の0.3〜0.4％）であり，犠牲者の大半は津波によるものと思われる。

津波浸水域と被害の関係　総務省統計局が，国土地理院公表の津波浸水範囲と平成22年国勢調査を用いて公表した値を利用し，津波浸水域内に限定した人口に対する死者・行方不明者の比を計算した（図5）。最も多いのは宮城県女川町の12.18％で，以下岩手県陸前高田市11.65％，大槌町11.36％の3市町で10％を超える。37市町村中28市町村が1％以上，33市町村が0.1％以上である。阪神・淡路大震災時の神戸市では関連死含む死者が4,573名であり，平成3年国勢調査の人口が1,477,410名なので，犠牲者率は0.31％となる。豪雨災害の例では，平成11年8月9日の兵庫県佐用町（20名）で見ると，犠牲者率は0.10％である。近年の日本の自然災害による犠牲者の発生率とは桁違いに大きな被害が生じたことになる。

しかし，これだけ激甚な外力が加わったにもかかわらず，犠牲者は津波の影響を受けた範囲にいたと思われる人の1割前後と見ることもできる。つまり，大半の人は何らかの形で津波から逃れ，生き残った可能性が高い。今後さまざまな検証が必要だが，少なくとも「津波到達範囲にいた大半の人が逃げ遅れて遭難した」という状況ではなかったと推定される。

過去の災害との比較　理科年表をもとに明治以降のわが国で発生した死者・行方不明者数の大きな自然災害を上位5位まで挙げると表1となる。東日本大震災の死者・行方不明者数は明治三陸地震津波に次ぐ規模となった。明治三陸地震津波は，東日本大震災と同様に三陸地方を襲った津波災害であり，このときの人的被害と今回の被害の比較を試みた。明治三陸地震津波の際の人的被害については，山下(2008)に収録の表を用いて，現行の行政区単位に集計し直した。山下(2008)には「被害前人口」が収録されているので，これを分母として犠牲者率を求めた（図6）。このデータは，明治三陸津波当時の沿岸町村のみなので，これらを現行の行政区の範囲ごとに合算しても，現市町村の範囲よりはかなり狭くなる。また，山下(2008)の元データである山奈(1896)を参照したところ，「被害前人口」とは当該町村全体の人口ではなく，津波による被害を受けた集落のみの人口が収録されてい

るようである。そこで，比較対象は，浸水域人口に対する犠牲者率を用いた。石巻市・女川町・大槌町では東日本大震災に伴う値の方が高くなっているが，他の市町村では明治三陸津波の際の犠牲者率の方が高い。また，明治三陸の際には犠牲者率が非常に高い市町村が目立つ。東日本大震災のほうが，明治三陸津波に比べれば犠牲者が発生しにくい傾向があったと読み取れる。

　東日本大震災に伴う死者・行方不明者は，現代日本の自然災害による犠牲者数としては文字通り桁違いに大きな値となった。しかしながら，犠牲者率が明治三陸津波に比べて明らかに低いことから，長年の各種防災対策の積み重ねが何らかの効果をもたらしている可能性も高い。今後，さまざまな角度からの検討・検証が必要である。

[参考文献]　山下文男『津波と防災―三陸津波始末―』(古今書院，2008)，山奈宗真『三陸沿岸大海嘯被害調査録』(卯花政孝・太田敬夫翻訳，1896)

3　メディアと風評被害　　　　　　　　関谷直也

東日本大震災における「風評被害」　東日本大震災における東京電力福島第1原子力発電所の事故は，メディア上は世界で最大の原子力事故である。チェルノブイリ原子力発電所の事故はスウェーデンで2日後に放射性物質が検出され，そこからソ連への追及がはじまっていった。これに対して，福島第1原子力発電所事故は，地震と津波で全世界から日本に注目が集まり，人々がこの事態を注視する中で日々事態が深刻化していった。結果，メディアの扱われ方，報道量として，人々に与えた影響として「世界最大の原子力事故」となった。

　事故によって家を失い，故郷に帰れなくなった人も多く，その実被害も大きいが，この放射性物質による汚染の混乱を示す典型的な社会問題として「風評被害」がある。

　風評被害とは，ある社会問題(事件・事故・環境汚染・災害・不況)が報道されることによって，本来「安全」とされるもの(食品・商品・土地・企業)を人々が危険視し，消費，観光，取引をやめることなどによって引き起こされる経済的被害である，と定義することができる。この「風評被害」は，もともとは原子力損害賠償法で補償されない原子力が関連する事故において，「安全である」にもかかわらずその土地の食品・商品・土地の関係者が被る経済的被害，おもに地元の漁業者が被る被害として問題とされはじめた。「風評被害」といわれる現象は「原子力」と密接に結びついて問題になってきた。

　「風評被害」とは，人々のコミュニケーションから発生するうわさ(Rumor)によっておきる被害でない。風評被害は新聞やテレビなどが事件や事故を大々的に報道することで発生する。

　東日本大震災後に「風評被害」と言われた事例は主に3つある。

1）物流の停止　1つは，福島原発30㌔圏内および隣接市町村である相馬市・南相馬市・いわき市などに生活物資が届かなかったことである。原発事故による放射性物質の飛散を恐れて事業者が物資を運搬しないということがこの生活物資の停滞の主たる要因とそれぞれの自治体の首長は判断し，この問題を「風評被害である」と呼んでいる。だが，企業の被災による営業停止，ガソリンや燃料不足，従業員の安全確保などを考えて物流が滞って

いたことなど複合的な要素も，この理由として挙げられ，必ずしも原発事故だけが要因ではなかった。だが，政府から「安全」といわれる地域に住んでいるにもかかわらず，物資が手に入らない状況はまさに「風評被害」であった。

2）農産物，海産物の風評被害　2つ目は，福島，北関東の農作物について，放射性物質が検出され出荷制限が行われた。その後，「安全」とされている農作物までも経済被害を受けた。これも風評被害とされた。出荷制限をうける商品の安全性を強調してしまったため，疑心暗鬼を生み，その結果として，特に放射性物質が検出されていない食品や，基準値以下のそのほかの食品までも売れなくなるという風評被害を助長してしまった。

3）海外からの危険視　3つ目が海外から日本に対する風評被害である。日本に旅行にこないという風評被害も発生した。今回の地震と原子力発電所事故の影響は，海外からみて東京や日本全国の危険視につながっている。各国大使館は，職員の家族を日本から帰国させたり，オーストラリアやドイツなどは大阪の総領事館に機能を移したりした。

　国内のメディアにおいては，震災直後，災害ユートピア的な高揚感などを要因として，海外からの「救助のための派遣」「原発に対する協力」に焦点があたっていた。一方，この時期，海外のメディアにおいては当初の日本に対する哀悼の意の表明から時間がたち，原子力発電所の処理に手間取っていることについて恐怖をあおる報道が長期間続いていた。

　さらに事態を悪化させたのが，メディアへの不信感である。放射性物質が東京の水道水から検出されるようになりはじめてからは新聞，テレビがこぞってこのことを報道する一方，人々がパニックになるのを避けよう，煽らないようにしようとしたために「安全」を強調するようなニュースや記事が多くなってしまった。これも結果的に人々の不安をさらに煽ることに加担したといえよう。あまりにも事態が深刻すぎることから，必要以上に抑制的な報道になってしまったことも疑心暗鬼を生む土壌となった。

　政府や専門家によるコミュニケーション，情報発信への不信感も広まった。枝野幸男官房長官は，記者会見の中で放射性物質が検出された食品に関して「ただちに身体に影響はない」と発言した。原子力工学や放射線に関連する医学を専攻する専門家の中には「健康に影響はない」と発言する者も表れた。だが，福島第1原子力発電所事故という深刻な事態の中で「安全だ」「大丈夫だ」という立場から説明しようとする政治家や専門家の主張や解説は心情的に受け入れられることは困難であり，放射線の安全性を巡っては混乱が続いている。

これまでに起きた「風評被害」　過去に「風評被害」とされた事例をまとめると，「風評被害」といって差し支えない経済被害は，ビキニ水爆実験に伴う第五福龍丸被爆事件後のいわゆる「放射能パニック」が端緒である。このことが昭和49年(1974)の原子力船むつ事故，56年の日本原子力発電敦賀原子力発電所事故などで，問題となっていった。敦賀原発の事故の際は，原子力損害賠償法で賠償されず，民事不法行為の一環として，日本原子力発電による直接交渉による補償ないしは民事訴訟により解決された。原子力損害賠償法では「核燃料物質の原子核分裂の過程の作用又は核燃料物質等の放射線の作用若しくは核燃料物質によって汚染された物の毒性的作用」による経済的な被害が補償される。放射性物質による汚染がないにもかかわらず野菜や魚が売れなくなる，取引を拒否されるという経済的被害をこうむった場合，補償はされなかった。この問題を解決するため，1980年代以降，原子力発電所の立地においては風評被害を地元自治体と原子力事業者との間で結ぶ「安全協定」の中に風評被害を明文化しておいて，いざというとき補償されるようにしてきた。

放射性物質は，ガイガーカウンターやモニタリングポストによって，測定値が明らかにされる。ゆえに，初期段階では放射性物質がどの程度飛散したかはある程度，科学的に確認できる。だから，放射性物質が飛散していない段階においては，科学的に「安全」であるということができる。この段階においては，危ないということは「風評」に過ぎない，といい，このとき発生する経済的被害を「風評被害」とよんできたのである。このように，もともとは「安全である」にもかかわらず農産物や魚介類など食品・商品が売れなくなることを風評被害と呼んできた。

平成11年(1999)9月に発生した東海村JCO臨界事故においては，大規模な放射性物質の飛散はなかったにもかかわらず，補償されただけでも154億円の経済的被害が発生した。このとき，その主たる経済被害は「風評被害」であったため，この言葉が定着していった。なお，このJCO臨界事故では日本ではじめて原子力損害賠償法が適用された。科学技術庁が方針転換をし「風評被害」も原子力事故と相当因果関係のある「原子力損害」として補償の対象とするように解釈を変更したのである。

参考文献　関谷直也『風評被害―そのメカニズムを考える―』(光文社新書，光文社，2011)

4　福島原発事故　　　　　　　　　　　　　　石川正純

発電所の全電源喪失　平成23年(2011)3月11日午後2時46分，日本史上最大となるM9.0の大地震が発生した。地震による被害も大きかったが，地震に伴って発生した大津波による被害は岩手・宮城・福島県に甚大な被害をもたらした。なかでも，福島原発第1発電所への津波襲来は，地震や津波による被害よりも遙かに長期にわたる影響を与える結果となった。

福島原発第1発電所には，6基の原子炉があり，定期点検中の原子炉を除いて，常に4基以上が稼働状態にある。したがって，6基の内の1基に電源トラブルがあったとしても，周囲の原子炉から電源を送ることができる体制になっていた。また，それぞれの原子炉にもディーゼル発電設備を装備しており，全電源喪失の起こる確率は非常に低いとされていた。しかしながら，今回の巨大地震では，盛土の上に設置した送電鉄塔が地震動で倒壊したため，津波到来以前に停電してしまった。そのうえ原子炉の停止だけでなく，津波によるディーゼル発電設備も機能しなくなってしまったため，長期にわたる全電源喪失という非常事態に陥った。

事故の連鎖　原子炉の維持管理において最も重要な機能は冷却である。発電中の原子炉炉心は莫大な熱量を発生しており，停止させた後でも自己崩壊による大きな熱量が発生している。したがって，この熱量を外部に放出しない限り，炉心融解に陥る危険性がある。

炉心内では，圧力の上昇に伴う配管亀裂からの漏水や蒸発による冷却水の損失などが相まって緊急停止の際に作動するはずの緊急炉心冷却システムが長時間にわたり使用不能となったために，冷却水で燃料棒を冷却できない状況に陥った。のちの解析により，燃料棒の溶解が発生し，格納容器に孔が空いたとの報告もある。また，燃料棒の表面では，高温になったジルコニウム金属と水蒸気が反応し，大量の水素を発生した。この水素がベントによって原子炉建屋内に放出され，1～3号炉では水素爆発が発生したと考えられている。

水素爆発の結果，最後の砦ともいえる原子炉建屋が損壊した。特に2号炉では，圧力抑制室が破損したことにより，ベントによる放出とは比較にならないほど大量の放射性物質（ヨウ素やセシウムなど）が放出された。放出された放射性物質の総量は，ヨウ素換算で3.7×10^{17} Bq（37京ベクレル）と推測され，国際原子力事故尺度（INES）ではレベル7と評価された。これは昭和61年（1986）に発生したチェルノブイリ原発事故と同じレベルである。

　大量の放射性物質が放出される可能性のある深刻な事態が想定される場合，緊急避難または屋内待機指示が出されることになっており，地震発生当日に避難区域3㌔以内，屋内退避区域3〜10㌔が設定されたが，翌日の1号炉爆発に伴い，避難区域は10㌔以内，屋内退避区域は10〜20㌔に変更された。

今後の課題　事態の収拾に向けた対応として，原子炉の安定的冷却の確立，原子炉炉心の燃料回収，周辺に飛散した放射性物質の除去が想定されるが，原稿執筆時点（平成23年12月10日現在）では，循環型冷却設備の設置が行われるとともに，汚染水に対する放射性物質除去が確立し，周囲の放射性物質除去が徐々に進行している段階である。

　福島原発事故における最大の関心事として，放射性物質による発癌などの健康被害が懸念されるが，個人の被曝量を正確に評価することは難しく，他の要因による発癌の可能性もあることから，因果関係を特定することは困難であると予想される。暫定的な措置として，国際放射線防護委員会（ICRP）から年間20mSv（ミリシーベルト）までを許容とする勧告が出されているが，100mSv以上の被曝で発癌のリスクが1Sv当たり5％の割合で増加するという報告もあるため，健康被害に対する補償の範囲と居住地に対する放射性物質除去範囲と程度について，厳しい対応を迫られることになると予想される。

5　災害の心理的・精神的影響　　　　　　広　瀬　弘　忠

災害直後の心理　災害は，地震や，津波，洪水などの自然災害因や原発事故などの人為災害因による衝撃から始まる。これらの災害因による主要な破壊が持続する期間を，災害衝撃期という。その持続時間は，地震のように数十秒から数分という短いものから，火山のように数年におよぶ場合，さらには原子力災害のように数十年もかかるように，きわめて長期にわたる場合もある。

　大災害の衝撃を受けると，多くの人々は，茫然自失して心身ともに硬直し，凍りつき症候群におちいる。緊急に避難を要する津波や1秒をあらそう航空機事故からの避難，またテロ攻撃のような場合には，凍りつき症候群による時間損失が致命的で，命を失う場合もある。だが，凍りつき状態は長くは続かない。人々の心理は，サバイバルのための緊急対応モードに切り替わるのである。恐怖や不安などの心的活動は抑え込まれる。その一方で，身体的緊張を最大限に高めることで，個人や集団のサバイバルをはかろうとする。したがって，この間の状況は，われわれの脳裏に記憶されるが，意識下へ追いやられるのである。

助け合う社会　生命への直接的な危険が去った段階になってはじめて，生存優先の緊急対応から，思考感情を伴う人間らしい状態への心的モードの切り替えが起こる。この段階で，同じ災害を切り抜けたものどうしが無事をよろこびあい，他の被災者への救援などを積極的に行うようになる。過酷な状況からの解放を実感する。周囲からは，同情に満ちた支援

の手が差しのべられ，被災者は人間的な結びつきを確認して，安らぎのなかで自己の生存をよろこぶのである。この段階を多幸症段階あるいは，災害後のユートピアと呼ぶ。だが，災害直後の酷い環境に適応して生きていかなければならない。そこで，自然発生的に，運命共同体意識を基盤とする緊急時規範と呼ばれる相互に助け合い，結びつきを強める社会的ルールが誕生する。

災害症候群　災害自体がもたらす直接的破壊が終わっても，社会，心理的な災害は終わらない。ユートピア的な至福の時が過ぎ，運命共同体意識の支柱となっていた平等化を原則とする非常時規範による高揚感が次第に薄れていくと，あらためて厳しい現実が際立って現われてくる。衝撃期に目撃した過酷な記憶が甦って，被災者を悩ますようになる。

災害のあとに，多くの被災者は心身の不調を訴える。恐怖の記憶も一因であるし，喪失感，将来の生活への不安などが原因である。その主たる症状は「疲れやすい」「頭痛がする」「胃が痛む」「心臓の具合がおかしい」「持病が悪くなった」などである。災害直後から災害症候群は現れるが，時間の経過とともに次第に弱まっていき，やがて，日常生活のなかではとんど目立たないものになっていく。だが，このような症状が長期にわたって続いたり，災害後数週間もしてから現われてそれが続くような場合には，PTSD（心的外傷後ストレス障害）が疑われ，専門家による治療やケアが必要となる。

災害に限らず，事故やテロの場合においても，被害がすさまじく，被災者の人間的な絆が断ち切られ，自分自身や親しい人の生存が脅かされるなど，過酷で痛ましい経験をすると，そのような経験はトラウマ（外傷体験）となって，精神生活に重大や影響をおよぼす。これをPTSDと呼ぶ。アメリカの精神科医ジュディス・ハーマンは，PTSDの主な症状として，過覚醒，侵入，狭窄の3つをあげている。PTSDを発症した人は，いつ再びやってくるかもしれない危険に対して常に身構え，あの瞬間の記憶が執拗にフラッシュバックのかたちで再現されることに脅える。そこで，過酷な災害のシーンを思い出させるものは，全て意識の中から閉め出そうとして，生活全般への関心を失ってしまうのである。戦争や災害，虐待などの犠牲者の3～58％がPTSDの症状を呈するという。

6　災害対応策の経過措置　　　　　　山崎　栄一

政府・自治体の対応　平成23年(2011)，3月11日14時46分に東日本大震災が発生した。15時14分に内閣総理大臣を本部長とする「緊急災害対策本部」が設置された。自治体の動きとして，地震発生後，岩手・宮城・茨城・福島・青森・北海道・千葉の各道県知事は，自衛隊の災害派遣を要請した。また，関連自治体が災害救助法の適用を決定している（岩手・宮城県・福島県は全市町村に適用，その他7都県において113市町村に適用）。

翌12日に，政府は今回の大震災を全国を対象とする激甚災害に指定した。内閣府は岩手県全域に被災者生活再建支援法を適用した。その後，随時適用がなされ，11県に適用されることになった。20日には，緊急災害対策本部のもとに，防災担当大臣を本部長とする「被災者生活支援特別対策本部」が設置された。

ひと月後の4月11日に，閣議決定により「東日本大震災復興構想会議」が設置された。

6月24日には，東日本大震災復興基本法が公布・施行された。本法に基づき，「東日本

大震災復興対策本部」が設置され，先の復興構想会議の設置根拠・権限などが定められた。さらに，本法に基づき平成24年2月10日に対策本部に替わって「復興庁」が内閣の下に設置された。

福島第Ⅰ原発事故への対応　3月11日に，内閣総理大臣が原子力緊急事態宣言を発し，内閣総理大臣を本部長とする「原子力災害対策本部」が設置された。これを皮切りに避難指示区域，屋内待避区域などの設定が行われた。13日には，電力供給能力の大幅な不足に対応すべく，官房長官を本部長とする「電力需給緊急対策本部」が設置され，14日から計画停電（輪番停電）が実施されたが，4月8日に計画停電の原則不実施が発表され，実質的に終了した。4月11日に，文科省が「原子力損害賠償紛争審査会」を設置した。その後，紛争審査会による損害の範囲に関する指針として，4月28日に第1次指針が，その後第2次指針が5月31日，第2次指針追補が6月20日，中間指針が8月5日，中間指針追補（自主的避難等に係る損害について）が12月6日に公表された。

実働部隊の対応　防衛省が，3月11日に大規模災害対処派遣命令ならびに原子力災害対処派遣命令を発している。14日に東北方面総監を指揮官とする統合任務部隊を編成している。部隊は7月1日に解除された。最大派遣時において，艦艇59隻，航空機541機，人員約10万7,000名を数えた。この数値には，大規模災害対処および原子力災害対処の双方の派遣が含まれている。

　警察庁は，3月11日に広域緊急援助隊に出動を指示した。援助隊を含め派遣された人員の総数は累計で約9万4,300名を数えた（平成24年2月7日現在）。

　消防庁は，3月11日に緊急消防援助隊に出動を指示した。派遣期間は6月6日までであった。派遣部隊・人員の総数は8,920隊，3万463名，累計で3万3,374隊，12万1,071名を数えた（平成23年12月1日現在）。

外国の対応　3月11日に，外務大臣から駐日大使に対し，在日米軍による支援を正式に要請している。4月12日の最大派遣時において，空母・艦船約20隻，航空機約160機，人員約2万名以上を数えた。

　その他29の国・地域・機関から救助隊・専門家チーム等が派遣された（9月15日現在）。63の国・地域・機関からの救援物資の受け入れが決まっている（10月17日現在）。

参考文献　国立国会図書館調査及び立法考査局「東日本大震災の概況と政策課題」（『調査と情報』708，2011），笹本浩「東日本大震災に対する自衛隊等の活動―災害派遣・原子力災害派遣・外国軍隊の活動の概要―」（『立法と調査』317，2011），緊急災害対策本部『平成23年（2011年）東北地方太平洋沖地震（東日本大震災）について』（平成24年2月7日17時）

7　避難行動と防災教育　　　　　　木村玲欧

釜石東中学校の「奇跡」　東日本大震災で「釜石の奇跡」と呼ばれている出来事があった。岩手県釜石市の釜石東中学校では，地震当時校内にいた212人の生徒が，地震の揺れが収まった直後に校庭に移動し，約1.5㌔離れた峠まで教員の指示を受けながらも自発的に避難をした。またその行動が隣接する鵜住居小学校の児童の避難にもつながり，中学生や小学校の上級生が小さな子どもたちの手を引きながら迅速な避難を行なった。その結果，十

数㍍の津波が押し寄せ，津波は4階建ての校舎を丸呑みしたにもかかわらず，小中学生全員が無事だったのである。この釜石東中学校では，地震前より防災教育に取り組み，「1. 想定にとらわれるな」(災害前の被害想定を安心情報として信用しない)，「2. 最善を尽くせ」(今その場で自分ができる最善のことを行う)，「3. 率先し避難せよ」(他人の指示を待たずに自分から行動を起こす)という「避難3原則」を訓練などを通して生徒に徹底させていた。

図7　避難先から見た津波（岩手県釜石市鵜住居町）

このような全校防災学習はEASTレスキュー(East: 東中生, Assist: 手助け, Study: 学習する, Tsunami: 津波)として，東日本大震災発生3年前の平成20年(2008)より実施しており，「1. 自分の命を自分で守る」，「2. 助けられる人から助ける人へ」，「3. 防災文化の継承」という目標のもと，小中学校の合同避難訓練をはじめ，自宅などから避難したことが一目で分かる「安否札」を1,000枚地域に配布するなどの地域防災力向上のための活動も行い，平成22年度の防災教育チャレンジプラン・防災教育優秀賞を受賞していた。東日本大震災の避難行動について釜石東中学校の教員は「生徒たちにとっては「奇跡」でも「特別なことをした」わけでもなく，あくまでもいつも通りのことをしたまでである」と述べていることからも，防災に対する日常からの取り組みが，災害時における適切な行動に結びついたものと思われる。

石巻の「悲劇」　一方で，宮城県石巻市の小学校では，校庭に避難していた児童108名中70名が死亡，4名が行方不明，教職員13名中，校内にいた11名のうち9名が死亡，1名が行方不明となった。またスクールバスの運転手も死亡した。この小学校では，地震後は机の下に隠れ，地震後14分後の15時ころには校庭に集合し教員が点呼をとった。しかしこの後，教員の間で「このまま校庭で待機する」か「津波の到来を考えて逃げる」か「逃げるならばどこに避難すれば良いか」，あいまいな状況の中で結論がでなかった。宮城県が平成16年3月に策定した第3次地震被害想定調査に基づく津波浸水域予測図では，この小学校には津波襲来は予測されておらず避難所として指定されていたことや，防災危機管理マニュアルに津波時の学校以外の避難場所の取り決めがなかったことも結論が出なかった一因である。結局，地震から40分以上が経過して，学校の約200㍍西側にある，周囲の堤防より小高くなっていた新北上大橋のたもと(三角地帯)を目指して移動し始めることになった。そして移動直後，堤防を乗り越えた津波が児童の列を前方から呑み込んだ。列の後方にいた教師と数人の児童は向きを変えて裏山を駆け上がるなどして一部は助かったものの，結局児童の約7割が死亡する事態となった。

このような不適切な行動は，危険性の認識の甘さが原因であると考えられるが，これを現場で判断した教員の全責任として結論づけるのではなく，このような認識を許容していた社会全体の災害・防災に対する認識を変えていくことが必要である。

I 災害

地震災害

松浦律子

地震の本質

地震とは，脆性破壊（パキッと割れる）を起こせる状態の堅い岩石が，応力に屈して食い違いを起こして破断することである。食い違った領域が震源断層である。この時，歪みエネルギーが一部は弾性波として地中を伝搬して，かなり遠方でも大きいゆれとなって家屋を倒壊させたり，山崩れや液状化がおきるほど地面を揺すったりする。残りのエネルギーは，地殻変動や食い違った表面を形成するエネルギーになる。これを地学的にいえば震源断層付近の地塊を変形させて，何回かの繰り返しによって山地や盆地を形成したり，河川の流路を横にずれさせたりという，地形の形成に使われる。実際日本ではある程度大きな平野は，ほとんど活断層（地表で地下の震源断層の活動痕跡が判る場所）に縁取られ，地震の累積発生によって形成されているといえる。

大地震の主原因

では，このような山や平野を作る歪みエネルギーはどこからくるのであろうか。実は地震は地球内部の熱を宇宙空間へ放出するサイクルの中の一現象である。地球が形成されて以来，内部の熱は外に向かって放出されてきた。地球を卵にたとえれば，表面の薄い殻に当たる地殻と，白身にあたるマントル，黄身にあたる核からなる。ただし，ゆで卵と異なり，マントルは固体の岩石ではあるが数百万年単位の時間スケールでは流動する粘弾性という性質をもつ。流動するが固体であるので，弾性波は伝えるが，それ自体は脆性破壊を起こさないので地震は発生しない。黄身にあたる核は鉄とニッケルの合金でできており，中心の内核はすでに固体だが，その外側には未だ液体状の外核がある。この外核の熱によって，マントルは数千万年で半周する程度の時間スケールで対流して熱エネルギーを地表付近に運ぶ。この対流によって一番外側の薄い地殻は，その下で十分冷たくなった最上部マントルと合わせて厚さ100㎞程度の十数枚の球殻状の板（プレート）に分割され，地球表面を年に数㎝程度の速度で動く。この動きが場所によってはプレート同士が衝突したり，横にすれ合ったり，互いに乖離するようになるため，プレートの縁には，歪みが生じる。特に日本のような大洋の縁では海のプレートが陸のプレートより通常比重が大きいために，海溝から陸の下へ沈み込む。海のプレートでも静岡県伊豆半島の部分は軽いため，陸側と衝突しても下には沈まない。神奈川県の丹沢山地はこの衝突によって形成された山地である。

こうしたプレートの間での動きの不一致によってその境界付近に集中的に蓄積された歪みエネルギーが解放される手段が地震である。そのため，ほとんどの地震はプレートの境界付近で発生する。特に日本では周辺に4枚のプレートがひしめき合う場所であるため，世界の地震の実に1割以上が発生することになる。

プレート境界ではM8程度の地震を百年に一度程度の頻度で発生させて歪みエネルギーが解放される。これが日本付近では十勝沖地震・関東地震・南海地震などの海の巨大地震である。さらに，千年に一度程度の頻度でM9程度の地震も発生することが，平成23年(2011)の東日本震災ではじめて確認された。

しかし歪みは境界だけに蓄積されるわけではなく，境界に近いプレートの中にもプレートの不均質に応じていくらか蓄積される。これは場所によっては千年～数千年に一度

程度の頻度でM7～8程度の地震を発生させて，歪みエネルギーを解放する。濃尾地震や陸羽地震，北伊豆地震など日本の内陸地震はこれにあたる。

このように，日本で大きい地震が発生して災害が起きるのは，プレートの境界がある宿命である。しかし，逆にプレート境界があって押されているので日本列島は海の上に顔を出しており，我々が居住できている。沈み込むプレートは伊豆半島だけでなく，岩手県東部の北上高地や福島県東部の阿武隈高地の地塊，紀伊半島や四国の南半分などを付加して日本列島を大きくしてきた。また，日本では地震によって形成された平野に多くの都市が出来ている。地震がなければ山地の間に点々と居住せざるを得なかったので大きい社会とそれに支えられた文化が育まれなかったであろう。地震によって琵琶湖が維持され，近畿の水瓶として利用されている。地震でできた断層は花折断層による若狭街道のように，効率的に山地を通過する場所として古来街道として活用されてきた。現代でも秋田県の花輪東断層で東北自動車道，兵庫県から岡山県にかけての山崎断層が中国自動車道にそれぞれ活用されている。地震によって災害ばかりがもたらされる訳ではない。日本に居住する以上，地震災害への上手な備えは必須のスキルであり，地震を知ることも必須である。

地震の深さと火山，弧状列島

地震は，深さ60キロ以浅の浅い地震，深さ300キロ以上の深発地震，その中間の稍深発地震と，深さで3種類がある。浅い地震は，さらに，上部地殻（地殻の上半分）中の地震発生層で食い違いが起こる深さ25キロ以浅の地殻内地震と，プレート間で発生する地震と，沈み込んだプレート内部で発生し，稍深発と同類である地震とに分けられる。浅い地震は稀ではあるが，ニューヨークのような地質的に安定した古い分厚い大陸でプレート境界から離れた場所でもごく小さい地震なら発生する。一方，稍深発や深発地震は，世界でも限られた場所にしか発生しない。日本のように大洋の縁では，海のプレートが陸のプレートより通常比重が大きいために，海溝から陸の下へ沈み込む。沈み込んだ海のプレートはスラブと呼ばれる。日本海溝から東北日本の陸のプレートの下に沈み込んだ太平洋スラブは，30度程度の角度で斜めに沈み込み，ロシアのウラジオストックの真下辺りでは深さ600キロに達している。スラブは周囲のマントルとは異なり冷たく硬いため地震が発生する。稍深発地震はスラブに発生する脆性破壊である。深発地震は岩石の相転移（結晶構造が温度と圧力によって変化すること）などが関与していると考えられている。スラブがない所では，深発地震は発生しない。深さ700キロに達するとスラブは硬くない状態になるようで，これより深い地震は発生しない。

沈み込むスラブは地震だけでなく，火山を生成させる原因でもある。海の水分をスラブが地下へ持ち込むことによって，火山活動の元となるマグマが生成される。太平洋スラブが直下100～200キロにある東北日本では，地震も火山も多い。地球は実際には球状であり，プレートやスラブも球殻である。ピンポン玉を凹ませた時にその縁が弧状になるのと同じで，沈み込み口である海溝が弧状になる。これに応じて，陸化した日本周辺は，北から千島弧，東北日本弧，西南日本弧，琉球弧と弓なりに並んだ島々で成り立っている。

伊豆諸島から小笠原諸島にかけての海溝では，フィリピン海プレートの下に，太平洋プレートが沈み込んでいる。ここでは，東北日本とは異なって太平洋スラブは急角度で落下するように深部へ到達するため，深発地震が発生する領域の水平方向の幅は狭くなる。琉球海溝から九州・沖縄の下には，フィリピン海プレートが沈み込んでいるが，こちらも東北日本より沈み込み角度は急で

あり、地震が発生する領域の幅は狭い。駿河トラフと南海トラフから東海、近畿、四国地方の下に沈み込むフィリピン海プレートは、50〜60㌔までしか達していない。相模トラフから関東地方の下に沈み込む部分も100㌔の深さには達していない。このように、地域によって地震の発生原因の状態は異なっており、当然備えるべき地震災害にも地域性がある。

世界の地震

インドでは、インド洋プレート上にあるインド半島が、衝突した相手のユーラシア大陸と同程度の比重であるため、衝突しても下へは潜り込まず、互いに押し合ってチベットやヒマラヤの高地を形成している。しかし、山地形成のような塑性変形だけではなく、衝突によって蓄えられる歪エネルギーはパキスタン北部、ヒマラヤ、チベットから中国四川省や雲南省にまで及ぶ大断層帯を発達させ、地震を発生させる。

大西洋の真ん中や、太平洋の東南縁に近い辺りには海嶺がある。これらは、マントルの熱対流が鉛直に地表方向へ上昇する場所であり、厚さ10㌔の海のプレートが生成される。海嶺で生まれたプレートは、水平方向に運動の向きを変え、海溝の方向へ年間数㌢の速度でゆっくりと移動していくが、この湧き出し口にあたる海嶺付近でも、運動方向の変化が原因となって歪エネルギーが蓄積されるため、中規模の地震となって解放される。陸上にある海嶺といえる場所がアフリカ大陸の大地溝帯であり、アフリカ大陸を分断しつつあるが、海嶺であるので巨大地震は発生していない。

海嶺や海溝の間を繋ぐ横ずれのプレート境界もある。トランスフォーム断層といわれ、カリフォルニアを通るサン・アンドレアス断層が最も大きい。この断層は全面で地震が発生する訳ではなく、地震を起こさずに定常的に年に数㌢程度の割合でゆっくりとずれ動くクリープ運動をしている部分と、数十年から百年に1回の頻度で地震によって一度に数㍍ずれ動く部分とがある。世界でも場所により種々の地震が発生する。

地震の力学

力学的には、地震は震源で直交する2対の偶力（ダブルカップル、図1）が急激に働くことと等価である。秒速2〜3㌔で進行する岩盤のずれによって、応力が数MPa（メガパスカル、1MPaは10気圧）程度減少する。日本では本多弘吉らがダブルカップル説を1930年代から主張したが、断層の見た目に囚われていた海外では、断層に平行な一対の偶力とするシングルカップル説が有力で、本多がP波やS波の初動分布などの証拠を示してもなかなか認めなかった。昭和38年(1963)に丸山卓男が数学的証明を、1964年BurridgeとKnopoffが、物理的解釈を提出して漸くダブルカップルに決着した。地震現象は一般に関心が高く、プレートの運動速度やその方向、断層の見かけ変位など平面図を見て判る情報だけから地震現象を簡単なモデルで議論する向きがいつの時代でも多いものではあるが、地震の力学的記述は応力テンソルや非弾性歪などを含み実は複雑であり、直観的なモデルでは正しく表現できない場合が多い。物理的、数学的に十分妥当な裏付けある検討がなければ地震現象の理解に進展は望めない。

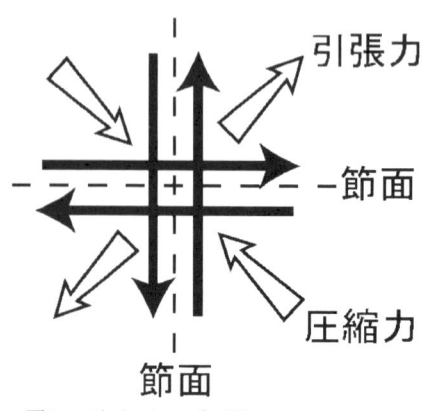

図1　ダブルカップル図

ダブルカップルの力が働く直交する2つの面を節面といい，その片方が震源断層となる。この面が地表に対して取る角度によって，地震は逆断層，正断層，横ずれ断層の3種類になる（図2）。逆断層は，地面が水平方向から圧縮力を受ける場合に生じる。日本列島は全体として海のプレートと陸のプレートとが押し合う東西圧縮の応力場にあるので，この逆断層型の地震が一番多く発生する。正断層はこれとは逆に，両側から引っ張られる場に発生する。プレートが反対方向へ分かれる海嶺付近や，沈み込むために運動方向が変わる海溝手前部分の海のプレートでは引張応力場なので，正断層の地震が発生する。日本ではたとえば火山地域でマグマが地下から上方へ突き上げてくる力を受けた場合には，正断層地震が発生する。これはプレート運動による水平方向の圧縮応力より鉛直方向に受ける力が大きくなれば，相対的には水平方向へ引張されたと同等の状態になるためである。

活断層

ダブルカップルの2つの節面のどちらが断層面になっても，力学的には等価である。したがって地震がインタクトロック（破壊したことがなく瑕のない均質な岩）に発生するならば，加わった応力によって決まる直交するどちらかの面をずらせて地震が発生するはずである。しかし実際には，全く新しい断層面を作って大地震が発生することは稀であり，より破壊をさせ易い既存の弱面（古瑕）を断層面として利用してエネルギーを解放するように多くの地震が発生する。したがって，プレート運動によって接触はしているが，もともとは違う場所でできており，物性も異質な物そのものの境目であるプレート境界は断層面として使われ易く，繰り返し地震が発生する。
プレート内部でも，地質構造の境目など，やはり既存の弱い部分を断層として地震が発生する場合が多い。したがって東西圧縮

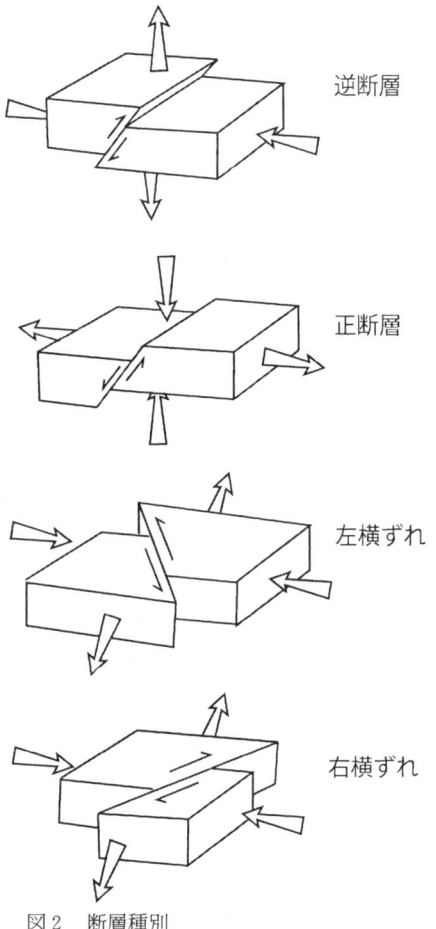

図2 断層種別
線矢印は変位の方向，白抜き矢印は圧縮力および引張力の方向を示す

が支配的である日本では，北西－東南方向に伸びる既存の断層があれば，それを左横ずれさせる地震が発生し易く，北東－南西方向に伸びる構造線には，右横ずれさせる地震が発生する。
このように，実際の応力場に最も効率的にエネルギーを解放させる理想的な地震ばかりが発生している訳ではないことは，1つの地震発生が，その原因となった応力の相当部分を解放はするものの，地震発生自体が別の場所に新たに応力を与えることにな

って次の地震を誘発する，など地震発生を複雑化させる要因である。

しかし，既存弱面を利用して大地震が発生するということは，逆に大地震の発生する場所はある程度は特定可能であることにほかならない。活断層は陸上のこのような場所で，最近数十万年間に繰り返し活動した結果地形から痕跡が判る場所であり，今後も大地震の発生が危惧される場所である。但し，次回の地震時に最終的に地表にずれがでる場所を必ずしも実用精度である数十㍍の範囲で特定できないので，地表の断層線だけを重要視した対策では，残念ながら防災効果は限定的である。地震は活断層の線で発生する訳ではなく，震源域で発生することを忘れてはならない。

さまざまな地震波

地震が発生すると，震源からは弾性波が周囲に伝搬していく。震源付近では永久変位として残るのと同様な大きいずれが主な動きであるが，震源から数十㌔以上離れると，まずP波，ついでS波の実体波が伝わってくる。P波はS波より伝搬速度が7割程度速いので，先に到達する。丁度落雷時の光と音の関係に似ている。この時間差を利用したのが，緊急地震速報である。緊急地震速報は震源近くの観測点でP波を捉え，規模と場所とを推定してS波が到達する前に警報を出す仕組みなので，残念ながら実は最も緊急に頭部だけでも保護するなどの対応が必要な震源域のごく近傍の人々には原理的に間に合わない警報である。ある程度以上離れた場所で，たまたま地震時に高所作業中の人などには大変有用な警報となりうる。ほぼ同時に光って音がする落雷箇所に相当する震源域直上では間に合わないが，離れた場所ほど時間差が大きくなって色々な対応が可能となる。

P波とS波は距離に反比例して振幅が小さくなるが，非常に震源域に近い場所では，振幅が距離の2乗で減衰する波も十分大きい振幅となる。最近漸くこの近地項も強震動予測に考慮する機運がでてきているのは，計算機科学が発達したお蔭である。さらに地面には地表面があるため，実体波だけでなく，レイリー波，ラブ波の表面波が発生する。どちらも実体波のP波やS波より後に主として地表付近を伝搬してくる。この波は実体波よりも遠くまで振幅が大きい。特に地表近くの浅い部分で弾性波速度が遅い場合には，周期が数秒以上の表面波が発達し，かなり離れた場所でも振幅が大きくなって大きい構造物を長く揺らすことになる。たとえば1985年メキシコ地震では，太平洋沿岸で発生したM8.0の地震によって350㌔離れたメキシコシティで周期2秒程度のゆれが3～4分継続したため，強度が不足した中層構造物が崩壊して大きい被害となった。メキシコシティは軟弱な地盤に立地し，表面波の振幅が大変大きくなったためである。同様のことは，日本でも平野や盆地など硬い岩からなる山に隣接して軟弱な地層が厚く堆積した低地では十分に起こりうる。1948年福井地震では，福井平野に地震波のエネルギーがトラップされた状態で長く揺れが継続したため被害が大きくなった。

地震の規模

地震の大きさは，マグニチュード(M)で表す。マグニチュードには色々な決め方があるが，ダブルカップルの偶力の大きさから求めたモーメントマグニチュード(Mw)が一番分かり易い。しかし小さい地震でモーメントを求めることは難しいので，地震波の振幅などから換算して求める場合が多い。日本では気象庁が色々な距離や方向で観測された地震波の振幅から求めた気象庁マグニチュードや，これに対応するように求められたものがよく用いられる。本書でも原則として地震規模は気象庁マグニチュードを用いている。

マグニチュードは対数的尺度であり，1増

えれば地震のエネルギーは32倍大きくなる。これまで観測された地震で最大の物は1960年に発生したチリ地震Mw9.5である。1964年アラスカ地震はMw9.2, 2004年スマトラ地震はMw9.1, 2011年東日本震災の地震はMw9.0であった。震源域の長辺もM9では400キロ, M8は100キロ, M7は30キロ程度である。

ところで, 地震の規模別頻度分布はグーテンベルク・リヒターの式（図3）で表され, Mが1大きくなると, 地震の発生頻度が概略10分の1になる。これは, エネルギーが32倍の地震の数が1割にしか減らない, つまり地震を発生させる歪エネルギーのほとんどは, 大地震で解放されているということを示す。このことは大地震予測の可能性を担保している重要な事実である。

では, 地震の時間的発生に特徴はあるだろうか。これが完璧に定式化されれば地震予報が可能となるが, 現在はまだ限られた範囲でしか時系列の定式化はされていない。次項で述べる余震に関しては, 本震からの経過時間にほぼ反比例するように減衰する大森－宇津公式があり, 予報が可能となっている。

余震

大地震が発生すると, 必ず多数の余震が発生して生き延びた被災者を精神的に苦しめるし, 復旧作業の妨げとなる。歴史時代の地震に関する史料にも, しばしば余震の回数の記述や, 余震が怖くて屋内で就寝できず数日間以上外で眠る話がでてくる。しかし学理的な余震は, 原因となった大地震より通常マグニチュードで1以上は小さいものばかりで時間とともに減衰する（図4）。逆に余震があまりに少ない場合には, つぎに大きい地震が発生する心配が出てくるので, 余震に怯える必要は実は少ない。

ただし, 他の物理現象と異なって余震活動は時間的に長く尾を引く特徴がある。通常物理的な減衰過程は核物質の崩壊のように経過時間に対して指数関数的に減衰する（半分になるのに要する期間が一定である減り方）ものが多い。余震減衰は指数関数と異なり大森－宇津公式（図5）で経過時間

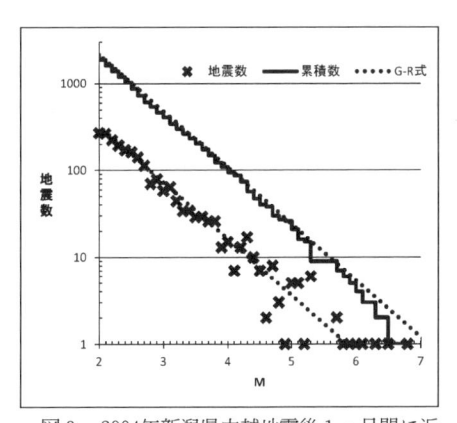

図3　2004年新潟県中越地震後1ヵ月間に近傍で発生した地震の規模別頻度分布　中越地震では複数の断層面でつぎつぎ地震が発生したため, 広域の規模別頻度分布と同様, 本震とその他の地震との間に規模のギャップがなく, 累積地震数のG-R式は本震に近い。

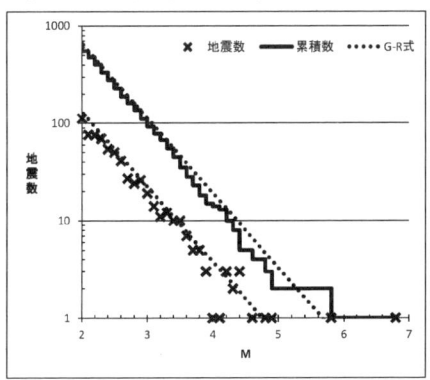

図4　2007年新潟県中越沖地震後1ヵ月間に近傍に発生した地震の規模別頻度分布　中越沖地震では, 本震の1つで, その断層面近傍に通常の余震が多数発生したため, 余震と本震とには規模のギャップがあり, 累積地震数のG-R式が本震から外れる。

にほぼ反比例する。本震直後の減衰は指数関数より急である。しかし長期間で見ると，指数関数より減衰は遅く，低い発生率ではあるものの一定以上の発生が数年以上長く継続する。このため，江戸時代の地震の余震活動が現在も微小地震レベルで確認できる場合も多い。長期の活動中には稀にM5を超えるような地震も発生し得るという，厄介な現象である。

被災者にとってさらに厄介なのは，このような学理的余震だけでなく，誘発地震が起こりうることである。大地震の後には，その発生で生じた応力変化の結果，別の地震が誘発される場合が少なくない。実際弘化4年(1847)の善光寺地震は5日後，安政5年(1858)飛越地震では2週間後に，大粒の誘発地震が隣接した別の場所で発生した。このような大粒の誘発地震は，大森－宇津公式では予測できない。

2回目の被災を軽減する方策としては，誘発地震の前震に注意する方法がある。昭和20年(1945)の三河地震は1ヵ月前に発生した東南海地震によって誘発されたが，地震の前に有感の前震が多数あった。データ処理以前に体感でも判るほどの活発な前震活動ではなくとも，相対的に誘発地震の発生前には一旦大森－宇津公式から予想されるより余震数が減少し，その後に回復あるいは活発化する例が多い。誘発地震の被害軽減には，余震活動度の監視が有望な手段である。

群発地震

大地震とその後の余震とは異なって，大きさの似通った地震がつぎつぎと発生する場合を群発地震という。たとえば昭和40年(1965)から3年近く長野市松代町の人々を苦しめた松代地震などが代表例である。大地震－余震は，プレート運動で長期間かかって蓄積された歪みエネルギーを大地震によって一気に解放する過程であるのに対し，群発地震は，火山活動に伴って地下から外力を受けて，地殻のある部分がある期間につぎつぎと破壊する現象であり，原因が異なる。

有珠山の噴火前や，静岡県伊東市東部の沖合，宮崎県えびの高原，長崎県雲仙岳西麓の橘湾など火山の近辺に多く見られる。外力の原因は噴火に至るマグマの動きである場合も，噴火には至らずに地下深部で冷却したマグマから分離した水の浮力による上昇である場合など多様な形態を取り得るが，いずれにしても地殻内の空隙中を移動する流体である。火山の噴火活動もマグマの通路が確保されていない場合には，まず群発地震活動として始まって，流路が地震の破壊で形成されるまで続く場合が多い。逆に流路が確保されている場合には，地震を伴わずに突然噴火が始まる。

通常火山地域は地殻の不均質度が大きいので，外力によって貯まる歪みエネルギーは，せいぜいM6以下の規模の地震が多数発生することで消費される場合が多い。したがって群発地震では地震数が多くても個々の

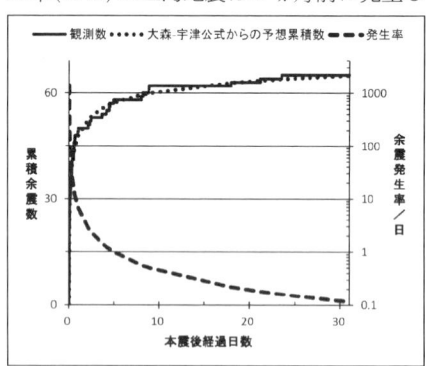

図5 2007年新潟県中越沖地震(M6.8)の1ヵ月間の余震の減衰(M3.3以上)
観測余震数(実線)と大森－宇津公式から算出される累積数(点線)はよく一致する。大森－宇津公式による余震発生率(破線)は右側の対数軸で示した。指数関数の減衰であるならばこのグラフで直線になるが，発生率＝6.79/(t+0.0115)[1.19]なので直線ではない。

地震規模は中程度以下で済むケースがほとんどである。しかし，地下の外力が急激に増大して，寛政4年(1792)雲仙岳や平成10年(1998)岩手山のように，M6を超える地震が発生するケースもある。また，大地震発生後と同様，群発地震を発生させるような強力な外力によって近辺に新たな歪みが加わるので，昭和5年北伊豆地震のように，群発地震に引き続いて近隣に大地震が誘発される場合もある。

地震災害の多様性

日本では地震被害を受けるたびに構造物の耐震強度の向上，津波を防ぐ堤防，効果的な避難路などの整備を積み重ねてきた。戦後の高度成長もあって，現在では海外のようにM5やM6の規模の地震によって犠牲者が出ることは防げるようになってきた。しかし陸の浅い地震でM6.5以上，海域の地震でM7.5以上では発生場所や発生時間によって被害が大きくなる場合がまだまだ多い。地震災害はどのように発生するのだろうか。

震源域のごく近傍では非常に強いゆれによって建物や道路・土手・斜面などの破壊や崩壊が起きる。直前の降水量など地震時の斜面の状態にもよるが，震度5を超えると土砂崩れが発生する場所が多い。地盤条件によっては液状化が起こって耕作地での噴砂や構造物の不同沈下などが発生する。地震の規模が大きくなるほど，地震波の揺れの大きさによるこのような1次被害が遠くまで及ぶようになる。

M7.5以上になると，震源から数百㌖離れた平野部などでも，周期数秒以上の，体感では船のゆれのようにややゆっくりと感じられる地震波によって，長い橋や石油タンク，高層ビルなど大型構造物が数分間以上も揺れ続けることで被害が生じる場合がある。これは地震波の継続時間による被害である。

震源域に近い地域では，地震による地殻変動によって地震前とは相対的に高さが変わってしまい，川が塞き止められる，あるいは土地が冠水するようになることも起きる。断層変位が地表にまで及んだ場合はそのずれによって建物が破断や倒壊する場合もある。震源が海域にあり，海底面が変位すると，海水を大量に上下に動かす。これが沿岸に伝搬して波高が高くなるのが津波である。これらは，地震波ではなく地震による地表の変位に起因した被害といえる。

このような地震による1次被害によって，崩壊した建物や津波で破壊された可燃物・タンクなどから出火して火災が発生する。土砂崩壊によって河川が堰き止められれば，湛水による上流部の水没や，塞き止め箇所の決壊による下流部での洪水が発生する。近隣の火山で地下のマグマが影響を受けて噴火活動が誘発される場合もある。このように，2次的な被害も多様に発生するので，地震災害に備えるには，地域ごとにその地勢などの自然状況に加えて，現在の社会的状況にも応じた対策が必要であり，歴史的な災害状況を参考にすることが効果的であるし，重要である。

近世までに比べて現代では，治水や防潮技術が向上し，従来居住に用いられなかった軟弱な低地にまで都市が膨張して宅地化されている。このような場所は，地震災害のような低頻度災害の既往歴がない場合が多いが，地震の揺れには地盤構造的に弱いことを覚悟した上での土地利用が必要である。気象災害と比較して圧倒的に頻度が低い地震災害は，常に人間にとっては「忘れたころにやって来る」ものではあるが，日本では必ず地震が発生することを忘れず，いたずらに恐れず，上手に減災を進めることを怠らない努力の継続が重要である。

参考文献　宇津徳治『地理学(第3版)』(共立出版，2001)，同『地震活動総説』(東京大学出版会，1999)，大中康誉・松浦充宏『地震発生の物理』(同，2002)

火山災害

藤井　敏嗣

火山噴火

火山噴火はマグマと呼ばれる，地下の岩石が融解してできた高温の流体が地表に近付いた際に生じる現象であり，溶岩流としてマグマが地表を流れたり，火山灰や火山礫としてマグマの破片が放出される。噴火が発生しても住民の居住地から離れた場合には必ずしも災害をもたらすとは限らず，海洋島のような場合には陸地の増加などの直接の恩恵をもたらすこともある。しかし，現代社会においては，噴火を引き起こした火山が居住地の近くにない場合でも，上空に噴き上げられた火山灰が航空機の運航の妨げとなり，災害を引き起こす原因となることもある。

マグマのでき方

火山噴火はマグマによって引き起こされるものであるので，マグマのでき方についてもここで簡単に触れておきたい。マグマは地下の岩石が融けたものであるが，地球内部が基本的に固体の岩石から成り立っていることは，地震波を使った観測から明らかになっており，地球内部に恒常的なマグマの層が存在するわけではない。それではどのようにしてマグマが発生するのであろうか。地球の表層を形作っている地殻の部分は，厚さが海洋部で約6 km，大陸部で数十kmであるが，厚い大陸の地殻下部ですら800度程度で，時として1,200度を超えるマグマを発生できる温度ではない。このため，マグマのもとは地殻の下に分布するマントルと呼ばれる場所が部分的に融解することによって作られると考えられる。次の項で述べるようにマグマにはさまざまな組成のものがあり，なかには地殻の物質が融解してできる，比較的低温のものもあるが，この地殻物質が融ける原因はマントルで作られた高温のマグマが地殻まで上昇し，地殻物質を加熱したためであるので，もとはマントルで作られたマグマが原因と考えてよい。

通常は固体であるマントル物質が融解するためには，熱が加わって温度が上がることが考えられるが，地球内部の温度はそれぞれの深さで岩石が融解する温度よりも数百度近く低いので，加熱して融解させる熱源は考えにくい。このため，マントルでマグマが発生するメカニズムとして，大きく2つのものが考えられる。第1のメカニズムは，岩石が融け始める温度が圧力とともに上昇するという性質のため，高圧下で固体であった物質が温度を保ったまま低圧下に移動すると，その圧力での融点を超えることになるため融解し，マグマが発生するというものである。地球表面のプレートが生産される海嶺と呼ばれる海底下の大山脈やハワイなどのプレート内の火山島の下でマグマが生産されるのはこのメカニズムである。マントル深部にあった高温の岩石が，周囲の岩石よりも若干温度が高くなって，体積膨張により浮力を得て，浅い場所まで移動する場合に起こる。第2のメカニズムは，高温の岩石に水などの揮発性成分が加わると，水がない場合よりも数百度低い温度でも融解するという性質によるものである。たとえば日本列島のように，海のプレートが海溝付近で陸のプレートの下に沈み込んでいるような場所では，沈み込んだプレートが約100 kmの深さにまで達すると，プレートを構成する岩石に含まれていた水が分離し，陸側のプレートの下のやや温度の高い部分に上昇して，この部分の融点を下げるためにマグマを発生する。

ここにあげた2つのメカニズムでマグマは

マントル内で発生し，このマグマのもとが地殻内に上昇し，その熱で地殻物質を融かしたり，地殻内で冷却されて別の化学組成に変化するなど，多様なマグマに進化する。地表で火山の噴出物としてみられるマグマのほとんどは，このようにして変化を遂げたマグマであり，マントルで作られたマグマのもとそのものをみることができるのはごく稀である。

マグマの化学組成と噴火の様式

マグマと一口にいうが，その化学組成は多様であるので，通常，成分の50%以上を占めるシリカ成分（SiO_2）の量によっていくつかのグループに区分される。このシリカの量はマグマの粘性という流動特性を決める重要なパラメーターでもあり，一般にシリカ量が増えるほど粘性が増加し，流動性が低下する。また，マグマ中には通常数%程度の水などの揮発性成分が含まれるが，この成分は噴火の爆発性と関係が深い。これは揮発性成分のマグマ中への溶解度が圧力によって大きく変化するためである。マグマが地下深くから浅所に移動すると周囲の圧力が減少するため，溶解度が下がってマグマ中に溶け込めなくなった揮発性成分が気泡となって析出する。この気泡が順次マグマから容易に逃げ出す場合には爆発性に乏しいが，マグマから気泡が逃げ出すことができないと，気泡中の高圧水蒸気によってマグマが破砕されるため，爆発的噴火を起こすことになる。

このマグマからの気泡の分離の難易度に関わるのがマグマの粘性であり，粘性が高いほど気泡がマグマ中を移動する速度が遅いためマグマから分離しがたく，爆発的噴火を起こしやすい。したがって，マグマのシリカ成分が多いほど，爆発的噴火を起こす傾向がある。ただし，マグマの上昇速度が速い場合には，粘性が低くても，気泡がマグマから分離してしまう前に地表近くに達して爆発的な噴火をすることもある。マグマの化学組成と粘性，温度などの関係を簡略化して図1に示した。

マグマの粘性はこのように噴火の様式と密接に関係するが，化学組成によって大きく変化する。玄武岩マグマと流紋岩マグマとでは粘性は10億倍異なることがある。この粘性はマグマの地下での移動速度とも密接に関係するので，10億倍の変化は移動速度が10億倍変わりうることを意味している。速く移動するマグマの場合には噴火の前兆現象が現れるのは噴火の直前で，ゆっくりと移動するマグマの場合にはかなり前から噴火の前兆をとらえることができそうであ

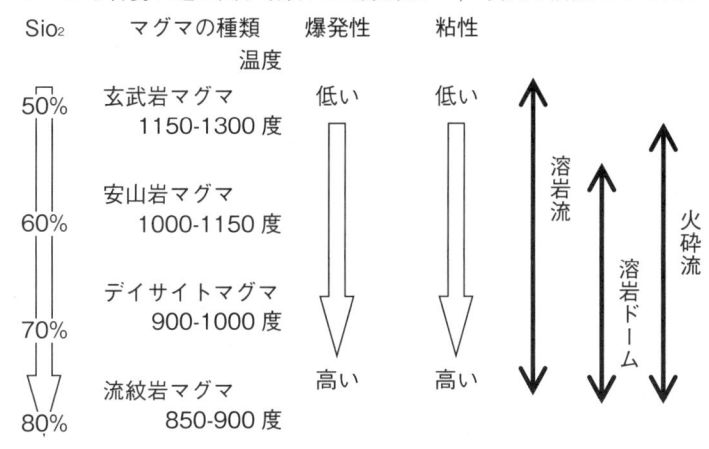

SiO_2	マグマの種類 温度	爆発性	粘性		
50%	玄武岩マグマ 1150-1300度	低い	低い	溶岩流	
60%	安山岩マグマ 1000-1150度	↓	↓		火砕流
70%	デイサイトマグマ 900-1000度	↓	↓	溶岩ドーム	
80%	流紋岩マグマ 850-900度	高い	高い		

図1　マグマの化学組成と性質

るが，実際はそう簡単ではない。粘性に関わりなく，前兆現象をとらえることができるのは噴火の数時間から数日前であることが多い。これは粘性が高く，ゆっくりと移動する場合には，前兆現象の変化速度も小さいため検知が困難であり，地表に限りなく接近したときに初めて累積した変化量が検知可能となって，前兆現象を把握することができるようになるためであると考えられる。

活火山とは

最近1万年間に噴火したことがあるか，現在も活発な噴気活動を行なっている火山は，将来的にも噴火を繰り返す可能性があることから活火山と呼ばれる。わが国では火山噴火予知連絡会での検討に基づいて，気象庁が活火山を認定し，平成23年(2011) 6月段階で110の活火山がある(図2)。かつては，2,000年以内に噴火したかどうかが活火山の定義に使われていたことがあり，その当時は86火山が活火山として認定されていた。110に増えたのは定義が変化したことと，これまでは古い火山と思われていたが1万年以内に噴火した証拠が最近見つかったからで，新たに火山が誕生したわけではない。この110の火山の中には北方領土や海底火山，無人島の火山なども含まれ，噴火によって直接日本国民が被害に遭うおそれのある活火山は80あまりである。活火山は図に示したようにほぼ全国に分布するが，近畿地方や四国には存在しない。しかし，この活火山のない地域であっても縄文時代には大量の火山灰の降下によって何百年もの間，居住に不適な土地となったこともあり，今後も南九州の噴火の規模によっては火山災害に遭う可能性もある。

火山噴火の様式

火山噴火はマグマが地表に接近することにより引き起こされるが，噴火に伴って

図2　日本の活火山

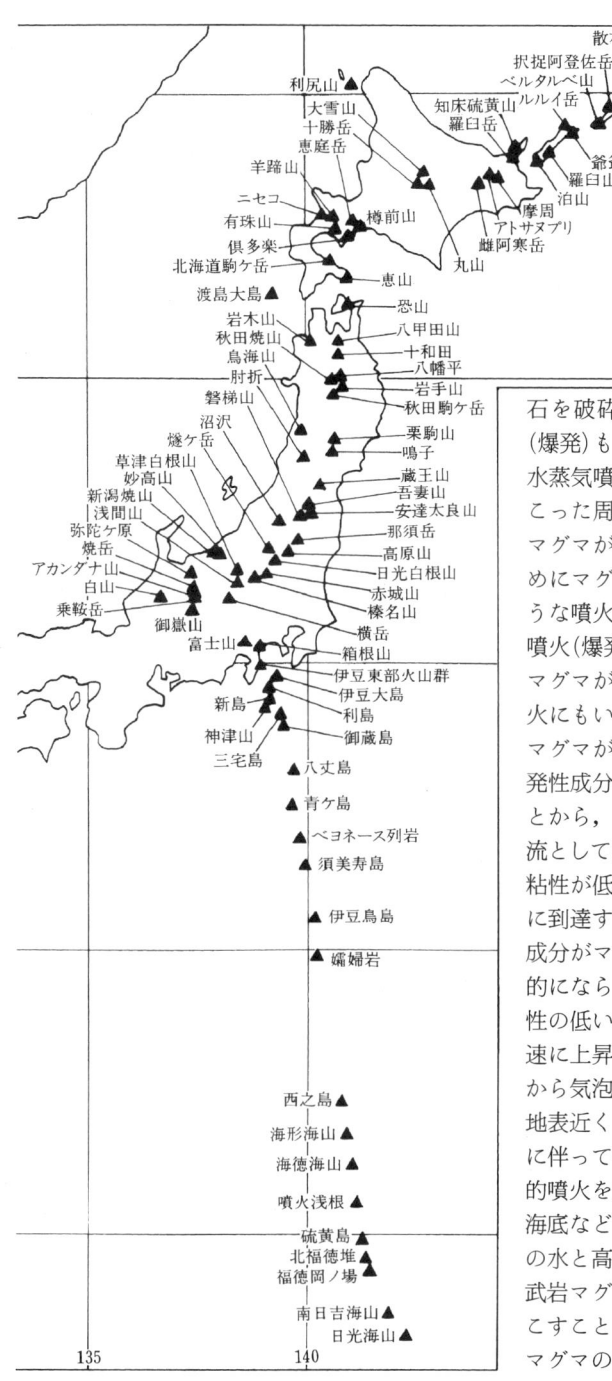

マグマが地表にあらわれるとは限らない．マグマやマグマから分離した高温の気体が地下水などを加熱することによって発生した水蒸気が急激に膨張して爆発し，周囲の岩石を破砕して飛散させる水蒸気噴火（爆発）もある．

水蒸気噴火の特殊例として，爆発が起こった周囲の古い岩石片だけでなく，マグマが地下水と反応して爆発したためにマグマの破片も同時に放出するような噴火もあり，これはマグマ水蒸気噴火（爆発）と呼ばれる．噴火に伴ってマグマが直接地表に到達するマグマ噴火にもいくつかのタイプがある．

マグマが上昇過程で溶け込んでいた揮発性成分を失うと，爆発能力を失うことから，地表に到達したときには溶岩流として流れ出すことが多い．一般に，粘性が低い玄武岩マグマなどは，地表に到達する前に，気泡となった揮発性成分がマグマから分離し，あまり爆発的にならないことが多い．しかし，粘性の低い玄武岩マグマであっても，急速に上昇したような場合には，マグマから気泡が十分に逃げ切らないうちに地表近くに到達するために，圧力降下に伴って気泡が急激に膨張して，爆発的噴火を起こすことがある．また，浅海底などで噴火が発生した場合，周囲の水と高温のマグマの反応により，玄武岩マグマといえども激しい爆発を起こすこともある．

マグマの噴火様式はマグマの破砕の程度と火砕物質の飛散度に応じて分類さ

れることがある。このような定性的な関係を図3に示した。

噴火の規模は放出されたマグマの量で表現される。このような指数でもっともよく使われるものが爆発的噴火に対して用いられる火山爆発指数(VEI=Volcanic Explosivity Index)であり，図4にはこの爆発指数と噴煙の高さなどの関係を示している。噴出量と噴煙の高さは正の相関を示すが，噴煙の高さはマグマ中の揮発性成分量や温度のほか，火口の大きさなどにも影響されるために一義的には定まらない。爆発指数はあくまでも噴出物量との関係で決まるものであり，大規模噴火でも噴煙の高さがあまり高くならないこともある。また，この火山爆発指数は火砕物の量に基づいて定義されるので，ハワイのように溶岩流が大部分の噴火で火砕物の占める割合が小さいと，いかに大量のマグマが噴出しても火山爆発指数は小さく算出される。必ずしも噴出マグマ量に対応する噴火の規模を表現しないのである。このため，噴火マグニチュードという考えが導入され，溶岩，火砕物を問わず噴出物の質量に対して定義された式が提案されている。爆発的噴火の場合にも使えるように，火砕物に対する火山爆発指数の数値と整合的に作られているが，必ずしも広く使用されるには至っていない。

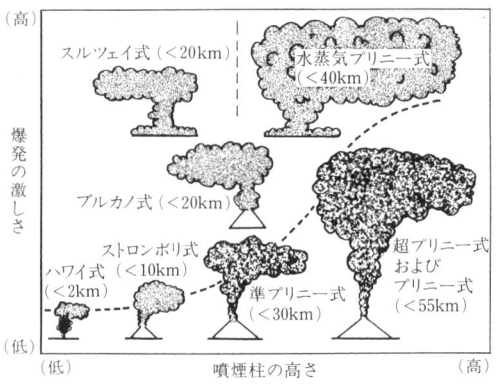

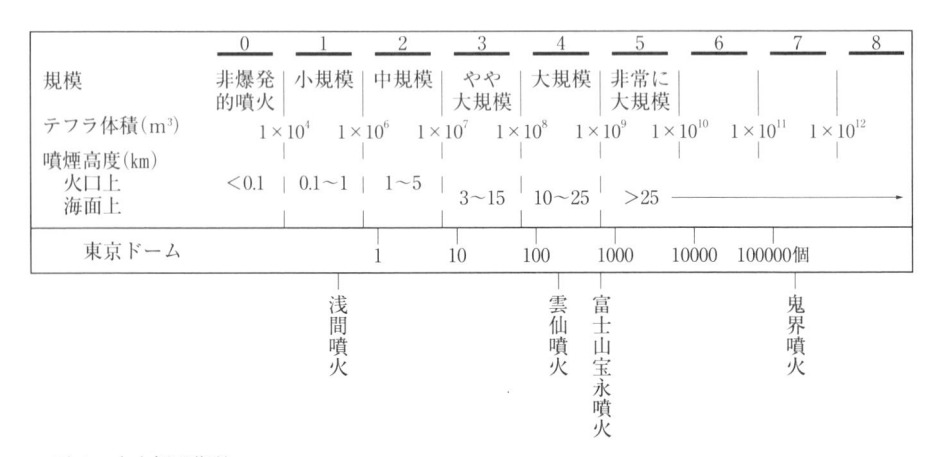

図3 マグマの噴火様式

図4 火山爆発指数

火山災害の種類

1）溶岩流による災害　マグマが地表を連続体として流下する現象を溶岩流という。通常，流下速度は人が走る速度よりも遅いので，人が溶岩流被害に遭うことはほとんどないが，流路にあった森林や建物が溶岩流に呑み込まれ，炎上もしくは破壊されることもある。港湾に流れ込んだ溶岩流のために港湾機能が失われることもある。わが国では1983年三宅島噴火で阿古・粟辺の集落や阿古小中学校の校舎，体育館が溶岩流に呑み込まれた例がよく知られている（図5）。ハワイのキラウエア火山では1983年以降，東リフトゾーンでの溶岩流出が継続し，南麓の住宅地がつぎつぎに溶岩流に呑み込まれるという事態が発生している。エトナ火山でも1984年に溶岩流が市街地を襲う事態が発生したが，重機を用いて導流堤を作成し，溶岩流の流路を変更し被災を減少させた例がある。また，アイスランド南部のヘイマエイ島のヴェストマイエンナールでは，1973年割れ目噴火の火口から流出した溶岩が不凍港に流入しかかったために，大量の海水を溶岩流にかけて冷却固化させ，みずからを堤防化することによって溶岩の流路を変更して，港を守った例がある。

図6　溶岩ドームと火砕流（雲仙）

2）火砕流による災害　高温のマグマ片（溶岩塊，火山弾，火山岩塊，火山灰など）が高温の火山ガス，巻き込まれて高温化した周囲の空気などとともに，斜面を高速で流下する現象を火砕流という。流下速度は時には時速100キロをこえるため，到達区域内では発生してから避難することは不可能である。火砕流の本体部は高温の溶岩塊などが主体であるが，火砕流の前面や側面に低濃度の火山灰と高温の空気からなる火砕サージが同時に発生する。火砕流の停止時に先端からさらに火砕サージが放出されることもある。この部分も高温で高速であることから大きな被害をもたらす。火砕流，火砕サージの熱によって木造家屋が炎上することもまれではなく，人間や家畜も巻き込まれると即死状態になる。周辺のごく低濃度の部分でもやけどなどの傷害を受ける。山頂近くの溶岩ドームなどが崩落，破砕して発生することもあれば，噴き上げた噴煙の一部が崩壊して落下し，火砕流となることもある。平成3年（1991）6月4日に雲仙普賢岳で，山頂の溶岩ドームが崩壊して発生した火砕流先端の火砕サージで43名が死亡した事件が有名である（図6）。

3）投出火山岩塊による災害　火口から弾

図5　溶岩流（三宅島阿古小学校）

道を描いて投出される岩塊を投出岩塊とよぶ．放出時に未固結なマグマの場合には飛行中に紡錘状や牛糞状の形状に変化することがあり，このような構造を持つものは特に火山弾と呼ばれる．比較的小さいものは空気抵抗の影響を受けて減速するが，数十㌢以上のものは空気抵抗の影響が小さいので比較的遠くまで到達する．直撃されると人や家畜は即死し，建物は破壊される．火口から2㌔程度までは飛散することがよくあるので，鹿児島県桜島などの活発な活動をしている火山では火口縁から2㌔以内はほぼ恒常的に立ち入り禁止措置がとられていることが多い．桜島でも昭和60年（1985）11月23日に火口から3.2㌔離れた古里温泉に直径2.5㍍，重さ5㌧の火山弾が飛来し，ホテル玄関の屋根を突き抜け，地階の床に達した例がある．しかし，時には4㌔以上飛散することもあるので，浅間山では噴火警戒レベル3の段階では火口中心から4㌔の範囲内に登山禁止措置がとられる．1783年浅間天明噴火では約10㌔離れた軽井沢宿に高温の軽石が降り，家が壊れたり，火災が起こったり，犠牲者が出た例が知られるが，火口から弾道を描いて飛散した投出岩塊なのか，風に流されて落下したものなのかはっきりしない．

4）降下火山礫による災害　火口から噴煙によって上空へ運ばれた火山礫が落下し，植生や作物に被害をもたらすほか，住居や自動車のガラスを破損させるなどの被害をもたらすこともある．数㌢程度の岩石は噴煙の高さや上空の風速などに応じて遠くまで運ばれることがあり，時には10㌔程度の風下でも落下することがあるので注意が必要である（図7）．

気象庁では，火口から弾道を描いて放出される火山岩塊も風に流された風下側で上空から落下してくる火山礫も，総称して噴石と呼んでいる．噴石の呼び方も地域により統一がとれていないこともあり，一部で混乱が見られる．このため最近では，投出岩塊を「火口から弾道を描いて飛散する大きな噴石」とよび，降下火山礫を「風に流されて落下するこぶし大の噴石」と表現するようになった．

5）降下火山灰による災害　火口から上空に運ばれた火山灰は風下で降下し，植生に悪影響を及ぼす．細粒の火山灰には有毒な火山ガスが付着していることも多く，火山灰が付着した牧草を食べた家畜が病気になったり，死亡することもある．また山腹にたまった細粒の火山灰は降雨の浸透を妨げるために，降水を集めて土石流を発生しやすくなり，下流側に多大な被害を及ぼすことがある．マグマ水蒸気爆発で放出される火山灰や火砕流から舞い上がった火山灰は特に細粒で浸透性が悪く，少量の降雨でも土石流を発生しやすいので注意が必要である．平成13年7月から8月にかけて頻発し

図7　降下火山礫とその被害（霧島山新燃岳）

図8　火山ガスによる森林の破壊（三宅島）

たマグマ水蒸気爆発によって多量の細粒火山灰が山腹に堆積した2000年三宅島噴火では時間降雨量10㍉以下でも土石流が発生したことが知られている。

大都市が大量の火山灰で覆われる噴火はまだ世界中で起こったことがないが，深刻な交通マヒを起こすことが懸念されている。降灰中は日中であっても太陽光が遮られるため暗くなるが，大気中を火山灰が落下するために，ライトをつけても視界は向上しない。信号機が動作していても見えなくなる。このため，交通渋滞や事故が発生する。また，降り積もった火山灰のため，ハンドルがとられ走行不能状態になる。自動車だけでなく鉄道においても同様の障害が発生する。堆積した火山灰のためにポイント操作が不可能になるためである。火山灰は積雪と異なり，時間がたっても融けることはないため，除灰しない限りこの状態は解消しない。さらに，飛行場に堆積した火山灰はたとえ少量でも飛行機の発着に影響を及ぼすために，運航休止が発生し，物資輸送に多大の傷害をもたらす。航空路に細粒火山灰が停滞すると，航空機エンジンが停止するおそれがあるため，2010年春のアイスランドのエイヤフィヤットラヨークトル火山噴火の時のように広範な領域で飛行休止となる可能性がある。また，火山灰は荷電粒子(正負いずれかの電気を持つ粒子)であるため，これが通信，特に携帯電話に悪影響を及ぼすことも考えられるが，これらの機器が発達流通した地域がこれまで大量の火山灰を伴う噴火に襲われたことがないため，どの程度の影響があるのか分かっていない。また，下水に流れ込んだ火山灰が下水道を詰まらせ降雨時に都市水害を発生させるこ

図9　土石流に埋もれた家屋（雲仙）

とも考えられる。

6) 火山ガス災害　火山から放出される気体成分はほとんどが水蒸気で，次に多いのが炭酸ガスである。硫化水素・二酸化硫黄・塩素・フッ素などの有毒ガス成分も含まれる。激しい噴火の際には多くの火山で二酸化硫黄が1日に数万㌧以上放出することもまれではない。2000年三宅島噴火の際には，最盛期には日量10万㌧を超える二酸化硫黄が放出され，その後も数年間，日量1万㌧を超える二酸化硫黄が連続して放出された。噴火の激化を恐れて全島避難した島民は，噴火そのものは激しくならなかったにもかかわらず，この多量のガス放出のため，その後4年半にわたって，帰島できない状態が続いた。帰島後も一部の地域では高濃度の二酸化硫黄が滞留するため，居住不適地としてその後数年間立ち入りが禁止された。高濃度地域では居住もできないし，金属の腐食で住居被害も激しく，多くの樹木が枯死し，植生の再生も困難であった(図8)。二酸化硫黄は空気に比べ高密度であるため，低地に滞留しやすいが，炭酸ガスも空気よりも重いため窪みなどに滞留・濃集し，人的被害をもたらすことがある。わが国では平成9年に，青森県八甲田山で訓練中の自衛隊員3名がくぼ地にたまった炭酸ガスの

ためにつぎつぎに意識を失い，死亡した例が知られる。外国ではカメルーンの火口湖で湖水に溶け込んでいた炭酸ガスが突然発泡し，大量の炭酸ガスが斜面に沿って流下したため，多くの住民・家畜が犠牲になった例が知られる。直接の火山活動ではないが，マグマ中に含まれていた炭酸ガスが遊離し，火口湖の湖水に溶け込んでいたために生じた災害であり，一種の火山災害と認められている。同様の現象は多くの炭酸ガスを含むマグマの活動で知られるアフリカでは比較的頻繁に起こるが，イタリアでもローマ郊外の火山で炭酸ガス被害が心配されている。ローマの人口増に伴って炭酸ガスの放出のみられる火山の山麓まで，住宅地が浸透してきた結果である。

7) 土石流災害　火山灰が降り積もった場合には地面の透水率が低下するため，大量の雨水が集まり，流下途中で火砕物や地盤を侵食して，高密度で破壊力のある水流となる。このような現象は土石流と呼ばれるが，下流域で家屋を破壊し，停止後は大量の堆積物をもたらす。特に火砕流堆積物などが山麓部に大量に分布する場合には，長年にわたり土石流が発生し続けることになる。高緯度地帯や冬季の中緯度地帯では積雪や氷河が火山地域に存在するので，噴火によって高温の火砕流などが発生すると，氷河や積雪が溶けて大量の水が発生するため，土石流が発生することがある。このような土石流を特に区別して融雪泥流・融雪土石流と呼ぶこともある。氷河を融かして発生した土石流としては1985年のコロンビアのネバドデルルイス火山の噴火の例が有名で，この時には火口から数十キロ離れたアルメロでは2万5千人が犠牲となった。長崎県雲仙普賢岳でも火砕流堆積物がのちの降雨により削られ，土石流が発生して下流に多大の被害をもたらした(図9)。土石流は直接の火山噴火災害ではなく，2次災害であるが，火砕流とともに大きな被害をもたらす火山災害の一つである。

図10　ハザードマップ（霧島山新燃岳）

8）津波による災害　海域での地震に伴う津波は多くの犠牲者をもたらす災害として知られているが，火山噴火に伴って津波が発生し，大きな災害を発生させることもある。海や大きな湖のそばで火山噴火が発生し，火砕流が水中に突入したり，山体崩壊などによる岩なだれが水中に突入すると，海水や湖水の水面変動が起こるために津波が発生することがある。また，海底に噴火が発生した場合にも津波が発生することがある。わが国では1792年雲仙噴火の際に眉山が崩壊し，有明海に岩なだれが突入して津波が発生し，対岸の熊本側に多大な犠牲者をもたらした「島原大変，肥後迷惑」とよばれる津波災害が有名である。1741年渡島大島（おおしま）噴火の際にも，山体崩壊による土砂が海になだれ込み，対岸の渡島半島で津波による死者が1,400人を超える被害が生じた。イタリアではストロンボリ火山で急峻な斜面を流下した溶岩流が大量に海水中に流入して津波を起こす例が知られている。

火山災害を軽減するための手法

火山噴火そのものを止めることは不可能である。火砕流の流路にあたる地域では避難によって生命を守ることが精いっぱいで，建物などを守ることはできない。このため事前の避難を可能にする火山噴火予知が実現することが望まれる。降下火山灰についても風下における作物被害そのものを阻止することはできない。しかし，投出岩塊から身を守ることはできる。到達可能範囲に近づかなければ，被害を受けることはない。これらの危険予想を地図上に表現したのがハザードマップであるが，表現されたハザードが次の噴火時に発現すると固定的に考えるのは誤りであり，危険である。

1）ハザードマップ　居住地近くで火山噴火が発生した場合，火山災害を避けることはできない。このため，人命を守る最善の方策は，災害発生前に被害の予想される範囲から，より安全な地域に避難することである。災害の予想される範囲をあらかじめ地図上に表現したものをハザードマップという（図10）。もちろん，噴火発生前に次の噴火の様式や規模をあらかじめ知ることができないので，通常はそれぞれの火山で過去に発生した噴火の事例を参照して作成する。一般に，時代をさかのぼるほどハザードマップを作成するための情報量が少なくなるので，歴史時代の噴火で，噴出物の到達範囲や推移が比較的良く分かっている噴火を参照することが多い。しかし，溶岩流・火砕流・土石流など将来の噴火による分布が現在の地形に左右されるものは，シミュレーションなどの手法を用いて予想される分布を求めることになる。

多様な噴火様式の火山では，複数の様式についてハザードマップを用意するのが普通であるが，全ての場合を網羅することは困難である。このため，ハザードマップの作成にあたっては，過去の事例で最大規模のもの，比較的繰り返し起こっている中規模のもの，予知は困難だが頻度の高い小規模な水蒸気爆発などの複数の規模の噴火を想定して作られることが多い。これらのハザードマップを基礎に，住民の避難経路や，避難場所，避難手段などを書きこんだものを火山防災マップと称することもある。いずれにせよ，過去と全く同じように噴火が発生することはほとんどありえないことから，想定外の事象が発生することも当然あり，ハザードマップはあくまでも参考例と受け止めるべきで，実際の噴火に際して避難などを行う際には，現実の現象に対して臨機応変の対応をすることが必要である。1985年のコロンビア，ネバドデルルイス火山の噴火の場合，土石流の正確な分布を予想したハザードマップが存在したにも拘わらず，2万5千人の犠牲者を出したことで知られる。ハザードマップは住民に周知され，訓練に活用されてはじめて意味を持つものである。

2）火山噴火予知　火山噴火から生命を守るには，事前に噴火を予知し，安全な地域に避難した後に噴火を迎えることであるが，十分なリードタイムを保って噴火を予知することは一般に困難である．2000年有珠山噴火に際しては，直下での地震活動の活発化を受けて気象庁が臨時火山情報を発信し，さらに有感地震の発生を受けて緊急火山情報を発信した．この時期，噴火警戒レベルは導入されておらず，噴火予・警報もなかった．緊急火山情報は住民の生命に関わるような噴火の発生が予想される場合に発信される最高レベルの火山情報であり，現在の噴火警戒レベル5に相当する．この緊急火山情報を受けて，1万6千人がハザードマップの安全地帯に避難した．この事例から，火山噴火予知が実用的段階に入ったと受け止める人も多いが，有珠山噴火のケースは特殊であり，一般的に噴火予知が可能になったわけではない．

有珠山では通常地震活動は低調であるが，昭和52年(1977)噴火までの過去7回の噴火では噴火の数10時間前から1週間前になると，有感地震が発生し，地震活動が低下しかけたころに例外なく噴火が発生していたのである．このような規則的な前兆現象が知られていたために，この経験に基づいての予知が成功したのである．他の火山ではこのような規則性は知られていないことが普通であり，有珠山の経験をそのまま適用することはできない．

平成12年(2000)6月の三宅島噴火では，直下での地震活動の増加とマグマの上昇・移動を示す傾斜計の変化から1日以内に噴火が発生することを予想したが，これは昭和58年の噴火の経験があったためであり，その後，7月以降になって生じた山頂部でのカルデラ形成と火口からの大量の火山ガス放出という現象については，予測できなかった．また，平成23年1月26日に，鹿児島県霧島の新燃岳では中規模噴火としては59年ぶり，マグマ噴火としては享保元(1716)・2年の享保噴火以来，約300年ぶりの噴火が始まった．これに先立って約1年前から新燃岳の北西数kmの地下7-10kmの場所にマグマ蓄積が進行していることは把握されていたが，噴火の直前には地震活動の高まりや急速な地殻変動のような明瞭な前兆現象は観測されていない．

このように火山噴火予知については，観測体制を充実させていれば火山活動の高まりをとらえ，ある程度噴火時期の予測を行うことができるが，正確に噴火時期を予測できるのは，充実した観測体制のもとで，同様の噴火を経験したことがある場合に限られている．現在の火山噴火予知は経験則に基づいて噴火時期がある程度特定できる段階であり，噴火の様式や規模をあらかじめ予測することは困難である．火山噴火予知は決して完成された技術ではなく，まだ基礎的研究が重要な分野なのである．

このため，現時点では火山防災の基本を火山噴火予知のみに頼ることはできず，ハザードマップを充実させて，臨機応変に火山噴火に対応するという仕組みが重要である．なお，火山噴火は1回かぎりではなく，噴火開始後も長期にわたり，様式や規模が変化しつつ継続することが普通なので，火山観測の充実により噴火推移を把握することが火山災害の軽減のために重要である．

参考文献　藤井敏嗣・纐纈一起編『地震・津波と火山の事典』(丸善，2008)，宇井忠英編『火山噴火と災害』(東京大学出版会，1997)

津波災害

首藤 伸夫

海の波としての津波

一地点で水面の上下を観測する時，水面が上がって山となり，下がって谷を経験してから元の高さに返るまでの時間を周期（Tで表す）といい，時間を止めて水面の上下を空間的に測ると，その長さを波長（Lで表す）という。LとTとは，水深（h）を介して関係づけられる。周期で海の波を分類すると次のようになる。

潮汐（T=12時間25分）は，天体の引力によって生ずる。浜に行くと，寄せては崩れ，返して行く波を見ることができるが，これは風が起こした風波，および発生した海域から遠く離れてやって来たウネリであり，T=3～30秒である。

移動性低気圧，その代表は台風であるが，この来襲によっても水面が上がる。気圧低下，風による吹き寄せ，風波の砕波が主因である。山は大きいが谷は非常に小さいという特徴がある。Tは数時間程度である。これを風津波と呼んでいたこともある。

これら以外の周期をもつのが津波であり，Tは短いので3分，長いので1時間程度である。この長さは，発生時の波形で決まる。

津波の原因

海面が天文，気象以外の原因で鉛直に変位すると，その変位が周辺に伝わって行く。最初の鉛直変位を作る原因で最も多いのが，海底での断層運動である。断層運動で海底表面が鉛直方向に変位すると，通常の場合海面も同様の変位を示す。変位がきわめてゆっくりしたものである場合，または変位を起こした部分の水平拡がりが水深に比べて大きくない場合には，海面での変位は海底のそれに比べ小さいものになる。津波の波長は，海底鉛直変位の拡がりを反映したものになる。

地震が大きければ海底面の移動も大きく，したがって津波も大きくなる。しかし，地震動は小さいのに津波がきわめて大きくなる場合がある。こうした地震は津波地震と呼ばれ，日本近海では約10％がこれであるといわれており，明治29年（1896）三陸大津波がその典型である。沿岸では震度2程度であったのに，岩手県大船渡市綾里白浜では津波は38.2メートルにも駆け上がった。

地震で海崖が崩壊した場合や海底の地滑りでも津波が発生する。崩壊物の寸法で決まる波長は大きくはならず，津波は平面的には円弧に近い形で拡がって行くので，急速に波高を減ずる。この種の津波で有名なものは，1958年，アラスカ・リツヤ湾奥で発生した海崖崩壊による津波である。対岸の500メートルまで押し上がったのち，湾内でも450メートルの高さを保ったが，湾外に出ると，急速に小さくなってしまった。

火山活動も津波の原因となる。海底火山の噴火，火山活動に伴う地滑り，カルデラ崩壊などが原因である。1856年，スンダ海峡のクラカトア火山に伴う大津波では3万6千人の死者が出た。噴火に伴う降灰のため視界が効かず，津波が直前に現れるまで避難行動が取られなかったことが大被害の原因であった。わが国でも寛保元年（1741）北海道渡島大島の津波，寛政4年（1792）雲仙岳眉山の崩壊による「島原大変肥後迷惑」などがある。

水の波の三つの速度

綱を水平に張り，その一端を上下に振ると，振動（波）が伝わって行く。この水平方向に伝わる速さを波速（C）という。振動を伝える綱の各部分は上下に揺れるだけである。これを水波の場合には流速（u）という。池に石を投げ込むと，波紋が広がって行く。

波紋の広がる速さが波速で，水面に浮かぶ木の葉の動く速さが流速である。
　もう1つの重要な速度はエネルギーの伝播速度(C_G)で群速度とも呼ばれる。この説明は省略するが，津波の恐ろしい所は，波速＝エネルギー伝播速度，すなわち最初の波が全エネルギーを持って襲来するので，備える余裕時間がないことにある。

津波の周期と波長

津波の波長Lは，発生時の形で決まる。断層の長軸(断層長さ)に直交方向に進む津波は，断層の短軸(断層幅)に沿った鉛直変位で決まる。普通は，山一つ谷一つの，1波長からなるとされる。L=CT(波長＝波速×周期)で，周期と結ばれており，周期の長い津波は波長が長い。

　波源が陸地に近い近地津波では，この構成がほとんど崩されずに来襲し，後は海底地形との関わり合い具合で複雑な波形となっていく。波源の長さや幅が大きくないと，すなわち周期が長くないと，大洋に広がるにつれ，目立たなくなってしまう。日本近海での近地津波は，周期が5分から20分程度のものが多い。

　遠く大洋を伝播して襲来するのが遠地津波である。もともと波源の拡がりや波高がともに大きいから，波源から離れての減衰度合いは小さいうえに，いったん大洋に拡がっても地球の反対側にはまた集まってくるから，遠く離れて居ても大きな影響を与えることとなる。発生時に含まれていた短周期成分は伝播途中で海山や島に捕捉・散乱され，遠地に届くのは長周期成分だけとなる。したがって，40分以上が卓越する津波となり，被害地域の地形が被害の特徴をほとんど決める。昭和35年(1960)わが国に被害を与えたチリ津波は代表的な例である。

津波の基本式と岸での津波の形態

大洋での津波は，波長が数10キロから数100キロと，4キロ程度の平均水深と比べて非常に長く，長波と呼ばれる。また，その波高は10メートル以下ときわめて小さい。こういう波を扱うのが線形長波理論である。岸近くになると，水深に比べて波高が無視できない大きさになる。非線形長波と呼ばれ，高さの影響が反映された浅水理論が適用される。さらに進んで山や谷などの凹凸が目立つようになると，分散波理論でこの影響を取り入れる。最近発達した数値計算でも，津波の発生から岸に近づくに従い，線形理論，浅水理論，分散波理論と使い分けて行く。

　線形長波の波速は，水深h(メートル)で決まる。メートル，秒単位で表すと，波速C(メートル/秒)=$\sqrt{gh}$〔重力加速度×水深〕$\frac{1}{2}$≒$(10h)^{\frac{1}{2}}$で与えられる。太平洋の平均水深は約4,000メートルであるから波速は200メートル/秒，時速720キロとなる。水深が$\frac{1}{4}$になると，波速は$\frac{1}{2}$になる。浅くなるほど波速は遅くなる。周期(T)は変化しないから，浅くなるほど，L=CTにより波長は短くなる。

　線形長波では，水粒子の水平流速(u)は水面から海底まで一様な大きさを持っている。u=Cη/hとしてあたえられ，水面の上昇分η(静水面上の高さ)に比例する。鉛直方向の流速は無視できる

　深い所では津波の高さは水深に比べ小さいが，岸に近づくと水深に比べて無視できな

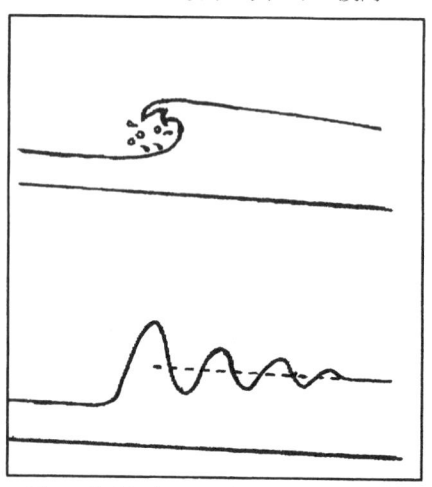

図1　砕波段波(上)と波上段波(下)

い大きさになる。$C \fallingdotseq [10(h+\eta)]^{\frac{1}{2}}$ のように実水深 ($h+\eta$) を入れると判るように，水位の高いところほど早く進み，背後が次第に追い付くとともに波長が短くなる。潮の干満が素早く繰り返されるような形態をとるのが，津波の一つの形態である。

波前面の急峻化が進行すると，ついには波前面が切り立って来て，前面へと水が飛び出し砕け落ちる。砕波が絶えることなく連続的に生じるものを砕波段波といい，沿岸で最も頻繁に見られる形式である。この形態でも水平流速が卓越する。

波の山では，水粒子は上に凸な軌道を通り，遠心力が上向きに働き，その分だけ重力加速度が軽減される。この事が波速にも影響を与える。波の山では波速が減り，波の谷では波速が増える。水面上昇分(η)の大きな山ではこの効果で波速が落ち，ηの小さい谷では波速が増加する。こうして波前面の急傾斜化が阻止され，そこに通常の風波と似た振動が発達する。川に入った津波によく見られる形式の波状段波である。この短周期波の山の高さは砕波段波の高さの倍程度に発達する。鉛直方向の流速が無視できない大きさとなっている。

津波を大きくする原因

津波の進行は海底地形により左右される。両端で太さの異なるバットを転がすと，径が小さい握りの方へと回り込んで行くが，同様に津波も波速の遅い浅い方向へと曲がり込んでいく。これが屈折であり，波の進む方向を示す波向線が浅い方向へ曲がって行く。津波のエネルギー（波高Hの2乗に比例）は波向線を横切ることはない。

隣り合う波向線の間隔を b とすると，$H^2 b=$一定であり，波高は波向線が狭まるほど幅の $\frac{1}{2}$ 乗に反比例して大きくなる。V字状の

表1　津波マグニチュード m

m	記　　事
-1	波高50cm以下。験潮器で観測される程度で無被害。
0	波高1m前後で，漁船・水産施設に被害が出る。100kmの範囲で波高50～80cm
1	波高2～3mで，海岸の低地にある家屋が浸水被害を受け，船舶が流される。200kmの範囲で1m程度の波高がある。
2	波高4～6mで，多数の家屋が流出・浸水し，死者が出る。300kmの範囲で1.5m程度の波高がある。
3	波高10m前後。局所的に15～20mに達する。400kmの範囲で2.5m程度の波高があり，顕著な被害が出る。
4	波高20m前後。局地的に30mに達する。500kmの範囲で約4mの波高があり，甚大な被害が出る。

湾に入った時も同様の効果が生ずる。波向線間隔の代わりに湾の幅とすれば良い。こうして津波が大きくなることを集中効果という。

水深だけが変化する場合，津波エネルギーの伝達率 $H^2 C$ 一定となるから，

$$H^2 (gh)^{\frac{1}{2}} = 一定$$

から，波高は水深の4分の1乗に反比例して大きくなる。これを浅水効果という。

凹凸の多いリアス式海岸では，湾奥に行くほど幅が狭くなり，水深が浅くなる。集中効果と浅水効果で，湾奥ほど津波が大きくなるのである。

器の中の水は外からの衝撃で揺れる。器の大きさと水深で決まる揺れやすさがある。その周期に似た周期をもつ津波が来襲すると，ブランコが次第に大きく揺れるように，湾内の水も揺れが大きくなる。これが共鳴効果である。短い近地津波には短い湾が，波長の長い遠地津波には長い湾が共鳴し，湾奥で津波が大きくなる。

もっと局所的な地形の影響でも津波の大きさが支配される。昭和8年(1933)三陸地震の際，宮古市鍬ヶ崎で得られた津波の痕跡高はわずか150ﾒｰﾄﾙ離れると高さが3ﾒｰﾄﾙも異なっていることが判っている。

津波マグニチュード m

今村明恒(1949)が提案し，飯田汲事(1963)が改善し，さらに羽鳥徳太郎(1986)が明確にした津波の全エネルギーに対応するマグ

ニチュードmは、表1のような内容を持っている。今村・飯田のmといわれることが多い。

羽鳥は、mを0.5刻みで求める手法をも提案している。これらとは別に、K. Abe (1981) が津波マグニチュードMtを提案した。これは地震のモーメントマグニチュードとの対応がきわめてよいという特徴がある。

津波強度iと津波の形態や被害の程度

構造物の破壊原因には波力・流水力・漂流物の衝突力があり、さらに水中の物体に働く浮力が構造物の抵抗力を弱めるように作用する。波力とは、時間的に高さや流速が変化するという特徴が卓越する条件下で津波が及ぼす力のこと。津波の形態に大きく依存し、前面傾斜は急なものの早い潮汐のような形であるか、前面が直立して壁のようであるか、上部が砕け巻き波のようであるか、その下にある空気が圧迫されともに衝突するかなどによって大きく変化する。

流水力とは、時間的な流速変動の影響は小さく、流速そのものの大きさ、水深、構造物の形状により決まる力である。漂流物は衝突箇所に大きな衝撃力を与える。

実際に作用する破壊力はさまざまであるが、これを現地調査で得られる津波特性から決定することはほとんどできない。現地では壁に残る水位痕跡しか得られないのが普通だからである。したがって、津波高H(海上では平均水面上の高さ、陸上にあっては地表面上の高さ)によって、過去の被害などを概観するのが表2である(首藤1992・1993)。$i=\log_2 H$で定義される津波強度iと、津波の形態や被害との関係となっている。ただ、養殖筏に関しては、津波高より津波で生ずる流速が重要な被害発生因子であり、構造にもよるが、流速が1メートル/秒を超えるあたりから被害が出始める。

表2 津波強度と近地津波の形態、被害程度の関係

津波強度	0	1	2	3	4	5
津波高 (m)	1	2	4	8	16	32
津波形態 緩斜面		岸で盛り上がる	沖でも水の壁 第二波砕波	先端に砕波を伴うものが増える	第一波でも巻き波砕波を起こす	
津波形態 急斜面		速い潮汐				
音響 ( )内は聞こえ方			前面砕波による連続音 (海鳴り、暴風雨)			
				浜での巻き波砕波による大音響 (雷鳴、遠方では認識されない)		
					崖に衝突する大音響 (遠雷、発破、かなり遠くまで聞こえる)	
木造家屋		部分的破壊	全面破壊			
石造家屋			持ちこたえる	(資料なし)	全面破壊	
鉄筋コンクリート・ビル			持ちこたえる	(資料なし)		全面破壊
漁船			被害発生	被害率50%	被害率100%	
防潮林被害 防潮林効果		被害軽微 津波軽減、漂流物阻止		部分的被害 漂流物阻止	全面的被害 無効果	
養殖筏		被害発生				
沿岸集落			被害発生	被害率50%	被害率100%	
打上げ高 (m)		2	4	8	16	32

鉄筋コンクリート造の建物は，津波高5㍍位までには耐え，背後の弱小家屋を守ることが多かった．1例だけ昭和21年(1946)に20㍍近い高さの津波で倒された米国アリューシャンの18㍍高さの燈台があったが，平成23年(2011)東日本大震災時の宮城県女川町では5棟が転倒した．ほかの地点で耐えた鉄筋コンクリート造ビルとの比較で，倒壊条件の精査が望まれる．最近では，数値計算結果の水位・流速に基づく物理量を使って，個々の構造物の被害ではなく，広域の実被害を被害関数として表現し被害推定に役立てる試みもある．

津波による被害の種類

津波による人命被害や家屋流失，漁船の破壊などが主な津波災害ではあるが，そのほかにもさまざまな被害がある．過去の被害の形態とその原因などを取りまとめたのが表3である(首藤1994に加筆)．

津波への備え

平成5年(1993)北海道南西沖地震津波ののち，津波対策に関係する7省庁が津波対策

表3　過去の津波被害の例

人命被害	形態（溺死，漂流物による打撲・骨折，漂流中の異物呑込みによる病気等） 原因（避難行動無し…無知識，津波軽視，地震無感知及び警報非伝達等． 　　　避難の遅れ…水中作業者，体力過信，過多情報への不信感， 　　　　　　　　立ち返り，交通渋滞，避難路の不備．救命胴衣不着用）
家屋・財産被害	形態（家屋の流失・破壊・浸水．浸水による電気製品などの障害．自動車 　　　の流失・浸水による障害） 原因（津波による波力・浮力・流水力．流木・流出船舶・流出家屋・車など 　　　漂流物の衝突力）
防災構造物被害	洗掘による破壊，倒壊，変位．漂流物衝突に起因する大外力による破損． ブロック堤の沈下・散乱．落石防止工の転倒．
交通障害	鉄道（法面洗掘，道床欠壊，軌条移動，鉄橋変位，臨港線埋没，列車流出） 道路（漂流物衝突による変位や落橋，橋台周辺の洗掘が原因の落橋，法面洗掘，漂流 　　　物堆積による交通閉鎖） 港湾（土砂堆積による水深低下，局所洗掘による港湾構造物の破壊，流出物による港 　　　口閉塞等の機能障害） 空港（滑走路浸水．土砂などの堆積．空港ビルの浸水）
ライフライン被害	水道（漂流物衝突による消火栓・給水栓破壊，河川よりの取水口の破壊，離島への海 　　　底給水管の破壊） 電力（電柱倒伏・流出による送電停止，海底送電線の破壊，火力発電所浸水による障 　　　害や停電，原子力発電所の原子炉障害） 通信（電柱や架空ケーブルの被害，地下ケーブルの立ち上がり部切断，電話機の冠水 　　　被害，海底ケーブルの流失，携帯電話中継塔の倒壊） 下水道（排水溝を通じての浸水，終末処理場の浸水・機能障害）
水産業被害	養殖筏や漁網の流出，水産物流失・死滅，漁船流出・破壊，漁船発火焼失．
商工業被害	浸水による商品価値の喪失．
農業被害	冠水による作物被害，流入土砂による農耕地埋没，土砂または漂流物による用水路埋没．
森林被害	幹折れ・倒伏・土壌洗掘などの物理的被害，浸塩水・埋砂による生理害．
火事の原因	流出家屋台所から出火，漁船機関室からの出火，ガソリン保管庫への漂流物衝突による出火，スイッチボックスに漂流物が衝突して出火，漏電で発火．
石油等危険物流出	火事の火元及び延焼の原因，環境汚染． 工業用水銀．放射性物質．
地形変形	河口砂州切断，浅瀬の変化，砂浜の変形，河川内堆砂．

として合意したのが,『地域防災計画における津波対策強化の手引き』(国土庁他1997)である。その要点の一つが計画対象津波の選び方で,他が対策手法である。対象津波の第1候補は,信頼できる資料が数多く集まる過去の津波の中での最大のものである。第2候補は,地震地体構造論などで推定される最大地震が引き起こすであろう津波である。両者のうち,大きいものを計画対象にする。平成23年3月11日の津波は,これまでの地震地体構造論を超えた大地震で発生した。今後は,第1候補の筆頭としてあげられることとなろう。

対策は,防災施設,津波に強いまちづくり,防災体制の3つを組み合わせて行う。

こうした大津波を対象とし,これを構造物だけで防ぎきることはできない。経費が莫大なものになり,建設期間も長期にわたる。岩手県は昭和35年(1960)チリ地震津波の緊急対策終了後も作り続けたが,完工しないうちに平成23年の津波を迎えてしまった。さらに大きな問題は,構造物劣化への対策である。建設後20年経ったある日,突然崩壊した防潮堤も出てきた。維持補修の費用が不十分だからである。

構造物で完全には防げなくとも,人命は守り抜かねばならない。予警報をきちんと行い,さらに「地震は津波の前触れ」との災害文化のもとに,早めに高い所へ避難する,日頃から避難の訓練をする,なぜ避難しなければならないかを学ぶというのが,ソフトな対策である防災体制の主な中身である。津波に強い住み着き方がある。高い所に住居をかまえる。低地に住まざるをえないなら,津波に強い耐浪建築とする。さらに,沿岸部の利用方法をよく考えなければならない。津波来襲間隔は長い。その間に沿岸部は変化するのだが,その時「これで津波に強くなるのか,弱くなるのか」を検討するのが,まちづくりの基本である。しかし,津波災害をよく知る三陸海岸地域においてすら,津波への警戒を忘れないでいることは難しかった。その上,大量の可燃物が沿岸地域に貯蔵されるようになって行った。

忘却との闘い

津波の発生頻度は地震に比べるときわめて小さいので,忘れられやすい。規模の大きな津波になると,50年,100年を置いて襲来する。「いなむらの火」で有名な,和歌山県広川町の堤防を浜口悟陵が築いたのが安政5年(1858),効果を発揮したのが昭和21年(1946)であった。

安全な高地に移転しても,10年も経つと浜辺に下りてくる。30年経つと世代が代って経験がつながらない。それをどうするかが生死を分ける。宮古市鍬ヶ崎の角力浜は65歳以上が4割という高齢者の多い集落であるが,平成の津波では,舟を見に下りた1人以外は全員助かった。年に一度の避難訓練が生きたのである。釜石市鵜住居の小中学生は,一旦避難した避難場所から,津波の襲来を見てさらに高い場所へあがって全員無事であった。臨機応変の判断を入れた普段の教育が役立ったのである。これだけが命を守り抜くための,最後で最良の津波対策で,このことを50年,100年にわたり継承しなくてはならない。

参考文献 首藤伸夫「津波被害と津波防災」(『月刊海洋』号外6,1994),首藤伸夫他編『津波の事典』(朝倉書店,2007),松尾春雄「三陸津波調査報告」(『内務省土木試験所報告』24,1933,今村明恒『本邦津浪年代表』(『地震』第2輯第2巻,1949),Iida, K.: Magnitude, energy and generation mechanisms of tsunamis and a catalogue of earthquakes associated with tsunamis, *IUGG Monograph*, Vol. 24, 1963, Abe, K.: Physical size of tsunamigenic earthquake of the northwestern Pacific, *Physics of Earth and Planetary Interiors*, Vol. 27, 1981, 羽鳥徳太郎「津波の規模階級の区分」(『地震研究所彙報』61,1986)

風　水　害

吉越　昭久

風水害とは
風水害とは，気象条件が誘因となり，被災を受ける地域の自然条件や社会条件が素因となって起こる災害で，風害や水害を含めた災害をいう。通常風水害は，たとえば台風のように強風と豪雨が同時に起こされる災害として，広い意味で捉えられることが多い。しかし，風害は台風・竜巻などが人・建物・交通施設などへの被害を及ぼすことを，水害は台風や前線などに伴う豪雨によって起こる洪水や土石流のほか，津波・高潮・渇水などによって被害を及ぼすことをそれぞれ指すというように，個別の災害として捉えられることもある。

風水害は，素因と誘因が組み合わさって発生する。まず，素因についてであるが，風水害が発生しやすい地形・地質・土壌・水文環境などの自然素因があるところで，被災の可能性が高くなる。つまり，風や水を集中させるような谷地形や，多くの河川が集まる盆地などは，風水害が発生しやすい条件を備えている。また，山地の急斜面では豪雨が発生しやすく，大量の出水が起こりやすくなる。このような自然素因に加え，その地域に被害を受ける人や建築物などの社会的素因が集中していると被害がさらに大きくなる。このように，強風や豪雨があった場合に，それを助長するような働きをするのが素因である。これに対して，台風に伴う強風や豪雨，前線に伴う豪雨などは災害を直接引き起こす力となるもので，これを誘因という。この素因と誘因が組み合わさって，一定の限界を超えた時点で，風水害が引き起こされるのである。

しかし，いかに大きな誘因があったとしても，被害を受ける対象である素因がなければ，強風や出水という自然現象が起こるだけであり，被害を受ける人・建築物などが存在していなければ災害とは認識されないことはいうまでもない。

風水害の経年的変化
明治以前の日本では，多くの風水害があったことは史料などから知ることができる。しかし，明治以前の風水害に関する実態（詳細な被災域・誘因の解明・被害規模など）の把握は困難であるために，本稿では明治以降の日本における風水害の経年的変化を中心に取り上げてみたい。なお，日本における風水害の被災の事例として，明治18年(1885)淀川大洪水・同25年水害・同31年水害・同40年大水害・阪神大水害・西日本大水害・南紀豪雨については，本書で具体的な事例を取り上げているので，参照していただきたい。

明治以降の日本の風水害を経年的にみると，いくつかの多発時期があることがわかる。第1の多発期は明治20年代から30年代の初めにかけてで，明治23年台風・同35年足尾台風など全国的に風水害が多かった。このため，治水・治山に関する法整備が行われて，河川法・砂防法・森林法などが制定された。第2の多発期は明治末期から大正初期であり，明治39年台風・大正6年(1917)東京湾台風などがあった。第3の多発期は昭和初期から第2次世界大戦終了後しばらくまでの時期で，昭和9年(1934)室戸台風・同20年枕崎台風・同22年カスリーン台風・同25年ジェーン台風などがあった。この結果，日本の山地域では水害防御と発電を兼ねた大規模な多目的ダムの建設が進められていった。

第2次世界大戦後，日本では大都市圏を中心に都市化が著しい勢いで進展していく過程の中で，大規模な河川改修などが進めら

れた結果，外水災害は減少していった。それに代わって，中小支流の排水不良などの内水災害が増加してきた。また近年では，都市域の高温化に伴ってゲリラ豪雨などが発生し，ごく狭い範囲で局地的な水害が発生するなど，新しい変化が起こり始めた。

風水害の地域的特徴
先進国と発展途上国の経済格差とその是正をめぐる問題は，一般に「南北問題」といわれる。北半球でいうならば，先進国が北側に，発展途上国が南側に多いことからこの名称が付けられたものである。災害に関しても同様に南北問題がみられ，発生回数，災害の規模は共に南側で多大になるという特徴がみられる。1900年以降において，死者・行方不明者が1,000人以上の風水害は，国別でみるとバングラデシュが最多で，次いでインド・日本・中国の順になる。1960年以降に絞ると，バングラデシュの割合がさらに高まり，ついでインド・フィリピン・中国の順に多くなる。このように，風水害にも明らかな南北問題が認められる。また，世界の気候帯ごとに風水害をみると，熱帯雨林気候や温帯湿潤気候および台風の常襲地域などで，風水害が発生しやすい。

次に日本の国土面積くらいのスケールで考えるならば，本州の脊梁山脈を境に，冬季には日本海側の地域で豪雪に伴って春に融雪洪水が引き起こされる。また，台風期には主に太平洋側の地域で風水害が発生するというように，明瞭な地域性が指摘できる。さらにラージスケールにして，河川流域や都市域をみると，風害には大差はないものの，河川の合流点・河谷低地・河畔地域・海岸部などで，水害が起こりやすい。また，前述のゲリラ豪雨に伴う局地的水害など，ごく狭い範囲における水害もあり，興味深い地域的な特徴を指摘することができる。ほかに，同程度のスケールでは，自然堤防の微高地や河岸段丘上では水害を受けにくいこと，氾濫原・三角洲などでは受けやすいことなど，地形による被災条件の違いが明瞭になってくる。

風水害の復旧・復興対策
1）復旧対策　風水害の発生後，迅速にインフラストラクチャーの修理や旧に復することを復旧という。復旧は，主として公共施設などについて，従来の機能を取り戻すことを目的としている点に特徴がある。具体的には，道路・鉄道・電線・ガス管・水道管・橋梁・公園・河川堤防・港湾施設などを原型に近い形にまで再生することである。被災直後の復旧は，警察・自衛隊・行政・電力会社・ガス会社などによって行われるようになるが，被災の程度によっては海外の災害援助隊などが導入されることもある。近年では，災害ボランティアの受け入れも一般的に行われるようになった。

制度的には，明治44年(1911)に制定された「災害土木費国庫補助ニ関スル法律」(昭和24年に改正され，名称も「都道府県災害土木費国庫負担に関する法律」に改められた)に基づき，復旧費用が国庫補助されることになる。

具体的な復旧の過程を，昭和13年(1938)に発生した阪神大水害でみよう。水害の発生後すぐに，兵庫県は救援本部を設置し対策にあたった。応急措置として，被害の実態把握，罹災者への物資の提供，物資価格の統制などを行なった。しかし，兵庫県が立案した抜本的復興計画の予算は，政府査定によって半額に削られるなど，復旧は大幅に遅れることとなった。神戸市でも非常警戒本部や臨時水害応急措置部などを設置し，罹災者を救助・救援し，復旧計画を策定する委員会を立ち上げた。神戸市の復興都市計画の中には，災害の教訓を活かしたものがあったが，戦争のために実際には行われなかった。ただし，河川の改修工事だけは重点的に実施されて，土石流を流下させることができるような構造にした「三面張り」方式による大がかりな工事が行われた。こ

2）復興対策　復興とは，直後の復旧の目処がたった段階で，民間施設の再建や，まちづくり，景気回復などに至るまでの比較的長期間にわたる過程を指す。また，被災者の心理的なケアなどを含むことがある。この対策にかかる費用は，国土並びに国民の生命，身体および財産を災害から保護することを目指す「災害対策基本法」や「災害救助法」，激甚である災害が発生した場合には「激甚災害に対処するための特別の財政援助等に関する法律」に基づいて，支出されることになる。

復興対策も，阪神大水害を例にとって記してみたい。復興対策の中で，特に重点が置かれたのが渓流砂防事業で，堰堤・床固工・護岸・山腹工などが，六甲山地の南斜面を中心に建設された。また，林野関係の事業も同時に進められ，荒廃林野復旧施設の建設などが植林とともに行われることとなった。ここで特筆すべきは，阪神大水害の被害が新聞で報道されると，勤労奉仕をする人々が現れたことである。まさに，災害ボランティアの先駆的な事例がここでみられたのである。

風水害へのさまざまな対応

1）水防施設と水防組織　国土交通大臣や都道府県知事は，水害を警戒し防御するために，都道府県や市区町村に対して，水防施設を造るための補助金を交付している。これにそって，排水ポンプ場・遊水池・水防用倉庫・通信施設などが建設されてきた。また，水害の常襲地域では個人の費用により，水塚・水屋・段蔵など水害に適応する建築物なども造られて，その地域特有の景観を形成してきた。また個人の家では，前述のような建築物だけでなく，避難用の船を軒先に常備したり，仏壇を2階に引き上げる装置を作るなど水害時に対応する伝統的な方法が残されている地域がある。

一方，水防組織としては，昭和24年(1949)

図1　水屋

に制定された水防法によって，水防事務組合が置かれ，組合は水防団を組織して地域の河川の氾濫などの水害に対処することができるようになった。水防団員は，自営業や農業など通常家にいることが多い住民で組織され，身分的には非常勤の特別職地方公務員となっている。

2）水害訴訟と保険　これまで多く発生した水害の中で，その原因が河川管理者にあるとして，昭和45年(1970)以降になって訴訟を起こすケースがたびたびみられるようになった。昭和47年に大阪府大東市において寝屋川が氾濫し，市内の住宅が被災した。寝屋川の支流・谷田川の管理に問題があったとして，国や大阪府などを相手に住民が訴訟を起こしたのが大東水害訴訟である。また，昭和49年の台風16号により多摩川の堤防が決壊したが，家を失った住民などが国を訴えたのが多摩川水害訴訟である。家が濁流に流されるシーンがテレビの画像で繰り返し映し出されたことでよく知られている。この訴訟では，最終的には住民が勝訴した。さらに，昭和51年の長良川の堤防決壊を受けて，住民が河川管理者である国を訴えたのが長良川水害訴訟であり，これも住民が勝訴した。このように，近年では水害をめぐり訴訟に至るケースが増えたが，長良川水害訴訟以降，河川管理者の責任は

限定的であるとする考え方が主流となり，原告が敗訴することが多くなった．風害に関しては，誘因が管理の及びにくい自然現象と認識されることから，これに関する訴訟は多くはない．

一方，保険に関しては，昭和34年の伊勢湾台風による被災を契機に，従来の火災保険に風水害を含めることができるようになるが，民間の保険会社が扱っているだけで，国はこれには関与していない．内容的には，自然災害によって怪我などをした場合に，保険金が支払われるし，財物に関するリスクについては，火災保険（住宅総合保険など）と自動車保険によって保険の支払いを受けることができる．なお，平成23年(2011)3月の東日本大震災による保険金の支払いは莫大な額になると予想されるが，地震や津波などは特約で契約しておく必要があったために，低い加入率であったことがわかっている．

3) ハザードマップ　1990年代から，日本では各市区町村でハザードマップが作成され始めた．ハザードマップは，自然災害が発生した場合を想定し，その被災する可能性のある地域を地図で示したものである．水害・地震・津波・土砂災害・火山災害などの災害を，種類別に作成しているケースが多い．また大規模な市などでは地区ごとに分割して作成するために，かなりの枚数になることがある．風水害に関してみると，水害が起こった際に，浸水する範囲と水深を色分けをして示すハザードマップが最も多い．また，豪雨などに伴って，土石流やがけ崩れが発生しやすい箇所を示したり，避難場所なども記入されている．さらに，市区町村によっては，内水災害などによって冠水しやすい道路やガード下の箇所などを記入しているものもある．ハザードマップは，市区町村で作成され，紙ベースで印刷されて各家庭に配布されている．また各市区町村のホームページには，電子データでも公表されていて利用が容易となっている．

ハザードマップは，最初に作成されてから幾度か修正されてきており，徐々に精度のよい使いやすいものに変わってきた．作成当初には，ハザードマップが公表されることで，不動産価値が下がるという指摘もあって公開に慎重だった市区町村もあったが，現在ではそのようなことはなくなった．

なお，国土交通省のハザードマップポータルサイトでは，風水害に関連したものとして，全国の市区町村の洪水ハザードマップ・内水ハザードマップ・高潮ハザードマップ・津波ハザードマップ・土砂災害ハザードマップなどが公開されていて，便利になっている．

ハザードマップは，災害時に緊急に使用しなければならないために，見やすい表現法が望まれる．ハザードマップの改善だけでなく，この使い方・見方についても行政などが常に住民に啓発するようにしておくことが重要で，この点に関してはまだ多くの課題を残している．

4) 災害文化の形成　地域にはその風土に根ざした独特の文化がある．災害に関しても同様に，その地域特有の知恵を含む文化が形成されていることがあり，それを災害文化と呼んでいる．それは祖先から受け継いだ長年の経験に基づいているために，災害文化はその地域における災害の履歴と関わっていることはいうまでもない．たとえば，木曾三川では，集落や農地を堤防で囲っている輪中が造られてきたことなどはその良い例である．ただし，災害文化は輪中のように災害に対して適応可能なものばかりではなく，逆効果を生むこともある．たとえば，関西には地震がないとして無防備でいたことも一種の災害文化であるが，結果的に阪神・淡路大震災で大きな被害を出した．また，日本海側には津波がないと信じられていたため，遠足の小学生や観光客

が津波にさらわれた秋田の例(1983年日本海中部地震)などもある。災害文化は，これまでの人々が危険を避けたり，巧みに利用してきた結果から生まれた一種の知恵である。しかし明治以来，近代土木技術を過信したために，災害文化を受け継ぐことなくかえって被害を大きくしてきたこと前述の通りである。

「土手の花見」を災害文化とみることもできる。梅雨期の出水前に人々が踏みしめることで堤防を補強し，その存在を認識させる効果はあろう。「土手の花見」は，ハード(土手，桜の木)とソフト(花見というイベント)を含んだ，優れた災害文化といえよう。ほかにも，富士川水系釜無川における御幸祭なども，武田信玄の治水策の1つであり，堤を固めるために御輿をかつがせたことに由来している。これも「土手の花見」と同様の考え方に基づくものである。信玄堤は，破堤と遊水池を組み合わせ，水の勢いを弱める施設を含めた優れた治水システムである。ここにはソフトとハードが融合した災害文化がみられる。

同じころ，加藤清正も肥後熊本の白川を直線化したり，洪水流を遅くするための石はね，遊水池的機能をもたせた水越堤など，城下を守るためにさまざまな工事を行なった。現在でもその一部が補修されながらも残されていることに驚かされる。

このほかに，災害に関係する地名，災害を表現している地形，地域に残る言い伝え・伝説・諺なども地域独自の災害文化である。その一例として，風水害に関連する地名を紹介してみると，エド，カワチ，サコ，ナダ，スガ，ドテ，フケ，ミズキ，ヤス，ワタリなど実に多くの地名がある。これらの地名が風水害に由来するものであれば，将来的にこの地域で再発する可能性もあることを知り，その防御策を考えておけばよいことになる。また，言い伝え，伝説，諺などを単なる昔話として無視せずに，有用な災害文化を，次の世代に引き継ぐ仕掛けは必要であろう。

図2　木曾三川河口付近の輪中

参考文献　内田和子『近代日本の水害地域社会史』(古今書院，1994)，伊藤安男『治水思想の風土―近世から現代へ―』(同, 1994)，ハザードマップ編集小委員会編『ハザードマップ―その作成と利用―』(日本測量協会，2005)，笹本正治『災害文化史の研究』(高志書院，2003)，京都大学防災研究所編『風水害論』(防災学講座1，山海堂，2003)

土砂災害

池谷　浩

土砂災害とは

土砂災害とは，土石流など土砂の移動現象が人間生活や人命に与える被害のことと定義できる。土砂災害は自然災害のなかでも特に社会的条件に依存した災害といわれるほど，人間生活に直接関係が深い。たとえば人間が生活する場や生産の場に対して充分に広い空間を有する国土が存在する場合，土砂災害が大きな社会問題となることは少ない。なぜならば，より安全な土地に生活の場や生産の場を移転させることにより災害を回避することが可能であるからである。しかし，わが国のように可住面積が少ない国では，土砂移動現象の発生場と人間生活の場とのオーバーラップする範囲が大きく，その中で被害が生じている（図1）。

そして，それぞれの場は時間とともに変化している。自然現象発生の場でいえば，火山噴火による降灰が山腹斜面に降り積もると，それまでほとんど発生していなかった流域で土石流の発生が見られるようになる。また，最近の降雨強度の大きい雨の発生頻度が増していることにより土砂移動が容易になっていることなどが挙げられる。一方，人間生活の場では，人口の増加による開発や土地利用の高度化により生活の場の範囲と被害を受ける質が拡大・変化している。

そこで，土砂災害を防ぐためには，まず土砂移動現象やその誘因などの自然現象の理解が必要である。同時に自然現象発生の場とオーバーラップしている人間生活の場の状況を知り，災害を防ぐための対策を人間が行う必要がある。なお，土砂災害対策など，いわゆる土砂災害を防止・軽減するという概念として砂防という言葉が用いられている。

砂防の歴史

砂防の歴史は土砂の移動に伴う災害になんとか対処しようとした人間の歴史から始まる。古い時代には土砂の流出が著しい場所で森林の伐採を制限した。この砂防の歴史の始まりが文書で明確になるのは弘仁12年（821）の太政官符（『類聚三代格』巻19禁制事）である。当時の人々は樹木のない荒廃した山からは常時は水が出てこなくなり，大雨の時は水と一緒に土砂が出てくることを身をもって知っていたからである。特に水田を主体とする農業による生活形態が普遍化すると，水田はどうしても取水の容易な湿地や低地に作らざるをえず，そのため都合のよい水田付近に住居も移っていった。そして住居の安全のためには，周りに堤を築いたに違いない。だが，一度豪雨に見舞われるとその猛威は安全のための施設をも破壊して人々に多くの被害を与えていった。そこで住民による自衛だけではなく戦国時代には戦国大名が各自の領土の富国強兵を目指し，領地の拡大とその安全確保にあたっている。

一方で，木の文化の国日本では人口増加に伴う木の多様な活用により荒廃した山地が出現してくる。荒廃山地からは，雨のたびに土砂が流出し下流で住民生活に被害を与えていく。これも局所的な現象として発生していたと考えられている。なぜならば9

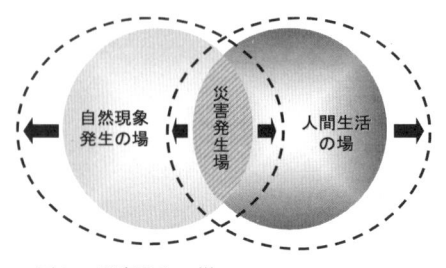

図1　災害発生の場

世紀初頭以後，江戸時代に入るまで土砂災害対策に関する記録が見当たらない。時の権力と関係のないものは記録されていないという考え方もあるが，武居有恒は「砂防や治山技術は山の維持管理と共に農業生産技術の中に不可分の形で組み入れられたことから，事業としては歴史の影の部分に隠されてしまった」と考えている。

樹木の伐採や松の根掘りなどが盛んになる江戸時代に入ると全国的に土砂災害の記録が現れてくる。たとえば人間生活が古くから営まれてきた淀川流域では，天正6年（1578）から万延元年（1860）までの283年間に31回の災害が記録されている。これら土砂災害の対策として，江戸時代にはわが国ではじめての砂防の法律といえる文書が出される。寛文6年（1666）2月の諸国山川掟の令である。

この令では草木の根掘りを禁止し，木のない山には木を植えるようにしたが，全国で土砂災害は発生する。このように山川掟の令は出たが山はますます荒れ，川はいよいよ浅くなる理由を熊沢蕃山の『大学或問』は「山あらす事法度とあれども，三日の食物さへ貯なきもの多ければ，薪を買て焼べきやうなければ，たとへ明日首をきらるるまでも，今日はぬすみて山をからではならず。庄屋・年寄もそれを知れば，見のがしにせんより外の事なし」とする。この『大学或問』は天明8年（1788）に発行されたものだが，書かれた内容は生前，蕃山が弟子たちに論じていたものとすると，蕃山の生きていた時代の事，すなわち蕃山の晩年の元禄3年（1690）ころの状況を述べたものと考えられる。それは掟の令が発令されて，わずか25年程度しか経っていない時期の状況と考えられるのである。

もともと山川掟の令は住民による山の木の抜根を禁止するというソフト対策と植樹というハード対策から成り立っているが，住民の生活が厳しい時代に役人が取り締まるには限界があること，また，植物を用いた工法が効果を発現するには樹木がある程度大きくなる必要があり，それには時間が掛かることなども令の効果がすぐに現れなかった理由と考えられるのである。

山川掟の令発布後も度重なる災害に手を焼いていた幕府は，特に被害甚大な畿内での災害に対し，天和3年（1683）若年寄稲葉正休らを派遣して畿内諸川の巡察を行わせた。そして災害の原因が山林の濫伐によるものであることを確認して「諸川の水源山林は公私の論なく，その地方をして山地の崩壊土砂を防がしむ」に至った。このことは赤木正雄をして「我が国砂防事業の事実上の起源とも云うべき」といわしめた。

しかし，石垣留や鎧留など本格的なハード対策としての土砂災害対策が実施されるのは，文献からみる限り18世紀に入ってからである。特に19世紀に入ると福山藩（広島県）で大型の砂留工事が実施される。当時の飛松留など植物を用いた工法は斜面に穴を掘って木を植えるもので，直ちに表面侵食防止効果を見込むことはできず，また植生の順調な生育も難しかったことと想定される。仮に植生が生育したとしてもある程度の大きさになるには時間が掛かる。そのため工事の施工後すぐに効果の発現がみられない。そこですぐに効果の見える斜面や渓岸・渓流での土木構造物による小規模の土砂留工事（たとえば石垣留）が実施された。しかしこれでも災害対応として防災上充分でないところでは，小規模な工事が大規模なものとなっていったと考えられる。

幕府は貞享元年（1684）に再び山川の掟を発布し，荒廃した山地への対応を実施した。また，元禄2年（1689）には，大和の柳沢藩，甲賀の藤堂藩，淀の稲葉藩に土砂留奉行が置かれ，また京都，大坂の南北町奉行の与力を土砂留方に任じて現地の巡視・監督に当たらせている。このように江戸時代には土砂災害防止のための法律が施行された。

また各地で土砂災害対策としての工事が行われ，山腹工事を主体とした種々の工法も発達した。

明治6年(1873)オランダの技術者デレーケ de Rijke が来朝し，全国の河川を見て治水の技術指導を行い，砂防に関しても各地の現場で対策工法を指導した。同年9月に治水を完備するためには，その上流山地に土砂留工事の施工が必要であるとし大蔵省達「淀川水源砂防法」が出された。同19年10月には「砂防工事落成箇所取締の件」を内務省訓令で定め，砂防工事箇所での土石の掘取や雑木伐採等の取締を行い，管理面をも強化していった。その間，常願寺川(富山県)，木曾川などの荒廃河川の水源を視察していたデレーケは，24年内務省土木局長に「水源涵養法施行緊急の主意」を提示し，日本の河川改修は水源対策として砂防工事を実施しなければ，その効果を挙げることは不可能であると主張した。これを裏付けるかのように，29年関東地方を襲った大洪水は土砂によるところが多かったため，いわゆる治水三法の一つとして砂防法が翌年3月に公布された。治水三法とは，河川法(29年4月公布)と森林法(30年4月公布)，および砂防法をいう。

砂防法は，一部改正はされているが現行の法律で，砂防工事のみならず維持管理面を強化し，これらを行う地域(砂防指定地)を国が指定するようにしている。また砂防工事は原則的には都道府県が実施することになっているが，被害や利害が2つ以上の府県にまたがる場合，巨額な工費がかかる場合，または工事が技術的に非常に難しい場合には，国がみずから実施することも定めてある。

明治時代は技術者教育が外人教師の手によっていたが，その手から巣立った諸戸北郎・赤木正雄らはオーストリアに砂防を学び，わが国の砂防への適用を咀嚼して帰国した。そして水系一貫の治水計画に基づく砂防の立場を主張したのであった。これによって砂防事業は大いに発展し，全国の山腹や渓流に地道な工事が行われ，国土保全のための努力がなされていった。

昭和に入ると，大規模な砂防堰堤の築造が始まり，常願寺川には高さ63㍍という白岩堰堤が施工された。また昭和13年(1938)の阪神大災害後には神戸・西宮などの都市部を守るための都市対策砂防が実施された。特に昭和6年ころからの農村恐慌は，当時の社会問題として取り上げられ，時の政府は失業者対策と農村救済を目的として，時局匡救事業を興した。災害から地域の安全を確保するとともに地域の活性化にも役立つ砂防事業実施が全国各地で要望された。昭和20年前後の山地の荒廃と大型台風の襲来により，昭和20年代は利根川など大河川の流域で災害が多発した。そこで山地部での土砂災害を防止するとともに下流流域での土砂堆積に伴う河川の氾濫を防止・軽減する目的で直轄事業による水系砂防が実施された。昭和32年7月の西日本を中心とした災害は各地に地すべり被害をもたらした。このため33年3月にはそれまで砂防事業の一環として実施されてきた地すべり対策を新たな事業として取り扱う「地すべり等防止法」が公布され，それまでの砂防法では採択できなかった都市周辺の地すべり対策や家屋移転，避難などの対応を可能とした。戦後の荒廃特に30年代の高度経済成長政策

図2　昭和54年岐阜県上宝村洞谷土石流災害

に支えられた地域開発に関連して砂防事業も行われてきたが，その主体はあくまでも国土保全，土砂災害の防除であったことは論をまたない。昭和41年9月山梨県西湖周辺で発生した土石流による悲惨な被害に鑑み，土石流災害を防止・軽減するべく本格的な土石流対策が国により計画・実施されていった。以来，土石流による災害から人家・人命を守るための砂防が全国各地で行われている。学術面でも西湖災害以後，土石流に関する調査・研究が本格的に実施され，それらの成果をもとにより効果的な土石流対策が実施されていった。また，44年7月には「急傾斜地の崩壊による災害防止に関する法律」が公布され，全国のがけ崩れによる災害を防止する対応が本格化した。57年7月23日長崎県下は前線の活発化に伴う豪雨により大災害を被った。特に長与町役場で記録された時間雨量187㍉は現在も日本記録となっている。この長崎豪雨では土石流やがけ崩れが同時多発的に発生し，死者・行方不明者299名中，実に約90％となる262名が土砂災害の犠牲となった。この災害を契機に，それまでハード対策主体であった土砂災害対策に「自分の命は自分で守ろう」をスローガンとする避難対策を含む住民参画のソフト対策を加えて，行政と住民が一体となって総合的な土砂災害対策を実施することになる。61年伊豆大島三原山の噴火災害，63年十勝岳の噴火災害など火山活動の活発化に伴う土砂災害の頻発化に鑑み，火山地域で実施してきた通常砂防事業と火山等緊

図3 平成3年雲仙普賢岳噴火に伴う土石流災害（長崎県島原市）

急対策砂防事業を併合して，火山砂防事業が創設されわが国の火山地域における土砂災害防止のための砂防事業を強力に推進することになった。また，自然環境との調和を考慮して，中小出水時の無害土砂は極力下流に流下させる「流す砂防」の実施など防災対策と同時に自然環境の保全・創出を兼ね備える砂防関係事業が現在各地で実施されている。

現在も毎年1,000件にもおよぶ土砂災害が発生し，多くの尊い人命と貴重な財産が失われ，社会インフラやライフラインが破壊されている。平成11年(1999)6月29日の豪雨による広島災害を教訓に，土砂災害の特に危険なところには人は住まない，もし住むとしたら家屋を充分強固なものとすることを主とした通称「土砂災害防止法」(土砂災害警戒区域等における土砂災害防止対策の推進に関する法律)が12年5月公布され，平成13年4月より施行されている。これまでのハード対策主体の事業法であった砂防法，地すべり等防止法および急傾斜地の崩壊による災害の防止に関する法律に，土砂災害の危険のあるところを公表して，危険なところには住宅などの建設をしないようにするなど土地利用規制や避難体制の確立

などを主とする土砂災害防止法というソフト対策のための法律が加わり，土砂災害対策がハード，ソフトあわせて総合的に法律により実施されることとなった。

最近の土砂災害
第2次大戦後の風水害による災害記録を見てみると，昭和20年からの20年間は，多くの台風が日本に上陸し，1,000名を超す死者を出す災害をもたらすこともあった。特に34年9月の伊勢湾台風では，死者・行方不明者5,098名という犠牲者を出している。この台風被害を教訓として，治山治水緊急措置法（35年3月公布），災害対策基本法（36年11月公布）を定め防災対策が本格的に実行され始めた。その効果も現れて昭和40年以降は台風は上陸するものの，1回の台風により1,000名を超える死者を出す災害は発生していない。しかし，昭和40から60年の間の風水害では毎年のように数100名単位の死者を出す災害が発生し，60年からの20年間では，災害が発生してもほとんどが死者数100名以下の災害となっている。だが，後者の20年間に数回ではあるが100名を超す死者が出た災害が記録されている。これらは土砂災害が主となっている災害である。すなわち，自然災害の対策が進められて被害は減少し始めているが，土砂災害は多くの死者を出す災害として存在しているのである。最近の土砂災害の状況を見ると，平成16年に土砂災害発生件数が2,537件を記録し，現象別に見ると土石流災害565件，地すべり災害461件，がけ崩れ災害1,511件，死者・行方不明者数は62名となっている。平成16から20年の5年間の平均では，土砂災害の件数は全国で年に1,291件，死者・行方不明者数は27名となっている。土砂災害を発生させた誘因も融雪・集中豪雨・台風・地震・火山噴火など多岐にわたっている。

今なお，多発する土砂災害の特徴を整理すると以下のようになる。

1) 多様な現象と特性　土砂災害を引き起こした土砂の移動現象は土石流・火山泥流・溶岩流・火砕流・地すべり・がけ崩れなど多様である。そして，それぞれの土砂移動現象はわが国の宿命でもある豪雨や地震または火山噴火などの発生に伴うものである。また，これら多様な現象の有する特性もまた多様である。速度の速いもの，温度の高いもの，規模が巨大となるものなどさまざまである。これらはすべて人的被害という視点からすると影響度合いが大きいと考えられる特性を有しているといえる。特に速度で見ると10㍍/秒を超す流れは，発生してからでは避難が困難な早さであり，一般的な木造家屋を破壊する力になりうるものである。温度が数100℃以上になると家屋等を燃やす温度となりうる。そのため，土砂災害は人的被害に結びつきやすく，また，家屋被害も大きくなるのである。

2) 発生の予知・予測が困難　平成21年（2009）7月21日，山口県下は集中豪雨に見舞われた。防府市の上田南川では土石流が発生，下流にあった老人ホームが被災して7名が死亡するという土石流災害が発生した。上田南川の北側には連続して7つの土石流危険渓流が存在していた。地形的にも地質的にも類似している渓流で，当日同じような豪雨が降ったと考えられる近距離に位置している渓流であるが，いずれでも土石流は発生・流下していない。このように地形・地質そして降雨量などからのみの土石流発生予測は大変難しい。

3) 全国どこででも発生し，災害弱者の被害が大きい　平成20年の土砂災害発生件数は，全国で土石流災害154件，地すべり災害89件，がけ崩れ災害452件，合計695件と報告されている。最近5年間では土砂災害の発生件数が最も少ない年であったが，これらの土砂災害を都道府県別で見てみると実に44都道府県で土砂災害が発生している。すなわち土砂災害は日本のどこででも発生し

うることが示されている。そして，被災者としては高齢者など避難が困難な状況にある，いわゆる災害弱者の被災が目立っている。

4) 集落や町が消える　土砂災害は人的にもまた物的にも，ライフラインや社会インフラにも大変厳しい被害を与える災害である。1985年南米コロンビア共和国のネバド・デル・ルイス火山噴火時に発生した火山泥流により，下流の都市アルメロでは2,000人を超す死者を含め，壊滅的な被害が生じ，街の再建が放棄された。広域的な土砂災害によって一つの集落や市町村という行政単位がこの世から消えることもある。

今後の課題

わが国の自然条件と社会条件は土砂災害の発生を容易にする方向に進んできた。そのため，過去から現在に至るまで全国各地で土砂災害が発生している。土砂災害は災害発生後，比較的早い時間で復旧が進み，災害対策により再度災害防止が図られるが，平成3年の雲仙普賢岳災害のように2～5年にわたって土砂災害が連続して発生し，人的・物的被害のみならず避難先から自宅に戻れないという被害も生ずるなど，活火山地域では人間の社会生活に長期間影響を及ぼす土砂災害も発生している。

また，安政5年(1858)の飛越地震によって形成された天然ダムが決壊して，60㌔下流の富山平野を襲った土石流災害では，常願寺川がそれまでの清流から雨のたびに土砂を流下させる荒廃河川と変化した。安政5年からの100年間に記録にあるだけでも実に80回の被害をもたらす災害が発生している。河川の流域において水源部の荒廃は下流の災害という形で被害を流域全体に及ぼしてくるものであることを示す事例といえよう。このように土砂災害は，一度発生すると時間的にもまた空間的にも人間生活に大きな影響を及ぼす災害となりうることを知っておくべきであろう。

最後に最近の土砂災害から得られた課題は，
① 避難するにも地区内に安全な場所がない。
最近の土砂災害では，地区全域が土砂災害に見舞われるなど避難するにも安全な場所がないところがある。
② 住民の避難が難しい雨の降り方が生じている。
真夜中の豪雨や，一旦雨が止んだ後の豪雨による土砂災害など市町村の行政が避難体制をとり，住民の避難に結び付けることが極めて難しい災害が出現している。
③ 正常化の偏見がなくならない。
自分の家だけは大丈夫と思っていると避難行動も難しい。防災意識の向上，地域防災力の向上のためにも正常化の偏見を取り除くことが必要である。

これらはいずれも難しい課題であるが，まず各地区・集落の中に安全な場所を創出して近いところに避難場所を作ることが大切である。そして，行政の防災情報を「知らせる努力」と住民の「知る努力」により土砂災害を防止し，今後も多発が予想されている土砂災害に対し，安全で安心して生活できる地域づくりを実行していく必要がある。

参考文献　武居有恒「砂防事業のなりたち」(『水利科学』99，1974)，全国治水砂防協会『日本砂防史』(石崎書店，1981)，赤木正雄「我国の砂防事業」(『水利と土木』12ノ2，1939)

火災

関澤 愛

火と人間

火と人間の関係は，古くから語り伝えられる対象の1つである。たとえばギリシャ神話には，プロメテウスという神が禁をおかして天空から火を盗んで人間に与えたという物語がある。おかげで，人間はその火によって得られる恩恵，すなわち文明に浴することができるようになったのであるが，最高神ゼウスは火を盗んだプロメテウスに対して大変怒り，罰として彼を鎖で縛って絶壁に掛け，毎日その生き肝を鷲についばまれるという苦痛を受けさせたのであった。さらに，ゼウスが人間の世に送り込んだ最初の女性パンドラが「決して開けてはならない」とされていた玉手箱を好奇心から開けてしまったために，箱につまっていた人間のあらゆる不幸と悩みが人間界にひろがったとされている。

この喩え話は，火の持つ2面性を言い得て妙である。火は人間に対して，炊事，明かり，暖房など，いろいろな恵みを与えてくれる一方で，これがいったん人の制御の限界をこえてしまうと，非常に恐ろしい災害をもたらすものである。火災とは，火の有するこの後者の側面を指すものであり，歴史や文明の誕生とともに人類がつき合ってきた災害の1つである。

火災とは

わが国の消防機関が火災統計や調査を行う場合に火災は次のように定義されている。すなわち「火災とは，人の意図に反して発生し，もしくは拡大し，または放火により発生して消火の必要がある燃焼現象であって，これを消火するために消火施設またはこれと同程度の効果のあるものの利用を必要とするもの，または人の意図に反して発生し，もしくは拡大した爆発現象」をいう。

ところで，われわれの身の回りでは，暖房や調理などの燃焼による火やエネルギーがさまざまな形で当たり前のように利用されている。このように，燃焼現象そのものはわれわれの日常生活の至るところに存在しているものであるが，火災とはこれらの燃焼が人のコントロールを離れて，災いを及ぼす程度まで拡大してしまった燃焼現象を指しており，いわば社会的な性格を有する定義である。しかし，火災の実体である燃焼現象そのものは，壁や天井，あるいは収納物品などの可燃物が空気中の酸素と熱や光を発して激しく反応する化学反応の一種である。このように，火災には物理・化学現象としての燃焼という側面と，人間生活に被害を与える災害としての社会的側面の2つがある。以下では，これらの両側面についてみて行くことにしよう。

燃焼の3要素

燃焼とは，可燃物（可燃性物質）が酸化剤（酸素）と反応する酸化反応という化学的側面と，熱の移動や気体の流れという物理的側面が入り組んだ複雑な現象である。しかし，建物などの火災を対象とする場合には，一般的には「燃焼とは空気中または酸素中で可燃物が激しい酸化反応によって熱と光を発生する現象である」と定義することができる。この燃焼現象が起きるためには，燃焼の3要素すなわち「可燃物」「酸素（空気）」「熱エネルギー（温度）」が同時にある一定の条件下で満たされなければならない。したがって，これらの3要素のうちいずれの1つを欠いても燃焼が成立しない。つまり消火することができるということになる。この場合，酸素（空気）の除去に対しては「窒息消火」，可燃物の除去に対しては「除却消火」，また熱エネルギーの除去に対し

ては「冷却消火」という用語がそれぞれ用いられることがある。建物火災に対して消防隊が水をかけて消火するのは冷却消火であり、また粉末消火器で天ぷら火災を消すという行為は燃焼している物体への酸素供給を遮断することであり窒息消火の原理を利用したものといえる。粉末消火器は消火薬剤が火の中で発生する化学連鎖反応を抑制する効果も有している。燃焼の3要素のうち、酸素(空気)と可燃物(気体・液体・固体)とで構成される条件を「燃焼の組成条件」と呼び、熱エネルギーに関する条件を「燃焼のエネルギー条件」と呼ぶ。

伝熱の基本形式

火災における燃焼によって発生した熱は、熱気流となって周囲へ運ばれるだけでなく、火炎からの放射という形で可燃物表面にフィードバックされ、未然の可燃物への新たな着火エネルギーとなり燃焼を継続させる。このように、火災においては熱の移動がさまざまな形で行われるが、その基本的な形式は「熱伝導」、「熱伝達(対流熱伝達)」、および「熱放射」の3つであり、これらの伝熱形式が組み合わさって現れるか、あるいは単独で現れる。

これらの伝熱の形式は、図1に示した建物火災の初期における火炎から火災室内壁への熱の移動をモデルに説明するとわかりやすい。1つの物体(内壁)の内部に温度差があるとき、熱はその物体内部を高温側(火災により熱せられた側)から他の低温側へと移動する。このような伝熱形式を熱伝導(Heat conduction)という。熱伝導が、熱が1つの物体内部を移動する場合に当てはまるのに対して、熱伝達(Heat convection)は、一般的に相の異なる物体の間、たとえば気体から固体へ、あるいは逆に固体から気体へと、熱の移動が行われる場合に当てはまる。建物火災においては、火炎が直接壁に接したり、また火災によって生じた高温の熱気流が壁に沿って上昇するときなど、高温の気体が移動して壁や天井に熱を与える場合がこれに相当する。このような熱伝達は、特に対流熱伝達(Convective heat transfer)と呼ばれる。これらの熱伝達の形式のほかに、高温の火炎や物体からは、熱が中間の物質(部屋の中の空気)とは無関係に、直接壁面に放射という形で伝達される。この熱の放射というのは、赤外線や可視光線を含むある波長域の電磁波であり、この伝熱形式を熱放射(Radiation)という。太陽からの熱が真空の宇宙空間を経て地球上に到達するのも、また、放射式ストーブによって少し離れたところでも暖かく感じるのも、この熱放射のおかげである。

建物火災と燃焼の形態

建物火災の際の可燃物としては、気体や液体のものも皆無ではないが、ほとんどは木質系材料や高分子系材料の固体の燃焼である。気体・液体および固体の燃焼のしかたはそれぞれ多少異なっている。可燃性ガス(気体)の場合は、そのまま空気中の酸素と化合して燃焼するが、可燃性液体の場合は通常熱を受けて蒸発し、可燃性ガスとなったのち酸素と化合して燃焼する。また、固体の場合は、熱分解や昇華により気化するものと、い

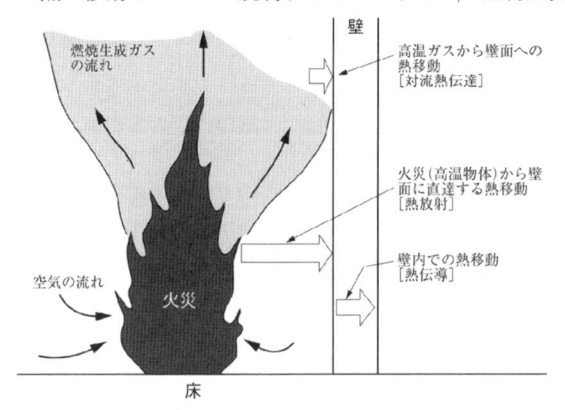

図1　伝熱の基本形式

ったん溶解して液体となり，その後に気化するものとの2種類あり，木質系材料は前者の代表例である。しかし，いずれの場合も，燃焼の主体は最終的に生成される可燃性ガスと空気との可燃性混合気であることには変わりはない。

建物火災における燃焼を，放射式ストーブが出火源となって，木質系の内壁が着火して燃えるケースを例にとって具体的に考えてみよう。まず，ストーブからの熱放射によって可燃物表面(内壁面)が熱せられ，やがてある温度に達すると可燃物の熱分解という過程が始まる。熱分解によって可燃性ガスが発生し，これが空気(酸素)と混合することによって可燃性混合気を形成するが，「燃焼の組成条件」を満たすためには，可燃性ガスの濃度が薄すぎても濃すぎてもだめで一定の濃度範囲になければならない。

また，燃焼が成立するためには，可燃性混合気の存在だけでは不十分で，燃焼に必要な「エネルギー条件」である熱エネルギーが満たされなければならない。つまり，ストーブからの放射熱によってさらに可燃物表面が熱せられ，発火に必要な温度にまで達してはじめて発熱反応である燃焼という過程が開始される。

いったん可燃物表面で可燃性混合気の燃焼が始まる(発火する)と，仮にストーブからの熱放射がなくても，燃焼はそれ自身の燃焼発熱によって維持・継続することが可能である。それは，燃焼によって生じた発熱エネルギーの一部が，主として炎などからの放射熱となって可燃物表面にフィードバックされ，可燃物の熱分解をさらに促進して新たな可燃性ガスの供給をするとともに，雰囲気温度を燃焼に必要な温度に保つからである。このように，通常，建物火災における燃焼では，熱分解と発熱燃焼の2つの過程が繰り返されており，可燃物の熱分解に必要なエネルギーに対する，燃焼によって生じた発熱エネルギーの比が大きいほど，燃焼の継続・拡大には有利となる。

戦後の火災と防火対策の変遷

第2次大戦の空襲によって焼け野原となった日本の都市は，火災に対する脆弱さを如実に物語っていた。1950年代から1960年代前半にかけては平常時における都市大火が相ついで発生し，わが国の都市を如何に火災に強いまちにしていくかが重要な社会的要請となっていた。こうした背景の中，戦後まもなく昭和25年(1950)に創立した日本火災学会において，その発足とともに最も精力的に取り組まれた課題が都市火災危険の分析とその防止対策であった。昭和27年に制定公布された耐火建築促進法の中で，はじめて登場した防火建築帯は主要道路の両側に耐火建築を帯状に並べ，立体的な防火帯による延焼遮断効果を期待したものであるが，その適用第1号である鳥取市は皮肉にも同年に大火にみまわれたことがそのきっかけとなったものである。

平常時の都市大火は，1960年代末までは毎年のように発生していたが，次第に発生頻度が小さくなるとともに，東北や北海道，あるいは日本海側の中小都市に限られてきた。これは，フェーン現象の起こりやすい地域性のほかに，中心部になお旧来の木造密集市街地が残されていたこと，また公設消防の整備が遅れていたことによるものであった。昭和51年，加賀市大火(昭和44年)以来7年ぶりに酒田市で大火が発生したが，震災時の都市大火は別として少なくとも平常時の大火はこの酒田市大火を最後に姿を消し，戦前からの念願であった大火を防ぐという課題はようやく終焉するに至る。

一方で，1960年代後半から70年代は，平常時の都市防火から建築防火や地震時の都市防火への転換期となった時代でもある。日本ビル火災史上最大の死者118名の惨事となった千日デパートビル火災(昭和47年)や熊本大洋デパート火災(同48年)など多数の死者を出す建物火災が相つぎ，これらに対

応して避難や煙流動の建築防火対策の研究開発や法令改正が盛んに行われるようになった。また，被害地震が頻発し始めた時期でもあり，昭和39年の新潟地震では石油タンク火災が市街地へと延焼し大火となった。この震災後，河角広の「69年周期説」（南関東地域における大地震の可能性が69年±13年周期というもの）がマスコミを通じて話題となり，地震防災対策がにわかにクローズアップされた。それ以降，国や東京都などの大都市では地震時の被害想定調査や都市防災対策研究が盛んとなる。

1980年代には，建築基準法第38条に基づく大臣認定制度に基づく建築防災性能評定が定着するようになり，この制度を利用した新しい防火技術，斬新な建築空間，デザインの導入を支援するための防火研究が急速に活性化した。時代的背景としては，高度経済成長と技術革新の恩恵を受けて，超高層ビル，新技術，新材料を駆使した建築物や都市開発が促進され，都市防火への関心から建築物単体の防火へと世間の関心がシフトしていった時期でもあった。

1990年代以降は，建築防火と地震時都市防火の2つの課題が防火対策および研究の両輪として推移していく時代である。平成5年(1993)に釧路沖地震と北海道南西沖地震，1994年には米国でノースリッジ地震と，火災被害を伴う大きな地震災害が相ついで発生し，平成7年には阪神・淡路大震災が，また同23年には東日本大震災が発生した。これらの震災は地震時という条件下では同時多発火災や市街地火災のリスクが顕在化し，かつ現在もなお未解決のきわめて重要な課題であることを喚起することになった。なお，戦後の火災と研究・対策などの変遷を俯瞰して見えてきたことがある。それは，大きな流れとして，1960年代までは戦前からの最大の課題であった平常時大火との戦いの歴史であったが，やがて防災関係者らの懸命の努力により，公設消防力の整備と防火木造の普及が実現した。念願の平常時大火の終焉に結実したことは，医療における天然痘の撲滅と同じような歴史的な成果であったといえよう。

地震と火災

平成7年(1995)1月17日に発生した阪神・淡路大震災と，このちょうど1年前に米国ロサンゼルス市近郊で発生したノースリッジ地震は，ともに現代的な大都市の直下で明け方という時間帯に発生した都市型震災地震であり，共通する点がきわめて多く存在した。地震火災の面だけをとりあげてみても，ガス管の破損による火災や通電再開とともに発生した電気火災が同時多発したこと，また，消火栓が被害を受けて使えなかったことなどがあげられる。しかしながら，こうした共通条件の多い中で火災被害に関しては1つ決定的に大きな違いがあった。ノースリッジ地震では，大規模延焼火災は発生していないが，一方，阪神・淡路大震災では多数の市街地火災が発生した。その違いの最大の理由は，市街地の延焼危険性の差，すなわち建蔽率や道路幅員などの彼我の歴然たる差にある。ノースリッジ地震における被害の中心地であるサンフェルナンドバレーでは，実は多数の火災が発生したが，市街地の道路は広く，整然としていて延焼の危険性はきわめて小さかった。一方，これに対して，阪神・淡路大震災で延焼被害を多く受けた長田区周辺はまさに木造密集市街地と呼ばれる地域であった。阪神・淡路大震災は，普段忘れかけている都市大火の潜在的危険性が大規模地震時には顕在化して現れるということを如実に示したものと言えよう。

震災時に現有の消防力を上回る同時多発火災が発生した場合，初期段階で消火できなかった火災が市街地延焼火災となって成長拡大していくことは今後も起こり得る事態である。こうした震災時における延焼火災被害の軽減に対して，その解決を消防活動

にのみ求めるだけでは，地域の自主防災力や広域応援消防隊を含めてもおのずと限界があることを知る必要がある。また，いったん，市街地火災として成長した火災は，火災の威力や消防戦術上からも消防力だけではなかなか延焼阻止できないものである。たとえば，昭和51年（1976）に発生した平常時の酒田市大火では，この1件の火災に対して最終的に合計217台の消防車両が出動したが，その延焼は自然焼け止まり線である新井田川という大きな河川に至るまでは止まらなかったのである。このように，市街地延焼火災の局限化のためには，道路の拡幅や沿道の不燃化による延焼遮断帯の構築，木造密集市街地の再整備という根本的な都市計画的対策を進めることが必要である。確かに，こうした対策は予算面でも，実現に向けての住民合意形成の面でも，気の遠くなる努力と時間が必要となる。しかし，本来，都市防災という根幹的なハード対策は時間をかけて一歩一歩地道に進めていく以外に近道はないことをむしろ肝に銘じるべきである。

その一方で，近未来的な現実的対応として可能な対策の検討も必要である。たとえば，さまざまな耐震装置付き機器，マイコンメータや感震ブレーカなどの設置による出火防止の努力や消火器の備え，住宅の耐震化，家具転倒防止などは各家庭でも行える効果的な防災対策である。また，地域では，消防団や自主防災組織などの育成強化，地震時にも使える消防水利の確保と拡充などが防災力向上にとって重要である。実際には都市防災対策推進のような中長期的対策（公助）に地道に取り組む一方で，公設だけでなく自主防災を含めた消防力の拡充と体制作り（公助・共助），そして，各家庭で行える出火防止や初期消火の努力（自助）を多角的に進め，これらの「合わせ技」で粘り強く火災被害リスクを軽減していく地道な努力の積み重ねこそが最も重要である。

火災と避難の心理

火災では物的損害も無視できないが，一般の人たちにとって最も悲痛な被害は，火災による死者の発生である。この意味で，火災についてはその出火原因や延焼拡大の要因など，燃焼の性状を分析するだけでは不十分であり，火災に遭遇したときの人の行動や心理の解明も大変重要な課題である。人はなぜ火災で逃げ遅れるのだろうか。火災による煙が避難に与える影響のほかにも，火災の兆候への反応，火災の危険に対する知識や認知，あるいは対応行動など，ヒューマンファクターの関係する要因はきわめて多い。これらの点を明らかにする1つの方法は過去の事例から学ぶことである。

平成2年（1990）3月18日に発生した長崎屋尼崎店火災では，出火時刻が昼食時間帯で，かつ火災は出火階である4階だけで上階へは延焼していないにもかかわらず，5階へ濃煙が伝搬したことによって死者15名，負傷者6名を出す惨事となった。火災は火元近くにいた従業員がその兆候に気づく前に自動火災報知機が感知しているが，そのすぐ後に着炎火災となり急速に拡大し，約10分後にはフロア全体に煙が充満するとともに，南北両階段室に煙が噴出し始めた。

この火災で特に指摘しておく必要があるのは避難の心得である。火災階である4階とそれより下の階では，すぐに従業員らの避難誘導がなされていたため，客，従業員とも無事避難をしているが，5階では迅速に火災確認情報が伝えられなかったという初期対応のまずさのために，避難余裕時間がかなり減少した。しかしながら，その5階でも避難する余裕はまだ残されていた。実際に，5階の店員食堂にいた従業員の1人は，火災の覚知から5分後ころに事務室の従業員から火災を知らされたときすぐに階段を利用して階下に降りて助かっている。しかし，店員食堂にいた他の人たちは避難をしなかった。もし，このときに他の人々

も同様にすぐに避難行動を開始していれば助かった可能性があったのである。

では，彼らは火災を知らされたにもかかわらず，なぜすぐに避難を開始しなかったのであろうか。これには身に迫る危険に対する主観的判断に関わる心理的作用の影響があったのではないかと推察される。災害時における人間の心理には，たとえ危険な兆候を認知してもそれを過小評価する，あるいは自分の身にだけは深刻な被害は起きないとするような，意識的，無意識的に自分を不快な感情から守り心理的平和を保とうとする傾向がある。これが「正常化の偏見(Normalcy Bias)」と呼ばれるものである。たとえば，この火事はそう大きくならないだろうとか，煙を見ても薄い煙であるからまだ安心だとかいう誤った認識が，迅速な対応を鈍らせてしまう恐れがある。

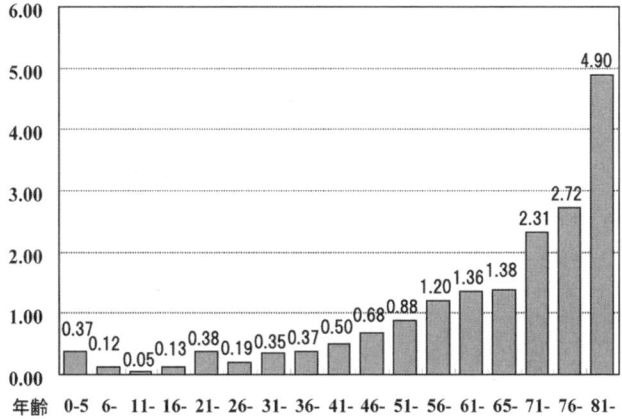

このような心理的傾向に対しては，フラッシュオーバーなど火災の急激な成長変化に対する正しい知識を身につけることによって「いたずらに恐れるのではなく正しく恐れる」という態度の重要性を教える防災教育が必要である。また，危機的な場面において自己の果たすべき役割がきちんと決まっているとき，あるいは組織の中でのある役割が求められるときに，冷静な行動をすることができるという「役割人格(Role Personality)」が果たす効果についても指摘しておく必要があろう。

社会の高齢化と火災リスク

わが国では毎年，約1,400名(放火自殺を除く)の人命が火災によって失われており，また，その死者の約60％が65歳以上の高齢者によって占められている。平成22年版消防白書に示された年齢階層別にみた火災による人口10万人当り死者数をみると，高齢者層で急にリスクが高くなり，とりわけ71歳以上のグループの値が高いことが示されている。一方，55歳以下の年齢では一様に低く，特に40歳以下の人は火災ではめったに死なないといってもよいほどである。これは，自動車事故などと違って火災という事故では，災害様相の変化が激しいとはいっても一瞬のタイミングではないことから，火災を発見したあとの危急反応力，特に避難能力の点で年齢別の身体能力の差が生死に大きく影響するからだと考えられる。

ところで，わが国における少子高齢化の傾向が指摘されて既に久しいが，戦後間もない昭和25年(1950)ころには世界平均レベルの5％であったわが国の高齢人口比率は昭和45年以降急速に上昇し，平成12年(2000)時点では17％と先進諸国中のトップレベルとなり，将来推計によると2050年時点では実に人口の約4割の人が高齢者という超高齢社会の到来が予測されている。もっとも，これは戦後一貫して日本が平和で経済的にも安定した時代を維持してきたことの証左

図2 火災による年齢階層別死者発生状況
(「消防白書」平成22年版より，放火自殺者等を除く)

ともいえ，決してネガティブにとらえるべき現象ではない．むしろ平和国家の宿命として，いかにこの難題を克服するかを世界に先駆けて示していくチャレンジ的な課題として受けとめるべきである．

いずれにせよ，今後，社会の高齢化がさらに進展することを考えると，火災による死傷者数の増加が危惧されることは疑いないことである．さらに加えて，現在急速に増えつつあるグループホームなど，一般住宅と特別養護老人ホームなどの社会福祉施設との中間的な高齢者向け住宅型施設がますます増えて行くことが予想される．このような中間的な施設では，一般の社会福祉施設に比べて，スタッフや設備の点で充実度が低いにもかかわらず居住しているのは避難困難な多数の高齢者という問題を抱えており，防火安全の確保もきわめて重要な課題となりつつある．

現在までのところ，実際には住宅火災による死者数はやや増加傾向ではあるものの，これは社会の高齢化に伴う自然増の反映であり，高齢者層の人口当たり火災死者発生リスクはむしろ近年かなり減少する傾向にある．また，平成16年の消防法改正で住宅用火災警報器の設置が全ての住宅に義務づけられ，今後，住宅用火災警報器の普及につれて死者発生数が半分程度に減少するのではないかと期待されている．さらに防災機器の普及以外にも，安全な火気器具，住宅構造の不燃化，さらには高齢者の健康や住環境の向上を図ることが快適な生活だけでなく，火災安全の上でも役に立つということを大いに広めていく必要がある．

出火防止対策への今後の期待

住宅で発生する火災の大半は，消し忘れや使用方法の誤りなど，人の過誤（ヒューマンエラー）が原因に関係している．このような事故の発生防止に対しては「人の注意」に頼るだけでは限界があり，完全になくすことを期待するのは無理である．運転士の居眠りが事故の要因となった昭和41年(1966)三河島事故（死者300名）の教訓を踏まえて，旧国鉄が「人はエラーをするものである」という前提にたち，人のミスや失敗がすぐに事故に結びつかないように操作手順やシステムを構築すること（本質安全の立場）を目指して導入したのが現在につながるATS（自動列車停止装置）である．この精神を受け継いだ新幹線では営業以来，事故による死者がゼロという記録を残している．

火災でも，以前，風呂がま火災は「うっかりミス火災」の典型として，てんぷら油火災と双璧の位置にあった．しかし，空焚き防止装置つき風呂釜の普及により今は消滅しつつある火災原因となっている．このように，仮に操作ミスや消し忘れがあっても火種が消える方向にシステムが作動する，出火しにくい安全な火気器具を開発し，普及させることは重要な防火対策の1つとして位置づけられてよい．たとえば，てんぷら油火災の主な調理器具であったガスコンロは，全口に安全センサーの付いたガスコンロのみの製造販売が平成12年(2008)から法制化され，従来の安全センサが1口しかないガスコンロは製造販売が禁止となった．やがて，この全口安全センサー付きガスコンロが普及して古いタイプのガスコンロに入れ替わっていけば，現在，放火を除く火災原因のトップとなっているてんぷら油火災もやがて減少し，消滅していくことも決して夢ではないだろう．

参考文献　秋田一雄他『建築防火論（新訂版）』（建築学体系21，彰国社，1966），牟田紀一郎『建物の火災と安全のはなし』（鹿島出版会，1983），長谷見雄二『火事場のサイエンス―木造は本当に火事に弱いか―』（井上書院，1988），田中哮義『建築火災安全工学入門』（日本建築センター出版部，1993），堀内三郎監修『建築防火（新版）』（朝倉書店，1994），関澤愛「火災学会との関わり35年を振り返る」（『火災』309，2010）

column 1　　地震考古学

寒 川　　旭

地震考古学とは
日本列島の各地で考古学の遺跡発掘調査が行われており，この作業の過程で，過去に発生した大地震の爪痕が見つかることがある。具体的には，断層・地割れ・地滑り，さらに，液状化現象などの痕跡である。
私たちの祖先たちが生活した痕跡がよく残っている場所が遺跡に指定される。そして，遺跡には，建物跡などの「遺構」や，茶碗・皿などの「遺物」が埋蔵されている。このため，遺跡の発掘調査で地震の痕跡が顔を出すと，年代のわかる遺構・遺物との前後関係から，地震が発生した年代がわかる。
一方，日本では，過去千数百年間におよぶ文字記録が残されており，地震の被害に関する記述も含まれる。そして，文字記録で記された地震が，遺跡に顔を出した地震痕跡に対応する場合には，地震痕跡の原因となった地震の年月日や時刻を知ることができる。もちろん，文字記録の存在しない時代では，地震痕跡そのものが，過去の地震を知るための最良の手がかりになる。
考古学の遺跡で過去の地震を研究する分野が「地震考古学」で，昭和63年(1988)に誕生した。文字通り，地震学と考古学の接点となる領域である。

地震痕跡の調査
遺跡の中で，最も多く発見されるのが液状化現象の痕跡である。地盤が軟弱で地下水位の高い場所に刻まれるもので，年代の特定にも適している。
沖積低地の地下に堆積した砂層が，人が立てない程の強い揺れに襲われると，砂層を構成する砂粒がお互いの隙間を小さくするように動く。この時に砂層が収縮し，砂粒の隙間を満たしていた地下水が圧縮されて水圧が上がり，砂層が液体のような振舞いをする。これが液状化現象である。多くの場合，水圧の上昇した地下水と一緒に，大量の砂が噴砂として地面に流れ出す。そして，地面を引き裂いて噴砂が上昇した痕跡が，遺跡調査でよく見つかるのである。図のaでは地面に広がった噴砂が保存されているが，多くの場合，b・eのように砂脈(噴砂の通り道)だけが残り，噴砂は失われている。c・dは地震当時の地表面まで到達しなかった砂脈である。
砂脈に引き裂かれた地層は地震の前，砂脈を覆う地層は地震の後に堆積している。これを手がかりにして，Ⅲ層堆積後でⅡ層堆積前，さらに，Ⅱ層堆積後でⅠ層堆積前の2回，大きな地震があったことがわかる。そして，遺構や遺物を手がかりにしてⅠ～Ⅲ層の年代がわかると，地震の年代を絞り込むことができる。

古墳の変形
大阪府高槻市の今城塚古墳は6世紀前半の前方後円墳で，偶然にも，活断層(有馬一高槻断層帯)の直上に築造された。そして，この断層帯が慶長元年(1596)に活動して慶長伏見地震を引き起こした時に，激しい地震動によって墳丘の大半が崩れ落ちた。神戸市の西求女塚古墳の墳丘も地滑りで変形したが，滑り落ちた墳丘盛土が16世紀後半の水田に覆いかぶさっているので，慶長伏見地震の仕業とわかる。
奈良県の飛鳥地域にある高松塚古墳などの古墳にも，地震痕跡が刻まれていた。奈良県明日香村のカズマヤマ古墳はその1つで，墳丘の南半分が大きく滑り落ちたことがわかった。さらに，大がかりな盗掘の後に地滑りが生じ，その直後にも盗掘があったことが判明した。盗掘者が残した遺物から，地滑りの原因となった地震の年代が14世紀

に限定されるので，正平16年(1361)の南海地震が該当する。

巨大地震の履歴

考古学の遺跡で地震痕跡を調べることによって，地震発生の履歴がさらに詳しくわかる。たとえば，南海トラフから発生する巨大地震の場合，『日本書紀』以降の文字記録から，過去の発生年や被害が，ある程度，把握されている。しかし，江戸時代より前になると，史料が減少するので，大きな地震が起きていても記録されていないことがある。

明応7年(1498)に東海地震が発生したことを示す記録があるが，そのころに南海地震が発生したかどうかは不明だった。ところが，高知県四万十市のアゾノ遺跡や徳島県板野町の宮ノ前遺跡などからは15世紀末ころの液状化痕が見つかり，文字記録以外から南海地震の存在がわかった。天武天皇13年(684)南海地震について『日本書紀』に記されているが，静岡県袋井市の坂尻遺跡など静岡・愛知県下の複数の遺跡で7世紀後半の液状化跡が見つかり，ほぼ同じ頃に東海地震も発生したことがわかった。

もちろん，文字記録に残された南海トラフの巨大地震に対応するような地震痕跡も数多く見つかっており，特に，地盤災害に関する具体的な情報を与えている。

活断層と地盤災害

活断層から発生する大地震の場合，活断層の発掘調査(トレンチ調査)によって，地震(断層活動)の年代を絞り込むことができる。そして，対応する文字記録があれば，地震の年月日や被害状態がわかる。また，断層活動によって周辺地域が激しく揺れた痕跡が，遺跡の中に地震痕跡として刻まれる。

たとえば，慶長元年(文禄5)，閏7月13日

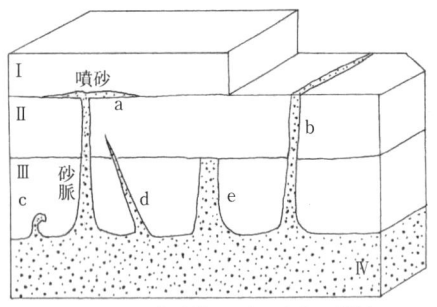

液状化現象の痕跡模式図　噴砂と砂脈

(1596年9月5日)午前零時ころに発生した慶長伏見地震によって，京阪神・淡路地域は大きな被害を受けた。京都の伏見城・東寺・天龍寺・大覚寺・二尊院，大坂の総持寺などが倒壊し，兵庫(現在の神戸)では家家が倒れ火事で燃えたと記録されている。また，活断層のトレンチ調査から，大阪平野北縁の有馬―高槻断層帯，淡路島東海岸の東浦・野田尾・先山断層などが活動したことがわかった。

一方，京阪神・淡路地域の多くの遺跡からは，この地震に対応する年代の地震痕跡が検出された。大半が液状化現象の痕跡で，噴砂が流れ出した痕跡のほかに，表層の地盤が横に流れ動く「側方流動」の痕跡もあった。前述の今城塚古墳・西求女塚古墳の地滑り跡も，慶長伏見地震の産物である。このように，遺跡で地震痕跡が見つかった場合，地震に伴う地盤災害の詳細がわかる。さらに，慶長伏見地震のように，その地震の文字記録が存在し，活動した断層も特定できて，多くの地震痕跡が見つかった場合には，「活断層・被害・地盤災害」が把握できて，地震の全体像がくっきりと浮かび上がる。

参考文献　寒川旭『地震考古学』(中公新書，中央公論社，1992)，同『地震の日本史』(同，中央公論新社，2007)，同『秀吉を襲った大地震』(平凡社，2010)

column 2　被災歴史資料の保全と活用

奥村　弘

歴史資料保存ネットワーク

1990年代以降，日本列島は，地震多発期に入るとともに，大規模な水害も続発している。戦後初の都市型大規模自然災害であった平成7年(1995)阪神・淡路大震災では，文化庁や地方自治体，歴史文化に関係する学会などが協力しながら，地域の歴史遺産を保全する組織的な動きが起こった。その中で，関西の歴史学会が中心となり，博物館・文書館などの歴史関係者や地域の研究者が参加して歴史資料保全情報ネットワーク（史料ネット）が結成された。史料ネットは市民と協力しながら，段ボール箱1,500箱以上の歴史資料を保全するとともに，阪神・淡路大震災関連資料の収集保存の支援活動を行なった（平成14年に歴史資料ネットワークと改称）。

その後，平成12年の鳥取県西部地震で山陰歴史資料ネットワーク，翌年の芸予地震で愛媛・広島・山口の3つの資料ネット，15年宮城県北部連続地震で宮城歴史資料保全ネットワーク，翌16年新潟県中越地震で新潟歴史資料救済ネットワーク，同年福井県水害で福井史料ネットワーク，翌年の宮崎県水害で宮崎歴史資料ネットワークが，史料ネットと連携しながら被災地で立ち上がり，さらに19年の能登半島地震でも能登歴史資料保全ネットワークが結成され，能登ネット以外は，現在も活動を継続中である。さらに予防を掲げて，山形文化遺産防災ネットワーク，ふくしま歴史資料保存ネットワーク，千葉県文化財救済ネットワーク，岡山史料ネットが生まれた。史料ネットは，その中で暫定的にセンター的な役割を担っている。平成23年の東日本大震災では，宮城・福島・山形のネットワークを中心に被災歴史資料の保全活動にあたり，文化庁が呼びかけた文化財等救援委員会にも各地のネットワークが参加し，被災した地域歴史遺産の保全に向けた活動を進めている。

資料の保全活動

阪神・淡路大震災以降の被災歴史資料の保全活動の特徴は，第1に国や地方自治体によって指定された文化財だけでなく，日常的に生み出されるビラ，日記，町内会の記録，写真などを，地域の記憶を次世代に引き継ぐ地域歴史遺産と考え，これを保全，活用していったこと，第2に文献史料や，地域の記憶を伝える考古資料・美術品・民具・家屋・景観などの保存と活用のために，歴史文化に関係する各分野の関係者が協力していくことを重視した点にあった。

地域歴史遺産としての歴史資料という考え方は，阪神・淡路大震災当時，被災地で十分認知されていなかった。その理由は，第1に，指定文化財のみが価値ある歴史遺産であると市民に認識されやすかったこと，第2に，地域の歴史資料の価値や重要性を歴史研究者が市民に知らせていなかったこと，第3に「モダンな都市神戸」という一面的な被災地の歴史イメージが，多様な地域の歴史を隠してしまったこと，第4に，市民と日常的に対応する自治体の文書館や博物館が弱体であったことなどであった。したがって，歴史資料保全を進めるには，地域の歴史資料の価値を市民と共有することが必要だった。被災地を巡回して，その価値の重要性を被災した市民に理解してもらう活動や，被災歴史資料の展示会や，それを利用して地域の歴史を明らかにする講演会などを被災地で開催することが，史料保全と同時に行われることになった。

また史料ネットは，阪神・淡路大震災の記憶を未来に伝えるために震災関係の資料を

保存する活動を進めた。この活動は市民レベルでも広範に展開し，記録保全の重要性は社会通念となり，民間資料が体系的に収集され，20万を超える資料が，阪神・淡路大震災記念人と防災未来センター，神戸大学附属図書館震災文庫などに収められることとなった。さらに，ボランティア組織で震災資料を保存する団体も生まれた。

民間の震災資料の保存が進んだ背景には，自己の経験を個人の枠にとどめず，社会の中で次世代に積極的に伝えていくべきであるという，市民社会の基礎となる文化が日本社会で育ちつつあることを意味し，被災歴史資料の保全もこのような社会状況の中で，持続的な展開が可能となったのである。

国や地域のとりくみ

平成16年7月には，内閣府が「地震災害から文化遺産と地域をまもる対策のあり方」を公表，指定文化財のみでなく，地域の歴史の核となるものを歴史的な遺産として，これを地域と一体のものとして守るという指針が政府レベルでも出された。文化庁の被災地での文化財保全の指針も，東日本大震災の文化財レスキュー事業においては，「国，地方の指定等の有無を問わず」ということが明確にうたわれるようになった。

阪神・淡路大震災後，各地のネットワークは，被災地での歴史資料の保全を進めながら，さらに地域の歴史資料所在地の確認，水損の際などの応急技術の関係者や市民への普及など予防的な活動と，被災歴史資料を地域づくりに活かす活動を進めている。後者については，被災地についての歴史的研究とその成果を地域へ還元するのみならず，被災した古文書を地域住民が読み，内容を知り，地域づくりを考えていくことを目指した「古文書を読む会」の開催，地域レベルでの歴史を地域住民が叙述する「字史」編纂事業への協力，鉄道や鉱山などの近代の産業遺産の活用を図る活動など，地域歴史文化の担い手である地域住民と共同した取り組みが拡大しつつある。

その背景には，阪神・淡路の経験だけでなく，中山間部での過疎化，都市での流動化が急速に拡大する中で，地域コミュニティの維持が一層困難となっていることがある。日常的に地域歴史資料の保全を進め，それを地域づくりに活かし，永続的に歴史資料を保存活用していくことなしには，大規模災害時における保全活動も展開しえないことが，ネットワーク関係者に強く意識されたことによる。

また相つぐ大規模自然災害の中で，減災を可能にしうる，災害に強い文化（災害文化）の形成，そのために過去の災害の経験を未来に引き継いでいくことの重要性も語られるようになった。

しかしながら，地域歴史文化において重要な役割を果たす，自治体などの歴史文化関係者の人員削減は続いており，地域の歴史文化支援は厳しい状況にある。それに対して阪神・淡路大震災の建築物の保全と活用を中心とする兵庫県のヘリテイジマネージャー育成事業，持続的な地域歴史文化への支援を目指す神戸大学文学部地域連携センター（平成13年設置），新潟大学人文学部附置地域文化連携センター（同17年設置）の活動，宮城歴史資料保全ネットワークのNPO法人化など，被災地での自治体・住民・大学・学会が連携した新たな動きが強まっている。

column 3　災害と医療

西村明儒

災害時医療活動と教訓
災害時には，発災初期の救急医療が注目される傾向があるが，災害時の医療活動はそれに留まるものではない。さまざまな研究者が災害を定義しているが，共通するのは出来事そのものではなく，その結果生じた異常事態を災害と定義していることである。一方で，多数傷病者発生事故・大事故・集団災害・大災害などの言葉がしばしば混同されている。多数傷病者発生事故・大事故は比較的限局した場所で発生し，地域の医療施設で対応可能である。集団災害・大災害は範囲が広くなり，社会の大きな混乱を生じ，地域の医療能力を超える出来事である。集団災害は他地域からの援助を必要とするものの，医療システムを含む地域社会のインフラは破壊されていないため，地震災害や戦争のように医療システムを含む地域社会のインフラが破壊される大災害とは一線を画される。災害時の医療活動として最も重要なことは前提として，人的，物的資源が絶対的に不足した状態で行わなければならないことである。

「災害医療体制のあり方に関する研究会」報告書によれば，平成7年(1995)に発生した阪神・淡路大震災から得られた災害医療に関する主な教訓と課題は，以下の通り。

①調整や指令を行うべき県庁や市役所が被災し，通信も混乱し，医療機関の被災状況や負傷者の受入れ態勢などの情報収集が困難であった。

②道路被害に加え，住民の避難や救援隊等の流入により大混雑を起こし，負傷者搬送や医療物資の供給が困難であった。

③施設自体は損壊をまぬがれても，ライフラインの損壊により，診療機能が低下した医療機関が多くあった。

④一部の医療機関ではトリアージ(救命可能な負傷者を優先的に治療すること)が行われなかったため，限られた人的，物的医療資源が十分に活用されなかった。

⑤阪神地域では「大地震は起こらない」と信じられており，備えが不十分であった。

⑥PTSD「心的外傷後ストレス障害」対策・感染症対策・生活環境などが重要な問題であることが明らかになった。

死因解明と防災対策
災害医療の最優先課題は「いかにして救うことのできる命を救うか」である。阪神・淡路大震災では犠牲者が6,433人(直接死5,500人，関連死900人以上)にのぼり，直接死の内およそ9割が被災直後に亡くなっている。しかし，残りのおよそ1割については救命の可能性があったといわれている。直接死であれ，関連死であれ，その原因を明らかにしなければ減災対策を行うことは困難である。ここで災害時の死体検案が必要となる。法治国家であり，先進国であるわが国では，たとえ災害時であっても死者の人権を尊重し，人の死後の法的取り扱いは可能な限り平時に準じて行わなければならない。特に身元確認，死因解明が重要である。

身元確認は容貌，身体的特徴，着衣，所持品，レントゲン写真，歯科治療痕，指紋，足紋などを指標として行われ，必要に応じて，血液型やDNA検査が実施される。高度の損傷や焼損，腐敗では，遺族への引き渡しに時間を要する事態も起こりうる。

災害死体に犯罪死体が混在している危険もあるため，警察が捜査を行う必要がある。個々の死因解明が災害の原因究明につながり，防災対策に反映することができる。

救急患者の内訳
阪神・淡路大震災における神戸大学医学部

附属病院での救急患者の内訳では，初日は圧倒的に外傷が多く，2日目は外傷と疾病が半々となり，5日目以降はほとんど疾病患者となった。避難生活では伝染病や食中毒に注意する必要はあるが，高血圧・心臓病・糖尿病などの治療のための常用薬の紛失，または飲みきってしまうことによる不足は，高頻度で発生する。避難生活中に体調を崩して死亡する，いわゆる関連死では，新たに発病した疾患よりも持病の悪化や常用薬不足による発症が多い。水分摂取が不足すると血栓を生じやすくなり，脳梗塞や心筋梗塞を起こす危険が高まる。阪神・淡路大震災では，心筋梗塞をはじめとする虚血性心疾患が多発し，平成16年の新潟県中越地震では，脳梗塞による死者もみられた。避難所で，特に高齢者は，トイレに行かないですむように水分摂取を減らしがちになるため，注意が必要である。また，新潟県中越地震で注目されたように狭い場所で同じ姿勢が続くとエコノミークラス症候群と呼ばれる肺塞栓症を発症する危険がある。さらに避難生活のストレスで免疫が低下し，肺炎を発症する者も見られる。

眼鏡・補聴器・義歯・義肢・車いす・杖などは，常用している者にとっては，もはや身体の一部であり，それらなしで生活することは不可能といっても過言ではない。にもかかわらず，被災時や避難時に紛失，破損することが多く，避難生活をより困難なものとしている原因の1つである。特に眼鏡や義歯は，既製品を自分で調整することができないため，専門家の関与が必要となる。阪神・淡路大震災では，歯科医師会が中心となって義歯対策を行なった。医薬品は重要な物資であるが，同時に医療補助器具の必要性も忘れてはならない。

メンタルケア

メンタルケアを要する状態としてPTSDがある。生命危機の体験や財産や家族を失うなどの心的外傷を受け，その後の日常生活で，その時の状況や体験を繰り返し想起しては苦しむ状態である。PTSDと混同してはならないものとして，災害時の正常なストレス反応である急性ストレス障害がある。一般に①ショック期，②反応期，③処理期に分けられる「異常な出来事に対する正常な反応」である。災害のストレスを免れる者はなく，被災者に限らず職業的救援者も含めて災害に関係するすべてが影響を受ける。しかし，きわめて強い衝撃を受けると，日常生活にも障害をきたすようなPTSDに発展することがある。少なくとも1ヶ月以上は経過しないと正常な反応とPTSDとの区別をすることができない。急性ストレス障害のケアは，心理学や心理療法士でも対応可能であるが，PTSDは，熟練した精神科医が担当すべき病態である。PTSDの特徴と要件として，①ストレスがあること，②トラウマがその後も繰り返し意に反して想起されること，③トラウマと関連することを回避しようとする傾向，④睡眠障害やイライラ，⑤罪悪感・無力感・感情の不安定，が指摘されている。

参考文献　西村明儒他「わが国の災害医療対策の新たな構築に向けての法医学的検討―阪神・淡路大震災における死体検案結果を中心に―」(『厚生の指標』42ノ13, 1995), 西村明儒・主田英之「神戸市における震災前後の異状死体の死因構造の変化」(『日本生理人類学会誌』4ノ1, 1999), 西村明儒「集団災害時の患者対応」2 (吉岡敏治他編『集団災害医療マニュアル』所収, へるす出版, 2000)

column 4　災害時要援護者

田村圭子

定　義

災害時要援護者とは「災害が発生した時に特別な配慮が必要な人たち」のことを指す。災害時要援護者対策とは「災害が発生した時に何かしら特別な配慮が必要になるであろうことが想定される対象者に対して、事前にその準備を行い、発災時には実際に対応を実施するための対策」である。その対象は、高齢者、障がい者、乳幼児、傷病者、妊産婦、難病患者、外国人などである。

阪神・淡路大震災時に「災害弱者」と呼ばれるようになり、現在、行政対策上は「災害時要援護者」と呼ばれるようになった。『平成3年(1991)度版防災白書』には「災害弱者」の定義として、4点をあげている。①自分の身に危険が差し迫った時、それを察知する能力がない、または困難な者。②自分の身に危険が差し迫った時、それを察知しても適切な行動をとることができない、または困難な者。③危険を知らせる情報を受け取ることができない、または困難な者。④危険を知らせる情報を受け取ることができても、それに対して適切な行動をとることができない、または困難な者。

これらの定義に照らすと、若い世代より一般的にいって加齢により脆弱性が高まる「高齢者」、生活に継続的に制限をうける「障がい者」(障害者基本法によれば、身体障害、知的障害又は精神障害があるため、長期にわたり日常生活又は社会生活に相当な制限を受ける者をいう)、保護者による支援が継続的に必要な乳幼児(児童福祉法では、乳児は生後0日から満1歳未満までの子をいい、幼児は、満1歳から小学校就学までの子どもをいう)、傷病者(怪我や病気の疑いがある人たち)、妊産婦(妊娠中の女性及び産後1年を経過しない女性)、難病患者(症例数が少なく、原因不明で、治療方法が確立しておらず、生活面への長期にわたる支障がある疾患にかかっている者)、災害情報の理解や発信に困難を伴うと予想される外国人、などが、「災害弱者」の範疇に入ると考えられる。また、同時に平時は支援がなくても生活が可能な人であっても、災害によってケガをする、病気になるなど身体的な配慮が必要になったり、家族が災害で亡くなるなどして、精神的に配慮が必要となり、災害時要援護者として支援対象となることを想定しておく必要があることも理解できる。

災害時要援護者対策の必要性

阪神・淡路大震災のころより、高齢者の死者数割合が他の世代より高いこと、災害復興公営住宅などに「地域の資源と切り離される形で入居した」高齢者を中心とした人たちに対する、その後の生活再建過程における見守り体制が必要なこと、また、地震災害の経験のない外国人に配慮が必要なことなどが知られるようになった。

災害時要援護者対策の必要性について、強く人々の印象に残ったのは、平成16年7月13日の新潟・福島豪雨災害である。死者の7割以上が高齢者であり、特に後期高齢者(75歳以上)の死者に占める割合が高かった。

避難支援ガイドラインの策定

内閣府では平成16年(2004)に「災害時要援護者の避難支援ガイドライン」を策定し、災害時要援護者の避難支援体制の整備を基礎自治体に求めた。国の問題意識は災害時要援護者に位置づけられる高齢者の死者を減ずることであり、そのため、①防災関係部局と福祉関係部局などとの十分な連携、②災害時要援護者名簿の作成、③名簿に基づいた避難支援計画の策定、④避難所での

支援，⑤関係機関などの間の連携が重要となる，としている．市町村は，既存の避難指示・勧告に先立ち，災害時要援護者の避難支援対策と対応した「避難準備情報」の発令を求めた．また，防災基本計画に災害時要援護者対策の必要性を明記した．

平成21年中国・九州北部豪雨において，山口県防府市において全市に発生した土砂災害が原因で14名が亡くなった（7月21日）が，そのうち7名は，高齢者施設の建物倒壊はなかったものの，流入した土砂による生き埋めなどによるものであった．平成16年の新潟・福島豪雨で着目された課題が，在宅で暮らす要援護者の被災であったとすれば，平成21年豪雨において，着目されたのは施設に暮らす要援護者の被災であった．

災害時要援護者への避難生活支援

平成16年（2004）10月23日には新潟県中越地震が発生した．中越地震は規模の大きな余震がたびたび発生するなど，多くの避難者を生む結果となった．そのためにより避難所での生活環境が厳しいものとなり，平時は在宅に暮らす多くの災害時要援護者が，避難所での避難生活に耐えきれず，病院や施設に緊急避難的に入院・入所する事態となった．そして，ライフラインが復旧するにつれ，一般の避難者が避難所から地域へとその住まいを移し，避難所は12月いっぱいで解消した．ところが，緊急避難的な入院・入所は解消せず，その後，長く続いた．これは，在宅から入院・入所へと切り替わることで，本人ならびに同居家族の地域で支えながら生活を再建する体力・気力が衰えることが大きく影響しており，緊急避難を長く続けないような仕組みの必要性が明らかとなった．

平成19年7月13日新潟県で再び地震が起こった．新潟県中越沖地震である．中越沖地震では，中越地震の経験をふまえ，新潟県は被災市町村と共働で，被災現地の保健所に「現地保健福祉本部」を設けた．本部においては，行政が事務局を勤め，災害時要援護者の支援者として最適な専門職の派遣を各協会に要請し，要援護者対策として必要な支援業務を実施した．7月21日から8月10日まで19日間の活動で，のべ2,100名の専門職ボランティアを受け入れ，活動を実施し，緊急避難的に病院や施設に入院・入所する被災者を減らし，また，緊急入院・入所を短期で解消するなど，災害時要援護者の支援として一定の効果をあげた．今後の課題は，①福祉避難所の運営支援—高齢者や障がい者など災害時要援護者が，一般避難所では生活に支障をきたす恐れがあるため，福祉避難所を設置し，介護員などを配置するなどして安心して生活ができる体制の整備，②被災者ニーズ調査—地域における在宅避難者の安否を確認し，在宅の要支援者の早期な把握と適切な支援，③施設の緊急入所者支援—居宅サービスなどを受けている人が元の生活に戻れる状況になるまでの間，特養などの高齢者施設に緊急に受け入れを行なった際の施設において，専門支援者による介護などの実施するなどである．

参考文献　内閣府災害時要援護者の避難対策に関する検討会『災害時要援護者の避難支援ガイドライン』，2006，田村圭子他「介護保険制度は要介護高齢者の災害対応にいかに働いたのか—2004年7.13新潟豪雨災害と10.23新潟県中越地震を事例として—」（『地域安全学会論文集』7，2005），新潟県福祉保健部『新潟県中越沖地震における福祉保健部の対応状況』，2008

II 災害と現代社会

災害と気象

饒村　曜

変化する気象災害

気象災害とは，大気のさまざまな現象によって人が亡くなったり，家財・建造物が喪失したり，人間活動がふだんどおりできない現象である。日本は季節変化がはっきりしているが，その季節も南北に長く分布しているので，地方によって様相が違う。そして，多くの人がいたるところで生活しているため，さまざまな災害が発生する。

気象災害には地域特性があるが，これは，大気現象の強さが地域によって違うためである。一般的には台風がひんぱんに襲来する地方は台風災害が多く，雪の多い地方では雪害が多いが，地域による差の原因はそれだけではない。雪の少ない地域では，多い地域に比べて防災対策が進んでいないため，少しの雪でも被害が発生するなど被害対象物そのものや防災対策も地域で違うからである。たとえば，気象庁では大雪による災害が起こる恐れの時は大雪注意報を，重大な災害が起きる恐れの時は大雪警報を発表しているが，この発表基準は，まれにしか雪が降らない地方では雪の備えがないために少しの雪で大きな災害が発生するので低く設定されている。東京区部では，降雪量が5㌢でも災害が起きる恐れがあり，20㌢ともなれば重大な災害が発生する。しかし，北陸から北日本の日本海側では，この程度の雪では重大な被害が発生しない。

気象災害は人間生活と気象のかかわりあいから起きるもので，人間生活の移り変わりとともに変化する。古代は大きな災害であった干ばつ（干害）は，灌漑施設の充実とともに減少したが，近世になると高緯度地方でも稲作が始められるようになり，冷害が大きな問題となってきた。しかし，農業技術の進歩で現在は減少している。水害は低地に人が住み始めるにつれ増加しているが，堤防などの整備により大規模の洪水被害は減少している。

また，生活の仕方が変わってきたために大きくなった災害が雪害である。江戸時代までは大雪による災害という認識はなかったといわれている。雪崩や家が雪の重みで潰されるなどの雪害はあったが，冬に雪が降るのは自然現象という考えがあり，冬の間に必要な物資をため，大雪となれば移動や作業を先延ばしにすればよく，むしろ，春先の雪解けによる農業用水が豊富になることから「大雪は豊作の吉兆」といわれた。しかし，明治時代になり鉄道が施設されると大雪による運休が問題になり，電信線や通信線が全国に張りめぐされるようになると，着雪による切断が大きな問題となり，昭和後期に車社会が到来すると雪による物流の遅れが大きな問題になってきた。また，

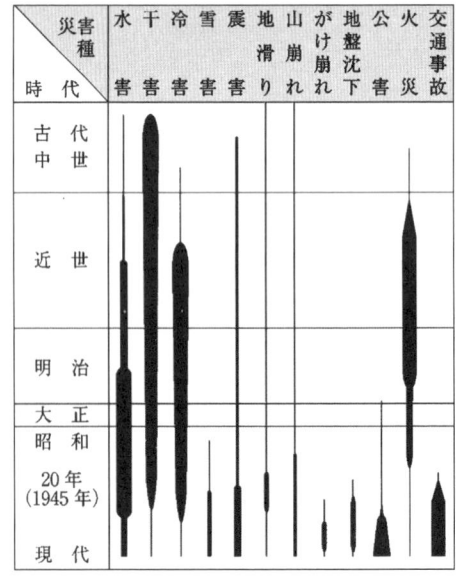

図1　日本災害消長図

コンピュータシステムをはじめいろいろなところで電気が使われているので、雪による電線被害が思わぬ災害を起こしている。近年、農地の宅地化が進んで昔なら人が住まない崖下に住むようになったために、崖崩れ被害が増え、都市河川に急に雨水が流れ込んで生じる内水氾濫が増えている。農村や山村の過疎化で農地や森林の管理が難しくなり、社会の高齢化で弱者対策が重要になってきている。さらに、高度情報化社会になったためにネットワークの一部の被害でネットワーク全体の機能が停止するというように、災害の形態が変化している。
災害は歓迎するべきものではないが、災害をもたらす気象には恵みの面がある。地球上での降水は、地域差が大きく、アフリカやアジアを中心に世界の2割以上の人が安全な飲み水を利用できない状態にあり、世界の水問題が深刻になりつつある。しかし、日本は、日本海の降雪、梅雨の雨、台風の雨と、一年を通じてまとまった降水現象がある。水不足になる年があっても、何年も降水が少ないということはない。山林が生育する気候で、山林で濾過されたきれいな水が使えることから、災害はあるが、安全で美味しい水が豊かな国といえる。また、石炭や石油などの化石燃料に頼らない自然エネルギーの利用を考えるとき、日本は四季の変化があり、1つの気象現象を大規模に利用することができない反面、いろいろな自然エネルギーを利用できる。どんな気象でも災害になるし、その気象が多すぎても少なすぎても災害となる。私たちの日常生活は自然の恵みと災害の微妙なバランスの上で成り立っている。

気象災害の種類

気象災害は、気象の役割によって、①気象がもつ直接の破壊力が災害を起こすもの、②気象に付随する現象の破壊力で災害となるもの、③災害をもたらす現象がほかにあり、気象によりその破壊力を集中または拡散させて災害となるものに分類できる。
風の災害についていうと、直接の破壊力で災害を起こす例として、強い風によって直接引き起こされる強風害や竜巻害などの災害、車両の転覆や運転不能などの災害が該当する。また、付随する現象の破壊力で災害を起こす例が、塩風や乾風などによって引き起こされる塩風害や乾風害などの災害、強い風によって発生した波による波浪害などである。さらに、強い風によって拡大した火災害、弱い風によって拡大した大気汚染害が、気象によりその破壊力を集中または拡散させる例である。

日本の気象災害

日本列島は、一年中いろいろな気象災害が発生する。強い雨や風が吹けば災害になるが、普段なら災害には結びつかないような雨や風でも、例年より降る時期がずれれば災害となる。さまざまな自然の恵みがあるということは、それが少しずれると災害に変わることにもなる。風調雨順という言葉があるが、雨も風も適度にくり返してくれるのが理想なのであるが、自然はそう都合良く変化はしてくれない。

1）冬の災害　冬のシベリア地方では、太陽光がほとんど当たらず、放射冷却によって地表付近が非常に冷たいシベリア高気圧をつくる。相対的に暖かい千島近海からアリューシャン列島南部にかけて気圧が低くなり、日本付近は西高東低または冬型と呼ばれる気圧配置となる。西高東低型の気圧配置になると、日本付近の等圧線はほぼ南北に走り、北日本では暴風による暴風害、日本海側で大雪による雪害が発生し、太平洋側で晴れて乾燥するため、火災が大火に成りやすくなる。日本海側で大雪になる場合は、山雪型と里雪型の2つがあり（図2）、地上天気図でみると、山雪型の場合は等圧線の間隔が狭いほど強い北西の季節風が吹き、山では大雪となる。平野部でも雪が多く降る里雪型の場合は、人口が多い場所で

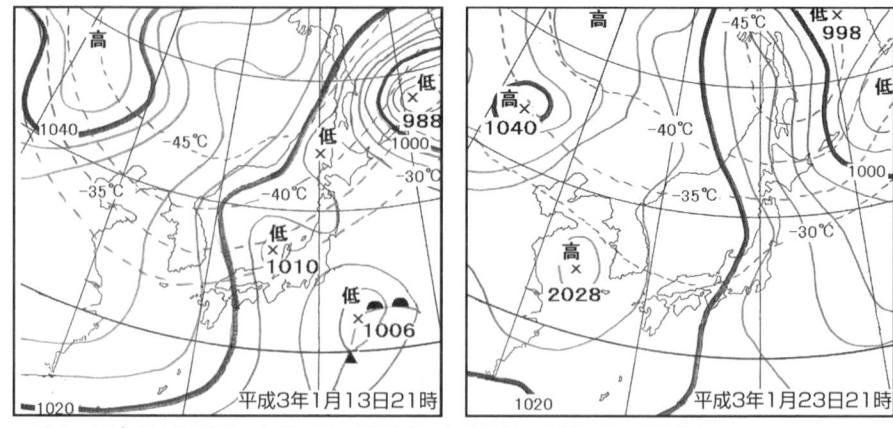

図2　日本海の里雪型の大雪の時の天気図と太平洋側の大雪の時の天気図
　　　冬型(西高東低)の地上天気図と気圧が500hPaになる高さ(約5,500m)における等温線地上天気図で同じ冬型の気圧配置でも，里雪型(左)と山雪型(右)がある

の大雪であるため，山雪型に比べて，社会的な影響が大きくなる。天気図では，大きく見ると西高東低型の気圧配置で，日本海には強い寒気が入ったことを示す低気圧性の湾曲(気圧の谷)，あるいは小さな低気圧があり，風は西寄りとなる。

太平洋側で大雪となり雪害が発生するのは，寒気の吹きだしが弱まる2～3月に，本州の南岸沿いを東北東に低気圧が進むときである。雪に対して対策が十分といえない太平洋側に大雪が降ると，交通機関は大混乱に陥ることもしばしばで，大きな雪害が発生する。関東地方についていえば，低気圧が東京都伊豆七島の八丈島より北を通過する場合は，関東地方に向かって入る暖気の影響で雨となり，また，八丈島の南を通過する場合は，低気圧の雲の中心から離れているので降水量(雪の量)は少なくなり，関東地方での雪害は，低気圧が八丈島付近を通過するとき発生する(図3)。

2)春の災害　春になると，次第に低気圧は北寄りに進むようになり，ついには日本海で発達するようになる。春は前線をはさむ寒気と暖気の気温差が大きいので，低気圧は急速に発達し，全国的に陸上では暴風害や雪崩害，海上でも暴風害と波浪害をもたらす。春一番とは，低気圧が日本海に入って発達したために吹く，立春後最初の南寄りの強風のことである。

4月に入ると，中国大陸の長江中流域から東進してきた移動性高気圧と，長江下流から東シナ海で発生した低気圧が交互に通過するようになる。春の移動性高気圧は，発達しながら通過することが多いため，日本付近は高気圧の後面(中心より西側の領域)に入る期間が長くなる。高気圧の後面は，

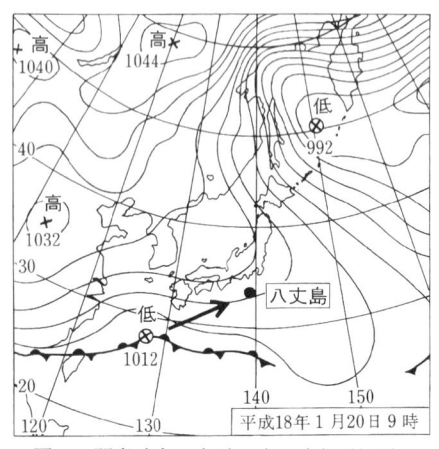

図3　関東地方で大雪の時の地上天気図

南から暖かくて湿った空気が入りやすくなり，中国北部からの細かい黄砂の塵がやってくることから空がかすむことが多い。その結果，視程（大気の濁りの程度を示す尺度のことで，観測場所から見える1番遠い建物などの対象物までの距離）が極端に悪くなると，交通機関に影響を与える視程障害となる。また，移動性高気圧に覆われ，放射冷却がおきて，芽吹いたばかりの植物に遅霜害が発生する。冬の間の霜は，植物が冬ごもりをしており被害とならないが，暖かくなって植物が生育したあとの霜は，生育したあとであればあるほど深刻な霜害となる。

3) 梅雨の災害　5月から7月にかけて，日本列島に雲の帯がいつも見られるようになる。これが梅雨前線で，亜熱帯高気圧である太平洋高気圧（小笠原高気圧）から吹きだす暖かい湿潤な大気と，高緯度にあり寒冷なオホーツク海高気圧から吹きだす大気の境目にできる。梅雨前線は，日本列島の南海上で形成され，中国の一部，台湾，日本の各地に雨期をもたらしながら北上する。このため，沖縄県では5月中旬，関東では6月中旬に梅雨となる。北海道までは梅雨前線が北上しないため，北海道は梅雨がない。

梅雨の前半は，オホーツク海高気圧の影響が強いため，雨量は多くないが肌寒い日が多く植物の生育が遅れる低温害が，後半は太平洋高気圧のまわりに高温・多湿な空気が入ってくることで大雨や集中豪雨が起きやすく，大雨害・強雨害が発生する。梅雨前線が北上したり，消滅したりすると梅雨あけである。梅雨あけは，沖縄では6月下旬，関東では7月中旬である。一般的には，梅雨初期にはしとしと降り，途中に中休みがあり，梅雨末期には豪雨が起きる。特に台風が接近すると，梅雨前線が刺激され大

図4　平成23年台風15号の気象衛星画像
（平成23年9月20日21時）

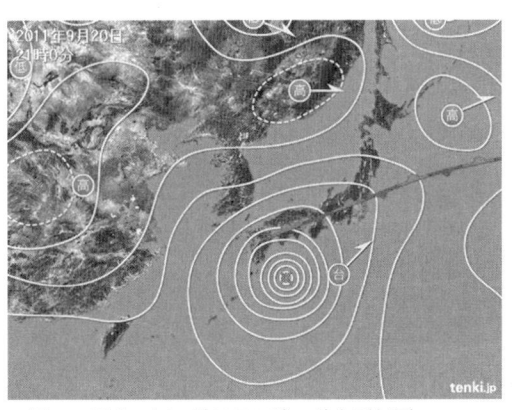

図5　平成23年9月20日21時の地上天気図

雨になり大災害が発生する。梅雨は年により様相が違い，雨がほとんど降らない空梅雨の場合は，農作業の水不足から干害になる。また，晴れる日があるものの降るときにはまとまって降る陽性梅雨や，しとしとした雨が降りつづく陰性梅雨があるが，どちらも，適度を過ぎると災害になる。

4) 夏の災害　梅雨があけると，太平洋高気圧におおわれる。地表面付近では風が弱くなり，低地は，北海道を除いて蒸し暑い日が続き，熱射病などの酷暑害が発生する。太平洋高気圧から流入する高温・多湿な空気は，陸上で下層から熱せられて上昇気流を生じ，それをきっかけに積乱雲が生じ，

雷雨が発生する。上層に寒気が入っているときには特に強い雷雨となり局地的に豪雨害をもたらし，ときに台風が接近したり上陸したりして，暴風害や大雨害をもたらす。太平洋高気圧が弱くて，曇りや雨の日が多くなると冷夏となり冷害が発生する。暑い夏も涼しい夏も災害が発生する。

5) 台風災害　豪雨の時には，山くずれによって土石流が発生する。これは，多量の水と土砂，岩や流木が入り混じって流れ下るもので，下流部でこれが氾濫して集落や農地に流れこむことがある。これは鉄砲水ともいい，家屋の流失や浸水，土砂の堆積などの被害を生じる。土砂災害を防いだり，被害を最小限におさえるためには，崩壊しやすい斜面の調査や対策，山地の植林や伐採・開発の規制，堰堤や沈砂池の設置と管理，河川改修と護岸工事などを進めるとともに，万一の発生に備えて避難体制や情報網を確立しておくことが大切である。

6) 秋の災害　夏が過ぎると，北から寒冷前線が南下して寒気をもたらし，太平洋高気圧との間に前線が停滞しやすくなる。これが，秋雨前線(秋霖)であり，梅雨前線と同様に大雨や集中豪雨が起きやすく，大雨害・強雨害が発生する。梅雨前線の活動が西日本から中部日本で顕著であるのに対し，北日本や日本海側の地方で顕著になるという特徴がある。秋雨前線が顕著な年もあれば，ほとんど現れない年もある。秋雨前線に台風が接近すると，前線が刺激されて大雨となり大災害が発生する。

秋の移動性高気圧は，冷たくさわやかな秋晴れをもたらす。秋の澄んだ晴天の夜は，地表の熱が宇宙空間に放出され，放射冷却が特に強まる。秋の移動性高気圧は，東に進むにつれ衰弱したり，中心が日本に停滞しがちであり，日本付近は高気圧の前面に入る期間が後面に入る期間よりも長くなる。高気圧の前面は北からの寒気が入りやすいため，視程がよくなるが，霜がおりやすく，

作物収穫前なら早霜害が発生する。北国では，初霜や初氷が観測されるようになり，秋が深まると，低気圧の通過後に木枯らしが吹き，日本海側ではしぐれて，雪がまじることがある。冬の準備が終わっていない早い時期に，雪などの冬の現象がおきると思わぬ災害に結びつくこともある。

7) 海の災害　海に囲まれている日本列島は，台風や発達した低気圧や季節風による波浪や高潮によって，毎年のように大きな災害が発生している。また，津波による被害もある。さらに，地盤沈下や海面上昇などによって将来，海の災害の危険性が増すのではとの懸念もある。海岸の砂は川から流れてくる砂がたまったものであり，川にダムができたことなどから，流れてくる砂が年々減り，砂浜が減るという海岸浸食が1950年代から問題となってきた。広い砂浜があれば，波浪や高潮など海がもたらす災害を軽減させることができるので，陸地の防災対策が進んだ結果，海の災害の危険性が増したということもできる。

自然災害の予測と防災

1) 予測の精度で変わる対策　自然災害を防ぐためには，建物や堤防などすべてを丈夫につくるという恒久対策と，災害が起きそうなとき防災対策を行なって被害の軽減，特に人命を救うなどの人的被害の軽減を図るという応急対策の2種類がある。このうち，恒久対策は有効であるが費用と時間がかかる。また，森林伐採の規制など長期計画の根本的な対策には，さらに費用と時間がかかる。そこで，恒久対策を行いつつ，人命を救うなどの人的被害を軽減する応急対策を併せて行うことが重要になってくる。自然災害の応急対策といっても，その自然災害の予測がどの程度できるかどうかに関わってくる。

大気現象については，前もってある程度の現象が予測できるものが多い。気象災害が起こる恐れがある場合，気象庁では，予想

される災害の大きさに応じて注意報や警報を発表するほか，気象状況の変化や地域の実情に応じて，防災に関する気象情報を発表している．気象災害の地域特性は，大気現象の強さが地域によって異なるだけでなく，それに対する備えが地域によって違うことによって生じている．災害となる現象の強さは地方によって異なっているため，気象庁では地方自治体などと協議し，気象注意報や警報の発表基準を細かく分けている．この基準は防災対策の進捗状況などから常に見直しが行われている．そして，気象庁が発表する警報などにより，地方自治体が避難勧告などを発令して防災活動を行なっている．

竜巻のように地域的にスケールが小さい大気現象は，具体的な予想が難しいが，可能性の予測を行なって実況監視を強化し，異常が現れたら，直ちに警戒を伝えることで少しでも災害を軽減する試みもある．

2）2次災害防止　災害には，自然現象によって直接的に生じる1次災害と，大規模な災害の後に，ある時間間隔をおいて副次的に発生する2次災害があるが，この2次災害の有無が災害の規模を決めるといわれる．水道・ガス・電気といった社会インフラストラクチャの破壊による生活の混乱や，災害後のストレスによる病状悪化も2次災害に入る．災害地で2次災害が起きると，災害はより悲惨なものになる．また，仕事ができなくなることによる損失などの間接的な2次災害もある．生産活動や流通が停止や中断した場合の間接的な被害額は莫大なものになり，停止や中断が長引けば長引くほど2次災害は拡大する．このため，大災害になると，1次災害に比べて2次災害のほうが大きい場合もある．一般的には，「いつ，どこで，どのような」災害に対応するのかがわからない1次災害の軽減より，災害の影響が予測できる2次災害の軽減のほうが容易であるといわれる．つまり，1次災害よりも2次災害は防ぎやすい．大きな災害の後では，通常は災害とならない程度の雨や風でも大きな災害が発生する可能性があるので，「普段大丈夫でも災害後は違う」という意識で，2次災害に気をつけることが大切である．

平成7年(1995)1月17日の阪神・淡路大震災の後，神戸海洋気象台では，注意報や警報の基準を下げた．また，防災対策に時間がかかるので，普段より早めに情報を発表した．たとえば，地震の3日後にあたる1月20日には22日の日曜日に地震後最初の雨が予想されたので，普段は大雨時にしか発表しない情報を，雨に関する情報として発表し，警戒を呼びかけた．野宿している人が多く，救援物資も野積みのままで，人命救助が最優先され，応急対策は手つかずの状態で，排水溝はがれきで詰まり，排水ポンプが動くかどうかもわからない，そのような状態でちょっとした雨でさえも大規模な2次災害が懸念されていたからである．自治体などでは，多量のビニールシートを全国から夜を徹して集め，21日にはひびが入っている道路や堤防・山腹，ほとんどの家の屋根にかけられ，見るまに神戸の町がビニールシートで青く変わっていった．22日は予報通り一日中雨だったが，防災対策がなんとか終わっていたため，恐れていた2次災害は発生しなかった．このことが，神戸の復旧に継がったと思われる．

気象災害は，災害原因はさまざまで時代に応じて変わるが，災害によって引き起こされる事態には共通の特徴がみられ，そのときに得られた教訓は生かされている．災害経験を，過去や他の地域のこと，違う種類のことではなく，時代や地域を越えて共通の経験として防災対策に生かす観点で，過去の台風や集中豪雨などの災害を見直すことが大事である．

参考文献　饒村曜『気象災害の予測と対策』（オーム社，2002）

災害心理と社会

木村 玲欧

災害過程～生活を建て直していくプロセス

災害は，急激で大規模な環境変化を生み出す。災害時に適切な被災者支援を行うためには，急激で大規模な環境変化における人間心理・行動を理解することが必要である。「災害による大きな衝撃を受けた人間は，5つの段階を一つずつ達成することによって生活を建て直していく」ことが研究によって明らかになっている。人間には個性があり，性格・立場・役割によって異なる感じ方・考え方を持ち，結果としての行動も異なるが，人間全体として見た場合には，共通点が見えてくる。このような「災害によって創られた新しい環境の中で，人々や社会が適応しながら生活を建て直していく過程・プロセス」を災害過程(Disaster Process)もしくは生活再建過程(Life Reconstruction Process)と呼ぶ。災害過程における5段階と行政計画における時期区分との関係性は図1の通りである。

第1の段階―失見当

最初は「失見当」の段階である(Disorientation Phase)。失見当とは，もともとは精神医学の用語であるが，災害時においては「災害の衝撃から強いストレスを受けて，自分の身の回りで一体何が起こっているのかを客観的に判断することが難しくなり，視野が狭くなる状態」のことを指す。災害当日(災害が発生してから約10時間)は，人によって程度や時間の差はあるが，誰もがこのような精神状態に置かれる。

平成7年(1995)1月17日早朝5時46分に発生した阪神・淡路大震災の被災者を一例にあげる。兵庫県西宮市に住む40代の主婦は，家族の無事を確認したあと，「助けて～！」という声に導かれるまま，倒壊した家の中から隣人を，そして木造アパートから一人，また一人と何時間も救出をつづけ，ふと気づいたら陽が高くなり，もうお昼すぎであった。ところが，そばにいた人にいわれてわかったのは，「実際は翌日，18日のお昼すぎになっていた」ことであった。彼女は実に30時間以上も失見当の状態がつづき，その間，家族のことも自分の食事も睡眠も忘れて救助活動を行なっていたことになる。もちろんこれは極端な失見当の例であり，人によって差はあるが，平均すると10時間くらいはこのような失見当の状態に陥ることがわかっている。

第2の段階―被災地社会の成立

失見当の時期が終わると，人は徐々に客観的に物事が見られるようになる。「危険な場所からの避難」や「救助救出」や「安否確認」「二次災害の防止活動」が進んでいくうちに，被害の全体像が次第に明らかになってくる。周囲の人間と「どんな規模の災害だったのか」「それぞれの家や地域ではどんな被害なのか」

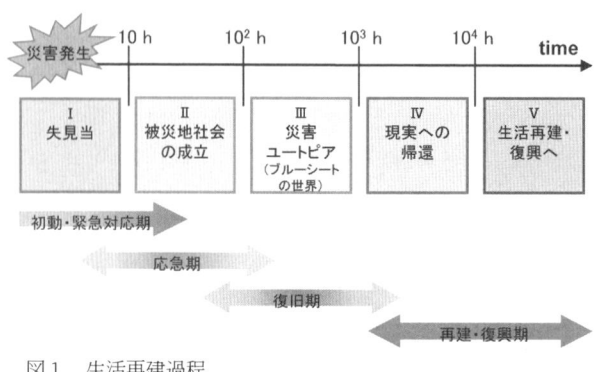

図1 生活再建過程

「これからどうなってしまうのか」など情報交換をし，「今までの日常とは違う事態になってしまった」ことを実感し，「不自由な暮らしが当分続く」ことを覚悟する。つまり，災害という新しい現実が目の前に突きつけられたことを理解し受け止めるようになる。このような「被害の全体像が明らかになるにつれて，震災によるダメージを理性的に受け止め，被災地社会という新しい秩序に則った現実が始まったことに適応する」段階が被災地社会の成立(Recognition of New Situation)の段階である。平均すると災害発生後半日～4日(10～100時間)の時期がこの段階にあたる。

第3の段階―災害ユートピア

被災地社会の成立段階が終わると，災害ユートピアの段階に入る。ユートピア(Utopia)とは，16世紀のイギリス・ルネサンス期の法律家・思想家であるトマス・モアが創った言葉で，現在では「誰もが共存共栄できるような穏やかな理想郷」のような意味で使われることが多い。

この段階では，災害によって社会基盤が物理的に破壊されたりライフラインが止まっていたりと，これまでの日常とは違う新しい環境の中で毎日を精一杯生きるために，被災者が集団において独自のルールを構築する。そして，そのルールに則って，たとえば避難所などで炊き出しをしたり支援物資を分配したりと，被災者が皆で協力しながら毎日を乗り切っていく。たとえるならば，阪神・淡路大震災の「がんばろうKOBE」，東日本大震災の「がんばろう！東北」の世界である。この段階では，年齢，性別，災害が起きる前の社会的な地位などは関係なく，皆で役割分担をしながら生活をしていく，一種の原始共産制のような社会の状態が展開される。「社会基盤の物理的破壊やライフラインの途絶など従来の社会機能のマヒにより，一種の原始共産制社会が産まれて，通常とは異なる社会的価値観に基づく世界が成立する」段階が，災害ユートピア(Disaster Utopia)の段階であり，災害数日後から2ヶ月(100～1,000時間)の時期がこの段階にあたる。なお，日本ではこの時期に家屋補修のためにブルーシートをかけ，上空から鳥瞰すると街が青一色に見えるため「ブルーシートの世界」とも呼ばれている。

第4の段階―現実への帰還

上下水道や都市ガスなどの，ライフラインの中でもより復旧に時間がかかる導管のライフラインが回復してくると，家屋被害などが軽かった人から自宅で生活を送ることができるようになる。避難所などで全員が一緒に毎日を乗り越えていった災害ユートピアの時期が終焉を迎えて，人々が「被災者としての非日常が連続するモードから脱して，一市民として新たな日常生活の中に戻っていく」ようになる。このように「ライフラインなどの社会フローシステムの復旧により，被災地社会が終息に向かい，人人が生活の再建に向け動き出す」段階が現実への帰還(Reentry to Everyday Life)の段階である。これは被災地全体としては，災害後2ヶ月(1,000時間)から災害発生後1周年(10,000時間)の時期になる。

第5の段階―生活再建・復興へ

災害発生から1年が経過すると，人的被害・家屋被害・地域被害が大きくない被災者は「もう自分たちは被災者ではない」「もうここは被災地ではない」と感じながら新しい日常生活を過ごすことになる。「上下水道や都市ガスなどの社会基盤が再構築され「もう被災者／被災地ではない」と人々が感じ，新たな社会への持続的発展を目指す」段階を生活再建・復興へ(Reconstruction/Restoration)の段階という。これは被災地全体としては，災害発生後1年(10,000時間)から10年(100,000時間)の時期になる。この段階においては被災者間格差・被災地間格差が大きな問題になる。つまり甚大な

被害を受けた被災者・被災地にとっては、災害後1年が経過しても再建は途上であり、被災者・被災地の再建・復興を担う行政などの災害対応従事者にとっては、社会基盤の整備、住宅・集落・都市の再建、経済の再建について対応が求められるとともに、これらの完成の上に生活再建がはじめて成立するからである。1995年阪神・淡路大震災においては、震災後10年が経過した時点においても経済再建・生活再建は未了という状態であった(図2)。

大災害からの生活再建は、被災者各人がそれぞれの順番・やり方で生活を取り戻すのではなく、5段階を1つずつ達成しながら生活を建て直しているのである。

復旧・復興カレンダー

復旧・復興カレンダーは、木村他(2004)、Kimura(2007)によって開発された、被災者・被災地の復旧・復興状況を把握する指標である。具体的には、質問紙の中で復旧・復興のマイルストーンとなるイベントを挙げ、そのイベントがいつ起こったのかを尋ねる質問項目を設け、回答を整理するものである。

質問項目は「被害の全体像がつかめた」「もう安全だと思った」「不自由な暮らしが当分続くと覚悟した」「仕事／学校がもとに戻った」「すまいの問題が最終的に解決した」「家計への震災の影響がなくなった」「毎日の生活が落ちついた」「地域の活動がもとに戻った」「地域の道路がもとに戻った」「自分が被災者だと意識しなくなった」「地域経済が震災の影響を脱した」の11項目である。質問項目になるマイルストーンについては、1995年阪神・淡路大震災、2004年新潟県中越地震などを対象としたエスノグラフィーインタビュー調査などの中から、多くの被災者が経験している「復旧・復興の節目となるようなイベント」について選択している。

図3が阪神・淡路大震災における調査結果である。横軸は地震津波発生後の時間経過を対数軸で表したものであり、左端の10^0は発生後1時間を表している。以降、10^1時間(10時間後)、10^2時間(100時間、2〜4日後)、10^3時間(1,000時間、2ヶ月後)、10^4時間(10,000時間、1年後)、横軸右端が10^5時間(100,000時間、10年後)を表している。図の縦軸は、その時点までに「そう思った／それを行った」と回答した割合であり、各質問項目について累積線グラフで表している。この割合が50%を超えた(全体の半数が「そう思った／それを行った」)時期を、「その気持ち(行動)が感じられた(行われた)」時期と定義して分析が行われる(無回答を除く)。

阪神・淡路大震災の復旧・復興カレンダー

図3の阪神・淡路大震災の復旧・復興カレンダーを見ると、「不自由な暮らしが当分続くと覚悟した」人が50%を超えたのは、震災当日の夜(56.3%)だった。また「被害の全体像をつかむことができた」人が50%を超えたのは、震災翌日の午前(54.2%)だった。つまり、失見当の段階が終わるころになる状態であることが考えられる。次に「もう安全だと思った」人が50%を超えたのは、震災から3週間が過ぎた2月5日(50.1%)だった。また「仕事または学校がもとに戻った」人が50%を超えたのは、災害ユートピアが終わる震災から2ヵ月後(1,000時間)(54.1%)だった。災害ユート

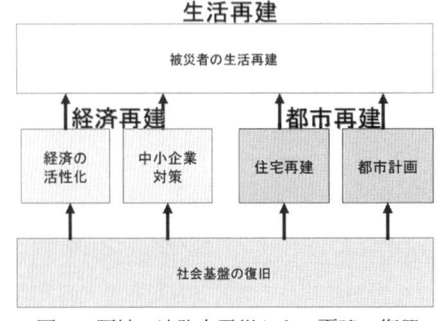

図2 阪神・淡路大震災からの再建・復興

災害心理と社会 75

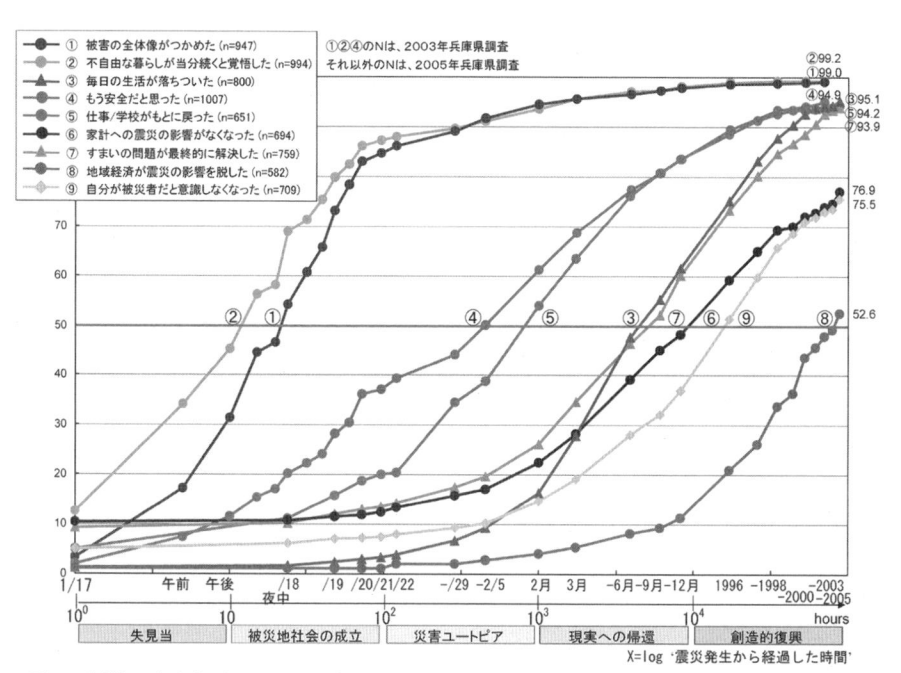

図3 阪神・淡路大震災における復旧・復興カレンダー

ピアの時期は，ライフラインの復旧，自宅の片づけ・修理・補修など，さまざまな復旧活動の最中である。この時期には，毎日が安全であることを目標に活動していることがわかる。

「毎日の生活が落ちついた」人と「すまいの問題が最終的に解決した」人が50％を超えたのは，それぞれ震災から約半年後の現実への帰還の時期（55.3％，52.2％）であった。すまいの問題が最終的に解決することで，被災者は毎日の生活が落ちついたと感じていることがわかった。「家計への震災の影響がなくなった」人が50％を超えたのは，震災から1年後（10,000時間）（59.2％）だった。また「自分が被災者だと意識しなくなった」人が50％を超えたのも，震災から1年後（10,000時間）（51.5％）であった。震災後2ヵ月（1,000時間）から始まる「現実への帰還」も，震災から1年（1周年）でひと区切りが着くことになる。この1年を越えると，軽微な人的被害・家屋被害・地域被害に居住する被災者を中心に，ひとまず復旧モード・被災者モードは終わりをつげて，今後は甚大な被害を被った被災者・被災地を中心にした再建・復興モードに社会が移り変わっていくことになる。

また，「地域経済が震災の影響を脱した」と感じている人は，震災から10年後に過半数を超えた（52.6％）ことがわかった。現代社会を襲う巨大災害では，震災から10年が経過した時点において，地域経済には震災の影響が残っていることがわかった。

最初の課題「失見当」の実態を知る

このような災害過程において，被災者が最初に遭遇する試練が失見当である。先に述べたように，大きな震災時には誰もが「震災の衝撃から強いストレスを受けて，自分の身の回りで一体何が起こっているのかを客観的に判断することが難しくなり，視野が狭くなる状態」になる。これは生理的な現象のため，避けることができないと考えられている。

震災の衝撃は，人の行動にどのような影響を与えるのか，平成16年(2004)10月23日17時56分に発生した新潟県中越地震の被災者に対して行った調査結果を紹介する。「激しい揺れを感じた時，あなたはとっさにどうしましたか。あてはまるものを一つ選んでください」という質問の結果が図4になる。回答の多かった順に見ると，動くことができなかった(43.1％)，慌てずにじっとしていた(12.4％)，建物の外に出ようとした(9.6％)，自分以外の人間をかばった(9.1％)，火の始末をした(8.5％)という順番になり，約4割の人が「動くことができなかった」という揺れに対して何もできなかったことがわかる。次に多かった「慌てずにじっとしていた」も，裏を返せば「動くことができなかった」ことであるため，この2回答を併せた過半数(55.5％)が「何もできなかった」ことになり，地震の衝撃が人を無力にしたことがわかる。

失見当を理解する

被災者の体験談を聞くと「当日は無我夢中だった」「頭が真っ白になった」「避難をした場所で，ただただ震えていた」「地震時には家の倒れる音が聞こえず，震災当日は冬で裸足なのに，冷たいという感覚も一切なかった。緊張していたのか風邪もひかなかった」などという体験談が聞かれる。

これらはみな失見当期における精神状態である。個人差があるため，訳も分からず「わーっ」となる人，ただ震えながらそこにいる人，必死で安否確認や救助などに専心する人などさまざまで，失見当期の長さもその度合いも個人差があるが，失見当期の精神状態に共通するのは「通常よりも視野が狭くなっていて，客観的に思考・判断することが難しくなっている」ことである。さらにこの時期は，関係者間・関係組織間の連絡を緊密に取ることができず，被害の全容が明らかにならない情報空白期であり，この時期は，一部のプロ集団を除いて，臨機応変な組織的対応は難しいとされている。このような災害の衝撃の中で，人々は何に気を付けながら失見当期を乗り切ればよいだろうか。それは「失見当の状態は誰にでも起こる現象であって，自分がその状態に陥ったときも平時における訓練と知識によって必要以上に慌てない」ことに尽きる。失見当の状態に陥ると人は普段感じたことのない自分の精神状態に対して不安になる。この「どうしよう，どうしよう」という不安が，慌てるという態度に結びつき，慌てることで思考能力や判断力を一層奪ってしまう。そしてそれが，命をも奪ってしまうような，取り返しのつかない事態を招くこともある。

失見当がもたらした悲劇

昭和20年(1945) 1

行動	％
動くことができなかった	43.1
あわてずにじっとしていた	12.4
建物の外に出ようとした	9.6
自分以外の人間をかばった	9.1
火の始末をした	8.5
部屋の外へ出た	5.9
車をとめた	4.3
机などの下に入った	3.0
ドアや窓を開けて避難路を確保した	1.4
仕事を続けた	0.2
その他	2.4

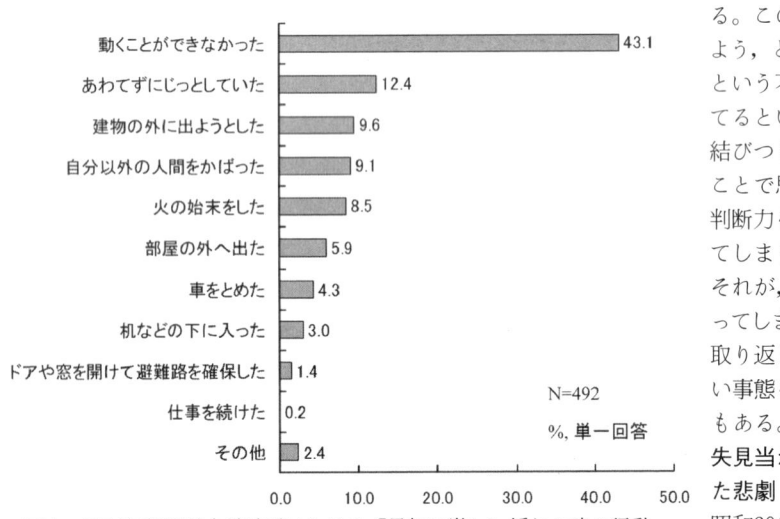

N=492　％，単一回答

図4　2004年新潟県中越地震における「最初の激しい揺れの時の行動」

月13日に発生して死者2,306人を出した,三河地震の被災者の体験談を紹介する。櫻井村藤井集落(現在の愛知県安城市藤井町)で被災した富田達躬は当時16歳。家は全壊し,自分は一命を取り留めたものの,祖母が潰れた家の梁の下敷きになってしまった。そこで,父親がのこぎりを持って潰れた家の中に入っていき,梁を切って祖母を助けようとした。ところが,切った梁の位置が祖母の真上で,梁が切れたときに,切れ目,つまり彼女の胸の上に潰れた家の重みがすべてかかってしまい,彼女は「きゅー」という声をたてて,そのまま亡くなってしまった(図5)。

「父が慌てて切った梁の位置が悪くて,おばあさんが死んでしまった。農家だったので父は普段からのこぎりを使い慣れていたし,ちょっと冷静になって考えてみればわかったはずなのに……,やっぱり父も慌てていたのかなぁ」と富田は当時を振り返っている。「もし冷静になって考えていたら,おばあさんが助かっていたのか」は今となっては検証しようがないが,やはり「慌ててしまった」ことが,思考能力や判断力を奪ってしまった可能性がある。

失見当を乗り切る

「誰にでも失見当は起きるが,それは一時的なものに過ぎない」。この事実を知り理解しておくことが重要である。頭が真っ白になっても「人間はそういうものなのだ」という知識によって,深呼吸をしたり,水などを飲んだり,自分に対して声がけをすることによって,失見当の長さや度合いを小さくすることは可能である。
阪神・淡路大震災で対応にあたった消防士・警察官・自衛官・医療関係者をはじめ,「凄惨な現場では,一瞬,頭が真っ白になることがある。しかし普段から訓練・経験を積んでいるために,頭は真っ白なのに体が自動的に動いて,自分のすべきことを行なっていることがある。我に返るのも一般

図5 失見当がもたらした三河地震での悲劇

の人より早いと思う。自分でいうのも何だが,これがプロなのかもしれない」という体験談が聞かれる。個人差はあるが,平時における地域等の災害対応訓練・防災訓練などは,失見当期を短くしたり,理性的な対応を促進する効果があると考えられる。
最後に,三河地震被災者の富田達躬がインタビューの最後に述べた言葉を紹介する。「「慌てない」ことが大切です。突然の事態だが,何をすれば自分が助かるのか,人を助けることができるのかを,冷静になって考える必要があります。そのためには普段からどのような「そなえ」をして「どう行動するか」を考えておくことが大切なのです」。

参考文献 林春男『いのちを守る地震防災学』(岩波書店,2003),木村玲欧他「被災者の主観的時間評価からみた生活再建過程－復興カレンダーの構築－」(『地域安全学会論文集』6所収,2004),KIMURA, R "Recovery and Reconstruction Calendar", *Journal of Disaster Research*, Vol. 2, No. 6, 2007, 木村玲欧他「新潟県中越地震における被災者の避難行動と再建過程－総務省消防庁及び京都大学防災研究所共同実施調査－」(『地域安全学会論文集』7, 2005)

災害観の変遷

北原糸子・木村玲欧

江戸時代，知識人たちは実際に地震などの災害を体験あるいは見聞した場合，その発生原因について考察を巡らし，その考えを書物に表している。17世紀から19世紀半ばに至る間の災害に関する書物から彼らの災害観の変遷をうかがうことにする。これに対置される一般庶民の災害観は，19世紀後半，特に災害が頻発した時期のかわら版類などからその変遷を探ることは可能である。この2層の災害観は全く分離したまま近代を迎えるのかを概観する。

知識人層の災害観

以下の時代を画する6点の書物から，つぎのようなことが指摘できる。
①作者不明『太極地震記』(1662～3年刊)，
②児島不永『天地或問珍』(1711年刊)，
③寺島良安『和漢三才図会』(1712年刊)，
④小島濤山『地震考』(1830年刊)，
⑤作者不明『地震海嘯考』(1855年刊)，
⑥宇田川興斎『地震預防説』(1856年刊)

以上を時代ごと，傾向ごとに分類すると，17世紀の①は神意によって自然現象は支配されているという考え方，18世紀の初めに出版された②では，中国の天文学を通じて西洋の地動説の考え方に触れはじめ，地球の運行や自然現象を客観的にみようという考え方が台頭し，④は実際に天保元年(1830)に起きた京都地震に際して刊行された書物だが，過去の災害経験を振り返り，その経験を生かそうという発想が芽生えてくる時期，⑤・⑥は幕末多発する地震・津波などの災害で積極的に防災策を施そうという考え方が認められる時期とすることができる。

ここでは，特に自然現象を神意の表れと説く考え方から，中国を経由してもたらされた地球観によって災害現象の客観化への接近がみられる②の思考内容を紹介する。④の幕末，安政江戸地震の体験を踏まえ幕府が蕃所調所に命じて地震予防の考え方を示す書物を翻訳させた取組から，江戸時代の知識階級に共有された自然観の形成の在り方をみる。

まず，①は作者不明だが，この時期の出版情勢を顧慮すれば，寛文2年(1662)琵琶湖西岸，朽木谷辺を震源とする地震を京都で体験したと考えられる人物によって書かれたものと推定される。天地は卵のような形をして空中に浮いており，天地には仁義礼智信にあたる地水火風空があり，地中で火風水が乱れると地震が起きる。乱れの原因は万民が神意に背き神が怒るからであり，その時に火風水が乱れ動くからであるという。災害「天譴論」の系譜に属する。②・③はいずれも18世紀の初頭に刊行されている。この時期は元禄地震(1703年)，宝永地震(1707年)，富士山宝永噴火(1707年)など大規模な災害が頻発した。自然のさまざまな現象を対象としているが，地異現象として光物，地震，狐火，あるいは鬼や天狗などの人異現象などの諸現象を論じている。②では地震について，「地震ハ陽伏して出ず陰迫て昇すこの故に地震あり」として，祟りなどがあって起きるものではないと説く。また，三河国田原藩の著者児島不永は宝永地震・津波の体験を踏まえたと推定される箇所が潮の干満について人の呼吸と同じく天地の呼吸だとする。その理由については明解な回答が用意されていないものの，海水の高下への言及がある。同じ時期③の寺島良安『和漢三才図会』は解説するまでもなく，中国の『三才図会』(1607年)の日本版である。この書での地震・火山に関する解説は地中は蜂の巣のような穴があり，陰気と陽気が出入りして調和が保たれてい

るが，陽気が滞留する状態が長く続くと地は膨れる。伏陽が発出すると地は震動する。大地震の初震のとき，海の渚の泥は湧き上がり，黒浪となってやまのように逆立つ（俗に豆奈美という）。

地震と噴火の関係について，貞観6年(864)の富士山噴火と5年後の大地震，宝永4年(1707)10月大地震，同11月富士山噴火を挙げて，陽気が滞留して地震を発して，噴火によって陽気が地上に発した歴史上の実例を示す。本書も宝永津波，富士山噴火の同時代体験が反映された叙述とみてよいのではないだろうか。①の『太極地震記』とはわずか半世紀の差ではあるが，地震や噴火を神意から解き放ち，自然の客観的な現象として説明する論理を獲得するに至ったことが示されている。現実に体験した災害が具体的な思考回路を刺激したのであろう。⑥は，安政江戸地震の翌年幕府が設けた蕃所調所の洋学者宇田川興斎が幕命に応じて1844年「ネーデルランド・マガジーン」より抄訳を試みたもので，地震は電気的現象だとする説を唱える。加えて，西洋の学問方法についても実験によって仮説を証明する方法が紹介されている点は注目すべきであろう。地中に鉄管を打ち込み，地中の電気を集めて，地表に放出すれば地震は未然に防げるとした。この段階では，地球を陰陽説で説明する中国系の発想と根本的な違いはないが，人の手で陽気たる電気を発散する実験案を提示するところがこれ以降の自然科学の発展を促す西洋的自然観と東洋的自然観の分岐する初発の情況を伝えている点は注目しておくべきであろう。

民衆の災害観

一般民衆がどのような災害観を抱いていたのかを文献に基づいて知ることはそう簡単ではないが，古代・中世を通じて龍が地底を支配するという考えが根強く息づいていたとされ，雲上に現れる龍は龍神として水害を防ぐだけでなく，自然のあらゆる災異から地球を守る存在としても崇められていたことは多くの民間信仰にうかがわれる。鯰が地震を起こすという考えが文献上確認できるものとしてよく引用されるのは，豊臣秀吉の伏見城普請の際に，普請奉行を努めた前田玄以に対してナマズ（＝地震）に気を付けて城を構築するよう促した手紙である。また，寛永期に描かれた地震虫の図は，龍からナマズへ推移する過程の動物が描き留められている。19世紀後半，大災害が頻発，善光寺地震(1847年)から始まり，8年後の安政江戸地震(1855年)に至るまで地震，津波の脅威が社会を襲った。加えて，嘉永6年(1853)のペリー艦隊の開国要求，嘉永7年伊豆下田に入港したプチャーチン率いる艦船による開国要求が重なり，これに対する幕府の対応はやがて徳川政権の崩壊に繋がる。この時登場するのは龍ではなく，ナマズである。江戸地震の際に大量に出た鯰絵にはそうした政治レベルの危機を感じさせるものは一見きわめて少ない。むしろ，庶民生活が地震によって一時的に経済的潤いがもたらされたことを謳歌するものが多い。ここでの主役は地震を起こした張本人とされる大鯰とその止め役の鹿島大明神と要石である。安政江戸地震は10,000人に近い人々が死傷した大災害であったから，最初は大鯰は地震の元凶として打たれたり，鹿島大明神によって要石で大鯰が押さえつけられたりする図が出回ったが，震災景気が横溢するようになると，大工・左官・鳶などが超多忙となり，賃金も高騰，普段はあり得なかった好景気で金回りがよくなり，地震を起こしたナマズは却って庶民から大事にされ，やがて崇められる存在となる。しかし，震災景気は長くは続かず，ナマズはやがて左義長に捕まえられ，職人たちから離れていく絵で，震災景気の終焉が語られることになる。鯰絵のさまざまな絵柄から，この時期の社会の気分がどのように変化していったのかを知ることができる。し

80　災害と現代社会

図1　「ぢしんの弁」

図2　「即席鯰はなし」

図3　「要石」

図4　「難義鳥」

かし、龍に模した地震虫が主役となる構図は唯一1点のみ、しかも、それは、鯰のような身近な存在としてではなく、日本本土を守る神性を備えた龍の異形であり、鯰絵のナマズとは明らかに異なる。だから、この時期の大量に出版された鯰絵の中のナマズは庶民の生活の周辺に生息する動物の鯰に重ねられ、頻発する地震同様、身近な存在となり果てたと理解することも可能だ。この錦絵かわら版の鯰絵は幕府が定める出版手続きを経ない違法出版であるとして、地震から3ヵ月も経ない時期に版元から押収され、版木が破却される事態となった。こうした幕府の措置は、鯰絵に見られる震災景気を喜ぶ庶民の姿は、日常生活では出現しない状況が一瞬の地震で起きたことを歓迎する庶民の変革願望ではないかと幕府が深読みした上でのことであったと、これまたわたしたちが「深読み」することも可能だ。実際に江戸末期の庶民がナマズが地震を起こすと本気で考えていたわけではなかったかもしれず、むしろ、災害が起きたことで生活が潤った一瞬を歓迎する気分を鯰絵に託して表わしたものと解釈することもできる。

知識人階級の災害に対する真摯な追求とは異なり、庶民の生活に根差した社会への眼差しは、鯰絵に描かれた賑々しい世相の裏に隠された厳しい現実を訴えるものであったと解釈しておきたい。　　（北原糸子）

近現代における3つのタイプの災害観

災害観とは、人々が災害をどうみているか、災害にどんな意識を持っているかという「災害に関する人々の基本的観念」のことをいうが、廣井(1986)によると日本人の災害観として、①天譴論、②運命論、③精神論の3つのタイプをあげることができる。以下、大正12年(1923)の関東大震災の例をあげながら詳述する。

天譴論

天譴論とは、「天が人間を罰するために災害を起こす」という災害観である。天譴論は、儒教主義に基づき、奈良時代から存在していたもので、災害(地震)を「王道に背いた為政者に対する天の警告」とみなす思想であった。為政者が天の意思に背いた仁徳のない政治を行なった時に天譴(天罰)を受け、為政者は犠牲者を救済すると同時に、以後善政を行なって天の意思に応えなければならないというものである。

また関東大震災では、実業家の渋沢栄一やキリスト者の内村鑑三などが、原義とは少し離れた「腐敗堕落した人間社会一般に対する天の戒め」という意味で用いた。たとえば渋沢栄一は9月13日の日刊紙「万朝報」において「今回の震災は未曾有の天災たると同時に天譴である。維新以来東京は政治経済其他全国の中心となって発達して来たが、近来政治界は犬猫の争闘場と化し、経済界亦商道地に委し、風教の頽廃は有島事件の如きを讃美するに至ったから此大災決して偶然でない」と述べている。有島事件とは作家の有島武郎が『婦人公論』記者の波多野秋子と心中をした事件である。

天譴論の中には、もう1つ、災害を驕れる者の過去の所業への罰としてだけではなく、人間を真面目な生活に戻らせるための将来への試練と考えるものもあった。ここにおいて天譴論は「天が堕落した社会を改善するために災害を起こしてくれたのだ」という「天恵論」「天佑論」と結びつき、天は人間の断罪者であると同時に救済者でもあるとみなされた。

運命論

運命論とは、「災害による人間の生死を、定められた運命と考える」という災害観である。関東大震災では、本所・深川・浅草・日本橋・京橋区などの住民のほぼ全員が被災し、生死の境を彷徨うこととなった。避難経路などのちょっとした対応の違いによって家族の一部が死亡したり全滅したりしたケースも多く、からくも生き残った人々

は，死者の悲運に嘆息し，翻ってみずからの幸運を感謝した。

運命論には「災害の悲劇性を心理的に減殺できる」という心理的効用がある。災害は，何にもまして大切な家族や営々として築いた財産を一瞬にして奪い去ってしまう。しかしこのような悲劇を運命と考えることによって絶望を緩和し，災害を乗り越えることにつながるのである。

しかし他方，運命論には，災害に対する諦念や忘却癖をも生み出していく。被災者は災害をただ単に過去の不運な出来事と考え，その悲惨な経験を有効に生かすことなく忘れ去ってしまう。過去の災害から未来への防災につなげていくためには，運命論で気持を処理するだけではなく災害経験に真摯に向き合い防災の知見・教訓を生み出していくことが必要である。

精神論

精神論とは，「自然現象を征服したりコントロールしたりすることによって災害に対応するのではなく，人々の心の持ち方や内面的努力を強調することによって災害に対処する」という災害観である。

日本人の多くが理解・共有できる心理として「精神主義」があり，①人間の力を超えると思われる場合に精神力が働いて，思いがけない超人間的なことができる，②精神の働きで物質的な条件が変えられる，③物質のなかに精神がこもっている「物神性」の3点に集約することができる。

関東大震災では，帝都復興の過程の中で「精神復興」というスローガンが用いられた。これは，帝都を真に復興するためには，道路の拡張や橋の改修といった物質的復興だけでは不十分であり，市民一人一人が私利私欲を捨て去り，勤勉かつ品行方正に生きることこそ必要だというものである。日本人は，物質的不足や肉体的苦痛も精神の持ち方一つで克服できるという「物質に対する精神の優位性」を生き方の哲学のように何かにつけて教え込まれていることが，考え方の根本にあるものだと考えられる。

現代において災害体験が人生に与える影響

平成7年(1995)阪神・淡路大震災から10年後の平成17年1月，「被災者が震災という出来事に対してどのような意味づけをしているのか」を明らかにした社会調査結果が表1である。質問紙調査で提示された意味づけの中から被災者の共感度の高いものを見ていくと，上位3項目など震災体験を肯定的にとらえている人が多かった。また，10年という月日によって「(震災前とは違う)新しい日常生活モード」に半数以上の人が移っていることもわかった。

一方で，否定的な意見として，震災での体験は過去から消したい，震災については触れてほしくない，震災の話は聞きたくないなどがあるが，これらの意見は，「まったく／どちらかといえばそう思わない」と回答した人の方が多く，震災を否定的にとらえている人は

表1　阪神・淡路大震災後10年目における震災体験の評価

		20・30代	40・50代	60代以上
震災での体験は得がたい経験だった	80.1	52.7	50.2	50.7
人生には何らかの意味があると思う	72.4	41.0	35.6	29.0
生きる事は意味があると強く感じる	71.6	40.7	34.0	39.3
現在がふつうのくらしに感じられる	64.0	26.3	22.5	20.0
震災後人も捨てたものでないと感じる	59.6	13.9	20.1	26.2
暮らし方のめどが立っている	55.9	20.4	19.5	17.3
毎日の生活は決まった事の繰り返し	53.7	13.2	16.2	16.6
人生の使命を考えるようになった	46.7	15.1	15.6	15.4
震災によって精神的に成長できた	45.9	10.8	13.8	11.6
震災のことを思い出したくない	30.8	11.4	7.4	16.3
震災での体験は過去から消したい	29.6	10.2	9.1	21.2
震災については触れてほしくない	23.9	4.2	4.8	9.7
震災の話は聞きたくない	18.7	4.8	3.6	9.2

n=960～982，20・30代(n=166～167)，40・50代(n=325～330)，60代以上(n=467～486)

相対的には少なかった。

高齢者・全壊全焼被災者のトラウマ体験
年代別・家屋被害別では，震災を肯定的な体験としてとらえる項目のほとんどで，統計的に意味のある差は見られなかった。しかし震災を否定的にとらえる項目では，年代では60代以上，家屋被害別では全壊全焼家屋の被災者において否定的な意味づけをしている人の割合が多く，統計的に意味のある差が見られた。

表1の右側が年代別の調査で，震災での体験は過去から消したい，震災のことを思い出したくない，震災については触れてほしくない，震災の話は聞きたくないなど，60代以上の被災者にとって，震災は自分の築き上げてきた社会的資源を奪い，もはや再び同じものを築き上げる体力・気力・時間が若い年代よりも少ないことから，震災体験がトラウマ体験となっている傾向が強いことが窺える。ただし，震災後人も捨てたものではないと感じるなど，長い人生を振り返りながら人間性の再評価を行なっている60代以上の被災者も多く存在していた。

家屋被害別では，震災での体験は過去から消したい（全壊全焼家屋被災者26.4％，半壊半焼17.7％，一部損壊13.3％，被害なし8.6％，以下表記は同じ），震災のことを思い出したくない（25.7％，13.0％，10.7％，5.9％）などについて統計的に意味のある差が見られ，震災後10年が経過した時点においても，震災体験がトラウマ体験となっている全壊全焼被災者が存在していた。

行政の再建・復興施策では長期のものでも「災害後10年」を一区切りに打ち切られるものが多い。行政的には，10年前の被災者の対応ばかりにいつまでも目を向けてはいられず，どこかで施策の幕引きをしなければならないことも事実である。しかし被災生活は連続したものでありどこかで区切れるものではない。特に60代以上の高齢者や家屋被害程度が大きい被災者の生活再建過程は，10年たっても，なお途上にある。多くの住民が新しい日常生活を取り戻し「平時」の世の中においても，そこから漏れている被災者を見守る必要がある。さらに次の災害に備えて知見・教訓を継承し，災害文化を地域に根付かせ，地域防災力を高めていく必要があることを忘れてはならない。

現代社会における新たな災害観「克服論」
1995年阪神・淡路大震災は，1948年福井地震以来の約50年間にわたる地震の静穏期を経て，高度経済成長後の大都市に起きたはじめての巨大地震災害である。インタビュー調査を行うと，災害に対する「自然観」「災害観」「災害文化」が断絶したなかで，「なぜ自分たちがこんな目にあわなければならないのか」と感じながら「初体験」としての災害を乗り越え，その結果「震災は人生に意味があることを気づかせてくれたイベントであった」「震災を乗り越えることで人間の生きる意味を再確認した」との災害体験を持つ被災者が多かった。

このことは「日本に生きている限りは災害とは切っても切れない関係にあり，現代社会における自然災害を人生におけるリスクとして認識し，そのリスクと付き合い，リスクを乗り越えることが人生において意味のある行為である」という新たな災害観・災害文化の醸成のきっかけになったと考えることができる。災害を1つのリスクとして認識し，科学的な知識のもとに人生のイベントとして乗り越えようとする「克服論」のような考え方が現代社会の災害観の特徴なのではないだろうか。

参考文献 廣井脩『災害と日本人—巨大地震の社会心理—』(時事通信社，1986)，木村玲欧「震災が人々の生活と人生に与えた影響②」(『東海望楼』61ノ4, 2008)，京都大学防災研究所巨大災害研究センター編『阪神・淡路大震災からの生活復興2005—生活復興調査結果報告書—』，2006

（木村玲欧）

地震予知と予測

松浦律子

地震予知が希求される必然

地震災害には，超低頻度激甚災害という困難な特徴がある。台風や風水害は比較的頻度が高く，一生のうちに数度は遭遇する可能性が高いので，各人が備える必然性も高い。備えた効果も短期間で実感できる。一方，大地震は一端発生すると激甚な被害をもたらし，復興には多くの場合10年単位の時間がかかる。よって社会全体に地震被害を防ごうという欲求が高い。しかし各人にとっては，発生頻度がせいぜい百年に1度，千年に1度の大震災に一生のうちで遭遇する可能性はきわめて低く，膨大な費用や努力を傾けて絶対に地震で被害を受けない住宅や生活態度を維持し続けることは相当困難となる。どんな地震にも大丈夫なビルやライフライン，延焼を許さない公園や整った道路網，耐震貯水槽を備えた安全都市を造る機運も低く，また費用も社会の許容負担範囲を超過する。10万人が犠牲となり，1ヵ所の火災で4万人が犠牲となった関東震災後の東京で，後藤新平のリーダーシップをもってしても，震災の教訓から実現した拡幅道路は昭和通りなど非常に限られたのが現実だ。多くの人造物が寿命以内に次の地震が発生する可能性は通常きわめて低く，地震時にその性能を示せる機会はほとんどない。

この頻度の低さと被害の甚大さのギャップを埋める妙手として，地震予知への要求は古来高い。古くは，幕末の松代藩士で洋学者の佐久間象山が，善光寺地震後に，磁石の振り子である地震予知器を考案している。象山はどうやら地震前に磁気異常が出現し，糸で吊り下げた磁石でそれが検知可能と思っていたようである。1891年濃尾地震の直後には，関谷清景は故郷大垣の大被害を憂いながら，被災地周辺での流言飛語を抑えるために，当時の学問レベルでは地震発生を日時まで予知することは不可能であるから，何日にまた大地震が起きるというような話はすべてデマであるとの声明文を出している。関谷は地震予知が地震学の目標であるが，現在はまだ学問が始まったばかりであるとも述べ，甚大な被害から生命だけでも救うためには地震予知が必要と認識していた。

地震のような低頻度災害に対しては，多くの人は長期的に対策を積み重ねていくよりは，短期的に予知して，避難や動産の移転などを行いたいとか，最低限命だけでも守りたい，という強い願望を持っている。地震被害のうち津波に関しては，地震波に比べて津波の伝播速度は30分の1で遅いため，昭和26年度から気象庁が業務として津波警報を出して避難を促す仕組みができている。但し，震源域に近い場所では地震動を感じてから5分も経たずに津波が襲う場合もあるので強い地震動を感じたら沿岸部では警報を待たずに標高の高い場所へ避難すべきである。地震の強い揺れに関しては地震の概説の項で触れたが，緊急地震速報がすでに実用化されているが，これは地震が発生してから出される警報であるので，やはり震源域に非常に近く最も揺れが強くなる地域の人は原理的に救えない。やはり地震予知への希求の代替とはならない警報である。

地震予知の歴史—地震学黎明期のころ

地震学は19世紀に日本で発祥した。地震学会員だったお雇い外国人教師たちなどを通じて欧米にも広がった地震計測は，欧州や米国東部では巨大地震が発生しないこともあって，地震発生の物理的メカニズムの解明より，地震で生じる地震波を使う学問と

して発展した。地震波で地球内部構造を調べたり，媒質中の波動伝播を追求したり，揺れの科学（Seismology）として，物理学よりは応用数学に近い分野として発展していった。一方，日本では濃尾地震後に発足した震災予防調査会は，その目的の一つに地震予知の手法があるか探索することが挙げられている。しかしスタート時点でのミルンの工学的影響に加えて，関谷清景の病気療養によって十分な基礎学問の修養が叶わず早々に地震学教室を継承しなければならなかった大森房吉は，日本ではつぎつぎと大地震が発生することも加わって地震現象を博物学的に扱っていった。関東地震後に解散となった調査会の30余年の報告の中には，地震予知の可能性や手法検討の報告はない。代わりに調査会発足間もなく発生した庄内地震や陸羽地震後には，いかに致命傷を負うような倒壊を起こさない学校や家屋を作るべきかを目指した調査や提言が行われた。しかし日露戦争などによる財政逼迫，予算縮小もあって菊池大麓の死後は調査会の活動を大森房吉一人が担うようになっていく。

20世紀前半南海地震まで

明治38年（1905），今村明恒が東京は大地震被害が半世紀に1度程度過去にあった場所なので，地震に備えるべきだとする一文を雑誌『太陽』で発表した。これは全く地震予知ではなく，地震防災，特に都市化した東京で地震後の火災を防ぐためにランプから電燈への移行を促す啓蒙文であったが，翌年新聞が「東京大地震発生近し」とセンセーショナルに取り上げ，偶然東京付近で有感地震が続いたことも加わってパニックが起きただけで，実効のある防災行動の促進には全く効果がなかった。大森は騒動鎮静化のために社会に向かって今村説を明確に否定したが，大正12年（1923）に関東大震災が発生した。世間は今村が予知した地震が発生したと誤解し，今村は一躍時代の寵児となった。

今村は関東地震時の三浦半島や房総半島の先端部の隆起と，油壺の検潮記録から推測される地震前の継続的な半島部分の沈降とから，海域の巨大地震前には半島の先端部が傾動すると関東地震後に確信を持った。そこで傾斜計を全国的に岬部分に設置して実践的に次の地震前の傾斜変動を捉えて地震予知を実践しようと提唱をした。一方，博物学的なそれまでの地震学に不満だった長岡半太郎ら物理学者たちは地震予知のためには大森や今村の経験的地震学ではなく，地震の学理を追求する必要があるとした。結局寺田寅彦が後者について，調査会に替わって設立された地震研究所は，地震の学理を探求して発生原因を解明し，もって予知や予測をめざすとして，造船学科などで弾性論を学んだ若いメンバーを迎えてスタートした。代わりに今村は震災予防評議会と学士院をバックに，その社会的名声を活用して公的あるいは篤志家からの寄付によって研究資金を得て，南海地震観測網や陸軍陸地測量部に依頼した水準測量などで次の東海・南海地震の予知を目指した。残念ながら第2次大戦のために1944年東南海地震と1946年南海地震前後のデータを十分に取得できず，実際の予知には成功しなかった。

地震予知研究計画ができるまで

昭和21年（1946）12月中央気象台は「地震予報」の名目で地電流観測所新設の予算要求を目論んだ。GHQは今村が南海地震の予知に成功したかを気象台や大学の研究者に聞くとともに，翌年6月カリフォルニア工科大学のグーテンベルグ教授を来日させ調査させた。同じころ，和達清夫中央気象台長は地殻変動，地震波速度，地電流などの有効な観測が行われれば，地震予知は可能であるから地震観測所を11ヵ所，検潮所を7ヵ所設けたいと占領軍に書翰を送った。GHQからは両方ともに厳しい回答が気象台に返

され，地震予知は中央気象台1機関で実現できるものではなく，まず関係機関と協力できるか検討せよ，と命令された。これを受けて昭和22年8月，地震予知研究連絡委員会が作られ，11時間の激論の末，総額2千万円，当時の日本の科学研究費全体の8分の1以上の経費でまず検潮・測量・地殻変動連続観測を行う計画を提出したが，費用が大き過ぎて，これも通らなかった。当時，山口生知の地殻変動データの変化に基づく関東大地震説と加藤愛雄によるその支持，やはり地殻変動データの変化による佐々憲三の関西大地震説，大地震後の地震活動の伝搬説による井上宇胤の福井・秩父大地震説，地磁気の伏角データの変化による中村左衛門太郎の新潟大地震説が，つぎつぎと世間で喧伝された。地震予知研究連絡委員会は，これら諸説の検討の場となったが，学者がわずかなデータから大地震が近いという警告を発して社会を騒がすべきでなく予知発表は科学的に厳密であるべきとする多数派と，学者の研究の自由を拘束すべきでなく自由に予知発表してよいとする少数派と，意見は紛糾してまとまらなかった。この中で，昭和23年6月の第9回会合で発表された井上宇胤の福井地震説は，直後にたまたま福井地震が発生し，次の候補地である秩父では住民が避難行動を取るなど大騒ぎとなった。井上の手法は経験的な震央分布パターンに基づいていたが，過去の大地震の解析例を増やすと，根拠とされたパターンは不確実なものと確認され，取り下げられた。

昭和35年春の地震学会で気象庁長官だった和達清夫が地震予知の研究計画を立てようと総会で提案した。気象庁の予算獲得のためではないかと当初は疑われたが，1年後に和達清夫・坪井忠二・萩原尊禮の3名が世話人となり，80余名が参加した「地震予知研究計画グループ」が結成され，1年間何回も会合を重ねて案を練り，昭和37年に「地震予知—現状とその推進計画」(通称ブループリント)ができあがった。これに基づき，翌年には学術会議から政府に対して「地震予知研究の推進について」の勧告がだされ，各省にまたがる地球物理学的観測業務の連絡調整を行なってきた文部省の測地学審議会が，実施計画の立案と調整を引き受けることになった。測地学審議会が研究の推進を建議し，昭和39年新潟地震の発生も追い風となったか，計画の一部が認められ，昭和40年度分として2億数千万円の予算がついた。ブループリントが目指した観測体制に比べると到底十分ではなかったものの，地震予知研究計画がスタートして地殻変動の連続観測所や微小地震観測所などが設置されていき観測などが始まった。昭和42年12月には学術会議地球物理学研究連絡委員会地震予知小委員会と文部省特定研究災害科学総合研究班が共催で予知研究の現状や年次計画の進展状況，ブループリントに対する観測点配置や人員の達成率が示され，報道2名を含めた117人が丸一日討議し，発表内容と質疑応答を含んだ報告書が発行されている。

スタート直後に数年間に有感地震6万回以上という松代群発地震が，昭和43年には十勝沖地震が発生すると，日本の地震予知研究計画をさらに一歩進めて実用化への道を早く開くべきだという社会の要求が閣議了解となった。このため44年度からは2次として，「研究」の文字が削られ「地震予知計画」とされるとともに，国土地理院に事務局を置く「地震予知連絡会」が設けられた。この第2次ともいえる計画中の1972年にも今度は地震学会主催で地震予知研究シンポジウムに148名が参集し，紛争中の地震研究所からも津村建四朗の二重深発地震面を含む報告があった。

連絡会が地震を評価した時代
地震予知連絡会は地震予知研究関係者の情報交換と総合判断の場となった。1970年代

になるとまず川崎付近の異常隆起が地震の切迫性を示しているのかが問題視された．結局地下水汲み上げ抑制措置の効果で地震前兆ではないと数年後に判断された．

昭和48年(1973)には第1種空白域と同45年に宇津徳治に指摘されていた根室半島沖で，想定されていたより規模が小さいM7.4が発生した．これは中期的予知が的中したとされ地震予知連絡会の成果の1つに挙げられてはいるが，現在まで根室半島の沈降は継続しており，北方四島まで含めた北海道東部沖合は2011年東日本大震災並の地震発生がありうる地域の候補である状態が現在も続いている．

ついで1930年北伊豆地震以降暫く地震活動が低調だった伊豆半島で1974年伊豆半島沖地震ののち地震活動が活発化した．冷川峠付近で隆起が見られ，伊豆半島の観測が予知連の関心を集めた．1978年伊豆大島近海，1980年伊豆東方沖と大地震がつぎつぎ発生し，特に伊東市付近では群発地震が昭和53年11月から頻発し，平成元年(1989)手石海丘の噴火まで繰り返した．

昭和51年，御前崎の継続的沈降や，安政東海地震の史料分析などを根拠に石橋克彦らが遠州灘から駿河湾地域は昭和東南海地震時に割れ残っており，大地震の切迫性の高い地域であるとする東海地震説が発表された．これを契機に，内閣に地震予知推進本部(事務局は科学技術庁)が設置され，さらに想定東海地震を対象とした「大規模地震対策特別措置法」(通称大震法)が昭和53年制定され，地震予知は未だ研究段階であるにも関わらず，想定東海地震が予知された場合の政府の防災対策が定まった．当時は地震発生のショルツ説(ダイラタンシー-拡散モデル)が全盛期で，地震の準備段階には顕著な岩石物性変化があり，観測でこれを検知可能であるという楽観論が学会で流行していた．また，1946年南海地震前には，前日に大きい前震があり東南海地震にも戦時中でなければ前震が観測されていただろうという期待，1944年東南海地震当日に今村の尽力で実施中だった静岡県掛川付近の水準測量データの奇妙な変動が，大地震直前のプレスリップを捉えていたとする説，想定東海地震のように震源域の真上が陸のM8級の大地震であれば地震前兆が陸上からの観測で検知可能だろうという希望が合わさって，歴史上1度も単独で発生したことが明らかではない「想定東海地震」に限って気象庁が予知のための監視業務を行い，判定会が警戒宣言を出すべきか判断するという体制が作られた．頼みの1つとされた南海地震の大きい前震は，本震の地震報告の日付間違いによる幽霊地震であることが法律制定から10数年後に判明した．またショルツ説が想定したような生の観測値からすぐに判別可能であるような顕著な観測データの異常は多くの地震前には観測されず，地震の前兆の多くは，非常に精緻なデータ処理を行なって数多くのノイズ要因を取り去らなければ検知できない類いのシグナルであることは80年代には認識されてきた．さらに最近は駿河湾内までを震源域とする大地震は実は南海トラフ東側の大地震の中でもきわめて発生頻度が低い可能性も指摘され，学問の進歩と法制度との乖離が一段と大きくなりつつある．

昭和53年当時は防災対策といえば，国や自治体が堤防や施設で住民を守る施設防御一辺倒であり，1世紀に1度程度発生する南海トラフ沿いの大地震に対して，万全の施設整備は現実的ではなかった．生命は最低限保証される防災計画の立案が安価に可能となる地震予知を前提とした大震法が行政にも市民にも受け入れやすいものであった側面が大きい．地震予知実現への学問的楽観が世論に迎合する形で成立した大震法は，その後徐々に予知に失敗した場合も包含した形に内実が変わっていった．この法律があるため，多くの一般人は逆に大きい地震

が発生するのは東海地域に限られるとか，想定東海地震は必ず予知されるという誤解を持った。

ブループリントに比して，実現していったことは，予知の研究進展よりは，観測点増設に偏重しており，十分な研究要員配置を伴わない計画だった。その観測網すらも全国一律ではなく，東海地域以外は南関東地域が観測強化地域でやや手厚く実施され，他には8ヵ所（北海道東部，秋田県西・山形西北部，宮城県東・福島県東部，新潟県南西部・長野県北部，長野県西部・岐阜県東部，名古屋・京都・大阪・神戸地区，鳥取県東部，伊予灘および日向灘周辺）の特定観測地域が予知研究の観測対象地域とされていたに過ぎなかった。地震予知研究シンポジウムは，昭和51年，55年，62年，平成6年（1994）と学術会議の地震学研究連絡委員会と地震学会との共催で開催された。平成6年のシンポジウムでは381人が2日間，ブループリント作成から30年を経た討議が行われた。このころ漸く衛星を利用したGPSによる面的で即時性のある地殻変動観測が可能となり，また通信網と電子計算機の進歩によって微小地震観測データの集中処理化が可能となり，漸く研究者が観測業務から，地震予知の研究へ主軸を移せる展望が開けつつあったが，一般からは地震予知がすでに国内で漠然と可能と誤解されており，このギャップは翌年発生した阪神・淡路大震災後に，地震予知計画への逆風として露呈する。阪神・淡路大震災後2年間の有志による検討や，平成9年に再度開催された地震予知研究シンポジウムを経て，実用的予知は現時点で実現していないことを明記して計画名にも「研究」を復活させた「地震予知のための新たな観測研究計画」が同11年に計画に予算措置が対応していない研究目標として始まった。同21年からは火山噴火予知計画と合体して「地震及び火山噴火予知のための観測研究計画」となっ

たが，2011年東日本大震災後に再び見直されている。

結局地震予知研究は，観測の量と質に比して学理の追求面が弱いまま時々の被害地震と世論とに流されてきたといえる。

阪神・淡路大震災後の体制変化

1995年阪神・淡路大震災が発生し，絶対に壊れないといわれてきた新幹線高架橋や高速道路などの社会インフラが，日本周辺では数年に1度は発生してきた規模の地震で崩れた。過密都市は近くの活断層の地震に脆弱であることが露呈した。大地震の被害のたびに改正されてきた建築基準法は既存建造物には遡及しないために，実は多くの古い建物や鉄筋の入っていない塀は強度が全く不足しており多数倒壊した。また，事前に地震時の供給復旧を研究していた電気は迂回路で早期に復旧し，逆に激しい倒壊が集中した地区ではショートが起きる皮肉な事態となった。早朝ではあったが，家屋倒壊が多かった場所では火災も起きたが，防火用水タンクの水漏れや，倒壊物が塞いだ道路などに阻まれ，有効な消火活動ができなかった。江戸のような「火除け地」の余裕もなく密集した都市の脆さに，弱体だった村山内閣の初動救援の遅延などが重なり，地震後迅速に救護できなかった負傷者や，避難所での寒さなど地震後の2次的状況が犠牲者をさらに千人以上増加させた。たとえ直前に地震予知があったとしても，財産やインフラの消滅は起きたにも関わらず，被災民の激しい怒りは，防災関連機関だけでなく地震予知計画にも向けられた。色々な研究機関で部署の名称から地震予知が外された。

議員立法によって阪神・淡路大震災半年後に「地震防災対策特別措置法」が制定された。阪神・淡路大震災で阪神地区の住民の多くが関西の大地震は予想外で次の大地震は想定東海地震だと思っていたという現実を受けて，「専門家が知っていることが地

元の住民や自治体に伝えられず，防災対策にも生かされなかった」問題を解決し，地震予知に頼らず国民の生命・財産を地震災害から守るべく，地震調査研究推進本部（以下地震本部）が地震予知推進本部に替わって設置された。地震本部は，東海地域に限らず全国にわたる総合的な地震防災対策が推進されるよう，予知に限らず地震に関する調査研究の成果が国民や防災を担当する機関に十分に伝達され活用されるよう，行政施策に直結すべき地震に関する調査研究の責任体制を明らかにし，これを政府として一元的に推進する機関である。要するに地震の研究を研究者任せではなく，行政が国民のために必要な地震研究が進展するよう主導する体制である。それは丁度平成13年（2001）に学術研究者の団体である日本学術会議とは別に，政府に科学技術・学術審議会が設置され，推進すべき研究テーマを研究者団体ではなく政府が決めるようになった流れの先駆けであった。しかしこのトップダウン型がうまく機能するためには，逆に従来以上に地震予知シンポジウムで行われたような，研究者の側で学問的に何が何処までは可能であるか，何が欠けているかの徹底的検討と，その結果を共有してボトムアップ型提案が可能である状態を常時保っている必要がある。日本では戦後は民間寄付金による文化活動推進は欧米などに比して非常に脆弱であり，学術進展はほとんど政府資金に依存する。しかし政府は世論を受けて計画開始4年後に学問レベルや資金レベルと無関係に地震予知計画としたように，真理の探究にそぐわない決定もする。研究者の側は限られた研究資金が活かされるよう努力し続ける義務がある。

当初は「地震予知」に対する厳しい世論を受けて地震発生後の論評だけを行い，毎月定例の調査委員会で前月発生した地震を評価する現状評価を行なった科学技術庁が事務局を担い，気象庁や国土地理院などが省庁横断の共同庶務として協力した。被害程度の大きい地震が発生した場合は数日で臨時の評価を公表した。さらに全国を網羅した地震観測網の設置とデータの一元処理の調整と推進，活断層の調査，さらに活断層で発生する地震や，海域の地震の発生規模や切迫度を防災対策に生かすための長期的発生の予測，予測される大地震による強震動の推定など，全国を網羅することを重視して順次着手していった。

平成13年1月の省庁再編では長年科学研究行政でライバル関係にあった文部省と科学技術庁は合併し，測地学審議会も科学技術・学術審議会の中の一部会に再編された。これによって地震予知研究と地震本部と両方の事務局が文部科学省研究開発局に集約され，地震本部の調査研究の一分野として地震予知研究が位置づけられた。

地震本部の長期予測

地震予知研究に代わって地震本部は国内の地震の相対的切迫性を示す指針として長期予測を実施した。一定以上の長さがある110の主要活断層帯と，7海域に関して，今後30年間の地震発生確率を発表した。どちらも大地震はほぼ同じ震源域で同程度の規模で繰り返し発生する固有地震であると単純化し，ただしその繰り返し期間は一定ではなくある程度のばらつきを持つとして，BPT（ブラウン運動時間）分布を使って発生確率が計算された。BPT分布は，エスカレータに乗った酔っ払いが何時次の階に到着するかを考えれば判り易い。じっと乗っていれば到着する時間（一定の期間で規則的に大地震が発生する場合の次回の時間）に対して，酔っ払いは上下へ好き勝手に動く可能性があるので，早く着いたり，遅れたりする。「酔っ払い加減」がじっとしていた場合とのずれ幅＝大地震の発生間隔の不規則さの度合いに相当する。

大地震の発生は同じ場所では海域の地震でも百年に1回，活断層では千年〜数千年に

1回程度と低頻度であるうえ，実際の発生間隔も倍〜半分程度違う実例が多い。実際には複数の断層帯に跨がった地震や，固有よりやや規模の小さい地震が発生するなど，複雑な地震現象を，大胆に単純化をして地震現象にとっては短い30年間の発生確率を算出して切迫度の地域性を示そうとしたが，確率では防災措置に繋がらないと，そもそもの大地震発生の複雑性と低頻度性や，地震予測の研究到達度を置き去りにした反応が多かった。東日本大震災を経て土木施設などハード施設で完全に地震災害から全国民の生命・財産を守ることは不可能であることの認識が漸く社会的に共有されたようである。2004年スマトラ津波の教訓が6年余で忘却される社会ではあるが，防災手法の方で地震の複雑な発生を考慮し，満点ではないが高得点となる対策や，低頻度であっても文字通り万一を考えた避難計画の立案など，金よりは知恵を使うソフト防災対策の機運が得られつつある。漸く誤差が大きいもののとにかく全国を網羅している大粒の地震の発生確率が社会に役立てられる余地も生まれつつある。

地震予測の学問的基盤

よく「地震は確率事象だから予知は不可能」など，事前に大地震の発生条件が満たされつつあることを察知することが原理的に不可能という主張がある。こういった地震予知不可能論者は，実際の地震活動や地震発生の物理学に通じておらず，地震波を使って地球内部構造などを研究する古典的地震学者が多い。逆にすでに地震予知と称する情報を有料や無料で発表している自称地震予知実践家の多くは，物理的妥当性などを超越して地震発生条件との関係が明白とは思えない大抵はたった1種類で常時変動している観測量を根拠に予知情報を出している。日本では中程度までの地震は多数発生する。たとえばM5.5以上の地震なら日本近辺で年に50個近く発生するので，この手の地震までを対象として数ヵ月の間に一度程度の頻度である程度地震が発生する領域に予知情報を出していれば，発生時期に関して全くランダムに出していたとしても，転がしたサイコロの目を当てるよりは高頻度で的中したように見せかけられる。どちらも本当の地震予知・予測の否定や，予知の実現には無関係な営みである。

地震はプレート運動によって蓄積された歪エネルギーが解放される結果であり，その大部分は少数の大地震によって解放される。多くの大地震は現在活発に運動するプレートの縁部で発生し，特に日本周辺では歪エネルギーの蓄積レートも高い上に，断層面になる切れ目がすでに入っている場所で発生する。日本のM8以上の大地震，特に海域のプレート境界で発生する地震は，地震予測の好条件を持つといえる。まじめに地震予測を行おうとする研究者はまずこのM8以上の地震の予測を狙って，そのためにより小さい地震や岩石実験，計算機によるシミュレーションなどの探究を重ねるはずである。

概説地震の項で述べたように，最大余震（余震のうち規模が最大の物）は本震よりマグニチュードで1ないし2小さい。もし余震が本震と物理的に同じ群に属して対等であるならば，グーテンベルグーリヒターの式（G-R式）でb値が1程度の値であることから，本震と最大余震との規模の差は多数例の平均でマグニチュード0.3程度になるはずである。この期待値から大きく外れる余震の群は本震と対等ではないことが明白である。逆に本震はその他大勢の小さい地震とは別物である。このことと，地震が少数の大地震でほとんどのエネルギー解放を担っていることから，大きい地震は特別な地震であり，日常的に数多発生している，昔の地震の余震である中小地震とは違う準備過程を持つことや，大地震は破壊の進展状況によって偶発的に地震の規模が大きく

なった訳ではなく，発生する前から解放すべき歪みエネルギーが大きいことが決まっていることが十分期待される。このような統計物理的検討だけでなく，1990年代に大きく進展がみられた地震発生の物理学からも地震発生予測の理学的展望が得られている。大地震は，断層への歪みの蓄積→準静的破壊の進行である破壊核の形成→動的破壊開始による地震発生による歪みエネルギーの解放→地震後の断層面の強度回復→歪みの蓄積，という循環の中の動的破壊部分である。地震の発生予測は，歪みの蓄積度合いや，破壊核の形成状況を探知する方法を工夫する問題となる。

地震予測の展望

着目すべき地域が明確で，通常の状態が定量的に表現可能である場合は，大地震発生前には相対的な地震活動度の静穏化とその回復という特異なパターンが種々の実例で確認されている。また太平洋側のプレート境界部分に限れば，GPS観測から歪みが実際に蓄積されつつある領域を把握することも可能となった。

2011年東日本大震災の地震はプレート運動によって歪みエネルギーが蓄積されていた領域で発生し，しかもその破壊は，寛政5年(1793)と明治29年(1897)にM8程度の地震が発生し，ここ百年間大地震が発生していなかった場所から始まった。同様に歪みエネルギーが現在大きく蓄積されつつある広い領域は北方四島から北海道東部の沖合の領域と，南海トラフの紀伊半島〜四国の沖合領域である。世界に類を見ない密なGPSや地震の観測網による測定と，破壊核形成という学理とによって，まずプレート境界のM8以上の巨大地震を目標として，発生予測の実験実施の条件が漸く整ってきたといえる。

明治時代最初の天気予報は明日の天気が晴れか雨かも判らぬものであったが，徐々に好条件では的中するよう進歩した。現在では気象衛星で上空から直接状態を視認できるが，物理的原理として中緯度地方の天気予報には困難も残っている。地震予測も，歪み蓄積レートが高い海域のプレート境界の大地震にまず限定して，数年程度の幅で予測することを目指した実験から試行していくのがよいだろう。被害という点では内陸の浅いM7級の地震予測も望まれるであろうが，陸の活断層はプレート境界より歪み蓄積が間接的であり，状況把握の目途がまだない。このほかにも過去の大地震の余震や，誘発地震による被害が今後も発生するだろう。東日本では平成23年(2011)3月11日の地震によって歪みが相当解消され，これまでの東西圧縮の場が，東西伸張の場となっており，これまでとは違って正断層の湯ノ岳断層のような場所で地震が発生することが当面続くであろう。被害地震の中でも，物理的原理から予測が困難な地震を除いて，学術的な予測可能性が高いプレート境界の巨大地震に対象を限定し，半分でもあたればよしとする寛容な実験が暫く容認されれば，その後により予測困難な対象に挑戦する方策が生まれてくるのではないだろうか。地震予知を直前予知に限定し，社会活動を強制停止できるような数日以内の精度を最初から要求されれば，研究者は困難なテーマである地震予測ではなく，大地震発生後に後講釈で解説する地震波利用者や，地震活動評論家ばかりになってしまうのではないだろうか。「社会の強い要請」に実力以上に向き合おうとして結局翻弄されてしまった20世紀後半の迷路から地震学者が抜け出せるのか，東日本大震災以後に真価が問われている。

[参考文献] 萩原尊禮『地震学百年』(東京大学出版会，1982)，宇津徳治『地震活動総説』(同，1999)，『地震予知研究シンポジウム』，1968・1973・1994

災害と法律

山崎 栄一

近代における災害法制

自然災害に限らず，窮民に対する一般的な処遇は，県治条例(明治4年(1871)11月太政官達623号)付則「窮民一時救助規則」が法的根拠となった。窮民一時救助規則は「恒常」的窮民と一時的な災害窮民に対する救済に分かれている。前者に対する食糧・医療など生活全般にわたる救済は中央政府が救助金を支給する恤救規則(明治7年)により，また，後者の災害などによる「一時的窮民」に対する緊急の救助は中央政府と地方が一定の割合で負担する備荒儲蓄法(明治13年)で賄われることになった。明治10年に凶歳租税延納規則が出来たが，これも備荒儲蓄法に統合されることになった。

備荒儲蓄法は，各府県地租の3％の公儲金に政府の中央儲畜金120万円のうちから90万円の国庫補助を各府県の地租に応じて配分し各府県の運用に任せ，大小の災害の救済を目的とした。救済額が府県備荒儲蓄金の3分の2を超過するような場合は(明治23年に100分の5に変更)，国家の中央備蓄金から補助するというものである。この制度は，地租を担う農民の凶作時の救済を基本とするものであり，緊急食糧給付・小屋掛料・農具代・種粒料などの救済品目が立てられ，地租納税不能者に対する租額の補助又は貸与も行われる20年間の時限立法であった。

この災害救済制度は，明治13年下半期より開始された。ただし，制度の成立から10年後の明治23年に中央備蓄金が停止された。理由としては，430万円以上の蓄積となり，災害救助の準備金はこれで十分とされたこと，政府当局は市町村による負担と義援金などの民間資金の活用を前提とした，「窮民救助法案」(のちに廃案)を用意していたことにある。ところが，中央備蓄金を停止した翌年の明治24年には，内陸地震では最大の被害となった濃尾地震が，29年には西日本各地の水害，2万2,000人の死者を出した三陸津波など，これまでにない規模の災害に見舞われ，中央儲蓄金を支出しきってしまったために，32年に同法は廃止され，備荒備蓄金を引き継ぐという形で，罹災救助基金法(明治32年)が新たな制度として成立することになった。

罹災救助基金法では，各道府県は最低50万円(沖縄県は20万円)の基金を設け，道府県における1年度の救助額が一定の要件を満たした場合，国がその一部について補助金を支出することとされた。

支援内容としては，①避難所費，②食料費，③被服費，④治療費，⑤埋葬費，⑥小屋掛費，⑦就業費，⑧学用品費，⑨運搬用具費，⑩人夫費が原則現物支給された。同法は，その後数次にわたって改正され，昭和22年(1947)に災害救助法が制定されるまでの間，本法により被災者の救助が行われた。

淀川・木曾川・利根川といった大河川は，明治時代半ば以降において頻繁に水害をもたらした。そのため，風水害対策の法律として，河川法(明治29年)，砂防法・森林法(明治30年)のいわゆる「治水三法」が制定されている。

河川法は，①法の適用対象となる河川は，主務大臣において公共の利害に重大な関係があるものとして確定したもの，地方行政庁(都道府県知事)がその支派川として認定されたものに限られるものとしたこと，②河川，河川の敷地，流水については，私権を排除したこと，③河川を国の営造物として把握し，地方行政庁(都道府県知事)は，国の機関としてこれを管理するとともに，

他府県の利益を保全するため必要があるときは主務大臣がこれを行い，また，大規模工事などについては主務大臣がみずから施行できるものとしたこと，④主務大臣に広く監督権限を定めたこと，からして中央集権的な色彩が強く，当時の社会経済情勢を反映して発電，工業用水などの利水よりも治水に重点を置いていた（『よくわかる河川法』）。この河川法は，制定以来，河川行政の基本法として昭和39年(1964)の全面改正まで約70年間適用された。

他方，砂防法・森林法は，戦後，昭和26年に全面改正された。公共土木施設の災害復旧事業に対する国庫助成は，明治14年以来，府県の災害発生時に，臨時的に行われていたが，災害準備基金特別会計法および災害土木費国庫補助規定（明治32年）の制定により，国庫助成の制度が確立されることになった。この基金は，誕生間もない地方公共団体の災害復旧事業費にかかる負担の適正化を図ろうとするものであった。この制度は明治44年に廃止され，これに代わって府県災害土木費国家補助ニ関スル法律（明治44年）が制定され，一般会計からおおむね従前と同様の内容の助成がなされた。これは，公共土木施設災害復旧事業費国庫負担法（昭和26年）が制定されるまで，災害復旧の一般的制度として適用された。

災害対応一般

以下においては，戦後の災害法制についてジャンル別に解説していくことにする。災害応急対策としては，災害の発生に組織的に対応するための法律として，消防組織法（昭和22年），消防法（23年），水防法（24年）が制定されている。

南海大震災（昭和21年）を契機に，災害救助法（22年）が施行された。同法は，被災者の救助という災害応急対策を組織的に行うための救助活動全般に亘る規定を設けるとともに，救助費用についての国と都道府県との間の分担について規定している。法制定当初は，災害救助計画の樹立ならびにその推進のための協議機関として中央災害救助対策協議会，地方災害救助協議会および都道府県災害救助対策協議会を設置する旨の規定が存在していたが，災害対策基本法において，中央防災会議，都道府県防災会議，市町村防災会議が設置されたことに伴い，同規定は廃止された。

戦後において法制度が逐次整備されていったが，それらの対策の相互の有機的な連携を推進し，災害対策の総合性・計画性を確保するとともに，広域大災害に対処する体制を一層整備する必要があった。伊勢湾台風（昭和34年）を契機に，従来の防災体制の不備が指摘され，総合的かつ計画的な防災行政体制の整備を図るための災害対策に関する基本法の制定の気運が高まり，昭和37年災害対策基本法が制定された。本法の主たる内容としては，①防災に関する責任の所在の明確化，②国及び地方を通じた防災体制の確立，③防災の計画化，④災害予防対策の強化，⑤災害応急対策の迅速・適切化，⑥災害復旧の迅速化と改良復旧の実施，⑦財政負担の適正化，⑧災害緊急事態における措置などがあり，災害全般にわたる施策の基本の確立を図っている。本法は，他の災害関係法律に対しては，一般法としての性格を有している（『新 日本の災害対策』）。災害対策基本法の制定に伴い，同法97条の規定を受けて，激甚災害に対処するための特別の財政援助等に関する法律（昭和37年）が制定されている。災害対策基本法は，阪神・淡路大震災（平成7年(1995)）を契機に，2回にわたり大規模な改正が行われた（平成7年6月ならびに12月）。この改正は，阪神・淡路大震災後の防災体制全般の見直しの総括的な意味を持つものであった。6月の改正において，都道府県公安委員会による災害時における交通規制に関する措置を拡充するとともに，車両の運転者の義務，警察官，自衛官および消防吏員による緊急

通行車両の通行の確保のための措置などが定められた。12月の改正において、緊急災害対策本部の設置要件の緩和と組織の強化、緊急災害対策本部の権限強化、現地対策本部の設置、災害派遣を命ぜられた部隊等の自衛官への所要の権限の付与、市町村長による都道府県知事に対する自衛隊の災害派遣の要請の要求等、新たな防災上の課題への対応、地方公共団体の応援等が定められた(『新 日本の災害対策』)。

地震・津波対策

昭和23年(1948)の福井地震を機に、建築基準法(25年)が施行された。この法律は、建築物の敷地、構造、設備及び用途に関する最低の基準を定めることにより、国民の生命、健康及び財産の保護を図っている。53年の宮城県沖地震を機に56年には施行令が改正され新耐震設計法が導入されている。昭和28年の東海地方における台風による高潮被害などを契機に昭和31年海岸法が制定された。同法に基づいて、高潮や津波対策、浸食対策などの海岸事業が全国的に推進されることとなった。平成11年(1999)に大幅な改正が行われている。

昭和39年の新潟地震を契機に、地震保険に関する法律が昭和41年に制定された。地震保険は、地震若しくは噴火またはこれらによる津波を直接または間接の原因とする火災・損壊・埋没または流失による損害を補填することを内容としており、政府が再保険という形で保険会社などの負う地震保険責任をバックアップすることになっている。昭和51年秋の地震学会において「駿河湾地域に大規模な地震が発生するおそれがある」との発表や昭和53年1月に発生した伊豆大島近海地震を機に、同年6月に大規模地震対策特別措置法(大震法)が制定された。この法律の特徴は、大規模な地震の発生を予知できることを前提に、事前措置として、①地震防災対策強化地域の指定、②地震防災計画の作成、③地震防災訓練の実施を行い、異常現象発見後は、①警戒宣言の発令、②地震災害警戒本部の設置、③地震防災応急対策の実施を行うことになっている(『防災事典』)。同法の制定と関連して昭和55年には、「地震防災対策強化地域における地震対策研究整備事業に係る国の財政上の特別措置に係る法律」(地震財特法)が制定された。

平成7年(1995)の阪神・淡路大震災を契機として、同年7月地震防災対策特別措置法が制定された。地震から国民の生命、身体及び財産を保護するため、都道府県が作成をする地震防災緊急事業五ヵ年計画による地震防災施設などの整備の推進及び地震調査研究推進本部の設置について定められている。

同様に、同年耐震改修促進法が制定され、昭和56年以前の建物については耐震診断が義務づけられることになった。平成18年には改正が行われ、①自治体に耐震改修促進計画の作成を義務づけ、②建築物に対する指導等を強化するとともに、③支援措置の拡充が図られることになった。

東南海・南海地震では、地震による強い揺れや津波により、きわめて広域で甚大な被害が予想されることから、事前に計画的かつ着実に事前の防災対策を進める必要があるとして、議員立法により東南海・南海地震に係る地震防災対策の推進に関する特別措置法(平成14年)が制定された。同様に、日本海溝・千島海溝周辺海溝型地震に関し、その地震災害、特に津波災害については、広い地域において甚大な被害が予想されることから、一層の防災対策を進める必要があるとして、議員立法により「日本海溝・千島海溝周辺海溝型地震に係る地震防災対策の推進に関する特別措置法(平成16年)が制定された。

風水害・土砂災害、その他の災害対策

明治29年(1896)に制定された河川法は、戦後においても適用がなされたが、社会経済

の発展は著しく，水力発電，工業用水等の河川水の利用を増大させ，利水関係の規定の整備が必要とされたほか，新憲法の制定を始めとする法制度面の大きな変革が行われたこともあり，旧河川法の改正の議論が戦前・戦後を通じて行われた。昭和39年（1964）に河川法は全面改正され，翌年から施行されることになった。

明治29年の河川法は，治水を主な目的として区間主義の管理制度を採用していたが，改正により，水系一貫の管理制度，利水に関する規定等が整備された。その後も逐次改正が行われており，平成3年（1991）には高規格堤防特別区域制度の創設，9年には「河川環境の整備と保全」を目的規定に織り込み，河川の整備計画について住民意見を反映させるための手続を整備するなどの改正が行われた。

風水害対策としては，政府によって実施される治水対策に加えて，地域における水防活動も重要となる。初の水防に関する法律として，明治23年に水利組合条例が制定され，さらには27年に消防組規則（勅令）が制定された。水利組合条例は，河川法の制定などによって，条例と実状と合わない部分が生じたため，41年に水利組合法として改正された。昭和24年の土地改良法の施行により，水利組合法は，同年水害予防組合法へと改名された。

カスリーン台風（昭和22年），アイオン台風（23年）といった大型台風の到来を受けて，24年水防法が制定された。現在においては，水防に関する第一義的な責任は市町村にあるとし，実際に水防活動を行う団体として，①市町村，②複数の市町村からなる水防事務組合，③水害予防組合が掲げられている。法改正としては，昭和30年には，洪水予報・水防警報に関する規定が追加され，33年には，水害予防組合から水害事務組合への積極的な移行が図られた。また，平成11年の福岡水害，12年の東海豪雨を契機に，翌13年に改正が行われ，洪水予報河川の拡充，洪水予報河川の浸水想定地域の公表，市町村によるハザードマップの作成の推奨がなされた。さらに，16年7月に起きた新潟・福島豪雨，福井豪雨を契機に，翌年に改正が行われ，中小河川における洪水情報等の提供の充実，ハザードマップ作成の義務化，水防協力団体制度の創設がなされた。

伊勢湾台風（昭和34年）を契機に，翌年3月には治山治水事業の緊急かつ計画的な実施を促進するための治山治水緊急措置法が制定された。平成15年に社会資本整備重点計画法の施行に伴い治山緊急措置法に名称が変更され，同年に廃止された。

昭和47年の豪雨災害をきっかけに，同年12月防災集団移転促進事業法が制定された。これにより，異常な自然災害による災害が発生した地域またはそのおそれのある地域のうち，住民の居住に適当でないと認められる区域内にある住居の集団的移転が促進されることになった。

土砂災害対策としては，砂防法（明治30年），地すべり等防止法（昭和33年），急傾斜地法（昭和44年）という，いわゆる砂防三法が存在している。平成11年6月に起きた広島水害を契機に，翌12年5月土砂災害防止法が制定された。本法により，土砂災害のおそれのある地域（土砂災害警戒区域・土砂災害特別警戒区域）を明らかにし，その中で危険の周知，警戒避難体制の整備，住宅建設のための宅地開発の規制や建築物の安全を確保するための基準の設定，既存住宅の移転促進等の措置が講じられることになった。本法は，17年に改正され，災害時要援護者施設に対する土砂災害情報等の伝達方法を定めること，土砂災害ハザードマップによる住民への危険の周知を行わなければならないことになった。

火山対策としては，昭和47年の鹿児島桜島噴火，翌年の浅間山噴火を契機に，同年7月活動火山周辺地域における避難施設等の

設備等に関する法律（活火山法）が制定された。53年には，活動火山対策特別措置法と名称を変え，改正をしている。

被災者支援
個人災害救済制度に関しては，国会において長年にわたって議論されており，昭和36年(1961)の災害対策基本法の制定時においても，そのような議論がなされていた。昭和47年の豪雨災害をきっかけに，同年より「市町村災害弔慰金補助制度」が発足した。この制度は，自然災害により災害救助法が適用された市町村が，死者および行方不明者に弔慰金を支給した場合，国は10万円を限度としてその額の2分の1を補助をするものであった。ついで，この制度を拡張する形で，災害弔慰金の支給等に関する法律が議員立法として昭和48年に制定された。法制定につき，羽越水害（昭和42年）において家族を失った議員の立法活動も見逃せない。制定当初は，災害によって死亡した遺族に対する災害弔慰金は50万円，障害を受けた人に対する災害見舞金は150万円，住居や家財に損害を受けた人ならびに世帯主が負傷した場合に貸し付けられる災害援護資金は50万円であったが，数次にわたる限度額の改正を経て（直近の改正は平成3年(1991)），現在のところ，災害弔慰金は500万円，災害見舞金は250万円，災害援護資金は350万円となっている。

阪神・淡路大震災（平成7年(1995)）を機に，被災者生活再建支援法（平成10年）が制定されている。支援法発足当時には，支援金としては，家財道具調達などを支援するための「生活再建支援金（第一次改正における生活再建経費）」が最高100万円支給された。ただし，住居の全壊または半壊で取り壊しをしたか，長期にわたり住宅が使用不能になることに加え，厳しい所得・年齢制限があった。そして，一定規模の災害でないと支給されなかった。

法案成立当時には議論が成熟し切れていなかった住宅再建支援制度については，支援法の付帯決議において5年後の平成15年に見直しが行われることになっていた。16年の第一次改正によって，さきほどの100万円に加えて，居住安定支援としての「居住関係経費」が最高200万円支給されることになった。ここにいう居住関係経費とは，立て替え，補修に係る解体撤去・整地費及び借入金関係経費，家賃などである。この時点では，住宅の再建・補修そのものには支援が認められていなかった。

平成19年の第2次改正によって，支援金を住宅の被害程度と再建方法に応じて定額，渡しきりとし，使い道の制限が取り除かれ，加えて，年齢・所得制限も撤廃され，一定以上の被害（全壊・大規模半壊）を受けた被災世帯すべてが支給対象とされた。また，支援法が制定されて以来，支援法でカバーされない領域を支援するために都道府県など主として自治体による独自施策が実施されている。たとえば，三宅島噴火災害（平成12年），鳥取県西部地震(12年)，平成16年の風水害，新潟県中越地震(16年)，能登半島地震(19年)，新潟県中越沖地震(19年)などにおいて実施された。

参考文献　生田長人『防災の法と仕組み』（シリーズ防災を考える4，東信堂，2010），河川法令研究会編『よくわかる河川法（改訂版）』，ぎょうせい，2007），北原糸子編『日本災害史』（吉川弘文館，2006），災害対策制度研究会編『新・日本の災害対策』（ぎょうせい，2002），災害救助実務研究会編『災害救助の運用と実務―平成18年度版―』（第一法規，2006），下山憲治「災害・リスク対策法制の歴史的展開と今日的課題」（『法律時報』81／9，2009），内閣府『防災白書』，日本自然災害学会監修『防災事典』（築地書館，2002），吉井博明・田中淳編『災害危機管理理論入門―防災危機管理担当者のための基礎講座―』（シリーズ災害と社会3，弘文堂，2008）

災害と建築

西 澤 泰 彦

想定される災害と建築

ここでは，地震・火事・暴風と建築との関係を概観する。多種多様な災害の中でこれら3つの災害と建築との関係に限定した理由は次の通りである。

日本では，19世紀末まで，経験的に災害を把握，理解し，それに応じた建物が建てられてきた。その結果，建物は地震・火事・暴風を想定し，被災しない工夫，あるいは被災程度を最小限に抑える工夫がなされてきた。他方，津波や高潮・洪水・土砂崩れ・竜巻という災害に対して人々は，建物単体に工夫を施すことで対応できないことを認識し，それ以外の方法で被災を回避し，あるいは被害を最小限にする工夫をしてきた。海沿いで高台に建物を建てるのは，津波や高潮を経験した人々の工夫であり，前者の好例である。濃尾平野の輪中に見られる水屋は，住宅の母屋が洪水被害に遭った場合に備えて建物であり，後者の例である。

日本では，このような災害に対する考えが一般化する中で，20世紀になって自然科学分野の研究が進展し，災害を科学的に把握，理解することが可能となってきたが，その構図は変わらず，建築分野では，地震・火事・暴風に対する建物単体の工夫がずっと考えられてきた。したがって本章で地震・火事・暴風と建築との関係に限定することとした。

なお，平成23年(2011)東日本大震災での津波被害は記憶に新しいところであり，津波による建物への被害は過去に多々ある。また，毎年起きる竜巻に対する建物への被害もある。しかし，これらの災害は，避難が優先的に考えられるべきものである。そこで，ここでは，津波や竜巻と建築との関係は論じないこととした。

地震と建築

仏教が伝来する6世紀後半まで，日本の建築は単純な構造であったと考えられている。柱は，根元を地中に埋める「掘立」と呼ばれる形式のものであった。しかし，柱の上部に梁を架けるとき，柱と梁の接合部分を緊結する技術に乏しかった当時の日本では，梁と柱の接合は不十分で，地震には弱かったと思われる。また，柱の根元が腐りやすかった。仏教伝来とともに日本に流入した仏教寺院を建設する技術は，日本の建築を大きく変えた。根元の腐りやすい掘立に代わり，地面に礎石を置き，その上に柱を建てることとなり，柱の根元が腐るという欠点は克服された。柱と梁の接合部分は，ほぞとほぞ穴によって緊結され，組物と呼ばれる部材を用いて補強された。また，柱や梁を太い部材で構成することで，地震による水平力により強く対応することが可能となった。

しかし礎石の上に柱を乗せたため，柱は掘立に比べて不安定で倒れやすくなった。そこで考えられたのは，柱・梁を緊結することで一つのフレームを作り，そのフレームを桁で結び，複数組み合わせてフレーム全体で自立する形態であった。このフレームを補強するために，貫や長押を加えた。貫は，柱に穴を開け，柱を貫くように架けた補強材である。長押は，梁と柱の頭を挟み込むように架けた補強材である。もう1つの地震対策は，壁を厚くすることだった。典型的な建物は，土蔵である。柱・梁によるフレームで屋根を支えているが，耐火性能の確保のため，外側に厚い土壁を塗った土蔵は，結果として柱・梁のフレームだけでなく，厚い壁も含めて建物全体で地震による水平力を受けることとなり，耐震性能

が確保された。ただし，夏季に高温多湿になる日本では，土蔵は住宅には不向きであり，倉庫としての役割を果たすこととなった。

19世紀後半，開国とともに日本には西洋建築の情報と技術が流入する。特に，明治政府は外国人建築家・技術者を雇い，政府の建物や明治天皇の宮殿などを中心に煉瓦造の導入を図ったが，欧米人が持ち込んだ煉瓦造の技術では耐震性能が低く不十分であった。

地震の多いイタリアなどでは，バットレスやタイ・バーによる煉瓦造建物の耐震的工夫が施されていた。バットレスは，煉瓦造の壁の倒壊を防ぐため，壁に直交する方向に入れる控壁である。タイ・バーは，向かい合う煉瓦造の壁の上端を固定する鉄棒であり，向かい合う壁が地震時には同一の挙動を確保するためである。しかし，日本では，このようなヨーロッパでの一般的な方法は，地震に耐えうるものではないと判断された。1880年代，日本に滞在していたイギリス人建築家コンドルやフランス人土木技師のレスカスは，煉瓦の壁の中に鉄棒や鉄帯を入れて補強する方法を提案している。この方法は，のちに日本人建築家たちによって具体化され，採用されている。

濃尾地震の影響

日本の建築関係者が一様に，建物の耐震性能を確保する必要性を認識させられたのが濃尾地震による被害である。明治24年(1891) 10月28日に起きた濃尾地震では，全壊建物が約16万戸，死者約7,200人，という甚大な被害が生じた。象徴的な光景として報じられたのは，名古屋郵便電信局(明治21年竣工)が被災した光景である。建物の2階部分は崩壊し，局員4人が圧死したことで，「煉瓦造は地震に弱い」という風評が伝わる原因となった。しかし，被害実態として，倒壊家屋のほとんどは，木造建物であった。このような濃尾地震とその被災状況から，建築に関わることとして，次の4点が起きた。

1点目は，被災状況の調査と報告である。帝国大学造家学科では，すべての学生が，教官に引率されて被害地に赴き，建物の被害調査を行なった。現地調査の結果は，造家学会が主催した報告会で公表された。現地で撮影された写真は，当時，見世物小屋で流行していた幻灯機を使って上映された。これ以後の被害調査では，写真が貴重品であったため，学生たちの描くスケッチが記録として重要な役割を果たした。彼らは，日頃から建物のスケッチを描くことに長けており，被害調査でも，写真とも劣らぬ正確なスケッチを描いた。

2点目は，日本政府が震災対策を行なったことである。政府は，明治25年6月25日，震災予防調査会の官制を公布し，同年7月18日には第1回委員会を開き，地震の研究と震災被害の軽減を図る施策の検討に着手した。これ以後，震災被害の軽減を図る政策が提案され，実現していく。それらを大別すると，①濃尾地震とこれまでに起きた地震の被害の実態を正確に把握すること，②試験家屋を建設し地震時の状況を観測すること，③建物の振動試験を行うこと，④建築材料の強度試験を行うこと，⑤現在の建物に対して地震被害を予測し対策を立てることの5点である。

図1　濃尾地震により2階が崩れ落ちた名古屋郵便電信局

①は，被害実態に対する冷静かつ的確な分析によって震災対策を立てるという発想であり，過去の地震だけでなく，地震が起きるたびに被害実態の調査と分析が行われた。②〜④は，地震が建物に与える影響を数値として把握する試みである。当時，帝国大学造家学科教授だった辰野金吾は，帝国大学構内に試験家屋を建設したほか，東京・深川と北海道・釧路に「改良日本風家屋」を建設し，地震計を置いて，観測を行なった。また，振動台と呼ばれる機械を開発し，建物の模型を振動台に乗せ，振動を測定することが始まった。④は，建築材料の強度を把握する試みである。そして，これらの成果をもとに，⑤に示した通り，現在の建物に対する地震被害を予測し，対策を行うこととなった。

3点目は，震災対策について，政府と学術界が協力体制を確立したことである。辰野金吾が震災予防調査会に委員として参加したことで，彼が実質的なリーダーであった造家学会（日本建築学会の前身）と彼が教官を務める帝国大学が，震災予防調査会に全面的に協力する体制が確立した。試験家屋による調査や，濃尾地震以後も頻繁におこなわれた教官と学生による現地調査は，このような体制のもとで，成果をあげていた。

4点目は，これらによって生まれた方法，すなわち，被害調査とその報告，分析，そして地震対策の検討が，その後の震災対応の基本となったことである。

このように，濃尾地震を契機に，建物に対する耐震化の研究が始まった。その最初の成果は，辰野金吾たちが，明治30年，震災予防調査会で公表した木造耐震家屋雛形であった。辰野たちは，濃尾地震の被害状況を冷静に分析していた。新聞報道や巷の噂では，煉瓦造建物の被災状況が大きく伝えられたが，倒壊した建物の大半が木造であったことを彼らは認識していた。提示された雛形は，町家，小学校，公共用2階建，

図2　辰野金吾提案の木造耐震家屋雛形

日本風住家，農家5種類である。これらに共通することは，土台の使用，土台・柱・小屋の鉄材による緊結，柱と梁や桁の貫とボルト締めによる固定であった。また，筋違の挿入も示された。この方法は，現在おこなわれている木造建物の一般的な耐震補強工事と大差ない。

建築の耐震化

濃尾地震以降の30年間，日本における建物の耐震化の流れを概観すると，1つは，煉瓦造建物に対する耐震化の工夫であり，もう1つは，すでに紹介した木造建物に対する耐震化の工夫であった。

煉瓦造建物の耐震化は，煉瓦の壁体の一体化，梁・床の補強，鉄骨構造との併用，という3つの方法が採られた。煉瓦の壁体の一体化は，煉瓦を結び付ける目地を強化し，煉瓦造の壁体に骨組みを作ることでそれを一体化させる工夫であった。目地の強化に欠かせないのは，目地に使うポルトランドセメントの安定供給，高品質化であった。明治38年(1905)，農商務省はポルトランドセメント標準規格を定め，品質の確保を図った。また，日本国内でのポルトランドセメント生産は，明治42年には，国内生産量が需要量を上回るようになり，安定供給が確保された。

壁体に骨組みを作る工夫は，鉄材を壁体の縦横に通す方法である。特に，煉瓦の壁体の中に，水平方向には帯状の鉄材を加え，

上下には鉄棒を通した碇聯鉄工法がよく用いられた。代表例は，横浜正金銀行本店(明治37年竣工)である。

床に鉄骨とコンクリートを用いて補強する方法も考案された。Ⅰ形鋼(断面がⅠ字形のもの)を小梁として架け，その間にかまぼこ型(ヴォールト状)の鉄板を渡すか，煉瓦でヴォールトを造り，その上にコンクリートを流し込んで床を造る方法である。その代表例は，日本銀行本店(明治29年竣工)である。

建物の骨組みを鉄骨で作り，壁を煉瓦で充塡する方法も出現する。三井本館(明治35年竣工)がその代表例である。鉄骨煉瓦造と呼ばれるが，実質的には鉄骨造である。

このように，濃尾地震後の30年間を経て，日本の建築の主流となっていた煉瓦造の建物について，着実に耐震化技術の開発は進んでいた。東京駅(大正3年(1914)竣工)，大阪市中央公会堂(大正7年竣工)といった大規模な煉瓦造建物が今日まで存続しているのは，鉄骨で補強された煉瓦造であることが大きな要因である。

大正12年(1923)に起きた関東大地震では，補強の有無による煉瓦造建物の被災状況の差異が明確に現れ，補強された煉瓦造建物の被災程度は相対的に軽微であった。関東大震災の報告書である『大正十二年関東大地震震害調査報告』第3巻は，煉瓦造建物の被害実態について，当時の東京府における煉瓦造建物6,969棟(大正10年時点での棟数)のうち，全壊222棟・半壊146棟・大破282棟，合計650棟が地震で被災したと記している。このような被災状況のため，「煉瓦造は地震に弱い」という認識が一般に流布した。しかし，特に被害がほとんどなかった例として，煉瓦の壁体の中に碇聯鉄を用いたものや鉄骨で補強したものなどをあげている。

一方，『大正十二年関東大地震震害調査報告』は，鉄筋コンクリート造建物の被災状況について，東京市内592棟のうち，全壊7棟・半壊11棟と記している。これにより，「鉄筋コンクリート造は地震に強い」という認識が流布した。

建物全体を鉄筋コンクリート造とした日本最初の建物は，三井物産横浜支店(明治44年竣工)といわれる。そして，先進的な民間の事務所建築と同様に鉄筋コンクリート造を普及するのに影響力を持ったのは，東京や横浜といった当時の大都市が，関東大震災の直前から防火を主目的として建て始めた鉄筋コンクリート造の小学校校舎であった。関東大震災前に竣工していた東京市立猿江尋常小学校や竣工直前であった東京市立番町尋常小学校の鉄筋コンクリート造校舎は，関東大震災で被災度合いが低かったことから，鉄筋コンクリート造建物の耐震性を証明することとなった。それにより，全国各地で，学校をはじめ，府県庁舎，市役所，公会堂，図書館，病院，駅舎といった公共性の高い建物や民間の事務所建築，商業建築にも鉄筋コンクリート造が導入されていく。木造建築に比べて耐震性能，耐火性能の高い鉄筋コンクリート造建築は，

図3　東京市立番町尋常小学校校舎

「永久建築」と呼ばれるに至る。

関東大震災の復興を経て，鉄筋コンクリート造や鉄骨造による建物の高層化が始まると，建物の高層化に伴う耐震性能の確保という，新たな問題が生じた。それに対して2つの方法が考案された。1つは，柱や梁の断面を太くすることである。もう1つは，地震によって生じる水平荷重を壁(耐震壁，耐力壁)にも負担させることである。これらには一長一短があり，絶対的な優劣があるわけでもない。耐震壁が地震に対して有効であるのを示したのは，早稲田大学教授内藤多仲が構造設計を担当した日本興業銀行ビル(大正11年(1922)竣工)である。この建物は，関東大地震による被災がなく，耐震壁が大規模地震に有効であることを示した。結局，低層の建物では柱・梁を太くし，高層化する場合は耐震壁を入れるという対応が確立し，鉄骨造の建物では，鉄骨の柱や梁の周囲を鉄筋コンクリートで補強する鉄骨鉄筋コンクリート造が定着することになる。

一方，建物の耐震化に関する研究として大きな影響を与えたのが，佐野利器による「家屋耐震構造論」である。これは，『震災予防調査会報告』83(甲・乙)，大正5年10月・大正6年3月)として刊行された論文である。この論文が優れていた点は，次の2点である。1点目は，「震度」という概念を提案し，建物に加わる地震力の計算方法を示したことである。佐野は，重力加速度に対する地震動の最大加速度の比を「震度」と名付け，ニュートン力学を応用して，建物に加わる地震力を建物重量に震度を乗じた値であることを主張した。2点目は，建物の構造種別ごとに，耐震設計の方針と方法を示したことである。大正9年施行の市街地建築物法施行規則に示された構造種別の規定や，大正13年改正による水平震度の導入も基本概念はこの論文に依拠している。

耐震化と建築法規

大正9年(1920)，日本最初の全国的な建築法規である市街地建築物法が施行される。この法律は，市街地と建築物の秩序・不燃化・安全性・衛生・美観の観点から，市街地に建てられる建物について，規定を定めたものである。このうち，建物の安全性に関わることとして，建物の構造強度を確保するための具体的な規定は，市街地建築物法施行規則44条から117条に示された。そこでは，建物の構造種別ごとに柱・梁・壁に関する細かい規定を設け，強度計算の方法を定めていた。これらの規定は，濃尾地震から四半世紀にわたった建築構造に関する研究成果の上に成り立っていた。たとえば，木造の場合，柱・梁などの構造材をボルト締めで固定するなど辰野金吾が公表した木造耐震家屋雛形に由来する規定もあった。

しかし，濃尾地震時には存在しなかった鉄筋コンクリート造や鉄骨造に関する規定は，理論上の研究からの成果による規定も多かった。したがって，関東大震災の状況を受けて，政府は，大正13年6月，市街地建築物法施行規則を改正した。たとえば，鉄筋コンクリート造に関する規定のうち，柱の太さに関する規定では，柱間の長さの20分の1を柱の太さの最低としていたことに対して，それを15分の1に改正した。また，鉄骨造では，筋違(筋交)や耐震壁の設置を義務付けた。さらに，全くなかった規定として，強度計算の項目に，地震力の規定を新設した。

その後，鉄筋コンクリート造や鉄骨造の研究と技術開発が進むと，技術水準の確保を前提とした規定が盛り込まれることになる。特に大きな問題として，コンクリート強度を構造計算に反映させることが，昭和7年(1932)，市街地建築物法施行規則に盛り込まれた。これは，鉄筋コンクリート造の場合，圧縮力を支えるコンクリートの強度を

確保するため，コンクリート調合の際に加える水を減らすことが必要であり，水とセメントの重量比を盛り込んだコンクリート強度を示す数式が提示された．耐震化の大前提として，コンクリート強度の確保は不可欠であった．

昭和25年，市街地建築物法と関連規定は，建築基準法に引き継がれる．建築構造に関する規定は，建築基準法施行令で示されたが，それは，構造種別の規定と構造計算方法の規定から成っており，その構成は市街地建築物法施行規則と大差なかった．これは，佐野利器が「家屋耐震構造論」で示した枠組みが，引き継がれたことを示している．

一方，東南海地震（昭和19年），三河地震（同20年），福井地震（同23年）という具合に大規模地震が続いた．この中で福井地震では，全壊した建物が35,420戸にのぼり，多数の木造建物が被災していたことも踏まえ，建築基準法施行令では，木造建物に対する筋違の規定をより細かく，具体的に記した．地震力を柱・梁だけでなく，筋違によって負担するという発想であった．これ自体は，濃尾地震後，辰野金吾が示した木造耐震家屋雛形と同じであるが，建築基準法施行令では，階数に応じた筋違の本数を示すことで，木造建物の耐震性能を確保しようと試みた．

その後も，新潟地震（昭和36年），十勝沖地震（同43年），宮城県沖地震（同53年）と，建築物に甚大な被害を与えた地震は続いた．十勝沖地震では鉄筋コンクリート造建物の柱が剪断破壊を起こした例が多々あり，宮城県沖地震では，ピロッティのある鉄筋コンクリート造建物で柱が挫屈する例が目立った．

これらの地震被害の状況を受けて，「ねばり（靭性）」の確保と柱の剪断補強が必要となった．研究の進展により，地震力を受けた建物が，ある程度の形状を変化させながらも，崩壊することなく地震力に耐える現象，すなわち，建物は，地震力に対して強い「ねばり（靭性）」を持っていれば，崩壊しないことが確認されるようになった．その現象を応用して，巨大な地震力を受けた時には，建物形状の変形による多少の破壊は生じても構造体の破壊が起きなければ建物が崩壊することはなく，甚大な人的被害を避け得る，という考えのもと，いわゆる「新耐震基準」と呼ばれる新たな耐震基準がつくられた．そして，ねばり（靭性）確保のためには，柱の挫屈は絶対に避けるべき現象であり，剪断補強が必要であった．それらを盛り込んだ建築基準法施行令の改正が昭和55年（1980）に行われ，56年から施行された．平成23年（2011）3月の東北地方太平洋沖地震による被害状況の詳細が明らかになれば，「新耐震基準」の有効性が検証できると思われる．

一方，平成7年1月に起きた兵庫県南部地震では，木造住宅を中心に「新耐震基準」以前に建てられた建物の倒壊が目立った．それを踏まえて，同年10月に公布されたのが「建築物の耐震改修の促進に関する法律」であった．多数ある「新耐震基準」以前の建物をすべて建て替えるということは現実的には困難であり，耐震診断の実施とその結果に応じた耐震化工事の促進であった．

火事と建築

火災軽減のために歴史的に行われてきたことを概観すると，個々の建物に対するものと，都市全体に対するものとの2つに大別できる．

個々の建物についての対処は，建物の不燃化であり，耐火性能の向上である．ところが，弥生時代から今日に至るまで，日本では木造建築が主流であり，建物の不燃化が容易ではないことも事実である．その中で，最初に考えられたのは，屋根と外壁の不燃化である．具体的には，屋根に瓦を葺き，壁を土壁として柱や梁の表面にも土壁を塗

るという方法である。瓦や土壁という不燃材によって建物全体を包むという発想である。江戸時代を通して，この方法は徐々に広まり，江戸をはじめ，当時の大都市の表通りに面する商家に塗屋や土蔵造の建物が建つのは，不燃化を図った現れである。
この方法は，明治維新後も引き継がれ，東京府が明治14年(1881)に公布した東京防火令では，東京の幹線街路に面する建物の屋根と外壁の不燃化を義務付けたが，そこで出現した建物の多くは，瓦葺の屋根を持った塗屋，土蔵造の建物だった。その結果，街区全体を焼き尽くす大火は極度に減少したといわれる。また，明治26年に大火に見舞われた川越では，その復興時期に建った建物に多数の塗屋や土蔵造の建物があったが，これは東京防火令の影響である。現在は，歴史的街並みとして著名になった川越の街並みは，この時期に成立しつた街並みを基本としている。
建物の屋根と外壁を不燃化する考え方は，その後も引き継がれ，大正9年(1920)施行の市街地建築物法，昭和25年(1950)施行の建築基準法においても，防火地区における屋根と外壁での不燃材の使用が定められた。モルタル塗りの外壁と瓦屋根やトタン板の屋根を持つ木造住宅が並ぶ景観は，このようにして生み出されたといってよい。
また，類焼を防ぐ手段として市街地の商家でよく見られるのが，隣家との間に卯建(宇建)と呼ばれる袖壁を設け，類焼を防ぐ工夫である。16世紀前半から半ばの京都の様子を描いたといわれる「洛中洛外図屏風」には，板葺屋根にもかかわらず卯建を持つ町家が描かれているので，卯建が最初から防火目的であったとは考えにくい点もあるが，江戸時代を通じて，卯建は全国各地に広まり，結果として防火壁の役割を果たしてきた。
19世紀後半，煉瓦造の技術が日本に流入すると，建物を不燃化する方法には，先に紹

図4　銀座煉瓦街

介した塗屋・土蔵造だけでなく，建物を煉瓦造で建てるという方法が加わる。明治5年，大火に遭った東京・銀座では，アイルランド系イギリス人技師ウォートルスの設計の下で，銀座煉瓦街計画が実施される。実際には裏通りに面する建物の一部は土蔵造となったが，不燃化した建物で街区を覆うことで，市街地全体の不燃化につなげるという発想であった。
鉄筋コンクリート造の出現は，建物の不燃化に大きな役割を果たした。関東大震災において，火災による焼失建物が多かった中で，鉄筋コンクリート造の建物の耐火性能が他の構造に比べて高いことが証明されたため，各地で，学校をはじめ，役所，病院，公会堂，図書館，駅舎といった公共建築物に鉄筋コンクリート造が導入されていった。そして，それらの建物の影響を受けて，徐々に鉄筋コンクリート造の建物が増えていく結果となった。
他方，木材がコンクリートや鉄材に比べて燃えやすいというだけで，不燃化には貢献しない材料と思われた結果，建物の不燃化の動きの中で，木材は排除されることとなった。ところが，これは，長らく日本で蓄積されてきた木造建築文化の否定につながり，また，木材の流通を萎縮させた結果，大きくは森林の荒廃による問題から林業の衰退という産業構造の変化まで引き起こす

結果となり，批判も起きた。さらに，実態として，アルミサッシュは不燃材であっても，熱伝導率が高く，火事によって容易に変形するという危険性に代表されるように，幾多の危険性が見落とされてきた。そのような反省にたって，平成12年(2000)に行われた建築基準法と関連法規の改正では，性能規定という概念のもと，部材断面の確保など一定条件下での木材を不燃材と同様に扱うことなどが認められた。

都市全体を不燃化する試みも行われてきた。その代表的手法は，広幅員の街路や市街地に空き地(火除地)を配置して，市街地全体が焼失するのを防ぐことであった。江戸時代の代表例としては，名古屋の城下町で万治3年(1660)の大火後に拡幅された広小路がある。この街路は，もともと幅員3間(約5.4メル)であったが，この時の拡幅によって幅員15間(約27メル)となった。また，関東大震災の復興事業によってできた東京の昭和通も時代は違うが，同じ発想に基づいている。それは，第2次世界大戦において，各地でおこなわれた建物疎開(防火帯確保のためその土地にある建物を撤去すること)にも通じる手法である。

また，消防設備と消火体制を整備することも試みられた。火事の早期発見のため，江戸時代から火の見櫓が市街地の所々に設けられた。消火設備として，防火用水が街路の随所にあったことも知られている。今日，消防署には必ずある望楼は火の見櫓の発展したものであり，どこの都市にもある消火栓は防火用水と同じ役割を果たしている。そして，江戸時代，各地にできた火消しという組織は，消火能力に多少の疑問はつくものの，火事の被害の減少に貢献していたことは実証されており，現在の消防は火消しの延長線上にある。

暴風と建築

建物が倒壊する原因は地震だけではない。台風など発達した低気圧による暴風も建物倒壊の原因の一つである。一般論として，暴風による建物への水平荷重は，地震による建物への荷重に比べれば，極端に小さく考えられている。かつて，日本興業銀行ビルに耐震壁を用いた内藤多仲は，建物に加わる風圧力は地震力に比べて無視できるほど小さい，としていた。しかし，暴風の場合，瞬間的な荷重のみならず，断続的に荷重がかかることになり，それが建物の倒壊を引き起こす。

暴風への対策が重要であることを示したのは，暴風によって，各地で木造校舎が倒壊し，犠牲者がでたことである。大正14年(1925)9月には愛知県で暴風により授業中の木造校舎が倒壊し，児童18人が死亡した。昭和5年(1930)7月には九州でも同様のことが起きていた。9年9月に来襲した室戸台風によって，特に直撃を受けた阪神地方では，大阪府で164棟の学校建築が全壊したのをはじめ，各地で学校が被災し，社会問題化し，結果として大阪市や京都市が進めていた小学校校舎の鉄筋コンクリート造化に拍車をかけることとなった。

しかし，この時，建築家であり建築構造の専門家であった佐野利器は，当時の鉄筋コンクリート造建物の建設費が高価であるという現実的問題を認識し，中小の地方都市では，校舎の鉄筋コンクリート造化は難しいことも理解していた。そこで，校舎全体を鉄筋コンクリート造化できない場合は，講堂を鉄筋コンクリート造として，避難場所にすることや，木造校舎の階段部分のみを鉄筋コンクリート造にするだけでも木造校舎の倒壊を防ぐことが可能である旨，室戸台風の被災から2週間後の昭和9年10月3日，ラジオ番組に出演して語っている。この中身は，『建築雑誌』やセメント業界の雑誌『セメント界彙報』に転載された。かつて，濃尾地震後に辰野金吾が木造建物の耐震化に腐心したのと同じような現状を冷静に把握する視点が佐野にもあった。

なお，すでに紹介したとおり，昭和25年施行の建築基準法施行令では，木造建物についてより詳しい筋違の規定ができたが，それは，その直前に来襲した枕崎台風・阿久根台風・カスリーン台風といった台風による木造建物への被害が出たためでもあった。

災害と建築

地震・火事・暴風と建築の関係を歴史的に概観したが，災害に強い建物を生み出すには，確実に次のことが指摘できる。

1つは，最先端の建築技術だけに頼らないことである。濃尾地震以来，試行錯誤の結果生まれた「新耐震基準」は，大地震の際には，建物がある程度変形し，破壊されることで地震力を吸収しながら，建物全体の崩壊を防ぎ，それによって人的被害をできるだけ減らすという方針となった。また，一定条件下での木材を不燃材と同等に扱う規定は，火事発生時における消火活動と建築構造・材料の特性を連動させるという新たな発想でもあった。

2つ目は，1つの問題解決が新たな問題を生み出すことになることも肝に命ずることである。「新耐震基準」は，その後建てられた建物の耐震性確保に貢献したことは間違いないが，それによってつぎつぎと建てられた超高層建築では，長周期振動や振幅の大きな揺れに対する被害を想定する必要が生じてきた。

3つ目は，地震や暴風という自然現象由来の災害において，人間の寿命を基準とした時間的尺度では，絶えず未経験のことが起こり得るという教訓である。それを「想定外」とう言葉で済ます場合もあったが，起きた災害を冷静に分析し，次の災害に備えることは当然であり，さらに必要なのは，その備えが次の災害に有効であったか否かを再び冷静に分析することである。濃尾地震直後，新聞などの論調が煉瓦造の被害を極端に大きく報じる中で，辰野金吾は次に来るべき地震に備えて圧倒的多数の人々が使っている木造建物の耐震化に取り組んだ。室戸台風による木造校舎の倒壊を受けて，校舎の鉄筋コンクリート造化が叫ばれていた中で，建築構造の専門家であった佐野利器は，部分的な鉄筋コンクリート造の導入という対応を呼びかけた。校舎全体を鉄筋コンクリート造化することが財政的に困難な場合に，部分的な導入でも人命は救えると考えたからにほかならない。

天災の発生を止めることはできず，人災も人間が失敗を犯す限り，災害は必ず起きる。災害と建築との関係は，それを証明している。また，災害と建築との関係を防災，減災の視点から見直した時，建物に対する施されてきた工夫には，それぞれ目的が存在してきた。しかし，時が経って新たな工夫が施される時，過去の工夫に対する目的を忘れ，過去の工夫を蔑ろにすると，必ず，それに起因した災禍を被ることとなることを過去の災害は示している。

特に，濃尾地震後に始まった木造建物の耐震化の工夫から，現在進められている木材を一定条件下で不燃材と同様に扱う動きに至る木造建物に対する耐震化と不燃化の考え方の変遷はそれをよく示している。

東日本大震災では，大規模な津波被害や地盤液状化被害が目立ったが，地震由来の火災は目立たなかった。想定されている首都圏直下型地震や東海・東南海・南海地震に対する防災を考える時，東日本大震災の経験と教訓を生かすことは当然であるが，それだけでなく，関東大震災における火災の教訓にも目を向けることが必要である。

参考文献　村松貞次郎『日本近代建築技術史』(彰国社，1976)，稲垣栄三『日本の近代建築—その成立過程—』(SD選書，鹿島出版会，1979)，大橋雄二『日本建築構造基準変遷史』(日本建築センター出版部，1993)，藤森照信『日本の近代建築』上・下(岩波新書，岩波書店，1993)，坂本功『木造建築を見直す』(同，2000)

災害と土木

河田惠昭

本事典の章建てをみれば，災害問題が学際分野であることは明白である．土木工学は防災・減災に深い関係がある分野である．主として気象災害への対策として，土木は古くは堤防などのハード施設の充実，平成7年(1995)以後は情報を駆使したソフト対策に至るまで大きい役割を果たしてきた．また昭和35年(1960)に発足した「自然災害総合研究班」でも土木は中心的役割を担ってきた．この研究班の歴史や経緯は，今後の防災・減災の研究体制のあるべき姿を考えるとき，有益である．本章では土木の狭い枠に留まらず，情報も含めた社会インフラ構築である土木の防災・減災の歴史を取り扱う．

明治時代の災害と土木技術

45年間の明治時代に発生した自然災害のうち，1件の死者数が100人以上の大規模災害を数えてみると，表1の通り，天変(水害)は30回発生し，地変(地震，津波，噴火災害)は7回である．年間平均発生件数は，前者が0.7回，後者が0.2回となっている．前者が後者の約4倍であり，近代に入って，昭和まで，いずれの時代もこの値が2倍から13倍程度となっている．したがって，わが国は天変(水害)が支配的災害だったといえる．ただし，社会に対するインパクトの大きさとしては，大正12年(1923)関東大震災や明治36年(1903)三陸津波に代表される地震による巨大災害が際立っているといえるし，平成に入ってからは地変が多い．．

明治時代の人口統計によれば，明治元年3,400万人，15年3,700万人，30年4,300万人，明治45年5,100万人のように，明治前期，中期，後期の人口増が約300万，600万，800万人というように，加速的に増加し，これらの人口増加の大部分が都市部で発生しているため，大河川の沖積平野で発生する水害被害が急増する結果となっている．明治時代には，たとえば，明治24年濃尾地震や前述した明治三陸津波，あるいは21年会津磐梯山の噴火などの大規模な地変もあったが，土木技術の対策はほとんど進まなかったといってよい．繰り返し発生した洪水を中心とした大規模な天変の発生が，土木技術の開発を促し，この流れがわが国の近代以降，定着したといえる．

明治時代になって最初の大規模水害は明治17年に台風によって発生した．この時の洪水や高潮によって，全国で死者が2,000人近くに達し，岡山県や愛媛県の被害が目立った．さらに翌18年には，梅雨前線と台風による豪雨のため，淀川・木曾川・利根川などが相ついで氾濫し，大きな被害をもたらした．このほかにも，石狩川・豊平川・北上川・鳴瀬川・最上川・信濃川・阿賀野川・阿武隈川・那珂川・富士川・天竜川・大井川・庄川・神通川・木曾川・吉野川・高梁川・遠賀川・筑後川で大水害が発生した．特に，首都圏の利根川・荒川・江戸川水系では，その後，明治23，25，27，29―31，35，39，40，43年のように，毎年のように水害が繰り返された．首都圏ではこの時代から人口集中が継続しており，それに伴って洪水被害が激増するようになってきた．水害の統計が残る明治8年以降，水害損失額が国民所得の1％を超えたのは，16年もあり，明治時代には3年に1度の割合で大水害が起こったことになる．特に，明治29年の8.1％を筆頭に，明治43，18，22，26年の順に3％を超える大被害となっている．

このような明治中期以降の水害の多発は，次のような原因が複合して起こったといえ

る。

1）江戸末期から明治維新に至る政治の動乱期で，治山治水の重要性が軽視された。

2）その間，河川の中流部では天井川化，下流部では土砂の堆積が進み，いずれも洪水の流下能力が小さくなった。

3）明治政府は殖産振興を掲げ，工業化を急いだ。そこで参考となったのはヨーロッパ先進国の産業革命であり，運河による内航海運の重要性であった。そのため，明治政府は信濃川・鳴瀬川・那珂川・九頭竜川などの大河川河口部に港湾を建設し，舟運を奨励しようとした（内水工事という）。しかし，いずれの港湾建設も失敗し，その間，全国各地で水害が多発・激化したため，地方政府が対応できず，治水対策としての高水工事を政府が直轄で実施することになった。

4）連続高堤防方式による洪水処理を進めたが，洪水処理などの堰の設計法，築堤技術，水理計算手法，浚渫などの土木技術が未熟なために，失敗が繰り返された。

特に，大河川の洪水流下能力を向上させるため，河口部や中流部に新しい河川（放水路，分水路）を開削する計画は明治後期に企画されたものが多く，その完成を最近みたものまで含めると，石狩川・釧路川・北上川・荒川・印旛沼・江戸川・信濃川（大河津・関屋）・狩野川・淀川・旭川・太田川などである。

特に，土木技術の発展と結び付けて特筆すべきは，近代港湾の建設である。そして，これらの代表的な港湾施設は，その後の災害で壊滅的な打撃を受けることになった。まず，明治22年に開港（工事開始）した横浜港である。第1期工事は明治29年に竣工した。その土木技術は，英人お雇い技師パーマーの指導の下でイギリスから導入された。ただし，当時，海中コンクリートの品質が

表1　近現代の天変・地変の時代別頻度

大規模天変のあった年	大規模地変のあった年
明治時代（1968-1912）	
1870, 71, 74, 80, 84, 85, 86, 89②, 90②, 92, 93, 94, 95, 96②, 98, 99, 1902③, 05, 06, 07, 08, 10③, 11年 明治時代　0.7回/年	1872, 88, 91, 94, 96②, 02年 明治時代　0.2回/年
大正時代（1912-26）	
1912②, 14, 17②, 18, 19, 20, 21, 22②, 24, 26 大正時代　0.9回/年	1923, 25, 26年 大正時代　0.2回/年
昭和前期（1927-45）	
1927②, 32, 34②, 35③, 38④, 41②, 42, 43②, 44年 昭和前期　1.0回/年	1927, 30, 33, 37, 43, 44, 45年 昭和前期　0.4回/年
昭和中期（1945-64）	
1945②, 47, 48②, 49③, 50②, 51②, 52②, 53④, 54③, 55②, 57, 58②, 59②, 61③, 62, 63, 64年 昭和中期　1.8回/年	1946, 48, 60年 昭和中期　0.2回/年
昭和後期（1965-88）	
1965②, 66, 67②, 68, 72, 74, 76, 79, 81, 82, 83年 昭和後期　0.63回/年	1983年 昭和後期　0.04回/年
平成時代（1989-2011）	
2006, 10年 平成時代　0.09回/年	1993, 95, 2011年 平成時代　0.13回/年

1　死者数が100人以上の災害を対象とした。
2　丸数字は同一年に複数回災害があったことを示す。

低く施工技術も未熟であり，当然，地震時の液状化対策など考慮外であった。ついで神戸港が明治25年に開港した。これらの港は当時の内務省が建設したのではなく，大蔵省と外務省主導で建設したために，現在でも財務省は横浜と神戸に税関を置いているが，それは港湾建設の歴史の名残である。そして，横浜港は大正12年関東大震災で液状化などによって壊滅的な打撃をこうむり，神戸港は1946年南海地震で大きく被災した。これらの被災原因が地盤の液状化にあることは，昭和39年に起こったアラスカ地震や新潟地震の被害に世界の土質力学研究者が注目して解析して漸く認識された。それまでは両港の被災原因を特定することができなかったのである。

明治時代における土木技術は，当初はオランダを中心とするお雇い技師によって進められたが，その後はヨーロッパ諸国に留学した内務官僚によって開発されることになった。とりわけ，古市公威と沖野忠雄はフランス留学で得た知見を内務省の土木局を中心としてわが国に広め，初代と第2代の土木学会会長を務めた。このような土木技術の蓄積は，法制度の充実にも貢献し，明治29年河川法が成立し，ついで翌年砂防法・森林法が施行された。さらに，明治43年の大水害を契機にして，政府は臨時治水調査会を設置し，治水対策を河川改修・砂防・森林治水の3方面から検討することになった。前述した放水路や分水路の建設は，このような政府の取り組みの具体例であり，水害多発・激化に対応した防災対策がようやく進められることになった。

なお，明治時代には，ヨーロッパ先進国の土木技術をわが国で初めて導入した際に問題があり，その影響は現在まで継続しているものがある。たとえば，防波堤の混成堤問題である。混成堤(composite type breakwater)とは，もともとイギリス海峡などの満潮と干潮の差(潮位偏差という)が大きいところで開発された工法である。それは，満潮時の来襲波浪は，防波堤上部の直立部で反射させ，干潮時には傾斜堤下部の傾斜部で砕波させて，来襲波浪のエネルギーが直接，港湾内に及ばないようにするという原理に基づくものであった。すなわち，混成堤とは，上部の直立堤と下部の傾斜堤で構成され，"反射と砕波という2つの機能"の混成によって効果を上げるものであった。ところが，イギリスに留学したわが国の内務官僚や研究者は，機能ではなく，単に防波堤の断面という"形"が2つのタイプでできていると誤解してしまった。その結果，わが国のように潮位偏差がそれほど大きくない大多数の港湾の防波堤工法で，現在でも95％以上が混成堤工法で施工されるということにつながっている。欧米の近代港湾の防波堤は，大部分は傾斜堤であり，わが国だけが異彩を放っているどころか，高波浪時に防波堤の被災事例がわが国に特に多いことにつながっている。

大正時代の災害と土木技術

大正時代に入って当初の10年は，大災害の少ない期間であった。もちろん，大正6年(1917)には東京で高潮災害が起こり(巻末表参照)，これが現在に至るまで最大の高潮犠牲者を生んだ災害となっている。大正時代の災害のインパクトとしては，やはり大正12年関東大震災であろう。この震災の社会に与えたインパクトは，1995年阪神・淡路大震災を上回るものであって，その証拠に，関東大震災の被害総額は当時の国民総生産(括弧内は阪神・淡路大震災)の42％(2％)，国家歳入の1.8倍(12％)にもなり，深刻な社会・経済的な打撃を与えた。

この間，土木技術的にはほとんど進歩がみられず，関東大震災後に技術開発が進むことになった。それは，建物に対する世界で最初の耐震基準として，設計水平震度0.1が導入されたことである。すなわち，建物を建設するとき，上からの荷重を支えるた

めに必要な柱や壁の強度が計算されるが，同時にこの重量の10％の力が水平方向，つまり地盤と水平に横方向に作用するとして設計することの基準である。この水平震度の考え方は，明治39年サンフランシスコ地震を調査した東京帝国大学工科大学建築学科の佐野利器が示したもので，その後のわが国の土木・建築分野の構造計算における耐震設計の先駆者となった。

この時代に，コンクリートが土木・建築分野で広範囲に使われるようになったが，その歴史に少し触れておく。現在，私たちがセメントと呼んでいるものは正式にはポルトランドセメントである。これは1842年にイギリスで工業生産が開始され，わが国では約30年後の明治8年に工部省で製造されて，コンクリートに使われるようになった。ただし，当初は鉄筋の入っていない無筋コンクリートであって，前述した横浜築港が始まった明治22年にはまだ，無筋のままで用いられていた。横浜築港では，国産のセメントの質が悪く，およそ1,700個のコンクリート塊が海中でひび割れして使い物にならなかったという報告も残っている。コンクリートは圧縮に強く引っ張りに弱い性質があるため，これを改良すべく，引っ張り力が働く部分に鉄筋を入れるようになったのは，1880年から90年にかけてフランスとドイツで先行したことがわかっている。わが国で最初の鉄筋コンクリートは明治36年の琵琶湖疏水上架橋が最初といわれている。そして，国産コンクリートの品質向上は大正になるまでかかったと指摘されている。コンクリート自体は弱アルカリ性であり，鉄筋が錆びず，かつ鉄筋との付着力も大きく，耐用年数の長さと価格の点から，最良の土木・建築材料の地位を現在まで保持している。

昭和時代の災害と土木技術

人口は昭和元年（1926）には6,000万人，昭和20年には7,200万人に達した。この間の年間人口増加数は，それぞれ，60万人/年であり，大正から昭和前期にかけて，大きな人口増と都市化が進み，社会の防災力は低下傾向にあったといえる。ここでは，災害の特性から昭和前期（昭和元年から20年まで），中期（20年―34年），後期（35年―64年）の3期に分けて議論を進める。

1）昭和前期（昭和元―20年）特に風水害については，昭和9年の室戸台風，13年の阪神風水害が社会に与えたインパクトが大きかった。前者は，大阪が不意打ちに襲われた台風災害であって，暴風による木造校舎の倒壊と臨海部の高潮氾濫被害がきわめて大きかった。また，地変については，昭和8年の三陸津波や19年の東南海地震とわずか1ヵ月後に起こった20年三河地震を忘れてはならない。

この時代にあっては，災害による被害激化に対して，昭和6年から始まった満洲事変から太平洋戦争への突入と敗戦という戦争の影響が直接・間接に大きな影響を与えていることを忘れてはいけないだろう。これに呼応するように，大規模な水害が発生し，死者が年間1千名を超えた年は，昭和9年，13年，17年，18年に上る。ただし，太平洋戦争の開始とともに報道管制がしかれ，大規模な自然災害の発生は，国民の目にほとんど触れられなくなっていった。たとえば，昭和17年の台風16号による周防灘の高潮災害では，死者が1,158名（山口県792名）に達する惨事であった。このほかにも，昭和18年の鳥取地震（死者1,083名），西日本水害（死者970人），19年の東南海地震（死者1,223名），20年の三河地震（死者1,961名）について，簡単に報道されただけである。

この時代になって，戦時中にもかかわらず後年の土木技術の開発に資する本格的な調査研究が開始されている。しかし，その対策や復興計画は，戦争優先のために結実せず，ほとんどが中途半端で終わっている。たとえば，昭和三陸津波の被災後，津波の

進入状況と湾形との関係，災害の発生状況などが各省によって調べられ，昭和16年に三陸地方を対象とした津波警報組織として発足した。室戸台風の後も，土木の分野で調査報告書が出され，被害拡大が地下水の過剰取水による地盤沈下であることが報告された。また，これがきっかけとなって翌年，内務省の技術担当者を中心とした「水害防止協議会」が発足し，具体的な水害防備策が検討されたが，いずれも戦争遂行のために中途で頓挫しており，大きな成果を上げるには至らなかった。

具体例としては，広島の太田川が挙げられる。昭和18年の台風26号による西日本水害では，太田川で毎秒4,300立方㍍の洪水が発生し，広島市内で大規模に氾濫した。この水害の後，破堤した堤防は復旧されず放置されていた。それは当時の内務省の太田川出張所の記録からわかる。所属する河川技術者の大半は兵士として応召され，事務所の予算も広島・宇品の海軍工廠の事業費に流用され，何一つ治水事業が進展しないほどであった。太田川の下流部に放水路を建設する計画も，用地買収が終わった段階で中断していた。昭和20年の枕崎台風では，降雨量は18年当時より少なく，洪水流量も4,000立方㍍/秒であったが，未復旧の堤防から簡単に氾濫が始まり，広島市内が海原のようになったと報告されている。このように，戦争遂行の間接的な影響が公共事業の停滞となって，社会の防災力が低下したといえる。公共事業費が戦費に転用されることが日常茶飯事となり，土木技術の開発は進まない時代であった。それは，関東大震災ののち，帝都復興計画が頓挫したり，室戸台風ののち，臨海低平地の地上げ事業の中断に色濃く反映されている。逆に阪神風水害による東海道線の寸断によって，広島・呉から中国への陸軍兵士の海上輸送が中断したことから軍事優先のため東海道本線の高架化が実現した。

2）昭和中期（昭和20－39年）　最初の15年間は災害の特異時代と名付けられている。昭和21年は南海地震が起こった年であり，津波による犠牲者を含めて1,330名が犠牲になっており，これを含めると15年間で犠牲者が1千人を超えない年は3年しかないことがわかる。しかも，被害は全国各地で報告されており，この間，累積の犠牲者数が100名を超えなかったのは，わずかに滋賀県だけであった。個々の災害には，それぞれ特有の被害増幅要因があるが，ここではそれらの共通の原因について指摘すれば，つぎのようになる。

①長年の戦争継続によって，治山・治水事業が停滞した。
②戦災を受けた都市では，応急復旧された住宅など貧弱な建築物が多かった。
③台風の勢力が強く，風台風は高潮を，雨台風は洪水を発生させた。
④国家財政が窮乏し，災害復旧が順調に進まず，被災を経年的に繰り返した。
⑤働き盛りの優秀な成人男子が戦争で大量に犠牲になっていた。
⑥科学的な防災・減災研究がほとんど実施されていなかった。

わが国の近代史上，この時代に大規模な天変が集中したことがわかる。たとえば，昭和33年狩野川台風による豪雨で，東京の低平地ばかりでなく，中小河川や下水の氾濫によって都心や山手の道路が浸水し，浸水面積は211平方㌔にも及んだ。この浸水面積は，昭和22年のカスリーン台風による利根川右岸が決壊し，東京が水没したときの2倍以上であり，浸水家屋数も大きく上回った。これは山手地域の都市化が進んだ結果である。また，この台風で東京・横浜・川崎の宅地造成地の土砂災害が頻発し，ゲリラ災害と呼ばれた。野放図な都市化を防ぐ目的で，昭和34年に建築基準法に規制条項が加えられたが，これでも不十分で，以後30年以上にわたって同種の災害が全国各

地で発生するようになった。これらを受けて，土木の分野の防災・減災努力は，つぎのようにまとめることができる。
①大河川の分水路あるいは河口部の放水路の建設と治水ダム，多目的ダムの建設が加速度的に進み，それらの治水効果が昭和35年(1960)以降に明確に現れ，大洪水災害は激減した。
②23年の福井地震を経験して，昭和25年に構造物・建築物の耐震基準が改訂され，設計水平震度はそれまでの2倍の0.2となった。これ以降，昭和27年十勝沖地震，昭和53年宮城県沖地震などの地震災害が起こるごとに，耐震基準や耐震設計法が改訂されるという歴史を積み重ねていった。
3）昭和後期（昭和40―64年）　防災対策は昭和49年に発足した国土庁が進めることになったが，昭和43年に施行された都市計画法で決められた市街化調整区域の制定がいわゆる"ザル法"で，規制効果が発揮できずに，開発先行型の土地利用が定着してしまった。この時代はわが国の高度経済成長期と重なり，全国的な都市化の進展によって都市水害が頻発するようになった。

大きな天変や地変が起こらなかった理由の1つは，法的には昭和36年の災害対策基本法の施行と，公共事業として防災・減災が進捗したことの効果が大きい。前者は，特に人的被害の軽減に寄与したほか，後者は，中小河川の破堤氾濫災害の緩和という形で被害を少なくしてきた。また，これまでほとんど取り上げられてこなかった，防災研究の組織的な進展の効果も見過ごすことはできない。これらの成果は，土木・建築分野の防災技術の向上と結びついて，わが国の防災・減災に関する科学技術を世界トップの位置に押し上げた功績はきわめて大きい。「自然災害総合研究班」は伊勢湾台風の後，全国組織として発足し，最盛期には1,700名の防災・減災研究者によって構成された。その成果は国内災害の防災・減災にとどまらず，平成2年(1990)から始まった国連の「国際防災の10年」において，わが国が主導的立場を発揮できたことにつながっている。

平成時代に入ってからの災害と土木技術

表2は，平成2年(1990)年以降に起こった天変による毎年の犠牲者数の一覧である。この間，1つの災害で100名を超える事例はなく，平成16年の台風23号による犠牲者数98名が最多である。このように大規模天変は起こらなくなったが，集中豪雨やゲリラ豪雨による水害が全国的に発生するようになってきた。このような中小規模の天変に対する防災・減災策には単一の対策で有効なものはなく，幾つかの対策を組み合わせて総合的な減災を目標とする方法が用いられるようになってきた。ここで，土木技術に関係して，この時代の災害の社会に対するインパクトを俯瞰する上で，平成7年阪神・淡路大震災と2000年東海豪雨水害を取り上げなければならない。前者における土木工学上の変化は，"被害を前提とした設計法"が導入されたことである。これまでの構造物・建築物の設計では，被害が出ないことを前提として設計・施工されてきた。しかし，設計外力を超える力が働いた場合，被害をゼロにすることは不可能であ

表2　天変による犠牲者数

年	死者数(人)	年	死者数(人)
1990	123	2001	88
1991	147	2002	48
1992	19	2003	60
1993	206	2004	259
1994	36	2005	147
1995	45	2006	177
1996	84	2007	25
1997	67	2008	77
1998	109	2009	114
1999	142	2010	146
2000	77	2011	125

1　『防災白書（平成23年版）』より松浦律子作成。
2　2010年・2011年は速報値によっているため増減の可能性がある。

る。そこで対象とする地震動としてレベル1とレベル2を考慮する。前者は従来通り絶対に耐えることが要求される地震動で，後者は，供用期間中に発生する確率が低いが大変大きい地震動である。後者で求められる耐震性能は，変形は生じるが，倒壊，漏えいなど死亡につながる壊れ方をしないというものである。

一方，東海豪雨災害では，災害後に実施された河川激甚災害対策特別緊急(激特)事業によっても被害をゼロにすることはできないことから，ハザードマップなどとの組み合わせで，人的被害をなくすことを目標とするというものである。また，特定都市河川浸水被害対策法が施行されて，内水と外水の同時氾濫による浸水被害軽減に向けて，地下河川や地下街の浸水対策など土木技術の駆使によって被害軽減を図ることが定着しつつあるといえる。

表1は，明治時代から現在に至るまでの，大規模天変と大規模地変の年間発生件数の変化をまとめたものである。これから，わが国では自然災害における天変が地変を大きく上回っていることが見出される。確かに地変の中で，地震は社会に与えるインパクトは大きいが，近代に入って，死者が5千人を超えたのは，濃尾地震，明治三陸地震，関東大震災，阪神・淡路大震災および東日本大震災の5件であって，これらを除けば，地震災害は風水害に比べて大きくないことが理解できる。この傾向は地球温暖化によってさらに拡大する傾向を示しており，これからももっとも要注意な災害であるといえる。

この時代の特徴は，表3のように防災研究を進めるうえでさまざまな用語が登場してくる事情と重なっている。

災害科学の研究体制の充実に向かって

「自然災害総合研究班」について，歴史的な視点から言及しておきたい。この組織は，昭和34年(1959)の伊勢湾台風がきっかけとなって，全国組織として立ち上げられた。そして，科学研究費による「特進分野」(昭和36，37年)，「特定研究」(昭和38年—46年)，「特別研究」(昭和47年—61年)，「重点領域研究」(昭和62年—平成5年および平成7年—平成10年)，「総合研究」(平成6年—平成9年)と続き，その後，平成13年(2001)に京都大学防災研究所が事務局となって自然災害研究協議会が発足し，その間，①国内外突発災害調査開始(昭和38年)，②日本自然災害学会の発足(昭和56年)，③第1回自

表3　防災研究用語

減　　災	被害ゼロを目指すのではなく，被害最小化を目指す総合対策
ハード防災	耐震基準の改善や防災施設などの工学的な方法による対策
ソフト防災	情報，避難，コミュニケーションなど災害マネジメントによる対策
防災戦略	長期的な観点から防災目標を設定し，アクションプログラムで実現
複合災害	同種，もしくは異種の災害の組み合わせで被害が拡大する災害
総合減災システム	ソフト防災にハード防災を組み入れてやる防災・減災をマネジメント
都市災害	人的被害と経済被害が同程度に大きく被災する都市の災害
都市型災害	社会インフラが被害の中心となる災害で，別名ライフライン災害
都市化災害	都市化の進展に社会基盤整備が追いつかない状態で起こる災害
スーパー都市災害	首都の行政や金融などの機能が被災し，被害が未曾有となる災害
スーパー広域災害	被災自治体が数百に及ぶ広域災害で，広域連携が重要となる災害
田園災害	社会の防災力が小さく，外力の大きさが被害を決定する災害
災害の進化	田園，都市化，都市型，都市，スーパー都市災害と変貌する過程
持続可能性	日常生活の延長上で防災・減災が支障なく実現できる安定状態
レジリエント	災害に粘り強く対処でき，被害からの復旧・復興が早い状態
防災マネジメント	被害抑止，被害軽減，応急対応，復旧・復興からなる危機管理法

然災害科学総合シンポジウムの開催(昭和39年)と継続(平成23年現在, 第48回)④災害データベース「SAIGAI」や研究者ネットワークの構築などに果たした役割は極めて大きい。前述した国連の「国際防災の10年」において, わが国が主導権を発揮できたのも, この研究班が企画段階からイニシアティブを執ったからである。現在では, 運営経費は, 京都大学防災研究所, 東京大学地震研究所, 防災科学技術研究所の3者で負担している。

これまで多くの問題点を克服してきたが, 現在残された以下の課題がある。

①全国6地区に自然災害資料センターが設置されたが, 当初から教員定員が措置されたのは, 京都大学防災研究所のみであって, 残る5地区には運営費のみが交付された。したがって, 各地区の研究者の兼任(ボランティア活動)によって長い期間, 支援されてきた。

②関東地区は, 東京大学海洋研究所や地震研究所が自然災害資料センターを設置することを拒否したため, 埼玉大学に置くことになった。このような歴史的経緯があり, 東京大学が積極的に関与しない仕組みになっている。これが一因となって, 関東地区の研究体制がいびつになっている。たとえば, 東京大学地震研究所が地震の発生メカニズムを中心としたハザード研究に集中しているため, 首都直下地震の被害軽減を総合的に取り組む研究機関が関東地区では皆無となっている。防災科学技術研究所は現業研究機関であり, 大学のような基礎研究推進になじまない。

③九州大学では, 全学的な組織として自然災害研究センター構想を早い時期からもっていたが, 平成3年の雲仙普賢岳の噴火活動に伴って, 理学部附属島原地震火山観測所に助教授と技官の定員が純増となった。これによって, 九州全域の自然災害を対象とした研究センター構想は実現することが不可能となった。九州では, 台風などによる風水害が卓越しているにもかかわらず, その研究拠点が九州のいずれの大学にも付置されていないというギャップが現在まで残っている。

④火山研究では, 火山のそれぞれに個性があるという理由から, 研究者の"持ち山"が決まっており, それ以外の研究者が口出ししないルールがある。前述した雲仙普賢岳がその例であって, 特定の研究者以外は1人も火山活動に対してコメントを出さないという異常な状態が続いた。個性が支配的であれば, 学問としての火山学は成立しないことになってしまう。逆に, 注目されていない火山では, その活動に対する研究が実施されないことになる。その例は, 平成23年1月に噴火した霧島火山帯の新燃岳であり, この火山活動の継続性に対し, 過去の噴火事例を含めて的確に予測情報を出せる研究者が皆無であり, したがって気象庁の噴火レベルの決定があいまいになっている。

このようにまだ防災研究には解決すべき点がある。

参考文献 自然災害科学総合研究班編『自然災害科学の研究成果と展望』, 1989, テクノバ株式会社・災害研究プロジェクト編『近代日本の災害―明治・大正・昭和の自然災害―』, 1993

column 5　原発と地震

松 浦 律 子

原子力開発事始

日本の原子力利用技術研究は軍の要請を受けた仁科研究所などで戦前から行われていたが，敗戦後連合国軍によって禁止された。昭和27年(1952)サンフランシスコ条約で原子力関連研究が解禁になるとすぐに準備が始まり，昭和31年科学技術庁が設置され原子力発電(以下原発)実現へのスタートが切られた。しかし広島・長崎，さらに第五福竜丸の被爆経験がある日本では，医療関係以外の人工的な放射性物質や放射線に対して一般に過敏に反応する傾向がある。そこで初代科学技術庁長官となった正力松太郎は，読売新聞社主催の全国キャンペーンで，原子力は夢のエネルギー源と捉える肯定的見方を広めた。さらに湯川秀樹ら原子物理学者の主張する基礎研究からの展開を無視して，完成技術を欧米から購入する手法で原発導入を急いだ。これは日本の原子力工学展開を急ぐ実業家には当然のことであったが，のちの科学技術庁主導の大型研究開発の風土全般に陰を落とした。「地震の多い日本向け仕様」を指示できる専門家がいないまま，政治主導で原発導入は進められ，昭和35年着工の東海発電所から始まって，1970年代までに国内の全電力会社が順次原発を建設・保持していく体制が築かれた。エネルギー供給という面では，1970年代の大気汚染公害の深刻化やオイルショック，80年代のダムの負の側面の顕在化，1990年代の地球温暖化防止で二酸化炭素排出量削減機運上昇などのたびに，煙をださず非化石燃料の多用なエネルギー源として，さらに過疎地の振興策の1つとして，原発の価値は高まった。昨今では新興国のエネルギー需要急増で原油価格が高騰し，東日本震災で福島第1原発の事故が起こるまでは，有望な当面の電力源として原発への期待も需要も世界的に高まっていた。

地震対策

原子力船むつが昭和49年試験走行中に放射線漏れを起こすと，放射性物質自体の漏洩と混同される不手際が生じ日本の原子力利用は原発に絞られた。また1979年米国スリーマイル島原発の炉心溶融事故や，1986年旧ソ連の黒鉛型原子炉で発生した原子炉爆発のチェルノブイリ事故は，一旦原発で重大事故が発生すると，後処理がきわめて困難であることを世界に知らしめたが，東海原発着工から半世紀の間に，日本の原発は，高付加価値製品作成に欠かせぬ超安定電力供給を支える一角を担うようになった。

自然災害の中でも発生頻度が大変低く，しかし一旦発生すると大きい被害を生じるという厄介な大地震に対して，どの程度の耐震性をもたせるかは，時代によって変わってきた。初期の原発が建設され始めたころは，まだ地震の力源がダブルカップルで断層に起こる転位であることや，プレートテクトニクスで歪みエネルギーがプレート境界周辺部に蓄積することなどが明確に判ってはいなかった。また戦後復興の途上では，そもそも実際に負担できる費用にも，施工技術にも限りがあった。建築基準法で求められる耐震性能は，現在に比べると低かった。しかし地震災害を経験するたび，また幸いにも戦後は日本の国力が順調に上昇していったため，建築基準法は改正されてきた。世界一地震発生ハザードは高くても世界一地震災害リスク，特に人命のリスクは低くしようと，被災のたびに工夫を加えてきた濃尾地震以来の日本の営みは建物に関しては確実に成功した。通常の建造物に関して現在残る問題は，如何に新しい基準に

満たない古い構造物の持ち主に補強を促すか、と如何に老朽化を放置せずに耐震性能も含めて構造物を維持管理するか、という点に絞られている。

初期の原発では立地場所に即した耐震性を検討するとして、個別の原発を設置・建設する際の安全審査の一部として耐震性が取り扱われた。最初は「建築基準法の3倍の強度」とか、「岩盤に建てる」、など、地震動に関して未知な部分は安全係数を大きくして耐震裕度を持たせた。昭和56年になると、発電用原子炉施設に関する耐震設計審査指針という、いわば原発版耐震基準が制定された。この時は発電所内の施設ごとに放射性物質の漏洩に関わる重要さのランクが4段階あった。特に核燃料を入れている圧力容器などは絶対に破損しない強度を要求する最高ランクとする一方、万一の火災発生時に利用する消防車の車庫は最低ランクで通常の建築基準法による建物と同等など、満たすべき施設強度が異なっている。この時点で静的設計強度に加えて動的設計強度を考慮することが加わった。動的設計は、原発のように、格納容器から配管を外に出さざるを得ない構造物には大切なことである。動的設計に用いる模擬地震波には既往最大の地震に相当する設計最強地震と、周囲の活断層などから想定される設計用限界地震と2段階ある。平成18年(2006)にはこの指針が改定され、重要度ランクが3段階になったほか、限界地震を考慮してなお「残余のリスク」があることを認め、これを可能な限り小さくすることとなった。

通常の建物と異なり、耐震指針が改定されると、既設原発にも遡及した点検も実施されてきた。こうして達成された強震動に対する日本の原発の耐力は2005年宮城県沖地震や東日本震災で無傷だった女川原発、微量の放射能漏れだけで済んだ2007年中越沖地震での柏崎刈羽原発、東日本震災で無事だった福島第2で確認されてきたが、初期の福島第1は2011年東日本震災で大事故となった。中越沖地震後の点検で見落とされた、福島第1の盛り土上に設置された送電線鉄塔が強震動で倒壊して全電源喪失を招き、竜巻被害を逃れるために原産国米国では当然の地下室設置された非常用電源設備の潜在的危険を40年間見逃したことは月まで往復可能な文明を持つ人類として残念極まりない。

今後の原発の課題

高い安全性が要求される原発のような難しい技術こそ、単なる原子炉建屋の耐震性だけでなく、配管や配線も含め総体としての機能の地震時性能チェックや、幾重ものフェールセーフシステムの構築、それでも事故発生に対し被害を最小限に留めるための通報手段や避難方法の多重化対策や交通手段の確保と複数回の訓練など多重・多層で、なおかつ万一まで含めた安全対策を細切れでなく検討する総合文明であるべきだった。今後脱原発・原発維持いずれになろうと、「放射性物質ゴミ」の処理が必要である。廃炉が決まっている浜岡原発1・2号炉や各原発の敷地に行き場なく蓄積されている使用済み核燃料を早期に安全な所へ片付けることは原発の運転停止などより実は喫緊の課題である。われわれは正力流でも教条主義的反対でもなく、叡智を尽くして民意に基づく広汎な検討を行い、歴史地震学を含めた文化である基礎研究もないがしろにしない気風を涵養し、マスメディアも冷静な批評の一翼を担ってこの問題に取り組む文明を築かなければならない。

column 6　文化遺産防災へ向けて

大窪 健之

文化遺産を守る

守るべき文化遺産とは何か。私は国や自治体などにより指定・登録された狭義の「文化財」に限定するべきではないと考える。現時点で指定されていない要素についても，近い将来には重要な遺産として認められる可能性を持っており，その地域にとって重要なアイデンティティや拠り所となる事象であれば，これらを含めて広く考えるべきであろう。

次にどのような災害から守るべきかが問題となる。少なくともより緊急性が高く，広範囲に被害をもたらす災害を念頭に置けば，地震津波災害，都市火災，土砂・洪水災害は，重視すべき災害といえよう。その中で「文化遺産防災」は，特に「文化的価値を損なわない災害対策」を目指すことが要件となり，外的要因となる災害そのものを減らすことが困難な場合には，歴史都市や文化遺産側の被害を減じる「減災」の思想が，とりわけ重要となる。

私たちの住む日本は，災害を受けやすい環境に取り巻かれている。このため，その脆弱性を補うべく近代的な防災技術を高度に発達させてきたが，近年にかけて想定を超える自然災害が相つぐ中，災害をゼロに押さえ込むのではなく，受け流すという「減災」の考え方が見直されはじめている。もとよりこれらは，押さえ込む手段や技術が存在しなかった時代に培われた知恵であり，そのものが伝統的な文化の蓄積でもある。先人たちは長い歴史の中で幾度もの災害を経験してきたが，いかにして最小限の被害で切り抜けるかについて工夫し，防ぐよりむしろ受け流すという考え方に立ち，減災の文化を確立してきたと考えることができる。

コミュニティ防災

平成7年(1995)の1月17日未明に発生した阪神・淡路大震災は，現代に生きるわれわれに対して，想定を超える大規模災害時には，近代的な防災技術が機能しなくなるという厳しい現実を突きつける結果となった。想定外の規模であったために，現代日本が備える高度な防災設備をもってしても，初動体制において十分な対応ができずに被害が拡大したともいわれている。そんな中，神戸市長田区真野地区など，災害時にいち早く住民による協力体制が確立され，近隣よりも被害の規模が小さく抑えられていた地域もあった。そこでは地震による建物倒壊によって下町の路地の多くが塞がり，多くの住民が孤立したまま延焼火災にさらされる事態となったが，生き残った住民たちは，地域に残された断水しない河川や井戸水を使い，コミュニティのつながりを活かしてバケツリレーや救命活動にあたった。そこでは地域に昔からある資源と人の力によって，想定外の災害にも臨機応変に対応がなされており，自分自身や家族単位でみずからの命や財産をまもる「自助」と，住民組織やコミュニティ単位で自分たちの地域を守る「共助」を中心とした，地域防災のあり方が見直されるようになった契機の一つと考えることができる。そうした状況を考えると，上述した「減災の知恵」はむしろ，将来に必ず直面することになる大規模災害時にこそ大きな意味を持つのではないだろうか。

近世城下町の減災

金沢市などの近世城下町には，市街地内に縦横に水路や掘割が巡らされているが，これらは要塞都市として戦災時に備えて設けられたものである。そして現在でも，地震

火災などの自然災害時にも断水しない、ほぼ無限に供給することのできる防災水利としての役割を期待されている。実際に阪神・淡路大震災以降に計画変更された用水再生整備事業では、誰もが安全に水面にアクセスできるように護岸に昔ながらの階段を整備したり、川床に掘り込みを設けて水深が浅い場合でも確実に水をくみ出せるような工夫が施されることとなった。このように地域の文化遺産でもある水資源を再生することは、大規模火災時に確実な消火用水を確保するだけでなく、伝統的な景観の再生へとつながり、同時に環境面でも都市に潤いをもたらす、いわば歴史的な「環境防災水利」としての素質を持っているのである。

観光防災

また文化遺産を守ることは、文化財保護法第1条に「文化財を保存し、且つ、その活用を図り、もつて国民の文化的向上に資する」と明示されているように、活用することにその意義がある。この意味において、文化遺産は多くの来訪者に対して広く公開することが重要となるが、災害対策を考える場合、特にこの土地に不慣れな観光者の安全確保が問題となる。われわれは「観光防災」と呼ぶこの課題へ向けて、特に密集市街地に位置する社寺など文化遺産そのものを、災害時には地域防災の拠点に位置づけることで、観光客にとってわかりやすい避難所として安全確保を行うと同時に、避難してきた住民や観光客を、逆に文化遺産そのものに対する防災活動の担い手として活かす枠組みの整備を進めている。この「文化遺産の防災拠点化」への取り組みは、実は決して新しい考え方ではなく、歴史上は「鎮守の森」や「駆け込み寺」という表現にみるように、宗教的な拠点としてだけ

京都府南丹市美山北のバケツリレー訓練

金沢市の鞍月用水

でなく、地域コミュニティの拠点として、広く地域で共有されてきた伝統的な減災の工夫だったのである。

これら歴史上の災害対策は、単なるほこりをかぶった時代遅れの方法論では決してない。逆に技術や手段が限られていたが故に、地域の風土に根ざした防災資源と人の手がシステムに積極的にかかわっており、その場にあるものを最大限に使い、人々が互いに協力し合うことで、想定外の災害に対しても柔軟に対応することができたのである。そこでは、災害対策全般にわたるシンプルで確実な方法論とコミュニティの関与が重要な役割を果たしており、私は文化遺産防災の観点から、ここにこそ災害史を研究することで、将来のために減災の知恵を学ぶことの重要な意義があると考えている。

column 7　災害ボランティア

立木茂雄

ボランティアのはじまり

ボランティアとは17世紀中葉のピューリタン革命で全土が混乱状態になった英国で，自分たちの村や町を守る「自警団への参加者」を指す言葉だった。18世紀になり英国が世界中に植民地を展開すると，それを守る大英帝国軍への「志願兵」へと意味が拡大した。社会問題に対する戦いにみずから志願する者という意味で「ボランティア」が転用されたのは19世紀後半からのことである。その発信源はサミュエル・バーネットに率いられたセツルメント運動だった。日本での災害ボランティア活動の先駆けは，大正12年(1923)9月1日の関東大震災時の被災者救護活動である。キリスト教社会事業家賀川豊彦をはじめ，東京・横浜のYMCA，東京帝国大教授末広厳太郎を中心とした一高・帝大生らによる組織的救援活動が知られている。とりわけ一高・帝大生らの活動は震災翌年の東京本所におけるセツルメント活動につながっていき，わが国における近代的なボランティア活動の黎明をもたらす契機となった。

社会事業や慈善，博愛といったボランタリーな活動は大正デモクラシー下の自由主義経済体制のもと隆盛を見た。しかしながら，昭和13年(1938)に国家総動員法が発令される前後を境に，健全な自由主義経済活動は戦時体制に組み込まれ，民間の社会事業も全体主義体制のもと統制・管理されていくことになった。

日本のボランティアルネサンス

ボランティアとは，市民が公共性を紡ぎだす活動で，日本社会で再び共有化されるまでには戦後50年の年月を要した。その再興の契機は平成7年(1995)の阪神・淡路大震災であった。未曾有の大災害といわれたこの震災では，130万人にものぼるボランティアが全国から被災地に足を運んだ。

ボランティア「元年」と呼ばれたが，その実相は「ルネサンス」であった。当時の活動を契機に，ボランティア活動のあり方，行政と市民組織との効果的な連携や協働の在り方が注目されるようになった。実践の中から次の4つの知恵が生まれた。

①世の中は「公」と「私」だけでつくられているのではない。「共」の領域も存在する。公共性は行政に独占されるものではなく，ボランティアも「共」の領域から公共性を紡ぎだす対等なパートナーである。

②ボランティアは自律的，自己完結的に活動する。みずからの食料，宿泊する場合はみずからで確保する。そうしないとボランティアの受援で被災地には2次的な負荷を与えることになる。

③外から来るボランティアの采配は，ボランティア組織がみずから行う。長期滞在可能な先着ボランティアが後続ボランティアを差配する自己組織化により，大量の志願者にも持続的に柔軟に対応することができる。

④災害ボランティアは，終わることを考えてから始める。そうしないと，継続か，終結かで内部の確執が生じる。

これらの知恵は，阪神・淡路大震災の被災地でのノウハウとして蓄積されていったが，その実効性が証明されたのが，平成9年の日本海重油災害(ナホトカ号事件)だった。その後の各地の災害でも，災害ボランティアの知恵が伝わったかどうかで，大量の人員をうまく活用できた地域と，志願者に十分な活動の場を提供できなかった地域の差が顕著に表れるようになった。災害ボランティアの知恵を活かすためには，災害の現

場で采配した経験のある「先輩ボランティア」，地元に詳しい「中核ボランティア」，そして被災地外から訪れる「一般ボランティア」や専門知識を活かす「専門ボランティア」がうまく連携して作業ができる仕組みが不可欠だ。そのためには，これまでの経験や教訓を伝授することのできる「先輩ボランティア」がまず，被災地入りすること。そして，彼らのアドバイスを得た地元の組織が，「中核ボランティア」として，活動すること。その結果，その後「何かしたい」との思いから被災地入りする「一般・専門ボランティア」を適材適所に送り込むことが可能になる。

また，長期化する活動を見込んで，順次引き継ぎを行い，メンバーが変わっても活動を継続できる体制を作りあげていくことも大切だ。さらに災害現場というある種のハレを体験したボランティアが，安全にケの日常に帰還するにはクールダウンを意図的に促す対策も必要である。

東日本大震災とボランティア

平成23年3月11日の東日本大震災は，地震とその後，発生した津波によって広範囲にわたって壊滅的な被害をもたらした。災害ボランティアの動きは，阪神・淡路大震災の時とは大きく異なるものがあった。発災後の3ヵ月間にボランティア活動者が集中した阪神・淡路大震災と異なり，東日本大震災では，仙台港の精油所の被災によるガソリン不足や福島第一原発事故により初動での立ち遅れがあったものの，発災から半年を経過しても毎月ほぼ10万人規模のボランティアが被災地で活動を続けた。半年以上にも及ぶ安定したボランティア動員が可能となった背景には少なくとも5つの要因が関係している。第1は99％以上の発生確率であった宮城県沖地震を想定して，地元災害ボランティアセンターの開設・運営訓練を積んできた市町があったこと。第2は宮城，岩手，福島の各県単位で，県社会福祉協議会を中心にして，地元ボランティアセンターを支援する中間支援組織が立ち上がり，面的な支援が行えたこと。第3は，阪神・淡路大震災以降，日本全国で活動する災害ボランティア組織間のゆるやかなネットワークが恒常的に維持され，被災外のボランティア志願者の善意を組織的に被災地につなぐしくみやボランティア・バスのようなノウハウの蓄積があったこと。第4は，海外での活動実績のあるNGOが被災各地に展開し，恒常の中間支援組織が彼らの国内活動を支援したこと。第5は，阪神・淡路大震災を契機としてボランティア・市民活動を支える制度的基盤が整備され，市民が公共性を紡ぎだす活動が生活の多様な側面で日常化されていたこと。

以上に加え，被災地外の市民が被災者とつながるための情報・メディア環境も災害ボランティアが活動するための制度的・社会関係的資本となった。新聞・ラジオ・テレビといった放送媒体に加えて，さまざまな団体によるホームページやブログをはじめ，SNS(social network service)やツイッターの発信が，被災地での活動に関するきめ細かな情報を提供し，災害ボランティアという社会的連帯への行動を起こすきっかけを与えた。

[参考文献] 宮田親平『だれが風をみたでしょう―ボランティアの原点・東大セツルメント物語―』(文藝春秋，1995)，立木茂雄編『ボランティアと市民社会(増補版)』(晃洋書房，2001)，林春男『率先市民主義』(同，2001)

column 8 　防災教育

木村玲欧

「わがこと意識」による防災意識の向上

大規模災害における対策を考えたとき，「いのちを守る対策」と「くらしを守る対策」の双方の対策が必要であるが，このような双方の対策を誰が主体となって推し進めていけばよいのであろうか。災害に備え・戦い・乗り切る時の主体として，自助・共助・公助という3つの主体を考えることができる。自助は自分自身や家族，共助は地域コミュニティ，公助は自治体やライフライン事業者に代表される災害対応従事者をいい，それぞれの対策において各主体が役割分担をしながら行う必要があるが，公助の対応能力を超えるような大規模災害においては，自助と共助は必要不可欠である。では自助と共助が主体となって対策を推し進めるにはどうすればよいのか。その1つの解として「わがこと意識」を持ち，災害が「他人事ではない正に自分自身に降りかかってくる問題」であることを理解し，自分たちのいのち・くらし・まちを守ろうという自主性の高い防災意識を向上させることによって，実際の行動へと結びつけていくことが考えられる。

「気づき」による対象への興味・関心

ここでは特に，予想される東海・東南海・南海地震によって発生する巨大地震津波災害を見据え，将来，社会の中核を担う小中学生の子どもたちに焦点をあてる。防災に関する子どもたちの学習の特徴として，「無関心，気づき，正しい理解，災害時の的確な判断と行動」という4段階による学習過程を考えることができる。この中で，特に子どもの学習にとって肝要なのが「気づき」である。子どもたちに「対象に対して興味・関心，好奇心，不思議さ，疑問が湧き上がる」ことを気づかせ，それを指導者側が把握することによってはじめて指導計画が展開し，子どもたちの気づきを受けて提供されたときに教材や資料がはじめて有効になる。子どもの気づきを誘発するための教材としては，自然現象の原理・法則についての解説だけではなく，被災者の実際の被災体験談などを材料とすることが有効である。被災者の被災体験談を，直接・ビデオ・副読本などで学んだのち，被災体験談を基に作成された小学生向きのワークシートで被災体験談を振り返ることによって，記憶の定着化を図り，津波災害を身近に感じて「気づき」を得ると同時に，津波災害や津波からの適切な行動に関する必要な知識を学べるように配慮されている。この教材を使った2時間で完了する学習プログラム例を図に挙げる

国における防災教育の展開

このような防災教育のあり方は，国における新学習指導要領での展開とも合致する。平成20年(2008)3月に小学校学習指導要領・中学校学習指導要領が公示され，小学校では平成23年度，中学校では平成24年度から完全実施される。本改訂においては，小学校における社会科の教科学習における自然災害・防災教育の強化が謳われている。小学校学習指導要領の社会科の第5学年の目標の1番目を見ると「我が国の国土の様子，国土の環境と国民生活との関連について理解できるようにし，環境の保全や自然災害の防止の重要性について関心を深め，国土に対する愛情を育てるようにする」と明記されている。また文部科学省ホームページ「小・中学校新学習指導要領Q&A(教師向け)」には，特に，第3学年及び第4学年における「地域社会における災害及び事故の防止に関する内容」，「県の様子に関する内容」，

2時間で学べるプログラム

1. 津波ってなに？
動画や画像を使って地震・津波と被害について説明をしてくれました。

2. 津波が起きると何が大変なの？
被災者のお話を聞きました。司会の心理学の先生が、体験談の絵をもとに質問しました。

3. お話をふりかえろう
被災者の方の話をもとに作った手作りワークシートで、お話をふりかえりました。

4. みんなで答えあわせをしよう
みんなで答え合わせをしました。津波へのそなえの大切さを理解しました。

津波体験談を基にした学習プログラム

第5学年における「国土の自然などに関する内容」、「情報産業や情報化した社会の様子に関する内容」については、新しい単元の構成や教材の開発が必要となりますので注意が必要です、と明記されている。

今後の防災教育のかたち

これまでの防災教育では、外来講師などを招くイベントを中心に「地震・津波のしくみ」や「建物の壊れ方」「地震時・台風時の行動」などについて学ぶものが多かった。学校側としても「外部講師を呼んでイベントを行うハレの日であり、担任と児童・生徒間の関係間での学習ではない」という認識が強かった。しかし今後は、新学習指導要領のもと、社会科のような教科学習の中で体系的に災害・防災を学ぶような学習プログラム・教材が必要になる。

また地域の自然・社会環境を歴史的観点から理解することで防災を学ぶようなプログラムは、災害国日本において、全国各地域の歴史災害を題材とすることで全国の学校で展開可能である。体験談収集については、子どもによる地域学習、夏休み自由研究などの教育活動に応用することができる。また他地域で作成された被災体験については「1人の人間が災害という困難な状況をどのように乗り越えていったのか」という教材として、総合学習のみならず国語や社会科教材としても有用である。

2011年東日本大震災の発災もあり、現場からの防災教育へのニーズも一層大きくなっている。これらの現場のニーズに対応したような学習プログラム・教材の開発も急務となっている。

参考文献　木村玲欧他「地域の歴史災害を題材とした防災教育プログラム・教材の開発」(『地域安全学会論文集』11所収, 2009), 木村玲欧他「環境防災教育で「気づき」を高めるための視聴覚プログラム・教材の開発」(土木学会編『安全問題研究論文集』5所収, 2010)

III　災害の歴史

古代の災害

安田 政彦

古代の歴史を知るには主として限られた文献資料によらなければならないが，文献資料の特質によって歴史理解に精粗が生まれることは避けられない。それを考古学の成果などによって補い，古代の歴史像を構築する。これは古代の災害を知るうえでも同様であり，その多くを文献資料の記述に頼らざるをえない以上，文献資料の特質を考慮した検討が必要になる。そこで，以下では3期にわけて，古代の災害を概観することとする。

第1期は『日本書紀』が唯一の文献資料といってもよい，奈良時代以前の時代である。第2期は六国史から『日本書紀』を除いた五国史が記述する時代（8世紀―9世紀末）である。具体的には『続日本紀』『日本後紀』『続日本後紀』『日本文徳天皇実録』『日本三代実録』（文武天皇元年（697）―光孝天皇の仁和三年（887））である。第3期は貴族の日記が中心となる時代。これは10世紀以降の平安時代にあたるが，政府が正史を編纂しなくなって以降，官撰に準じるような『日本紀略』や『本朝世紀』などが残存するが，災害の詳細を記載するのは多く『御堂関白記』『小右記』などに代表される貴族の日記である。しかし，貴族の関心が都中心であったためか，全国的視点での災害記述は少なく，多くは都とその周辺における災害が中心となる点で，第2期とは同列に扱うことが出来ない。

『日本書紀』の時代（7世紀以前）

神代はいうに及ばず，記述の信憑性に問題のある部分が少なくない。おおむね，推古朝以降，天武・持統朝の記述は信憑性が高いとされている。災害記事についてみると，やはり推古朝あたりから増加し，天武朝以降の記述が詳細になる傾向がみてとれる。古くは崇神天皇5年条に「国内多く疾疫，民の死亡する者あり，かつは大半か」とあり，允恭5年7月条に「地震」，欽明28年条に「郡国大水飢。あるいは人相い食む」（『日本書紀』，原漢文，以下同）などとあるが，史実として認められるかは検討を要する。

推古朝以降には長雨や旱魃とそれに伴う飢饉の記事が散見するほか，地震や火災・大風の記載も具体性を増してくる。古代を通じていえることだが，幼稚な農業技術であった当時には，多少の長雨や日照りが収穫減少に直結し，それによって飢饉は頻発した。

この時期で注目されるのは，天武13年に起こった大地震（『日本書紀』天武13年10月14日，684年11月26日）である。「すなわち山崩れ河涌き，諸国郡官舎，及び百姓倉屋，寺塔神社，破壊の類あげて数うべからず。是により，人民及び六畜，多く死傷す。」という詳細な被害の記述がみられ，俗に「白鳳南海大地震」と呼ばれており，マグニチュードは8.0と推定されている。近年提唱された地震考古学の成果の一つとして，この痕跡が発掘されており，その規模の大きさが具体的に知られる地震の一つである（図1）。

五国史の時代（8・9世紀）

『続日本紀』から『日本三代実録』までが記述する時代は，おおむね正史の記述によって全国の災害の様子を知ることができる。しかし，正史は政府が編纂した「編纂物」である点で，すべての災害が全国的，網羅的に記録されているわけではない。編纂者の記述方針は巻ごとに異なる部分もあるようで，巻によっては災害記事を配さずに詔勅などで示す場合もある。したがって，災

害記事が少ないから災害そのものが少なかったとはいえないのである。

しかし、こうした点に留意しても、ある程度の災害状況を把握することは可能である。多く目につくのは「飢」記事と「地震」記事であるが、記述が簡単なだけに、明確な記述がない限り、どれほどの被害を伴ったかは容易に明らかにはできない。

当時の稚拙な農法では、雨が降っても日照りが続いても、すぐに収穫に影響を及ぼし、飢饉となることは多かった。たとえば、『続日本紀』和銅4年6月21日(711年7月11日)詔に「去年霖雨。麦穂すでに傷む。今夏亢旱。稲田ほとんど損す」とあるように、連年の被害も珍しくなかった。また、自然災害の影響は長期にわたる場合も珍しくなかった。たとえば、『日本後紀』大同3年5月5日(808年6月2日)勅に「聞くならく、大同元年、洪水害をなし、余弊いまだ復せず。去年以来、疫病流行」とある。大同元年の水害はかなり深刻なものであったとみられるが、いったん自然災害に見舞われると、なかなか人民の生活は復旧しなかったのである。

大地震の記録としては、天平6年の大地震がある。「天下百姓の廬舎を壊し、圧死者多し。山崩れ川を擁ぎ、地往々にして拆れ裂くこと、あげて数うべからず」(『続日本紀』天平6年4月7日、734年5月14日)とある。また、元慶4年の京都地震(『日本三代実録』元慶4年12月6日、881年1月9日、M6・4)では宮城の垣墻・官庁・民家の頽損するものはなはだ多く、余震が翌年まで続いた。仁和3年の大地震(『日本三代実録』仁和3年7月30日、887年8月22日)は南海トラフ沿いの巨大地震(いわゆる南海大地震)と推定され、マグニチュードは8.0～8.5。京都で民家・官舎の倒潰多く、圧死者多数が出た。

地方でも、弘仁9年の関東大地震(『類聚国史』171、弘仁9年(818)7月是月)はM7.5

図1 高松塚古墳の南海地震による多数の地割れを伝える新聞記事(『朝日新聞』2005年3月17日)

以上と推定されており、大きな被害を出した。関東では元慶2年にも大地震(『日本三代実録』元慶2年9月29日、878年10月28日)があった。また、「歴代以来、未だ聞くことあらず」と急報された天長7年の出羽国大地震(『類聚国史』巻171、天長7年正

月28日，830年2月24日），津波にも襲われた貞観11年の陸奥国大地震（『日本三代実録』貞観11年5月26日，869年7月9日），元慶4年の出雲国大地震（同元慶4年10月27日，880年12月2日）など，全国的に被害地震が襲っていたことが知られる。

その他，「大風」被害も収穫に大きな影響を与えたが，「百姓廬舎」や「仏寺堂塔」を破壊する場合も少なくなかった。多くは水害を伴い，貞観11年の肥後国大風雨（『日本三代実録』貞観11年7月14日，869年8月25日）は，「潮水漲溢して六郡を漂没す。（中略）海より山に至り，その間田園数百里，陥ちて海となる。」という大きな被害を出した。また，仁和3年には「東西京中の居人の廬舎，顚倒するもの甚だ多く，圧殺される者おおし」（『日本三代実録』仁和3年8月20日，887年9月11日）とある。

水害では，大同元年「この月，霖雨止まず。洪流汎濫して，天下諸国多くその害を被る」（『日本後紀』大同元年（806）8月是月）とあるが，長雨だけでなく大きな洪水にも見舞われたようで，嘉祥元年の記事に「洪水浩々，人畜流損，（中略）故老検じて曰く，大同元年の水に倍する四五尺なるべし」（『続日本後紀』嘉祥元年8月5日，848年9月5日）とある。また，天安2年には「また左右京水害を被る。流死者おおし。」（『日本文徳天皇実録』天安2年5月22日，858年7月6日）とあるが，くりかえし大災害をもたらした鴨河の氾濫であろう。

しかし，もっとも多くの人的被害を被ったのは疫病の蔓延である。天平7年から9年にかけての「疫瘡大発」（『続日本紀』天平7年8月23日，735年9月14日）など，ほぼ30年周期での大流行があったとみられる。大同3年5月勅には「去年以来，疫病流行して横斃する者おおし」（『日本後紀』大同3年5月5日，808年6月2日）とみえ，弘仁9年9月詔（『類聚国史』173，弘仁9年9月10日，818年10月13日）には「むかし天平の年も，またこの変あり。よって疫癘をもって，宇内凋傷す」，仁寿3年には，「京師及び畿外，多く皰瘡を患い死者甚だおおし。天平九年及び弘仁五年にこの瘡患あり」（『日本文徳天皇実録』仁寿3年（853）2月是月）など枚挙にいとまない。

全国的に頻繁な自然災害のあったことが知られるが，地域によっては蝗害や山崩れ，大潮なども知られ，大地震や長雨では土石流や山崩れなどの2次災害も起こった。

噴火では富士山3大噴火の一つとされる延暦19年の噴火（『日本紀略』延暦19年6月6日，800年7月1日），貞観6年の噴火（『日本三代実録』貞観6年5月25日（864年7月2日）・7月17日）が知られる。

貞観6年の噴火の様子は詳細で，「駿河国言す。富士郡正三位浅間大神大山火す。（中略）大山の西北に本栖の水海あり。焼くところの岩石，流れて海中を埋めること遠く卅里ばかり。広さ三四里ばかり。高さ二三丈ばかり。火焰ついに甲斐国堺に属す」とある。ついで「甲斐国言す。駿河国富士大山，たちまち暴лен雨あり。（中略）土鑠石流れて八代郡本栖ならびに・両水海を埋む。熱如湯のごとし。魚鼈みな死ぬ。百姓の居宅。海と共に埋む。（中略）両海以東，また水海あり。名づけて河口海という。火焰の赴くところ河口海に向かう。本栖・劔等の海，未だ焼き埋もるる前，地大いに震動し，雷電暴雨。雲霧晦冥にして，山野弁え難し。しかる後，この・異あり」とみえる。この溶岩流は，北西山麓の長尾山という寄生火山から流れ出したもので，現在青木ケ原丸尾と呼ばれる（『日本史小百科災害』，図3）。

火災では，奈良時代末の「神火」などの放火が時代の特質を表している。9世紀以降はしばしば火災記事がみられるようになる。記事が簡略で被災状況はあまり明らかではないが，冷泉院などの焼亡や諸官司の焼失もあった。また，仁和元年に「三百余家を延焼」（『日本三代実録』仁和元年2月18日，

885年3月8日）した東京一条衛士町の失火など，一端火が出ると少なからぬ延焼を伴った。この時期の火災で著名なのは，貞観8年の応天門の変のきっかけとなった応天門の放火であろう（『日本三代実録』貞観8年閏3月10日，866年4月28日，図4）。こうした正史の災害記事から，古代の人々は自然災害の被害とともにあったといっても過言ではない。

貴族日記の時代（10世紀～12世紀）

10世紀以降，正史の編纂が途絶えるが，貴族の日記がいくつか残存しており，平安時代中期以降の災害状況をうかがうことができる。しかし，当時の貴族の関心は平安京とその周辺に限定的であり，正史のような全国的視野での災害記述は稀である。一方，見聞に基づく記述は，正史の時代にはなかった迫真性を有し，災害の具体像を伝えてくれる。

都人をしばしば悩ませたのは鴨河の氾濫である。『貞信公記』天慶元年6月20日（938年7月19日）条には「鴨河の水，京中に入り，多く人屋舎・雑物を損ず。西堀河以西，海のごとし。往還することあたわず」とみえ，『左経記』寛仁元年7月2日（1017年7月27日）条には，「終日甚だ雨。去夕より鴨河汎溢し，富小路以東すでに海の如しと云々。伝え聞く。悲田病者三百余人。病者三百余人，洪水流失と云々」とあるなど，そ

図2　貞観6年富士山噴火の溶岩流跡の青木ヶ原丸尾（本栖湖畔）

の被害は甚大であった。また，延久5年「今月洪水。廿年来未曾有なり。」（『百練抄』延久5年（1073）5月）とあるが，永承元年のことであろうか，大きな洪水が繰り返し起こったことが知られる。こうしたたびたびの水害に，平安末期院政の主・白河法皇が，「賀茂川の水，双六の賽，山法師，これぞ朕の心にそわぬ者」（『源平盛衰記』）と述べたというのもむべなるかなである。

10世紀末は地震活動期でもあった。大地震として知られるものに，天慶の大地震（天慶元年4月16日，938年5月18日）がある。太政大臣藤原忠平が，「今日震動休まず。昨夜，内膳司の屋たおる。死者四人。宮城四面の垣多くたおる。京中の人の宅の垣ことごとくくずれる」と『貞信公記』に記している。また，「地震の甚だしきこと未曾

図3　仁和元年応天門の炎上（『伴大納言絵巻』より）

有なり」と『日本紀略』に記された貞元の大地震（貞元元年6月18日（976年7月17日）—9月）がある。破壊顚倒した建物は，「両京の舎屋その数甚だ多し」とあるのをはじめ，八省院・豊楽院といった宮城諸司のほか，東寺・清水寺など多くの寺院が倒壊した。この年は地震の記録が特に頻繁で，「大地震」「地大震」の記述も数回みえる。震度6.7以上とされるが，激しい揺り返しの多かった地震である。

地震に劣らず破壊力を示したのは大風であった。

天慶7年の大風暴雨（『日本紀略』天慶7年9月2日，944年9月21日）では，「諸司官舎，京中廬舎，顚倒するものあげて計うべからず」とあり，天暦元年の大風（『日本紀略』天暦元年7月4日，947年7月24日）では，「大風猛烈。京中の廬舎あるいは顚倒，あるいは破壊す」とあり，宮中屋舎諸門も顚倒したほか，「河水漲溢」とある。また，永祚元年の大風は「宮城門舎多くもって顚倒す。（中略）また洪水高潮，畿内の海浜河辺の民烟，人畜，田畝これがためにみな没す。死亡損害，天下大災，古今無比」（『日本紀略』永祚元年8月13日，989年9月15日）と記され，『今昔物語集』（巻25第19話）にはこの大風で，比叡山の堂舎・宝塔などが多く吹き飛ばされ，東塔の高さ八尺（約240㌢）もある大鐘が転がり落ち，先々で7つの房を打ち倒して，谷底へ落ちていったと伝える。のちまで「永祚の風」として伝えられた（荒川

図4　延暦寺東塔の大鐘

秀俊・宇佐美龍夫『日本史小百科　災害』，図2）。

また，火災は頻々と記録に残るが，内裏の焼亡がたびたび起こった。京中で火災が起こると，数百家が延焼することも珍しくなかったが，もっとも大規模な火災は，平安時代末期の「太朗焼亡」「次郎焼亡」であろう。

平安京遷都167年目の天徳4年，はじめて内裏が焼亡し，「累代の珍宝多くもって焼失」（『日本紀略』天徳4年9月23日，960年10月16日）した。貞元元年（『日本紀略』貞元元年5月11日，976年6月11日）には内裏の一部が焼失し，円融天皇は関白藤原兼通の堀川殿に遷御した。この堀川殿が堀川院と改められて「今内裏」と称した（『栄花物語』巻2）。内裏はその後も焼失と再建を繰り返すが，その多くは放火とみられる。火災は内裏に限ったことではない。寛弘8年には，「七百余家災あり。」（『日本紀略』寛弘8年11月4日，1011年12月1日）とあり，また，万寿4年の大火では，「火，中御門大路，富小路に起こり千余家焼亡しおわんぬ」（『日本紀略』万寿4年正月3日，1027年2月12日）とみえる。

平安時代末期においても失火に限らず，依然として放火も多かった。里内裏・御所・院などの火災も多く，天曆6年の大火（『百練抄』康平元年2月26（1058年3月23日），27日）では，新造内裏および大極殿などことごとく焼失し，「この後所々炎上，大略もって連日」という有様で，以後平安宮の往時の規模は失われた。

この時期には僧兵の乱入による放火，源平合戦による焼失も起こっている。

安元3年の大火は，勧学院・大極殿・八省院をはじめ「地を払いて焼亡」し，「おおよそ百八十余町，この中，人家幾万家かを知らず。希代の火災なり」というものであった（『百練抄』安元3年4月28日，1177年6月7日）。大極殿以下の建物は，この火

災以後ついに再建されることはなかった。いわゆる「太郎焼亡」である（図5）。
このときの火災の様子は鴨長明の『方丈記』に詳しい。
「はてには朱雀門・大極殿・大学寮・民部省などまで移りて、一夜のうちに塵灰となりにき。（中略）吹き迷う風に、とかく移りゆくほどに、扇をひろげたるがごとく末広になりぬ。遠き家は煙に咽び、近きあたりはひたすら焔ほを地に吹きつけたり。（中略）あるいは煙に咽びて倒れ伏し、あるいはは焔にまぐれてたちまちに死ぬ。あるいは身ひとつ、かろうじて逃るるも、資財を取りいづるに及ばず、七珍万宝さながら灰燼となりにき。その費え、いくそばくぞ。（中略）惣て都のうち、三分が一に及べりとぞ。」と。
さらに治承2年（4月24日、1178年5月13日）の大火は「七条北東、洞院東中ばかり、洞院南焼亡」（『群書類従』6所収、「清獬眼抄」所引「後清録記」）とあり、「太郎焼亡」に焼け残った七条朱雀辺を中心とする大火があり、安元の大火「太郎焼亡」に対して「次郎焼亡」と呼ばれる。

政治と災害

自然災害は往々にして政治に影響を及ぼす。古代においては、火災（放火）と疫病にその例をみることができる。『続日本紀』にはほとんど火災記事がみられないが、そのなかで天平16年（744）から17年にかけて「山火」が集中する。これは「聖武天皇の彷徨」といわれた相継ぐ遷都に反発して平城京還都を促すため、紫香楽宮周辺に放火されたものと推察される。
また、藤原道長の時代、長徳から万寿年間（995－1028）に至る頻繁な内裏や院の火災は、失火や盗賊による放火ももちろんあるが、藤原道長政権に対する抵抗の現れとする見方もある。村井氏の調査によれば、天徳－天元の約20年間（957－83）で4回、長保－寛弘の約30年間（999－1012）で6回、長暦一康平の約20年（1037－1065）間で8回の内裏（里内裏）炎上が知られるという（村井康彦『平安貴族の世界』）。政治的思惑による放火を推測する所以である。
もっとも影響を与えたのは疫病の流行である。
天平9年の疫瘡大流行のときは、藤原四子（武智麻呂・房前・宇合・麻呂）ら議政官官人（現在の国務大臣）が相継いで死亡し、参議であった橘諸兄が急遽大納言に任ぜられて政権を掌握した。また、長徳4年（998）の疫瘡大流行では関白藤原道隆以下多くの議政官官人が死去し、残った道隆の息子伊周と、弟の道長が内覧（摂政・関白の中核的職務）を巡って激しく対立し、道長が勝利して栄耀栄華の時代を築くことになるのである。
疫病の流行は多くの死者を出すが、貴族層

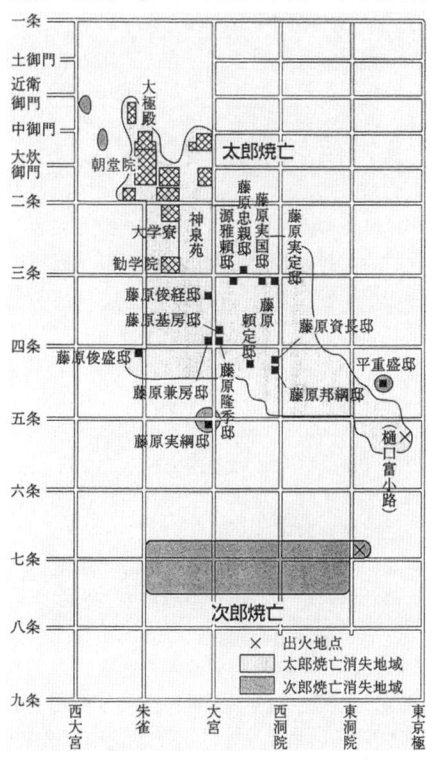

図5 平安京の大火　太郎焼亡と次郎焼亡

も例外ではなく，その結果，政権交代や思いがけない昇進をも可能にしたのである。

また，飢饉も政治に大きな影響を及ぼす。治承4年(1180)夏の西日本の旱害が，平家衰亡の序曲となったことが指摘されている。この年は太陽暦に換算して5，6月は晴雨ほぼ同日数であるが，7月は全く雨が降らず，8月もバラバラと降ってすぐに止んだ雨の日がわずか4日しかないという。しかもこの旱魃は平氏の勢力圏であった西国で激しく，源氏の根拠地たる東日本では逆に豊作となる見込みで，源頼朝は東国の豊作を背景として8月に挙兵した。一方平氏は大軍を繰り出したが10月に富士川に至って西国の大飢饉となった。この相違が，その後の源平の勝敗を分けたとみられる（荒川秀俊・宇佐美龍夫『日本史小百科　災害』)。

防災と災害への対応

古代における防災は，ほとんどの場合，寺社への祈願や読経であった。祈雨・止雨の奉幣などがそれである。具体的に災害に備えるという考えは希薄であり，自然災害は天譴であり，天皇の不徳を示すものと考えられた。したがって，災害後の対応に重点がおかれ，徳を示すための賑給や租税減免・免除等が行われた。寺社への祈願や読経は災害鎮圧のためにも行われ，ときには陰陽寮卜占によって山陵への奉幣なども行われた。

また，民衆も災害に無関心であったわけではない。その現れが，平安時代以降，祭礼や信仰が疫病などの災害と結びついて行われるようになった御霊会であり，祇園御霊会に代表される。

平安時代には，災害が特に激しい場合，長く続く場合など，年号を改めることによって，その影響から免れようとすることも行われた。いわゆる災異改元である。

延長・天慶・天徳・天延・貞元・天元・永観・永祚・正暦・長徳・長保（以上，10世紀)，寛弘・長元・長久・寛徳・天喜・康平・治暦・承暦・嘉保・永長・承徳・康和・長治・永久・元永・保安・大治・天承・長承・保延・久寿・応保・長寛・永万・承安・安元・治承・寿永（以上，11世紀）などであるが，いかに頻繁に災害が起こっていたかがうかがわれる。

もちろん，まったく具体的な防災を行わなかったわけではない。鴨河などの洪水氾濫には防鴨河使などが派遣されて状況検分が行われ，修築など具体的な施策がなされた。大同2年には大堰の修造が行われており（『日本紀略』大同2年11月13日，807年12月15日)，翌年には，皇族・貴族らに役夫を進めさせて葛野川の防災に努めている（『日本後紀』大同3年6月21日(808年7月18日)・7月21日)。しかし，当時の未熟な技術では対応しきれず，再三の洪水氾濫に悩まされたのである。

富士山の噴火では，不通となった相模国足柄路にかわって新しい筥荷途を開き（『日本紀略』延暦21年5月19日，802年6月22日)，翌年5月には足柄路を復旧（『日本紀略』延暦22年5月8日，803年5月31日）しているなどの対策がなされている。

しかし，2次災害防止や被災者への具体的支援などはみることができない。宮中や貴族などの邸宅が被災した場合にはいち早く復興がなされ，藤原道長の土御門第が焼失したおりには，貴族たちに割り当てて再建させている。その一方で，庶民は自力復興する以外に道はなかったようで，それが飢饉や疫病の2次災害を生んだ面も否定できないであろう。

参考文献　荒川秀俊・宇佐美龍夫『災害』（日本史小百科22，近藤出版社，1985)，安田政彦『平安京のニオイ』（歴史文化ライブラリー，吉川弘文館，2007)，同「『続日本紀』にみえる地震記事」（『続日本紀研究』300，1996)

中世の災害

東島　誠

中世災害をめぐる歴史学の視座

歴史学の視座は，つねに同時代の課題と深い次元で関係をもっているが，社会史が流行し，明るい歴史像が全盛であった1980年代に発表された「浅間山の噴火と荘園の成立」に関する研究（峰岸純夫1989）では，災害が「地域的な開発・荘園成立ラッシュ」を現出させたという局面，言い換えれば「古代を葬り中世を生みだす役割」という，積極面の方が強調されていた。一方で人間の対自然関係を「破壊」と「修復」の視点から捉えようとする論者もいたが（義江彰夫1988），当時の中世史研究者の多くは，中世農村史における「開発」を，いわば自然の「克服」過程として，肯定的に位置づけてきた，といってよかろう。

ところが，近代社会の最終的な破産が明らかとなった20世紀末にいたると，中世史研究者の間で「環境史」「環境歴史学」が流行し始めた。とはいえまだそれは，「本来の『自然』の原風景」探しや，「現代のクライシスをヒントに日本中世史を再解釈しよう」という試みでしかなかった（東島誠2001）。だが国内外での度重なる災害を経験した2000年代を通して，その初期の限界は着実に乗り越えられ（水野章二2009ほか），多数の災害史料の収集（藤木久志2007ほか）とともに，個別研究も徐々に充実してきている。また「開発」についても，災害によって土地利用が行き詰った耕地の利用再生といった視点が提起されるに至っている（井原今朝男2004）。

気候変動と飢饉・災害

気候変動の視点を中世史研究に導入しようとする試みは，1972年の国連人間環境会議以降の世界的な潮流のなかで生まれ，R.W.フェアブリッジによる海水準曲線が紹介され（山本武夫1976），これを引き継ぐ形で，パリア海退＝小氷期の冷涼な気候がもたらした中世の飢饉について論じた諸研究（磯貝富士男2002・2008ほか）により，気候変動が中世史に及ぼした影響についての研究は格段に進展した。峰岸純夫はこれらの成果に基づき，中世社会をおおよそ次のように時代区分している（峰岸純夫2001）。

①中世初期（11世紀後半〜12世紀）。温暖の時期，稲作の北上，大開墾の時代，荘園公領制の成立。
②中世前期（13世紀）。寒冷化の時期，飢饉・凶作の頻発。
③中世中期（14世紀〜15世紀前半）。一定の温暖化，生産条件の一定の回復。
④中世後期（15世紀後半〜16世紀）。寒冷化の時期，生産条件の悪化，飢饉の頻発。荘園公領制の解体。

ただしこの説明は，生産地を基準にしたもので，消費地にはあてはまらない。たとえば「回復期」とされる③の時期は，京都で応永の飢饉（1421—22）があり，陶磁器の消費が15世紀前半に落ち込むことを根拠に「都市機能壊滅」が指摘されている（清水克行2008）。他方，④の時期に起きた寛正の飢饉（1461）では，地方が飢える一方で，京都では，流入する被災者に「施す」ことができるほどに，都市の住人には余力が生まれており，特にその背後に急激な経済の「V字回復」のあったこと（東島誠2010）が，「畿内・西日本そして東アジア海域全体の物流の活性化」の一環として説明されるにいたっている（橋本雄2011）。気候変動と経済変動の双方を見ていくことによって，日本列島東西に見られる罹災状況の地域的偏差の大きさが，この間明らかになってきているといえよう。

なお，統計的研究としては他に，下総国平賀（千葉県松戸市）の『本土寺過去帳』の分析により，春から初夏に死亡のピークのあることが明らかにされており（田村憲美1994），諸現象の説明に有効な視座を提供していることも，特筆しておきたい。

『方丈記』に見る中世初期の災害観

建暦2年（1212）成立の『方丈記』は，鴨長明が，みずからの実体験である中世初期京都の災害を通して，「世中ニアル人ト栖ト」，すなわちこの世における人間の存在形態の「無常」を浮かび上がらせた随筆として名高い。それは江戸時代，天和2年（1682）の西日本の飢饉のさなかに，災害ボランティアの必要性を訴えて刊行された『犬方丈記』をして，『方丈記』のパロディ文学という体裁を取らせたほどである（東島誠2000・2010）。

『方丈記』が実際に描き出したいわゆる「五大災厄」とは，安元3年（1177）の大火，治承4年（1180）の辻風と福原（兵庫県神戸市）遷都，養和の飢饉（1181—82），元暦＝文治の大地震（1185）を指す。福原遷都による「無常」も含め，いずれも中世初期の災害観や人々の行動原理を示すものとして興味深い。水野章二は，鴨長明のいう「さしも危うき京中の家」に注目し，災害に対して有効な手段を持ちえない都市基盤の弱さへの認識が『方丈記』を書かせた，と指摘しているが（水野章二2009），中世初頭のこの災害観は，15世紀中葉まで継続することになる。

ところで，中世初期から前期にかけての災害研究としては，火災に関するものが多い。「太郎焼亡」と呼ばれた京都の安元の大火については，従来から研究も多いが，近年は，奈良や鎌倉の火災についても研究が進められている。これらの研究の中で，京都については，鴨長明の記すとおり，火災の規模に比して死者の数が少ないこと（水野章二2009），奈良については，文献史料に比して寺外での火災遺構がほとんどないこと（佐藤亜聖2008），また鎌倉については，若宮大路が防災帯として機能し，家屋破壊も防火の手段であったこと（福島金治2004）が指摘されている。特に，新たな町割りによる奈良の都市形成の画期を「治承兵火による都市壊滅」に求めてきた通説が覆されたことは，近世の明暦の大火（1657）以後の江戸の復興のイメージを中世へ投影するような思考方法に，見直しを求めるものとなっている。

なお，中世を院政期以降と定義するならば，鴨長明以前の飢饉・災害で個別研究のあるものとしては他に，嘉保＝永長の大地震（1096），承徳＝康和の大地震（1098—99），保延の飢饉（1135）を挙げることができる（地震は矢田俊文2009，飢饉は五味文彦1984，磯貝富士男2008）。

中世前期の飢饉・災害

鎌倉時代の飢饉・災害で個別研究の蓄積を有するものとしては，飢饉では養和～寿永の飢饉（1181—83），寛喜の飢饉（1231），正嘉の飢饉（1258），元徳の飢饉（1330），また火災以外の災害では，元暦＝文治の大地震（1185），正応＝永仁の大地震（1293）を挙げることができる。

特に鎌倉時代の前後に起きた2つの京都の飢饉は，いずれも大きな政治的変動と繋がっていた。まず養和～寿永の飢饉についていえば，当時の京都は，『延慶本平家物語』が「小魚の，たまり水に集まれるがごと」しと形容したように，流通がストップすればただちに飢饉に陥るような脆い構造をもっていた。西を平家，北を源義仲に抑えられ，食糧が入ってこなくなった状況を，京都の貴族九条兼実はしきりに「四方皆塞」と記しており，その打開を東の源頼朝に求めた権限委譲，それが寿永2年閏10月宣旨であった（東島誠2000）。頼朝の権力拡大の背景には京都の飢饉があったのである。他方の元徳の飢饉については，後醍醐天皇の

飢饉政策が有名である。担当官として検非違使別当を新たに任命して市場に介入し，沽酒法を定め，これに従わず売り惜しみをする商人に対しては米の強制販売をさせ，さらには関銭の一時撤廃によって京都への流通促進を図った（東島誠2000）。つまり京都の飢饉を解決できる者こそが統治者としての権力を獲得しうる，と考えられたのである。

また寛喜の飢饉では，北条泰時によって伊豆国（静岡県）や京都などで行なわれた「徳政」が名高い。飢饉時に富裕層からの借り入れ（出挙米）が返せない場合，「身曳き」，すなわち債務奴隷となることが行なわれていたが，この悪循環を避けるべく，泰時は債務の保証人的立場に立って出挙を行なわせ，返せない場合は全額または利息分の肩代わりを約束して，罹災民の債務奴隷化に歯止めをかけようとした。だが人身売買以外に生命維持が不可能な惨状に至るや，「身曳き」容認へと転じた。ただしその場合でさえ，「人倫売買の事，禁制ことに重し」という大前提はかえって強調され，その上で「しかれども飢饉の年ばかりは免許せらるるか」という疑問形で法文が構成されており，それは苦渋の政策選択であった（磯貝富士男2007，東島誠2010）。

正応＝永仁の大地震は，相模西北部を震源とするM7.1の地震と推定されており，建長寺（神奈川県鎌倉市）が倒壊し，2万3000人以上の死者が出たとする史料もある。この直後に起こったいわゆる平禅門の乱（北条貞時が，平頼綱にクーデター計画ありとしてこれを誅殺した事件）が，「一種の集団ヒステリー状況のなかの極度の疑心暗鬼」の所産であるとして，関東大震災（1923）時の朝鮮人・社会主義者虐殺事件との共通点を指摘する見解もある（峰岸純夫2001）。

飢饉・災害と公権力

以上見たように，中世，とりわけ初期・前期の飢饉・災害は，政治的変革と結びつけられることが多く，同様の理由から「災異改元」も盛んに行なわれた。治承から元弘までの約150年間，すなわち鎌倉時代だけで32回の災異改元があり，建武から慶長までの約260年間，すなわち南北朝・室町・戦国時代あわせて30回の災異改元がある。これらは江戸時代の12回を大きく上回っているが，特に中世の前半に多いことが際立った特色であるといえる。

また異常気象や変災に対する公武政権の対応として，旱魃・霖雨については，祈雨や止雨のための諸社奉幣，神泉苑における請雨経御修法や孔雀経御修法などの密教的対応，内裏紫宸殿での神祇官の亀卜（いわゆる軒廊御卜）や陰陽寮の式占などが行なわれた。また災異消除のための仁王会や疫病流行時に疫鬼の侵入を防ぐ四角四堺（四境）祭，風害に対する風伯祭など，京都で行なわれた対処法が，鎌倉幕府によって鎌倉に導入された例も少なくない。

さらに，法のレヴェルでいえば，公家政権は「公家新制」を発することで飢饉・災害時の徳治を目指したが，寛喜の飢饉時に鎌倉幕府は，朝廷側の設定した利息制限の上限を半分の5割に切り下げるなど，さらに踏み込んだ政策を打ち出している。また『御成敗式目』などの鎌倉幕府法の整備は，寛喜の飢饉時に売られた「下人」の買い戻し等をめぐる訴訟の頻発に起因する，と指摘されている（磯貝富士男2007）。鎌倉幕府はまた，正嘉の飢饉時には，浮浪人の山野河海での生計に対する保護策を講じてもいるが，この難民救済令が2月上旬という，通常の食料不足の季節よりも早い時期に出されている点に，飢饉の深刻さを見る見解もある（入間田宣夫2011）。

このように，中世には飢饉・災害に際して各種の対処法が講じられたが，罹災民への救済事業については，中世前期は基本的に公権力を担う者の儀礼として，形式的にこれを行なうことが一般的であり，北条泰時

や後醍醐天皇は，そうしたなかでは突出した事例であるといえるだろう。一方で律宗など宗教者による慈善救済も見られたが，そうした仏教的作善から一歩抜け出て，民間の寄付行為による被災者救済の思想が登場するには，15世紀後半を待たねばならなかった。

中世中期の飢饉・災害

峰岸純夫によって気候変動上，中世中期と位置づけられた時期の飢饉・災害のうち，特に研究が進んでいるのは，康安元年(1361)の南海大地震，それに京都における応永の飢饉(1421—22年)であろう。

まず，M8.0～8.5と推定されている康安の南海大地震については，『太平記』に摂津国難波浦(大阪市)・阿波国由岐湊(徳島県美波町)で「大山のごとくなる潮」，すなわち津波による多大の被害が記録されていることで名高い。この地震・津波で壊滅的被害を受ける以前には，由岐湊こそが太平洋岸海運の一大物資集散地であった，とされる(矢田俊文2009・2010)。『太平記』については，巻頭の後醍醐天皇の飢饉政策のほかにも，新田義貞軍の鎌倉攻めを可能にした稲村ヶ崎(神奈川県鎌倉市)の干潟化をバリア海退によるもの，とする研究もあり(磯貝富士男2002)，いまや災異への関心の高い史料として，積極的かつ批判的に利用されており，「『太平記』は史学に益なし」とは，もはや昔日の言といわざるをえない。

次に中世中期の飢饉については，2つの類型を想定しておく必要がある。歴史上の飢饉を「天災の飢饉」と「悪党の飢饉」にわけたのは，江戸時代の学者大道寺友山であるが，いわゆる天災か人災かという枠組みは，中世京都の分析にあっては必ずしも有効でない。むしろ天災・人災を問わず，食糧流通のストップによって〈都市内部〉が飢える〈閉鎖型飢饉〉と，〈都市外部〉から難民が流入する〈流入型飢饉〉という類型のほうが有効である。京都は古代以来，通時代的に〈閉鎖型飢饉〉を基本形としており，したがって公権力による飢饉対策は，流通統制によって〈都市内部〉の食糧を増大することがその基調をなしてきた。さきに見た鎌倉末期の元徳の飢饉はその好例である。

他に中世中期の例として，米商人が米価つり上げを狙って京都七口を塞いだ永享の飢饉(1431年)は，むしろもっとも典型的な〈閉鎖型飢饉〉というべきであるし，さらに中世後期にかけて頻発する徳政一揆もまた，質物取り返しに先立って，まず与郷(くみのごう)と呼ばれる複数村落が連携して京都七口を塞ぎ，京都に〈閉鎖型飢饉〉状況を創り出す戦略を取っていた(酒井紀美1999)。

ところが中世中期には，こうした古代以来の〈閉鎖型飢饉〉に並行して，新たに〈流入型飢饉〉が誕生する。それが応永の飢饉であり，つづく中世後期に起きた寛正の飢饉(1461年)や天文の飢饉(1539—40年)が，この新しい類型に属している。そして，〈都市外部〉から難民がやってくる，この新しい飢饉類型こそが，これを受けとめる〈都市内部〉における人々の社会性にも，大きな変化をもたらすようになるのである。

中世後期に始まった都市の被災者支援

さて，〈流入型飢饉〉の場合，難民は食糧を求めて〈外部〉から流入してくるので，従来の〈閉鎖型飢饉〉の場合のような流通統制，〈都市内部〉の食糧増大は，根本的な解決策とはなりえない。むしろ〈内部〉はますます難民であふれ，飢饉状況を助長しさえする。応永の飢饉や寛正の飢饉で室町幕府が直面した課題は，こうした〈外部〉からの流入民に食糧を与え(施行(せぎょう))，さらには死者の穢れから都市の清浄を回復しようとすること(施餓鬼)であったが，じつは同じ〈流入型飢饉〉でも，15世紀前半の応永の飢饉と15世紀後半の寛正の飢饉とでは，大きな相違点があった。都市機能壊滅状態

と言われた応永の飢饉の場合は，施行は幕府や大名が儀礼的に行なっており，民間による実質的な救援活動は見られない。これは15世紀前半には，都市民にいまだ他者を救うだけの余力がなかったためである。しかるに15世紀後半，京都は驚くべき「V字回復」を遂げたことが，複数の徴証から明らかとなっており，これを背景として，寛正の飢饉では願阿弥の勧進活動に寄付をする形で，都市民のボランティア的救援活動が進展していくことになるのである。なお，足利義政による幾多の造営事業が，飢饉時の雇用創出であったとする説もあるが（藤木久志2001），その結果，難民はますます京都に押し寄せ，京都にたどり着くやつぎつぎと死んでいく惨状が展開していた。そのような，もはや公権力の政策をあてにできない状況下に，都市民の勧進による救援活動は始まったのである。寛正の飢饉時には下京の六角堂，天文の飢饉時には上京の誓願寺という，人々の寄付を集めやすい芸能興行地が救済活動の広場となり，そこは小さな善意を大きな織物へと織り合わせていく場となったのである（東島誠2000）。

中世後期の災害史料と明応大地震

中世後期は，飢饉・災害が頻発した時代で，都市における諸権門の日記や，村落における損免関係文書など，史料はそれこそ無数にある。しかし，その多くは類型的な災異表現にとどまるなど，研究は必ずしも容易でない。その一方で，こうした諸史料とは別の，際立った一群をなしているのが，東国に多く見られる年代記系史料であり，『常在寺衆中記』（常在寺衆中年代記とも，今日の研究では勝山記，妙法寺記などの写本名では呼ばれない），『会津塔寺八幡宮長帳』，『永光寺年代記』，『新撰越後国年代記』，『和漢皇統編年合運図』，『八丈実記』所引「八丈島年代記」などが，研究者によって利用されている（笹本正治2003，田良島哲2005，矢田俊文2009ほか）。これらのなかには，年代記特有の類型表現に収斂しない，特色ある記事も少なくない。また近年，自治体史編纂過程で新たに村の年代記が見出されて注目を集めているほか，年代記の批判的利用方法についても，編纂部分と毎年書き継がれた部分の区別をその初歩として，徐々に確立しつつあるといえよう。特に，甲斐国（山梨県）の『常在寺衆中記』は，従来からも東国独自の時間観念を示す私年号や，物価記事などで注目を集めてきたが，そこで繰り返し登場する「ツマル」という表現こそは，災異に満ちたこの時代，この地域の窮状を示す重要な語彙として，特筆しておきたい。

さて，以上のような史料状況のなかで，中世後期を代表する巨大災害が，明応7年（1498），M8.2～8.4と推定される東海・東南海大地震（宇佐美龍夫2007は南海・東南海地震とする）であり，『常在寺衆中記』にも地震と津波の被害が記されている。これらの年代記類を積極的に利用した研究として，伊勢盛時（いわゆる北条早雲）による深根城（静岡県下田市）攻略，堀越公方足利茶々丸切腹にいたる「決定的な攻撃」の背後に，明応大地震・津波の深刻な危機を打開する意図があった，とする見解がある（家永遵嗣1999）。

なお，地震・津波の被害は，紀伊国和田浦（和歌山市），伊勢国安濃津（三重県津市），遠江国橋本（静岡県湖西市），駿河国小川湊（静岡県焼津市）など，広範囲に及んでいるが，津波がこうした河口の港湾都市にもたらした被害の分析を糸口として，矢田俊文は地震前後の物流構造の変化に注目し，たとえば知多半島（愛知県）で生産される陶器を東国に出荷する湊は，地震以前には大湊（三重県伊勢市）ではなく安濃津であった，としている（矢田俊文2009・2010）。さらに近年，津波被害を受けて以降，伊勢国で製塩業を営む太田家に伝わる古文書数の激減期があり，被害の甚大さを示すものとして

洪水と治水に見る, 近世への転換

近代以前、それも中世に〈防災〉の思想はあったのか。この問にこたえうる材料が残されているのが、洪水に対する治水の思想であろう。養老営繕令近大水条に国司・郡司の「堤防」管理責任が規定されるなど、治水の歴史は古く(水野章二2009)、また、白河法皇の天下三不如意とされる「賀茂河(鴨川)の水」についても、平安京には防鴨河使が置かれ、しばしば検非違使がこれに任じていたので、洪水に対する「防河」の思想自体は、中世以前の時点ですでに明確にあり、鎌倉幕府もまた、武蔵国を中心に人口堤防を築いている(原田信男2002)。ただし、宇治(京都府宇治市)や摂津長柄(大阪市)の橋姫伝説のように、洪水を鎮め橋を架けることには、古くからマジカルな要素が強く、犯罪者の労役やその所有物をして、橋の造営に奉仕せしめる古代的発想は、中世を通じて織豊政権期にさえその痕跡がある(東島誠2000)。また京都の五条橋中島は民間陰陽師や下級芸能民たちの巣窟となっており、鴨川の洪水から京中の人々を守っている、という信仰のもとに通行人から銭を徴収していた(瀬田勝哉1994)。

こうした聖なる技術者ないし治水神の信仰から、世俗的、合理的な治水思想へと転換せしめたのは、水防から新田開発までを目指す、戦国大名の堤防構築であろう。信玄堤や宇喜多堤などは、なかでも有名である。しかし、治水思想の転換、合理化を、もっとも徹底的に断行したのは豊臣秀吉であった。秀吉は五条橋中島の陰陽師たちを追い出してこの地をクリアランスする一方、京都に御土居を構築し、また鴨川・桂川堤普請を、貧窮者の雇用労働によって実現していったのである(東島誠2010)。

中世の災害史料集

最後に中世の災害史料をまとめた史料集・年表についてまとめておく。地震については震災予防調査会『大日本地震史料』(初出1904)、東京天文台(現国立天文台)『理科年表』(1925~現在)、宇佐美龍夫『新編日本被害地震総覧』(1987, 初出は1975)ほかがあり、また災害・飢饉一般については、小鹿島果『日本災異志』(1894)、辻善之助『慈善救済史料』(1932)、西村真琴・吉川一郎『日本凶荒史考』(1936)など、戦前の成果が大きい。戦後は、原田伴彦『編年差別史資料集成』(1983—95)の中世編にも関係史料が採録されているほか、近年の環境史への関心の高まりのなかで、水越允治『古記録による13(・14・15・16)世紀の天候記録』(2004—10)、藤木久志『日本中世気象災害史年表稿』(2007)などが編まれている。その他、『静岡県史』など、20世紀末以降に編まれた各自治体史においても、災害史料を重視した編集を行なっているものがある。

[参考文献] 山本武夫『気候の語る日本の歴史』(そしえて, 1976)、五味文彦『院政期社会の研究』(山川出版社, 1984)、西尾和美「室町中期京都における飢饉と民衆―応永28年及び寛正2年の飢饉を中心として―」(『日本史研究』275, 1985)、義江彰夫「現代の危機と歴史学の課題―自然破壊を視点に新しい歴史学を―」(『歴史を学ぶ人々のために』3, 三省堂, 1988)、永原慶二『内乱と民衆の世紀』(大系日本の歴史6, 小学館, 1988)、峰岸純夫『中世の東国―地域と権力―』(東京大学出版会, 1989)、能登健・峰岸純夫編『浅間火山灰と中世の東国』(よみがえる中世5, 平凡社, 1989)、西尾和美「飢疫の死者を数えるということ―中世京都を中心として―」(『日本史研究』388, 1994)、田村憲美『日本中世村落形成史の研究』(校倉書房, 1994)、瀬田勝哉『洛中洛外の群像―失われた中世京都へ―』(平凡社, 1994)、家永遵嗣「北条早雲の伊豆征服―明応の地震津波との関係から―」(『伊豆の郷土研究』24, 1999)、酒井紀美『日

本中世の在地社会』(吉川弘文館, 1999)、佐々木潤之介代表『日本中世後期・近世初期における飢饉と戦争の研究―史料所在調査と年表の作成から―』(1997―99年度科学研究費補助金基盤研究（Ａ）1研究成果報告書, 2000)、東島誠『公共圏の歴史的創造―江湖の思想へ―』(東京大学出版会, 2000)、東島誠「ラディカル・オスティナート」(『環境情報科学』30ノ3, 2001)、藤木久志『飢餓と戦争の戦国を行く』(朝日選書、朝日新聞社, 2001)、峰岸純夫『中世災害・戦乱の社会史』(吉川弘文館, 2001)、磯貝富士男『中世の農業と気候―水田二毛作の展開―』(吉川弘文館, 2002)、原田信男「東国の中世村落における開発と災害」(『国立歴史民俗博物館研究報告』96, 2002)、井原今朝男「中世善光寺平の災害と開発―開発勢力としての伊勢平氏と越後平氏―」(同)、外園豊基代表『日本中世における民衆の戦争と平和』(2000―2002年度科学研究費補助金基盤研究（Ａ）1研究成果報告書, 2003)、若林晴子「天変地異の解釈学―『玉葉』に見る災害認識―」(増尾伸一郎他編『環境と心性の社会史』上、勉誠出版, 2003)、原田信男「中世の気候変動と災害・飢饉」(『東北学』1ノ8, 2003)、笹本正治『災害文化史の研究』(高志書院, 2003)、福島金治「災害より見た中世鎌倉の町」(『国立歴史民俗博物館研究報告』118, 2004)、井原今朝男「災害と開発の税制史―日本中世における土地利用再生システム論の提起―」(同)、西山良平「平安京の火事と〈都市〉住人」(『都市平安京』所収、京都大学学術出版会, 2004)、田良島哲「地震史料データベース化における史料学的課題―中世の年代記を中心に―」(『月刊地球』27ノ11, 2005)、高橋昌明「日本史学者の見た元暦二年七月京都地震について」(同)、宇佐美龍夫「明応地震について」(『日本歴史』710, 2007)、藤木久志編『日本中世気象災害史年表稿』(高志書院, 2007)、磯貝富士男『日本中世奴隷制論』(校倉書房, 2007)、片平博文「12～13世紀における京都の大火災」(『歴史都市防災論文集』1, 2007)、磯貝富士男「長承・保延の飢饉と藤原敦光勘申について」(『大東文化大学紀要 人文科学』46, 2008)、同「気候変動論から考える武家政権成立時代」(『年報中世史研究』33, 2008)、清水克行『大飢饉、室町社会を襲う！』(歴史文化ライブラリー、吉川弘文館, 2008)、佐藤亜聖「中世都市奈良と火災」(五味文彦・小野正敏編『開発と災害』、中世都市研究14、新人物往来社, 2008)、高橋慎一朗「鎌倉と災害」(同)、下川雅弘「鎌倉期から江戸初期における地震災害情報―畿内で書かれた日記にみる地震の記録―」(『歴史地震』23, 2008)、水野章二『中世の人と自然の関係史』(吉川弘文館, 2009)、鎌倉佐保「浅間山噴火と中世荘園の形成」(『日本中世荘園制成立史論』、塙書房, 2009)、矢田俊文『中世の巨大地震』(歴史文化ライブラリー、吉川弘文館, 2009)、藤木久志「飢饉出挙の伝承―北条泰時伝・断章―」(『鎌倉遺文研究』24, 2009)、松本昭彦「『方丈記』「養和の飢饉」考―事実と虚構の間―」(『三重大学教育学部研究紀要』61, 2010)、矢田俊文『地震と中世の流通』(高志書院, 2010)、東島誠『自由にしてケシカラン人々の世紀』(選書日本中世史2、講談社, 2010)、橋本雄『中華幻想―唐物と外交の室町時代史―』(勉誠出版, 2011)、岡野友彦「大塩屋御薗と製塩」(『伊勢市史』2中世編, 2011)、入間田宣夫「自然災害と歴史学」(『東北学』2ノ28, 2011)

近世の災害

北原 糸子

災害の頻発した江戸時代

災害についての考え方は時代とともに変化する。地震・噴火・津波などの自然災害ばかりではなく，公害や戦争，環境悪化などの人為災害も含めて広く災害を捉えようとする考え方はいまやあたりまえとなった。人々の災害に対する捉え方が変わるだけではなく，実際に，災害による被害は社会の変化に応じて，新しい災害がつぎつぎと生み出されてきたともいえる。しかしながら，17世紀から19世紀半ばに地震や津波・噴火・洪水など頻発した災害に対しては，災害に拮抗して自然そのものを変えていこうとする考え方は総じて薄く，当時の人々の間では，災害を自然の一部として受け止めるあり方が支配的であった。災害に対応する社会と人々のあり方を考えた場合，それまでの時代とは異なり，この時代に至ると，庶民階級にも文字を解する人々が多くなり，稀なる体験をしたことを人々に伝えたり，みずからの記録を子孫に残しておこうとする人が増える。また，災害に直面した幕府や藩も救済のために被害を調査して被災者を救済し，社会を早く元に戻して安定させようとする動きも出てくる。個人や行政のこうした記録類から相当程度の災害の実像が浮かび上がる場合も少なくない。以下はそうした記録類によりながら，いくつかの災害の概要を取り上げる。

さて，内陸地震か，プレート境界地震かでは地震の発生機構や被害のあり方が異なることはいまや一般の常識である。江戸時代に発生した大きな地震で比較的多くの記録が残る例としては，1703年元禄関東地震，4年後の1707年宝永地震による東海以西，四国，九州にいたる太平洋沿岸での地震と津波の襲来がある。さらにその1ヵ月半後には富士山が噴火した。また，時代を1世紀半下ると，宝永地震と同じタイプのプレート境界地震，1854年安政東海・南海地震津波が発生，続いてその翌年には西欧社会から開国要求に方針の揺らぐ幕府の膝元を襲う1855年安政江戸地震が起きた。この幕末期の災害については太平洋岸沿いに広い範囲で津波被害が発生したことや惣城下の江戸が地震に直撃されたことなどから，災害情報が全国に広がった。

また，この間の18世紀は富士山宝永噴火に始まる噴火の世紀とも呼べる火山活動の活発な時期でもあったから，噴火災害も起きた。まずは，これらの頻発する災害の実像をみておく。

17世紀末～18世紀初頭の地震・津波

相模トラフを震源とする元禄関東地震(元禄16年11月23日，1703年12月31日)では，房総半島から伊豆半島に至る南関東の広い地域にわたって被害が出た。M7.9～8.2の規模の大きな地震であったため，房総半島では地震と津波で死者4,000人以上を出すという大きな被害を受けた。特に被害の大きかった九十九里沿岸地域では，地曳網漁業を営む沿岸漁民が津波に直撃された。海岸線から1.5～2㌔の所に津波の犠牲者が打ち寄せられたとされ，現在もそうした地点に多くの供養塔が確認できる。また，千葉県白浜町野島崎周辺の遺跡からは，この地震によって6㍍も海岸が隆起したことが確認されているが，この地形の変化によって従来通りの漁業を営むことができなくなり，領民たちは移転を余儀なくされた。一方，南関東の太平洋沿岸地域も大きな被害が発生している。当時東海道の宿場として栄えていた小田原宿では，地震と火事で2,000人以上の死者を出す壊滅的打撃を受け，地

震の痕跡は小田原城の石垣の崩落跡にも今なお確認される。この地震による小田原宿の打撃は大きく、幕末にいたるまで地震前の人口に達していない。江戸でも多くの死者が出たとされるが、詳細を記す確実な資料は多くは残されていない。この地震の江戸城付近の被害は大きく、江戸城の石垣が広い範囲で崩壊した。総じて、江戸初期の埋め立てによって街造りがなされた地帯は現在の震度階で「6強」とされる揺れがあったと推定されている。この時期の幕府は諸大名に統制力を効かせていたため、地震直後から、諸大名に手伝普請を命じ、宝永元年（1704）には江戸城の石垣修復を完了させた。

元禄地震の4年後に起きた宝永地震（宝永4年10月4日、1707年10月28日）は、南海トラフのほぼ全域が動いてM8.6という巨大地震が発生、津波が太平洋沿岸を襲ったため、広い範囲で被害が発生した。各地の被害を集計すると死者は5,000人以上、特に被害の集中した土佐では1,840人以上、紀伊半島の尾鷲でも1,000人以上の死者が出たという。津波によって流失、地割れ、液状化などの被害を受けた田畑は14万石にも及んだ。津波による田畑の被害は、田畑の流失の他、潮入れ田となって耕作被害が10年、15年と長期化するため、年貢収納に大きな打撃をもたらした。

火山噴火の続く18世紀

18世紀はまた、1707年宝永富士山噴火、1716年霧島の噴火、1741年渡島大島の噴火、1779年桜島噴火、1783年浅間山噴火、1792年雲仙普賢岳噴火など連続的に日本列島の火山の活動が活発化した時代でもあった。

宝永富士山噴火による死者は記録上確認されていないが、富士山麓須走村は火石によって一部の家が焼け、3㍍の降灰に埋もれた。降灰は関東平野南部の広い範囲に及び、特に酒匂川では降灰による河床の上昇によってその後長期間洪水に見舞われ、このた

め、堤普請や河川の流路を換える工事など、農民の要求が繰り返された。噴火の降灰による深刻な被害を受けた小田原藩やその他の領主に対して、幕府は領地替えによる一時的な救済策を施した。また、罹災地域の救済資金の捻出と称して諸国に百石につき2両の高役金を課し、49万両を徴収した。しかし、実際に救済に使われたのはこのうちの一部で、大半は逼迫しつつある幕府財政の補塡に廻された。この間の経緯は新井白石の『折りたく柴の記』に詳しい。

さて、18世紀の末の天明浅間山噴火はその後に続く飢饉の原因になったと語られることが多いが、小氷河期の寒冷化が日本に限らず世界全体を覆ったためであり、気象学上は必ずしも噴火による浅間山の火山灰が飢饉をもたらしたとはされていない。この災害による死者数は全体で1,600人以上、流出家屋1,151軒、泥入田畑5,055石に及んだ。特に死者が集中したのは、1村全体が溶岩に呑み込まれた浅間山麓の鎌原村であった。また、泥流被害、河川の河床上昇による洪水など2次災害も広範囲に及んだ。火砕流と岩屑なだれが流れ込んだ吾妻川では大量の河水を含んだ火山噴出物が天明泥流となって波状的に流域の各村を襲い、甚大な被害を与えた。しかし、天明浅間山噴火の被害はこれだけでは終わらなかった。吾妻川を流れ下った天明泥流は利根川を流れ下り、沿岸の村々の人家、田畑、用水路を泥で埋め尽くし、その復旧作業には多大の労力と資金が投入されたが、泥流の堆積がのちのちに至るまで利根川の洪水を引き起こす要因となったのである。

この天明浅間山噴火の復興事業には、破壊された河川堤防などの修復を大名に負担させる手伝普請の形態が取られた。この普請は熊本藩1藩に普請命令が下され、実際の普請事業は幕府の指示で遂行されたものの、熊本藩は直接普請事業には関わらず、普請事業にかかる9万両もの金の支出を強いら

れた。これは，この時期に採用された河川災害の修復の1つの形態で，お金御普請と称される大名御手伝い普請であった。この災害でもう1つ著名な逸話は社会的インフラの再構築だけでは済ますことのできない，人も家も火砕流に埋まり村が消えてしまった鎌原村の再興問題である。幕府による復興プログラムの実質的責任者であった幕府勘定吟味役根岸鎮衛の主導により生き残りの村人93人をそれまでの家格や姻戚関係に関わらず，新しい家族を作るために夫婦とし，家と村の再興を図ったことである。また，昭和54年(1979)から始められた発掘によって鎌原観音堂下の石段を登ろうとする姿勢のまま検出された女性2体の人骨は，血縁関係のない2人の女性と推定され，姑を背負って逃げる嫁という逸話で肉付けされ，この災害の悲劇を伝えるものとして語り継がれている。泥流は浅間山北麓に，火山の降灰は南麓の村々に被害を与えた。特に物資の流通が滞った南麓中仙道沿いの地域一帯では米払底となり，激しい一揆が勃発した。気候不順による天明期の凶作は，東北地方では人肉まで口にせざるを得なかったといわれるほどの飢餓状態をもたらした。この原因について浅間山噴火による噴煙の影響とする説が根強く支持される背景には，米払底による都市での打ちこわし，農村における百姓一揆の広がりなど，時代の転換点を示す象徴的事件として当時の人々の意識に強く刻印されたからであろう。18世紀の終りには15,000人という近世最大の犠牲者を出して島原雲仙普賢岳の噴火災害(寛政4年4月1日，1792年5月21日)がある。この火山はすでに前年の寛政3年夏ころから地震がたびたび発生，年が明けると地震や鳴動がはげしくなり，溶岩が流れ出した。しかし，島原の城下を悲劇のどん底に突き落としたのは溶岩の流れではなく，普賢岳の前に聳え700ﾒｰﾄﾙ余の眉山の山体崩壊であった。この山の崩れた岩石，土砂が有明海になだれ込み，大きな津波を引き起こしたからであった。この津波によって島原藩では10,000人が犠牲となり，津波が対岸の熊本藩の八代沿岸にも押し寄せ，ここで5,000人の犠牲者を出した。この噴火については御用絵師に描かせた噴火絵図が残されている。これらの絵図は噴火でなにが起きたのかを幕府に伝え，救済資金を借用する目的で描かれたものであったが，あまりに詳しすぎて却って発生した火山被害の実態が把握できないとして，書き換えを命じられたため，一端に幕府へ提出したものが反故となった経緯が裏書されている。200年後の平成2年(1990)，普賢岳が再び噴火，火砕流の発生で43人の犠牲者を出したことは記憶に新しい。

飢饉と近世社会の対応

17世紀初頭の寛永の飢饉(1641—43)，18世紀前半の享保の飢饉(1732—34)，18世紀後半の天明の飢饉(1783—84)，19世紀半ばの天保の飢饉(1832—38)と凶作が続く時期に大飢饉によって，餓死する人も多く発生した。寛永の飢饉では九州の諸藩で原因は不明だがまず牛の疫病が多発し，続く凶作では耕作放棄した農民が他領に逃げ込むという事態が頻発した。都市では餓死者を片付ける職分として非人の役割が固定化された。これより一世紀弱を経て幕藩体制も安定しかけた時期に西日本で発生した蝗害による享保の飢饉では，西国27藩で損毛率83％，飢人265万人，餓死者12,000人が出て，江戸では米を買い占めたとして米商人高間伝兵衛が打ちこわしに遭った。半世紀後の天明の飢饉では天候不順による不作に加え，1783年浅間山噴火による噴煙が冷夏や飢饉をもたらしたと説があることはすでに述べた。この飢饉をきっかけに全国的な広がりを見せた打ちこわしや百姓一揆が攻撃の対象としたのは，主として不正を働き米価を吊り上げたとされる米穀商人であった。幕府膝下の江戸で起きた打ちこわしは政権交

代をもたらし，田沼政権に代わって老中職に就いた松平定信は飢饉対策を含めた都市貧困層対策として地主・家持町人が負担する町入用を節約させ，その7分を積み立て災害救済金として活用する町会所を創設し，その後の災害時の救済に大きな役割を果たした。天保の飢饉では，大坂で大塩平八郎が率いる打ちこわしが起きたが，江戸でこうした騒動が発生しなかったのは，もっぱら町会所による都市下層の救済が実効性を持ったからだといわれている。飢饉は冷害や蝗害などが直接の原因とはなるものの，引き続いて発生した打ちこわしや百姓一揆からすると，当時の社会では飢饉による米欠乏は天災ではなく，人災と捉えられていたことがわかる。

幕末―相次ぐ地震と津波
19世紀半ば過ぎから幕末に掛けて地震が頻発するようになる。その魁となったのは，善光寺地震(弘化4年3月24日，1847年5月8日)であった。内陸部長野盆地の西縁部の活断層の活動によって発生したM7.3という大きな地震であった。死者1万人以上といわれているが，死者の数が不確実なのは，丁度善光寺の開帳中で全国から参詣に訪れた多くの旅人が，善光寺門前町屋をほぼ焼き尽くす火災に巻き込まれて焼死する悲劇に見舞われたためであった。この地震によって虚空蔵山が山体崩落し，その土砂が犀川の流れを19日間堰き止めた。さらに，その堰き止め湖が決壊して千曲川に流れ込み，洪水となった。善光寺地震は地震責め・火責め・水責めといわれるのはこうした2次災害の発生による被害が大きかったためである。この地震では領民2千人以上の死者を出した松代藩主真田幸貫(松平定信の次男，藩主在任1823-52)は領民救済に力を注ぎ，また，災害で起きた地変を絵師，測量師を駆使して絵図に書き留めさせるなどの事業を興した。幕府領もこの地震で被害を受けたが，救済に奔走した代官高木清左衛門などは，その後領民によって顕彰碑が建てられ，高木大明神と称された。また，庶民の寺社参詣が盛んになる時期に発生した災害であったため，災害かわら版も災害発生地の地元からも多く発信され，逃げ帰った参詣人の口伝え情報で全国に広まった。

この後続いて，1853年小田原地震，1854年伊賀上野地震などが発生した。安政東海・南海地震は，安政東海地震(安政元年11月4日，1854年12月23日)の30時間後に安政南海地震(11月5日)が発生した。このため，古文書での被害記録からは連続して発生した地震の被害を識別するのは難しいといわれている。M8.4の地震津波によって，駿河湾以西の太平洋沿岸の倒壊家屋や汐入田畑は広範囲におよび，死者3,000人以上と推定されている。

この津波では，ペリーについで開国を迫るロシアのプチャーチン率いる軍艦が下田を襲った津波で遭難した。下田町は全戸数871軒のうち，840軒が津波によって流失，死者99人が出た。こうしたなかでも川路聖謨らの幕府首脳陣による外交交渉が津波の被害を免れた寺を拠点に粛々と続けられた。遭難したロシア軍艦に代わってロシア軍副官のモジャエスキーによって設計された戸田号が日本人の船大工らの手によって建造され，4ヵ月後には帰還した。ほとんどの家屋が流失した津波後も依然として外国との交渉場として位置づけられた下田港には幕府から直接1万両もの巨額の復興資金が注ぎ込まれ，堤防の復旧，下田奉行所新築，ロシア船の建造などの工事が下田町請負で行われた。港の旅館，旅籠，船持などには無利息，10ヵ年年賦の復興資金も貸し付けられ，漸く津波被害から立ち直りかけたかに見えた下田港であったが，津波後の8年目にして，安政6年(1859)神奈川条約の締結によって下田港閉鎖と定められた。災害と国家政策によって翻弄された一港町の姿

が浮かび上がる。また，神奈川県から九州の太平洋岸沿いを連続して襲った地震津波は当時の物流，情報の最重要ルートであった東海道筋に大打撃を与え，一時的に大坂・江戸間の情報が途絶えたほどであった。

そしてさらにこの翌年には江戸地震（安政2年10月2日，1855年11月11日）が発生した。M6.9，太平洋プレート内のやや深いところで発生した地震と考えられている。最新の地震学によれば，地上での震央は現在の千葉市あたりになると考えられている。被害は江戸府内，特に地盤の弱い埋立地域に集中し，西丸下（現皇居外苑付近）の大名屋敷では地震即出火によって，死者は現在資料で確認できるだけでも2,000人余に達した。町人地の死者は4,200人余と町奉行所の調査によって確実な数値が知られているが，旗本・御家人屋敷の死者の数値は不明である。旗本・御家人屋敷についてはこの時期の総数すら不明であるが，19世紀末の22,000家を母数とすると，その85％，つまり，19,000家程度が家屋の倒壊，半壊などの被害を受けていたと推定される。今以て，江戸全体の被害数値が把握できない理由は，江戸時代の城下はそれぞれの身分に応じて管轄する役所が異なるため，当時においては，城下全体の被害を把握する制度上の必要がなかったためであった。この震災の復興はペリー来航以来の開国を迫る外国からの脅威に対する海岸防備策に主力が注がれていたため，元禄地震の時のように，江戸城の石垣が各所で崩れても大名を動員して普請を実施することはできなかった。しかしながら，各藩は江戸屋敷復旧のため，それぞれ藩元から物資，金銭，労働力を江戸に呼び寄せたため，江戸市中は一時的な震災景気が起きた。各藩の雇う飛脚などによって国元への火急の知らせが届くのを手始めとして，江戸地震の情報はいち早く全国に伝わることになった。江戸の富商たちも施行を積極的に行い，江戸の景気回復に努めた。こうした状況から，当時狂画とも称せられた鯰絵などが多量に出回ることになったが，あまりの情報過多に無統制を嫌う幕府はかわら版など無届の出版物の禁止を打ち出した。

近世の災害に関する救済は社会的インフラ投資が少ない分だけ，罹災者への救済に比重が置かれた観がある。特に領主にとって災害時は救済事業を通して領民と直接対峙する絶好の機会でもあったから，積極的に救済に関わる領主や代官なども存在した。しかし，大規模な災害に見舞われた場合，一つの藩内では救済資金を賄うことができず，幕府から一定の救済資金を借りて，領民救済を行う場合がほとんどであった。しかし，諸藩の屋敷が集結する江戸や大坂などの幕府直轄の特殊な都市は富商，労働力ともに豊富に存在したから，諸藩で発生した場合とは災害対応力におのずと違いがあった。

地震・噴火・津波などの自然の外力に起因する災害はほとんどが2次災害を引き起こし，それがまた洪水など常習的な災害の引き金になっている。幕府の権力が比較的保たれていた18世紀中ころまでは災害に無関係な藩に強制的に修復させるなどして，災害復旧を図った。こうした形態での災害復旧であったから，災害をきっかけに新たな経済復興を図るなどの発想はほとんど芽生えることはなかったといえる。

参考文献　内閣府中央防災会議・災害教訓の継承に関する専門調査会編『1707宝永富士山噴火報告書』，2006，同編『1783天明浅間山噴火報告書』，2006，同編『1847善光寺地震報告書』，2007，同編『1854安政東海地震・安政南海地震報告書』，2005，北原糸子編『日本災害史』（吉川弘文館，2006）

近代の災害

北原 糸子

明治初年から昭和前期までの117年間，主として自然災害を対象に，災害の種別，地域性，社会的影響などの観点から，社会の動きに何らかの影響を与えた災害事例を取り上げ，当該災害の発生が日本の近代社会に及ぼした影響を災害救助の史的特徴，災害情報の史的展開，災害と芸術などの各項について概観する。

個別の災害についてはそれぞれ該当する項目で詳述されるので，主に近代化が推し進められた明治期から終戦までの歴史のなかで時代を画するような歴史災害に対して，人々はどのように対応してきたか，災害を克服してどのようにみずからの生活を回復させたか，それを支えた地域社会，ひいては国の対応などを考え，災害への対応力がどのように積み重ねられてきたのか，その歴史的伝統を問うことにしたい。

災害救助の史的特徴

災害が発生すると，罹災者は食・住・衣に事欠く一時的な窮民となる。やがて，一定期間を経て生活回復が可能となるまでは，被災者は一時的な窮民として，官から食・住などの臨時支給を受ける。こうした救済の基本は近世も近代も変わりはない。しかし，明治維新以降の災害救済は，近世の幕府や藩のそれぞれの個別的な対応とは異なる，近代法治国家としての統一的な基準に基づく救済法が適用されることになる。

廃藩置県以後，県治施政に関する全般的な方針が作成された。自然災害に限らず，窮民に対する一般的な処遇は，県治条例（明治4年（1871）11月太政官達623号）付則「窮民一時救助規則」が法的根拠となった。しかし，被災後生活困難から，災害窮民が恒常的な窮民となり，やがて社会の底辺層を形成することにもなる。県治条例そのものもいわば県治施政の一時的な措置であったから，「窮民一時救助規則」は，その名称の通り，あくまでも地方制度を含め法治体制の整備途上の暫定的な規則であった。やがて，恒常的窮民と一時的な災害窮民に対する救済の法的な措置は別々の法体系で対応されることになる。前者に対する食料，医療など生活全般に亘る恒常的救済は中央政府が救助金を支給する恤救規則（明治7年）となり，後者の災害などによる「一時的窮民」に対する緊急の救助は中央政府と地方が一定の割合で負担する備荒儲蓄金法（1880年）となった。さらにその先をいえば，恤救規則は救護法（昭和4年（1929））に，備荒儲蓄金は罹災救助基金（明治32年）に引き継がれて，戦前日本の救済制度として活用され，戦後の災害救助法にとって代わられた。

図式化すると以下のようになる。

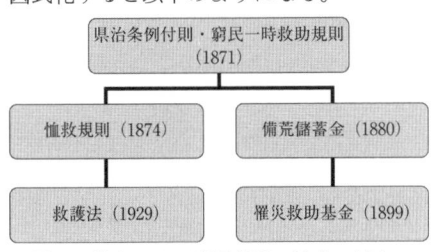

```
        県治条例付則・窮民一時救助規則
                 (1871)
          ┌────────┴────────┐
      恤救規則(1874)      備荒儲蓄金(1880)
          │                    │
      救護法(1929)        罹災救助基金(1899)
```

図1　災害による窮民救済の法令の流れ

もちろん，災害に被災した社会と人を救うにはこれだけでは十分ではない。自然災害では，多くの場合，家屋倒壊などのほか，大規模な土地の変位による道路寸断，橋梁破壊，堤防破損による洪水などが発生する。近代化が進むほどに，投資した社会インフラの災害による損失は大きくなるから，当然，復旧・復興資金が大きな財政上の課題となる。これについては，災害土木費補助として，その都度さまざまな財政上の仕組

みを利用して再生すべきインフラに対する莫大な投資が行われた。いまここでは，被災者の救済を目的とした災害立法について実際の災害での適用例を示しつつ，備荒儲蓄金法成立以前，成立以後，およびその後改められた罹災救助基金について順次説明しておこう。

災害救助の史的特徴

1）備荒儲蓄金以前　明治元年（1868）6月22日戦禍と洪水などの被害に遭った民の救済宣言（布告502号）がなされた。西日本を襲った洪水による凶作は，南京米の輸入によってどうにか切り抜けられた。

突発的な自然災害に限定すれば，明治5年2月6日石見国浜田で起きた地震には廃藩置県後制定された県治条例（明治4年11月太政官達623号）の付則「窮民一時救助規則」に基づいて，被災者の救助がなされた。被害は死者は500人以上，全半壊戸数は10,000軒にも及んだ大災害であった。この地震では，土地の隆起と沈降が浜田浦の一帯で生じ，田畑の損地，火災も発生した。法律に基づいた新政府の救助は，家屋全壊戸金7両（救助規則では5両）翌年より5ヵ年賦返済，半壊戸4両（救助規則では3両），救助米は50日以内（救助規則では15日間）など，（　）内に記した「窮民一時救助規則」の規定を大幅に上回るものであった。4千ヵ所に及ぶ道路，橋梁の損壊の土木費補助について，県費でまかなうべき修繕費についても「非常之儀」につき国庫補助も可とした。県治条例の付則による規定よりも各段と支給条件が緩和され，土木費についても国庫補助も可能とする優遇条件が与えられた。これは，慶応2年（1865），幕府による長州征討で幕府敗退後，浜田藩領下は長州藩の支配地となったが，維新後の浜田県において明治3年兵制改革に不満を抱く旧長州藩士を中心とする反政府暴動が発生，維新政府は浜田県県令佐藤信寛に不穏鎮静化策として授産事業の計画を託した。この事業開始の4ヵ月後に浜田地震が発生，この授産事業と地震救済とが合体して施行されたことがこうした救済特例になったと考えられる。いずれにしても，窮民一時救助規則はあくまでも暫定的な救法ではあったが，備荒儲蓄金制度ができるまでの災害時の人的応急救済法として機能した。

2）備荒儲蓄金法　備荒儲蓄法は各府県地租の3％の公儲金に政府の中央儲蓄金120万円のうちから90万円の国庫補助を各府県の地租に応じて配分しその運用を各府県に任せ，大小の災害の救済を目的とした。救済額が府県備荒儲蓄金の3分の2を超過するような場合は（明治23年に100分の5に変更），国家の中央儲蓄金から補助するというものである。この制度は，地租を担う農民の凶作時の救済を基本とするものであり，緊急食料給付・小屋掛料・農具代・種籾料などの救済項目が立てられ，20年間の時限立法であった。この災害救済制度は明治13年下半期より開始され，明治30年に廃止，同32年罹災救助基金の新制度（法律77号）に取って替わられた。

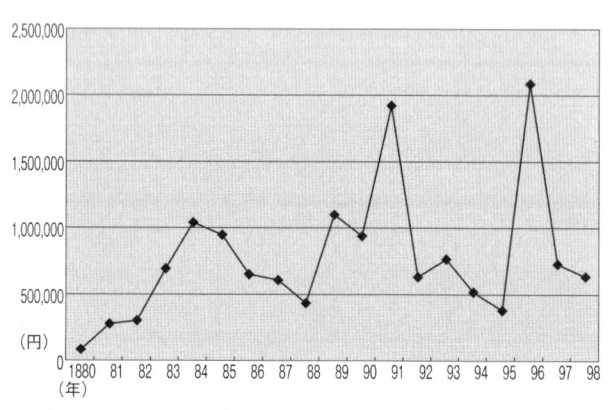

図2　備荒儲蓄金支出額の変化

備荒儲蓄金制度の成立から10年して政府が出資する中央儲蓄金が停止された。背景には軍事費の増大があったが，直接の理由は災害準備金として貯蓄してきた額が430万円以上となり，これで十分と判断されたためである。しかしながら，備荒儲蓄は廃止となったものの，その後に進行した現実はそうした判断を覆した。グラフに明らかなように，大きく備荒儲蓄金支出額が山をなす2件の災害は1891年濃尾地震と1896年明治三陸津波である。濃尾地震は内陸地震では最大のM8を記録して，岐阜・愛知両県で7,000人以上の死者を出した。ついで支出額が大きなピークをなしているのは青森・岩手・宮城三県の太平洋沿岸地帯で22,000人の死者を出した明治三陸津波である。三陸津波は主として沿岸地帯の漁業を営む人々を襲ったため，農民の凶作時の救済を意図して立法されたこの法律は現場で救済にあたる人々を苦しめた。

さて，1890年代には大災害に連年見舞われたため，備荒儲蓄金は国庫の儲蓄を停止して以来10年間で底を付いてしまった。その結果，備荒儲蓄金の残余金を引き継ぐ罹災救助基金が，災害救助制度として新たに成立した。

3）罹災救助基金　罹災救助基金制度は昭和22年（1947）災害救助法ができるまで，戦前の災害に適用された法律である。この法律の骨子は，各府県は災害準備金として最少50万円を貯蓄，各府県は地方税として府県民から徴収することができる。国からは毎年15万円を10ヵ年支出して規定額に満たない各府県への補助として交付する。罹災救助費として支出すべき費目は，避難所費・食糧費・被服費・治療費・小屋掛費・就業費と規定された。凶作時の農民を救済して地租による国庫収入を安定的に保とうとした備荒儲蓄金制度の段階よりは幾多の災害経験から実際に災害の応急対応策として必要になる支出費目が組み込まれている点が

うかがえる。ここでは，備荒儲蓄金法が適用された1891年濃尾地震，1896年明治三陸津波，および罹災救助基金法が適用された1914年大正桜島噴火，1923年関東大震災，1934年室戸台風による大阪風水害などについてその実際をみつつ，法律の適用された内容とともに，災害復興に関わる社会インフラについてどのような法的工夫がなされたのかをみておく。また，そのことを通じて，人的救済を中心とした災害救済は法的基準に沿ってなさるものの，被災地の生活環境整備のための復興資金の捻出にはそれぞれに政治的，社会的事情が勘案されつつ展開されたことを併せてみておきたい。

濃尾地震

この震災の応急救済の対象となった全焼半焼，全潰半潰を含めた被害戸および死傷者は，岐阜県で111,099戸，死者4,901人，愛知県で54,548戸，2,459人であった。備荒儲蓄金は岐阜県の場合総額78万360円余，愛知県では53万383円余で，備荒儲蓄金が規定する小屋掛料（家屋再建資金），食糧，農具・種粳料などに応じて支給された。しかしながら，2県の被災者への支給額はそれぞれ異なる，たとえば小屋掛料は岐阜県では全焼全潰4人以下の家族は7円，5人以上は10円としたのに対して，愛知県では1人の場合3円，8人以上の場合は10円支給とされた。これは，備荒儲蓄金は国と地方で儲蓄する基金であったため，地方の裁量権が確保され，それぞれの県議会の決議に基づいて支給されたからである。備荒儲蓄金のほか，天皇の恩賜金は両県に同額のそれぞれ1万4,000円，各県が新聞を通じて募集した義捐金は，岐阜県22万円余，愛知県8万円などであった。しかしながら，濃尾地震の場合特殊なことは近代化を急ぎ作られた東海道線の長良川鉄橋の倒壊，名古屋電信電報局や綿紡績工場などの近代化を象徴する煉瓦造り建造物が倒壊したため，明治24年中に2度の勅令による総額500万

円の災害土木補助費が出された。これは主として，木曾三川の土手の修復に投資されるべき資金として支出され，地元の農民を工事に雇うことで失対事業の役割に担った。このうちから特例として人的救済金が両県に各10万円が与えられている。国家財政が総額8,000万円のうちから500万円の災害復旧費の捻出がなされたということは，人的救助とは比べものにならない社会インフラ復旧費用が政治力によって創出された歴史的事例であった。しかしながら，この異例の多額な災害土木費を巡って疑獄事件が発生，岐阜県知事が更迭されるなどの政治的混乱に発展した。

明治三陸津波

明治29年(1896) 6月15日午後8時ころ，三陸沖の海溝付近のプレート境界で発生した断層のずれによって陸上での揺れは小さいものの三陸のリアス式海岸の内奥部へは場所により20㍍，30㍍級の津波が押し寄せ，22,000人の人々の命を奪った。この災害では，岩手県が18,000人以上，宮城県が3,400人以上の死者を出したが，青森県でも300人以上の犠牲者が出た。しかしながら，死亡者のうち，行方不明のままで死体が確認できない人の数は8,000体にのぼる(『岩手県統計書』)。

被災3県に支給された救済の総額は表1のようである。死者の数値を基準に比べてみると，地震災害の場合には家屋倒壊や負傷者が多く，津波災害の場合は家は流され，負傷者が少なく死者が多いという被害の様相に違いはあるものの，濃尾地震に比べて明治三陸津波被害の救済金は相対的に低い。第2予備金の臨時支出もなされたものの，濃尾地震の場合のような勅令による土木費補助は発令されてはいない。ただし，義捐金額は民間の同情が深く反映されたと推定される金額であることがわかる。

三陸沿岸の主たる産業は漁民が担う漁業である。流失・破壊漁船数は岩手県5,456艘，宮城県1,145艘に上った。船舶・漁網・漁具の被害に対する手当がなければ漁村は復興も覚束ない。漁村の復旧・復興に意を用いた人物として，岩手県の嘱託となって津波調査を行った遠野の出身の山奈宗真を挙げておきたい。この人物は津波発生1ヵ月後に単独で津波被害調査を実施したが，単なる津波遡上高や被害の地域の確認だけでなく，漁民風俗など人口が半減するほどの被害を受けた漁村の再建をどうすべきかを構想していたことが，調査項目からうかがえる。

桜島噴火

大正3年(1914) 1月12日午前10時過ぎ，桜島は黒煙を数千メートル噴き上げ，M7の火山性地震も発生した。30日には東側からの溶岩流出によって対岸の大隅半島と陸続きになった。大正2年の桜島の世帯数は3,116戸，人口21,368人，このうち農業従事者が97％を占めていた。噴火当時21,402人島民のうち，犠牲者は30人にのぼった。すでに島民は地震と鳴動で自主的に避難を開始していたが，測候所の判断が「避難の必要なし」とされ，のちに大きな問題を巻き起こした。桜島における家屋被害は噴火による全焼2,148戸，地震による全半壊315戸に及んだ。しかしそればかりではなく，耕作地が溶岩流や軽石や火山灰によって被害を受け，島内に残って農業を続けることは困難な状態となった。対岸の鹿児島市は震度5強の地震で家屋や石塀の倒壊によって13名

表1　明治三陸津波の救済金

項　　目	青森県	岩手県	宮城県	合　計
恩賜金	1,300	12,000	4,200	17,500
地方備荒儲蓄金	4,400	不明	37,125	41,525
中央備荒儲蓄金	3,000	50,000	10,000	63,000
第2予備金	17,293	375,680	59,650	452,623
義捐金	23,000	441,798	170,865	635,663
合　計	48,993	879,478	281,840	1,210,311

(『1896明治三陸津波報告書』より)

の死者がでた。火山ガスや津波襲来の流言で鹿児島市内は一時パニックに襲われ，14,000人以上の人々が鹿児島市外へ避難した。こうした事態に，鹿児島県知事の要請によって陸軍は第6師団の各歩兵聯隊，輜重兵・工兵などより編成した支隊が警備体制に就いた。海軍に対しても出動要請がなされ，佐世保鎮守府から鹿児島湾に艦船が派遣された。

罹災救助基金から，災害復旧費として190万円，家や耕地を失った島民の移住費62万5千円が支給された。恩賜金15万円，岩崎・三井などから各10万円の義捐金が寄せられ（総額の数値不明），住家の溶岩流による被害者は1戸80円，流失は1戸65円など，被害の程度に応じて配分された。

桜島噴火による島民の生活回復を図るため，新たな災害支援事業が企画された。それは降灰によって土地を離れざるを得ない島外移住希望民2,000戸，降灰に見舞われた大隅半島500戸の人たちの移住先の選定であった。耕地を確保できる官有地への希望1,248戸，官有地外の鹿児島市，他の府県など1,258戸の2,506戸であった。このうち，国有林などへの開墾移住については，罹災救助基金から移住費，農機具，種苗，家具，小屋掛料などが就業費としてあたえられ，宅地1戸当たり平均5畝(4.96 a)，耕地1町7反(1.68 a)を開墾年限5ヵ年として貸付け，事業完成後に一旦県所有地とし，その後個人に譲渡する仕組みが取られた。開墾の労苦に耐えながら，桜島噴火後13年後の昭和2年(1927)現在，種子島へ移住，開墾を成就したのは，336戸，2,193人，開墾反別294町300反となった。

関東大震災の義捐金

東日本大震災では義援金は3,000億円以上に上り，16年前の阪神・淡路大震災では義援金は1,600億円に達した。89年前の関東大震災においても当時の金額にして外国も含めると1億円近い義捐金品が集まった。現在の金額に換算すると東日本大震災とほぼ同額の3,000億を超える規模になる。この金額は義捐物資の換算額が組み込まれてはいるが，国内の義捐金のみの場合は当時の金額して3,400万円となる巨額である。義捐金はいかなる災害の場合も費目を定めない，災害現場の応急措置に有効に機能する救済支援である。大正12年(1923)9月1日の震災発生時には前月に病死した加藤友三郎首相の後継内閣は成立しておらず，内田康哉臨時首相代理とする前内閣の閣僚らが震災時の緊急対策に従事した。新内閣成立前にすでに首都東京をはじめとする震災地への膨大な被災者の支援食糧，その他の必要物資を確保すべく非常徴発令，震災対策を一手に取り仕切る臨時震災救護事務局の設置，治安維持を目的とする戒厳令の主要3勅令が公布された。これら勅令公布後の夜7時過ぎに山本権兵衛を首班とする新内閣が成立し，内務大臣に後藤新平が就任した。彼は震災発生から2週間を経た9月16日に，続々集まる義捐金を食糧費に550万円，被服費500万円，その他の応急施設に残余を充てることを閣議に提案，閣議決定された。これらの指定支出項目から推すと，関東大震災の義捐金は罹災救助基金に組み込まれ，被災者個人に配分されるという方式は採られなかったことがわかる。この間，故郷へ一旦身を寄せた東京・横浜など震災地からの被災者を抱えた地元各県では，独自に集めた義捐金を帰還被災者の救援資金として活用していた。したがって，義捐金の罹災救助基金への導入に関する閣議決定によって，各県が独自に進めていた帰還被災者への救援活動は公的資金からの支出としてオーソライズされたことになった。被災者個人へ直接支給される現金としては，9月3日に公布された天皇の恩賜金1,000万円が当てられ，この件は9月20日に閣議決定されている。ここには，被災者個々人への支給を通じて全国へ散らばった

被災者を把握するという行政上の腹案も折り込まれていた。やがて，戒厳令も解除された11月15日を期して国勢調査レベルの「罹災者人口調査」が全国規模で実施された。

国家予算が15億円という時代に一旦は帝都復興費30億円が提案され，政治的抗争の末，道路費用，東京築港など大幅な削減によって帝都復興費は5億円規模となり，6ヵ年の公債発行で震災復興費を賄うことが政治的に決着し，7年後に帝都復興祭を迎えた。しかしながら，この帝都復興費の対象とされたのは，大正8年の都市計画法が適用された東京市と横浜市のみであり，ほかの震災地はそれぞれ市町村が復興委員会を立ち上げ，公債などで独自に復興予算を編み出し，復旧・復興に取り組んだのである。

昭和三陸津波

昭和8年（1933）3月3日の雛祭りの日の午前2時31分，三陸沖の海底地震により津波第1波が3時12分来襲，北海道・岩手県・宮城県の太平洋沿岸の市町村に，死者3,064人，流失・倒壊・焼失家屋6,067軒の被害をもたらした。このうち被害が集中した岩手県では36町村で死者1,408人，行方不明者1,263人，罹災者36,978人にのぼった。当時の旧町村人口に対する死亡率が30％以上の村々は田老町32.5％（死亡者901人），三陸町吉浜村91.3％（982人），同町越喜来村32.7％（802人）など，町村自体が立ち行かなくなるほどの打撃を受けた。津波の高さも三陸町綾里で23メートル，田野畑村明戸で16.9メートル，田老で10メートルなどを記録した。被災世帯6,174戸のうち，農業995戸（16.1％），漁業2,796戸（45.3％），商業1,201戸（19％），工業458戸（7％）で，大半の漁業従事者が被害を受けた。

この災害に際して，石黒英彦岩手県知事は県議会の議決を経て罹災救助基金に25万円余の増額を謀り，総額52万1,595円を罹災町村へ配布の決定をした。その各項目は以下の通りである。

①避難所費。1町村30円以内として実費支払とする。食糧費を津波襲来3月3日—31日の29日間給与する。②被服費。大人5円，子ども2円50銭の半額を布団代とし，残余の半額を町村長に委託。③治療費。県派遣の救療班，地元町村在住医師の費用に充てる。④小屋掛費。県配給の建築材料支給以外の罹災戸へ40円宛交付。⑤就業費。1戸宛15円の現金を町村長に配当し，郵便貯金などで保管させ就業資材など有利な費途に使用させる，などとした。

この災害からの復旧事業として岩手県の場合には，災害土木応急復旧工事，流失漁船などのほか，住宅適地造成事業，要するにもはや津波に襲われる心配のない高所への部落移転の財政的措置が取られ，部落移転20町村44部落，移転戸数2,000戸を目途に34万5千円の低利融資が与えられた。植民地を含む国内外からの義捐金総額は140万円余に達したが，この配分は個人に直接配布する方法ではなく，生産施設補助，災害予防備荒施設補助，津波予防施設費などに活用する方針が採られた。代って，天皇の恩賜金3万円は罹災者個人へ直接現金が支給された（死者・行方不明者1人7円，負傷者3円，住宅全焼・流失・倒壊1世帯1円，罹災世帯1円）。また，津波災害の場合は一家全員死亡などの例も少なくないことを考慮して，死者・行方不明者の遺族がいない場合には最も近しい親族への支給とされた。

室戸台風

昭和9年（1934）9月21日，大阪・神戸の間に上陸した台風によって，大阪・京都・兵庫・滋賀・徳島など近畿各府県に大きな被害をもたらし，災害直後大阪港の復興など都市計画への期待を込めて刊行された『大阪市風水害誌』によると，この台風の被害数値は，死者2,866人，負傷者15,311人，行方不明者200人を数え，流失戸83,611,

浸水戸392,023戸に及んだ。この台風は，911.6ミリバールときわめて気圧が低く，大阪湾港などに高潮の被害をもたらし，港湾施設は著しい被害を受けた。大阪市の被害数値は，死者990人，重軽傷16,908人，浸水面積1,490万坪，船舶の流失797艘，浸水家屋は138,664戸で市内住家の25％に及んだ。また，大阪市内小学校244校のうち鉄筋コンクリート建築は31校，木造耐震構造は35校，その他残りの木造校舎はすべて倒潰・傾斜・大破となった。そればかりではなく，登校していた生徒たちと子供を迎えに来た保護者，職員も含め，267名が倒潰校舎による犠牲となった。この犠牲の供養に建てられたのが現在大阪城公園にある教育塔である。

大阪市は当年度罹災救助基金予算17,121円に55万3,460円の追加予算を計上し，この基金に基づく救助活動を開始，9月23日－10月10日間にバラック4ヵ所設置，その他避難所を設けて被災者を収容した。この基金に基づく救済対象は2,228,584戸，1,003,678人に上った。軍隊出動は医療，救助活動などに限定されたものの，第4師団の一部が救援に派遣され，特に大阪築港付近の警備にあたった。大阪市域の商工業者は昭和5年金融恐慌以来，不景気に見舞われていたが，この台風禍は一層商工業者を苦しめるものとなった。

大阪市は災害からの復興を期して，10月初旬，東京帝国大学の長岡半太郎・渋沢元治・田辺朔郎・内田祥三らによる復興に関わる技術専門家の協議会を設け，産業都市大阪の再建に向けて，港湾設備・河川整備・防波堤増大・大桟橋復旧などの方針を策定した。また，小学校校舎のコンクリート化や商工業界は救済災害からの回復を期して，政府に災害復興資金の貸付を要請し，全体の復興に関わる総額1億円の国庫補助の獲得を目指した。実際の要求額は政治決着によって半分の5,500万円となったが，このうち主要費目は小学校復興費2,800万円と港湾事業費2,000万円で大部分を占めた。こうした災害復興事業費獲得や予算処理については，すべて関東大震災の場合が先例とされている。なお，内務省，大阪府・市，朝日・毎日の両新聞社などによる義捐金総額は330万円にのぼり，この時期の富裕な大阪の面目を示すものであった。

また，この台風は9月21日の午前8時半には京都市の西北部を通過して台風禍を残し，多数の木造小学校の校舎倒壊をもたらす被害を与えた。小学校145校のうち，倒壊小学校13，大破38校，その他の被害小学校は44校に達し，死者185名のうち，教室や廊下での児童即死112名などの悲惨な結果をもたらした。この被災を契機に学校建築に改造が施された。多くの犠牲者を出した学校（西陣小学校41名，淳和小学校33名うち教員1名を含む）などでは，犠牲者の慰霊塔が建立された。しかし，京都は翌昭和10年にも大規模な水害に見舞われた。昭和10年6月の豪雨により鴨川・堀川・天神川などが氾濫，破提，多くの橋梁が流失，床上，床下浸水43万戸に及ぶ被害となった。さらに，8月にも再び水害に見舞われ，復旧途中の河川が損壊した。こうした大規模な水害となった要因の1つは，前年の室戸台風による山間部の風倒木などによる山地の荒廃によると指摘されている。京都市は翌11年に国庫補助を受けるべく，強力な議員を動員して国家予算獲得を目指し，鴨川の付け替え工事を含む大規模な都市計画を立案，期成同盟会を結成して水害根絶を目指す運動を展開した。大阪の室戸台風，京都の昭和10年大水害の復興には，都市計画，国家予算の獲得など，災害復興事業費や予算処理については，すべて関東大震災がモデルとされた。

以上，罹災救助基金による災害救助費の運用は，関東大震災によって先鞭が付けられたことに倣い，個人への直接現金での配分を避け，罹災者全体の支援事業に向けられ

るようになった。また、それだけに戦前天皇の恩賜金の現金支給は金額の多寡に拘わらず意義の大きいものと位置づけられたことになる。室戸台風からの復興を期した大阪市の復興都市計画に際しての復興協議会の結成など、関東大震災が示した復興路線の方策は都市復興あるいは復旧・復興資金獲得のモデルと目されたのである。

災害情報の史的特徴

これまで救済面からみてきた災害の事例から、近代における災害メディアの特徴を見ておきたい。

災害現場を写した写真が残されているきわめて初期のものとしては、明治18年(1885)の大阪洪水がある。印画紙焼の洪水写真を貼りつけた写真帖、また、この災害ではわが国には写真の印刷技術が伴わない段階であったため、写真と見紛うほどの見事な石版画が作成され、写真画として活用された。1888年磐梯山噴火では、地元で営業していた写真師が活躍、噴煙を上げる山や土石流や爆風に襲われた磐梯山麓の村々の様子が湿板写真や鶏卵写真として残されている。また、噴火現象に興味をいだく外国人も磐梯山噴火では写真撮影のために警察の監視を受けながら、現地入りしている。しかし、災害写真が路上で売られるようになるのは、3年後の濃尾地震であろう。ここでは、名古屋や岐阜の写真館を経営する地元の写真師ばかりでなく、東京・横浜の写真師も大勢現場に入った。地元行政府あるいは大学などの依頼を受けて、地震断層、地震で倒潰した町々の家屋や焼失した町並み、亀裂の入った河川の土堤などを撮影、それらの増し刷りが市場に出回った。根尾谷の断層を撮影した写真などは帝国大学紀要の論文集に印刷され、学術利用を通じて世界に広く知られるようにもなった。写真帖は義援金募集の手だてにも活用された。しかしながら、依然として民間では木版多色刷りの錦絵で磐梯山噴火や濃尾地震の惨状が求められる情況であり、必ずしも写真が他の災害メディアを圧倒したという段階ではなかった。歌舞伎で上演されたり、読売が口説節で災害の惨状を伝えるなど、旧来の災害メディアも巷間生き残っていたのである。明治33年郵便法の改正以降、災害現場を写した写真絵葉書が登場する。新聞紙面に写真印刷もできるようになったのは、日露戦争期だといわれているが、大正3年(1914)グラビア雑誌の定期刊行物化で一段と購読層が広がり、写真は災害報道の中心的位置を占めるようになる。関東大震災の新聞報道には多くの写真が登場した。陸海軍による帝都が焼き尽くされる様子を伝える航空写真も市場に出回った。写真機そのものを個人が手にすることができる時代ともなった。震災写真が世の好奇心を誘った顕著な事例は、関東大震災の絵葉書写真である。東京や横浜の繁華街にあった著名な建造物の倒潰あるいは焼失の残骸を晒すものが多く出回ったが、もっとも求められたのは、被服廠の多数の焼死体写真であった。これは発売禁止とされたものの、版元を探し出す警視庁の厳しい追及にもかかわらず、秘かに製造されては巷で売り買いされた。150万人といわれる被災者の女子供が手近かに稼げる仕事として路上の絵葉書売りが東京市の盛り場のいたる所に出現していた。

災害と芸術

ここでは、関東大震災後に芸術家たちが行なった彼らの作品を通した活動の2、3の事例を見ておく。本来芸術活動の領域では個々に作品を通して自己表現を行なってきた芸術家たちが関東大震災では一同に会して義捐活動を行う事例が多く見られた。震災が風景をすっかり変えてしまった衝撃は多くの芸術家たちの心を動かし、それぞれの領域でこの災害を自分たちの流儀で作品化しておきたい衝動に駆られたのである。『大正震災木版画集』(画報社)は大正13年(1924)1月から毎月3点の版画を12月まで

予約販売するものであった。磯田長秋・西沢笛畝・田村彩天など帝展審査員，川崎小虎東京美術学校教授，織田観潮（日展委員），仏教画家桐谷洗鱗などが名を連ね，いわばこの業界を仕切っている人物6人の作品を頒布するものであった。その「開版稟告」によれば，出版の目的の1つとして衰退化した民衆娯楽としての木版画の再興を願うと述べられている。また，『日本漫画会大震災画集』（金尾文淵堂）は水島爾保布（新聞社挿絵画家）の巻頭言によれば，結成間もない日本漫画会同人が地震後いくらも経たない時に明治神宮外苑の芝原に集まって，震災漫画展覧会を協議したという。10日後には90点の作品が持ち寄られ，11月半ば大阪三越呉服店で展覧会の開催に漕ぎ着けた。東京で焼け出され大阪に仮出張所を設けていた金尾文淵堂が出版を申し込んできたと出版経緯が述べられている。同じく金尾文淵堂出版・便利堂印刷では『関東大震災画帖』も出版されている。震災パノラマ図などを除くと，画家たちによる作品は55点。水島爾保布は震災を象徴する雲と帝国ホテルから逃れた外国人をいかにも表現派風に描いた作品2点を出しているが，画集中でもっとも多い35点を出した丹羽禮介（白馬会）は東京の震災名所となった著名なビルの倒壊や火に包まれる日本橋通り，各地避難民の点描などを出している。赤城泰舒（「みづえ」編集者）なども含まれているから，『大正木版画集』の帝展派に対立する洋画家集団の結束と目される。

詩人集団詩和会も『災禍の上に』（新潮社）を震災の年の11月に出版している。「震災の記念」と罹災詩人の「救恤」を目的に出版されたこの詩集内容を考察した小関和弘は，詩人たちの多くが「あゝ」，「オゝ」などの感動語を用い，また，安易に「われわれ」を連発する「型」にはまった表現が含む問題は，急激に同胞愛や隣人愛に目覚めたかのように共同体的本質に近づいていく危険を孕んでいると指摘する。

いずれにしても，芸術家たちが糊口をしのぐ道を義捐活動の一端に関与することで得ること自体は非難されるべき事柄ではないが，通常は個々の芸術的領域を切り拓くことで依って立つ一群の人々が震災という大厄災で義捐という「至善」の呼びかけに応じつつ，言語，絵画への本質的問いを素通りしていく道の先にあるものがなんであるのかを小関の分析は示唆している。

参考文献　『京都市風害誌』，1934，『山田町津波誌』，1982，災害関係資料等整備調査委員会編『岩手県災害関係行政資料』，1984，渡辺偉夫『日本被害津波総覧』（東京大学出版会，1985），『京都国立近代美術館年報』，1998年，『池田遥邨関東大震災スケッチ展―新発見の作品を中心に―』展覧会図録（朝日新聞社，1998），北原糸子『磐梯山噴火―災異から災害の科学へ―』（ニューヒストリー近代日本3，吉川弘文館，1998），同「描かれた関東大震災―絵巻・版画・素描―」（『年報非文字資料研究』6，神奈川大学日本常民文化研究所非文字資料研究センター，2010），同編『日本災害史』（吉川弘文館，2006），同編『写真集関東大震災』（吉川弘文館，2010），中央防災会議・災害教訓の継承に関する専門調査会編『1891濃尾地震報告書』，2006，同編『1923関東大震災報告書』，2006，同編『1896明治三陸津波報告書』，2005，同編『1914桜島噴火報告書』，2011，神奈川大学非文字資料研究センター編『関東大震災を描く―絵巻・漫画・子どもの絵―』図録，2010，植村善博『京都の治水と昭和大水害』（文理閣，2011）

災害と環境の歴史

北條　勝貴

環境史とは何か

21世紀は，〈災害の世紀〉とも呼ばれる。確かに，地震や台風，ハリケーンなどといった激甚災害が毎年のように世界のどこかを襲い，大規模な被害をもたらしている。ある人はそれを，「人間の傲慢に自然が罰を与えているのだ」といい，またある人は，「人間活動の発展が自然界のバランスを崩し，異常気象を招来しているのだ」と考える。興味深いことに，多くの人々が災害の原因を人間と自然環境との関係に求めているのである。このような声のなかには，もちろん，科学的に証明されているものもあれば，単なる印象論に過ぎないものもある。しかしそれは，災害をめぐる問題系を考察するうえで，環境史がさまざまに貢献しうることを意味していよう。

それでは，環境史とはいかなる学問領域なのだろうか。冒頭で触れたように，多くの人々が大規模災害の発生について自省的なまなざしを持っている。事実，20世紀に至る人類文明の展開が自然をその素材として浪費した結果，大気・水域・土壌の汚染，森林の枯渇や動植物の絶滅を引き起こし，人類自体の存立基盤を危うくしていることはいうまでもない。それは，政治・社会・経済・文化が複雑に絡み合いながら招来した事態で，容易には解決することができない。環境に関わる現代の諸問題がいかなる淵源を持ち，どのような経過を辿って現出するに至ったのか。混乱した情況を通時的，共時的に解きほぐして，対処のあり方を探ってゆく学問領域が不可欠となる。環境史は，そのような目的・役割を担うものなのである。

環境史の起こり

世界的に環境危機が叫ばれ出す1960―70年代，リン・ホワイトにより，環境破壊の歴史におけるユダヤ＝キリスト教の責任が追及された。人間による自然支配を謳う同教が，生態系と融和的なアニミズムを破壊，その〈資源〉化を促し，開発展開のイデオロギーとして機能したというのである（ホワイト1972）。哲学や倫理学は，自然と人間との関係性の再検討を余儀なくされ，アルネ・ネスらのディープ・エコロジーをはじめとするラディカルな環境思想が勃興した。そこでは，自然環境を搾取されるべき物質世界とのみ捉える近代知の枠組みが批判され，その桎梏をいかに脱却して生きてゆくかという実践的性格が際立った。やがて，アルド・レオポルト，ロデリック・フレイザー・ナッシュ，ピーター・シンガーなどにより，哲学・倫理・法律の対象・範疇を人外に拡大する試みが展開された。環境問題が広汎な学問領域に影響し始めた80―90年代には，かかる事態に対応すべく，人文・社会諸科学においても「自然」や「環境」，「生態」といった言葉を冠する分野がつぎつぎと生まれていった。

そうしたなかで歴史学には，環境問題の淵源を探り打開の道を見出すため，従来人間の進歩を辿るものであった歴史を，自然―人間の関係史として構築しなおすことが要請されてゆく。早く19世紀末―20世紀前半ころ，歴史学と密接な繋がりを持つ地理学・人口学などの分野では，人口の増加，人間活動の拡大が地球環境にもたらす影響を，警告的に捉える研究が提示されていた。しかし，第２次大戦後の歴史学を強く規定づけた唯物史観は，自然／人間の関係をその認識の基盤に置いていたものの，人間の歴史を自然の拘束からの解放と捉え，開発に対する批判的視野を持たなかった。そのた

め、環境問題を充分に対象化することができず、破壊の責任の一端を負うべき民衆を理想化する弊害も生じた(自然環境への暴力のうち最も根底的なのは、一部の支配者層によるものではなく、一般生活者の日常そのものなのである)。一方、歴史学の方法を革新し対象を大きく拡大したアナール学派は、地理的空間と人間活動の相互構築性を歴史のなかで把握するというポール・ヴィダル゠ド゠ラ゠ブラーシュの方法を受け継ぎ、創始者のリュシアン・フェーヴル(『大地と人類の進化』)やマルク・ブロック(『フランス農村史の基本性格』)、同派の地位を確立したフェルナン・ブローデル(『地中海』)、続くエマニュエル・ル゠ロワ゠ラデュリ(『気候の歴史』)やアラン・コルバン(『浜辺の誕生』『空と海』)らが、〈環境史〉と呼びうる新たな歴史叙述のスタイルを整えつつあった(平子友長1996、増尾伸一郎他2003)。

環境史の定義と課題

日本にも、和辻哲郎『風土』や梅棹忠夫『文明の生態史観』といった先駆的著作があり、民俗学や人類学、考古学、地理学、林政学などの学問領域で、現在の環境史研究に類するアプローチが試みられてきた。しかし、日本史分野で明確に〈環境史〉が意識されたのは1990―2000年代においてであって、当初は、単なる荘園史に新しい名前を与えただけのものもあった。近年ではようやく人口に膾炙してきたが、逆に自然科学的データを援用し環境／人間の関わりを論じれば〈環境史〉、という形式化も生じている。いきおい曖昧な輪郭しか結べない情況となっているが、これまでの研究史の流れ、現代社会において同分野が担うべき役割を考えるならば、おおむねつぎのような定義が成り立つだろう。

第1に、環境史は、歴史過程を自然／人間の相互交渉に基づくもの、と捉える視点を持たねばならない。人間が自然を作り変えるのと同様に、人間も自然に作り変えられる。ヒト中心主義でもなく、また環境決定論でもなく、両者が関係しあって世界を構築してゆくありさまを記述し、明らかにすることが必要である。

第2に、環境史は学際的、越境的な学問でなければならない。自然環境の多様性をみすえつつ人間活動との関わりを考えてゆくためには、これまで歴史学が培ってきた方法・知識・技術だけでは不充分である。考古学や地理学、民俗学などはもちろん、生態学・生物学・気候学等々との共同作業が不可欠となる。文献史学のみに依拠した環境史は成り立ちえない。

第3に、環境史の叙述対象は、人間のみに止まらない。人間活動との関わりにおいて、植物や動物、石・山・川・海・空といった無生物までを含み込むことも、当然ありうる。それはかつて社会史が、王権や国家から民衆、女性へと歴史学の対象を押し広げたことと同様の、必然的結果なのである。かかる視点の移動・転換によって、これまでの歴史学が見出しえなかった幾多の事象(前近代の環境問題など)が明らかとなり、歴史の豊かさ・多様性の実現に貢献できる。それは、歴史学に否応もなく内在化されている、ヒト中心主義を相対化する作業でもあろう(増尾他2003、北條勝貴2004・2007b・2010b)。

第4に、倫理的態度について。歴史学の研究対象は、現代史の一部を除いておおむね過去の事象、人物であり、総体的に〈死者〉というるものである。たとえば人類学が常に研究対象からの反証を担保し、それゆえに学問としての暴力性を自覚せざるをえないのに対し、反証の声を挙げる対象を持たない歴史学は、きわめて恣意的な権力運用を許されてしまっている。よって、常に死者の声を意識しみずからを律さなければ、容易に歴史修正主義の陥穽にはまり込んでしまう(北條勝貴2009a・2010a)。環境史

の場合，対象は人外の存在であることも多く，環境哲学や環境倫理にも配慮して，その把握の仕方，叙述のあり方を再構築してゆかねばならない（北條2004・2010b）。
以下，これらの諸点を踏まえながら，災害との関連において，環境史の具体的なアプローチを紹介してゆくことにしよう。

環境復原から変わる歴史の見方
環境史の最大の特徴が，地形・植生・生育動物・気候を含む時代ごとの古環境の復原と，それに基づく史資料の新しい読み方にあることはいうまでもない。文献史学の代名詞のようにいわれる〈実証主義〉は，認識論的には経験主義に過ぎず，史料を絶対化された主観で解釈せざるをえない立場である。脳内に復原された過去の世界は，結局，みずからの日常の延長上にしか位置しえない。しかし，我々がみているこの風景や，肌で感じている大気の温度・湿度などが，史料に刻まれた過去も同じであったと思い込むことは危険である。

古気候と古代国家の誕生
これまで，弥生時代から古墳時代に至る歴史過程は，稲作の開始→生産力の増大・人口の増加・余剰生産物の発生→社会的格差の拡大・階級の発生→階級の複雑化と対立・地縁集団の形成→国家の誕生，という図式で説明されてきた。この考え方の前提になっていたのが，弥生時代・古墳時代は比較的温暖であり，稲作の定着と展開に適した気候であったという暗黙の了解である。しかし，1970年代後半より，花粉分析や年縞分析といった調査方法の進化・精密化に伴って，古墳時代が前後の時代よりも寒冷・湿潤であった可能性が浮上してきた。尾瀬ヶ原の泥炭柱からハイマツ・ヒメコマツ花粉の毎年の堆積量を調査し，その相対的な変化から明解な古気温曲線を算出した阪口豊は，「BC三九八年に始まる弥生温暖期は一七年に至って急に寒冷化し，一七～二四〇年の移行期を経て七三二年に至る長い寒冷期を迎える。この寒冷期は，三九〇年の一時的な中休みによって二期に分けられ，気温は前期で二七〇年，後期では五一〇年頃にもっとも落ち込む。とくに前者の落ち込みは著しい。七二〇年を過ぎると気温は急昇し，七八〇年でそのピークに達する」と述べている（阪口1984）。阪口説の妥当性については，局所的に異なるデータも得られておりさらなる議論が必要だが，吉野正敏が中国・朝鮮の文献史料の読解から類似の結論に達しているほか（吉野1982），安田喜憲も同時期の河内平野などへ黒色有機質粘土層・黒泥層（冷涼・湿潤な気候の下に形成）を見出しており（安田1990），おおむね認めてよいものと思われる（北條2006）。
しかし，古墳時代が寒冷多雨であるとすると，気候の温暖を背景にした稲作生産力の増大という，国家成立までを跡づける図式が通用しなくなってしまう。阪口は，寒冷化に伴う稲作収穫量の低下により地域格差が増大し，より多くの労働力・技術力を投入できる大集団への併合が進行，結果として国家の統一がもたらされたという新たな論法を提案している。環境復原により歴史の捉え方が一変した，典型的な事例といえる。なお気候変動が，旱害や冷害，飢饉，場合によっては山火事や洪水，疫病の流行といった災害の前提をなすことは，あらためて説明するまでもないだろう。

現在と異なる景観
宗教学者の中沢新一は，現代の東京の景観を縄文時代のそれと重ね合わせ，温暖期の海進によりかつては入り江であった谷と，海岸線をなしていた台地との差異を基盤に，それ以降の地域的社会性・文化性が形成されてゆくとした（中沢2005）。確かに，近世江戸の街並みを概観すると，谷間には下級武士や最下層の庶民の住居がひしめき，台地上には巨大な武家屋敷が広がっている。海底の痕跡をなす谷底には低湿地が多く，沖積層ゆえに地盤も強固ではないため，密

集する家宅を襲う火災の延焼も含めて，地震の際にも大規模な被害を生じる。地形環境自体の持つ特徴によって，そのうえに形成される社会・文化のありようも明らかに影響を受け，また長期的な持続性を生み出してゆくのである。たとえば，赤坂御所西側の鮫ヶ橋は，縄文時代の入り江の最奥部に当たり，江戸期には伊賀者給地や御鑓組・鉄砲組の縄手地が展開しているが，近代には横山源之助『日本の下層社会』(1899年)で，芝新網町・下谷万年町とともに「東京3大貧民窟」の1つに数えられている。永井荷風『日和下駄』によると，20世紀初頭の鮫ヶ橋には，柳や葦の生い茂る沼沢地が存在したらしい。現在同地は，地下に遊水槽を抱える公園となっているが，鮫ヶ橋坂の坂上には，迎賓館や学習院初等科の仰々しい門構えがみられるのに対し，坂下には，日本初の「貧民子弟」教育施設二葉保育園（当初は幼稚園）がひっそりと佇んでいる。土地の高低がそのまま社会的位置の高低に直結した，かつての歪な光景を垣間みることができる。同地に住むしかなかった人々にとっては，これも一種の災害といえようか。

先に述べた古墳寒冷期の難波地域も，現在とはずいぶん異なる景観を呈していたらしい。今の河内平野に当たる地域は，縄文海進期に生駒山系の麓へ迫る河内湾を形成していたが，やがて，大阪湾への出入り口に当たる上町台地周辺に砂洲が伸び，淀川・大和川による淡水化が進んで巨大な潟湖，河内湖となった。7世紀後半，孝徳天皇の「難波長柄豊碕宮」は，岬状であった上町台地に建設されたために，「長い柄のような豊かな岬の宮」と呼ばれたわけである。この河内湖は，難波堀江に代表される治水工事や河川上流部の溜め池建設などで次第に縮小，近世の干拓事業により陸地化したと考えられてきたが，平川南は，8世紀に難波津で遣唐使船が座礁したことに注目，大和から山城にかけて継続的に行われた，宮都造営事業が関係するのではないかと指摘した。すなわち，殿舎の建設や維持に用いられる木材，薪炭材が周辺の山々から伐り出された結果，保水力を失った山々の表土が大和川・淀川水系に流れ込み，河内湖や難波津に堆積して埋没させていったのではないかというのである(平川1996)。宮都造営の自然環境にもたらす圧力は凄まじく，すでに飛鳥諸宮の段階で周辺の大径木を伐り尽くし，藤原京造営の際には近江・南山城にまで採材地を拡大している。平安京では賀茂川や桂川の洪水が頻発し，京内に甚大な被害をもたらしたが，その原因も北方山地における過度な樹木伐採にあるのではないか(北條1999・2003)。平川の指摘は，大いに蓋然性があるものといえよう。

里山礼讃論批判

景観の時代的変容と環境問題との関係を考えるうえでは，近年注目を集める里山にも触れておかねばなるまい。バブル経済の崩壊後，列島の〈伝統的〉農村景観への郷愁からか，里山を，自然と共生的な日本文化の象徴と称賛する傾向が強まった。あらゆる環境問題の根源を農耕に求める〈農耕原罪論〉は極論だが，逆に美化したり，共生の理想像と喧伝するのも事実を大きく歪曲している。たとえば環境問題評論家の冨山和子は，日本には古来より植林の文化が存在したが，それは水を必要とする米作りによって醸成されてきたものであり，「日本の森林は米のもと，水も土もつくった。でもその森林をつくったのは米であった」と明解に述べる(冨山2006)。しかし，このような言説の前提となる稲作中心史観は，近年の歴史学の成果によりほぼ空洞化しつつある。まず，日本列島のような山がちな地形においては，稲はそれほど適合的な作物ではない。ましてや山林を伐採し，斜面を段々と削り上げてゆく棚田など，不自然なことこのうえない生産の場といえよう。古

代国家以来の歴代の政府が米を税収の中心に据えなければ、稲作はこれほどまでに拡大・定着するには至らなかったと思われる。古代・中世以降、水稲耕作以外の雑穀、栗、桑などの栽培が盛んに行われていたこと、山野河海の産業も営々と展開されていたことも指摘されて久しい（網野善彦1984、木村茂光1992・1996、原田信男2005）。むしろ富山のような言説の横行によって、戦後、稲作中心の生業観が強固に構築されてしまったともいえるだろう。そしてそこには、私たち自身の忘却の問題も関係している。現在の里山には、〈森林に囲まれた田園〉とのイメージがあるが、それは、昭和30年代以降の農業の近代化、農村の過疎化のなかで、里山がみずからの機能を果たしえなくなった結果、出現した景観なのである。本来里山は、農村の日常生活を維持するための資源の採取場であり、住居に用いる木材や薪炭を得るための雑木林、屋根葺材や家畜の飼料を得るための茅場など、人間が手入れをして維持してきた人工的空間から成っていた。このうち、中世後期における里山の成立から、その景観の大部分を占めてきたのが柴草山であった。これは、柴草を生育させるために高木を伐り払い、恒常的にはげ山のような状態を維持してきたものである。化学肥料以前の肥料というとすぐに下肥が連想されるが、その使用は近世においても都市周辺に限定されていた。水田の肥料として一般的だったのは、柴草や灌木の枝葉などを直接土に敷き込み腐葉土を作る〈刈敷〉だったのである。しかし、その莫大な需要は農村景観に決定的な影響をもたらし、柴草維持のために、里山の森林はほとんど姿を消してしまった。イエズス会宣教師ジョアン＝ロドリゲスの『日本教会史』（1620年代前半）は、列島文化の木材使用が厖大であるため、「初めはその立木でおおわれていた多くの山も、現在ではそこに樹木などまったくなかったかのように、禿山となっている」と記しているが（第7章第1節）、その何割かはかかる柴草山だったと考えられる。

水本邦彦は、正保年間（1644—48）における信濃国伊那郡の国絵図・郷帳を用い、この時期における飯田藩5万石97ヵ村の山林植生を復原しているが、それによると、「芝山」と記載されたものが全体の26.8%、「柴山」が23.7%、「草山」が4.1%、「草」「柴」の混在が9.3%あり、実に全山林の6割以上が柴草山で占められていたことが分かる（水本2003）。時代・地域により多少の変動はあるものの、この情況はある程度通時的に確認しえたようで、たとえば小椋純一は、元治元年（1864）の『再撰花洛名所図会』を用い、江戸末期京都の山々が全体的に低い植生であったことを見出した。また、明治13（1880）—19年の『偵察録』を分析し、明治前期の関東でも、官林・寺社林を除く一般の森林は「灌木」「稚樹」「荊棘林」「矮樹」などの表記が多く、「森林と称スベキ者一モ無シ」との状態であったことを確認している（小椋1992・1996）。なお、木の根による土留めを失った山々は、容易に河川へ土砂を流出させ、天井川の形成や洪水の頻発といった2次災害を招くことになった。江戸幕府はたびたび禁令を発し、高木の伐採や根の掘り取りを禁止しているが、刈敷の取得の阻害は稲作を圧迫し、農民の申請による撤回と改めての禁断を繰り返してゆく。現在私たちが描く里山のイメージは、かかる歴史を忘却したうえに成り立つエコ・ナショナリズムに過ぎないのである。

人外への視点

先述のとおり、歴史叙述の中心軸を人外へとずらすことは、歴史における多様性の実現という歴史学のアクチュアリティにおいても、ヒト中心主義の解体という環境倫理的課題においても、きわめて重要な意味を持っている。こうしたベクトルに沿う近年の成果で未だ大きな影響力を発揮し続けて

いるのが，アルフレッド・クロスビー『ヨーロッパ帝国主義の謎』であろう。大航海時代から帝国主義の席巻に至るヨーロッパ世界の新大陸への拡大は，これまで，ヨーロッパ各国の文明度（技術力・戦力・政治力）の高さによるものと説明されてきたが，クロスビーはこれを，人間史の枠組みを取り外して再考しようとする。厖大なデータを通じ，ヨーロッパから将来された多くの動物・植物・疫病が，新大陸の生態系を圧倒していったさまが浮き彫りにされる。すなわち，人間を主人公にしたヨーロッパ各国の膨張の前提には，ヨーロッパ的環境の拡大という生態学的事実があったというのである（クロスビー1998）。もちろんこれについては，新大陸の生態系をヨーロッパのそれよりも脆弱であるとみなすことで，結果的に帝国主義を正当化してしまっているとの批判もある（アーノルド1998）。残された史資料から，複雑に絡まり合う生態系の諸要素が，いかなる要因で変移したのかを実証するのも難しい。しかし，クロスビーの研究が，環境史，特に動植物からみる歴史に，新しい可能性を開いたのは確かだろう。特に家畜の移入については，新大陸にさまざまな病原菌をもたらしたほか，餌となる植物との共犯関係において，農耕に劣らず環境を劇変させてしまう点注意をしておきたい。その意味でドメスティケーションの始まりは，地球全体の歴史における重大な一画期と捉えられる。谷泰によれば，古代オリエントで醸成された家畜の統御技術は，プラクティカル・メタファーとして人間管理領域へ応用され，王権の誕生に寄与したという（谷2010）。また，そもそも家畜を得ることが，人間の野生の部分を他の動物に代替させる技術であるなら，ドメスティケーションはホミニゼーションと相即の関係にあるとも考えられよう。人間から人間外へと視点を移すことは，人間の歴史をより深く知ることにも繋がるのである。

人外から観る

歴史学・歴史叙述の枠組みそのものの更新という意味では，中国史の生態史研究をリードしてきた上田信による，『トラが語る中国史』を忘れることはできない。上田は，秦嶺山脈以南雲南高原以東の広範囲に棲息し，1950—60年代の組織的虐殺で死滅してしまったアモイトラの歴史を，トラ自身に語らせているのである。もちろん，トラ／人間を相互に置換しうる対称性が実現されたわけではないが，歴史叙述におけるヒト中心主義を相対化するには有効な方法のひとつだろう。「私はトラである。もうこの世にはいない」と始まるそのナラティヴは，人類学のような対象＝批判者を持たない歴史学が，実は幾多の無名の死者に監視されており，そのなかには人間の何千，何万倍もの動植物が含まれるのだということを気づかせてくれる（北條2009a・b）。

日本史研究においては，平成18年（2006）に，吉川弘文館より『人と動物の日本史』全4巻，岩波書店より『ヒトと動物の関係学』全4巻が刊行され，学界の注目を集めた。犬・猫といった身近な小動物から，牛・馬・豚などの家畜，鹿・猪・熊・狐・狼といった野生を象徴する獣まで，優れた個別の研究も多く発表されてきている。とりわけ，これまで民俗学の領域であった狩猟・鵜飼・鷹狩などに歴史学的な照明が当てられ，里山幻想とともに環境史的〈創られた伝統〉の双璧をなしていた，「日本人は近代に至るまで殺生戒を遵守し肉食をしてこなかった」との神話が解体されたことは重要だろう（原田2005，平林章仁2007，中村生雄2010など）。

〈獣害〉の具体相

ところで〈災害〉は，被害を受ける対象があって初めてそう呼ばれる。どこかで火災があっても，土砂崩れが起きても，人間や人間の作ったものに何も損害がなければ，それは単なる自然現象ということになる。

その意味で〈災害〉という言葉・概念は，ヒト中心主義と分かちがたく結びついているといえる。たとえば，〈獣害〉や〈害獣〉というカテゴリーは，災害のかかる性格を明瞭に体現している。獣害は，何らかの動物により直接人間に危害が加えられる場合と，人間の衣食住やそれを支える産業に損害が加えられる場合の，2つに大別できる。前者の場合は熊や狼など，後者の場合は鹿・猪・狸・狐・猿・兎・蝗などが主体となるが，ここでは，人間の手によって日本列島から絶滅させられた，狼について触れておくことにしよう。

イヌ属のなかで最大の動物である狼は，哺乳類・鳥類・両生類・昆虫類から植物まで，多種多量の生物を，高度に組織化された群れの活動で捕食する。人間とは狩猟対象が重複し，また家畜なども獲物とするため，常に争闘・競合の相手となってきた。ヨーロッパでは，古典古代においては畏怖される神的存在であったが，キリスト教的秩序のもとでは野生＝悪魔の象徴として忌避され，国家的な撲滅運動に晒されることになった（ベルナール1991）。日本列島でも平安期以降，諸書に狼による人的被害の記録が散見するが，やはり，頻繁に認められるようになるのは近世に至ってからである。すでに，平岩米吉や長澤武が史料を博捜しているが，たとえば，長澤の紹介する『前田貞親手記』元禄12年（1699）9月条には，「三四郎後家あいせがれ五才市」「九郎兵衛せがれ拾二才喜郎」「太兵衛せがれ拾三才太郎」ら，小さな子供たちまでもが狼の犠牲になっている様子をみてとれる（平岩1992，長澤2005）。元禄期は〈生類憐れみの令〉の関係で狼を保護していた幕府も，享保年間（1716—35）以降は方針を転換し，各藩で鉄砲・毒・落とし穴を駆使した狼狩が実施されてゆく。しかしなぜ，近世に狼と人間との争闘が激化するのだろうか。最も人口に膾炙しているのは，狼への狂犬病の感染が原因とする平岩説だが，個人的には，中世後期以降の柴草山の展開，製鉄・製塩・製陶・製炭等多様な目的に基づく近世の大規模森林開発（辻野2011）が，その一因をなしているのではないかと想像する。時代は降るが，柳田国男の『遠野物語』42話は，「萱山」の巣穴から子狼を捕らえた集落が，親狼の襲撃を受ける物語を伝えている。岩手県でも江戸〜明治初期に狼害が深刻化，高額の報奨金を伴う狼の捕殺が奨励された。遠野周辺の山々も，屋根葺用の萱や秣を得るための草山で占められていたらしく，それらの拡大によって狼の棲息領域が侵蝕され，人間との軋轢も激しさを増したものと考えられる。かかる獣害には，その言葉の成り立ちだけでなく現象面においても，人間の自業自得的な性格の存在することを看過してはならない。農作物に対する動物の被害も，やはり山林と田畑との境界付近で多く生じている。近世までの農業は，もちろん多様な威しの道具や，垣・土手・堀・落とし穴などを用いた防除の努力を続けつつも，ある程度は鳥獣の餌に供することを前提に成り立っていた。農書のなかには，その糞が肥料や除虫・除草に役立つことをもって，耕地への鳥の侵入を肯定するものも存在したほどである（根崎光男2011）。災害観に照らしていうなら，人間の分際を弁えた共生論を，いち早く実践していたことになる。それがヒト中心主義に大きく傾き，きわめて暴力的な様相を呈するのは，やはり近代になってからであろう。

現在のペットブームの裏側にも，毎年20万匹以上の犬猫が殺処分されている現実がある（小林照幸2011）。福島第1原発の事故に際しても，多くの家畜やペットが置き去りにされて餓死するに至った。動物たちにとっては，人間こそが激甚災害そのものといえるかも知れない。

参考文献　アルフレッド・クロスビー『ヨーロッパ帝国主義の謎』（佐々木昭夫訳，岩

波書店，1998)，ダニエル・ベルナール『狼と人間』(高橋正男訳，平凡社，1991)，デイヴィッド・アーノルド『環境と人間の歴史』(飯島昇藏・川島耕司訳，新評論，1999)，ブレット・ウォーカー『絶滅した日本のオオカミ』(浜健二訳，北海道大学出版会，2009)，リン・ホワイト『機械と神』(青木靖三訳，みすず書房，1972)，網野善彦『日本中世の非農業民と天皇』(岩波書店，1984)，石弘之・安田喜憲・湯浅赳男『環境と文明の世界史』(洋泉社新書 y，洋泉社，2001)，岡本透「草原とひとびとの営みの歴史」(須賀丈・岡本・丑丸敦史『草地と日本人』所収，築地書館，2012)，小椋純一『絵図から読み解く人と景観の歴史』(雄山閣，1992)，同『植生からよむ日本人のくらし』(雄山閣，1996)，木村茂光『日本古代・中世畠作史の研究』(校倉書房，1992)，同『ハタケと日本人』(中公新書，中央公論社，1996)，小林照幸『ペット殺処分』(河出文庫，河出書房新社，2011)，小山修三編『狩猟と漁労』(雄山閣，1992)，阪口豊『尾瀬ヶ原の自然史』(中公新書，中央公論社，1989)，谷泰『牧夫の誕生』(岩波書店，2010)，辻野亮「日本列島での人と自然のかかわりの歴史」(松田裕之・矢原徹一編『環境史とは何か』所収，シリーズ日本列島の三万五千年一人と自然の環境史 1，文一総合出版，2011)，富山和子「日本列島との対話」(『NATIONAL GEOGRAPHIC』3月号，2006)，中沢新一『アースダイバー』(講談社，2005)，長澤武『動物民俗』2 (モノと人間の文化史，法政大学出版局，2005)，中村生雄『日本人の宗教と動物観』(吉川弘文館，2010)，中村生雄・三浦佑之・赤坂憲雄編『狩猟と供犠の文化誌』(森話社，2007)，根崎光男「近世農民の害鳥獣駆除と鳥獣観」(同編『日本近世環境史料演習(改訂版)』所収，同成社，2011)，原田信男『歴史のなかの米と肉』(平凡社ライブラリー，平凡社，2005)，平岩米吉『狼(新装版)』(築地書館，1992)，

平川南「環境と歴史学」(『歴博』75，1996)，平子友長「アナール派の歴史学と歴史哲学の可能性」(『唯物論研究年報』1，1996)，平林章仁『鹿と鳥の文化史』(白水社，1992)，同『神と肉食の古代史』(吉川弘文館，2007)，増尾伸一郎・工藤健一・北條勝貴「環境と心性の文化史へ向けて」(同編『環境と心性の文化史』上所収，勉誠出版，2003)，水本邦彦『草山の語る近世』(日本史ブックレット，山川出版社，2003)，安田喜憲『気候と文明の盛衰』(朝倉書店，1990)，吉野正敏「歴史時代における日本の古気候」(『気象』26，1982)，北條勝貴「山背葛野の基層信仰と広隆寺仏教の発生」(『日本宗教文化史研究』3ノ1，1999)，同「伐採抵抗・伐採儀礼・神殺し」(増尾伸一郎・工藤健一・北條勝貴編『環境と心性の文化史』下所収，勉誠出版，2003)，同「〈書く〉ことと倫理」(『GYRATIVA(方法論懇話会年報)』3，2004)，同「災害と環境」(北原糸子編『日本災害史』所収，吉川弘文館，2006)，同「樹霊に揺れる心の行方」(『古代文学』46，2007 a)，同「主体を問う，実存を語る」(『国文学 解釈と教材の研究』52ノ5，2007 b)，同「死者表象をめぐる想像力の臨界」(『物語研究』9，2009 a)，同「オオカミが変えてゆく歴史叙述」(『歴史評論』710，2009 b)，同「鎮魂という人々の営み」(中路正恒編『地域学への招待(改訂新版)』所収，角川学芸出版，2010 a)，同「生命と環境を捉える〈まなざし〉」(『歴史評論』728，2010 b)

column 9　地震口説節

北原 糸子

地震口説節とは
地震被害の惨状を七七調や七五調の哀切な節回しで語る民俗芸能の１つ。口説節の歴史は古く，琵琶法師による平家物語の語り，説教節など旅芸人によって全国に歌い継がれ，また踊念仏などの影響も受けた多様な系譜を引く民間芸能である。特に災害や事件の被害者に対する祈りと哀切の感情を表現するのに相応しい節回しと語りによって，地震口説節は近世後期の頻発する地震では必ずといってよいほど出現して，読売の種本として仮綴じの粗雑な木版刷りが売られ，あるいは写し回わされた。特によく知られたものには越後三条地震の瞽女口説がある。これは越後三条地震（文政11年）を語るもので，旅回りの瞽女たちが提供された宿を足掛かりに各地を巡り，彼女らが語る口説節に耳に傾けることが，雪に閉じ込められる東北農村の長い冬の娯楽のひとつでもあった。

越後地震瞽女口説
越後三条地震の口説節の最初の語りはつぎのような定型の七七調で語り始められる。

　　天地　闢て不思議といふハ近江ミずうみ
　　駿河の富士ハたんだ一夜に出来たと聞き，
　　夫は見もせぬ昔乃事よ　爰にふしきハ越
　　後の地震，いふも語るも身の毛がよだつ，
　　頃ハ文政十一年の，時ハ霜月半の二日，
　　朝乃五ッと覚しきころに，とんとゆり来
　　る地震乃騒ぎ，煙草壱服おとさぬうちに，
　　上ハ長岡新潟かけて，中に三条今町みつ
　　け，在郷村々その数しれず，つぶす家数
　　はいく千万ぞ（下略）

この後の叙述は，被害の家の倒壊，親子の別れ，火事など凄惨な場面が語られ，75日も間余震に悩まされ，日々の糧にも苦しむ有様が述べられる。領主の救済はあったものの，この非情な災害をもたらした要因の１つは道を忘れて驕りを極めた日々の生活の故として，幕府政治の下とも思えない厳しい世情の批判が続く。

　　これをつらつら考へみるに，士農工商儒
　　仏も神も，道を忘れて利欲に迷ひ，上下
　　分かたず奢りを極め，武家は武よりも算
　　盤かまへ，諸色運上とりとり工夫，人を
　　思はず己を愛し（下略）

そして，最期は「天の誡　今日より恐れ，忠と孝との二つの道と，己ゝが職分守り（中略）五常五倫を必まもり奢る心を慎むならバ，かかる稀代の変事はあらじ」と"通俗道徳"で話を締める。

口説節の全体を占めるのは地震の惨状より，むしろ19世紀に入り，富裕になった百姓・町人・職人・儒者・寺僧・医者などの豪奢な生活への批判である。寺僧については，真宗僧侶への鋭い批判を語る異なるバージョンも残る。直接の政治批判こそ控えているが，表向きは「瞽女口説」としながらも，実は社会批判として各地で謡継がれた形跡がみられる。社会諸階層の日頃の驕りを鋭く突く点は武陽隠士『世事見聞録』(1816年成立)を思わせる。

善光寺地震口説節
弘化４年(1847) ３月24日善光寺地震の口説節は，口説きはじめは上に挙げた「越後地震瞽女口説」を踏襲する。

　　コントサヘ，しなののはなしをきくに，
　　天地ひらけてふしぎといヘバ，おふミ水
　　うミするがのふじハ，たつた一よにでき
　　たときこヘ，それハミもせぬむかしの事
　　よ，ここにふしぎやしなののぢしん，ゆ
　　うもかたるも身のけがよだつ，頃ハ弘化
　　の末のとしの，花の三月下じゅんのこと
　　よ，二四日の夜の四ッ頃に，どんとふり

> くるぢしんのさわぎ，たばこ一ッふくおとさぬ内に，北ハ善光寺飯山かけて，す坂松本松代上田，高田御城下にかけて，ざいの村々そのかずしれず，つぶれやかずハなんまんなるや（下略）

楜沢龍吉が収録した善光寺地震の口説節14件の版元について，江戸版と推定されるものは14件中8件，信州版2件ある。「天地ひらけて不思議を云ば…」で始まるものが多いが，上段は善光寺開帳で集まった参詣者焼死の惨状と悲話，下段の秘話，哀話は8件ともそれぞれ異なるが，善光寺本堂に籠った参詣者のみが命拾いをし，これが善光寺如来の奇特と讃えて終わるパターンが多い（『叙事民謡善光寺地震』銀河書房，1976年）。

相州小田原箱根地震くどき

嘉永6年（1853）2月2日小田原地震の口説節は，

> おのサエエ，ふしぎもかずあるなかに，すぎししなの地しんにつづきことし嘉永のきさらぎ二日ところいづくをたづねてきけバ伊豆とさがみのその国ざかい，おとにきこへし東海道の箱根山なるいただきよりもたつの下こくとおぼしきころににわかゆれくる地しんのさわぎ（下略）

とはじまり，もはや「越後地震瞽女口説」の出始めの七七調に倣っていない。上・下とも小田原城下を中心とする被害を語り，大山石尊山や三島神社の加護を讃えて終わる。

新板上がた地震くどき

安政元年（1854）6月15日伊賀上野地震の口説節は，

> もののサアエイ，ふしぎやそうどうばなし，せじやう世界にあるそのなかにすぎししんしうのちしんにつづきまたもさく

地震口説節 『善光寺地震やんれぶし』（左）と『相州小田原箱根地震くどき』（右）

> ねんさがミのくにと伊豆にするがとこうしうかけてゆりしぢしんもたいそうなことよ，それにまさりしこんどのはなし（下略）

善光寺地震以来の続発する地震から語りはじめている。同時代の人々は善光寺以来頻発する地震に衝撃を受けていたことがわかる。この後，安政東海地震，南海地震，江戸地震と続くが，大坂，江戸を襲ったこれらの地震では，口説節に限らないさまざまなタイプの地震草紙，一枚刷りかわら版が出版され，隆盛を極めた。口説節は現在種本が残されているに過ぎないが，「瞽女口説」の写しが各地に残ることを考え合せると，これらの読売の売り手も時と場所を心得，即興の替え謡で地震被害に限らない社会批判を語ったのではないかと推定される。

column10 災害と日本赤十字社

河合利修

日本赤十字社の創設と災害救護

安政6年(1859)6月，北イタリアで発生したソルフェリーノの戦いにおいて傷病兵を救護したスイス人実業家アンリ＝デュナンは，戦時において救護を行う団体を平時から組織することを提案，これが赤十字の創設につながった。ヨーロッパを中心に赤十字社の前身にあたる組織が各国に作られていったが，日本においては明治10年(1877)5月，西南戦争の傷病兵を救護するために博愛社が創設され，明治20年5月に博愛社の名称は日本赤十字社(以下，日赤という)へと変更された。

戦前の日赤のおもな目的は戦時における傷病兵の救護であったが，明治20年代には災害救護も開始した。明治21年7月15日に会津磐梯山が噴火，日赤は20日に医師3名を派遣，21日に現地に入り，24日まで計15名を救護した。これが日赤の災害救護の嚆矢である。つぎに，明治23年9月16日にトルコ軍艦エルトゥールル号が和歌山沖で沈没，乗組員587名が死亡し，生存者は69名(うち重傷者13名，軽傷者38名)であった。日赤は，医師2名，看護婦2名を派遣，兵庫県の和田岬消毒所において21日から10月2日まで救護にあたった。日赤はのちに発生する航空機事故とともに船舶航空機事故での救護も災害救護とみなしているが，この救護は，日赤が最初に行なった船舶事故の救護であった。同時に，外国人を救護した最初の例でもあった。明治24年10月28日には，濃尾地震では日赤は，10月31日から12月9日まで両県に救護員56名(うち看護婦21名)を派遣，7,912名を救護し，濃尾地震救護は日赤にとって最初の本格的な災害救護となった。また，派遣された看護婦が患者の尊敬を集め，災害救護における看護婦の重要性が認識された。

これら3つの災害救護をうけて，内部規則の整備が進んだ。明治25年4月に日赤の基本的な内部規則であり明治20年に制定された日本赤十字社社則が改正された。この改正により，日赤の目的である戦時救護に「臨時天災」の救護が加わった。明治26年9月には日本赤十字社看護婦養成規則改正され，濃尾地震救護において看護婦が活躍したことから，看護婦の養成目的としても，戦時救護に加えて災害救護が加わった。また，明治33年7月には日本赤十字社天災救護規則が制定された。

明治20年代前半の災害救護以降，日赤は国内においては，三陸津波(明治29年)，福井市の火災(明治35年)，関東大水害(明治43年)などにおいて救護事業を展開した。また，明治39年(1906)4月18日にアメリカ合衆国サンフランシスコで発生した地震に際して，日赤は国内で義援金を募集，海外の地震被災者へ送金(計315,567ドル16セント)をはじめて行なった。

関東大震災救護から終戦まで

大正12年(1923)9月1日正午前に関東大震災が発生した。日赤は同日午後2時に臨時救護所を東京府庁前に設置したのをはじめとして，東京・神奈川を中心として，193の救護所を設置した。以後，大正13年6月30日まで職員計4,466名が救護に従事，延べ2,067,500名を救護した。災害救護の際，通常は被災地およびその近隣の県の日赤支部が救護にあたるが，災害の規模に鑑み，沖縄を除くすべての県および朝鮮・満洲の日赤支部などから職員が被災地に派遣された。救護費用は計4,843,792円93銭であり，これは日露戦争の戦時救護費用にほぼ匹敵した。国際的な面においては，アメリカ赤

十字社と中国紅十字会が医師および看護婦を被災地に派遣，災害救護における最初の海外救援要員受け入れとなった。また，海外の赤十字社からの救援金は，543,500円余りにのぼった。

これ以降終戦まで日赤は，北丹後地震（昭和2年），室戸台風による関西風水害（昭和9年），函館大火（昭和9年）などの災害で救護活動を行なった。また昭和19年（1944）12月7日および昭和20年1月13日にそれぞれ発生した東南海地震および三河地震においても，日赤は救護班を派遣したが，戦争末期の混乱のため，その詳細は不明である。

戦後の日本赤十字社の災害救護
昭和22年（1947）10月に災害救助法が制定され，日赤は，災害救助に協力する義務を負うこととなった。昭和27年8月には，日本赤十字社法が制定され，「非常災害時又は伝染病流行時において，傷病その他の災やくを受けた者の救護を行なうこと」を日赤の業務の1つと定めた（第27条）。この法律は，戦後日赤の根拠となる最も重要な法律となった。また，災害対策基本法が昭和36年11月に制定され，日赤は指定公共機関として位置づけられた。日赤は，戦後制定されたこれらの法律および日本赤十字社救護規則等の内部規則に基づき災害救護を行うこととなった。日赤の災害救護は医療救護，救援物資の備蓄と配分，血液製剤の供給，義援金の受付と配分およびその他の活動（ボランティアの活動や「こころのケア」）からなる。特に医療救護については，救護班がこれにあたるが，平成22年3月末現在，495班（5,336名）が編成されている。標準的な班編成は，医師1名，看護師長1名，看護師2名，主事2名の計6名である。また全国92赤十字病院のうち，58病院が災害拠点病院に指定されている。

濃尾地震救護

戦後，日赤はさまざまな災害において救護活動を行なった。昭和60年8月12日に日本航空123便が群馬県御巣鷹山に墜落した際，日赤は事故当日から9月28日まで延べ154班，1,033名を派遣，主に遺体の修復整体にあたった。平成7年（1995）1月17日に発生した阪神・淡路大震災においては，日赤は災害当日から3月31日までの間に延べ981個班，5,959名を派遣，38,359名を救護した。また，被災者のストレスが注目され，以後，日赤は災害救護に「こころのケア活動」を取り入れるようになった。平成23年（2011）3月11日の東日本大震災で日赤は，9月30日まで935班を派遣，取扱患者数は8万7,445名にのぼった。また24年4月26日現在，日赤は約3,156億円の義援金を受けつけた（日本赤十字社ホームページによる）。

参考文献　日本赤十字社編『日本赤十字社社史稿』（日本赤十字社，1957—），同編『阪神・淡路大震災—救護活動の記録—』（同，1996），黒沢文貴・河合利修『日本赤十字社と人道援助』（東京大学出版会，2009）

column11　足尾鉱毒事件と洪水被害

白井　勝二

災害を誘発した足尾銅山

足尾銅山は，江戸時代に発見され，明治10年(1877)経営が民間に渡り，新たな銅の鉱脈の発見とともに近代的な設備をそなえた結果，産銅量は急速に増加した。これに伴い明治18—20年ころになると足尾銅山からの廃鉱とそれに含まれる硫化銅が渡良瀬川に流れ出し，河川水を媒介して鉱毒の影響が渡良瀬川下流にも及ぶようになった。

明治23年の大洪水による氾濫流や土砂により，渡良瀬川沿岸の稲が腐り，桑が枯れるなど被害甚大となり栃木県や農地用水組合などが原因と被害調査を行い，原因は足尾銅山であることが明確になった。栃木県の被害報告書では被害区域は渡良瀬川沿岸7郡28村にわたり，栃木県被害地592町1反1畝29歩，群馬県被害地1,060町3反8畝6歩とした。明治24年12月の第2回帝国議会で栃木県選出の田中正造が足尾鉱毒被害を取り上げ，社会的関心が高まった。

その後，明治29年の大洪水によっても利根川，渡良瀬川は至る所で堤防決壊による図のような被害が生じた。渡良瀬川は，足利地先より上流は堤防整備も少ないことや下流部の多支川からの逆流もあり至る所で氾濫したほか西谷田村(現板倉町)3ヵ所，海老瀬村(現板倉町)1ヵ所，川辺村(現加須市)2ヵ所，利島村(現加須市)1ヵ所で破堤した。これらの地域は渡良瀬川・思川の洪水と利根川の逆流が生じるところで従来から池沼も多く遊水地帯を成していた。この洪水による被害は，渡良瀬川沿岸7郡63町村にわたり，栃木県の被害地は6,654町8反7畝，群馬県の被害地は12,784町1畝16歩となり明治23年洪水に比較して著しく増大している。このため被害を受けた沿川住民により足尾銅山の公害防止などの行動が一挙に拡大し，活動も活発になり東京まで出かけ示威運動を行なった。

事件の激化と治水の伸展

このような中，内閣直属の足尾銅山鉱毒事件調査会(第1次鉱毒調査会)が明治30年3月に設置され，鉱毒の原因と予防方法の調査がなされた。5月には，東京鉱山監督所長より足尾銅山に対し，37項目の予防工事命令がだされ実施されるとともに被害民に対して地租免除の答申がなされた。

しかし，明治31年には，この予防工事命令によって設置された沈澱池が洪水によって破壊し，再度被害農民の東京押出しが行われ明治33年には，押出し隊が利根川を渡る川俣地先で警官により阻止され多くの逮捕者が出る事件となった。明治34年10月には田中正造は代議士を辞職し，12月には鉱毒被害の惨状と被害民の救済を訴えるため天皇直訴を行ったが失敗した。

明治35年(1902)1月には，第2次鉱毒調査会が設置され，105項目の調査方針が提示された。審議の結果，渡良瀬川治水計画を検討する事となった。11月の第8回調査会で渡良瀬川の治水計画にあたっては，2つの計画が検討され第1案は，築堤を中心に新河道を開削して渡良瀬川の洪水をスムーズに利根川に流下させる。第2案は渡良瀬川に遊水地を設け，一時洪水を貯水した後，利根川に流出させる計画で，ここに始めて遊水地案が提示された。検討の結果，第一案を行えば明治33年から進めている利根川改修事業の計画の変更が必要となり大事業となるため第2案の遊水地案が，現実に進めている利根川改修計画との関連で，優先とされた。

これらの政府の方針を受け栃木県では谷中村の買収による遊水地化の計画が進められ，

足尾鉱毒事件と洪水被害 165

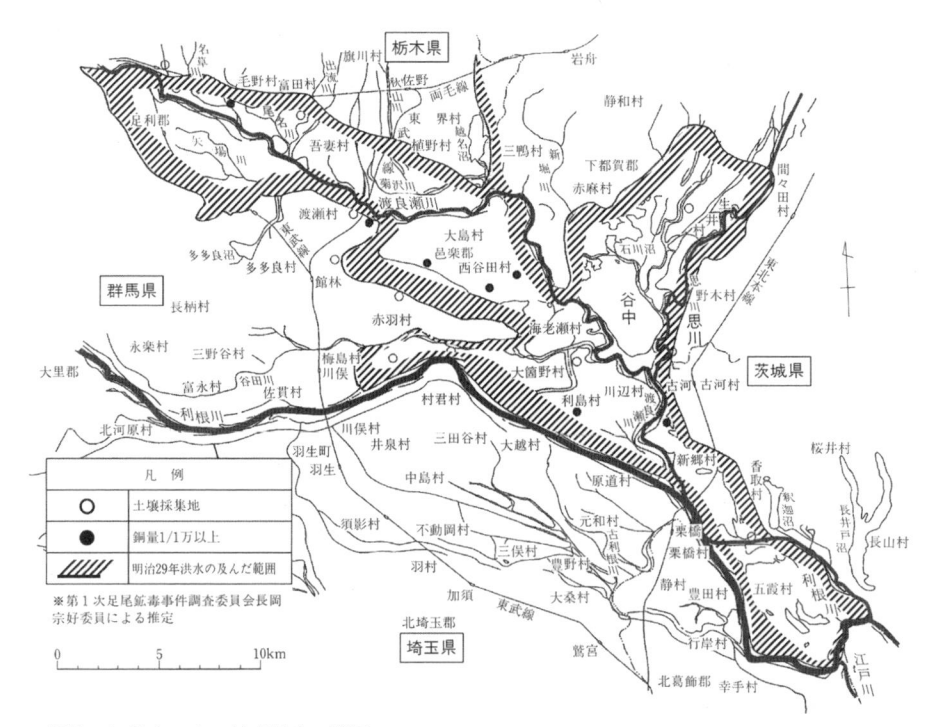

明治29年洪水による鉱毒被害の範囲

明治36年1月栃木県議会に予算案が提案されたが否決された。しかし，明治37年12月の県議会に，谷中村の土地買収を含む土木費が追加予算として提出された。これは秘密会である委員会での審査を経た後，本会議で再度上程され，可決され谷中村の土地買収（約930㌶）が行われた。これに伴い明治39年7月には谷中村は藤岡町に合併され廃村となった。この谷中村は，明治23年から15年間の水害記録を見ると23，25，27，29，31，35，36，37年と立て続けに破堤の記録がある。

渡良瀬川改修事業は，明治42年12月の第26回帝国議会で協賛を得た。しかし明治43年9月には29年を上回る大洪水が発生し，利根川，渡良瀬川など大被害となり，渡良瀬川および渡良瀬遊水地計画など一体となった利根川の改修計画が見直され，沼ノ上（現伊勢崎市）から海（現銚子市）まで連続した堤防などの整備が始められた。渡良瀬川は，足利市岩井地先より下流の河川改修および遊水地整備とそこに流入する思川・巴波川付け替などが含まれた。遊水地は，先の栃木県による谷中村買収のほかに，内務省によりさらに約2,220㌶を買収し工事が行われ，昭和元年(1926)に渡良瀬遊水地を含む渡良瀬川改修工事は竣功して現在の渡良瀬遊水地の概括ができた。これにより長年の懸案であった渡良瀬川・思川・巴波川の河川改修もでき洪水の被害は大幅に減少し，地域の農地開発も進められた。

参考文献　利根川百年史編集委員会・国土開発技術研究センター編『利根川百年史』(建設省関東地方建設局，1987)，『栃木県史』通史編8，1984，『群馬県史』通史編7，1991

column12　震災写真の虚実

沼田　清

震災絵はがきの改ざん

筆者は共同通信社で，昔のニュース写真を点検し写真データベースに登録する業務に携わっている。戦前の写真は，日本電報通信社（電通），帝国通信社（帝通），日本聯合社（聯合），同盟通信社（聯合と電通の通信部門が合体）の各写真部から継承したものだ。大正12年（1923）9月1日に発生した関東大震災を記録した一群の写真もあり，その中には一見して怪しげなものも混じっていると感じていた。図書館で当時の出版物（写真帳・画報集・雑誌・報告書など）約40冊，絵はがき約100枚，新聞21紙（東京朝日，東京日日，報知，都，読売，国民，地方紙15紙）を発生から2ヵ月分点検した。

それらの掲載写真を共同通信社に残るオリジナルネガやプリントと照合すると，撮影場所など説明の誤りや裏焼きにしばしば出くわす。震災直後の混乱状況では無理はないと思う。しかし，首をかしげてしまうのは，絵はがきに散見されるあからさまな改ざんである。たとえば"惨害前の被服廠跡の避難民"と称する写真は正しくは「宮城前の避難民」だ。このような意図的な改変は，私の調べた範囲では新聞や雑誌，写真集にはほとんどなく，もっぱら絵はがきに限って見られる。

関東大震災において絵はがきが，写真の持つ卓越した記録性や伝達力を世間一般に浸透させるのに力があったことは否めない。しかし，報道写真は正確で適切な写真説明がなければ成り立たない，実はとても危ういものであることを反面教師として示したのも絵はがきであったといえるだろう。さすがに，戦後出版された絵はがき写真集では，怪しい写真の存在を注意喚起している。このたぐいの絵はがきは，その文脈での使用にとどめたほうがよい。

新聞・通信が画像の改変と無縁だったわけではない。摂政宮（のちの昭和天皇）が9月18日の2回目の被災地巡視で銀座を通過する写真は，場所を象徴するものとして左手前に街灯を写し込んでいるが，これは切り貼りであった。グローブの輪郭がくっきりとし過ぎているし，人馬に影が出ているのに，街灯にはそれがない。

写真の流通と通信社

当時の絵はがきや雑誌をみると，しばしば新聞と同一の写真が登場している。その流通経路を考えてみたい。震災写真は営業写真家，新聞・通信，出版社，軍・警察などの職業カメラマンと一部のアマチュアも撮っているが，主要媒体に公表された写真は圧倒的に報道カメラマンのものが多い。中でも通信社の写真は新聞への配信のみならず，出版社や絵はがき業者にも流れた。震災から1ヵ月余の10月4日付『東京日日新聞』に，電通の案内広告が出ている。

「弊社の写真通信　震災当日より猛火を犯し身命を賭して撮影したる天柱砕け地維裂けたる凄絶の写真幾百種も揃えてあります（中略）ドシドシ御用命を願ひます　丸ノ内仲通十号館電車通りより横に三軒目　世界三大通信社日本電報通信社」

このころすでにフォトサービスがあったのだ。これを裏付けるのが，絵はがき発行業者であった神田の尚美堂の社史『尚美堂80年田中貞三聞き書』で，震災絵はがき作製

摂政宮銀座巡視

震災写真の虚実　167

避難民で埋まった宮城前の広場とする写真

に当たっては，店主の貞三が撮影したものに加えて，電通からも写真を借りうけたことが記述されている。

また，電通のライバルの帝通は，大阪にあった写真部から部長の不動健治らが急きょ東京に出張し，関東各地の被災写真をキャビネ乾板540枚に撮影，内外からの要望にこたえて大量頒布したという。だが電通と帝通の配信物が新聞や出版物に使われても，クレジットが明示されなかったので，通信社の撮影だとは一般の人には知られないまま現在に至っている。

報知のパノラマ写真

今回の調査で私の目を釘付けにしたのは，報知新聞社が9月15日発売のグラフ誌『大正大震災写真帳』に見開きで掲載した「避難民で埋まった宮城前の広場（9月1日震災当日の混雑）」を写した見事なパノラマ写真である。大八車や人力車に家財道具を満載し密集する老若男女の姿は大変インパクトが強く，想像力をかきたててやまない。報知はその中央部分を9月7日付朝刊で「二日朝の宮城前広場」として掲載していることから，同社が撮影した写真と思われる。

ところで共同通信社にはもとの写真を3分割した左と右のカットが残っており，しかももっと外側が写っている。問題の改ざん絵はがきはこの右のカットとぴたり合致す

惨害前の被服廠跡の難民とする絵はがき

るし，左のカットは地方紙が掲載している。さらに内務省社会局の『大正震災志写真帖』が左右を1枚につなげたもの（中央部が欠けているので不自然だが）を掲載していることから，配信には通信社が介在したと考えられる。現段階では推測の域を出ないが，東京での活動拠点を報知社に置いた帝通の不動健治が，同社の写真担当に頼んで売ってもらったのかもしれない。なお報知がパノラマ掲載で左右カットの両端いっぱいまで入れなかったのは，極端に横長になるのを避けたのだろう。とにかくこのオリジナルネガが残っていたら，ぜひ畳2枚分の大伸ばしにしてじっくりと見たいものだ。

参考文献　通信社史刊行会編『通信社史』1958，不動健治『写真遍歴七十年』（同盟写真部同人会，1975）

災害絵図

　江戸時代，災害現象を描く絵図類は，18世紀初頭の宝永富士山噴火（1707年）のころから見られるようになるが，いまだ描き手，読み手，流通機構とも未発達の状態であり，個人の手元に留めおく場合が多かった。しかし，18世紀末の天明浅間山噴火（1783年）ころには火山災害を経験した農村の名主たちは，領主や代官に上申する被害をまとめる傍ら，言葉では伝え難い噴火の様子を描いて近隣の人に伝えるなど，みずから災害体験の伝え手になる者も増えた。このころには農村から都市へ出稼ぎに行く人も増加し，都市で頻発する大火や地方で起きる大事件に敏感に反応する一群の人々に対して，絵画入りの木版刷りかわら版などの市場も成り立つようになり，幕末の災害多発期にはその全盛期を迎えた。

（北原糸子）

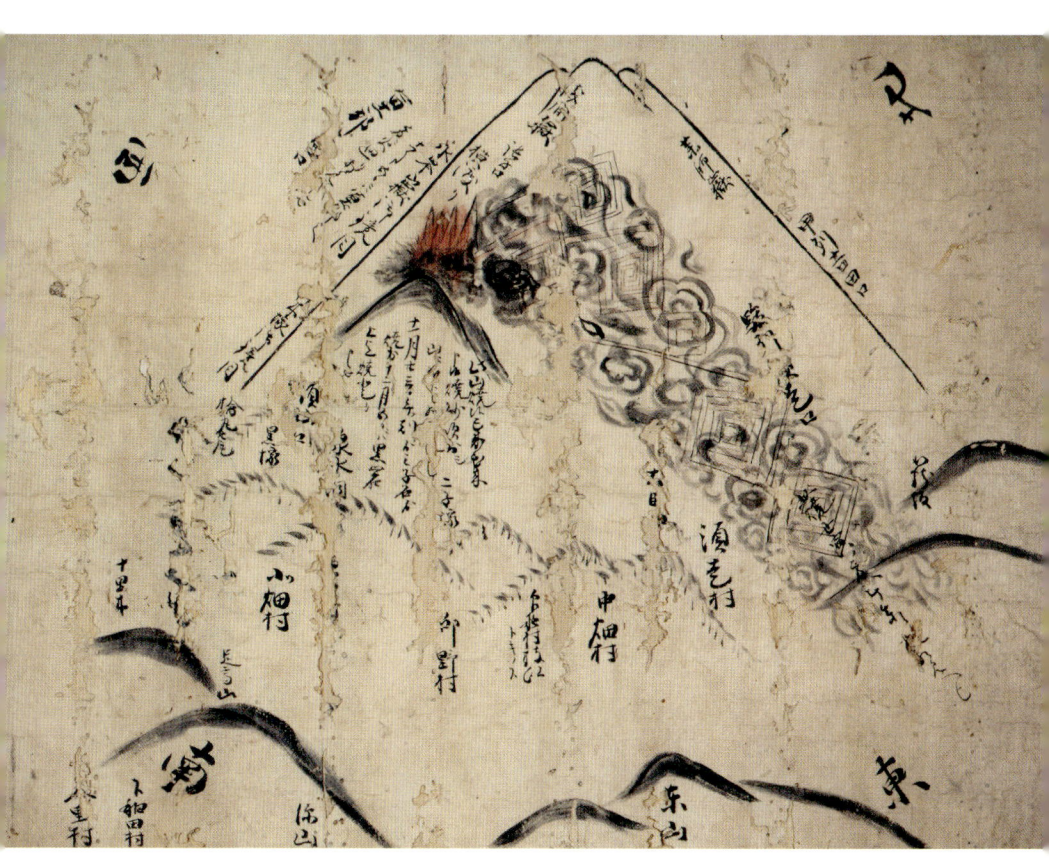

1　宝永富士山噴火図

2　信州佐久郡浅間ヶ嶽大変略図

3　肥前国島原津波之絵図

噴火災害図 天明浅間山噴火の被害は，浅間山南麓は降灰，北麓は吾妻川への泥流流下とその様相が異なる。図2の絵図は，南麓の中山道坂元宿にいて，最後の大噴火の天明3年(1783)7月8日を逃れた人物の体験を伝えるものであり，「誠ニ眼前正当ノ図ナリ」と実際に見たことを強調している。図3は，「島原大変肥後迷惑」の言葉通り，島原雲仙普賢岳の噴火で眉山が崩壊，有明海に土砂が崩落して対岸の肥後熊本にも津波が押し寄せることを伝える絵図で，熊本藩に残されている。噴火が起き(3-1)，その後の津波発生を絵図を重ねる(3-2)ことで変化を表す「掛絵図」で表したもの。2次災害などつぎつぎ発生する災害の様相を伝えるために，ビデオなどのない時代に工夫された表現方法の1つである。

(3-2)

地震災害図 幕末,日本列島を揺るがす津波を伴う大地震が連続して発生した。安政元年(嘉永7,1854)11月4日に安政東海地震,30時間後の5日には安政南海地震が,太平洋沿岸の広い範囲にわたって津波被害をもたらした。江戸は被害を免れたが,この地震によって東海道が寸断されたため被害情報が入らず,かわら版は主に大坂から発信された。図4の「(東海道南海道)国々大地震大つなミ」は大坂から発信された災害かわら版の一枚である。図5は,翌年起こった安政江戸地震の江戸市中の被害を伝える絵入りかわら版である。文字情報で事細かく被害情報が書かれているが,こうしたかわら版は身の無事を親元に知らせるために江戸で働く奉公人が親元に送る,あるいは災害救援で江戸入りした人々が地震の様子を伝えるために一種の江戸土産として買い求めることを当て込んで作られる場合も少なくなかった。災害情報はこうしたルートで地方へ広がっていった。

4 (東海道南海道)国々大地震大つなミ

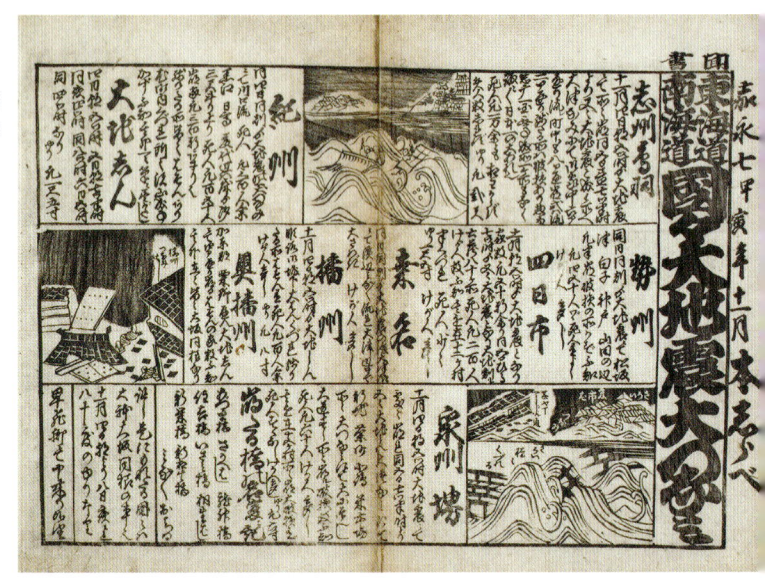

5 大地震状況図

6 しんよし原大なまづゆらひ

鯰　絵　鯰絵のナマズは地震を起こした張本人として，地震で被害を蒙った庶民の鬱憤晴らしの対象となっている構図（図6），地震が起きたことで大工・鳶・左官たちが多忙になり，酒盛りをして喜ぶ様子を伝えるもの（図8）。この2点の構図からは，地震発生直後の様子から，ある程度世情が落ち着いていく変化を読み取ることができる。図7は，弘化4年（1847）善光寺地震の際に出た数少ない鯰絵で，注目されるのは，地震の留め役が善光寺の阿弥陀如来であることである。

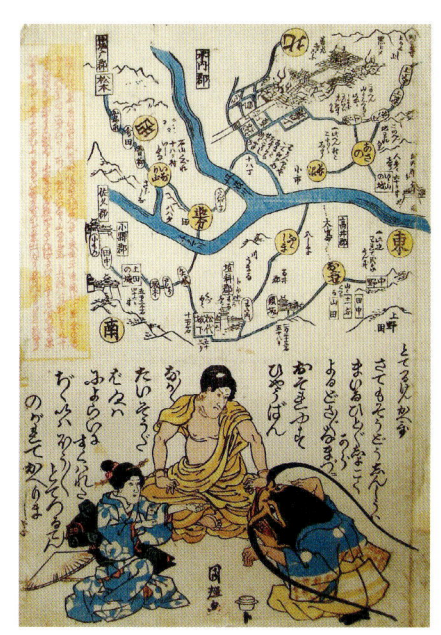

7 とてつるけんかへ歌

8 瓢箪

9　江戸火事図巻

火災絵図　江戸時代，都市は頻繁に火災の被害を蒙った。その多くは放火であったといわれている。明暦の大火(1657)は，町火消制度がまだ成立していない時に起こり，一説には死者10万人といわれ，その後火除地を設けるなどの新たな都市計画を促した大火(図9)。18世紀半ば，すでにいろは組町火消の制度も整った時期に発生した，明和の大火を伝える絵巻(図11)は，町奉行の指揮下，火消の活躍を伝えるストーリーに仕立て上げられている。図10は大坂の代表的な3件の大火(享保9年，天保8年，文久3年)を伝えるかわら版。「京都大火」(図12)の内実は，前年の文久3年(1863)に京都を追われた長州藩が勢力挽回を図って，元治元年(1864)7月18日京都警護の会津・薩摩藩と武力衝突。その余波で京都市中は3日間燃え続けたが，火災の原因には一切触れず，焼失範囲だけを地図に落すかわら版。

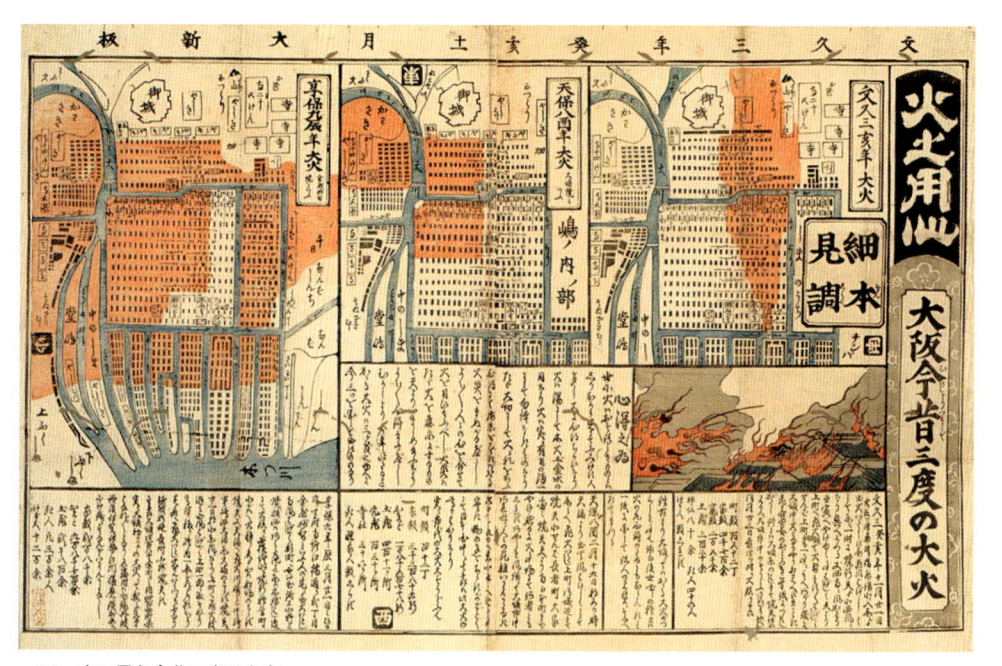

10　火の用心今昔三度の大火

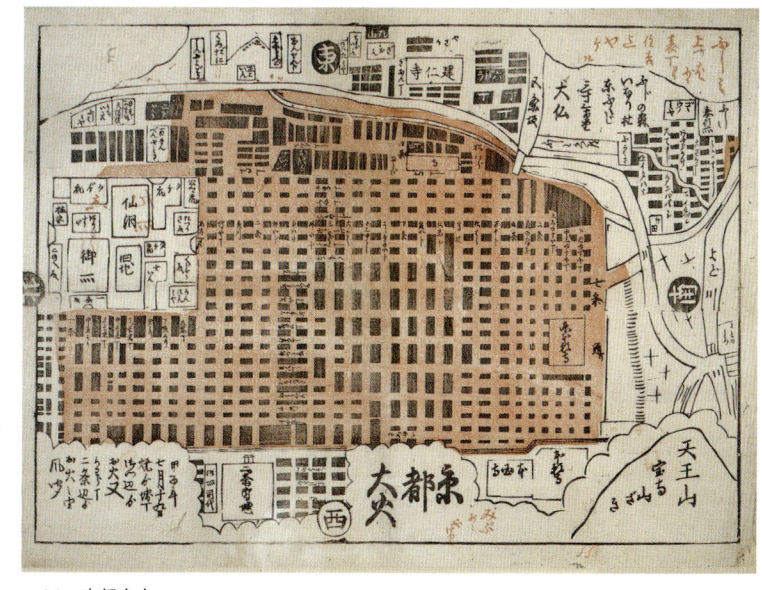

11　京都大火

12　（明和九年）目黒行人坂火事絵

13 岩代国耶麻郡磐梯山噴火実況之図

14 (愛知県岐阜県) 震災義捐金一覧表

近代の災害絵図　磐梯山噴火(1888)を描く多色石版刷りの図13は，中川耕山(1851－99)画。銅版画技術を持つ東京市京橋区の出版業者で，現地に赴きこの作品を描いた。図14は，明治24年(1891)11月，日本橋区馬喰町２丁目16番地澤文次郎発行の義捐金を競う錦絵かわら版。筆頭に天皇・皇后，続いて宮家，華族，大臣などの貴紳顕官の名を挙げ，川上音二郎，芸奴，幇間などのさまざまな立場の義捐者と義捐額を刻す。尾張と岐阜と，どちらが強い地震であったのかを鯰の首っ引き図で滑稽を添える。

Ⅳ 歴史災害

864 富士山貞観噴火 （貞観6年5月）

噴火の概要

富士火山の貞観噴火は，平安時代の貞観六年(864)に起きた噴火であり，富士山北西麓の青木ヶ原溶岩を流出した噴火としても知られている。貞観噴火は，富士山北西斜面に開いた下り山-石塚火口列と長尾山-氷穴火口列の2列の噴火割れ目で生じた(図1)。

貞観噴火の文字記録は，朝廷が編纂した『日本三代実録』に収められた報告が，信頼すべき唯一のものである。それによれば，貞観6年5月25日(864年7月2日)に，駿河国から富士山噴火の第1報が朝廷に届いた。その内容は「十数日前から富士山が噴火しており，流出した溶岩が本栖湖に流入した」とのことであった。当時の都(京都)までの距離も考えると，噴火開始はおそらく5月上旬と考えられる。次いで約2ヵ月後の7月17日(8月22日)，噴火の第2報が甲斐国からもたらされた。溶岩が本栖湖と「剗海（せのうみ）」の2湖に流入し，民家が溶岩流の下敷きとなったこと，溶岩の別の流れは河口湖方面へと向かっていること，湖への溶岩流入前に大きな地震があったことなどが語られている。溶岩が2湖に流入し，別の流れが河口湖方面に向かっているという情景描写は，現在の青木ヶ原溶岩の分布状況をほぼ満たしているから，溶岩流出のクライマックスは噴火初期にあったとみられる。

青木ヶ原溶岩

実際に青木ヶ原溶岩が流れ込んだ湖は3湖(本栖湖・精進湖・西湖)であることが地質学的に確認できるため，噴火前に存在していた「剗海」が溶岩流に埋められて2つに

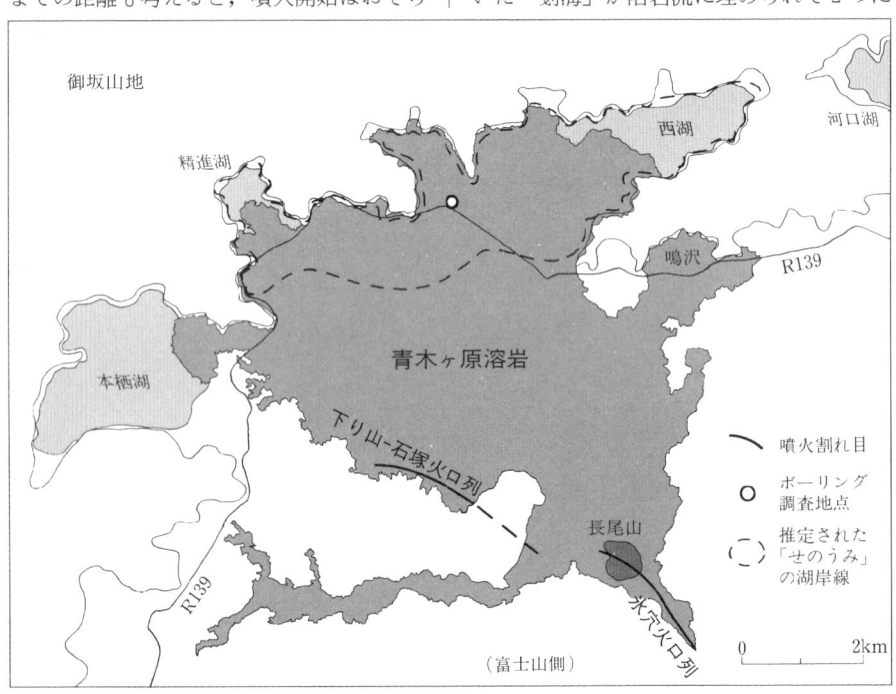

図1　富士山貞観噴火の火口と溶岩流の分布図

分断され精進湖と西湖に分かれたことがわかる。航空レーザー測量にもとづく詳細な地形分析と，精進湖と西湖の間で掘られたボーリング調査結果にもとづいて，「剗海」の原形や深さが推定された（図1）。その結果から推定された貞観噴火のマグマ量は1.3立方㌔㍍（データの豊富な過去3,200年間に限れば富士山の噴火史上1位であり，宝永4年（1707）の宝永噴火で噴出したマグマ量の約2倍）である（図3）。爆発的な宝永噴火とは対照的に，貞観噴火で地表に出たマグマの大部分は溶岩流として穏やかに流れ広がったが，大量であったために富士五湖の形や構成を大きく変える地形変化がもたらされた。

図2　鳴沢付近で見られる青木ヶ原溶岩の断面

災害への対処

朝廷は，噴火開始から約3ヵ月後の貞観6年8月5日（9月9日）になって，甲斐国に対して浅間名神を奉り鎮謝するよう命じた。また，同7年12月9日（12月30日）には甲斐国八代郡に浅間明神の祠を立てて官社に列した上で祭祀を行わせ，同年12月20日（866年1月10日）には甲斐国山梨郡にも八代郡と同じように浅間明神の祭礼をするよう命じている。以上が朝廷のとった防災対応であり，それ以外の具体的な救済措置などの記録は残されていない。

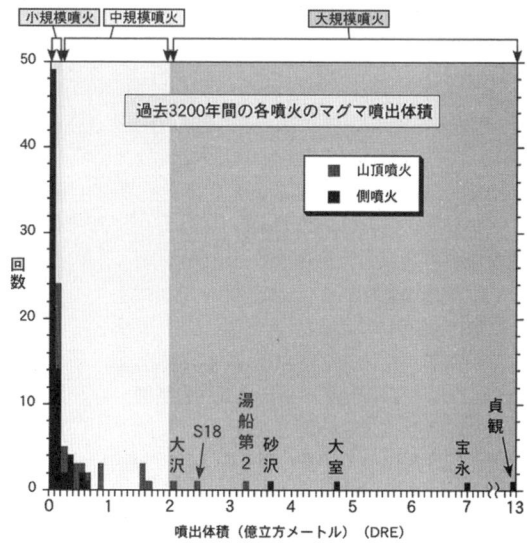

図3　富士山の溶岩噴出量と噴火回数

参考文献　小山真人「富士山の歴史噴火総覧」（「富士火山」編集委員会編『富士火山』所収，山梨県環境科学研究所，2007），高橋正樹ほか「富士火山貞観噴火と青木ヶ原溶岩」（同），千葉達朗ほか「富士山青木ヶ原における貞観溶岩流の計測―航空レーザ計測と赤色立体地図による詳細地形調査とボーリング調査―」（『新砂防』288，2010）

（小山真人）

869 貞観11年陸奥国地震・津波 （貞観11年5月26日）

最大の巨大地震と津波

貞観11年5月26日(869年7月9日)夜，M8.3ないし8.4以上と推定される巨大地震とそれに伴う津波が陸奥国で発生し，大きな被害を受けたことが当時の歴史書『日本三代実録』貞観11年5月26日癸未条に詳細に記されている。同条より，地震に伴う発光現象があり，夜間に巨大地震が起きたとみられること，この巨大地震によって，家屋の倒壊，土地の地割れ，多賀城内の城郭・倉庫・門・櫓・築地塀などの倒壊，多賀城城下にたちまち押し寄せた津波による溺死者千人など，土地・建物・道路・人など壊滅的な被害を受けたことが知られる。

多賀城跡は，養老4年(720)に起きた蝦夷の大反乱を契機に，仙台市郡山遺跡II期官衙より移転した第2次陸奥国府跡である。多賀城跡は仙台平野の北端部に位置し，南に仙台平野が広がっている(図1)。より北の地に追いやられた蝦夷が万一反乱を起こした場合，反乱がこの丘陵を越えて仙台平野以南に波及しないことを意図して，軍事的，行政的に重要な要衝の地に多賀城が築かれたことがよく理解できる。古代の陸奥・出羽・越後国は蝦夷の居住区と接していたため，辺要国とされ，特に陸奥・出羽・越後(大宝令では陸奥・越後)国守については，国司の祭祀・財政・司法・軍事など広範な一般的職掌のほかに，蝦夷に対する饗給(大宝令では撫慰)・征討・斥候という特別の職掌が規定されていた(職員令70大国条)。陸奥国は全国一の35郡を管掌する大国だが，その郡は令制郡・近夷郡・蝦夷郡からなり，住民構成も移民系住民，蝦夷系住民など複雑であった。

こうした陸奥国の特殊性は，多賀城跡の構造にも反映されている。多賀城は陸奥国府であると同時に，丘陵上に立地して1㌔の範囲を築地塀で不整方形に取り囲み，80㍍程の間隔で築地塀に櫓を付設して防御した城柵でもあった。多賀城の外郭を構成する築地塀(牆壁)・櫓・門のほか，建物など多数が倒壊したことが知られる。

当時の陸奥国府多賀城

多賀城は神亀元年(724)に創建された(多賀城碑)。8世紀末ころになると，城内では実務官衙の整備が集中的に行われ，城外では政庁―外郭南門間道路の南延長にあたる南北大路，外郭南辺築地塀から約5町離れた東西大路を基準として，南北・東西道路で方格に区画された町並みが形成され始めた。北西から南東に向けて蛇行していた砂押川は，東西大路以南が南北大路の南延長上で直線的に改修されて南流し，その南側に大きく拡がっていた潟湖より七ヶ浜町湊浜の河口に通じていたとみられる。河口までの距離は4㌔程で，巨大地震に伴って起きた巨大津波はこの潟湖・砂押川を遡上し，多賀城の南西部前面の低地に大きく拡がっていた方格地割ほぼ一体が浸水したと推定される。方格地割内に居住していた都市住民や兵士，役人などのうち千人程が溺死したということになろう。「平成23年(2011年)東北地方太平洋沖地震」でも砂押川を3㍍程の高さの津波が遡上し，南北大路・東西大路交差点付近では古代地表面上80㌢程の高さであったことが判明した。

陸奥国府多賀城の復興

被害報告は7月2日以降と遅れたものの政府は陸奥国の復興と人心の安定をはかるため，矢継ぎ早に地震からの復興策を執ったことが『日本三代実録』より知られる。同年9月7日，陸奥国に従五位上行左衛門府権佐兼因幡国権介紀春枝を「検陸奥国地震使」に任命し，地震の被害状況を調べさせた。清和天皇は10月13日に詔を発し，みず

貞観11年陸奥国地震・津波　173

図1　仙台平野における古代遺跡分布と貞観津波の推定浸水域

からの不徳のせいで地震が起きて大被害を被ったと責任を表明し、陸奥国に死者を埋葬し、租・調を免除して自活できない者には民夷を区別することなく食料を支給するよう命じた。12月8日には、苅田嶺神に従四位下を授け、12月14日には伊勢神宮、同17日には諸国の神社、同29日には石清水八幡宮、翌貞観12年(870)2月15日には宇佐八幡宮・香椎廟・宗像大神・甘南備神社、仁明天皇陵・文徳天皇陵・神功皇后陵に、夷俘の反乱などが起きないよう祈願させた。さらに、貞観12年9月15日、新羅人の潤清ら10名を陸奥国に居住させて口分田と種籾を支給し、瓦を造る技術に長けた潤清・長焉・真平を「陸奥国修理府」に預けて瓦造りに従事させ、陸奥国内の瓦工にその技を伝習させた。

多賀城跡の発掘調査の結果、多賀城跡の政庁は4時期にわたって大きく変遷し、政庁以外の城内各所の実務官衙でも政庁の遺構期との対応がほぼ可能となっている。多賀城政庁の遺構期のうち、3番目の多賀城跡政庁第Ⅲ期の政庁、実務官衙、外郭線(築地塀・櫓)、門が貞観11年陸奥国巨大地震により大被害を受けたが、まもなく復興され、11世紀中ころまで存続したことが明らかになっている。城外の方格地割も同様に道路が改修され、内部の掘立柱建物も相ついで建て替えられている。

この多賀城政庁第Ⅳ期の復興に用いられた軒丸瓦・軒平瓦には、その前の政庁第Ⅲ期の木笵を彫り直した細弁蓮花文軒丸瓦・均整唐草文軒平瓦が当初用いられていたが、その後、それまで多賀城では文様意匠に用いられてこなかった宝相花文軒丸瓦・連珠文軒平瓦も生産されるようになり、新羅系瓦工派遣記事との関連が指摘されている。地震後の復興はかなり急ピッチに進められたようで、瓦・須恵器・土師器生産でも技術の簡略化が認められ、需要増大に答えるため量産化を急いだ様子がうかがえる。平瓦は政庁第Ⅰ期後半に一枚作りとなるが、凹面は布目痕を部分的に摺り消していた。地震後の政庁第Ⅳ期には凹面の摺り消しを行なわなくなる。須恵器・土師器坏も地震前に行なっていた回転糸切り後の再調整を行わなくなる。

また地震後、城外方格地割外の河川敷に集団墓地が出現する。10月13日詔を受け、溺死した都市住民を葬ったと推定される。

多賀城廃寺の復興
多賀城廃寺は多賀城創建と同時に造営された観世音寺式伽藍配置の多賀城付属寺院である。城外出土の「観音寺」墨書土師器坏より観世音寺が正式名であると推定されている。多賀城政庁第Ⅱ・Ⅲ期の瓦は少なく、ほとんどが政庁第Ⅰ期の瓦で占められている。その中で政庁第Ⅳ期の瓦も6%余り出土していることなどから、貞観11年陸奥国巨大地震で被害を受け、国府多賀城と同時期に復興されたことが知られる。

陸奥国分寺・国分尼寺の復興
陸奥国分寺・国分尼寺は、多賀城政庁第Ⅰ期(神亀元年(724)―天平宝字6年(762))後半ころに建立された。陸奥国分寺・国分尼寺が貞観11年陸奥国巨大地震で被害を受けたという記録は残されていないが、発掘調査の結果、出土した瓦の半数以上が多賀城政庁第Ⅳ期のものであることが判明している。しかし、陸奥国分寺・国分尼寺では、多賀城政庁第Ⅳ期の「陸奥国修理府」で造られた軒丸瓦・軒平瓦と類似するものの、多賀城跡・多賀城廃寺跡からは出土しない軒丸瓦・軒平瓦なども多く含まれている。陸奥国分寺・国分尼寺創建期と同様、貞観11年(869)陸奥国巨大地震からの復興に際しては、陸奥国内の郡司の協力があったと考えられる。

参考文献　柳澤和明「貞観11年(896)陸奥国巨大地震・津波と陸奥国の復興」第2回東国古代遺跡研究会資料、2012

(柳澤和明)

874 開聞岳噴火 （貞観16年3月4日）

災害の概要

開聞岳（図1）は，鹿児島県薩摩半島南東端に位置する標高924ﾒｰﾄﾙ，基底直径4.5ｷﾛﾒｰﾄﾙのほぼ円錐形をした活火山である。約4,000年前の縄文時代後期に活動を開始し，平安時代の仁和元年（885）に終息した。この間，主要な12回の噴火が発生し，多量の溶岩やスコリア（多孔質な黒色の軽石）・火山礫を噴出している。下部は玄武岩質溶岩やスコリアなどの火砕物（SiO_2 51～52％）からなる成層火山，頂部は安山岩質（SiO_2 54～57％）の溶岩ドームである。

開聞岳では4,000年前，3,200年前，2,000年前，古墳時代に大規模な噴火があり，平安時代の貞観16年（874）と仁和元年（885年）にも大噴火した。いずれの噴火も噴出物量は0.5～1立方ｷﾛﾒｰﾄﾙで，噴火規模が中程度のサブ・プリニアン噴火であった。

開聞岳東部に位置する指宿市内には，古墳時代噴火と平安時代噴火に被災した遺跡が多数存在する（図3）。古墳時代の噴火は指宿市橋牟礼川遺跡において須恵器が火山灰中に埋もれた状態で出土した（図2）ことから7世紀後半に発生したと推定されている。間に挟まる古土壌の存在から噴火は2期に区分される。前期は大量のスコリア噴出が主で，後期は大量のスコリア噴出の後，火山灰の噴出に移行する。この火山灰は全体に青色を帯び硬く，青コラと称される。開聞岳南部海岸付近ではこの時期の水蒸気マグマ噴火で形成された背の低い火口（タフリング）の一部が露出することから，噴出源は開聞岳裾野であったと推定される。橋牟礼川遺跡では，スコリアが数ﾒｰﾄﾙ，火山灰が30ｾﾝﾁ近くの厚さで堆積する（図4）。火山灰中には大量の火山豆石が含まれ，火山灰が湿っていたことを示す。橋牟礼川遺跡ではこれらの噴出物に直接覆われた須恵器，畑跡，馬鍬状工具による耕作跡，貝塚が検出されている。しかし，火山灰表面を掘り込んだ古墳時代の畑跡が検出されることなどから，遺跡周辺では生活が継続され，噴火の影響はさほど大きくなかったと推定される。

平安時代には『日本三代実録』に記録がみえる。貞観16年噴火記録は7月2日（8月17日）と29日（9月13日）の2つがあり，噴火が2回あったように受け取れる。しかし，①2日の記録では噴火した日時の記載なしに，開聞岳噴火の状況と政府の対応策が述べられ，②29日の記録には火山名の記載はないが，3月4日に噴火したことや噴火状況，および災害の様子が詳細に述べられている。記録が「大宰府言」から始まっており，この時期に九州では開聞岳以外に噴火記録がないことなどから，2つが開聞岳噴火の記録であることは間違いない。また，野外で観察される噴出物は連続した堆積相を示すことから，何らかの事情により同じ噴火が2つの異なる日付で記録されたと推定される。

噴出物の堆積状況から，貞観噴火は4段階を経て推移した。初期の2回の噴火では開聞岳から西方にスコリア，火山灰を噴出し規模は小さい。後半の2回の噴火で発泡のいい軽石，および火山灰・礫混じりのスコリアを噴出した。このスコリアは東方に広く分布し，貞観噴火で最大規模の噴火であった。橋牟礼川遺跡では30～50ｾﾝﾁの厚さで堆積する。多数の類質岩片を含み，細かく成層した火山灰層で，全体に紫色を帯び，硬く紫コラと称される。火山灰層下部にはホシダ，チガヤなど多量の植物葉片が痕跡として残されている。このスコリア噴出に伴い開聞岳南東～西方にかけ火砕流が噴出した。火砕流の最大層厚は約30ｾﾝﾁで高温酸

化により赤色化する。

仁和元年噴火は7月12日および8月11, 12日の2回発生し，主にスコリアの噴出と溶岩の流出であった。最初期には小規模な白色火山灰が噴出し，その後スコリア噴火に移行する。スコリアは10ユニットに区分され，噴火には盛衰があった。スコリアは東方に分布し最大層厚は1.5㍍であるが，橋牟礼川遺跡付近では約10㌢である。スコリア噴火の終末期には火口から南東方向に火砕流を噴出した。間に薄いスコリア層が挟まることから，火砕流は2回噴出したと推定される。スコリア噴火の最終段階で，開聞岳南部の田の崎溶岩および山頂部の小岳溶岩，溶岩ドームが形成された。

被害の概要

古墳時代噴火では畑の埋没や樹木の損壊などが生じたが，具体的被害状況を推測させる証拠に乏しい。ただ，橋牟礼川遺跡では須恵器の長頸壺が火山灰層に埋もれるように安置されており，噴火災害軽減の祭祀が行われた可能性がある。貞観噴火(874年)は3月4日(25日)夜に発生した。爆発音や地震が続き，翌日も一日中火山灰が降り注ぎ，夜のような状態であった。夕方近くに雨となって(「比及黄昏，沙変成雨」)，作物がことごとく焦枯し，さらに泥流が発生して川が埋まり(「河水和沙」)，魚類や亀類が無数に死んだ。また，死魚を食べた者は死んだりした。噴火の終末に雨が降ったことは

図1　開聞岳

図2　橋牟礼川遺跡出土の須恵器

図3　開聞岳の貞観噴出物に覆われた遺跡

開聞岳噴火 177

図4 橋牟礼川遺跡の火山灰堆積状況

図5 火山灰の重みで倒壊した家屋跡

火山灰中に成層構造が顕著であること、開聞岳山麓や周辺部で泥流(土石流)堆積物が広く分布することなどから確実である。特に橋牟礼川遺跡では泥流堆積物に覆われた幅5㍍、深さ3㍍程度の川跡が検出され記録の正確さがわかる。また、火山灰の重みで倒壊した家屋跡が出土した(図5)が、その内部には細粒火山灰が数㌢の厚さで堆積する。火山灰が混じった泥水が家屋内に侵入し、その後横倒しの倒壊したと推定される。橋牟礼川遺跡では貞観噴出物に覆われた畑跡、道路跡、多量の葉が落ちた樹木跡などが、近くの小田遺跡では棚田と推定される跡が検出された。橋牟礼川遺跡の北2㌔にある敷領遺跡でも水田跡が検出され、そこでは稲株痕470個も検出されている。また、敷領遺跡近くに位置する中敷領遺跡では、火山灰に埋没した建物跡も検出された。ここでは家屋内から2点の土器が出土し、その1つには墨書があった。また、付近一帯では紫コラが厚く堆積するにもかかわらず、この家屋跡周辺では紫コラが全く堆積しておらず、噴火後に排土された、すなわち復旧工事が行われたと考えられる。近隣にこのような事例がないことから、この建物が重要、たとえば官衙的施設であった可能性が指摘されている。

仁和元年(885)7月噴火記録は薩摩国で「砂石如雨」とあり、遠方の肥前国でも稲や草木が火山灰に覆われた。8月噴火では火山雷の発生や火山砂の噴出があり田野が埋まった。しかし、このような大規模な噴火であるにもかかわらず、噴火による人的な被害については報告がない。指宿市内遺跡では貞観噴火以降、復旧作業が行われた痕跡に乏しく、仁和年間には荒野の状態であった可能性が示唆される。

仁和噴火は貞観噴火のわずか11年後であり、引き続く2回の噴火により指宿地方は壊滅的な打撃を受け、その後、農地の復旧・生産力の回復までは長い道のりがあったと推定される。このことは、この地方で中世の遺構・遺物が乏しいことからも裏付けられる。

参考文献 鎌田洋昭・中摩浩太郎・渡部徹也『橋牟礼川遺跡』(日本の遺跡40、同成社、2009)、藤野直樹・小林哲夫「開聞岳火山の噴火史」(『火山』42ノ3、1997)、成尾英仁・永山修一・下山覚「開聞岳の古墳時代噴火と平安時代噴火による災害―遺跡発掘と史料からの検討―」(『地球』19ノ4、1997)、鷹野光行『鹿児島県指宿市敷領遺跡(中敷領地点)第2次調査』、2010 (成尾英仁)

989 永祚の風 （永祚元年8月13日）

気象観測がない時代の台風の推定

気象観測のない時代の台風については，遺構や古文書など，現在まで残されているものから推定するよりほかに方法がない。台風の痕跡でいえば，鹿児島県の屋久島に自生し，天然記念物にもなっている，樹齢数千年の屋久杉は当時の台風の跡を留めている。勢力の強い台風が屋久島に襲来すると，樹幹は猛烈な風圧をうけて，根元近くの樹皮付近に永久歪が残る（もっとも倒れるほど強い風であれば屋久杉は現存していない）。この永久歪が樹皮付近におこることにより年輪を数えることで猛烈な台風があった年代が，形や大きさ，分布を研究することで，そのときの最大風速や風向が推定できるからである。真鍋大覚の調査によると，屋久杉の樹枝斑点模様から，451—84年に最大風速約80㍍/秒の台風，511—28年に最大風速約60㍍/秒の台風，537—52年に最大風速約95㍍/秒の台風などが屋久島を襲っている。

古文書の簡単な記述でも，それを多数集め，被害のおこった時刻を図示することで台風の進路や被害の広がり，台風の強さが推定できる。このような方法では，記録が多く残っていると有効で，近畿地方では飛鳥時代以降，東日本では鎌倉時代以降，北日本では江戸時代以降，有効な方法である。

昭和14年(1939)に作られた『日本の気象史料』によると，いちばん古い台風に関する記録は，『紀伊南牟婁郡誌』にある雄略天皇17年8月(473年9月8日—10月6日)の「熊野大風，諸木悉倒」である。屋久杉に痕跡をとどめるという451—84年の台風と熊野年代記のいう雄略天皇17年の台風とが同一である可能性は非常に小さいが，零ではない。

平安時代で最悪の台風

永祚元年8月13日(989年9月15日)，近畿地方を平安時代最大といわれる台風が襲い，『扶桑略記』や『日本紀略』などに記述されている。台風の経路ははっきりしていないが，大阪湾沿岸に大きな高潮を生じさせたことから，昭和9年(1934)の室戸台風と似たコースを通ったという説もある。

この台風により，比叡山の東塔にある高さが八尺(約2.4㍍)といわれる大鐘が南の谷底へ落下し，鴨川で洪水や畿内の海岸に高潮がおき，京都では，御所をはじめ多くの家が倒れ，山は崩れて圧死する人が多かったと記録されている。『扶桑略記』には，「夜，天下に大風。宮城の門・高楼・寝殿・回廊及び諸々の役所，建物，塀，庶民の住宅，寺社仏閣まで皆倒れて一軒も立つもの無く，木は抜け山は禿ぐ。又洪水高潮有り，畿内の海岸・河岸・人・畑・家畜・田この為皆没し，死亡損害，天下の大災，古今にならぶる無し」（原漢文）とある。『日本紀略』には，「酉戌刻大風，宮城門舎多以転倒」と，17時〜21時に強い風が吹いて建物被害がでたことが，「左右京人家転倒破壊，不可勝計，又鴨河堤，所々流損」，「洪水高潮，畿内海浜河辺民，畑人畜田畝，為之皆没，死亡損害，天下大災，古今無比」とあることから，京都では鴨川の堤防決壊，畿内の広い範囲で高潮があったことが類推できる。このような記述を集めると，災害の全体像が浮かび上がってくる。

『扶桑略記』には，台風5日前の8月8日に永延から永祚へと改元した理由を「彗星の天変に依る」としているが，この彗星はハレー彗星である。大きさの詳細は不詳であるが，『諸道勘文』に「長五尺許」とあることから，かなり巨大な彗星である。このため，人々に強烈な印象を与え，大風の

図1 『源氏物語』28「野分」

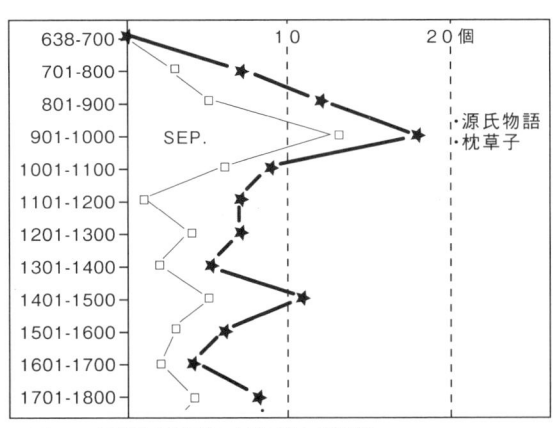

図2 京都付近襲来の年代別の台風数

たとえとして永祚の風が語り継がれた。また、『扶桑略記』永祚2年11月7日条には「改為正暦元年由来去年大風，改元也」とあり、ハレー彗星出現で改元し、さらに見えなくなった1年後には、永祚の風により正暦に改元したと記されている。

平安時代、宮廷や貴族社会を舞台として、誕生まもない「かな文字」を使った女流文学の全盛時代があった。多くのすぐれた女流文学者が誕生し、現在まで残っているすぐれた作品(日記・随筆・物語)がある。これらの作品の中には、台風を扱ったものが少なくない。ただ、そのころは、台風という名称ではなく、野分と呼ばれている。

たとえば、清少納言の『枕草子』第200段に「野分のまたの日こそ、いみじうあはれにをかしけれ(台風の翌日はまことにしみじみとして趣が深い)」とある。また、紫式部『源氏物語』巻28「野分」(図1)には、「こころの齢に、まだかくなる騒がしき野分にこそあはざりつれ、とただわななきたまふ。大きなる木の枝などの折るる音も、いとうたてあり(こんなに年とるまで、このような激しい台風には出合わなかった、とふるえにふるえている。大きな木の枝などの折れる音もひどく不気味である)」となる。これらの記述は、具体的でかつ的確であることから、作者である女性たちは、台風の経験があるのではないかと指摘する人もいる。永祚の風を経験したとすると、清少納言はおよそ23歳、紫式部は、生年が970—78年まで諸説あるが、いずれにしても10代である。

京都は昔から政治・文化の中心であったために、多くの記録が残っており、京都付近で大きな被害を出した台風はまず、含まれていると考えてさしつかえない。田口龍雄によると、京都付近に大きな被害をもたらした台風は、10世紀末から11世紀に多く、ついで15世紀(室町時代)が多くなっている(図2)。月別(太陽暦に換算して)では、9月に全体の50％、10月に34％と9〜10月に圧倒的に多く来襲している。

参考文献　田口龍雄「日本の歴史時代の気候について」(『海と空』, 1939)，中央気象台・海洋気象台編『日本の気象史料』, 1939, 真鍋大覚「台風と屋久杉」(『天気』15／3, 1968)，饒村曜『台風物語―記録の側面から―』(日本気象協会, 1986)，石井和子『平安の気象予報士紫式部』(講談社, 2002)

(饒村　曜)

1281 弘安の役の暴風 （弘安4年閏7月1日）

文永の役

1260年にモンゴル帝国の皇帝クビライ・カアンは，服属していた朝鮮半島の高麗を通じて，1266年に日本にはじめて通交を求める使者を送っている。懸案であった南宋攻略の直前であり，南宋と交易のあった日本を牽制する意味もあったといわれている。

しかし，鎌倉幕府はこれを黙殺したため，クビライは高麗に命じて日本へ侵攻する艦船を作らせている。一方，鎌倉幕府は，九州の防備をかためる。

クビライは，1273年に南宋が国力を総動員して国土防衛の拠点とした襄陽を5年がかりの包囲戦で陥落させ，翌1274年，文永11年10月に蒙古・漢・高麗人からなる3～4万人の元軍を日本に侵攻させる。元軍は，対馬や壱岐を襲ったのち，文永11年10月20日(1274年11月19日)に博多湾西部に上陸し，日本軍を激闘の末やぶって博多を占拠している。しかし，激戦で矢がつきた（『元史』による）ことから，博多の町を焼いて沖合の船に引き上げている。『高麗史』では，この夜の風雨で艦船が難破し，派遣軍のうち不還者は1万3,500余人にのぼったとあるが，日本側の記録には船を難破させる具体的な風の記録はない。

文永の役と呼ばれる元軍の襲来は，台風シーズンはすぎており，最初から威力をみせつける偵察ではないかという考えがある。北西の季節風（朝鮮半島に戻れなくなる風向）が強くなる前に，予定の撤収をしたと考えると，多くの点で説明がつく。

弘安の役

敗走しながらも抵抗を続けていた南宋軍を広州湾の崖山で撃滅した1279年，クビライは，日本に対して再度の使者を送るが，鎌倉幕府は福岡の大宰府にて使者を斬首している。これに怒ったクビライは，日本への本格的な侵攻を計画している。

弘安4年(1281)，蒙古・漢・高麗軍を主力とした東路軍4万と，旧南宋軍を主力とした江南軍10万，計14万の軍が日本に向けて出発した。鎌倉幕府は，博多沿岸に約20㌔にも及ぶ防塁(元寇防塁)を築き，4万の兵力で襲来に備えた。

江南軍と東路軍は，平戸鷹島付近で合流したが，閏7月1日(1281年8月16日)，ここで暴風雨に襲われ，元軍の海軍戦力の3分の2以上が失われ，残った軍船も，相当数が破損した。上陸していた一部の部隊は，鎌倉幕府軍によって撃破された。この戦いで元軍の11万人が死亡し，帰還できたのは，全体の1,2割だといわれる。

『八幡愚童訓』に「去る七月晦日の夜半より戌亥時まで（7月30日0時ころから閏7月1日21時ころまで）風おびただしく吹て閏七月一日賊船悉く漂蕩して海に沈みぬ」とあるなど，弘安の役についての具体的な風の記録は数多く残されている。

弘安の役の暴風雨は，季節からみて台風であり，発達したまま東シナ海を北上した，文政11年(1828)のシーボルト台風や昭和17年(1942)の周防灘台風に似ているとの説がある。

弘安の役後，十分な恩賞給与がなかった御家人たちは借金に苦しんだ。また，日本国内では，日本の神が国難を救ったということから，この暴風雨を神風と呼び，日本は神国なのだから負けるはずがないという神国思想が広く浸透した。

参考資料　中央気象台・海洋気象台編『日本の気象史料』，1939　　　（饒村曜）

1498 明応地震 （明応7年8月25日）

災害の概要

明応地震は明応7年8月25日（1498年9月11日）に駿河-南海トラフ沿いに起きたプレート境界巨大地震である。M8.2〜8.4と推定されている。確実な史料によると伊勢から伊豆まで津波が襲い、海辺の地域に大きな被害を与えていることがわかるので、東南海・東海地域に起こった地震である。しかし、紀伊国北部海辺地域（和歌山市）でも被害があり、また高知県四万十市アゾノ遺跡出土の噴砂跡は明応地震によるものとされていることから南海地域でも地震が起こっている。したがって、明応地震は駿河-南海トラフ沿いに100年から150年周期で起こる巨大地震の1つであり、宝永4年（1707）に起こった宝永地震と同様、南海・東南海・東海地域で同時に起こった地震である。

京都の貴族近衛政家の日記『後法興院記』には、三重県伊勢地域から静岡県伊豆地域にかけて大波が押し寄せ、海辺の民家のすべてが水にさらわれ、多くの人々が命を落としたとある。

駿河国では小川湊（静岡県焼津市）が津波に襲われた。小川湊は、海岸線と並行に走る川に沿って開けた湊町で、屋号を持つ商人が居住し、太平洋沿岸を航行する大船が停泊した。物資が集積し、多くの人が居住する港湾都市であった。

日蓮宗海長寺（静岡市清水区松村）の僧侶日海は『日海記』に、小川の海辺にある末寺は、8月25日の地震で堂舎・仏閣以下すべてが大波に取られ、河原のようになったと記している。

遠江国中部地域では湊が津波被害をこうむり、曹洞宗禅僧松堂高盛の語録によると、8月25日、大地震が起き大波が襲い多くの人たちが津波にさらわれた、と記されている。この津波被害を受けた湊の具体名は記されていないので不明であるが、掛塚湊（静岡県磐田市）もしくは浅羽湊（静岡県袋井市）の可能性がある。

遠江西部の浜名湖では、津波によって大規模な海岸侵食が起こり、浜名湖と遠州灘をつなぐ「今切口」が開いた。浜名川の流路も変わった。明応地震以前には浜名川は西に流れ、河口付近（静岡県新居町松山）には湖口を守る角避比古社があった。浜名湖の水は角避比古社のそばを通って遠州灘に流れ出ていた。

角避比古社は古代より浜名湖の水を制御する神社で、古代の人々には湖口が塞がれば民は被害をうけ、湖口が開けば民は豊穣となると考えられていた。その湖口が明応地震で塞がり、現在の今切が新たな浜名湖の入口・出口に変わった。

伊勢南部では地震の津波は海から宮川（三重県伊勢市）を3㌔ほど遡った長居郷まで押し寄せている。宮川河口近くにあった大塩屋は地震により塩浜が消滅した。伊勢中部の船が行き交う水辺の近くにあった安濃津（三重県津市）も地震で壊滅した。

紀伊国では湊町和田浦（和歌山市）が被害を受けた。紀ノ川の河口付近には紀伊浜御厨という賀茂社領があり、そのなかに和田浦があった。紀伊浜御厨の貢菜人は、12世紀末の史料で関東へ航行していたと思わせる「板東丸」「東国丸」という船名をもった船を所有していた。和田浦も海の近く紀ノ川の北岸の土入川沿いにある川湊である。現在の紀ノ川は西に河口が開いているが、古代・中世の紀ノ川の流路はことなり、土入川から和歌川を通って和歌浦に注ぎ、ついで土入川・水軒川を通って大浦に注いでいた。紀ノ川の河口が現在の位置で開いたのは明応地震よるものであると思われる。

なお、『鎌倉大日記』明応4年8月15日条

には、「大地震・洪水、鎌倉由比浜海水千度檀に到る、水勢大仏殿堂舎屋を破る、溺死人二百余」とある。この記事の年月日が明応7年8月25日の誤記であるとしたら、明応地震による津波が鎌倉の大仏殿まで到達して、溺死者を200余人出していたことになる。

被害の概要

明応地震で被害の具体的な様子を示す確実な史料に『日海記』と『円通松堂禅師語録』がある。『日海記』には駿河小川の海辺の堂舎・仏閣・人宅・草木・牛馬・六畜などことごとく水に没し死んだ。小川にある日蓮宗海長寺の末寺御堂坊などはことごとく大浪に取られ、ただ河原のようになり、末寺に来ていた僧侶らも波に没したとみえる。『円通松堂禅師語録』には、8月25日に大地震が起き、地は裂け15尺の大波が襲い山は崩れた。海辺に宿泊し湊の市にいた遠方の商人、近隣の買い物客、そして芸能者が津波にさらわれた、と記されている。

元島遺跡(静岡県磐田市)では幅約50㌢間隔で何十本にも及ぶ液状化の痕跡が見られ、この液状化が13世紀の洪水層から吹き上がり16世紀代の遺構面によって覆われていたことから、この液状化の痕跡は明応地震によるものであると推定されている。同遺跡から出土した10形式(15世紀後半)の常滑産片口鉢・甕・壺類は339点あったものが、地震後の11形式(16世紀前半)の製品は85点と25％に激減している。元島遺跡は川港の遺跡である。海に面した港ではなかったため津波によって壊滅はしなかった。しかし16世紀前半では陶器の数量で説明すれば25％へ激減していて地震の被害をこうむり完全に復興を果たすことができなかったことを読み取ることができる。

『内宮子良館記』『皇代記付年代記』には伊勢国・志摩国各地の被害数が記されているが、史料の性格を理解した上で破害の数字を考えなければならない。『静岡県志太郡志』は流死者26,000人と記すが、同史料は近代に編纂された史料であり、被害者数を示す史料にはならない。この被害数は近世のある時期に作られた数字で、明応地震当時の被害者数を示すものではない。

救済の概要

明応地震の際、救済活動がわかる史料はない。同時代の首都京都在住の貴族の日記には救済の取り組みの記事はない。室町幕府による取り組みは行われなかったと考えられる。幕府の取り組みはないが、地震によって被災した人々に対応した宗教者の取り組みは行われた。曹洞宗の僧侶松堂高盛の地震後の説法が残っている。松堂は、遠江佐野郡寺田郷の領主原氏一族寺田氏の出身で、地震によって被害を被った遠江の民衆の前で説法を行なった。

松堂は説法で、明応7年(1498)5月に氷雹が降り麻・麦に損傷をあたえ、7月14・15日の2日間は風雨が吹き荒れ、畦が潰れ家は吹き倒され塩田の釜が砕かれた。8月8日夜から9日には大風雨が襲い民家を壊され、8月25日には地震が襲い、これまでの風雨にも耐えて残っていた民家もすべて倒れ、海岸には津波が襲い多くの被害を出した。この災害に対処するために、神仏に対してみだりに酒を勧めて託宣を請い巫女に宣言をさせてはならない。災害は人心の荒廃によって起こったのだ。内には仏法僧を信じて心の安定を図り、外には儒門の道の実践をしなければならない、と説いた。

松堂は、この災害から救済される方法は神仏の加護を期待するのではなく、みずからの行いを正すことを説いた。民衆に対し、自分たちの力によってこの災害を乗り越えなければならないと主張した。この説法に対し、民衆はどのように行動をしたのかは不明であるが、災害を前にして、ただ神仏の加護に頼ることではだめなのだということを主張した地域の宗教指導者がいて、民衆を励ますために活動を行なっていたこと

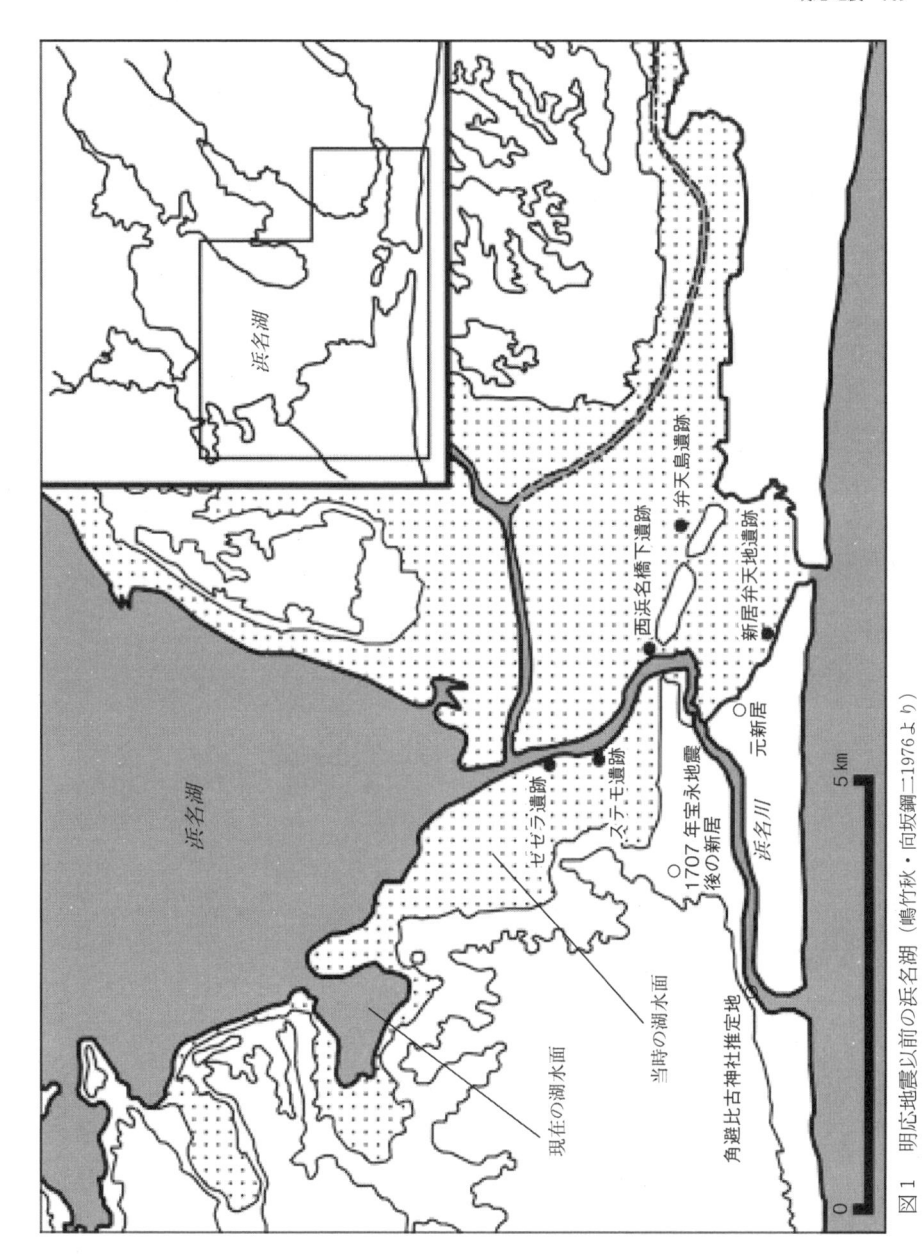

図1 明応地震以前の浜名湖（嶋竹秋・向坂鋼二1976より）

がわかる。
復興への道
　明応地震でわかる復興の様子は被害を受けた地域からの移転である。地震により浜名川の河口閉塞が起こり、浜名湖の湖口が角避比古社の当たりから今切に変わった。この河口閉塞により浜名川沿いに発展していた港湾都市橋本は衰退し、浜名湖での利権を確保するためにあらたな湖口の今切・元新居に移転した。今切渡の名は天文22年

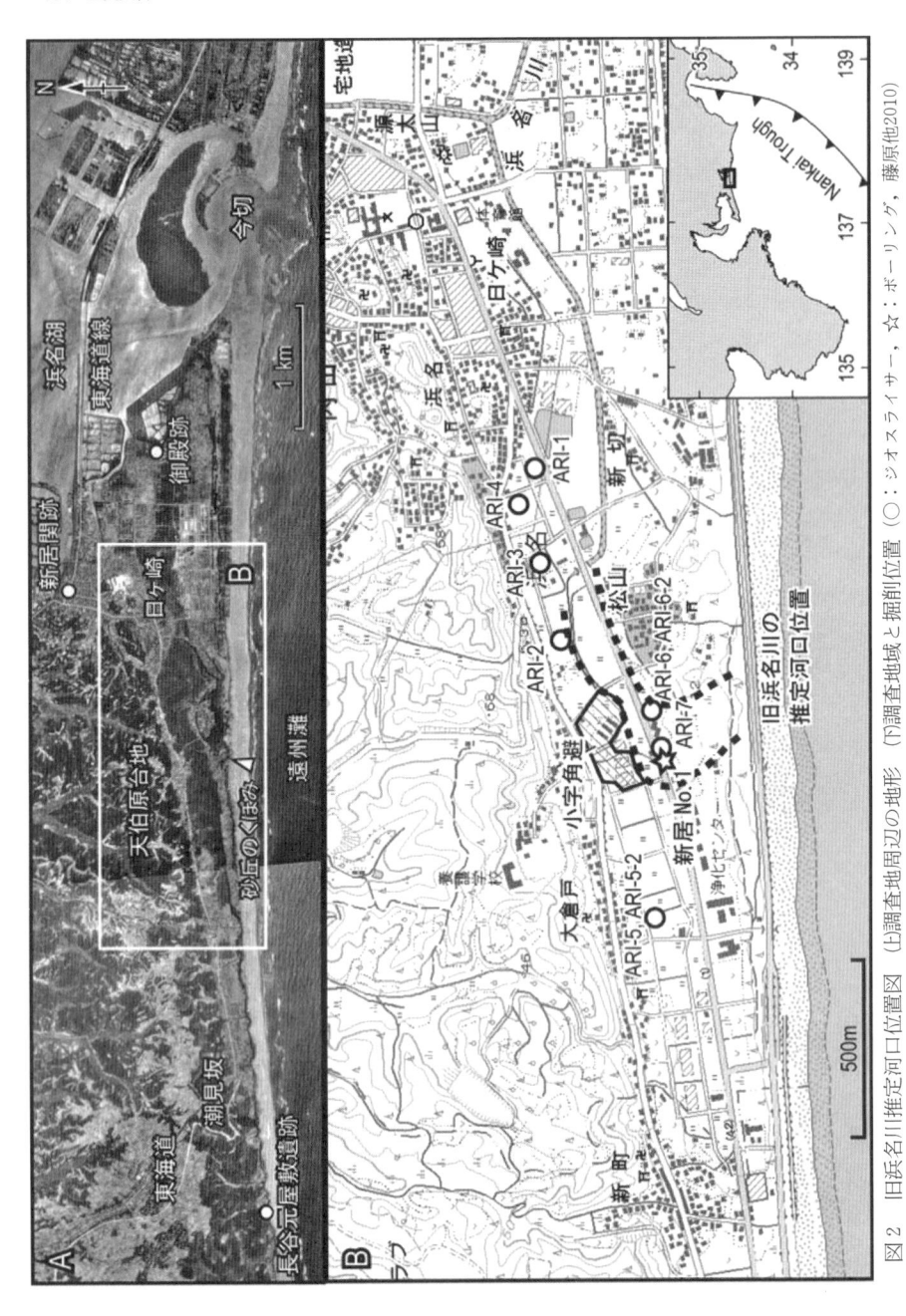

図2 旧浜名川推定河口位置図 (上)調査地周辺の地形 (下)調査地域と掘削位置 (○：ジオスライサー、☆：ボーリング、藤原他2010)

(1553)，新居の名は弘治3年(1557)の史料に見えるので，1550年代に復興を遂げたものと思われる。天正2年(1574)には，徳川家康が今切新居の船守中に与えた新給として棟別惣郷中屋敷分があり，このころには今切新居は，屋敷が密集した地域となって

いることが確認できる。橋本の寺社・住民は今切・元新居に移転して、50年後に復興を果たした。しかし、この復興は浜名湖水運の利権を確保するための移転であり、安全な地域への移転ではなかった。今切・元新居は橋本の東に位置する地域であり、地形や地盤は橋本と違いはなかった。そのため、今切・元新居の寺社・住民は、1707年宝永地震でふたたび被害を受け、現在の新居町の中心地に移転することになる。

伊勢南部の宮川河口近くにあった大塩屋地域では明応地震で塩浜が消滅してしまい、大湊地域に移転している。伊勢中部の安濃津(三重県津市)は、市がたち、海産物が取り引きされた。また、安東郡に所在する神宮の常供田からの籾・餅を集荷して船で移送する物資の集散地であった。室町期の安濃津は物資の集散地であり、寺院も多く建ち並ぶ都市であった。明応地震後の大永2年(1522)にこの地を訪れた連歌師宗長は、安濃津が荒野となって4,5千軒あった民家・寺院は跡しか残らず、鶏・犬も見えず、鴉さえまれな地になってしまったと記している。安濃津は地震から25年たっても復興できなかった。安濃津の商人の活動は天文21年ころの史料にみえてくるので、地震後50年たってからようやく復興してきたものと思われる。

紀伊国の和田浦の住民は明応地震の津波被害により紀ノ川南岸の湊地域に移住した。湊地域はのち地子が免除される和歌山城下

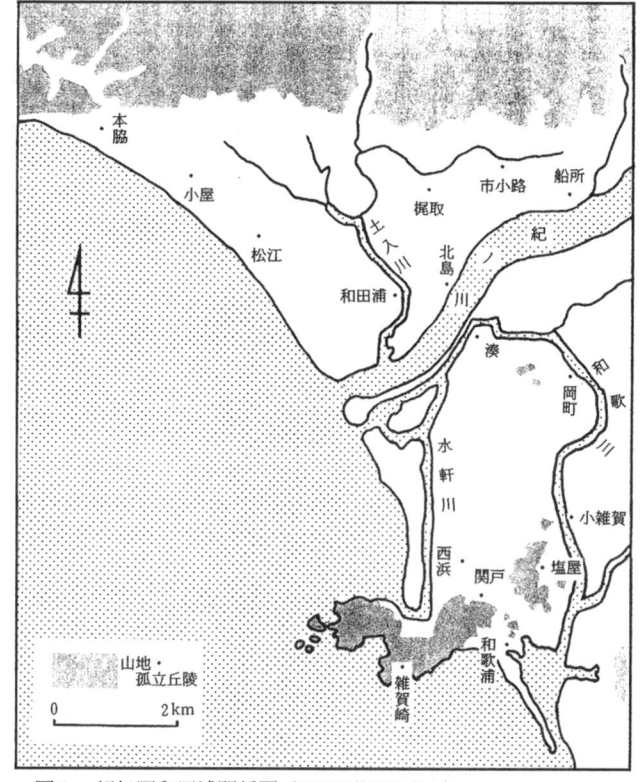

図3 紀伊国和田浦関係図(日下雅義1980より)

の3つの古町のうちの一つで、湊の名は1560年代の確実な文書にみえ始めるのでこのころ復興して来たものと思われる。

永禄5年(1562)の文書から雑賀一揆のメンバーに湊氏がいたことがわかる。天正13年の史料からは船大工紀伊湊の者が南海路で日向国まで出稼ぎに行っていたことがわかる。紀伊湊は紀州の木材の集荷地でもあり、豊臣秀吉による方広寺大仏造営のための材木が集められ、船持ちの商人馬二郎が材木を大坂まで運んでいることも確認できる。さらに天正13年の紀州攻めの時、兵糧奉行増田長盛の指揮のもと、紀伊湊に須磨・明石・兵庫・尼崎・西宮・堺から運ばれた兵糧が降ろされている。湊地域は戦国期・豊臣期を通じて、和歌山平野の流通の中心地となっていた。

災害の記録と情報

明応地震について東海地方の被害について記したいちばん信頼できる史料は、首都京都の貴族、准三后近衛政家の日記『後法興院記』である。明応7年(1498)8月25日の地震から11月29日までの閏月の10月を含む4ヵ月間の余震の記事を書いている。8月25日条には、この日の地震は6月11日に起きた地震の2倍の大きさであったと記されている。しかし8月25日条には東海地方の被害記事は書かれていない。東海地域の地震の被害状況が近衛政家に届いたのは1ヵ月後の9月25日のことで、25日条には、伝え聞く、去月大地震の日に伊勢・三河・駿河・伊豆に津波が押し寄せ多くの被害があった、と記される。東海地方に大きな被害があったにもかかわらず、首都京都の太政大臣を務めたほどの貴族にも被害状況は伝えられていなかったのである。東海地方の被害情報が伝えられても、それに対してどのような対策がとられたのかについても記されていない。首都京都では明応地震の被害について関心がなかったのであろう。

京都の貴族、権大納言三条西実隆の日記『実隆公記』には、8月25日から11月7日までの地震が記録されている。44歳の実隆は、8月25日条に、周りの人は50年間このような地震を体験したことがなく、自身もはじめての体験であると記している。しかし、京都の被害については書いていない。

奈良では少し被害があった。興福寺の大乗院門主尋尊が記した日記『大乗院神社雑事記』8月25日条によると、興福寺の地蔵堂の南庇が崩れたとある。京都には被害がなかったが、南に位置する奈良では地震による被害があったことがわかる。

明応地震では東海地方で大きな被害があったことは間違いない。被害の情報は、1ヵ月遅れではあるが、近衛政家の日記『後法興院記』に記された。しかし、ほかの確実な史料である『言国卿記』『御湯殿の上の日記』『実隆公記』『大乗院神社雑事記』などには地震のことは記されてないのである。被害がほとんどなかった京都・奈良の人々にとって、東海地方の被害は関心がなかったのである。

京都・奈良の記された地震記事は以上のようなものであった。被害にあった東海地方の人が記したこの当時の日記は残っていない。しかし、東海地方で活動を行い、地震を体験した宗教者の信頼できる史料が残っている。

その一つは、駿河国の日蓮宗海長寺の僧日海が実際に見聞した内容を記した記録の『日海記』である。同時の僧侶日円が8月24日、末寺の駿河国小川湊にある末寺で作善を行なった際、翌25日に地震津波にあい、堂舎・仏閣とともに波に没した様子が『日海記』日円上人入寂の項に記されている。もう1つは遠江国で活動していた曹洞宗の僧侶円通松堂の説法などが収められた『円通松堂禅師語録』である。同書に収められた円通の説法は、先の救済の概要の項で述べたように、地震で被害を受けた民衆に対して行ったものである。

『日海記』『円通松堂禅師語録』は地震があった同じ時期に記された日記ではないものの、確実な史料として重要である。

ここにあげた上記の史料以外は、明応7年からかなり隔たった後世に作成された史料であり信用が置けない。特に被害者数などの数値は信用すべきではなかろう。

参考文献　広瀬良弘『禅宗地方展開史の研究』(吉川弘文館、1988)、矢田俊文『日本中世戦国期の地域と民衆』(清文堂、2002)、同『中世の巨大地震』(歴史文化ライブラリー、吉川弘文館、2009)、同『地震と中世の流通』(高志書院、2010)、藤原治他「1498年明応地震による遠州灘沿岸浜名川流域の地形変化」(『歴史地震』25、2010)

(矢田俊文)

1585 天正地震 （天正13年11月29日）

災害の概要

天正地震は，濃尾地震以前では日本の内陸に発生した浅い地震として最大級のものである。天正13年11月29日(1586年1月18日)夜中23時ころに発生し，規模は濃尾地震と同程度か，やや小さいM7.8〜8。発生場所はおそらく鈴鹿山脈と濃尾平野の東半分の間で，震源候補となる活断層は数々あるが養老断層が現在では有力候補となる。これとは別にもう1個，M7クラスの地震が御母衣断層帯から砺波平野西縁にかけた地域に旧暦27日（あるいは30日深夜）に発生し，現高岡市福岡の木舟城や庄川沿いに被害を与えた。この地震によると思われる被害の中では，白川断層沿いの飛騨の保木脇(現岐阜県大野郡白川村)にあった内島氏の居城帰雲城が山の大崩落によって埋没し，他所で出かけていた者以外は一族郎党全滅したという話が有名である。

時は丁度近世への過渡期であり，豊臣秀吉の小田原攻めはおろか，上杉景勝上洛の前，つまり豊臣政権が東国や北陸を掌握する前だったので，信頼できる細かい被害史料がない。相当に大きい地震だったため，それでも同時代の日記などの史料が，限られてはいるもののいくつか残されてはいる。また，江戸時代以降，多くは百年以上経過してから，伝説の大地震として，伝承を記述した後代の史料が大量にあり，確実な史料から詳細な実像を把握できない分，解釈の幅によっていろいろな断層を震源と推定できた都合のいい地震であった。少なくとも織田信雄が被災した長島城から清洲城に移ったことなどから，赤河・屛風山・恵那山・猿投山など濃尾平野の東縁の断層帯や，阿寺断層以東の断層はこの地震の震源域ではない。この地震が中部地方南西部から湖北にかけて被害をもたらし，規模としては濃尾地震級の日本の内陸地震としては最大規模の地震であったことは確実である。

しかし徳川政権が安定する17世紀中盤以前に関しては，現在われわれが知っている地震はまだ一部分であるので，この時代とおぼしき山崩れなどをすべて天正地震を原因としてはいけない。たとえば関谷清景のカタログにはあったが，現在広く使われる宇佐美龍夫のカタログからは，この地震の半年前の天正13年6月15日正午過ぎの地震が欠けている。この時代，なかなか信頼できる日記を残した松平家忠が三河深溝で「ここ百年なかった大地震」(『家忠日記』)と感じ，同じ地震は奈良でも大きく感じられ，京都や伊勢でも有感だった。天正地震のころに活動したといわれる濃尾以東の活断層のいずれかが，この地震の震源であろう。

被害の概要

天正地震では，濃尾平野の西南部分が甚大な被害を受けた。濃尾地震でも被害が大きかった大垣城は倒壊後

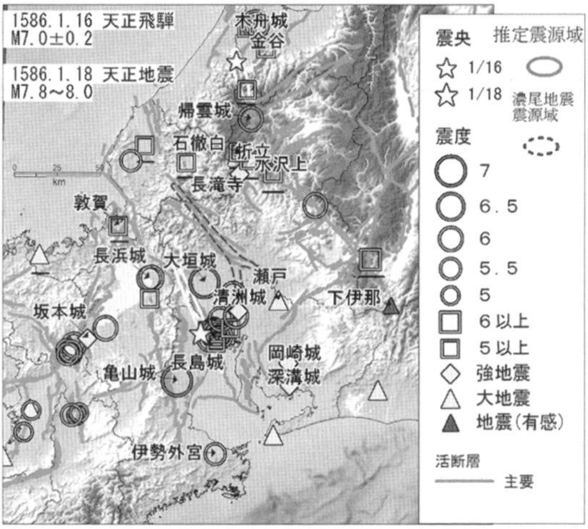

図1　震度分布図

に出火したし，長島城も液状化で倒壊し，周囲も被害甚大だった。亀山城も倒壊した。琵琶湖の長浜でも城内で倒壊があり，山内一豊の娘が乳母とともに圧死した。長浜では町でも倒壊後に火災が広がったようである。これらはいずれも地盤条件のいい場所ではない。しかし，明らかに被害の中心は濃尾地震より南西になる。

このほかに摂津国の堺では倉庫が30棟以上倒壊した。大坂では豊臣秀長の屋敷は倒壊したが，大坂城は破損程度で済んだようである。京都では三十三間堂の600体ともいわれる全ての仏像が倒れ，東福寺の山門がゆがみ，東寺の講堂が壊れて本尊など仏像にも被害があったが，イエズス会の教会は壊れなかった。関東方面は地震被害がなかった。史料によっては若狭湾や丹後の日本海側で倒壊や津波の被害を述べているが，これらは不確実である。

日付が近い時に発生したもう1つの地震では，越中国木船城で液状化や倒壊を起こして，城主前田右近秀嗣夫妻が圧死したほか，庄川が富山県砺波市庄川町前山と落のあたりの崩落で堰きとめられた。決壊を恐れた下流の人々は降雪の寒い時期にしばらく避難生活をしたという。幸い決壊の洪水はなく，水は堰きとめの両側から流れるようになったという。庄川上流の帰雲城の土砂くずれによる埋没もこの地震とすれば，旧暦16日に発生していれば岡崎城（愛知県）で有感ではないので，規模はM7以下となる。19日午前3時ころであれば，京都や岡崎でも大きく感じているので，規模はM7.2程度と大きくても構わない。

地震後の対応や反応

豊臣秀吉は坂本城で地震を感じ，恐ろしさのあまり大坂城まで逃げ帰ったという。天正地震と慶長伏見地震は日本でも稀な陸の浅い大地震であり，秀吉はこの2回の地震を体験した。天正地震時には，大坂城の被害が軽いことを喜んでいる。長島城で火災に際して大災害の中，茶道具を無事持ち出した侍を賞賛している。しかし，まだ戦乱が収まりきらず，覇権を巡って家康との間ですら家臣の引き抜きや駆け引きをする最中であり，城が戦闘拠点としての意味を持っていた時期なので，被災民の救済や復興がどのように行われたかは不明である。

キリスト教関係の文書では，この震災は異教徒への天罰としてやや誇張された報告がヨーロッパへ送られている。この地震によるものか，同時代のカタログから漏れている地震によるものかは不明であるが，岐阜県明宝村のミゾレ鉱山の山崩れ伝承には，欲にかられて仏像を溶かそうとした盗人への仏罰で，無垢の老婆以外，集落の関係者が犠牲になったという。洋の東西を問わず地震災害は悪行の報いとされていたようだ。大地震だったため，余震が各地で長時間感じられた。そのため，御所では続く余震を鎮めるために祈禱が行われた。余震は経過時間に逆比例して減衰するので，1回ではもちろん止まず，4～5日して数が減るまで種々行われた。また，被害の話は長く伝承された。その中で内島一族の滅亡は，一族の生き残りが，富山に滞在していた6名の家来，行商に富山（別説は高山など）に来ていた4名，飛騨国郡上八幡にいた甥1名，京都にいた子1名，地震翌日に予定されていた能興行のため城を離れていた家老2名などと，種々のパターンの伝承がある。いずれも現地に戻って城が何処であったかすらも判らない惨状を身内が確認するという点が共通する。確認にも降雪時の山奥であったので，はたして山崩れが旧暦29日の天正地震本体によるものか，越中や庄川の山崩れと同時かは史料からは確定しない。

参考文献 飯田汲事『天正大地震誌』（名古屋大学出版会，1987），松浦律子「天正地震の震源域特定―史料情報の詳細検討による最新成果―」（『活断層研究』35, 2011）

（松浦律子）

1596 慶長伏見地震 （慶長元年7月12日）

災害の概要

文禄5年（慶長元）閏7月12日（1596年9月4日）の午後12時ころ（13日午前1～3時とする史料もある）発生し，和泉・摂津・山城の広い範囲に被害をもたらした地震。M7～8と推定されている。11月ころまで連日の余震が続いた。完成間近だった伏見城が倒壊したことで知られ，伏見地震の名で呼ばれることが多い。有馬―高槻断層帯上にある兵庫県川西市栄根遺跡，大阪府箕面市の坊島断層，茨木市の真上断層で，安土桃山期の地層が引き裂かれた上を江戸期の地層が覆っていることが確認され，この地震の痕跡と考えられている。

また京都府八幡市木津川河床遺跡・内里八丁遺跡，京田辺市の門田遺跡，亀岡市鹿谷遺跡，大阪府交野市有池遺跡，兵庫県神戸市玉津田中遺跡・兵庫津遺跡，尼崎市田能高田遺跡，淡路市佃遺跡，洲本市下内膳遺跡など，広範囲の遺跡で中世の地層を突き破る砂脈がみつかっており，この地震の際に発生した液状化現象を示すものと考えられている。特に神戸市の兵庫津遺跡では，焼土層の直下に砂脈が見つかっており，地震ののち発生したことが史料に記録されている火災の痕跡と考えられている。余震は，京都では翌年の初めまで続いた。

なお，12日の地震に先立つ慶長元年閏7月9日，豊後を中心とする九州北部を大地震が襲っている。M6.9，別府湾内の活断層の活動によって発生したものと推定されている。発生日を12日とする史料もあるが，より古い史料に基づけば，9日と判断するのが適切である。別府湾が中央構造線上にあたることから，9日から12日にかけ，中央構造線断層帯，有馬―高槻断層帯が連動して活動した可能性が指摘されている。また，この年7月に浅間山が噴火したとする史料（『当代記』）があり，6月末から閏7月にかけて，京都や大坂に灰や砂，あるいは白い毛のようなものが降ったと記録されている。

被害の概要

京都やその周辺に大きな被害をもたらしたため，被害の状況は多くの史料に記録されている（関係する文献史料は「古代・中世地震噴火史料データベース」http://sakuya.ed.shizuoka.ac.jp/erice/db/に紹介されている）。京都では完成したばかりの伏見城の天守や二の丸御殿が崩壊し，侍女300～600人が死亡した。城下の大名屋敷も同様で，徳川家の屋敷では家臣の加々爪政尚が死亡している。

京都の被害は場所によって大きく異なる。清水寺，三十三間堂，東福寺など東山の諸寺は無事だった。内裏では倒壊した殿舎もあったが甚大な損傷はなく，概して上京の被害は大きくなかった。それに対し，下京では，本願寺・東寺などの大寺をはじめ町屋も大きな被害を受け，本願寺周辺だけでも300人の死者が出たとされる。また天龍寺・二尊院・大覚寺・愛宕山など洛西の諸寺も大きな被害を受けている。有馬―高槻断層帯に近い地区での被害は大きく，山城・摂津境の山崎では100人以上が死亡，摂津の茨木では総持寺，箕面では滝安寺が倒壊した。高槻の今城塚古墳では墳丘全体の地滑りが起こったことが，平成12年（2000）に実施された高槻市埋蔵文化財センターの調査で明らかになっている。また尼崎でも寺が全壊，有馬では600人が圧死し，温泉の泉源が高く噴きあげたという。兵庫では地震発生後の火災によって500軒の町が壊滅，須磨の須磨寺では本堂以下崩壊し，多数の巡礼者が死傷した。大坂では大坂城の天守は崩れなかったが，町屋はほとんどが倒壊

し，600人が圧死したとされる。堺でも寺院，町屋が壊滅し，600人以上が死亡した。大和でも大きな被害があり，興福寺・唐招提寺・海龍王寺では多数の堂舎が崩れ，郡山城も全壊しているが，近江より東では地震そのものによる被害はほとんど報告されていない。

大阪湾では津波が発生し，明石では50隻以上の船が衝突，沈没し，300人以上が死亡した。淀川は水位が上昇し，伏見では河岸にあった豊臣秀吉を讃える巨大な石碑が川に呑み込まれた。また地震の15日後には，折からの大雨も重なって琵琶湖で大幅な水位上昇が起こり，田畑は浸水し，家屋は倒壊した。伏見も再度冠水し，多くの溺死者を出したという。

9日の九州北部での地震の被害について，ルイス・フロイスは，豊後の府内（現大分市）では5,000戸の家屋のうち残ったのは200戸だけだったとしている。また由原八幡宮では拝殿や回廊が倒壊し，由布院では大規模な山崩れによって多数の死者が出たという。夜にはいると別府湾で津波が発生し，府内の外港であった「沖の浜」（現大分市住吉・勢家）では，2～3度の津波に襲われ，すべての家屋・人畜・船舶が失われた。湾岸の日出（現日出町），浜脇（現別府市），佐賀関（現大分市）も冠水した。府内での波高は4～5㍍と推定されている。また周防灘南岸の高田（現豊後高田市）も津波に襲われ，家屋・人命に大きな被害があった。フロイスは12日の事件として，下関では関門海峡で潮が引いて陸のようになってしまったこと，長崎，島原半島，矢部で大きな地震が感じられたことを記しているが，12日の地震の震源は大坂付近と考えられるから，これらは別府湾を震源とする9日の地震に伴う現象と混同されている可能性がある。なお12日の地震によって別府湾にあった瓜生島が水没したとの説があるが，これは江戸中期以後の文献にのみみえ，地震発生当時の史料には記されないことである。

秀吉政権と地震

文禄元年(1592)に開始された豊臣秀吉による朝鮮への出兵は，明からの援軍派遣によって翌年には戦線が膠着し，講和が探られるようになっていた。慶長元年春，明から講和使節として沈惟敬が来日し，6月25日には伏見城で秀吉と第1回の対面をしている。使節一行は2日後に伏見を去り，閏7月12日当日は和泉の堺に滞在していたが，イエズス会宣教師の報告によれば，堺において被災し，20名以上の死者を出したという。

伏見城は豊臣秀吉がみずからの居城として文禄元年から建築を始めさせたものである。明使を迎える城として大幅な拡張が行われ，すでに秀吉も移り住んでいたが，この地震によって天守・石垣もろともに崩壊した。この地震を受けて，秀吉と明使節との第2回目の対面は伏見ではなく大坂城で行われた。ここで双方の示した講和条件は大きく食い違って交渉は決裂，事態は翌年の再度の出兵に向かうことになる。

8月，秀吉は早くも，崩壊した伏見城のやや南の木幡山を新たな城地に選定し，地震で崩壊しなかった宇治川中州の向島城の移築を命じている。翌年5月には再建された天守に入っている。なお，伏見城の崩壊によって秀吉は妻らとともに城内の庭に避難していたが，朝鮮との講和の方針をめぐって石田三成と対立し，秀吉の不興をこうむって謹慎中だった加藤清正は，秀吉のもとに真っ先に駆けつけ，その功によって謹慎を解かれている。

参考文献　萩原尊禮編『古地震探究―海洋地震へのアプローチ―』(東京大学出版会，1995)，寒川旭『地震の日本史』(中公新書，中央公論新社，2007)　　　(榎原雅治)

1605　慶長東海・南海地震　（慶長9年12月16日）

災害の概要

慶長9年12月16日（1605年2月3日），房総半島から南九州にかけての太平洋岸，伊豆諸島を地震による津波が襲った事件。地震そのものについて記した当時の史料は『小槻孝亮日記』，『義演准后日記』，徳島県海陽町宍喰大日寺所蔵『慶長九年大変年代書記』，『土佐群書類従』所収の『暁印記録』のみである。『小槻孝亮日記』は翌年正月6日の記事に，関東と伊勢で地震があったとの伝聞を記し，『義演准后日記』は翌年正月6日の記事に，前月15日に武蔵の江戸あたりで地震があったと記している。『慶長九年大変年代書記』は，阿波国宍喰で地震と津波を体験した円頓寺住持宥慶が慶長10年に記したもので，これによれば，地震は16日の午前8時ごろから午後3時ごろにかけて地震があり，午後5時ころ津波が襲ってきたとされる。『暁印記録』は，土佐国佐喜浜（現室戸市）で体験した讃岐の僧，暁印の記録で，地震は16日の夜にあり，その夜半に津波が襲ってきたとされる。また17世紀半ばの史料である『房総治乱記』には，16日に地震が発生し，山が崩れて海を埋めたこと，同日深夜から17日未明に津波が襲ったことが記される。一方，三河の『常光寺年代記』，紀伊の『熊野年代記』には津波についての記載はあるが地震についての記事はなく，東海地方では大きな揺れは感知されなかった可能性が高い。

被害の概要

津波による被害は，上総・安房・相模・伊豆・八丈島，遠江・三河・紀伊・阿波・土佐・大隅・薩摩の太平洋岸で記録されている。ことに外房，八丈島，南四国での被害が大きく，外房では九十九里浜から房総半島南端に至るまでの海辺の村々が津波に襲われ，逃げ遅れたものは死亡したという（『房総治乱記』）。八丈島では島中の田畑が水没し，谷ヶ里ではすべての家屋が流されて75人が死亡したとされる。相模三崎（現三浦市）でも153人が死亡，淡路国加茂郷でも千光寺の諸堂が倒れたとされる。南四国の被害はさらに大きく，阿波国鞆浦（現海陽町）での津波の襲来は7度に及び，波高は10丈（約30㍍）に達し，100余人が死亡したとされる（『阿波国社寺文書』所載鞆浦碑文）。『暁印記録』によれば，佐喜浜では50人，室戸岬周辺では400人，甲浦（現東洋町）では350人，宍喰では3,860人が死亡したとされる（『慶長九年大変年代書記』は宍喰の死者は1,500余とする）。また宍喰では泉や地面の亀裂から泥水が2丈（約6㍍）も噴き上げ300～500石級の舟数艘が2㌔近くも内陸に押し流されたという。渥美半島でも，海岸の船が破壊されたり網が流されたりした。3年後に遠江白須賀に泊した林羅山は，先年の津波によって当地では人家が水没し，牛馬が死に，急いで山に逃れた者のみが助かったとの話を聞いている（『羅山先生文集』）。湖西市長谷元屋敷遺跡では，16世紀の遺物包含層の上に，厚さ10㌢の津波堆積物が見つかっている。

また外房では津波の襲来に先立って潮が後退して30余町の干潟が現れたとされ，伊勢でも潮の後退とその後の津波の襲来があったとする史料がある（『当代記』）。四国での記録には潮の後退は記されていない。

参考文献　安藤雅孝「1605年慶長地震のメカニズム」（『歴史地震』20, 2005）

（榎原雅治）

1611 慶長会津地震 （慶長16年8月21日）

災害の概要

慶長16年8月21日（1611年9月27日）午前8時ころに，大きな地震が会津盆地（現福島県）を襲った。会津地震ともいう。会津若松城も被害を受け，城下でも多くの家屋が倒壊しているが，盆地西縁に位置する寺社などの被害が顕著だった。また，盆地の西側に聳える山地では，崩壊や地滑りが発生して集落が埋まり，川が塞き止められた。この地震の死者は3千数百人に及ぶが，会津盆地には会津盆地西縁断層帯が分布しており，この断層の活動によるM7.0前後の内陸地震と考えられている。

特徴的な地変は，盆地内を流れる河川が合流する地点で塞き止めが生じて，大きな湖が誕生したことである。この湖は山崎新湖と呼ばれたが，越後街道の一部を水没させたことが要因となり，街道の約30㌔の区間が4㌔ほど南に移設されることになった。地震の翌年には領主の蒲生秀行が病死し，その後，妻の振姫と仕置奉行の岡重政が対立した。重政は処刑され，やがて会津の蒲生家は滅んだ。

被害と災害復興については，『会津家世実紀』・『新宮雑葉記』・『新編会津風土記』などに詳しく記されている。なお，『会津藩家世実紀』は会津藩が編集した277巻の歴史書で文化12年(1815)に完成，『新宮雑葉記』は新宮熊野神社の記録，『新編会津風土記』は文化6年完成の地誌である。

被害の概要

会津若松城の7層の天守閣が傾き，石垣や塀・櫓がすべて崩れ，瓦は落下し，人や馬が多く死んだ。喜多方市の新宮熊野神社では，平安時代末期に巨大な円柱と茅葺き屋根で造られた180畳の巨大な拝殿「長床」が，他の建物とともに倒壊した。この時に，西側の丘にあった本殿だけが難を逃れている。会津坂下町塔寺では，一木造仏像の傑作である千手観音を納めた立木観音堂，さらに，西側の丘にあった心清水八幡神社などが倒壊している。また，会津高田町雀林では法用寺が一瞬にして倒れている。

盆地の北端にある大平山では，山腹から抜け落ちた土砂が濁川の上流を堰き止めて大平沼（現在の長さ約1㌔）が生まれた。盆地の西方にある西会津町の飯谷山（海抜782.9㍍）では，山腹が崩れて大杉山の家屋が埋まり100人前後が圧死した。生き残った数名が1.4㌔南に移り住んで小杉山と称したが，耕作の便が悪いので，正徳4年(1714)に放棄して，元の場所に戻った。

また，柳津町にある円蔵寺の裏山が崩れて僧坊を破壊し，看寺の僧2名が圧死している。

堰止め湖の発生

会津盆地を流れる濁川・大川・日橋川・鵜沼川は，喜多方市慶徳町の山崎付近で合流して1つの河川（阿賀川）となり，新潟県で阿賀野川と名前を変えて日本海に注いでいる。『新宮雑葉記』には「山崎前大川地形動上て流水湛，四方七里に横流す新湖となり」，『会津藩家世実紀』には「山崎村境内日橋川之底涌揚り（中略）耶麻郡に而七ヶ村，河沼郡に而十六ヶ村之田畑一時に湖に相成」と，山崎で川底が隆起して川を塞き止めて，湖が生じたと記載されている。これにもとづくと，山崎付近で断層の西側が隆起して川を塞き止めて，山崎新湖が生じたと考えられる。

水没した集落の移転に関する記録がいくつかある。たとえば，『新宮雑葉記』には「青木聖徳寺観音堂湖水の中に至」，『新編会津風土記』には青木村は一町ばかり北にあって慶長の地震で山崎新湖ができたときに今の地へ移したと書かれる。他の集落の移転

に関する記載も合わせて，もとの位置と移転先の海抜高度を求めると174—175ﾒｰﾄﾙになる。この高度で湖の範囲を推測すると，長さ約4ｷﾛ，幅2—2.5ｷﾛになり，『会津家世実紀』の「縦三十五町余(3.8ｷﾛ)，横二十余町(2.2ｷﾛ)」という記述とほぼ一致する。これによると，会津と越後をつなぐ越後街道は，東川原と上宇内間の約3ｷﾛが湖水に被われる。

災害復興と会津藩

地震後の災害復旧は仕置奉行の岡重政を中心に行われた。越後街道は，一部が水没したことなどで，会津若松と野沢の間で従来の街道が廃止となり，高久から坂下・塔寺を経て鐘撞堂峠を越えて野沢に至る新しい越後街道が約4ｷﾛ南に新設された。新しい街道沿いには，坂下などの宿場町が生まれている。

病弱だった領主の蒲生秀行は，震災による心労も重なって「常に大酒，諸事行儀無く放埓」(『当代記』)という状態に陥り，地震の翌年に病死した。徳川家康の三女だった妻の振姫は，藩の財政を顧みずに社寺の再建を進め，岡重政と激しく対立した。そして，彼女は重政の罪状を書き綴った手紙を家康に送り，駿府に呼ばれた重政は斬殺された。その後，振姫は紀伊藩に移り，跡継ぎも死に絶えた会津の蒲生家は滅亡した。寛永4年(1627)から加藤嘉明が会津を治め，山崎周辺を掘り割る工事によって湖水の半分が取り除かれたが，新湖が消滅したのは地震から30年余り後だった。嘉明の死後，会津騒動が起こり加藤家も領地没収となった。

発掘された地震痕跡

会津坂下町教育委員会が調査した大豆田遺跡では，最大幅が約2ﾒｰﾄﾙで南北に何本も平行する地割れが検出された。平安時代の集落の溝が引き裂かれていたので，少なくとも中世以降の大地震の産物と考えられる。

大豆田遺跡に隣接する能登遺跡でも，平安時代の地層が液状化現象にともなう噴砂で引き裂かれていた。また，東北地方最古の前方後円墳として知られる杵ガ森古墳の周濠に廻らされた堤防が地滑りで，上下方向に20ｾﾝﾁ，左横ずれ方向に55ｾﾝﾁ食い違っていた。いずれも，会津地震による可能性が高い。

参考文献　寒川旭『地震考古学』(中公新書，中央公論社，1992)，同『地震の日本史』(同，2007)，宇佐美龍夫『日本被害地震総覧(最新版) [416]-2001』(東京大学出版会，2003)

(寒川旭)

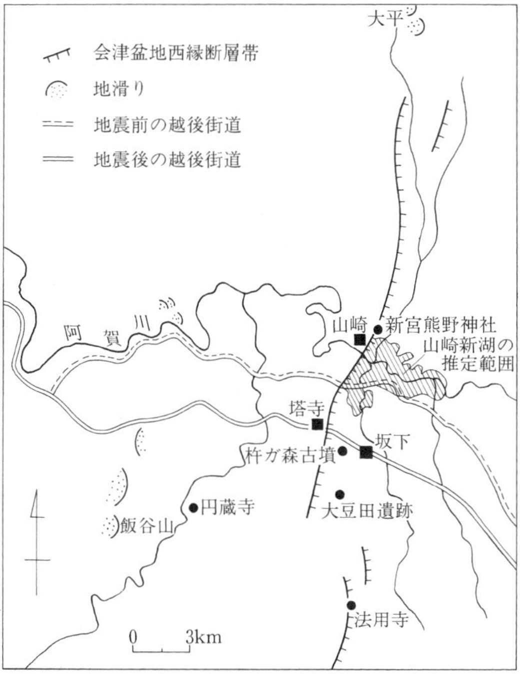

図1　慶長会津地震の位置図

1640 北海道駒ヶ岳噴火 （寛永17年6月13日）

北海道駒ヶ岳の概要

北海道駒ヶ岳火山（以下，駒ヶ岳）は，北海道南西部亀田半島の基部に位置し，内浦湾（噴火湾）と太平洋に面する活動的な成層火山である。その活動の開始は10万年以上前にさかのぼる。4万年前以降の活動は，大規模な軽石噴火と山体崩壊を繰り返す特徴をもつ。現在の活動は，5千年間の休止期のあと西暦1640年から始まった活動であり，現在までに寛永17年(1640)，元禄7年(1694)，安政3年(1856)，昭和4年(1929)に大規模な軽石噴火，そして昭和17年に中規模な軽石噴火となっている。また，これらの大規模な噴火の間には複数の小規模な水蒸気噴火が複数記録されている。最近では平成8年(1996)から12年にかけて計6回の小規模な水蒸気噴火を起こしたことは記憶に新しい。寛永17年をのぞく安政3年以前の噴火については，記録に乏しく，被害の状況については明らかになっていないが，安政3年は火砕流により20数名，昭和4年では2名の死者が確認されている。

寛永17年噴火の概要

寛永17年(1640)の噴火は，駒ヶ岳の歴史時代噴火の中で最大のマグマ噴出量かつ最大の被害を出した噴火である。また，この噴火は北海道内で最古の記録に残っている噴火であり，『新羅之記録』(『新北海道史』所収)，『松前年々記』(『松前町史』所収)，『紀事弘賢覚書』(大森房吉1918)など多くの史料にその噴火の様子が記録されている。特に『新羅之記録』は，噴火直後の正保3年(1646)に成立した記録で奥書も現存している。これら史料によると以下のような噴火の様子が読み取れる。

寛永17年6月13日(1640年7月31日)に山体が突如崩れ，海に流れ込み，津波が発生した。その津波は対岸の有珠山や十勝に到達した。噴火は引き続き激しい降灰へと移行し，その降灰は松前・津軽・越後地方にまでおよび，空振は津軽地方にまで及んだ。激しい噴火活動は，2日後の6月15日(8月2日)朝8時ころになって衰退し，大規模な噴煙が収まった。翌6月16日(8月3日)も少量の降灰があった。弘前では20ｾﾝﾁ(6.7寸)の降灰が確認されている。噴火活動はこの年の秋ごろ(旧暦8月)まで続き，開始以来約70日後に終了した。噴火の前兆らしいものは，記録されていない。

さらに，火山学的調査からは大規模な軽石噴火に先立ち2回の山体崩壊が起こったことが明らかとなっている。はじめに山体の南西側が崩壊し，南麓の大沼周辺に岩屑なだれ堆積物を堆積させた。その後，マグマの貫入によって山頂部を含む南東側が崩壊し，東麓の鹿部方向に岩屑なだれを流下させた。ほぼ同時に北米のセントヘレンズ火山(1980年)と同様の山体崩壊に伴う火砕流(ブラスト)が発生し，引き続き軽石噴火に移行した。軽石噴火では噴煙が部分的に崩壊し，火砕流を発生させている。また，噴火終了後には，降雨などにより泥流が発生している。

この噴火による津波は，『新羅之記録』には「松前の東内浦之嶽(駒ヶ岳)俄尓として焼崩れ，其勢に滄海動揺して瀬滑り来り，百余艘の昆布取舟の人残り少なく瀬に引かれて伣れ死に畢ぬ。彼の内浦の北方に宇志に入海有り，其所に慶広朝臣の造営せしむる善光寺如来の御堂在り。然るに此日の瀬御堂の後山に上ると雖も御堂は更に恙無し」(書き下し文，『新北海道史』)とみえる。

ほかに「東蝦夷地自戸勝(十勝)至亀田村逆波溢」(『松前累世之家譜』)とあるように，対岸の有珠の善光寺の如来堂や十勝まで到

達している。つじ（1989）は，如来堂の位置は建立以来不変であること，如来堂は浸水せず，後山（如来堂の北側斜面）に海水が達していることからこの地点での津波の高さを8.5メートルであると推定した。津波堆積物は，噴火湾沿岸で直後の寛永17年の軽石噴火による降下火山灰（Ko-d）の直下に確認されており，森町鷲ノ木で海抜高度5.8メートル，伊達市アルトリで7.3メートル，伊達市黄金で4.5メートル，白老町社台で約3メートル確認されている。堆積物や数値計算から遡上高は駒ヶ岳西方から北方にかけての内浦湾沿岸部では6～8メートル，有珠から室蘭にかけては8～11メートル，白老から苫小牧付近では6～8メートルと推定されている（西村・宮地1998）。また，「焦土入海，竟生一大島」（『紀事弘賢覚書』）によると，このときの山崩れによる崩壊物が海になだれ込み，島ができたことが記されている。駒ヶ岳東方沖の海底には無数の流れ山が確認されており，その内の一部が当時島として顔を出していたものと解釈できる。水深調査の結果，崩壊物の海への流入量は約1平方キロと見積もられている。

被害の概要

この噴火による被害は，上述の『新羅之記録』や「内浦ヨリ下マテ津浪打，商船ノ者共幷蝦夷人共ニ人数七百餘死」（『松前年々記』）とあるように，津波により，内浦湾（噴火湾）では昆布漁をしていた100隻あまりの船が破壊され，700名あまりの人が溺死した。また，津波堆積物の分布から内浦湾や太平洋沿岸においても相当の被害があったと考えられる。山体周辺では，津波だけでなく噴出物によっても被害があったと考えられる。西麓から北麓にかけて層厚1メートルの厚い降下軽石堆積物に覆われ，西麓から南麓は最初の崩壊物に，南麓から東麓にかけては，2回目の崩壊物によって覆われている。噴火堆積物により山麓全域が荒廃地となっていたと考えられ，ほぼ壊滅状態であったこと考えられる。

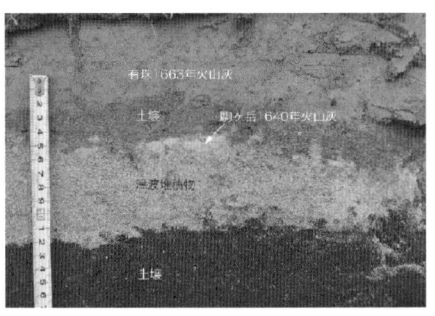

図1　有珠善光寺周辺でみられる駒ヶ岳寛永17年津波堆積物

図2　津波堆積物の発見地点と海抜高度

参考文献　『松前町史』史料編一，1974，勝井義雄ほか『駒ヶ岳―火山地質・噴火史・活動の現況およ防災対策』（北海道防災会議，1975），西村裕一・宮地直道「北海道駒ヶ岳噴火津波（1640年）の波高分布について」（『火山』43ノ4，1998），吉本充宏・宇井忠英「北海道駒ヶ岳火山1640年の山体崩壊」（同），大森房吉『日本噴火志』上（震災予防調査会報告86，1918），『新北海道史』7史料1，1969，吉本充宏ほか「海域に流入した北海道駒ヶ岳火山1640年岩屑なだれ堆積物の分布と体積推定」（『地質学雑誌』1297，2003），つじよしのぶ「寛文17年6月13日（1640Ⅶ31）北海道駒ヶ岳噴火による津波」（『地震学会講演会予稿集』261，1989）

（吉本充宏）

1641-43　寛永の大飢饉　（寛永18—20年）

全国的な飢饉

江戸時代初期の寛永18年(1641)・19年の凶作を起因とし、同20年に及んだ全国的な飢饉をいう。ただ、地域によっては寛永17年から3年続きの凶作のところもあった。加えて同16・17年の中国・四国・九州で発生した牛疫病による牛の大量死は農耕の支障となった。寛永18年は五畿内・中国・四国は日照りの影響が大きかったが、虫害(熊本藩)、大洪水(臼杵藩)、長雨・冷雨(加賀藩)、霜降り(秋田藩)、大雨・雹(会津藩)と地域性がみられた。同19年の凶作も、大水(熊本藩)、水損(佐賀藩)、風雨・虫付(土佐藩)、干損・水損(萩藩)、旱魃(山城国)、水害(諏訪藩)、雨続き(加賀藩)、長雨・大雨・虫付・霜降り(関東)、大霜(会津藩)と、被害の様相が地域によってやや異なっている。列島全体でみれば、総じて西南日本は旱害、東北日本は冷害という傾向にあって、豪雨・長雨の被害が大きなダメージを与え、これに虫害、霜害が加わった異常気象による複合的な凶作であったといえよう。

こうした両年の凶作によって、「諸国人民くたびれ」「国々飢饉」と呼ばれる深刻な飢饉状態に陥った。たとえば、信濃国安曇郡南小谷村では、寛永19年8月27日の幕府への訴状で、餓死147人、売人(売りつぶれ)92人、逐電(走り)38軒、死馬82疋、死牛83疋を数え、全体の3分1の百姓は退転し、残りの百姓も皆くたびれていると窮状を訴えていた。また会津藩では、同19年から翌年にかけて、困窮農民たちが「大水の流れ」のごとくに隣国の新発田・新潟・長岡、日光・宇都宮、あるいは白河・二本松方面に逃亡し大騒動となった。黒谷組18ヵ村では144軒が男女とも越後へ逃げ、374石余の田地が荒地になったという。身売りに追い込まれる農民も多かった。越前敦賀郡大比田浦には寛永18～20年に4通の子売り証文が伝存するが、年貢未進から子供を永代売買していた。山形藩志戸田村では寛永16～19年に子供・妹・女房・夫婦・親・親子の計60人が127両で売られ年貢が上納されていた。全国各地で走り百姓や身売りが社会現象化し、流浪・乞食化して街道に倒れ死ぬ者が多く、目もあてられない様子であったという。日本全体で5万人、10万人が餓死したと記した記録もあるが、確かなところは不明である。幕府は身売り(譜代下人化)を原則禁止していたが、飢饉時には例外的、時限的に認めざるをえなかったのが実情である。

南小谷村の場合、領主が小笠原氏から戸田・松平・堀田と領主が交代するたびごとに村高が増やされ年貢負担が重くなり、水野氏への領主交代の時期をとらえての出訴であった。会津藩は当時加藤氏の領知であったが、免相(年貢率)がだんだん引き上げられ、家老以下の役人は「仁愛」の心がなく収奪することばかり考えているという批判があった。寛永20年、加藤氏は家臣との確執によって改易されるが、そうした悪政が改易の理由であると受け止められた。寛永の飢饉を深刻化させた要因として、領主による過度の年貢搾取があったことは否定できない。これは個別領主の悪政というばかりではなく、江戸幕府に対する手伝普請など重い軍役負担を課せられている領主がその負担を農民に転嫁していかざるをえない体制的な矛盾が存在していたからである。したがって、この飢饉をいかに乗り越えるかが、幕府の至急の政治的な課題となった。

幕府の飢饉対策

幕府は寛永19年(1642)4月下旬以降、本腰を入れて飢饉対策に乗り出した。参勤中の大名に帰国を許し、田植えの始まる時期に

あたって，作食米や種籾を貸すなど「撫民」対策を取るよう指示するとともに，永井尚政らの譜代大名や江戸町奉行らの主要役人からなる対策検討チームを発足させ，次々と飢饉対策を打ち出していった。たとえば，同5月26日付の東国の幕領代官にあてた覚には，在々での酒造禁止，饂飩・切麦・蕎麦切り・素麺・饅頭などの売買禁止，豆腐製造の禁止などが盛り込まれていた。米・雑穀の主食の確保にねらいがあった。その後，酒造の制限は江戸・大坂といった大都市や名産地に及び（半減令），大名に対しても酒造の減少を命じ，幕府による全国を対象とした酒造制限令の最初の例となった。このほかにも，衣服や家作など身分相応の生活規制，雑穀食の奨励，水田への煙草や木綿・菜種の栽培禁止，百姓の夫役動員の軽減，年貢納入の経費の削減，庄屋・小百姓立ち合いの年貢割り付け，独身・煩いの者などへの耕作協力，用水の配分など，小百姓の成り立ちに意を用いた対策が取られている。

これらの対策の積み重ねを集大成したのが，寛永20年3月11日に発令された，関東の幕府領を対象とした「土民仕置条々」であった。上述の身分・華美規制，食物の確保，耕作助け合いに加えて，田畑の永代売買を禁止する，農業に携わらない他所者を村に住まわせてはならない，年貢訴訟のため欠落した百姓に宿を貸してはならない，地頭・代官の仕置が悪く勘忍できない場合には年貢皆済のうえ他郷へ居住してかまわない，などといった条項からなっていた。村立ち退きの許容は中世以来の「去留の自由」に淵源がある。身上よき百姓と身上ならざる百姓との貧富の差が大きくならないよう，村請制による小農維持を基調とした政策に特徴があった。こうして，当面の寛永の飢饉対策がその後の幕藩制社会における農政の基本となっていくのである。

寛永の飢饉は近世の都市における飢饉対策としても最初の体験となった。武士や商人，職人，日雇いなど非農業的な人口が集住した三都や城下町では米価が高騰し，都市民の生活を脅かしたからである。江戸を例にとれば，寛永19年春以来，米相場がふだんの3倍くらいに跳ね上がった。幕府御蔵衆と町人が結託して蔵米を売りに出さず，意図的に米価の高騰を図ったとして処罰される事件も起こり，批判の的となった。「中古大黒舞」の「一に俵おさへて，二にやはぬあきなひし」という歌詞はこの投機行為をさすものという。市中には俵や莚を身にまとった非人（こもかぶり，乞食）が姿を現わし，特に大店のある日本橋周辺に集まり，有徳の町人による粥などの施行がなされている。町人主体の施行活動も近世になっての新たな特徴であった。

非人には内部の住民ばかりでなく，外部から入り込んできた飢人たちも含まれていた。幕府は寛永20年2月7日より日本橋で非人調査を行い，身元の明らかな他国者は関係大名に引き渡している。かれらを一時的に収容する小屋が建てられたが，江戸の非人組織の原型がこのなかから生み出されたと考えられている。救済的な土木事業によって労働力需要をつくりだす御救普請も行われ，その後の都市の飢人対策としてしばしば見られることになる。「天下飢饉」としての寛永の飢饉を乗り切ることで幕藩体制の危機管理システムが作られたといってよいだろう。

参考文献　林基「「中古大黒舞考」―近世史史料学のためのこころみ（その2）―」（北島正元編『幕藩制国家成立過程の研究―寛永期を中心に―』，吉川弘文館，1978），藤田覚「寛永飢饉と幕政」(1)(2)（『歴史』59・60，1982・83），菊池勇夫『近世の飢饉』（日本歴史叢書，吉川弘文館，1997）

（菊池勇夫）

1657　明暦大火　（明暦3年正月18日）

災害の概要

明暦大火は，明暦3年正月18日（1657年3月2日）に発生し，20日（同3月4日）までの3日間で江戸の大半を焼き尽くした，江戸最大の大火である。火元は本郷丸山本妙寺（現東京都文京区本郷5丁目，明治43年（1910）に豊島区巣鴨に移転）とされ，18日の未刻（午後2時）ころに出火，湯島天神，神田明神，神田にあった東本願寺を焼き，堀を越えて駿河台の大名屋敷に燃え広がった。風向きが西風にかわると，一石橋付近の北鞘町に飛び火し，そこから火は南側の八丁堀や霊岸島に及び，町奉行の同心屋敷や霊岸寺が焼失した。また西風に煽られた火は日本橋周辺の地域を焼き，橋の南側では通町や南伝馬町が焼失，橋の北側では西本願寺，吉原，中村座なども焼失した。火は浅草御門，浅草の幕府御米蔵，さらには隅田川を越えた牛島新田に及び，寅刻（午前4時）に鎮火した。

翌19日の巳刻（午前10時）には，新たに小石川の新鷹匠町の大番衆与力の宿所から出火し，御茶の水にあった吉祥寺，水戸徳川家の下屋敷が焼失，火は堀を越えて飯田町や周辺の武家屋敷を焼き，江戸城も本丸・二丸・三丸・天守が灰燼に帰した。火は常盤橋・鍛冶橋内の大名屋敷や町奉行所，中橋・京橋の町人地も焼き，京橋南の木挽町や大名の蔵屋敷も焼失，鉄炮洲の海辺に達した火は水上の船を焼き尽くして酉刻（午後6時）に焼け止まった。

同日の申刻（午後4時）には麹町5丁目の町家から3度目の出火，周辺の大名屋敷や山王権現が焼失したが，風向きが西風から北風にかわったことで，火は江戸城の西丸には及ばず，周囲の大名屋敷，町家，増上寺の一部が焼けた。風は次第に弱くなり，芝口3丁目で海辺に達したところで火は自然に消えた。最終的に鎮火したのは20日の辰刻（午前8時）であった。明暦大火による焼失範囲は図1のとおりである。

被害を大きくしたのは，この時期に特有の北西の季節風である。大火当日の18日には朝から猛烈な風が吹いており，当時の記録にも風が吹き立てた塵や埃で視界が遮られたとある。大火の過程では北あるいは西寄りに風向きが変化しており，焼失範囲はその風向きに規定された。前年の11月から雨が降らず，空気が乾燥していたことも手伝い，火は一気に燃え広がった。

出火の要因については，当時の世相を反映して，由井正雪の残党による放火とする噂をはじめ，種々の風説が流れた。また後年には，上野山下の寺小姓に恋い焦がれて亡くなった娘の振袖を本妙寺で供養のため燃やしたところ，火のついた振袖が強風で舞い上がり，本堂に燃え移ったという伝説が生まれ，この大火は振袖火事とも呼ばれる。しかしこれらの説に確証はなく，出火の原因は不詳である。また火元については，本妙寺に幕府のお咎めがなく大火後に寺格が昇格していることや，檀家ではない大名の阿部家が本妙寺に供養料を納め続けたことなどを根拠として，火元は本妙寺近隣に屋敷があった幕府老中の阿部忠秋で，本妙寺は老中にかわって火元の汚名を引き受けたとする説もある。この説も確証を得るに至っていないが，出火の原因火元については今後さらなる検証が求められる。

被害の概要

大火から4年後の万治4年（寛文元，1661）に刊行された『むさしあぶみ』に「家々ハのこらず焼て江戸中ひろき野原となり」とあるように，江戸の大半は焦土と化した。この大火による主な焼失区域は現在の千代田区と中央区に相当する程度であり，これ

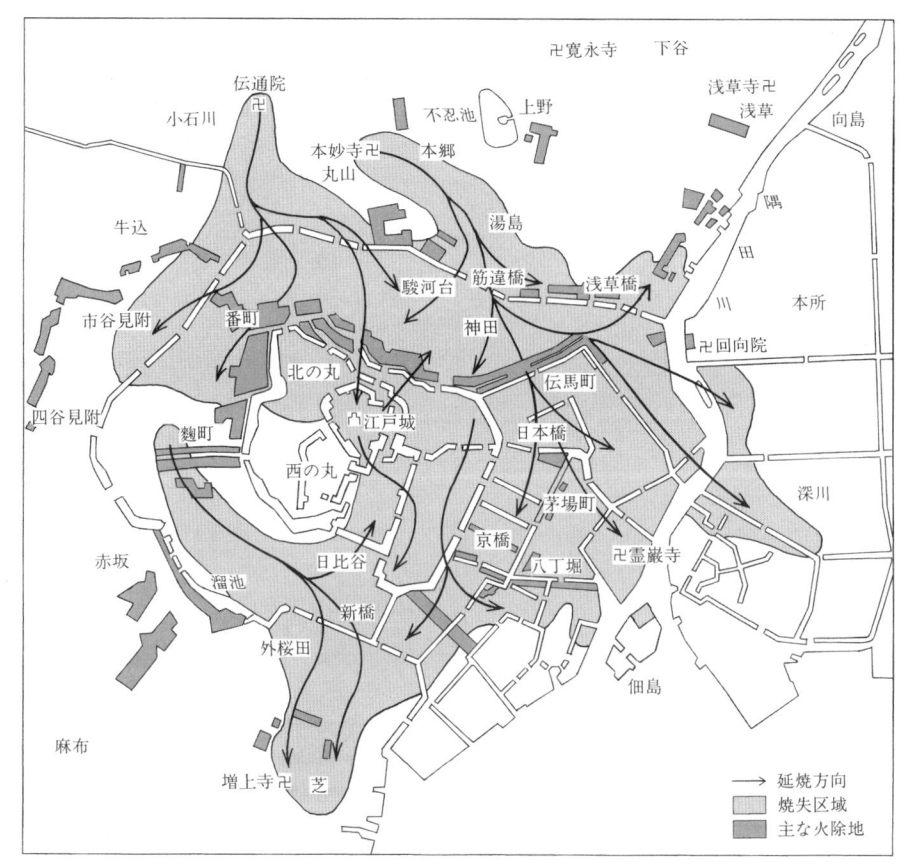

図1　明暦大火の延焼方向と焼失範囲（『江戸東京年表』より）

が当時の都市江戸の規模であったといえる。被害の数値は史料によって異なるが，大名屋敷160，旗本屋敷770余，町400，寺社350，橋60，倉庫9,000が焼失したとみられる。焼死者数は，『むさしあぶみ』に「およそ十万二千百余人」とあり，ほかの記録でも十万数千余人とするものがみられることから，約10万人といわれる。この人数については過大であるとの見方もあるが，『上杉年譜』は死者を3万7,000人余とした上で「此外数不知」とし，『元延実録』は牛島に送った死体を6万3,430人余（ほかに漂着死体4654人）と記しており，この大火が数万人規模の死者を出した火災であったことは確かであろう。

特に被害が大きかったのは霊岸寺，浅草御門，中橋・京橋地域などで，霊岸寺では周囲から人びとが逃げ込んだところに火が及び，9,600人余が亡くなった。浅草御門には火に追われた群衆が殺到したが，門は固く閉鎖されており，そこに猛火が襲ったため，2万3,000人余の犠牲者を出した。中橋から京橋に至る堀で囲まれた地域では，四方の橋が焼け落ちたため，逃げ場を失った2万6,000人余が命を落とした。

人びとは避難の際に，家財道具の入った長持（車輪のあるものは車長持）を家々から持ち出した（図2）。しかし天和2年12月28日（1683年1月25日）に発生した天和大火（お七火事）直後の同3年正月には車長持が廃

止され，火事の折に地車に荷物を載せて運ぶことも禁じられている。明暦大火の折にも，路上にあふれた長持は避難の妨げとなり，被害を大きくしたと考えられる。

なお大火の折には，囚獄（牢屋奉行）の石出帯刀が，鎮火後に浅草の善慶寺に集まるよう命じて，火の迫る小伝馬町の牢屋から囚人を解放し，彼らの命を救ったとの話が伝わる。囚人に完全な自由行動が許されたのかどうかなど，この話には疑問もあるとされるが，いずれにせよ囚人たちは浅草の三十三間堂（元禄11年（1698）焼失，同14年深川に再建）に収容された。

また江戸城の火災では大半の御殿が焼失したが，4代将軍の徳川家綱は焼失を免れた西丸に避難して無事であった。幕府は早くも正月20日に，京や大坂などの要地に将軍の無事を伝える知らせを発し，人心の安定につとめている。

幕府の救済

大火後の江戸では，正月21日に大雪が降った上，米穀などの焼失で食糧が不足したことにより，寒さや飢えで多くの人が命を落としていた。そこで幕府は内藤忠興・石川憲之・六郷政増・松浦鎮信の4大名に命じ，21日から江戸市中で粥の施行を実施した。当初は29日までの予定であったが，飢えた人は跡を絶たず2月2日まで延長，さらに4日以降も隔日で実施され，12日に終了した。このときに幕府が放出した粥米は6,000石余であったという。また幕府は浅草の御米蔵で焼けた米（焼米）も放出し，江戸の人びとの食糧に供した。

幕府による救済は食糧の支給にとどまらない。幕府は町人に銀1万貫目（金にして約16万両）の復興資金を，間口1間につき金3両1分・銀6匁8分の割合で下賜した。この資金の半分に相当する銀5,000貫目が町奉行に渡されたのは5月11日であるが，この資金の下賜を受けて町々では本建築が開始され，3月には粗末な仮小屋ばかりであった町並が，9～10月には復興したという。大名家に対しては，在国の大名に1月28日以前の出府を禁じ，罹災した大名は帰

図2　車長持をひき，長持を持って避難する図（『むさしあぶみ』より）

国させ，この年の参勤を免除するなどの措置をとった。10万石未満の罹災した大名には石高に応じて銀100貫目以上の恩貸金を出しているが，これは翌年から10ヵ年で返済する拝借金である。一方，旗本と御家人には主に拝領金が下賜され，100石以下の小禄の者には手厚く支給された。

以上の食糧や金銭の支給という生存者への手当のほか，幕府は死者に対する弔いも行なった。大火後の正月24日に将軍の代参で増上寺におもむいた保科正之が，焼死体が積み重なった惨状を目の当たりにし，死体の収容を提案したという。この提案を受けて，幕府は町奉行に命じて江戸の川や堀割，および近国の沿岸に漂着した死体を船で牛島まで運ばせ，そこに掘られた大穴に死体を埋葬した。また幕府は寺社奉行を増上寺に派遣し，大火による犠牲者の法要を営むことを命じた。増上寺の遵誉貴屋は幕府から300両を下賜され，2月26日より大勢の僧を率いて供養を行なった。死体を埋めた埋葬塚には金銅の地蔵が安置され，50間四方の拝領地には念仏堂や庫裏が建てられた。こうして創建された寺は，死者の宗派がさまざまであったことから，諸宗山回向院無縁寺と称され，のちに増上寺末に組み込まれると山号を国豊山と改めた。現在も東京都墨田区両国にある回向院には石造明暦大火横死者等供養塔が建っている。

江戸の復興と都市構造の変化

大火直後の正月27日，幕府は大目付の北条正房と新番頭の渡辺綱貞に江戸図の作成を命じた。この絵図は規矩術（洋式測量）に基づいて作成され，寛文10年（1670）―13年に板行された「寛文五枚図」をはじめとする，のちの江戸図の規範となった。この絵図の作成は，正確な空間の把握に基づいて江戸市街の復興・整備に取り組むという幕府の姿勢を示すものといえる。

焼失した江戸城は，側衆の久世広之を総奉行とし，諸大名に助役を命じて再建が行わ

図3　移転後の本妙寺にある供養塔

れた。助役を命じられた大名は1万石につき100名あるいは50名の人夫を供出し，石垣や御殿の築造を担当した。金沢藩の前田綱紀は天守台の築造を担当したが，天守は軍事的に必要ないとする保科正之の提言により，完成した天守台の上に天守は築かれず，江戸城は天守のない城となった。江戸城の再建に要した総工費は93万4,347両余，消費された飯米は6万7,893石5升6合5勺であった。

大火後の正月晦日，幕府は旗本に罹災邸宅の報告を命じ，2月10日には江戸城近辺の武家屋敷の割替を開始したが，この時期からほどなくして徳川御三家の上屋敷を郭外に移した（尾張・紀伊は麹町に移転，水戸は小石川の下屋敷を上屋敷とした）。跡地は防火用の空き地とされ，のちに「吹上御庭」として馬場や薬園などが設けられた。大火翌年の万治元年（1658）には，定火消（江戸中定火之番）が設置された。のちに10隊となった定火消の屋敷の大半は，江戸城の北部と西部に配置されており，定火消は上記の空き地の確保とともに，江戸城の防火対策の一環と理解できる。

江戸城外でも本格的な都市改造が進められ

た。武家屋敷については，屋敷の移動・割替のほか，災害時の予備邸として大名や旗本に下屋敷が与えられ，それまで屋敷をもたなかった旗本・御家人にも新たに屋敷が下賜された。武家屋敷は近郊農村にも建てられ，郊外の宅地化が進んだ。

寺社についても，郭内の寺社を外堀の先か新開地に移す方針が定められるなど，移転が促進され，神田にあった東本願寺は浅草，日本橋横山町の西本願寺は築地，霊岸寺は深川へ移転した。御茶の水の吉祥寺は駒込に移転したが，門前町の住民は万治2年に武蔵野に移住して五日市街道沿いに新田村落を形成，これが現在の武蔵野市吉祥寺の起こりである。なお，東本願寺をはじめ多くの寺社が移転した浅草には新寺町が形成されたが，同所には大火前に移転命令が出されていた吉原も大火後に移転し，新吉原が成立した。大火前から存在した浅草寺を含め，浅草は参詣人や遊客で賑わう繁華街として発展してゆく。

町家の移転は，防火帯の設置に伴って行われた。幕府は延焼を防ぐ空き地として，江戸市中に広小路および火除地を設けることとし，中橋や下谷(上野)の広小路をはじめ，筋違御門付近の火除地など，多くの広小路・火除地が成立した。また江戸市中には，神田白銀町から柳原までの東西10町(約1,091メートル)と，日本橋から江戸橋に至る川の南沿い2町半(272.5メートル)に防火堤が築かれ，土手の上には松が植えられた。こうした防火帯の用地に住んでいた人びとは立ち退きを迫られ，町の移転が行われたのである。以上の武家屋敷・寺社・町家の移転に伴って，新たな市街地が造成された。最も大規模な造成は隅田川東岸の本所の開発で，幕府は万治3年3月に徳山五兵衛と山崎四郎左衛門を本所奉行に任命し，開発を主導した。本所には多くの武家屋敷が建ち並び，堀割沿いには町も成立したが，寛文元年(1661)には本所と江戸を結ぶ両国橋が隅田川に架けられ，江戸の都市域は隅田川東岸に及んだ。このほかにも，赤坂の溜池の一部が埋め立てられたり，京橋木挽町東側の海辺が埋め立てられて築地ができるなど，新たな市街地が造成された。小石川・小日向・牛込は，寛文2年に仙台藩伊達家による神田川の改修工事(小石川堀普請)が完成し，船が通じるようになったことで，町家が次第に増加した。こうして明暦大火以降，江戸は空間的に拡大を遂げ，周辺部の都市化が進展した。

以上の土地利用の再編のほか，江戸市中では火が燃え移りやすい藁屋根や茅葺き屋根に土を塗ることとされ，のちには藁葺き・茅葺き小屋を新たに建てることも禁じられた。瓦葺きは大火直後に禁止されているが(土蔵を除く)，これは火災時に瓦が屋根から落ち，怪我の原因になったことによると考えられている。幕府が瓦葺きを許可したのは享保5年(1720)のことである。また一般の町家では，道幅を広げるために軒先の庇を支柱のない3尺の釣庇とした(但し本町通りと通町筋に限っては自分の土地を3尺たして田舎間1間の支柱付きの庇が認められている)。都市内部においてもさまざまな防火対策が施されていったのである。

参考文献　内藤昌『江戸と江戸城』(鹿島研究所出版会，1966)，黒木喬『明暦の大火』(講談社現代新書，講談社，1977)，坂巻甲太・黒木喬編『「むさしあぶみ」校注と研究』(桜楓社，1988)，菊池万雄「明暦の大火と江戸の開発」(同編『近世都市の社会史』所収，名著出版，1987)　　(髙山慶子)

1662 寛文近江・若狭地震 (寛文2年5月1日)

災害の概要

寛文近江・若狭地震(以下寛文地震)は,寛文2年5月1日(1662年6月16日))午前7時~午後1時ころに,福井県美浜町から滋賀県大津市北西部に伸びる三方・花折断層帯北部で発生した,M7.3程度の地殻内地震である。この地震は,若狭湾沿岸の日向断層(逆断層)と丹波高地西縁に位置する花折断層の北半部(右横ずれ断層)を含む,南北約40キロの範囲の活断層の活動によって引き起こされたと考えられる(図1)。

寛文地震は,北近畿地方では記録上最大の地震である。また,京都で約7ヵ月にわたって余震が記録されており,余震の継続期間が長いこともこの地震の特徴の1つであり,逆断層と横ずれ断層が連動した特異な地震であるという地震学的な面からも興味深い。さらにこの地震は,江戸幕府の支配体制が安定していた17世紀後半に起きた地震であること,畿内と日本海沿岸諸国や東国を結ぶ交通上の重要地域であった近江と若狭に大きな被害をもたらしたこと,わが国における災害ジャーナリズムの先駆ともいえる著作家・出版家の活動があったことなどの社会史的な面からも関心が持たれている。

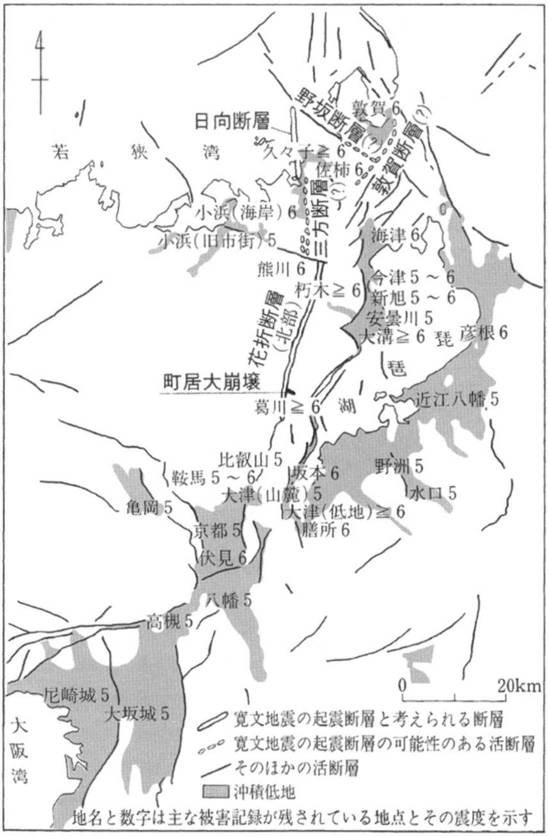

地震の実態

寛文地震の起震断層と発生時刻は,史料調査と地形・地質調査から,以下のように捉えられている。

起震域の北端では,三方湖(地震当時は現在の三方湖・水月湖・菅湖の3つの湖を総称して三方湖と称していた)の東北岸付近から日向湖湖底に伸びる日向断層が東側を隆起させる活動を行なった。このことは,三方湖の水を東方に排水していた気山川が地殻の隆起によって堰きとめられ,その河床が3~3.6メートル上昇した一方,三方湖の西岸は沈降したという史料の記載を基に古くから推察されていた。その後,1990年代に行われた三方湖や日向湖の湖底地質調査によって,日向断層が湖底のごく新しい地層を変形させていることが確認され,史料調査と地質調査の両面から地殻変動の実態が明

図1 寛文地震の起震断層と震度概要

らかになった。

日向断層の南に位置する三方断層は，断層トレンチ調査の結果，平安時代の遺物を含む地層を変位させていることから，歴史時代に活動したと考えられる。しかし，寛文地震で活動したことを確実に示す証拠は未だ得られていない。

比良山地の東側を通る若狭街道沿いの村々は寛文地震で甚大な被害を受けている。この街道に沿って走る花折断層北部で行われたトレンチ調査では，放射性炭素同位体比年代で15世紀前後の年代を示す地層が変位を受け，17世紀以降の年代を示す地層が断層を覆うことが明らかにされた。このことは，被害状況とともに花折断層北部が寛文地震で活動したことを示している。この断層の変位は，トレンチ調査から約3.5メートルの右横ずれであったと考えられている。花折断層の南部は京都市街東部に達している。京都市内の花折断層で行われたトレンチ調査では，4～5世紀の放射性炭素同位対比年代を示す地層が変位していないことが示された。また，京都市内の花折断層上には，多くの重要建造物があるが，いずれも大きな被害が生じた記録を持たない。これらの事実から，花折断層南部が寛文地震で活動したとは考えがたい。かつて琵琶湖西岸断層帯は寛文地震の起震断層と考えられていた。しかし，琵琶湖西岸断層帯北部のトレンチ調査では約2,400年前以降に活動した証拠はなく，断層帯南部でも14世紀以降に活動した証拠は得られていない。さらに琵琶湖西岸の湖岸低地に位置する大津市堅田地区の検地帳には地震に伴う水没や地震損の記録はない。こうした地形・地質および文献史料の再検討の結果，現在では琵琶湖西岸断層帯が寛文地震で活動したとは考えられなくなっている。

寛文地震の発生時刻は，以下のように推論されている。

若狭で記された史料によると，地震発生時刻は辰の刻ないし巳の刻であり，午前中（午前7時ころ～11時ころ）に地震が発生したことを示している。一方，近江で記された史料は，すべて午の刻（午前11時ごろ～午後1時ごろ）に地震が発生したと記載しており，若狭の史料と時刻が一致しない。さらに京都や遠方で記された史料では，地震発生時刻は辰の刻から午の刻までとさまざまに記されており一定しない。以上を総合すると，若狭では近江よりも最大で数時間早い時刻に強震動が生じた可能性があるといえる。しかし遠地において2度の地震を記録している史料が見つかっていないことから，地震発生時刻については，さらに検討する余地がある。

寛文地震では，若狭湾岸と琵琶湖沿岸の軟弱地盤地域および花折断層近傍で震度6以上，若狭湾周辺から大阪平野に至る広い範囲で震度5以上の揺れが生じた（図1）。この地震に関して信頼できる被害統計はないが，比較的信頼性の高い史料に記された主要都市における死者と倒壊家屋の数は以下の通りである。小浜の町人地では死者1名，倒壊家屋6軒，彦根では死者30余名，倒壊家屋1,000余軒，大溝（現滋賀県高島市）では死者20名，倒壊家屋1,000余軒，大津代官領内の死者は400余名，滋賀及び唐崎両郡の倒壊家屋は1,570軒，京都では死者7～83名，町屋の倒壊は86～200余軒，伏見では死者4名，倒壊家屋320余軒。以上が主に平野部における震動による被害の概況を示すものと考えてよいだろう。

一方，寛文地震では揺れによる直接的な被害とは別に，山地の巨大崩壊による甚大な被害が生じている。起震断層の南端付近にあたると考えられる大津市町居では，比良山地の稜線から安曇川河床にいたる崩壊長950メートル，土砂量1,600万立方メートルに及ぶ巨大崩壊が発生した。この巨大崩壊（町居崩れ）は麓にあった2つの村を埋め尽くして560人の死者を出したほか，安曇川をせき止めて

天然ダムを形成した。天然ダムは地震後14日で決壊し、安曇川中・下流域に土石流と洪水をもたらした。

被災地区の歴史地理的特徴
この地震では、一つの都市の中でも場所によって被害の程度に大きな違いがあった。特に被害の大きな地区には地理的、歴史的な共通性が認められる。ここでは小浜と大津を例として被災地区の歴史地理的沿革と被害状況をまとめる。

1）小浜の沿革と地震被害　小浜平野は北川と南川という2つの川によって作られた沖積平野である。平野の北西は小浜湾に面するが、それ以外は標高400㍍以下の山に取り囲まれている。中世以来、小浜は日本海と京都を結ぶ中継地として重要な地位を占めていた。安土桃山時代には平野南西の後瀬山に城が、その麓に寺院が築かれ、海岸砂丘上に町人地町が形成されていた。慶長5年(1600)の関ヶ原の戦後に若狭に入国した京極高次は、後瀬山の城を廃して町人地の北東方の海岸を埋め立てて小浜城を築いた。同時に、南川・北川両河川の河口近くの低湿地帯に武家地を造成した。寛永11年(1634)に京極氏の後に若狭に入国した酒井氏は従来からの町人地の海側の低地を造成して新たな居住区を設け、城下町の拡張を図った。このように小浜の市街は17世紀初頭以降水辺や低湿地を造成することにより拡大を続けてきた。寛文年間(1661–73)は、小浜が畿内と北国を結ぶ港町として繁栄していた時代にあたり、全人口は1万人以上に達していた。

寛文地震による小浜の町人地の被害は6棟の家屋倒壊などと比較的小さいが、家屋倒壊や死者の発生が伝えられている地区は酒井氏の入国以降に開発された砂丘縁辺の低地であった。武家地の被害状況は「侍屋敷大方潰れ」という抽象的な記録が残されているだけで具体像は明らかでないが、町人地以上の被害を受けたと考えられる。さらに、小浜城では全ての郭が損傷を受けており、小浜の中で最も被害を受けていたと考えられる。これと対照的に、京極氏時代以前からの歴史をもつ町人地や後瀬山山麓の寺社では、被害や修復の記録は認められない。

2）大津の沿革と地震被害　大津は近江盆地の南端付近に位置し、湖側から順に、湖岸平野、扇状地、山地が配列している。湖岸平野は幅数100㍍に満たない狭い低地であり、近世においても大津の都市域は湖岸平野から扇状地にかけて広がっていた。大津市周辺は、交通の要衝であると同時に多くの有力寺社が集まる宗教上の要地でもある。古代以来の歴史をもつ日吉大社、比叡山延暦寺および坂本、西教寺、園城寺(三井寺)、石山寺などの有力寺社は、いずれも扇状地(ないし山地)に立地している。一方琵琶湖岸は古代以来の港町としての歴史をもつが、中世以前の実態は良く分かっていない。近世の大津の歴史は、天正年間(1573–92)の大津城築城に始まる。大津城は湖岸から扇状地末端に至る掘割をめぐらした大規模な平城であったが、関ヶ原の戦後に廃され、跡地は代官所や米蔵および町人地として再開発された。近世前半の大津は、東海道随一の規模の宿場町であると同時に、畿内と北国を結ぶ物流上の最重要の結節点であった。元禄4年(1691)の大津の町人人口は約18,000人を数えたが、その大部分は17世紀に開発された琵琶湖岸の造成地から湖岸平野に居住していた。こうした町の成り立ちを反映して、湖畔の造成地には代官所と大名や有力商人の蔵や屋敷が立ち並び、その陸側の平野部に宿場町と一般町人の居住地が形成されていた。

寛文地震の被害は、このうち湖畔に立地する代官所や諸大名・有力商人の蔵や屋敷で特に著しく、「大津の御蔵は残らず破損し、町屋78軒、町蔵32軒も破損して死者が生じた」(『寛文二年之日記』)、「(湖畔に)立ち並

んでいた蔵や町屋が倒壊して湖中に崩れ落ちた」(『御広間雑記』)といった惨状を呈した。平野に位置する町人地では，具体的な記録はないものの寺社などの倒壊被害が記録されており，相当の被害が生じていた可能性が高い。一方，扇状地に位置する寺社では，石積みや盛土の多い坂本を例外として，被害・修復の記録は認められない。たとえば西教寺のように大津市街の末寺の損害を記録していながら本山の西教寺には修復などの記録がないことから，扇状地に位置する寺社では大きな被害はなかったと考えられる。

3）被災地区の歴史的・地理的特徴　寛文地震による都市の被災地区は，上記2都市のみならず彦根や伏見においても水辺に造成された新市街地であるという共通性が認められる。寛文地震当時は，西廻り航路による物資輸送ルートが定着する途上にあり，近江・若狭はわが国の陸海運にとって最重要のルート上に位置していた。このことが，水陸交通の結節点である港町で大きな被害が生じ，かつ被害状況が明確に記録された理由の1つであろう。

ところで，わが国のような地震や火山活動が活発な変動帯では，水辺や低湿地の平地は，ほとんどの場合地盤軟弱な低地にあるといってよい。このような水辺の低地で頻繁に起きる，土地の侵食や水害は，盛土や護岸，高床式家屋などの技術的対応と水防組織に代表される社会的対応により軽減することができる。16世紀後半以降にわが国の都市を描いた絵画の多くで石積護岸が描かれている。このような土木技術は，土地浸食や水害に対する防御力を向上させ，都市の水辺への進出を可能としたであろう。また，近世の安定した社会が，消火や水防のための組織の形成を通じて災害への社会的対応能力を向上させ，自然災害のポテンシャルの高い地域に人口密集地を作り出すことを可能としたことも間違いない。

しかし，地震時に顕在化する軟弱地盤という水辺や低湿地の弱点が，前近代には十分に意識された形跡は認めがたい。近世以降の都市の震災において，港を中心とする軟弱地盤地帯で地震被害が極大化する例は少なくない。寛文地震の災害状況は，このような都市型震災の初期の事例を示すものと位置づけられる。

地震の恩恵と長期災害

寛文地震は負の面だけでなく，人々に恩恵をもたらす事象を引き起こした。三方湖は，湖の東岸から北に流れる気山川を通じて排水されていたが，排水能力の不足のため，湖周辺はしばしば洪水を蒙ってきた。このため，寛文地震前から町人請負により三方湖に新たな排水路を掘削する事業が試みられてきたが成果を挙げることはできなかった。寛文地震は，気山川をせき止め，三方湖周辺の10数ヵ村，約3平方kmの耕地を水没させた。これは同湖周辺の洪水の中でも最大規模の水害であった。これを受け，小浜藩は三方郡の郡奉行行方久兵衛らに命じて三方湖から久々子湖に通じる排水路（浦見川）の開削を推し進め，寛文4年にはこれを完成させるに至った。この水路の完成により，洪水対策が進んだのみならず，三方湖の水位を低下させることに成功し，広大な新田が生み出された。寛永11年（1634）から天和元年（1681）までの間に，三方湖と久々子湖の湖畔の村の石高は総計1,620石増加しているが，この多くは三方湖の水位低下に伴うものと考えられる。この新田開発は，三方湖畔に新たに2つの新田集落を生み出すとともに，小浜藩の財政改善に大きく貢献した。

その一方で寛文地震は，長期間にわたり甚大な影響をもたらす災害を引き起こした。先述の巨大崩壊の町居崩れは，山麓の村に壊滅的な打撃を与えたが，生き残った人々（町居村では260人余が死亡し，37人が生き残った）によって復旧が図られた。史料は

乏しいが、町居村の復旧過程を探ってみる。町居村は、地震後に従来の安曇川右岸から左岸に移転し、そこで自給的な生活を送ることになった。おそらく2次的な崩壊や落石が多発したため、安曇川右岸では安住できなかったのであろう。しかし、若狭街道は安曇川右岸を通っており、村から街道に出るには安曇川を渡らねばならなかった。安曇川を渡る橋は洪水によってしばしば流され、復興を妨げた。町居村の石高は正保元年（1644）には63石であったものが、元禄14年（1701）では19石まで減少し、その後130年余り経過した天保5年（1834）でも19石にとどまっている。

また、安曇川上流部の村々（葛川と総称される）では、安曇川をせき止めた天然ダムが決壊した後も、川沿いに大きな池が残り、河床が不安定な状況が続いた。葛川の村々では、長期間にわたって安曇川の河道変化や河床に堆積した土砂による洪水や土砂災害を蒙った。このような河川の荒廃のため、葛川の村々では天保5年段階に至ってもなお正保元年より石高が低い状態が続き、地震後170年間という長い年月を経ても復旧が困難であったことがうかがわれる。

地震災害ジャーナリズムの魁
寛文地震では、不特定多数の町人層を読者とする災害ジャーナリズムの動きがみられた。地震の翌年から8年後までの間に京都で刊行された浅井了意（1612?－91）著の『かなめいし』がそれである。著者の了意は、真宗大谷派の僧侶であると同時に仮名草子作家として名前を知られ、30余りの著作を残している。了意は主に京都で執筆活動を行なっており、地震当時も京都に在住していたと考えられる。『かなめいし』は京都における地震の様相や人々の挙動を中心に記しているが、遠方の状況も書き記していることから、著者自身の体験に多くの伝聞情報を加えて作品化されたものと考えられる。僧侶の著作でありながら、宗教的な説話や教訓譚は少なく、むしろ読み物としての面白さに配慮した形跡が窺える。特に震災の状況を具体的にイメージできる挿絵が数多く挟まれている点に、読者の欲求を満たすことに留意した職業作家の面目を見ることができる。

ところで、このような不特定多数の読者を想定した災害情報に関する出版物が刊行された背景には、浅井了意その人を始めとする職業作家が活動していたことに加え、寛文地震が当時人口40万を数えた京都を騒がせた「一大イベント」であったことを挙げるべきであろう。

『かなめいし』で震災が社会に与えた影響を述べた部分を以下に引用する。「さのミに、あやしむべきことに、あらず、いはんや四海たいらかに、おさまりたる世の中、何か、これほどの事に、ゆくすゑまでの、さとしとして、けしかる事と、いふべきや」。ここに記された、地震など特段のことではないという了意の感想からは、徳川政権への遠慮とともに、安定期の都市住民が（当地においては大きな被害をもたらすことのなかった）地震を神意として捉えることがなくなった時代の感覚を読み取ることができるのではないだろうか。

参考文献　内閣府中央防災会議・災害教訓の継承に関する専門委員会編『1662寛文近江・若狭地震報告書』、2005、中島暢太郎・三木晴男・奥田節夫『歴史災害のはなし』（思文閣出版、1992）、宇佐美龍夫『大地震―古記録に学ぶ―』（そしえて文庫34、そしえて、1978）、萩原尊礼編『古地震―歴史資料と活断層からさぐる―』（東京大学出版会、1982）　　　　　　（小松原琢）

1665　寛文越後高田地震　（寛文5年12月27日）

災害の概要
寛文越後高田地震は，寛文5年12月27日（1666年2月1日）午後4時ころに，発生した。現在の新潟県上越市高田を中心に被害が生じた。高田平野の東端を縁取る東縁断層帯の一部が動いた，M6.5程度の浅い地震である。地震の規模はさほど大きいものだはなかったが，積雪が多い時期であったため，屋根が重い状態で強い振動をうけて倒壊した家屋が多く，被害を増幅した。また，液状化が積雪でも確認できることから，高田平野の軟弱な地盤条件も地震規模の割に被害を増幅したようだ。夜には火災も加わり，積雪と倒壊で避難や救助もままならないで死者を増やした。繰り返し地震被害を受ける高田平野においても，最悪の時期と時間に発生した地震災害といえる。

被害の概要
地震の規模が小さく，被害はほとんど高田平野の南半分と推定され，高田城下の被害がよくわかっている。積雪が4～5メートルの時に震度6弱以上のゆれを受けたため，高田城本丸は瓦門も角矢倉も崩れ，土居（土塁）が90メートル崩れた。二の丸で城代屋敷と土居70メートル，三の丸でも屋敷が崩れた。

城下では武家屋敷700余りが潰れたので，当然民家も多く倒壊したと推測される。積雪の上まで青土がでたというのは，液状化である。さらに，夜になってから火災が発生し，被害をさらに増幅させ，藩全体で千数百人が死亡した。武家は侍35名を含む155人が死亡した。

救済と復興
城内や武家地の被害の史料はあり，当然高田の町家や周辺の村でも当然家屋倒壊や液状化による田の荒廃などの被害があるはずであるが，藩の記録として地震被害や，領民への米の配布方法などの史料がみあたらず救済の様子もわかっていない。高田藩はほかの地震に関しても同様である。これは当時の藩主松平光長が江戸幕府第2代将軍徳川秀忠の孫であったため御三家に次ぐ格として江戸在住であり，藩政は家臣にまかせられていたためだろうか。光長は5万両を幕府から拝借したばかりか，大奥の岡野局から米3,000俵を受け，城下や被災民の復興を行なったようである。それでも財政は苦しく，新田開発や煙草や漆の生産が奨励される一方，増税や新税，藩士の知行を地方知行から蔵米に切り替えるなど急激な改革が藩内の不協和音を呼び，天和元年（1681）の改易の遠因となった。現在の上越市三和区所山田は史料から震度が推定できるので，平野の東側で被害が大きかったと推測されるが，雪解け後の荒田の復旧などは不明である。

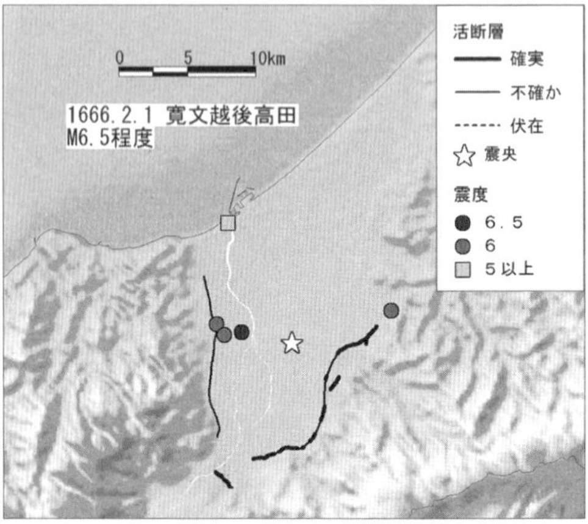

参考文献　地震予知総合研究振興会編『江戸時代の歴史地震の震源域・規模の再検討作業中間報告書』，2005

（松浦律子）

図1　震度分布図

1684 貞享三原山噴火 （貞享元年2月14日）

伊豆大島の大規模噴火

伊豆諸島北端にある大島火山は数万年前に海底で火山の活動がはじまり，現在の大島へと成長してきた。約1,700年前の大噴火に伴い，山頂を含む山体中心部径約3.5㌔が落ち込んで，東に開いたカルデラ地形が形成された。カルデラ形成時およびそれ以降，カルデラの縁を火山灰，溶岩流が越えるような大規模噴火があわせて12回，平均すると100年から150年に1回大噴火が起こって落ち込んだカルデラ内部を少しずつ埋めてきた。大島の大規模噴火は一般にスコリア噴火→溶岩流出→火山灰放出の順に数年から十数年かけて推移したことが知られている。

貞享噴火の推移

新しい方から2つ目の大規模噴火，天和4年（貞享元，1684）2月に始まる貞享噴火（Y_2）は7年間続いた。貞享噴火の概要は大島からの注進書や代官所から勘定所へ宛てた報告書，熱海からの観察，また，安永噴火（1777～92年）記録の中に過去の噴火記録として残されている。最初の段階の噴火は貞享元年2月14日（1684年3月29日）ないし2月16日に現在の三原山山頂火口ではじまり，2月27日まで続いた。噴火開始とともにスコリアの噴出があり，南北方向に積もった。溶岩の流出も起こりカルデラ内から東山腹を流下して海岸に達して扇形に展開した。東山麓には居住者はなく，溶岩流による直接の被害はなかったが，噴火に伴う鳴動・地震による損害があったという。5ヵ月後の7月19日（1684年8月29日）から秋にかけて，爆発音が時々聞かれ降灰があった。降灰を主とする活動期へ移行したと推定される。8月6日時点で降灰の厚さは山中で1㍍前後，集落の近くで60～25㌢に達した。翌貞享2年も降灰は続いた。その後，活動は次第に穏やかになり元禄3年（1690）になって終息した。文書記録の解釈から降灰期は約6年間断続したらしい。

貞享噴火による災害と支援

降下堆積物により島内の畑・山林は埋まり，椿などの樹木も折れ，野牛・野馬は食料不足のため死亡した。噴火による不作が深刻であったため，1人1日あたり男は米5合，女は2.5合の食料が貞享元年（1684）に70日分，同3年に200日分，同5年に180日分が支給された。

参考文献　川辺禎久「伊豆大島火山地質図」（火山地質図10，地質調査所，1998），中村清二「伊豆大島三原山噴火歴史」（『震災予防調査会報告』79，1915）　（津久井雅志）

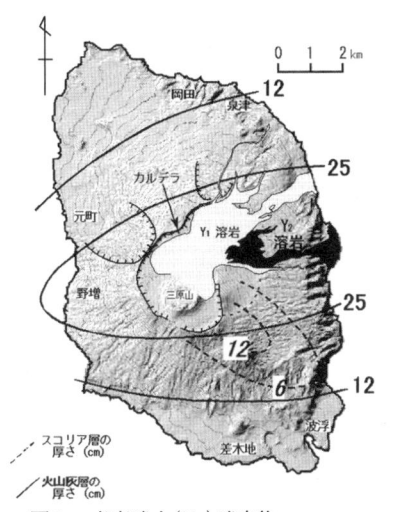

図1　貞享噴火（Y_2）噴出物

1694 元禄能代地震 （元禄7年5月27日）

地震の概要
元禄7年5月27日（1694年6月19日）卯の下刻ないし辰の刻（午前7時〜9時ごろ）に秋田県北西部に大きな被害を与えたM7.0の地殻内地震である。この地震では，八郎潟付近から能代にかけて震度6以上，青森県五所川原市付近から秋田市付近に至る南北約120㎞の範囲で震度5以上の揺れが生じた。

地震の実態
元禄能代地震は能代に激甚な被害をもたらした。地震当時，能代は北国海運の港町としてにぎわっており，時代は下るが享保年間（1716—36）における町屋の数は1,250を数えた。この地震による能代の被害状況は史料により異同があるものの，焼失家屋は700〜800軒，倒壊家屋は300〜350軒，死者は300人程度とされる。焼失家屋と倒壊家屋を合わせると，少なく見積もっても80％以上の家屋が被害を受けていることになる。「家の軒が地面に付くように見えた」という強震が生み出した惨禍といえる。

地震に伴い，随所で激しい液状化現象が生じた。「長さ35〜6間より7〜8間まで，幅7〜8寸より4〜5寸まで地面が裂けて石砂が揺すり出た」などと噴礫の状況を具体的に記述した史料も少なくない。液状化による田畑の被害はひどく「地下の緩いところで地割れが生じ，そこから砂が噴き上がった。畑作物は土砂をかぶってしまったので捨ててしまった」という記録も残る。

起震断層
秋田県立博物館所蔵の『出羽国秋田領高都合幷郡色分目録』には，この地震に伴って八郎潟の北岸付近が隆起したことを記す記載がある。これは元禄6年（1693）に完成した，秋田藩の絵図であるが，八郎潟の北岸に周囲と異なる筆跡で「元禄七年五月二十七日の地震でゆりあがった土地」といった追記がなされている。これは地震に伴って八郎潟の北岸が隆起したこと示すと考えられる。さらに，元禄15年には八郎潟の北岸の当該地に新田村が開かれていることからも，八郎潟北岸が地震によって隆起したことは確かといえる。また，地震後10日余りの間，米代川の河口付近で水深が浅くなったと記す史料も存在する。能代は米代川の河口に作られた港町であることを考慮すると，これは事実を記載している可能性が高い。以上から，地震に伴って八郎潟から能代に至る範囲が隆起したと考えられる。

八郎潟—能代間の海岸沿いには，東側隆起の逆断層である能代断層帯（能代衝上断層群）が存在する。地質調査により，能代断層帯は平安時代の火山灰層を変形させている可能性が高いことが明らかにされている。これらの史料調査と地質調査の結果から，能代断層帯は元禄能代地震の起震断層と判断される。

岩木山の硫黄発火への対応
青森県岩木山（津軽富士）は津軽藩領の人々の信仰の対象であった。岩木山の中腹には硫黄山と呼ばれる硫黄の採掘場があり，これがしばしば自然発火（出火）を起こしていた。弘前藩では硫黄山が出火するごとに役人や山麓の住民を消火に当たらせていた。元禄能代地震時にも岩木山硫黄山の出火があったものの間もなく無事に消火された。そのほか藩の日記など弘前藩内の多くの史料で硫黄山の出火と消火活動が記されていることは，当時の弘前藩や藩内の住民にとってはそれが決して小さな出来事ではなかったことを示している。

参考文献　粟田泰夫「1694年（元禄7年）能代の地震」（『歴史地震』1，1985），『能代市史稿』4，1959　　　　　（小松原琢）

1703 元禄地震 （元禄16年11月23日）

元禄地震の概要

元禄地震は元禄16年11月23日（1703年12月31日）の未明に起こった。震央は房総半島沖の海域であり，いわゆる沖合型（海溝型）の巨大地震であった。マグニチュードは7.9〜8.2とされている。この地震で相模湾沿岸から房総半島にかけて甚大な被害が生じた。特に津波が沿岸を襲い多くの家屋と人命が奪われた。これは南関東での歴史時代における最大の被害地震である。地震に伴って房総半島南端を中心に最大5㍍隆起した。野島崎はこのとき陸続きとなった。この時の土地の隆起量の分布などから，震源の断層として北傾斜の逆断層が推定され，大正12年（1923）関東地震と同様，この地震は相模トラフでのフィリピン海プレートの沈み込みに伴うプレート境界地震であるとされている。

元禄地震による被害の分布は大正関東地震のそれに似ているが，元禄地震では，主な隆起地域が房総南部でありその隆起量がより大規模であること，津波が大規模で房総半島の外房側でとくに大きかったことなどから元禄地震の震源断層の範囲は大正関東地震のそれよりも広く主な断層すべり域は南に偏していたと考えられ，この種の地震は「元禄型」の関東地震と呼ばれている。元禄型の地震は元禄地震を含めて過去約6,000年間に4回発生していて大正型の関東地震（再来間隔数百年）よりも発生頻度は低いと推定されている。

被害の概要

熱海以北の相模湾沿岸地域および房総半島南部を中心に強い地震動によって多くの死

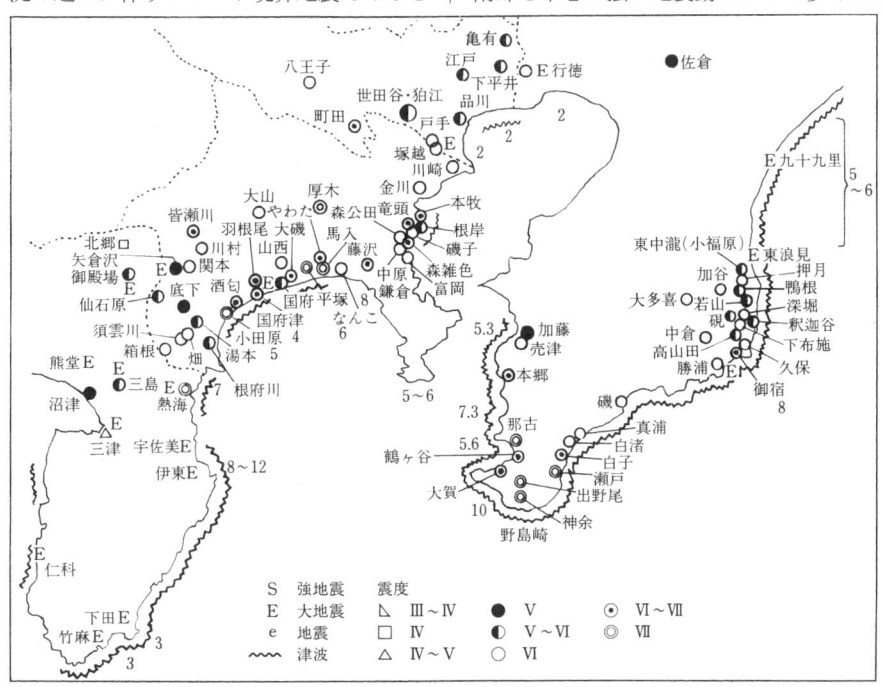

図1　元禄地震の震度と津波高の分布図（宇佐美龍夫1996より作成）

表1　被害の表1

	潰家	寺社潰	死者 一般	死者 寺社	牛馬死
小田原府内	残らず	42	843	4	11
相　　州	6,341	237	746	18	80
箱 根 町	47		18		36
駿　　州	836	19	37		3
豆　　州	476	9	659	2	6
計	7,700	307	2,303	24	136

表2　被害の表2　（ともに宇佐美龍夫1996より）

	死	家 潰	家 半	寺 潰	寺 半	流家	船	蔵
甲　府　領	83	345	281	13				潰28
小　田　原　領	2,291	8,007		307			68	
房　　総	6,534	9,610				5,295	1,173	
江　　戸	340	22						
関東駿豆（武士）	397	3,666	550	5	6	有	116	
諸　　国	722	774	160	1		68	82	破5
計	10,367	22,424	991	326	6	5,963 (+490)	1,439	潰28 破5

者・潰れ家がでた。沿岸では津波による被害がこれに加わった。相模湾沿岸では小田原・平塚・厚木・鎌倉・戸塚付近や房総南部の館山一千倉では震度6ないし7であったと推定されている（宇佐美1983・1996）。特に小田原では城下の町は全滅以東の東海道の宿場も川崎付近まで数軒を残してほとんど全滅したという。小田原領と房総半島を中心に死者は10,000を超え，家屋の潰れは22,000以上に達した。箱根山中や相模の大山あるいは房総嶺岡の山地では山崩れ・地割れが著しかった。江戸でも強く揺れて被害がでた。江戸城や大名屋敷の石垣や門・塀が破損した。下町の本所付近で被害が大きく火災も伴った。震度は5～6程度とされている。被害は甲府・水戸にも及んでいる。

この地震で伊東以北の相模湾沿岸と保田（千葉県安房郡鋸南町）以南の房総半島沿岸では津波の被害が著しく水死者・流失家屋が多数あった。房総だけで水死者2,800余人，流失家屋5,000余軒，流出した舟1,000余艘に達した（宇佐美1996）。特に外洋に面した九十九里浜の白子町・長生村・一宮町・大網白里町などの海岸沿いの集落では津波が川沿いに海岸線から2～3㌔まで入り込み，いくつかの集落では住民の数十％が水死した。房総沿岸の集落付近には津波供養碑などが作られ当時の災害を記している（伊藤一男1983など）。津波の被害は伊豆の下田・伊東・宇佐美にも及んだ。伊豆大島でも津波による家屋や舟の被害があり死者56人があった。津波によって波浮池が海に通じて波浮(はぶ)の港となった。

元禄地震に伴う土地の隆起によって房総半島南端の布良港や館山市の柏崎浦付近は一部乾陸となり，干鰯場あるいは水田・住宅地となった。鋸南町保田付近（仏崎）では土地の沈降によって寺領の農地が失われた。

参考文献　羽鳥徳太郎「九十九里浜における延宝（1677年）・元禄（1703年）津波の挙動―津波供養碑の調査から―」（『東京大学地

震研究所彙報』54ノ1, 1979), 伊藤一男『房総沖巨大地震』(ふるさと文庫, 崙書房, 1983), 関東地区災害科学資料センター『房総半島南部の元禄地震資料』(関東地区災害科学資料センター資料9, 1977), 宇佐美龍夫『東京地震地図』(新潮新書, 新潮社, 1983), 同『新編日本被害地震総覧［416］—1995(増補改訂版)』(東京大学出版会, 1996)

(松田時彦)

江戸の被害

元禄地震の被害状況は, 当時, 幕府の側用人であった柳沢吉保の日記『楽只堂年録』に詳しい. 吉保は, 地震発生後, 直ちに江戸城へ登城, 江戸城大手の堀の水が地震の揺れで溢れ堀の橋を越えていたため, 供の背に負われて渡っている. 江戸城内でも被害が出ており, 城内の諸門と常盤橋・神田橋・一橋・雉子橋・外桜田・半蔵などの城門が傾いたり, 石垣が崩れたりしている. 江戸市中では, 大名・旗本屋敷, 民家・寺院など広範囲に被害が出て多くの家屋が倒壊した. 中でも「わきてつよきは愛宕乃下

図2 鷲山寺津波供養塔

桜田より大手を経て北の小川町・小石川辺迄の壱筋也」とあり, 現在の港区愛宕山下から皇居(江戸城)周辺, 北側の神田小川町, 小石川にかけての地域で特に揺れが激しかったことが窺え, 『元禄十六年関東大地震記』も「御城近辺酷ツヨク振テ櫓塀石垣崩落事夥敷」と記す. この地域は, 洪積台地と沖積低地の境界部分に当たり, 沖積低地の軟弱さなど地質条件が影響していた可能性も考えられる.

小田原の被害

『楽只堂年録』によると, 元禄地震の影響は, 武蔵・相模・安房・上総・下総・伊豆・甲斐の広範囲に及び, 特に小田原と安房で被害が甚大であった. 小田原では, 小田原城が崩れ, 侍屋敷や城下町の家屋はほぼ全壊状態で火災も発生し, 小田原での死者は2,291人, 城下町だけでも658人と大きな人的被害を被っている. 「元禄十六年十一月大地震による被害状況書留」は, 小田原城の本丸御殿・天守・二ノ丸屋形を始め, 侍屋敷・町屋が全て倒壊, その後に出火・焼失したこと, さらに, 「小田原は江戸之十倍も強ゆり候由」とも書いており, 江戸よりも激しい揺れに襲われていたと推定できる. 小田原では, 激しい揺れによる家屋倒壊とその後に発生した火災が犠牲者の数を増加させたと考えられる.

房総の津波被害

元禄地震の被害を特徴づけるのは津波被害である. 『楽只堂年録』は津波について, 東南の太平洋から押し寄せ, 安房・上総・下総・伊豆・相模の海岸部で民家を押し流し, 田畑が失われていることに触れ, 続けて地震と津波の被害状況を詳細に記録している. 安房・上総・下総国の房総半島では, 震源に近く三方が海に面する地理的な条件から, 地震以上に津波の被害は甚大であった. 房総各地には, 『楽只堂年録』のほかに, 各地に地震記録や死者の供養碑・位牌などが残り, 被害状況を地域ごとに把握で

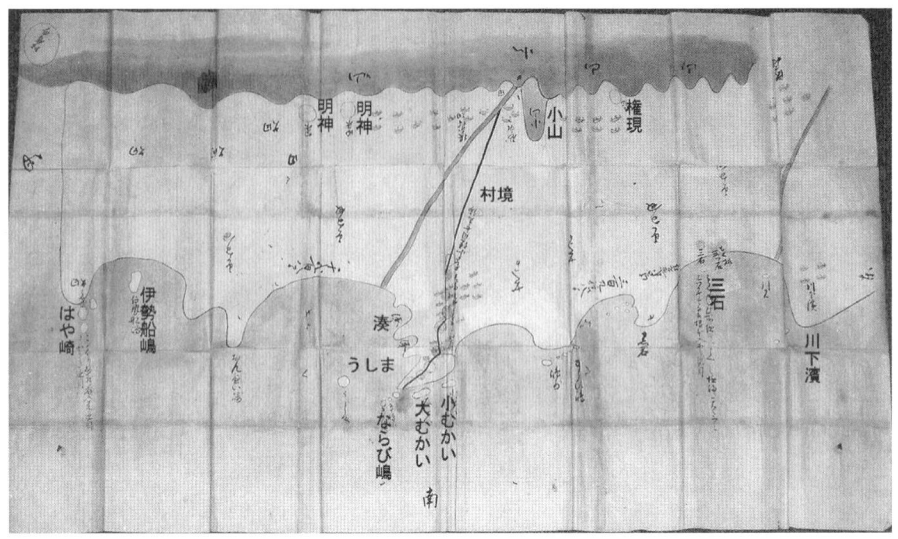

図3　延宝元年根本・砂取漁場争論裁許絵図

図4　南房総市根本石船（絵図の伊勢船島）

き，房総全体での津波による死者は4,000人以上，流失家屋は9,000棟以上と見られる。

平坦な地形が続き，漁師が海浜部に集住していた九十九里浜では，津波被害が顕著であった。特に九十九里浜の南部は人的被害が大きく，各地に津波犠牲者の供養碑が残されている。千葉県茂原市鷲山寺の「元禄津波供養塔」(51回忌の宝暦3年(1753)建立)には「元禄十六癸未歳十一月廿二日夜丑刻大地震東海激浪溺死都合二千百五拾余人死亡」と刻まれ，現在の大網白里町から長生村で総計2,154人が津波で死亡したことを伝える。主な所では，一松郷（長生村）845人を筆頭に，幸治村（白子町）304人，中里村（同左）229人，古處（同左）272人，四天寄（四天木，大網白里町）250人となる。このほかの供養碑や過去帳には，長生村一松の本興寺「元禄津波の大位牌」（死者680人，ただし欠損部分の人数は除く），同村深照寺「津波諸精霊帳」(宝暦3年作成，死者206人)，白子町古所「津波代様」(正徳3年建立，13回忌の供養塔，死者270余人)，同町牛込「精霊供養塔」(寛政11年(1799)建立，百年忌供養塔，死者57人)，同町幸治「無縁塚津波精霊様」(寛政10年建立，死者360余人)などがある。建立・作成時期は，13・51回忌，百年忌などで，死者供養の年忌法要に合わせて津波被害が語られ，長く記憶・伝承されていたのである。

外房地域では，鴨川市内で津波の被害が大

きかった。『楽只堂年録』では，横須賀村（鴨川市横渚）の被害は，海辺流家305軒，岡方流家49軒，流死人690余人，誕生寺周辺は「地震大波ニ而小湊村家二百七拾軒程，市川村家三百軒程不残不相見，門前ニ而人茂百人程果候由」と記す。鴨川市横渚の観音寺には津波犠牲者145人の戒名を記した「元禄十六年津波精霊供養碑」が残り，小湊誕生寺の「二十二日講の本尊曼荼羅」には，誕生寺周辺の犠牲者407人の戒名が書かれている。「二十二日講」は元禄地震の津波犠牲者を弔う講で，地震・津波が発生した11月22日（正確には23日未明）に因む。さらに，震源地に最も近い房総半島の先端，館山市相浜の蓮寿院にも「津波犠牲者供養名号石塔」がある。これも13回忌，正徳5年の建立で，元禄地震の津波により86人が死亡したことを伝える。なお，『楽只堂年録』では，相浜村の被害は，流家67軒，津波による死者63人，怪我25人となっている。

地震による地殻変動

房総半島では元禄地震に伴い大規模な地殻変動が起こっていた。房総半島の先端では隆起しており，地震以前（承応3年（1654）・延宝元年（1673））の裁許絵図と現地形との比較から，館山市相浜では地震以前の汀線が現在の標高7メートル前後，南房総市根本では標高5.1〜6メートルとなり，関東大震災の隆起量を差し引いても，5メートル前後の隆起があったと推定できる。『楽只堂年録』の「房州朝夷郡千倉と申浦辺より平郡安房郡之浦方津波以後潮差引無之，常之潮差引之所より八九町或は半道壱里程も干潟ニ成」の記述に対応する。

これに対し，長狭街道（長狭地溝帯）の東側の鴨川市と西側の鋸南町では沈下が認められる。鴨川市内では，元禄13年（1700）作成の小湊誕生寺周辺の裁許絵図があり，現在の海岸線よりも広い描写が確認できる。また，鴨川市貝渚の余瀬町に関しては，宝永7年（1710）12月付「貝渚村の内余瀬町津波被害書上」があり，加茂川河口の余瀬町では津波と地盤沈降で40ヵ所以上の屋敷地が水没し，その代替地を幕府に申請している。鋸南町では，延享4年（1747）5月付けで，本名村（鋸南町元名）名主らが提出した嘆願書に「本名村ならびに近村ともに地変わり，土地下がり年々水増し，（中略）当時田地欠け入り候」とあり，地震による地盤沈降により水田の水没が起こっていた。鋸南町内の被害状況は，『楽只堂年録』によると，勝山浜方で流家296軒，潰家70軒，死者137人，岡方で潰家73軒，死者113人，吉浜村では流家49軒，津波で64人が死亡，鋸南町保田の別願院の「津波慰霊碑」（大正12年建立）では死者311人となっている。このように，安房地域では，鴨川市と鋸南町における津波の犠牲者数が，房総半島の先端の相浜など，隆起した他の地域に比較して多い傾向があり，この地域で発生していた地震による地盤沈降が，被害を拡大させていた可能性も考えられよう。

建物崩壊と土砂崩落

津波以外の被害を『楽只堂年録』で見ると，建物の倒壊は安房国で8,400軒以上，上総国では3,400軒以上で，その他に長狭郡平塚村大山（鴨川市大山）をはじめとする丘陵斜面の崩落が報告されている。千葉県館山市畑には，元禄16年12月付け「元禄十六年今度山ゆりくずれ，田畑荒帳」があり，丘陵斜面が崩落し土砂が川の流れを堰き止め，水が溢れ道を寸断している状況が記されている。崩落の規模も，高さ50間（90メートル），幅100間（180メートル）に及ぶ場所があったことを伝えている。

参考文献　『新収日本地震史料』2別巻（東京大学地震研究所，1982），千葉県立安房博物館編『地震と津波』企画展図録，2003

（笹生衛）

1704 岩舘地震 （宝永元年4月24日）

地震の概要

宝永元年4月24日（1704年5月27日）午の下刻（正午すぎ）に秋田県北西部に大きな被害を与えたM7.0前後の地殻内地震。宝永元年能代地震，羽後・陸奥地震ともいう。この地震は，10年前元禄7年（1694）の元禄能代地震の想定震源域の北に隣接する地域を震源として生じたと考えられ，地震活動予測の観点から興味深い。本地震は，秋田県八峰町から能代市付近に至る地域に震度6以上，青森県西部と秋田県北部を合わせた南北約120kmの地域に震度5以上の震動をもたらした。

地震の実態

特に被害の激しかった能代では，火災によって町屋の約60％が焼失し，倒壊家屋と併せて全町屋の90％以上が被災した。同様に八森村（現八峰町）でも90％以上の家屋が倒壊するなど，元禄能代地震の被災地域に再び大きな打撃を与えた。この地震は，田植えの時期に発生したため農業被害も大きかった。苗代が壊され，田に亀裂が入ったり用水路が破損したりしたため，田植えに難渋したという記録が数多く残されている。ところで，弘前藩の記録には「能代から岩舘村までの間で海が2町ほど引いた」「大間越より下黒崎村まで沖へ6～70間潮が引いた」とみえ，広範囲で海岸が隆起したことが分かる。隆起量は，干上がった範囲などから八峰村岩舘付近を中心として最大約2mに達したと推定される。隆起量の分布から，宝永羽後・陸奥地震時には海岸に平行する長さ28kmの東傾斜逆断層が，東側（本州側）を隆起させるように3.5mすべり動いたという断層モデル（パラメーター）が提案されている。

地震に伴う巨大地すべり

地震に伴って，多数の地すべりや崩壊が発生した。中でも最大のものは，大崩山（標高940m）の西面が幅約2kmにわたって滑落した十二湖崩れである。十二湖崩れは，約1億1,000万立方mの土砂が約3.6平方kmを埋め尽くした，わが国屈指の巨大地すべりである。滑落した土砂は流山（ながれやま）と呼ばれる丘地形と，その間に散在する多数の湖沼や窪地，それらを削りこむ峡谷を作り出した。十二湖崩れが発生した原因として，白神山地の地形・地質条件が挙げられる。白神山地は，標高こそ1,300mに満たないものの，深い渓谷が発達する険しい地形をなす上，大部分が約1,500万年前（中期中新世）以降に堆積した脆い岩石によって作られている。この脆い地質と険しい地形のため，白神山地は地すべり多発地域となっており，89年後の寛政西津軽地震でも巨大地すべりが発生した。地すべり地帯では地震による2次災害として巨大地すべりの危険性を忘れてはならないといえる。

津軽領の社会状況と能代の地名改め

ところで津軽領など北東北では元禄能代地震の翌元禄8（1695）・9年に大規模な飢饉が発生していた。この飢饉は，米の不作に加えて弘前藩による飢餓輸出ともいうべき上方への廻米によって深刻化し，同藩内では餓死者が生じた。

宝永岩舘地震ののち，従来の「野代（のしろ）」という地名は現代と同じ「能代」に改められた。「野」に「代」わるという，町の衰微そのものを連想させる地名を嫌った町人一同の願い出を秋田藩が認めた結果である。

参考文献　宇佐美龍夫『大地震—古記録に学ぶ—』（そしえて文庫34，そしえて，1978），佐藤裕「東北地方北西部（津軽地方）の歴史地震」（『弘前大学理科報告書』27，1980），長谷川成一『弘前藩』（日本歴史叢書，吉川弘文館，2004）　　　　　　（小松原琢）

1707 宝永地震 （宝永4年10月28日）

災害の概要

宝永4年10月4日（1707年10月28日）午後2時ころに遠州灘沖から四国沖までの南海トラフ沿いの広い範囲を震源域とする巨大地震が発生した。従来の被害地震カタログでは東海と南海と2つの地震が連動したとされてきたが，津波や振動被害の様相，地震後の特に静岡県東側での地殻変動の様相などから，この地震は単なる東海地震と南海地震との連動ではなく，破壊が始まる時点から南海トラフ全体の歪みエネルギーを解放する1つの巨大地震として発生していることは疑いない。しかも安政東海地震と異なり，御前崎など駿河湾内や近辺での隆起の証拠がなく，振動被害の程度や様相も安政東海地震と異なることから，東側の震源域は安政東海地震より沖合であったと推定される。南海トラフの地震は100年に一度程度の繰り返しが明確で繰り返し発生する固有巨大地震の典型例という固定観念がこれまで流布されてきたが，史料からある程度地震像が判る明応・慶長・宝永・安政・昭和の5地震を比較すると，どれ1つとして同一のものはなく，毎回個性的ですらある。この中で宝永地震は文句なく最大規模であり，被害範囲も最大である。地震規模はM8.6とされている。平成23年（2011）の東日本大震災までは日本で規模最大の地震であった。

大規模な地震で，やや長周期の地震波も大きかったので，家屋倒壊は，静岡県から九州の太平洋沿岸域をはじめ，震源域から離れていても甲府盆地や信州の諏訪・飯田，大阪平野，出雲平野などいわゆる沖積層が厚く堆積しているような盆地部分を含んで広い範囲で発生した。奈良盆地では大きい構造物である寺院などの倒壊が目立った。

また，津波が安政東海地震や安政南海地震に比べて浸水域が広く，伊豆下田から遠州灘，熊野灘，高知沖だけでなく，九州東部にも襲来し多数の家屋や船が流失した。宝永地震の津波はさらに遠方まで被害を起こし，瀬戸内海沿岸の地方も田畑の塩害や浸水被害，破堤などが生じた。大坂では港にいた千石船などが津波に乗って川や水路を遡上し，橋をつぎつぎ破壊しながら遡ったという。津波被害は九州の種子島や屋久島の間を抜けて東シナ海の西側まで及び，長崎でも中国商人の倉庫が浸水した。伊豆諸島の八丈島でも津波被害が生じた。

この地震によって潮岬や室戸岬は2ﾒｰﾄﾙ程隆起したが，浜松以東の地域では顕著な隆起の証拠はない。また高知平野は安政や昭和の南海地震と同様，地震後沈降したが，その沈降範囲は前記の2つの南海地震より広い。伊予の道後温泉の流失が止まった期間は145日で，安政南海地震時より1ヵ月程長かった。

翌日朝6時ころには富士山麓東側辺りでM6.5程度の誘発地震が発生し，本震で傷んでいた東海道がさらに被害を受けた。49日後には富士山の噴火活動が始まり，宝永地震の被害は軽微だった関東地方に今度は噴火災害が発生した。

被害の概要

代官所の集計と柳沢吉保の公用日記である『楽只堂年録』による諸藩の届けの集計（宇佐美2003）によれば，死者は4千人以上，負傷者1,400人以上，全壊家屋6万戸近く，流失家屋18,000戸余り，壊れた堤防部分の合計長は800キロにも及んだ。大坂の死者数が諸説あるが，総計で死者5千人を超えていたと思われる。

最大の被害地は土佐藩領であった。中でも地震から1時間程後から約18時間の間に11波，ことに第3波が最大であったという津

218 歴史災害

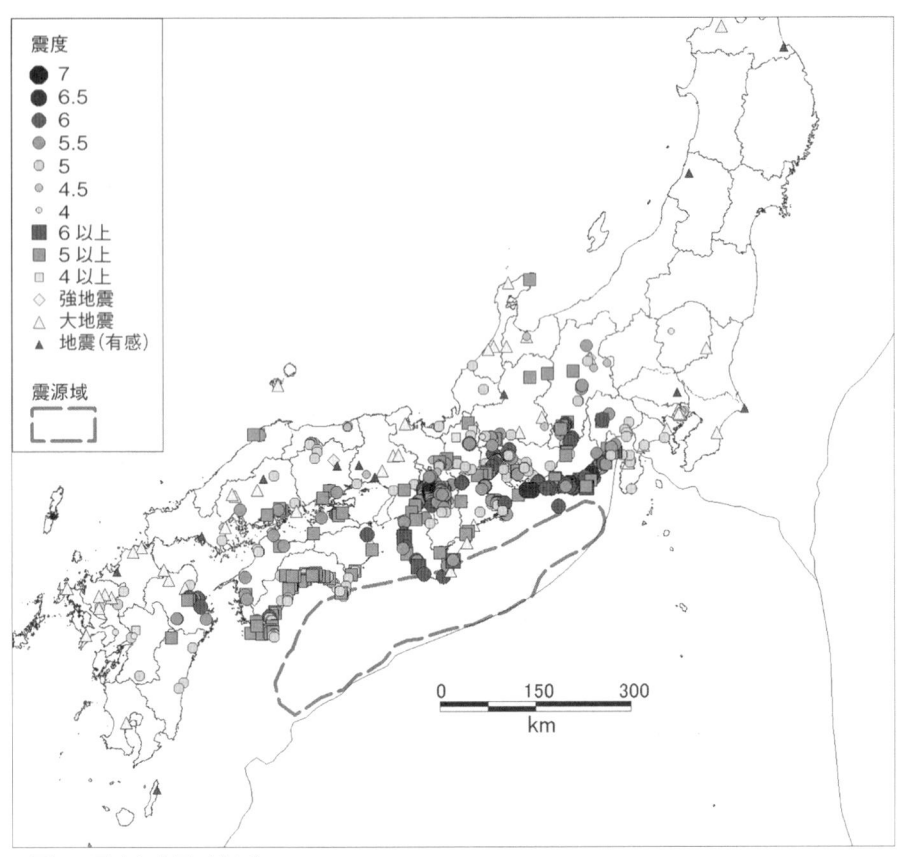

図1 震度分布図（全国）

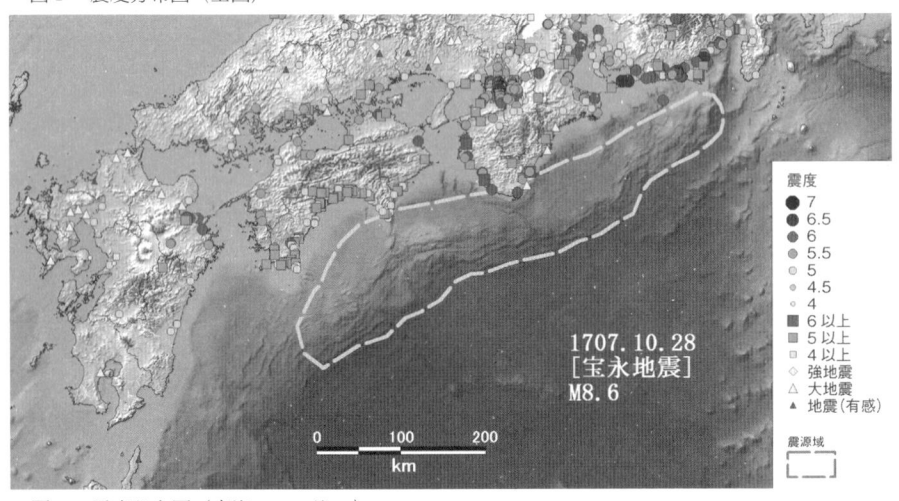

図2 震度分布図（南海トラフ沿い）

1707.10.28
[宝永地震]
M8.6

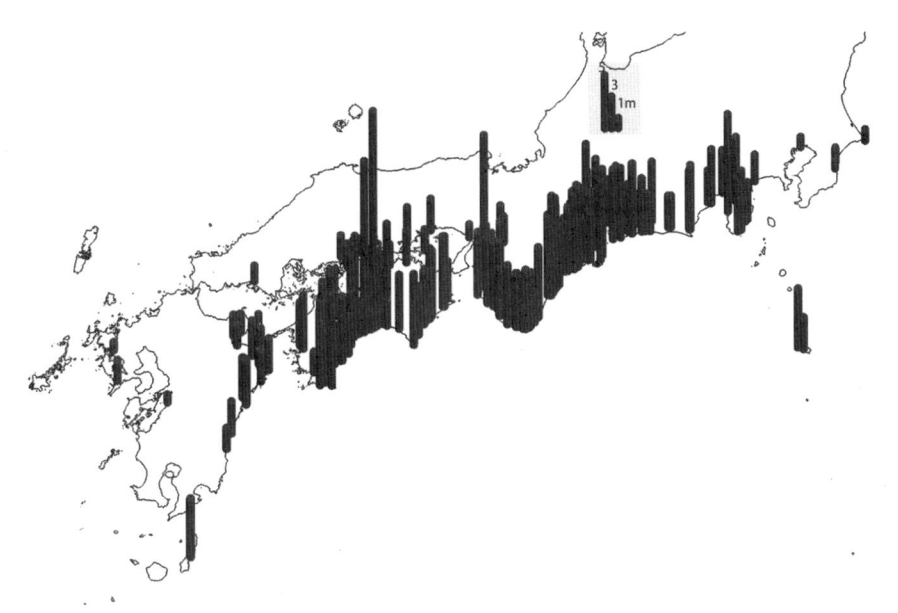

図3 津波高分布図

波被害が大きかった。この津波で、安喜郡の甲浦・白浜、香我美郡の手結・岸本・芳原・下嶋・久枝・下田、長岡郡種﨑、吾川郡浦戸・甲殿・仁野村、高岡郡新居・宇佐・竜・井尻・神田・土﨑・須崎・下分・野見・大谷・久礼・上加江・志和・与津、幡多郡佐賀・井田・浮津・入野・鹿持・下田ノ口・下田・初﨑・下茅・鍵掛・大岐・久百・以布利・窪津・大浜・中浜・浦尻・清水・越・養老・三崎・下川口・片漕・貝の川・大津・小才角・尾浦・西泊・周防方・小間目・赤泊・天地・橘・柏・榊・小尽・田の浦・小浦・内浦・外浦・呼﨑・宿毛が全戸流失したほか、かろうじて数戸残った集落や半分残った集落、「波は山まで」で集落の田など低地部全体が浸水した所など、沿岸部は軒並み被害を受けた。三崎では成竜串の奇岩が埋没、爪白では汀の松の木が全部流失、と相当の流速で襲来したことが判る。現香南市吉川町では津波による浸食で浜辺の防風林の並松より海側に古い田の遺跡が出現した。鎌倉時代の吉原庄の田の一部であろうか、それ以前であろうか。宝永以前の何時の時代に3㍍以上の深さに埋没したのか、興味深い。土佐藩内の流失家屋1,170軒、全壊家屋4,863軒、破損家屋1,742軒、死者1,844人（『谷陵記』）という被害となった。死者の7割が女性であるのは、津波から逃げる身体能力差の現れであろう。土佐の人々は強い地震で津波を予想してそれぞれ避難をしたようであるが、山まで来た予想外の高さにさらに逃げる時点の体力差が生死の境になったのではないだろうか。高知県内で比較すると、津波被害は東の室戸岬周辺で現在の室戸市の沿岸部の集落では地震で地盤が大きく隆起したため、津波被害がいくらか緩和されたようである。一方、西の足摺岬側の現在の四万十市・土佐清水市・宿毛市の沿岸部の集落は軒並み流亡である。室戸側より地震時の地盤隆起がほとんどなかったか、あっても小さかったことを窺わせる。土佐湾奥の地域は地震による地盤沈下で、地震や津波の後も浸水したままとなった地域があった。高知市内で

は広さ20平方キロの領域が最大で2メートル沈下した。その沈降領域の面積と最大沈下量は安政南海地震の時より大きい。なお，現四万十市中村は昭和南海地震の時も倒壊が多かったが，平野の広さに比べて沖積層の厚さが厚く，地震のゆれが大きくなりやすい地域である。宝永地震の時も3分の2の家屋が倒壊し揺れの被害が大きかった。

愛媛でも宇和海に面した地域では大きい津波被害を受けた。宇和島藩では3メートル以上の津波から避難して藩主達も高台の山で地震当日は野宿している。7,273石の田が汐入となり，全壊167軒，流失333軒，大破578軒であるが，死者12名とあるので，津波避難は間に合ったようである。吉田藩でも米1,450俵，塩870俵が流され，12名が死亡した。

徳島県は特に歴史地震の史料が少ない四国の中でも特に少ないが，さすがに宝永地震の被害はいくらか判る。徳島城下で家中230軒，町家400軒余が倒壊したが市内に津波被害はなかったようだ。現阿南市では，黒津地は全戸流失，富岡は小破，このほか見能林・答島・橘・下福井・泊・椿でも家屋流失があった。太平洋岸では，奥浦や鞆浦は小破で鞆浦は死者なしであったが，由岐・牟岐・宍喰・浅川ではほとんどの家屋が流失した。流死は浅川140名余，牟岐でも100余名であるが，集落の建物は流亡でも流死は宍喰11名，木岐7名と多勢が避難できたらしい浦もある。強い揺れの後には山へ逃げた者が多かったのは津波被害が高知でも徳島でもこの時点では忘れられていなかったし，逃げようと決断できる大きい揺れでもあったのだろう。

のちの安政南海地震の時に「いなむらの火」の場となった広村（現和歌山県広川町）では，宝永の時には総戸数1,000の内700戸が流失，150戸が破損し，村民の死者は192人，余所者の死者100人という。死者の3分の1は地元に不案内な者だったが，住民の9割以上は津波から何とか逃げおおせたようである。

大阪府内のゆれは地盤条件によって大きく異なっていた。上町台地は震度5.5程度であったが，さらに東で生駒山地の西側に広がる盆地部にあたる現在の東大阪市や八尾市の地域は，この地震の数年前に流路変更が行われた大和川の旧河道沿いで沖積層が厚い。稲や綿の生産地帯であったが家屋倒壊の被害が高くなり震度6を超える被害率となった。当時海辺であった現西成区の津守新田などは津波の被害が甚大であったため，逆に揺れの程度が推定できない。町の中心部の被害は諸説あるが，全壊家屋が1,061軒，揺れによる死者734人（「大阪諸国大地震大津浪並出火」）と沖積平野であるので，やはり震動被害も大きかった。大坂での津波の被害も安政南海地震の時より大きかったが，市中ではやはり水路を津波が遡上して発生したための被害が大きい。前記の書では町の中心部の被害は家屋破損603軒，橋50，船1,300余，水亡人7千余人とある。町中の家屋を流失させるほどの溢水ではなかったが，木津川口と安治川口から市中を縦横に走る交通路であった堀川に津波が入り，川口に停泊中だった大型の廻船などを浮かせて運び込んだため，家屋破損も生じたようだ。津波に乗った千石船は次々に橋を壊し，木津川口から遡上した大船が日本橋まで運ばれたという。津波が到達するまで2時間ほどの余裕があったため，大きい揺れに恐れをなした商人などがその後の火災などを心配して家財などを小舟に乗せて避難しようとしていた。そこへ堀川を遡上して流速を増していた津波が大船などを巻き込んで襲来したため，多数の小舟は破壊され溺死者が多数でたようで，この水路での死者数ははっきりしない。幸い町中では大きい火災はなかった。大阪湾沿岸地域では津波被害の様相は町中とは異なり面的に浸水していった。津守新田では津波によっ

て南島は「堤防残らず押し崩れ」，北島は「堤防40間余切り込み」田が汐入となった。何も持たずに必死で逃げても高台もなく，「水死の人数多し」となり地震後には新田経営者が交代した。

名古屋でも地震は長くゆれた。城中でも破損や地割れが生じた。熱田周辺の住民はこぞって家財など持って神宮の社に1昼夜避難し，津波から逃れたという。尾張領内は家の破損が多かったが，田畑の液状化が広汎に見られ，特に海辺の新田地域は地割れして泥水がでた。

静岡県北東部，特に駿河湾の奥に近い地域では，宝永地震と翌朝の余震と両方の地震で被害を受けたという。また富士山近くでは被害がその後の噴火によるものと一緒になっており，逆に宝永地震の震動被害が飛び抜けてひどくはなかったようである。伊豆の下田町は津波被害が大きく912軒中857軒が流失し，55軒は一部流れ残ったという大被害だったが死者は11人で震動は津波避難を妨げるほどではなかったと推測できる。三島や箱根の町でも倒壊家屋はなかったといい，安政東海地震に比べると東部の震動被害は軽い。静岡では浜名湖の新居関所や横須賀宿・袋井宿・掛川宿・島田宿などが被害甚大であった。

大分の佐伯藩では地震で486戸が倒壊した。山崩れも含めての被害であろう。さらに地震後1時間程で高さ1.6〜3.3㍍ほどの津波が来た。4刻の間に4回，半日で7回などと記録されているので，周期1〜2時間ほどの長周期の津波である。藩主は城下まで浸水した津波から逃げて来る領民を城中へも収容し，その夜は粥を施して留まらせた。城下での津波による死者は4名，藩全体で22人であった。別府湾の日出生では大地震ののち1時間ほどで津波が来て10数度差し引きしたので3日間山に避難していたという。津波は杵築でも延岡でもあり，九州東部の沿岸では人々は高台へ逃げている。熊本では城はさしたる被害がなく，領内も死傷者はなかったが，470軒の家屋倒壊が出た。高鍋や人吉では城が破損している。沖積層の厚い人吉盆地は倒壊家屋も多かった。長崎ではさほど強くはないが長く揺れる地震動があってから2刻ほどのちに津波が到達した。大潮より1尺ほども高い周期の長い異常潮位という体であり，地震から6時間後あたりが最も潮位が高くなって町中に2尺ほどの浸水があった。夜にもかかわらず出島の中国商人は倉庫の様子を見たいと申し出たが，火事とは違うからと奉行所は押しとどめている。平戸でも夕方から夜中まで8回の潮の干満が見られた。

津波は大坂の町だけでなく瀬戸内海全体にも影響した。和泉で汐堤90間破損，摂津で田に汐入2,070石，兵庫県の明石では被害がなかったものの1㍍程度の高さがあり，赤穂では土手が押し流された。岡山で高さ1.6㍍，広島の三原で塩大俵4,200俵が水損，徳山でも岸が崩れた。四国の瀬戸内海側も高松で常より6尺高い異常潮位となった。1〜2時間の長周期の津波は紀伊水道や豊後水道を越えて瀬戸内海にまで数㍍の高さを保って侵入していける。

島根県大田市や佐賀県鹿島市，長崎県諫早では，地震後に震源域の方角から鉄砲や大砲，あるいは雷と表現される大音響が聞こえたという。大津波の段波が空気を押して生じる大音響が遠方まで届いたのだろう。

救済と復興

被害甚大だった土佐の須崎では，長さ50㍍ほどの長い墓穴を2列掘って，折り重なって流れ着いた身元が判らない大勢の溺死者を埋葬した。また，命だけ助かった領民に1日あたり男3合，女2合を30日あるいは45日分，お救い米として支給し，小屋がけ材料を被災民が入会権を持たない山から調達するのを補助し，津波の被災者の早期生業再開を助けている。また，藩主は次回の大波を沖に見つけた時には法螺貝を吹いて

大勢に知らせるよう伝えている。須崎市下分ではこの被害ののちに町のあった場所の地盤が崩れたこともあって，町ごと山よりに移転した。完全ではないが高地移転になった。須崎八幡の御輿は津波に流され，伊豆下田の沖合で4日後に拾われた。

東海道沿い浜松宿は半潰れといわれるが，全壊71軒，半壊29軒，大破52軒，小破48軒と被害家屋が200軒あった。浜松城主松平氏は1,374俵のお救米を出した。本陣には30俵，街道に面した全・半壊，大・小破の1軒あたりそれぞれ15，10，5，2俵ずつ，裏町の全・半壊，大・小破の1軒あたりそれぞれ10，5，2，1俵である。さらに本陣に20俵，伝馬町・塩町・田町・香町に期限3年の拝借米をそれぞれ139俵余，被害が大きかった旅籠町には13年期限でやはり139俵余を貸与している。しかし舞坂ー新居間を結ぶ浜名湖を通過するための今切の渡船が，すでに地震の8年前の元禄12年(1699)の高潮被害で新居の関所が西側へ移転したため4㌔近い航路となっていたものが，宝永地震津波で流されてさらに西側に移設され，地震後に渡船が復活してもさらに航路が長くなって不便になって旅人から敬遠された。替わりに姫街道であった本坂越にほとんどの旅人が迂回するようになった。1年以上経過しても本来の東海道に客足は戻らず，浜松宿の利用者も地震後激減したままで復興もままならなかった。地震から1年半後には早くも舞坂・新居・白須賀・二川・吉田・浜松の6宿で大名など公的旅行では本街道を通るよう嘆願をしているが，地震から10年後の享保2年(1717)に漸く本坂道通行差留が命じられた。

静岡の清水では清水湊が津波被害を受け，三保貝島と向島が沈降し，薩埵峠で山崩れ，興津宿で倒壊32軒，江尻宿倒壊166軒と被害を受けた。清水湊復興のために必要な向島の防波堤や清水の波除石垣の普請は，幕府から御用商人との価格競争を経て3,960両で清水町が請け負った。宝永7年(1710)に始まったこの工事の建築資材や人夫の飲食などを地元商人が取り扱うことで，景気回復を図っている。島田宿では江戸の商人が請け負った復旧普請を下請けして復興の足がかりとしている。

三重県の尾鷲では津波被害が大きかったので，領主が年貢米を放出して粥を与えることから始まり，被災民に米・味噌・衣類・農具・糸取車などを配り，緊急食料と最低限の生産材を与え，年貢を赦免し，山海稼ぎの元手資金の貸し付けなどを行なって早期復興を図ったが，2年経過しても8割は小屋がけのまま，さらに七回忌の供養塔が建つころでもまだまだ復興途上という状況だった。地震の揺れに火災が加わると復興に時間がかかるのと同様，津波被害で家財が根こそぎなくなると，やはり復興には10年単位の時間がかかるのは今も昔も変わらない。

参考文献　東京大学地震研究所編『新収日本地震史料』3別巻・補遺別巻・続補遺別巻，1983・1989・1994，宇佐美龍夫『日本被害地震総覧［416］―2001（最新版）』，2003，松浦律子・中村操・唐鎌郁夫「宝永地震の新地震像（速報）」（『歴史地震』26，2011）

（松浦律子）

1707 宝永富士山噴火 （宝永4年11月23日）

災害の概要

宝永4年11月23日（1707年12月16日）午前10時ころ，富士山南東斜面の植生限界付近で噴火が発生した。この噴火は宝永噴火と呼ばれ16日間続き，この間，約1.7立方㌔の火山灰や火山礫などの降下火砕物（宝永スコリア）が噴出した。この噴出量は富士火山の過去1万年間の活動の中でも最大規模のものであった。宝永スコリアは偏西風により現在の静岡県東部から神奈川県，東京都，房総半島北部を含む南関東一帯を覆った（図1）。噴火により山体斜面には山頂側から宝永第1～3火口と呼ばれる3つの火口と，宝永噴火を引き起こしたマグマが富士山の古い山体の一部を突き上げてできた宝永山と呼ばれる地形的な高まりが作られた。宝永山は噴火の前にはその存在が認められず，噴火後，はじめてその姿を現したことがさまざまな記録に示されている。

噴火の概要

宝永噴火は多数の犠牲者を出した宝永地震（M8.6）の49日後に発生した。噴火直前の数日間は富士山から鳴動が発生し，11月21日から22日の朝にかけて山麓部では群発地震や強い地震の揺れを感じた。富士山東麓の長坂遺跡（現静岡県御殿場市）は宝永スコリア層に覆われた農家の跡で，この遺跡からは多数の穀類や銭が出土している。このことは噴火が突然発生して住民は貴重品を持ち出す暇もなく避難したことを示唆する。すなわち住民は噴火前日の地震が富士山の噴火につながるとは認識していなかったと思われる。

宝永噴火では高さ10㌔以上の噴煙が繰り返し立ち上り，この間，火口から100㌔東方の江戸でも頻繁に降灰が確認された。一連

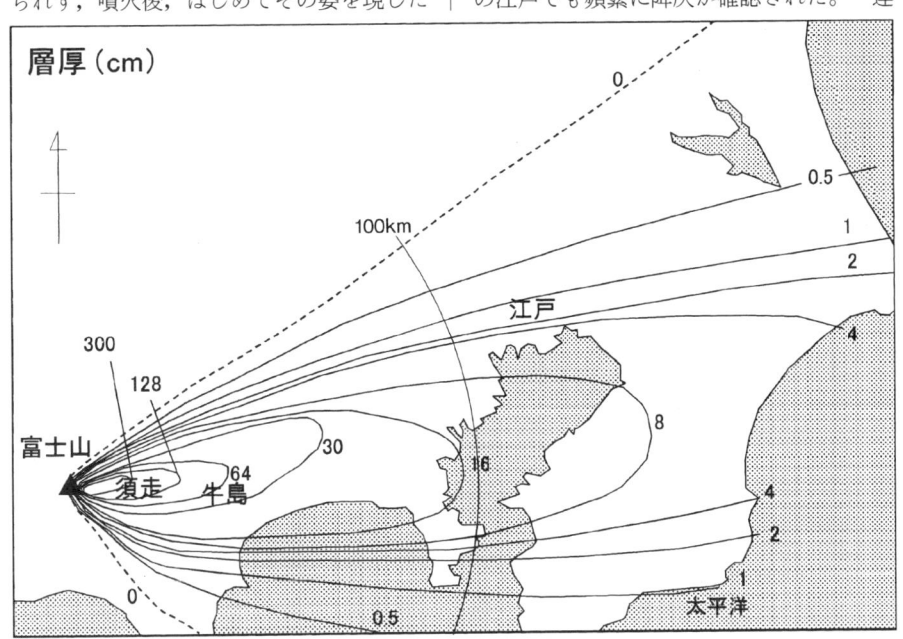

図1　宝永富士山噴火による降灰分布

の噴火の中でも最初の11月23日の噴火が最も爆発的で，10時ころに始まった噴火は15時ころまで続き，山麓には主としてデイサイト質の白色軽石の火山礫や火山岩塊が落下した(Ho-I層，図2)。江戸ではこれと同質の粉状の細かな火山灰が13時ころより降り始め，江戸の上空は噴煙に覆われ真っ暗になった。23日の夕方からは火柱を作り安山岩質の火山礫や火山岩塊を吹き飛ばす激しい噴火へと変わった。このような噴火を見て降灰域外の忍野(現山梨県忍野村)の人達は恐怖を感じて避難を開始している。この噴火は24日の夜半まで続き山麓には桃李大の黒色のスコリアが落下した(Ho-II層，図2)。これ以降，江戸では砂質の火山灰が間欠的に降り続いた。ここまでの噴火は噴出物の分布などから主として宝永第2，3火口で発生したと思われる。24日からは玄武岩質の噴火となり，それまでに比べ細粒な降下火砕物を噴出する噴火へと変わり，このような噴火が12月2日まで断続的に続いた(Ho-III層，図2)。江戸でも日中は降灰しない日々が多くなった。11月24日以降の噴火は主として宝永第1火口で発生したと思われる。12月2日以降，再び噴火活動は活発化し，噴火活動は12月9日まで続い

た。ただし，山麓での降灰は12月7日(Ho-IV，図2)，江戸での降灰は12月5日で終了した。宝永第1火口の底には火山弾を多く含む赤褐色のスパター丘と呼ばれる溶岩の滴が丘状に堆積した丘があり，その北側半分は破壊されている。このスパター丘の形成と破壊は宝永噴火の最末期の活動に伴い生じたと思われる。宝永噴火の一連の噴出物は降下火砕物のみで火砕流や溶岩は噴出しなかった。

噴火の1次災害

火口から数キロ以内の山体東～南東斜面には宝永スコリア層が5メートル以上堆積し，当時の森林を破壊した。これらの地域は現在でも火山荒原植生しか成立しない砂礫地である。このため融雪期には斜面に堆積した宝永スコリアが融雪水とともにスラッシュ雪崩(雪代)となり下流の広範囲に流れ下り，現在もこれによる被害が続いている。

火口から10キロ以内の範囲では降下火砕物層の厚さはおおむね2メートル以上となり家屋の大半は火砕物の重さで崩壊した。また須走村(現静岡県小山町)では23日の日中から夜半にかけての噴火により直径数センチの火山礫に混じり直径10センチ以上の高温の軽石やスコリアの塊が落下し，これらの火砕物の熱で通

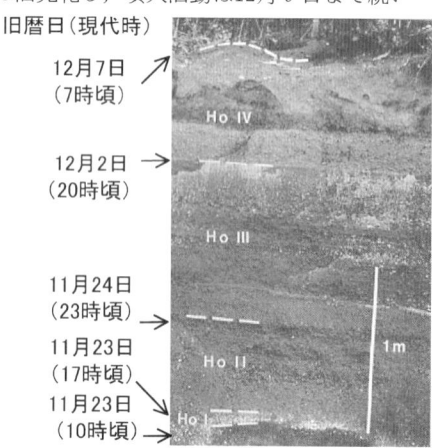

図2 須走における宝永スコリア層の断面とその推定形成日時

図3 足柄平野北部の開成町牛島地区における宝永噴火の洪水堆積物の断面

りに面した町並みのうち37軒が焼失した。焼失を免れた39軒も27日までには火山灰の重みなどで倒壊した。「須走辺は二十三日夜半より砂降り、あるいは石降り、または大石など降り、人馬損しけり」（『大地震富士山焼出之事』）とあり降礫にあたり人的被害が生じた可能性も十分考えられるものの、噴火による1次被害は小さかったものと思われる。

山麓では噴火の発生が麦の播種後であったため降灰域の大半では麦は生育できなかった。また、薪炭用の木々も降灰により枯れてしまったため、生計をたてる上でも大きな困窮を生じた。山麓で厚く火山灰が堆積した地域では徐灰作業が進まず住民は飢餓に悩まされ、これによる犠牲者は少なくなかったと思われる。このような2次被害による詳細な犠牲者数は明らかではないものの、宝永噴火後、降灰域周辺の村々では死亡者数が急増しており、被災地の住民の一部が周辺地域に移動後、死亡したことを窺わせる。

噴火の2次災害

富士山麓の東方約30キロの足柄平野一帯からこれに隣接する丹沢山地南部には30〜60センチの厚さの宝永スコリアが堆積し、これらのスコリアが酒匂川に流入して川底が浅くなり河川氾濫が頻発した。最初の洪水は宝永5年（1708）6月22日の大雨により足柄平野の入り口にあたる岩流瀬・大口堤が決壊して発生した。その後、洪水はたびたび発生し、正徳元年（1711）の洪水では河川の流路が西側に移動して、斑目村など6ヵ村の広い範囲が酒匂川の下に没した。この状態は享保11年（1726）に岩流瀬・大口堤の改修が完成するまで続いた。このような堤防の決壊に伴う洪水は明治時代まで繰り返し発生した。特に岩流瀬・大口堤のほか、下流部の堤防も随所で決壊した享保19年の洪水では、洪水が夜半に襲ったこともあり約70名が犠牲となった。また、近年地質調査により足柄平野の各地からこれらの度重なる洪水により形成されたと思われる宝永スコリアを多量に含む洪水堆積物が発見されている（図3）。洪水堆積物の厚さは厚い場所では6メートル以上に及ぶ。

神奈川県内でも火山灰が15センチ以上堆積した地域では用水路や小河川に火山灰が堆積し氾濫が絶えなかった。また水路の排水不良により田畑が冠水したり、逆に砂質の火山灰が堆積したりしたため漏水により渇水が生じ長く水稲作を行うことができなかった。一方、江戸では爆発に伴う空振により無風であるにも関わらず障子が振動したり、噴煙により昼間が暗黒になったりして住民に恐怖心を与えた。また降灰により風邪が流行したといわれ、何らかの呼吸器障害も発生したらしい。

参考文献　松尾美恵子「小山町域における「宝永の砂降り」記録」（『小山町の歴史』9，1996），内閣府中央防災会議・災害教訓の継承に関する専門調査会編『1707富士山宝永噴火報告書』，2006，宮地直道・小山真人「富士山1707年噴火（宝永噴火）についての最新の研究成果」（「富士火山」編集委員会編『富士火山』所収，山梨県環境科学研究所，2007），小山真人『富士山噴火とハザードマップ―宝永噴火の16日間―』（シリーズ繰り返す自然災害を知る・防ぐ4，古今書院，2009）　　　　　（宮地直道）

被害の概要

宝永噴火災害の主因となったのは大量の降下テフラが社会インフラを破壊したことである。被害程度は降下堆積したテフラ量に対応する（当時人々はテフラ降下を「砂降り」呼んだ。以下この表現を使用し、降下堆積テフラ量を砂の深さで表す）。偏西風の影響でテフラ降下は南関東の広範囲に及んだが、大きな被害となったのは静岡県御殿場市北部〜小山町、および神奈川県域である。ただし三浦半島南半・相模湾西沿岸部・津久井郡の大部分は降下範囲外で直接

的被害はなかった(図4)。旧多摩郡南部(町田市～多摩市南部)も被害を受けたが、多摩川以東は多少の影響はあったものの大きな災害とはならなかった。幕府は砂2寸(約6㌢)以上の地域を救済対象地域としている。

被災地は領主の性格と被害程度で3区分でき、被災地住民と領主・幕府の災害対応もこの区分に応じて異なる。第Ⅰ地域─駿河国駿東郡北部(静岡県御殿場市～小山町)。御厨地方とも呼ばれ、小田原藩領・同支藩大久保教寛領・旗本稲葉紀伊守正辰領からなる。噴火口に近く被害は最も甚大。第Ⅱ地域─相模国足柄上下郡(神奈川県西部)。小田原藩領。被害程度は御厨地方に次ぎ、深刻な2次災害(酒匂川水害)も発生した。第Ⅲ地域─足柄上下郡を除く相模国、武蔵国久良岐・都筑・橘樹三郡(以上横浜市・川崎市)と多摩郡南部。旗本領を主体として幕府領・寺社領・大名領が入り組む。一つの村が複数の領主に分割宛行れる相給村が多いのもこの地域の特徴で、領主から見れば所領が複数の村に分散して存在し、領主の財力も相対的に小さい。被害は前2地域に比べれば軽度であるが、この地域特有の所領構造は全体的、総合的対策が求められる広域災害への領主的対応には大きな制約となった。なお、いずれの地域でも直接的な人的被害は確認されていない。

被害の種類

1) 耕地の埋没　被災地域では麦がようやく生え揃った状態であったが、砂の堆積が10㌢を超えた地域の麦作は全滅状態となった。麦は農民の重要食糧であるから、その全滅により翌春以降に深刻な食糧不足となることは必至となったが、それに至る以前に被災地の食糧事情は急速に悪化した。なぜなら農民の多くは冬場の蓄えを持たず、麦の収穫を担保とした前借や農間稼ぎの収入で冬場を食いつなぐのが通例であった。麦全滅は借金の途を閉ざし、重労働の耕地復旧作業は農間稼ぎの余力と時間を奪い、多くの農民は食糧入手のすべを失って飢餓に直面する事態となった。

2) 山野の埋没　山林や採草地、秣場の植生が破壊されて肥料や馬飼料の採取ができなくなり馬の飼育も困難となった。馬による駄賃稼ぎや薪炭生産などの山稼ぎもでき

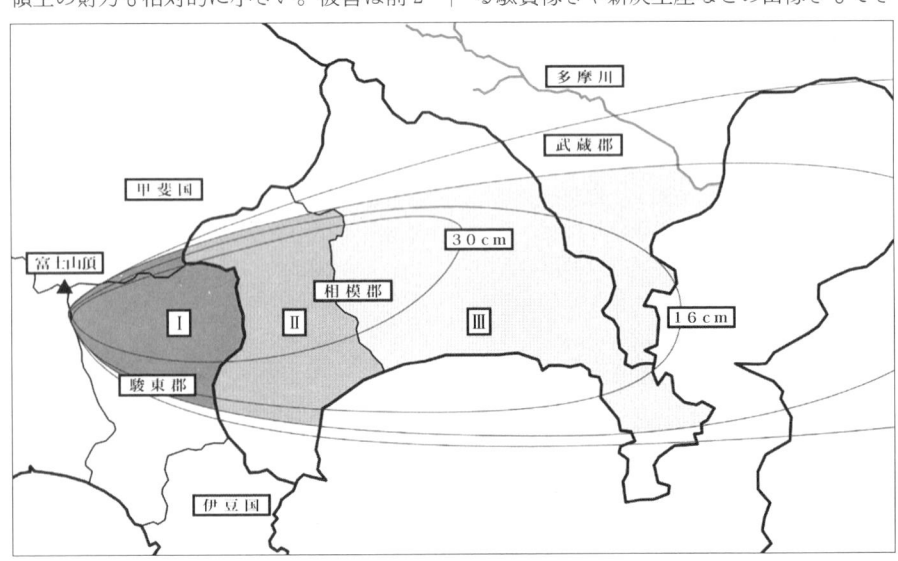

図4　幕府救済対応の3地域区分(渡辺実華子作図)

なくなって，現金入手の手だてが失われた。
3) 家屋の損壊　噴火口から15㌔ほどの須走村(静岡県小山町)は火山弾で約半数が焼失し，さらに3㍍を超える砂で完全に埋没した。皆瀬川村(神奈川県山北町)では75〜90㌢の砂で12軒の家屋が倒壊している。具体的な記録は少ないが，高温火山弾が降下し，砂が1㍍を超えた御厨地方では多くの家屋が焼失・損壊したと思われる。
4) 交通路の被害　東海道の砂深さは多いところで20㌢台と推定されるが，吉原宿からの噴火を知らせる急報も2日足らずで江戸に届いている。御厨地方でも幕府派遣の見分使が激しい砂降りの最中，軒下まで埋まりつつある須走村まで辿り着いている。幹線は往来に難渋はしても通行は可能で，人の行き来が完全に途絶することはなかった。
5) 河川・用水路の被害　直接降り積もった砂に加え，噴火終息後も周辺の砂が降雨などによって流入し，また耕地復旧過程で砂を投棄したこともあって河川には大量の砂が堆積し，河床が上昇して水流が阻害される状態となった。溜め池や用水路，取水堰も埋まって農業用水確保に大きな支障が生じた。一方，増水時には2次災害(水害)の危険性が高まった。
6) その他の被害　江ノ島周辺ではサザエやアワビなどの磯の生き物が全滅して漁が不能となった。多くの河川では翌年以降鮎の不漁が続いた。砂の堆積で鮎の遡上が阻まれたためであろう。相模川では舟運に支障が生じている。

被災地の動向と幕府・領主の初期対応

噴火終息後の約1ヵ月間の初期対応をみると，第Ⅲ地域の相模・武蔵の所領入組地域の私領村々は直ちにそれぞれの領主に救済を求めたが，所領が小規模分散的で財力も乏しい私領主には今回のような広域的災害への対応力はなかった。御救金品支給や年貢未納分免除などの対応をした領主もいたが，個別領主による救済には限界があった。この段階では幕府にも具体的な動きは見られない。そのため私領の村々は領主の枠を越えて結束し，幕府による救済策実施を求める共同訴願を行なった。共同訴願行動が確認できるのは大住郡北西部(秦野市域近辺)28ヵ村，同郡北部(平塚市北部〜伊勢原市近辺)36ヵ村，高座郡南西部(茅ヶ崎市〜海老名市近辺)28ヵ村，久良岐郡金沢本牧領大岡川沿21ヵ村(横浜市西区〜南区近辺)で，訴願書の日付が判明するものはいずれも12月18日である。また近辺の幕府領村もこれとは別に，支配代官へ共同訴願を行なっており，私領公領問わず訴願行動が一斉に展開された。小田原藩領では12月上旬に藩の早急な対応を求める訴願があり，12月中〜下旬に江戸藩邸から役人が派遣されて被災状況を調査した。しかしこの時には具体的な救済策を示さず，被災農民の強い不信を招いた。危機感を強めた足柄上下郡の村々は12月末に代表が集まって対策を協議し，翌宝永5年(1708)正月早々104ヵ村が結束し，御救米と耕地復旧経費の支給，および幕府へ救済実施を要請することを求めて江戸藩邸への直訴に踏み切った。これに押された藩は御救米2万俵の支給を約束，同年閏正月初旬に1万俵分を藩領村々に配分したが，その直後藩領幕府領に切り替えられ，残る1万俵分は支給されずに終わった。御厨地方の藩領村々はこの訴願には加わっておらず，この段階では他地域のような村々連合しての訴願行動は確認できない。支藩の大久保教寛領では12月12日〜翌年閏正月15日に飢人扶持米計5俵半余を支給している。

幕府の対応

幕府が動き始めるのは宝永5年(1708)正月中旬からである。正月16日，私領主に対して，春耕作開始までの砂退け(耕地復旧)完了を領民に督励することを指示，村々へは勘定奉行荻原重秀名の「申渡覚」で早急な耕地復旧を厳命し，御救実施を示唆しつつ

も耕地復旧はあくまで農民自力で行うという幕府の基本姿勢を示した。一方で対応策を順次実施し始める。閏正月3日，所務困難な私領の所領替え方針を公表，被害甚大な第Ⅰ・第Ⅱ小田原藩領（飛び地も含む）・稲葉紀伊守領・大久保教寛領を幕府領とし，それぞれには替え地を与えた。所領入組地域（Ⅲ）では所領替えはなかった。同月7日，「被災地の救済，その他に使う」との名目で全国に高100石につき金2両の高役金を賦課し救済資金を手当した。ただし，納入金約49万両の内，災害対策に使われたのは16万両（一説に6万2千両余）に過ぎず，残りは「その他」に使われたという。高役金は寺社領を除いて全国一律に課されたので，被災地村々も負担するという矛盾がある。同月9日，岡山・小倉・越前・大野・熊本新田・鳥取新田の5藩に「相州筋川浚」の御手伝を命じ，収公地の支配代官伊奈忠順を砂取除川浚御普請奉行に任じて被災地の治水工事実施に向けた体制を整えた。閏正月中には被災地の状況把握のために旧小田原藩領を除く被災地全域の見分を行なった。幕府代官手代2名1組の見分役人が地域を分担して廻村し，村からは村況（高反別・人口構成・家数・馬数・用水事情など）麦作の現状，見分時点での耕地復旧状況，今後の開発目論見を提出させ，砂の深さも計測している。この時，村からは幕府による食料援助と砂退け経費支給を求める訴願が相ついだ。旧小田原藩領が除外されたのは前年末の藩の被害状況調査が援用できたためであろう。

被災地救済策の実施
幕府の救済策は第Ⅰ・第Ⅱ地域の御厨・足柄地方と，Ⅲの所領入組地域とで異なる。第Ⅲ地域では所領替えはせず，公領私領混在状態のまま御救いを2次にわたって実施した。幕府の当初の目論見は，蓄えの食糧で食いつないで自力での耕地復旧を春までには完了させ，蓄えが尽きる5，6月ころに食糧事情に応じて必要な御救策を実施するというものと思われる。しかし食糧事情は急速に悪化して多くの被災民が飢餓に直面している状況が明らかになり，予定を早めて5年2月中旬には御救いを開始した。御救金（砂の深さに応じ村高百石に金2～4両。実際には米で支給。砂2寸以下は対象外），馬飼料（馬一匹に銭300文），麦種買代（1反に永50文。麦再播種に必要な種麦購入資金の援助。永1文は千分の1両）の3名目を，公領私領の区別なく支給した。大住郡西富岡村（伊勢原市西富岡）．砂1尺2寸（約36㌢））のこの時の受領額は計36両2分余，ここから諸国高役金10両余を差し出し，馬飼料1両3分は馬主に渡されたので，残額を単純に人頭割配分（人口373人）とすると1人約0.07両で，米なら約6.5升ほど，麦でも約1斗3升ほどの金額に過ぎない。しかも御救金は石高，麦種代は反別という支給基準をそのまま村人への配分に適用すると，持高（経営規模）が大きく比較的余裕のある上層農民には多く，支援を最も必要とする下層農民ほど少なくなるという矛盾がある。下層農民を中心とした困窮は解消されず，端境期が近づくにつれ食糧事情は逼迫の度を増した。3月中に完了とされていた耕地復旧も捗らず，再度の御救を求める訴願が繰り返される状況に，幕府も5～6月に2度目の御救実施に踏み切った。今度は御救金（1回目の1.5～2倍）と馬飼料（1匹に永300文または永500文）の2名目で，支給総額は1回目より多く，飢人に限定して配分するよう指示したが，御救いはこれで終ることも明言した。しかし被災地の窮迫は上層・下層を問わず進んでおり，村々ではさまざま工夫して苦境を乗り切る努力を続けた。幕府の一連の施策は，規模の小さい個別領主では対処できない広域災害に対する危機管理に一定の役割を果した。しかし耕地復旧は農民自力で行うとの原則は貫かれており，2回実施された御

救いも当面の難局を乗り切るための短期的施策にとどまる。第Ⅰ・第Ⅱ地域では，全域を対象に麦種代1反永50文（5年5月）と馬飼料1匹銭300文（5年春～夏にかけて数回）を支給した。さらに砂深さ3尺（約90㌢）未満の村（足柄地方の大部分と御厨地方の3分の1が該当）には5年3月と11月に砂深さに応じて反当銭300文～金1分の「砂退け御救い金」を支給，砂3尺以上の御厨地方39ヵ村には飢人を対象に「御救い夫食」1人1日1合相当額を5年2月から支給した。「砂退け御救い金」は，石高を仮に反当1石とすると百石に6両3分弱から25両程となる。第Ⅲ地域よりは多額ではあり，飢人扶持（1人1日1合相当の銭）も2～3ヵ月分支給されてはいるが，たとえば砂1尺2寸（約36㌢）の足利上郡関本村（南足柄市関本）では田畑50町余の砂退け労力見積りは延23万人余，5年8月の御厨地方の村々の砂退費用見積基準1人銀1匁，金1両＝銀60匁を適用すると費用総額3,833両となるから，復旧支援とは名ばかりである。「御救い夫食」は翌6年2月で打ち切られたが，窮状が改善されたわけではないので，砂3尺未満の村も含めて1日1合宛の飢人扶持支給が再開された。正徳元年（1711）までは継続されたが，宝永6年夏以降は月5～10日分に減り，しかも毎月ではなく，7年～正徳元年は年15～30日分程度となった。6年12月に砂3尺以上の村の内36ヵ村に砂退開発金（百石に9～9.75両）が支給されたが自力復興を促す基本姿勢は変わらず，他地域では行われた川普請への支援もなく，御厨地方は幕府領化されたにも関わらずこの段階では放置されていたに等しい。幕府が御厨地方の復興支援にそれなりにも取り組む姿勢を見せるのは砂除人足扶持米の支給を始めた享保元年（1716）からである。ただし須走村は甲駿国境の要衝であり，富士浅間神社の門前でもあることから5年8月までに計1,800両余が支給され，砂の上に

宝永富士山噴火　229

村を再建して一年足らずで復興している。

治水対策

耕作再開のための用水確保と2次災害防止には川浚・川普請を早急に行う必要があったが，耕地復旧も容易には進捗しない中で，村々には川浚・川普請を自力で行う余力はなく，幕府の援助を求めた。これに幕府は次のように対応した。

1）大規模河川の場合　治水が流域全体の生産条件維持に関わり費用も巨額で，水害発生時には被害が広域に及ぶ酒匂川筋・金目川筋・相模川下流域については大名御手伝による公儀普請（幕府直轄事業）とし，費用は御手伝大名が全額負担した。5年2～5月，岡山藩など5藩の御手伝で，酒匂川筋と金目川筋の洪水災害防止を目的とする川普請を実施した。実際の工事は町人請負で行われ，御手伝藩は費用を負担しただけである。日当銀1匁5分が支払われた工事は生産手段を失った被災地農民への失業対策事業の意味も持ち，御厨地方の農民も就労している。しかし請負人による多額の中間搾取が噂され，利益優先の杜撰工事との批判があった。実際，酒匂川では工事終了後1ヵ月足らずで堤防が決壊して大水害が発生，金目川水系でも水害が続発するなど，いずれも再度の川普請が必要な状態であった。この事態に幕府は宝永6年（1709）5～6月，目付河野重通を筆頭とする巡検役人衆を派遣して相模川流域以西～御厨地方を詳しく調査し，酒匂川・金目川・相模川を対象とし，水害防止を目的とする川普請の再実施を決定した。前年の川普請が請負業者任せであったのとは異なり，今次は現地の状況を知悉する河野重通以下の巡検メンバーをほぼそのまま普請担当者として幕府が直接取り仕切る体制をとり，助役大名家臣も現場で工事を差配した。工事人足は村単位で就労し，賃銀は御厨地方の者は途中から銀2匁5分に増額された。7月下旬，津藩に酒匂川，浜松藩に金目川の御手伝を

命じ，8月下旬から普請を開始，酒匂川関係は皆瀬川の下手を酒匂川にショートカットする流路付け替え工事も行われ年内に完了，金目川は長引いたが，翌7年2月に酒匂川普請を終えた津藩も加わり，3月中には完了した。相模川下流部は7年2月下旬に山形藩・諏訪高島藩・武蔵岡部藩に御手伝を命じ4月から普請開始，7月下旬までに完了している。

2) 村内用排水路の場合　田畑に直接水を引く村内用水路は，農民自力で復旧（浚渫作業が主）させたが若干の援助（村側の費用見積額の一割未満と推定）を行なった。第Ⅲ地域を対象とし5年2，3月ころに援助分を米で支給している。

3) 御手伝普請対象外で，複数の村が水利に関わる中小河川の場合　堤防補強と浚渫作業を関係する村々共同での村普請で行わせ，幕府は費用の多くを援助した（見積額ほぼ全額援助の例もある）。足柄地方を除く相模国内被災地の中小河川を流域村々を対象とし，5年4—6月ころに援助分の貨幣を支給している。足柄地方では2），3）の施策は確認できず，御厨地方には何の策も施されなかった。耕作開始には耕地と用水路の復旧は必須条件であるから，水害防止を第一課題としながら，多少とも梃子入れすれば復旧促進も期待できる地域に資金を集中投下する一方で，復旧の目途がたたない深砂地域は当面放置するという選択といえよう。

復旧・復興

堆積した砂を除去して田畑を復旧させるには膨大な労力が必要であった。砂2尺8寸（85㌢）の足柄上郡谷ケ村（山北町谷峨）は田畑21町余の砂退けに延べ8万3千人余，砂4寸5分（約135㌢）の駿東郡用沢村（静岡県小山町用沢）は田方約14町，畑方28町5反余に延べ30万人余が必要と試算している。除去した砂の処理も難題で，近辺に砂捨場所がなければ耕地の一部を潰して砂捨場にした。用沢村では砂捨場に田約15%，畑約20%を潰すと見積もっている。被災地域では宝永5年以降の年貢割付状に年貢免除地として「砂置場」「砂片寄場」などの記載が現れ，砂捨場として多くの耕地が潰されたことを示している。砂捨場を必要としない復旧手段として，元の耕作土に混ぜ込んでしまう方法も採られたが，保水力が失われ，また砂が厚ければ無理である。砂を下部の耕作土と丸ごと入れ替える天地返しという方法は砂を取り除く以上の多大な手間が必要であった。図5は，山北町河村城跡の天地返し跡。40㌢以上の砂と元の耕作土を入れ替えている。河川へ投棄した所もあったが，これは下流地域の2次災害の原因ともなった。また復興の過程では，畑作優位村と水田優位村との対立，採草地をめぐる争い，治水水利をめぐる軋轢など，地域間・村落間の利害対立が表面化することも少なくなかった。

砂の深さで復旧の困難度は格段に違う。被災から一年半後の6年5〜6月の復旧進捗状況は，大住郡北金目村（平塚市金目。砂7〜8寸（20数㌢）の場合は砂置場が村高の約20％，開発困難地が1％であり，砂置場潰地を除けば耕地はほぼ復旧している。足柄地方では，苅一色村（南足柄市苅野。砂1尺5〜6寸（40㌢代後半））の場合，復旧した面積が19％余で，藩領復帰前年の延享3年(1746)でも復旧率は田地76％，畑地50.5％，山畑10％である。御厨地方では用沢村6％（面積），棚頭村5％（同）と復旧率はきわめて低い。Ⅲ地域では砂置地もこの後徐々に減少する。大住郡戸田村（厚木市戸田。砂推定7〜8寸（20数㌢））では正徳3年(1713)に田地面積の約34％あった砂置地は徐々に減少して享保14年(1729)までに20％弱となり，同年以降は年貢割付状上ではその面積が固定される畑成田として反当8升の低額年貢が賦課されるようになる。こうした事例はほかでもみられ，農民は砂

置地を減らす努力を続け，なお残存した砂置場は畑として再開発されていった様子が窺える。一方御厨地方では享保元年から砂除人足扶持米の支給が始まったが復興は容易には進まなかった。慶応4年(1868)でも用沢村では野畑の約82％，棚頭村では畑の約78％が「砂埋り」のままである。幕府領化された足柄，御厨地方の村は享保元年から段階的に元の領主に戻され，足柄地方の大部分と御厨地方のほぼ半分は延享4年(1716)までに小田原藩に復帰，天明3年(1783)までに大御神村(小山町大御神)を除きすべて私領に復帰して幕府は被災地から手を引いた。被災から80年近くが経過し，もはや災害復興という段階ではないが，御厨地方を中心に未復旧地はなお多く残り，地域復興が成った訳ではなかった。公権力は地域全体の生産条件維持に関わる治水事業については一定度その責務を果たし，緊急時の対症療法的な御救い策も実施したが，耕地復旧は農民自力で行うとの基本原則は維持された。地域復興は，過酷な状況に立ち向かった被災地住民の長期にわたる地道で営々とした自助努力で進められていったのである。

災害記録

宝永噴火では江戸でも降灰をはじめさまざまな異変が観測された。その様子を『新井白石日記』は簡素に，『伊東志摩守日記』は日々刻々詳細に記す。5年3月以降の記述と考えられる『富士山自焼記』は噴火絵図を始め幕府に集まった諸情報を豊富に載せる。『基熙公記』(前関白近衛基熙の日記，在京都)，『伊能利景日記』(下総佐原[千葉県香取市]の名主)には吉原宿からの急報が書き写されている。基熙の情報源は息女天英院(徳川綱豊(後6代将軍家宣)正室)，伊能は江戸から来た商人である。幕府に届いた噴火情報は短時間のうちに巷間にも伝わり各地で書き留められた。もっともこれらには災害情報は少ない。災害状況を雄弁

図5　山北町河村城跡の天地返しの遺構

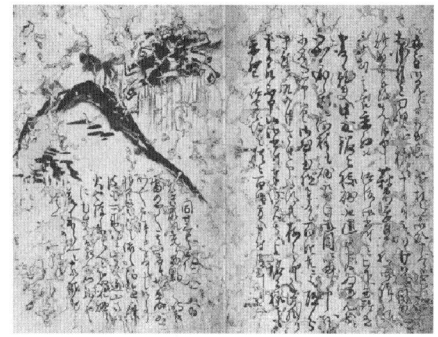

図6　『砂大降記写』

に語るのは地方の文書・記録類である。量的に多いのは被災地村々が幕府や藩に提出した文書の村に残された控えで，村況や被害状況，飢人の報告書，御救いや復旧支援を求める訴願書，御救金品の受取と請書，村絵図，などである。ついで御救金品などを村内で配分したときの帳簿や受取・請書の類がある。いずれも災害を記録することを意図したものではないが，災害状況を具体的に知ることができる貴重な資料である。何人かの名主は砂降りと被災の記録を残した。多くは被災後半年以上を経てやや落ち着いてから記述されたもので，激しい砂降りに驚愕狼狽する様子を述べつつも比較的冷静に事態の推移を記している。砂降り後の地域および公権力の動きを具体的に記すものもあり，足柄上郡山北村(山北町山北)名主の記録は足柄上下郡104ヵ村による藩に対する訴願行動を詳細に記述して早くか

図7　富士山宝永火口

ら注目されてきた。近年紹介された『砂大降記写』(図6，高座郡宮山村(寒川町)名主作成。天保期の写し)は、これまで詳細不明であった第Ⅲ地域の共同訴願行動や相模川川普請の経緯が明らかになる貴重な記録である。御厨地方では富東一禿翁なる人物が噴火と砂降りに見舞われたときの様子を享保元年(1716)に回顧記述した。潤色は少なく信頼できるものという。噴火の様子を描いた絵図も災害記録の一つで、地元住人が体験した前代未聞の異変を後世に伝えるために描いたものと、幕府関係者が噴火の状況を報告する事を目的に作成した絵図などが確認されている。瓦版のような刷り物による情報伝達手段が未発達なこの時代には情報は筆写されて人から人へと伝えられた。名古屋藩士朝日重章の日記『鸚鵡籠中記』と同藩士天野信景の随筆『塩尻』には同じ噴火絵図が載る。

[参考文献]　永原慶二『富士山宝永大爆発』(集英社新書，集英社，2002)，内閣府中央防災会議・災害教訓の継承に関する専門調査会編『1707富士山宝永噴火報告書』，2006，『小山町史』2・7，『御殿場市史』8，『神奈川県史』史料編6，『静岡県史』通史編3・別編2，神奈川県立歴史博物館編『富士山大噴火―宝永の「砂降り」と神奈川―』特別展図録，2006　　　(古宮雅明)

1732 享保の大飢饉 （享保17年）

飢饉の原因と被害の概要

江戸時代中期に起きた飢饉。江戸時代3大飢饉の一つに数えられる。享保17年(1732)は，前年末から続く天候不順に加え，梅雨ころから夏にかけて長雨が続き，洪水などのため田畑が荒廃した。さらに，イナゴやウンカなどが大発生し，稲作に大きな被害を与えた。すなわち，冷夏と蝗害を直接の原因として，中国・四国・九州など西日本を中心に凶作となった。

被害については諸説あるが，九州北西部，四国北西部がもっとも大きな被害を受けたといわれる。損毛率が5割を超えた藩だけで46藩に及び，このうち西日本の27藩の損毛率は8割を超えたという。飢人数は，幕府領67万人余，諸藩197万人余にのぼり，餓死者は1万2,000人ともいわれる。

幕府は，享保17年7月ころから被災地に勘定所役人を派遣するなど取り組みを始めた。これまで幕府は諸藩への救済には慎重であったが，この時の伊予国などから報告を受けて，年貢米を売り払い市場に供給する払米に踏み切った。また，西日本の被害が大きかったため，大坂が米不足となった。軍用米として貯えられてきた大坂城米まで救済に用いられる事態に，幕府は江戸から西日本への廻米を実施した。

その結果，江戸でも米価が騰貴し，不安に駆られた日稼層などによる有力米問屋の打ちこわしが起きた。享保18年正月の高間伝兵衛宅の打ちこわしで，この一件が，近世都市で起きた最初の打ちこわしとして知られる。

救済の概要

打ちこわしを契機とする幕府の救済は，享保18年(1733)正月以降本格化する。同月，大坂や京都で困窮者調査を行い，救米配付についての詳しい基準を作成した。京都市中に触れられた町触によれば，当初，幕府が救米の対象としたのは「町中住居之及飢候者共」で，「托鉢之者」や「他所之物」は対象外であった。しかも，「飢人と申候ハ頃日袖乞ニ罷出，四五日之内ニ飢死も可致と相見得候物」のことであって，町中住居の困窮者であっても，「働口すきもいたし候ハ，御救差控」えるなど，その対象は厳しく制限された。

しかし，その後も市中の困窮者が増え続け，町人同士の相互扶助も盛んに行われたため，3月には町人有志による救済の実態調査が行われた。その対象は，①町方・寺社から所々飢人に米銭を施す者，②町々家持から町内困窮の借家人らへ米銭を施す者，③家主から家作の借家人に施す者などであった。町奉行所は，町人有志による救済が重要な役割を果たしていることを認識していた。さらに，救米を配付するために，これまでの救済の対象にならなかった者の中から，「飢人同然」の「至極貧窮人」の調査を行なった。一方，救済が及ばない流入者や乞食は，寺院や有志者による施行が重要な意味を持った。幕府はこうした有志者による救済の実態把握にも努めた（『虫附損毛留書』全3巻，国立公文書館内閣文庫）。

大坂の書林仲間は，幕府の調査を元に，これらの救済の経緯と実態を『仁風一覧』として出版した。また，幕府はこの飢饉を教訓に，米以外の穀物の栽培を奨励した（救荒食物）。青木昆陽の甘藷栽培の普及もそのひとつであった。

参考文献　北原糸子『都市と貧困の社会史―江戸から東京へ―』(吉川弘文館，1995)，吉田伸之『近世巨大都市の社会構造』(東京大学出版会，1991)，菊池勇夫『近世の飢饉』(日本歴史叢書，吉川弘文館，1997)

（小林丈広）

1741 寛保地震・噴火・津波 （寛保元年7月19日）

歴史記録の中の災害

寛保元年7月19日(1741年8月29日)の早朝、北海道と津軽半島を津波が襲い、大きな被害を出した。『北海道旧纂図絵』(松前広長撰)には、寛保津波と渡島大島噴火の様子を表した絵とともに、「寛保元年辛酉年七月十九日大島発焼して、洋海溢水、溺死、大津浪といふ」と書かれている。『福山秘府』によれば、30有余里に渡って津波が襲い、溺死者は1,467人、家蔵の破壊は791戸、船舶の被害は1,521隻に及んだ。これらの数字にはアイヌや本州の被害が含まれていないので、実際の犠牲者は2,000人を超えたと考えられており、北海道の歴史上最悪の自然災害であった。

歴史記録と現地調査によって各地の津波の高さが推定されている。文書記録に基づく最大の高さは、松前町江良における15メートル、伝承に基づく最大は松前・上の国町境界付近の願掛沢における34メートルとされている。信頼性の高い文書記録に基づく推定値は渡島半島で3～15メートル程度である．津軽半島で4～7メートル、佐渡では2～5メートル(両津では伝承に基づき8メートル)、能登半島で4メートル、福井県小浜で1メートル、島根県江津で2メートルと推定されている。『朝鮮王朝実録』によれば韓国の東海岸(江原道)でも津波被害があった。

渡島大島は北海道南西沖に位置する東西4キロほどの活火山で、寛保元年7月13日(1741年8月23日)から噴火が始まり(8日という記録もあり)、15、6日には渡島半島に降灰があって日中でも夜のように暗くなったという。16日の噴火の際は大山が崩れるような震動があった。津波は19日に発生しており、津波の前には地震の記載はない。

災害の実態

寛保津波の発生原因は、長い間謎であった。渡島大島は、寛保元年(1741)の噴火に伴って、島の北側が山体崩壊した。陸上部のみの崩壊堆積は0.4立方キロと推定されていたが、これに基づく津波シミュレーションでは各地の津波の高さを再現できなかった。最近の海底調査によると、山体崩壊で形成された馬蹄形カルデラ地形は島から5キロ程度まで伸び、海底も含めた山体崩壊の体積は2.5立方キロと推定された。海底まで含めた山体崩壊による津波のシミュレーション結果は、渡島半島、津軽半島、西日本、韓国東海岸での津波の高さを再現することから、津波の原因は、海底まで及んだ山体崩壊によるものであることが明らかとなった。

（佐竹健治）

津波の波及と認識

寛保津波の被害範囲については、北海道渡島半島西岸および青森県津軽半島西岸地域を中心に、遠方では石川県・佐渡島・韓国などまで津波が波及した記録がある。前述の『北海道旧纂図絵』にみられるとおり、

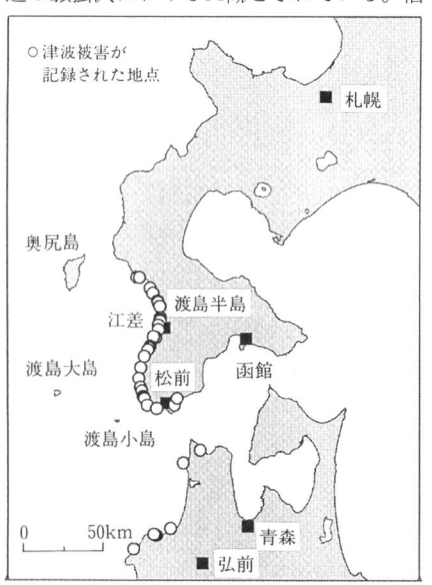

図1　津波の被害発生地点

当時から松前領では渡島大島の噴火と津波の関連を認識していたものと考えられ，鳴動する渡島大島を目の当たりにしていた地域と，地震動を伴わない不意打ちの津波が来襲した他地域とでは災害に対する認識が大きく異なる。松前藩では幕府巡見使来訪に際して申合書が作成され，藩の公式見解を知ることができる。

図2　寛保津波（『北海道旧纂図絵』より）

北海道の被害

被害人数は『松前年々記』によれば溺死1,236人（男826人・女410人），他国者が231人と記録されている。男性と他国者の被害割合が多いのは，松前稼ぎによる出稼ぎ者のほか，多くの北前船が寄港する松前領の人口比率をあらわしている。また，内訳の内容からも判明するとおり，和人側の史料にアイヌの被害は記録されておらず，被害調査の対象になっていなかった。アイヌ社会は文字文化を持たないため，その被害記録は残存していない。

和人側の詳細な被害記録は弘前藩の史料にみられ，『弘前藩庁日記　御国日記』12月23日条の松前各村からの注進書の写しには，松前城下で30人，江差では船手が約180人，江良で370人と旅人が80人，熊石で約300人など各地域での被害人数がみえる。

松前藩の対応

松前藩は遠隔地にあり，かつ領内の被害が甚大であったため，被害情報の把握には相当な時間がかかった。幕府の御用番へ口上で津波来襲の報告がなされたのが，8月20日であり，さらに詳細な情報の提出を求められ書付を作成・提出したのが9月10日のことである。また，米穀を生産しない松前領では被災後領内の多くの地域で食料が不足したと考えられる。津軽領では松前領への抜米（米を密かに藩外へ移出すること）が問題視されたとの記録も残されている。

津波被害の供養

正覚院・法華寺（江差町），泉龍院・光明寺無縁堂（松前町）など，松前領の諸寺院には，多くの寛保津波の供養塔が残されている。無量寺（八雲町）の供養碑は地蔵菩薩の形状で背中に3つの穴が開けられ，海中の被害者の遺体収容の際に鋑で突いた跡をとどめたものと伝承される。墓石や供養塔，過去帳などによってもその被害を知ることができる。

無量寺の地蔵菩薩の背面

参考文献　今村文彦他「『津軽藩御国日記』の追加による寛保渡島沖津波(1741)の詳細調査」(『歴史地震』18, 2002)．小池省二『北の火の山―火山防災への警鐘―』続(中西出版, 1998)

（白石睦弥）

1742 寛保2年洪水 （寛保2年7月―8月）

災害の概要

寛保2年(1742)7月末から8月初旬にかけて，関東地方を襲った風水害。7月28日ころ近畿地方に上陸した台風が，8月1日関東地方全域を襲ったことにより発生した。関東平野は台地部を除き悉く洪水に見舞われ，山間部では土砂崩れが多数発生した。被害の全体像を明らかにする史料はないが，武蔵国川越藩久下戸村名主奥貫友山による『大水記』(『日本農書全集』67所収)，上野国新田郡岩松村青蓮寺住職による『寛保洪水記録』(『日本庶民生活史料集』7所収)が地域の被害を記載している。江戸に関しては，『東京市史稿』変災編第2 (1915)，同救済編第1 (1921)がある。上記のほか，自治体史の刊行などにより各地域の災害の詳細は明らかになりつつある。

出水した河川は，利根川・荒川・多摩川の本・支流に及んだ。利根川では，上流部の湯檜曾川・赤谷川・片品川・吾妻川・烏川・神流川，中利根川の渡良瀬川・思川・権現堂川・赤堀川・島川・古利根川・庄内古川・江戸川・中川，下利根川の小貝川・横川・新戸根川などである。荒川では，星川・元荒川・綾瀬川などである。

上利根川では8月1日～2日に最高水位に達し，左岸堤では，平塚・武蔵島・舞木・赤岩で破堤し，邑楽郡一帯が水没した。右岸堤で最大の破堤は，利根川右岸の北河原では400間が破堤し，忍領に流入した。下流の新川通や利根川新旧河道の集中地点である浅間川・権現堂川・島川に囲まれた島中河辺領でも3ヵ所が切れ，多くの押堀（堤防が切れてできた池沼）ができた。利根川下流域では，支流小貝川の押付で破堤している。荒川では，熊谷から久下にかけて数ヵ所が破堤し，忍領に流入している。昭和9年(1934)長瀞に建てられた，寛保洪水位磨崖標による水位最高点は，現在の河床から約18メートル，国道140号線の路面から約4メートルの位置にある。

被害の概要

『大水記』によれば，江戸を除く信濃・上野・下野・武蔵・下総・常陸・上総国の堤防の決壊は，延長43,000間，決壊箇所は96,035ヵ所。流失・倒壊家屋は合わせて18,175軒。水死者は1,058人。水死馬は7,079匹。被災した村は4,094ヵ村であり，浸水は1丈5尺（約4.5メートル）であった。

『寛保洪水記録』には，利根川上流域・荒川中流域の被害事例が記されている。利根川と烏川の合流点に近い武蔵国賀美郡金窪村と砂原宿では，8月1日夕刻から碓井川と神流川上流山中領から材木を伴った出水で大土手が切れ2ヵ村が押し流された。2日上野国那波郡芝町は1丈余の水で大家・小家が流され田畑が荒地となった。裏通の夫婦は大木に登り助かった。芝町の南の小村の某は，金100両余入財布を首にかけ流される途中捨てて助かった。長沼村では3日昼時某戸口へ流れ着いた死体のうち300両を首にかけた娘を葬り，2人を押し流したところ，幽霊に悩まされたという。日光例幣使街道の玉村では1丈余の水が出，川井河岸では150軒のうち60軒が残り，田畑は砂山になり，蕎麦を蒔いても一本も育たなかった。近隣の八丁河岸・御友河岸，五料番所の南方は家が押し流され多くの水死者がでた。

上野国新田郡平塚村では堤が切れて潰家が多く出て田畑は石砂で山のようになった。新田郡徳川村では上畑が川欠となり，残りの畑は永欠となった。徳満寺領100石はほとんど荒地となった。1日同郡武蔵島村では破堤した場所の家内5人・馬1匹が家と流失した。舟稼ぎの父子は2日舟が破損

寛保2年洪水　237

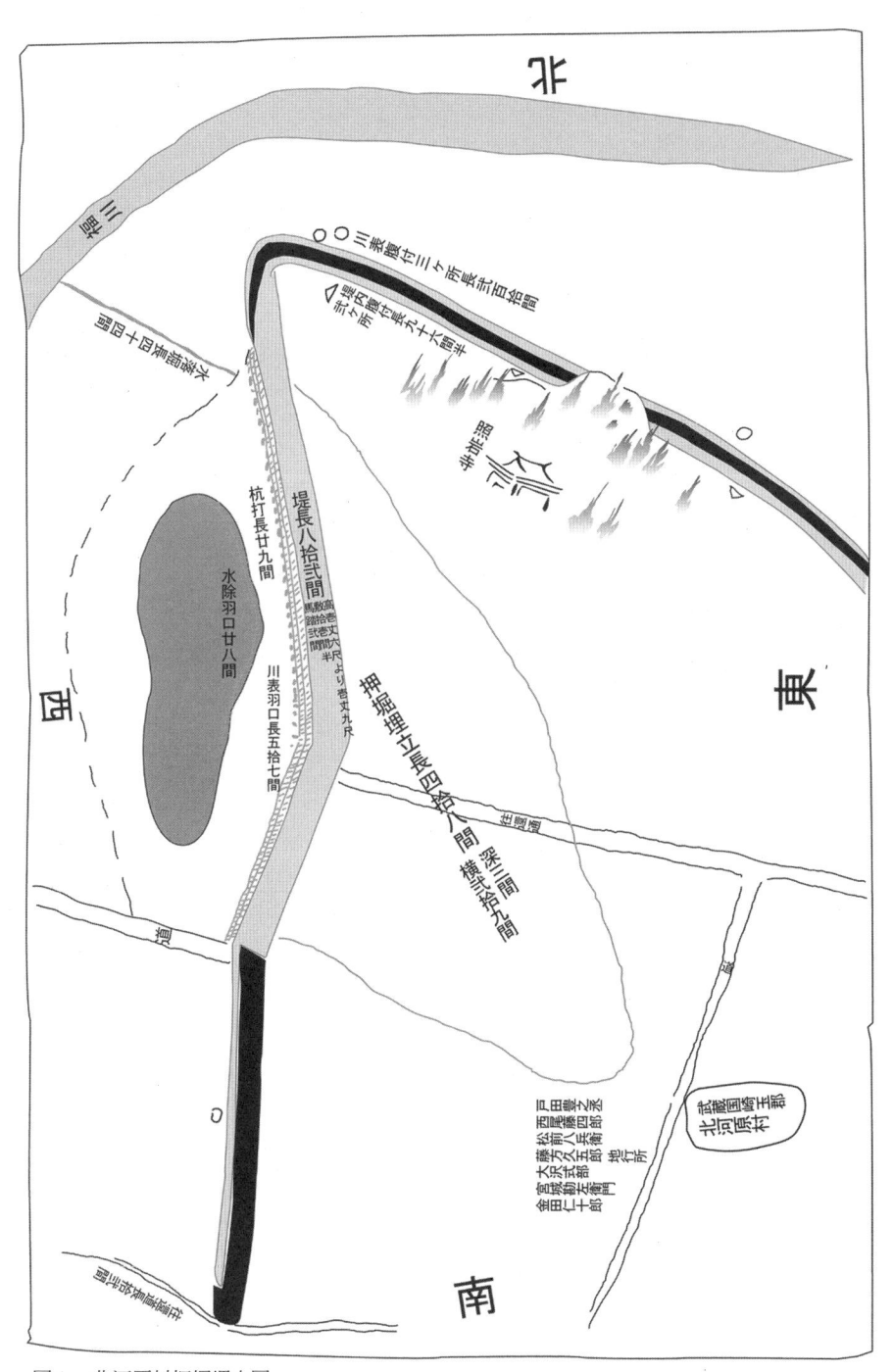

図1　北河原村押堀埋立図

し漂流したが救出された。下流の岩松村では10時ころ洪水が襲い，青蓮寺境内は水深7，8尺，庫裏・方丈・座敷・寝所は床上1尺5寸浸水した。門前の大杉14本が根こそぎ倒れ，石地蔵の折れた首は20日後余5，6町先から発見された。住職は9月下旬まで本堂に寝起きした。同郡二ツ小屋村では2日観音寺が流失し田畑も押し流された。一家4人が流され，4日葬式を出したもののちに無事帰村した。さらに下流の邑楽郡古戸村では2日小山のような洪水により家々が流出し，逃れた80余人は長良神社境内の榎に登り，4日夜に水が引いて助かった。舞木村では堤防が560間切れ，村人9人・馬17匹が水死した。対岸の武蔵国埼玉郡北河原村では照岩寺裏の中条堤が82間切れ，154人・馬30匹，老禅師が水死した（図1）。館林藩領青柳村では2日早朝真光寺の諸道具が流失。造酒屋兼質屋の2階屋が東に半回転し，米600俵，麦・大豆1,000俵余が水腐した。青柳より東の赤生田・江口・板倉・籾谷・海老瀬・南大島・北大島村一帯は利根川と谷田川間の低地にたまった水がひかず，13日まで棟に居住した。利根川から2里も離れた同郡木戸村では，渡良瀬川支流道場淵の堤防が150間切れ，潰家20軒・流失家屋17軒，水死者9人が出た。梅原村では，2日観音寺が半道ほど流された。大輪村では1日夜から大水となり，2日朝

5時ころ家が流失したが10日余ののち本人が帰った。武蔵国葛飾郡栗橋宿では，500軒のうち残ったのは60軒余で，馬も100匹ほど流された。一里南の幸手町も窪地のため，屋根の上で4，5日過ごし食事も取れなかった。出羽国庄内藩主酒井氏は幸手宿本陣の屋根に上り難を免れた。利根川右岸武蔵国埼玉郡忍藩の城下町行田では，阿部豊後守家来が2日家とともに流されたが，氏神大聖天歓喜天を祈念し助かった。幡羅郡間々田村では堤が2ヵ所切れ，村中に2丈余の深い穴ができ，田畑は残らず砂山となった。荒川筋では8月1日武蔵国足立郡吉見領の被害がひどく，田畑へ石砂が押し上げて山のようになり，人馬に水死は300に及んだ。山間部では上野国山中領の利根川支流鏑川の上流南牧川流域において，日向山・日向雨沢・入道沢の流出や砥山の崩壊，勧能村が一時せき止め状態になった例が知られる。

江戸の被害

江戸の被害は低地部である葛西領に集中している。1日正午から夕刻まで烈風のため武家屋敷や町屋が破壊され，築地や品川に停泊の船が破損した。隅田川・古利根川が破堤し，2日今戸橋が流失した。3日寺島村南方の隅田川，小谷野村・千住3丁目の綾瀬川が決壊し，小菅村から本所付近まで浸水，最深部は1丈2，3尺であった。上

表1　大名御伝普請の藩と担当箇所

	御手伝大名	担 当 普 請 箇 所
1	讃岐国丸亀藩京極高矩	荒川・芝川・星川・元荒川
2	越前国鯖江藩間部詮方	新利根川
3	長門国萩藩毛利宗広・同家老吉川経永	上利根川右岸
4	備後国福山藩阿部正福	下利根川
5	但馬国出石藩仙石政辰	小貝川
6	備前国岡山藩池田継政	上利根川左岸（烏川・神流川・渡良瀬川）
7	肥後国熊本藩細川宗孝	中川低地（江戸川・古利根川・庄内古川・中川・綾瀬川）
8	伊勢国津藩藤堂高朗	栗橋関所，権現堂川・思川・赤堀川・鬼怒川
9	豊後国臼杵藩稲葉泰通	荒川左岸
10	日向国飫肥藩伊東祐之	荒川右岸

寛保2年洪水　239

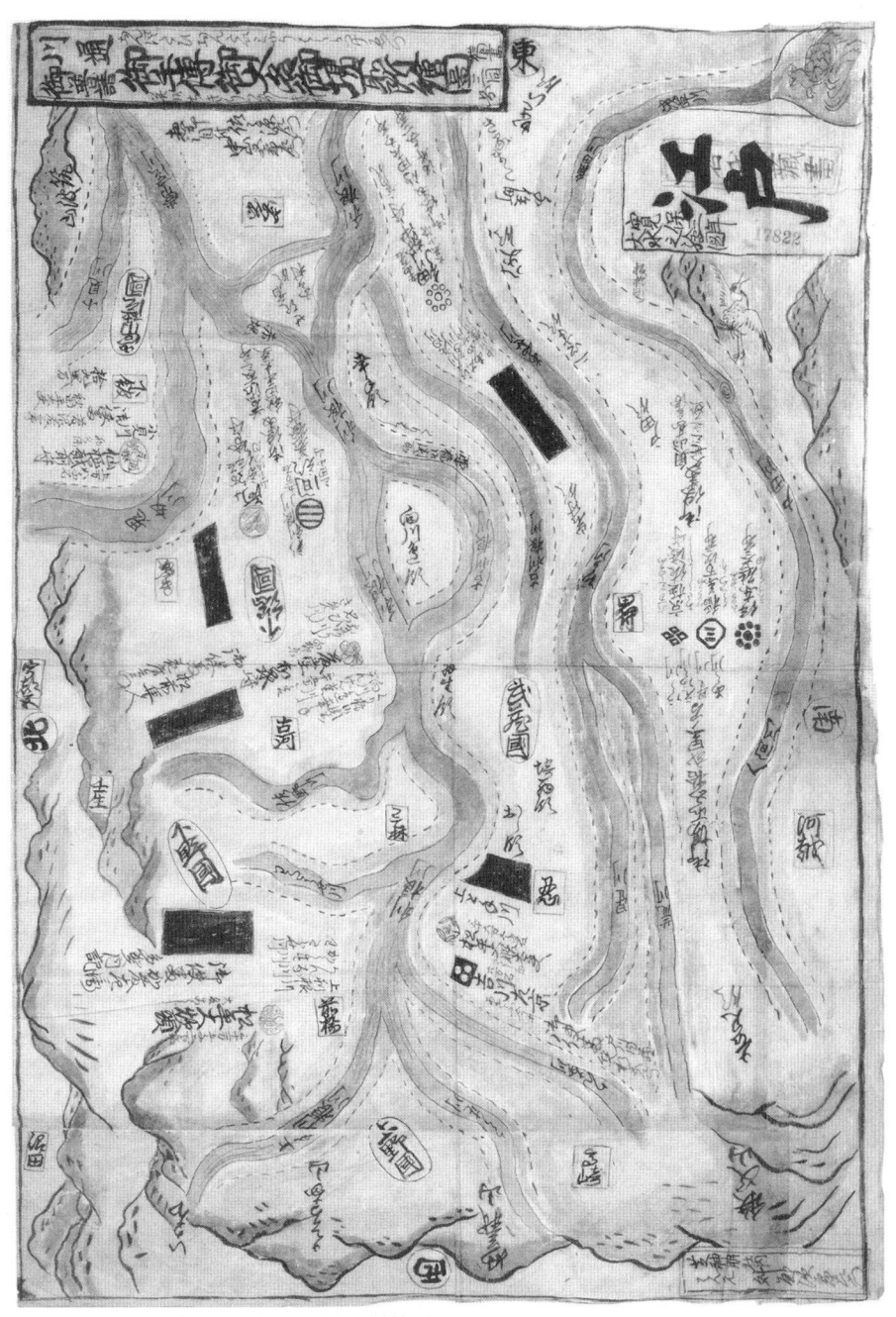

図2　川通御普請御手伝御大名御場所付絵図

流部の洪水による隅田川も増水し，両国橋・新大橋・永代橋が破損した。5日上流古利根川の八甫堤および権現堂堤が決壊し葛西領が浸水，亀戸付近の十間川の水位は6，7尺。7日までの溺死者は，江戸では3,914人。葛西領ではおよそ2,000人が行方不明になっている。8日再び風雨が強まり，台地部の神田川が溢れた。目白・駒井町の埋樋が崩壊し，大洗堰の土手が崩れ牛込領に浸水した。音羽町9丁目上水堤が決壊し，小日向筋が床上5尺浸水した。本所・深川地域では縦横に水路がめぐらされており，亀戸や猿江の水位は，民家の2階まで達した。最終的に水が引いたのは18日以降のことで，死者は3,000人といわれる。

弘前藩『江戸日誌』から天候の推移をみると，7月28日に降り始めた雨は29日に一旦止んだのち，午後から大雨となり8月1日夜半まで続いた。その後7日までは好天が続いたが，8日未明から降雨があり，9日は快晴と記され，10日間に3回のピークがあったことが判明する。江戸では，被害が局部的であった前期と上流からの洪水流れの影響を受けた中期，さらに神田川による江戸市中の浸水があった後期と3段階の被害状況が確認できる。

救援・救済の概要

8月5日，江戸幕府は被災した人々に対し，御船手（船をとり扱う者）と名主に救助船を出すように命じた。12日までに1,218艘が出され，3,357人が救助された。深川地域では，6日のみで13艘が出され71人が救助された。深川北川町には3艘で64人，大島町は6艘で39人が救助された。6日関東郡代の伊奈半左衛門からは，葛西筋に救助船60艘，7,000人分の粥の炊き出しがあった。また料理茶屋を営む者に施行の代行を命じている。炊き出しは23日まで続けられ，合計360石の米が消費され，延べ186,000人が炊き出しを受けた。この配給には御徒目付の役人や人足があたり，18日間で炊き出しに3,000人以上，配給に約2,800人が動員され，経費は50両であった。

8日には新大橋西側橋詰番所前の空き地に，避難小屋であるお救い小屋が設置された。広さは2間×15間，軒高7尺で，屋根は苫葺であった。10日から11日には，両国橋広小路に2間×8間の小屋が建てられ，避難所と炊き出し所に使用された。ほかに新大橋際の空き地には炊き出し所，名主物書小屋，幕府役人の詰所が設置された。江戸の人々も6日から18日まで85口の施行を行なっている。

『大水記』の著者久下戸村名主奥貫友山は，堀や水塚（洪水に備え盛土して築いた建物）の普請工事で困窮者に働き口を与え1日麦3升を支給，25軒に20両の夫食米の貸付，村内外へ150石余の雑穀類を供与している。

大名御手伝普請

幕府は8月23日関東諸国の被災地を5方面に分け，勘定方の役人を派遣して，耕地の水損状況と橋や堤防の破損状況を調査した。10月6日，この水害による関東諸河川の被害場所修復につき西国大名10名に大名御手伝普請を命じた。お手伝い金の総額は23万両で，材料費は幕府が負担した。担当各藩の藩主と普請箇所は以下のとおり（表1・図2）。工事の推進にあたっては，被災地救済の名目により，江戸の請負人は用いず，現地の農民を支配組織を通じて調達することを原則とした。12月には普請人足の賃銭をめぐる騒動が萩藩と飫肥藩の管轄で2件発生している。工事は11月下旬に開始され，暮れから正月にかけての中休みの後，急ピッチで進み，熊本藩を除いては4月上旬に竣工した。

災害の教訓

江戸幕府は水害後，被災者を救助する巨大船舶の造営に着手している。モデルは強風や大波に強い紀州の捕鯨船である。寛保3年(1743)4月3日2艘の鯨船が竣工した。長さは7尋2尺，底の長さ5尋，濶（幅）6

図3　寛保洪水位磨崖標（埼玉県長瀞町）

図4　鷲宮神社寛保治水碑（埼玉県久喜市）

図5　長瀞第2小学校に掲示されている寛保2年の洪水位

ことをあげ，古来から採られている行いや方法は廃止してはならないとしている。また救済の方法は，災害地における粥の炊出しに勝るものはないと記している。

この水害に関する災害碑は，秩父長瀞町のほか，寛保3年5月鷲宮神社の寛保治水碑，同年8月比企郡吉見町金剛院，宝暦3年(1753)3月川越市久下戸氷川神社の御神燈，天明8年(1788)奥貫友山墓碑，昭和50年(1975)東松山町の記念碑があり，現在にその教訓を伝えている。

参考文献　「特集東京都江戸東京博物館シンポジウム「江戸の水害・復興・対策」」(『東京都江戸東京博物館研究報告』16，2010)，葛飾区郷土と天文の博物館編『諸国洪水・川々満水―カスリーン台風の教訓―』特別展図録，2007，大谷貞夫『江戸幕府治水政策史の研究』，1996，『江東区史』上，1997．大口勇次郎「寛保の水害」(『川越市史研究』1，1984)，『群馬県史』通史編6，1992，大熊孝『利根川治水の変遷と水害』(東京大学出版会，1981)　　　（橋本直子）

尺8寸，底濶2尺2寸で，隅田川に面した御用石場の船蔵に納められ，その後の水害で活用された。奥貫友山は，享保期の水害から，井戸水が使えなくなるので飲用水の確保，火の用心，汚物を肥溜めに汲み上げていくことを上げている。水塚が水害がなかった時期にすべて取り壊されてしまった

1766 明和津軽地震 （明和3年正月28日）

災害の概要

明和津軽の地震は，明和3年正月28日（1766年3月8日）午後8時ころに，発生した。青森県黒石市，青森市西南端部と弘前市の東南部を中心に被害が生じた。津軽平野西縁断層帯の一部が動いたM7程度の浅い大地震である。積雪の多い時期であったため，被害が増幅された。

弘前藩は実によく地震の記録を残した藩である。藩の公式の日記である『御日記』は，江戸時代の各地の地震が弘前で有感であったかをよく今に伝える。この地震でも，家屋倒壊率が藩内全体で推定できて，弘前藩内の村々の組ごとの震度が推定できる（図1）。これによれば，弘前城下や，地盤の性質からいって大きい震度になりやすい十三湖周辺や岩木川下流域の低地の被害は従来いわれていたもの（今村明恒1921）よりは軽く，最激震地域は図のように，現在の青森市浪岡，南津軽郡藤崎町，田舎館村から北津軽郡鶴田町辺りで，浪岡撓曲沿いと，津軽山地西縁断層の最南端部が震源域と考えられる。

余震も多数発生し，それらがよく『御日記』に記録されており，大森—宇津公式に従って時間に反比例して減って行く様子が半年間以上追跡できる。その中で，10日後の旧暦2月8日の大きい余震では被害が生じ2次余震もあった（図2）。

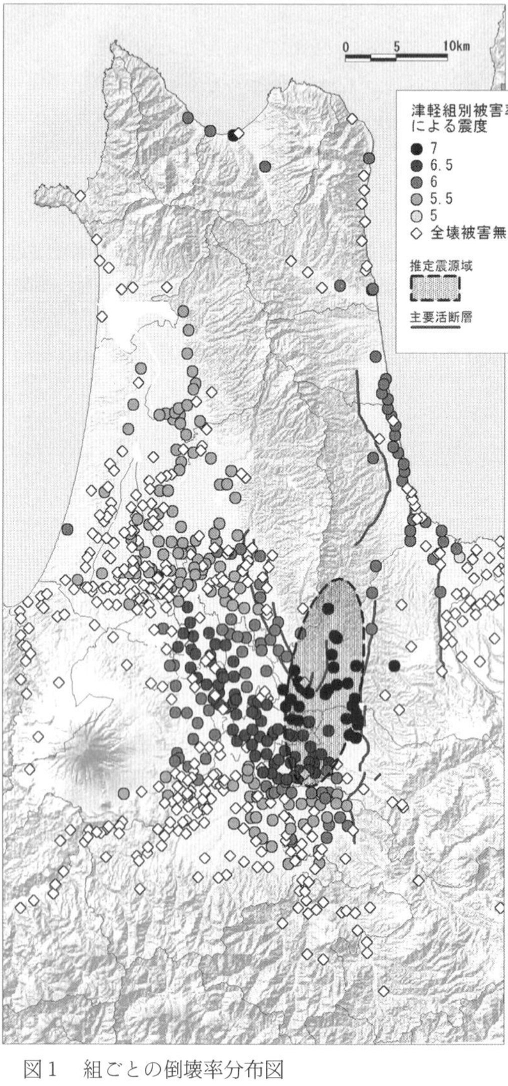

被害の概要

弘前藩と黒石藩の津軽・青森地域全体で圧死が999人，焼死296名，僧侶の死13名，山崩れによる死19名で合計1,327名。全壊家屋5,649，半壊1,530，焼失253。弘前藩の所領人口の0.5％程度が犠牲となった。各地で地割れや液状化による青砂の噴出が見られた。弘前藩で最も被害率が

図1　組ごとの倒壊率分布図

高いのは，浪岡組で8割以上の家屋が倒壊した。増舘組で7割以上，常磐組が6割以上，田舎舘組と赤田組で5割以上，藤崎組が4割以上と，羽州街道沿いに現在の計測震度に換算すると震度7相当の地域が生じた。黒石藩も藩の中心地が大きい被害を受けた。

家屋倒壊だけでなく，冬場の夜間の地震だったため，各地で火災が発生した。前述の激震組だけでなく，弘前藩所領では他に柏木・油川・後潟で焼死者あった。このほか，積雪の影響か，震源から離れた今別も高い倒壊率で，液状化も起こったようである。一部津波かと思わせる記述もあるが，半島部の強震動による海水変動であろう。このほか，黒石市や青森市中心部，蟹田も倒壊に加えて火災の被害があったが，弘前城下では地震後5～6ヵ所から出火したもの延焼しなかったため火災被害は小さかった。

救済と復興

青森町では，地震後請願により2,208人分のお救い米が配られた。弘前領内では被災者には，1軒につき砕米5升が与えられた。黒石藩では被災者には1戸につき，米2俵と金5両が与えられた。黒石藩にとって被災地は藩の産業の中心である町場であったので，迅速な復興が利益にもなるので給付金が多かったと思われる。

弘前藩は，復興資金として，1万両を拝借金として調達しようとしたが，実際には地震前にすでに財政の余裕がなかった。まず年末までの約束で米山検校から3,000両が入手できただけだったようである。このうち1,000両はそれ以前の米山からの借金返済に，1,000両は江戸藩邸での用務に当てられたため，さらに6月に津軽屋から千両と米1,000石を借りて，実際に地震の救済・復興資金としては2,000両と米1,000石を当てた。これに7月にはさらに翌年から10年年賦で返済する条件で4,000両を借りた。1,000両が被災民に直接配る救済金に使わ

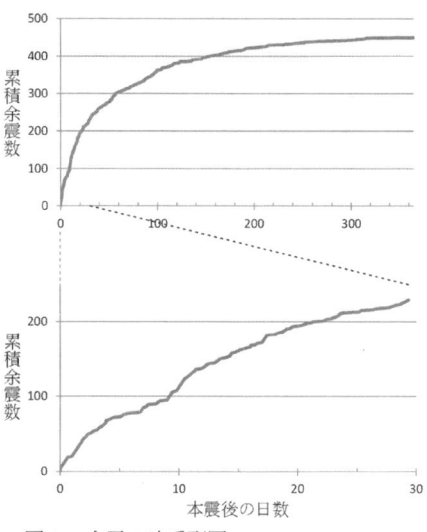

図2　余震の時系列図

れた。罹災1戸あたり銀2匁(0.2両)に相当したという。罹災世帯が5,000戸だったことになり，当時の人口は22万人程と推定されるので1戸あたり6人程度だとすれば藩内の十数％の世帯が罹災したことになる。また，1戸に5両を配った黒石藩より財政は苦しかったことが窺える。

青森の蔵米が焼失したり，種籾を失った農家の立て直しに加えて，倒壊や焼失した城や藩の蔵や役所の建物の再建もあり，材木の不足など弘前藩は復興に相当苦労したようである。

参考文献　今村明恒「奥羽西部ノ地震帯—初期微動継続時間ト震動時間トノ関係—」(『震災予防調査会報告』95，1921)，地震予知総合研究振興会編『江戸時代の歴史地震の震源域・規模の再検討作業中間報告書』，2005　　　　　(松浦律子)

1771 明和八重山地震津波 （明和8年3月10日）

地震の概要

明和8年3月10日（1771年4月24日）午前8時頃，八重山近海で地震が発生した。震央は，石垣島の南南東40㌔の東経124.3°北緯24.0°，マグニチュードは7.4とされている。しかし，後述の津波石などから求めた津波高を説明するためのプレート内地震またはこれに海底地すべりが加わったものおよび海溝型巨大地震など，震央位置や波源の異なるモデルがいくつか提案されている。

地震の後，八重山諸島・宮古諸島を襲う大きな津波が発生し12,000人という大量の死者が発生したこと，同時に「津波石」と呼ばれる多数の岩塊が打ち上げられたことがこの地震の特徴である。この地震は津波地震であるとする解釈が多いが，通常の地震であるとする説もある。

津波の概要

津波は干潮時に来襲し，大きな引き波で始まり1刻の間に3度押し寄せた。『大波之時各村之形行書（なりゆき）』(以下，『形行書』，『石垣市叢書』12所収)には八重山諸島各村での津波高が記録されている。また，大部分の村について津波高とその村の最高標高が記されている。このうち津波高の最大は石垣島宮良村での28丈2尺である。この高さは1尺を30.3㌢とすると85.4㍍になるが，当時の琉球では暦や度量衡を中国に従っており，清代の1尺＝32㌢で計算すると90.2㍍になるという問題がある。そのため，ここではメートル法に換算せずに原文表記のままで述べる。28丈2尺の波は宮良・白保両村の村界を上がった。宮良村の最高点は11丈4尺，白保村は20丈4尺とある。すなわち，いずれの村の最高点よりも津波高の方が高い。同様の記述がほかにも6例ある。どの村にも属さない土地があるとは考え難く，この場合の「村の最高点」とは「人家や畑が分布する範囲の最高点」のことかもしれない。一方，津波後の新しい村は被災

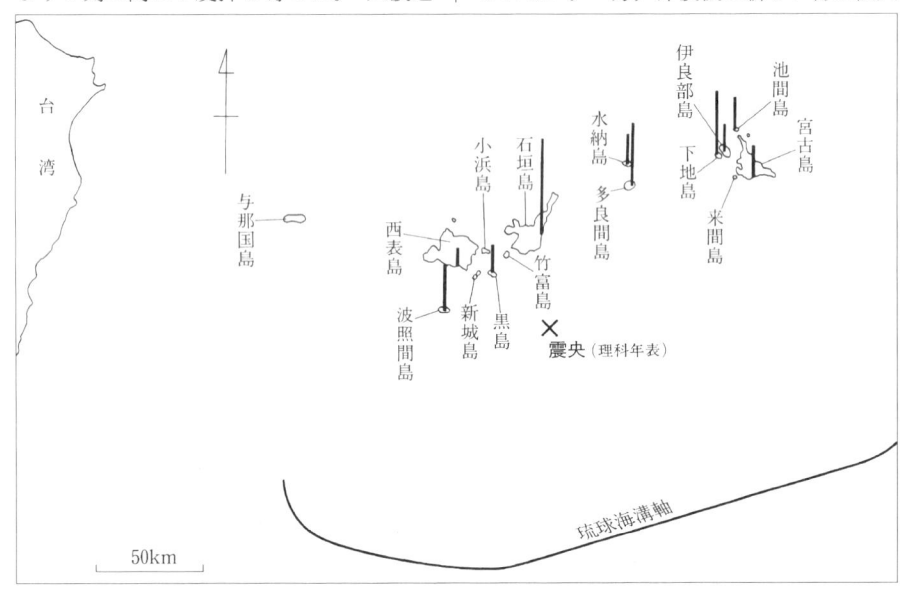

図1　宮古・八重山各島の位置と津波高

地よりも高い場所に作るはずであるが、新しい村の標高がそこでの津波高よりも大幅に低い例が複数あり不自然である。たとえば富崎村では津波が2丈9尺8寸まで上ったのに、新しい村の高さは1丈5寸である。以上のように、『形行書』の記述うち、津波高や標高に関しては疑問の箇所がある。

この地域にはサンゴ礁起源の岩塊が海岸や陸上に多数分布しており、大きいものは数百トン、最大2,500トンある。この中には陸上に分布している琉球石灰岩起源の転石が含まれている。琉球石灰岩は数万年～数10万年前に形成されたサンゴ礁起源の地層であり、その転石は陸からもたらされたものなので津波とは無関係である。また、八重山地震津波以前の津波で打ち上げられた津波石も含まれている。したがって岩塊を選別して八重山地震津波起源の津波石のみを見れば、その分布高度から津波高が推定できる。選別には鉱物学的な方法や年代測定法などを用いる。

津波高推定の根拠には以上の津波石の分布高度以外に、文字記録や民間伝承があり、現在その場所を特定できる場合は津波高推定に使える。たとえば石垣島では、寺の仁王像が流されたとか、ソテツ・ヤラブ・松などで助かったというものであり、多良間島では避難先から戻ったら亀がいた、窪みに魚があるいは塩水が残っていた、潮が来たのにかまどの火が消えずにいた、海水が井戸に入り塩辛くなってしまった、皆で岩の上に避難したが妊婦1人を助け上げられなかった、などである。こうして求めた各島の最大津波高は、八重山諸島の西表島5メートル、波照間島15メートル、黒島10メートル、石垣島30メートル、宮古諸島の多良間島20メートル、水納島10メートル以上、宮古島10メートル、池間島10メートル、伊良部島10メートル、下地島20メートルである。石垣島の28丈2尺という記録からこの津波は地震津波としては世

図2　石垣島宮良湾海岸の津波石

界最高とされたことがあったが、津波石から求めた最高は30メートルであり、28丈2尺は信じがたい。

被害の概要

死者は八重山諸島で9,500人、宮古諸島で2,500人、計12,000人である。八重山諸島と宮古諸島でのおもな被害は、それぞれ表1、表2のとおりである。石垣島では死者が人口の半数に近かった。八重山諸島での被害は石垣島の南東～東海岸沿いの村で大きく、津波高が高かった地域とほぼ一致する。石垣島のなかで特に被害が大きかった村は、真栄里・大浜・宮良・仲与銘・白保・安良・伊原間の7村であり、死亡率は77％以上である。また、半壊した村は大川・石垣・新川・登野城・平得・黒島・新城の7村で、死亡率は20％以上である（表1）。表に示した以外の被害には、首里への貢納米、蔵元内の穀物・文書類、御用布（白上布）、船舶、馬、牛、石垣、橋、畑、田、寺などがある。

石垣島南西の竹富島・黒島・新城島はいずれも低平な島であるが、竹富島では死者がなく黒島と新城島では死亡率が高かった。これは竹富島がサンゴ礁先端から7キロほど奥まった位置にあるために、波が干潮時のサンゴ礁を進行中に弱まったのに対して、黒島と新城島はサンゴ礁の縁辺部にあるために波が減衰せずに襲った結果である。黒島では波が島の中央部を乗り越えた。

表1　八重山諸島被害状況

島と村名	津波前人口	死者・不明者	死亡率（％）	全壊住家
石垣島				
大川村	1,290	412	31.9	174
石垣村	1,162	311	26.8	148
新川村	1,091	213	19.5	139
登野城村	1,141	624	54.7	184
平得村	1,178	560	47.5	178
真栄里村	1,173	908	77.4	176
大浜村	1,402	1,287	91.8	210
宮良村	1,221	1,050	86.0	149
白保村	1,574	1,546	98.2	234
桃里村	689	0	0.0	
中与銘村	283	283	100.0	52
伊原間村	720	625	86.8	130
安良村	482	461	95.6	90
平久保村	725	25	3.4	15
野底村	599	24	4.0	
桴海村	212	23	10.8	
川平村	951	32	3.4	
崎枝村 屋良部村	729	5	0.3	12
名蔵村	727	50	6.9	
小　計	17,349	8,439	48.6	1,891
竹富島	1,156	*27	2.3	
小浜島	900	*9	1.0	
鳩間島	489	*2	0.4	
西表島	4,596	*324	7.0	16
黒　島	1,195	293	24.5	85
新城島	554	205	37.0	184
波照間島	1,528	*14	0.9	
与那国島	972	0	0.0	1
小　計	11,390	874	7.7	286
合　計	28,739	**9313	32.4	2,177

『大波之時各村之形行書』による。
*　石垣島旅行中での死亡。
**　『球陽』では9,393。

宮古諸島についてはいくつかの村ごとに合計した死者数が記録されているが、多良間島以外では人口の記録がない。死者は宮古島南西部の4ヵ村（宮国・新里・砂川・友利）に集中し宮古諸島全体の80％に達したが、耕地の被害は少なかった。これとは対照的に伊良部島では死者は少なかったが耕地を大量に損なった。下地島では津波高が特に高かったのに死者がなかったのは無人島だったためである。

宮古諸島で4ヵ村に次いで死者が多かったのは多良間島であり、死亡率は11％である。ここでは耕作地のほとんどを損なった。多良間島北7㌔の水納島は波が島全体を乗り越えた唯一の有人島で、住民も家も全て失われた。人口は不明であるが数十人であろう。

死亡率と性差との関係を被害記録が詳しい八重山諸島について見てみる。八重山のうち特に被害激甚だったのは既述のとおり石垣島の真栄里・大浜・宮良・仲与銘・白保・安良・伊原間の7村である。このうち仲与銘村は全員が死亡したために性差がないので除外し、残り6村の津波前後の性別人口変化を八重山諸島全体・石垣島と比較して表3に示す。

津波前の人口に占める女性の割合はいずれも52％台であり地域による差は小さい。ところが生存者に占める女性の比率は3地域とも津波後減少するだけでなく、男女合計の死亡率（全死亡率）が大きいほど女性比率の減少も著しくなっている。特に、被害激甚の6村では女性は生存者の28.9％にまで減っている。この数字は男女比が2.5対1に相当し、女性の死亡率がいかに高かったかが分かる。以上のことは被害が激しいほど女性が犠牲になり易いことを示している。

救援・救済の概要

津波が治まると蔵元は役人たちを手配して被害が少なかった西表島や小浜島からも可能な限り舟を集め、石垣島に回して海上に漂流している人を救助した。また、道の要所で飯・粥の炊き出しを行い、火も焚いた。他方、生存者は津波の再来を恐れて山に逃げた者が多く、降りて来るようにとの呼びかけになかなか応じなかった。このため陸に揚げられた重傷者の救援協力が得にくかった。

石垣島では津波前年の秋に芋に虫がつき蔓まで枯れた上，春になって旱魃が続き粟も実らない飢饉状態にあった。そこに津波が来て蔵元にあった貯蔵米まで失ったので上納米を免除か減免して欲しい旨を首里王府に願い出ている。これに対して王府の対応は一過性のものに止まった。

多良間島の状況は深刻だった。宮古島・石垣島とその近隣離島は残された食料を融通することで餓死を免れた。ところが多良間島は宮古・石垣両島の中間にあり，いずれからも50㌔離れている。貯穀があったもののしばらく救援がなく，直ぐ食料を欠くこととなった。津波の死亡率が11％だった分生存者が多く，耕作地のほとんどを失った中で村民多数が生き延びる必要があった。害虫の発生と2度の台風で芋が枯れ飢饉となった。当初あった宮古島からの救援の舟も冬になるとなくなり，病人が多数発生しただけでなく毎日餓死者も出た。大飢饉のなか救助を求めて出航した舟が宮古島・石垣島にいくつも漂着し，帰路，返済義務のある貸米を積んだが，往復のいずれかで難破する舟もあった。こうした中で村民が多良間からほかの島に逃げないよう取り締まりも行われた。一方，宮古・石垣では津波以来食料が不足していたが，多良間から舟が漂着したときは直ぐ粥などを与えて救助し役場に速やかに報告するように命じている。

復興への道

津波の後，寄百姓（または寄人）が行われた。これは18世紀に八重山を中心に行われた強制移住政策で，島役人の申請と首里王府の認可で行政的に執行された。なかには島役人が恣意的に実施した場合もあった。一本の道を境に一方の住民を生木を裂くように移住させるというやり方から道切りとも呼ばれる。こうし

表2 宮古諸島被害状況

島　名	村　名	死　者	崩壊家数
宮古島	宮国・新里・砂川・友利	2,020 他に他村民22	591
池間島	池間・前里	22	119
伊良部島	伊良部・仲地・佐和田	23 他に他村民2	75
下地島			(馬64)
来間島		12	
多良間島	塩川・仲筋	362 (人口3,342)	
水納島		全滅	全滅
合　計		*2,463＋水納島	785＋水納島

『御問合書』による。
死者・崩壊家数の合計には，水納島の被害は含まれていない。
* 『球陽』では合計2,548。

表3 八重山地域での被害程度と性別人口変化

	地　域	八重山諸島	石垣島	被害激甚6村
津波前	男	13,700	8,323	3,112
	女	15,039	9,026	3,460
	計	28,739	17,349	6,572
	女/計比	52.3	52.0	52.6
津波後	男	9,676	4,645	494
	女	9,750	4,265	201
	計	19,426	8,910	695
	女/計比	50.1	47.9	28.9
	全死亡率	32.4	48.6	89.4

『大波之時各村之形行書』による。
比率は％。

表4 八重山における寄百姓の状況

移住先の村				移住元の村		
村　名	生存者	寄百姓	計	村　名	生存者	移住後人口
真栄里	265	313	578	西　表	1,148	835
大　浜	115	419	534	波照間	1,514	677
白　保	28	418	446			
宮　良	171	320	491	小　浜	891	571
伊原間	95	167	262	黒　島	902	735
安　良	21	51	72	平久保	700	649
富　崎		523		竹　富	1,129	606
計	695	2,211	2,383	計	6,284	4,073

『大波之時各村之形行書』による。同じ行の右の村から左の村へ移住した。
富崎村は新設の村。

た悲劇が伝説「野底マーペー」や民謡「つぃんだら節」「崎山節」として伝わっている。

この津波のときも寄百姓が行われた。これは村の再建だけでなく，村内の重要な港警備の目的もあった。表4に見るように，このときの寄百姓の総数は2,211人という大規模なものであった。生存者に対する寄百姓の比を見ると白保村で特に高く，28人に対して418人であり，15倍に達する。

移住元となった村をみると波照間村からは大浜・白保両村に837人も寄百姓しているため，波照間に残った村民は移住前の45%に減っている。富崎村を新たに村建するために寄百姓した竹富村では，残された村民が移住前の54%に減り，波照間村に次ぐ高率移住である。なお，全員が死亡した中与銘村へは寄百姓せず廃村にした。

宮古島でも寄百姓が行われている。死者が最も多かった4ヵ村（宮国・新里・砂川・友利）を背後の高地に移し，伊良部島の佐和田・長浜・国仲・仲地，池間島の前里の計5村から寄百姓して新しく村を作った。

なお，4ヵ村の南方海岸には，これら4村の集落跡とされる「元島地区」が標高20メートル以下にあるが，津波は10メートルまでなので，被災したのは元島の一部に限られた。

八重山での人口は津波後も減少を続け，80年後の嘉永4年(1851)には津波直前の48%にまで落ち込んだ。王府は税収を回復するための人口増加策として，結婚の奨励，間引きの禁止などとあわせて，子供が多い家の税を減免する多子免税を実施したが，津波による産業基盤の崩壊，繰り返す飢饉と風土病であるマラリアの蔓延なども加わって，効果は限られたようだ。人口が津波前に回復するのは津波後150年の大正9年(1920)ころである。

災害の記録と情報

八重山から王府に被害を伝えた第1報は津波の25日後である。こうした報告書が『大波之時各村之形行書』と『大波寄揚候次第』である。一部内容が異なるが，これを抜粋したものが琉球の正史『球陽』に収められている。また，王府への報告書に村の被害状況を描いた絵図4枚を添えたとする記録があるが，絵図の存在は確認されていない。一方，王府に対する陳情書が現存している。宮古諸島の記録は『球陽』だけだったが，被害状況を蔵元がまとめ首里王府へ提出した報告書の写しとみられる『御問合書』が昭和62年(1987)に発見された。内容は『球陽』より詳しいが一部の被害数が『球陽』よりも少ない。これは発見された『御問合書』が王府への報告書の一部であるためであろう。

参考文献　牧野清『（改訂増補）八重山の明和大津波』,1981，島尻克美「宮古島の大津波に関する一史料」(『沖縄県教育庁文化課紀要』5，1988)，加藤祐三「琉球列島多良間島での八重山地震津波」(『琉球大学理学部紀要』45，1987)，加藤祐三・木村政昭「沖縄県石垣島のいわゆる「津波石」の年代と起源」(『地質学雑誌』89ノ8，1983)

（加藤祐三）

1772 明和大火　（明和9年2月29日）

災害の概要

江戸東京400年間を通して延焼距離最大の火災である。目黒行人坂火事，行人坂大火などともいわれる。明和9年2月29日（1772年4月1日）午下刻（13時ころ）に目黒大円寺より出火，翌30日午下刻（13時ころ）鎮火。南西の強風により，麻布・芝・郭内・京橋・日本橋・神田・本郷・下谷・浅草などへ延焼し武蔵国であった千住まで，14.0㌔にわたり江戸の町を貫いた。また，同日に本郷丸山より出火し，駒込・谷中・根岸へ延焼し30日午下刻（13時ころ）に鎮火した火災をあわせて行人坂大火といわれている。文献によって記録されている出火時刻等に巾があるが，延焼速度（1時間あたりで燃え進んだ距離）は平均で600㍍を超える速さが被害を拡大させた。江戸の大火はほとんどが強風時に発生しているが，この大火も例外ではない。また，死者が発生する大火では，延焼中に風向が変化していくことが多く，『会津家世実紀』では，はじめの南西の風が，一時収まりその後30日の巳刻（10時ころ）北風に変わり，さらに馬喰町山伏井戸あたりで東風に変わったという記述がそれを物語っている。

この火災は，『柳営日次記』，『廻状留』，『北叟遺言』，『大沢文稿続篇』，『後見草』，『伝法院日並記』，『上杉年譜』，『政鄰記』，『侯爵浅野家回答』，『備藩邸考』などに記録が残されている。被害は類焼場所員数書き付けより，見附8ヵ所，大名屋敷169軒，町数934町，橋数170ヵ所，寺数382ヵ所，死者14,700人，行方不明者4,060人であった。死者の特定される場所の記録は残っていないが，負傷者については，屋敷内を除いて6,761人のうち西の久保から虎ノ門の間で3,208人，神田から日本橋で2,400人と記録されている。

出火原因は放火とされている。『歴代炎上鑑』に火付盗賊改長谷川平蔵よりだされた伺いの写しがある。それによると犯人は，長五郎坊主・真秀という26歳の無宿者で4月22日捕まり6月21日に浅草で火刑となった。真秀は，幼少時から武家方に奉公していたが14歳の時にその屋敷の塀へ付火し郷里に帰り，さらに親の衣類鳥目（銭）などを盗み勘当された。その後，江戸で，願人（乞食坊主）から無宿になり，反歯久次郎と追いはぎなど行い，2月29日昼大円寺に付け火したことを白状した。その罪により，町中引き回しの上，火罪となり，日本橋・両国橋など5ヵ所に罪状を記した捨て札が立てられた。

火災被害には社会構造も大きく関わっているが，行人坂大火当時の江戸は，その年の正月15日に田沼意次が老中となり，商業活動が盛んな時代へ入っている。この時期江戸の火災はどのような状況になっているのか，明和9年（安永元，1772）前後10年の焼失規模がわかる火災件数をみると，大火発生前10年で21件，発生後10年で29件，1年に2から3件が記録されているが，大きな差が見られない。しかし前後1年間では，7件，8件と件数が多くなっている。

また，火災死者と当時の人口を推計して1年間の1万人あたりの火災死者数についてみると，10万人が死亡したという明暦大火時の明暦3年（1657）1,291人についで行人坂大火の明和9年144人が飛び抜けて多く，行人坂大火がいかに大きな災害であったか，死者数の記録からも明らかである。

火災の延焼経路

行人坂大火として記録されている火災のうち，火災の名称ともなった行人坂から出火した火災の延焼経路については『北叟遺言』に詳細な記述があり，図1の延焼地図およ

び大火前年の明和8年(1771)に須原屋茂兵衛により刊行された「明和江戸図」とあわせて延焼した経路をみると，火災は，大円寺より坂を上り尾根に沿って一気に町屋通り，松平讃岐守中屋敷，松本阿波守仲屋敷，白金蘆町の各丁から，高野寺門前1丁目ま

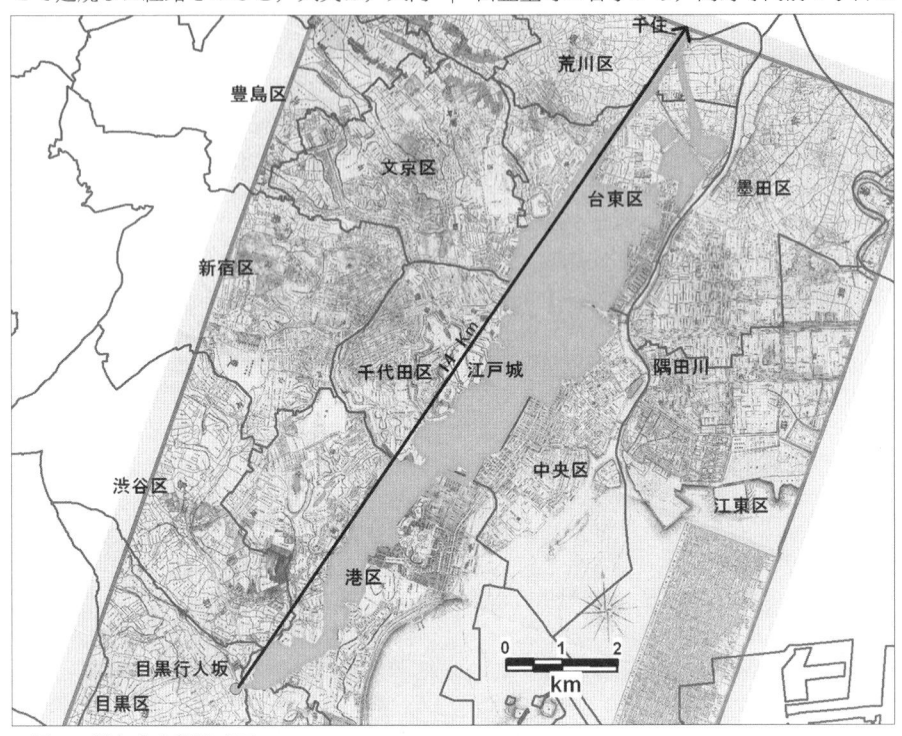

図1　明和大火類焼地図

図2　火消による消火活動（『(明和九年)目黒行人坂火事絵』より）

でを焼失させた。途中白金薑町4丁目より早屋場へおり今里三子坂通り、五島淡路守下屋敷、朽木信濃守下屋敷から白金本村へ、白金本村からは今の渋谷川に沿って、樹木谷、織田丹後守、宝流寺より永松町黒鍬組屋敷中ほどまで延焼した。さらに火災は、渋谷川にかかる相模殿橋（四の橋）を越え、土屋能登守中屋敷より御薬園坂町家を上がり麻布本村の町屋を焼失させ、秋月長門守屋敷で焼け止まる。明治12年(1879)の東京府蔵版地図より川幅を見ると40〜50㍍あり、そこを越えて延焼したことになる。同じく橋を渡った火災は、焼け残った松平陸奥守屋敷を囲むように延焼し、地図では表示がないが、二の橋を越え、円徳寺、三田小山まで延焼した。また、新網町から松平右近将監下屋敷より東の増上寺方面には西の久保、八幡町・葦出町・天徳寺などが焼失し愛宕下で焼け止まった。江戸城方面に向かった火災は、松平肥前守中屋敷・松平千太郎屋敷・江戸見坂・仙石越前守屋敷、霊南坂を焼失させ、新橋が焼け落ち、堀を越え虎ノ門に延焼した。この西の久保から虎ノ門の間で最も負傷者多く記録されている

ことは、延焼の速さや地形により予測しがたい変化が避難を困難にしたと考えられる。虎ノ門からは、連続する大名屋敷に延焼し桜田門に延焼した。桜田門より幕府中枢の大名屋敷が集まる地区・郭内に入り、酒井飛驒守・阿部豊後守・水野壱岐守・板倉佐渡守から和田倉門橋へ、松平肥後守・松平右近将監・鳥居伊賀守・加納遠江守の屋敷から馬場先門橋、日比谷門へと延焼した。また、白須甲斐守・大久保志摩守・松平右京大夫屋敷より道三橋へ、細川越中守・水野出羽守・酒井石見守・田沼主殿頭らの屋敷を焼失させ神田橋門が焼け落ちている。避難の項で引用する石野広通の文中に、大手門あたりで戌の刻(20時ころ)という記述から、出火からおよそ7時間で延焼距離が7㌔程度と延焼速度は時速1,000㍍という非常に速いものであったことが推測される。火災は、神田橋門から約50㍍幅の内堀を越え、町屋が多い地域へ広がり、隅田川に向かっては神田橋通りから神田多町、小柳町、柳原土手下通り、馬喰町3丁目、横山町2丁目まで焼失し、新材木町、乗物町、元大坂町、甚左衛門町、親父橋も焼け落ちる。

また、てりふり町、小舟町、堀江町、あらめ橋も焼け落ち、伊勢町河岸、鞘町、品川町から日本橋が焼け落ち、日本橋を渡って槇町、檜物町、御堀端および中橋広小路で焼け止まる。さらに北へ

図3　明和大火の瓦版「方角道筋町名付」

向かって，火災は，筋違橋門，昌平橋から川幅30㍍の神田川を越え，聖堂，神田明神から湯島天神，上野広小路へ延焼，上野では，黒門をはじめ松平肥後守宿坊護法院など大名関係の宿坊がことごとく焼失した。そこから千住方面へ金杉1丁目から6丁目まで円通寺・西光寺・真養寺などの寺を焼失させているが，内法宗院などところどころで焼け残る状況となっている。最後に千住大橋を残して幅130㍍の隅田川を越え百姓屋で焼やっと止まっている。文中で堀や河川の川幅を示しているが実際は，川に沿って道路があり塀がありその向こうに屋敷があるという形態からさらに広い空地があったと考えられ，飛火による延焼が促進され大火となったと推測される。

避難の状況

避難について歌人でもある幕府役人石野広通（大沢，蹄渓と号す）が以下のような記述をしている。「明和9年2月29日西南の風が強く，屋根に上ってみると西南の方で煙が立って，人馬の走る音が騒がしく，御城に向かった。虎ノ門には延焼していると思い，赤坂御門から桜田御門に向かったが長門の国主の館にも延焼し桜田御門も通れず，麹町御門より御城みれば煙が城を被っていた。竹橋から大手門を過ぎるときには日は暮れていないが煙で暗くなっていた。風が土砂を吹きたて顔があげられないほどであった。大手の橋を渡り下乗のはしにきた頃には，西の丸の若君，本丸へ避難したと人々が騒いでいた。日が暮れ，将軍も避難するという連絡があり，戌刻（20時ころ）を過ぎると大手門の前も焼けていた。御所の女房，西殿は吹上御庭へ避難した。その後，火は御殿の方向を避けて南東に移ったため，寅刻（4時ころ）のころ，西の丸の若君，姫君も帰って行った」（明和9年3月1日『大沢文稿続篇』）これは，明暦大火以降北西の風からの防火対策は進んだが，予想しない南からの火災で，江戸城中でも避難をするほど危機が迫ったことがわかる。

また，庶民の避難については，将軍などの避難の状況に合わせて石野広通が，「内桜田の火災を見ていた秋元但馬守が，和田倉内外が焼け逃げる先がなくなるため，内桜田門を開け数万人を通した」という記述がある。内桜田門は御家人でも常に大手門へ通り抜けが厳しい制限されているところを，秋元但馬守の決断で，数万人の避難者を通

表1　消火活動にあたった大名・火消

増上寺	松平和泉守　戸田采女正　秋元摂津守
城内	松平越中守　阿部備中守　脇坂淡路守　本多平八郎　立花左近将監　青山大和守　毛利政次郎 松平内蔵頭　奥平大膳大夫　（水戸藩家老）山本宇右衛門　民部卿 （火消）大島兵庫 （御先手）奥山山城守　井手助次郎　（火消）松本隼人　本多大学　戦国弥兵衛 （大目付）池田筑後守　（御目付）水野要人ほか5名
西ノ丸	（西ノ丸御持頭）島津式部　（西ノ丸御先手）岡山新十郎　（火消）秋元一学 （火消）小浜内膳　（西の丸御目付）石野八大夫ほか5名
東叡山	（火消）水野主水　板倉主税

表2　拝借金を受けた幕閣など

1万両	松平右近将監　松平右京大夫　松平周防守　板倉佐渡守　田沼主殿頭　阿部豊後守
5千両	水野壱岐守　酒井石見守　加納遠江守　水野出羽守　鳥居伊賀守　酒井飛騨守
2千両	稲葉越中守　白須甲斐守　佐野右兵衛尉
1千両	松平因幡守　巨勢伊豆守　津田日向守　大久保志摩守

消防活動

当時の消防活動を表したものとして目黒行人坂火事絵がある。これは，幅27㌢で長さ17㍍にわたる絵巻物であり，当時の火災への庶民の知恵や消火活動が描かれている。作者不詳であるが，明和9年(1772)，目黒行人坂の大火直後に画かれたものであることだけは確認されている。図2にその一部ではあるが活動の一端を示す。日本消防写真史編纂委員会編『明和9年目黒行人坂火事繪』(1976)にある解説文から消防活動をみると，絵巻は，黒板囲いの大名火消役の火の見櫓からの火事の発見から始まり火事を知らせ，馬を走らせて情報連絡する御使番が登場，続いて，纏持ち，梯子をかつぐ町火消が火事場に駈け付ける。大名火消も数隊が集合している活動している。火災現場に近くなると武家屋敷の屋根では纏，火の粉を払う大団扇，"水むしろ"を持ち，火たたきなどが描かれている。火事の近くの屋根の上に町火消たちは拠点を設け，井戸水の汲上げ玄蕃桶で水をはこび竜吐水で屋根の上にいる纏持たちに水をかけている。この時代最大の火消道具である竜吐水は火消に水をかけることに用いられていることがわかる。町の防火対策として町家の瓦葺き屋根や土蔵も活用されていたことが描かれている。

実際の消火活動として大名が出場して防火に当たったことは，4月朔日老中阿部豊後守正允の前で右京大夫が出した活動に対する褒賞からも確認することができる。表1にかれらが活動に従事した場所と合わせて示した。江戸城以外でも将軍の菩提寺である芝の増上寺と上野の寛永寺に大名火消や定火消が出動している。

救済の概要

被災した人々にはどのような対策が取られたのか。『東京市史稿』救済篇・市街篇を通して，武家については多くの記述があるがここでも庶民への記述はみられない。武家については，罹災した老中以下に金を貸し与えもしくは給賜している。『明和日記』で，この時における幕府の救済を受けたことが明らかな者として，表2のような松平右近将監武元はじめとした老中や幕府中枢の者たちであった。明和9年3月17日に，老中に勘定奉行から，屋敷類焼のため金1万両貸し付けている。ただし，打続く類焼被害で拝借金の返済は，先だって拝借した返済が完了する安永2年(1773)より10ヵ年で返済することとされた。

また老中に就任したばかりの田沼主殿頭意次については相良城の普請で出費がかさんでいることを考慮し，翌年の安永2年(1773)より5ヵ年据え置き，10ヵ年で返済するように定めている。さらに4月には，中奥お小姓のうち部屋住み無足のものへ，銀30枚を貸し付け，その他の御家人も地方取御切米取の石高に応じて貸し付けを行い，御足高持高とも百俵以下の者へは7両から1両を貸付ではなく与えている。

災害が発生すると必ず物価が高騰しているが，この火災も例外ではない。例として，松板100枚が1両のところ16，7枚と実に6倍近くに高騰，ひしぎ竹1坪につき1匁が1匁8分にて買われ，その日のうちに2匁5分になった。大工は2日で1分，鳶人足は132文より250文と2倍近くの賃金となり，前述した拝借金等をもらっても，なお厳しい状況であったことは窺える。幕府は幕府要職にある大名から下の役人までもが貸し付けを受けており復興の厳しさを示すとともに，それによる財政が逼迫していくことになる。

参考文献　『東京市史稿』変災篇4，1917，同救済篇1，1921，同産業篇23，1979

（西田幸夫）

1777 安永三原山噴火 （安永6年7月29日）

噴火の推移

伊豆大島火山の最新の大規模噴火は安永噴火（Y_1）と呼ばれ，安永6年(1777)から寛政4年(1792)まで16年続いた。以来220年間に起った噴火は中規模以下であり，次回の噴火が大規模となる可能性も懸念される。安永6年7月29日(1777年8月31日)，大島中央にある三原山からスコリア・火山毛が噴出されはじめた。当時，伊豆大島は幕府直轄地として代官江川太郎左衛門（英征）が統治しており，噴火の推移は島役人から代官所を通して幕府勘定所へ逐次報告された。半年後の安永7年3月20日(1778年4月17日)ころ，激しくスコリアを噴出して現在の三原山を形成すると同時に，玄武岩質溶岩が三原山北側カルデラ縁に沿って流れ，北東の中の沢沿いに流下し，泉津の蜂釜神社まで達した。活動は一旦収まったが9月に再び活発化して，今度は南西のカルデラ縁の低所を越えて溶岩が流下し，野増と差木地を結ぶ通路が一時遮断された。また，別の溶岩が5キロ以上離れた東海岸にまで達した。

天明3年(1783)11月には，火山灰を頻繁に噴出する活動へ移行した。卓越する西風，北東風の風下にあたる泉津・野増には寛政4年ころまで降灰があった。噴火による直接の死傷者は報告されていないが，漁業・農業への打撃が大きかった。大島の南西20キロにある利島へも天明5年5～6月，天明6年8月と10月，同年冬～7年春に灰が降り，不作をもたらした。

災害避難計画と支援

安永7年(1777)10月，代官所手代が現地を見分して報告書と避難計画を勘定所へ提出した。島民の居住地域はカルデラ縁が障壁となって，溶岩に襲われる心配は少ないと認識しており，野増と差木地の通行が途絶した際には船で安全な地区へ避難する。噴火が更に激しくれば，漁船と廻船（貨物船）に分乗して島外へ避難する，という計画であった。噴火前の島民数2,129人に対し，噴火後は，2,076人，差木地(16%増)のほかは元町(5.4%減)，岡田(6.5%減)，泉津(20%減)，野増(26%減)で降灰の厚い地区の人口減が目立つ。大島へは安永6年，8年，天明4年(1784)2回，天明5，7年，寛政3年(1791)に，利島へも天明5年，7年に食糧・資金援助があった。大島の避難計画は実施されなかったが，江川太郎左衛門領地の青ヶ島では天明7年に激しい噴火のため，200名余の全島民が70キロ離れた八丈島へ避難した。近世の噴火災害の危機管理にはこのような例があった。

参考文献　津久井雅志・段木一行・佐藤正三郎・林幸一郎「伊豆大島火山—史料に基づく最近3回の大規模噴火の推移と防災対応—」（『火山』54, 2009）　　（津久井雅志）

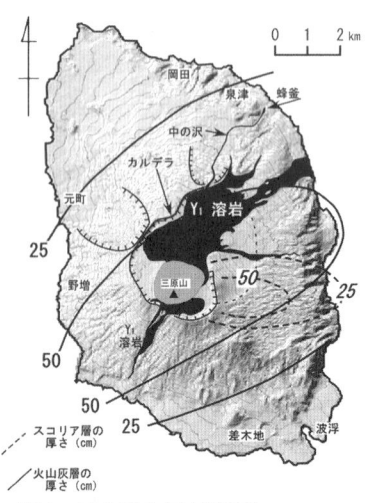

図1　安永噴火(Y_1)噴出物

1783 天明浅間山噴火 （天明3年4月9日―7月8日）

災害の概要

浅間山は，群馬県・長野県境に連なる黒斑山・前掛山・釜山・小浅間山などを総称した名称であり，黒斑山（第一外輪山）と前掛山（第二外輪山），および釜山（中央火口丘）からなる三重式の成層火山である。

浅間山は古くから何度も大規模な噴火を繰り返してきた。このうち天明3年（1783）の噴火は，その経過や被害の史料が詳細に残る最大の噴火であり，地元では「天明の浅間焼け」と呼ばれてきた。この噴火による被害は，火山噴出物によるものより，大噴火をきっかけにして浅間山北斜面に発生した，土砂移動によるものの方が激甚だったことに特徴がある。この土砂災害の名称は，「火砕流」「熱泥流」「岩屑流」「土石なだれ」などが使用されてきたが，ここでは発生から吾妻川流入までを「土石なだれ」，吾妻川流入後を「泥流」と表記する。

天明3年4月9日（1783年5月9日）に活動を始めた浅間山は，6月下旬から激しい噴火を繰り返し，7月8日（8月5日）には大噴火を起こした。この大噴火は北斜面に大規模な土石なだれを起こし，麓の村々を襲った。その後，吾妻山に流れ込んで泥流と化し，吾妻山・利根川沿いの村々に壊滅的な被害を与えた。また，6月下旬からの降灰によって群馬県西部・埼玉県北部の農作物に大きな被害を与えた。

天明3年の浅間山噴火に関する記録や絵画などの史料は，その被害が大きかったこと，泥流が関東平野を流れる利根川や江戸川を流下したこと，降灰が関東地方中心だったこと，江戸時代後半になり，村役人や神官・僧侶など，文章や絵図を書くことができる知識人が増えたことなどにより，おびただしい数が残されている。これらの内，記録は噴火の経過や降灰，泥流による被害，飢饉の状況，復興などを，時系列にそって記したものが多い。また，絵図は，長野県の佐久・小諸地方で噴火の状況を描いたものが多く，群馬県内の吾妻川，利根川流域で描かれたものは，泥流の流下やその範囲を描いたものが多い。

天明浅間山噴火に関する研究は，これら史料の分析や地質調査などを中心に行われてきた。考古学的なアプローチである発掘調査は，昭和54年（1979）鎌原村（群馬県吾妻郡嬬恋村）に始まり，以後泥流被災地である吾妻川・利根川沿いの各地で，道路，ダム建設などの公共工事に伴う発掘調査が集中して行われている。そこから得られた新たな資料やデータに基づき，土石なだれや泥流発生のメカニズム，被災範囲の確定など天明浅間山噴火災害の全体像解明のための研究が進められている。　　（古澤勝幸）

噴火の推移

噴火は天明3年4月9日（1783年5月9日）に始まり，浅間山から鳴動が聞こえた。45日間の休止ののち，再び噴火し，黒煙が柱のように立ち昇った（噴火開始は4月8日であるという説もある）。さらに19日後に噴火し，そのときは火口から北～北北西の方向へ軽石や火山灰が降った。本格的な噴火は，7月にはいってから始まり，北東方向へ浅間山から200キロはなれた地点まで火山灰が降下し，鳴動が聞かれた。7月1日から4日の間は，勢いの強弱を繰り返しながら，だんだんと激しい噴火が続くようになり，北関東を中心として，広い範囲に火山灰が降り，噴煙が空高く上るのが見えた。7月5日から噴火の勢いは激しくなり，6日夜の噴火の激しさに住民が驚いて，家から逃げ出すところも出てきた。

7月7日はさらに噴火が激しくなり，真黒で巨大な噴煙の柱の中心部は高温の火山弾

のため赤く輝き，無数の電光が飛び，雷鳴がとどろいて生きた心地がしなかったと記録されている．上空の風は西から吹いていたので，大量の火山灰や軽石が火口から東南東の方向に降り積もっていった．一方，前掛山の北側の山麓には，高温の軽石や火山灰の混合したものが高速で斜面を流れる現象が起きたが，これは火砕流と呼ばれるもので，山頂から最大10㌔までの広い範囲に広がり，大木が茂っていた森を埋め，焼き尽くした．幸いにも，人が住んでいるところまでは届かなかったので，死傷者はなかったらしい．この火砕流は吾妻火砕流と呼ばれ，総計約2億㌧のマグマが火口から噴出することによって生じた現象であり，その堆積物は溶結していて，浅間山北麓の六里ヶ原と呼ばれる地域に広く分布している．

7日の夜は噴火の激しさが最高に達し，山麓にある多くの村落の住民は命からがら逃げ出した．当時の軽井沢集落は，中山道の宿場町として栄えていたが，7日の夕刻になり，大きな火山弾が若者の頭に命中して即死したため，パニックが起きて，住民はわれ先に南のほうへ逃げ出した．軽井沢の建物は降り積もった軽石の重みで82軒がつぶれ，52軒が軽石の熱で焼失して全滅した．堆積した軽石・火山灰の厚さは40㌢にのぼった．このころ，ずっと連続して起きていた噴火は，大量のマグマが火口から軽石や火山灰の形で空高く噴き上げられるタイプの噴火で(プリニー式噴火)，噴出速度が大きいため，噴煙は垂直な柱のようになって，一気に1万㍍以上の高度まで上昇した．成層圏まで上り詰めて勢いを失った噴煙は，ジェット気流によって流され，やがて軽石や火山灰は風下の広い地域へ降下した．大量のマグマがプリニー式噴火によって激しく噴出される中，8日の朝を迎えたが，ある古文書によると噴火の勢いが一時的に収まったかのように見えた．しかし，8日午前10時ころ，山頂火口から突然大爆発が起き，爆音は300㌔以上はなれた場所でも聞こえたほど激しいものであった．このとき，大量の高温の岩塊が火口から噴出され，浅

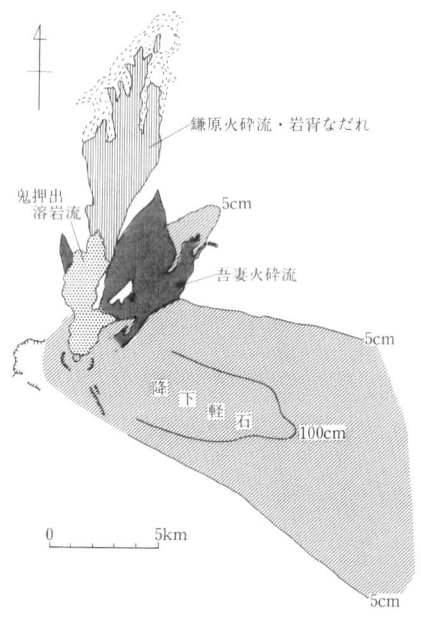

図1 噴火噴出物の分布

図2 噴火降下軽石堆積物 (厚さ2.3㍍)

間山の北側の山腹に降り注いだと考えられる。岩塊は急斜面を高速に流れ下り、細かい物質や空気と混合して火砕流を生じた。岩塊の大きなものは直径数10メートルもあり、裾野を高速で突き進むうちに地表の岩石を大量に掘り起こした。短時間のうちに、これらの混合物の流れは、火口から13キロも離れた、鎌原（かんばら）村に達した。全戸100軒、人口570

図3　信濃国側から見た天明浅間山噴火絵図

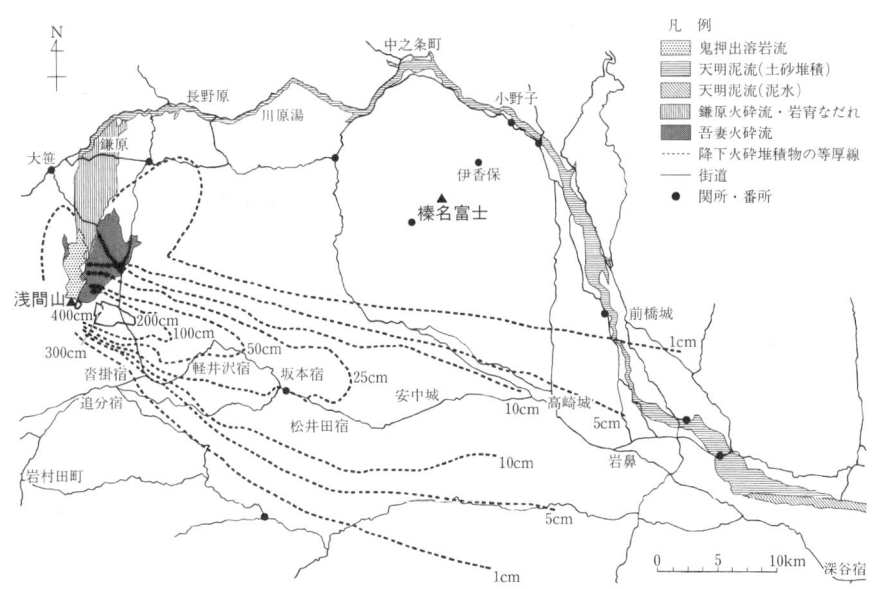

図4　天明浅間山噴火の降下軽石堆積物の等厚線と泥流堆積物の分布

人の村落の大部分はこの流れに押し流され，埋め尽くされ，477人死亡，93戸が流失し徹底的に破壊された。昭和になって，鎌原村落の発掘調査が何度か行われ，災害の実態が分かってきたが，村落を襲ったのは，泥水ではなくて，あまり高温ではない，乾燥した土石の混合物であることがわかった。大爆発が起きて火口から噴出された岩塊は，1,000℃に近い高温であったが，流下の途中で低温の土砂を大量に巻き込んだため，流れが鎌原村落に届いたときには，温度が下がっていた。この現象は，火山学的に見て大変珍しいものであり，鎌原火砕流・岩屑なだれと呼ばれる。浅間山の北斜面には火口から5.5㌔の長さにわたって，鬼押出し溶岩流が見られるが，この溶岩流はきわめて新鮮な外観であり，現地調査によると明らかに鎌原火砕流・岩屑なだれの直後に山頂から流下したものであることが分る。しかし，天明噴火の詳細を記録した多数の古文書を調べてみても，7月8日あるいはそれ以後鬼押し出し溶岩流が流出したという記述が一つも見つからない。

噴火による災害

浅間山天明の噴火は，日本の火山災害の歴史の中でもっとも大きな事例の一つであるが，起きた災害も，次のようにいろいろな種類の災害の組み合わせであった。

1) 軽石・火山灰の降下・堆積による村落・耕作地の破壊・荒廃
2) 吾妻火砕流（7月7日）による森林の破壊
3) 鎌原火砕流・岩屑なだれによる北側村落の破壊（7月8日）
4) 吾妻川・利根川の流れに沿った泥流・洪水による破壊（7月8日）
5) 現在の安中・高崎市，軽井沢・御代田町，佐久・小諸市一帯の百姓一揆

このうち，2)の吾妻火砕流（7月7日）による森林破壊では，幸いなことに死傷者は出なかった。1)の軽石・火山灰の降下（プリニー式噴火）は7月に入ってから激しくなり，被害の大部分は7月7日の日中から7月8日早朝にかけての大量の堆積によって引き起こされた。図4に示したように，堆積物の主要部は火口から東南東に伸びた帯状の地域であり，火口から東へ4.5㌔の峰の茶屋では厚さ2.5㍍，35㌔の安中では厚さ20㌢，50㌔の倉賀野では5㌢程度の厚さがある。この地域では，火口から20㌔以内では堆積物の熱により家屋が焼失したり，30㌔以内では重さで建物がつぶれてしまうという被害が出た。また，全域にわたり作物が壊滅的な被害を受け，その後何年も不作が続いた。このため農民は田畑の生産能力を回復するため大変な努力をその後何年にもわたって続けなくてはならなかった。

（荒牧重雄）

土石なだれ・泥流被害

史料には鎌原村を襲った土石なだれを山頂から発生したとするものと，北側中腹の旧柳井沼（現在の鬼押し出し）から発生したとするものがあり，火山研究者の間でも，その発生場所，発生メカニズムについて意見が分かれている。

土石なだれは吾妻川に入って泥流となり，川沿いの村々に大きな被害を与えた。川幅が狭くなる吾妻渓谷（現吾妻郡東吾妻町）では，土砂や家屋の部材，押し流した樹木によって塞き上げ（天然ダム）が生じて支流に逆流を起こし，塞き上げが決壊すると猛スピードで流れくだったため，被害が一層激しくなった。この泥流の中には煙を上げた溶岩も含まれていたと記されている。塞き上げ地点に近い川原湯温泉（現吾妻郡長野原町）の様子を記した史料には，現在の温泉街にまで泥流が迫ったとあることから，塞き上げの高さは60〜70㍍に及んだことがわかる。泥流は噴火からおよそ2時間後の12時ころ，火口から約80㌔はなれた三国街道の杢ヶ橋の関所（現群馬県渋川市）を押流したと記録されていることから，その流下

速度は，時速約40㌔だったことがわかる。その後，利根川に合流した泥流は，川幅が広くなったためスピードをゆるめ，大渡の関（現群馬県前橋市）付近に午後1時ころ，午後2時ころには，五料の関（現群馬県佐波郡玉村町）に達し，関所を軒まで埋め，利根川の流れを大きく変えた。泥流は関宿（現千葉県野田市）で銚子方面の本流と江戸川に分かれた。利根川河口の銚子付近では海水が真っ黒になり，7月9日には江戸川河口付近で多くの流死者が打ち上げられたことが記録されている。この土石なだれ・泥流による被害村数は約140ヵ村，被害家屋2,000軒以上，死者の数は約1,500人にのぼった。
　　　　　　　　　　　　　　　（古澤勝幸）

鎌原村の埋没と大洪水

7月8日午前に起きた大爆発の直後に北麓を襲った鎌原火砕流・岩屑なだれによって引き起こされた災害は，様子がまったく違い，破壊は壊滅的であった。当時浅間山北麓で最も大きな村落の一つが鎌原だったが，小宿・大前・細久保を加えた4村は，吾妻川沿いに幅4.5㌔にわたって，土石なだれによって瞬く間に全滅させられた。なだれの速度は不明だが，おそらく秒速10㍍から20㍍くらいであり，人間が走って逃げるには早すぎたのではないかと推測される。

鎌原の村人たちはまったく予期していなかったようで，「倉に入って昼寝などして油断していた（下略）」と記録されている。死者は477人，生存者は93人で，実に84％の死亡率だが，生存者の多くは，用事などで村を離れていた人々のようである。発掘調査によると，土砂の厚さは驚くほど一様で，2㍍から4㍍の範囲の厚さで村の低く平坦な部分全体を覆っている。流れの中心部では建物などは全部流されているが，山沿いの境の部分では，建物が流されず土砂に押しつぶされた状態で発掘された。当時の生活用品など多数発見されたが，山村としては意外なほどぜいたく品の類が発見された。

また当時は農耕には使われていなかった馬が170匹も流死した記録から見ても，鎌原村は街道の宿場としてかなり繁栄していたらしいことが分かった。村にあった延命寺の名前を書いた石碑が，吾妻川の下流40㌔の地点から，噴火の130年後に発見されたことや，常林寺の梵鐘が15㌔下流から117年後に見つかるなど，土石なだれやその下流で泥流となった流れの破壊力の大きさが理解される。

吾妻川に流入した土石は泥流として利根川の合流点まで流下したが，泥流の先頭部は段波と呼ばれる盛り上がった形をしていた。このため，川の両岸にあった家屋や樹木などは，段波によって最初の一撃を受け，破壊され押し流されていった。「樹木より高く黒い煙を立てて，矢のように流れる勢いはどんな家屋・大石・大木も簡単に押しはらい，家くらいの大きさの火石が数限りなく浮いて流れ，中には2階建ての大きな家や土蔵がそのまま流れてゆくものもあり（中略）1時間くらいのうちに泥水が引いて，一面泥だけが残ったが，その中に多数の火石が煙を上げていて（中略）どろどろの中を歩いてみると暖かい所もあり，大変熱いところもあり，5，6日間はわたることが出来なかった。（中略）10㍍四方の火石は12，3日の間煙り，その後は雨が降るたびに焼け崩れて小さくなっていった」（富沢久兵衛『浅間山津波実記』）。「火石」とあることから岩石が火をふきながら泥流に浮いて流れてゆくという記述は実に奇妙であるが，現地調査の結果，噴火直後は数100℃以上の高温を保っていた巨大な岩塊の中には，多孔質で軽石のように密度の小さいものが多数あり，これが泥水に浮かぶようにして押し流されてきたのだと推論される。

大爆発によって鎌原火砕流・岩屑なだれが発生してから約3時間後には，泥流の先端は吾妻川が利根川に合流する地点（現在の渋川）まで達した。「10㍍くらいの大石が黒

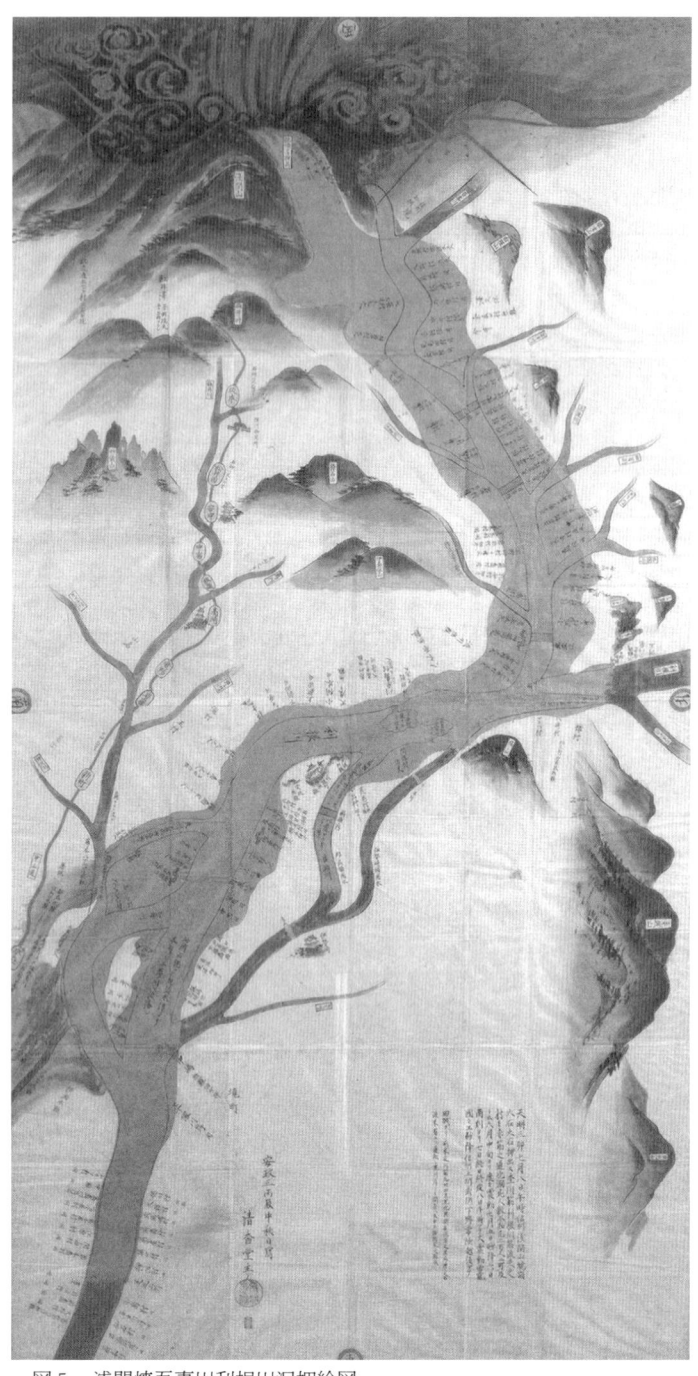

図5　浅間焼吾妻川利根川泥押絵図

煙を渦巻きながら流れてゆくうちに，人の叫び声(中略)犬牛馬の鳴き声が聞こえ，流れる家の2階から屋根に上り助けを求める人もあったという間に水底に沈む(下略)」。洪水は川幅が広がった利根川筋に被害を与えながら下流に達し，ついに犬吠埼から太平洋に濁流が流出した。当時は，利根川の水の一部は江戸川に分かれていたので，数日後には，江戸川の中州に多くの死体が流れ着いたと記録されている(現東京都葛飾区・墨田区)。　　　　　　　(荒牧重雄)

発掘調査の成果

天明3年(1783)浅間山噴火の最大の被災地である鎌原村(現吾妻郡嬬恋村)の発掘は，昭和54年(1979)に火山，歴史，考古学などの専門家によって行われた。調査地点は旧鎌原村西方の山頂に位置する観音堂石段と，その東側の十日ノ窪地点であった。この調査の結果，現在地上に15段ある観音堂に登る石段は，100段以上が埋没しているといわれてきたが，埋没しているのは35段であることが明らかになり，石段途中からは二人の女性の遺体が発見された。また，十日ノ窪では三軒の埋没家屋の発掘調査が行われ，多数の生活用品や建築資材などが発見された。出土した遺物から，鎌原をおそった土石は，「火砕流」や「熱泥流」ではなく，温度が常温に近く，水分もあまり含まない土石であることが明らかになり，以後「土石なだれ」と呼ばれることが多くなった。

その後，嬬恋村教育委員会が調査を続け，延命寺と推定される地点を調査し，仏像や仏具，生活用品，建築資材を発見した。発掘調査と併せて実施された村内10ヵ所のボーリング調査では，鎌原村を襲った土石なだれの厚さは3～10メートルにも達することが明らかになった。また，土石なだれの本流は村東部を流下し，観音堂や十日ノ窪，延命寺へは，本流が西側の小高い山に向かって，速度を落として押し広がったものであったことがわかった。

鎌原村に続き，昭和55年，泥流の被害を受けた新井村(現吾妻郡長野原町)跡から遺物が発見された。新井村はまた，遺物の発見地点より少し高い所(標高約656メートル)で被災を免れた墓地が発見された。ここには「逆水寛濆信女」など戒名に「逆水」の文字が含まれる墓石があり，これは新井村の西で吾妻川に流れ込む熊川が逆流したことを表していると考えられる。また，吾妻川の河床面から約35メートルの高さまで泥流が襲ったことが明らかになった。多くの史料には，新井村以外にも吾妻川の支流の逆流について記されており，塞ぎ上げによる支流の逆流と，その決壊が泥流被害を大きくした事が分かる。

救済と復興

7月8日の土石なだれ・泥流の被災者に最初に救済の手をさしのべたのは，大笹村(現吾妻郡嬬恋村)の黒岩長左衛門と干俣村(現吾妻郡嬬恋村)の干川小兵衛，大戸村(現吾妻郡東吾妻町)の加部安左衛門の3人であった。この3人は避難してくる被災者を自分の家で受け入れ，できる限りの炊き出しを行なった。また，鎌原村には小屋を作り，鎌原村で生き残った93人を住まわせ，米や麦などを援助した。そして，この大変なできごとの中を生き残った者は骨肉を分けた一族と思うべきだとして，親族の誓約をさせた。さらに夫をなくした女と，妻をなくした男を結婚させ，親をなくした子と，子をなくした親を養子縁組みさせた。10月24日には7組の結婚式が行われ，被災地の上に新しい村作りが始まった。この救済活動は幕府にも認められ，3人は12月には江戸に呼び出され，名字・帯刀を許され，褒美として銀が与えられた。このほかにも各地で富農や分限者(富豪)たちが，被災者の救済や被災した田畑の復興のため，食料や資金を提供した。また，遺体が打ち上げられた各地では，地元の農民や僧侶によって

埋葬や供養が行われた。吾妻川・利根川沿いには，千葉県銚子や江戸川河口付近に至る各地に供養碑や記念碑が数多く建てられている。また，伊勢崎市の戸谷塚町では，現在でも毎年8月5日に地元住民による供養祭が行われている。

泥流によって大きな被害を受けた吾妻川沿いの村々の多くは，幕府領・旗本領であり，利根川流域で被害が大きかったのは前橋藩領と伊勢崎藩領であった。このうち，迅速に救済に乗り出したのは伊勢崎藩である。伊勢崎藩では，家老の関重疑が先頭に立ち，7月9日には被災地の視察を行い，泥流の中の生存者の救助を行なった。その後も被災者への炊き出しや，流死人の埋葬，泥の除去に藩をあげて取り組んだ。

幕府が見分のための役人を派遣したのは，大噴火から2週間後の7月21日のことだった。その後，8月下旬になって，勘定吟味役の根岸九郎左衛門を代表とする正式の見分団が組織された。この一行が利根川・吾妻川沿いの被災地を見分し，鎌原に入ったのは11月になってからである。見分と並行して復興のための作業も9月ころから始まった。幕府は，被災地の農民を雇い，復興のための土木工事にあたらせた。江戸時代，大きな災害が起きると，幕府は復興の作業に着手し，その費用を大名に負担させた。これを御手伝普請という。浅間山噴火の際，御手伝として96,900両余の負担を命じられたのは熊本藩細川家であった。天明4年正月27日に御手伝を命じられた細川家では，96,932両の内，1万両は藩の御用達に支出させ，13,000両を大坂の蔵屋敷から，残る73,932両を国元から支出することとした。しかし，藩の財政が苦しかったため，領内から寸志金を集めることとし，寸志金の額に応じて百姓・町人などに名字・帯刀などの身分待遇を与えた。浅間山噴火は熊本藩の身分秩序にも影響を与えたことになる。

天明4年閏正月10日には御手伝場所の見分が終わり，同22日には藩主細川重賢が江戸城で褒美を与えられていることから，一応の復興はこのころまでに終了していたとみられる。

社会に与えた影響

天明3年（1783）は全国的に冷涼な気候で，東北地方で大飢饉が起こった。関東地方では気候の不順に加え，浅間山の噴火活動が夏だったため降灰によって農作物に大きな被害が生じた。また，泥流被災地や水路を泥流で埋められた田畑でも収穫に大きな影響が出た。このため，天明3年秋から物価が上昇し，秋から上州・信州で大規模な騒動が起こった。また，泥流によって河床が上昇した利根川では，天明6年大規模な洪水が起こり，その後も大雨のたび洪水が続いた。河床の上昇は，江戸時代重要な輸送手段であった舟運にも大きな影響をあたえ，河岸の移設を行わなければならないような所もあった。このように，天明浅間山噴火は，江戸時代後期の社会に大きな影響を及ぼした歴史災害であった。

参考文献　浅間山麓埋没村落総合調査会・児玉幸多・大石慎三郎・斎藤洋一編『天明三年浅間山噴火史料集』上・下（東京大学出版会，1989），新井房夫編『火山灰考古学』（古今書院，1994），萩原進編『浅間山天明噴火史料集成』Ⅰ－Ⅴ（群馬県文化事業振興会，1985－95），群馬県立歴史博物館編『天明の浅間焼け』企画展示図録，1995，国立歴史民俗博物館編『ドキュメント災害史1703－2003―地震・噴火・津波，そして復興―』特別展図録，2003，井上公夫著『噴火の土砂洪水災害―天明の浅間焼けと鎌原土石なだれ―』（シリーズ繰り返す自然災害を知る・防ぐ5，古今書院，2009）

（古澤勝幸）

1783-84　天明の大飢饉　(天明3－4年)

東北地方の凶作・飢饉

1780年代の天明期に発生した飢饉。主に天明3年(1783)の大凶作に伴う翌年にかけての飢饉を指すが，ひろくは天明2年の不作や，同6年の凶作による翌7年の全国的な米騒動を含めていう。

天明3年の大凶作は全国的な冷害とはいえ，特に東北地方の太平洋側や北部にあたる地域(陸奥国)が甚大な被害を受けた。東北地方ではこの年，夏でも綿入れや袷(あわせ)を着る寒冷な気候となり長雨が降り続いた。オホーツク高気圧が発達して，太平洋側から冷雨を伴った東風ないし北東風(いわゆるヤマセ)が吹きつけたことによる。天候回復を願っての日和乞が盛んに行われたが，異常低温と日照不足によって不稔障害となった。幕府への損毛高の報告では，弘前藩は皆無作，八戸藩は表高2万石のうち1万9,236石の損毛，盛岡藩は表高10万石のうち6万5,670石の損毛，新田高14万8,000石の内12万3,550石の損毛，仙台藩は56万5,200石の損毛(一関藩分を除く表高59万石余のうちか)などとなっていた。

飢饉による死者数は，弘前藩8万1,702人(天明3年9月～翌4年6月)，八戸藩3万105人(天明4年5月宗門改)，盛岡藩6万4,698人(代官所調べ，調査時不明)，仙台藩14～15万人あるいは30万人(概数)といった数字が知られている。藩によっては人口の3分1もの人命が奪われ，死に絶えてしまうような集落もあった。寺院の過去帳によっても平年の数倍もの死者数が出ていたことが判明している。これらの飢饉の死者は冬越しできない食べ物の欠乏による餓死者ばかりでなく，傷寒(腸チフスなど)や痢病(赤痢など)といった疫病が特に翌4年の梅雨期に大流行し，たくさんの命を奪った。飢饉には疫病が付きものであった。東北地方全体では30万人を下らない飢饉死者が出たものと推測され，戦争がほとんどなかった江戸時代の大量死として記憶されるべきである。

飢饉下の惨状は「餓鬼道の世」として記録にとどめられた。食べ物がなくなった村人たちは山野河海に蕨・葛の根，木の実，海草など救荒食を探し求め，あるいは地逃げといって郷里を離れ食料にありつけそうな城下町や他国へ去っていった。米・雑穀などの値段は数倍にもはねあがり，品薄によって金銭があっても買えるものではなかった。盗みや放火，捨て子が頻発し，盗みで捕まった者は村の制裁によって殺害される例もあった。さらには家畜の生き馬を殺して食べ，人肉を食べる者までいると噂された。飢饉死に至るまでの必死に生きようとする生活困難は想像を絶するものがある。藩の飢饉対策として常套手段化していた酒造停止や穀留が行われたが，ほとんど領内に穀物がなくなってからそうした措置を取っても効果は薄かった。また他国に城下商人を派遣して越後方面などに穀物の買い付けに奔走するが，移出制限や冬季の海荒れからうまく事は運ばなかった。天明4年の4～5月ころになり他国からの廻船が入津するようになって，ようやく穀物がもたらされたのが実情であった。

飢饉発生のメカニズム

東北地方は17世紀の新田開発によって，稲作の北限地帯である弘前藩の岩木川流域まで穀倉地帯となった。それがわずか1年の大凶作によって大量の飢饉死を生み出してしまった背景には，大坂や江戸を中心とした全国の市場経済のなかに東北諸藩が米の生産・供給地帯として位置づけられ，米の売却が貨幣獲得の手段，あるいは借財の担保となっていたことと大きく関わっていた。

18世紀は総じて米余りの低米価が続き，年貢米や買上米を移出しても運賃などのコストがかかって利益があげられなかった。天明2年(1782)が西日本をはじめ不作になったことが翌3年の夏場に米価の高値を招き，これ幸いとばかりに2年産米を売り急いでしまった。こうして領内に滞留米がなくなったところに大凶作が襲い天明の飢饉の悲劇が生まれた。こうした東北地方の飢饉の発生メカニズムはすでに元禄8(1695)・9年の元禄の飢饉からはっきりしてきていた。弘前藩では天明3年7月に青森・鰺ヶ沢・深浦などで米騒動が連続的に発生している。これは天候不順よる凶作が心配されながら江戸・大坂方面へ回米され，米価があがり，地域住民が飯米確保から公定値段での販売と回米阻止を目的として起したものであった。仙台藩でも同年9月，藩の領内買米と江戸回米を推進した金上侍の安倍清右衛門の屋敷が打ちこわしにあっている。これも領内の米価高騰・米払底を招いた責任を問われてのことであった。東北地方の天明の飢饉は冷害型凶作をきっかけとするが，人災的要因がひどくしたというのが同時代の人々の認識であった。

天明の打ちこわし

天明年間(1781—89)の打ちこわしといえば，天明7年4月下旬から6月にかけて全国各地の都市で集中的に発生したことで知られている。江戸，大坂はむろん，岩槻・千葉・甲府・駿府・堺・和歌山・奈良・福井・広島・博多・久留米・長崎・熊本など関東以西で40件以上の打ちこわしが発生し，18世紀では最大のピーク年となった。これは前年7月の関東大洪水や8月の西国暴風雨による凶作によって翌年米価が高騰したことが原因であった。

特に5月20日—24日に発生した江戸では，京橋・日本橋といった中心街ばかりでなく，千住から品川までほぼ江戸市中全域に打ちこわしが及んだ。買占め・売り惜しみする

図1 卯辰飢死渇亡無縁塔（青森県三戸町）

米屋・舂米屋に対する，その日暮らしの者たちの社会的な制裁行為としての打ちこわしであった。

江戸の打ちこわしは田沼意次派を失脚させ，松平定信が老中となって幕閣を掌握する政変を生み出した。定信は「政の本は食」「農業は政の本」という政治信念に立ち，備荒貯蓄の社会政策に取り組んだ。幕領農村には幕府から囲穀の一部となる「下げ穀」（村の出穀高の20分1）を与え，近隣村でつくる最寄組合に郷蔵を建てさせ貯穀させた。幕府の直轄都市には従来からの囲米が存在していたが，天明の打ちこわしによってその不備が露呈してしまったので，三都や長崎，伊勢山田などで新たな社倉・囲米に取り組んだ。江戸の場合には七分積金といって町入用節減の7割相当額に，幕府からも1万石を出して囲籾・囲金させることとし，その運営組織として町会所が設置され，以後窮民救済や貸し付けにあたった。また大名に対しても領邑囲穀令を出して，1万石につき5年間50石の割合で囲わせている。また諸藩においても備荒貯蓄が図られていったのが寛政の改革期の大きな特徴であった。

参考文献 菊池勇夫『飢饉の社会史』(校倉書房，1994)，同『飢饉から読む近世社会』(同，2003)，岩田浩太郎『近世都市騒擾の研究』(吉川弘文館，2004) （菊池勇夫）

1785 青ヶ島噴火 （天明5年3月）

災害の概要

安永9年(1780)の異変から，天明元(1781)―5年の噴火は，一連の火山活動であった。特に島を一変させた天明5年の噴火は，絶海の孤島という特異な環境での災害であった。島民の半数が島に取り残されるという悲惨な事件ののちに八丈島に疎開できた島民の復興への思いはただならぬものであった。50年の歳月を費やし還住が実現した。当時の状況は，『青ヶ島諸覚』と『八丈実記』に編集された，青ヶ島島民の八丈島代官への注進書に記述されている。

安永9年の異変

安永9年以前は，池之沢に淡水の大池（周囲27, 28町）と小池（周囲12, 13町）が存在していた（図1）。安永9年6月18―23日(1780年7月19―24日)には地震が頻発した。6月27日からは，池之沢で湯水が吹き出し，噴出孔数が増加し，大池と小池で水位・水温が上昇した。飲料水源用の大池と小池が塩水化してしまい，年貢の絹糸を製する蚕のための桑の木が大きな被害を受けた。食料用の農作物も枯れてしまった。神主は，この事件と被害の状況を注進書（安永9年7月）にまとめ八丈島代官に提出した。これを受けて，8月に八丈島大賀郷年寄が，青ヶ島の調査見分を行なった。

天明元年の噴火

4月10, 11日には地震が起こり，昼八ツ時(14時ころ)に池之沢の"ミソ子"で灰が噴出する小規模噴火により，草木が枯れた。50数ヵ所の穴から熱湯が噴き出し，翌年には湯壺を設けて湯治をするつかの間の風景も見られた。この際にも神主ほか連署の注進書（安永10年5月）が提出された。前年の注進書提出にもかかわらず，この年は，年貢の絹を納めさせられた。天明2年(1782)には，八丈島代官の手代などが青ヶ島を巡見し，噴火の事実を確認し人口を調査した。

天明3年の噴火

天明3年2月24日(1783年3月26日)，風雨により，これまでの事件で岩盤が弱くなっていた，島の北端の神子の浦で，船着き場の崖が崩壊した。3月9日午前2時ころから激しい地震が頻発し，午前4時ころに池之沢で噴火が起こった。火山礫が降下し，61軒の家が焼失し，午前4時ころから6時ころまで約2時間火山礫が降り続いた（高田ほか1994）。火山灰は正午ころまで降り続いた。火山礫は火口内の平地には1メートル，火口縁付近には30キシ，集落には15キシ積もった。畑は埋没した。火口内で農作業のため宿泊していた7人が死亡した。噴火後の降雨による土石流災害も激しかった。そのため年貢として絹の上納ができなくなったこと，穀物の供給，八丈島への島民の移動などの計画をしたためた注進書を青ヶ島から送った。これを受けて，八丈島からは5月

図1　青ヶ島（『八丈実記』11より）

5日—6月6日に，八丈島末吉村年寄が噴火直後の青ヶ島を見分し，その結果を『青ヶ島諸御船中日記』に記録した。翌年には，幕府は年貢の免除と救助の穀物を給付した。

天明5年の噴火

天明5年3月10日（1785年4月18日）に始まり，少なくとも約2ヵ月間盛衰を繰り返しながら継続した。この年の噴火は，池之沢より白煙が立ち上り黒煙にかわり，火山礫・火山灰を吹き上げ，雷震動激しく鳴り響き黒煙の中に稲妻も見えた。しかし，天明3年の噴火とは対照的に，人家の方へ火山灰は降下したが火山礫は降らなかった。神主ほかの注進書には，池之沢が現在と同じ深さまで埋められたと記されていることから，天明溶岩流がすでに流出していたかもしれない。池之沢の中央では，丸山火砕丘が成長を続けていた。八丈島では青ヶ島の噴火に気がつき，八丈島船頭らが即座に青ヶ島を見分した。惣百姓代と名主による救援を要請する注進書（3月29日（5月7日））を受け，4月10，11日（5月18，19日），八丈島島役所は，樫立村名主に青ヶ島の様子を見分させた。この時，青ヶ島から島民45名が船で避難した（『八丈実記』）。4月27日（6月4日）に最後の救援活動が行われたが，青ヶ島の神子の浦では悲惨な状況が待ちうけていた。島民は救援船3隻に合計108名しか乗船できず，140人前後が島にとり残されたと思われる（小林亥一1981）。青ヶ島の人口は，安永3年（1774年）の『伊豆国付島々大概帳』によれば，327人と外流人1人であった。よって，天明5年には330人前後が青ヶ島に住んでいた推定される。『青ヶ島より八丈島へ人数相渡候覚』によれば，6月4日の救援船も含めて合計202人が青ヶ島から八丈島に渡った。島に残された島民のその後の運命は明らかではない。

復　興

『八丈実記』に，天明7年6月10日（1787年7月24日），青ヶ島組頭ほかが青ヶ島に

図2　東側からみた青ヶ島全景

図3　火口外の北斜面の集落

渡ったことや，『青ヶ島諸覚』に，天明8年4月28日，29日（1788年6月2，3日），八丈島中之郷の年寄ほかが青ヶ島を見分したことが記述されている。八丈島に無事避難できた青ヶ島島民に待ち受けていたものは，食料困窮の生活であった。しかし，名主となった佐々木次郎太夫の青ヶ島の再開発への強い願いが八丈島役人へ通じ，噴火後50年の歳月を経て，天保6年（1835年）に検地と竿入れが行われて還住が実現した。

島の中央部に直径1.5㌔の火口があり（図2），天明噴火で形成された丸山火砕丘がある。火口外斜面に集落があり（図3），天明のころの船着き場神子の浦は集落の右下急崖の海岸。

参考文献　小林亥一『青ケ島島史』，1981，高田亮・村上文敏・湯浅真人『青ケ島および伊豆諸島南方海底火山地質図』（地質調査所，1994），青ケ島村編『伊豆諸島における火山噴火の特質等に関する調査・報告書』（東京都防災会議，1990）　　　（高田亮）

1786　天明6年洪水　（天明6年7月）

災害の概要

天明3年（1783）の浅間山噴火の3年後に発生した天明6年の洪水は，寛保2年（1742）の洪水と並び称されている。この洪水により，浅間山噴出物が上流から下流まで全川に運ばれ，利根川全体の河床上昇に強い影響を与えたといわれている。

天明6年は4月中旬から雨が多くなり，気温も低い日が続いて作物の成長にも支障が出始めている。6月初旬からは雨が降り続き，7月12日の風雨は激しく，その後も大雨は降り続き，18日大洪水が発生した。寛保2年の災害以来の被害で，関八州で被害にあわない地域はなかったという。

利根川左岸では，赤岩・上五箇が破堤，同右岸では上中条・北河原・酒巻，上川俣・中渡が破堤，北川辺では9ヵ所，渡良瀬川では離で破堤している。下利根流域では左岸の布川，小貝川では豊田が破堤し，霞ヶ浦周辺が洪水になった。荒川では右岸堤が破堤した。

寛保水害では中条堤のみの破堤であったが，この時は権現堂堤も70間余が破堤したことも被害を増した原因となった。『西方村旧記』によれば，「古老の申し伝えにない」とある。7月12日昼時雷雨とともに雨が降り始め，17日は特に大降りだった。近隣の綾瀬川も溢れ出した。夜六ッ半時，利根川堤（権現堂堤）が木立村で切れ，上流の幸手・庄内・松伏・新方領が大海のようになって洪水が押し寄せてきたという。古利根川の締切地点である八甫村宝泉寺脇堤も切れ，洪水は古利根川に沿って南下し，葛西領猿ヶ俣の堤防を切り，江戸市中に押し寄せた。

被害の概要

『武江年表』には，「関八州近在近国の洪水はことに甚だしく筆紙に尽くしがたしとぞ。この水久しくたたえたりしかば，奥羽の船路絶えて物貨（価）弥々貴かりしぞ」とある。『徳川実紀』7月17日の項には，「堤上も7，8尺，田圃は1丈4，5尺ばかりも水みち，堅川・逆井・葛西・松戸・利根川のあたり，草加・越谷・粕壁・栗橋の宿駅までもただ海のごとく」とある。

低地部では7月12日風雨が激しくなり，小石川の小日向・関口付近が浸水した。その後も大雨は続き，18日大洪水が発生した。荒川右岸の梅若・寺島・須田・須崎村の者は秋葉堤に逃れ，三谷・鳥越の者は2階より屋根に這い出て水が引くのを待った。本所の堅川通りから江戸川に続く葛西領の浸水は軒にまで及んだ。深さは，堤上では7尺（約2.1メートル），耕地では1丈4，5尺（約4.4メートル）であった。葛西領の用水源であった小合溜井では取水堰が押し破られた。

被害が大きかったところは，葛西領・行徳・竹の塚・草加・岩槻，江戸川左岸の真間・中山，江戸では釜屋堀・五百羅漢・千住・隅田川で1丈2，3尺であった。また本所・深川一帯の被害も大きかった。猿江浦町などは1丈ほどの洪水となり，平屋住いものは最寄の重厳寺・泉養寺・覚王寺・慈眼寺へ50人ほど避難した。大島村の羅漢寺には130人が避難した。北本所の柳島新田では，屋根に竹で床を張って屋根から出入りし，亀戸辺りでは2階へ避難，水中に孤立しながら救助米を受ける者もいた。

隅田川にかかっていた橋は，千住大橋と吾妻橋は無事だったが，両国橋は中央部分の杭が2，3本抜けて通行止めとなり，新大橋と永代橋が落橋した。隅田川の水は7月20日からは1尺余減りはじめ，川の水かさは1丈1尺余となった。22日には市中の水も引き始めた。

神田川筋では，御茶ノ水通り，早稲田・千駄ヶ谷・渋谷・目白でも崖崩れもあった。

和泉橋・中の橋・水道橋が落ちた。外堀も水が溢れた16日から小日向・馬場では床上5,6寸から1尺5寸,江戸川端通りでは床上7,8寸から1尺7,8寸,小石川柳町・関口水道町・小日向改代町・松枝町では床上2尺3寸余の浸水があった。神田上水が神田川に落ちる所では上水番屋が5,6軒流失した。また台地間の低地では所々水が溜り出水した。

下谷御徒町辺りは床上6,7寸,所によっては3尺ほど浸水した。下谷御掃除町・三味線堀・広徳寺前通り・上野山下付近では床上5,6寸から1丈余の所もあった。浅草御蔵では米2俵ほどまで水が上がった。災害に伴い盗賊も出没した。本所筋の見廻人に紛れ込み風呂敷包を弁当のように見せかけた盗賊が徘徊した。別な手口では筏に桶などを乗せ,財物を盗み歩く者も出た。町内では自衛策として寺々で半鐘を打ち,家々では拍子木や金たらいなどを打ち鳴らし,盗賊を追い払った。また通行の禁止された各所の橋に代わりとなった船では,通常の6割5分増しの船賃で暴利をむさぼった。幕府は20日に船賃の値上げを禁止している。

救援・救済の概要

幕府は7月16日関係部署に招集をかけ,18日から救助船を出した。幕府の船だけでは足りないため,霊岸島や日本橋の町に助け船の出動が命じられた。さらに本所・深川の船持ちから船が出されている。3,4人乗りの民間の茶船205艘,廻船の陸揚げをする役船27艘によって,23日まで5,323人が救助された。

7月18日夜半には両国広小路橋に20間四方の御救小屋が建てられた。また東詰橋から回向院までの間に所々,西詰橋にも5,6間ほどの小屋が4軒建てられ施行を行なった。炊き出しには,寛保水害同様日本橋堺町と葺屋町の茶屋30軒があたった。7月18日から8月5日までに270石余の米と1,035貫目余の味噌137,550人の被災者に支給された。

関東郡代伊奈半左衛門は,在方へ救助船を派遣している。日本橋馬喰町の屋敷前の馬場に幅4,5間,長さ20間余の仮小屋を建て近在の農民を非難させ,握り飯・鼻紙・味噌・団扇・銭・菓子などを配った。

8月6日本所・深川には,調査に基づき人別43,137人のうち131人へお救い米が支給された。1日分,男1人当たり2合ずつ,女と子どもは1合ずつ,30日分計5石4斗9升の米が配られている。

寛保水害同様民間による施行も178件,内容は食料のほか,生活物資や現金のほか,助け船を出すものもあった。最も多いのは店借層で91名,ついで家持層17人,家主が15人のほか,札差である。

古利根川沿線の日光道中粕壁宿の名主の家に生まれた見川喜蔵は,浅間山の噴火時には富裕な人々と施行を行い,6年の飢饉時には暴動を抑え穀屋を説得して米を安価に売却させた。また古利根川が決壊したために自費で古堤の上に盛土をして囲い堤を増築していることが,成就院にある寛政3年(1791)墓碑に記されている。

利根川の破堤地の一つであった上川俣では勘定奉行であった安藤惟要(あんどうこれとし)がのちに新田裏堤といわれる堤の強化を行なったことが,神明社の安藤惟要記念碑(明治23年)に記されている。また本川俣の長良神社の寛政6年松平大和守生祠碑によれば,食糧を給し5年間祖税を免じたことが知られる。

大名御手伝普請

この水害による関東諸河川の被害場所の普請は,寛保の水害のように西国大名が現地で実際に災害復旧を行う大名御手伝普請ではなく工事費のみを出す「お金手伝」であった。天明6年(1786)12月〜翌年5月。担当した藩は,備前国岡山藩(31.5万石),安芸国広島藩(42.6万石),出雲国松江藩(18.6万石),土佐国高知藩(24.2万石),阿波国

図1　寛政12年の大葦神社碑　　図2　修堤記功碑

徳島藩(25.7万石)，筑後国久留米藩(21万石)，長門国萩藩(36.9万石)，因幡国鳥取藩(32.5万石)，豊前国中津藩(10万石)，肥前国島原藩(7万石)，伊予国大洲藩(6万石)，讃岐国丸亀藩(5.1万石)，越後国村上藩(5万石)，播磨国龍野藩(5.1万石)，日向国飫肥藩(5.1万石)，越後国新発田藩(10万石)，伊勢国久居藩(5.3万石)，攝津国三田藩(3.6万石)，伊予吉田藩(3万石)の20藩であった。

災害の教訓

江戸の被害を大きくした要因に，明和8年(1771)隅田川と箱崎川の分かれる三股とよばれた所を浜町と地続きになるように埋立て作られた中洲の形成がある。隅田川の流路を狭めたために上流で洪水が多発した。中洲には茶屋が立ち並び繁栄したが，寛政元年(1789)取り払われた。なお明治19年(1886)再び埋め立てられて大正期までにぎわった。

天明6年の水害に関する災害碑は，被災後まもない寛政12年(1800)，栃木県鹿沼市下大久保の大葦神社に建てられた碑(図1)があり，噴火の降灰による飢饉と，天明6年水害が記されている。大葦神社は，火防の信仰が強い古峰神社への街道沿いにある。「預不慮の備えを為し」と記した碑は，人人へ後世への戒めを伝えている。利根川では幸手市権現堂にある重修権現堂大堤碑(明治27年)，深谷市矢島の備前渠改閘碑記(明治36年)がある。荒川では熊谷市村岡の敬賢翁壽碑(明治31年)がある。新河岸川では，富士見市南畑の修堤記功碑(図2)に「天明丙午洪水壊塘」(明治42年)と被害が記されている。

参考文献　井上公夫『噴火の土砂洪水災害—天明の浅間焼けと鎌原土石なだれ—』(古今書院，2009)，内閣府中央防災会議・教訓の継承に関する専門調会編『1783天明浅間山噴火報告書』，2006，荒川下流誌編纂委員会編『荒川下流誌』，2005，渡辺尚志『浅間山大噴火』(歴史文化ライブラリー166，吉川弘文館，2003)，『江東区史』上，1997，『春日部市史』6，1994，『越谷市史』続資料編1，1981，大熊孝『利根川治水の変遷と水害』(東京大学出版会，1981)，高瀬正『埼玉県の近世災害碑』(ヤマトヤ出版，1996)

(橋本直子)

1788　天明京都大火　（天明8年正月30日）

火災の経過と焼失範囲
天明8年正月30日（1788年3月7日）午前6時前、鴨川の東側の宮川町筋四条下る団栗辻子で火災が発生し、ゆっくり南に広がったあと、東風が強まるにつれて鴨川西岸の寺町永養寺に飛火し、洛中を一気に西方向に延焼した。その後南風に変わって北方向に、さらに西よりの風となって、鴨東の二条新地まで延焼した。おおむね2月1日午前に類焼はおさまったが、最終的な鎮火は2日早朝とみられる。

この火災による焼失範囲は、東は河原町通・木屋町通、四条以南では大和大路を限り、北は上御霊神社・鞍馬口通・今宮神社御旅所を結ぶあたりまで、西は北の方で智恵光院通・千本通あたり、南の方では千本通・大宮通に及び、南は東西本願寺・六条通に達した。ほかに鴨川の東の二条新地も焼失した。この範囲には、朝廷・公家の建物、二条城を中心とする武家の屋敷、町人居住区の中心部を含み、市街全体の約8割が灰燼に帰した。被災した町数1,424町（当時1,891町）ほか20ヵ所、町方家数36,797軒（同46,469軒）、同竈数（世帯数）65,340軒、寺院201ヵ所、神社37ヵ所、武家屋敷67ヵ所で、死者は史料によって149人から1,647人とするものまで幅がある。

大火の原因
大火にいたるには、いくつかの悪条件が重なっていた。第1は、時計回りに風向を変えた春先の強風という気象条件があった。類焼の経過から東→南→西と風向が変化したことがわかるので、発達しながら日本海を進んだ低気圧の影響と推測される。第2に、出火地点が京都の東南部であったという地理的条件が加わった。火災は時計まわりに風向の変化とともに京都全体に拡大する最悪の結果となった。第3に、当時の京都の消防制度が大規模な火災には対応できなかった。出火地点付近には寺社地もあって領知が錯綜しており、消防は地域ごとに独立性が強く、いったん火災が広がれば対処は困難だった。京都全体に及ぶ京都火消（大名の火消衆）や京都町奉行が指揮した火消もいたが、武家の消防は二条城や京都御所など重要な建造物への類焼を防ぐことを優先していた。そして全体を指揮すべき京都所司代は、運悪く交代のため江戸参府しており不在であった。

復興の過程
大火直後から、縁者の救援や焼け跡整理のため郊外から京都へ向かう人々もいた。しかし被災者の避難によって、町方人口は前年の約32万人から24万人へと減少した。郊外への武家・公家の避難も相次いだ。光格天皇が聖護院に避難して仮御所としたほか、上皇・女院らも青蓮院など東山の門跡寺院を仮住まいとした。所司代屋敷は高台寺を使用した。禁裏や幕府施設の焼け跡については、整理のため灰搔人足が臨時に挑発された。

天明大火では都市の大規模災害という性格が顕著に見られた。多数の被災者、都市インフラの崩壊、商工業生産の停止などである。これに対し京都町奉行所はまず被災した困窮者に向けて2月2日から末日まで4ヵ所で粥施行を行なった。当初の供出高は米6石ほどときわめて少なかったが、一緒に行われた民間の施行の方が多額であり、京都のみならず大坂の町人も加わった。その後恒久的な対策として、米の不正取引で処罰された近江屋忠蔵の闕所金2万2,000両を原資として、米穀を買い貯めていく社倉政策が始まった。また町方に対し、幕府備蓄のうちから米3,000俵と銀60貫目の拝借を言い渡して融通をはかり、諸物資の確

保を図る立場から，株仲間・諸会所が一時的に停止された。家屋の焼失によって，それを担保とした金融システムも機能麻痺に陥った。まず支払い猶予が一時的に実施され，逆に猶予が明けると，金融を円滑に運ぶため，返済滞りの者に対して裁許を強化する旨を触れた。一時的救済と経済復興という課題の狭間で，幕府の政策も決め手を欠いた。

こうしたなか，身分の上下を問わず天譴論が広がっていた。それは単なる為政者への批判ではなく奢侈に対する自己批判，さらには質素倹約へと向かい，寛政改革期の世相とも重なりを見せた。寛政と改元されたのは天明9年(1789)正月で，大火もその要因であった。

寛政元年(1789)には町方人口は3万3,000人余りも急回復したが，京都の人々が真に復興を体感したのは，御所再建と天皇の還幸であった。天明8年5月に上京した老中松平定信に対し，朝廷側は復古様式での内裏再建を強く望み，費用を抑えようとする幕府側との間に軋轢を生んだ。交渉の結果，朝廷が望んだ様式が採用され，定信は復興事業の一環として御所の地固めに町人を動員して「仁政」を演出した。町内ごとに幟を立てて集まった隊列はさながらお祭りのようで，この様子を伝える『千代の地かため』はその恩沢を絵入りで讃えている。幕府は大火後の復興事業に計約24万両を投じており，うち御所造営が9割ほどを占めた。それでも築地費用は5万石以上の大名に負担を求めたほか，島津・細川両家には出願に応じるかたちをとって造営費の献金を命じた。そして寛政2年11月22日に聖護院に避難していた光格天皇の遷幸が行われた。公家を中心に多数の記録(『遷幸記』)が作られ，壮大な行列を描いた「光格天皇入京図屛風」(吉村周圭筆)なども記念に制作された。

慰霊と大火の記憶

死者への弔いは，天明8年(1788)3月24日から知恩院において幕府主催の追善法要が行われた。慰霊碑としては清浄華院のものが現存しており，遠く江戸両国の回向院には浅間山噴火・東北飢饉とともに京都大火による犠牲者を供養した塔一基がある。それほど京都被災の衝撃は大きかった。

その衝撃は，大火を扱う多くの書物からうかがうことができる。大火の焼失範囲を地図に刷り込んだ焼場図が何種類も出され，大火の記録は板本・写本を問わず多数作成された。前者の焼場図は災害を扱ったかわら版としては早期のもので，災害情報の伝達という点で画期をなすものだった。また『初午まうで』『花紅葉都噺』『万民千代乃礎』といった刊本は，従来の教訓めいた内容を超えて，防災や復興の視点を盛り込んでいた。

陰暦2月朔日が午の日に当たることを「巳なし午」といい，その年は火難が多いとして忌み嫌う。この言葉は，この暦に当たった天明大火によって生まれ，記憶された。大火を語るわらべ歌も京都府内に伝わっている。丹波地域に残る「京焼け」(北桑田郡美山町)・「ひとつは天変申の年」(亀岡市)は類似の歌詞で，避難者を受け入れた周辺部の側からその「迷惑」を謡い込んでいる。

[参考文献] 藤田覚『幕末の天皇』(講談社選書メチエ，講談社，1994)，下坂守「天明の大火」(村井康彦編『京の歴史と文化』6所収，1994)，安国良一「京都天明大火研究序説」(『日本史研究』412，1996)

(安国良一)

1792 寛政雲仙岳噴火 （寛政4年正月—3月）

噴火と地変の経過

この噴火は，寛政4年(1792)に発生したが，噴火そのものによる被害は軽微で，溶岩噴出停止後の地震による隣接の眉山の山体崩壊と，それによって誘発された大津波による被害が甚大であった。死者約1万5千人を出し，わが国最大の火山災害といわれている。この噴火は，寛文3年(1663)以来，約130年振りで，火山活動と災害発生の経緯は，次の4段階に区分できる。

前駆地震群

寛政3年10月8日(1791年11月3日)に始まり，同年末にかけて西側の小浜村(現雲仙市小浜町)で，山崩れや家屋倒壊などの被害が発生した。

普賢岳噴火

寛政4年正月18日(1792年2月10日)に，普賢神社前の窪み(のちに地獄跡火口と呼ばれたが，平成噴火で溶岩ドームが成長し埋没した。現在の平成新山最高峰の直下にあたる)から噴煙を上げ噴火が始まった。その2週間後の2月6日には，火口北北東山腹の穴迫谷の琵琶の撥からも噴煙を上げ，2月8～9日には，そこから溶岩の流出が始まった。

その後，噴煙は，2月29日に琵琶の撥の300㍍ほど上側の蜂の窪から，そして閏2月2～3日に，それに接する古焼溶岩噴出口(1663年噴出溶岩流で，噴出口は鳩穴と呼ばれていたが，平成溶岩ドームで埋没した)からも上がった。このころ，最初に噴煙を上げた山頂火口では，泥土を噴上げ，泥沼と化していた。また，峰を隔てた南東側のおしが谷の板底では，火山ガスが噴出し，木こりが呼吸困難になったり，鳥獣が死んだりした。

溶岩は，約2㌔流下し，約50日後の3月3日ころには，噴出をほとんど停止した。平

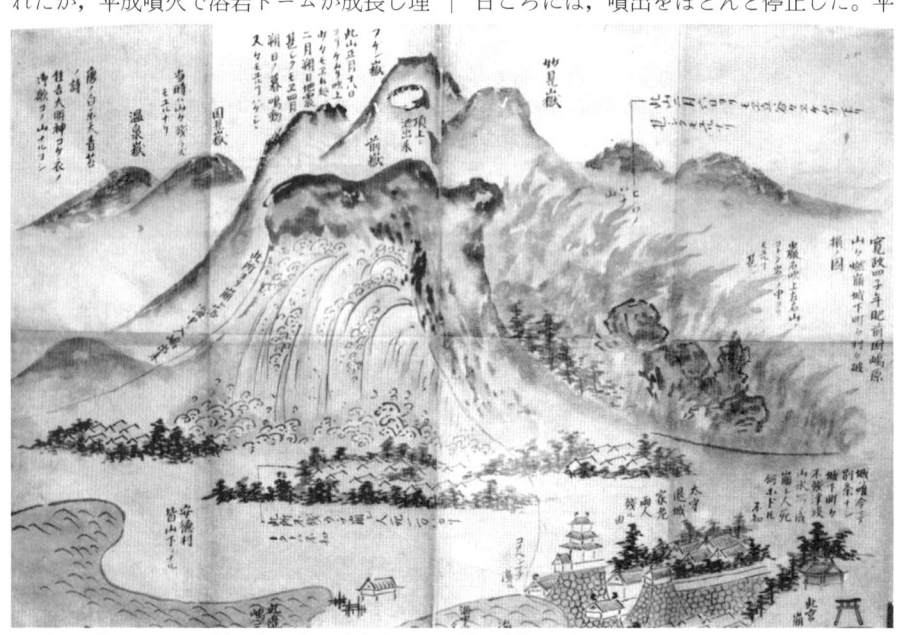

図1　寛政四子年肥前国島原山々燃崩城下町々村々破損ノ図

均流下速度は約30㌖/日で、噴出総量は2千万立方㌖ともいわれている。

3月1日の地震

3月になると、震源は普賢岳一帯から、さらには前山(現在の眉山)一帯にも拡大してきた。ことに3月1日の地震は強烈で、震度は島原城下で5～6、島原半島北部でも4～5であった。島原では地割れを生じたり、家屋の一部損壊、石垣の崩れ、湧き水に異変を生じたりした。橘湾西側の唐比や諫早でも、震度4～5で、被害が出ている。島原では、この時刻ころ2回大きな地震が記録されており、島原と諫早の被害地震の震源は異なっていた可能性もある。

島原での地割れは、山側の折橋、六つ木、島原城をへて海岸に達する東西性のもので、三筋、割れ口7～8寸、長短のものが10丁の間断続していて、落差の記録はない。もう一つは南側の安徳村南名(現島原市中・南安徳付近)で、長さ200間、割れ口3寸、深さ3尺もの東西性割れ目で、こちらは北落ち3寸であった。さらには、眉山東麓の今村(現島原市新山町)にも地割れが発生した記録があるが、委細は不明である。

湧き水異変は、既存の山手のものに見られ、最初は増減まちまちであったが、やがて減少～枯渇している。地下に引き落とされたのであろう。そのような中で、杉谷丘陵の先端に位置する杉山権現(現熊野神社)の湧水は格別に増加した。なお、城郭外で海側に隣接する三会町(現島原市上の町)では、地割れに沿って湧水が見られたが、堀からの引き落としであろう。水を湛えない現在の堀では、北端に僅かな湧水が見られるに過ぎない。

余震は頻発気味で、島原城の南側に展開する城下町の背後にそそり立った眉山(推定標高970㍍)では、山鳴りが激しく、地震が

図2　前山(眉山)大崩壊前後の地形変化

強ければ，岩肌からは岩石が崩落し砂煙を上げた。ことに3月9日には，眉山南峯の東斜面に位置していた楠木平が約200㍍もずり落ちている。

前山（眉山）の大崩壊

4月1日の夕刻（20時ころ）に激震が2回発生，大音響がとどろき，大津波が襲ってきた。翌朝になって，前山南峯が大崩壊をし，城下町は大半が埋没，海岸線が前進していたことが分かった。対岸の肥後（熊本県）にも，大津波が押し寄せ大被害をもたらしていた。そのため「島原大変肥後迷惑」といわれている。

津波は，山体崩壊による岩屑流が有明海になだれ込んだことで発生した。大きな津波は3回押し寄せ，そのうち2回目が最大で，遡上高（浸水高さ）は島原城大手門付近で約11㍍，島原半島北側の雲仙市国見町多比良で約10㍍，10㌔南の南島原市布津町では，海底地形の影響で50～60㍍に達した所もある（赤木2001）。対岸でも熊本市河内で23㍍にも達し，平坦地では，海岸から5㌔奥までも押し寄せているところがある（都司他1993）。

崩壊量は，3億4千万立方㍍，前山南峯山頂は約150㍍低くなった。崩壊跡は，山体崩壊の特徴的な馬蹄型カルデラを形成するとともに，前面には今も流れ山（山体の一部が，ブロックとして立ち木のまますべり下ったもの）が散在し，その名残をとどめている。現在の島原市湊広場以南に散在する小高い丘や島原港に浮かぶ小島の群れがそれである。この大崩壊壁からは，湧水が見られ硫黄の匂いがしていたとの記録がある（図1）。

この大崩壊によって，城下町の南半分には，岩屑流が押し寄せ，往時の島原港の大半は完全に埋没，海岸線は最大で約800㍍前進した（図2）。新しい崩壊堆積物は，高さほぼ10㍍以下の流山を含めて，3度の大津波により地均しされ，標高3～6㍍の広大な平坦地を形成した。現在の堀町・新町以南の市街地がそれで，堀町アーケード付近での堆積厚は約2㍍である。

前山大崩壊後10日目ころになると，今度は城下町に地下水に異変が現れ始めた。上の原では既設の井戸から地下水が溢れ出し，白土・堀町・桜町・新町・万町では，それまで見られなかった湧き水が出現し始めた。現在見られる白土湖は，このとき出現した湧水群の中では最大規模のもので，この付近では幅200～300㍍，長さ約1㌔の範囲に水溜り群が形成されたという。その後，ほぼ往時の海岸線に沿って，人工排水路としての音無川が設けられた。白土湖は，その後，一部埋め立てにより縮小されているが，その周辺には，今も寛政以来の湧き水が点在し，掘り下げられた音無川の護岸下部や川底からは，清水が湧き出しているところがある。

これらのほか，現在の市街地に残る寛政の主な自然湧水は，万町の石川邸水屋敷，新町の四明荘と湧水館である。これらの出現の原因は，海岸線の前進により地下水位が上昇したことにある。これら一帯では，地下水面が地表下1㍍前後に達し，窪地から湧水したり，湿地化したりした。湿地は，昭和20年代まで残っていたが，土地利用のため埋め立てられて消失した。このような特異な歴史的，地学的背景をもつ湧水群は，他に類例のない貴重なものである。かつては，堀町一帯では数十㌢掘れば，地下水が湧き出していた。なお，現在，万町から堀町にかけてのアーケード街に見られる多数の湧水群のほとんどは，地面よりやや高位置のパイプから吐出しているが，これらは昭和以降に掘削された深さ100㍍前後のボーリング井により取り出された被圧水である。

前山大崩壊前の海岸線は，高島町より霊丘公民館東側を南下，弁天橋を過ぎた付近より山側へ直角に入込み，江東寺裏辺りから

再び南下して池田病院付近に達していた。そして中堀町アーケード街と水頭通りの交差点付近には，護岸に囲まれた内港があった。なお，城下町より南側の海岸線は，現在の島原第二中学校付近まで前山に向け湾入し，入り江をなしていた(図2)。また，北の猛島神社付近から南の霊丘神社付近まで砂嘴が伸びていて，これらに囲まれて内海が形成され，天然の良港となっていた。この内海には，天の島や中ノ島，松島(現弁天山)が点在していたが，松島を除いて，大津波や取り崩しで，平坦化されている。なお，これらの島々は，霊丘公園の小山も含めて，この大変以前の古い流れ山で，似たような大地変が，過去にもあったことを示唆している。この前山大崩壊の原因については，古くから諸説があり，今なお論争が続いている。大別すると，地震による崩壊説(大森房吉1908)，噴火による爆裂説(駒田亥久雄1913，佐藤伝蔵1918など)であるが，崩壊跡から噴出された地下水温が，海水温より高かったり硫黄臭がしたとの記録や，眉山の地下に火山性の温泉水が潜在していることなどから，熱水が関与したとも指摘されている。たとえば，片山信夫(1974)は，大崩壊は海底に達する大規模な円弧すべりで，その発生原因は，火山活動の高まりによる熱水供給量の増大にあったと熱水増大説を，また，太田一也(1987)は，直下型地震と熱水供給量増加の複合作用説を提唱している。そして今なお，火山爆裂説に肯定的な見解を示す研究者もいる。

余　燼

溶岩噴出はやや短期間で終わった。噴煙は4月25日や6月に入ってもしばらく散見されているが，約9ヵ月で一段落した。最終的には，寛政10年(1798)10月から11月にかけて噴煙を上げているが，その後の記録は残されていない。　　　　　　(太田一也)

救援・救済活動

寛政の大地変は島原領に大きな被害を及ぼした。前山(眉山)の大崩壊と同時に起こった大津波は，島原藩の幕府への被害報告によると流死者9,524人(怪我で死亡した人も含む)，荒廃田畑378町，流失戸数3,357戸であった。当時の島原領民は約11万人で，住民の8％の命が一瞬の内に奪われている。なかでも島原城下では5,251人が死亡，1,199軒が流失した。城下で三会町上側が残り，下側の一部と中町南側及び片町が流失した。大手門南方の古町と新町は全滅で，御船蔵や御船手屋敷，寺社も残らなかった。町の3分の2が壊滅したことになる。地形も一変して，湊沖に浮かんでいた松島や天の島などが陸地とつながり，崩壊土砂が造りだした流れ山で覆われた(図3)。また有明海に面する19町村も大津波に洗われ，大被害を受けた。

この大地変発生後，島原藩庁は直ちに早鐘をもって全員を集め，作事方役所にある諸道具を使って救援活動に取りかかった。怪我人を大手門や田町門内，三の丸御蔵前などに集めた。御殿医だけでは足りずに村町医者も治療にあたった。御台所では家臣の食事の世話，下台所では町村民へ粥の炊き出しを始めた。周辺村の家屋流失者へも御救い米が配られ，5月12日の調べで町方1,032人に192石5斗，村方4,254人へ793石4斗，その他151人へ14石5斗と，合計1,000石が与えられた。これは一人当たり1斗8升6合余となる。

被災者は被害のなかった周辺地へ引っ越し，佐賀藩飛び地の神代4村へも押しかけた。4月20日の記録では東神代村へ756人，西神代村へ392人，伊古村へ52人，古部村へ44人と合計1,244人であった。神代領では米20石9斗6升5合，味噌109貫38匁(代銭24貫533文)，薪2,038把半(代銭25貫2文)をこの逗留人たちへ支給している。この災害時に島原村の久左衛門の妻や六左衛門の妻，三会町の渋江玄大夫寡婦は孤児を救い乳を与えて育てた。島原村の石工清六は負傷者

を看病し，孫八は取り残された老女を引き取るなど面倒を見た。藩庁では米銭を与えて報奨した。

復興への道

4月2日，藩主は北方6里の地，守山村へ移り，藩庁も北隣三会村へ引越しした。藩庁では4月2日，江戸屋敷へ第一報を送り，4日には藩主の避難と参勤出府の延期が幕府へ届けられた。これらが元になって4月23日に幕府は特別の計らいで2,000両を貸し付け，さらに10,000両を追加した。

住民復興への支援として，藩庁は御手当銀を与えた。被害を受けた家屋1,181戸へ銀39貫360匁（1戸1間あたり銀8匁5分），荒廃田畑396町9反2畝へ銀19貫655匁（1反あたり銀6匁7分），町方被害1,199戸へも支給している。

隣領神代ではこの大地変の記録（『神代鍋島日記』）をよく残している。4月5日条によると，役人の見聞として「御城下南にあたる寺跡に二間四方位の大穴4ヶ所掘り各々（死人を）300人ばかり埋め候。追手門締切り。三会村では死骸を一ヵ所に集めムシロを被せその上に大石を置き（下略）」。5月21日条には，「山焼け強し，日によって焼け下り止む。前山大崩れはホコリ立ち山相見えず。市中内外の死骸方片付け相済みと見ゆ，市中の他，倒家片付け未だ相済まず（下略）」と。6月2日条分には「山焼け相変わらず焼け下り，前山今もって崩れ落ち，自然と煙立つ。市中自然と見世(店)など出し候所もあり（下略）」と，島原城下の災害状況とその復旧状況が分る。5～6月ころになると市街地へ人々が戻り始め，復興への作業が始まった。7月，晴雲寺覚昭は万町に仮屋を建てて供養を行なった。藩庁も本光寺に命じて片町で施餓鬼供養を執行させ，翌年2月には島原村など犠牲者の多かった7ヵ所に流死者菩提供養塔を建立した。10月17日に藩庁から触れが出て，「市中銘々家地来月10日まで縄張りいたし，名前相記し置き，早速印建て置き候段，町役人へ申すべき候。

図3 島原大変前後の島原城下の図

右期限までに縄張り致さざる屋敷は無屋敷の者へ差遣わし候。この段漏れざる様相触れらるべく候」と，市街地に棹入れし，各町，屋敷ごとに測量が始まった。さらに翌5年4月18日(1793年5月27日)には「町家地無きの場所並びに新地に屋敷を望む場所は町役人へ掛け合い，願い出のこと」と通達が出て，復興の進展がうかがわれる。

城下の復興の障害になったのが白土の湧き水である。またたく間に護国寺下から長さ10町，幅3〜4町が大池と変わった。早く水抜きをしなければ市街地が水浸しになると，藩庁は天の島脇を通り内海まで堀切る普請を計画した。その請負入札が10月3日大手門外で行われ，(有家)町村の和平治と民右衛門，杢大夫の3人が落札した。工事に取り掛かり，長さ560間で幅3間，深さ3〜6尺の掘り込み水路ができた。銀6貫276匁2分5厘，人夫2,950人を投入して翌年3月末完成した。今も残る白土湖と音無川である。

村方の復旧事業については，5月10日神代村より苗2,000株が送られ，追加の籾種が諫早領唐比村から送られ，5月19日に稲苗を島原村庄屋が受け取りに出かけた。被災地では遅れた田植えがなされた。8月8日には代官から村方へ通知が出て，「地震洪波で荒地化した所は，軽い被害地はなるだけ手を入れて作物をつくるように。この場合，旧地を畑作にする分は年貢を5分引きとする。潮入り田で植付けが難しい田は7分引きとする」と，被害地の年貢が5割から7割引きとなった。

この年の年貢高は田方1万2,192石余，畑方519貫620匁(米換算8,660石余)で合計2万852石余。前年が田方2万2,747石余，畑方621貫515匁(米換算1万358石余)の合計3万3,105石余であったから，前年比63％である。翌5年は天候にも恵まれて米換算で3万5,574石余が上がる。なお30年間(安永4(1775)〜文化4(1807))平均は3万3,063石余となっている。農村の被害は意外と軽かったようだ。

12月21日に代官から各村庄屋へ，「先達て洪波山抜けで島原村立道下より中木場村古往還取付け道筋通路普請を扶持米360石9斗7升，銀札1貫目の渡切りにて来早春までに筋切りしたい」と，道普請の命が出る。町境より立道下まで北目筋村々の持分，町境より中木場村までは西目筋村々の持分，中木場村境より古往還取付けまでは南目筋村々の持分として工事が始まった。

翌5年2月29日「大手下長蔵跡へ大潮時以外も船揚げ出来るように舟路浚え」の命が郡方勘定奉行から出された。それにより，町方より560人が出て，湊口新堀切に従事している。

同年3月にも布達があって，城下内海堀切り普請の要請があった。各村高に応じて間数，人足などを割り当てて一斉に取り掛かり，干潮時に一気に水路を開いた。多比良村では5間半を担当，770人を出し，扶持米7石7斗が給された。

こうして内海の潮出入口を築き立て，新堀切りの方へ船が出入りできるようになった。普請人足には各村人があたり，これは農民への救済策でもあった。今も，霊丘公園の高井山(御宮山)脇にその水路が残る。

市街地でも新しい町づくりが進んでいった。城下町が南部と東部に拡大し，新しい大湊(湊町)や船津(4つの漁業集落)ができ，島原湊が栄えていった。文化8年に人口も災害前へと回復していく。島原領人口は災害発生12年前の安永9年(1780)には11万2,820人だったが，寛政12年(1800)には10万6,823人となる。それが文化8年(1811)には11万3,535人と，災害以前の人口を超えた。回復に19年かかったこととなる。

この時期には市街地の復興が終わったようで，寺社の再建も始まっている。城下町の氏神である猛島神社が文化12年7月遷宮。東照宮も同年遷宮。これより前，災害翌年

に御舟倉に藩が永代供養の回向堂を建てる。享和3年(1803)に浄源寺，翌4年に江東寺，このころ桜井寺，文化5年に光伝寺と崇台寺，同8年に護国寺が再建された。

この時期，島原城の修復も行われた。西方徒歩屋敷からの地割れが本丸まで被害を及ぼしたからである。文化10年，西堀端石垣を長さ19間半，高さ4間を修復した。その人足1,313人半，石工69人を出す。一人あたり197匁3分の割り。また桜門石垣など色々と工事して合わせて11日間延べ人足14,742人，石工826人半，大工19人半，大鋸20人出る。合計51貫825匁余で御本丸御普請がなされた。

噴火が収まってからも雨季や台風期ともなると土石流が発生して被害が続いた。奥山(普賢岳)より流れ出る川原筋の復旧工事が深江・安徳・中木場3ヵ村では間に合わず，寛政8年3月14日(1796年4月21日)には島原村より多比良までの村々よりも人夫を出した。多比良村からは4,960人(扶持米1升)で河原普請をしている。

島原藩の行・財政改革

藩主松平忠恕は災害直後に急死した。後継の忠馮は，災害後の藩政建て直しに大きな働きをした。『深溝世紀』には「後の世でも，先祖が残した藩政の大事業として仰ぎ見るであろう」と書かれ，中興の祖と呼ばれている。島原藩は幕府から2度にわたり，合計12,000両を拝領する。また大坂商人から多額の借財を得，領内からも献金や寸志銀を集め，財政の確立に努めた。さらに島原地方の特産物であったハゼ・木蠟の増産に力を入れ，藩財政の増収に努めた。そのほか『明細帳』を士分および切府(下士)ごとに編集して家臣団の把握に努めた。また，藩校稽古館を開校して人材の育成を図るとともに，公事方役所などの統治機構の改革なども行なった。

噴火後しばらくは復旧資金の不足が問題となり，藩庁では各村への寸志銀・借用銀を増やしていった。多比良村では寛政6年3月，「御上へ莫大の御物入りにて御勝手向き差つかえに相成り候おもむき承知致し恐入り存じ奉り候。これにより少々宛寸志銀差上げ申したく村中より相願い申し候」と，6貫目差出した。文化3年(1806)4月9貫目，10月16貫150匁，同13年12月11貫700匁など，記録にあるだけでも42貫850匁となり，領内全村合計で2万両以上にもなろう。領民はその見返りとして，それに応じた待遇を得た。1貫目で御目見格，2貫目で名字御免，3貫目で庄屋格，4貫目で御紋付上下拝領，5貫目で大杯拝領，6貫目で庄屋次席(中略)11貫目で帯刀御免となった。島原大変後，こうして階層社会が崩壊し始め，農村の分化が始まる。多比良村轟木名100戸の中で，名字を持つ家が12戸あり，84戸の農地持ちでその26％が兼業農家となっている。酒造・ハゼ絞り・紺屋・医者・馬医・馬仕入れ・豆腐屋・大工左官などと農業以外の産業で現金収入の場が広がり，その利潤が献金へと回ったといえよう。

薩摩から始まったハゼの栽培は江戸初期に島原へ伝えられ，延享元年(1744)には藩主が5万株のハゼを植栽させ，のちにまた5万株を植えさせた。藩では製蠟事業で2万斤余の生産をあげていた。安永4年(1775)には櫨掛役人の名がみられ，櫨方役所がこのころ設置され，櫨木蠟の専売制度が営まれていく。災害以前は櫨実55万斤を買い入れ，天明8年(1788)には銀10貫407匁の益銀を出した。

寛政3年(1791)から6年間に45万斤を買い増すと布達し，以来100万斤体制をとり増収をはかる。寛政8年に大坂蔵屋敷で，「およそ年平均400万斤あり，その生蠟56万斤を回送する」ともくろみ，年2回金3,000両ずつ島原へ送金し，途中入用の時は5,000～7,000両送る。これら益銀が災害復興資金へ多く活用されたことはいうまでもない。同時にハゼの増産は地場産業を潤し，板場

というハゼ絞り業者が増加した。そこで働く職人も増えていく。櫨木蠟生産は大変後の藩庫を豊かにし，地域を潤した。

一方財政改革にも力を入れた。このころ，大坂商人への借財が新借4,929貫目，中借306貫目余，旧借4,180貫目あった。文化7年に「三府の法」を始め，糺司・勘司・米金の3局を置き，米や金の勘定を検査，監督し，年貢収納などの会計と現物の出納にあたって，藩財政の収入・支出の統一を図った。また冗費の省略をねらった。また家臣へ，「御内定書」を出し，藩財政の実情を示し，分限に応じて節倹を実行させ，内職にも心掛けることをすすめた。同時に「農民永保法」を出し，飢饉凶作天変地異に備えるための穀物消費の節約，甘藷などを多く栽培して穀物を貯えることを各村にすすめた。

災害の記録と情報

災害発生直後，藩庁は江戸幕府へその状況を描いた「島原大変大地図」など4枚の大型絵図をそえて，被害状況を報告した。その結果か幕府は12,000両を貸与した。これらの絵図が現在も伝えられ，災害の解明へ役立っている。

災害後20年に伊能忠敬の島原領測量が実施された。その測量日記や測量下図などに大地変の様子が詳細に記録されている。特に眉山の崩壊で生じた九十九島と新しく生まれた城下南部と東部が正しくまとめられている。島原藩ではこの伊能測量を契機に，領内図と各村図の作成に取りかかり，文政10年(1827)ごろ仕上げている。「島原領50間1分図」や各村図などが伝わる。

この災害は，肥後領を含めて1万5,000人が犠牲になった大惨事であったため，早くも大坂で大変ものが上演されるなど関心を呼び，一連の『島原大変記』が書かれ，写本となって広く流布された。何種かの大変記があり，現在，『新収日本地震史料』などにまとめられている。その他，前述の『家の重宝』，『大岳地獄物語』，『肥前温泉災記』，『寛政四年島原大地変・付図』などがよく実状を伝えている。『大岳地獄物語』は，島原藩東北部の神代村在住の与次兵衛が寛政3年(1791)～11年の8年にわたる島原大変の災害状況および警戒・避難・復興の様子を見聞記録した貴重な本である。「この書は老若男女子どもまでも知ったことで珍しいものではないが，将来必要なことがあろう」と，後世へ災害の継承を意図している。国見町教育委員会により翻刻されている。『肥前温泉災記』は挿絵入りの本で，「噴火調査」「大津波」「死体収容」「流死者供養」「藩主の避難」など14枚の絵が挿入され，災害の様子が発生から視覚的にたどれる。また当時の狂歌も書かれ，「(堀町流れ跡を諸人掘り返しけるに)津波にて家も屋敷もみな流れ涙のあとを人は掘るなり」など，庶民の生活がリアルに浮かぶ。災害後100年にあたる明治26年(1893)出された『寛政四年島原大地変』は，当時の南高来郡長金井俊行が，多くの災害に関する記録を基礎に，伝承も聞き取り，自身も調査してまとめたもので，付図30枚も加えていて，資料的価値が高い。

参考文献　『永代日記』3・4（島原図書館蔵），片山信夫「島原大変に関する自然現象の古記録」(『九州大学理学部島原火山観測所研究報告』9，1974)，太田一也「眉山大崩壊のメカニズムと津波」(『月刊地球』9ノ4，1987)，都司嘉宣・日野貴之「寛政四年(1792)島原半島眉山の崩壊に伴う有明海津波の熊本県側における被害，および沿岸遡上高」(『地震研究所彙報』68ノ2，1993)，赤木祥彦「島原半島における眉山大崩壊による津波の高度とその範囲」(『歴史地理学』43ノ1，2001)，島原仏教会編『たいへん―島原大変二百回忌記念誌』，1992，松尾卓次『島原の歴史十講（第6講）』(島原図書館，2002)　　　　　　（松尾卓次）

1793 寛政西津軽地震 （寛政4年12月28日）

災害の概要

寛政西津軽地震は，寛政4年12月28日(1793年2月8日)昼八ツ時(午後2時半)ころに発生した。当日の天気は「昨夜少々雪，今日時々雪」(弘前市立弘前図書館蔵『弘前藩庁日記 御国日記』，以下特に記さない限り同史料の内容による)と記録され，同年は雪の多い年であった。同地震はM6.9～7.1と推定され，震度は最大で6程度，城下の弘前でも震度5程度と推定されている。また，地震発生直後に津波が発生した記録もあり，青森県西部の鰺ヶ沢・深浦を中心とする津軽領西海岸の湊町や村での被害が中心である。下北の田名部においても，同地滞在中の菅江真澄が揺れと津波を記録している(『菅江真澄遊覧記』)。

噴砂現象は岩木川流域の新田地帯に分布して見られ，大戸瀬海岸での地盤隆起のほか，白神山地における山崩れによる河道閉塞と天然ダムの形成が記録されている。

被害の概要

津軽領内の主な被害をみていくと，地震による被害者の少ないことが，同地震の特徴として挙げられよう。最も被害の大きかった深浦でも，圧死2名，山崩れでの死亡6名，潰家・半潰家63棟，土蔵・寺・御蔵など。鰺ヶ沢では舞戸村で流死2名，潰家・半潰家76棟，土蔵，漁船22隻などであり，十三に至っては死亡者や家屋被害はなく，奉行所・御蔵などのみ被害を受けている。これは同地震の規模が小さいことを示しているのではなく，天明飢饉(1782—88)で人口が激減したのちに発生したためとも推測される。追良瀬村の支村である松原村(現深浦町松原集落)の墓石も墓誌に刻まれた近世の死亡者の多くが天明期のものである。鰺ヶ沢では弁天崎と呼ばれる場所が揺り崩れたようで，そのように明示された絵図も

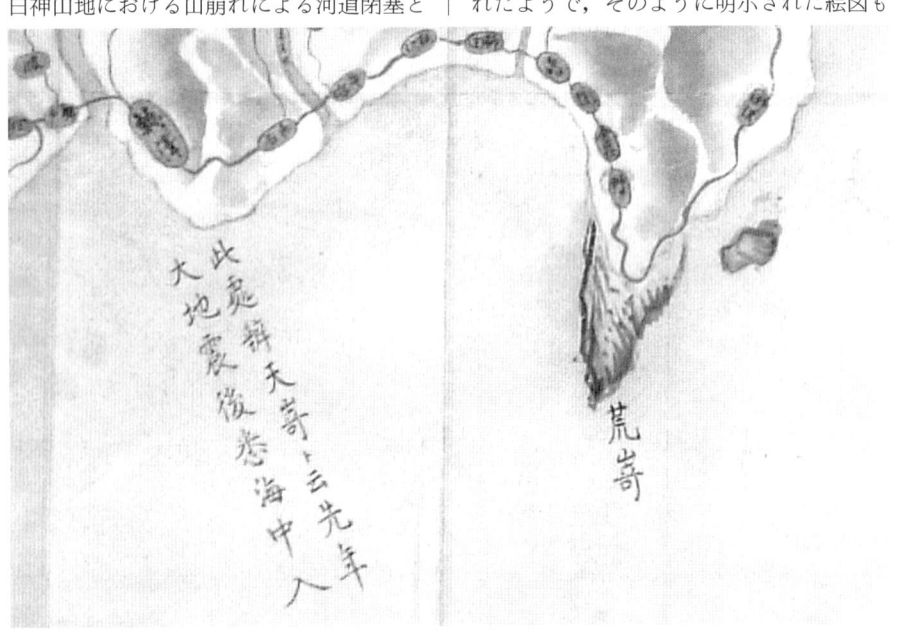

図1　千畳敷海岸と揺り崩れた弁天崎（「陸奥国津軽郡之図」部分）

存在する(「陸奥国津軽郡之図」)。また，五所川原・飯詰・金木・木造などの新田地帯では噴砂現象があったと記録され田畑が荒廃したという。

弘前藩の対応

寛政西津軽地震に際して，弘前藩庁の対応は祈禱を行うことから始まっている。西海岸の津波や後述の山崩れなどによる被害報告を受ける前の段階で，領内の有力寺社へ「地震平安」とともに，「武運長久」「国家安全」といった国家的危機を想起させるような内容の祈禱を命じている。その後，被災地域から被害の報告が寄せられ，藩領全体の公式な被害一覧が作成されるのに約2ヵ月を要し，それらをまとめて江戸屋敷へ飛脚を出したのが翌寛政5年2月1日のことである。同藩江戸屋敷へ伝達された被害情報はその後江戸幕府へも報告された。

弘前城内では，たびたびの地震で御用所で政務を執ることがままならず，仮御用所を設置し，領民に対しても津波で濡れてしまった米を施与するなどの救済にあたっている。被災当初に行われた祈禱についても，領民の動揺を静める役割もあったと考えられ，藩庁が災害発生時に最も恐れたのは人心の動揺と，それに伴う騒動や，領内の治安悪化などであった。しかし，同地震に際しても，各地で占日(地震の発生日を予知する)など民間の祈禱者があらわれ，デマ情報に人心の動揺は広まり，放火など治安悪化の兆候も見られた。弘前藩はそれらを厳重に取り締まり，騒動の発生を警戒した。

地盤隆起と景勝地の出現

寛政西津軽地震発生時の地盤隆起により，千畳敷海岸(現西津軽郡深浦町)が形成された。当時「荒崎」と呼ばれた，緑色凝灰岩の海食台地は，寛政西津軽地震に際して深浦で20㌢，最も顕著であった大戸瀬で350㌢隆起し，離水したと考えられている。『津軽俗説後々拾遺 千八百解』(弘前市立弘前図書館蔵)によれば，今の街道は昔の海中であると記され，その景色は筆に尽くしがたく，松島に次ぐ名所であると評価されている。現在も千畳敷海岸は景勝地として有名で，幕末には山形岳泉の「合浦山水観」(青森県立郷土館蔵)などにも描かれた。

河道閉塞と天然ダム

寛政4年(1792)の年末から翌5年にかけて松原村領では沢々が山崩れに塞き止められて「水湛」になり，正月12日に押し破れて洪水となったことが記されている。これは降雨の影響と気温の上昇により積雪が融解したなどの原因が考えられる。

奥の沢には同様の天然ダムが数ヵ所形成されており，「変水」の不安がぬぐい去れないことから，村民は山野へ小屋掛けして引っ越しをしたという。14日に至っても追良瀬川が揺り埋まったままで「水大湛」になった。

津軽領西岸の赤石組代官からの報告では，藩庁が天然ダムの形成や山崩れに対応する様子がみられる。川の中に欠け崩れた雑木などをそのままにしておいては，ますます天然ダム内に水がたまって危険であるし，田や山でも欠け崩れている場所が多いので，代官見分の上で杉や檜(津軽領ではヒバを指す)を回収し，雑木や柴などは刈り取るように命じている。使用可能な材木については，藩の用木として極印を打つこととしており，雑木などに至るまで救済措置として被災民へ下付されることはなかったようだ。

参考文献　佐藤裕「東北地方西部(津軽地方)の歴史地震(Ⅰ)」(『弘前大学理科報告書』27，1980)，長谷川成一「近世北奥大名と寺社」(尾藤正英先生還暦記念会編『日本近世史論叢』上所収，吉川弘文館，1984)，同『弘前藩』(日本歴史叢書，吉川弘文館，2004)，白石睦弥・長谷川成一「後期津軽領の災害対応」(浪川健治・佐々木馨編『北方社会史の視座』2所収，清文堂出版，2008)

(長谷川成一)

1793 寛政南三陸沖地震 （寛政5年正月7日）

地震の概要

地震は寛政5年正月7日（1793年2月17日）12時ころ，宮城県はるか沖の海溝付近で発生し，大きな津波を伴った。仙台領で1,060戸が壊れ，死者16人とある。仙台付近の地震被害を重視して，宮城県近海の中規模の地震とみなされていた。しかし，昭和55年（1980）ころから全国的な地震史料の発掘調査がすすめられ，本地震の記録が各地から多数発掘され，『新収地震史料』第4巻（東大地震研究所編1984）に収録されている。東北・関東から山梨・静岡県下に地震記録があり，津波記録も岩手県―福島県の沿岸各地で見出された。寛政地震のマグニチュードがM8.0～8.4の巨大地震であることが，明白になった（宇佐美1996）。また，余震数が本震当日54回，減少しつつ12日間記録された。これまでに寛政地震は，明治29年（1896）の明治三陸，昭和8年の昭和三陸地震津波の大災害に隠れて，あまり注目されなかった。震源域（津波波源域）は昭和8年の津波波源の南部，海溝沿いに，長さ200㌔，幅80㌔と考えられている（図1）。

各地の震度は，被害状況や地震動の程度から推定され（羽鳥1987，行谷ほか2003），図1に震度分布を示す。震度5の範囲は，盛

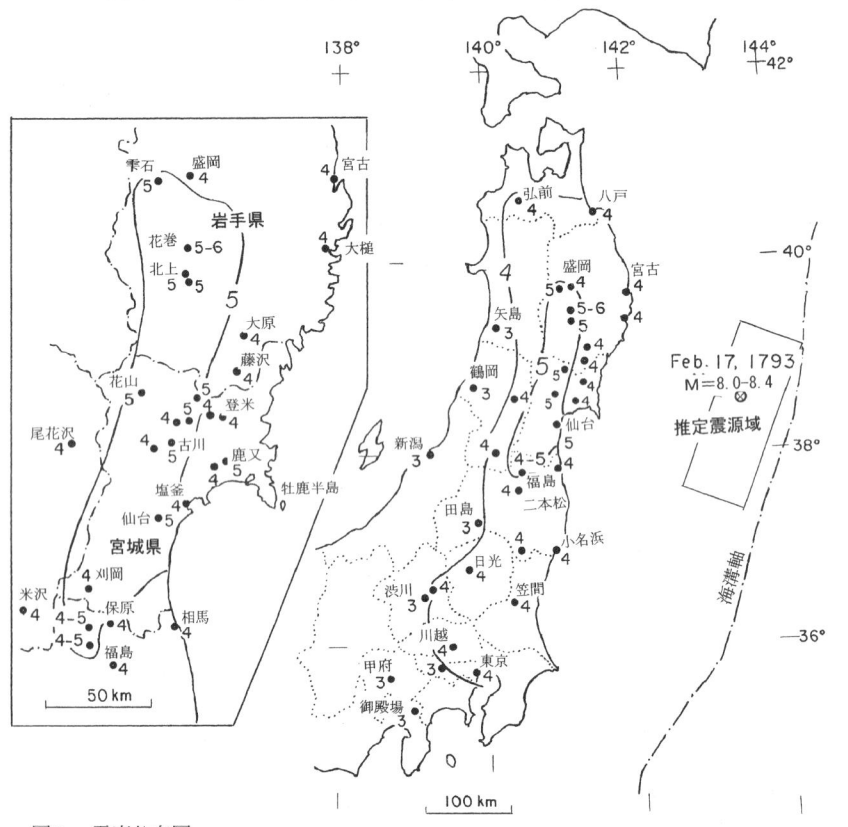

図1　震度分布図

岡から福島に至る内陸部の南北200㌔に分布。震度4の範囲は，青森県から南関東に伸び，昭和三陸地震と共通している。震度の判定基準は，家屋・土蔵の全壊や石垣の崩壊した地点は震度5とみなす。酒蔵の酒が溢れたり棚から物が落ち，または「大地震」と記された地点は震度4，単に「地震」とあるところは震度3とみなした。つぎに地震史料から，主な記録例を示す。

仙台・古川など仙台平野では全壊家屋があり，震度5強の地点もある。しかし，塩釜・河南・中新田・高清水では「人馬に怪我なし」とあり，被害記事は少ない。震度4の地域内にも，震度5の地点が点在している。

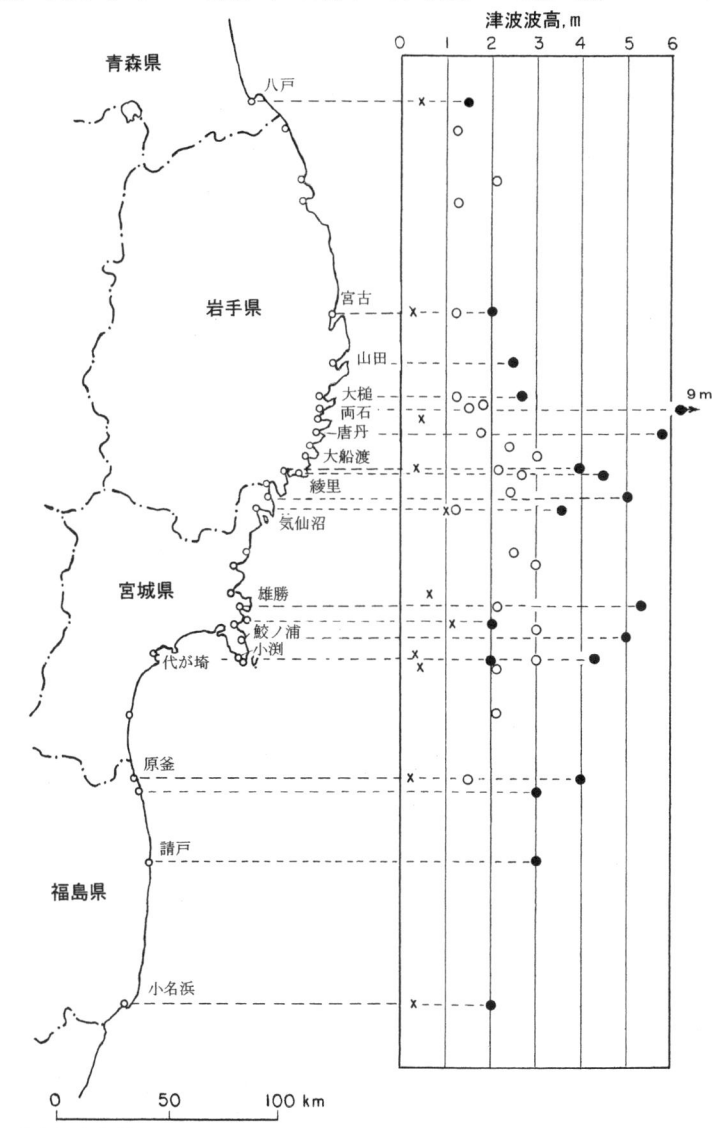

● 1793年
○ 1897年
× 1978年

図2　地震津波の波高分布比較

岩手県花巻では潰家6，半壊4などとあり，局地的に震度5～6。雫石では「土蔵ばかりが大破」，盛岡では「棚から物が落ちて破壊少なからず」とあり，震度4～5程度。一方，三陸沿岸域には津波が多数記録されているが，地震については「大地震」とあり，具体的な記述はない。おそらく震度4程度であろう。近年の宮城県沖地震でも内陸部で被害を受けているが，沿岸域は比較的軽微であった。福島周辺では潰家がなく，戸障子が散乱し震度4～5程度。関東地方では「大地震」とあり，江戸では天水桶の水がこぼれ，日比谷の屋敷内で所どころ破損とある。

津波の状況
津波は青森県八戸から福島県小名浜まで，広い範囲に多数記録されている。各地の波高値は平均海水面を基準に，被害の状況や浸水域の広がりなど地盤高をふまえて，現地調査されてきた（羽鳥1988，行谷ほか2004）。波高値の推定にあたっての根拠として，流失家屋が記録された地点は4～5メートル，浸水家屋のところは3メートル，船や水産関係の被害のところは1～2メートル程度とみなされる。

釜石市両石では，町内を500メートルほど遡上し，その地盤高から最大9メートルに達した。流失家71，流舟19，死者9人とある。大槌市街では地盤高1.7メートルの低地であり，市内のほぼ全域に浸水して波高は2.7メートルと実側された。「須賀通り大変，流家1，全壊2，破船5」とある。大船渡市綾里では70～80戸が流失しており，波高は4.6メートル。宮城県気仙沼では300戸が流失しており，波高3～4メートル。牡鹿半島東岸の鮫ノ浦では流家10戸とあり，波高5メートル。福島県原釜－小名浜間の海岸では500～600メートルほど潮が引き，破損した家もあり，波高は2～3メートルであった。

図2には，寛政津波と明治30年（1897）8月5日の南三陸沖地震（M7.7），昭和53年（1978）6月12日の宮城県沖地震（M7.4）による津波の波高分布を比較して示す。寛政津波の波高（黒丸）が，突出している。明治・昭和三陸津波のような甚大な被災地はないが，波高と震央との関係図によれば（羽鳥2009），津波マグニチュードはm＝3と判定される。これは，1933年三陸津波，1983年日本海中部や1993年北海道南西沖の津波と，同等の規模である。近年，宮城県沿岸付近で被害地震が頻発している半面，海溝付近が大地震の空白域になっている。文部科学省研究開発局（2009）の地震動予測図によれば，南三陸沖で予想される地震はM7.7前後，30年以内に起こる確率は80～90％と，きわめて高い。海溝付近での地震活動の推移に注目していた。そして，平成23年（2011）3月11日に予想を超える巨大地震（M9.0）が発生し，津波波源域が三陸沖から茨城県沖へ拡大した。

参考文献　羽鳥徳太郎「寛政5年（1793年）宮城沖地震における震度・津波分布」（『地震研究所彙報』62ノ3，1988），同「三陸大津波による遡上高の地域偏差」（『歴史地震』24，2009），行谷佑一ほか「寛政五年（1793）宮城県沖に発生した地震の詳細震度分布と津波の状況」（同19，2003），宇佐美龍夫『新編日本被害地震総覧』（東京大学出版会，1996）　　　　（羽鳥徳太郎）

1804 象潟地震 （文化元年6月4日）

災害の概要

文化象潟地震は，文化元年6月4日（1804年7月10日）夜四ツ時（午後10時半）ころに発生した。推定マグニチュードはM7.0～7.3とされ，由利本荘市から酒田市までが震度6から7，青森から宮城，新潟県にかけての広範な地域で震度4程度であったと推定される。津波の被害はやや局地的で，仁賀保（現秋田県にかほ市）から酒田の間で3～5㍍に達したが，象潟を中心とした沿岸で顕著な地盤隆起があったことから，実際にはそれ以上の高さであったと考えられる。また，同地震において特記されるのは，地盤隆起による景観の崩壊・消失と景観保存への活動である。

被害の概要

当該地震の被害については，被災地域が幕領や入り組んだ藩領にわたっており，その全体像を把握するのは難しい。象潟のある塩越村（現にかほ市象潟町）でも，潰家389棟，死者69名と壊滅的であり，同村とその周辺での被害が特に著しく，家屋のほとんどが倒壊し，合計では350名以上が犠牲になった。

津波の範囲は局地的であるものの，塩越村まで津波があがり，300軒余りが行方知れずと記録される（『宝暦現来集』）。金浦や象潟での津波の高さは4～5㍍と推定され，激震で揺り倒されたあとの家屋がそのまま津波にさらわれるかたちとなった。周辺でも引波現象や，津波の河川への遡上などが見られ，船や田畑への被害が見られた。

酒田でも地割れや湧水が確認され，対岸の宮野浦は1軒残らず津波に飲み込まれたという（『瀧澤八郎兵衛日記』）。また，象潟は，元来，鳥海山北部の崩壊による岩屑なだれの残した流れ山から多くの島々が形成されたのち，砂嘴により海から隔離された地形であった。その汽水湖の景観は，平安期から歌枕として知られ，松尾芭蕉が『奥の細道』で句に詠むなど，日本三景の1つ松島と相対するほどの名所として知られていた。なお，牧野永昌筆「象潟図屏風」（秋田県指定重要文化財）は，地震以前の成立であり，象潟の往時の姿を伝えている。その風光明媚な景観が，地盤隆起により渇水し，一瞬

図1　象潟古景図（牧野雪僊筆）

のうちに破壊されたのである。

被災地の対応

地震後, 各村では津波用心のため高台に仮小屋を取り建て, 翌年までかけて家屋を再築した。本荘藩では, 塩越村の民衆に救い米の貸付を行なったほか, 幕府から2,000両の貸付を受けて復興や新田開発を行なった。幕領では倹約令が出され, ほかの村々でも貸付や年貢減免などの措置が取られた。本荘藩では隆起した象潟において, 地震から2年後の文化3年(1806)には既に開田の計画に着手した。男島・天神下などの各開発拠点に塩越村などの住民を各組ごとに組織して新田開発が行われ, 人々は各島の頭頂部にあった土壌(細粒物)を田地造成に転用したようで, 象潟隆起以前にはドーム状の姿であった島々は開発段階で削り取られ岩塊が露出するまでになったという。この結果, 同藩は文化6年までに47町歩を開田し, 新田は蚶満寺や塩越村役所・名主, 村民に分与された。ただし, のちの天保2年(1831)郷帳作成の際に本荘藩が江戸幕府へ報告した象潟の開田面積は開田当初の3分の1ほどに減少している。これは塩入りなどの悪条件があり, 期待したほどの収穫が得られなかったというほかに, 後述の景観保存の動向を無視できなかった本荘藩がその後の開発を差し控えたことも一因であろう。

景観保存への動き

開田がひと段落した文化7年(1810)9月, 翌8年7月の2度にわたり, 蚶満寺第24世和尚覚林は本荘藩の寺社奉行に対して開田の中止を訴える書簡を提出した。その内容は, 象潟の景観を保全するのは領主の責務であり, また, 蚶満寺の支配権が認められている同地において, 強制的な開田は許されないという主張であった。しかし, 本荘藩にはその主張が認められず, 事態の打開を図った覚林は, 蚶満寺を閑院宮家祈願所とするため奔走し, 文化9年3月には, 同家から祈願所と認められる家紋付の提灯を下付された。幕藩体制下において, 王朝文化の継承と伝統を担う責務があると認識されていた天皇・公家は, 象潟のような歌枕に詠まれる地を保存するための依願先としては相応しかったと考えられる。

その後, 閑院宮家と蚶満寺を同家祈願所と認めない本荘藩との間で攻防が繰り広げられた。閑院宮家は, 象潟・蚶満寺が鎌倉幕府から寄進された寺領であるという権威と伝統などの由緒を押し出していったが, これ以上の荒廃を防ぎたいという覚林最後の嘆願(文化12年3月)も, 本荘藩に聞き入れられることはなかった。

その後, 覚林は本荘藩に追われる身となりながらもみずからの法筋以外の僧侶が蚶満寺に入らないよう尽力したが, 文化15年7月, 本荘藩の謀略により捕縛・連行され, 文政5年(1822)12月に獄死したという。しかし, 文久2年(1862)に至り覚林は蚶満寺第24世として改めて石塔にその名を刻まれ, 名誉を回復した。それは, 景観破壊を許さない世間の動向を, 本荘藩が無視できなくなったということでもあった。

時期を同じくして, 祖父の描いた「象潟図屏風」を参考に, 孫の牧野雪僊によって「象潟古景図」(図1)が製作された。ここに「失われた景観」が見事に復活したのである。

参考文献　羽鳥徳太郎「文化元年(1804年)象潟地震の震度および津波調査」(『歴史地震』2, 1986), 長谷川成一『失われた景観―名所が語る江戸時代―』(吉川弘文館, 1996), 国立歴史民俗博物館編『ドキュメント災害史1703―2003』特別展図録, 2003

(長谷川成一)

1806 文化大火 （文化3年3月4日）

災害の概要

文化大火は、文化3年3月4日（1806年4月22日）に江戸で発生した大火である。文化3年が丙寅の年にあたるため、丙寅の大火とも呼ばれる。「三月四日大火ハ、明暦丁酉、明和壬辰以後ノ大火」（『文化日記』）、「目黒行人坂以来之大火」（『街談文々集要』）などと記録されるように、明暦3年（1657）の江戸大火、明和9年（安永元、1772）の目黒行人坂大火以来の、江戸の大規模火災である。

火元は芝車町（現東京都港区高輪2丁目）で、家主（家守・大家）の幸次郎が物置として使っていた明店から昼4つ半（午前11時）過ぎに出火した。火は激しい南西（あるいは南）風に煽られ、金杉橋・新橋・京橋・日本橋と橋の架かる大通り沿いやその周辺が焼失、増上寺の五重塔や神明（現芝大神宮）、木挽町5丁目の河原崎座（芝居小屋）なども灰燼に帰した。日本橋以北は筋違御門から浅草御門・両国広小路までの範囲に燃え広がり、浅草方面へも延焼、浅草寺の雷門や東本願寺の大堂などが焼失した。翌5日には雨が降り、昼9つ時（正午）ころに浅草新堀で鎮火した。

被害の概要

この大火の焼失範囲は、記録によって若干の差はあるが、町奉行の届書では長さ3里（約11.78キロ）ほど、幅平均10町余（約1.09キロ）である（後年の記録では長さ2里半、幅7町半などとされる）。芝から浅草までの南北に長い範囲が焼失したことが知られるであろう。焼失した大名屋敷は80余、神社は20余、寺院は60余とされ、類焼した町々は500町以上である（町会所の書留には507町、後年の記録には530町余とある）。当時の町数は約1,600町余であり、約3分の1の町が燃えたことになる。

死者数について、町奉行の届書には町の月行事や家主から72人の身元不明の死者に関する届け出があったことが記されているが、後年の記録に「死人千二百五十余人」（『きゝのまにまに』）、「焼死溺死千二百余人」（『武江年表』）とあり、全体では1,200人余が亡くなったとみられる。当時の記録にも「人畜多ク焼死ス」（『文化日記』）、「焼死人・犬猫鳥類等之焼死万を以て算ふへし」（『政鄰記』）などと記されており、多くの死者が出たと考えられる。

消火活動には大名火消・定火消・町火消が出動した。町火消は、いろは四十八組と本所深川十六組が残らず出動したが、下町の町火消は出入りの店にかかりきりとなり、火事場には山の手と本所深川の町火消が集まったという。また、「火消人足御同役も、町々鳶の者も、身命をなけうち防ぎはたらくといへ共、強風故一二丁つゝ先江飛火して、更ニ消留る事不能」（『街談文々集要』）、「大名衆御防御火消役・三町火消・町火消、所々方々へ走り廻り、これを防といへとも、少々も消へるけしきなく、火事場見廻り・御使番・御目付衆至まて、馬に鞭あて乗廻り、差図はあれと、火を防く手立あらねは、段々に跡へ跡へと引しりそく」（『視聴草』）とあるように、強風に煽られて大火になると、当時の火消の消火能力には限界があった。

武士の救済

幕府は類焼した武士に対して経済的な援助を行なった。居屋敷が類焼した老中の土井大炊頭利厚と安藤対馬守信成には1万両の拝借金が渡され、返納は翌年の文化4年（1807）より10ヵ年賦とされた。1,000石以下の旗本に対しては、高に応じて50両（1,000石）から15両（100～200石）の拝借金が支給され、返納は2年後の文化5年からの10ヵ

年賦とされた。100俵未満の者には，7両（80〜100俵未満）から1両（14俵以下）の金が返納不要の御救として下賜された。

御救小屋の設置

江戸の町の人びとに対しては，焼け出された被災者のために，はじめて御救小屋が設置された。御救小屋は，筋違橋御門外の原地をはじめとして，江戸市中の火除地・馬場・空き地などの広い場所に，合わせて9ヵ所，17棟が建てられた（表1）。これらの小屋は3月7日から11日までの間に完成し，4月4日まで被災者を収容した。小屋の広さは4間×15間（約7.2×27.2メートル）であったが（本芝二丁目は4間×10間），多いときには1棟の小屋に1,539人が収容された。

野宿の被災者への炊き出しは3月6日の朝から行われ，1人につき白米3合が3つの塩握りで支給された。12日以降は御救小屋の入所者が支給対象とされ，3月6日から4月4日までの間に握り飯の支給を受けた人は5万6,955人にのぼり，白米170石8斗6升5合が消費された。この炊き出しは葺屋町と堺町の芝居（歌舞伎）に命じられ，両町の茶屋が握り飯を握り，普請役所同心の付添のもとで人足が手桶を担いで配った。

御救小屋の入所者以外の被災者に対しては，柳原の町会所と本八丁堀5丁目の稲荷社で，3月9日から4月5日までの間（稲荷社は3月15日まで），4歳以上の独身者には白米5升と銭200文，2人暮らし以上の人には白米3升と銭200文が支給された。この御救の対象者は5万3,483人，支給された白米は1,633石2斗，銭1万696貫600文であった。

以上の被災者救済にかかった費用は，御救小屋の建設費533両余，小屋の入所者への白米代（炊き出し場の諸入用含む）482両余，小屋の入所者以外の人への御救米銭代（諸入用含む）3,890両余の計4,906両余であった。

一連の救済では，寛政4年（1792）に設置さ

表1　御救小屋の設置場所（文化3年）

設置場所	棟数
筋違橋御門外の原地	3
筋違橋御門外より和泉橋までの間の火除地	3
浅草堀田原	1
神田橋御門外より常磐橋御門外までの間の火除地	3
上野山下原	1
虎御門外より幸橋御門外までの間の火除地	2
増上寺表門前の馬場	1
赤羽橋際の空き地	2
本芝二丁目（金杉浜辺）※	1
合計　9ヵ所	17

注1　『東京市史稿』救済篇第2，変災篇第5より。
　2　※本芝二丁目（金杉浜辺）の御救小屋は，漁師が海辺を離れて赤羽橋の御救小屋に入所することが困難であるため，追加で設置された。

れた町会所が大きな役割を果たしたが，類焼した町の地主が負担する町会所への積み金は，文化3年（1806）中は免除されるなど，罹災した地主への救済措置もとられた。

文化大火以降，文政12年3月21日（1829年4月24日）の大火（神田佐久間町の火事，死者2,800人）や，天保5年2月7日（1834年3月16日）の大火（甲午火事，焼死者4,000人余）など，大規模な火災が発生すると，江戸市中に御救小屋が建てられるようになった。文政12年の大火では，個人による炊き出しなども行われたほか，御救小屋に食糧や金銭などを寄付する行為が多くみられ，被災者への支援の輪が広がりをみせた。

参考文献　　『東京市史稿』変災篇第5・救済篇第2（東京市，1917・1920），黒木喬『江戸の火事』（同成社江戸時代史叢書4，同成社，1999）　　　　　　（髙山慶子）

1819 文政近江地震 （文政2年6月12日）

災害の概要

文政2年6月12日(1819年8月2日)の15時ころ，近江国(滋賀県)を中心とする中部地方西部－近畿地方をM7.3前後の大地震が襲った。被害が甚大だったのは琵琶湖東岸の近江八幡付近だが，西岸の高島市内にも大被害の場所があり，岐阜県南部－三重県北部の木曾・長良・揖斐川(木曾三川)下流一帯も大きな被害を受けた。場所によっては震度6～7に達したと考えられる。ただし，M7級内陸地震でよくみられる長楕円形の被害集中域はなく，多少の家屋倒壊を伴う程度の中被害が広範囲で生じた。

すなわち，震度5弱以上の範囲がほぼ円形で広かったことが本地震の大きな特徴である。その範囲は，北は福井県の敦賀，東は愛知県の犬山・名古屋，南は三重県の山田(伊勢市)，西は大阪府西部の池田あたりまで及んだ。この領域内の京都・奈良・大坂も，市中で揺れの強かったところは震度5強ほどで，土蔵壁・瓦・廂の剝落，石燈籠や塀の転倒などが多数生じた。宮津(京都府)でも潰家があり，この範囲からかなり外れた出石・豊岡(兵庫県豊岡市)も揺れが強くて土蔵や土塀の転倒があった。遠方では，西は島根県出雲市大社町や高知でかなり強く長く揺れ，東は江戸でゆらゆらと揺れて，埼玉県坂戸で強く感じた。

この地震の第2の特徴は，強い揺れが一度襲っただけで，余震がほとんどなかったことである。活断層で発生する大地震では必ず多数の余震が何日間も続くが，それとは非常に違っていた。

これらの特徴から，この地震は活断層による浅い地震ではなく，琵琶湖東岸付近の地下40～50㌔程度の深さで起こったものと考えられる。その付近には，何百万年も昔の太平洋の海底の岩盤が潜り込んでおり（そ

れを「スラブ」と呼ぶ），その中で発生した「スラブ内地震」だったと推定される。短周期(小刻み)の揺れが強くて土蔵に被害が多かったようだが，短周期の地震波が優勢なのもスラブ内地震の特徴である。

被害の概要

近江商人の町・八幡(近江八幡市の旧市街)は，66町のうち82軒潰れ，160軒半潰れ，300軒ほど大破損，添家・土蔵の全半壊は数しれずだった。死者は3～20余人である。領主の旗本朽木氏の屋敷や役所，複数の寺院も大破した。仙台藩がこの周辺の蒲生郡に18村を領有していたが，そこで数十の家が壊れ，十数人が死んだ。彦根では城の石垣が多少崩れ，城下町で若干の潰家があった。甘露村(彦根市甘呂町)では家数105軒ほどのうち70軒余が潰れた。伊庭村(東近江市伊庭町)では3つの寺が倒壊して1～4人が即死した。このほか琵琶湖の南東側一帯で住居・土蔵・堤・用水施設などに多くの被害が生じ，所によって落石・液状化・田畑の水損もひどかった。この地域を東海道と中山道が通るが，前者の石部宿，後者の武佐宿も大損害を受けた。

琵琶湖西岸も，北の旧マキノ町から南の堅田(大津市)まで土蔵・寺院の損壊などが記録されている。特に分部氏の城下町大溝(高島市勝野)は，屋敷・家中居宅・町屋ともに大被害で八幡同様かそれ以上といわれた。ただし死者の記録はない。

木曾三川下流部は水害に悩まされてきた輪中地帯である。この夏も雨続きで耕地が冠水したが，6月9日から快晴になり水も次第に引いていた。そこを地震が襲って，至るところで堤や用水施設が損壊し，百姓家が倒壊し，田畑は割れて泥水が噴き出し，再び浸水・砂入が生じた。木曾川東岸の尾張藩領も同様だった。ただし，破堤被害の

実情はよくわかっていない。

高須輪中内の高須町（岐阜県海津市）では潰家が34軒あり、1～2人の死者が出た。その南方の金廻村（同）の皆受寺では、説法上手の北国の僧が法談中だったが、堂が潰れ、僧を含む50人近くが死亡した。南に続く三重県北部も被害が大きく、香取村（桑名市多度町香取）では潰家40で死傷者を生じ、寺も倒れた。桑名城の内外も損傷が多かった。また四日市宿でも、2つの本陣・寺院・陣屋の損壊や液状化など、かなりの被害が生じて死者もあった。

名古屋では土蔵・塀の破損、石燈籠の転倒などのほか、寺門の倒壊や練塀の崩れなどもあり、少数の死者も生じた。しかし芝居小屋では、激しい揺れで二階桟敷の観客が下に飛び降りて怪我をしたりしたものの、静まってから舞台が再開されたという。また熱田神宮の境内にいた人は揺れを感じず、奇事として評判になった。

全体に、明記されている死者は意外に少ないが、天候（どこも晴）と時間からみて、戸外にいた人が多かったのかもしれない。火災の記録はまったくないが、これも真夏の15時ころで火気が少なかったのだろう。

救済・復興の概要

八幡では、6月15日に、商品価格や職人の手間賃の値上げを禁ずる御触が出された。また、被害の程度に応じた御救米が、潰家家持に1俵（4斗）、半潰家持に2斗、借家人に2斗、借家人半潰に1斗5升ずつ支給された。膳所藩領の石部でも、極難渋者に米4～1斗が配られた。

輪中地帯の堤防被害に関しては、幕府の勘定奉行や美濃郡代らを責任者とする修復工事が行われた。御手伝普請という方式で、長州藩毛利家・筑後柳河藩立花家・周防岩国藩吉川家に費用負担が命じられた。その総額は5万7千余両だったという。薩摩藩による宝暦治水工事（1754—55）の約50万両に較べると非常に少ないが、地震被害がそれほど大規模ではなかったのか、復旧工事が不十分だったのかは不明である。

災害の記録と情報

この地震に関する史料は約250点が知られているが、そのなかで注目されるものに、ビジュアル震災誌ともいうべき『世直双紙』がある。作者は、達者な絵と文で多くの風物記録を著した尾張藩士・高力種信（猿猴庵）で、名古屋の貸本屋・大惣を通じて人人に読まれた。彼は「この地震の話でもちきりだが、詳しく筆記して後世に伝えようという話を聞かないので、自分が見聞を記す」として、市中の破損状況などの画と説明、他国の被害の伝聞、関連する種々の考察などを、地震から2ヵ月余で双紙にまとめた。これは、災害情報の共有と後世への伝達を明確に意図したものだが、町人文化が栄え情報流通が盛んな東海随一の城下町・名古屋の土地柄のもとで、猿猴庵という人を得て生まれたといえよう。

今日的意義

どの歴史災害も現代に対する教訓を含んでいるが、本地震は独特の意義を有する。琵琶湖付近では、活断層とは関係なく、このタイプの地震の再発がありうるからである。その場合、本地震の事実に照らせば、個々の構造物の耐震性は向上していても、東西の大動脈が走る湖東地方－濃尾平野を中心に、中京圏―京阪奈地域の広域で交通網・ライフラインの被災・混乱が生じかねないと予想される。震度6以上の場所も点在して、あちこちで地震動災害が同時多発する可能性もある。時間や気象の条件が悪ければ、延焼火災・水害・雪害なども誘発されると懸念される。内陸大地震というと活断層ばかりが注目されがちだが、スラブ内地震にも十分注意すべきである。

参考文献　石橋克彦「1819年文政近江地震の全史料の表」（『歴史地震』26, 2011）

（石橋克彦）

1822 文政有珠山噴火 （文政5年閏正月―2月）

有珠山噴火の歴史

有珠山は南西北海道に位置し，11万年前に形成された洞爺カルデラの後カルデラ火山の1つとして約2万年前ころから活動を開始した。約7,000年の活動休止期後，有珠山は寛文3年(1663)から歴史時代の噴火活動が始まり，平成12年(2000)の噴火まで9回の主要な噴火活動があった。寛文3年の噴火は歴史時代の中では最大規模で，おそらく粗粒な降下軽石により家屋が焼失し，住民5名が死亡した。噴火に伴う空振は遠く東北の津軽や庄内でも感ぜられた。また海岸から5㌔沖合まで軽石・火山灰が厚く浮遊した。軽石や火山灰は山腹や山麓部で厚く堆積し，山林や河川は荒廃したであろう。この噴火の後は，有珠山および周辺地域では住民の帰着や新たな開発は遅れたようである。そのため地質学的に存在が明らかとなった17世紀末の噴火（先明和噴火）は記録にみえず，明和6年(1769)噴火では火砕流や火砕サージが山麓部を広く覆ったが，詳細な記録はない。その後，北方警備の観点から江戸幕府は北海道のほとんどを直轄地とし，文化元年(1804)有珠山麓にあった善光寺を「蝦夷三官寺」の1つとして整備した。同時に周辺も開発し，馬の放牧も行う牧場が開かれ，近隣には規模の大きな集落も形成された。このことが次の噴火で大きな被害をもたらす結果となった。

文政噴火の被害

文政5年(1822)噴火は，有珠山の噴火史の中では寛文3年(1663)噴火と比して噴出量で，10分の1程度の規模であるが，火砕流および火砕サージは山麓部を広く覆い，南山麓の海岸線まで到達した。当時，沿岸地域で開発が進んでおり，人命の損失という点で歴史時代で最大の被害をもたらした。この噴火については，善光寺の僧侶の日記には，閏正月16日(旧暦，以下同じ)から前兆地震が起こり始め，19日には山頂部で噴火が開始した。22日には最初の火砕流が発生した。その後も，活動は続き，閏正月29日には雨が降ったため，避難していた住民も集落に戻った。しかし最大規模の火砕流が2月1日に発生し，海岸近くにあった集落（アブタコタン）を襲い，森林や家屋を焼き払い多くの死傷者を出し，多くの馬も焼け死んだ。噴火は2月9日まで続いたという。地質調査では，軽石や岩片を多く含んだ火砕流は集落の近くで停止し，海岸までは到達していない。しかし細粒の火山灰まじりの高温のガスの流れである火砕サージは，より広範囲に広がり，集落を襲って大きな被害をもたらした。このことは，住民がやけどをおったり，障子などが吹き飛ばされたことが記録に残っていることとも調和的である。文政5年噴火による死者は当初は50名余り，のち82名に修正されるなど不確定であったが，近年僧侶の日記の再解釈がなされ，死者は103名であるとされた（川鮨2007）。生き残った住民はアブタコタンの再興をあきらめ，移住した。

有珠山噴火の性質と防災

有珠山の歴史時代噴火活動では，いずれも粘性の高いマグマが活動し，顕著な地震活動や地殻変動が噴火に先行して起こるという共通点がある。この点が事前避難など減災に役立てられている。しかし，火山周辺に人口が密集している点で，小規模な噴火であっても社会的な被害は甚大となり，防災対応を難しくしている。

参考文献　勝井義雄・岡田弘・中川光弘『北海道の活火山』(北海道新聞社，2007)，川鰭定明『大臼山焼崩日記―文政噴火の日記を読む―』(虻田文庫1，2007)

（中川光弘）

1828年　シーボルト台風　（文政11年8月9日）

300年間で最強の台風

台風により被害の起きた面積と死者数は，個々の台風によって差が大きいが，傾向として被害面積が大きいほど死者数も多くなるという関係がある（図1）。また，死者数が多い（または全壊戸数が多い，被害面積が広い）と中心気圧が低い，床上浸水家屋数が多いと最大総降水量が多いなどの相関関係がある。これらを丹念に調べると，古文書の記述から台風の様相を推定することができる。高橋浩一郎（元気象庁長官）は，昭和元年（1926）から34年間の台風被害を分析して関係式を求め，古文書などから過去300年間にわたって大きな災害をもたらした台風について調査を行なっている（図1）。これによると伊勢湾台風クラスの台風が9月中旬〜下旬にかけて多く襲来している。また，過去300年間に日本に襲来した台風のうち最大のものは，文政11年8月9日（1828年9月17日）に九州と山陰地方に大きな被害をもたらした台風としている。また，根本順吉は，この台風が有名なシーボルト事件の一つのきっかけになったことや，このときの気象状況が，出島のオランダ商館においてシーボルトにより観測されていたことなどから，この台風を「シーボルト台風」と名付けている。

シーボルト事件を引き起こした台風

シーボルト台風は，九州西海上を北上して長崎のすぐ西方に上陸し，佐賀・福岡・下関近傍を通って日本海へ抜けているが，このとき長崎付近や有明海沿岸ではかなり大きな高潮が起きた。雨に比して風が特に強かったという特徴がある。これらのことから，シーボルト台風は，昭和17年（1942）の周防灘台風に似たコースを通ったと考える人もいる。高橋によると，シーボルト台風は，死者数10,000人，全壊家屋数49,000戸，半壊家屋数24,000戸，流出家屋数2,800戸などから，この台風は中心気圧900hPa，最大風速50メートル/秒，最大総降水量300ミリと推定している。その後の研究で，これより大きな被害という説もある。

『長崎年表』には，「九日子刻　大風　翌十日暁に至る　蘭船稲左海岸に座洲し唐船三艘　馬込及船津に吹つけらる」とみえ市中潰家87戸　圧死1人　溺死23人　破船76艘とあるが，ここでいう蘭船が，出島付近に停泊していたオランダ船コルネリウス＝ハフートマン号である。対岸の稲佐に打ち上げられて大破したハフートマン号から，任期満了で帰国しようとしていたオランダ商館付きドイツ人医師のフランツ＝フォン＝シーボルトPhilipp Franz von Sieboldの積み荷に伊能忠敬の「日本沿海実測図」などの移出禁制品が発見され，シーボルト事件となった。この図などを洋書と交換した幕府天文方の高橋景保ら多数の日本人が逮捕・処罰され，シーボルト自身も投獄され帰国が1年以上も遅れ，国外追放処分を受けた。シーボルトは，気圧計や温度計など最新の気象測器を持参し，長崎においては毎日気象観測を行なったと思われるが，日々の観測値をまとめた記録は残されていない。しかし，オランダのライデン大学に戻ってから，研究成果を整理して，1832—54年に刊行した大著Nippon（『シーボルト日本』，図3）や，彼自身の手紙の中に断片的な観測記録が残っている。これによると，シーボルトの住家が倒壊する少し前の観測では，気圧28インチ1（フランスインチ，952hPa），気温77°F（25℃），湿度97％を観測している。この気圧の観測値が海面更正をしてあるかどうかはよくわからないが，この値を読みとり値として，気圧計の高さを海面上5〜6メートルとすれば，このときの値は948hPa位と

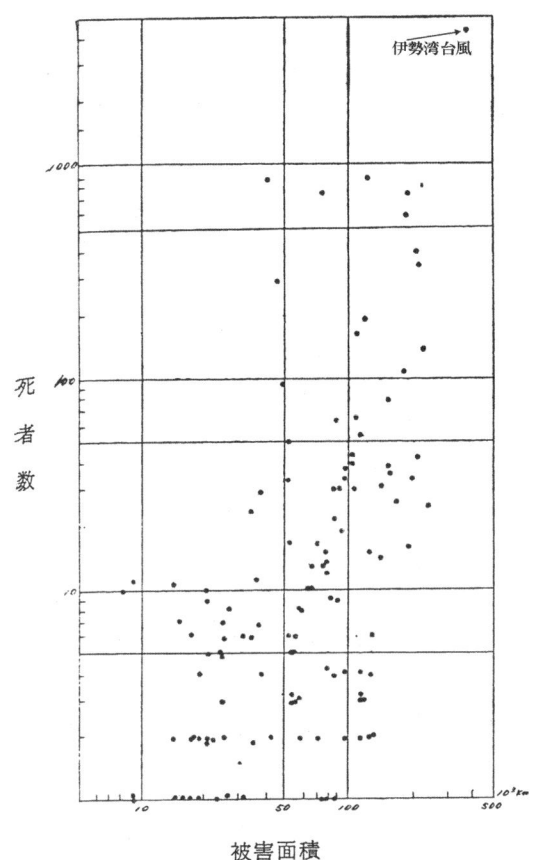

図1 被害面積と死者数との関係（高橋浩一郎1962より）

図2 シーボルト

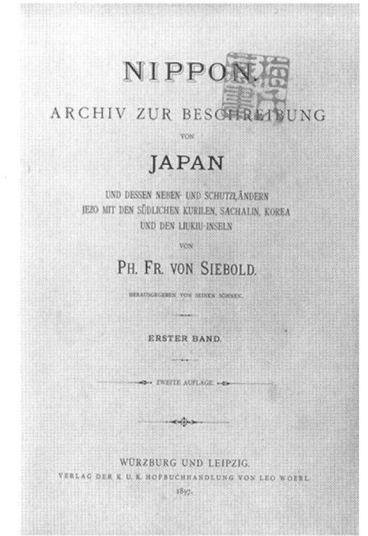

図3 『シーボルト日本』

なり，長崎海洋気象台創設以来の記録である941.6hPa（平成3年(1991)の台風19号，別名りんご台風で9月27日に観測）に次ぐ記録となる。

シーボルト台風のあった文政11年(1828)は，史上まれにみるほど数多くの台風が日本に襲来した年である。主だった台風だけでも6個あり，西日本を中心に大きな被害を受けている。関山直太郎『近世日本人口の研究』によれば，江戸時代後期における日本全国の人口が，文政11年に2,720万人に達した後一時減少していることは，この年の（西日本を中心とした）台風災害に基づく不作の激しさを示しているといわれている。

参考文献 高橋浩一郎「過去300年間のA級暴風雨」(『天気』919, 1962)，根本順吉「シーボルト台風について」(同, 1962)，饒村曜『台風物語』(日本気象協会, 1986)，小西達男「1828年シーボルト台風（3年の大風）と高潮」(『天気』383, 2010)

(饒村曜)

1828 三条地震 （文政11年11月12日）

災害の概要

文政11年11月12日（1828年12月18日）午前7時ころに発生した。新潟県の三条市・燕市から長岡市北部にかけて被害が生じた，M7程度の浅い大地震である。特に三条・見附・今町では地震後に倒壊家屋から火災が発生して大火となり，被害を増幅した。本来はそろそろ積雪がある時期ではあったが，地震被害を伝える絵図には積雪はない。この年は凶作で米の収量が平年の7割と少なかった。さらに10月には暴風雨に見舞われ，冬至過ぎに花が咲く天候不順な年であった。大量の雪が屋根の上になかったことは，地震による家屋倒壊被害が増幅されなかった点と，火災からの避難が容易であった点では被災者に幸いした。

震源域は，越後山脈の西側で魚沼丘陵の北に続く丘陵地帯の下に，加茂市から三条・見附・長岡市に至る長さ25㌔幅20㌔程の東傾斜の低角逆断層であった。震源域直上の栃尾市の丘陵地帯では山崩れが多く発生したが，被害は越後平野の沖積層で増幅された揺れによって家屋の倒壊や液状化が多発した平野部の三条などの町や水田地帯が大きかった。ここは越後平野の中でも東側は震源域となった丘陵，西側は東頸城丘陵から弥彦山へ続く丘陵との間に挟まれて東西の幅が十数㌔の盆地状であり，信濃川が運んだ軟弱な沖積層が厚く分布している。1948年福井地震での福井平野と同様，平野の縁で発生した浅い大地震の揺れのエネルギーが盆地部に留まる状態になり，地震の揺れが長く続いたことによって，広い範囲で震度7相当の家屋倒壊が発生した。震源域は2004年新潟県中越地震の北隣になる。

被害の概要

三条の町では年越や冬籠り準備の市で賑わう日であった。市のために早朝から多くの町屋の竈では煮炊きが行われていた。そこへ強い揺れがきたため，火の始末もできずに屋外へ人が飛び出し，倒壊した家屋に竈の火が燃え移り，町内13ヵ所から出火して，9割以上が焼失か全壊という惨状となった。三条では春にも大火で1,200余軒が焼失して七夕に復興をみたばかりだったという。信濃川流域で地下水位が高い盆地の沖積層に強震動が長く加えられたため，地盤の液状化が広範囲に発生した。各地で水と黒砂が噴出して，建物が液状化で傾いたり，倒壊した。地割れが生じて家が埋まったり，地中に長年埋まっていた沢胡桃の大木が浮き上がって地表に出てきたりした。自噴していた天然ガスが地震前には数日噴出が止まっていたともいう。

栃尾などの中山間地域では山崩れが多く発生した。これは善光寺地震や2004年中越地震と同様，この地域の丘陵部分は柔らかい岩石からなるため，もともと地滑りが発生しやすいことによる。また，有感となる余震の数が大変多く，全壊を免れた世帯でも蓑笠を着たまま寒い屋外で眠るなど小屋掛けして外でしばらく生活した点も，2004年中越地震と類似する。

被害が11の知行地に分かれるため資料によって被害数が大きく異なるが，吉田東伍による死者1,607人，全壊家屋12,830軒，焼失家屋1,161軒あたりが順当であろう。

地震と救済

もともと凶作で領民の食料が心許なかった年であり，しかもすぐにも降雪が予想される時期だったため，迅速な救済が必須だった。地震直後には激震地では，困窮民たちへ炊きだしが行われ，その後被害程度に応じて手当金や米が領民に配布された。越後は11藩と幕府の領地が入り組んで分布していた。このうち高田藩以外が被害地域とな

り，主な所でも長岡藩，村上藩，高崎藩，桑名藩，幕府，新発田藩，村松藩などの知行地が被害を受け，各支配者がそれぞれの領分の住民に対して救済を行なった。
高崎藩では地震後30日間，家が全壊した世帯には，男に2.5合/日，女に1.55合/日，全焼した世帯には，男に5合/日，女に2.5合/日を支給した。村上藩では，全壊した大庄屋に米1俵と藩の特産物である村上塩引(保存用の塩鮭)3匹，庄屋には米1俵塩引2匹，百姓には米1俵，塩引1匹を支給し，半壊には米2斗，借家人には米1斗，即死人が出た世帯には1世帯あたり金2歩を支給した。桑名藩ではやはり全壊世帯には，15歳から60歳未満の男に5合/日，女に4合/日，60歳以上と15歳未満は性別に関係なく3合/日を20日間支給し，死者には施餓鬼料として銭500文を与えた。村松藩では全壊家屋には2.5斗，焼失は5斗，半壊は1.25斗，死者に銭500文，怪我人に

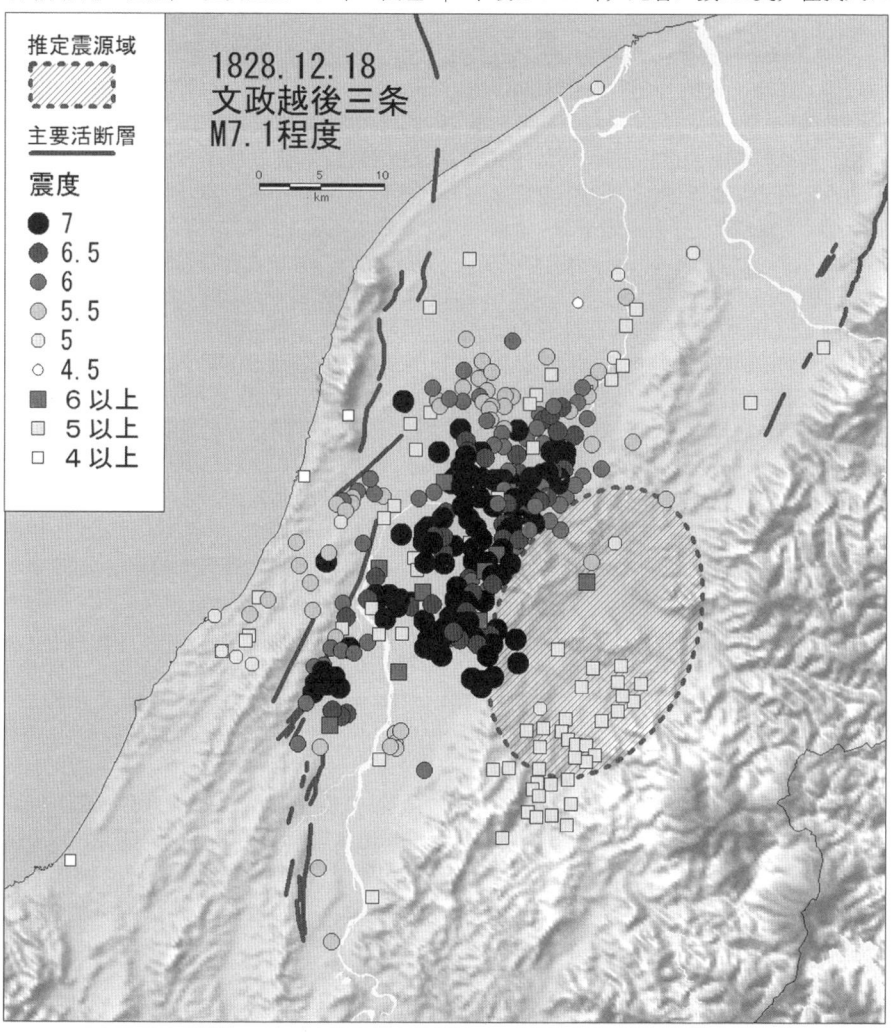

図1　震度分布図

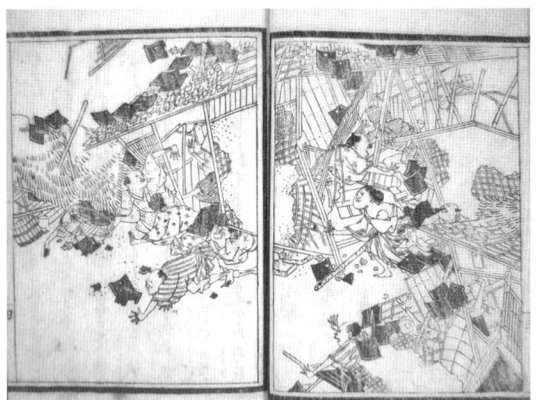

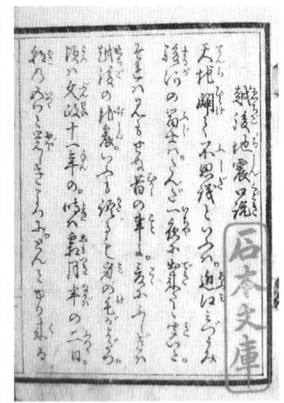

図2　地震の様子（『越後地震口説』より）

300文，全半壊以外の世帯には6.25升を手当てした。与板町では3,062人に当日夕飯から八日目の夕飯まで162俵の米で炊き出しを行い支給した。1週間強を1人あたり21.5合で凌いだことになる。

復興

長岡藩では翌年正月に幕府から5千両拝借して，城郭破損修理や復興のための貸付などの資金とした。信濃川にかかる橋が落ちたり，堤防が崩れたり，液状化した田を修復し，翌年の収穫がとにかく得られるよう努力した。新発田藩では被害地域外からも人足を集めて1,500人が20日間で雪解け水が来るまえに中之嶋の堤防決壊箇所の修復を急いだ。また，種籾も失った被災者に当座の食料と作付けのための籾を貸与した。村上藩では被災領民に家などを担保として月1分の利息で貸付を行なった。当初2年間は利子だけの返済として，それ後5年年賦の都合7年間で返済される予定だったが，期限の年になってさらに返済が延期された。三条の町方に当初1,932両，翌年以降の追加融資を加えると2,117両を貸し付けた。この貸付原資の4分の3以上が三条町や新潟の豪商から藩が借りたものであった。桑名藩でも村の被害程度に応じてお手当金と貸付金とを与えた。

地震時に新発田藩の見附今町の組頭だった小泉其明（こいずみきめい）は『懲震毖鑑』（ちょうしんひつかん）にこの地震の被害状況を29枚の絵図と文章で記録した。これを後世への教訓として生かすべく，維新後には東京大学地震学教室の大森房吉にも提供された。残念ながらその教訓が2004年中越地震時まで地元で生きていたとは言い難いが，被害の様子や，年末でもまだ積雪がなかった状況などを今日によく伝えている。

参考文献　三条市「文政の三条地震について」（『三条市史研究』3，1978），渡邊健他，「1828年三条地震の絵図『懲震毖鑑』の示す地震の状況」（『歴史地震』21，2006）

（松浦律子）

図3　三条地震の被害（『懲震毖鑑』より）

1832-38 天保の大飢饉 (天保3—9年)

7年間におよぶ凶作

1830年代の天保年間(1830—44)に起こった飢饉。天保3年から同9年にかけて，同5年が豊作になったのを除き毎年のように凶作が襲い，7年間にわたって東北地方を中心に飢えに苦しんだ。特に天保4年，7年，9年の凶作が深刻な飢饉状態を作り出したが，東北地方のなかでも日本海側(出羽)と太平洋側(陸奥)では強弱の現われ方が違っている。出羽の新庄藩の記録では，天保3年不作，4年大飢饉，5年万作，6年飢饉，7年飢饉，8年大不作，9年凶作とあり，大飢饉と書かれた天保4年が最悪年とされている。同じく出羽の秋田藩の記録でも天保4年を大飢饉，ほかの年は凶作とし，天保4年の困難が際立っていた。

いっぽう，陸奥側の仙台藩の記録では，天保4年早稲違作・晩稲実る，5年熟作，6年早稲実る・晩稲実らず，7年一円実らず，8年上作，9年中作とあり，出羽と違って天保4年はそれほどの凶作年とは認識されず，天保7年が最も悪い作柄とされている。盛岡藩宮古通の記録でも，天保4年の不作に対して7年は不作・種無しと種籾が確保できない作柄とし仙台藩と同様であるが，9年も不作・種無しとしているところが仙台藩とは違っている。津軽など東北北部では天保7年以上に9年が大変だったようで，弘前藩の記録では，天保9年を飢饉年とし，これに4年の凶作，7年の不作が次ぐという感覚であった。

幕府が把握した全国的な作柄では，天保4年の場合，羽州2分(20%)，奥州3分，北陸道4分5厘，関八州・山陰道5分，他の地域は5分半から6分，全国平均5分2厘5毛(52.5%)の収穫率，天保7年の場合，奥州2分8厘，山陰道3分2厘，関八州4分3厘，羽州・五畿内・東海道・東山道4分4厘，他の地域は5分〜5分8厘，全国平均4分2厘4毛の収穫率となっており，天保4年より7年のほうが全国的にみれば天保飢饉のピーク年であった。

飢饉死の概要

天保4(1833)・5年の飢饉が最も激しかった出羽では干支から巳年の飢饉(ケカチ)と呼ばれ，東北地方を襲ういつもの冷害パターンとはやや様子が違っていた。ヤマセ(東北風)がもたらす冷雨・長雨は太平洋側に被害を大きくし，奥羽山脈を越えると比較的軽くなるが，この年ばかりは逆であった。当初は豊作が期待されるほどの好天であったが，5月下旬から一転して冷雨が続き，これに大雨・大洪水の被害が重なり大凶作となった。秋田藩ではこの凶作で，翌年にかけて餓死が10万人，12万人，あるいはそれより少なく3万人，4万人と記録によってまちまちに伝え正確さに欠ける。やや信用のおける数字では，翌5年4月から12月にかけて疫病が流行し5万2,464人が死亡したといい，飢えそのものより疫病に罹って死んだもののようである。現在の山形県地域ではまとまった数字が知られず秋田藩ほどの死者ではなかったと思われるが，仙台城下の桃源院が弔った他国飢人605人のうち，最上271人，秋田146人，南部97人などと，最上地方からの流民が多くを占めていた。庄内地方でも同5年傷寒が流行し，酒田では4月中までに2,000人が死亡したと伝えられている。

天保7年・9年の陸奥側に被害を大きく出した凶作はヤマセ型の冷害であった。仙台藩では，寺院過去帳によると天保8年の死者数は3年の約4.5倍，特に石巻・牡鹿など浜方がひどく約7.7倍に達している。石巻および周辺の牡鹿郡陸方13ヵ村の調べでは，天保7年春の人口が1万7,312人であ

ったが，8年4月までに5,906人が死亡し，人別外の一時滞在者も2,060人が死亡していた。同じ領内の村でも地域差があったようだが，村によっては3分1くらいも人口が減っていた。弘前藩では，天保4年から10年までの7年間に死亡3万5,616人，他散4万7,043人，明き家1万3,076軒，斃馬・失馬1万9,089匹，廃田9,484町を数えたという。おおかたが天保8年から10年にかけての犠牲者であったようだ。全体的な把握ができるほど解明がまだ進んでいないが，天明の飢饉ほどではないにしても，東北地方では少なくとも10万人を超える人々が犠牲になっていたといえよう。

図1 屍肉を食べる飢人(『天保荒侵伝』より)

藩境を越える飢人

天保の飢饉の社会現象としてめだったのは藩境を越えて飢人が移動したことである。天保4年(1833)，凶作が判明するといち早く津軽から秋田への逃亡が始まったが，秋田は事情がよくなかったから引き返す者が多く，5年になると逆に秋田から津軽へと飢人が入り込んだ。また，秋田から仙台・庄内方面にも散っていった。前述のように最上や南部から仙台への動きもあった。天保7年になると飢人の動きは逆になり，津軽・南部・仙台から秋田や最上の方へ移動している。城下町には御救小屋が設置される例が多く，城下町に入ってきた領内の飢人の保護を目的としたが，こうした他国者の飢人も混じり収容されていた。

東北地方の飢人は津軽海峡を越えて松前に渡ったり，江戸に向かったりする者も少なくなかった。江戸には東北・関東筋の飢人が集まってきたが，天保4年12月〜翌5年8月，天保7年11月〜翌8年3月の2度，穢多頭弾左衛門の囲地内に介抱小屋を設置し，市中にいる他国飢人を捕えて収容し，国許の領主に引き渡すか，あるいは非人の手下としている。天保8年にはこうした対応では処理しきれなくなり，同年3月〜11月，品川・板橋・千住・内藤新宿の江戸四宿に御救小屋を設け，主要街道の入口で市中への流入を阻止している。飢えた人々は食料事情の噂をたよりに農村から都市へ，地方から中央へと移動し，生き残った彼らの一部は故郷に戻ることはなかった。

頻発した一揆・騒動

凶作・飢饉を背景に，全国的に米価が高騰して都市民の生活を直撃し，米騒動が激化・多発した。農村部でも穀物商人や豪農に対する打ちこわしを伴う一揆が頻発した。江戸の場合には町会所による救済や，江戸へ米が集まるような政策を取ったため目立った騒動は発生しなかったが，天保8年(1837)2月に起きた大塩平八郎の乱は大坂の米を江戸へ廻米させた町奉行やそれに協力した豪商を糾弾するものであった。

東北地方でも藩の飯料買い上げの飢饉対策に反発して秋田藩(天保5年正〜2月前北浦一揆・奥北浦一揆)や八戸藩(同年正月稗三合一揆)で大きな一揆が起きている。また，天保8年正月に盛岡藩和賀・稗貫郡の百姓が仙台藩へ逃散した騒動は仙台藩の預かり地化を望んでおり，領主権を否定する領民の動きであった。天保の飢饉は幕藩体制の揺らぎ，行き詰まりを顕在化させ，幕府や藩に天保の改革を必要とさせた。

参考文献 菊池勇夫『近世の飢饉』(日本歴史叢書，吉川弘文館，1997)，深谷克己監修『百姓一揆事典』(民衆社，2004)

(菊池勇夫)

1833 天保庄内沖地震 （天保4年10月26日）

地震の概要

地震は天保4年10月26日（1833年12月7日）の午後2時ころ，山形県酒田の約50㌔沖で発生した．地震の規模はM7.5と推定されており，大規模な津波を伴った．各地の地震と津波の記録が，多数『新収地震史料』第4巻（東大地震研究所編，1984）に収録されている．

山形県沿岸の遊佐—新潟県山北間では，震度6の激しい地震動であった．全壊数は遊佐78，荒瀬107，平田90，狩川49．全壊・半壊数は湯野浜—油戸間70，油戸—鼠ヶ関間230．この区間の死者数は46人．震度6の範囲は，昭和39年（1964）の新潟地震（M7.5）より広域であり，山形県沿岸そいに伸びている（羽鳥1990）．震度5の区域は，新潟市から秋田市に至る約250㌔，最上川流域から山形盆地に広がり，佐渡では震度4～5であった．震度4の区域は，能登半島から新潟県西部，津軽—北海道松前に伸び，福島県と秋田県の山間部に分布する．そのほか東京や日光では震度3であった．震度4～5の範囲が，昭和58年の日本海中部地震（M7.7）よりやや小さい．

津波の状況

山形県沿岸域では，地震の直後に激しい津波に襲われた．波源域に面した加茂付近では，「沖の方へ波三，四丈も有らんと覚敷立ち上がりて打ち寄せ，引き波にて浦々家いたみ船共も引取られたる由」とある．日本海中部地震津波の来襲時に，段波が海岸へ遡上するテレビ映像を想い起こす．湯野浜—鼠ヶ関間では流家158，流失船305とある．『新収地震史料』には，北海道函館から隠岐諸島に至る広域に，津波記録が収録されている．なお地殻の破壊域を表す断層面は，震度と津波の分布データから，1964年新潟地震と秋田県南部沖に伸びる2面（図1）が示された（相田1989）．津波規模が大きいことから，波源域はそれより沖合いと考え，地震マグニチュードはM7.6とする説もある（松浦ほか，2011）．

各地の津波高（平均海水面上）は，浸水や被害状況から地盤高をふまえ実測または推定された（羽鳥1990）．図1には，波高分布を示す．港湾での遡上の実例によれば，波高が1～2㍍で船が流され，3㍍程度で床上浸水する．4㍍を超える地域では，家屋が流され，全半壊数が顕著に増加し，死傷者が多数出ている．湯野浜—鼠ヶ関間では，波高が5～8㍍に達した．佐渡では津波で全壊12，半壊235，流船40とある．波源に面した佐渡両津で4～5㍍，相川では2～3㍍であり，1964年新潟地震津波の高さより1～2㍍上回っている．

一方，波源から遠く離れた能登半島の輪島は，大きな津波に襲われた．史料によれば，流失全壊家屋数は316戸にのぼり，死者47人を出した．朝市で知られた本町通りで波高5.3㍍（地面上の浸水深，30㌢）に達した．市内のほぼ全域が浸水している（羽鳥1999）．港付近の輪島崎では，家屋の全壊率は57％の高率である．また，島根県隠岐諸島の西郷や西ノ島の漁港に津波が遡上し，2～2.6㍍と実測された（都司1987）．新潟地震津波は1～2㍍であった．以上，広域の津波データから，津波マグニチュードはm=2.5と判定され，新潟地震津波より規模が上回る．遠方から伝わる津波は，海底地形で屈折し，岬や島に集まる．新潟地震や日本海中部，北海道南西沖地震のときも，津波の伝播に屈折作用がみられた．日本海側で発生する津波を伴う地震は，断層の傾斜角50°～70°の高角タイプが多く，海底の鉛直変位が大きい．このため，太平洋側で発生する同程度の規模の地震と比べ，津波の波高

が2倍ほど大きくなっている。

救　援

山形県〜新潟県北部の沿岸域では，甚大な地震と津波の複合災害に見舞われた。たとえば，温海の古文書「大津波痛御用控」には，それぞれ被災者の家族名が詳細に列記されてあり，役所では地震直後に被害状況を把握している。そして被害の程度に応じて，米や救済金を給付するなどの救援活動に尽力しており，現在の行政に学ぶべき点が多い。

参考文献　相田勇「天保四年の庄内沖地震による津波に関する数値実験」(萩原尊礼編『続古地震』所収，東京大学出版会，1989)，羽鳥徳太郎「天保4年(1833)山形沖地震とその津波の規模」(『地震』43ノ2，1990)，同「能登半島における津波の屈折効果」(同52ノ1，1999)，松浦律子ほか「1833年出羽沖地震の震源域」(『歴史地震』26, 2011)，都司嘉宣「隠岐諸島の津波の歴史」(『月刊地球』9ノ4，1987)　　(羽鳥徳太郎)

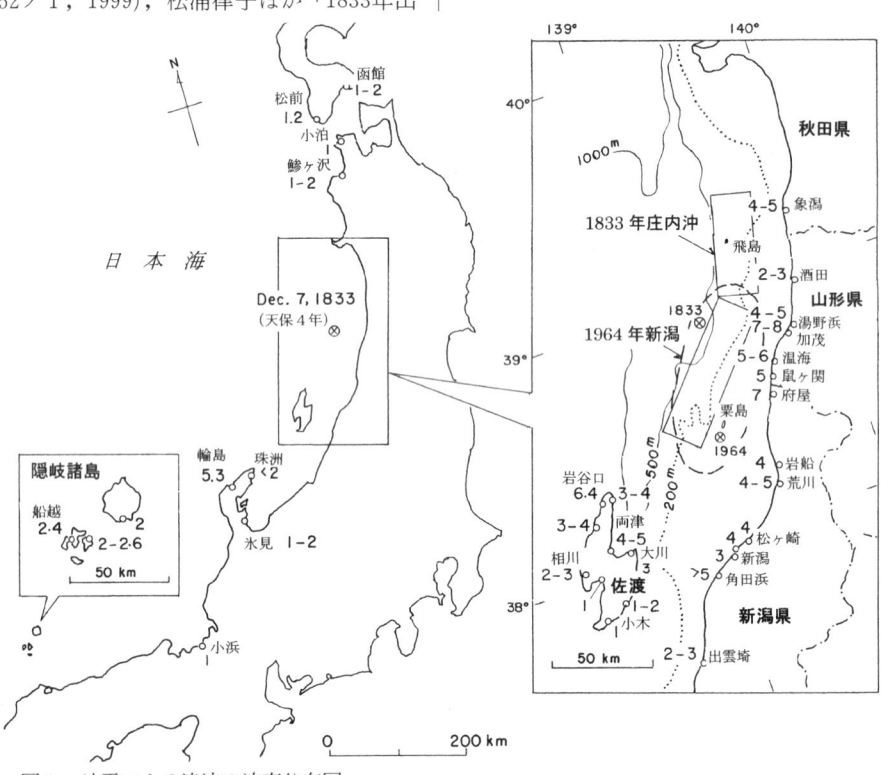

図1　地震による津波の波高分布図

1834 富士山雪代洪水　（天保5年4月8日）

雪代洪水

雪代とは雪代水の略で，通常，春になって山の雪が解けて川の水が増すことをいう。このような言葉を使うところは，東北や関東甲信越，中部地方に限られ，東京都西多摩郡奥多摩町，山梨県南巨摩郡早川町の奈良田，長野県，新潟県岩船郡，静岡県磐田郡などのいずれも山がちな地域の山麓部とされるが（『国語大辞典』など），融雪による増水期の川釣で雪代山女（ヤマメ）などの表現もある。今日では，山の傾斜地に半解けの雪によって起こるスラッシュ雪崩を指していうこともある。

富士山にも雪代が発生し，「雪代が出た」といういい方があり，歴史上，数多くの洪水災害が発生している。集落が標高の高い地域にまで存在する北東麓に，より多くみられる災害といえよう。これは春先の急激な気温上昇に伴って起こる融雪に土石を巻き込んだ大水流で，中世の北麓の出来事を記した『勝山記』には，天文14年（1545）2月，同23年正月，永禄2年（1559）正月の3回の雪代について記される。

江戸時代の絵図をみると，富士山北東麓では，堀（雪代堀という）と川を明確に区分している。堀は大雨が降った日やその翌日などにのみ一時的に水が流れる沢状の雨溝である。ただし，富士山内の木山（灌木帯）では，小御嶽流や白草流のように，流（ながし）というのに対して，草山と称され切替畑を耕作するその裾野付近では大堀（西大堀）や滝沢堀などのように，堀と呼びかえられる。一方，川は常に水の流れがあるもので，堀にはしばしば流れに沿って石積による堤防が描かれる。

被害の概要

天保5年（1834）甲午の雪代は，北麓で後に「午流」（午年流）とよばれた未曾有の激甚災害であった。それを克明に記録した「富士山雪代絵図」が大明見村文書（財産区文書）の中に，その後の復興状況を記した同14年の「富士山雪代絵図」が下吉田村文書（富士吉田市歴史民俗博物館所蔵）に残されている。大明見村の絵図は，「被絵図」の形態を有しており，村絵図の上に，雪代の災害状況を富士山の下端付近で貼り重ねてかぶせ，被災前とその後の状況を比較できるように工夫している。絵図の上方に南西に聳える富士山を描く。山中湖から流れ出す川が，忍草村境で西方に大きく屈曲しながら流下する。屈曲部の下位に短冊形の地割に沿って家並が連続し，その周囲を田畑が囲み，下吉田村境を桂川が湾曲しながら流下する様子を描写する。被災後の図は，大明見を襲った雪代の主流が，富士山の富士川砂堀から大規模に押し出した様子を描く。南側の雪代堀（与兵衛流という）からも押し出して，桂川に入って一気に流れくだり，桂川が屈曲する忍草村境で大明見村の耕地にそのまま乗り上げて，村落の東側を流れる長泥川以西の田畑を雪代水の土砂で覆って，「荒地」にしてしまった。雪代の流れは，村落の南限の浅間神社付近で分流し，桂川支流の古屋川の谷を遡上して，家並や「田」にも被害をもたらした。下吉田村では西から，宮川通川（宮川，神田堀川），堀（間堀川），桂川通川（滝沢堀，桂川）の各雪代堀を押し出してきた雪代の流れを幅広に示し，これらの堀から溢れ出した土砂に覆われた耕地の姿，それを起こし返した耕地の復旧状況を色分けで表現している。

この災害が起こったのは旧暦の4月8日，お釈迦さまの日だったと伝えられる。この年は春になっても一向に陽気が緩まずに，いつまでも寒い日が続いていた。前日からの暴風雨で寒さが緩み，吹き降りが続いて

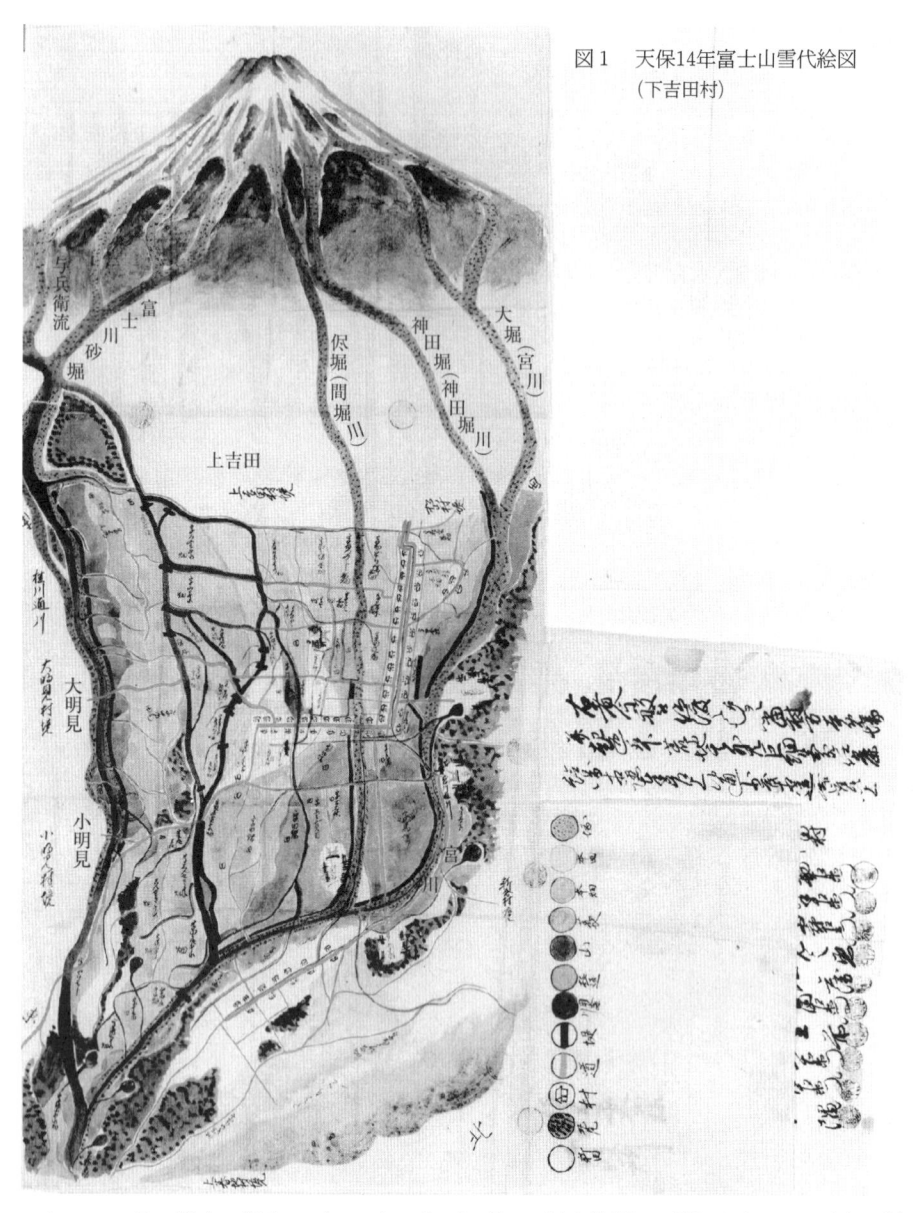

図1　天保14年富士山雪代絵図
（下吉田村）

いた。この日，富士の御山でゴーンというものすごい山鳴がして，それから一時ほどして雪代が押し出してきた。山の表面の雪だけが解け出し，立木や土砂を巻き込んで勢いを増した流れが傾斜地を一気に下ってきて，雪代堀沿いに流れ出してきた。大明見・下吉田村境の「桂川通」や，下吉田村の間堀川，「宮川通」三筋の流域は大災害を蒙った。

被害後の防災と記録

現在も下吉田境の桂川沿いに中沢堤と呼称される石積の堤防が残るのは，その災害よ

図2　富士山吉事噺（天保5年の瓦版）

けの智恵である。雪代の被害を受けた大明見村が、小字中沢から下流の桂川沿いに築造した石積の堤が残存し、築堤上に根張のするコナラやシデなどの落葉樹が植栽されている。また大明見の村落西側の屋敷境に雪代の被害を除けたとされるクネ木が最近まで残っていた。家と屋敷を守った境木として大切に保護されてきた欅の木だったのである。

天保5年の雪代は、一枚刷りの瓦版にも印刷されて発売された。3枚の刷物が版行されている。「富士山出水之図」は、前日からの暴風雨が翌日にますます激しくなり、午の刻頃から富士山が振動して五合目付近から雪解水が一度に押し出し三筋に分流し、未の刻頃に水勢が増して小山のようになった流れが裾野の家々を押し流したことを記している。

「富士山吉事噺」の記事は、それから一ヵ月後の南西麓の災害を伝えている。災害に至る以前の気象を記し、5月7日の災害経過について時間を追って記述している。当日の八つ（午前2時）ころより天地が覆るばかりの山鳴がして、山の中腹から大山のような雪の塊が幾つも転げ落ちてきて出水が甚だしかった。萱野より大宮の町（富士宮市）、そのほか在家はことごとく流されて水勢が増し、牛馬も多数死亡した。しかし、災いはかえって幸いのはじまりといえるので、世の吉事を作る兆しとなるとしている。

参考文献　『富士吉田市史』史料編2・4、1992・94、『静岡県史』別編2、1996、富士宮市教育委員会編『富士山の土石流と人々のくらし』（富士山文化塾叢書19、2001）、国土交通省中部地方整備局富士砂防工事事務所編『富士山の自然と社会』、2002、富士吉田市歴史民俗博物館編『災害と復興―天保の雪代を中心に―』（企画展解説リーフレット、2005）　　　　　（堀内眞）

1846 弘化3年大洪水 （弘化3年6—7月）

災害の意義

近世の江戸を襲った大災害であり，寛保2年(1742)と天明6年(1786)とともに，江戸の3大洪水の一つといわれる大規模なものである。幕末の不安定な社会情勢を形づくる要因の一つにもなったことで注目される災害である。

広範囲におよんだ被害

弘化3年(1846)には，夏の半ばから連日雨が降り，7月になって大雨が降り各地で洪水になった。『弘化雑記』には，諸国洪水として各地の洪水が記載されている。それに沿って，記載してみよう。江戸では，閏5月27日(1846年6月20日)から雨が降り，6月16日よりますます雨は激しくなり，28日から洪水となった。7月朔日より一時水は退いたが，10日ごろから再び洪水になった。各地の水位は，亀井戸では床上3尺，平井・奥戸では7尺などであった。利根川筋中川新井村では37間，奥戸新田では長さ10間余り，加納新田では長さ50間にわたって堤防が決壊し，関東各地に甚大な被害を及ぼした。

その被害は以下に記す通りである。まず武蔵国であるが，清水家領では利根川筋の本川俣村などで湛水した。酒井新三郎知行所では，上三俣村・小浜村・本川俣村で家や材木・塩・鰯などが流された。忍領や松平大和守領でも家や農地，用水路などに被害がでた。下野の被害も同様で，戸田山城守領では鬼怒川でいつもの水位より1丈から1丈7尺高くなり，河内・塩谷・都賀・芳賀郡において家の流失・用水路の破壊・道路の流失がみられた。細川長門守領の阿蘇郡では，用水路・橋梁などが破壊され，山崩れなども発生した。堀田摂津守領や戸田長門守領のほか鳥井丹波守領でも家や農地に被害をだしている。

上総・下総でも，大多喜井伊南領や古河領において城内・城下の被害や神社の被害がみられた。上野では館林領や黒田豊前守領で家への被害があった。常陸・磐城・岩代なども被害を出している。このように地域的にみると，江戸から北関東の広い地域で大きな被害が生じたことがわかる。ほかに関東地方では，相模・伊豆などでも被害があった。

実はこの洪水は，関東地方だけに被害を与えたのではなくて，若干時期的にはズレがあるものの日本各地に被害が及んでいることが特徴である。同じ『弘化雑記』には，遠江の横須賀西隠岐守領や，美濃の大垣領でも被害を受けたとしている。特に，大垣領は大きな被害を出しており，低平な土地では農地に洪水によって土砂を入れている。越前の福井領・有馬日向守領・勝山領などでは城内・城下への被害がみられる。ほかにも近江（遠藤但馬守領・堀田摂津守領）・京都・播磨（酒井雅楽守領）・大坂・摂津・河内・但馬・伊予（大洲領・宇和島領・松山領）など中部地方から近畿・中国・四国地方にまで被害は及んでいるために，まさに『弘化雑記』でいう諸国洪水の状態であった。

江戸の洪水

江戸の洪水に関してはすでに簡単に触れているが，江戸だけでなくその周辺部も含めてみていく。6月28日子上刻に，葛飾郡権現堂村の上流の本川股において堤防が切れ，洪水は千住付近の家に浸水し，小塚原にあった地蔵尊の肩まで水がきた。箕輪付近では洪水が床上3尺に達した（『武江年表』）。6月20日から29日にかけて，六郷川で出水し，渡船会所が流失した（『関口日記』）という。7月になると，ますます大雨が降り，大川橋・新大橋・永大橋などが流失したが，

両国橋は通行ができたようである。橋には上流からの流木がつかえるために，幕府は周辺の町人足にそれを取り除かせている。本所付近では，場所によって水は軒端にまで達した。被災した人は船で救助された様子がわかる（『武江年表』）。

葛西領でも洪水が起こり，船宿が所有する船のうち500艘を被災者の救助に向わせ，郡代屋敷に連れ帰った。その数は，5,000人に達したという。これらの被災した人は，旅籠などに滞在することになったが，宿賃に関しては，1人100文づつ支給されている。7月6日，7日になるとさらに大雨が強く降り，市川の関所前の堤防が決壊した。亀井戸・亀有・青梅・寺島・柳島・須田付近では，水位が床上3尺に達した。小塚原・新鳥越町・今戸・橋場町などでも，床上4，5尺になり，日本堤（吉原堤）に土を積んだが，今にも越流しそうな水位にまで達している（『天弘録』）。これらの洪水は数日間湛水して，7月半ばになってから徐々にひき始めたが，道路の通行はしばらくの間，不能になっていた。本所付近は，床上浸水にはならなかったが，長い間地域の水はひかずに，住民は難儀したという。

この洪水では，江戸およびその周辺の低地部が広い範囲で被災している。ところで，これまで江戸の洪水で大規模なものとしては，ほかに寛保2年(1742)と天明6年(1786)の洪水がある。前者は，7月末から8月にかけて，台風に伴う豪雨による洪水と高潮災害によって，低地部で多数の溺死者をだした災害であった。高潮災害が一度おさまった後に，上流部の洪水流が再び江戸を襲い被害を大きくしたのである。一方後者は，7月中旬に大雨によってひき起こされた洪水で低地部を中心に大きな被害を出した。この災害では，山の手でも崖崩れや出水があって被害を受けていることが知られる。この原因は，その3年前に発生した浅間山の大噴火による泥流・火砕流が河床に流入して，河川環境を大きく変えていたことが影響していた。弘化3年の洪水は，これらの2つの洪水と比較して，同等の規模の災害であったことが理解できる。

なお，江戸とは若干離れるが，新撰組で活躍した土方歳三の生家への被害について触れておきたい。現在の日野市石田の多摩川と浅川に挟まれた場所に土方歳三の生家があったが，ここもこの大洪水によって被害にあっていた。恐らく，幼少の歳三もこの洪水に遭遇したに違いない。この時の洪水では，常安寺上付近の多摩川が決壊したために，石田村にあった土方歳三の生家を襲ったもので，母屋や土蔵に大きな被害を出したという。

被害拡大の原因

近世初期，江戸を洪水から防御するために，利根川の付け替えを行なったことはよく知られている。その結果，江戸やその周辺部では洪水被害が減少し，新田開発も大きく進んだ。しかし，従来の入間川には荒川の水量が加わったために，この周辺ではむしろ頻繁に洪水が起きるようになった。さらに，幕府によって治水や河川管理が行われなくなり，結果として洪水は多発することになった。そして，この地域では新田などが増えたために，これまでならば被害がでなかったところでも被害が出るという悪循環も起こることとなった。被害を大きくした原因は，恐らく，このようなところにあったのではないかと考えられる。

[参考文献] 大熊孝『利根川治水の変遷と水害』（東京大学出版会，1981），小鹿島果編『日本災異志』（地人書館，1967），池田正一郎『日本災変通志』（新人物往来社，2004）

（吉越昭久）

1847 善光寺地震 (弘化4年3月24日)

災害の概要

弘化4年3月24日（1847年5月8日）夜10時ころに，長野県飯山市から長野市更埴まで伸びる長野盆地西縁断層に発生した，逆断層型のM7.3程度の浅い地震である。長さ50キロほどの逆断層で，北西の山側が千曲川流域の低地側より2㍍程隆起するずれを起こした。この地震によって地表に現れたずれは，現在も信州大学教育学部の北～正門から長野の県庁横や，小松原の住宅地の段差などとしてみられる。段差は数段見られることから，善光寺地震のような地震が，長野盆地西縁断層で繰り返し発生してきたことが判る。長野盆地西縁断層帯は活断層の中でも最も活動度が高い部類に属し，千年に1回程度善光寺地震のような活動を繰り返してきた。揺れは，遠く秋田県の仁賀保や山形県で震度4相当をはじめ，千葉県の茂原，和歌山県の九度山，兵庫県の赤穂と四百キロ以上遠方も含めて広い範囲でも有感となった史料が残されている（図1）。典型的な山地の縁辺部にある活断層に発生した内陸の浅い大地震として集落を強い揺れが襲ったこと，逆断層で揺れが強くなる上盤側にあたる長野市北西部の山地の方が低地側より地盤構造が脆弱であったこと，

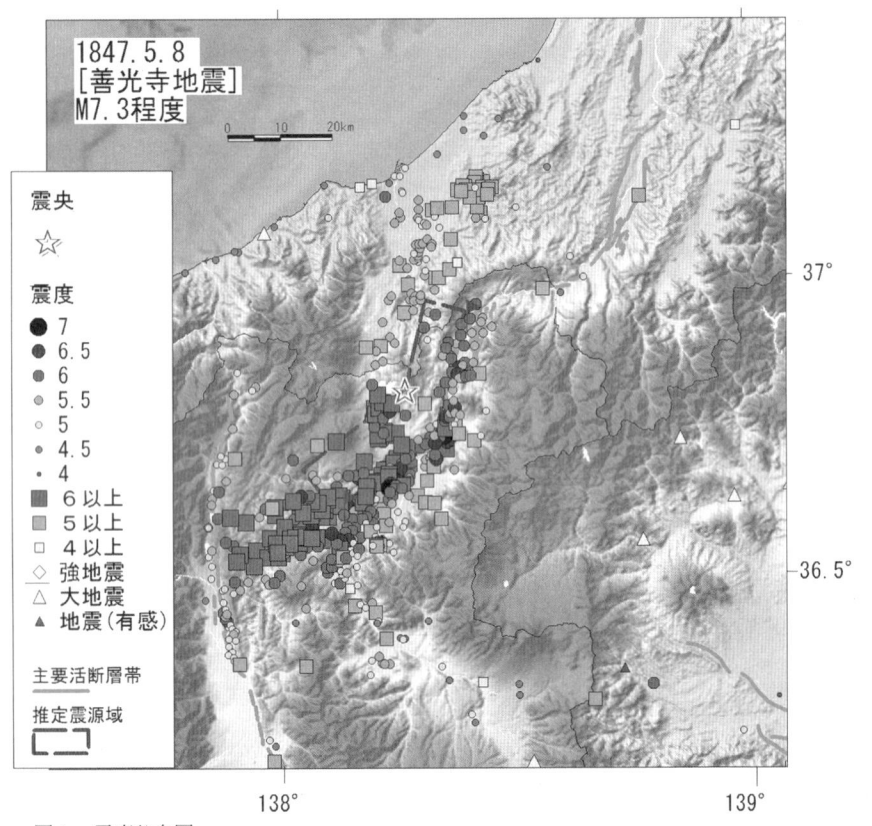

図1　震度分布図

近世末期で庶民も「旅行」をする時代の著名な観光地善光寺で最大の呼び物である御開帳という観光シーズンピークに発生したこと，燈火が残る夜間に発生したこと，雪解け水によって犀川等付近の河川の水量も多かった時期であったこと，と地震災害を増幅する自然要因と社会要因とがいくつも重なった。このため「善光寺地震の犠牲者は，（家屋倒壊や土石流に埋められて，火災で焼かれ，洪水で流され）土葬にされて火葬にされて水葬にされて三度弔われた」といわれるほど多種多様な被害が発生し，犠牲者が観光客千名以上を含み8千名を超える大地震となった。火災，土砂災害，堰き止めによる湛水による上流の水害，堰き止め決壊による下流側の洪水，と2次災害の見本ともいえる多様な被害が発生した地震として有名である。

さらに，山を超えた新潟県の高田平野では，誘発地震の被害も生じた。5日後の3月29日正午ころに，高田平野東縁断層の一部が震源域と思われるM6.5程度の弘化の高田地震が誘発された。善光寺地震で傷んでいたこの地域の家屋が倒壊したほか，液状化などもみられ，上越市高田を中心に20人以上の死者等の被害が生じた。この地震は280㌔離れた秋田県仁賀保でも有感であったが，善光寺地震よりは規模も小さかったので，有感の程度も軽く，範囲も狭い（図2）。

田植え前の早春の北信濃，現在の飯山市から中野市・長野市・千曲市・池田町辺りまでに大きい被害が生じた。死者8千〜1万数千人，全壊および焼失家屋2万戸程度，山崩れ4万ヵ所以上である。全国から7,8千人ともいわれる大勢の旅行者が門前町を中心に滞在している最中であり，避難に不案内な他所者が多く，また通常より町場の密集度も高かった。旅行者の被害総数がはっきりせず，死者数は史料によって倍の開きがある。地元の被害者では老・女・子供と体力的にハンディのある者の率が高い。一説には被災した旅行者で生還した者は1割といわれる。辛くも難を逃れて故郷に戻れた生存者や，参詣に行ったまま戻らない肉親を捜しにきた近親者によって，この災害は全国に伝えられた。また，松代藩が積極的

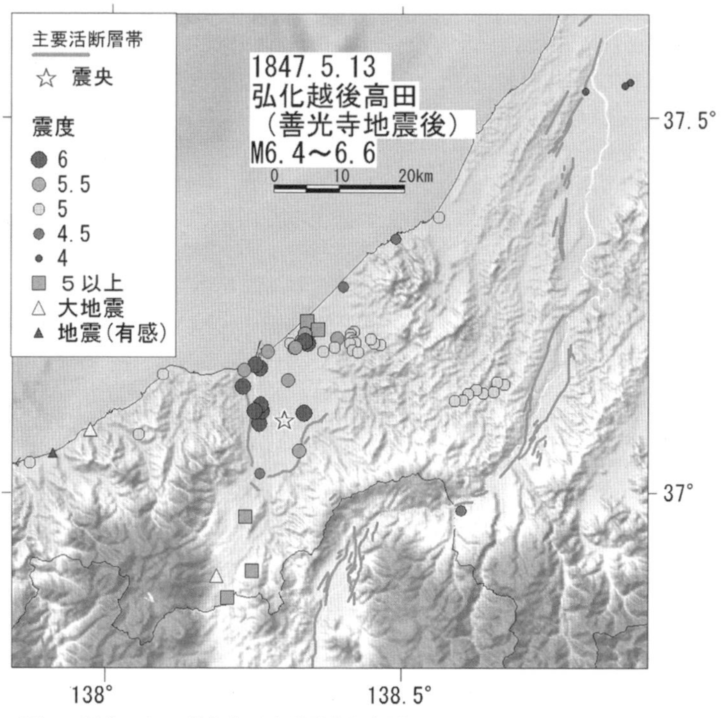

図2 弘化4年の越後高田地震震度分布図

に文書や絵図，測量図などの多種多様な記録を残したことなどから，この地震災害は内陸地震災害として発生当時からよく知られてきた。

被害の概要

通常標高の高い地域は地盤が堅固で地震の揺れに対して強く，低い地域は軟弱地盤で地震に弱いものであるが，長野盆地は，逆に山地側は地盤が悪く地震に弱いため，中山間地に地震による土砂崩落が多発した。これは，長野の山地が「活断層のインバージョン」によって形成されたことによる。日本列島が形成される初期の伸張応力場の時代に，正断層運動をしていた活断層が，今から200万年前に日本列島周辺の応力場が逆転して圧縮応力場となったために，以降は逆断層として反対の動き（インバージョン）をしてきたことを「活断層のインバージョン」という。長野市北西部の山地は，長野盆地西縁断層のインバージョンによって，正断層運動時に低下する側に厚さ数キロ以上沖積層として堆積して形成された軟弱な岩が，逆断層運動で持ち上げられてできている。長野では，中央隆起帯とよばれる地盤のよい部分が千曲川の東南側にあるが標高は北西側より現在は低い。昔の沖積層である軟弱な地質が高い山地を北西側に形成しているため，地震時以外でも北西部一帯は地滑り災害が発生しやすい地域である。ここに，震度6強～7相当の揺れが加わり，4万ヵ所の土砂崩壊のうち，少なくとも90ヵ所以上が河川を堰き止め，震生湖を形成した。

この内，最大のものは，岩倉山（当時は虚空蔵山）の大崩落による犀川の堰き止めである。この震生湖は19日間湛水し，信更町涌池から生坂村東広津までの犀川の流路沿い25キロほどの間で村々を水没や浸水させた。4月13日には堰き止め部分が決壊し，川中島から飯山市一帯の千曲川沿いに洪水被害を与えた。流失家屋は810，土砂流入が2,135，死者100人以上という。飯山藩では決壊を警戒していたので，洪水による死者はなかった。このほかにも，土尻川の堰き止めが16日後の4月10日，裾花川の岩下の堰き止めも土砂の高さが48メートルあったにも関わらず4ヵ月後には決壊した。河川による水の供給が少なく，震生湖の土砂堤の強度が勝れば，たとえば信濃新町の柳久保湖のように現在まで湖として残ったものもある。

堰き止め以外にも土砂の崩落や移動は，家屋を埋没させたり，集落や樹木を載せたまま尾根ごと数十メートル下方へ移動したりさせた。現在でもその痕跡が確認できる場所が多数ある。これらのほとんどは千曲川の北西側の軟弱な山地側に分布するが，反対側の山の上にある飯山市瑞穂の北竜湖は，堰堤が地震で壊れ，笹沢集落などが土石流に襲われた。

（松浦律子）

救援・救済の概要

この災害では，被害の範囲が善光寺領・幕府領・松代藩・飯山藩・上田藩・須坂藩・椎谷藩など，領主の異なる広い地域に広がり，また，震害だけでなく，地震直後の火災，山中の土砂災害による村の埋没，山体崩壊による土砂が河川を閉塞，さらにダム化した河川の決壊による洪水など，多様な被害を重層的に受けた地域が少なくなかった。このため，各藩領の持てる経済力の差もあるが，被害の大きい藩と，比較的軽い被害で済んだところでは，救済の対応力に格差が生じた。たとえば，この災害で最大の死傷者を出した松代藩（死傷者4,993人，全半壊家屋1万2,419軒）では，緊急救援として，お救小屋を3ヵ所（小松原・川田・八幡原）に設け，126万8,000食の炊出しを行なった。また，罹災者に対して金3分，米2斗5升，家屋を焼失したものや倒壊した者に金2分，半壊者に金1分を支給した。この総額は1万3,420両，米7,155俵に上った。一方，石高2万石の小藩でありながら，地震後の火災などで大きな被害を蒙った飯

山藩の場合，この時期の家屋総数は不明だが，城下町の町方被害，焼失787軒，潰れ121軒，死者307人だけでなく，飯山城も櫓などが崩壊する被害を受け，侍屋敷にも被害が及び，焼失21軒，潰れ64軒，死者86人を出した。さらに，城下以外の在方の被害も焼失31軒，潰れ3,317軒，半潰れ778軒，死者122人と少なくなかった。こうした被害状況に対して，藩はまず炊出しで地震の翌日から1日3回，粥と味噌を支給，家屋の潰れた町人には金1分を支給した。上田藩では，城，城下とも損壊は少なかったが，飛地の稲荷山宿で大きな被害が出た。この宿場は千曲川の左岸に位置し，南北8丁（871.2メル），家数434戸，1,646人の町場であったが，地震によって379戸が焼失，即死者128人が出た。このほか，宿場に宿泊している善光寺開帳参詣の旅人121人が死亡している。上田藩では宿場の再建への配慮から，灰片付け料金100両，農具代20両，焼死人128人へ30両，焼失戸へは1俵～半俵を与え，人足賃を与えて宿場の普請工事を促進させている。震災後の出火で集中的に被害が出た善光寺町は寺領千石，大勧進，大本願の2役所を頂く門前町であるが，この中心をなす8ヵ町の町屋が地震に続く火災でほぼ全焼，焼失家屋2,537軒，死者1,403人，開帳参詣の旅人1,029人の被害を出した。寺では罹災領民のほか，罹災した旅人にお救い粥の炊出しを行い，寺の内外に仮小屋を設け，罹災者を収容した。また，安売り米も売り出した。寺領の被害戸には潰屋1軒金2分，半潰1分の救済金が与えられている。しかしながら，善光寺は救済資金の工面に難渋し，松代藩から2,000両，上野の寛永寺から年賦返済を約して3,000両を借り受けるなどして応急救済の資金を凌いだ。しかし，こうした領主などの応急救済で急場を凌ぐには十分ではなく，町場，村々相互の救援，むすび・蠟燭・たばこ・塩鮭・味噌漬けなどの施行が罹災した人々の生活回復に力を貸した。

復興への道

松代藩の当時の領主は，松平定信次男で，老中職経験のある真田幸貫(1791—1851)であったことが幸いしたのであろう，幕府から災害支援の名目で拝借金1万両を得たほか，地震後の洪水で損壊した千曲川の堤防修復には国役普請の申請が逸早く受け入れられ，藩の自普請ではなく，幕府1割，河川流域の国々から普請金の公的な助力が得られることになった。こうした普請の人足には農民が駆り出され，賃金が支払われた。これは，現代の失対事業の意味も併せ持つものであった。しかしながら，山地の村々の土砂災害による埋没，河川洪水に拠る田畑の流失などで年貢収納が半減した藩にとっては，こうした助力を以てしても領内の復興を成し遂げることは至難であった。そこで，松代藩では，藩士にはその知行の半分を返納させる半知や倹約第一の改革，また，領民には復興資金づくりのために，課業銭という一種の税が課された。これは18歳から64歳までの男女に，嘉永元年(1848)から5ヵ年の間，朝は早く起き，夜は夜なべをして縄をなうなどの仕事をして銭を蓄え，1ヵ月男銭100文，女32文を収めさせるというものであった。

城も城下も村々も大きな被害を受けた飯山藩では，868軒の被害戸のうち，家族全員が死に絶えた家や他所へ引っ越した家などが100軒ほどあったが，10年後の安政4年(1857)の復興状況を見ると，家を再建できたものが615軒となり再建率は70％となるが，仮家・小屋住まいなど，依然として不自由な生活を送るものが156軒であり，地震直後に飯山城下を去った100軒ほどが元の城下に戻ることはできていない。復興は困難な課題だったのである。

しかしながら，善光寺という最大の集客力を誇る寺院の門前町では，旅籠屋は100両，50両など多額の復興資金を年賦返済として

借り，逸早く旅宿の再建を遂げる努力をしている。また，近隣の豪商たちもこうした旅籠屋の再建資金を貸し付けた。それは，善光寺参詣人の旅宿としての営業による確かな返済が見込まれていたからである。

いずれにしても，災害復興は，幕府や領主の応急の対応救援の後の領民の生活回復力に掛かっていた。産業の基盤が農業を主とするこの時代には生産力の急激な上昇は望めないから，災害で減少した人口が元に復し，生産力の担い手が確保されることが復興の大きな目安となる。

災害の記録と情報

善光寺地震では，さまざまな形で災害情報が領内外にもたらされている。最大の被害を蒙った松代藩真田幸貫は藩政の改革派領主として善光寺地震の情報化においても新しい取り組みを行った。災害などの変事を幕府に報告することは江戸時代のいかなる藩でも行われたが，領内の被害図を大絵図に描かせ（「信州地震大絵図」190×420 ㌢，真田宝物館蔵），それを参勤交代時に江戸屋敷に運ばせ，大名間の情報交換の具として活用した。また，地震3年後の嘉永3年（1850）から安政2年（1855）に掛けて，松代藩は領内全域を10間1分とする（6千分の1）とする11幅に分割，当時の測量技術に基づく「松代封内測量図」を作製している。このほか，同じく嘉永3年からは藩主の領内巡見に絵師を伴い，災害の地変を精確に描写させ残した（青木雪卿「感応公丁未震災後封内御巡視之図」，真田宝物館蔵）。現代の写真にとって代わる記録化である。災害を地図化して描き留めるという構想とそれを支える技術とが結合した災害の記録化の新しい動きであった。

善光寺地震以後幕末に掛けて地震が頻発したが，その先駆けを成すこの災害では地方が災害情報の発信地として多くの瓦版などが作られた。その理由の一つには善光寺という当時全国に知られた参詣地であったことにもよるが，もはや地域の変事が地域に留まらない時代を迎えていたからである。多くの瓦版のほか，正式な出版許可を経た災害図も出現した。上田藩上塩尻村原昌言（1820—86）は，「弘化丁未春三月二十四日信州大地震山頽川塞湛水之図」と2次災害の犀川決壊を描く「弘化丁未夏四月十三日信州犀川崩激六郡漂蕩之図」をセットとして作成し，出版元を江戸日本橋の書物問屋山城屋佐兵衛として，幕府学問所に出版許可を申請して民間だけでなく，関係の各藩屋敷に出向いて売り捌いた。出版されたものではないが，個人的体験を克明に絵図に残した善光寺に近い権堂村名主永井善左衛門（幸一）が災害直前の開帳で賑う善光寺境内の光景から一転，災害発生，自分の家族の避難，救済から復興にいたる一連の事象を絵図に説明を加えた冊子が残されている。こうした残された地図，絵図類から文字では推し量ることのできない情報を得て，150年以上前の災害も目の前の出来事のように感じ取ることができるのである。

参考文献 永井善左衛門「地震後世俗話の種」（信濃毎日新聞社開発局出版部編『弘化四年善光寺大地震』所収，信濃毎日新聞社，1977），善光寺地震災害研究グループ編『善光寺地震と山崩れ』（長野県地質ボーリング協会，1994），赤羽貞孝・北原糸子編『善光寺地震に学ぶ』（信濃毎日新聞社，2003），内閣府中央防災会議・災害教訓の継承に関する専門調査会編『1847善光寺地震報告書』，2007 （北原糸子）

1854 伊賀上野地震 （嘉永7年6月15日）

地震の概要

伊賀上野地震は，嘉永7年(安政元)6月15日(1854年7月9日)の丑刻(午前1～3時ころ)に発生して，近畿から東海地方にかけて大きな被害を与えた内陸地震である。特に，当時の伊賀国(三重県北西部)・伊勢国北部(同北部)・大和国北部(奈良県北部)を中心に甚大な被害が生じ，山城国南部(京都府南部)・近江国南部(滋賀県南部)などの周辺地域でも局所的に大きな被害が出た。

最大被災地が上野(現三重県伊賀市)であったことから上記のように呼称されており，死者数は被災地全体で1,300～1,400人に及び，大半は家屋の倒壊による圧死者である。この地震の震源断層としては，三重県北西部の上野盆地北縁ー京都府南部の木津川断層帯が考えられているが，やや深いとする説もあり，地表断層は確認されていない。

この地震の特徴として，活発な前震活動が挙げられる。本震発生前の6月12日ころから前震があり，同13日の午刻(午前11～午後1時ころ)過ぎと未刻(午後1～3時ころ)前に大きな地震があって，夕刻までに小さな地震が27回あった。6月14日になると地震の数は少なくなり，15日深夜の本震をむかえることになる。また，この地震は余震活動も活発であり，15日丑刻の本震発生以後，同日卯・辰刻(午前5～9時ころ)に上野と奈良を中心に大きな余震が発生しており，同21日の戌刻(午後7～9時ころ)にも大きな余震があり，奈良では6月中だけでも数百回の余震があった。

被害の概要

この地震の被害に関しては多数の文献史料に記述されており，以下の被害状況は『大坂地震記』・『地震雑纂』などの史料に基づくものである。

伊賀国の上野では，津藩の支城であった上野城で，東・西大手門や京口門が崩壊，本丸の城代屋敷が倒壊，周囲の石垣は崩落しており，城内では藩士の屋敷が倒壊して200～300余人の死者があった。城下の町方では，家屋や土蔵が倒壊して多数の圧死者が出た。また，城下近在の西村(現伊賀市西高倉)・東村(同東高倉)・野間村(同野間)・三田村(同三田)などでの人的被害も大きく，武家方・町方・村方での被害を合わせると，伊賀国全体での死者数は約800～900人であった。

伊勢国北部の四日市では，東海道に沿った北町と南町で特に被害が大きく，建物の倒壊による圧死者だけではなく，直後に火災が発生して多数の焼死者も出た。そのため，本震の翌日(16日)の時点では，潰家と焼家の残骸が街道を塞いでおり，通行ができない状態であった。

大和国北部の奈良では，奈良町全体で家屋が700～800軒倒壊しており，約280人の死者があった。東大寺大仏殿・興福寺・元興寺は無事であり，春日大社では石燈籠が残らず倒れた程度であったが，奈良町近在の薬師寺南門の南に位置する休岡八幡神社の楼門は，東西の廻廊とともに倒壊した。

古市村(現奈良市古市町)では，津藩の城和奉行所が倒壊し，村内の家屋も多数倒壊した。また，山手にあった4つの溜池の堤防が決壊して洪水が発生し，下流の家々を押し流して約60人が死亡した。

郡山(現大和郡山市)では郡山城内で破損が多発しており，城下の家屋が多数倒壊して150余人の死者があった。6月19日と21日の余震の際には，城下で家屋の倒壊が生じて死者も出た。

山城国南部での被害も大きく，伊賀国の西隣に位置した田山村(現相楽郡南山城村田

山)では、地震によって谷間の至る所で山崩れが発生しており、谷底に拓かれた田地が埋没して耕作不能に至った。

山城国の笠置から伊賀国の島ヶ原へ至る木津川沿いの谷では、山々から大石が崩落して家屋を押し潰した。また、地盤液状化現象によって至る所で泥水が2～3尺（約30～60㌢）の高さに吹き出し、田畑は泥中となって地面へ揺り込む家屋もあった。

近江国南部の大津では、常夜燈や舟番所が琵琶湖へ崩れ落ち、湖畔に沿って建ち並ぶ米蔵が大破し、家屋の倒壊によって死者が生じた。湖に張り出した水城である膳所城では、地震によって周囲の高塀が湖へ崩落し、城下の家屋は倒壊して怪我人が出た。

人々の行動

伊賀国の上野近在の東村では85人の死者が出ており、被災した村民たちは15日未明の本震発生後から、服部川・木津川の河原や周囲の野原へ仮小屋を設けて避難して、余震が鎮静化するまでの数日間は仮小屋で寝泊まりした。甚大な被害を被った上野では、19日に津藩の上野城代が町中へ米1,000俵を配り、町中では玄米のまま粥にして炊き出しを行なった。また、お救いとして町中の潰家の者へ金4両・米4俵ずつ、傾家の者へ金2両・米2俵ずつを与えた。

奈良町では本震発生以後、人々は余震を恐れて興福寺の境内など広い場所へ避難しており、盗賊が横行し、放火が頻発したために、夜間は奈良奉行所の同心たちが警備を実施した。一方、死体については自分たちで埋葬するように奉行所より通達があったので、4斗樽などへ入れて仮埋葬した。

この地震は、畿内を代表する大都市であった大坂や京都でも記録されており、13日から地震が頻発し、15日の本震発生後も余震の多かった状況が史料にみられる。大坂では、15日の地震によって家屋や土蔵が破損しており、15未明～16日にかけて余震が打ち続いた。そのため、町人たちは地震による家屋の倒壊を恐れ、鳴り止まぬ余震の恐怖から逃れるために、屋外へ畳や戸板を持ち出して夜を明かしたり、市中を縦横に廻る堀川内に浮かぶ屋形船や上荷船（荷役用の川船）などへ乗り込んで避難した。京都では、地震によって多くの石燈籠が倒れたり、土蔵や土塀が破損したものの家屋の倒壊は1軒のみであった。打ち続く余震を恐れた町人のなかには、15日の地震発生直後から市中の路上へ出て夜を明かす者もいたが、数日が経過して余震が減少していくにつれて次第に家内へ戻っていった。

地震の影響

嘉永7年11月27日には安政へと改元され、その決定的な出来事となったのは、伊賀上野地震の約6ヵ月後に発生した11月4日（グレゴリオ暦12月23日）の東海地震と同5日（同24日）の南海地震とされている。だが、この時の改元理由として挙げられているのは、正月の異国船渡来（ペリーの神奈川沖への再来航）、4月の禁裏・仙洞御所の炎上、6月の伊賀上野地震といった変異である。京都の朝廷では安政への改元理由の変異として、11月の東海地震・南海地震よりも、畿内に被害を及ぼした6月の伊賀上野地震の方が重視されている。度重なる前震と深夜の本震、昼夜を分かたず打ち続く余震でもって、朝廷や畿内の人々を不安に陥れた最大の変異は伊賀上野地震であった。なお、この地震の発生直後には、各々の被災地における被害の概略と挿絵を掲載した「聞書大地震並ニ出火の次第」と題する瓦版が出回っており、当時の人々のこの地震に対する関心の高さが窺える。

参考文献　宇佐美龍夫『日本被害地震総覧［416］―2001（最新版）』（東京大学出版会、2003）、中西一郎・西山昭仁「嘉永七年(1854)伊賀上野地震に関する史料―京都府最南部の南山城村・加茂町―」（『地震』59-1、2006）、武者金吉『日本地震史料』（毎日新聞社、1951）　　　　　　（西山昭仁）

1854 安政東海・南海地震　（嘉永7年11月4－5日）

災害の概要

　嘉永7年11月4日（安政元，1854年12月23日）の午前10時近く，駿河湾－遠州灘－熊野灘の海底を震源域（震源断層面が広がっている領域）とする推定M8.4の巨大地震が発生した（巨大地震とは地震学ではM7.8程度以上をいう）。その約30時間後の11月5日夕方4時ころには，西隣の紀伊水道－四国の沖の海底を震源域とする推定M8.4の巨大地震が続発した。この連発巨大地震によって関東地方から九州南部までが震度5以上の強い揺れにみまわれ，房総半島から大分県までの海岸が高さ2㍍以上の大津波に襲われて（図1，2），東海地方と南海地方を中心に日本列島のほぼ半分が大災害を蒙った。遠方ではゆっくりした強大な振動が長く続いた（やや長周期強震動）。安政南海地震は約1,300㌔離れた中国江蘇省丹徒県でも揚子江や池・井戸などの水を動揺させた。もう少し近い上海付近では人も揺れを感じたという。なお，通説では2つの地震の時間差を32時間とするが，信頼できる史料の記述からみて約30時間である。
　この年は，3月3日に，アメリカ東インド艦隊司令長官ペリー提督の強圧に屈した江戸幕府が日米和親条約に調印し，4月6日には御所から出火した京都の大火があり，さらに6月15日に伊賀上野地震（M7強）で千数百人が死ぬなど，大事件が相ついだ。そこへ連発巨大地震による広域大震災が生じたので，11月27日に安政と改元された。そのために11月4日の地震は「安政東海地震」，5日の地震は「安政南海地震」とよばれている。
　2つの地震は以下のような仕組みで起こったと考えられている。駿河湾の中央を南北に走る駿河トラフ（トラフとは舟底状の海底凹地）と，それが御前崎沖で西寄りに向きを変えて四国沖まで続く南海トラフにおいて，その東－南側の海底の岩板（フィリピン海プレートとよばれる）が，年間4～5㌢程度の速さで北西向きに陸側の岩板（プレート）の下に無理やりもぐり込んでいる。両プレートの境界は西ないし北西に傾斜した面をなすわけだが，ふだんは固着していて，陸のプレートがフィリピン海プレートの運動に引きずられて徐々に変形させられる（地表での現れは御前崎や室戸岬の沈降）。100～150年経過して陸のプレートの変形が限界に達すると，プレート境界面の広大な領域（長さ100～150㌔，深さ方向の幅50㌔程度）が震源断層面になって急激なズレ破壊が発生し，陸のプレートが海側に5㍍程度せり上がって変形を解消する（逆断層運動）。これは1分くらいで終わるが，このとき莫大なエネルギーの地震波（岩石の振動が四方八方に伝わる波）が放出され，地表に達すると何分も激しく揺れる。地震波の放出とともに，地震前と逆向きの地表変動も広範囲で生じ，海底の変動は大きな津波を引き起こす。以上は，陸のプレート内部の活断層が震源断層面になる地震とは異なる発生機構で，このような地震を「プレート間地震」とよんでいる。
　駿河－南海トラフ沿いでは，一度プレート間巨大地震が起こっても，破壊したプレート境界面（震源断層面）がやがて固着して，また同じプロセスを繰り返す。つまり，同様のプレート間地震が100～150年ごとに発生する。歴史時代を通じて天武13年(684)，仁和3年(887)，嘉保3年(1096)・承徳3年(1099)，康安元年(1361)，明応7年(1498)，宝永4年(1707)の各年に，細部は多少違っていたようだが，東海・南海巨大地震が起こった。仁和・康安・宝永の時は両地震がほぼ同時に起きたと推定される。また，昭

和19年(1944)，同21年にも東南海地震，南海地震が発生した。いずれも大災害をもたらしたが，近世末の発展した社会を襲った安政東海・南海地震が，地震そのものの規模(M)も大きくて，人々に重い影響を与えたと思われる（昭和の地震はMが小さく，しかも戦災の影響のほうが深刻だった）。
11月4，5日の本震直後から大小の余震が続発したが，7日には豊後水道付近でM7.3～7.5の地震が起こって四国西部－九州北東部に新たな被害を生じた。また安政2年9月28日(1855年11月7日)には遠州灘沿岸で東海地震の最大余震(M7～7.5)が発生して遠州地方にかなりの被害を与えた。そして，その4日後の10月2日，安政江戸地震(M約7)が起こって大震災を引き起こす。この地震も，大地の変動としては安政東海地震と連関している可能性がある。また，嘉永6年(1853)の小田原地震，同7年の伊賀上野地震，安政5年の飛越地震も無関係ではないと考えられ，「大地の動乱」とでもいえそうな状況の中核に安政東海・南海地震が位置している。
一方社会的にも，日本史上未曾有の激動期の始めにこの連発巨大地震が発生した。すなわち，嘉永6年6月にペリー提督が率いる黒船4隻が浦賀沖に現れて幕末の動乱が始まり，翌年に，215年におよんだ鎖国体制が崩壊する。以後の政治・経済・社会の混迷は，本地震の膨大な被災者に追い打ちをかけるものとなった。また，この歴史の流れのなかで，後述の異国船とその乗員も地震津波に巻き込まれた。彼らが大きな災厄を蒙り，その救済に日本人が官民挙げて取り組んだことも，この災害を震災史のなかで際立たせている1コマである。

安政東海地震による被害
安政東海地震は，箱根西麓－浜名湖付近の沿海部に震度6以上の揺れをもたらした（図1）。東海道の宿場のうち，三島，蒲原（静岡市東端），江尻（静岡市），掛川，袋井などはほとんど全潰して一部または全部焼失，沼津，駿府（府中，静岡市），相良（牧之原市），遠州横須賀（掛川市）などの城下町や宿場も被害甚大で，清水湊（静岡市）も全潰・焼失した。ただし，島田や焼津など，家屋の倒壊がわりあい少なかったところもある。伊勢湾方面も，豊橋，吉良（愛知県幡豆郡），長島（桑名市），山田（伊勢市）など震度6に達したところが多く，被害が大きかった。各地で地割れを生じ，地盤の液状化現象で泥水や青砂が吹き出した。沼津近郊の小林では，幅90㍍，長さ200㍍ほどの土地が11軒の家屋敷をのせたまま9～15㌢陥没して9人が死亡し，下田の津波と併せて「下田流れる沼津は割れる」といわれた。駿河湾から北方に延びるフォッサマグナ（大地溝帯）でも揺れが激しく，甲府，諏訪，松本，松代（長野市）などの盆地は震度6で，多数の潰家や死者を生じた。北陸の大聖寺（加賀市），福井，敦賀なども震度5～6で，人々は戸外に逃げ出したが，前夜からの深雪のために難渋したという。京都は6月の伊賀上野地震に比べて弱い揺れだったが，大坂は強く，かなりの破損や死傷者が出た。この地震による居宅の潰れ・焼失は約3万軒，死者は2～3千人といわれるが，まだ十分にはわかっていない。
静岡県の山岳地帯を中心に山崩れも激しかった。富士川下流では，上流の白鳥山の崩壊が流れをせき止め，2，3日は歩いて渡れたが，それが決壊したとき大洪水に見舞われた。蒲原では，地震でゆるんだ裏山が3年後に豪雨で崩れ，宿内の社寺や民家多数が埋没した。このような2次災害は他所でも起こっている。
地震の逆断層運動によって，駿河湾西岸から天竜川河口にかけての地盤が著しく隆起した。富士川河口近くの西岸では，南北数100㍍，東西数10㍍の範囲が1～3㍍隆起して「蒲原地震山」ができた。蒲原では耕地が増え，人々は「地震さん地震さんまた

安政東海・南海地震 315

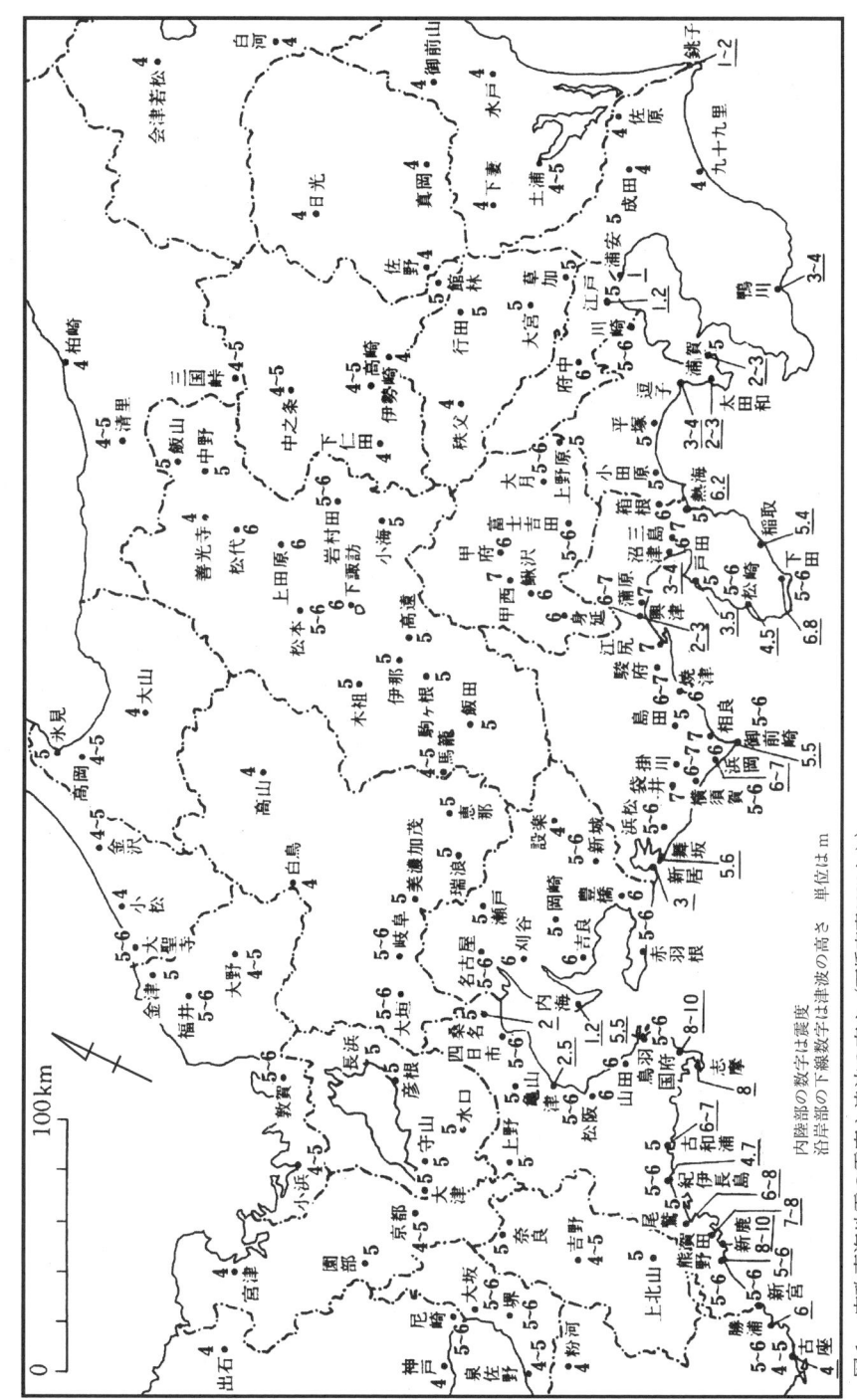

図1 安政東海地震の震度と津波の高さ（石橋克彦1994より）
内陸部の数字は震度
沿岸部の下線数字は津波の高さ　単位はm

316　歴史災害

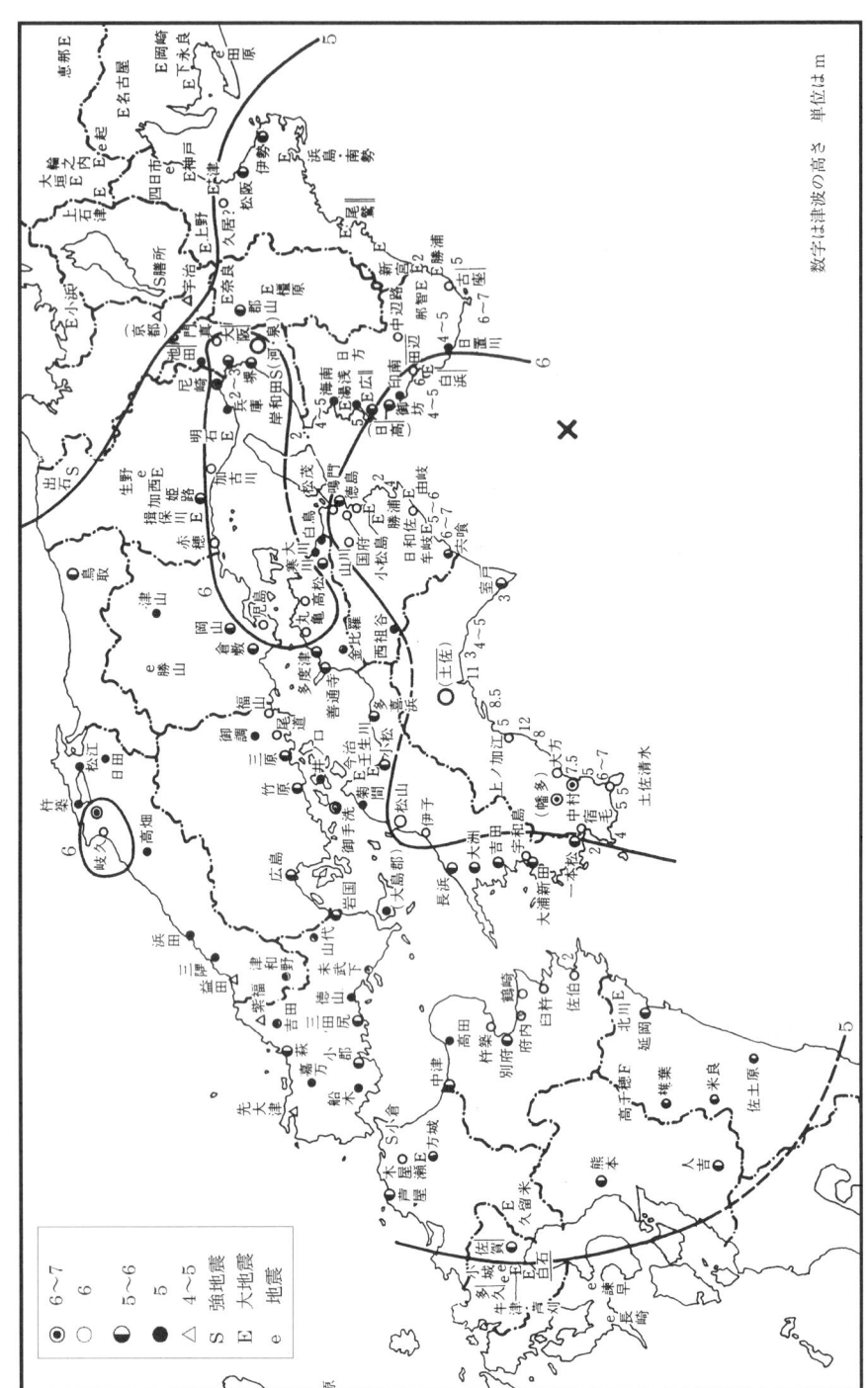

図2　安政南海地震の震度と津波の高さ（宇佐美龍夫2003より）

来ておくれ，私の代にもう一度，孫子の代に二度三度」と唄った。しかし東岸では，富士川の流れが大きく変って洪水に悩まされるようになった。蒲原北方の松岡にも地震山ができた。由比の海岸は約1.2㍍隆起し，興津との間の薩埵峠の山裾では波打ち際が数10㍍かそれ以上後退した。それまで磯道は「親不知子不知」といわれる難所で，東海道は山の上だったが，地震後は下も歩けるようになった。現在では，この隆起した海岸を国道1号線，東名高速道路，東海道本線が交差しながら通っている。諸国の大型廻船で賑わっていた清水湊は約3㍍も隆起し，小舟しか入れなくなってしまった。相良の萩間川河口も1㍍近く隆起して同様のことになった。御前崎も1～1.2㍍隆起した。一方，浜名湖北岸，三河湾沿岸，伊勢湾湾口，熊野灘沿岸が沈降した。

駿河湾－遠州灘－熊野灘の海底ではもっと大規模な隆起と沈降が生じたから，それによる海水の動揺が大津波となって海岸に押し寄せた。ただし，陸へ上がった最終的な津波の高さは，付近の海底地形，海岸線の形，陸上の地形などに強く影響され，狭い範囲でも場所によってずいぶん違う。津波は銚子から足摺岬西方までを襲ったが（図1），大きな被害を受けたのは伊豆半島南東部の下田，同半島西岸の浦々，沼津付近，三保（静岡市），相良，舞坂（浜松市），新居，伊勢志摩，熊野灘沿岸である。これらの各地の波高は数㍍前後，熊野地方では10㍍近くに達し，多数の流失・倒壊家屋や溺死者を出した。小笠原父島の二見港の奥でも，3～4㍍の津波によって家屋が流された。この津波ははるばる太平洋を越え，約12時間後に，ゴールドラッシュに沸くサンフランシスコにまで達した。

安政東海地震によって江戸も強い揺れにみまわれた。後楽園付近から小川町－丸の内－外桜田の江戸城を半周する低平地，不忍池付近・西新橋・芝や，山の手台地に入り込む谷などでは震度5強くらいと推定され，武家屋敷の長屋や，町家・土蔵・寺院で潰れたものがあった。江戸城にも被害があり，石燈籠や塀も多く倒れ，死者や怪我人も出た。一時は立っていられないほどで，しかも揺れの時間が長かった。下町の川や堀割の水が大きく動揺して船の転覆・破損や積み荷の転落もあったが，長周期地震動が影響していると思われる。江戸川区の船堀・桑川・平井などでも建物被害，溢水，地割れがあり，埼玉県北部の行田付近でも歩くことが困難なほどの強い揺れで，かなりの被害が出たという。これらの事実は，来るべき東海地震のために十分参考にすべきことである。

安政南海地震による被害

安政南海地震の揺れは，紀伊半島南部－四国南部－大分県東部が震度6以上の激しいものだった（図2）。熊野灘沿岸や近畿地方では前日と区別しにくいところもあるが，再び大きな震害を受けた。大阪府東部や，瀬戸内地方の加古川，赤穂，福山，尾道，鳴門，高松，丸亀，松山なども震度6で，多数の倒壊家屋と城郭の損壊があった。出雲市付近も局地的に大きく揺れてかなりの潰家が出た。江戸では前日の半分くらいの強さだったが，人々はまた外へ飛び出した。紀伊水道－四国の沿岸海底の大規模な逆断層運動によって潮岬付近が約1㍍，室戸付近が1.2㍍隆起した。一方，和歌山市北西部の加太で1㍍，高知県東洋町甲浦で1.2㍍，同県中土佐町上ノ加江で1.2～1.5㍍の沈降が生じた。高知市東部の約10平方㌔㍍も，他の南海地震時と同様に，約1㍍沈下して浸水した。また，湯の峯温泉（和歌山県田辺市本宮町）や道後温泉（愛媛県松山市）が翌年2，3月ころまで湧出停止した。ただし，前者は前日の地震によるのかもしれない。

再び大津波が生じ，最大波高は高知県中土佐町久礼で16㍍，高知市種崎で11㍍，徳島

県牟岐町で9㍍,紀伊半島南端の串本で15㍍,少し東の古座で9㍍に達した(図2)。これらの地域では地震動災害と津波被害を分けにくいが,各地で無数の家屋が潰れ,流され,多数の死者が出た。

「天下の台所」と称された大坂にも,地震の約2時間後に津波が押し寄せた。安治川河口の天保山付近の波高は1.6〜1.9㍍くらいで大津波というほどではなかったが,そこに停泊していた数百の大船(数百〜千五百石積みの樽回船・菱垣回船・北前船など)を呑み込んで猛スピードで木津川・安治川に押し上げた。折悪しく,多くの堀川には,前日の東海地震による大揺れ以来,多数の町人が小舟に家財道具を積んで避難していた。遡上した大船は,小舟を押し潰し,はね飛ばし,多くの橋を破壊して突き進んだ(図3)。大坂市中の被害は,死者300人近く,大小廻船の破損600〜1,100艘,川船の破損600〜700程度とされている。ただし,経済の中心である堂島・中之島・北船場や大坂城方面はほとんど被害を受けなかった。前日の大津波で廃墟同然となった下田も再び約2㍍の津波に洗われ,九州の佐伯にも同程度の津波がやってきた。サンフランシスコとサンディエゴの検潮儀も,また1フィートの津波を記録した。

救援・救済・復興の事例

一般に災害は,被害の発生はあくまでも始まりであり,ハード・ソフト両面の被害箇所が修復され,発災以前の平穏や賑わいを取り戻すまで継続する。安政東海・南海地震の甚大な被害はあまりにも多くの町や村で同時に生じたから,多くの場所で周辺からの救済や救援は期待できなかっただろう。領主や富裕層から最小限の御救や施行が行われたとしても,無数の民衆達は生への執着だけによってどん底の状況を生き延び,徐々に立ち直っていくほかなかったと思われる。たとえば宿場町では,復旧のための拝借金を得られたのは宿駅関係者(本陣や

図3 大坂の津波で道頓堀川を押し上げられた大船が小舟に避難していた人びとをはねとばしている様子(『地震津浪末代噺乃種』より)

問屋など)だけの場合が多かったようである。地震の約9ヵ月後に東海道を旅した清河八郎(新撰組の前身の浪士組を発案した志士)の『西遊草』によると,袋井・掛川・府中・三島などはまだ目も当てられぬ惨状のままだった。彼は,焼失したところの復旧がとくに大変だと指摘している。

すべての生活基盤を洗い流された津波被災地はもっと悲惨だった。そのなかで,稀にみる識見・財力・献身・実行力を兼備した浜口儀兵衛(号は梧陵)によって復興を遂げた紀州広村(和歌山県有田郡広川町広)は幸運といえるだろう。梧陵は銚子で醬油醸造業を営む浜口家(広村出身)の第7代当主だが,地震のとき郷里にいた。安政南海地震の激烈な揺れに続く海の轟きで津波を知った34歳の梧陵は,みずからも波に倒されながら村人を高台の広八幡神社に避難させる。夕闇のなかで逃げ遅れた者達に避難路を示すために,若者達を指揮して「稲むら」(脱穀前の稲束を積み上げたものもいうが,このときは脱穀後の藁の山)に松明でつぎつぎと火を付けた。こうして,1707年宝永地震津波では300人近い死者が出た広村だったが,今回は36人ですんだ(ただし,宝永津波の波高14㍍にたいして今回は8㍍)。なお,この話に感銘した小泉八雲(ラフカ

ディオ・ハーン）は，明治29年(1896) 6月の明治三陸地震津波（死者約2万2,000人）の状況と絡めて"A Living God"(生神様)という短編を書いた。それをもとにした小学校教員中井常蔵の作品が文部省の教材公募に入選し，「稲むらの火」という題で昭和12(1937)〜21年の小学校国語教科書に掲載されて，子供たちの防災教育に大きく貢献した。

梧陵は，地震後の米の調達と炊き出し，盗難防止，被災現場の片付けや復旧工事による雇用創出（現金収入の途）に力を尽した。さらに，荒れ果てて将来も津波の危険のある村から離れようとする人が多いのをみて，住宅50軒を建てて住まわせたり，農具・漁具を買い与えたりもした。そして，将来の津波から村を護るために大規模な堤防の築造を計画する。それは，村人に働く場を与えること，他力本願の民心を緊張させて勤勉自粛の良風を育てること，重税のかかる土地を堤防の敷地にすることで租税を減らすことも意図していた。工事は安政2年(1855) 2月から3年10ヵ月続けられ，延5万7千人近い人員によって海面上4.5㍍，全長約600㍍の堤防が造られた。その費用約4,700両はすべて梧陵が負担した。補強のために黒松や櫨（はぜ）の植林も周到に行われた。この堤防は，中世からの低い石堤とともに「広村堤防」として昭和13年(1938)に国指定史跡とされた。21年12月21日未明に発生した昭和南海地震(M8.0)で再び高さ4〜5㍍の津波が広村を襲ったが，堤防が村の主要部を護った（ただし，堤防に阻まれた津波が堤防のない江上川（えがみがわ）河口付近に集中して浸入し，22人が死亡した）。以上は，津波からの避難誘導，被災直後の救済，物心両面での地域社会の復興，将来の防災対策という広汎な重要課題にたいする見事な実績である。

幕府の財政は，水野忠邦による天保の改革が失敗して，ますます逼迫していた。そのために国防力の充実も思うように進まないところへこの大災害が起こった。それでも幕府は，諸外国に対する体面もあって，開港したばかりの下田の復興に多大の出費を払った。町民の救済や，市街地，防波堤の復旧のほかに，国際港としての欠乏品供給所，御用所，番所などの整備を急いだ。さらに，新居の関などの東海道の修復や，駿府城などの修理もしなければならなかった。幕府はまた，沼津，掛川，松本，亀山，津和野ほかの諸藩に，何千両かずつの震災復興資金の貸付も行なっている。12月には，東海道各宿場の人馬賃銭を5割増額した。

災害の記録と情報

識字文化が高度に発達した近世末の日本列島の西半分を揺るがせた大災害であったから，膨大な記録が残されている。幕府と諸藩の公的なもの，村と町の公的文書，寺社関係，武士・農民・町人らの個人の日記・覚書・書状などのほか，他国や後世の人々に伝えるために書かれた震災誌も少なくない。これらの文献史料は『日本地震史料』(武者金吉，毎日新聞社，1951)，『新収日本地震史料』(東京大学地震研究所編，日本電気協会，1987・1989・1994)，『『日本の歴史地震史料』拾遺』(宇佐美龍夫編1999・2002・2005・2008)に合計4,589頁にわたって活字化されている（近代以降の文献も含む）。

死者の慰霊と後世への警鐘のために造られた石碑の類も各地に多数分布している。その一つ，大阪市浪速区幸町の木津川・大正橋の東詰（当時は渡し場）の「安政南海地震津浪碑」は，1707年宝永地震津波の経験を忘れて同じ被害に遭ったことを悔やんだ地元の人々が，後人の心得と溺死追善のために安政2年(1855) 7月に建てたものである。被害状況と警告を刻んだ「大地震両川口津浪記」の最後に「願ク心あらん人，年々文字よミ安きやう，墨を入給ふへし」と書かれているが，今も町内住民が年に一度墨入れをしているという。この津浪記は瓦版

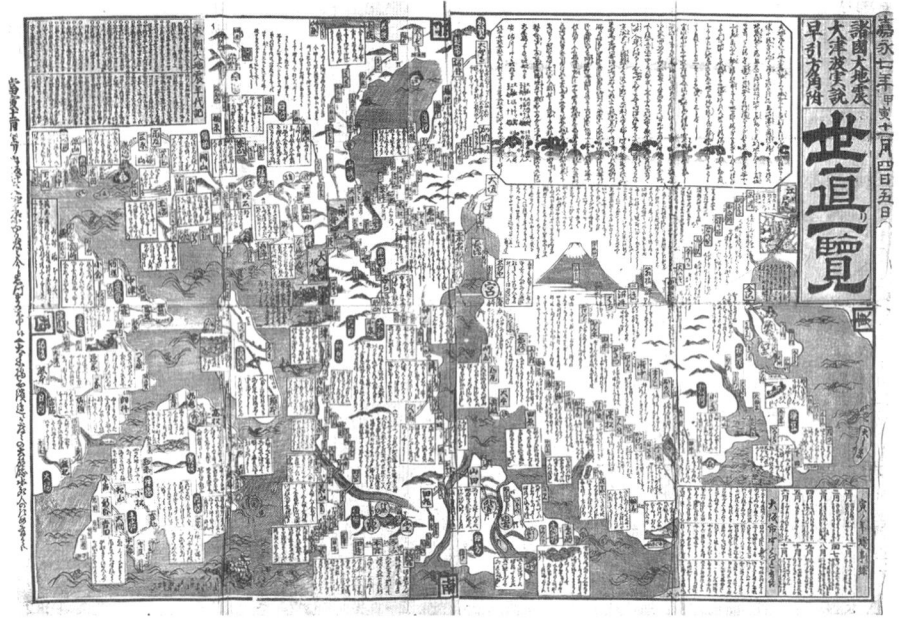

図4　安政東海・南海地震による地震・津波被災地を伝える瓦版

図5　下田湊で大津波にもまれるディアナ号（右端）

にもなって市中に流布した。

瓦版は、弘化4年(1847)の善光寺地震や前年の小田原地震と黒船来航で数を増したが、本地震で大量に出回った。地震後間もない時期は、江戸では災害の様子がわからなかったから、大坂で作られたものが目立つ。それらも遠方の様子はほとんど含まず、大坂と周辺の地域情報が主であった。やがて大坂に西国の被災状況が伝わるようになると、それらを含んだ広域情報が摺られるようになる。そして最終的には、図4のような全国版の瓦版が現れた。

多くの宿場が甚大な被害を受けて人馬の継立ができなくなり、道路・橋なども損壊したから、東海道の交通は一時途絶した。そのために、通行と輸送だけでなく、飛脚による情報伝達も麻痺した。たとえば日本橋の定飛脚問屋・江戸屋仁三郎は、得意先の豪商・大名家などに早便・並便とも当分休止するという口上を九日付で配っている。ただし、壱人仕立(通飛脚、目的地まで一人で運ぶ)は受け付けるとしている。

露艦ディアナ号の被災と援助

帝政ロシアの提督プチャーチンは、通商開始と国境確定を求めて、嘉永7年(1854)10月15日に下田に来航した。乗艦は2,000トンのフリゲート艦ディアナ号である。11月3日から勘定奉行・海防掛の川路聖謨との間で日露交渉が開始された。

4日の朝10時近く、下田湾のディアナ号は突然浅瀬に乗り上げたような衝撃を感じて激しく振動した。安政東海地震のP波による海底の地震動が、海水を伝わって真上の船を揺らしたのである(海震とよばれる)。それから15～20分して津波の第一波が押し寄せ、大小の舟を下田の町に押し上げた。津波は7～8回押し寄せて湾内には大きな渦巻きができ、それに巻き込まれたディアナ号は錨を引きずりながら数十回も回転した(図5)。500人の乗組員は一糸乱れずに激浪や浸水と戦ったが、午後3時ころによ

うやく湾内が静穏に帰したときには、舵を失ったうえ竜骨をひどく損傷し、おびただしく浸水していた。

ディアナ号は、伊豆半島西岸の戸田浦(沼津市戸田)で修理することになったが、そこへ回航する途中で海が荒れだし、6日間の苦闘の末、12月2日夜に富士川河口東岸沖でついに沈没した。唯一の拠り所の自艦を失ってもプチャーチンはめげず、代船の建造を申し入れる。日本側も全面的に協力することになり、伊豆各地から船大工や鍛冶職人が戸田に集められた。いっぽう、厳しい状況のなかで条約交渉も進められ、12月21日(1855年2月7日)、高台で津波をまぬがれた下田・長楽寺において日露和親条約が締結された。現在、2月7日が「北方領土の日」とされているが、それは、この条約によって択捉島までが日本の領土と規定され、今日のわが国の立場の基礎になっているからである。

プチャーチン以下数十人のロシア将兵は、安政2年3月22日、「ヘダ号」と命名された新造の洋式帆船に乗って離日した。残りのディアナ号乗員も、米国とドイツの商船で日本を去った。戸田村は地震と津波で大被害を受けており、多数の異人・職人・役人・警備兵の滞在は大変なことだったが、村人達は親切に尽くした。いっぽうヘダ号を建造したことは日本の近代造船術の大きな基礎となった(同型船がさらに6隻建造されて輸送船として活躍した)。安政東海地震によって否応なく引き起こされた日露関係者の苦闘と互助は、マイナスの面だけではなかったのである。

参考文献　石橋克彦『大地動乱の時代—地震学者は警告する—』(岩波新書、岩波書店、1994)、宇佐美龍夫『最新版日本被害地震総覧[416]—2001』(東京大学出版会、2003)、内閣府中央防災会議・災害教訓の継承に関する専門調査会編『1854安政東海地震・安政南海地震報告書』、2005　　(石橋克彦)

1855 安政江戸地震 （安政2年10月2日）

地震の概要

地震は安政2年10月2日（1855年11月11日）夜四ツ時（21:20ころ）過ぎに発生した。震源は東京湾北部のやや深い位置で、地震の規模はM7前後と考えられている。大震動に襲われたのは江戸市中と周辺で、震度5弱から6強であった。北にやや離れた埼玉県幸手市も震度5強の揺れであった。震度4〜5弱の揺れで軽微な被害が出たのは、水戸市、熊谷市、小田原市の範囲であり、有感範囲は北は盛岡市、新潟市、西は京都府宮津市、兵庫県豊岡市などであった。

津波はなく、本震の後多くの余震が発生したことを古記録が示している。江戸で記録された「十月一ヶ月地震之記」（『別巻藤岡屋日記』）によると、10月中に80個の有感地震があり、2個のやや大きな地震が含まれていた。余震の記事は江戸だけではなく、群馬県太田市（『俊純日記』）、千葉県成田市（『豊田家日記』）にも詳しく記録されている。それぞれの古記録が不完全な部分を補完し地震の発生を見ると、10月2日は夜四ツ時の本震のあと20回の揺れがあった。6日、7日そして12日にやや大きな揺れが襲い、特に7日の揺れでは2日の本震で崩れ残った建物が潰れた（『安政乙卯地震紀聞』）、と述べている。千葉県成田市では筵を敷いて庭に出たといい、群馬県太田市では本震の半分くらいの強さの揺れであったと記録している。有感余震は翌年の正月末まで続いたことがわかる。

被害の概要

死者は寺社奉行が把握できた範囲で7,095人、男子3,309人、女3,786人（『公私日記』）であった。内訳は武家2,193人、寺院25人、町方4,758人そして在方119人である。一方、町名主の調べた町方の死者は4,297人（『武江地動之記』）を数える。これに行方不明者456人を加えると4,753人となり、寺社奉行のとりまとめた数によく合う。また、橋などには大きな損傷はなく、大規模な崖崩れなども見られなかった。

1) 建物被害　木造家屋や土蔵の潰れが多かった。そして土蔵壁の落下などの破損も多かった。町方の倒潰家屋は14,346軒、1,727棟、また土蔵は1,400棟が潰れた。町方の倒潰家屋は隅田川より東の墨田区、江東区に多く、当時の町割りの16番組（2,307軒）、17番組（4,903軒）、18番組（3,415軒）では40％以上の倒潰率（潰戸数/全戸数）となっている。一方、中央区の日本橋より京橋、芝口までの4番組（42軒、3棟）、5番組（66棟）、6番組（6棟）は総戸数が知られていないので倒潰率は計算できないが、潰戸数に大きな開きみられる。明らかに日本橋・京橋の方が揺れが小さかったことがわかる。

被害と地盤の関係が密接なことは、現在では広く理解されている。しかし、江戸地震の時代でもそのことに気づいた人が何人かいた。その中の1人、西河岸町の家主・城東山人は「今度の地震、山川高低の間、高地は緩く、低地は急也」（『破窓の記』）と述べている。

町方の被害は広い町割ごとの被害総数で示されていることから、狭い町々の揺れの強さを推定することができない。一方、大名・旗本あるいは商家は、それぞれの屋敷被害を日記に残したり、また幕府に報告しており、その史料が多く存在する。これらの被害を地形・地盤と対応させると次のようになる。

江戸の町は武蔵野台地と東京低地に開けていた。台地上の町にあった美作津山藩下屋敷（現新宿区喜久井町）では、「住居が傾き、壁が二ヵ所落ち、屋根瓦が落ちた。長屋や土蔵の壁が落下したもの三棟あった。家来

の住居，物置など大破五棟，一棟が潰れた」。また，彦根藩上屋敷(現千代田区永田町)は「北の長屋の高塀が十間ばかり，屋敷内の高塀が十間と八間ばかり倒れた。建物の壁が損じ，板塀が十三間ばかり倒れ，石垣なども崩れた。土蔵の屋根瓦などが大損した」とある。

台地を川が開析(河川の浸食作用によって平地に谷が刻まれる現象)して神田川谷，石神井川谷などができた。神田川は小石川と合流し，千代田区神保町あたりに大沼をつくり，さらに平川となり日比谷の入江に注いでいた。大沼や入江は徳川家康の江戸入封以後埋立てられた。この谷底低地から入江であった地盤は，10～20ﾒｰﾄﾙの厚さの軟弱なシルト層や砂層からなる。水戸藩上屋敷(現文京区後楽)では「台所，米つき小屋，重役の部屋，側用人の部屋など残らず潰れた。足の踏み場もないほどであった。家老・戸田忠太夫殿，藤田東湖殿は死亡」とあり，

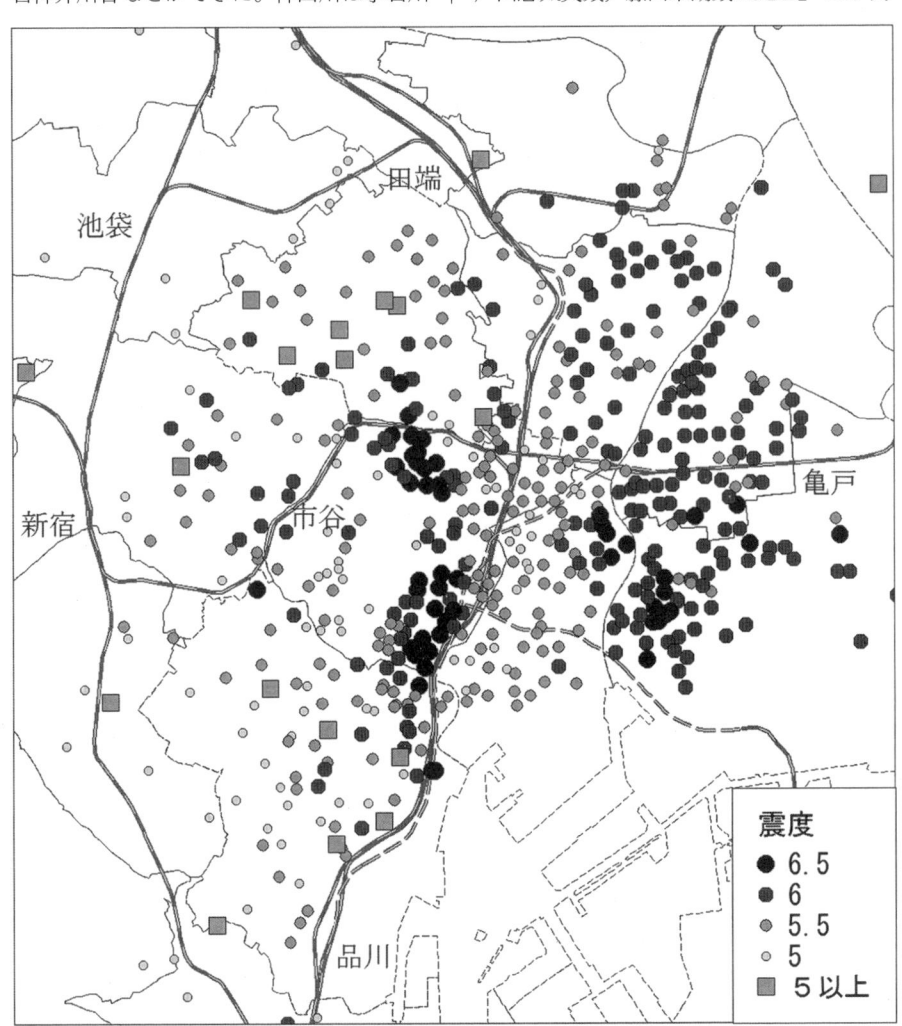

図1　震度分布図

藩士以下50人以上が圧死した。また伊勢長島藩上屋敷(現千代田区丸の内)は「屋敷内の住居などは全て潰れた。長屋は一棟が半潰れ，その他は全て潰れた。また，門は二ヵ所潰れ，一ヵ所が半潰れの状況であった」と記録されている。屋敷内の建物のほとんどが潰れた。

武蔵野台地の東に東京低地が広がる。地表面は平坦に見えるが地下の構造は複雑で，3段の台形地形が存在する。これらは埋没地形と呼ばれ，2万年前からの海面変動によって形成されてきた。

本郷台地の縁が6,000～7,000年前の海面上昇期に波によって削られ，隅田川の西側に浅草台地，日本橋台地ができ，そこは5㍍の堆積層が覆っている。西河岸町(現中央区日本橋)では「突然地震があり，皆驚いて抱き合った。周囲の物が落ちてきました。壁や障子は波打つように見え，地震が収まって外に出た。私が管理している長屋の一つのひさしが全て崩れ落ちていた。自分の家を見ると，壁が落ち柱は傾いていたが，住めないほどの壊れかたではなかった」と述べている。このあたりは江戸の前島と呼ばれ，特に被害の小さな区域であった。

また，隅田川の東側には本所台地が存在する。ここは2～3万年前の海面高度が低下する時期に形成され，30～40㍍の厚さのシルト層が堆積している。下総関宿藩下屋敷ほか(現江東区清澄)では「本誓寺の観音堂や，境内にあるほかの寺々は潰れた。隣接する霊岸寺では，本堂は無事，総門が倒れ，境内の寺々は多くが潰れた」，「隣接する，老中・久世大和守殿の屋敷は住居や長屋四棟，土蔵三棟が潰れた」と記録されている。さらに東，千葉県との間にはさらに深い古東京谷が存在し，ここは60㍍の厚さのシルト層が堆積するが，被害は本所台地上と大きな差はなかった。

これらの被害から揺れの強さを推定すると，武蔵野台地上では震度5弱～震度6弱，谷底低地や日比谷入江の埋立地は震度6強にもなった。また，浅草台地や日本橋台地は震度5弱から震度6弱の揺れであった。本所台地では震度6弱から震度6強の揺れで，谷底低地とほぼ同じ強さであった。

被害とは別に地震の揺れ初めの様子を記録した日記などがいくつか存在する。この種の体験記録は他の地震記録にはあまり見られない，地震学的にも貴重な資料である。歌舞伎役者の中村鶴蔵はその時本所尾上町(現墨田区両国)にいた。そして「扇を持ち聞いてゐると地よりドドドドと持ち上る。皆々女の事ゆゑキャッといって立騒ぐ。我れ之を鎮め騒ぐことはない，是は地震の大きいのだといふ時に，小みつは親方座って居ずとマアお立ちでないかといはれ，成程座って居るにも及ばぬと思って，立て歩行き出すと揺れ出し，足を取られて歩行自由ならず」(『手前味噌』)と記録している。

地震の始まりに，余裕をもって対応している様子が見える。また，名主・中田五郎左衛門は北本所表町(現墨田区向島)の自宅にいた。「物書おりたりしが，地震揺出して始はさせる事にも覚えざりしが，次第に強くなりしかば，家内のこらず庭中へ出たるが，程なく家傾きたりとぞ」(『武江地動之記』)と名主仲間の斎藤月岑に語っている。家中のものが逃げ出せる余裕があったことになる。

このような体験記から共通にみえることは，初期の微動が数秒間あり，その後大揺れに移ったことである。即ちP波とS波の到達時刻に間があり，震源がやや深いことの根拠となる資料である。初期微動時間が5秒～10秒の間とすると，震源距離は40～60㌔はあると考えられ，被害程度も考慮すると，東京湾北部の30～50㌔の深さと考えることが妥当であろう。

2) 火　災　地震当日の気象は，午前中は小雨，午後には止んで夜にはわずかに風が吹いていた。旧暦2日の午後9時過ぎである

ことから，外は暗闇であった。地震直後に火災は50～60ヵ所から発生した，とする記録（『武江地動之記』）がある。

町奉行・井戸対馬守の指示で調査が10月4日から行われ，その結果が『安政地震焼失図』として残されている。町奉行所の算出した焼失面積換算すると3.8平方㌔となるが，近年，図面の消失区域を現代の地形図上に写し取り，その面積を算出すると1.5平方㌔となる。この広さは東京ドームの32個分に相当する。町奉行所が複雑な形状を簡略化して推定したことが，過大評価に繋がったのであろう。

最も広く焼失した区域は，台東区千束・浅草・花川戸町で，吉原はここに含まれる。千代田区大手町・丸の内地区，神田神保町，中央区京橋・銀座地区が続く。江東区永代・門前仲町，森下・千歳，台東区上野なども広く延焼した。神田神保町，大手町・丸の内などは軟弱な地盤の上に建てられた町であり，揺れも大きく火災に繋がったものと考えられる。

一方，水戸藩上屋敷（現文京区後楽）も激しい揺れに襲われた。前水戸藩主・徳川斉昭公の奥方に仕えた西宮秀は，地震の後周囲が落ち着くのを見計らい「御殿へ引き返し，御手あぶり，御あたため，火鉢など火の本あぶなく，そのまま御泉水へ投げ込み，金魚や緋鯉はふびんに思うけど，致し方ない」（『落葉の日記』）と，とっさの行動に出た。水戸藩上屋敷からは火災は出さずにすんだ。吉原はほぼ全域が焼け，1,000人余りの死者が出たとされている。その多くが唯一の出入口，大門に殺到したためであった。遊廓は遊女が逃げないよう堀で囲まれていた。そこには，緊急時に下ろす反橋が数ヵ所にあったが，この時には下りなかった（『江戸大地震末代噺の種』）。破損していたのか，錆び付いていたのか，あるいは下ろさなかったのかわからない。江戸の前島に位置する京橋・銀座の揺れは大きなものでなかっ

たにもかかわらず，広い区域が焼失した。

参考文献　内閣府中央防災会議・災害教訓の継承に関する専門委員会編『1855年安政江戸地震』，2004，松田磐余『江戸・東京地形学散歩―災害史と防災の視点から―（増補改訂版）』，之潮，2009）　（中村操）

救援・救済の概要

この地震では116の大名と約8割の幕臣（旗本・御家人）が被害に遭ったほか，直接的な被害は浅草・下谷・本所・深川など下町地域に顕著で，江戸の町方における死者は4,293人，怪我人は2,759人を数えた。また，直後に市中に発生した火災は被害をさらに広げ，類焼地域の総延長は約2里19町余に及んだという（『武江年表』）が，無風状態が幸いしたのか，焼死者はそれほど多くはなかったようである。

そこでこれらに対する幕府の政策を武家地・町人地に分けてみていくと，まず武家について最優先で復旧が図られたのは，大名小路周辺に役宅を構える幕閣である。当時老中・若年寄・寺社奉行の職にあった大名家12家だけは，藩邸再建の資金を無利息10ヵ年賦で借用している。ほかの大名は自力による復旧を目指したが，その方法は主として国元領民からの資金・人足・材木・食糧などの調達と，江戸藩邸出入りの商人からの人足提供に大別できる。また幕府は幕臣に対し，100俵以下の御家人層には救済金を与えるとともに，他の者たちには無利息10ヵ年賦の貸付を行なっている。

一方，町人については地震直後に繰り返し町触が出されている。それによれば，町奉行所では各町々の火の元の取り締まりと消防手当，および諸物価や職人の手間賃の引き上げ禁止などを厳重に言い渡しているのである。そして5日夕刻以降，町会所による御救小屋が浅草広小路（雷門前）・幸橋門外・深川海辺続・上野山下・深川八幡（永代寺）境内の5ヵ所に順次建てられ，ほかにも上野寛永寺の輪王寺宮が上野山下に

設置した小屋1ヵ所があった。

被災した人々は地震後余震を怖れたため、武家や一部の富裕な町人は庭に避難し、中下層の町人は道に畳を敷き、四方を戸や障子で囲んでしばらく野宿をしたというが、上記の御救小屋では、願い出た窮民を収容するとともに炊き出しを行い、握り飯を配布した。実際に握り飯の配布を受けた人々は、12〜20日の間だけで202,400人を数え、その後は日雇層を中心とする381,200人に御救米を支給したが、御救小屋自体に入所した者は少なく、わずか2,700人ほどであったという。

また、震災による死者への対応については、検死手続を省略化し、町名主が立ち会うことで済ませるとともに、町名主には6日までに死者・怪我人・倒壊家屋の調査を命じている。そして引取り手のない遺体については、本所の回向院が無料で埋葬することとされたのである。なお、幕府はこのほかにも社会的混乱を防ぐため、物価や風評の取り締まり、為替の速やかな対応、職人不足の解消などを町触で言い渡しており、迅速な処置を講じている。

一方、民間での対応については、ある程度の資産を持つ町人を中心とした義援活動である施行が盛んに行われた。元来火災の多い江戸においては、当時富裕な町人が生活のよりどころを失った窮民への施行を行うことが社会的義務として一般に認知されており、幕府も事後彼らに褒美を与えるなどして奨励したため、このときも御救小屋に174件から金銭や物資が届けられ、さらに255人の町人が自主的に施行を行い、その総額は15,000両におよんでいる。

復興への道

江戸の人々はたび重なる火災や、天保飢饉での経験もあったためか、比較的秩序を保った冷静な対応をとる傾向にあり、被災直後から再建の槌音が各所で聞こえ始めた。11月23日には両国橋の修復が完了し、渡り初めが行われている。ところが、この年の年末はかなり冷え込んだようで、12月7日には積雪があり、同20日にいたっては1尺余も積もったという(『武江年表』)。

また、幕府は安政3年(1856)末までは庶民の生活安定策を講じ、道・橋・上水などのインフラ復旧を組織的に行なっているが、地震は同3年の春にも小さい地震がたびたび起こったほか、とりわけ8月25日に襲った台風が復興の流れを妨げた。このときも沿岸部を中心に水死者や怪我人を出し、大破した家屋も少なくなかったのである。

震災被害の甚大であった浅草地域の中心的存在である浅草寺では、江戸時代最後の開帳を万延元年(1860)に行なっているが、これは大地震と、翌年の風災による本坊・境内諸堂社大破のため、修復費用を助成する目的で3月15日から80日間許可されたものであった。『浅草寺日記』によれば、この時点で随身門や本堂の内陣・屋根のほか、境内や子院に修復・再建されていない堂社が少なくなかったようで、被害からの復興がかなり遅れていたことを示している。このように江戸の町は、地震の爪痕を引きずりながら安政の大獄、桜田門外の変、コレラや麻疹の流行、和宮降嫁、尊王攘夷運動の激化という動乱の世相に飲み込まれていったのである。

災害の記録

震災記録として著名なのは、『安政見聞誌』と『安政見聞録』であろう。これらは多くの人々に読まれたもので、前者は安政3年(1856)3月に刊行され、仮名垣魯文が被害状況を地域ごとに詳述し、戯作者らしく風説や逸話を多く盛り込んだもので、当時武者絵・風刺画などで名声を得ていた歌川国芳らが挿絵を描いている。初摺は900部で4月8日より売り始め、大きな評判を呼んだため2,000部増摺したほどであったが、5月には摘発を受けて発禁処分された(『藤岡屋日記』)。その後6月になって出された

安政江戸地震　327

図2　安政大地震（『安政見聞誌』より）

図3　鯰絵　「信州鯰と江戸鯰」

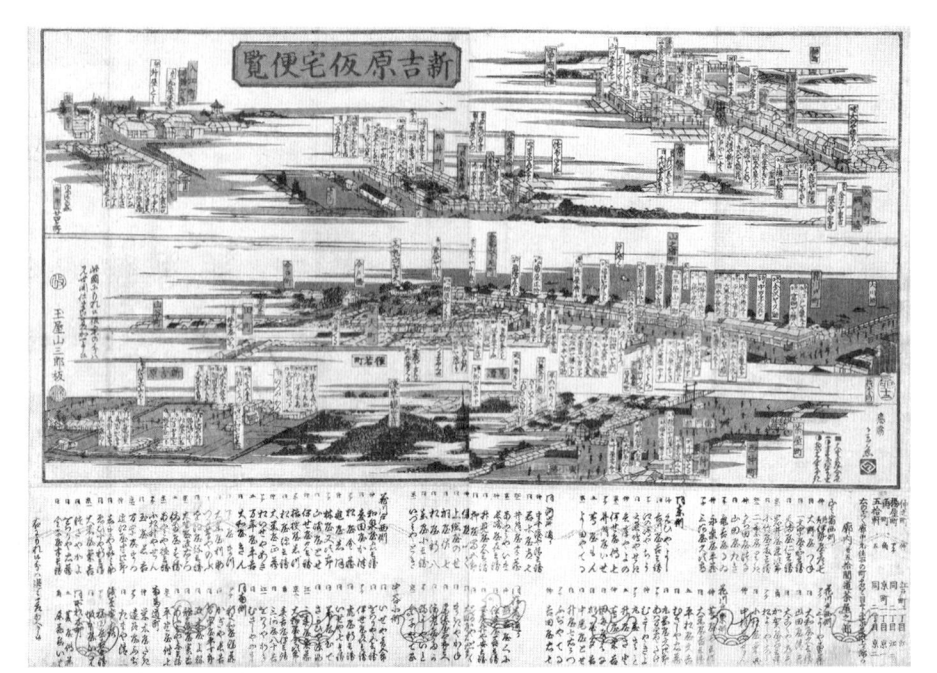

図4　新吉原仮宅一覧

のが後者で，こちらは服部保徳の作であり，国芳門下の芳晴が挿絵を担当しており，内容は前者同様に被災状況を述べつつも，教訓的な逸話や著者の私見が随所に盛り込まれたものであったため，発禁とはならなかった。

災害情報は神田御成道西側（現千代田区外神田三丁目）に古本屋を構える藤岡屋由蔵にも伝わっていた。彼は古本屋のかたわらで江戸城大手門前の下馬先や市中で収集したさまざまな情報を詳細に記録し，諸藩の留守居役などに閲覧料をとって情報提供していた「御記録本屋」の異名をもつ人物であった。そのような彼が文化元年（1804）～明治元年（1868）の65年間の情報を収録した記録類は，『藤岡屋日記』と総称されるが，このうちの別巻に「安政地震」と題する上下2冊の震災記録がある。ここには震災による倒壊状況や被災した武家や町々の名前，および市中のさまざまな風聞が収録されて

いる。一方，神田雉子町に住んでいた町名主斎藤市左衛門（月岑，1804～78）は，『江戸名所図会』『東都歳事記』『武江年表』などの著作で知られる文化人だが，この大地震についても『武江地動之記』という記録を残している。同書の識語には，「こゝに其顚末を略記して，遺亡に備へはた児孫に示して，常にこの窮厄を忘るゝ事なく，神仏を信じ其身をかへりみ，奢侈を除くの一助たらしめむとす」とあって，災害の記憶を意識的に後世に記録しようとしたことがわかる。また彼の日記をみても，災害とその復興に実務的に関わっていたさまを読み取ることができる。それによれば，地震当日月岑宅では土蔵の壁や屋根瓦が残らず落ち，家屋が少し曲がってしまったという。そして3日・4日には近隣の名主や江戸の町政を総括する町年寄三家を見舞い，5日には町奉行所に出頭して指示を仰いでいる。月岑は町名主として震災翌朝には管轄する

青物役所を検分し、9日には死者の届出を、11日には重傷者の書上を町奉行所に提出し、しばしば御救いの問合せに答えているほか、26日には本所・深川の焼失・損壊箇所の検分に出向いている。

建物の再建・修復については、5日夜に土蔵の折釘が盗まれたものの、7日には鳶人足を2人雇って土蔵の壁土を運ばせ、10日には左官に外壁を修理させているが、14日と18日の強い雨で土蔵の中のものが濡れて台無しになってしまったとしている。ともあれ、月岑の土蔵は21日の屋根完成後に蔵の掃除を行い、25日にはひとまず元の生活に戻っている。彼の日記では翌26日の記述に「往来此程段々片付く」とあることから、10月末ころには江戸市中は一定度の復興がみられたようである。

ただ、月岑の日記をみると、大地震後も毎日のように余震が続いていたようで、「地しん少し」など余震の存在を示す記述が年内だけでも50回ほどみられることから、こうした復興作業は打ち続く余震の脅威と闘いながら行われていたことがわかるのである。

鯰絵の登場

江戸時代の災害のなかでも、この安政江戸地震の特徴的なところは、災害情報が出版文化と深く結びつき、スピーディかつ多彩な展開をみせたことであろう。19世紀の江戸では、火災のたびに被災状況を速報するかわら版「焼場方角付」が出されたが、この地震直後の4日からは「地震方角付」の類が売り出された。その後も新興の版元が無届で次々と出版物を刊行していき、斎藤月岑も「一枚摺、綴本、にしきゑの類、何百種といふ事をしらず」(『武江年表』)と述べているほどであった。なかでも鯰絵は代表的なもので、この地震の社会的な意義を特徴的に表したものとして知られている。

鯰絵とは、安政大地震直後の江戸で大鯰を題材に描かれた風刺的錦絵で、二枚続・三枚続のものもまれにみられるが、一枚摺のものがほとんどである。これらは月岑のいうところの錦絵の類に該当し、実際に約2ヵ月間で300〜400種ほどが出されたといわれている。ただ、鯰絵が一般の錦絵と大きく異なるところは、無許可の出版物で、むしろ速報性を重視するかわら版に近い性質を持っている点である。作者は無名の彫師・摺師が多く、一部には歌川派一門の浮世絵師や、筆耕の梅素亭玄魚(宮城喜三郎)などがみられるようである。鯰絵の構図は、地震をひき起こす大鯰が普段は鹿島明神に要石で押さえつけられているという俗信を背景に、神無月(10月)で鹿島明神が出雲に出掛けている隙に大鯰が暴れ出したとするもので、大鯰を主人公に据えて江戸庶民の震災に対する反応を表現したものとなっている。一例として図3を取り上げてみよう。ここでは、左上の信州鯰と左下の江戸鯰を、さまざまな人々が押さえつけている様子が描かれている。江戸鯰が安政江戸地震を示唆していることはいうまでもないが、信州鯰は8年前の弘化4年(1847)3月24日に起きた善光寺地震を暗示したものである。信州出身の奉公人の多い江戸の町人社会では、今回の大地震が善光寺地震に続いて起きたと認識されていたことを物語っている。そしてここに登場する各人物を注意して見てみると、その大半は地震によって苦しめられた江戸町人だが、画中の職人の言葉に「マアマア旦那がた、そんなにせずと、もう堪忍しておやんなせへ、それではわっちらが困ります」とあるように、家財を失った富裕な旦那層に比べ、職人にとっては震災復興が資産を増やす好機となっていた実態を表しているのである。

鯰絵は地震後の経過によって内容に変化がみられるというのが通説である。すなわち、地震直後の大鯰は破壊者として捉えられ、今後は地震が起こらないようにと要石や鹿島大明神に祈っているものや、被害を受け

た人々が鯰を打ち据えるもの，そして大鯰が鹿島大明神に謝罪し，あるいは損壊家屋を片付け，被災者を治療するものなどがこれに該当する。

ところがその後，大鯰は救済者として描かれていく。それは大鯰が世直しの対象として掛け軸などに描かれたり，金持ちから取り上げた金銀で施行に一役買っている姿を描いたものがあるほか，復興景気で儲けた職人たちが大鯰に感謝している内容などに変化していくのである。こうした鯰絵には被災者への励ましや癒しの意図が込められていると同時に，そこでは江戸の社会にとってこの地震が庶民に「世直し」の期待をもたらしたことを表現している。安政江戸地震はその後の幕末の動乱にも少なからぬ影響を与えたのである。

幕末文化への影響
震災の復興景気は，とりわけ職人や日雇いの人々に日頃の生活困窮を解消させる機会を与えた。江戸の中下層民を形成する彼らは，通常長屋に住み，ギリギリの生活水準を維持していたが，人手不足から賃金が高騰したため，にわかに大きな収入を得ることとなった。生活に余裕のできた彼らは，文化的なものに活発に消費していくのだが，その代表的なものには，①仮宅の繁昌，②室内文芸の発展，③出版印刷文化の進展が挙げられる。

①については，吉原の仮宅（仮営業所）が浅草広小路・花川戸周辺と深川八幡門前周辺にでき，通常よりも安価で遊べることもあって，職人層が押しかけ繁昌したのである。②については，歌舞音曲といった芸事が盛んになり，寄席が大繁昌したことが知られる。さらに③は鯰絵のほかに役者絵の3代豊国，武者絵・戯画の国芳とその門下，名所絵の広重ら歌川派の浮世絵師が活躍し，近年では広重の『名所江戸百景』が彼の震災体験を如実に反映したものであるとの解釈がなされている。そして②と③を兼ねた展開をみせたものに千社札（納札）がある。千社札は元来，寺社に参詣の証として貼付するみずからの居所・屋号・姓名を捺った紙製の札だが，このころには絵入り多色摺の札を連という同好者の集会において交換・品評することが盛んに行われた。こうした活動の中心になったのが職人層で，多色印刷の必要性から浮世絵師・彫師・摺師・戯作者・筆耕といった出版印刷業界を巻き込み，あたかも「私家版錦絵」の交換会のような様相を呈していった。

このように安政江戸地震は，幕末の江戸の社会と文化を基層から揺るがすものとして重要な役割をはたしたと解釈することができるのである。

参考文献　北原糸子『地震の社会史―安政大地震と民衆―』（講談社学術文庫，2000），宮田登・高田衛監修『鯰絵―震災と日本文化―』（里文出版，1995），佐山守『安政江戸地震災害誌』（海路書院，2004），斎藤月岑『増訂武江年表』2（東洋文庫，平凡社，1968）

（滝口正哉）

1858 飛越地震 （安政5年2月26日）

災害の概要

安政5年2月26日（1858年4月9日）の未明，北アルプス立山連峰の西，現在の富山県と岐阜県の県境付近を中心に，大地震が発生した．典型的な内陸直下地震で，飛騨と越中での被害が大きかったために飛越地震と名づけられている．この地震は，第一級の活断層である跡津川断層の活動によるもので，その規模については，従来M7.0～7.1（『理科年表』など）とされていたが，近年，被害分布などをもとに再検討が進められた結果，M7.3～7.6程度だったと推定されている．またこの地震は，古文書の記録などから2つの地震が相次いで発生した，いわばマルティプルショックだったことも明らかになっている．

飛越地震については，地震が発生したときの状況や災害の様相，地震後の情報収集や復旧活動などについて記された古文書や絵図が，数多く保存されている．また一方では，立山の鳶崩れなど，大地に刻まれた災害の傷あとが各所に残されているため，自然と人文の両面から，地震像や災害像を復元することができる．

富山城下の被害

強烈な揺れに見舞われた城下町の富山をはじめ，常願寺川下流域の平野部では，多数の家屋が倒壊した．全半壊した家屋は，約600棟とされる．とりわけ常願寺川の右岸側では，地盤の液状化が著しく，それが家

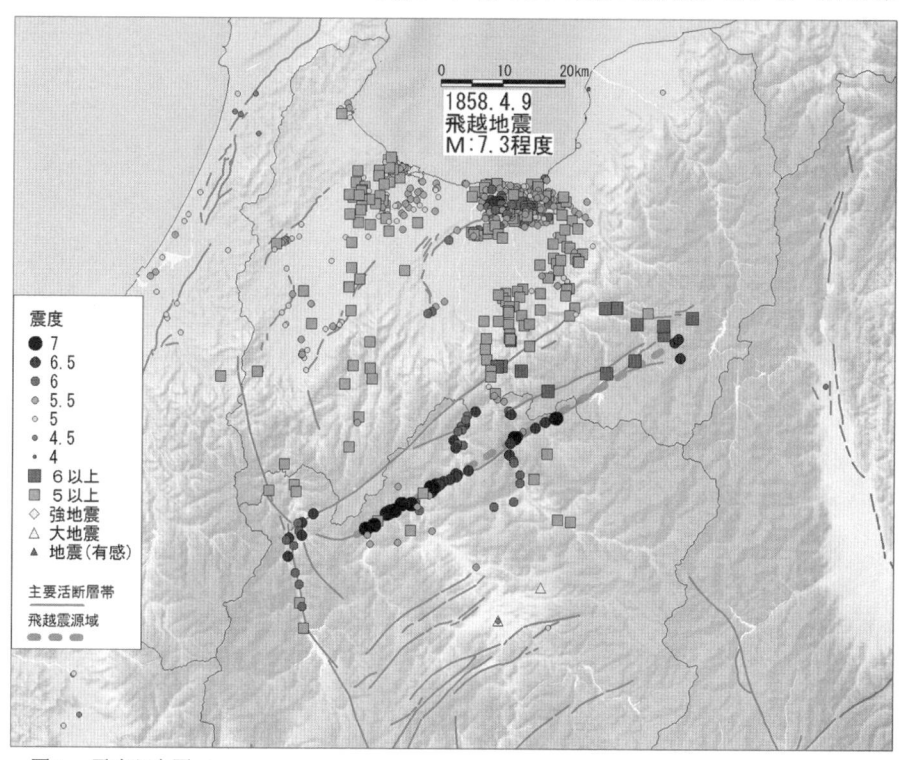

図1　震度分布図

屋の倒壊被害を拡大した。富山城の南側でも，各所で地割れを生じ，砂まじりの水を噴き出して，多くの家屋が水びたしになるなど，地盤の液状化現象が目立った。富山城の石垣や門・塀なども破損し，松や杉の大木が根こそぎ倒れ伏したといわれる。富山藩士であった昇平堂寿楽齋が書き残した『地水見聞録』には，大地震が発生したときの自宅の模様が，次のように記されている。「暫くして，どこからともなく鳴動する音が凄まじく，その音がバサバサと鳴りだしたので，これは地震だろうとすぐに起き上がり，右手の縁側の障子を開けようとしたのだが，開けることができず，力まかせに無理やり押し開け，雨戸も同じように押し開けて土間まで飛びだし，ここで家の中の妻子を呼びたて，「地震だぞ，出よ出よ」と何回も大声で呼んだが，誰ひとり答える者もない。どうしたことかと，なおも呼びつづけるうち，おいおいひとりずつ出てきたので，手や腰をもって南の庭に押しだしてやった。折からなお震動は止まず，戸障子や唐紙，雨戸の鳴りひびく音の凄まじいこと，たとえようもなかった」。同書は，このあと家人の安否を確認し，火災への備えを指図したことなどが記されており，さらに「八つの鐘聞こえぬ」と書かれている。つまり地震のあと暫くして八ツの鐘を聞いたというのだから，地震が発生したのは，午前2時少し前だったと推定される。寿楽齋はまた，余震を感じるたびに，白と黒の丸印しをつけた「地震昼夜大小玉附」という昼夜別の余震記録を残している。○は昼，●は夜の発生を意味し，しかも揺れの強弱を丸印しの大きさで表現している。この方法は，安政2年の江戸地震のあと，『地震見聞録』に記された余震の記述に習ったものと思われる。富山城下町では，さいわい火災は発生しなかった。地震の発生が深夜だったことと，地震の直後，人びとが互いに「火の元用心」を呼びあっていた

からと考えられる。常願寺川流域以外では，新川郡の滑川町や射水郡の片口村，砺波郡の今石動町などで，多くの家屋が全半壊し，田畑では液状化による地割れや噴砂現象がみられた。震源から遠く離れた金沢や大聖寺でも，多くの家屋が被災した。金沢城下町では，全半壊した家屋114棟を数え，地盤の悪い大聖寺城下町でも，約100棟が全半壊した。さらに越前の丸岡町でも，160戸が全半壊するという被害を生じた。

飛騨地方の被害

幕府直轄領だった飛騨地方も，大災害に見舞われた。特に，神通川の上流部にあたる飛騨北部の村々の被害が甚大であった。宮川筋や高原川筋の村々をはじめ，庄川上流部の白川郷など，あわせて70ヵ村が被災した。とりわけ，跡津川断層に近い村々の被害は凄惨をきわめ，家屋の全壊率が100％近くに達した村もあった。被災した村人の様子について『飛州村々地震一件』には，「百姓たちはもちろん，村役人たちまで本心を失い，途方にくれ茫然としている。廻村の役人を見ると，しきりに狼狽し，涙を止めることもできず悶絶し，地役人が尋ねても，答えることができないほど打ちひしがれている」と書かれていて，被災直後は，村人がみな放心状態であったことを読みとることができる。飛騨と越中を結ぶ交易路だった越中街道の被害も大きかった。越中街道とは，西街道・中街道・東街道の3街道の総称だが，どの街道も落石や土砂崩れによって寸断されたため，両国を結ぶ物流の動脈が遮断されてしまった。さらには，村どうしの往来もできなくなり，孤立状態に陥った村も少なくなかった。村々の田畑も，崩れた土砂に埋まったり，地割れが走ったり，泥水を噴き出したりして，壊滅状態となってしまった。神通川流域では，土砂災害が顕著だった。とりわけ，地震を引き起こした跡津川断層に沿って，山崩れや崖崩れが多発したのである。崩れた土砂が，

各所で宮川や小鳥川・高原川などをせき止めたために、せき止め部の上流側に多数の天然ダムを生じた。これらの天然ダムは、のちに決壊して下流域に洪水をもたらした。記録によると、神通川の下流では、地震のあと水位が急激に下がって、歩いて渡れるほどになり、魚を手づかみできるようになったという。それが深夜になって、とつぜん増水し、洪水が下流域を襲った。いったん生じた天然ダムが、たちまち決壊したのである。『理科年表』によれば、飛騨での全壊家屋は319戸、死者302人とされている。

大鳶・小鳶の崩壊

飛越地震による山崩れのなかでも、ひときわ規模が大きく、飛越地震の名を後世にとどめる要因となったのは、立山連峰の大鳶山と小鳶山で発生した大崩壊であった。ほぼ南北に伸びる尾根の西斜面、現在は立山カルデラと呼ばれている凹地形の底に向かって、山体の一部が崩れ落ちたのである。この大崩壊は、通称鳶崩れとも呼ばれている。立山カルデラというのは、観光コースの立山黒部アルペンルートが走る弥陀ヶ原の南に隣接している巨大な凹地形(東西6.5㌔、南北約4.5㌔)である。カルデラの斜面から流れ出す大小の川は、集まって湯川となり、西へ向かって流れる湯川は、やがて南からくる真川と合流して常願寺川となり、富山平野をうるおしている。つまり立山カルデラは、常願寺川の源流部にあたっているのである。この立山カルデラは、いわゆる火山起源のカルデラではなく、長いあいだの侵食作用によって形成された"侵食カルデラ"である。この地域の地質は、新第三紀の海底噴火によって堆積した火山噴出物から成っていて、風化が進んだ結果、一部は粘土化しているために、脆く崩れやすい岩質になっている。このような地質環境であるため、大昔からの豪雨や地震によって崩壊が繰り返され、侵食カルデラが形成されてきたのである。大鳶・小鳶の大崩壊によって生じた大規模な岩屑なだれは、中腹にあった立山温泉をたちまち呑みこみ、カルデラ内の湯川から常願寺川を流れくだった。立山温泉の歴史は古く、天正年間(1573—92)には、佐々成政が立ち寄ったとも伝えられている。江戸時代には、胃腸病などに効く名湯として賑わっていた。飛越地震が発生したときには、まだ雪も深く、湯治客はいなかったが、建物の普請に入っていた30人あまりの作業員が、崩壊した土砂の犠牲になってしまった。岩屑なだれが高速度で谷筋を流下したときには、無数の岩石がぶつかりあって火花を発し、その光によって、川筋が明るく見えるほどだったという。湯川の上流部では、大量の土砂によって川の流れがせき止められ、多数の天然ダムを生じた。また湯川の谷を流下した岩屑なだれは、真川との合流点に達し、真川の谷を逆流して堆積し、ここにも長さ8㌔にわたる天然ダムが形成された。堆積した土砂の厚さは、100㍍をこえたという。

このように、山地激震によって生じた大規模な地変は、やがて次なる大災害を誘発することになったのである。

常願寺川の氾濫

上流部で川がせき止められたために、常願寺川の下流部では、水量が急激に減少した。川をせき止めた不安定な土砂が、もし決壊すれば、下流域は土石流や洪水流に見舞われ、富山平野が濁流に呑みこまれることは疑いない。異変を予測した村々では、住民の避難も始まっていた。そこへ、地震から2週間を経た3月10日(4月23日)、信濃大町付近を震源とするM5.7の地震が発生し、その衝撃によって、真川のせき止め部が決壊し、大量の土石や流木をまじえた土石流が下流の村々に襲いかかった。このときの模様について、富山藩主家の史料である『越中立山変事録』には、次のように記されている。「安政五年三月十日巳ノ刻(午前10時頃)から、立山のうち常願寺川入の谷

にあたり，山間部が鳴動，午の刻（正午）になって，常願寺川の川筋一面に黒煙が立ちのぼり，その中から大岩や大木，ありとあらゆるものが一時に押し流されてきた．水は少しも見えず，堅い粥のような泥砂を押し出し，その中に大小の岩がまじり，黒煙が立ちのぼり，芦峅村・本宮村のあたりでは，20～30間（4～5メートル）ぐらいの大岩が流れてきた．そこから2里（8キロ）ばかり下流の横江村あたりでは，7～8間（1.3～1.4メートル）ほどの大岩が流れてきた」．無数の巨石や流木が押し流されてきて，下流の村々を襲ったことが読みとれる．しかし，災害はこれでは終わらなかった．地震発生から2ヵ月を経た4月26日（6月7日），雨と雪どけ水によって水位の上昇した湯川筋の天然ダムが決壊，またも大規模な土石流となって巨石や大木を押し流し，さらには大洪水となって常願寺川下流の扇状地に氾濫した．堤防が各所で破壊されたため，洪水は富山平野を洗いつくし，多くの家屋を流失させたのである．この2回目の洪水は，1回目よりも規模が大きく，水位は2メートルほど高かったとされている．昭和50年（1975）に編纂された『新庄町史』（富山市新庄町）には，このときの大洪水の状況が記されている．それによると，富山平野扇状地の扇頂にあたる上滝からほとばしり出た水流の勢いによって，常願寺川の堤防は，ところどころで切れてしまった．破堤した箇所から溢れ出た濁水は，とくに常願寺川の左岸一帯で荒れ狂い，水田はたちまち泥の海に化してしまったという．新庄町は，まさに洪水の直撃を受けたかたちとなり，400軒ほどの民家のうち，200軒あまりが流失したといわれている．2回にわたって発生した土石流と洪水によって，流失・全壊した家屋は1,600戸あまり，溺死者140人と伝えられている．富山藩は，この事態を予測して，避難を指示していたのだが，それも空しかったのである．

災害後の対応と復旧

飛越地震は，おもに常願寺川と神通川の流域を中心に，大規模な震害と土砂災害をもたらしたのだが，そのなかで，災害直後の加賀藩や幕府直轄領だった飛驒国の初動対応には，評価すべき点が多々ある．1つには，災害の状況に関する情報を，速やかに収集する努力がなされたことである．特に加賀藩では，常願寺川上流部での異変が伝えられると，村役人の判断で，村民の避難行動を促す緊急情報を発信して，1回目の天然ダム決壊による人的被害の軽減に役立ったといわれる．飛驒国では，地震が発生したとき，行政の最高責任者である郡代が，交代のため不在だったが，役人たちの行動は迅速かつ的確であった．深い山中での震害だったにもかかわらず，役所が地震の2日後には災害の概要を把握し，被災地へ調査団を派遣して，被害の実態調査を行うとともに，急務である食糧の支給や救済金の受け渡しを決定している．

2回にわたる洪水被害のあと，加賀藩領新川郡の常願寺川流域では，各村の十村役（他藩の大庄屋に相当）が，それぞれの地区での被災状況を調査し，御郡所に報告している．村々を統括する十村役は，災害復旧を計画的に推進する中心的な役割を果たしていた．各地区の十村役からの請願にもとづいて，加賀藩は，救米の支給をはじめ，洪水による流失家屋の多かった地区には，救小屋を設置するなどの応急対策を実施したのである．また，水害で荒れ果てた常願寺川流域では，用水普請や川除普請などの復旧事業が，迅速に行われた．さらに加賀藩は，常願寺川の左岸で被災した村々の農家250戸あまりを，右岸側の高原野に移住させた．新しい居住地は引越村と呼ばれ，人びとは，新たに原野を開墾する労苦を味わったという．一方，飛驒国にとっては，越中3街道の復旧が急務であった．耕地面積の少ない飛驒は，食糧のかなりの部分を

越中からの輸送に頼っていたのだが，山地の各所で土砂崩れが起きた結果，飛驒と越中を結ぶ3つの街道は，すべて寸断されてしまった。そのため，飛驒国では，新しく迂回路を開く一方，精力的に3つの街道の復旧工事にあたることになった。険しい山地であり，しかも大雨の季節を迎えての作業だったため，工事は難航をきわめ，4ヵ月後にはほぼ完了したのだが，その後の大雨で再び土砂崩れなどに見舞われたため，最終的な復旧は秋にまでずれこんだといわれる。

近代初の砂防事業

常願寺川は，平均勾配が30分の1という日本有数の急流河川である。しかし，飛越地震以前には，河口から扇状地の扇頂にあたる上滝まで舟運があるなど，安定した河川であった。ところが，飛越地震による大規模な土砂災害を契機に，常願寺川はすっかり暴れ川に変り，豪雨のたびに水害や土砂災害が頻発するようになった。しかも，災害は年を追うごとに激化して，明治4年(1871)から大正元年(1912)までの42年間に，40回もの洪水が発生している。なかでも，明治24年7月には，梅雨前線豪雨によって，常願寺川の堤防が決壊し，島村では，村全体が3週間も水没したままとなり，村民は他郷へ移住しなければならなかったといわれている。こうした災害の繰り返しから，上流部で土砂を抑えないかぎり，常願寺川の治水は成り立たないことが認識されるにいたった。そこで，将来の水害や土砂災害から富山平野を守るために，明治39年，富山県は水源部の砂防工事に着手した。こうして常願寺川の上流域は，日本における砂防事業発祥の地となったのである。しかし，この事業で建設された湯川第1号砂防堰堤は，本来，常願寺川全体にわたる砂防工事の基盤となるべき施設だったのだが，大正8年と11年の大規模出水によって破壊されてしまった。そのため，大正15年，常願寺川砂防は，国の直轄事業として引き継がれ，多様な砂防施設が次々と建設されてきた。しかし，これによって常願寺川水系の災害が沈静化したわけではなく，昭和になってからも，しばしば土石流や洪水による災害に見舞われてきたのである。特に昭和44年(1969)夏の集中豪雨では，常願寺川の源流部一帯で山崩れが多発し，大規模な土石流災害が発生した。昭和44年の災害だったことから，「四四災」と呼ばれている。現在，立山カルデラの中には，約2億立方メートルの不安定な土砂が残留していて，「鳶泥」とも呼ばれている。もし2億立方メートルもの土砂で富山平野を覆うとすれば，平均2メートルの厚さで堆積することになるといわれている。したがって，将来の災害から富山平野を守るために，砂防技術を駆使した戦いが，果てしなく続けられているのである。

大災害の語り部

いま富山平野の各所に，「安政の大転石」と呼ばれている巨石が点在していて，その由来を示す説明板も添えられている。これらの巨石は，飛越地震後の大洪水によって，常願寺川の上流部から運ばれてきたもので，最大の転石は，直径5.6メートル，推定重量400トンもあるとされ，十万貫石とも呼ばれ，洪水の巨大な運搬力を物語っている。また，富山市内を流れる鼬川に沿って，小さな地蔵堂がいくつかあり，延命地蔵と名づけられている。その由来は，安政の大洪水のあと，泥流堆積物の中から泥に埋まったお地蔵さんが見つかり，それを掘りだして丁寧に祀ったところ，周辺の人びとの病気がなおったため，川のほとりに次々と地蔵堂が建てられてきたと伝えられている。延命地蔵の祀られている所には，清澄な湧き水があって，お参りにきた市民が，持参した容器に水を汲んでは帰っていく。小さな地蔵堂が，このようなかたちで市民生活に溶けこんでいる姿を見ると，1世紀半あまり前の大災害が，今も文化として伝承されてい

図2　十万貫石　大場の大転石

ることに、あらためて感慨を覚えるのである。

山地激震の脅威

1858年飛越地震は、山地が激震に見舞われたときの広範囲にわたる災害の脅威を見せつけるものであった。とりわけ、大規模な崩壊や地すべりの多発によって、被災地には、重く長い後遺症が残されることになった。しかもその後遺症は、現在まで延々と続いているということができよう。日本の国土は、約70％が山地であり、山地にはまた多くの活断層が走っている。これら活断層の活動による内陸直下の地震によって、大規模な山地災害がもたらされた例は少なくない。慶長16年(1611年)会津地震(M6.9)や、弘化4年(1847年)善光寺地震(M7.4)、近年では、昭和59年(1984)9月長野県西部地震(M6.8)などが挙げられる。長野県西部地震では、御嶽山が巨大な山体崩壊を起こし、大量の岩屑なだれが伝上川の谷を流下して大災害をもたらした。さらに平成16年(2004)新潟県中越地震(M6.8)や、平成20年岩手・宮城内陸地震(M7.2)では、それぞれ3,000ヵ所をこえる地すべりや斜面崩壊が発生している。山地が激震に見舞われると、大規模な土砂移動が各所で発生することによって、地形が変貌するとともに、多くの集落が孤立化するという事態も招くことになる。飛越地震のように、深刻な山地災害を招くような直下地震は、将来も必ず発生する。しかも日本の国土は、戦後の経済成長とともに、人為による改変が進み、自然環境も社会環境も、急激な変化を遂げてきた。地震動を受ける側の自然界も人間社会も、脆弱化の一途を辿ってきたといえよう。1858年飛越地震について、自然科学的、社会科学的な立場から復元された地震像や災害像、あるいは地域の復旧・復興過程などから得られたさまざまな教訓を、現代社会に置きかえつつ将来の地震防災に活かすことが、まさに防災面での温故知新なのである。

参考文献　富山県郷土史会編『越中安政大地震見聞録』、1976、立山カルデラ砂防博物館編『越中立山大鳶崩れ』、1998、中央防災会議・災害教訓の継承に関する専門調査会編『1858飛越地震報告書』、2009、国土交通省新潟地方整備局立山砂防事務所編『常願寺川の上流をたずねて』、1993、伊藤和明『地震と噴火の日本史』(岩波新書、岩波書店、2002)　　　　　　　(伊藤和明)

1858 安政大町地震 （安政5年3月10日）

地震の概要

安政5年3月10日（1858年4月23日）の巳刻（午前10時ころ），信濃大町付近を震源とする大地震が発生した。『大日本地震史料』によれば，「信濃国地大ニ震ヒ，松代領ノ里落，屋舎倒壊シ，山中ノ地ハ山崩レ地裂ケタリ」とある。大町組での被害は，家屋の全壊71，半壊266，蔵全壊7，山崩れ160ヵ所などとされ，地震の規模は，M6程度だったと推定されている。宇佐美龍夫（1985）は，この地震の震央を，跡津川断層と糸魚川－静岡構造線の交点付近だったと推定している。

誘発された天然ダムの決壊

安政大町地震による災害のなかで，特に注目されるのは，飛越地震の後遺症ともいうべき天然ダムの決壊と泥洪水の発生である。安政5年2月26日（1858年4月9日）に発生した飛越地震（M7.3～7.6）では，立山連峰の大鳶山・小鳶山が大崩壊を起こして岩屑なだれが発生，立山カルデラの底部に大量の土砂が堆積し，常願寺川の上流部にあたる湯川筋に多数の天然ダム（堰止湖）を生じた。また，湯川の谷を流下した岩屑なだれは，真川との合流点に達し，真川の谷を逆流して堆積した。そのため，長さ8㌔にもわたる天然ダムが形成されたという。

真川をせき止めた大量の土砂は，水を含み不安定だったため，2週間後に発生した大町地震の衝撃によって液状化を起こし，決壊するにいたったのである。このときの模様について，『越中立山変事録』には，「川筋一面に黒煙が立ちのぼり，大きな岩や大木が押し流されてきた。流れは堅いお粥のようで，水は見えなかった」と書かれている。液状化を起こした土砂が，泥洪水となって被害を拡大したことがわかる。立山連峰を挟んで反対側（東側）で発生した大町地震が，飛越地震の2次的な災害を招いたことになる。

[参考文献] 宇佐美龍夫『日本被害地震総覧』，2001，中央防災会議災害教訓の継承に関する専門調査会編『1958飛越地震報告書』，2009，宇佐美龍夫『飛越地震と大町地震』（『地震予知連絡会会報』33，1985）

（伊藤和明）

糸魚川－静岡構造線断層系の地震

安政大町地震は，飛越地震に誘発された。震源域は，国内で2番目に長い断層帯である，糸魚川－静岡構造線活断層系（以下糸静）の一部分である。現在の木崎湖から青木湖あたりを震源とした，飛越地震とは直交する，南北方向の震源域で発生したと推定される。

大正7年（1918）11月11日には，この南隣にあたる部分で，M6.1，M6.5の地震が連続して発生し，全壊家屋6などの被害が生じた。さらに南側の松本市付近では寛政3年（1791）にやはりM6.6程度の地震が発生している。他にも，正徳4年（1714）には安政大町地震から10㌔ほど糸魚川・静岡構造線沿いに北上した小谷村付近でやはりM6程度の地震が発生した。平成23年（2011）には寛政の地震に近い牛伏寺断層付近でM5.4の地震が発生して被害が生じた。このように，糸魚川・静岡構造線断層系では，最近300年間でM6程度の地震が時々発生している。

[参考文献] 松浦律子他「江戸時代の歴史地震の震源域・規模の再検討作業－7年間の成果中間報告－」（『歴史地震』21，2006）

（松浦律子）

1868 慶応4戊辰年大洪水 （慶応4年閏4月－7月）

被害の概要

慶応4年(1868)閏4月上旬，鳥羽伏見の戦いによって戦火に見舞われた山城国伏見や淀などが長雨に襲われた。長雨は閏4月から7月ころまで続き，桂・宇治・木津三川合流点に近い淀の町は，5月1日以後，5月10日以後，7月19日以後の三度，水没した。また，摂津国の淀川沿岸や大坂の町でも5月中旬頃から被害が出始め，大和川も堤防が決壊する。

水害の範囲は近江国の琵琶湖沿岸，山城国桂以南の淀川筋全域に及び，淀藩留守居役の報告によれば，淀大橋下の木津川増水は5㍍余り，淀小橋下の宇治川増水や水垂周辺の桂川増水なども同程度に達し，橋や堤防の破損が相ついだ。

救済の特徴

政府は近畿全域で救済を図ったが，戊辰戦争が継続しており，十分に行き届いたとは言い難く，具体的には各府県ごとの対応に委ねたものと思われる。京都府は6月下旬から救済に乗り出し，被災者に施粥などを行なったという。また，水が引くと，大坂の北司農局が淀・神崎・中津・大和・十三間の5河川堤防の復旧工事を担当した。実際には，地元の有力者を堤防修繕御用掛に任命し，復旧には民間の力に頼らざるをえなかった。また，洪水による土砂の堆積が，通船の妨げとなったため，川浚えも行われた。

大洪水を伝えるかわら版

図1の「大洪水細見図」には，畿内を中心に四国，伊勢・美濃・尾張から関東など広範囲に被害があったと記し，摂津大和川・淀川の堤防決壊による大洪水，淀川筋の天満橋の落橋，大坂市中でも出水があり，往来も川のごとくになり死傷者が出たという。末尾で「ああ誠に古今の大洪水」と嘆く。

参考文献 『京都の歴史』7，1974，『新修大阪市史』5，1991　　　　（小林丈広）

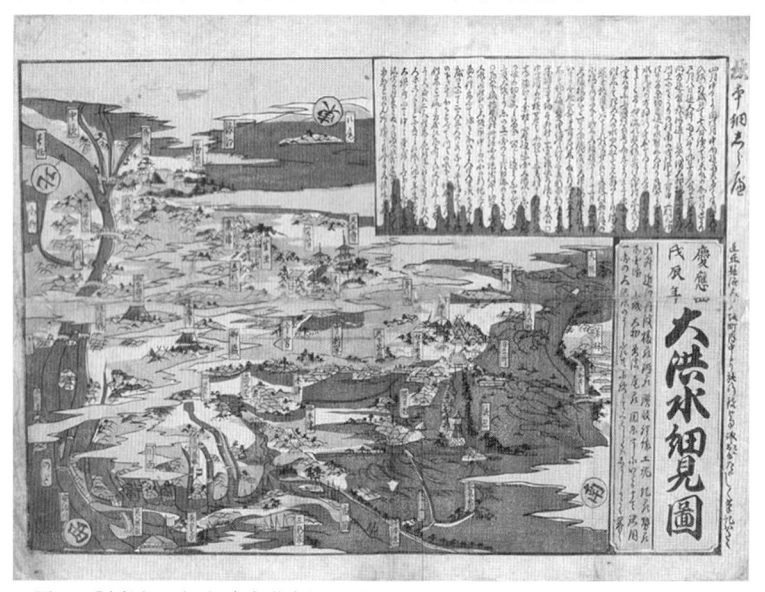

図1 「(慶応四戊辰年)大洪水細見図」

1872 浜田地震 （明治5年2月6日）

災害の概要

明治5年(1872)2月6日の夕方，浜田町沖を震源とするM7.0～7.2の地震が発生した。島根県那賀郡を中心とする日本海沿岸地帯で死傷者は1,100人以上に上り，家屋の全半潰は焼失も含め1万軒弱に及んだ（表1参照）。この地震では，土地の隆起と沈降が浜田浦の一帯で生じ，田畑の損地が各郡に及んだ。なかでも，浜田町浦を含む那賀郡では，321町余，海岸堤1万ヵ所が崩壊，家屋全半壊，それに火災の発生による被災などにより，被害の50％以上がここに集中した。

救　済

この災害は明治5年(1872)という漸く明治政府の政治体制が整えられ始める段階であったため，災害救済がよるべき法的根拠とする暫定的な県治条例（明治4年11月太政官達623号）の付則「窮民一時救助規則」しかなく，これに基づいて国家から直接救助金が支払われた。

大蔵省宛に出された地震被害の報告によれば，2月13日付で，死傷者への措置，病院の設置，各所の山崩れ箇所，15日付で，緊急に「窮民一時救助規則」第1条に基づいて極難者へ15日間の焚き出しなどを行う旨届けが出されている（「公文録」大蔵省之部壬申二月）。2月22日には，罹災した浜田県庁の仮庁舎，官員住宅の復旧，罹災窮民へ仮小屋，飯米焚き出しなどの緊急措置がなされた（「旧浜田県引継ぎ文書」）。大蔵大輔井上馨は報告に基づいて浜田県の惨状を正院に届け出て，左院では3月22日付でこの地震災害は火災などとは異なり，不可抗力の災害であるとして救済の主旨がおおむね了解された。その結果，潰家4,575軒の4分の1（1,144軒）を窮民とみなし1軒7両（5ヵ年賦），半潰家8,365軒の4分の1（2,091軒）へ1軒3両（3ヵ年賦），総額16,372両の貸付金が許可された。男1日米3合，

表1　浜田県震災被害表（明治5年2月）

損地・損害	那賀郡	浜田町・浦	邑智郡	邇摩郡	安濃郡	美濃郡	合計
田畑	321町9反1畝余・岸崩1116ヵ所		184町3反4畝	257町3反5畝	37町6反8畝	7町8反5畝	809町1反4畝余
田畑水源切	113町1反4畝余						
堤防溜池他	5784ヵ所		2603ヵ所	455ヵ所	101ヵ所	826ヵ所	9769ヵ所
道路橋梁	道1637ヵ所 橋159ヵ所		1373ヵ所	道408ヵ所 橋63ヵ所	道53ヵ所 橋11ヵ所	道207ヵ所	3911ヵ所
山崩	2522ヵ所		1927ヵ所	1487ヵ所	124ヵ所	507ヵ所	6567ヵ所
焼失家	188軒	(92軒)	20軒	19軒	3軒		230軒
潰家	2303軒	(543軒)	485軒	742軒	440軒	79軒	4049軒
半潰家	2396軒	(210軒)	868軒	1294軒	671軒	200軒	5429軒
大損家	2391軒	(168軒)		2317軒	2026軒		6734軒
郷倉・土蔵	倉125・蔵262	蔵142		倉3・蔵72	蔵85		倉128・蔵419
死人	288人	(97人)	80人	137人	32人		537人
怪我人	378人	(201人)	75人	101人	18人	2人	574人
死牛馬	28匹		21匹	38匹	22匹		109匹
怪我牛馬	25匹		8匹	31匹	4匹		68匹

（国立公文書館蔵「公文録　大蔵省之部」壬申2月より）

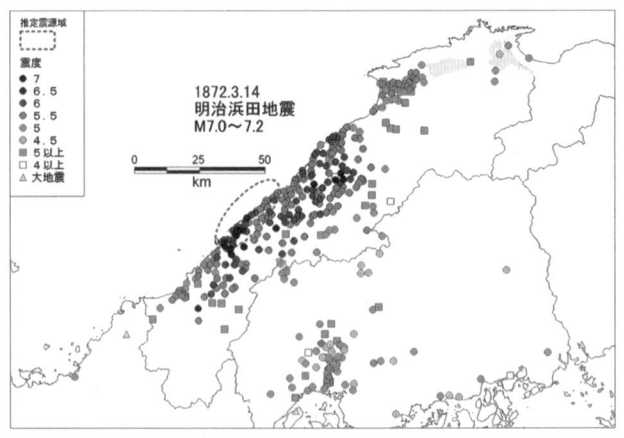

図1　震度分布図

図2　震災紀念之碑

女2合を基準とした救助米は50日以内とされた(「公文録」大蔵省之部)。救助米支給はこの震災に対する政府の救助金、すなわち返済義務のない救済金であるが、当時は、江戸時代とおなじく前者の貸付金を拝借金、後者を被下金と称し、政府による災害救済の感覚は以前として江戸時代的であった。浜田県では、この政府援助の貸付金を救助の基本として支給基準の読み替えを行い、焼失家140軒へ5両の貸付(5ヵ年賦)、潰家2,465軒へ3両(5ヵ年賦)、半潰家2,219軒1両2分(3ヵ年賦)の貸付を許可する目論見を立てた。つまり、政府の概算より2倍程度多い潰家、1.5倍多い半潰家に、政府の概算基準金の半分以下の金額でより多くの罹災者を救おうとしたものである。また、食糧50日支給の基準については、1人1日4合、180日(3ヵ月)の支給と目論見、農具代、種籾代を加え、国からの拝借金では不足となると計算した。史料を見る限り、この不足金の支給はなかったと思われるが、4ヵ月後に、天皇の恩賜金3千円が下賜されているから、これらの不足金の補塡となった可能性も考えられる。

しかし、浜田地震の場合は、特殊な政治的背景に考慮する必要がある。浜田県は旧藩時代の慶応2年(1866)幕府の長州攻めで幕府軍敗退の結果、浜田城は落城、城下、浜田藩領は長州支配となった。浜田県が成立すると、元長州藩士の佐藤信寛が県令となったが、維新後の明治3年(1870)旧長州藩兵の兵制改革を不満とする旧藩兵が浜田城下の住民を巻き込む反政府暴動が起きている。維新政府は佐藤信寛に命じて不穏鎮静化のための授産事業を計画させた。地震発生の3ヵ月前の明治4年11月に授産構想実現のための資金1万5千両が聞き届けられ、その4ヵ月後に震災が発生している。

「窮民一時救助規則」の規定に基づくとはいえ、支給基準の大幅な引き上げを前提に16,732両の貸下金が直ちに認可された背景にはこうした窮乏化する旧藩士、それも維新の功臣を輩出した長州藩内で起きた問題であったことも考慮しておく必要がある。

参考文献　宇佐美龍夫『新編日本地震被害総覧―461―1995―(増補改訂版)』(東京大学出版会、1996)、「旧浜田県引継ぎ文書」(鳥取県立博物館蔵)、北原糸子編『日本災害史』(吉川弘文館、2006)　　(北原糸子)

1880 横浜地震 （明治13年2月22日）

災害の概要
明治横浜地震は，明治13年(1880) 2月22日0時50分ころに，発生した。横浜を中心に煙突などの被害が生じた。地震の規模M5.5程度のやや深い地震である。被害は軽かったが，文明開化で横浜や東京に滞在していたお雇い外国人教師たちには，大きい有感地震は珍しいものであったので，この地震を契機に世界ではじめて地震を研究する学会が，日本で設立された。

被害の概要
被害は文明開化で登場したばかりの煉瓦積みの煙突の崩れなどが主であった。また横浜の外国人墓地で墓石が移動したことなどが物珍しく報告された。ミルンはこの地震以前にすでに自宅などに地震を測るために振り子を設置しており，この地震の揺れで直ちに起きて，かねて用意の枕元の時計で揺れの開始時刻と継続時間を計った。また横浜外人墓地の墓石のずれ方向から地震の振動方向を調べたり，横浜在住の外国人にアンケートを配って揺れの開始時刻を調べ，各人の時計と自分の時計との差を調べて時計校正も試みたり，色々な調査を行なった。また，ナウマンや服部一三によって作られた日本の歴史被害地震リストから明和8年(1771)以降を使って発生間隔などを検討している。

地震学会の設立と地震観測の流行
この地震を契機に世界初の地震学の学会，日本地震学会が創設され，ユーイング考案の水平振り子の地震計などによる地震観測が世界に広がった。欧州ではパシュビッツの傾斜計で明治22年(1889)の熊本地震などが数千キロ離れた欧州でも観測されるや，遠地地震の観測が流行し，ウィーヘルトやガリツィンの地震計などが開発され，地球内部構造の研究やそのための弾性波の波動理論などが20世紀前半に花開く端緒となった。英国でもミルンが英国科学推進協会に世界地震観測網を提案し，当時世界に分布する英国領でミルン式地震計の観測が行われた。

参考文献　J. Milne, The earthquake in Japan of February 22nd, 1880, *TSSJ*, 1, Part 2.　　　　　（松浦律子）

図1　横浜地震による墓石の回転とずれ

1885 淀川大洪水 （明治18年6月—7月）

淀川大洪水の特徴
明治18年(1885)7月に，近畿地方の最重要河川でもある淀川が洪水を起こした。この洪水は，いくつかの特徴を持っていて，その後に大きな影響を与えた。それは，大都市およびその近郊で発生し甚大な被害を出したこと，新聞を利用して義捐金を募集した最初の洪水になったこと，災害写真がここから登場することなどである。この洪水がきっかけとなり，淀川改良工事が実施されるなど，その後の近畿地方における災害対策に大きな影響を与えた。その意味でも，この淀川大洪水はきわめて重要な意義をもつ災害である。

被災の経緯
近畿地方では，明治18年(1885)の春から不順な天候が続き，6月上旬から連続して降雨があった。6月15日になると，朝鮮半島北部に低気圧が発生し，それが大阪付近を通過した。このため，15日夜半から豪雨となった。17日になって，瀬戸内海西部に低気圧が現れて，東に進んで大阪を通過した。この2回にわたる低気圧の通過のために雨が降り続き，17日夜半までに大阪で183.3ミリの降雨があった。そして，17日午後8時30分に枚方の水位は4.42メートルとなり，淀川左岸の堤防が現在の枚方市の三矢村付近で決壊するとともに，岡新町付近で左岸より合流する天野川の堤防も決壊した。淀川と天野川から氾濫した濁水は，決壊地点付近の三矢，伊加賀の家屋20戸を流失させた。この破堤箇所はさらに広がり，19日には145.5メートルにもなっている。この破堤による濁水は，寝屋川の堤防（俗称徳庵堤といい，野崎参りの屋形船でもよく知られている）に迫った。このため，東成郡野田村の淀川堤防を切開して，そこから濁水を淀川に排除することになった。18日からこの工事に着手し，21日には18.2メートルの開口部を造り，そこから洪水流を淀川に戻している。この開口部は，23日には47.3メートルに広げられている。ここは，享和2年(1802)7月2日の洪水の際にも同じような方法で洪水流を排除した場所で，「わざと切れ」と呼ばれている。現在，伝法大橋北詰上流に「大塚切れ洪水碑」（図1）があるが，これが「わざと切れ」の碑である。この工事は急を要するもので，東京から宮内卿の伊藤博文や大蔵卿の松方正義や大阪府知事などが視察に訪れている。工事はその後降雨がなかったために順調に進められた。この最初の洪水で茨田郡（北河内郡）全域と讃良郡7ヵ村，東成郡27ヵ村に濁水が溢れ，合計113ヵ町村，約9,900戸，4,490町歩に被害が及んだ。ところが，6月25日ころから再び降雨があり，最初の洪水にさらに追い打ちをかけるような惨事になった。雨は，29日から本格的となり，7月1日には暴風も加わって土砂降りとなり，淀川の水位は再び上昇した。この間，大津

図1　大塚切れ洪水碑

では3日間の雨量は218.8㍉，京都では183.7㍉，大阪では183.3㍉に達した．この降雨のため，淀川本川をはじめ，各支川は増水し，木津川の上狛では3.56㍍，桂川の納所では4.09㍍，宇治川の向島では4.24㍍，本川の広瀬では4.42㍍の水位を記録している．2日の夜半になって，三矢村において淀川の堤防が，新町村において天野川の堤防が再び決壊した．この洪水では，洪水流はついに寝屋川の徳庵堤を越えて，大阪まで濁水が及んだ．その途中の若江郡・河田郡・渋川郡でも大規模な浸水がみられた．梅田停車場(現大阪駅)では水深が1.21㍍，中之島一帯では軒下15㌢まで浸水している．6月末の豪雨で決壊した箇所の仮工事が完成する前に，同じところが再び決壊したのである．その範囲は，国土交通省淀川河川事務所作成の図(図2)に詳しい．洪水は淀川下流域だけでなく，さらに上流側の宇治川・木津川・桂川の各支川の周辺にも及んだ．堤防の決壊は淀川水系の各地で起こり，宇治川の槇島村で218㍍，向島村で142㍍，納所村で182㍍，木津川の岡崎村で128㍍，井手村で90.9㍍，桂川の築山村で40㍍，美豆村3ヵ所で247㍍，下植野村で124㍍が破堤している．他にも，淀川支流の船橋川・穂谷川でも洪水が発生したし，右岸域の桧尾川など3支川でも洪水が起こっている．この状況は，まさに大洪水であったことを物語っている．

7月の2回目の洪水では被害はさらに拡大し，大阪城から南にむけて存在する細長い丘陵地を除けば，大阪およびその東部にある多くの低地部が被害を受け，被災人口は276,049人に達した．7月3日には，難波橋・田蓑橋・玉江橋・堂島橋・京橋・大江橋など30もの橋が流され，市内で満足に残った橋は少なかったという．橋が使用できないために，道路交通がマヒしただけでなく，京阪間の汽車も長い間止まることとなった．救助には，救護船が使われ，負傷者などを被害の及ばなかった他郡の社寺・学校などに移した．この洪水流は，7月4日あたりから徐々に減水し始めていくことになった．

被害の概要

明治18年(1885)淀川大洪水の被害の概要は，以下のようである．死者・不明者78人(水死41人・圧死13人・生死不明24人)，負傷

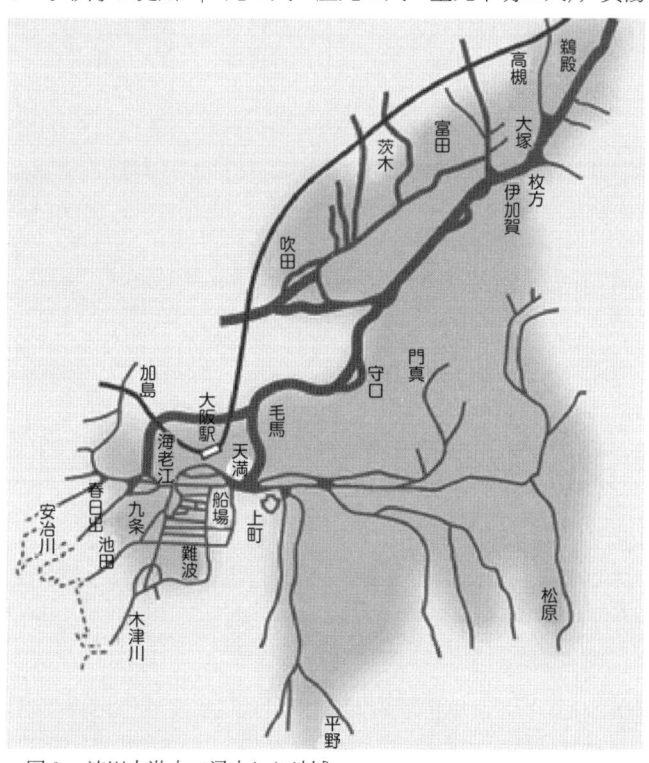

図2　淀川大洪水で浸水した地域

者14人。浸水町村数997ヵ町村，被災人口276,049人，流失家屋数1,631戸，損壊家屋数14,260戸，崩壊家屋数1,525戸，流失倉庫納屋2,857，損壊倉庫納屋10,377，崩壊倉庫納屋1,525，流失社寺20，損壊社寺80，崩壊社寺4，流失橋梁31，浸水耕地15,269町歩，被害道路53,988メートル，決壊堤防切所46ヵ所・延長2,951メートル，欠所166ヵ所・延長7,689メートル，救助人員92,421人，最大水深13.3尺（約4メートル）。

復旧と復興

この災害の復旧にあたって，天皇からの下賜金や新聞などを通して集まった義捐金が当てられた。なお，現在では新聞を通して義捐金を集めることは普通に行われているが，このようなやり方はこの洪水の時が最初だといわれている。その金額は，下賜金3,000円，内国人義捐金44,484円，外国人義捐金11,018円であった。これは，数回に分けて被災地の10郡と大阪4区役所に渡されている。

また，決壊した堤防の工事は急を要したために，工費を大阪府が負担し，堤防締め切り工事は内務省土木局に委託され，7月13日に伊加賀堤工事から着手された。工事のための土砂は，枚方の近くの御殿山から得ている。1日に900人が昼夜兼行で実施した結果，伊加賀堤は29日に完成をみた。「わざと切れ」の3ヵ所についても，復旧工事が進められ，9月5日には完工している。このように，復旧工事は，比較的早く完了した。復旧費用は大阪府復旧予算でみると，道路約5万円，治水堤防費約16.8万円，町村土木補助費約1.7万円，橋梁改修費約89.6万円，両岸買収費約4.2万円，河川浚渫費約3.2万円，堰止工事費約5.4万円，町村土木費補助約50.1万円，合計約176万円（うち国庫補助20万円）であった。

淀川改良工事

明治時代に入ると，日本の河川では舟運の確保を主目的とする低水工事が実施されてきた。淀川でもこの洪水以前から，デ・レイケなどの指導を受けて低水工事が行われていた。これは，淀川修築工事といわれて

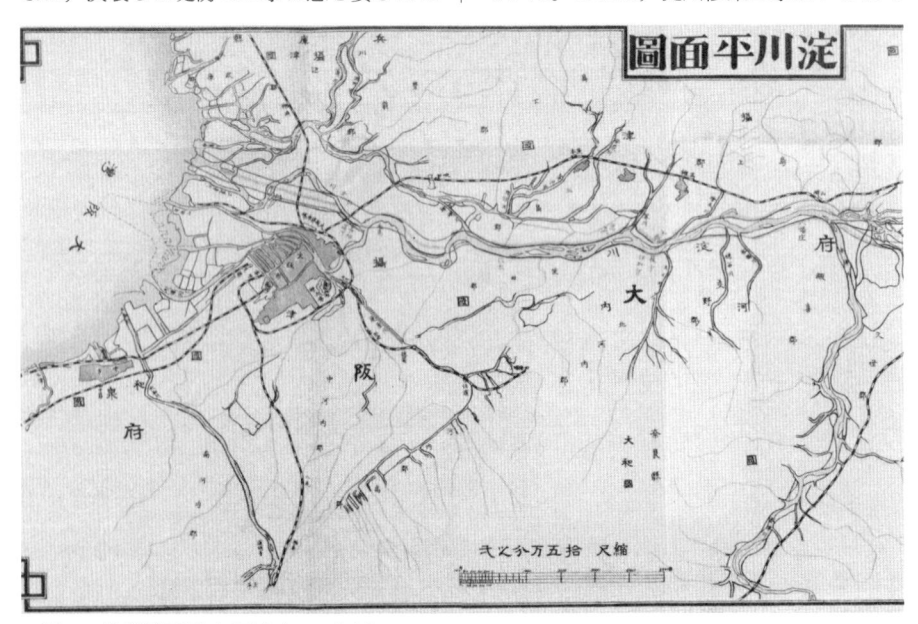

図3　淀川平面図（武岡充忠1931より）

いるが，船を通すための水深を維持することを主目的にして，従来型の工法である粗朶沈床（そだちんしょう）や水制などを用いるものであった。これは洪水防御を目的とした高水工事とは基本的に異なっていたといえる。しかし，明治中期以降は，河川下流域で都市が成長し，農地も徐々に河川周辺にまで拡大していく時期でもあった。ところが，この時期に多くの河川で大規模な洪水が頻発した。さらに鉄道の普及によって，明治後期には各河川で舟運が徐々に廃れていくという条件も重なった。このような結果として，日本では多くの河川において洪水防御を主目的とした高水工事が行われていくことになるのである。

一方，当時の河川にかかわる重要な課題は洪水防御とともに，河床への土砂の堆積対策であった。淀川の流域には，花崗岩の風化土壌であるマサ土が多く存在して，それが流出していた。したがって，洪水防御や港湾施設の埋没防止のためには，砂防対策はきわめて重要な課題であった。このため，明治6年（1873）に淀川水源砂防法を制定し，土砂の流出を防止する対策（たとえば，樹木の伐採の禁止，植樹，土留め工事，砂防堰堤工事など）で，デ・レイケなどのお雇外国人の指導を受けて，工事を実施してきた。すでに明治政府は，殖産興業のために大阪築港を重要な事業ととらえ，その計画をたてていた。このような背景が存在していたのである。

ところが淀川大洪水が起こった結果，これらの課題を早急に実現する必要がでてきた。これが淀川改良工事の主目的になる。明治29年に河川法が制定され，河川の維持と改修に関する重要事項が規定され，治水に重点を置くように方向転換をした。「淀川改築工事」までの淀川は，前述したように川幅が狭く蛇行しており，大阪の中心部を流れていた。このような状態は，舟運という点からみると適していたといえるが，洪水にはきわめて危険であった。このため，まず川幅を広げること，市の中心部から離れた場所に移動させること，直線状にすることなどを目的として，毛馬付近から大阪の市街地の北部に16キロに達する川幅の広い直線状の河川を新たに造り，河川水を直接大阪湾に流入させるようする計画をたてた。また，毛馬より上流部分についても川幅を広げ，蛇行を小さくすることになった。図3は，その平面図であり，新しい淀川を太い線で示してある。この事業は，明治43年に完成している。

淀川改良工事の中心は，以上のような淀川の付替や拡幅工事であったが，ほかにも上流側では，瀬田川に関する工事があった。瀬田川を浚渫し，瀬田川洗堰を設け，琵琶湖の水位を人工的に調節することが行われた。さらに，毛馬洗堰と閘門を建設して，旧河道に関連する舟運を確保することも同時に行われた。その後，淀川は大正・昭和になっても治水工事が行われていくが，この「淀川改良工事」がその後の工事の基準となる重要なものになるのである。

参考文献　武岡充忠編『淀川治水誌』（淀川治水誌刊行会，1931），淀川百年史編集委員会編『淀川百年史』（建設省近畿地方建設局，1974），力石常次・竹田厚監修『日本の自然災害』（日本専門図書出版，2005），北原糸子「メディアとしての災害写真－明治中期の災害を中心に－」（神奈川大学21世紀COEプログラム研究推進会議『神奈川大学21世紀COEプログラム第1回国際シンポジウム報告』所収，2006），淀川工事事務所編『明治十八年淀川の大洪水』1934，大阪府編『洪水志』，1887　　　（吉越昭久）

1888 磐梯山噴火 （明治21年7月15日）

1888年噴火の経過
福島県の猪苗代湖の北に位置する磐梯山は輝石安山岩質の成層火山で，火山活動度ランクBに気象庁より指定されている。明治21年(1888) 7月15日の噴火活動は，関谷・菊地(1888)などの記載から以下の通り。噴火当日の1週間前ころから，磐梯山では鳴動や遠雷音があった。7時30分ころに開始した地震活動が激しさを増すままに，7時45分ころに最初の噴火が始まった。引き続いて大きい爆発が15回から20回あって，最後の爆発は北に向かって抜けた(山体崩壊と岩屑なだれの発生)。この時に猛烈な疾風が山麓を襲った。噴煙柱は山頂からカサ状に大きく拡がって東方に流れた。その後，山麓地域は暗黒になり，落石と降灰があり，灰粒の混じった温雨も降った。噴火時の爆発音は約50㌖の範囲で聞かれた。おもな噴火活動は約2時間程度で終息し，夜半には終止した(図1)。

この噴火の報を受けた関谷清景(帝国大学理科大学教授)らに加えて，内務省の古市公威(のちの工科大学長)らが相ついで現地調査をした。また，W. K. バートン(帝国大学英国人技師，写真の専門家)が現地写真を撮影した。これら報告書や撮影写真などは，磐梯山の噴火活動と火山災害の科学的解明のために貴重な資料となっている。

山体崩壊の被害
北麓の旧長瀬川沿いにあった5村11集落は山体崩壊による岩屑なだれで完全に埋没して，犠牲者477名がでた(内閣府2005)。よく引用される犠牲者461名は噴火直後7月24日官報1520号による。福島県庁文書「事変取扱ニ関スル書類」では犠牲者数が465名，負傷者数が28名で，犠牲者の被災要因は岩屑なだれ(約60％)，爆風(約5％)，土石流(約24％)，不明(約11％)で，犠牲者数が負傷者数に比べて圧倒的に多いのは岩屑なだれ堆積物で埋没したためで，遺体の約80％が確認されていない(内閣府2005)。被災地域は桧原村・磐瀬村・若宮村・蚕養村・三郷村・猪苗代町・磐梯村の地域(現在の北塩原村・猪苗代町・磐梯町)である。被災者には磐梯山の山頂西麓にあった温泉の湯治客もいた。被災家屋数は118戸で，完全埋没は桧原村に多い(約50戸)。ほかにも田畑・山林・宅地，さらに牛馬など家畜の多数の被害状況も文書に記録されている。

火口壁崩壊の被害
噴火後には小磐梯山頂部は完全に失われ，北に開いた凹地形が形成された(図2)。噴

図1　噴火直後の磐梯山（Sekiya and Kikuchi, 1889）

火後の火口壁付近は著しく不安定で，噴火直後から崩壊を繰り返し，大規模な崩壊は融雪期の春に発生した。昭和13年(1938) 5月には火口壁北東側の崩壊で土石流が川上温泉へ到達して被害を出した。昭和29年4月にも火口南西壁が大規模崩壊して，現在の裏磐梯スキー場方向に流れ下った。これ以降では，こうした大規模な火口壁崩壊は発生していない。

土石流の被害
岩屑なだれ堆積物で平坦化した噴火後の北麓には多数の湖沼が形成され，降雨後や融雪期などに増水していった。これらは不安定な天然ダム(堰止め湖)のため頻繁に決壊し，土石流(火山泥流・洪水)が発生した。こうした土砂流出は長瀬川河床を上昇させ，下流地域に洪水を頻発させた。噴火後から最後に記録がある24年間で9回洪水が発生し，流路は最短距離の長瀬川右岸から猪苗代湖へ流下した(内閣府2005)。磐梯山噴火による土砂移動量の規模は，雲仙普賢岳の平成3年(1991)噴火の場合よりも一桁程度大きい。このため，当時の土木工事の技術では復旧が容易でなく，完成した堰堤は何度か決壊した。大正4年(1915)に電源開発のために桧原湖・小野川湖，秋元湖に大規模なダム工事が完成して，その後に被害が大幅に減少した。復旧工事として東麓に整備された当時の土田堰と上山下堰は現在も重要な灌漑用水として利用されている。

噴火による噴出物
磐梯山の噴火活動の特徴は，大規模な水蒸気爆発型活動で小磐梯山が山体崩壊して，多量の岩屑なだれを流出させたことである。1980年にセントヘレンズ火山噴火でこうした山体崩壊が発生して，この火山現象が注目された。

1) 小磐梯山の崩壊　米地(2006)は噴火前のスケッチや写真などから，噴火初期の小磐梯山崩壊は小規模で，約1時間半後に大規模崩壊が発生したと推定した。これに対して，中村・グリッケン(1995)は噴火初期に小磐梯山が崩壊したと推定し，竹本により平成14年(2002)に発見された鮮明な噴煙と山容の写真画像からもこの噴火経過が支持されると主張した(中村2005)。

この噴火活動での噴火エネルギーはほとんど力学的なもので10^{16}ジュール(約10^{23}エルグ)，爆発圧力は約60気圧と推定されている。この噴火に係わる噴出物はすべて非マグマ性の既存の山体構成物(類質物質)で，運動様式から火口からの放出された岩塊や火山灰，山体崩壊による岩屑なだれ，爆風(ブラスト)，土石流(火山泥流)の堆積物に大別される。

2) 岩塊や火山灰　火口から直接弾道軌道を描いて放出された岩塊や火山礫が山麓地域に飛来して，人的，物的な被害を出した。これら岩塊や火山礫の犠牲者の負傷状況や治療経過が文書や写真で記録されている。火山灰は山頂から東麓の白木城，東方の郡山，さらに太平洋岸のたいら付近までの扇形地域で降灰が確認された(関谷・菊地1888)。東麓の長瀬川沿いで最も火山灰が降下して，雨のように粒状となって降り，その層厚は20から30㌢あった。山麓では火山灰降下のため一時暗黒となった。この降下火山灰の堆積による家屋崩壊などの被害は記録されてない。降灰物の温度はこれを被り軽い火傷をする程度，あるいは灰の上の歩行に苦しむ程度であった。

3) 爆発にともなう疾風　噴火活動に際して猛烈な疾風(爆風，ブラスト，サージ)が山麓を襲った。山頂沼ノ平から琵琶沢を通過して東麓渋谷や白木城方面へ抜けた疾風が特に激しかった。通過地域での樹木は小枝が打ち払われ，列をなして風下に傾倒した。東麓長坂の住民はこの疾風で衣服をはぎとられたり，頭髪や皮膚をはがされたり，礫を銃弾のように受けた(関谷・菊地1888)。この疾風で破壊された家屋や木々の写真が残っている(内閣府2005)。こうした猛烈な

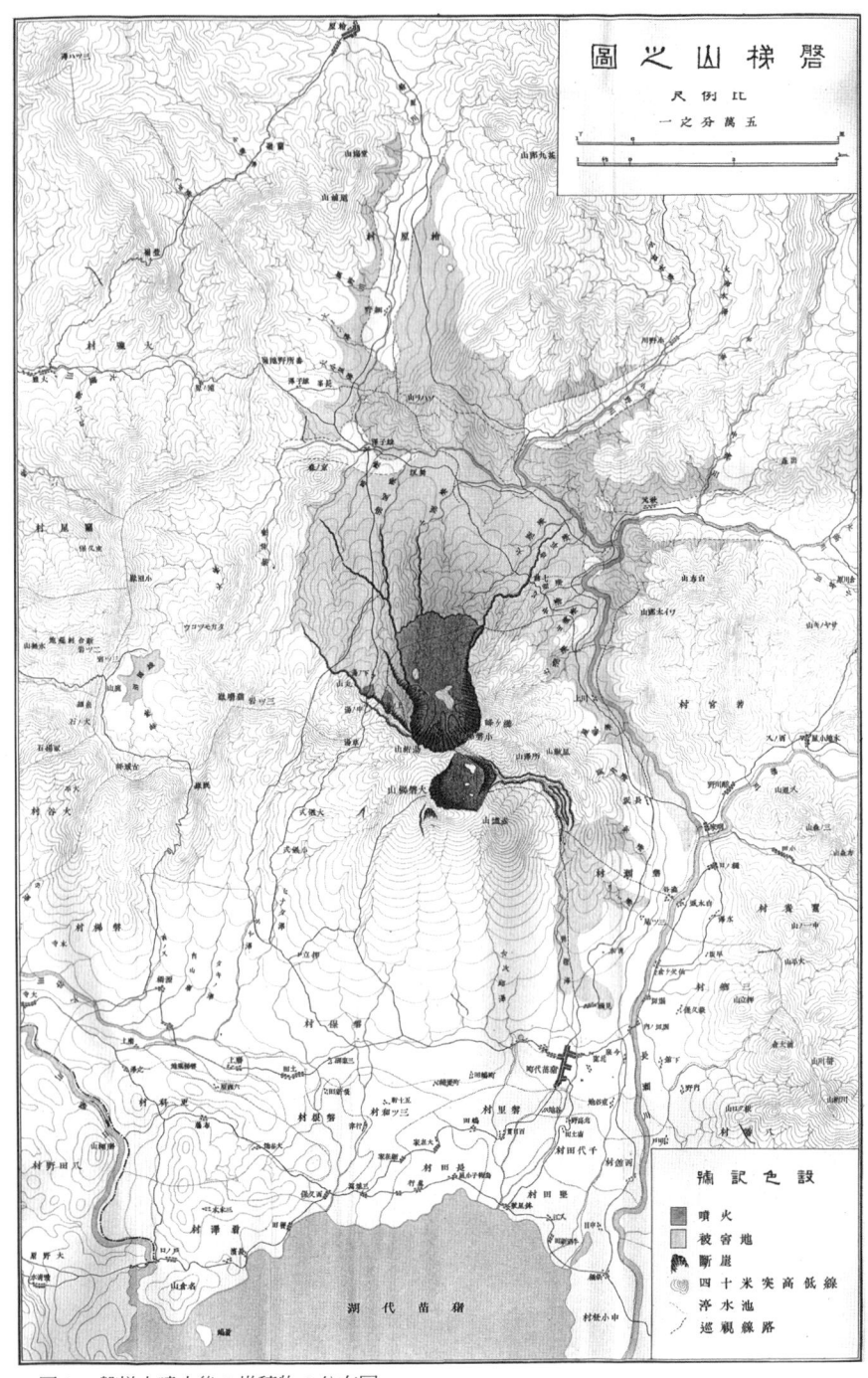

図2　磐梯山噴火後の堆積物の分布図

疾風は礫砂混じりの高速な流れ（サージ）によるもので，セントヘレンズ火山の1980年のマグマ噴火でも確認された。山麓の広域（約10数キロ）で巨木がなぎ倒され，車やブルドーザも吹き飛ばされた。この後，噴火や火砕流に伴う希薄で高速なサージの流動メカニズムが明らかにされつつある。

磐梯山噴火でのサージ堆積物は層厚数センチの無層理堆積物が琵琶沢付近で確認された。その後，サージ堆積物はより広範囲に分布し，噴火開始直後から山体崩壊に至るまでにサージは複数回発生し，その最大流速は秒速約100メートルであったことなどがわかった。水蒸気爆発によるサージは他の火山噴火でも発生例が報告され，マグマ噴火の火砕サージに比べると規模が小さく，到達地域も狭く，堆積物は薄層である。しかし，大規模水蒸気爆発でこのようなサージが発生していることは，火山防災上の配慮が必要となる。

4) 山体崩壊と岩屑なだれ　小磐梯山の山体崩壊による岩屑なだれは，目撃者記録などから約80キロ/時と推定される。北麓地域での堆積物層厚は最大約200メートルで，その到達距離は約10キロであった。岩屑なだれ堆積物の分布面積は約3.5平方キロで，堆積物総量は分布面積と層厚からは1.2 立方キロ，地形復元による欠損量からは0.5－0.8立方キロと見積もられている（中村1995など）。セントヘレンズ火山の1980年5月18日噴火でも山体崩壊と岩屑なだれが発生し，デブリ・アバランシュと名付けられた（この邦訳が岩屑なだれ）。火山体崩壊のきっかけに着目して，岩屑なだれをベズィミアニ型（マグマ性噴火活動），磐梯型（非マグマ性噴火活動），雲仙型（噴火に随伴した地震活動）と区分する提案がされている。

磐梯山噴火での水蒸気爆発型活動による山体崩壊と岩屑なだれの発生メカニズムは以下の通り。山体の地下浅所に発達した熱水系での封圧の経年的増加で荷重圧とのバランスのくずれが潜在要因で，直接的にはM5.0程度の地震活動で地下にクラックが発生して熱水系が減圧し，熱水状態から水蒸気への発砲化が加速することで水蒸気爆発となった。山体崩壊の発生は，変質作用を充分に受けていた脆弱な山体に粘土鉱物層が発達して（爆裂火口内などのボーリング掘削データ），崩壊のすべり面となった。岩屑なだれは複数ブロックが引き続いて滑る多段階的スライドであった。岩屑なだれ堆積物には，山体構造が残った巨大岩塊（ブロック相）とその周囲の基地物質（マトリック相）が観察され，充分に攪拌することなく急激に堆積したことが示唆される（中村・藤縄1999など）。岩屑なだれ主堆積地域は五色沼から剣が峰付近で，比較的平坦な地形面に多数の大小の丘が特徴的に分布する流れ山地形がみられる（図1）。流れ山地形は山体崩壊による岩屑なだれ堆積物に特有の地形で，わが国の成層火山の山麓地域でよく観察される。

磐梯噴火災害の教訓と火山防災

磐梯山の明治21年(1888)の噴火は，火山観測の体制が世界的にも確立する前で，噴火を予知することは不可能であった。このため多くの住民が避難することのないままに犠牲になった。噴火約1週間前から遠雷音などの前兆的現象が発生していたことが，当時の日記などに記録されている。現在のような火山監視システムが整備されていれば前兆活動が観測され，噴火前に警報などを出せた可能性が高い。しかし，現在の火山学レベルでも，大規模山体崩壊や岩屑なだれの発生を予知し，地域住民を安全に避難させるのは困難と思われる。この噴火後，国家レベルで研究者・技術者・行政担当・医療関係者などが結集して，調査や救済・復旧の活動がすすめたことは高い評価が与えられる。新聞報道などのメディアは当時まだ黎明期であったが，災害報道によって国内外までの社会的関心によって義援活動

が喚起されて，集まった多額の義援金によって被災地の救済・復旧に大きく貢献することができたのも評価される。

この噴火活動で発生した大規模な山体崩壊と岩屑なだれは，磐梯山の数10万年の形成史で数回程度発生しているので，その発生頻度は数万年に1回となる（中村・グリッケン1990）。日本の火山の多くは成層火山で，このような山体崩壊を過去に発生していることが明らかになってきている。

わが国の活火山地域は，磐梯山も含めて国立公園に指定されていることが多く，温泉や観光資源の活用から火口近傍までが生活空間となっている。山体崩壊のような発生頻度が著しく低いが大規模災害が想定されるような火山現象に対しては，費用対効果の観点からハード的対策（強固な防災構築物整備など）では限界があり，ソフト的対策（ハザードマップや防災計画による早期避難など）が有効である。

磐梯山では平成12年（2000）夏の地震活動の活発化し，その後に火山防災マップと火山防災ハンドブックが作成され，関係自治体から全戸配布されて（磐梯火山防災連絡会議2001），住民向けに火山防災講習会も開催された。現在，磐梯火山では気象庁による地震計，空震計，遠望カメラなどの常時観測に加えて，大学や研究機関による監視・観測体制が整備されている。2007年に導入された噴火警戒レベルに対応できる効果的な防災体制構築のためには，活動推移の確率論的予知による整備（噴火イベントツリー，噴火シナリオ，リアルタイムハザードマップなど）や災害リスクの評価（地域基礎情報のGISデータによる災害要因への地域リスク評価）をすすめることが火山周辺自治体に推奨されている。加えて，平時での住民と連携した防災教育の活動（『磐梯山に強くなる本』，福島県火山学習会2007など）も重要である。

参考文献 関谷清景・菊地安「磐梯山大破裂実況取調報告書」（『官報』1575，1888），中村洋一・グリッケン「磐梯火山1888年噴火のブラストとデブリ・アバランシェ堆積物」（『地学雑誌』97ノ4，1990），中村洋一「磐梯火山1888年デブリ・アバランシェ堆積物」（『磐梯火山―防災研究の進展にむけて―』所収，防災科学技術研究所，1995），北原糸子『磐梯山噴火―災異から災害の科学へ―』（ニューヒストリー近代日本3，吉川弘文館，1998），中村洋一・藤縄明彦「磐梯火山―村々を埋めつくした100年前の山体大崩壊―」（フィールドガイド日本の火山4，築地書館，1999），磐梯火山防災連絡会議編『磐梯山防災マップ及び防災ハンドブック』，2001，福島県火山学習会編『磐梯山に強くなる本』（磐梯山噴火記念館，2005），内閣府中央防災会議・災害教訓の継承に関する専門調査会編『1888磐梯山噴火報告書』，2005．米地文夫『磐梯山爆発』（シリーズ日本の歴史災害4，古今書院，2006）

（中村　洋一）

災害の概要

磐梯山（磐梯山・小磐梯山・櫛ヶ峰・赤埴山の総称）は，福島県耶麻郡猪苗代町・同磐梯町・同北塩原村の3町村にまたがる標高1,816.29㍍の活火山である。明治21年（1888）7月15日午前7時45分ころに，磐梯山は突然噴火した。激しい水蒸気爆発によって小磐梯山が大規模に山体崩壊し，岩屑なだれ（デブリ・アバランシェ）を引き起こした。これにより，かつて「会津富士」と呼ばれていた成層火山の山容は著しく変化し，山麓の村々に甚大な被害をもたらすにいたったのである。上昇してきたマグマに熱せられて，地下水や地表水が一気に気化し，水蒸気圧が急激に高まったために大爆発が起こり，山体崩壊を生じたのである。このような噴火は，火山学では「Bandaian type（磐梯型）」と呼ばれている（図3）。

地元では噴火の1週間ほど前から鳴動や遠雷のような音が続き，また何度か軽度の地

震も発生しており，これは火山性地震とその影響によるものとみられる。これらの現象は，噴火の前兆現象であったのである。

小磐梯山の山体の大部分が崩壊した結果，北側に向かって開いたU字型の崩壊カルデラを生じ，山頂の標高は650ｍほど低下したのである。しかしながら，小磐梯山がその日の内に完全には崩落せず（図4），南方にその残丘あるいは崩壊壁は少なくとも昭和29年（1954）5月5日までは存在していた。爆発により，秒速40ｍを超える灰や礫混じりの猛烈な疾風（ブラスト）が，周辺の山麓，とりわけ峡谷沿いに駆け抜けた。その中でも特に旧火口である沼の平から東方の琵琶沢へ抜けた疾風は，渋谷，白木城，見祢にかけて樹木をなぎ倒し，さらには多数の民家を倒壊させたのである。火山灰は白木城で約30ｃｍ，樋の口では約20ｃｍ，さらに東南東方向の太平洋岸まで扇形状にうっすらと積もった。また，磐梯の湯（上ノ湯・中ノ湯・下ノ湯）から避難した湯治客や東麓の長坂・渋谷・見祢の住民などは，火口付近から吹き上げられた火山礫や岩塊に当たって，多数の死傷者が出た。

粉砕された多量の岩塊が岩屑なだれとなって流れ下り，北麓の秋元原・細野・雄子沢を埋没させ，多くの犠牲者を出した。さらに，長瀬川沿いに流れ下った泥流は，川上温泉や長坂の集落を一気に呑み込んだ。このほか沼の平から東側の琵琶沢を下った岩屑なだれは，渋谷や見祢の集落を襲ったのである。また，裏磐梯を流れ下った岩屑なだれにより長瀬川が堰き止め

られ，多数の堰止め湖を生ずるにいたった。これらが，現在の桧原湖・曽原湖・小野川湖・秋元湖・五色沼などの湖沼群の原形である。

被害の概要

磐梯山噴火による被害は，主に磐梯山の北側と東側で発生した。その状況は，明治21年の『福島県庁文書』や帝国大学理科大教授関谷清景の講演録などによれば，おおよそ次の通りである。

被害家屋数118戸，死者477人（そのうち遺体発見者117人），負傷者70人，牛馬斃死100頭（牛43頭，馬57頭），である。死者を地域別で見ると，磐梯山北側の桧原村を中心とした地域では岩屑なだれにより275人が亡くなっている。東側の磐瀬村の土石流では114人が，また東南の磐瀬村の一部や蚕養村では岩屑なだれにより22人が，それぞれ命を落としている。

死亡者の数に比して負傷者の数が少ない理由は，高速の疾風や岩屑なだれにより逃げる間もなく，多くの人が亡くなったことによるとみられる。また，負傷者は入院した人のみを数えたにすぎず，自宅療養の者は省略されており，全体の負傷者数を把握し

図3　磐梯山噴火の写真

図4　磐梯山噴火坑真図

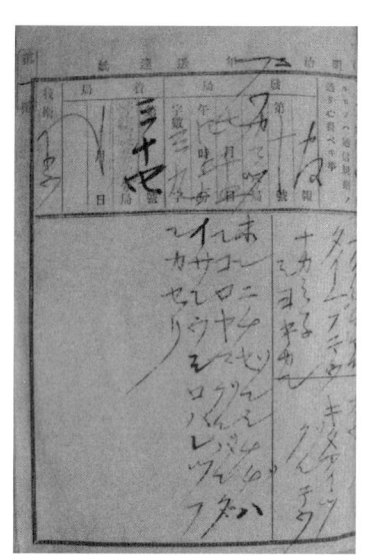

図5　磐梯山噴火を伝える電信（『福島県庁文書』）

ていなかったためでもあった。

家屋の被害は118軒で，とりわけ桧原村では雄子沢・細野・秋元原・小野川，磐瀬村では川上・渋谷，養蚕村では白木城などの被害率がきわめて高かった。また，田畑や山林の被害も甚大であった。その内訳は，田が約24㌶，畑は約120㌶，宅地は約10㌶，山林は約2,249㌶にも上ったのである。

救援・救済の概要

福島県への噴火の知らせは，北会津郡長諏訪伊助から福島県庁永峯弥吉書記宛てに若松局より発せられた電文であった（図5）。このほか警察ルートでの電文も打たれている。これらの情報により県庁では噴火に対する初動態勢を組むことになった。

災害発生地域が耶麻郡役所の管轄下であったため，行政対応の中心は耶麻郡役所があたった。県との協議を密にし，郡長ほか6人からなる対策事務所を耶麻郡猪苗代町外10ヵ村役場内設置し，また猪苗代町役場にも5名の担当者を置いた。その主な業務内容は，土木関係・被災者救助施設建設工事・被災者救助病院会計・被災者救助名簿の作成などであった。福島県警察部では，罹災者救護や警備のため猪苗代警察分署に対策本部を設置した。福島県知事折田平内は，17日に現地入りして実況検分を行い，20日に報告書を国に上申している。この中では，死屍捜索及び埋葬，負傷者治療，罹災者救助，救助金支給，水路流及田地灌漑などの手続が定められたのである。

負傷者は，地元住民・警官・役人などによって救護され，猪苗代警察分署や猪苗代小学校などが治療所として使われた。医学的治療は，当初六角謙三・渡辺誠一郎・宇南山壽庵など地元の開業医がこれに携わった。その後，福島病院副院長北村徐雲・同医星清記・耶麻郡医桜井於兎吉など県内在住の医者が加わったのである。さらに，東京の日本赤十字社からは医師土肥淳朴・小山善・大森英郎らが派遣されている。これは，日本赤十字社による災害医療派遣のはじめて

のケースでもあった。このほか，東京帝国大学医学生であった芳賀栄次郎・三輪徳寛が，被災者治療のため私費で現地入りしており，これは災害ボランティアの先駆的事例とみなせるであろう。日が経つにつれ，全治あるいは自宅療養のため，入院していた負傷者の数は徐々に減少し，7月25日には治療所は猪苗代町の日新館へ移転した。その後，入院治療は8月14日をもって終了し，4人の重傷者は福島病院へ移送された。被災者に対しては，明治13年(1880)に成立した備荒儲蓄金が救済の法的根拠として適用された。これにより，災害による一時的窮民に対して当初10日間の炊き出しが行われ，続いて20日間の救助米の支給がなされ，猪苗代町内には避難所が設置されたのである。

東園基愛侍従による現地視察の報告を受け，明治天皇による恩賜金3,000円，皇后からは1,000円下賜されている。

これに対して民間では，報道によって災害を知った全国の人々から新聞社を通して義捐金が続々と寄せられた。明治22年3月の時点で58,965人から寄せられた総額は38,112円余にも上ったのである。国内はもとより遠くはアメリカ・ドイツなどの海外からも寄せられ，その社会的階層は多岐にわたり，相互扶助の精神が表れている。地域名望家としては苅宿仲衛・白井遠平・朝倉鉄蔵・堀切良平・渡辺弥平次などが名を連ね，彼らは地域のリーダーとしてこの災害に深い関心を寄せていた。また，松平容保・山川浩・山川健次郎・柴五郎など会津ゆかりの人々，勝海舟・黒田清隆・後藤象二郎などの政治家，ボアソナード，ガウランドなどの御雇外国人，噴火を調査した関谷清景，噴火報道に携わった田中智学・プリンクラーの名も散見される。

災害の記録と情報

この未曾有の大災害は，主に新聞・雑誌などのメディアによって全国へ伝えられ，広く国民の知るところとなった。

新聞による噴火の第1報は，7月15日夜に福島町内で限定的に配付された『福島新聞』の号外によってなされたとみられる。同紙は福島新聞社が発行する当時県内唯一の地元紙で，その設立経緯は『福島自由新聞』に対抗して福島県知事三島通庸の後援を得ていた。その号外の内容は福島県庁からの情報に基づいた簡略なもので，先に述べた若松局より発せられた電文や福島県から内務省へ打った電文をニュース・ソースとしたものであった。

号外を除いた新聞の噴火報道は17日から本格的に始まり，新聞各社は当初は『福島新聞』や官報からの転載記事に拠っていたため同内容の記事が多かった。しかし，各社も独自に新聞記者を現地へ派遣し，その情報収集能力や問題関心の差により各紙特徴ある報道を展開することになった。また，事実に関する報道を除き，社説などは各社の政党色や思想性が紙面にも表れていた。記事の分量は1週間を過ぎると徐々に減少し，8月に岐阜県下での水害の被害が報道されるようになると，義捐金関連記事を除いて噴火報道は終息していった。記事の内容は，噴火の景況，被害の状況，官吏の派遣，日本赤十字社や軍医などによる救済活動，義捐金募集などがその中心であった。また，噴火の直後から錦絵・木版画・石版画・活版刷りなどの災害情報誌が続々と出版され，人々はこれらのメディアによって災害の具体的イメージを抱いたのである。磐梯山噴火から1年以内に刊行された災害情報誌の数は70を超え，さらにそれに新聞掲載の図版を加えると，その数は100を優に超えることになる。その代表的なものとしてよく知られた木口木版画「磐梯山噴火真図」(図6)で，明治21年8月1日(水)付『東京朝日新聞』第1095号の附録である。山本芳翠画，合田清刻で，芳翠の画塾である生巧館が関わったものであった。これに

図6　磐梯山噴火真図

図7　磐梯山

対抗して『福島新聞』は、8月14日付の附録として星鳩三による砂目石版画「磐梯山噴火坑真図」(図4)を大々的に刊行したのである。鳩三自身は、福島県の依頼により磐梯山噴火を写生した土地勘のある地元会津の画家であり、この災害情報誌の資料的価値はきわめて高いといってよい。このほか美術家では、浅井忠・中川耕山・犬塚又兵・ビゴーなども現地入りし、中川・犬塚・ビゴーらはそれぞれ特徴ある災害情報誌を残している。さらには、義捐金募集のためさまざまな災害慈善イベントも全国各地で催された。写真師吉原秀雄と国柱会田中智学によってなされた幻灯写真会が代表的なものである。このほかに5代目尾上菊五郎による歌舞伎公演が挙げられる。これは「是万代話柄音聞浅間写画(これはばんだいのはなしぐさおとにきくあさまのうつしえ)」という演目であり、田中智学の援助により磐梯山噴火が歌舞伎の演目に取り入れられている。

写真が災害記録として本格的に利用されたのも、磐梯山噴火においてであった。名前が判明しているだけでも12名以上の写真師が現地入りしている。具体的には吉原秀雄、遠藤陸郎、小口信明、岩田善平、W. K. バルトン、田中美代治、青木栄次郎、玉村康三郎、古谷次郎らである。現在200点以上の写真が伝来されており、宮内庁書陵部・福島県立図書館・国立科学博物館・福島県立博物館・福島県歴史資料館・東京都写真美術館などの公共機関でまとまって収蔵されている。これらのおびただしい量の写真も比較的早い段階で全国津々浦々に販売されて流通し、噴火のイメージ形成に

大きく寄与したのであった。当時はまだ写真を新聞に直接印刷する技術がなく，災害情報誌と比較して画像が鮮明な写真は貴重な存在であったのである。

磐梯山噴火は，日本に近代科学が西洋から導入されてはじめて経験した噴火であり，多くの学者・技官などが噴火の直後に現地入りして調査を行い，正確な調査記録を残している。その代表的な人物は，帝国大学理科大教授関谷清景，同助教授菊地安，農商務地質局和田維四郎（つなしろう），農商務省技師大塚専一，内務省地理局技師和田雄治，同属大塚信豊らであった。

復興への道

噴火により磐梯山の北側である裏磐梯は，土地の荒廃が著しかった。これを憂えた白井徳次や矢部長吉は，その子息とともに精力的に植林を行なったのである。さらに，遠藤十次郎（現夢）は，明治43年（1910）に噴火口下方の北部一帯の官有地払い下げの権利を譲り受け，赤松・杉・漆など10万本もの苗木を植林したのであった。また，宮森太左衛門は磐梯施業森林組合の専務理事として，遠藤とともに植林事業や道路整備に取り組み，温泉宿の経営にも乗り出した。噴火後に形成された裏磐梯高原は，時を経て風光明媚な景観となり，福島県を代表する観光地へと変化していったのである。

猪苗代町にある「見祢の大石」は，沼の平火口付近にあった巨石が琵琶沢を下った岩屑なだれにより運ばれたものであるが，昭和16年（1941）10月3日に磐梯山噴火という自然現象を象徴するものとして国指定天然記念物となった。戦後の昭和25年9月5日，磐梯山周辺は朝日連峰と併せて「磐梯朝日国立公園」として指定され，これにより観光開発が急速に進み，昭和34年には磐梯吾妻スカイラインが開通したのである。その後，磐梯吾妻レークライン・磐梯山ゴールドライン・西吾妻スカイバレーライン・母成グリーンラインなどの山岳有料道路が相ついで開通し，ますます観光が盛んになっていった。

平成23年（2011）9月には，地元の有志の地道な努力と，猪苗代町・磐梯町・北塩原村の3町村などからなる協議会の働きかけの結果，磐梯山は「日本ジオパーク」に認定され，新たな展開が期待されている。

参考文献　北原糸子『磐梯山噴火―災異から災害の科学へ―』（ニューヒストリー近代日本3，吉川弘文館，1998），小桧山六郎『新磐梯紀行―ルポルタージュ・明治21年の磐梯山噴火―』（歴史春秋出版，2000），内閣府中央防災会議・災害教訓の継承に関する専門調査会編『1888磐梯山噴火報告書』，2005，米地文夫『磐梯山爆発』（シリーズ日本の歴史災害4，古今書院，2006），福島県立博物館・磐梯山噴火記念館・野口英世記念館編『会津磐梯山』共同企画展示図録，2008

（渡辺智裕）

1889 明治22年大水害 （明治22年8月19日）

熊野本宮の流出

明治22年(1889) 8月19日に南方より北上した台風が高知県に上陸した（図1）。天気図では中心気圧が734mmHg(＝979hPa)となっている。初期の天気図はまばらな観測点で、その中心気圧をもとめていたので、狭い範囲で気圧が大きく変化する台風は、台風の中心付近がよくわからないことが多かった。中心付近の気圧はもっと低かったかもしれないこの台風により近畿地方で大雨となり、大水害が起きている。和歌山県では田辺で日雨量901.7㍉を観測するなど記録的な大雨で、死者1,247名などの被害が発生した。熊野川下流では、上流の奈良県側で降った雨も加わって大洪水となり、熊野川中州の大斎原にあった熊野本宮大社（図2）は洪水で流され、明治24年に社殿が約800㍍北西の高台で水害を免れた上社に遷座するきっかけとなっている。その後、大斎原は聖地として大鳥居などが建てられた。熊野本宮大社は、創建が不明で、崇神天皇のころと伝えられるが、複数ある熊野古道の終着点が大斎原であることなどから、社地は創建以来その中州にあったと考えられており、明治22年の洪水が起こるまでは社殿が流されることはなかったようだ。これは、明治以後に山林の伐採が急激に行われたため、山林の保水力が失われ、大規模な洪水を引き起こしたと考えられている。

奈良県十津川村の移住

熊野川上流の、奈良県では、十津川郷の6ヵ村（北十津川村・十津川花園村・中十津川村・西十津川村・南十津川村・東十津川村）でも多くの山崩れを引き起こし、死者168名などの被害があった。十津川郷で特に被害が大きかったのは、大規模な山崩れが多数発生したことと、これに伴って河道閉塞（通称天然ダム）が多数形成され、これが決壊して下流に多量の土砂を押し流したことによる。そして川沿いの生活地域のほとんどが被害を受けている。なお、西川地域の生活用水としても使われている大畑瀞（おおばたけどろ）は、このときの天然ダムのうち唯一残っているものである。

天領であった十津川郷の村人は、神武天皇東征のとき道案内に立った八咫烏（やたがらす）の子孫とされ、帯刀を許され、十津川郷士と呼ばれていた。もともと勤王意識の高い土地で団結力が強く、幕末には、ひし形に十字が入った菱十の旗の下、反幕勢力の一翼を担っていた。しかし、明治22年(1889)の十津川郷の台風被害は、人的被害に加え、生活の糧を失うという壊滅的なものであったため、十津川郷の村人たちは移住を考えざるをえなくなっていた。移住の候補はいくつかあったが、十津川の惨状を聞いた北海道長官の永山武四郎が、奈良県知事に北海道移住を勧める書簡を送ったことから、北海道移住の方針が固まり、同年10月に2,691人が北海道に集団移住し、のちの新十津川町を建設している。また、残った6ヵ村も、翌23年に合併して十津川村を作っている。このため、北海道新十津川町の町章と奈良県十津川村の村章は、ともに菱十である。

相次ぐ災害と中央気象台の設立

近畿地方が台風により大きな洪水被害が発生した約20日後の9月11日には、沖縄近海から北東進して紀伊半島に台風が上陸し、伊勢湾で大きな高潮が発生した（図3）。死者890名などの大きな被害が出ている。『気象集誌』には、「明治廿二年九月十一日午後七時ヨリ同八時ノ間ニ於テ尾張、三河ノ海岸ニ起リタル海嘯ハ百余年来未曾有ノ出来事ニシテ実ニ非常ノ惨害ヲ極メタリ」として、愛知県幡豆郡吉田では満潮位より海水の高さ17尺5寸(530㌢)、知多郡須佐で

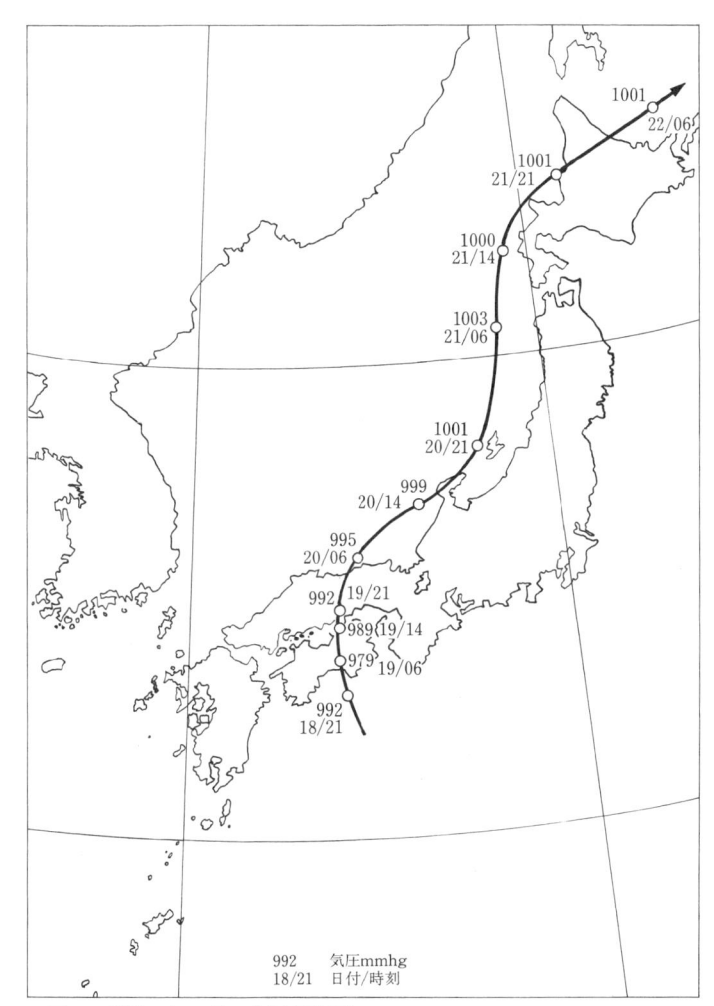

図1　明治22年8月の台風経路図

図2　往事の熊野本宮大社（左）と被害後の大斎原（右）

図3　明治22年9月の台風経路図

13尺8寸などの高潮記録が収載されている。このため，明治20年に東京気象台から改称した中央気象台を，23年には気象業務が強化され，組織的に独立した官制が制定された。このときから気象・地震・火山・海洋など自然現象のすべてを1つの組織で行う，世界的にも珍しい組織となっている。近年の学問の進歩によって，火山が気象に影響を与え，気象が海洋に影響を与えるなど，これらの現象が複雑に関係しあっていることがわかってくるにつれ，1つの組織である強みが出始めている。

参考文献　星為蔵「明治前期の台風経路図」(『測候時報』42ノ9・10，1975)，石川正美「愛知県海嘯之記」(『気象集誌』，1889)，饒村曜『台風物語』(日本気象協会，1986)，同『続台風物語―記録の側面から―』(同・1993)　　　　　　　　　　(饒村曜)

被災者に半生をささげた尼僧

颯田本真（さったほんしん）は，弘化2年(1845)，今の愛知県

幡豆郡吉良町吉田の農家の子に生まれ，12歳で尼僧になり，18歳で吉田に慈教庵（徳雲寺）を創建して住職となった。年を経るに従って徳が高くなり，いつしか「三河の尼さん」として知られるようになり，多くの弟子を持つようになった。

9月11日の水害によって，吉田では379人が死亡し，全壊35棟，高潮で231棟が流出をする大被害をもたらした。この時，本真尼46歳。寺も浸水の被害を受けたが，多くの人の救済に尽力することがきっかけになり，以後，日本のどこでも災害があれば，弟子とともに被災地を訪れ，信者・篤志家からの寄付を募ったり，被災地での救済活動にあたったりした。

たとえば大正11年（1922），2度の大火に襲われた島根県簸川郡佐香村大字坂浦（現島根県出雲市）に施行の旅をしたときの，同地小学校長・山岡義雄氏の追想記では，「颯田本真尼の懇情あふれたお見舞いは，七年をへた今日もなお老若男女を問わず当時を追想して今さらのごとく感謝しないものはない。老尼は災家七十戸へ，夜具ふとんその他衣類百点を七十梱の束にして一軒も残りなく分配される。はじめ老尼の来訪通知をうけて区総代はべつに精進料理などを遠方より取りよせ準備していたが，老尼は数日分の食糧を大きなおにぎりにして用意され，一切の心配を区民にかけぬお考えでこられた。宿も焼けあとの民家のこととて甚だ粗末なところであったが，老尼はことさらに罹災者とおなじ境遇の宿を御希望なされたようで，なんとも言えぬ勿体なさをおぼえたことである。当地を御出立の日，慰問をうけた区民たちは残りなく老尼を見送ろうとしたが老尼は強く御辞退された。かくのごとく高齢の御身でこの嶮路をいそいそとお帰りになった後姿を見て区民は遙かに拝んだことである」。

この追想から，ボランティアに必要な，自主性（自分の意思で行う），公共性（公平に

図4　颯田本真

人々に接する），無償性（見返りを求めない），先駆性（状況に応じて率先する），継続性（思い立っただけの一過性にしない）をすべて見てとれる。本真尼の行いは広く知られるところとなり，大正14年『主婦之友』新年号で「使命に目覚めた本真尼は，東北の果てから九州の隅まで，何かの災害のある度に，救護の手をのばし足跡を全国にとどめたのです。今でこそ社会事業とか救護事業とかは珍しくもなく行われておりますが，それらのことの行われないずっと前に，社会救済事業は一人の女性，本真尼の手によって行われました」と特集されている。

本真尼は，大病を患う80歳までの34年間，全国23道府県・150余市町村（函館〜鹿児島），戸数6万余戸に功徳を行い，生き仏と慕われた。昭和3年（1928），84歳で没。徳雲寺に舎利塔がある。遺骨は分骨され，例えば山形県酒田では，明治27年（1894）庄内地震以降，たびたびの功徳に対して大勢の信者がおり，没後は有志が分骨を受け，酒田市の浄徳寺境内に祀られている。

参考文献　藤吉慈海『颯田本真尼の生涯』（春秋社，1991）
（木村玲欧）

1890 エルトゥールル号遭難事件 （明治23年9月16日）

災害の概要

明治23年(1890) 9月16日午後9時30分ころに，和歌山県の南端に位置する大島樫野崎付近において，折からの台風によって操船困難に陥ったトルコ軍艦のエルトゥールル号が，沿岸間近の船甲羅という岩礁に座礁し，浸水を受けた機関が大爆発を起こして，大破し，多数の死傷者を出した。

明治政府は維新以降，積極的外交政策をとっていた。そうしたなかでイスラーム世界への接近も図られ，オスマン朝治下のトルコとの交渉・交流も始まった。1888年に欧米諸国歴訪途上に小松宮彰仁殿下・妃殿下がイスタンブルに立ち寄り，この厚遇へ御礼として翌明治22年に明治天皇はアブデュルハミト2世に菊花大綬章を奉呈した。この返礼として同年，明治天皇に勲章奉呈すべく，練習航海を兼ねながらエルトゥールル号が日本に派遣されたのである。

明治23年6月に横浜に到着した同艦は使命を果たしたが，7月に乗員が当時日本に蔓延していたコレラに感染し，感染者の治療と船体の消毒のために横須賀長浦消毒所へと移送され，1ヵ月半以上留め置かれた。滞在予定が大幅に超過したため，消毒が完了するや否や9月15日，同艦は急ぎ横須賀を出港して帰国の途についた。日本側は気象観測に基づく台風接近を警告したものの，出航に踏み切った。

被害の概要

横須賀を出航した際にエルトゥールル号の乗員数に関する正確な記録が残っていない。しかし長浦消毒所のコレラ消毒の記録から，69名の生存者を差引いて，事件による死者は約500名未満であることが確実である。

日本の海難史上において未曾有の大規模被害であった。現存する同日の気象図によれば台風は決して規模の大きいものではなかった。エルトゥールル号の被害が甚大であったのは，乗員数が多かったことと，座礁直後の機関爆発によるものである。

事後処置

事後処理は，事件現場である和歌山県と生存者が搬送された兵庫県という地方行政区分の処置と，東京の関連中央省庁の処置とに大きく分けられる。

事件現場の大島村では，翌17日早朝より，村長の沖周の陣頭指揮の下に村民総出で生存者の救済・探索作業が開始された。

大島村は和歌山県の南端に位置する僻村であったが，古くから海難の多発地域でもあった。明治維新以降，日本政府の海難対策として，燈台の設置や海難対応策が地元官吏に徹底されていた。このため沖村長は17日早朝に事件の一報を知るや否や，使者を派して，大島村が属する東牟婁郡役所(新宮町)，また近隣の田辺町から電信でもって和歌山県庁，さらには東京の海軍省，宮内省など中央官庁に事件を一報した。同時に大島に滞在中の民間船である防長丸に生存者2名を便乗させ，多くの外国公館が存在し，エルトゥールル号の次の寄港地である神戸へ向かわせた。この沖村長の迅速な初期連絡対応が，日本政府の諸機関による事後処置を可能とした。

事件の一報を受けたなかで最もはやく現場に駆けつけたのは，神戸に寄港中のドイツ軍艦ウォルフ号であった。19日に神戸を発した同艦は，20日早朝に大島に到着し，19日夜に大島に到着した東牟婁郡の赤城郡長の了解を得て，65名の生存者を収容して，即時，医療設備の整っている神戸へと移送すべく出港した。

同じ20日夕刻には和歌山県庁の秋山書記官一行が大島に到着した。こうして事故現場では県庁・郡役所・村役場という，新設の

市町村制に基づく地方行政体による救済活動が進められることとなった。

東京の中央官庁では、天皇の命により海軍省が生存者の東京移送のために軍艦八重山を派遣したものの、出港が遅れて21日に大島に到着した。八重山は残る2名の生存者を神戸へと移送した。また宮内省管轄下の日本赤十字社からは侍医・看護婦らが開通間もない東海道線によって神戸へと派遣されていた。21日に神戸に戻ったウォルフ号により連れられてきた生存者たちは東京へと移送はされずに、神戸近郊の和田岬消毒所において治療を受けることとなった。

一方、民間においても事件は大きな関心を集めた。東京・大阪で刊行されていた大新聞と呼ばれた全国紙各紙は競って事件関連報道を行い、『東京日日新聞』や『時事新報』などは新聞社として義捐金募集キャンペーンを展開した。注目すべきは義捐金の募集がヒューマニズムに基づくばかりでなく、世界に対して日本の義俠心を示そうというナショナリズムに基づくものであったことである。各種新聞社の義捐金は総計で約5,500円にも達したことが特筆される。

この間も大島村では生存者探索が続けられていたが、初日以来、生存者を見出すには至らず、死体の回収・埋葬が10月はじめまで続けられた。沖村長は『土耳其軍艦アルトグラー号難事取扱ニ係ル日記』(通称、『沖日記』、現在は大島トルコ記念館蔵)という、災害教訓史料として特筆すべき、この間の事後処置に関する詳細な記録を残している。

事後の日本・トルコ関係史

和田岬消毒所に収容された生存者69名への治療の一方、彼らの本国送還をめぐって議論が起こった。未だ両国に国交が結ばれていないことと、日本政府の逼迫した財政状況を鑑みて、外務省は駐日ロシア公使からのロシアによる本国送還との申し出に関心を示した。一方、海軍省は練習航海を兼ね

図1 エルトゥールル号

ての日本軍艦による送還を望んでいた。この状況のなか海軍省を擁護する『時事新報』は24日に社説によりナショナリズムに基づき、外務省を非難し、自国軍艦による送還を主張して世論を煽動宣撫した。これにより事態は一変して自国軍艦による送還への動きが強まり、26日に日本政府は国庫予算予備金から膨大な支出をしながら比叡と金剛の2艦による送還を決定した。10月11日に生存者を収容して神戸を出港した両艦は同年末に、ダーダネルス海峡近郊で生存者をトルコ側に引渡し、1891(明治24)年1月2日にイスタンブルに入港して約1ヶ月半に渡り滞在して歓待を受けた。

『時事新報』は比叡に同紙記者の野田正太郎を便乗させ、同紙が集めた義捐金約4249円をフランス・フラン建て為替として届けさせた。野田は請われて約2年間イスタンブルに留まり、イスラーム教に改宗し、事後の日本・トルコ関係に大いに寄与した。しかし外務省は両艦に正式に外務省要員を便乗させず、国交樹立交渉に前向きではなかった。両国間に国交が結ばれるのは、オスマン朝の後継国家であるトルコ共和国との間に、大正13年(1924)に締結されるローザンヌ条約まで待たなければならなかった。

参考文献 内閣府中央防災会議・災害教訓の継承に関する専門調査委員会編『1890エルトゥールル号事件報告書』、2006、日本トルコ文化協会編『絆―トルコと日本の120年―』、2011 (三沢伸生)

1891 濃尾地震 （明治24年10月28日）

災害の概要

濃尾地震は，明治24年(1891)10月28日午前6時38分に，福井と岐阜の県境付近の根尾川上流から濃尾平野北東縁にかけて発生したM8.0の浅い地震である。濃尾断層帯の内，温見・根尾谷・梅原断層が長さ80キロにわたって1度にずれ動いたもので，国内で観測された陸部での地震としては最大の地震である。仙台より南の日本全土で有感であった。地震時の断層のずれは主として左横ずれであり，水平方向に最大8メートル変位した(6メートルが確認された最大水平変位量という説もある)。上下方向には1～2メートル南西側が隆起した。有名な水鳥断層の写真にある根尾谷水鳥の崖は，周囲とは異なり北東側が6メートルほど隆起している。この地表地震断層は，水鳥付近の局地的な地塊の持ち上がりの結果であり，揺れを発生させた地震本体の断層ずれそのものが地表まで出現したものではない。ほかにも福井県今立郡池田町から岐阜県加茂郡坂祝町まで76キロにわたってほぼ連続的に地表で活断層の動きが確認できる変化が現れた。温見断層と根尾谷断層は2～3,000年に1回程度の頻度で活動するA級活断層であるが，梅原断層はB～C級であり，2万年に1度程度しか活動が確認されていないので，濃尾地震は梅原断層まで含めて活動した，稀な地震であったといえる。この地震によって，死者7,273人，全壊家屋142,177軒，山崩れ10,224ヵ所と，甚大な被害が発生した。大きな地震だったので，余震活動は1世紀以上を経た現在も微小地震レベルで継続している。明治25年1月3日(M5.5)，9月7日(M6.1)，同27年1月10日(M6.3)などの余震でも小被害が発生した。この余震活動から余震の減衰の大森公式が見いだされた。また，この地震を契機に震災予防調査会が設立され，明治3年にお雇い外国人教師中心に結成された世界最初の地震学会，Seismological Society of Japanから国内の地震研究の中心が移った。

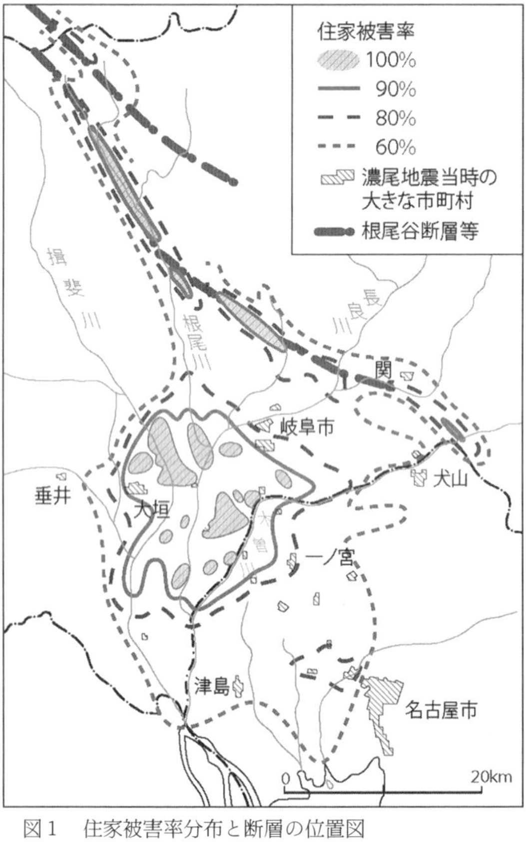

被害の概要

断層沿いの根尾谷から岐阜県美濃加茂市にかけての線状の地域だけでなく，木曾・長良・揖斐川の木曾三川に囲まれ輪中地帯ともいえ

図1　住家被害率分布と断層の位置図

る濃尾平野は，岐阜市から大垣市にかけての北半分を中心に，沖積平野特有の地盤の悪さから震度7相当の揺れとなった。建物被害が大きく，愛知県名古屋市や犬山市など東部以外は，当時はほとんど平屋であった住家も6割以上の倒壊率で，紡績工場や郵便局など当時としては大きい建物も瞬時に崩れたといわれる。幸い夜明けから始動する明治時代においては，多くの人が起床後の時刻に発生したので，家屋の倒壊率の割には圧死者が少なかった。明治になって建てられた学校などの洋風建築や，煉瓦作りの紡績工場だけでなく，断層近辺の社寺のような大きい建物の被害が多かったのは，地震規模が大変大きくやや周期の長い揺れが強く長く続いた影響といえる。東海道線長良川鉄橋も半分以上落橋した。

建物だけでなく地震規模が大きかったために土砂崩壊よる被害も広範囲に発生した。特に江戸時代から継続的に薪や木炭を出荷していた岐阜の山林は治水のための森林保全が必要な状態であったことから，表層の崩落などが多く，地震後雨の度に土砂災害が継続的に発生することになった。

木曾三川の堤防も各所で崩れ，岐阜だけで4,562ヵ所に昇った。愛知県の木曾川などの堤防被害箇所数は不明である。このほか，静岡・石川・福井，琵琶湖沿岸部から淀川沿い，伊勢など合わせて7,177ヵ所も堤防被害が生じた。液状化現象も濃尾平野を中心に，福井平野や滋賀・京都・大阪・金沢・浜名湖周辺，天竜川河口等地盤の軟弱な各地で広くみられた。特に震源に近い濃尾平野では建物の沈下や側方流動，地割れ，噴砂などが被害をもたらした。　（松浦律子）

濃尾地震と救済

当時の地方長官である県知事は官選であった。たまたま東京で開かれていた地方官会議に出張していた岐阜・愛知・福井県などの被害各県の知事は急遽帰県し，現場の指揮にあたった。松方正義総理大臣は早くも

表1　濃尾地震被害と救済

被害項目（戸）	岐阜県	愛知県
全焼戸	5,349	86
全壊戸	42,945	344,494
半壊戸	15,606	23,968
（現住戸）	181,322	318,496
犠牲者（人）	岐阜県	愛知県
死者	4,901	2,459
負傷者	7,967	6,736
（現住人口）	916,338	1,476,138
救済金配分（円）	岐阜県	愛知県
備荒儲蓄金	780,360	530,383
中央儲蓄金	100,000	100,000
恩賜金	14,000	14,000
義捐金	220,321	80,000

（『日本災害史』より，円以下切り捨て）

10月31日東京を発して現地視察を行なった。また，天皇の代理として侍従3人も現地に視察のため派遣された。救済の恩賜金は岐阜・愛知両県へは当初3千円，ついで各1万円下賜され，さらに皇太后より千円，両県にそれぞれ1万4千円が下賜された。近代化の象徴であった煉瓦造りの紡績工場，電信電報局，開通を果たしたばかりの東海道線の長良川鉄橋など，近代国家として整備されつつあった施設が破壊され，明治政府始まって以来の大災害として積極的な災害応急対策が講じられた。この時期の災害救済法であった備荒儲畜法が適用された。救援医療の活動も，帝国大学医科大学の教授，学生，あるいは陸軍の軍医，世界赤十字国際連盟に加入したばかりの日本赤十字社も医員・看護婦を長期間派遣し，各地の医師会なども救援活動を展開した。また，地震発生後も東京一名古屋間の東海道線は無事であったため，救済関係者に限らず，多くの人々が被災地に入った。写真師は地震で倒壊した無残な姿の建物や鉄橋，地震断層など撮影し，売りさばいたので，多くの人々がこの災害をメディアを通じて知ることになった。新聞も義捐金を募集し，連日，官報の転載以外にも，現地に自社の記

表2 濃尾地震全国新聞社義捐金額

新聞紙名	金額(円)	新聞紙名	金額(円)
時事新報	24,609	親愛知	836
大阪朝日	18,788	国民新聞	724
朝野新聞	12,074	芸備日日	705
横浜貿易	5,593	信濃毎日	596
読売	5,545	岩手広報	587
都	5,171	北海道毎日	544
大阪毎日	5,000	馬関	517
東京日日	4,134	函館	478
大阪日日	4,029	土陽	384
神戸又新	3,107	茨城日報	335
国会朝日	2,680	九州自由	189
伊勢	2,186	宮崎新報	176
改進	2,175	高知日報	156
近江新報	1,967	秋田日日	134
岐阜日日	1,706	熊本	117
毎日	1,696	山形自由	106
三重	1,661	豊州新報	102
北海	1,616	山形日報	92
防長	1,616	甲府	89
静岡大努・他	1,393	庄内新報	76
新潟	1,101	山梨日日	45
金城新報	1,020	計(計算値)	118,789
北陸新報	1,020	(ママ)	*115,503
福嶋	1,000		
東京新報	914		

『岐阜日々新聞』明治24年11月29日による。金額不明とされた数社は除く。*印は紙面に記された数値。

者や画家を派遣し，記事を競い合った。海外からも多くの義捐金が寄せられた（表2）。

救済金配分の実際

表1「濃尾地震の被害と救済」によれば，救済名目で支給されたものには，備荒儲蓄金・救済金・恩賜金・義捐金などがある。まず，備荒儲蓄金は，支給すべき救済金が府県の儲蓄金の5％を超えた場合には政府出資の中央貯蓄金から補助金が出される規定であった。その中央儲蓄金を含めた備荒儲蓄金の支給総額は，岐阜県で88万円余，愛知県で63万円余であった。

救助の実態をみると，備荒儲蓄金の規定は，食料30日（1日男3合，女2合），小屋掛料1戸10円以内，農具・種穀料20円以内等の規定があるが，各県ともこの規定に沿った支給枠をそのまま実施はしていない。理由は，備荒儲蓄金の配分方法は，各県の儲蓄金からの支出も含まれているから，県議会が発足した段階以降は条例改変の県議会の承認を経て救済金配分率が決定される仕組みであった。備荒儲蓄法による中央儲蓄金補助は，あくまでも国家の予算執行の際の概算目安としての数値にしかすぎなかったからである。

しかも，岐阜県では，この備荒儲蓄金の配分率を廻り，県会で紛糾，県議会の外では県下はじめての民衆騒動として著名な西別院事件が起きている。県議会内の山岳地帯選出議員と木曾三川に囲まれる輪中地帯を中心とする水場派議員の対立に加えて，織物・陶磁器製造を経済基盤として台頭する商工閥の抗争が絡み，知事・参事官らの県政の中核は新興する商工閥との連携が深かったという（重松正史「初期議会における地方政治状況—濃尾震災前後の岐阜県政—」『歴史学研究』577，1988）。

恩賜金は，両県とも被害の軽重に拘らず金額は同じであった。岐阜県では，被害者すべてに対して，均等に1戸15銭を配分したのに対して，愛知県では住家が被害を受けた者と死傷者が出た者について被害程度に応じて配分した。また，宮内省はほかの救済金とは別途支給することを指示し，恩賜金を支給された者からは領収書を提出することを義務付けた。

民間からの義捐金高はそれまでの災害義捐金のなかでは最高の集金額で，重要な役割を果たした。岐阜県への募金総額は22万円余，愛知県で8万円余であったが，募金は北海道から，九州までほぼ本州全体にわたる。新聞社間で金額の開きが大きいが，これは被害当該地あるいは近隣県などのほか，各新聞の読者層の違いも作用している。外国からの義捐金額は2万2,688円余，ほかに10ドルと50ポンという記録がある（品川弥二郎文書「愛岐一件」，国立国会図書館蔵）。

また，江戸時代長崎オランダ商館の医師として来日したシーボルトの息アレクサンドル・シーボルトが明治25年1月より4週間，ベルリンの美術博物館において義捐金募集の目的で美術展覧会を企画した収益金2,873円余を日本赤十字社に送金してきた事例もあった（豊田看護大学図書館寄託資料「愛知岐阜震災 独国シーボルト展覧会」）。ほかに，国内各地から薬品・包帯などの医療品，米・味噌・さつまいも・梅干・漬物・餅・鰹節などの食品，手拭・衣類・毛布・布団などの衣料類，鍋・釜・包丁・火鉢など，多様な生活用品が多数寄せられた。

復　興

破壊された鉄道，道路，堤防などの復旧工事は先の救済金とは異なる支出枠が必要となる。政府は11月11日には勅令205号をもって震災救済費及び土木補助費として，岐阜県150万円，愛知県75万円が明治23年（1890）年度剰余金のうちから支出することにした。多額の土木費補助が勅令をもって公布された経緯は以下の通りである。
内務書記官大塚恒三郎による内務大臣品川弥二郎宛の被害地景況報告「木曾川長良川揖斐川三川堤防其他沿川村落被害景況上申」（「愛岐一件」）のうち，堤防などに関する損壊状況を上申している。
1）木曾川堤防，長良川堤防，揖斐川堤防を巡見した結果，いずれも「非常の大破」であり，堤防の陥落，亀裂，増水のための大穴など破損大である
2）堤防のすべてにわたって完全なものはない
3）陥落堤防は一旦掘り取り，土持をする必要があるが，「非常ノ労賃ヲ要ス」「費用概算を為す筈」と上申した。また，木曾川対岸の愛知県側堤防は「幾分カ其害小ナル方カトモ考候」と報告，激甚な被害は岐阜県側に多いと報告している。
概算見積りは，長良川堤，揖斐川堤，大垣輪中などの輪中，中小河川沿い輪中，ある

いは堤など合計破壊間数18万1,300間，樋管費用13万3,220円余，これらに材木の高騰に鑑み，この調達に5割増しの計算をかけて，総額150万6,234円余が打ち出された。しかし，勅令といえども，議会の承認が形式上は求められ，第2回帝国議会（開期11月26日～12月25日）はこの議案を含むその他の政府提出議案で紛糾した。その結果，この年の12月25日議会解散，総選挙という事態に立ち至る。しかしながら，議会の承認が得られなくても，勅令205号の予算支出がなされることは法律上可能であったから，11月17日には，両県にそれぞれ救済費および土木補助費が公布され，危険視される堤防の修復工事が開始されていたのである。さらに，第一工事で未着手の道路・橋・用悪水路・溜池・樋管などの工事に関する第二工事費補助については，議会解散となったため，再び勅令を以って明治24年12月26日要求額通り208万円余の土木費補助の公布が決定された。
いずれにしても，濃尾地震の土木補助費はそれまで例を見ない多額な補助であったが，急遽多額の工事費補助が支出されたことは一種の震災バブル状況を生み出し，その結果は震災疑獄事件に発展した。岐阜県知事は更迭され，会計検査院が調査に入り，後任知事が前任者を告発するという政争に発展し，岐阜県政は混乱が長期にわたって続いた。

震災予防調査会の設置

政府は震災対策の調査機関として震災予防調査会を設置したが，この種の調査機関としては世界的にみて異例に早いといえる。それ以降，わが国の近代防災科学の舵取りに決定的な役割を担った。
震災予防調査会は，濃尾地震の翌年に設置され，関東大震災に至るまで活動を続け，関東大震災の調査を終え，解散をした国家の地震災害予防調査機関である。
明治25年（1892）5月開催の第3回帝国議会

の承認を得(「公文類聚」16編，官制)，明治25年勅令55号（6月27日）をもって，「震災予防調査会官制」が交付された(『法令全書』明治25年)。震災予防調査会委員の任命権は内閣に，監督は文部大臣の権限に属し，委員のほか，必要に応じて臨時に雇員を置くことができるなど，震災その他突発的自然災害が発生した場合に備えた調査機関としての臨機応変性を備えたものであった。

なお，この調査会について誰が発案したのかという点について，同書は，留学から帰国した明治24年7月田中舘愛橘は帝国大学理科大学教授に任命されるが，その3ヵ月後に発生した濃尾地震の地磁気測量のため，11月12日現地に出張した。この調査から帰国した田中舘が菊池大麓に進言したのが震災予防の調査・研究機関の設立構想の発端だという（中村精二『田中舘愛橘先生』講談社，1944)。しかし，このことについては，橋本万平は帝国大学理科大学ではじめて地震学の教授となった関谷清景の生涯を綴った『地震学事始』(朝日新聞社1983)で，恐らくこの記述は，思い違いによるものではないかと指摘している。田中舘が現地へ調査に赴く11月12日には，菊池が震災研究機関の構想を発表している。さらに，むしろ，そうした構想は関谷から出ているのではないかと推定している。

帝国大学地震学教授の関谷は肺結核のため，この時期兵庫県の須磨で療養生活していたが，出身地大垣が壊滅的打撃を受けたことも与り，この地震を今後の学問に活かすべき道について新聞へ2度の投書を行い，積極的に社会に向かって呼びかけている。

地震予知と強度を高める家屋調査のために，実地に地震の現場へ入って観察することを説き(『官報』11月5日，『時事新報』11月6日など)，第2弾の投書では，現在学理と技術が遊離しているが，学者は現地に行って学ぶべきだという主張を掲げ，また，余震は本震より大きくはないことを過去の歴史的事例から説き，余震が続いている社会不安を鎮静させようとした(『官報』11月9日，『時事新報』11月10日など)。

これらの提言に呼応する形で，工科大学学生18名は11月6日線路破壊の実地調査に参加，医科大学国家医学会講習生31名は4日現地入りしている。

東京では，12月7日，地震学巨智部忠承，建築学ジョサイア・コンドル，田辺朔郎，医学佐藤進による学術講演には，神田錦輝館に「無慮千人余」の聴衆が押しかけたという(『時事新報』12月9日号)。

11月の5～6日あたりから，現地の惨状写真と題する新聞広告が目立つようになり，義捐金募集を兼ねた幻燈写真の催物も東京の各地で開催された(『時事新報』，『東京朝日新聞』など)。新聞の義捐金に限らず，こうしたイベントを通して，地震の惨状が一般の人人の目に触れる機会が多くなり，地震の恐ろしさや震災像が具体的なものとして多くの人の脳裏に残されるきっかけとなった。こうした傾向のなかから，地震の惨状といった衝撃性を売り物にするだけではなく，東京の写真師として著名な江木写真館が「震源の写真」(図2)と銘打つ広

図2　根尾谷断層

図3 （岐阜県愛知県）大地震実況

告を出し，小藤文次郎や巨智部忠承などの指導を受けた撮影であることを宣伝した。直接震災に遭わなかった多くの人々が新聞その他を通して義捐金を差し出し，写真や幻燈画で災害場面の再現を体験する，学術講演会に参加するといった社会的関心が一挙に高まったことは，この震災に伴う社会現象としてきわめて顕著な傾向であった。こうした傾向は，すでに3年前の磐梯山噴火の際にも青年層を中心に噴火現象の科学的解明への関心の増大として表面化してはいたが，濃尾地震の被害の大きさは勅令による河川堤防工事費補助金問題の帝国議会紛糾なども関わり，この傾向に一層の拍車をかけた。

帝国大学地震調査―学術調査の実施

なお，震災予防調査会発足以前にこの大震災に際しては地震の科学的調査の試みがなされている。地震発生直後の明治24年(1891)11月帝国大学は加藤弘之総長名で，各県・各省へ震災についての24項目にわたる調査を実施，回答を求めた。まず，地震の調査の学術的意義と防災上の意義を述べ，①観測場所，②回答者名，③震動の時刻，④震動の時間，⑤震動の方向，⑥震動の高低，長短および方向など，24項目についてできるだけ図面をもって説明することを指示するものであった。この回答は明治25年7月30日の奈良県からの調査結果を第1報として，司法省・逓信省・御料局と32府県から寄せられた。これらの報告は，たとえば司法省・逓信省・御料局などはそれぞれの管轄下の裁判所へ通達を出し，寄せられた回答をそのまま束ねて提出された。各県も同様に郡市町村長からの回答をそのまま束ねて提出したものであり，指示通り，図面を添えたものが多い。原簿は，愛知・岐阜両県分は失われてしまったが，提出された状態を窺わせる状態のまま，表紙が添えられ，東京大学地震研究所倉庫に保管されている。この調査は，勅令による震災予防調査会成立以前に着手されたものではあったが，すでに設立されていた震災予防調査会の許で回答が整理され，利用された（岐阜大学教育学部（松村郁栄）編『郷土資料』1977，東京大学地震研究所編『明治二四年十月二八日濃尾地震資料集』全3冊，1992）。

参考文献　内閣府中央防災会議・災害教訓の継承に関する専門調査会編『1894年濃尾地震報告書』，2006，北原糸子編『日本災害史』（吉川弘文館，2006），村松郁栄『濃尾地震』（古今書院，2006）　　（北原糸子）

1892 明治25年水害 （明治25年7月）

災害の経緯

本洪水は，7月下旬，台風の北上に伴う豪雨によって主に四国地方から中国地方で発生したものである。台風は，7月23日に四国に上陸したのち，兵庫県・岡山県付近を北上し，日本海に抜けた。台風の通過に伴って，多くの雨がもたらされ，各地に大きな被害を与えた。災害の経緯を河川流域ごとに概観する。

四国の物部川では，右岸堤防が327㍍に亘って決壊して，死者1人，流失家屋3戸，農地数十㌶の被害を出した。濁流は，破堤箇所から南に，その後南東に流れて，物部川の河口付近から海に流出した。この洪水では，文化12年(1815)の「亥の大変」のように，洪水流が浜堤を切って，直接海に注いだ洪水にはならなかった。物部川橋付近の堤外地が流失したり，十善寺の深渕神社が流失するなどの被害をだした。

吉野川でも，死者329人を出す大災害になっている。しかし，吉野川の洪水は，河川の破堤だけでなく，台風の低気圧による高潮災害が加わった点で，他の河川流域とは大きく異なる特徴をもつ。7月23日の徳島市における高潮災害は，吉野川の派川である新町川河口から遡上し，市内の約8割を浸水させる被害となった。被害は，死者311人，全壊家屋2,635戸，半壊家屋2,559戸，流失家屋644戸，田畑の被害36,242反に達した。

中国・近畿地方をみると，揖保川では，篠首で417㍉/日の雨が降り，龍野で3,700～4,500立方㍍/秒の流量になった。これは揖保川における過去最大の流量である。河川のいたる所で氾濫し，被害は死者6人，浸水家屋10,793戸，最大水深3㍍，浸水面積約900㌶に達した。旭川では，7月21日夜から降雨があり，22日8時ころには暴風雨となり，堤防が決壊したために一面海のような状態になった。10日間以上にわたり排水されず，満潮時には海水が床上まで来ている。旭川が流出する児島湾では，3ヵ所の堤防を決壊させて，排水するなどの措置をとった。このため，稲作は収穫が全くできなくなったという。岡山県から広島県に流域をもつ高梁川では，近世以降，上流部でかんな流しを行なっていたために，河床に大量の土砂が堆積して，洪水が起きやすい条件を備えていたここでも被害があった。なお，夏目漱石が岡山において被災し，旧県庁に避難したことはよく知られている。

復旧と復興

この洪水が直接のきっかけになって，その後河川改修事業が行われるようになった例を高梁川でみよう。洪水後，明治40年(1907)から内務省の直轄工事として高梁川の改修工事が行われた。改修工事の中心は，下流部の川幅を広げることと，堤防の補強・流路の一本化などであり，大正14年(1925)に約800万円の費用をかけて完成した。その効果は，昭和9年(1934)の室戸台風で証明された。また，廃川になった東高梁川跡には，約470㌶の土地に学校・スポーツ施設・農地・工場などがつくられた。岡山県では，復旧工事費として国庫補助が170万円，それに県費を合わせて200万円の経費があてられた。徳島市内では，その後復旧に伴って港湾施設が別の場所に移動するなどの変化がでた。また，新町川の浚渫などもあわせて行われている。

参考文献　小林和美「明治・大正期における地方河川の治水問題―加古川河川改修運動の展開過程―」(『大阪教育大学紀要』II46ノ1，1997)　　　　　　　(吉越昭久)

1894 明治東京地震 （明治27年6月20日）

地震の概要
日本海溝から沈み込んだ太平洋スラブが東京東部の真下あたりでは深さ80キロ以上に達している。明治東京地震はちょうどその辺りの太平洋スラブ内で発生した地震である。震源が深いため，震度5程度の地域は関東平野南部の広範囲に及んだが，逆にどこからもある程度距離があるので浅い地震のように震度6やそれ以上で集中的に被害の大きいエリアはなく，地盤条件によって被害に多少の強弱がでた。またスラブ内地震であるため短周期の地震動（1秒間に数回以上の揺れ）が大きく，煙突やセメント留めされていない煉瓦構造物の被害が多く発生し，木造の住宅は破損程度の軽被害が多かった。
　　　　　　　　　　　（松浦律子）

災害の概要
明治27年（1894）6月20日14時4分，震央を東京東部（北緯35.7度，東経139.8度），M7とされる地震が発生した。東京地震と呼ばれているが，被害は関東1府3県に及んだ。濃尾地震後設置された震災予防調査会が調査を手掛けた最初の地震で，『震災予防調査会報告』3～5号にはこの地震に関する報告がまとめられている。人的被害は東京で死者24名，負傷者157名，神奈川県下で死者7名，負傷者40名であった。死者が発生したのは，東京の場合，煉瓦建物・煙突倒潰，横浜居留地の煉瓦造り建物の崩壊，川崎大師の石塀倒潰で小学生3人が亡くなるなどによるものであった。このほか，死者は出ていないが，埼玉県・千葉県においても庁舎の損壊，神社鳥居などの石造物の被害などもあった。構造物の被害で特徴的なことは，表1にみられるように，煙突の被害が際立つことであった。東京では全潰41，半潰335，亀裂453などの被害，横浜市においても172の煙突が崩壊，このため，この地震は「煙突地震」とも呼ばれた。この煉瓦造りの煙突が崩壊，建物の屋根を打ち抜き被害者を出した例は，中央官庁の大蔵・内務・司法・文部・海軍・外務・農商務の各庁舎にもみられ，煉瓦造りの建物にクラックなどが入った。その被害の様子はいまだ写真印刷ができなかったため，『震災予防調査会報告』3～5号には石版画で描かれているが，煉瓦造りに改築された中央官庁の建造物にクラックが入ったものが相当数認められる。この地震は，朝鮮の東学党の乱に対して朝鮮王朝が清に援軍を求めたたため，日清両国間の協定に反するとして朝鮮出兵を6月4日に開始する状況下の6月20日，東京市ヶ谷陸軍士官学校の営舎では死者の被害を出した。警視庁による東京の被害統計が『震災予防調査会報告』に掲載されているが，ここでは，茅野一郎によって見やすい形に改められた被害表を掲載する（「明治中期の

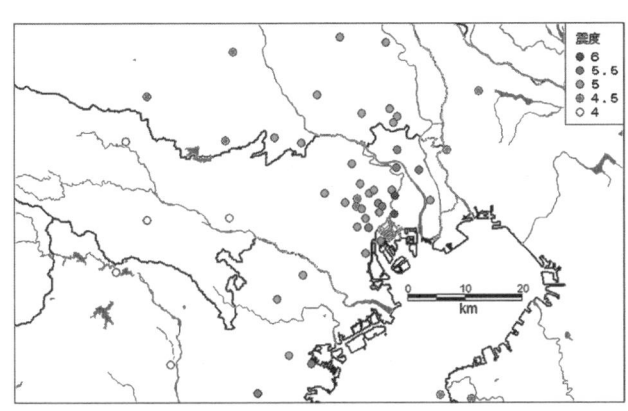

図1　震度分布図

表1 明治東京地震の被害の概要

区 または 警察署管内	死	傷	家屋 全潰	家屋 半潰	破壊	煙突 全潰	墻壁破 損箇所	崖・石崖 崩壊箇所	地盤罅 裂箇所
麹　　　町	2	10			351	17	44	4	1
神　　　田	2	19	3	14	152	1	6		1
日　本　橋		8	2	2	849		7		1
京　　　橋	1	29	1	1	569	1	22	5	
芝	2	6	1	4	345	4	37	17	34
麻　　　布				3	177		20	6	
赤　　　坂	5	13		1	165		14	3	14
四　　　谷					93		3	1	3
牛　　　込					110	1	9	3	
小　石　川	1	2			105		4		
本　　　郷		5		3	185		5		1
下　　　谷		3		1	115		4		1
浅　　　草	1	6	1		94		3		
本　　　所		8	6	5	294	1	7	1	1
深　　　川	8	39	5	34	388		46		1
水　　　上	2	1			3			12	2
品　　　川					649		15	8	14
新　　　宿		2			59	13	2	1	5
板　　　橋			1		18		1		
千　　　住		4	1		145	3	2		220
小　松　川			1		7		1		7
八　王　子		1			12			2	2
府　　　中					34				
青　　　梅		1			3			7	1
東京府下計	24	157	22	68	4922	41	262	71	309
横　浜　市	4	34	1	9	480	172	18	8	22
久　良　岐　郡					58	4		1	12
橘　樹　郡	3	4	4	20		17	13	4	71
都　筑　郡					114	1	1		43
三　浦　郡					4				
鎌　倉　郡		1		3	128		2	1	61
高　座　郡				1	70		1		1
大　住　郡			1		94				13
淘　綾　郡		1			4				4
足　柄　上　郡					10				
足　柄　下　郡			1		6				10
愛　甲　郡					9				1
津　久　井　郡									3
神　奈　川　県	7	40	7	33	977	194	35	14	241

"煙突地震"』『地震ジャーナル』1989年12月)。煙突地震といわれるように，被害を受けた煙突の写真が多く，印画紙焼の台帳写真であるが，中にはガラス乾板，それら複写し彩色した幻燈写真も残されている。

写真撮影の経緯などは大迫正弘・金子隆一の考察がある(「1894年の東京地震の写真資料」*Bulletin of National Science Museum. Series E. Physical science & engineering*, 27, 2004)。

(北原糸子)

1894 庄内地震 （明治27年10月22日）

災害の概要

庄内地震は，明治27年(1894)10月22日17時35分に発生した。山形県酒田市を中心に庄内平野の北半分で被害が生じた。地震の規模M7.0の浅い大地震である。被害は庄内平野の東端の山沿いと，海沿いの砂丘の東側の後背湿地，最上川沿いで大きかった。庄内平野東縁断層帯の内，通越断層あたりから北側の部分が震源であったが，地表には断層は現れなかった。濃尾地震で断層を発見した小藤文次郎はこの地震でも庄内平野中央部地割れの分布を東西につないで断層を推定したが，実際の震源域は平野北東部の山麓に伏在していた。これ以後小藤自身は大地震後の断層調査を行わず，もっぱら火山地質の研究に向かった。

庄内平野は天保4年(1833)にも日本海沿岸で発生した大きい地震の被害を受けており，この時は津波被害が大きかったので，一部には地震後の津波を心配する住民もいた一方で，この時とは揺れ方が違って山よりの震動が激しかったので津波の心配はないという碩学の徒も当時の酒田にはいた。

被害は庄内平野でも赤川河口と庄内町の余目辺りを東西に結んだ辺りから北側に集中し，鶴岡以南の庄内平野では被害はあっても軽かった。夕方に発生した激震によって，酒田と松嶺町(現松山町)では特に火災被害が多く，半数近くの住家が焼失した。この時，豪商で知られる本間家の屋敷や蔵も焼失したが，本間光丘は焼け残りの米で被災民に炊きだしを提供したという。

平野の各地で液状化が発生し，湧き出た水で人畜が押し流され溺死者もでたという記述もあるが，本当であろうか。さらに飽海郡では地震の約3週間前から河水が減少し，井戸水が涸れ，潮が引くなど前兆現象があったという。

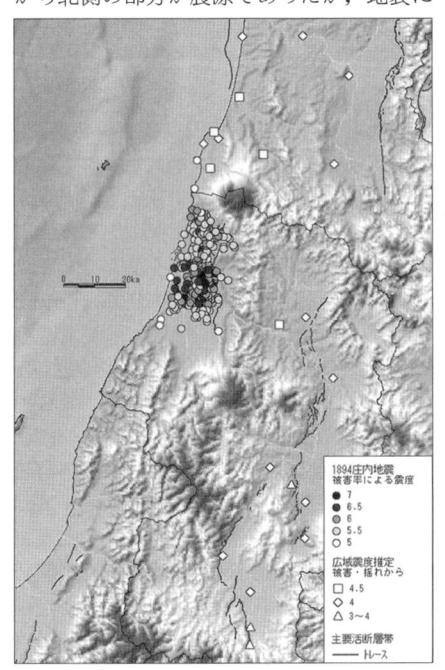

図1　広域震度分布図

表1　庄内地震による庄内3郡被害

郡　名	全戸数	全　焼	全　潰	半　潰	破　壊	全被害戸数	死傷者数	死傷率(%)
飽海郡	12,769	1,514	1,436	912	3,659	7,521	1,260	16.8
東田川郡	6,831	35	1,098	550	717	2,400	394	16.4
西田川郡	1,615	47	201	78	558	884	166	18.8
合計	21,215	1,596	2,735	1,540	4,934	10,805	1,820	16.8

注1　死傷率は破壊戸数を含む全被害戸に対する割合。
　2　山形県震災被害一覧表(年月不明)と，飽海郡のみ「山形県飽海郡震災被害一覧表」(飽海郡役所，明治27年12月13日再調)による。

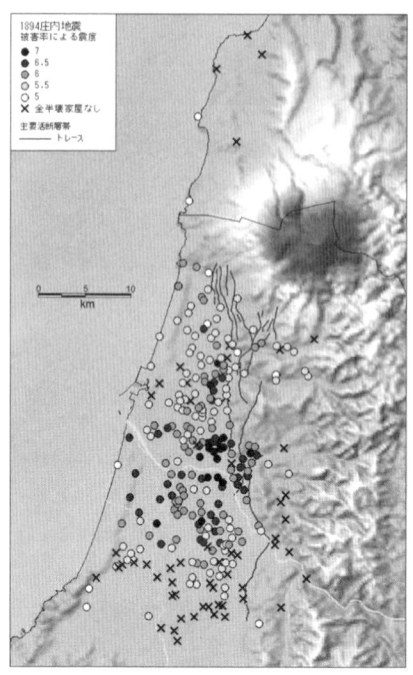

図2 庄内平野付近の字毎の震度から求めた震度分布

表2 庄内3郡の震災消失・全壊率

町村	焼失率%	全壊率%	町村	焼失率%	全壊率%
飽海郡			東田川郡		
酒田町	37.3	11.1	八栄島		16.0
松嶺町	13.5	76.9	八栄里	0.3	29.0
上郷		13.2	大和		30.2
内郷	3.6	45.3	常万		45.5
南平田	2.4	64.0	余目	1.0	32.7
東平田	0.9	11.7	新堀		45.7
北平田	1.2	16.1	栄	2.7	37.6
中平田	1.6	24.4	広野		68.5
鵜渡川原		5.4	押切	1.1	41.0
西平田	2.4	32.3	十六合	0.8	10.7
上田		13.0	長沼		15.4
本楯	0.2	7.8	藤島		4.0
一条		28.2	東栄		2.0
観音寺		14.6	狩川		0.5
大澤		4.1	渡前		2.0
西荒瀬		5.4	西田川群		
日向		5.6	袖浦	9.6	38.9
南遊佐		5.8	東郷		9.8
西遊佐	0.3	12.8	西郷		1.3
蕨岡	0.5	13.7	大宝寺		4.5
川行		4.6	大山町		0.2
高瀬	0.9	15.8			
吹浦	0.3	16.2			
稲田		3.7			
田澤		1.0			
遊佐		8.7			

$$\text{全壊率} = \frac{\text{全壊}+\text{半壊}\times\frac{1}{2}}{\text{総戸数}-\text{焼失戸数}}$$

村の総戸数は家屋倒壊のあった字のみの集計数

被害の概要

山形県内で死者726人，負傷987人，全壊家屋3,858，全焼2,148。鳥海山を越えた秋田県では南部に家屋破損や亀裂，落壁，土蔵の破損被害が千単位で生じた。表1からは被害が大きかった庄内3郡で火災と倒壊とその様相が違っても，死傷率には大差がないことが判る。町村単位の被害率（表2）では被害のない字（江戸時代の村に相当）は除いて集計した。

特に酒田では伝馬町・台町・桜小路・舟場町・根上小路・下小路・柳小路・上内町など各所から火災が発生し，西北の強風によって瞬く間に延焼して大火となった。この内，柳小路では巡査の指揮のもと住民が消火につとめ，延焼を一部食い止めた。これはグループの結集力だけでなく，宝暦8年（1758）の宝暦酒田の大火後に幅10間とされた柳小路の威力でもあった。　（松浦律子）

酒田町の27年11月ころと推定される各町の集計によると，船場町の全潰はわずか8戸であるのに対して全焼146戸，死者72人であり，次に死者18人を出した伝馬町の場合，全潰は1軒もないが全焼52戸あるなど，地震による倒壊よりも死者数と焼失戸数との対応関係が深いと見受けられる結果である。しかし，酒田町の被災の様子を記したものには，青泥が吹き出した，あるいは地震と同時に地割れがして水が噴出し首まで浸かり，逃げることができなかったなどの記述が多く，火事のために逃げることができなかったという観察あるいは体験記述はみられない。当時，倒壊したあと焼失した家屋は倒壊戸数に算入されない慣例であったから，被災集計に反映されていないもの，地

震による倒壊，液状化による避難の遅れなどで，家屋内での圧死，あるいは焼死などの悲劇的状況が推測される。

なお，江戸時代西廻海運の開発による回米で繁栄を誇った酒田の街は，この地震で，繁栄を象徴する建物の一挙崩壊とともに，凋落の道を辿ることになる。それは丁度近代流通網が内陸の鉄道に転換する時期とも呼応した。

救　済

庄内地震の救済対策は資金難で困難を極めた。この年飽海郡月光・日向川洪水，山形市大火，飽海3郡の震災と連続して大災害に見舞われたため，県費のなかから救済，復旧工事費を賄う財源の当てもない事態に立ち至っていた。山形県議会は災害復旧費補助の嘆願を国会に提出するが，その文面にはかつての酒田港の繁栄は時勢の変遷によって衰微の傾向にあり，洪水氾濫によって港口に砂が流れ治水工事の途上であったことなど，この時期の山形県の置かれた状況が説明されている。災害補助費請願の国会への働きかけは，濃尾地震が第1回議会開設と同時に勅令を以て500万円余の災害補助費を支給された前例に倣った請願であったが，結果として災害補助費46,000円が与えられたにすぎず，県の災害復旧査定額27万円余にも到底及ばない額であった。このため，地方税の増額や県債10万円の発行などを行なった。

しかし，災害発生後現場で処理にあたる町村長はこうした請願による国庫補助などを待つ余裕はなかった。10月31日天皇の下賜金4,000円が震災3郡に与えられることが決定されると，郡長は，郡書記に対して，共済方法を現場において協議，処置するように指示した。その結果，飽海・西田川・東田川の3郡の罹災窮民への恩賜金配分は2,989円28銭3厘，本籍の有無に拘らず罹災居住戸に対して13銭8厘08259が配分された。また，『荘内新報』(10月31日付)の義

図3　酒田町日枝神社の損壊

図4　西田川郡遊摺部村の橋の損壊

捐金募集に見られるように，新聞による義捐金募集，あるいは酒田本間家の5,000円のような突出した義捐金高を含め，総額11,312円63銭2厘(明治28年2月20日までの募集金総額)が全焼(7)，全潰(3)，半潰(1.5)，破壊(1)，死亡(3)，負傷(0.5)の被害者に対して，それぞれ(　)内のような数値に基づく比例配分がなされた。

震災予防調査会による調査

明治27年(1894)濃尾地震の翌年国家による震災予防とその方法を審議する機関として発足した震災予防調査会が，実際に発生した地震の調査活動を行なった最初の事例が明治27年6月15日の明治東京地震と，続いて同年10月22日に発生した庄内地震であった。官報によれば，庄内地震発生4日後に現地派遣命令が出されている。

中村達太郎(震災予防調査会委員・工科大学教授，10月26日—11月5日帰京)，大森

房吉（震災予防調査会委員，10月26日—11月12日帰京），曾禰達蔵（震災予防調査会委員，？—11月10日帰京）の3名が震災予防調査会から派遣されている。帝国大学から派遣された研究者，学士などもいた。中村達太郎が指導する造家(建築)専門の学生の1人であった関野貞(1868-1935，のちに帝国大学教授，平城京跡の発見者)の調査随行日記によって，いまだ鉄道の通じていない酒田まで，どのような行程を取ったのかが判明する。26日上野発，同日仙台，27日中村達太郎教授のみ1人で楯岡から酒田のコース，関野ともう1人の学生は27日出発，黒沢尻へ行き，そこからは人力車と徒歩で，28日横手から大曲，29日秋田から31日本庄，11月1日西目村，2日平沢村・吹浦，3日にようやく酒田に辿り着いた。ここで，辰野金吾造家学科教授と学生5名と合流，8日間酒田に滞在，調査した。こうした調査の結果が『震災予防調査会報告』3号（明治28年3月），6号（8月），7号(10月)，8号(11月)，9号(翌年5月)と，5回にわたって公表されている。この調査では，当時震災予防調査委員であった大森房吉みずから現地で液状化や，寺院の倒壊などを写真に収め，撮影された災害現場の写真が『山形県下地震写真帖』(独立行政法人国立科学博物館蔵)としてサイアノタイプ（青焼）の紙焼き写真41点が残されている。『震災予防調査会報告』3号には，現地で撮影された写真が石版画によっ

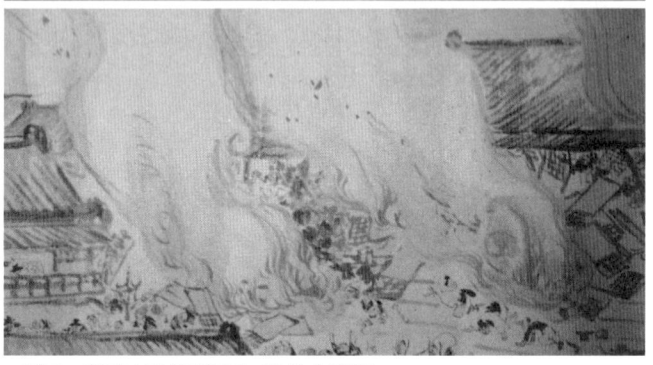

図5 酒田大震災実況図（生駒大飛作）

て被害の様子が再現されている。当時は写真印刷技術がまだ一般化しておらず，石版画は写真印刷に比べて廉価でもあったからである。

参考文献 北原糸子「災害と写真メディア―1894庄内地震のケーススタディ―」（『神奈川大学21世紀COE21プログラム調査研究資料1環境と景観の資料化と体系化にむけて』，2004)，同「庄内地震(1894)の被害と救済」（『歴史地震』17，2001)，渡辺九十九「明治震水災概況―1885年2月―」（山形県議会八十年史編纂委員会編『山形県議会八十年史』1，1961)，飽海郡郡役所編『震災一途（明治27年11月起）』（酒田市立光丘文庫蔵)，関野克「明治二十七年酒田地震―関野貞の日記から―」（『明治村通信』昭和54年9月号，1979） （北原糸子）

1896 明治三陸地震津波 （明治29年6月15日）

災害の概要

明治29年(1896)6月15日，旧暦端午の節句5月5日は，朝からどんよりとした日で，小雨が降ったりやんだりしていた．午後7時32分ころ，三陸沿岸ではせいぜい震度2程度の緩やかな地震の揺れ（図1）を感じたが，節句を祝い，あるいは前年の日清戦争の勝利を祝っていた人々は気にも留めなかった．約30分後，大音響とともに大津波が襲来した．第2波が最大で丁度満潮時と重なり，最大打上高は，岩手県綾里村白浜で38.2メートルに達し，2万2千人の命が一瞬にして奪われた大津波であった．

大津波の発生メカニズム

地震は小さかったのに津波が大きかった．当初，海中火山の爆発，大規模地滑りなどが原因とされたが，最終的には潮位記録に基づく判断で（今村明恒1899），「比較的徐々ナル海底面の断層，陥落等」に落ち着いた．当時全国沿岸に10ヵ所の験潮所があった．陸軍参謀本部陸地測量部が明治23年(1890)以降英国製の潮位計を設置していたが，そのうち宮城県牡鹿郡鮎川，北海道根室国花咲，神奈川県三崎の3ヵ所で，明治三陸津波が記録された．津波周期は波源の大きさを反映している．これから読み取れる長い周期は地滑りでは考えられない広がりに対応するもので，断層運動であると結論された．

のちに地震波形解析から，この地震の断層破壊が100秒程度継続したことがわかった（金森博雄1972）．通常の地震の10秒程度でかなりゆっくりと破壊が進行したもので，地震の震度など強震動に寄与する短時間の変動が小さい一方で，津波初期波形に関与する長時間の変動は大きかったのである．このように地震の揺れから決まる規模に比して不相応に大きな津波を励起する特異な地震を金森は津波地震と名付けた．原因として，①本地震のように緩やかな時間的特性を持つ断層運動，②海底近くの2次的断層の存在，③海底近くの低角断層の影響，

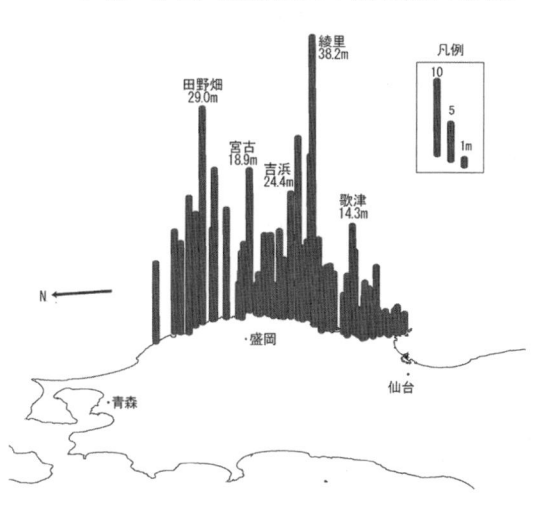

図1 震度分布図　　図2 各地の津波打上げ高

④大規模地滑り，⑤マグマの貫入，⑥プレート境界堆積物などがある。震源域は津波シミュレーションから逆算され，その位置は日本海溝の陸寄り，断層長さ210㌔，断層幅50㌔，傾斜角20°と推定された(相田勇1977)。日本海溝では海洋プレートが潜りこんでいる。明治三陸津波の波源と想定されるあたりの海底地形は，他に比べて凹凸が多く，地塁・地溝構造(図3)が卓越している。地溝部分に柔らかな堆積物を含みながら海洋プレートが潜り込んで行き，上盤側の大陸プレートの固い部分との接触は地塁が担う。この接触が破断して地震となる時，大量の堆積物のせいでゆっくりとした破壊になる。

さらに海溝付近には大量の堆積物がある(図3)。この堆積物が非常に柔らかく未固結であるため，海溝付近でプレート間地震が発生すると，その大きな揺れで液体のように揺る舞う特殊な動きをして，大きい津波を励起する(谷岡勇市郎・瀬野徹三2001)。このように種々のモデルはあるが，津波地震の発生機構には，まだ未解明の事柄が多いとせねばならない。

帝国大学理科大学地質学生であった伊木常誠(いぎつね なか)は直後に現地入りして津波高を測定した。震災予防調査会に委嘱され，6月20日に東京を出発，7月21日に帰京した。痕跡の精度をも記しており，科学的な調査として信頼できるが，地名ごとの痕跡高として与えられ，地形との関連が全く不明である。『震災予防調査会報告』第11号に掲載された。昭和8年(1933)の三陸津波の後に内務省土木試験所技師の松尾春雄は，3月3日から10日まで，および5月19日より6月4日までの2回，岩手・宮城両県庁土木課の助力を受けながら現地調査を行なった。この時，縮尺5万分の1地図上に，昭和津波の測定値に加え，明治の痕跡高，浸水線も聞き得たものを記入し，『内務省土木試験所報告』第24号に報告した。綾里白浜での明治三陸津波は，38.2㍍まで打ち上がったと測量された。このときから，これが明治三陸津波の最高点と確定されたようである。これらの印刷公表された結果に比べ，長らく幻の報告とされていたのが，岩手県遠野の名望家山奈宗真による調査である。山奈は岩手県の委嘱を受けて，7月28日に盛岡を出発，44日間にわたり，徒歩，馬，船で，気仙郡気仙村(現陸前高田市)から九戸郡種市村(現洋野町)まで，全長300㌔に及ぶ沿岸全集落を調査した。山奈は当時49歳。28歳の時に，25組の測量隊を組織して西閉伊郡の測量を請け負ったなど，測量の心得のある人であった。調査後，実に膨大な報告書を3部作成したといわれていたが，ながらく所在が不明であった。昭和63年，国立国会図書館に存在したものが発見・翻刻され，全貌が判明した。第1部は『岩手県沿岸大海嘯取調書』，第2部は『大海嘯各村別見取絵図』，第3部は『岩手県沿岸大海嘯部落見取絵図』，第4部が以上を取りまとめたもので『三陸大海嘯岩手県沿岸見聞誌一斑』(甲・乙・丙・丁)である。津波記録としては第3部が最も貴重であり，168枚の絵図に打上浪，浪走りなどが描かれている。ただ，44日間に毎日4枚は描かねばならず，交通の不便な沿岸地帯を歩いて，どのくらいの精度でしあげたのか，疑問も残る。明治三陸津波の最大値といわれてきた綾里白浜の値は，山奈の測定値でもほぼ

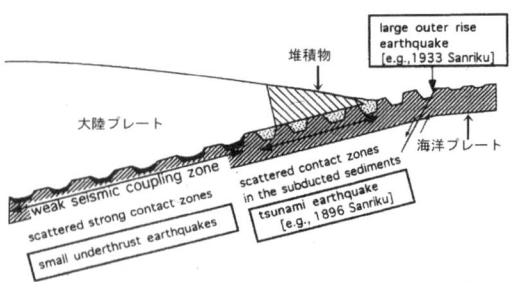

図3 地塁・地溝構造と津波地震

38㍍でこれまでいわれてきた値と同様であるが，山奈の測った最高値は小袖において54㍍となっている。山奈の測定値が他に比べて異常に高い地点があちこちに見られる。今後の精査が必要であろう。

津波は海外にも及んだ。伊木は外務省に依頼して新聞を取り寄せ，紹介している。被害が出るほど大きかったのはハワイ島である。西岸のカイルア(コナ)からホオケナにかけて午前8時半から9時ころに約9.1㍍，南端を東へ回り込んだホヌアポ，プナルアでは9時40分ころ約3.7㍍，東岸中程のヒロでは10時ころ約2.4㍍と報告されている。米国西岸サンフランシスコ南方のサンタクルズでは約1.8㍍の津波が来襲し，川をもさかのぼったが被害は生じなかった。

先行現象

地震に先行した異常な引き潮が報告されている。津波は午後8時ころであったが，それに先だって潮の異常が認められている。伊木の報告には「雄勝ニテハ午後三時頃(?)ヨリ対岸ナル舟戸ニ徒渉シ得ル位ニ海水減少セシヲ以テ人々異常ニ思ヒヲナセリト云フ。陸前本吉郡御岳村ノ海浜ニテハ津浪ノ当日午後ヨリ海水非常ニ干退シタレバ人々異変ノ起ラン事ヲ憂ヒシト云フ」とある。今村が昭和8年に報告したものでは，「明治29年の場合には当日午後3時頃雄勝湾にては海水減退し，雄勝から対岸船戸まで徒渉が出來たといひ，本吉郡小原木にても同時刻から海水が20間乃至300間干退したと言はれ，又同郡御岳村の海浜にても同様のことが気付かれた」。こうして見ると，異常潮は宮城県の海岸で，津波襲来5時間前に発生した。

津波襲来の状況

当日の天候は，宮城県石巻地方で「午後4時ころより再び曇り，しばしば雨が降った。静穏ではあったが，晴れたり曇ったりと変化し，秋のような天候で，夜は何となく重苦しい気配」，岩手県釜石市周辺では，「朝から曇天で，午後4時ころから雨が降ったが，海は波静か。午後8時過ぎから大雨」であったという。日が暮れるのが7時20分ころ，津波は8時10分ころから始まる。平常なら満潮に近い時間帯であった。北海道から三陸沿岸では引き潮で始まった。

津波波源の位置を決める際に最も重視される岩手県宮古市の宮古測候所の観測を伊木が記したところによれば，「今般大津浪ノ起始ハ(海水ノ退減シ始メシ時刻)夜間ノ事故観測シ能ハサレドモ凡ソ午後6時50分頃ニシテ最初ノ地震後約18分ヲ経タルナルベシ，其後十分時間ヲ過キ午後8時頃増水シ零時(8時0分)ニシテ悄々退減シ同8時07分ニ至リ最大激烈ナル者轟雷ノ如キ響ヲナシテ襲来シ，其後8時15分，8時32分，8時48分，8時59分，9時16分及ヒ9時50分ノ6回ニ著シキ増水アリシモ勢ハ漸次減殺セリ，而シテ一大惨状ヲ呈セシハ第2回目ノ激浪ニシテ忽諸ノ間ニ幾多ノ生命財産ヲ一掃シ去レリ，爾後翌16日正午頃迄ハ慥カニ海水ノ増減アリシモ頗ル軽少ニシテ精密ノ観測ヲナサザレバ知ル可カラズ，其著明ナル増減ハ往復8回其往復震動期ハ約10分内外ニシテ最大波浪ハ湾内ニ於テ約1丈56尺ナリシ」となっている。

津波襲来直前に大音響が発生した。これは音響の発生回数と大波の襲来回数が一致すること，遠く離れた沖合操業中の漁師たちは陸地の方向に聞いたことなどから，津波が岸壁に衝突した音だと住民は考えていると伊木は報告しており，さらに「陸中三閉伊郡，南北九ノ戸郡地方ニ於テハ津浪ニ先ツ少時東南方位ニ鳴響ヲ聞ケリ而此音ハ遠ク北上川沿道ノ地，山形，秋田ニ至ル迄聞エタリト云フ」と記している。南閉伊郡海嘯紀事には，「大槌町海嘯の音は同町以北3里程の山村金沢村に響き渡り柱時計の揺錘を停むるに至れりと同村長兼澤福次郎氏の談」とある。

岩手県田老の小港は外海に面している。こ

こで網を引いていた人は，午後9時ころ急に潮が300間（約550㍍）程引いた。陸地は暗く全く見えない状態であったのに，海面と海底が月光に照らされたように光り，全てが明視できる状態になったので，慌てて逃げる間に，凡そ10丈余の，屏風のように切り立った波が来て，12人中8人が命を落とした（『巌手公報』明治29年6月22日）。

岩手県唐丹村片岸と荒川の境，清水峠で見た津波は，まず遠くの海面より轟々という物音が近づいてきた。そのうち轟然一発巨砲を打ったような響きがして，海浜が白光色をし，あたかも雪山が一時に崩れ落ちたかのような状態となった。その目撃によると，この第1波は6丈（約18㍍）余の大きさ，第2波はこれより1丈程低く，第3波は第1波と同程度であった（同29年6月15日）。

前面が切り立った，高い津波がきた時には物凄い風が吹く。岩手県大槌で「其浪の来るや手を挙げて捲くり下ろすが如く倉の前家の前にて一まくり下ろせしに波は豪も障はらざりしも空気の圧力にて家も倉も皆倒れたり」（同29年6月24日）。

沖合では海震も津波も感じていない。青森・岩手県境に近い八木および宿戸の漁師40余名が沖合で，「漁獲に従事し居たるに看る看る中に海面一条の黒線は北方より南方沿岸に突き抜けたるが之れと同時に張り置きたる網はグラグラと飄盪し折角網に入りたる魚は為めに悉く逸し去りたり」（同29年6月23日）。岩手県田老・小本の沖合2里ほどの所で，「十五日午后八時に（中略）本陸近き処海中俄に明くなれるが如きを覚え夫れより一層波穏かにして一切魚針に当らずなりしと語れり」（同29年6月28日）。

災害の概要
地震の揺れが小さく，津波来襲を予想する人は皆無に近かった。そのため事前の避難行動はなされなかった。旧暦の端午の節句を祝っていた午後8時ころのことだったから，倒壊流失家屋と人命損失の相関が図4に示すように，きわめて高い。

宮城県の被害を『宮城県海嘯誌』(1903)に，岩手県のそれを『岩手県管内海嘯被害戸数及人口調書（7月15日調）』によって，表1に示す。ここに被害戸数とは流失・全壊・半壊の戸数である。これに青森県の死者343，被害戸数602，北海道の死者6名を加え，2万2千人を超える生命が一夜にして失われたのであった。宮城県では沿岸戸数の3分の1，住民の1割以上，岩手県では沿岸戸数の約半数，住民の4分の1が失われるという大災害であった。釜石町では罹災前戸数1,105戸中罹災戸数821戸，罹災前人口6,986人中罹災流亡人口3,765人，罹災して一家全滅は67戸であったと記録されている（『南閉伊郡海嘯紀事』，1897）。

40年ほど前の安政3年(1856)の八戸沖の地震と津波を経験しているが故の遭難もあった。岩手県大槌町安渡の区長だった人は，海から聞こえる音などで家の人が海嘯だと騒ぐ中を，「海嘯は地震の後で来るものだ。騒ぐな」と制しているところへ襲来した津波で一命を落とした（同）。

釜石市両石では，安政の津波を経験した祖父が作った，本宅より1丈5尺高い避難所に祖父の遺言通りに逃げ込んだため，家族18人が死ぬ結果となった（同）。

岩手県の漁業被害は『明治29年7月10日調三陸大海嘯岩手県沿岸被害調査表』（山奈宗真）によると，被害前船舶数7,084隻中5,456隻が流失・破壊の被害を受け，損害価格274,718円，また漁網漁具などの被害額は482,000円と推定されている。

宮城県の漁業被害は，『宮城県海嘯誌』に金額だけが記載されているが，船舶が36,536円，漁網が48,725円である。

公共施設の被害は『宮城県海嘯誌』より表2のようになる。『岩手県統計書』により，表3のように見積もられている。なかでも救援の障害となった道路橋梁，港湾施設の被害状況は表4のようであった。

4）被害総額推定値　岩手県山田警察分署の浅利和三郎巡査部長の書き留めた山田町だけの被害は，家屋507棟の内294棟が荒亡，漁船188艘の内114艘が荒亡，漁具26,380個荒亡として，総損害価格783,785円となっている。
県単位で詳細なものは宮城県で，家屋流失に伴う財産・家具・衣服被害なども評価されており，県全体で113万円となっている。資料精度がほぼ同程度と思われる家屋流失戸数の比率は，青森(0.48)・岩手(5.00)・宮城(1.00)である。また被害額を反映していると推定される政府からの救助金の比率は，備荒儲蓄金では上と同順で0.3：5：1，第二予備金からは0.288：6.355：1となっている。宮城県被害額を基に以上の比率を考慮して算出すると，総被害額は710万円から870万円と推定される(首藤伸夫2005)。当時の国家予算は，日清戦争開始の明治27年に年間8千万円程といわれているから，その1割程である。腕の良い大工の日給が45銭，出稼ぎ漁師が日給50銭，板垣退助内務大臣の月給が500円，漁船一隻30円のころである。

救助と復旧

もっとも素早い行動をとったのは宮城県である。当日夜11時には本吉郡長から電報が入り，すぐ参事官，属，警部3名を急行させ，翌日昼過ぎには県知事自身が現地到着，調査に入る。20日に海嘯臨時部を設置し8月25日までの67日間事務を執行した。その出張所を志津川町・気仙沼町に設置し，庁員を派遣して遺体捜索，倒壊家屋の撤去，負傷者の救護，義捐金・物品の分配などの事務にあたらせた。続いて，倒壊家屋中の生存者救助，

被災地の道路開通のため，陸軍第二師団工兵隊および憲兵の派遣を，海軍省に波軍艦の派遣を要請した。内務大臣には第二予備金より被災者救助として臨時救済金の支出を申請し，県参事会を招集して備荒儲蓄金の支給方法，予算追加，衛生費の追加を議決した。
岩手県では沿岸部での交通が麻痺し，翌日朝6時に青森経由の急電で行動を開始する。

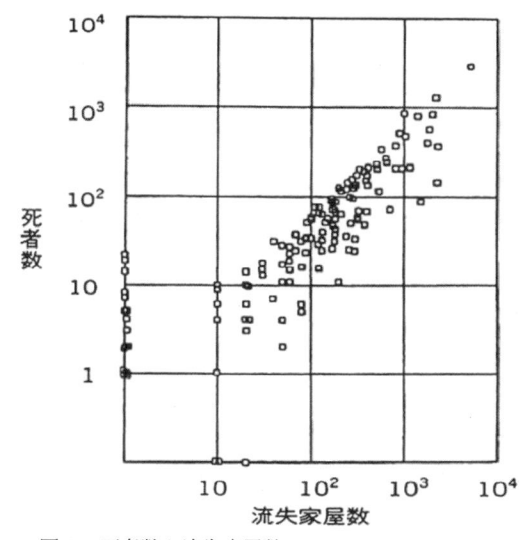

図4　死者数と流失家屋数

表1　宮城県・岩手県の郡別被害

		被害前戸数	被害戸数	被害前人口	死者数
宮城県	本吉郡	2,921	1,184	21,153	3,391
	牡鹿郡	745	47	4,587	2
	桃生郡	696	141	4,279	59
	計	4,362	1,372	30,019	3,452
岩手県	気仙郡	2,677	1,571	18,787	5,676
	南閉伊郡	2,752	1,588	17,113	5,393
	東閉伊郡	4,763	2,246	27,937	5,190
	北閉伊郡	416	275	2,274	898
	南九戸郡	636	276	4,349	724
	北九戸郡	760	80	5,654	277
	計	12,003	6,036	76,114	18,158

上京中だった服部一三知事も帰県し19日に
罹災救恤事務所を設置した。
青森県でも知事上京中であったが，警部長，
課長の2人が16日に視察開始，翌日知事東
京発18日帰庁，20日海嘯災害事務取扱委員
を設置した。

東京への第1報は，16日午前6時発の青森
県からの電報であり，まもなく宮城県から
も入電，岩手県からは16日午後6時発の電
報であった。17日午前8時50分の電報で
「釜石町全町流失」などの詳細が入り，そ
の夜内務省参事官2名，逓信省事務官2名
派遣などと動き始める。内務大臣板垣退助
(59歳)は関西地方に出張中であったが，急
きょ立ち戻り，22日の夜行列車で23日朝盛
岡着と移動する。しかし，ここから沿岸の
宮古までは約28里(約110キロ)，3人曳き5
人曳きの人力車で26日に到着した。軍艦な
どを利用しながら，青森まで視察し，7月
4日夜上野着。内務省方針決定が5日，知
事や大蔵省との会議を7，8日に済ませ，
7月10日には第二予備金より三陸救済費の
支出を決定した。また，東園基愛侍従も6
月20日盛岡着7月12日帰京の日程で現地を
巡視し，7月13日に宮中で奏上した。

海上へと流された人々は夜中に沖で操業し
ていた漁師に助けられた。夜で，海震も津
波も感じなかった漁師たちは，真夜中に起
こった助けを呼ぶ声を船幽霊が呼んでいる
と近寄らず，白々明けになってはじめて近
隣の人と知り，救助したなどの話があちこ
ちに残っている。

宮城県では，被災地域の被害前人口約3万
人，溺死圧死が3,387名，負傷致死が65名，
重傷224名，軽傷1,017名と記録されている。
志津川公立病院のほか，民家・尋常小学校・
寺院など11ヵ所に臨時病院が開設され，6
月17日より救護員が活動を始めた。赤十字
宮城県支部，第二師団，第二高等学校医学
部に加え，地元の医者が協力した。臨時病
院は短いもので2週間，長いもので1ヵ月
半開設された。

入院者1,329人の症状は，打撲292，挫傷196，
呼吸器病152，消化器病107，神経系五感病
82，擦傷69，裂傷66，骨傷64であった。入
院中の死亡は，呼吸器病(嚥下性肺炎)13，
挫傷8，打撲傷6，裂傷・骨折各3，擦傷・
神経系五官病各1と記録された。特に，漂
流中などに肺に海水を呑みこんだ人の苦し
みは大きく，しかも救うことが出来ないと
書かれている。

青森県では，浜辺に置かれていた鰯油が流
出し，これを漂流中に呑みこんだ人が腹が
膨満し苦しんだという。

海上へ流出した遺体，陸上で倒壊家屋や砂
に埋没した遺体が多く，その回収と身元確
認は難航した。岩手県広田村では海中の死
屍捜索に網を引いた。一度に50人以上もか

表2　宮城県の公共施設被害

道路橋梁費	治水堤防費	樋管費	合　計
2,060円	6,813円	1,619円	10,493円

表3　岩手県の公共施設被害

道路毀損	58,112円
橋梁流失	15,520円
橋梁破損	2,036円
用悪水路破損	19,320円
川除破損	4,020円
堤防切所	64,584円
堤防欠所	17,730円
波止場毀損	22,710円
合計	204,032円

表4　橋梁・港湾施設の被害状況

	橋梁 流失	橋梁 破損	橋梁 計	岸及び港湾波止場破損
宮城	46	7	53	0
岩手	234	45	179	144
青森	4	1	5	6
計	284	53	337	150

かり，重すぎて上がらず，半分ずつに分けてやっと陸揚げした。効率よく埋没遺体を発見する知恵も出てきた。遺体を捜索する地面に水を流すと，死体に含まれる脂肪分が浮かび，それを遺体発見の標とした。
漂着した遺体の身元確認は困難であった。岩手県久慈・野田・小袖沿岸では，発見死体数が地元死亡者数を遥かに上回り，処置に苦しんだ。飢えた野犬を遺体から追い払おうとしてかまれることもあった。身元の判らないまま，埋葬された人については新聞紙上に広告が出された。
最初のうちは一部土葬であったが衛生上問題とされ，火葬に付されることとなった。この費用の負担が問題となる。宮城県では，警察官の検死後，一遺体につき75銭以内で町村が火葬し，費用を警察官の証明付きで県庁に請求するようにと訓令を発した。のちの中央政府からの救助金では，一人当たり死体埋葬費を2円50銭として積算され，宮城県へ1,200人分が配布された。
流入した多量の土砂やゴミ，人畜の死体の腐敗などのため，被災地の衛生状況悪化や伝染病の発生が危惧された。岩手県知事服部一三は6月18日付けで衛生に関する訓令を発している。①津波後の疾病は，土地，家屋，飲料水等において発生するものであるから，水が引き次第，まず家屋を洗浄，消毒し，乾燥させること。②種々の動植物の死骸を集め，速やかに焼却して土地の清潔を保つと同時に，汚泥塵芥などは集落から離れた土地に投ずるなどにより，伝染病の発生，媒介となる要因を除去することとし，生水を飲むな，仮設住宅に必要以上の大人数で居住するなどの具体的な注意をしている。

援助と復旧

被災地では，特に全滅に近いところほど，後片付けに人手がなく大変な苦労となった。岩手県唐丹村の場合は，全壊戸数380余戸，死亡者2,500人と壊滅的であった。ここへ

図5　宮城県の被害(1)

図6　宮城県の被害(2)

巡査3名を派遣し救護活動を行なったが，人夫も医師もいない。助けを求め得る隣町は7里以上離れているうえに途中の道路は寸断されている。路上は転倒した樹木，障害物で覆われ，通行困難でわずかに生存した住民を救うだけで，実効のある救助は難航した。近隣の無被害集落に無償の援助を要望したが，もともと無被害集落はきわめて少ない。地元外からの人夫を雇用したが，自治体の負担能力には限界があった。そこで岩手県では，県庁が内陸から人夫を募集し派遣した。赤十字社員や日清戦争従軍者が無報酬のボランティアとして被災地に入って救援活動を行なった。陸軍第二師団工兵一小隊も後片付けに従事した。これら外部からの応援は7月10日ころまでであった。このころ，被災地片付け費用が全て国庫から出ることとなり，被災者自身に現金収入を得させようと被災地の老若男女を雇用するのである。
6月22日，3県の在京代議士が発起人とな

り，東京に三陸海嘯災民救助事務所を設置した。7月20日までと日を限りながら日常需要品の寄贈を受け取る。最初の物資配送は7月4日であった。全国各地から県庁経由でも義援品が寄せられた。岩手県では総数158,048点，宮城県には141,011点（6月20日から10月5日まで）に上がった。宮城県の内容は，被服33種類71,108点，食品14種類2,825点，器具78種類33,144点，その他雑品22種類33,934点であった。宮城県では仙台消毒所を設置し，汚れた衣服などは必ずここで消毒したのち配布して，伝染病蔓延に対処した。

3県に配分された救援金の総額，および民間からの義捐金（括弧内）を示すと，青森県48,993円（23,000円），岩手県879,478円（441,798円），宮城県281,840円（170,865円）であった。これら義捐行為はのちに褒賞された。賞状と銀杯，賞状と木杯，褒状，褒詞の4種類で，明治31年度に12,596円，32年度に10,483円が，このために支出された。被災直後の居住環境は実にさまざまであった。災害から1ヵ月近く経った7月10日現在で，釜石では寺や小学校に宿泊，両石では地上に野宿・岩穴に寝泊まり，陸に上がった船を逆さまにしてその下に，などとしていたが，寒さによる害のなかったのが幸いであった。

岩手県田野畑村・普代村では，流れなかった近傍の山手から，1戸5人から7人の人夫を出させ，流失家屋の残材取片づけ，死体片づけ，仮小屋建築の手伝いをさせた。そのうち県庁差し回しの人夫もきて仮小屋を建てて行き，1週間足らずで小屋掛けが終わったが，これは例外に属する。

被災後約1月半で救助金の目途もつき，これを財源に家屋や漁業の再建が図られるのであるが，岩手県の場合漁業が優先され家屋の建築はその次とされた。8月，9月が猛暑であったため，衣服も簡単なもので足り，家屋も流材を組み立てた不完全なものでも何とかしのげたところが多い。鰹や烏賊の大漁が続き活気を取り戻していった。

災害からの復興

集落の復興の問題について広範かつ詳細な研究を行なったのが山口弥一郎である。その要約を示す。まず家系の再興がはかられた。全家族が死亡した場合にも，本家あるいは分家，縁族などが残存している限りは，この家の仏を守るために，家系を絶ってはならぬという観念が強い。幼児であっても，できる限りは戸籍を移して家系を継がせ，形ばかりも祖先の位牌を奉じてこようとするのは，日本のような祖先崇拝の厚い，特に古くより郷土を守ってきた農山漁村では当然のこととも考えられる。このため，本家，分家，縁族の人々は全家族を分籍して，家系を継がせている。しかも，適当な縁者がすぐに得られない場合にも，どうにかして至急家系を，時には無理をしてまで継がせようとする場合すら見受けられる。これには経済的な関係が強く影響しているようにもみられる。その1つは全家族死亡の屋敷，所有耕地などの継承であり，2は義捐金の配分権獲得である。前者は仏を守る日本の家系の信仰的なものと表裏一体であろう。しかし，こうした継承の際，津波へ対処する知恵が十分には伝わらなかったため，場所によっては37年後の昭和三陸津波で同じ被害が繰り返された。

集落の高地移転も進められた。43ヵ所で高地に移転しての住居再建が行われるが，個人の費用あるいは有志者の発案・負担によるものである。集団移転は7ヵ所にすぎなかった。なお，宮城県では，新集落への新道路工事は県が負担した。一旦高地へ上がった集落の多くは，10年経ったころから次第にまた低い原地に戻り，37年後の昭和三陸大津波で壊滅的な被害を受ける。立ち戻った理由として，田中舘愛橘・山口弥一郎は次の10項目を挙げている。

①漁業を生業とするものの居住地として海

浜までの距離が遠すぎたこと
②高地移転で飲料水が不足したこと
③交通路が不便であったこと
④主集落が原地にあり，それと離れて生活する際の不便や集落心理
⑤先祖伝来の土地に対する執着心
⑥津波襲来が頻繁でないこと
⑦大漁が契機となり浜の仮小屋を本宅とするようになったこと
⑧大規模火災が発生し，集落が焼失してしまったこと（岩手県唐丹村）
⑨納屋集落が漸次的な定住家屋へ発展したこと
⑩津波未経験者が移住してきたこと

当時の三陸地方の水産業は，宮城491,353円，岩手633,894円，青森788,808円，合計1,924,020円で，全国水産物19,899,813円の1割に達していた（『岩手公報』明治29年7月14日）。

平均よりやや下の漁師が失った漁具の例がある（岩手県編『海嘯状況調査書』）。毎日漁に2人が従事し，一家3人以上の働き手のある場合，その損害額は323円30銭と見積もられている。

備荒儲蓄金は漁業を対象としていなかったから，どのような財源で復活するかなかなか決まらなかった。災害後，横浜居留外国人代表として現地を訪れ，救援物資配布にも当たったA.A.ベンネット（関東学院大学建学者）は，彼の取り扱った居留外国人からの救援金1,000ドルを漁船漁具に使用のことと目的を指定した。これにより，船165艘，櫂や櫓，帆柱，網などを含め1,129名が恩恵を得た。当時，この舟をベンネット船と呼んだ。ベンネットは救援者代表として日本政府より金杯を受領，のち母校ブラウン大学に寄贈した。

全国水産物の1割を生産している地方であったから，その回復を図るため，新規改良の漁具で漁獲増加を目指す，他地方からの移住を奨励する，などが考えられた。ただ，漁業法成立前（成立は明治35年）であり，漁業組合もなく，漁業権行使の調整が行われない時代であったから，他地方からの入漁者に荒らされることが強く懸念された。移住者規則を作って対処したところもある。復興に取りかかってみると，大工や船材の不足が問題となり，官有林の払下げなどで対処した。これらの措置により漁業は数ヵ月で旧に復し，岩手県の場合，明治28年（1895）の漁獲高572,864円，同29年524,850円とやや減少したものの，同30年には944,600円にと増加した。

政府からの救助金には，土木事業には使用してはならないとの条件がつけられていた。橋梁の復旧は，県費・市町村費・寄付金によった。財源ごとの支出を表5に示す。29年度，30年度に市町村負担が突出している。大津波に襲われて，沿岸地方住民が最も苦しんだのは道路事情の悪さで，救援の大きな障害となった。これを契機に沿岸交通への関心が高まった。従来までは鉄道交通の議論があるたびに，不必要だと冷淡であった人々だったが，災害により迅速な交通手段がなくてはならないと鉄道開通に賛意を示すようになった。現在三陸沿岸を走る鉄道は，明治の津波到達点の上方に設置されたが，平成23年（2011）の東日本大震災では被災した。

参考文献　内閣府中央防災会議・災害教訓の継承に関する専門調査会編『1896明治三陸地震津波報告書』，2005，相田勇「三陸沖の古い津波のシミュレーション（『東京大学地震研究所彙報』52ノ1，1977）

（首藤伸夫）

表5　岩手県橋梁の復興財源

	県税	市町村税	寄付金	合計
28年度	5,164円	5,497円	111円	10,773円
29年度	9,774	20,455	2,052	32,281
30年度	9,512	13,566	441	23,519
31年度	4,356	9,845	955	15,156

1896 陸羽地震 （明治29年8月31日）

災害の概要

明治29年(1896)8月31日17時6分に，秋田県東南部の山沿いに発生した地震。規模はM7.2。横手盆地の東縁断層帯のうち北半分に，田沢湖の東側の生保内断層が加わった長さ40キロ程の部分が震源となり，途中玉川沿いの部分を除いて白岩から横手辺りまで，金沢村付近を除いてほぼ連続的に地表に明瞭な逆断層の上下変位が現れた。同年3月には明治三陸津波の被害で岩手県沿岸部は壊滅的被害を受け，半年ほどで今度は秋田県の東南部と，山を挟んだ岩手県側の沢内村周辺が大きい地震被害を受け，東北受難の年といわれた。また，被災地周辺は地震の1ヵ月前に豪雨被害も受けていたので，緩んだ状態に地震動を受けて，土砂災害が多少増幅された可能性もある。

この地震では，本震に先立って23日から群発地震活動があり，特に23日15時56分のM5.5では道路の亀裂などの小被害があり，本震発生日の朝8時38分M6.8，30分前の16時37分M6.4も大きく，多数の有感地震が発生していた（図1）。この前震活動に幾分用心していた人が多かったことと，夏の夕方で震源域近くの農村地域では，大人の多くがまだ屋外で作業をしている時間だったことも加わり，家屋倒壊が多かった割には，圧死者や火災の被害者は少なくてすんだ。

断層変位は，東北地方の脊梁山脈を挟んだ岩手県側の川舟断層にも現れたが，震源本体は，秋田県の山地の際から東に傾斜して山地の下部に延びる逆断層である。断層変位が最も大きかったのは千屋付近で3メートル，北端の生保内辺りで最大2メートル，白岩で最大2.5メートルで，千屋から南に行くほど撓曲様の幅をもった帯状の変位となって横手町辺りで1メートルと小さくなった（図2）。

被害の概要

横手市の千屋では，夏の夕方に遊んでいた子供7名の一団が，強震動で水路に落ちたところに，競りあがった逆断層の上盤側が崩れ落ちてきて，生き埋めになった。一団の中で総領だった12歳の男児だけは自力で這い出し，土砂からはみ出ていた髪の毛を頼りに1名の首だけを掘り出し，それ以上自分にはできないことを悟ってすぐに大人の救援を呼んだ。近隣から駆けつけた大人が懸命に土砂を掘ったものの，残り5名の3歳から9歳の子供たちは助からなかったという。

死者は209名だが岩手県は4名，秋田県205名中実に184名が仙北郡に集中した。特に断層変位が大きく明瞭だった付近の集落の家屋倒壊が大きく，激震地で大きい町であった六郷町の名を取って「六郷地震」とも呼ばれた。秋田県では全壊家屋4,277戸，焼失29戸の内，仙北郡がそれぞれ3,295戸，27戸と大半を占めた。ほかには雄物川沿いなどの軟弱地盤の地域に被害がでた。岩手県ではそもそも人口も少ない山中ではあったが，家屋全壊は110戸だった。このこと

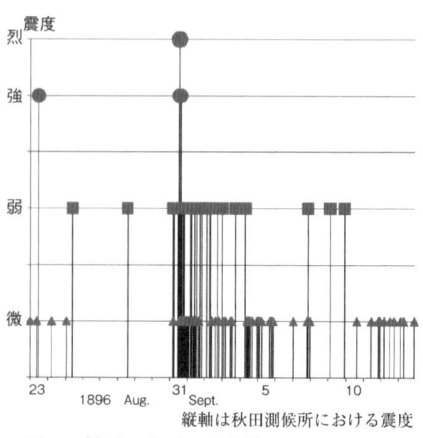

図1　前震・余震の発生状況
縦軸は秋田測候所における震度

からも千屋断層側が地震本体の延長部であり，山地の東側の川舟断層は震源本体ではなく付随したものであることが判る。

山崩れが秋田県内で9,899ヵ所，損壊した田8,340,274坪，畑1,580,341坪，宅地780坪，など荒廃した面積は一千万坪を超えた。千屋など震源域の田では断層変位やひび割れによるだけでなく，液状化によっても荒田となった。また，震源から離れた能代港町や秋田市内などでも液状化が発生し，相当の噴水があったほか，秋田市下井河や山形県酒田市松山でも家屋全壊が，山形県鶴岡市大山で家屋破損があった。岩手県側でも，黒沢尻から秋田県の横手へ抜ける平和街道の県境付近や，雫石から角館へ抜ける秋田街道の赤渕から西側などで斜面崩壊が多発した。山形県の最上川上流域では，強い揺れで川舟が破損するなどの被害も生じ

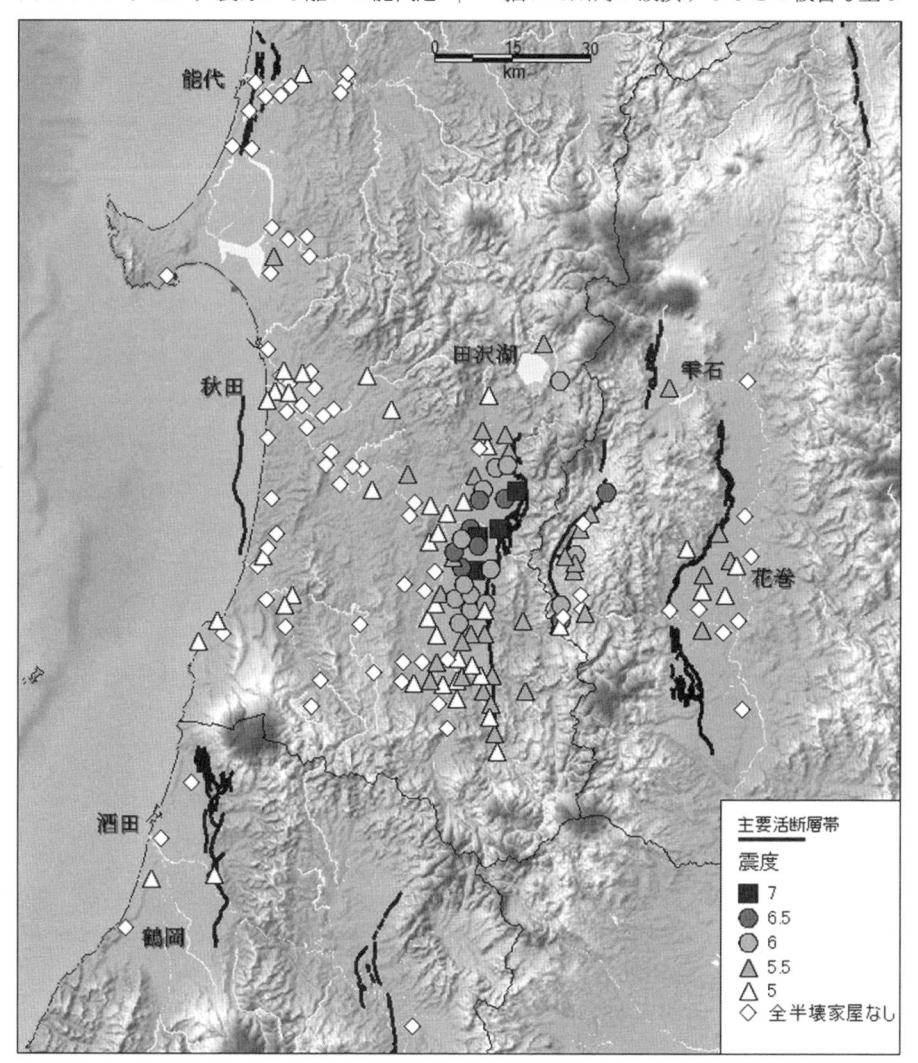

図2　倒壊率から求めた震度分布と断層変位

東北本線は三戸ー尻内のトンネルが崩れるなど北上以北で被害を受け、数日不通となった。電信も酒田ー青森間が不通となるなど地震の影響が近世とは違う形で周辺部へ及んだ。

救済と復興

冬期ではなかったが、倒壊が激しかった地域では地震当日の夜から食料の配布が必要となった。たとえば総戸数1,150戸の大曲町では全壊118戸、半壊150戸であったが、監獄の囚人を炊き出しに従事させて、翌9月1日から3日まで毎日1,300人分の握り飯を作って配った。その後は煮焚きはできるようになったようで、被災民に白米を支給した。しかし県庁からの救援は十分ではなかったようで、救護はもっぱら地元の駐在警官などが中心となり、物資の援助は大曲や六郷町で余裕があった篤志家など、被災地近辺の民間が中心となった。緊急食料援助などは主として地域の共助で、被害の大きかった村々に対して行われた。多くは倒壊した家のそばに小屋掛けして雨露をしのいだが、横澤村では2ヵ所の避難所で35人を収容した。

怪我人や病人には赤十字秋田支部から医師看護婦各1名ずつがすぐに派遣され、東京本部からは医師1名に看護婦4名がテントと毛布を持ってまず派遣された。9月3日さらに医師と看護婦各1名が追加派遣されて治療にあたったが、村によっては半月後まで医療救援が届かなかった所もあった。六郷町では秋に予定されていた電信局の開局が、救済の連絡等のために前倒しで開通した。

秋田県では県庁などの高等官は月額給与の2割、判仕官は1割を義捐金にあてた。9月5日には一応の被害集計が秋田県では警察によってまとめられた。しかし明治三陸津波から間がなかったためか、義捐金などが他地域から十分に集まることはなかったようである。当時の地元誌は、濃尾地震と比較して、秋田県庁の対応が下手なので全国からの支援が少ないとか、維新後に世間一般が個人主義的になって救援の精神が涵養されていないなどの嘆きがのべられている。秋田県知事が被災状況の報告をし、天皇皇后から5千円の救恤金が下賜されたのは、9月14日であった。

地震による地殻変動で千屋から高梨を通って雄物川に合流する丸子川は、流路が変わり、高梨で堤防を壊して田の中を1㎞程流れるようになった。また、断層変位や周辺の亀裂・隆起・埋没など断層付近の田の荒廃も、個々の農民の自力で復旧できる範囲を超えているとして、その復旧方法の考案の必要性が指摘されているが、人力でできる範囲のことしか実際にはやれなかったようである。このような公助の貧弱さを補うように、9月10日には秋田県内の有志による震災救済会が結成され、県内の共助が復興の立ち上がり時には主力となった。被害率が高くない村では、村内で困窮者を補助しているが、大きい被害を受けた村では罹災救助や義捐金、篤志家の寄付、米の配布などを用いて徐々に復興へ向かった。

千屋断層沿いの地域では被災率が高く、多くが自分の家の片づけに追われたため、学校や役場など公共施設の瓦礫の撤去や道路復旧のための人手を地元からは得られず、離れた地域から人夫を連れてきて復旧させた。罹災救助を出願した者は、倒壊の多い村ほど比率が高かった。多くは納税していない者であるが、租税を数円納税していても選挙権を放棄して公的援助を申請する場合や、地租の延納申請も多かった。

[参考文献] 山方石之助編『秋田震災誌』(秋田震災救済会、1897)、『震災予防調査会報告』Ⅱ、1897　　　　　　　(松浦律子)

1896 明治29年9月洪水 （明治29年9月11日・12日）

災害が相次いだ明治29年

明治29年(1896)は，6月15日に明治三陸津波（死者27,122名）があり，7月以降は本州中部の大半で洪水が相次いだ。その主なものは，7月19・20日，8月30・31日，9月11・12日である。7月中旬は，本州上に停滞した梅雨前線を九州の南西沖に停滞した台風が刺激し，近畿から東海・北陸・東北地方に大雨を降らせた。岐阜では2日間で425㍉の雨が降り，濃尾地震の断層で有名となった根尾谷では濃尾地震のとき以上の山岳崩壊が起きている。また，木曾川や長良川といった大河川の堤防までが決壊し，23日の段階で，死者28人，家屋流出169戸，浸水家屋3万5,380戸などの被害があり，その後も被害が拡大している。明治29年7月の東京朝日新聞では，栃木県の被害については，「栃木県各地の水害の中に就いて著しきは，渡良瀬川の水源なる足尾小瀧山の崩壊なり。今郵報によれば，大字小瀧銅山借区内に於ける入曲りと称する対山の山腹が，21日午前8時頃，俄然崩落したり。

其高さ15間，幅6間位にして，その中央に敷設したる水道坂上を通行しつつありし男1名即死し，他の1名は泥土とともに河中に流されしにや行方知れず(25日)」，「水害今日迄の調査によれば，堤防の決壊13ヵ所，330余問，耕地宅地浸水反別3,310余町歩，同川欠け20余町歩，浸水家屋1,250余戸(28日)」と報じている。

8月30日に和歌山県に上陸し，能登半島から佐渡島沖に進んだ台風により，近畿地方では暴風雨となり，大阪では最低気圧726 mmHg(968hPa)，最大風速34㍍/秒を観測した(図1)。神戸では，中心街を流れる湊川が決壊し，人家が崩壊して34名が亡くなり，奈良県では建物倒壊による圧死が44名にのぼった。三重県では高潮が発生し，少し前の豪雨で堤防が決壊しており，多数の死傷者を出した。また，三重県の製糸工場はことごとく暴風で倒壊した。愛知県でも高さ5尺という高潮で多数の死者が出た。京都北部も土師川堤防が決壊し，151戸が流出，400名が死亡した。

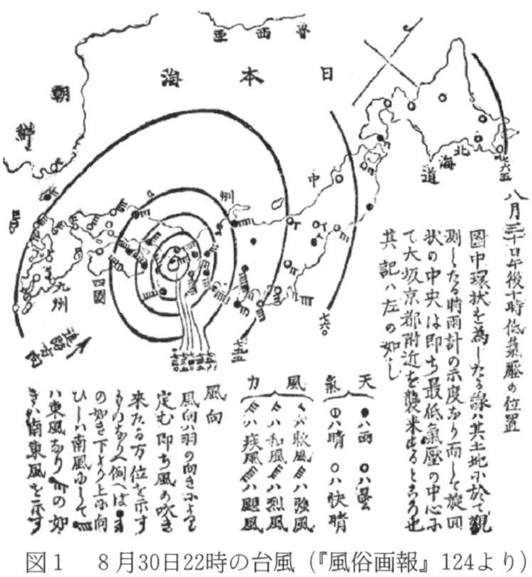

9月上旬は秋雨前線により雨が降り続き，滋賀県彦根では9月7日に24時間雨量685㍉(2尺2寸6分)を観測した。10日14時に四国南岸に台風が上陸し，兵庫県を通って佐渡島沖に進んだ台風により関東から東北地方で大洪水となった(図2)。栃木県の渡良瀬川では1丈8尺あまりの大洪水となっている。東京では，荒川・中川・多摩川などの堤防が決壊し，低地は一面の水面とかわり，弘化3年(1846)の江戸大洪水以来，51年ぶりといわれる大洪水となった。利根川が決壊してその水が中川に流れ込んで中川をあふれさせ，その水が綾瀬川に流れ込んで氾濫させるなど，つぎつぎに洪水が広がっていった。多摩川の堤防決壊では，大きく決壊した

図1　8月30日22時の台風（『風俗画報』124より）

北多摩郡だけでなく，流域の各村も大きな被害を受けたが，流水が長く1ヵ所に留まることがなく，流出物が多かったわりには被害が少なかった。これに対し，中川の堤防決壊は，低地である本所区（『風俗画報』によると浸水被害者8,111名），南葛飾郡（3万2,637名），南足立郡(2,910名)が長期間水につかり（図3），水が引いたのは，中川から西の氾濫では堤防を切って隅田川に，中川から東の氾濫は，より下流で堤防を切って再び中川に水を流すようにしてからである。

日本は開国，維新以後，西洋文明を取り入れて近代化が進められ，気象事業も暴風警報を発表するなどの骨格ができ，明治27—29年の日清戦争に勝利して日本領になった台湾での気象観測が強化されたあとも，相変わらず大きな災害が繰り返された。

足尾鉱毒事件

栃木県足尾銅山は，慶長15年(1610)に発見され，徳川幕府直営の御用山となり，長崎港から輸出される銅の5分の1は足尾産銅が当てられていたが，18世紀にはいると産銅は急減し，19世紀初頭には年産約40トンと廃山状態となっていた。明治10年(1877)に古河市兵衛が買収し，積極的経営に転じて富鉱帯を発見している。最新式の鉱山技術を導入した結果，足尾の生産量は急増し，買収後10年たらずで，足尾銅山は全国産銅の4割を占めるようになった。しかし増産により，公害問題を起こした。

足尾山地は渡良瀬川の水源となっており，足尾銅山が活況を呈するにおよび，渡良瀬川では魚が死んで浮かび上がるなどの異変がおき，明治13年栃木県令は渡良瀬川の川漁を禁止した。水源地帯の山林が銅山用に大量伐採され，また銅の精錬過程で発生する煤煙による被害を受けたために洪水が頻繁におきるようになった。その後も明治18年には足尾銅山からの廃水によって渡良瀬川の魚類の大量死があり，明治23年8月の

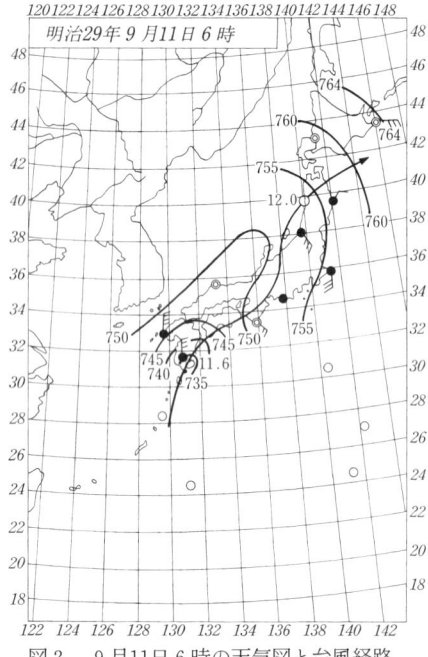

図2　9月11日6時の天気図と台風経路

洪水で，鉱毒被害が広がり，被害を受けた住民から鉱業廃止の声があがった。

明治29年の洪水の被害は，そのときだけの被害に留まらなかった。大洪水により，足尾銅山の精錬所からの有害物質を含んだ残土が多量に渡良瀬川に流れ込み，流域の農地に汚染被害を拡大させた。鉱毒被害は栃木・群馬両県から茨城・埼玉への広がり，東京・千葉にも拡大したため，田中正造らは被害地の町村長や有志活動家を中心に対政府鉱業停止運動をおこし，数千人の農民が大挙上京して請願運動を行なった。明治政府は，明治38年に谷中村全域を買収してこの地に鉱毒を沈殿する遊水池を作る計画を立てて買収を行い，明治39年に谷中村も廃村となっている。

明治時代の河川事業

相つぐ災害を受け，明治政府は河川事業を推進するため，明治29年(1896)4月に河川法を制定している。この法律は，河川管理者を原則として都道府県とし，必要に応じ

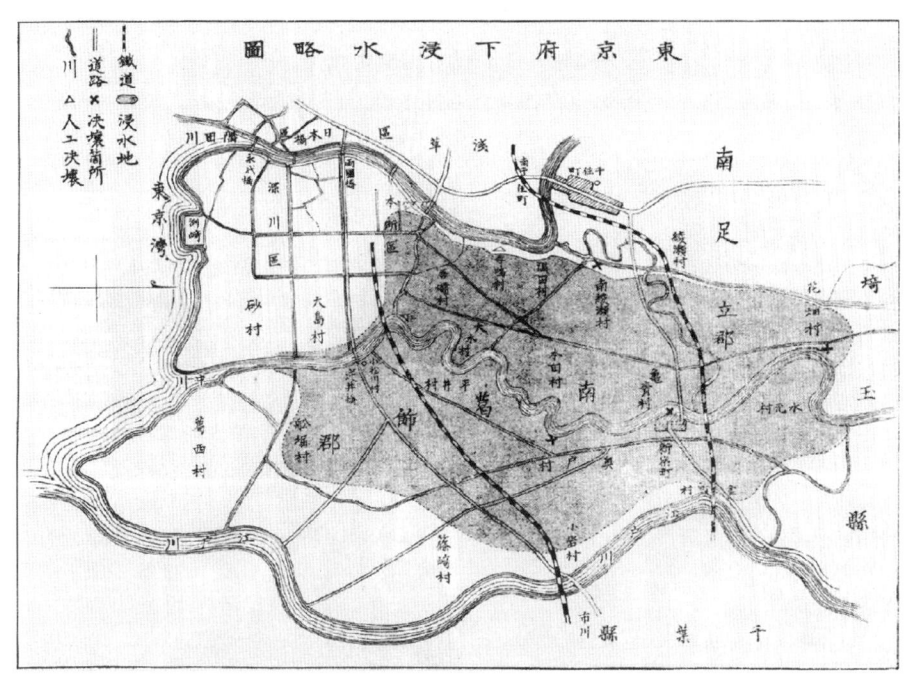

図3　東京府下浸水略図（『風俗画報』124より）

て河川法適用区間を設け，国（内務省）が工事を直轄で実施する体勢を定めた。当時相ついでおこっていた水害の防止に重点をおいたもので，以後日本の大河川の改修はこの河川法の下で実施された。そこに明治29年9月の洪水被害である。川を治めるためには，川そのものだけでなくその上流に広がる森林地帯に対する対策も必要ということで，翌30年には3月に砂防法，4月に森林法が相ついで制定された。これらの法律は，治水三法と呼ばれ，明治時代の河川事業の根幹となっている。

しかし，治水三法は，治水にのみ重点をおいた法整備であり，利水に関する想定はなされていなかったため，近代国家建設のため，各地で水力発電所が建設されるようになってくると，これを調整する法律がないことから，治水と利水の間でのトラブルが頻発している。また，相つぐ災害は，測候所がなかった滋賀・福井・茨城・埼玉・兵庫・群馬などの県において，県立測候所の建設が促進された。災害のおこったときの状況を正確に記録し，防災対策に生かすためにである。

参考文献　「明治29年7月全国気象摘要」（『気象集誌』15ノ9，1896），「明治29年9月全国気象摘要」（同15ノ11，1896），『洪水被害録』上・下（『風俗画報』124・128，1896），中央気象台編『台風に伴う降雨量分布図』（日本台風資料3，1950）　　（饒村曜）

1898 明治31年洪水 （明治31年9月6日—8日）

災害の意義

明治31年（1898）9月の洪水は，北海道開発に着手以降最大の災害であり，これまで進められてきた開拓事業を一瞬にして後退させてしまうほどの大きな被害を出した。この災害を契機に，石狩川の治水計画を策定するための調査が行われることになり，翌月には北海道治水調査会が設置された。そしてこれとその後に続く組織によって，確実に復旧工事が実施されたことで大きな意義をもつ。その事業は，捷水路（しょうすいろ）を除けば，大規模な人為的改変を加えずに，水防林・護岸補強など自然を活かしている点に特徴があると考えられる。

災害の経緯

明治31年（1898）9月6日から8日にかけて，台風が東日本・北日本を襲った。このため，関東地方では利根川をはじめとする諸河川が氾濫し，多摩川では河川沿いの地域が浸水した。このほか茨城県西部の古河付近や山梨県北西部の大泉村（現北杜市）でも大きな被害があったし，信濃川上流の千曲川でも氾濫が起こり被害を出した。

北海道においても多くの河川が氾濫し，被害は全道に及んだ。その中でも石狩川流域における被害がとりわけ大きかった。石狩川流域では，本流だけでなく多数の支流でも氾濫を起こし，特に石狩川の下流域における被害は甚大であった。死者・行方不明者は，112人を数えた。この洪水時の3日間の降雨量は，札幌158ミリ，旭川163ミリであった。また，現在の江別市の道道139号線に架かる石狩大橋付近の最高水位は，8.24メートルで，この値は昭和56年（1981）洪水の最高水位9.23メートルまで破られなかったほどであった。被災地域も広大で，上流は石狩川最大の支流である空知川が合流する砂川付近から，下流は河口付近に至る低地一帯に及び，面積も約1,500平方キロにも達した。被災地域はまさに石狩平野の低地部全域に及んでいた。

被害は，橋や開通したばかりの鉄道，道路にも及んだ。被災耕地も約4.1万ヘクタールにのぼり，作物がほぼ全滅した。その後農業は大きな影響を受けることになった。入植者の多くは離農を余儀なくされたし，札幌市街地北部に位置する篠路では，当時大根栽培が盛んになりつつあったが，この洪水で壊滅し生産地は市街地の西部の新琴似へと移動することとなった。その他の被害の概略は，全壊・流失家屋2,010戸，半壊・損壊家屋285戸，床上浸水13,839戸，床下浸水2,508戸，被災家屋総数は18,642戸で，被害総額840万円となった。

この洪水以降における石狩川の洪水をみると，昭和時代の半ばころまでは河川の水位が上昇して溢水したり堤防が破壊されたりして起こる外水氾濫が中心であったが，近年になると市街地などの排水を下水管やポンプ場が処理できずに起こる内水氾濫による被害が拡大する方向へ移行していることがわかる。これの理由は，河川堤防の整備が進んだことと，洪水を受けやすい場所の開発が進んだことなどが考えられる。石狩川は，もともと蛇行部が多く，その名称はアイヌ語で「曲がりくねった川」に由来するという。このため，流路が一般の河川に比較して長くなるために，勾配の緩い河川になるのである。したがって，洪水対策としては河川を屈曲部でショートカットしてやれば，流路が短くなり勾配を増すために流れがよくなり，効果的である。そのような考え方から，捷水路工事が多く行われた。その中でもよく知られているのが，生振（おやふる）捷水路で，昭和6年に完成した。これらの捷水路工事の結果，石狩川は約100キロも流路

を短縮させることとなった。

復旧と復興

この災害後，明治天皇は侍従に被災地の視察を命じた。また北海道の地元では，治水対策を遂行する北海道治水調査会の設置を望む声が高まってきた。民間では，石狩川流域の関係者が集まって，「石狩川治水期成会」を結成して，7,000人を超す署名をもって，国や北海道庁に訴えた。中央でも，北海道開拓を挫折させないために，貴族院議長で北海道協会会頭でもある近衛篤麿が内務大臣に働きかけている。こうして，同年10月には旧内務省北海道庁に北海道治水調査会が設置され，11人の調査会員が発令された。ここで約10年の歳月をかけて，石狩川の水位測定だけでなく，本格的な治水の研究などにも取り組んだ。なお，明治37年(1904)にも石狩川を中心に大洪水が起こっているが，この洪水をもとに石狩大橋における計画流量を8,350立方㍍/秒として治水計画を立てた。この値は昭和39年(1964)に新河川法が成立するころまで石狩川の治水対策の基本として引き継がれた。この中心的な役割を果たしたのが北海道庁技師の岡崎文吉であり，明治42年にその実施にあたる組織として石狩川治水事務所が設置されたのちは，その初代所長に就任した。岡崎は欧米の河川を視察して，自然の河道を維持しながら流量を安定させる手法(自然主義と呼んだ)として，岡崎式単床ブロックの開発・利用など，石狩川の実態にあう手法を採用した。このような自然主義の考え方とは別に，人工的な色彩の強い捷水路工事も行い，河川の流速を確保し，土砂などを運搬する掃流力を増すようにも工夫している。このような手法の目的は，治水面を重視した災害の復旧だけでなく，舟運を確保することにもあった。岡崎の自然主義の考え方は，その後石狩川下流域が軟弱な地盤のため工事が難しく，方針転換されることにはなったが，その基本的な考え方は現在にまで引き継がれているという点は興味深いことである。

なお，災害後の復旧工事には，被災者の救助も兼ねて，地元民が雇用された。たとえば，石狩街道の工事では，石狩川支流の琴似川にかかる中島橋の北側を篠路が，南側を新琴似が受け持つというような具合であった。ちなみに，新琴似の住民は，19名で2,435円で請負い，期間は50日間であった。このよう形で，復旧が行われた場所もあったのである。

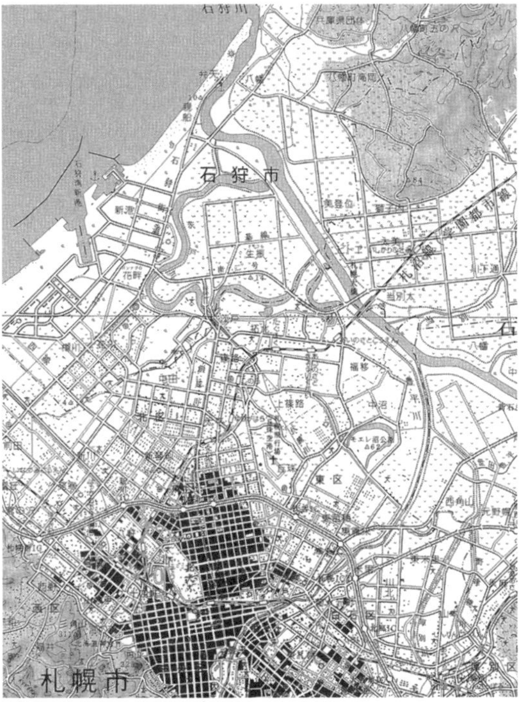

参考文献　北海道編『明治31年北海道洪水概況』，1898，北海道開発局石狩川開発建設部編『石狩川治水史』(北海道開発協会，1980)

(吉越昭久)

図1　生振捷水路完成後の石狩川

1899 別子鉱山台風 (明治32年8月)

北海道入植地や別子鉱山で災害

明治31年(1898)9月6日に愛知県に上陸した台風は、東北地方を縦断して北海道を襲い、全国で死者300名という被害を出した。北海道では大雨で全耕地の5分の1以上が冠水し、1万人以上の入植者が北海道から内地に引き上げざるをえなくなっている。

明治32年は8月14日は九州南部で、8月27日は四国で、10月7日は関東でと、相ついで台風により大きな被害がでた(図1)。

8月14日に鹿児島県に上陸し、九州から中国地方に進んだ台風では、鹿児島測候所で最大風速57.9メートル/秒を観測するなど九州南部で船舶破損や家屋の倒壊が相次いだ。鹿児島県の被害は、死者113人、住家全半壊2万3,000棟、船舶破壊1,000隻であった。

8月28日に高知県に上陸し、四国を縦断した台風では、四国と岡山・兵庫県を中心に死者が1,000人以上という大きな被害が発生した。愛媛県の被害は死者・行方不明者934名、全壊140戸、浸水1,750戸などであったが、そのほとんどが、日本の輸出の花形産業として足尾と並んで急激な増産が続いていた別子鉱山であった。非常に強い風と雨で、同時に各所で山崩れがあり、鉱山労働者の家族宿舎が一気に流出・倒壊して甚大な災害が発生している。ただ、鉱道内にいた56名と馬は無事だった。

元禄年間(1688—1704)に発見された別子銅山は、大坂の泉屋が江戸幕府から請け負って経営をしていたが、世界的にも大きな層状含銅硫化鉄鉱床で、昭和48年(1973)の閉山までに銅量にして70万トンに達する鉱石を生産している。江戸時代は産出した銅の大部分は長崎から輸出されたが、明治時代になり、泉屋が住友本店に改組されても、ここでの銅が重要な輸出品であったことにはかわりがない。発見当初は年産1,500トンを超えていた産銅量は、江戸時代末期には年産600トン以下に落ちるが、大正時代には1万2,000～3,000トンにまで急増している。香川県多度津測候所の観測では、台風接近中は東よりの風で、風が強まってきたのが8月28日8時30分ころからで、9時16分には急に南転して西に変わっている。9時00分に最低気圧724.4mmHg(hPa)、9時35分に最大風速(20分平均)52.5メートル/秒を観測していることから、台風の中心が多度津のすぐ西を北上していったと思われる。

香川県では暴風の時間が短かったものの製糸工場や高等女学校の倒壊が相次ぎ、死者340名、負傷者971名、家屋全壊11,760であった(官報による)。徳島県は11名が死亡するなどの被害が発生した。また、高知県も、高知市を中心に暴風被害が相次ぎ、県庁や裁判所、警察署など、行政上重要な建物まで被害が発生し、5名が死亡した。

兵庫県の被害は、建物倒壊や倒木など、暴風によるものが主で、姫路市や赤穂郡など県の南西部を中心に、死者92名、全半壊家屋約20,000戸などであった(『風俗画報』)。赤穂郡では1万2,000戸のうち4,400戸も被害を受けている。また、塩田も大きな被害を受け、これまで蓄えてきた塩の原料ともいうべき中間生産物まで流され、製塩従事者の雇用問題にまで発展している。

岡山県では、暴風により岡山市内の紡績工場や缶詰工場などが倒壊し、山陽鉄道や電信が一時不通となった。死者・行方不明者130名で、倒壊家屋は4,435戸であった。

台風による鉄道事故

明治32年(1899)10月7日に静岡県に上陸し、関東を通って福島県沖に進んだ台風により、静岡県田子浦村を中心に、波の高さが4丈(約12メートル)で、360年ぶりといわれる大きな高潮により大きな被害が発生し、鈴川停車

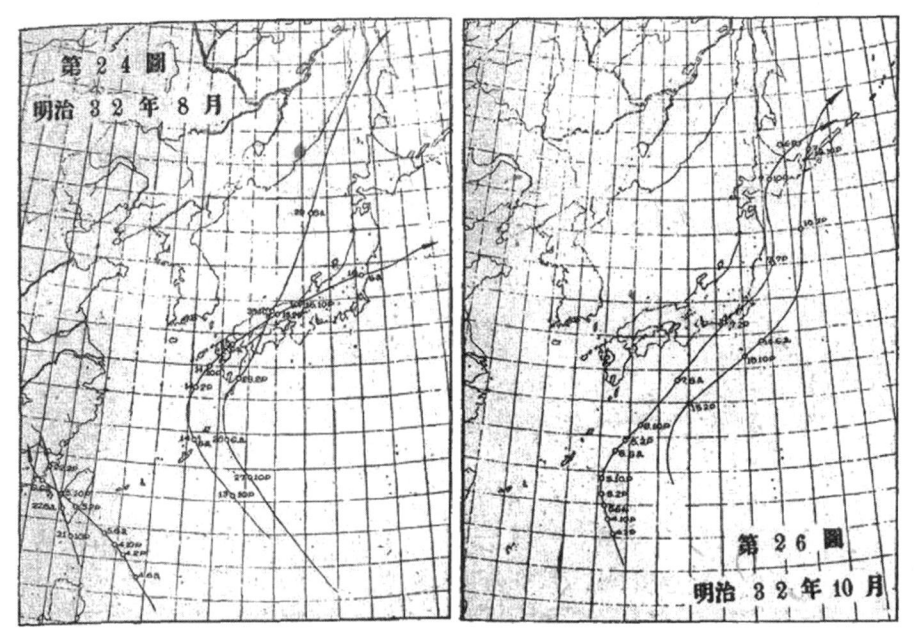

図1　明治32年8月と10月の台風経路図（『日本颱風資料』より）

場（現JR吉原駅）付近では広範囲にわたって湖水化している。明治22年7月に新橋―神戸間が全通していた東海道鉄道（現JR東海道本線）は不通となっているが，沼津発の列車はこのまま西へ進むのは危険として引き返しているので人的被害はでていない。
しかし，日本鉄道会社の上野発福島行きの18両編成の列車は，7日11時頃に栃木県の箒川鉄橋（長さ320メートル，高さは水面より6メートル）において暴風のため転覆し，8両あった客車部分が箒川へ転落している。このうち4両が粉々となり，ほかも3～4片に砕かれて激流に流されたため，詳細な人数は不明であるが，約20名が亡くなり多数の負傷者がでている。日本発展のインフラとして建設が進んでいた鉄道網での初めての災害であり，社会的な影響は大きかった。鉄道会社は暴風雨中はむろん，暴風雨のおそれがあるとき（中央気象台が警報を出したとき）は，危険を回避するため，停車または運休すべきとの意見が強まった。なお，このときの中央気象台は，台風が四国沖にあって北東に進んでいた7日8時に関東地方に対し「暴風雨ノ虞アリ海陸ヲ警戒ス」との警報を発表している。

輸出のため増産が続く産業で災害

明治初期に五島列島近海で発見された赤珊瑚は，その色や質，採取量から世界一の五島珊瑚として名声をはくし，生糸や銅と並んで，日本の主要な輸出品となっている。このため，小さな手こぎ船が多数出漁し，台風などによって全滅に近い遭難が繰り返されている。明治38年（1905）8月7・8日に東シナ海を北上した台風では，五島列島付近で長崎県の珊瑚採取船が大量遭難し，219名が死亡している。また，翌39年10月22日―24日に東シナ海をゆっくり北上した台風では，死者1,300人という大惨事が発生している。
このように，明治30年ころの気象災害は，急速に開拓が進められた北海道や，日本が外貨獲得のため，急激に増産となっている

鉱産物や水産物の産業，そして産業のインフラとして整備が進められてきた鉄道網を襲ったのである。

参考文献　『明治三十二年八月各地災害図会』(風俗画報，1899)，『明治三十二年十月各地災害図会』(同，1899)，前田直吉「八月二十八日ノ暴風雨」(『気象集誌』18ノ12，1899)，中央気象台編『日本颱風資料』，1944，同編『台風に伴う降雨量分布図』(日本台風資料3，1950)，『1868—1899明治という時代』(日録20世紀，講談社，1999)

(饒村曜)

別子鉱山の立地と環境

別子鉱山は，愛媛県宇摩郡別子山村(現新居浜市)の西北部，吉野川の支流である銅山川上流の山中に位置し，江戸時代から住友家によって経営された銅山であった。明治期に入り，設備の近代化とともに嶺北の新居浜側にも製錬工場を建設していたが，鉱山の中心はまだ別子の山中にあった。海抜1,200㍍付近の高所に，鉱業所本部をはじめ採鉱や製錬の設備，病院・小学校・集会所，従業員の住居などが，山の斜面やわずかな平地を利用して階段状に密集して建てられていた。明治29年(1896)の統計によると，人口は本籍3,802人，寄留4,050人であった。この数値には新居浜などで働く従業員が含まれていた可能性があるが，別子の山中には5,000人以上はいたと推測される。長い間採掘されてきた別子の山は，木々が伐採され，製錬の煙によってその生育も妨げられて，地肌が露出していた。台風の通り道にあたる当地は，こうした環境がわざわいして江戸時代からたびたび風水害にみまわれてきた。しかも明治期になると生産量が急激に増加し，製錬設備の拡張や製錬の際の煙害のため不毛地の拡大もあって，大水害の発生を危ぶむ声が出ていた。

別子鉱山の被害

明治32年(1899) 8月28日夜間に愛媛県を通過した台風は県内特に別子鉱山に大きな被害をもたらした。この日正午前から風を伴って雨足が強まっていたが，午後8時ごろからは雷を伴う暴風雨となった。設置されたばかりの住友別子山気象観測所でも観測を続け，午後4時に気圧669mmHg(892hPa)を記録しながら，烈風のため観測器機が故障し風速・降水量は計測不能となった。風勢や雨量がもっともはげしかったのは9時ごろまでの40分間であったという。この集中豪雨によって山津波が発生し，倒壊家屋122戸・大破37戸・死者513人・負傷者26人の被害をもたらした。なかでも被害がはげしかったのは見花谷一帯の住宅であり，死者370人を出した。江戸時代から従業員の住宅は谷筋ごとに建てられており，そのひとつである見花谷の集落を濁流が襲ったのである。また鉱山の施設のうち損害の大きかったのは新鋭の高橋製錬所であった。付近には鉱滓が堆積した暗渠があって，それが濁流を堰き止め，のち一気に崩壊したため施設に壊滅的な打撃を与えた。

豪雨は北麓の新居浜側でも被害をもたらした。国領川沿いの新居郡角野村立川(現新居浜市)では，眼鏡橋という石橋の橋脚が頑強で流木を堰きとめたため，両側から水があふれ54人の死者を出した。また別子鉱山鉄道上部線・下部線の軌道が崩落する被害も出た。松山市の海南新聞社では特派員を派遣し，『海南新聞』紙上で9月3日から別子鉱山の惨状を詳細に伝えた。前掲の数値が別子事業所による被害報告であるのに対し，新聞紙上ではそれを含む地域の被害を掲載している。記者の報告は確定した数値とは言い難い部分もあるが，被害の場所や程度はおおむね把握できる。まず別子へ至る角野村立川では死者150人，その下流金子村庄内では同38人と報じている。ついで鉱山地区を含む別子山村全体の死者は584人，負傷者90人で，中でも死者が多かったのが鉱山の見花谷392人，両見谷46人，小足谷58人という従業員住宅のあったとこ

救援と慰霊

電信も不通で被害の詳報が入らないなか，大庭寛一愛媛県知事は医員とともに8月30日に鉱山視察のため松山を出発し，翌日現地に到着し指揮にあたった。日本赤十字社も松山から医員を派遣したが，住友の救護隊が到着すると交代し帰還した。一方住友の大阪本店では，8月29日に急報を得るとただちに食糧などを送り，陸軍や大阪医学校に医師や救護団の編成を依頼し，翌日に引率者とともに派遣した。当主住友吉左衛門も9月3日新居浜に到着し，現地を視察して弔問・慰撫に務め，罹災者家族ならびに遺族に充分な手当を支給するよう命じて手許金2万円余を拠出した。別子山内では罹災直後から9月2日まで6日間延べ3,000人を動員して242人の遺体を収容し，9月11日・12日に僧侶110人を勧請して追弔法要を執行した。被災2年後の明治34年(1901)8月28日には，角野村瑞応寺境内に「別子鉱山遭難流亡者碑」(図2)を建立して，三周忌法要を営んだ。当主の撰による碑文には，遭難者の生前のはたらきに深謝し，遺体を発見できなかった300人についても合祀して慰霊する旨が刻まれている。

復興と鉱業所の移転

壊滅的な打撃を受けた別子の製錬設備や住

図2　別子鉱山遭難流亡者碑

図3　別子銅山変災の図（『風俗画報』より）

居をそのまま復旧させることは，水害の再発防止という観点から見送られた。住友では10月3日には別子鉱業所の新居浜移転を骨子とする事務章程の改正を行い，翌月から実施することにした。この上申を承けて大阪鉱山監督署は，10月21日に「別子鉱山善後工事ノ命令」書を通達した。その結果，別子鉱業所本部は新居浜に移転し，別子山には出張所が置かれた。坑水の処理施設などは復旧し，建物の地盤も丈夫に修築することになった。製錬部門は焼鉱釜の一部を残しながらも高橋製錬所が廃止され，新居浜の製錬所に統合された。また煙害防止と生産量の落ち込みを抑えるため，建設中であった瀬戸内海上の四阪島製錬所の竣工が急がれた。

水害の一因が山林の濫伐によることを教訓として，植林も本格化した。すでに水害以前から将来の材木需要や砂防・水源涵養のため植林が行われていた。その本数は明治31年(1898)に年間135万本を超えていたが，被災後はさらに計画的な山林事業が進められ，明治34年から41年には年間200万本前後で推移した。

参考文献　住友本社編『別子開坑二百五十年史話』，1941，「住友春翠」編纂委員会編『住友春翠』，1955，住友金属鉱山株式会社住友別子鉱山史編集委員会編『住友別子鉱山史』上，1991　　　　（安国良一）

1900 安達太良山噴火 （明治33年7月17日）

噴火の概要と先駆活動

明治33年(1900)の噴火は7月16日夜半に沼尻(西麓)、17日に福島(北東麓)でそれぞれ微震が感じられたことが始まりだった。その後4度の噴火が起こり、安達太良火山の有史噴火中、最大の被害をもたらした。

この噴火の先駆活動は、明治32年初頭、沼ノ平火口での噴気活発化に端を発する。同年8月に再度2,3の噴気孔が活発化し、同月24日午後11時半ころ、沼ノ平中央付近で爆発が起きた。この時、火口縁に硫黄が高さ2メートルほど積もり、火焔となって昇華した。降灰も東方約8キロまで観測された。翌日、さらに硫黄泥を噴出した後、直径30メートルほどの火口を残して沈静化した。同年11月11日、前回と同じ場所で噴火、3時間ほど黒煙を吐出した。さらに翌日午後7時半ころ、規模の大きな爆発が起こり、70〜400キロの岩塊を周囲(沼ノ平内)に飛散、火山灰も層厚約60センチまで堆積した。噴出口の陥没拡大により、約1万平方メートルの凹地ができた。この後も小規模な降灰や火山弾の落下は断続していたらしい。

17日午前11時ころ、沼ノ平西方約1.6キロの沼尻温泉で泉温が上昇、井戸水の減少という前兆現象が認められた。午後4時ころ、沼ノ平南縁で1回目の爆発が起き、周囲に火山灰を降らせた。ついで午後6時ころに2回目、午後6時20分ころに3回目の爆発があった。この後まもなく、最大規模の、4回目の爆発が起きた。ここでは噴石放出、降灰に加え、疾風(低温の火砕サージ)が発生、西方に指向した流れは硫黄川沿いの谷底を高速で流下し、沼尻温泉で2,3軒の小屋を倒壊させた。この後程なく活動は終息、長径300メートル、短径155メートル、深さ30メートルほどの火口が形成され、噴火直後、ここに18の噴気孔が認められた。

降下火山灰の最大層厚は沼ノ平で約6メートル、東方800メートルで60センチ、東方15〜20キロでも少量の降灰が確認された。この噴火による火砕サージの総量が約1万立方メートル、総噴出物量はおよそ100万立方メートルと見積もられる。

被害の概要

先駆活動から主活動開始直前まで、沼ノ平内の硫黄精錬所は、沼尻温泉への一時避難を除き、おおむね通常の稼働を続けていた。7月17日の主活動においても、1回目の爆発では、同所は操業を継続、特段の対応をとらなかった。2回目の爆発により少年1名は沼尻温泉に向け逃走、作業員の約半数も沼尻に向け避難を開始した。3回目の爆発で同所は被災をし、4回目の爆発で壊滅消失、隣接の作業員生活居住棟も火砕サージと降灰により全壊、埋没した。

人的被害は全て同所作業員とその関係者である。名簿記載からは、先に避難した少年1名を除く82名と訪問者1名が被災した。爆発による即死者は、遺体不明者を含めて64名である。負傷者19名で、うち15名は1ヵ月以内に死亡した。ただし、公式記録には残されていないが、当時の新聞記事によれば実際の被災者がこの2倍程度あったことを窺わせる。遺体および負傷者の被災状況から、火口西縁での人的被害は、湿り気を含み、火傷を負わせる温度を持った高速希薄な流れ(火砕サージ)による、と推測される。

（藤縄明彦）

1902 伊豆鳥島噴火　（明治35年8月）

伊豆鳥島火山

伊豆鳥島は東京の南約570㌔の東京都八丈支庁に属する無人島で，八丈島と小笠原諸島のほぼ中間に位置する。直径は2.7㌔のほぼ円形の二重式火山島であり，気象庁では日本で13火山ある火山活動度ランクAの活火山の1つに指定している。島の北方の海底には鳥島カルデラとよばれる海底火山が存在し，鳥島はその海底カルデラの南縁部に位置している。島全体が天然記念物（天然保護区域）に指定されおり，現在は一般者の立入はできない。

鳥島火山は第四紀に活発に活動した火山であり，玄武岩質の溶岩流と火砕岩が幾重にも成層して火山の主要部を形成したあと，デイサイト質の溶岩による爆発的な噴火が生じて山頂部に直径1.5㌔のカルデラが形成された。その後安山岩質の溶岩の活動により中央火口丘が形成された。

有史以降では明治35年(1902)と昭和14年(1939)に大きな噴火が発生し，平成14年(2002)8月にも小規模な噴火が発生している。そのほか噴火に至らぬまでも活発な火山性地震活動や海岸での変色域がしばしば記録されている。昭和40年11月の群発地震活動で気象観測所が閉鎖されてからは無人島となっている。

明治35年の噴火災害

噴火前の鳥島には正確な地形図が存在していないが，淵本一は過去の見取図や海図を参考にして地形図（図1）を示している。それによると外輪山である月夜山と旭山に挟まれたカルデラ部の中央西側には子持山と呼ばれる円錐型の大きな火口丘が存在し，その西側に沿って南北に連なる4つの小さな火口が存在していた。その北側延長上の海岸線には千歳湾と呼ばれる直径約500㍍の大きな爆裂火口が存在し，それが天然の良港となっていた。

鳥島はアホウドリの繁殖地として知られているが，八丈島の玉置半右衛門(1889―1911)は，明治19年(1886)に鳥島に渡り，組織的な羽毛採取事業を始めた。住民はこの千歳浦の海岸に戸数50―60戸の玉置村集落を作り生活していた。

明治35年(1902)8月7日小笠原定期船兵庫丸は鳥島に人夫30名と荷物を荷揚げしたが，そのときには何の異常もなかったので，同船は直ちに小笠原島に向かって千歳湾を出港した。一方硫黄島に向けて航海中の帆船愛坂丸は10日午前10時ごろに鳥島付近を通過したところ，同島の南西沖約2㌔の地点

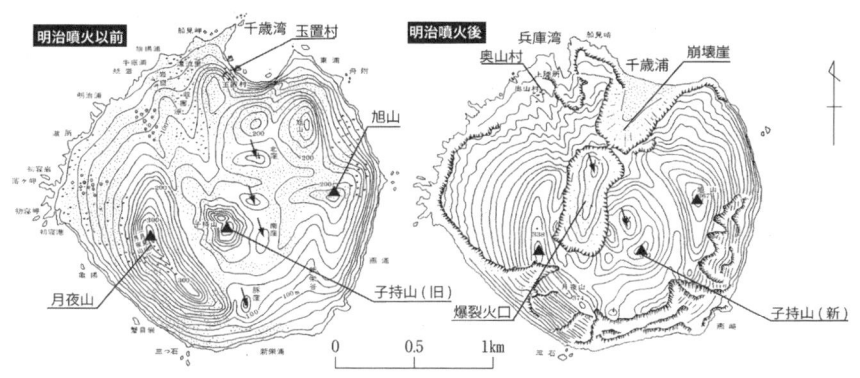

図1　伊豆鳥島の地形の変遷（1）（淵本一「鳥島の歴史」の図を改変）

で海底噴火が発生しているのを確認している。

鳥島南西沖の海底噴火の報を聞いた兵庫丸は15日小笠原を出港し16日朝に鳥島付近に到着したが，同島山頂部の地形が大きく変わって2，3ヵ所から黒煙が上がり，島のほとんどが爆発で飛散した岩石や崖崩落の土砂で覆われていることを発見した。そこで本船は汽笛を鳴らしながら同島を一周したが人影を見つけることができず，千歳湾の奥部が大きく崩壊し，海岸線にあった集落が125名の住民とともに壊滅したことを確認して横浜に戻った。

本格的な調査を行うために兵庫丸は大森房吉を始め数名の研究者を乗船させて再度24日に鳥島に戻った。島の北西海岸の一部に植物が残っている場所を見つけたためここから上陸したが，生存者を見つけることはできなかった。また16日から24日までの間に島の北海岸に新たに爆裂火口が生じており，兵庫湾と名付けられた。調査隊一行は外輪山の月夜山まで登頂し，中央火口丘の西側が飛散し，南北に大きな爆裂火口（長径約800㍍，短径約300㍍）が生じていることを確認した。

このときの噴火では新たな溶岩などの本質物質が見つかっておらず，これらの一連の噴火の主原因は水蒸気爆発であると考えられている。生存者・目撃者がいないため，惨事が発生した日時を特定できていない。噴火に先立って千歳湾の温泉の温度があがったり，草木が早く枯れたりするなどの現象が報告されているが，有感の地震活動は確認されていない。また全員死亡という事象から考えても，ほぼ不意打ちに近い噴火であったと考えられる。

犠牲者のほとんどが八丈島出身者であったことから，八丈島の護神山麓に巨大な石碑（鳥島罹災者招魂碑）が東京都知事により翌年建立され，現在もその惨事のいきさつを伝えている。

昭和14年の噴火

昭和14年（1939）の噴火については田中舘秀三による詳細な報告がある。

鳥島では前回の噴火のあと，再び住民が移住するとともに，海軍の気象観測所が設置され，30余名の住民が兵庫湾周辺に暮らしていた（奥山村集落）。噴火は8月18日から始まり，山頂部の火口から安山岩質溶岩が噴水のように吹き出すストロンボリ式噴火となった。今回の噴火も顕著な前兆現象がなく始まったが，噴火様式は前回の噴火とは大きく異なっており，住民は余裕をもって漁船などで島外に脱出することができた。噴火は12月末まで続き，山頂部に新たな火口丘が形成され硫黄山と名付けられた。また良港であった千歳湾と兵庫湾は溶岩で埋まり，集落も溶岩に覆われてまたもや破壊されてしまった。

鳥島はこのように活発で危険な活火山であるが，無人島であるため気象庁による定常的な火山監視が行われていない。調査上陸の際には十分気をつける必要がある。

[参考文献] 淵本一「鳥島の歴史」（気象庁鳥島クラブ「鳥島」編集委員会編『鳥島』所収，1967），田中舘秀三「昭和14年来の鳥島噴火概報」（『地質学雑誌』47，1940）

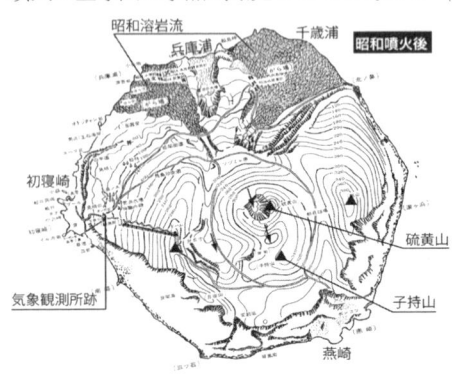

（松島健）

伊豆鳥島の地形の変遷（2）

1905 明治芸予地震 （明治38年6月2日）

災害の概要

明治38年(1905)6月2日14時39分，広島市と松山市との中間辺りの瀬戸内海の深さ50㌔ほどに沈み込んでいるフィリピン海プレートで発生したやや深いM7.2の地震。安芸国と伊予国の沿岸部に被害を及ぼすので芸予地震と呼ばれ，ほぼ半世紀に1度の頻度で発生を繰り返してきた。近世以降の史料から芸予地震と判定されるのは，明治38年以外に，慶安2年(1649)M7程度，貞享2年(1685)M7.2，享保18年(1733)M6.6，安政4年(1857)M7.3，昭和24年(1949)M6.2，平成13年(2001)M6.7がある。

明治の被害も上記の地震同様，広島市から松山市までの長さ60㌔ほどの細長い地域，特に広島県の呉や江田島の海軍施設などの被害は大きかったが，日露戦争続行中で海軍関連施設の被害は『震災予防調査会報告』53号の被害総計では含まれていない。

奇しくも日本海軍連合艦隊の主戦であった日本海海戦が5月27・28日に行われ，バルチック艦隊に圧勝した直後であった。仮に運悪くこの地震発生が海戦より数日前だったとしても，総力戦で艦船は出払っており士気以外に影響はなかったではあろう。

明治芸予地震では，明治36年に9個(内3月21日M6.2は愛媛県大洲で落石などがあった)，同37年に3個，38年に3個の前震ともいえる大粒の地震が多数発生していた。さらに余震も5時間後の19時55分M6.0，半年後の12月8日12時8分M6.1，13時25分M6.2と，大粒のものが多かった。地震当日は5時間後の余震に怯え，さらに大きい地震があるという流言もあり，夏季であることも手伝って数日屋外で過ごす人が多かったという。

芸予地震の原因

南海トラフから陸の下へ沈み込んだフィリピン海プレートは，九州の下へは北西方向へ沈み込みの傾斜角度が急になって，国東半島の下辺りで100㌔程度，人吉盆地の下で150㌔以上の深さまで到達しているが，四国の下へは北北西方向に低角度で傾斜しており，プレート先端部が瀬戸内海の北岸の下辺りで漸く深さ50㌔程に達している状態である。丁度広島付近にあるフィリピン海プレートの先端部分は，九州の下に落ちている西側部分によって西方向に引っ張られている状態で，プレート内の正断層地震が発生しやすい条件が揃っている。

南海トラフ付近のプレート境界に発生する宝永地震のような巨大プレート間地震による歪エネルギーの解放程度の影響を受けて，毎回の規模は享保18年(1733)や昭和24年(1949)のように小さくて済む場合もあり，近世でも規模が小さいために歴史地震カタログから漏れている可能性もある。広島から呉，松山周辺では忘れてはならない地震である。

しかし深さが50㌔ということは，震源の真上ですら50㌔の距離があり，プレート内地震の短周期成分の多い強い震動を受けるものの，浅い地震の活断層近傍とは異なり地盤条件のよい場所ではたかだか震度5強ですむ地震である。被害地震の中では対処が容易な部類に入る。実際明治でも家屋倒壊などが多かったのは，埋立地がほとんどで，地盤の良いところでは破損被害が主だった。全体でも死者11名に抑えられた。

平成13年(2001)の芸予地震の際にも同様の被害特徴が見られ，明治と同様呉市で多数の家屋の屋根瓦の落下や壁の亀裂など破損被害が生じた。この時の死者は2名。1名は呉市の家屋倒壊による圧死で，もう1名の松山市の犠牲者は強震動に慌てて屋外に飛び出し，崩れてきた自宅ベランダの下敷

きになった。屋内に留まっていれば防げた残念な例である。

被害の概要

被害（表1）は広島県の呉市や広島市の宇品、安芸郡の江田島など、特に明治以後の埋立部分で甚大であった。広島市内でも沖積層の厚い場所の被害が目立った。広島の陸軍幼年学校校舎、江田島の海軍兵学校、呉の海軍工廠や、工場など大型構造物や、煉瓦製の煙突などが多数破損した。宇品では学校が倒壊したが、日本海海戦戦勝祝いの提燈行列の日で、先生も生徒も校外にいたため無事だったという。埋立地の広島監獄では木造大型構造物の作業場が倒壊し、囚人と看守の計2名が死亡した。広島高等学校も比較的新しい建築物だったが埋立地のため破損箇所が多かった。このほか、県道や堤防、石垣、山陽鉄道の線路などの破損や、山県郡での山崩れ被害が生じた。松山など四国側は比較的被害が軽く、煉瓦煙突や、濃尾地震以前に建てられた大型の建物や、古い木造の破損が目立った。松山城・広島城天守閣の被害はなかった。

復旧・復興

戦時であったためか、海軍の補給基地であった宇品の港湾機能や、そこへ物資を輸送する山陽鉄道の線路などの復旧が最優先された。日露戦争が国中の関心事で、東京などの新聞にはこの地震に関する記事掲載は数日間のみであった。ひと月もしない間に地元紙でさえ芸予地震関係の記事はなくなる。また、地震による電話の不通は重大視されたようで、中国・四国地方と大阪や東京が通話できなくなったことは、全国紙でも報じられた。電話線は地震当日夜には少なくとも広島市内は復旧させている。

実際に呉の海軍の建物設計に携わった曾禰達蔵は、広島や松山と同様、呉や江田島の海軍施設も建物被害の調査を行なった。その結果、鉄骨造は梁間が長すぎなければ耐震性能が良いこと、石灰モルタルよりコンクリートモルタルが丈夫であること、建築場所の地盤条件が被害に大きく作用し崖地は地盤が良好でも被害を受けること、通し柱や壁の多さが丈夫さに繋がること、屋根など上部の軽い建物は倒壊し難いこと、布基礎様の土台上に建てた木造は柱の下だけ石のある古い家より破損が少ないことなどを報告し、濃尾地震に学んだ経験が当時の技術水準なりに活かされたことを今に伝える。

参考文献　『明治38年中央気象台年報』2地震の部、1911、『震災予防調査会報告』53、1906、明治大正地震関連新聞スクラップデータベース（地震予知総合研究振興会地震調査研究センター作成）　（松浦律子）

表1　明治芸予地震の被害

県	群市名	死者	負傷	住家 全壊	住家 半壊	住家 破損	非住家 全壊	非住家 半壊	非住家 破損	煙突破損
広島	広島市	4	70	22	19	102	14	1	19	25
	呉市	6	86	25	57	5,957	26			
	安芸	1	1		1		1		1	
	賀茂		2	5		14	8		3	1
	安佐				7					
	佐伯		1				2			
	県計	11	160	59	77	6,073	51	1	23	26
愛媛	松山市		3	1	17	2				3
	温泉		6	5	33	74	8	5	8	2
	伊予		4		8	141		2	2	
	越智		3	1		14	1			11
	西宇和					2			2	2
	喜多					3				
	北宇和				1	2				
	県計	0	16	8	58	238	9	7	12	18
	総計	11	176	67	135	6,311	60	8	35	44

（『明治38年中央気象台年報』、『震災予防調査会報告』53ほかより）

1907　明治40年大水害　（明治40年8月22日―27日）

災害の概要
関東から東海にかけての広い地域で，2つの台風の影響によって明治40年（1907）8月22日から降雨があり，23日から強雨に変わり27日まで続いた。このため，利根川や多摩川・富士川などが氾濫した。その中でも，富士川の被害が甚大であった。その後2回の水害も合わせて富士川改修が行われる契機となった。また，被災民が北海道羊蹄山山麓へ移住したことでも注目される。

富士川水害の経緯
22日～27日における富士川流域の降雨量は，丹波山村609㍉，泉水谷883㍉，大原村718㍉，日影村560㍉，甲府市325㍉となり，山梨県中部から東部にかけて多くの降雨量があった。富士川の流量は，清水端（山梨県南巨摩郡富士川町）では最大流量（推定）が9,000立方㍍/秒に達し，富士川水系の笛吹川や釜無川の堤防が，延長総計125㌔にわたって決壊・破損した。山梨県におけるこの水害の被害は，死者223人，負傷者189人，全壊・半壊・破損・流失家屋11,923戸，床上・床下浸水15,057戸，床下浸水4,249戸，埋没・破損道路441㌔，被害耕地712㌶などであった。被害は，甲府盆地の低地部における氾濫だけでなく，降雨量の多かった県東部の山地部でも多くの山崩れが起こり，河川の堤防や家屋などが土石流の被害にあっている。この原因は，豪雨によることはもちろんであるが，山地が薪・草の伐採などのために荒廃していたことにもあった。

復旧と復興
この水害を契機にして，河川では治水工事が実施された。明治時代の終わりころになると，全国の河川では低水工事から高水工事へと大きく方向転換しつつあった。富士川水系では，武田信玄の時代からの伝統的な工法を残しながら，直轄工事として治水事業が進められたのである。具体的には，清水端における計画高水流量を5,600立方㍍/秒とする改修計画で，着手までに若干時間がかかったが大正10年（1921）から直轄工事として取り組まれた。また山梨県では砂防を重視し，明治43年（1910）に笛吹川とその支流において砂防工事に着手し，支流の日川では直轄事業として実施されることになった。山地荒廃の原因にもなった御料林については，無償で下賜された恩賜林（16.4万㌶）を県が管理することで解決をはかろうとした。

北海道移住
災害を契機に北海道へ移住したのは，明治22年（1889）の十津川水害によるケースだけではなかった。明治40年の水害で被災した人々が，北海道の南部にある羊蹄山（蝦夷富士）の南麓から北東麓にかけての地域（倶知安村や弁辺村など）に約3,000人が移住したが，このことはあまり知られていない。移住が行われた時期は，水害が起こった翌年と翌々年にかけてであった。山梨や甲斐という名称をつけた集団移住の地区ができて主に農業に従事したが，冷涼な気候へ適用できずに，その多くは離農していった。現在でも移住者の子孫の一部の人々は農業に従事して，地名に移住の名残はとどめているが，かつての開拓地の多くは原野に戻ってしまった。

[参考文献]　早川文太郎・須田宇十『山梨県水害史』（山梨県水害史発行所，1911），小畑茂雄「明治40年の大水害被災者の北海道移住について」（『山梨県立博物館研究紀要』2，2008）　　　　　（吉越昭久）

1909 姉川地震 (明治42年8月14日)

災害の概要

明治42年(1909)8月14日午後3時31分ごろ滋賀県東部を急襲した姉川地震(M6.8)は，震源の浅いプレート内地震であった。各地の揺れは，図1に示すように関東北部から九州北部までの広い範囲で有感であったが，強い揺れは琵琶湖東岸の非常に限られた範囲であった。震源の正確な位置は不明であるが，全壊家屋が多かったのは琵琶湖北東岸姉川下流域のほぼ10㌔×7㌔の範囲内である。この地域は伊吹山地と琵琶湖に挟まれた平地であり，住家全壊80％を超える被害が甚大な地区と軽微な地区とが入り混じっていた。地震動の強さが激烈であった一方で被害地域がきわめて限定されていたことから，同月20日から現地調査に着手した今村明恒はこの地震を局部的な大地震と称し，江濃地震あるいは近江地震と呼ぶと被災地が広すぎる感じがするので姉川地震と呼ぶことにしたと述べている(『震災予防調査会報告』70)。また従来の大地震と比較し，以下のような相違点を列挙している。

1) 被災後，損壊家屋などの後片付けや応急復旧が急速に行われた。当地は宗教が盛んな地域で，しかも地震がお盆の8月14日に起きたため，転倒した墓石がいち早く復旧された。このことは，地震調査に不都合をもたらした。

2) この地震では震度分布が異常に複雑で，被害が甚大な地区と軽微な地区が隣接し入り混じっていた。これは震災地の地形・地質が非常に複雑であることに起因している。

3) 通常，震央は激震区域内にあるが，この地震では地震動の方向性，震度分布，あるいは初期微動継続時間などから，激震区域の中心から北東へ2里程度のあたりと推定される。

4) 激震区域は軟弱な土地であるが，泥水の噴出や道路築堤の損壊などの地変が非常に少なかった。これは震災以前に降雨が少なく，地表が非常に乾燥していたことに起因するものと思われる。

さらに，この地震でははじめて写真技術が機敏に報道に応用され，地震の2日後には被害写真が東京の新聞紙上に紹介され写真絵葉書も発行されたので，遠隔地に居ながら現地の被災状況が詳細に想像できたとも述べている。

被害の概要

滋賀・岐阜の両県の被害を合わせて，この地震による死者は41名，負傷者は774名，住家の全壊978戸，半壊2,445戸，非住家の全壊1,257戸，半壊3,699戸であった。非住家には，倉庫・学校・役所・社寺などが含まれ，土蔵の被害が最も多かった。滋賀県下では道路の被害・地割れは少なかったが，東浅井郡では死者34名，全壊住家は892戸と大半の被害が姉川と妹川(高時川)の三角洲上で砂質土と腐食土層を含む粘性土層の互層からなる複雑な地層をもつこの地域に集中していた。岐阜県下(南部)では全壊住家は6戸であるが，山間で山崩れ，木曾川以西の平野部で家屋の破壊のほか，道路・橋梁など土木構造物の破損が多く，墓石の転倒や堤防の破壊・液状化による噴水なども多かった。

寺院などの被害と鐘楼の跳躍

住家被害が集中的に発生した東浅井郡は寺院が多く，鐘楼も比較的多数存在する地域である。この地域での地震動が強烈であったことを示す事例として，5寺院の鐘楼が跳躍したことが知られている。称名寺は，安永7年(1778)に建立された。本堂は7間(12.6㍍)四方の建坪をもつ美麗な建築であったが，図2に示すように，地震で本堂は

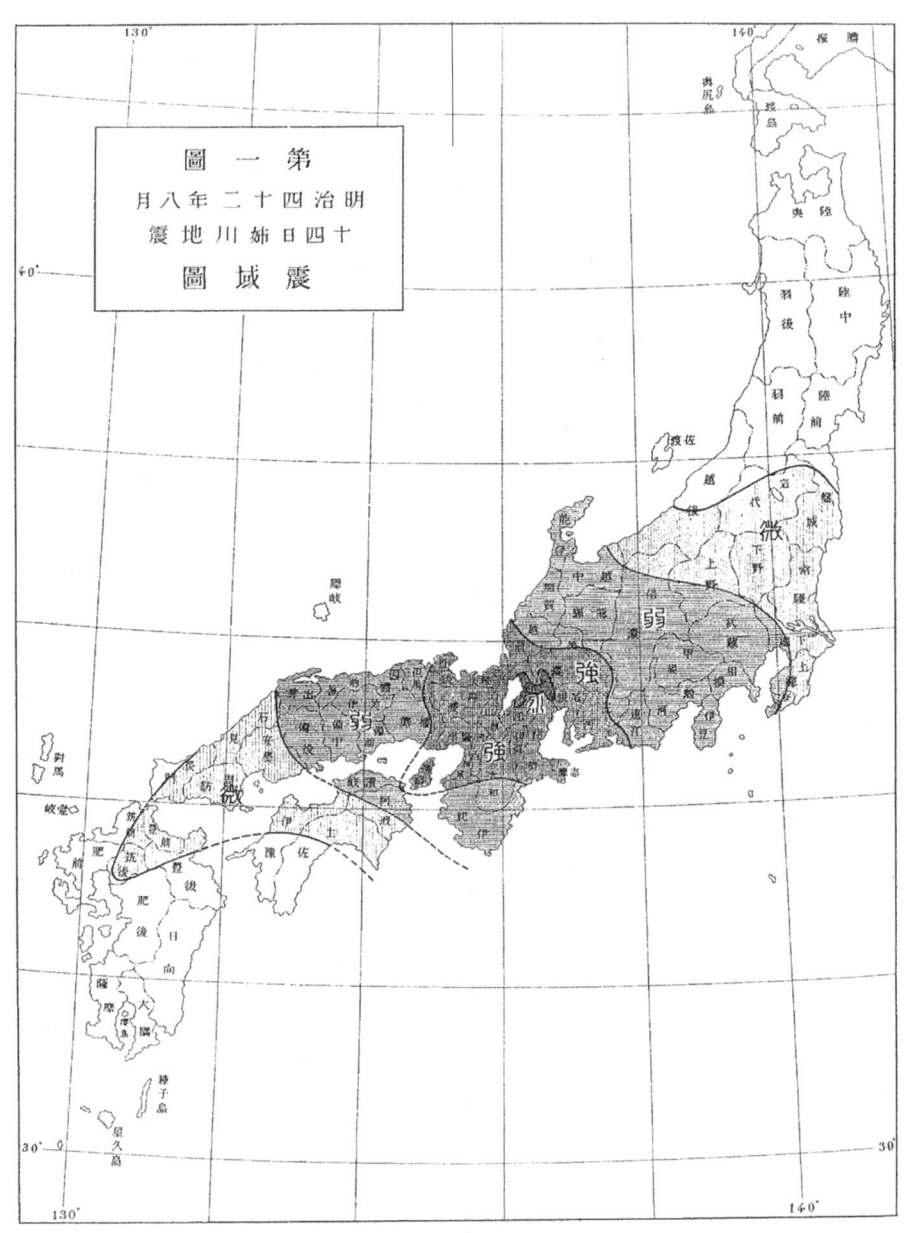

図1　震度分布図（『震災予防調査会報告』70より）

図2 称名寺の倒壊した本堂と跳躍した鐘楼
（『震災予防調査会報告』70より）

東方に倒伏し、南東隅に立っていた鐘楼は北北東に約1㍍移動した。この鐘楼の平面形は正方形に近い矩形で、長さは東西305㌢、南北290㌢であった。地震により、北東の柱はおよそ北38度東の方向に96㌢移動し、南東の柱は北24度東の方向に86㌢移動して柱端は6㌢の深さに埋まった。また、南西の柱は北24度東の方向に104㌢移動し、北西の柱は北31度東の方向に108㌢移動した。なお、現在の鐘楼は昭和20年に再建されたものである。願教寺の鐘楼は、安土桃山時代に建立された。姉川地震の後、数回の瓦吹替え工事が施されたが、柱や横桁などは現在もなお当時のままである。この鐘楼の大きさは称名寺の鐘楼とほぼ等しく、移動状態も互いに似ている。この鐘楼の底面は各辺とも東西または南北の向きで、その長さは東西321㌢、南北288㌢である。姉川地震で北東の柱は沓石をつけたまま北40度東に107㌢移動し、南東の柱は北32度東に101㌢移動して、柱端は7㌢の深さに没入した。南西の柱は北39度東に90㌢移動して、柱端は6㌢の深さに没入した。北西の柱は北43度東に95㌢移動して柱端は3.5㌢の深さに没入した。これらによって、鐘楼底面の中心は北39度東に97㌢移動した。
上記2つの鐘楼以外にも、勝円寺および慶徳寺の鐘楼が北東にそれぞれ2尺（60㌢）および3尺（90㌢）一飛びに移動したことや了因寺の鐘楼が北北東に1尺6寸（50㌢）移動した。この他、宮部村の願応寺でも本堂および鐘楼が北へ移動したとの報告があるが、跳躍によるものかどうかは不明である。それ以外の鐘楼の被害としては、虎姫町大寺西教寺・三川頓証寺・大井妙蓮寺では全壊、三川元三大師・大寺正福寺では半壊、中野了福寺では無被害であった。また、下之郷東では地震直後に寺の鐘がひとりでに鳴り続けたという証言もある。

鐘楼以外に本願寺別院本堂の移動も報告されている。この本堂は12間（21.6㍍）四方の建坪をもち震災地における最大の寺院であった。最前列の柱はおおよそ南30度東の方向に21㌢移動した。次列の柱より北方のものは次第に移動距離が減少し、中央の柱は南北の方向にはほとんど全く移動しなかったが、西側のものは東方に12㌢移動し、東側のものは西または東に2～3㌢移動した。また、田村の大将軍神社の拝殿が北に1尺（30㌢）、東に4寸（12㌢）すべり、宮部村の宮部神社が北東に約1尺（30㌢）移動し、大井村の大井神社の手洗い所が北東に倒壊した。大井村では土蔵が3尺（90㌢）移動し、宮部村・大井村・尊勝寺では民家の柱の移動がみられた。

跳躍したと考えられる前述の5つの鐘楼はいずれも北東ないし北北東に50㌢～1㍍の移動を示しており、移動方向や距離に類似性がみられる。その他の構造物も北東や北北東に移動あるいは倒壊したものが多く、この方向の地震動が強かったものと推察されている。

参考文献　『震災予防調査会報告』69・70, 1910, 滋賀県彦根測候所編『近江国姉川地震報告』, 1911, 大町達夫・本多基之「鐘楼の跳ぶ話－直下地震による跳躍現象－」（『地震ジャーナル』21, 1996）

（大町達夫）

1910 明治43年関東大水害 （明治43年8月）

災害の概要

明治43年(1910)8月5日ころから続いた梅雨前線に、11日に八丈島の北から房総半島沖を通過した台風と、さらに14日に静岡県沼津付近に上陸し甲府を通り群馬県西部を通過した台風の3つが関東地方に豪雨をもたらした。このうち、関東地方の各河川で最大洪水流量をもたらしたのは前者の台風によるが、被害は利根川・荒川・多摩川流域等と広範にわたって生じ、関東地方における被害は死者769名、行方不明78名、負傷者610名、家屋全壊2,121戸、家屋流失2,796戸に及んだ(表1)。

被害の概要

明治43年大水害は、利根川をはじめ各河川の既往最大洪水位を記録し、利根川本川とともにその支川である烏川・神流川・吾妻川で、また、多摩川・荒川など首都を取り巻く大河川で、上流域での山地崩壊や土石流などの土砂災害と全川にわたって洪水氾濫(図1)が多発した。

群馬県では8月6日―11日までの降雨量で草津606㍉、伊香保525㍉、四万425㍉、富岡609㍉などの豪雨となり、中下流部の洪水氾濫による被害と合わせて、県下での死者283名、行方不明者27名、家屋全壊流失1,249戸となった。また、埼玉県の秩父山間部では300～400㍉、名栗村では総雨量1,216㍉に達しており、土砂災害の被害とともに洪水氾濫が多発した。特に埼玉県内の平野部では利根川と荒川の氾濫水によってその大部分が浸水し、この水害による全体の被

図1 氾濫域略図（利根川百年史編集委員会1987より）

害は，堤防決壊314ヵ所，死者・行方不明者241名，家屋の全壊・流失1,608戸の甚大な被害となっている。
利根川筋の中下流域で被害の集中した地域は，上利根川左岸上五箇・下中森等の破堤による群馬県邑楽郡一帯，上利根川右岸側山王堂・中条堤などの越水破堤による埼玉県（図2），東京府の古利根川流域一帯，小貝川合流点付近などの破堤による下利根川沿川一帯等を中心に広範な浸水区域に及んだ。このうち，利根川右岸（埼玉県熊谷市妻沼）に位置する中条堤の破堤によってその氾濫流は埼玉県を縦断し，東京府にまで達して甚大な被害を及ぼした。元荒川，綾瀬川筋を流下した利根川，荒川の氾濫流は，岩槻から越谷付近に8月11日午後8時〜10時に到達したが，これ以前に荒川本川から綾瀬川に逆流が入っており，埼玉県と東京府の県境付近が11日午前中に浸水した。そして東京府下が本格的に浸水をみたのは，12日午後からであり，綾瀬・本田・寺島・

表1　関東平野における被害状況

	死	傷	行方不明	全潰家屋	流失家屋
東　京	41人	420人	7人	88戸	82戸
神奈川	37	25	2	45	75
埼　玉	202	36	39	610	998
群　馬	283	24	27	423	826
千　葉	79	46	―	292	96
茨　城	25	43	―	505	568
栃　木	12	16	3	158	151
計	769	610	78	2,121	2,796

（中央気象台『台風と水害』に一部加筆）

隅田・亀戸方面に侵入し，一方，埼玉県川口付近の荒川堤防破堤により，いよいよ水勢をまして，本所・深川・千住・三河島・尾久・日暮里方面の低地一帯，浅草・神田などの日本堤の南部も浸水した。そして東京府南足立郡の半分，北豊島郡の北半分，南葛飾郡の7割，さらに東京市の下谷・浅草・本所・深川の4区が「濁浪の海」となった（『浅草区史』）。古利根川末流の中川の破堤により，中川以東地域一帯にも浸水が

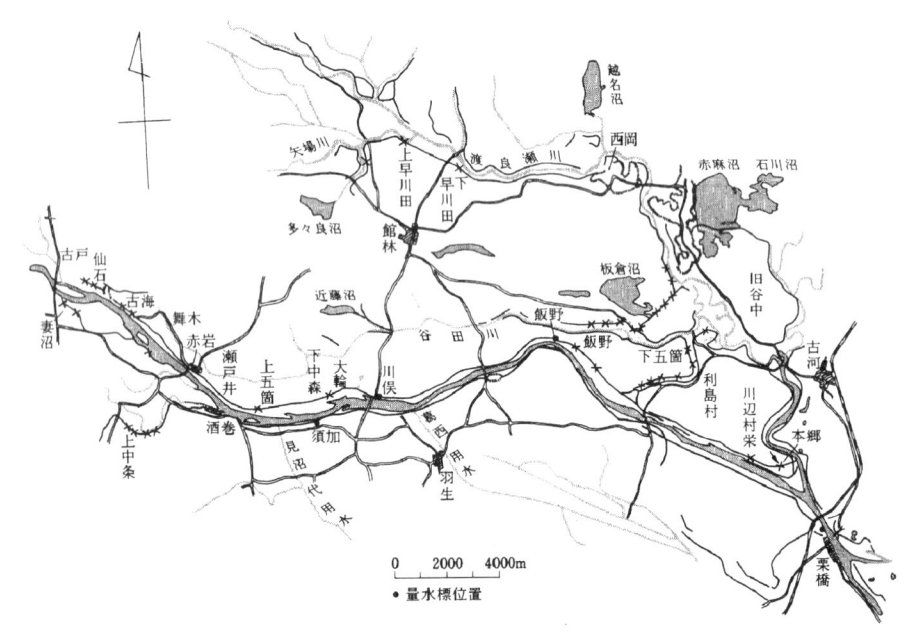

図2　上利根川破堤位置図（大熊孝1981より）

生じた。しかし，東京府の浸水被害の激しいのは中川以西であり（図3・4），綾瀬川・荒川の氾濫が主体で，この浸水期間は約13日間におよんでいる（大熊孝1981）。

復興への道

政府は，明治29年（1896）の河川法，翌年の砂防法，森林法という治水三法を制定したばかりであったが，明治43年洪水を契機として内務省に臨時治水調査会を設置し，治山・治水対策についての決議を採択している。また，農商務省では，この臨時治水調査会の決定を受けて，森林の造成を主体に山地および渓流に関する事業を行う第1期森林治水事業が翌年にあたる明治44年より18ヵ年計画で開始された。保安林調査も主に明治40年，43年災害で発生した神流川流域の荒廃地が対象とされ，その大分が保安林に編入された。また，多摩川流域では，東京水道水源という重要性に鑑み，上流域の萩原山御料林を保安林に編入し，東京府が水源林経営に着手した。このような森林治水事業は，治水対策の中での治山の位置づけが明確化され，治水事業を内務省と農商務省で分担実施する端緒となる。

明治43年の大洪水はすでに着手していた利根川改修工事の改訂を迫ることになり，計画洪水流量の見直しや江戸川への分流量の増加など大きな変更を生んだ。また，この洪水で中条堤が4ヵ所，延長372メートルにわたり決壊している。中条堤とは，当時，利根川の洪水を酒巻－瀬戸井の狭窄部上流で堤内地に一時的に氾濫遊水させるための堤防であり，これによって中条堤上流側（上郷）に洪水を貯留させることで利根川の洪水流量を低減させる治水方式を取っていた。しかし，当然のことながら中条堤の上下流では利害関係が対立し，その存在をめぐっては争議が起こる（そのため論所堤と呼ばれた）。

明治43年洪水後の中条堤の修復についても，その事後処理をめぐり中条堤の強化復旧を主張する下郷の北葛飾・南埼玉を含めた側と，中条堤の慣行的維持とともに上利根川の新規築堤を要求する上郷地区との間に争議が生じた。それによって埼玉県議会では大混乱となり，地元住民は知事から提示された調停案を不服として実力行使に至って警官隊と激しく衝突する場面もあった。このようにして県会は紛争を繰り返し，約8ヵ月の紛争後，上・下流側の代表2者による調停工作が行われ，明治44年4月5日覚書を作成して解決の運びとなった。この調停案は，県が内務省に対し利根川堤防の築堤を柱とする利根川改修計画の早期達成を請願し，中条堤の復旧については高さは従来通りに復旧するという内容のものであった。このような経過を経て復旧工事の方針は決まり，その後，上利根川の改修工事は，

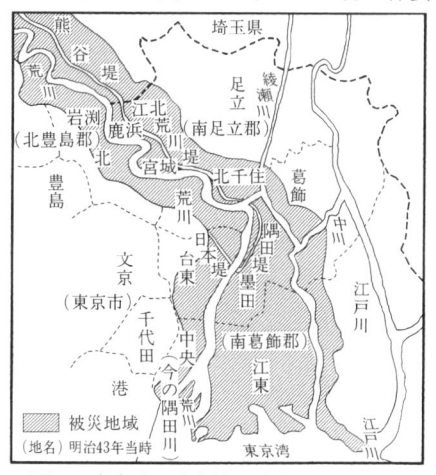

図3　東京府の水害被災地域

図4　亀戸付近の被災者を見舞う慰問隊

①今まで利根川が乱流を極めていた島村や尾島村の地先は新川を掘って流路を矯正し，②酒巻～瀬戸井の狭窄部は拡幅し，③河道幅はできるだけ余裕を持たし遊水効果を期待することとし，④連続堤防方式とすることを骨子として開始されることとなった。このように上利根川の治水方式は大きく変化し，中条堤をめぐる上郷・下郷の紛争も姿を消すことになった。なお，明治43年以降，群馬・埼玉・茨城・栃木・千葉の各県と東京府を含めた1府5県が治水費の地方負担を受け持つようになり，利根川治水の中で，東京府がはじめて前面に登場することになった。

荒川・隅田川・江戸川・綾瀬川などの氾濫によって，浸水家屋27万戸，被災者150万人の大きな被害を生んだ東京では，明治43年の大洪水を契機に荒川の改修計画が策定され，翌年より岩淵から中川河口まで，全長22㌔，幅500㍍にもおよぶ大規模な放水路を開削する事業（荒川放水路事業）が着手されることになった。事業は途中，第1次世界大戦に伴う不況や震災などで困難を極めたが，蒸気掘削機や浚渫船を活用しながら延べ310万人の人員が動員されて，約20年にわたる昭和5年（1930）に完成した。

参考文献　利根川百年史編集委員会編『利根川百年史』（建設省関東地方建設局，1987），宮村忠『水害―治水と水防の知恵―（改訂版）』（関東学院大学出版会，2010），大熊孝『利根川治水の変遷と水害』（東京大学出版会，1981），国土交通省荒川下流河川事務所編『荒川放水路―建設からの100年―』2009，国土交通省関東地方整備局利根川水系砂防事務所編『暮らしを見つめ守り育む―利根川水系の砂防70年のあゆみ―』，2007

（清水義彦）

東京の被害概要

この水害の特色は，従来の中川によるものと異なり，主として荒川と綾瀬川の氾濫に起因している。江戸川の増水はかろうじて防御したが，中川は上平井付近で数ヵ所が決壊し，特に中川以西地域の南綾瀬方面が甚大であった。

被害が甚大だったのは，荏原・北豊島・南足立・南葛飾郡の4郡と，東京市下谷・浅草・本所・深川の4区であった。荒川の増水は，志村から岩淵付近で2丈7尺（8.2㍍）に達した。市内での出水は牛込区の1丈1尺，下谷・本所区で1丈，北葛飾郡志村で1丈6尺，赤塚で1丈5尺であった。

8月12日午後2時30分小谷野橋付近が決壊し，本田・寺島・隅田・亀戸方面に侵入した。一方埼玉県川口付近の荒川堤防決壊による氾濫と相俟って水勢を増し，本所・深川・下谷・浅草と神田の一部にまで浸水が及んだ。

深川方面は入船町ほか63ヵ所が浸水し，城東方面の家屋浸水18,803戸で，亀戸・大島・砂村のほとんど全域が浸水した。深川方面の浸水家屋は約3,000戸，うち床上103戸，床下2,898戸であった。大槻如電は，「かかる洪水は江戸始って以来である。天明の大洪水の折にも権現堂の堤が決壊したが，このときは向島の方面までであって，今回のようなことはない」と記している。

現在の江戸川区にあたる区域（昭和7年東京市へ編入）の被害は全域に及び，これまでの水害で難を免れていた篠崎・瑞穂・葛西村方面も浸水した。浸水家屋と救助を受けたものは，平井村で1,552戸・2,422人，小松川村で655戸・3,241人，鹿本村で272戸・754人であった。

市内では下谷・浅草・本所・深川の4区に浸水した。下谷・本所区では，1丈（3㍍）浸水した所もある。深川区では浸水家屋1万8,803棟，浸水面積は242町（約240㌶）であった。神田川も氾濫して，牛込・小石川・本郷の3区の低地もこれに次ぐ被害となった。牛込区の最大浸水は1丈1尺（3.3㍍）だった。

『東京府水害統計明治43年』によれば，死

者45人(市部18・郡部27)。建物の損壊・流失27,594棟(市部58・郡部27,536)。浸水家屋178,057棟(床上13,3307・床下44,740)。被災戸数194,889戸(市部142,271・郡部52,618)。被災者806,218人(市部555,478・郡部250,740)。堤防の決壊箇所262ヵ所・延長13,087間,破損箇所510ヵ所・延長10,881間。道路の流失・埋没箇所215ヵ所・延長6,172間,破損箇所1,285ヵ所・延長51,418間。橋梁の流失318(市部10・郡部308),破損586(市部9・郡部586)。土地の埋没流失577町7反,浸水20,346町3反。用排水路・溜池・井堰・溝渠・樋管などの流失85ヵ所・破損560ヵ所・破壊1,666ヵ所。電柱の顛倒77。船舶の流失121・破損280である。

救援・救済の概要

東京府では,京橋区築地本願寺,府立工芸学校,本郷区東竹町京華中学校を避難所とした。本願寺内の避難所は8月13日から27日で開設され,南葛飾郡亀戸・寺島町の被災者1,149人が収容された。本願寺では16日から陸軍歩兵第三連隊第一炊嚢班を12日開設し延612人が従事した。工芸学校内避難所には,亀戸町・大島町などから716人が収容された。

天皇からは15,000円,各宮家から1,540円,オーストリア国から1,167円,清国から25,814円の見舞金があった。国内や在日外国人からの義捐金は東京府扱いで480,638円21銭・寄贈者20,493人,物品156,121点・寄贈者4,511人,その他臨時水害救済会から41,579円94銭の見舞金があった。

救援には,陸軍近衛師団10,343人・馬817,第一師団8,050人・馬427,海軍横須賀鎮守府2,334人,東京第一衛戍病院306人があたった。

東京市役所では被害が甚大だった下谷・浅草・本所の3区に11日から14日までに出張して救護にあたり,14日臨時救護所が12ヵ所設置された以降は,1ヵ所につき医員・看護婦を4～5名のほか事務員を配置して準備にあたり15日から救護にあたった。17日には16ヵ所の救護班70名のほか,芝区医師有志土曜会,神田区東京医会や日本橋病院など20名が加わり,23日まで7,891名が救護された。

警視庁は浸水地の交番ごとに専務巡査を配置し,患者を発見したときは所轄の警察署に報告し,直ちに医師である検疫委員を派遣する体制を8月23日から11月9日までとった。該当の区は,神田・日本橋・麻布・牛込・小石川・下谷・浅草・本所・深川区で,40万4,442戸・1,490,741人に及び,7,241人の病人が発見された。

本所警察署は浸水に備えて調達した救助船15隻と本庁からの145隻で,管内の救助にあたった。向島堤防の決壊で取り残された3戸・20人を,巡査3人が丸太を持ち上げて救助した。市内における検挙数は,窃盗272・強盗4・殺人8・賭博273・掏摸4・横領74・遺棄3・詐欺119・傷害135,その他の刑法犯135。警察犯5,296であった。

日本赤十字社東京支部は,8月14日から27日までに各救護所において4,900人延20,542人の救護にあたった。このほか渋沢栄一らが組織した民間の救済団体である水災善後会は9月14日から12月27日間に,郡部において巡回救護を実施している。救護所の多くは学校・役場・寺院が宛てられた。

荒川下流の諸問題

荒川を巡る抜本的な治水対策の必要性は,明治10年代以降再三話題とされていた。荒川は近世前期には古利根川に合流し江戸湾に注いでいたが,寛永6年(1629)熊谷の久下地先から和田吉野川に導き入間川へと瀬替が行われた。この結果,荒川は江戸の北部から東部を流れ,千住以南を隅田川と名を変えて江戸湾に注ぐようになった。江戸市中は,千住から上流に広がった遊水地帯と右岸の日本堤,左岸の墨田堤によって守られていた。近世において,江戸市街に洪水をもたらしたのは隅田川本流ではなく,

主に増水により逆流した河水が溢れた神田川や千川などの支流であった。しかし近代に入ると都市整備の一環として荒川左岸の本所・深川や城東地域に近代的な工場群の進出が顕著になった。

明治30年代以降には，南千住の隅田川右岸の湛水常習地帯である無堤地域にも東京紡績株式会社隅田工場などが進出し，首都圏における工業地帯の先駆となった。工業地域の湛水は水害であり，この問題の解決は必須課題となった。

明治39年(1906)東京市会から出された「下水道路改良ニ関スル調査委員設置ノ建議」は，工業地域を洪水から防禦するため堤防を囲繞するか，または適当な場所の閘門を設けることが必要と結論された。

明治39年「荒川筋河川改修ノ提案求ムル建議案」は，東京の都市開発によって荒川は現状では増水の場合に許容範囲を超え氾濫の危険性があるとして，千住町地先の改修を訴えた。さらに40年の水害は危機感を強め，同年東京市議会による「荒川中川開削工事ニ関スル建議案」，東京府議会による「荒川中川開削及多摩川河身改良ノ建議案」が可決された。前者は，明治40年の水害は増水時に荒川下流から隅田川に水の抜け道がないのが原因だったとして，向島の隅田村地先から寺島・大木・吾嬬村を経て中川に疎水を開削し，さらに中川の川幅を拡張するというものであった。後者も疎水開削計画を立案するものであった。

一方，荒川の広大な遊水地を抱える埼玉県では，東京側で進む荒川改修計画の成り行きを注視し，荒川自身の川身改良工事を求める建議が提出され，放水路開削を求める声が高くなっていった。

明治39年は東京港整備の一環として，隅田川河口第一期改良工事が開始されていた。これは，隅田川河口を浚渫して水深を12尺（約3.6㍍）とし，水面拡張工事によって，年平均1,000隻を上回る船舶の利用を計画したものであった。この改良工事中に浮上した荒川放水路計画は，安定的な河水の疎通を流域に提供したため，埼玉県が危惧し東京港築のネックとなっていた荒川の洪水からの解放を意味したのみならず，当時抱えていた諸問題の根本的解決策となった。明治43年洪水は，この計画の実現に拍車をかけた。

災害の教訓

明治43年(1910)10月，政府は勅令第423号により臨時治水調査会を設置し，12月第1次治水計画を発表した。同44年4月1日内務省告示第23号で河川法が適用され，荒川左岸・埼玉県北足立郡川口町，右岸東京府北豊島郡岩淵町鉄道橋から海に至る区間が第1期工事として認定された。

放水路のルートは，現在の川口-赤羽間の鉄道橋梁から西新井村大字大木間の約4㌔は旧荒川左岸堤に沿って本木から離れて迂回，南千住で旧荒川に再接近し，さらに再び大きく東に流れて綾瀬川・中川を横断して小松川町の東を迂回し，船堀村の小松川新田付近から中川河口に至る総延長約22㌔である。

放水路始点の岩淵の旧荒川との分岐点には新堰を設けて流量調節が行えるようにした。また放水路開削により切断された綾瀬川・中川・船堀川には旧来の河川交通に支障がないように水門または閘門が設けてられた。中川は上平井地先で流れが遮断されたため，放水路左岸堤防に平行して7.8㌔の新水路が河口まで設けられた。中平井からの下流はそのまま残して小名木川河口の南で堰きとめられた。現在その場所には荒川ロックゲートが設置されている。

参考文献　荒川下流誌編纂委員会編『荒川下流誌』，2005，『江東区史』1955，『江東区史』中，1997，『新編埼玉県史』通史編5，1988，『増補　葛飾区史』下，1985，『江戸川区史』，1955　　　　（橋本直子）

1914　桜島噴火　（大正3年1月12日）

噴火の特徴・推移

鹿児島県の桜島火山の大正噴火は大正3年(1914)1月12日に発生した大噴火で，20世紀にわが国で発生した最大規模の噴火であった．東西の山腹に生じた割れ目火口から軽石の噴出が始まり，噴出した溶岩により海峡が埋め立てられ，大隅半島と陸つづきになったのは有名である．この噴火の推移は以下のようにまとめられる．

前兆現象として顕著だったのは，噴火の数日前から発生した群発地震であった．また噴火当日(1月12日)の朝には，井戸の水位が上昇したり，南東の海岸では温泉が流出した．また噴火直前(約2時間前)には，南岳の山頂から白煙が上昇した．噴火は12日の午前10時5分ころ，西側の山腹に生じた割れ目火口で始まり，約10分後には東側山腹の割れ目でも噴火が始まった．噴火の勢いは急速に増大し，噴煙は10キロの上空に達し，1日以上激しい軽石噴火が続いた．偏西風のため上昇した噴煙は大隅半島側に流れ，鹿児島市街地からは噴火の全貌が観察できた．その日の日没後(18時29分)，鹿児島市と桜島の間の海域でM7.1の大地震が発生し，鹿児島市では家屋の倒壊などで多くの死傷者がでた．噴煙活動の最も激しかったのは13日の深夜0時を過ぎたころで，それ以降は噴火の勢いは徐々に低下した．しかしその夜半(20時14分)，西側火口で全山が真赤に燃えるような激しい火砕流噴火がおこり，赤生原など西側海岸部に連なる家屋を焼失させた．この火砕流噴火を境に，小爆発を繰り返しながら溶岩を流出する活動に移行した．溶岩は海の中にも入り込んだが，約2週間後の1月25，26日ころにはほぼ鎮静化した．

一方，東側の割れ目火口でも，14日の朝には溶岩の流出が確認されている．流下した溶岩は瀬戸海峡を埋め立て，1月30日ころには桜島は対岸の大隅半島と陸続きとなった．溶岩を流出する活動は1年半ほど継続し，翌大正4年3〜4月には溶岩末端崖から二次溶岩が漏れ出し，溶岩三角州を形成した．

このように大正噴火は火山体の東西の山腹に生じた火口列で発生したが，火砕流が確認できたのは西側火口のみである．東側火口でも火砕流が発生したかもしれないが，風下側にあたり観察が不可能であったこと，また1年以上にわたる溶岩の流出ですべてが埋没したために，その存在を確認することができないのかもしれない．大正噴火で噴出したマグマの総量は約20億立方㍍であり，噴火後には姶良カルデラを中心に同心円状に地盤の沈降が認められた．鹿児島市付近でも30〜50㌢ほどの沈降が観測された．大正噴火はつぎのように噴火が推移した．
①前兆現象(群発地震・井戸の沸騰)
②軽石噴火の発生
③大地震の発生
④火砕流の発生
⑤溶岩の流出
⑥噴火後には南九州全域に及ぶ広域的な地盤の沈降．

大正噴火の135年前に発生した安永8年(1779)の大噴火でも，大地震の発生はなかったものの，噴火の推移はほぼ同じであった．特に前兆現象は激しく，群発地震の発生，井戸の沸騰，海水の変色などが認められた．また溶岩の流出に続き，北東側の海域では海底噴火が発生し，複数の新島(安永諸島)が出現した．噴火活動は長期化し，終息までに約2年を要した．

災害の概要

大正噴火では顕著な前兆地震がありながら，当時の鹿児島測候所は桜島に噴火なしと判

断，そのために避難が遅れ，多大な犠牲者をだしたと伝えられている。東桜島小学校の校庭にたつ爆発記念碑の碑文には，測候所への憤りとともに，噴火が切迫した時には「理論に信頼せず」，みずからの判断で行動するよう記されている。測候所の判断で避難が遅れた点は否めないが，噴火による直接の死者は30名ほどであり，2万人をこす人々が生活する離島で発生した大噴火の割には，被害は最小限ですんだといえる。村長はじめ役人，学校の先生など知識階級の人々は測候所の判断を信頼し残留していたが，大半の住民は頻発する地震におびえ，135年前の安永噴火の伝承をもとに噴火が切迫していることを直感し，噴火前日の11日から避難を始めていた。そのため波止場での混乱は避けられなかったが，ともかく老人・子供を最優先に，その後に大人が避難した。櫓船であったため，対岸の垂水や鹿児島市を往復するのに4〜5時間を要した。そのため噴火開始時にも約3,000人の人々が島に取り残されていた。

噴火直後から，多くの船が桜島に救助に向かい，夜までに大部分の人々を救助した。しかし噴火直後の混乱のなかで，救助船をまたず泳いで避難した者の多くが寒い冬の海で凍死した。このように避難は混乱を極めたため，噴火による被災者数を正確に把握するのは困難である。

大正噴火の災害は，主に3つに大別される。第1は噴出物による災害，第2は噴火中に発生した地震災害，第3は降雨に伴う土砂災害である。第1の噴出物による被害としては，軽石や火山灰によるものが広範囲に及んでいる。偏西風のため，大隅半島方面に厚く堆積した。垂水市牛根付近では1メートルにも達したという。そのため農林・畜産業には多大な被害が生じた。桜島島内では，火砕流による被害や，その後に流出した30億トンにも達する溶岩流による被害も重なった。溶岩流は桜島の3分の1の面積を覆い，完全に不毛の溶岩台地を出現させた。

第2の地震災害は，鹿児島市付近では震度6の烈震であり，建物の損壊は江戸時代の埋立地に集中した。鉄道も落石などで不通箇所がでた。

第3の土砂災害は主に豪雨後の土石流の発生である。軽石が厚く集積した桜島の斜面や高隈山系を源流とする河川では，土石流による水害が噴火後も8年間発生した。

被害の概要

1）人的被害　噴出物による災害もいくつかの要因が複合しており，噴火災害を一括にするのは難しい。死因の原因別に集計すると，①島内残留による被災，②泳いで逃げる途中の溺死，③対岸の軽石原野での行き倒れ，④地震による圧死，⑤噴火後の土石流による被災，⑥病気による死亡などがある。このうち①では，視覚障害や知的障害のため取り残された者3名，寝たきりで避難を拒否した老女1名，逃げ遅れ火砕流に襲われた者2名の6名である。このような状況でも島内に残留し，その後に保護された者が7名ほどもいた。②は20名で，多くは行方不明であった。③は島内の女性と子供の4名で，大隅半島側に避難することはできたが，軽石の原野をさまよい衰弱死している。①〜③の死者の合計は30名である。

1月12日の震災は噴火中に発生したものであり，一般的には大正噴火の災害に数えられている。家屋等の倒壊，崖崩れなどにより鹿児島市で13名が死亡，周辺地域で16名，あわせて29名の死者があった。負傷者は100名を超えている。

また降灰のひどかった桜島や大隅半島では，大雨の時に土石流が発生した。2月15日と3月6日には大規模な土石流が発生し，死者・行方不明者が8名にもなった。3月6日の災害では桜島から垂水方面に避難していた小学生3名が含まれていた。

噴火後の不衛生のため，一部に伝染病がひ

ろがったが，罹患者の正確な数字は把握できていない。精神的な後遺症（PTSD）も多くの人々に認められたが，これも正確なデータは残されていない。

2) 家屋の被害　噴出物による家屋の損壊の大部分は桜島島内に集中している。西桜島町では赤水・横山・小池の3集落，東桜島町の瀬戸・有村・脇の3集落の計6集落が溶岩流に埋まり全滅した。また西桜島町では火砕流のために多くの家屋が焼失した。当時の家屋数は3,400戸，被害を受けた戸数は2,100戸にも及んだ。一方，対岸の大隅半島では，牛根付近を中心に軽石が1メートル以上も積り，多くの家屋が軽石に埋まった。その重みで崩壊した家屋もあったと推定されるが，統計では地震による倒壊で一括されており，全半壊含めて30戸以上である。地震による家屋の被害は，人口の密集した鹿児島市およびその周辺に集中している。地震により全半壊した家屋数は，県全域で300戸を超えている。地震の発生が夕方であったにもかかわらず，大きな火災が発生しなかったのは不幸中の幸いであった。
土石流では垂水方面の被害が大きく，家屋の流失・半壊が16戸，床上浸水が130戸にものぼった。桜島では160戸以上が床上浸水した。床下浸水を含めると，被害戸数はその倍以上にのぼる。

3) 農林・畜産・水産業への被害　桜島島内および大隅半島側には軽石・火山灰が厚く堆積したため，農林・畜産業に多大な被害が生じた。農地としては水田，畑地が被害をうけた。当時，畑地で栽培されていた麦・野菜・芋類などは降灰が15センチ以上の地域では壊滅的であった。煙草やお茶の葉の被害も甚大であった。またミカンやビワなどの果樹は降灰が1センチほどでも葉の変色などの被害が生じ，30センチ以上の地域ではほぼ全滅に近い有様であった。畜産分野では，牧草も広範囲にわたり被害をうけ，家畜の飼料不足が深刻であった。特に桜島島内では，避難時に牛馬などを連れ出すことができず，畜舎につながれたままの多くは焼死したり，衰弱死したりした。林業関係では特に幼齢樹は埋没したために枯死したものが多い。成長した樹木では，付着した火山灰の重みで枝が折れたり，樹幹が曲がったりの被害を受けた。水産業では，軽石の浮遊・沈積，海峡の閉塞などの影響が懸念されたが，軽石などは次第に沈積・流出したため大きな問題とはならなかった。また潮流の変化により，漁場の変化が生じたが，壊滅的というほどの被害ではなかった。

救援・救済の概要

噴火はないと信じていた県庁・市役所関係も，噴火直後から迅速な救援活動を開始した。警察や陸海軍も船を救助に向かわせ，また民間の船も救助にあたり，島に取り残された人，海に漂流中の人など約3,000名をその日のうちに救助した。鹿児島や垂水など避難民がやってきた地域では，炊き出しをしたり，避難所を用意したり，至る所で自主的な救護活動が行われた。また津波が来る，鹿児島もあぶないというデマで多くの住民がパニック状態で避難し無人化した市内では，陸軍が警備にあたった。
傷病者に対しては，赤十字社鹿児島支部や医師会も救護所を設置した。負傷者の移送は，消防組や海軍が担当した。また九州大学の医師・学生5名からなる災害ボランティアも駆けつけた。

義援金も官庁のみならず，民間団体，多くの個人からも寄せられた。慰問品については4月中旬まで輸送費が無料となったため，全国各地から寄せられた。穀物が最も多かったが，野菜や衣類など多岐にわたり，当局はそれらの貯蔵・配分に苦労した。

集落の移転

2月中旬以降，桜島への帰還が始まったが，帰還できた人口は噴火前の半分以下であった。溶岩や軽石に埋まり土地を失った島民や厚い降灰のため耕作地を失った地域の住

民は，新たな土地に移住せざるをえなかった。県が国に働きかけた結果，国有地原野を中心に移住候補地が決められた。移住先としては宮崎県の霧島山東～北麓(64戸)，鹿児島県では種子島(349戸)，降灰の少なかった大隅半島の南部地域(579戸)のほか，朝鮮半島(10戸)であった。その他，住民自身が縁故を頼って移住したケースが2,065戸もあった。移住した人数は2万人に達した。

払い下げられた国有地の開墾は5年以内に終わると見込まれ，10年後には土地所有権を個人に譲渡することになっていた。その他，移住者には旅費や荷物の運搬費，小屋掛け料，家具・農機具・種苗などのほか，相当期間の食費や油代，肥料代などの補助があった。しかし開墾地の大半は既存の集落とはかけ離れた密林地域にあり，初期の開墾作業は筆舌に尽くしがたいものであった。しかし同じ境遇の者どうしの団結心は強く，幾多の困難をのり越えて新しい集落をつくりあげていった。

災害の教訓と課題

大正噴火の前年から霧島山周辺で群発地震が発生，6月には日置地震も発生，年末からは霧島の御鉢が噴火を始めたが，桜島の噴火が切迫しているとの認識はまったくなかった。そのせいか，鹿児島測候所の所長が国の震災予防調査会に対し，緊急の現地調査を申請したが実現しなかった。

その当時，鹿児島測候所にあった地震計は旧式のミルン式地震計1台だけしかなく，震源決定はほとんどできない状態だった。前兆地震が始まってからは，所員は立て続けに発生する地震の震源決定の作業に忙殺された。その結果，震源は鹿児島の北方であり，桜島ではないと判断された。また所長には，桜島の緊迫した状況が正確には伝わっていなかった。そのためか所長らが桜島にわたり現地調査することもなかった。このように混乱する状況下で，ついに噴火を迎えたわけである。

現在，桜島には世界有数の設備を備えた火山観測所があり，大正噴火クラスの大噴火を見逃すことはないと信じられている。また安永・大正噴火の貴重な教訓があり，将来の噴火では速やかな避難行動がとれると思われている。しかし現在の桜島は，過去の大噴火の前とは状況が異なっている。桜島は55年以上，盛んに山頂付近で小・中規模の噴火を続けている。それにもかかわらず地下では大正噴火クラスの量のマグマが蓄積されているものと推定されている。そうすると遠くない将来に，かなり規模の大きな噴火が発生することも否定できない。過去の大噴火のように，静穏期ののちに始まった噴火とは異なり，顕著な前兆なしに急激に噴火の勢いを増し，大噴火に移行するかもしれない。過去の教訓だけに頼るのではなく，噴火に至るさまざまなケースが生じうることも考慮しておかねばならない。大正噴火では大地震の発生が重なったため，ライフラインも寸断された。最近の建造物は耐震構造がなされてはいるが，同規模の噴火がおこれば，一定の被害は避け難い。また当時とくらべ最も異なる点は航空網の発達である。噴煙は航空機の運航に致命的なダメージをあたえうる。2010年4月に発生したアイスランドの火山の噴火で，ヨーロッパ各地の空港が閉鎖に追い込まれたのも記憶に新しい。大正・安永噴火クラスの噴火がおこれば，噴煙は確実に関東地方にまで飛散し，大混乱を引き起こす可能性がある。

[参考文献] 九州鉄道管理局編『大正三年桜島噴火記事』，1914，鹿児島県編『桜島大正噴火誌』，1927，中央防災会議・災害教訓の継承に関する専門調査会編『1914桜島噴火報告書』，2010　　（小林哲夫）

1914 秋田仙北地震 （大正3年3月15日）

災害の概要

大正3年(1914)3月15日午前4時59分に秋田県の西仙北地域で地震が発生した。震央は東経140.4°，北緯39.5°で震源の深さはごく浅い内陸直下型地震で，M7.1と評価されている。強首地震とも呼ばれる。近くの岩手県境付近では明治29年(1896)にM7.2の陸羽地震も発生している。陸羽地震では顕著な前震活動があり明瞭な地表地震断層が現れたが，この地震には明確な前震活動はなく，地表地震断層も出現しなかった。また3月28日にはM6.1の最大余震が発生している。余震活動の継続と見られる微小地震活動は現在も認められる。

県知事の要請を受け，3月17日に文部省の震災予防調査会から派遣された地震学者の今村明恒は，調査の結果，震源の区域は陸羽地震よりはるかに小さく4分の1程度ではないかと指摘した。また，当時の秋田測候所は，3月17日付けで郡役所，町村役場宛に，前兆現象，揺れの様子，地変，被害状況などのアンケート調査を行い「大正三年三月十五日秋田県大震報告」をまとめた。『震災予防調査会報告』第82号や秋田魁新報の記事とともに，災害の実体を伝えている。

地震規模と震源の詳細

内陸直下型地震は一般に，深さが15-20km以浅の地殻の上部に発生域が限られる。このため規模の大きい地震では，震源断層が上記発生域におさまらず，地表に顔を出す。その下限はほぼM6.8といわれている。上記の被害調査結果や当時の観測データから震度分布を検討すると，秋田仙北地震の有感範囲は平成16年(2004)の新潟県中越地震(M6.8)とほぼ同じであることがわかった。また図1に示す秋田県内の詳細震度分布の分析からはM6.5ないし6.6と評価された。以上の結果は地表地震断層が現れなかったことと調和的である。同様のことは，明治33年(1900)の宮城県北部地震(M7.0が調査の結果6.5程度と再評価)でも指摘されている。

図2に，余震と思われる微小地震活動から推定される震源の断層面(東に傾斜45°)と震度分布から推定される強い揺れを出した範囲を示す。三角印は著しい山崩れが発生した場所で，強い

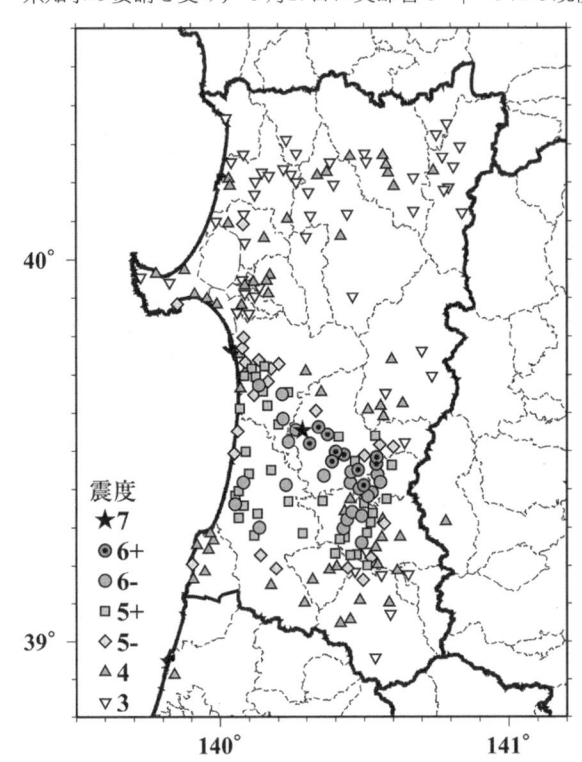

図1　震度分布図

揺れを出したと推定される位置から断層面に沿って地表付近へ上がったところに集中していることがわかる。今村は地震直後の調査による山崩れの位置や家屋の倒壊方向，さらには昭和初期に行われた水準測量結果などから図2とほぼ矛盾しない断層を推定している。また星印は，最大余震で被害の中心となった沼館町の位置である。最大余

表1 秋田県警察部が3月20日現在でまとめた被害集計

郡市名	死者	傷者	牛馬死	住家（戸数）				非住家（棟数）			
				全潰	半潰	焼失	破損	全潰	半潰	焼失	破損
秋田市		5		3	4		93	2	3		102
河辺郡		3		5	17		74	11	30		219
南秋田郡				1	1		2				34
由利郡	4	29		18	45		708	27	24		804
仙北郡	86	278	29	580	483	3	2664	232	221	3	928
平鹿郡	4	8		33	25		656	13	27		234
雄勝郡		1					5				4
合計	94	324	29	640	575	3	4232	285	305	3	2325

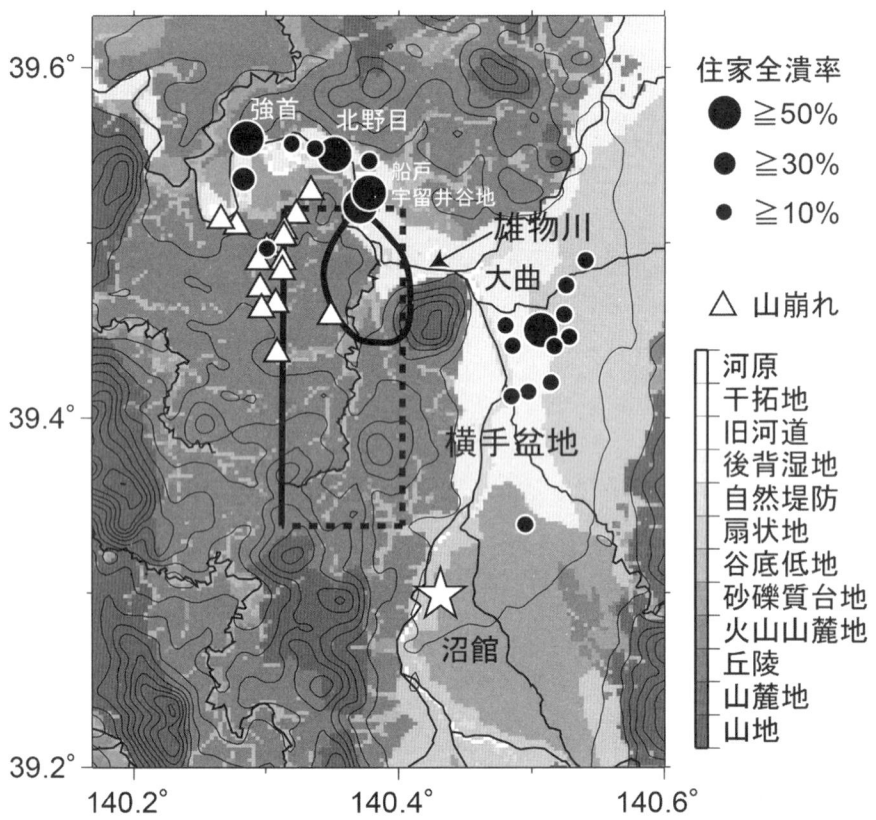

図2 本震の震源断層と強震動活性域，最大余震の震源位置，住家全潰率10％以上の集落（大字）と表層地震の微地形区分の関係

震は，本震で活動した断層の南に隣接した場所で発生したようである。

被害

表1に秋田県警察部が3月20日午後2時までにまとめた被害集計を示す。明治29年（1896）の陸羽地震では被害は岩手県内にも及び死者209名，家屋全潰5,792棟に及んだが，仙北地震では被害はほぼ秋田県内に限られ，実数でも死者94名，家屋全潰640棟と少なかった。ただし，陸羽地震では潰家28に対して1人の死者を出したのに対し，この地震では潰家7に対して1人の死者を出している。通常，潰家10に対して1人の死者というのがほぼ平均である。

陸羽地震は発生時間が夏の夕刻でしかも30分位前にかなり強い前震があったことから多くの人々が戸外にいた。これに対して仙北地震の発生はまだ寒い時期の明け方で，多くの人々が睡眠中であり，前ぶれなく不意に強い揺れに襲われたことが死者の割合を増やした原因だと考えられている。

図2には，住家全潰率が10％超の大字地点と表層地盤の微地形区分との関係も示す。被害は震源断層の北辺に隣接する雄物川沿いの後背湿地や谷底低地で大きく，特に強首村強首，大澤郷村北野目，北楢岡村船戸，神宮寺村宇留井谷地などでは全潰率が50％以上に達した。また断層から多少離れた横手盆地の大曲町でも後背湿地を中心に全潰率がやや高い。一方山崩れは丘陵地を中心に発生し，地盤の液状化は横手盆地や秋田平野など広い範囲で認められている。

救援・復旧

震災復旧に向けた動きを『秋田魁新報』の新聞紙面から拾うと，地震後直ちに秋田県は被災地の様子を視察するために調査員を派遣し，秦豊助知事は罹災各町村に以下のような被災者救護方法を指示した。

一，倒壊した家には速やかに危険でないところに小屋掛けするよう督励する。但し小屋掛する資力のないものには県庁から1戸に付き8円を給与し，家族多数などで間に合わない場合はさらに2, 3円を増給する。

一，襦袢一枚で飛び出し，着物がないものには衣料費として1人に1円50銭位を給与する。寝具なく寒気に耐えられないものには毛布を貸与するなどすべし。

一，被害者には焚き出しを給与する。但し5日分を見積もり米にて給与する。割合は男1日4合，女3合，貧富を問わず。貧民にはさらに食料として20日位の米を給与する。

医療救護に関しては，日本赤十字社が3月15日の午後から夕刻にかけて，秋田市から強首・刈和野・大曲に向けて3班の救護隊を派遣し，4月1日まで重軽傷者の手当にあたった。また，地震発生の翌日3月16日から秋田魁新報社が義援金受付を開始した。鉄道は奥羽線の羽後境－大曲間が不通になったが，17日の一番列車から大曲－神宮寺間が開通，さらに20日午前6時には全面開通する。電信電話は3月15日の夕刻5時ころにはほぼ復旧し，電報も17日の朝には全通した。この他，28日の紙面には秋田市の商店から大震災絵葉書6枚組30銭（刈和野・北野目・強首）の販売広告が掲載されている。

参考文献　震災予防調査会編『震災予防調査会報告』82，1915，秋田測候所編『大正三年三月十五日秋田県大震報告』，1914，『秋田魁新報』（1914年3月16日－4月3日），武村雅之他「1914（大正3）年秋田仙北地震の被害データと震度分布」（『歴史地震』25，2010），神田克久・武村雅之「震度データによる1914年秋田仙北地震の短周期地震波発生域と地震規模の推定および1896年陸羽地震との比較」（『地震』63，2010），水田敏彦・鏡味洋史「1914.3.15秋田仙北（強首）地震による震害に関する文献調査」（『日本建築学会技術報告集』14ノ27，2008）

（武村雅之）

1917　大正6年東京湾台風災害　（大正6年10月1日）

被害の概要

この台風は当時「暴雨海嘯」あるいは「津浪」などと呼ばれた高潮被害が特徴的な台風災害で，大正6年(1917)10月1日，東京市中心部，中川以東の南葛飾郡，品川以南から多摩川に至る東京湾沿岸，および千葉県の東葛飾郡の太平洋沿岸地域の広範囲に被害を及ぼし，死者1,127人，行方不明177人，負傷2,022人，全壊家屋36,459棟，半壊21,274棟，流失家屋2,442棟となった。大正6年9月25日フィリピン群島東方沖で発生した台風が，29日大東島付近，30日夜半駿河湾から沼津付近に上陸，87キロ/時の速度で進み，10月1日関東地方を南西から北東に縦断し，東京の最低気圧952.7ヘクトパスカル，最大風速南南東39.6メートル/秒，最高潮位は月島でT.P.（東京湾平均海面）3.1メートルに達した。

東京市では京橋区（高潮，3.65メートル，死者24，負傷283），深川区（高潮，3.65メートル，死者79，負傷210，行方不明11），本所区（隅田川水位3.32メートル，死者3，負傷67）など，東京湾沿岸域あるいは隅田川沿いの区部で著しい被害を蒙った。浸水戸数1万戸以上の区は人的被害も大きかった。京橋区12,293戸，本所区16,881戸，深川区11,303戸に加え，排水河川の逆流現象によって大下水が氾濫した下谷区でも13,618戸が浸水被害を受けた。この水害では，被害の集中した佃島，月島を抱える京橋区では，軍隊が出動し，第1師団輜重大隊の1個中隊によ

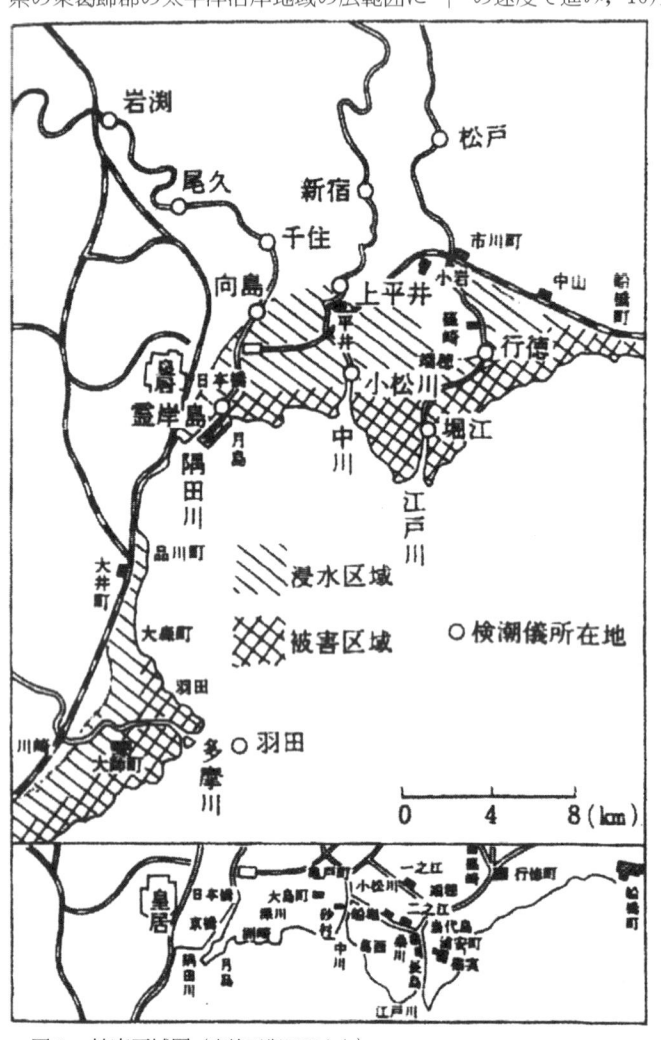

図1　被害区域図（宮崎正衛2003より）

って7,600人分の炊き出しが行われた。本所区の浸水は隅田川の溢水によるものであったが、浸水で自炊不能になった罹災者が多く、区内小学校に6,917人が収容された。避難所は減水した10月3日には閉鎖された。深川区は79人の死者を出したが、区長は午前6時半ころ、救護対策打ち合わせに出動、電信電話不通のため状況把握ができずに対策が立てられなかったという。当日は東京市の記念日で吏員の集合もままならず、炊き出しは浸水被害のため場所の確保ができず、深川区においても軍隊の支援を得て5,000人分の炊き出しを行なった。

救　済

罹災救助基金によって救助が行われたが、この年の東京の罹災救助基金支出高は42,964円で、そのうち避難所費446円28銭、食料費40,492円、治療費225,円54銭で、被服費、小屋掛料、修業費などの支出はなく、この災害では食料費が支出の大部分を占めた。なお、恩賜金5万円が下賜され、このうちの2万円が東京市部へ配布され、各被害区へ配分方法が示された。それによれば、死亡者113名に1人金10円、重傷者31人に金5円、全潰戸数165戸に対して1戸当たり金5円、半潰172戸に金3円、床上浸水の要求救助戸数34,748戸に1戸50銭が支給されることになった。

このほか、東京風水害救済会（渋沢栄一などが中心となった東京の実業家による衛生管理を目指す慈善団体）から10万円の救済金が提供されている。この救済金の取り扱いに関して東京市参事会は、救助を要する戸数を1万戸と推計し、全戸に消毒薬の散布、罹災地細民学童へ学用品、被服の供給、毛布、畳代用の筵あるいは家具の補助費などの支給を行い、被害地区の下水の浚渫、井戸浚いなどを実施した。高潮災害の被害地域は、この時期の細民地区と目された地域に集中していたため、災害後の衛生管理が施策の中心課題となった。

図2　行船公園の石燈籠（井上友一府知事顕）

災害の影響

この災害を契機に東京府知事井上友一(いのうえともいち)(1915－19在任)は、この時の経験を踏まえ、非常災害時に対する組織体制を予め組立てておくための対応を定めた「非常災害事務取扱規程」（大正7年5月8日）を策定、これが関東大震災の時の対応として活かされた。なお、この高潮災害で東京府南葛飾郡葛西村（現江戸川区南部）では死者230人、流失・破損家屋355棟に及んだが、井上府知事は避難所設置や食糧救援に尽力、2年度後に在職中急逝した府知事の墓前には村民から石燈籠2基が献納された。現在、この石燈籠は水害に悩まされてきた江戸川区の歴史を語る記念碑として江戸川区立行船公園に移設されている。

参考文献　中村左衛門太郎「東京湾内津浪調査」（『気象雑纂』1ノ3、1918）、『大正六年雑書』（東京都公文書館蔵）、宮崎正衛『高潮の研究―その実例とメカニズム―』（成山堂書店、2003）、『都史資料集成』5（東京都、2007）、北原糸子「関東大震災の行政対応策を生み出した大正6年東京湾台風」（『歴史都市防災論文集』1、立命館大学、2007）　　　　　（北原糸子）

1917 大正7年豪雪 （大正6年12月—7年1月）

近代の雪害

気象災害とは，大気のさまざまな現象によって人が亡くなったり，家財や構造物が喪失したり，人間活動が普段通りにできない現象である。したがって，生活様式が変われば，災害も変わる。昔から同じように雪は降っているが，雪崩のおきやすい場所，融雪洪水がおきない場所に住み，秋口に冬を越すための燃料と食糧を備蓄し，雪の季節はじっと家に閉じこもっているという生活をしている江戸時代までは，雪崩などの被害はあっても，災害という強い認識はなかった。

明治・大正と経済発展をするうちに，雪崩が起きやすい場所にも人が住むようになり，鉄道がひかれ，電信線や電話線がはりめぐらされると，雪崩による災害が増え，その影響は雪崩の起きた場所にとどまらず，広範囲に及ぶようになってきた。

前年の冬の雪害

大正5年(1916)12月25日に日本海中部で発生した低気圧は，27日に千島南部で猛烈に発達している。このため，北陸から北日本は30㍍/秒以上の暴風雪となり，北陸線などが不通となり，頻発した電信線障害で通信が途絶している。年が明け，大正6年1月2日から低気圧が日本海を北東進して発達したため暴風雪となり，金沢では積雪が60㌢を越え，明治24年(1891)以来の大雪となった。その後も，低気圧が日本海を発達しながら通過することが頻繁で，そのたびに北陸・東北・北海道では暴風が吹き，記録的な降雪となった。『気象要覧』には「為メニ北陸，奥羽方面ニテハ鉄道線路ノ故障ヲ生ジ交通途絶スルニ至レリ」とある。電信線や電話線も各所で切断され，通信障害の影響が広がっている。石川県保安課による2月上旬の累計被害は，死者15名・全壊家屋133棟・家屋浸水284棟である。金沢市では，1月初旬の降雪が下旬にかけて小康状態になったが，2月に入り大雪となり，5日に93㌢の最深積雪を記録した。

2月に入っても発達した低気圧が日本海から北日本を通過するたびに大雪となり，交通・通信の途絶，列車立ち往生，家屋倒壊も続出した。北海道と北陸では積雪が深くなり，福井市内では130㌢に達した。また，2月11日に高岡市で雪崩で6名死亡するなど，雪崩被害も相ついだ。18日に日本海を通過した低気圧は発達しながら19日に千島南部に達し，北海道と東北では激しい風雪となり，佐渡の相川では34.3㍍/秒を観測し，北陸から西日本の沿岸では海難事故が多く発生した。

災害の概要

大正6年12月28日—翌7年1月10日と1月中旬後半，1月末にかけて冬型の気圧配置が強まり，雪の降る日が多く低温の日が続き2年連続の大雪となった。12月27日に富山市役所が積雪の重みで倒壊するなど，家屋の倒壊多く，北陸線は1週間不通となった。新潟県では，1月9日に三俣村(現湯沢町)で記録に残っている最悪の雪崩被害で158名が死亡している。石川県でも雪害が相つぎ，1月15日迄で，死者30名・負傷者11名・全壊家屋31棟・半壊68棟の被害があった(石川県保安課による)。金沢市では前年の12月28日に最深積雪143㌢となり，以後も2月初旬までは100㌢を超える積雪となっていた。

雪崩の種類

雪崩は，山岳部の斜面上に降り積もった雪が重力によって，早い速度で移動する現象であり，多雪の山岳地帯ではよくみられる。しかし，雪崩がおきた場所に人や建物などがなければ雪崩災害にはならない。雪崩は，

始動の仕方によって点発生と面発生に，積雪のどの範囲が雪崩れたかによって表層と全層に分けられる（図1）。表層雪崩は，主に降雪の最盛期に，多量の降雪量によって降雪中か降雪直後に起きる。雪崩の走路は思わぬ場所まで達することもあり，過去に雪崩災害がなかった場所で起こることもある。これに対して，底雪崩は，全層雪崩ともいい，主として春先の融雪期に起きるが，発生場所がほぼ決まっており，雪面に割れ目やしわが生じるなど，発生の前触れが表れることが多い。また，降雨や高温に誘発されることが多い。雪崩は，さらに積雪の湿り気により乾雪と湿雪，雪崩の形態により煙型と流れ型などに分類できる。厳冬期の山間部で発生し，大きな被害をもたらしてきた泡雪崩（ほうなだれ）は，多雪地で気温が低く，多量の降雪を伴う吹雪の時かその直後の積雪が安定しないときに起きる面発生・表層・乾雪・煙型の雪崩である。通常の雪崩のような雪塊の落下とは違い，雪崩を構成する雪煙が最大で200㌔/時以上の速度で流下し，その衝撃力が非常に大きい。

三俣雪崩

記録に残っている日本における雪崩の最悪の被害は，大正7年(1918)1月9日，新潟県の三俣村(現湯沢町)で発生した泡雪崩が集落を襲ったもので，30戸の家屋が埋没し，158人もの死者がでている(図2)。この冬は全国的に雪が多く，特に1月5日から10日まで東北・北陸・信越では連日の暴風雪が続き，通信が途絶し，列車が各地で立往生(なかには40時間も立往生)していた。三俣村では，裏山に当たる「まえのひら」の山嶺に雪庇が大きく張り出し，これが9日23時30分に崩れ，幅400㍍の泡雪崩となって集落を襲い惨事を引き起こした。雪崩の一部は途中の杉林と小さな尾根によって方向が変わり，三俣部落の全滅をまぬがれたが，集落から少し離れたところにある小学校が倒壊した。『気象要覧』によれば，「積雪が一番深いのは1月9日頃で，北魚沼郡小千谷町で八尺三寸(2.5m)，高田市五尺五寸で，吹き溜まりでは三俣村二丈一尺

図1 雪崩の種類

面発生雪崩

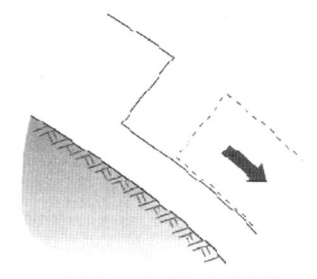

点発生雪崩

面発生表層雪崩（破断面）

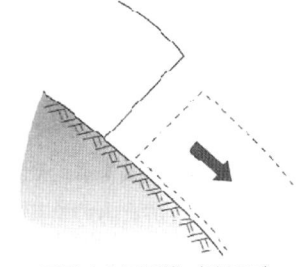

面発生全層雪崩（破断面）

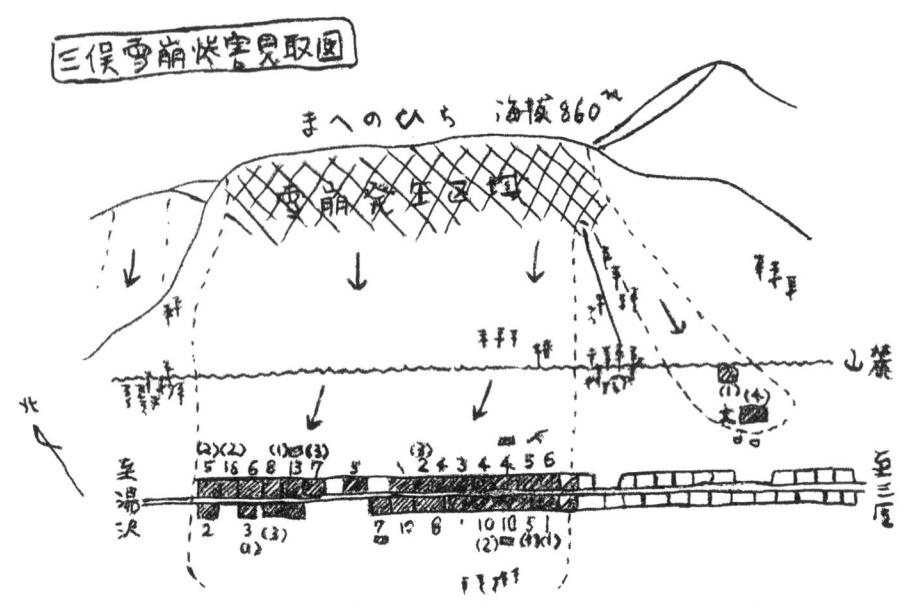

図2　三俣雪崩災害見取り図（高橋喜平1980より）

(6.4m)」である。
大鳥雪崩
また，1月15日に日本海にあった低気圧がオホーツク海で著しく発達し，北日本では烈しい風雪となり，20日には山形県大泉村（現朝日村）の大鳥鉱山では雪崩により飯場などが倒壊し，154名が死亡し，鉱山衰退の因となった。これらを合わせて大正7年豪雪とも呼ばれる。

さらに，大正11年2月3日は能登半島沖の低気圧によって気温が上がって雨が降った新潟県青海町（現糸魚川市）の親不知付近で発生した雪崩（親不知雪崩）に列車が巻き込まれ，北陸線が脱線転覆して死者92名・負傷者40名という事故が発生しているなど，大きな雪崩被害が続いている。

参考文献　中央気象台編『気象要覧』，1916・1918，金沢地方気象台編『創立百年誌』，1982，高橋喜平『日本の雪崩―雪崩学への道―』(講談社，1980)，「1917「目玉の松ちゃん」人気絶頂」(『日録20世紀1910―1919』所収，1998)　　　　　　（饒村曜）

1923 関東大震災 （大正12年9月1日）

災害の概要

関東大震災はわが国の自然災害史上最悪の被害をもたらした。その震災を引き起こしたのが関東地震である。計器観測結果をもとに決められた関東地震の震源時間は大正12年(1923) 9月1日11時58分32秒で，震源位置は，震央が神奈川県西部の松田付近（東経139.15°，北緯35.35°）で，深さが25㌔と推定されている。また，マグニチュードについては従来からM7.9といわれてきたが，必ずしも根拠がはっきりしなかった。近年，全国6地点で，地震計によって関東地震による揺れが振り切れずに記録されていることが分かり，それらの最大振幅値からMを評価すると8.1±0.2となった。誤差を考えると従来からの値でも問題ないと考えられる。有感範囲は，北海道南部から九州北部の広い範囲に及び，震源に比較的近い関東周辺地域の震度分布を住家の全潰率から推定すると図1のようになる。

関東地震はプレート境界の地震である。その発生原因は図2に示すように，フィリピン海プレートが相模湾にある海溝（相模トラフ）から黒い矢印の方向に向かって潜り込むことによっている。このため震源断層は，相模湾から東京湾の方向へ20度から30度で傾く領域に広がり，その上を関東地方が乗ったブロックが白い矢印の方向へ平均して約7㍍近くのし上がったと考えられている。

震源での大変動によって隆起，沈降した土地の様子も図2に示されている。上盤側の

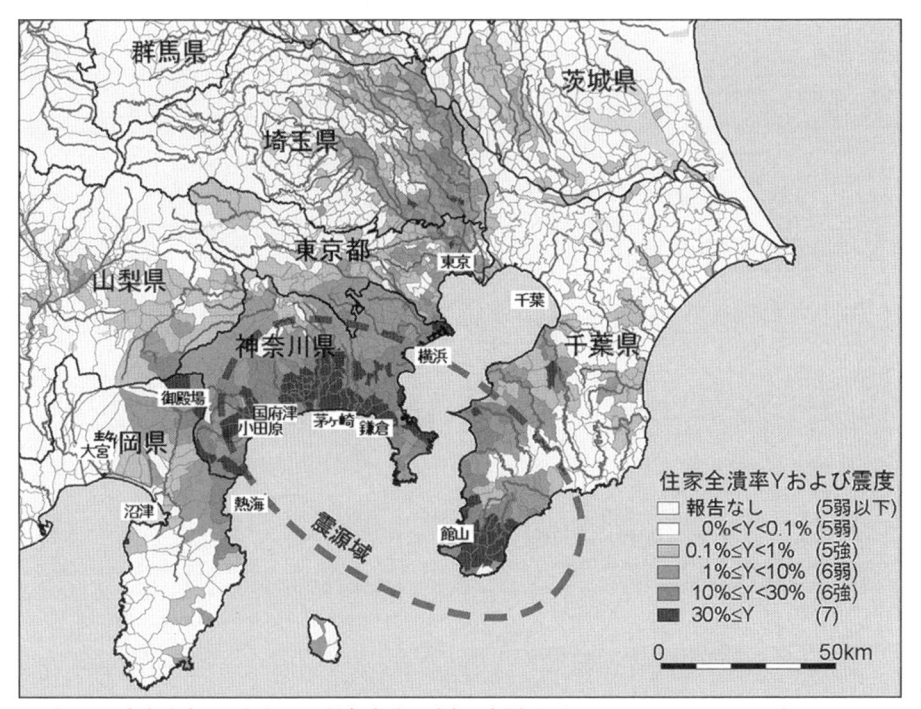

図1 住家全潰率から評価した関東地震の震度分布図（諸井孝文・武村雅之2002より）

424 歴史災害

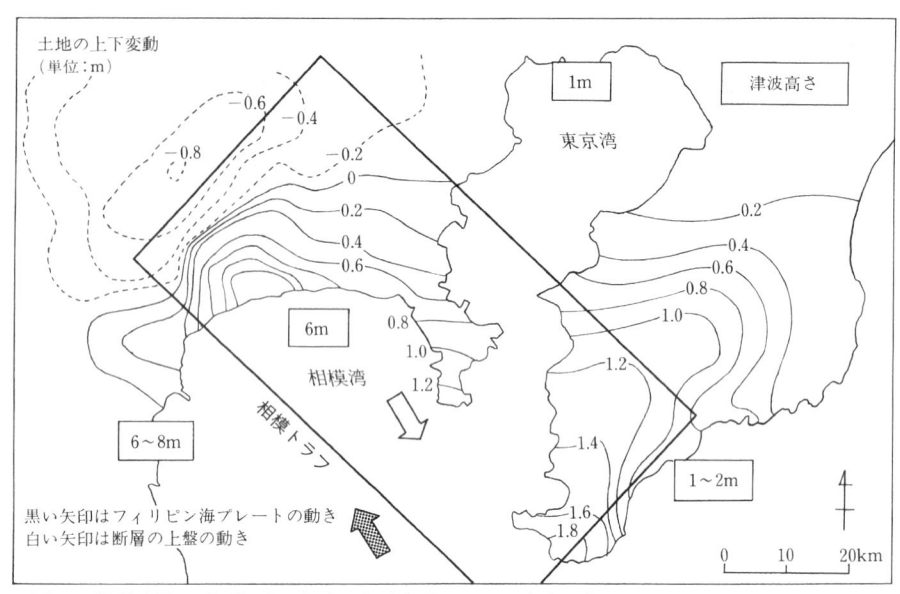

図2 関東地震の震源断層と土地の上下変動ならびに津波の高さ

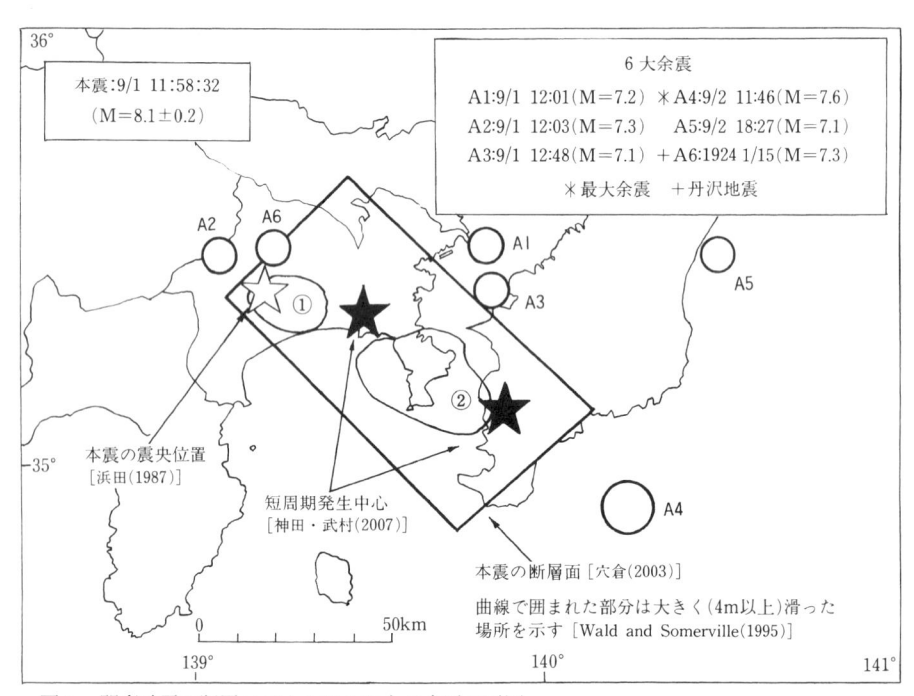

図3 関東地震の断層モデルとM7以上の余震の震源

表1 関東大震災の被害

府県	住家被害棟数 全潰	(うち)非焼失	半潰	(うち)非焼失	焼失	流失埋没	合計(除半潰)	合計(含半潰)	死者数（行方不明者含む） 住家全潰	火災	流失埋没	工場等の被害	合計
神奈川県	63577	46621	54035	43047	35412	497	82530	125577	5795	25201	836	1006	32838
東京府	24469	11842	29525	17231	176505	2	188349	205580	3546	66521	6	314	70387
千葉県	13767	13444	6093	6030	431	71	13946	19976	1255	59	0	32	1346
埼玉県	4759	4759	4086	4086	0	0	4759	8845	315	0	0	28	343
山梨県	577	577	2225	2225	0	0	577	2802	20	0	0	2	22
静岡県	2383	2309	6370	6214	5	731	3045	9259	150	0	171	123	444
茨城県	141	141	342	342	0	0	141	483	5	0	0	0	5
長野県	13	13	75	75	0	0	13	88	0	0	0	0	0
栃木県	3	3	1	1	0	0	3	4	0	0	0	0	0
群馬県	24	24	21	21	0	0	24	45	0	0	0	0	0
合計	109713	79733	102773	79272	212353	1301	293387	372659	11086	91781	1013	1505	105385
(うち)													
東京市	12192	1458	11122	1253	166191	0	167649	168902	2758	65902	0	0	68660
横浜市	15537	5332	12542	4380	25324	0	30656	35036	1977	24646	0	0	26623
横須賀市	7227	3740	2514	1301	4700	0	8440	9741	495	170	0	0	665

住家被害棟数の合計は重複を避けるために，非焼失分と焼失，流失・埋没の合計とする．

房総半島から三浦半島さらには伊豆半島の付け根にかけて，最大で2㍍近くも土地が隆起した．一方，下盤側の伊豆半島ではやや沈降したところもある．土地の変動は海底でも起こり，それによって津波が発生した．図2には津波の高さも示されている．震災直後にまとめられた関東大震災に関する調査資料の代表的なものとしては，震災予防調査会編『震災予防調査会報告』第100号（全6巻，1925—26），内務省社会局編『大正震災志』上下編(1926)，土木学会編『大正十二年関東大地震震害調査報告』(全5巻，1926)などがある．

断層モデルと余震

震源断層の動きを明らかにする断層モデルの研究は，昭和46年(1971)ころには図2のように一応の結論がだされていたが，コンピュータの進歩によって1990年代になると，インバージョン（逆解析）と呼ばれる計算手法が盛んに用いられ，観測データからより細かな震源断層上のすべり分布を求めることができるようになったほか，資料の再検討によって新しい事実が明らかになった．図3でそれらの結果の要点を説明する．

まず，四角は図2と同じく震源断層のすべりの範囲を示し，白抜きの星印は冒頭説明した震源位置である．計器観測結果から求められた震源位置は断層がすべり始めた点（破壊開始点）に対応する．実線で囲まれた①と②の領域は周りに比べて大きく滑った位置でアスペリティと呼ばれ，モデルによってすべり量は4～10㍍と異なるがその位置はほとんど変わらない．また，丸印はM7以上の大きな余震の震央である．いずれも本震ですべった断層面を避けてその周辺部で発生していることがわかる．なかでも，本震直後の12時01分と12時03分ころに発生した余震は，東京を中心に，"関東地震は3度揺れた"という体験談を広く残した．また翌年の1月15日に発生した余震は顕著な被害をもたらしたので，丹沢地震と呼ばれることもある．

本震の震源の動きをまとめると次のようになる．すべりは11時58分32秒に小田原近郊

表2 火災によって10人以上の死者が出た市町村の被害

市区町村	人口	世帯数	被害世帯数 全潰	被害世帯数 焼失	被害世帯数 流埋	焼失率（％）	死者数 総数	死者数 全潰	死者数 火災	死者数 その他	焼死率（％）
東京市	2,079,094	452,404	35,350	300,924		66.5	68,660	2,758	65,902		96.0
麹町区	56,117	11,275	937	6,484		57.5	137	76	61		44.5
神田区	143,757	28,503	3,612	27,601		96.8	1,519	298	1,221		80.4
日本橋区	123,961	20,981	174	21,616		100	1,189	17	1,172		98.6
京橋区	137,668	29,271	220	29,290		100	919	17	902		98.2
芝区	171,854	36,464	1,242	16,769		46.0	494	96	398		80.6
麻布区	86,083	18,746	721	185		1.0	185	54	131		70.8
赤坂区	55,258	11,387	819	1,863		16.4	142	65	77		54.2
四谷区	68,197	15,383	127	642		4.2	103	9	94		91.3
牛込区	118,642	25,525	515			0	203	203			0
小石川区	140,471	31,477	465	1,201		3.8	254	34	220		86.6
本郷区	123,055	26,656	383	7,106		26.7	320	29	291		90.9
下谷区	180,510	42,147	2,126	33,451		79.4	891	149	742		83.3
浅草区	251,469	57,971	6,229	59,192		100	3,667	442	3,225		87.9
本所区	248,452	56,768	12,282	54,781		96.5	54,498	878	53,620		98.4
深川区	173,600	39,850	5,498	40,743		100	4,139	391	3,748		90.6
北豊島郡南千住町	47,447	12,165	1,957	3,638		29.9	350	125	218	7	62.3
北豊島郡三河島町	21,526	5,456	2,169	1,456		26.7	527	140	387		73.4
横浜市	403,586	93,986	28,169	62,608		66.6	26,623	1,977	24,646		92.6
横須賀市	67,668	16,150	7,227	4,700		29.1	665	495	170		25.6
鎌倉郡鎌倉町	17,573	3,677	2,613	732	77	19.9	497	204	202	91	40.6
三浦郡浦賀町	19,412	4,115	1,645	148	33	3.6	307	127	17	163	5.5
足柄下郡小田原町	22,477	4,779	2,915	3,384		70.8	280	224	56		20.0
足柄下郡真鶴村	3,138	682	233	408	22	59.8	103	18	85		82.5
安房郡船形町	5,340	1,211	869	340		28.1	133	63	59	11	44.4
その他地域	3,014,057	606,166	60,440	6,024	1,039	1.0	7,240	4,955	39	2,246	0.5
1都6県合計	5,701,318	1,200,791	143,587	384,362	1,171	32.0	105,385	11,086	91,781	1,013	87.1

全潰世帯数は全潰後に焼失，流失・埋没した世帯を含む

の松田付近の直下から始まり，相模湾から房総半島南部にむけて2.5〜3.0㌔/秒の破壊伝播速度で広がっていった。その過程で神奈川県西部と三浦半島付近の直下にあった2つのアスペリティを滑らせた。断層すべりに要した時間は全体で30〜40秒程度と考えられる。また，図1にある震度分布の分析によって，強い揺れを出した位置が黒い星印のように求められた。それぞれ①と②のアスペリティに対応し，破壊開始点とアスペリティを挟んで反対側にあることから，アスペリティ破壊の終端部から強い揺れを生じたと考えられる。このような傾向は他のプレート境界の地震と同じである。相模トラフ沿いには関東地震のほかに，元禄16年(1703)の元禄地震が歴史上知られている。最近の研究では，元禄地震の際の震源断層は関東地震と同一の断層に，房総半島南東沖にあるもう1枚が連動したと考えられている。それぞれを大正型と元禄型と呼ぶと，主に地震性の海岸段丘の調査から，この地域では，巨大地震が過去7,200年間に少なくとも17,18回発生し，そのうちの数回に1回(2,000〜2,700年間隔)は元禄型の地震であり，その合間に3,4回の大正型の地震が発生してきたということも分かってきた。

被害の全体像

表1は関東大震災による住家の被害棟数と死者数である。住家被害は揺れによる全潰，半潰，火災による焼失，津波や崖崩れによる流失埋没を区別し，焼失と揺れによる全

半潰の重複を避けるために，全半潰には非焼失区域での数を区別して，被害の合計数の計算に用いた。また，死者数も原因別に，住家全潰，火災，流失埋没，工場などの倒壊によるものを区別した。関東大震災では，紡績工場を中心に多くの工場が倒壊し犠牲者を出した。最大の被害は，富士瓦斯紡績保土ヶ谷工場での死者454名で，神奈川県の集計に含まれている。

まず表1の死者数から被害の特徴を見ると，合計約10万5千人のうち，約9万2千人が火災による死者数である。実に全体の87％にあたる。ところがその他の要因による死者数も約1万3千人を数え，通常の被害地震に比べて決して少なくない。その大半が住家全潰によるものである。また，揺れによる全潰住家数（焼失地域では焼失前に全潰していたと推定される家屋数を含む）も約11万棟と推定される。これらはいずれも明治24年(1891)の濃尾地震や平成7年(1995)の兵庫県南部地震の被害を上回るものである。

県別に被害の特徴を見ると，東京府は東京市での大火災の影響で，火災による死者数や住家の焼失棟数が群を抜いて多いが，住家全潰数やそれによる死者数は神奈川県の

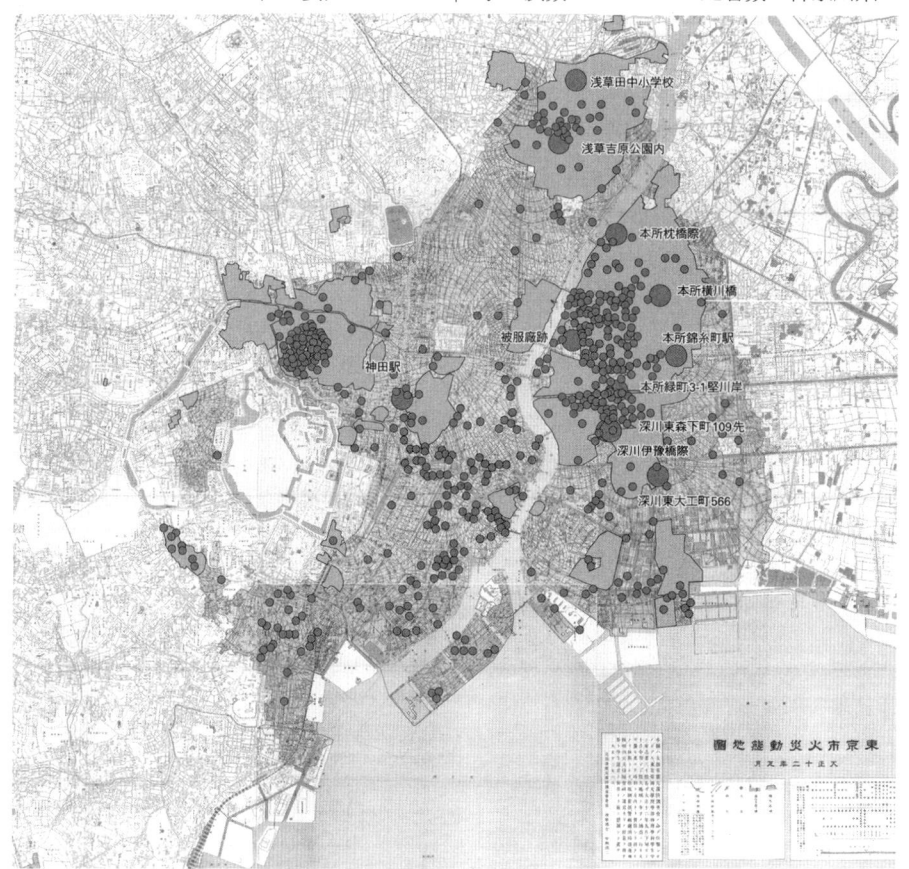

図4　火災の延焼地域と死者数分布

方が多い。そのことは図1の震度分布にもよく現れており，震源域の真上にある神奈川県ではほぼ全域が震度6以上の地域となっている。

火災による被害

関東地震の被害の大きな部分は，東京・横浜を中心とした都市部での大火災によるものであることは表1からも明らかである。火災の被害が大きくなった原因は，発生時刻が一般家庭で火を多く使う土曜日の昼ちょっと前であったこと，前日九州にあった台風が当日の朝には能登半島付近に進み，関東地方では朝方雨はあがったが，相当強い南風が吹いていたこと，当時の東京市や横浜市などでは，街並みが乱雑で今日以上に人口密度が高かったにもかかわらず，消防設備が十分完備されていなかったことなどをあげることができる。正に悪条件が重なったといえる。

図4は東京市の最終的な焼失区域と地震当日の午後5時時点での延焼地域を示す。東京市では約6万6千人が火災で命を落とした。大きな丸印は1ヵ所で100人以上の死者を出した場所である。午後5時時点での延焼地域は，隅田川の東側や北部地域，さらには皇居の北側の西神田地域である。これらの地域は，震度6強ないしは7の強い揺れに見舞われ多くの住家が倒壊した地域でもある。いずれも江戸時代の初めころから池を埋めたり湿地を改良したりして人が住むようになったところで，一般に地盤が悪い。100人以上の死者を出した場所のほとんど全てがこのような地域に含まれている。地震によって地盤が悪いところで住家が倒壊し，つぎつぎに延焼火災が発生して，混乱のなかで多くの犠牲者を出したものと考えられる。なかでも1ヵ所で約3万8千人もの人々が命を落としたのが本所区の被服廠跡である。陸軍の被服本廠は大正8年(1919)に赤羽へ移転し，その跡には樹木もほとんどない2万坪にもおよぶ広大な空き地が残った。火災に追われた4万人もの人々がそれぞれに家財道具を持って逃げ込み，すし詰め状況になっていた。そんな矢先の午後4時ころ，周りから一斉に火災がせまり大旋風となって人々を襲った。生存者はわずかに5％の2千人であった。

このように，東京市での火災による犠牲者があまりに大きかったために，他の地域での被害があまり注目されてこなかったが，東京市ほどではないにしても各地に残した火災の爪痕は無視できない。そこで表2に火災によると見られる死者が10人以上出たと推定される市町村の被害を集計した。当時の東京市は15区からなり，表2には各区ごとの集計も示した。東京市15区で火災による被害がないのは牛込区だけである。また東京市に隣接する南千住町や三河島町(現荒川区)の火災は，東京市の火災の一部である。表2の被害は世帯数で表わされており，集合住宅(長屋)が多い東京市や横浜市は，表1のように住宅棟数で表すと，それぞれ1/2.9，1/1.8程度の数となる。表2の焼失率は，全世帯数に締める焼失世帯数の割合，焼死率は死者総数に占める火災によるとみられる死者数の割合である。

表2にあげた市町村ごとの火災の様子を列記する。まず，東京市についで大きな被害を出した横浜市は，当時東京市に比べて面積は2分の1以下であるにも係わらず，出火件数は289件と東京市の134件を遙かに上回っていた。焼失地域は江戸時代から埋立てが行われてきた大岡川と中村川・堀川に囲まれた地域を中心に，ほとんどが地盤の悪い地域である。これらの地域では，震源に近い分揺れの強さも東京市を上回っていた。

次に，横須賀市では小川町，日の出町から米が浜通に至る一帯が焼失した。この地域も大半は幕末から明治にかけての埋立地である。さらに浦賀町でも火災のあった地域は江戸時代以降の埋立地で，現在の浦賀駅

の南側に広がる住友重機械工場浦賀ドック跡である。この地域は当時，工場だけでなく民家や商店などもあり，築地古町，築地新町と呼ばれていた。地震の揺れで浦賀ドックの建物が倒潰し2ヵ所から発火，その後飛火で民家にも火災が広がった。横浜，横須賀，浦賀はいずれも丘陵が海岸にせまり，もともと平地が少なく埋立てによって市街地を形成してきた歴史がある。その結果，強い揺れで多くの建物が倒壊し，それに伴って延焼火災が発生して，犠牲者の数を増大させた。

一方，歴史的伝統を誇る城下町小田原と古都鎌倉では密集市街地が延焼した。小田原町(現小田原市)では，小田原城の南側の地域を除き，最大の繁華街であった幸町をはじめ江戸時代に東海道の宿場町として栄えた街の大半が焼失した。また鎌倉町(現鎌倉市)では，鶴岡八幡宮の参道西側から鎌倉駅周辺にかけての地域と長谷で大火となった。また近郊の腰越津村(現鎌倉市)でもかなり大きな火災があった。なお，小田原町では12ヵ所，鎌倉町では10ヵ所の火元が報告されている。平成7年(1995)の阪神・淡路大震災における神戸市長田区での火災は，焼失面積を全て合わせるとおよそ小田原町や鎌倉町での火災に匹敵する規模である。

真鶴村(現真鶴町)と千葉県の船形町(現館山市)は，いずれも漁港に面した漁師町である。真鶴では斜面にへばり付くように家屋が密集して建っている。このような猫の額ほどのところで5ヵ所から火災が発生した。なかには避難中の家もあり，住民は恐怖に駆られ消火するどころではなく，結局村の大半が焼失してしまった。焼死率の高さが混乱の状況をよく物語っている。一方，房総半島南部の船形町の火元は乾物工場1ヵ所であったが，地震とともに陸地も隆起し，海水が退却して井戸水までもが涸れてしまった上に，町民が津波の襲来をおそれて何れも山地に逃げ去り消火するものがいなくなった。このため燃えるに任せて結局町の3分の1が焼失した。

津波と土砂災害

関東地震による津波は，図2に示すように相模湾から伊豆半島にかけて高さが5㍍以上に達し，地震発生後早いところで数分以内に陸地に到達した。表2の鎌倉町でのその他の死者数はほぼ全て津波によるものである。一方，地震とともに隆起した房総半島南部や三浦半島では被害を逃れた場所もある。表2に示す船形町でのその他の原因の死者は，東京市養育院安房分館の倒壊による子供と職員の犠牲者であり，津波によるものではない。結局津波による死者数は全体で200〜300人程度と推定される。ただし津波による死者数ははっきりしない部分も多く，たとえば，鎌倉町の由比ヶ浜海岸で津波にさらわれ約100名が行方不明とか，さらには，川口村(現藤沢市)江ノ島桟橋で約50名が行方不明などの記載をよくみかけるが，この日は朝から天候不良で海水浴をするものはほとんどなく，海岸にいたものもほとんどが避難して，行方不明になったものはなかったとの記録もある。

また，地震による強い揺れは神奈川県や千葉県南部などの各所で土砂崩れを引き起こした。横浜・横須賀・鎌倉などの都市部でも被害は大きく，鎌倉は市内に通じる鉄道や道路が寸断され一時孤立した。表2を見ると，浦賀町での死者は火災よりもその他の原因によるものが多いが，ほとんどは土砂災害によるものである。特に西海岸の蛇畑では愛宕山が崩壊し100余名の犠牲者が出た。また，丹沢や箱根などの山間部ではさらに被害が大きかった。特に箱根の外輪山が相模湾と接する足柄下郡片浦村(現小田原市)の根府川，米神では最大の犠牲者を出した。

図5は根府川における災害状況図である。地震発生と同時に熱海線(現東海道線)の根

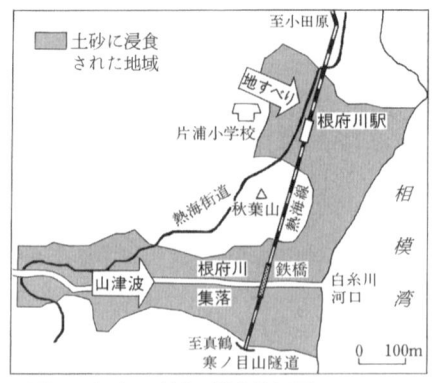

図5　根府川地域の災害状況図

府川駅の背後の崖が崩れ，真鶴行き下り109列車が，駅もろともに海中に没した。列車遭難の犠牲者は131名と推定される。津波の追い討ちで犠牲者の数が増え，見つかった遺体はわずかに5と伝えられている。一方上り116列車も根府川集落に面した寒目山隧道で遭難したが，こちらは，隧道内に客車を残して機関車が脱線したため，犠牲者は鉄道職員6名と乗客2名程であった。さらに根府川集落は地震から約5分後に，白糸川を下る山津波に襲われた。集落の被害は，埋没戸数64戸（または67戸）で，先の駅背後の土砂崩れによるものも含め78戸が埋没した。その結果住民の死者数は289名に達した。また隣接する米神集落も水無川沿いを下った山津波に襲われた。埋没戸数21戸，死者66名（うち外部の人3，4名）を出した。片浦村での土砂災害による犠牲者の総数は列車遭難も含め494名に達した。な

図6　震災直後の野天閣議（中央が山本首相）

お，土砂災害による全体の犠牲者の総数は700人から800人と見られる。これは明治以降の地震の中では群を抜いて多い。

土砂災害はこれに止まらず，9月12日から15日にかけて，中郡大山町（現伊勢原市）において，地震で緩んだ山地に大量の降雨があり，土石流が発生して多数の民家や旅館が押し流される被害もあった。幸い同町駐在の巡査の適切な指示で住民の避難が早く，死者は1名に止まったが，地震後注意すべき2次災害である。

参考文献　西坂勝人『神奈川県下の大震火災と警察』（警有社，1926），内閣府中央防災会議・災害教訓の継承に関する専門調査会編『1923関東大震災報告書』1，2006，武村雅之『関東大震災―大東京圏の揺れを知る―』（鹿島出版会，2003），同『未曾有の大災害と地震学―関東大震災―』（シリーズ繰り返す自然災害を知る・防ぐ6，古今書院，2009），同「関東大震災における火災」（『建築防災』385，2010），同編『天災日記―鹿島龍蔵と関東大震災―』（鹿島出版，2008）　　　　　　　　　　　（武村雅之）

政府の対応

震災内閣の首相となる山本権兵衛は震災前の8月29日に首班指名を受け，震災発生時には築地の海軍省将校クラブ水交社で組閣人事に専念していた。新内閣は外務・司法・文部大臣などが決まらぬまま，9月2日の夜7時ころに延焼広がる市街からの炎に照らされた赤坂離宮の庭で摂政宮（のちの昭和天皇）による親任式を挙行，漸く成立した。8月24日加藤友三郎首相病死以降，9月2日に山本首相を首班とする新内閣が成立するまでの間は前外務大臣内田康哉が臨時首相代理となって震災発生後の緊急対応を行なった。震災の救援物資，特に食糧の中心となる米などの緊急調達を意図した非常徴発令（勅令第396号），震災救護事務を司る臨時震災救護事務局官制（勅令第397号）とともに，のちに枢密院会議の許可を経て

いないとして論議の対象になった戒厳令(勅令第398・399号)についても，この内田臨時首相代理の時期に発令されたのである。この時適用された戒厳令(明治15年太政官布告第36号)は，第9条(適用地域の地方行政事務及び司法事務の軍事に関係ある事件に限り戒厳司令官に委する)，および第14条(戒厳司令官の権限)の規定であったが，枢密院会議を経ずに交付された戒厳令は憲法を無視するものとして，第47臨時議会で問題になった。しかし，そうした法律手続きのみならず，9月1日夜にすでに発生していたとされる朝鮮人殺傷事件がその後の軍による情報操作のため民間に過剰な反応を引き起こしたとして問題視された。

震災内閣の新内務大臣となった後藤新平は，9月3日震災救護策を練り，それまでの中央省庁官吏在任の500人体制のまま臨時震災救護事務局を担うにことに決し，矢継ぎ早に救護対策と帝都の復興構想づくりに着手した。すでに後藤は東京市長在任時(1920−23)に『東京市政要綱』の意見書を発表し，8億円計画と呼ばれる東京の都市改造を打ち出していた。震災で東京の中心部40％以上が焼失し焼け野原となった震災地を，年来の都市改造計画実現の絶好

図7　警視庁・帝国劇場の焼失

図8　神田小川町通の被害

図9　浅草吾妻橋の被害

図10　四谷旭町の罹災者仮小屋

図11　品川付近のバラック群

図12　築地聖路加病院構内の救護用テント

の機会と捉え，震災復旧ではなく新たに震災復興に取り組む復興省の設置を唱え30億円の計画を打ち出した。しかし，9月6日の閣議に提出した「帝都復興ノ議」は閣内で復興省か復興院かの意見がまとまらず，波乱を含む帝都復興計画の船出となった。

震災地の被災者

東京市の被災者は当時の人口の6割，約150万と見込まれたが，震災当初は皇居前広場へ30万や日比谷公園5万，上野公園50万，芝公園5万など，安全な場所を求め，あるいは警官に誘導されつつ延焼の恐れのない所に多くの人が集まった。本所の被服廠も「安全」と思われた場所であったが，火災旋風などによって火焔地獄となったことは本項の最初に説明された通りである。震災発生から3日ぐらいまでは住むところもなく，水も食糧も欠乏していたため，延焼被害を受けなかった山の手周辺の富豪の大邸宅の庭などへ救護を求めて多くの人々が避難した。やがて，トタンや焼け残りの材木などで焼跡に仮小屋を作り生活を始めた人々も少なからずいた。

臨時震災救護事務局はこの事態に対して，東京では9月4日ころからバラック設置を開始，罹災者10万人を収容する目標を掲げ，地方

への材木の調達などを指令，内務省，東京府・市，警視庁などが管理するバラックが順次出来上がり，これら公設バラックへの入所者は9月末段階で3万世帯に達した。

地方へ逃れる避難民

しかし，こうした動きと同時に被災者のうち70～80万人近い人々は震災地東京や横浜などを去り，食糧と安全な場所を求めてみずからの出身地へ戻り始める帰郷の動きが大きなうねりのように出始めた。もちろん，ラジオもなく，東京の新聞社は16社中13社が焼失，あるいは被害を受け，新聞発行ができない状態であったから，救護情報を伝えるべき手段も欠いていた。鉄道も震災のために，東海道本線は東京―熱海間不通，横浜線，横須賀線，熱海線，中央本線(東京―猿橋間)，東北線(上野―日暮里間)，山手線，総武線(両国―成東間)，房総線(千葉―大網間)，北条線など東京を取り巻く周辺沿線で車輛1,898が焼失，急場の普及工事で避難民を運ぶ手立てを工夫するしか方法はなかった。山手線や中央線(飯田町―八王子間)，東北本線(赤羽―川口間)などは震災当日の午後に一部開通されたが，乗客が多数押し寄せ，大混乱となった。9月3日には鉄道省が震災地から逃れる罹災者と震災地へ入り込む救護者を無賃乗車として罹災者の利便を図った。鉄道ばかりではなく，横浜港や東京の芝浦港から商船や軍艦で，関西方面へ向かう人々も無賃乗船となり，静岡の清水港を経て関西方面へ逃れる人々も少なからず居た。これは震災地から罹災者を一時的に避難させ，震災地における救護事務を多少とも軽減させる効果もあった。列車を乗り次いで帰郷する避難民は，北は北海道，南は九州，沖縄にまで及んだ。やがて，1ヵ月を経て，罹災者の無賃は廃止されることになると，再び震災地東京へ戻る人々が徐々に増えていった。

地方の救援活動

帝都壊滅，横浜炎上などの情報が鉄道電話や警察電話などで地方の県庁に届くと，群馬県などは夜を徹して内務部長など数人が震災地の情報を得るために自動車で上京，臨時震災救護事務局で救援に必要な情報を県へ持ち帰り，逸早く救療などの緊急対応策を打ち出した。ただし，横浜は神奈川県庁，横浜市役所などすべての官庁が倒壊，炎上したために外部への情報が途絶，救援の手も東京に比べて2，3日の遅れが出たため，助かるべき人の命も失われた場合が少なくなかった。

震災発生の情報を受けた地方の県庁では徴発令に基づいて米や材木などの物資の徴発を行い，震災地へ搬送する手はずを整えるほか，県知事みずからが救済委員会を組織して県民から義捐金を集め，避難民救護のための当座の資金として活用した。帝都復興祭の開催された昭和5年(1930)段階での義捐金・義捐物資の総額は外国からのものも含めると，当時の金額で1億円に達した。現在の貨幣価値に直すと，3,000倍として3,000億という破格の義捐金品が集まった。関東大震災の義捐金が多額であったため，前例をみない特別な措置がなされた。当時の災害救済法であった罹災救助基金法に基づいて救済されることになっていたが，多額な義捐金が集まることが予測された9月16日の段階で，義捐金は食糧費や被服費，バラック建築費その他，救護のための公的な支出に向けられることが内務大臣後藤新平による請議で閣議決定された。この使途費目は罹災救助基金法が定める災害の応急支出項目にあたることから，関東大震災で集められた義捐金はすべて個人に直接渡されず，公的な救護に向けられたことになる。その代り，天皇からの下賜金1,000万円が同日の閣議において死亡者，行方不明者，住宅全半焼(全半壊，全流失なども同様)に直接現金で支給されることが請議され，20日に閣議決定された。この下賜金の支給を兼ねた罹災証明書発行は，地方へ逃れた避

難民の把握のためにも有効な方法として震災救護事務局の中心となる内務省社会局の官僚によって考案された11月15日の罹災者全国調査による罹災人口把握となった。

帝都復興院の発足と廃止

後藤新平の原案に基づいて閣議決定された「帝都復興案」は、予算規模8億円、財源は復興債発行、7年間の事業の継続を骨子とするものであった。これを審議するために設けられた帝都復興審議会は第1回会議（9月21日）において、復興省ではなく復興院とすることなどが審議され、帝都復興院官制が9月29日交付され、ここにおいて東京・横浜両市の復興計画が練られることになった。そこで成案となった帝都復興計画案が帝都復興審議会第2回会議(11月21日)に提出されたが、焼土買い上げによる帝都復興の巨費に反対論続出、これに代わって区画整理案、幹線道路24間とする道路幅の縮小や幹線道路本数の削減などで、予算規模は5億円レベルに縮小される結果となった。復興院においては、審議会における意見に基づいて再び修正を加えた成案が12月11日から開催された第47臨時議会に掛けられた。しかし、議会においても政友会系議員の執拗な反対に遭い、ここでもさらに道路幅の削減について、帝都復興院事務費も却下され、復興院の設置構想は夢と消えた。震災救護および復興計画を昼夜兼行で策定してきた内務省社会局、都市計画課を中心とする官僚たちの議会にたいする憤懣は大きかった。しかし、さらに、そうした事態をも呑みこむような大事件が起きた。12月27日、第48通常議会開催の議場へ向かう摂政宮を難波大助という一青年が狙撃した虎の門事件の発生である。ここにおいて、震災内閣は総辞職となり、後藤新平内務大臣は事件の責任を取って依願免職となり、内務次官・警視総監ら関係する職務の行政トップクラスが相ついで辞任した。この後を受けた清浦圭吾内閣は1月7日に成立し、再開国会が1月23日に開会されたものの、摂政宮の結婚式を26日に控え再び休会となり、31日の再開では護憲運動への対抗措置として突如議会解散という挙に出て、100日後の総選挙を迎えることになった。貴族院議員に基礎を置く清浦内閣は護憲運動勢力の反発を買い、世論も同調、優勢だった政友会は分裂、憲政会が逆転勝利となった。6月11日憲政会総裁加藤高明が首班指名を受け、新内閣が成立し、ここにおいて大正13年度復興予算が可決された。政治の混乱をよそに廃止された復興院は復興局として内務省の一部局となって再出発、ここにおいて帝都復興計画が実施されることになった。

帝都復興計画の実施

大正8年(1919)の都市計画法施行対象地となっていた東京市と横浜市は震災地として国の帝都復興事業が適用されることになった。この両都市はそれぞれ経緯は異なるものの、東京市はすでに明治21年(1888)市区改正条例が制定され、道路・港湾・上下水道などの社会インフラの整備が施されてはいたが予算措置ができず計画の一部が実現したに過ぎなかった。横浜市では大正10年には、保土ヶ谷・川崎を含めた都市計画区域が決定されていた。

帝都復興事業のうち、最大の問題は焼土全買上とするか、区画整理方式による都市計画実施とするかであったが、帝都復興審議会において、焼土買上案、復興院設置、東京築港など復興院が目指す計画の骨子が否決され、復興事業費の大幅な削減となった。復興事業の主要な事業項目は、土地区画整理における減歩と換地の執行、街路幅員の統一化・幹線街路と補助線の設定、隅田川の6大架橋、河川改修・運河、3大公園と52小公園、架線・瓦斯・水道などの共同溝の地下埋設、焼失小学校の耐震耐火建築、浄水場の復旧・拡張、社会事業施設の設置、労働者用住宅建設など、都市インフラ整備

震災地の復興事業

帝都復興事業の対象とならない震災地における復興事業は，資金面での援助獲得がまず第一義的な課題であったが，神奈川県下の各町村は官・民一体となって9月中旬に復興促進会を結成させ，計画実施に努力した。鎌倉，横浜，横浜貿易振興，真鶴村，三崎，茅ヶ崎震災善後会，秦野町，横須賀，箱根，藤沢善後会など，続々結成，国に復興資金の要求などを起こした。横須賀市では，都市計画法の指定を前提として港湾埋立，道路事業の具体案を作成して横須賀復興会（10月8日）を発足させ，県に請願，軍港としての横須賀，鎮守府への道路，昭和2年（1927）都市計画指定都市となり，資金を獲得した。千葉県では被害甚大であった安房郡（館山・北条町など）長の大橋高四郎は東京の被害を聞いて「安房郡のことは安房郡で処理する」覚悟で，4日被害調査，善後策を協議し独自の救済事業を展開した。共同倉庫，農作業場建築，漁船発着所改修，蚕共同飼育場建設，共同農具動力設備促成栽培助成，共同搾乳所建築，小住宅，大工職工供給賃金補給，小学校児童収容所貸付資金，小学校舎建築などを協議し，県への交渉を行なった。埼玉県は川口町・春日部・幸手町の液状化による倒壊家屋多数発生，埼玉県は県下を41区域に区切り，復興協議会を組織化，政府からの低利資金60万円を川口鋳鉄行同業組合へ20万円，機織業者同業組合へ20万，町村へ20万円を貸付けて小学校復旧を図った。また，財団法人埼玉共済会は政府20万，銀行15万の融通を受け，罹災者や家屋倒壊者へ復興資金の貸付を行なった。巣鴨，本郷などの盆栽業罹災者が「大宮村盆栽村」を起こし，現在に引き継がれている。

流言による悲劇の発生

関東大震災の流言問題は情報途絶のなか，地震への恐怖に駆り立てられた人々が朝鮮人が集団で地震の混乱に乗じて来襲するというデマ情報を信じ，自分たちの身を守る過剰な行為によって，一説には朝鮮人6,644人が殺害されたとされている。この数値を巡っては2,600人〜3,500人前後とする説があり，朝鮮人殺傷事件の歴史的評価は定まっていない。流言の経路を追跡した警察資料の分析では，流言の発生地は横浜で，そこから発生したものが主流となり（立憲労農党山口正憲の本部から情報流出），東京市内に流入後，方々からの流言が統合されて，千葉・埼玉・群馬・栃木・茨城の各県へ拡大していったとする（古河光貞『関東大震災の治安回顧』）。それがなぜ殺傷事件にまで発展するのかという社会心理的メカニズムについてはさまざまな要因が挙げられ，日常的に接する強制連行されてきた人々への蔑視や彼らが自分たちの仕事を奪う脅威の存在という潜在意識や反発などが作用したとされるほか，軍隊が船橋送信所を通じて発信した情報が不条理な行為を助長したとされている。しかし，90年に近く経つ現在でも犠牲者の数が今なお不確かなまま放置されている現状である。

参考文献　警視庁編『大正大震火災誌』，1925，東京府編『東京府大正震災誌』，1925，内務省社会局編『大正震災志』，1926，東京市編『東京震災録』，1926・27，内閣府中央防災会議・災害教訓の継承に関する専

図13　本所被服廠跡に建つ東京都慰霊堂
（平成22年9月1日の慰霊祭）

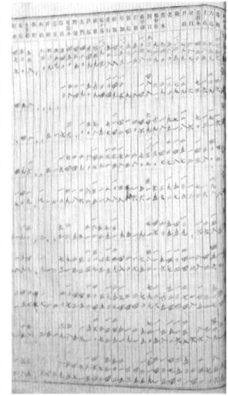

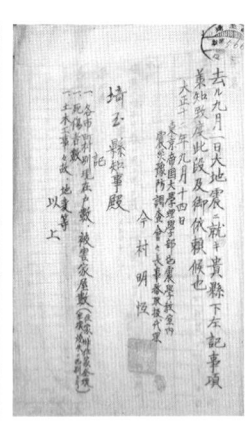

図14 埼玉県行政文書（右より）震災予防調査会の調査依頼書，北足立郡の調査報告文書と建物被害表，埼玉県の調査報告書）

門調査会編『1923関東大震災報告書』2・3，2009年，北原糸子『関東大震災の社会史』（朝日選書，朝日新聞出版，2011）

(北原糸子)

震災予防調査会と震災予防調査会報告

震災予防調査会は日本の地震学の草分け的な研究機関である。明治24年(1891)濃尾地震が契機となり，その翌年に文部省の管轄のもと，理学と工学の専門家が委員となって組織された。初代会長には帝国大学総長の加藤弘之が任命されたが，1年足らずで設立発議者である貴族院議員かつ帝国大学理科大学教授の菊池大麓が就任した。

震災予防調査会は関東大震災を詳細に分析し記録したという歴史的な活動も広く知られているが，震災時の事務取扱の大森房吉は会の設立当初より委員に名を連ねている。震災予防調査会の設立の主旨は明治25年分の文部省年報に書かれており，「震災予防に関する事項を攻究し，其施行方法を審議する」とある。古来よりわが国には地震が多く，今のうちに国民の生命財産を保護することは国家の最大義務であるとの考えに基づき，理学と工学の両面から「地震を予知する方法有りや否やを探求」することと「地震の起こりたる際其災害を最も少なからしむべき計画を為す」ことを調査事業の対象とした（震災予防調査会1893）。つまり，地震災害を予防すべき手段の構築を目的に，地震予知と災害軽減の両方の研究を推進していくことが，震災予防調査会の根本方針であった。具体的な着手事業は地震観測や地震動研究のような地震学に関わる調査研究にとどまらず，材料試験や構造実験，さらには耐震設計に至る項目など多岐にわたる。また驚くべきことに「地震動を遮断するの試験をなすこと」として，免震のアイデアもすでに示されている。

『震災予防調査会報告』はこの会の研究活動を記録した報告書であり，明治26年11月が第1号，昭和2年(1927)3月の第101号が最終号となっている。このような報告書の出版も，震災予防のための着手事業の一つと考えられていた。

『震災予防調査会報告』の第100号は，関東大震災の特集号である。取り扱う分野で甲（地震編），乙（地変及び津波編），丙（建築物編）上・下，丁（建築物以外の工作物編）および戊（火災編）と6編に分冊されており，全編を通じて関東大震災の実像を余すところなく現在に伝えている。大正末期に出版された報告書であるが，単なる歴史資料ではなく，地震学に関連する学術情報として今でもなお利用価値は高い。それは各論文

の丁寧さと質の高さにもよるが，それ以上に幹事として全6編の編集と出版にあたった今村明恒の真摯さに依拠するところが大きい。

震災予防調査会報告第100号甲（地震編）に，関東大震災の代表的資料である松澤武雄の被害統計が掲載されている。同じく第100号甲において今村明恒は被害表を示し，その材料が各府県や警視庁から収集したものであり，「これを整理することは嘱託員たる松澤理学士に依頼したので別に同君によって提出された報告書がある」と述べている。このことから松澤の被害統計は，震災予防調査会が各府県知事などに照会した被害調査の取りまとめであることがわかる。

埼玉県行政文書

埼玉県行政文書は埼玉県が日常的に作成し，通達・受領などを行なってきた公文書である。明治初年のものから収蔵され，平成21年（2009）には昭和22年（1947）までの11,259点が国の重要文化財に指定されている。この行政文書の一部に関東大震災の被害資料が収められており，それは前述の震災予防調査会が各府県知事に照会した被害調査に相当するものである。埼玉県行政文書のなかにみることのできる関東大震災に関連した書類は，以下のように分かれる。
①震災予防調査会から県への調査依頼書
②県から郡・市への調査指示書
③各郡・市の被害統計表および県への調査報告書
④県から震災予防調査会への調査報告書

これらの書類はすべて公文書であるため，日付が確実に記入されており，埼玉県の被害統計の構築に至るまでの時間経過を正確に知ることができる。それを追ってみると，以下のことがわかる。

まず地震から2週間後の9月14日に，震災予防調査会会長事務取扱代理の今村明恒による被害調査の依頼書が，埼玉県知事あてに通知された。その約1ヵ月後の10月11日に，埼玉県からの調査指示が県内の各郡長および川越市長に通達された。

調査指示を受けた各郡と川越市は，被害調査を開始した。児玉郡の10月16日を手始めに県への報告を順次行い，訂正届けを含めて11月27日に至っている。埼玉県はこれらの調査結果をまとめ，震災予防調査会への報告を最終的に12月17日に行なった。なお北埼玉郡による12月20日付の極端に遅い訂正届けがあるが，この日付は県の最終報告以降であり，訂正内容は松澤の被害統計に取り込まれていない。これらの書類の数例を図6に示す。

このように，埼玉県が調査依頼を受けた後に約1ヵ月経過しているが，その後の経緯は非常に素早いものであった。すなわち各郡と川越市は，県の指示後のおよそ1週間ないし1ヵ月半というきわめて短い期間で，被害の調査から結果の取りまとめ，さらには県への報告に至る一連の処理を集中的に行なっている。続いて埼玉県はすべての郡・市の調査結果を整理統合し，記録の受理からわずか3週間で震災予防調査会へ被害状況を報告している。これらの被害データが後に『震災予防調査会報告』第100号甲に掲載されることになり，やがて地震動や被害の分析に用いられつつ今日に至ったのである。

参考文献　震災予防調査会『震災予防調査会調査事業概略』（『震災予防調査会報告』1，1893），諸井孝文・武村雅之「1923年関東地震における死者発生のプロセス（その4）―震災予防調査会報告第100号甲の松澤データの原典―」（『歴史地震』25，2010）

（諸井孝文）

1925 北但馬地震 （大正14年5月23日）

災害の概要

北但馬地震は，大正14年（1925）5月23日11時9分に発生した。兵庫県の日本海沿岸で，円山川河口から流域の城崎・豊岡にかけて被害を受けた。規模はM6.8。丁度昼食準備の時間であり，屋内で火を使っていた女性が多かったことから，家屋倒壊後に多くの場所から火災が発生した。豊岡や城崎ではこの火災によって半分以上が消失した。特に城崎では女性の焼死が多く，城之崎地震とも呼ばれた。港村の田結の北から日本海沿岸にかけて，1.6㌔ほど続く地表の段差が現れた。

被害の概要

被害は兵庫県豊岡市付近と京都府久美浜に限られるが，住家全壊が902棟，半壊1,015棟，焼失が1,683棟，死者・行方不明者418名，負傷者916名，総損害額は8,900万円となった。豊岡では地震直後の3ヵ所からの出火は消し止めたものの，午後1時半ころに倒壊家屋から出火した火災で，町の中心部のおよそ3分の2が焼失した。城崎では8ヵ所から出火して，飛び火も起こり，大火となった。一方，激震域であった港村の田結では，総戸数83のうち82戸が倒壊した。養蚕の時期で36戸は炭火を使用しており，直後に3ヵ所から出火したが，倒壊に巻き込まれていなかった者は，救助よりも消火を優先させ，消火後に倒壊家屋から58名を救出した。集落の住家はすべて倒壊したにも関わらず，人口494人中7名の圧死者だけに抑えられたのは，地震後の消火成功の威力である。

竹野鉱山の坑道内では，地震で坑内の湧水量が倍増した。円山川河口付近にいた船舶では海震を感じ，久美浜湾の北部では津波様の海面変動が見られ，小船が流されたりした。

地震後の対応

復興にあたって，震災予防調査会はこれまでの地震被害調査の集積を生かし，木造小学校の修理にあたっての注意事項を勧告している。調査会の報告書は文部大臣に提出される形式であったので，これがすべて文部省で実施されたかは不明であるが，すでに解散が決まっていた震災予防調査会の最後の仕事として，地震災害軽減に熱心だった今村明恒の面目躍如の提言であった。

この地震は，関東地震と同様，火災の発生と延焼を防止すれば犠牲者を減少させられるサンプルとして，もっと広く認識されるべき地震である。

参考文献　今村明恒他「但馬地震調査報告」（『震災予防調査会和文報告』101，1927）　　　　　（松浦律子）

図1　北但馬地震による豊岡市の震火災

1926 十勝岳噴火 （大正15年5月24日—昭和3年12月4日）

十勝岳の噴火と災害

十勝岳は100余りある日本の活火山の中でも比較的活動度が高い火山である（図1）。十勝岳の新期の火山活動は約3,000年前から山頂の北西側で始まった。噴火が古文書の記録に残されたのは安政4年(1857)が最初であった。その後現在まで，明治20年(1887)，大正15年(1926)，昭和37年(1962)，同63-平成元年(1989)と，おおよそ30-40年おきに噴火を繰り返している。噴火の前には噴気活動が活発になる傾向がある。

十勝岳は豪雪地帯にあるので，積雪期に噴火すると泥流による災害の危険性がある。山麓に積っている堆積物を調べてみると，過去3,500年間に少なくとも11回の泥流が発生したことが確認されている（図2）。大正泥流よりも規模が大きな泥流が約2,000年前と元文4年(1739)以降に1回発生したことが判っている。火口群は大雪十勝連峰の西斜面にあるため，泥流は富良野川や美瑛川を流れ下って山麓の上富良野や美瑛方面に向かう。大正泥流もその一事例であった。

十勝岳では泥流に加えて白金温泉に達するような規模の火砕流が数千年に1回発生している。また溶岩流も繰り返し流出しており，最大規模の溶岩流は白金温泉の上流1.2㌔の地点まで流下した。最新の溶岩流流出は約300年前であった。

大正泥流災害の概要

大正15年(1926)噴火の前には大正2年6月ころから噴気活動が次第に激しくなり，溶けた硫黄が火口から噴き上げて流れ出し始めた。15年4月には硫黄が自然に点火した。5月に入ると鳴動があり，噴煙の量が増えて火口付近には火山灰が降った。上富良野市街地でも火山性の地震を感じた。5月24日12時11分ころに第1回目の噴火が起こっ

た。噴火は中央火口丘の西斜面で始まり，火口付近から泥流が発生して約3㌔離れた丸谷温泉（現在の望岳台付近）を直撃した。さらに3.5㌔下流の畠山温泉（現在の白金温泉）に達して，温泉の浴場を破壊し，宿の前の橋が流失した。同日16時17分過ぎに2回目のより大きな噴火が起り，火山弾が放出された。中央火口丘の北西側が熱い岩屑なだれとして幅250㍍，距離1㌔程度北西方向に崩れ落ちた（図3）。岩屑なだれは急速に積雪を溶かして大規模な泥流が発生した（図4）。泥流は発生から約1分後に火口から2㌔下ったところにあった硫黄鉱山事務所を破壊した。泥流は美瑛川と富良野川に分かれて流れ下った。

美瑛川沿いには堤防を破壊しつつ平野部まで流下したが，被害は比較的少なかった。富良野川を流下した泥流は，目撃者の体験談から火口から約15㌔の平野部に出る手前の地点で泥流は流速・深さとも最高に達し，流速が毎秒16～17㍍，流れの深さが約4～6㍍程度であったと推測されている。ここでは泥流は河床を洗掘していた。泥流は流下中に森林を破壊し，伐採済みで貯蔵されていた木材も巻き込んで，多数の樹木と岩石を含んだ流れとなった。泥流は噴火後25分で火口から25㌔の上富良野原野の開拓農地に達し，旭川と富良野を結ぶ鉄道の築堤も押し流してさらに西に広がった（図5）。別の目撃者の体験談から，鉄道を西に越えた地区では流速が毎秒5～6㍍，流れの深さは4㍍程度と見積もられている。三重団体の開拓地は大量の流木と岩石・土砂混ざりの泥水で埋め尽くされた（図6）。泥流はさらに南下して富良野川に沿って南隣の中富良野村に達し，途中で堤防を壊し，橋を流した（図7）。幸い上富良野村の中心市街地は被災を免れた。

図1　白金温泉から見た十勝岳

図2　富良野川上流部に露出する大正15年泥流堆積物

図3　大正15年噴火後の中央火口丘(多田・津屋，1927)

3ヵ月半経過した9月8日に再び噴火があり，5月24日にできた北西向きに馬蹄形に開いた火口(図3)の底に大正火口が形成された。その後も大正火口の中で小噴火が時々起ったが，大正12年に始まった火山活動は5年半後の昭和3年(1928)12月4日を最後に終息した。

大正泥流被害の概要

噴火当時火口付近で操業中であった硫黄鉱山では，噴石の直撃を受けたり岩屑なだれに巻き込まれたりして25名全員が犠牲となった。噴気温度の上昇に伴って硫黄の採掘量が増え，噴火直前まで操業が続けられたことも犠牲者を増やす要因であった。山麓での泥流による犠牲者は，丸谷温泉での1回目の泥流による2名を含めて119名であった。犠牲者に較べて負傷者が少なく12名に留まったことは，

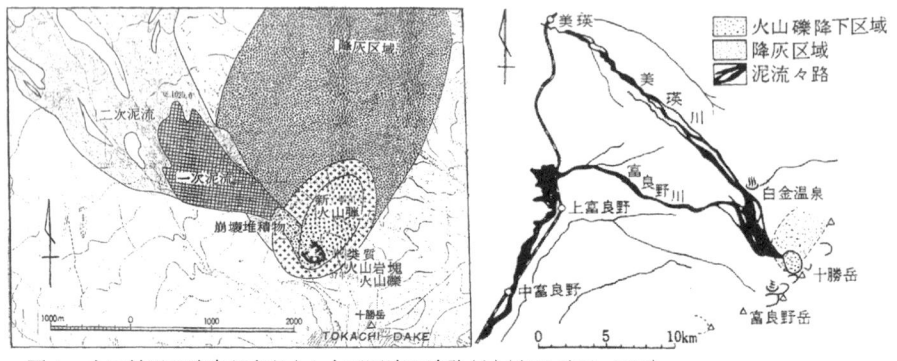

図4　火口付近の噴出分布(左)と大正泥流の流路(右)(多田・津屋，1927)

泥流に巻き込まれると助かる可能性が低いことを示している。
田畑に堆積した泥流は300万立方メートルに達した。500戸近い家屋が被災し、牛馬約70頭、鶏約600羽、田畑1,200haが泥流に埋まった（図8）。鉄道の不通に加えて、各地で道路が泥流に埋まった。橋梁は流木が橋脚に引っかかってダム状となるなどで流失した。富良野川に流入する4支流では泥流が富良野川流域を埋めたために氾濫し、道路や橋が水没・流失した。泥流による被害総額は、200万円余りであった。上富良野、美瑛、中富良野3村の中で泥流の被害は圧倒的に上富良野村に集中しており、当時の村の財政規模の約20年分に達した。一方、ほかの2村の被害は村の財政規模の3分の1年程度であった。

救援の概要

被災当日は3村ともに直ちに警察官、消防組員や青年団員などが出動して、日没が迫るなかで死傷者の捜索が始まった。上富良野市街地の住民の多くは再度の噴火による泥流の襲来を恐れ、富良野川対岸の高台にある明憲寺境内に避難し、一夜を明かした。女性たちは炊き出しを開始した（図9）。
翌25日からは被災地の死体の捜索に富良野などからの青年団が加わった（図10）。上富良野村では旭川方面への鉄道と道路が被災し、電信・電話も不通となってしまった。村長は南周り富良野経由の鉄道電話を使って、北海道上川支庁に被災を報告し、救助を要請した。上富良野村は、村民の被災状況と所在を把握するために"罹災者給与台帳"を作成することにした。被災者の避難先をそのまま避難所に指定して、避難住民の借家料や光熱費を支給することに決めた。その上で在郷軍人会・自警団・青年団・婦人会などの組織を動員して、生存者の救護や被災者の避難先を把握し、食料・衣類の配給を開始した。日露戦争後に、公共の精神を養うなどの政府の方針の下で、青年団は自治体ごとの組織となり、在郷軍人会の自治体ごとの下部組織も作られていた。これらの組織の無償奉仕活動は、上からの動員によって実施された。泥流により寸断された鉄道の復旧作業は災害発生当日の24日夜から始まり、28日正午過ぎには開通した（図11）。その後は旭川方面から鉄道を使った支援が民間人も含めて活発化した（図12）。災害発生当初に被災者を緊急支援するための食料費・被服費・避難所の維持費・応急復旧費など約24万円が支出された。これらは皇室からの下賜金、新聞各社が募った義捐金、北海道庁が積み立てていた罹災救助基金法による救助費でまかなわれた。

復興への道

上富良野村は災害発生から1週間経ち泥流災害の緊急対応が一段落した時点で、地元有識者との協議を経て具体的な調査活動を開始し、上川支庁と相談して復興計画を立てた。内容は仮設住宅の建設、河川・道路・田畑の復興などを含むものであった。村当局が復興計画を住民に示して協議を進めて行く過程で、村民間の対立が発生した。被災しなかった街中の住民たちは「泥流堆積物が硫黄及び硫酸成分を含むので、そのままでは耕作には適さず、流木を含む堆積物を除去するには膨大な経費がかかり、村が借金を背負うのは不合理だ」と主張した。一方、被災した開拓地の農民たちは「30年に渡って開拓してきた耕地を放棄するに忍びず、現地で復興したい」と主張した。上富良野村の吉田貞次郎村長は開拓農民の主張を重く受け止めて、農地の復興に向け関係者の説得と復興資金の獲得を進めた。復興には土木工事関係などの公共工事を対象とした国庫補助金71万円余りが投入された。河川・道路・橋梁の復旧と学校など公共建物の再建は国庫事業と北海道の補助事業で大正15年10月14日に着工し、翌年末に完工した。個人住宅の再建経費の補助として、国庫貸付金37万円と前述の義捐金の一部が

図5　築堤を流された鉄道線路

図6　破壊され流木とともに流された家屋

図7　流木を敷き詰めたようになった富良野川の上富良野橋

図8　泥流に埋まった耕地

図9　救援本部前での炊き出し

図10　救援に集まった地元の人びと

図11　鉄道の復旧作業

図12　鉄道が開通し支援に向かう人びと

図13　流木の撤去作業

図14　耕地復旧のための客土運搬

図15　昭和37年6月30日の噴煙

図16　美瑛川に設置された砂防堰堤群

充当された。被害が軽かった美瑛村と中富良野村では、噴火後1年間で復旧復興工事がほぼ完了した。

上富良野村の耕地の復旧は耕地整理組合が結成されて、全域が計画的に行われた。耕地には硫黄など硫酸酸性物質と岩石・流木を含む泥流堆積物が平均60㌢、最大2㍍以上積もっていた。まず約50,000立方㍍に達する流木の収集と焼却が行われた（図13）。また約36,000立方㍍の岩石が除去された。その後、泥流が厚く積もった地区では、近くの山地から土壌を運び込む客土が行われた（図14）。泥流の厚さが薄い地区では、泥流堆積物ともともとあった土壌とを上下入れ替える作業が行われた。また、水田への集水施設が損壊したため、新たに貯水池が作られた。工事は昭和3年（1928）春に完成して田植えを開始した。しかし、泥流堆積物や酸性の河川水の影響が抜けきらず、石灰投入などによる中和作業が繰り返された。

ほぼ平年の収穫に戻ったのは耕作を再開してから6年後の昭和8年であった。

耕地の復興が不可能と判断された43戸に対しては、北海道庁が美瑛村の留辺蘂御料地の一部の払い下げを受けて移住地を整備して無償で交付した。

泥流発生から7年余り経過した昭和8年に復興を成し遂げた。しかし、火山災害の危険性は噴火前と何ら変わりはなかった。火山防災対策を実施する意識が生まれ、実際に対策に着手したのは30年以上経過した次回の噴火の後であった。

昭和37年の噴火

昭和27年（1952）8月17日に十勝岳は小噴火、このころから噴気活動が活発化し始めた。29年9月には大正火口内の噴気孔から硫黄が流出するようになった。翌年から硫黄鉱山が操業を再開した。生産量は年々増大し34年にピークとなった。前年10月から小噴火が繰り返し起こるようになるなど大正15

444 歴史災害

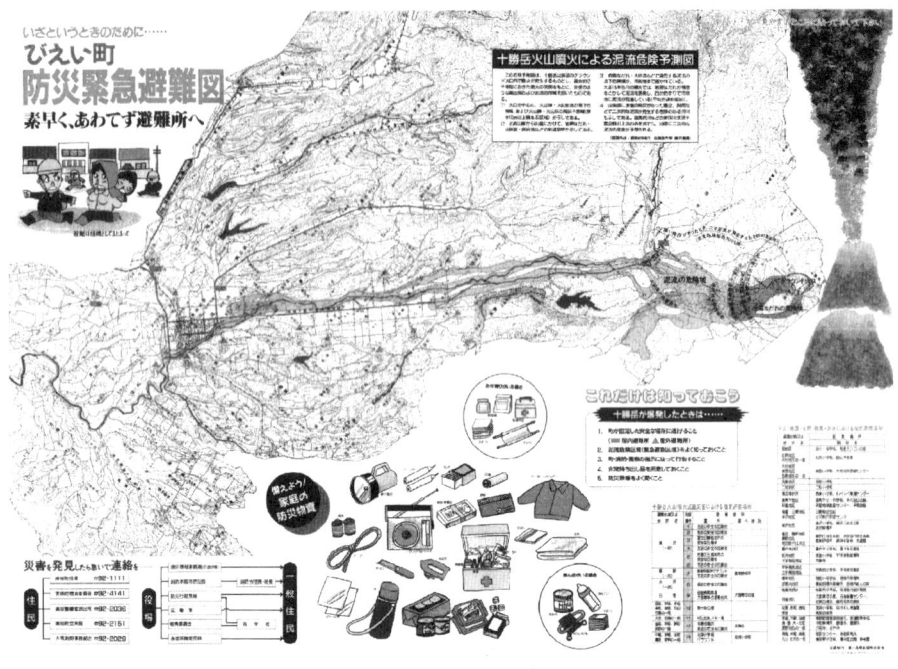

図17 美瑛町が昭和62年に制作配布したハザードマップ

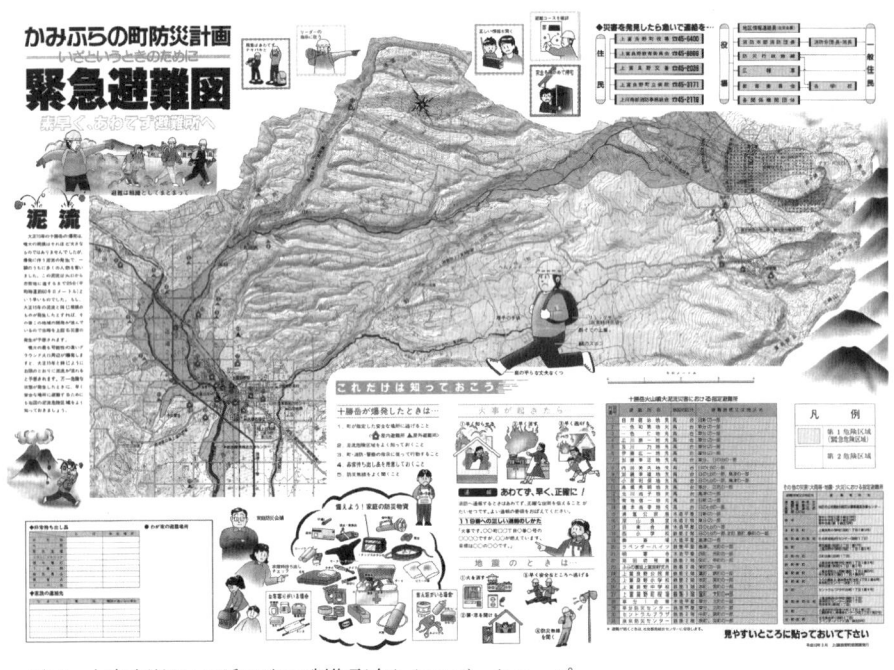

図18 上富良野町が昭和62年に制作配布したハザードマップ

年(1926)噴火の前と類似した推移を見せた。昭和37年4月23日に広尾沖地震(M7.0)が発生し，大正火口内では落石が発生した。また，火山ガスの濃度と温度が高くなり，硫黄の自然発火が見られた。6月下旬に入って火山性地震の回数が急増し始めるなかでも硫黄鉱山の操業が続いていた。6月29日22時過ぎに噴火が始まり，操業中だった硫黄鉱山では噴石の直撃を受けて5名が犠牲となり，11名が負傷した。23時55分に一旦噴火は止まったが，翌30日午前2時45分からストロンボリ式噴火が始まり高温の火山弾やスコリアが放出され，鉱山宿舎は炎上した。噴煙は上空12㌔まで立ち上り（図15），中部千島まで降灰が認められた。30日午後には早くも噴火の規模は衰え始め，8月末に終息した。37年噴火では大正火口の南側に北西一南東方向に並ぶ火口列ができた。37年噴火は噴出物の総量が7.1×10^7立方㍍で大正15年より規模が大きかったにも関わらず，積雪がなかったため泥流は発生しなかった。

ハザードマップ

昭和43年(1968)5月16日に十勝沖地震(M7.9)が発生し，青森県を中心に北海道南部と東北地方で地震と津波の被害があった。これを契機にして北海道は北海道防災会議地震部会を発足させた。43年5月から翌年8月まで十勝岳で火山性地震の群発が繰り返されたこともあり45年には北海道防災会議地震部会のなかに火山専門委員会を作った。委員会では，十勝岳のみならず樽前山・駒ケ岳・有珠山・雌阿寒岳も含めた主要5火山の防災対策を確立するため基礎的調査研究を北海道大学の火山専門家に委嘱した。このような自治体独自の火山防災組織は国内では初めてのことで，十勝岳については早くも46年に報告書が刊行された。

昭和58年ころから十勝岳では群発地震や噴気活動が徐々に活発となった。1985年11月に発生した南米コロンビアのネバドデルルイス火山の噴火では，氷河の上を火砕流が覆って泥流が誘発された。泥流は3つの河川を流下して山麓の町アルメロなどで約24,000名が犠牲となった。この火山では前年から始まった火山活動の活発化に伴ってフランスの火山専門家が現地の地質調査を行いハザードマップを完成させていた。マップが山麓の行政担当者に渡されたのは泥流発生の1週間前のことであった。泥流は火山専門家が作成したハザードマップで予測していたとおりに流下した。しかし，ハザードマップの重要性を行政は全く認識できず，放置されたため役に立たなかった。これに先立つ1980年の米国セントヘレンズ火山での岩屑なだれとそれに伴う泥流発生の前には，2年前に作られた世界初のハザードマップが地元ワシントン州政府の避難・立ち入り規制作戦に活用された。その結果，犠牲者は規制をすり抜けて自己責任の下で侵入した者など57名に留まった。この作戦が実施されなかった場合，住民と観光客合わせて約5,000名規模の犠牲者が出た可能性があると推測された。

上富良野・美瑛両町の行政や住民は，ネバドデルルイス火山で発生した泥流災害とセントヘレンズ火山での防災対策成功事例に特別な関心を持った。昭和61-62年には両町が北海道大学の火山専門家に協力を依頼して，ネバドデルルイス火山噴火の教訓を踏まえ，信頼度が高く住民や行政に容易に理解可能で避難にも役立つハザードマップが緊急に作成され，全戸に配布された（図17・18）。

昭和63年12月16日に37年噴火の火口の一つから小規模な水蒸気爆発が始まった。19日夜にはマグマ水蒸気爆発に移行し，ごく小さな火砕流が発生した。噴火は翌年3月5日までに21回発生した。全て規模が小さく，噴出物総量は5.7×10^5立方㍍，37年噴火の百分の1の規模であった。冬季の噴火であったが懸念された融雪による泥流は発生し

なかった。十勝岳でのハザードマップの活用事例は火山防災対策に新たな流れを促進するきっかけとなった。国土庁が昭和61年に設置した活火山防災対策検討会は十勝岳の昭和63-平成元年(1989)噴火で両町がハザードマップを用いた噴火対応に成功を収めたことも踏まえて、平成4年に樽前山・浅間山・富士山・桜島をモデル火山に選定してハザードマップを試作し、作成指針を報告書にとりまとめた。その成果は有珠山を含む12火山でのハザードマップの制作に引き継がれた。平成12年有珠山噴火でハザードマップの有効性はさらに明らかとなり、その後ハザードマップを制作配布する活火山が急増した。上富良野・美瑛の両自治体では北海道庁や北海道開発局の支援の下で火山防災マップやパンフレットの刊行配布がその後も随時繰り返され、防災講演会などの啓発活動が随時行われている。

火山防災施設の整備

従来、活火山における砂防事業は災害復旧工事という視点で行われてきた。こうした視点に意識の変化をもたらし始めたのは昭和52(1977)-53年噴火後の有珠山での復旧対策事業であった。この事業が進む過程で、前述のセントヘレンズ火山とネバドデルルイス火山泥流発生が起り、火山学と砂防学が連携するという機運が日本で初めて生まれた。昭和63-平成元年の噴火を契機として、国と北海道の現業機関が連携し、火山学と砂防学の研究者も参画して、泥流災害の再発を予防する統一的な砂防計画が立案された。平成元年から富良野川と美瑛川の流域でこの計画が実施に移され、多数の砂防施設が順次作られた(図16)。

上富良野町では平成3年(1991)以降毎年、小学校3・4年生全児童を対象とした親と子の火山砂防見学会が開催されている。見学会で富良野川の巨大な砂防施設を見学した体験者はすでに3,000名を超えている。

大正15年(1926)の泥流で被災した白金温泉は、昭和63-平成元年噴火以前には泥流の危険性がきわめて高い美瑛川の谷底に立地していた。これらをより安全な場所に移転し、道路の線形が改良された。普段は十勝岳の監視と展示機能をもち、緊急時には避難施設となる十勝岳火山砂防情報センターが平成4年に作られた。温泉街からは徒歩で美瑛川の橋を対岸に渡り、高度差43㍍の斜面をシェルター付きの階段で登るとセンター前の広場にたどり着く。センターは火山学習施設と火山活動の監視機能を兼ねている。かつては泥流に覆われた低地が広がる上富良野町草分には、砂防堰堤工事の廃土を活用して幹線道路沿いの田畑を5㍍かさ上げした防災センターと運動場が平成2年に建設された。普段は公民館として使用されているが、泥流などの災害発生時には約350名を収容できる安全な避難所となり、暖房施設や調理室も備えられている。

十勝岳で大正15年に発生した泥流災害は積雪地の活火山ならどこでも起りうる事象といえよう。被災した耕作地を復旧に導いた吉田貞次郎村長の働きは自治体首長のあり方を示唆するものであろう。この災害から約60年経過して十勝岳が新たな火山活動期を迎えた時、ハザードマップを制作し、火山分野と砂防分野の連携の下で将来に備えた地域づくりを進めるという火山防災対策の新たな潮流がここで生み出された。

参考文献 内閣府中央防災会議・災害教訓の継承に関する専門調査会編『1926十勝岳噴火報告書』、2007、北海道防災会議編『十勝岳 火山地質・噴火史・活動の現況および防災対策』、1971、上富良野町郷土資料館編『大正15年十勝岳大爆発記録写真集』、1980、気象庁編『日本活火山総覧(第3版)』、2005、小池省二『北の火の山』(朝日ソノラマ、1995)、国土庁防災局『火山噴火災害危険区域予測図作成指針』、1992、多田文男・津屋弘逵「十勝岳の爆発」(『東大地震研究所彙報』2、1927)　　(宇井忠英)

1927 昭和2年豪雪 （昭和2年1月—2月）

大正から昭和にかけての冬

大正15年(1926)12月7・8日は，低気圧通過と季節風の吹き出しで九州から関東地方まで雪となり，日本海側の地方では激しい吹雪となり風水害が発生した。また，19—22日にも低気圧の通過で北陸から北海道で風雪となり，北海道の根室地方では暴風雪で家屋が倒壊した。

12月25日に大正天皇が崩御し，即日，昭和元年(1926)がスタートする。新潟県小出では，数日前からの降雪で昭和元年12月26日の朝の積雪は7尺(約2.1メートル)となり，信越線などの列車が立ち往生し，電信・電話線が切断される被害が発生する。

昭和元年は，1週間をたたないうちに昭和2年となる。2年1月は，冬型の気圧配置が続き，日本海側の地方では，1月7日には秋田から新潟で大雪となり，列車が埋没して交通機関が途絶するなど，時々風雪により交通が途絶した。信越国境ではラッセル排雪車が出動した。19日ころより月末までは連日の降雪で，特に23日から24日にかけては，北陸から信越地方で著しい吹雪があり，新潟県関山付近では積雪が1丈(約3メートル)を超え，28日には北陸本線で列車が吹雪のなか巻き上げられて脱線・転覆するなど，鉄道被害が多かった。29日には，富山県の日本電力発電工事で雪崩が発生し，作業員74名が死亡した。

2月にはいると，北西の季節風が卓越し，北陸から北日本の日本海側では頻繁に降雪があり，記録的な豪雪となった。新潟県春日村(現十日町市)役場は，2月6日に過積雪で倒壊し，村長が圧死した。中央気象台が毎月発行している『気象要覧』には，次のように記されている。

「北陸地方にては六，七日より十二日頃に亘り，近古希なる大雪あり。鉄道事故各所に起り，列車雪中に没して交通全く途絶し，学校潰れ，人家倒れ，死傷者少なからず，人畜の被害多く甚大なる雪害なり。軍隊出動し除雪作業に努む。被害は新潟県西部，高田，直江津を中心とし，西頸城，中頸城，東頸城，刈羽の四郡最も甚しく，山間地方特に著し。雪崩至る所に起り，西頸城郡磯部村には，地滑りありて，家屋倒壊し，一村殆ど全滅したる所ありと云う。高田測候所の報告に依れば，同市内の平屋建物は，大抵雪下に没し，道路は両側の屋根より排雪せる為，三丈乃至四丈の累雪となり，二階建物にても，窓の中部以下は雪中に埋もれたと云う」。

気象官署で記録した最深積雪は，新潟県高田で2月9日の375センチ(図1)，福井で2月12日の209センチ，金沢で2月12日の167センチなどであり，これまでの最高記録となった。図

図1　豪雪下の新潟県高田市繁華街本町通

図2　2階の窓から出入りする金沢市の遊郭

2は，金沢市内の遊郭の様子であるが，このように，北陸地方の各都市では，屋根から下ろした雪が道路に積み上げられ，二階から出入りするなど，雪の中での生活を余儀なくされた。また，公式の記録ではないが，標高400㍍の板倉村柄山（現上越市）では，2月13日に積雪が27尺（818㌢）となり，これは人の住む地での積雪日本一とされている（図3）。

3月に入ると，冬型の気圧配置が弱まり，低気圧が本州付近を通過するようになり，日本海側の地方では，南からの強い暖気流入で融雪が甚だしく，多量の降水とともに雪解洪水が発生した。福井県敦賀では，8日夜からの降雨と，南南東の強風のため，山間地の積雪が融解し，9日には笙の川が氾濫，橋梁流出や600戸が浸水した。また，北海道の寿都地方では，所々で雪崩が発生し，家屋倒壊で圧死者を出し，通信や交通が途絶した。石川県でも大聖寺川が増水し，大聖寺町では全町の千余戸に浸水し，小松町でも約900戸に浸水した。新潟県でも上越地方の各河川は雪解洪水で増水し，各地で浸水被害が相ついでいる。

大雪は，春先の農業にも影響をあたえ，農家の裏作としての麦は，平年作の5割減となり，レンゲ草も収量が大幅に減った。

昭和は18年ごとの大雪

大正から昭和初期にかけては，重要性を増してきた鉄道網の冬期間における定時運航が問題となってきた。車両の前方に排雪板を装着し，進行方向の片側もしくは両側に雪を掻き分けるラッセル車が整備されたが，雪が少ない地域や豪雪地域の初期除雪に活躍したものの，北陸地方の豪雪時には，すぐに雪を排雪するスペースがなくなって運用できなくなっている。そこで，排雪ででた線路脇の雪の壁を崩し，それをロータリーで集めて遠くへ投雪するロータリー車が使われるようになった。輸入したロータリー車の運用実績をもとに，日本の雪質にあわせた細部設計を行なった国産ロータリー車を製造しはじめたのが昭和2年（1927）からである。しかし，冬の短い時間しか使わないロータリー車を大量に作ることは現実的ではなく，結局は作業員を大量動員して手作業で排雪する人海戦術による鉄道網の維持が主流のままであった。

図3 積雪世界一の標識

昭和に入ってからの北陸地方の豪雪は，原因はよく分からないが18年周期である。昭和2年の大雪の次の大雪は，太平洋戦争末期の昭和20年で，内地にいた北陸地方からの召集兵は，地元に帰され雪かきに従事させられている。その次の大雪は，昭和38年で三八豪雪と呼ばれ，北陸地方で昭和2年に記録した記録を塗り替えている。さらに，次の豪雪が昭和56年で，ちょうど18年ごとの大雪である。

参考文献　高橋義鶯編『昭和2年大雪譜』（高田新聞社，1927），中央気象台編『気象要覧』1月号～3月号，1927，金沢地方気象台編『創立百年誌』，1982，「芥川龍之介自殺！1927」（『日録20世紀』所収，講談社，1998）
（饒村曜）

1927 北丹後地震 (昭和2年3月7日)

災害の概要

昭和2(1927)年3月7日(月)午後6時27分,京都府北部丹後地方にM7.3の直下型地震が発生した。震央は東経135°15′,北緯35°53′(大宮町河辺)とされる。2年前の大正14年(1925)5月23日には約20㌔西方で北但馬地震(M6.8)が発生,豊岡・城崎付近に大被害が発生している。地震に伴って郷村および山田両地表地震断層が出現した。郷村断層は網野町浅茂川西方から大宮町口大野付近まで北北西走向で約18㌔にわたり追跡される。左雁行配列する多数の断層群からなり郷村断層帯(系)と総称される。地表変位は左ずれが卓越し,西側隆起を伴う横ずれ逆断層の性質をもつ。最大の地表変位は網野町高橋～生野内間に現れ,左ずれ約3㍍,西側隆起は約1㍍に達する。一方,山田断層は市場村(野田川町,現よさの町)四辻付近から山田村(同)上山田を経て岩滝町付近まで北東走向で約7㌔にわたり断続的に現れた。上山田では右ずれ約0.9㍍,北側隆起約0.8㍍が測られている。多数の調査者による断層名や変位量の測定結果などは岡田篤正・松田時彦の報告に要約されている。郷村・山田両地震断層は東西圧縮による共役断層系をなすこと,郷村断層の活動が主体で山田断層は付随的に一部で活動したものと考えられる。わが国で活断層という用語が最初に用いられた。活断層としての郷村断層はC級下位の活動度をもち,変位地形の徴候は微弱である。地質調査所(1985)は郷村断層の発掘調査の結果から約

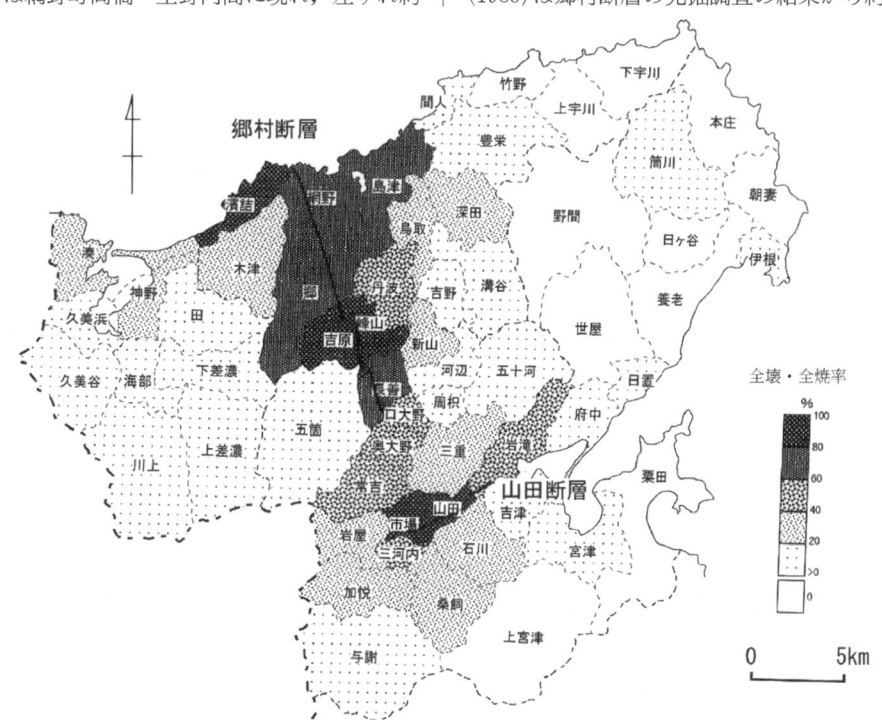

図1 町村別全壊・全焼率の分布図(『奥丹後震災誌』より土田洋一作成)

6,000年以上の再来周期をもつとした。植村善博は変位地形から周期は6,100～7,400年程度、断層活動は約20万年前から開始されたとする。網野町浅茂川から浜詰村間の海岸では最大0.7㍍の隆起が観察された。創設2年目の東京大学地震研究所は総力をあげて取り組み、断層と地形・地質、余震や地殻傾斜の観測、建物被害などに関する総合的地震調査を実施した。京都大学地質学教室も断層と被害調査に取り組んでいる。また、陸地測量部による三角点と水準点の改測や海軍による海底測量が実施され、地震に伴う地殻変動の詳細が明らかにされた。昭和4年に郷村断層による顕著な地表変位が生じた網野町高橋・郷・生野内の3ヵ所は保存のため天然記念物に指定された。現在では指定地以外における地表変位はほとんど消滅している。

被害の概要

被害は京都府丹後地方の4郡59町村に集中しており、死者2,898名、負傷者7,595名、全壊家屋4,899戸、全焼家屋2,019戸に達した。しかし、死者や全壊家屋は京都府下および大阪府・兵庫県・鳥取県の広域にわたって発生している。死亡率が1割以上に達したのは吉原村(10.4%)、峰山町(24.0%)、市場村(12.1%)、全壊率が7割を上回るのは網野町(72.7%)、島津村(78.4%)、郷村(72.4%)、吉原村(88.3%)、峰山町(97.2%)、山田村(86.2%)、市場村(94.9%)である。これら被害の激甚な町村は地表地震断層の通過地やその近傍に一致しており、その最大発生要因は郷村・山田両地震断層の活動による震度7に達する激しい震動が地震発生と同時に生じ、倒壊と生埋め、火災が続いて発生したことにある。網野町と島津村では軟弱な地盤条件も関与している。発震時間が冬季の夕食時に一致したため、かまどやこたつに火が使用されており、出火・延焼の発生件数が非常に多く凄惨な被害状況を呈した。特に、峰山町・網野町・市場村では中心市街地の建物が過密状態にあり、倒壊直後から発火し延焼によって焼野原の状態になった。住居を失った避難民の多くは0.5㍍程度の積雪がある屋外に放り出された。また、8日の夜間には強い雨と雪があり、避難民を苦しめた。被害地区は農林漁業を中心とするため、農地や林地の荒廃、作業小屋や林道、港湾などの生産

図2　地震直後の峰山市街地

図3　昭和2年3月24日の峰山市街

図4　1年後の峰山市街

諸施設が大きな損害をうけた。また，わが国縮緬（絹織物）生産の7割を占め，年生産額約4,500万円に達する丹後機業地帯の中心地を直撃した。このため，織物組合員の76％が被害を受け，織物工場の93％が被災，織機5,796台中81％が使用不能，織工約230人が死亡するという大打撃を受けた。原糸や製品の焼失などを含めた機業関係の損害額は926.5万円に達したと推定される。

救援の概要

3月7日午後11時に京都府庁に震災救護本部を設置，翌日早朝から府職員と警備隊員が現地に急行した。8～10日に府震災救護出張所を宮津・峰山・網野・久美浜に開設している。被災地では道路や鉄道が至るところで寸断されているため，海軍の駆逐艦が8日から救護品（テント・毛布）や救護隊を宮津と浅茂川へ陸揚げ，道路の復旧まで海上輸送にあたっている。8日に陸軍第16師団福知山連隊，舞鶴重砲連隊が現地に到着。10日には第16師団工兵隊が峰山に到着して道路や鉄道の復旧，救護，瓦礫や崩土の撤去などにあたった。冬季の悪天候のなか，避難用バラック住宅の建設が急務となる。14日から本格的な建設がはじまり，15日には第4師団，16日に第3師団の工兵隊も到着，軍と住民や任意団体も加わって建設は加速化した。2週間後の21日までに網野町175戸，峰山町443戸，28日には各々320戸と602戸を建設している。バラック住宅は板張りトタン葺き，5～6戸1棟で1戸あたり4.5畳であった。バラック建設は4月3日までに4,144戸を建設して終了している。日赤救護隊は久美浜経由で10日に到着，峰山では小学校跡地に16張りのテントを設置して患者収容所を開設，救援活動が本格化した。救護・救援活動については小林啓治の報告に詳しい。12日に京都－網野間の道路が復旧，14日に網野－口大野間の鉄道再開，さらに21日には京都－網野間の鉄道輸送が復旧した。地震から約1ヵ月後の4月7日に府の震災救護出張所は閉鎖され，緊急対応は一段落した。

復興への道

京都府は4月1日の府会で応急対応と復興計画を報告し，4月27日には京都府復興事務所を宮津，峰山，網野，久美浜に設置した。4月30日には国費による京都府出張所を峰山町に開設し，復興作業の指導・監督にあたる中心機関となる。政府は府からの要望により5月3日からの臨時議会で貸付金を主とする1,500万円の復興資金案を可決した。5月25日に大蔵省は住宅643万円，産業200万円，機業200万円の復興貸付金の支出を認可した。7月には府を中心に耐震住宅や生活改善の普及をめざす復興展覧会を峰山で開催している。個人住宅の建設は早く進み，昭和2年(1927)12月時点での住宅復興率は峰山町82％，網野町69％，郷村78％，島津村76％に達している。新住宅は

図5　工兵第16大隊による峰山町バラック建設

図6　峰山町の丹後震災記念館

耐震性を増すためすじかい入りで，トタンやスレート葺きが多数を占めた。機業の復旧はめざましく，12月までに機業1,350戸，織機5,880台，生産額340万円に達して地震前の水準に回復した。昭和3年3月7日に峰山小学校で震災1周年慰霊祭が挙行された。昭和4年3月に府出張所が閉鎖され，復興事業は一段落した。同年12月峰山町の薬師丘に義捐金の余剰分を資金として丹後震災記念館（建物は京都府文化財に指定）が竣工し，翌年に財団法人として認可を受けた。以後，毎年慰霊祭の会場に利用される。昭和23年に財団最後の慰霊祭を挙行，記念館は峰山町に譲渡された。中断された行事は昭和47年に峰山町が震災記念展として復活，現在まで継続されている。市街地が潰滅的状況になった峰山町では3月22日有志が集まって22名の復興委員を町長嘱託として決定，30日の町会で道路や堤防，上水道の復旧，府道の拡幅を府費により実施する案を可決した。本町市街地は近世峯山陣屋町の構造を引き継いでおり，主要道路に面した短冊状の整然とした地割が配置されていた。復興計画ではこの区画には手をつけず，既存道路の拡幅が中心的な事業となった。このため，府道沿いの両側2,568坪（買収金額36,154円），および町道沿いは主に片側2,303坪（買収金額24,420円），計4,871坪（60,574円）の土地を道路用地として買収した。唯一，市街地南部に宅地を削って新設された泉新道は防火帯を兼ねるものであろう。町道に関しては道路改修として昭和2年9月から工事契約を結び，昭和3年6月中に竣工している。府道は京都府により直接実施された。一方，網野町では3月24日に20名の復興委員を選出，同29日に第1回復興委員会を開催して小学校の復興，道路・宅地計画，衛生計画，役場再建などを協議している。一方，同町の中心市街地をなす網野区では約9割が全壊焼失したが，区長の決断で10日の組長会で区画整理と埋立の実施を確認，翌11日に全区民から承認を取り付けた。これは無秩序に発達した迷路状の道路網や低湿地のため排水不良と伝染病が慢性化する住環境の根本的改善を目指す区画整理事業を中心とする復興計画である。都市計画法の適用外であるため耕地整理として計画，町役場もこれを支持し，反対する金融機関や住民を説得した。昭和2年11月5日京都府の認可を受けて網野東部耕地整理組合（組合員386名，面積約250町歩）が創立総会を開き，昭和3年1月10日に着工，約2年10ヵ月後の昭和5年10月30日に工事が完了している。

参考文献　京都府『奥丹後震災誌』，1928，永濱宇平『丹後地震誌』，1930，岡田篤正・植村善博・佃栄吉編『1927年北丹後地震の地震断層と丹後半島域の活構造』（断層研究資料センター，1994），蒲田文雄『昭和2年北丹後地震』（古今書院，2006），岡田篤正・松田時彦「1927年北丹後地震の地震断層活」（『断層研究』16，1997），小林啓治「北丹後震災における京都府・陸海軍・諸団体の救護・救援活動に関する一考察」（『京都府立大学学術報告人文』61，2009）

（植村善博）

図7　北丹後地震関係資料

1930 北伊豆地震 (昭和5年11月26日)

災害の概要・地震の履歴

昭和5年(1930)11月26日午前4時2分ごろ,静岡県伊豆半島北部で丹那断層を震源とするM7.3の大地震が起こった。このため狩野川平野(田方平野)や丹那断層に沿う地帯に多くの被害が生じた。このとき建設中であった熱海−三島間の鉄道トンネルの坑道も切断された。この年の春,伊東付近で地震が群発したが,11月11日ごろから有感地震も含めて内陸部で多くの地震が起こり始めた(Kunitomi1931)。同月25日午後には三島で有感の地震が76回もあった(図1)。この異常な地震活動に人々は不安を感じていた。気象台や大学から地震の観測班が現地へ向かっていた。その翌日の未明に大地震となった。

地震直後に中央気象台・地質調査所・東京大学・京都大学・東北大学などから地質学・地形学・地震学・測地学などの多くの専門家が現地に赴き報告書を書いた。その報告書の数は,外国の著名な地震学の教科書(Richter1958)に苦情めいた文章が書かれたほど多数であった。

北伊豆地震に伴って2系統の地震断層が地表に現れた。1つは丹那盆地の丹那断層で代表される南北走向で左ずれの丹那断層帯であり,他の1つは中伊豆に現れた姫之湯断層と呼ばれるほぼ東西走向で右ずれの地震断層である。丹那断層帯は箱根の芦ノ湖付近から田代盆地・丹那盆地を経て修善寺町東方に至り,その東側の地盤を相対的に北へ最大約3.5㍍ずらした。長さ約30㌔で丹那断層のほか箱根町断層,浮橋西断層,浮橋中央断層,大野断層,加殿断層などからなる。姫之湯断層は狩野川上流の丹那断層帯の南端付近から東方へ大見川上流に至

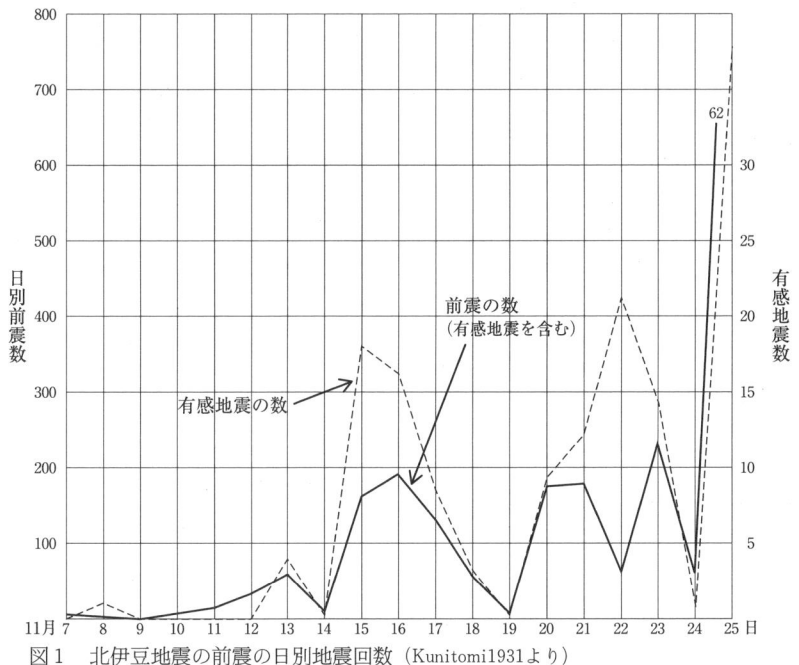

図1 北伊豆地震の前震の日別地震回数(Kunitomi1931より)

454　歴史災害

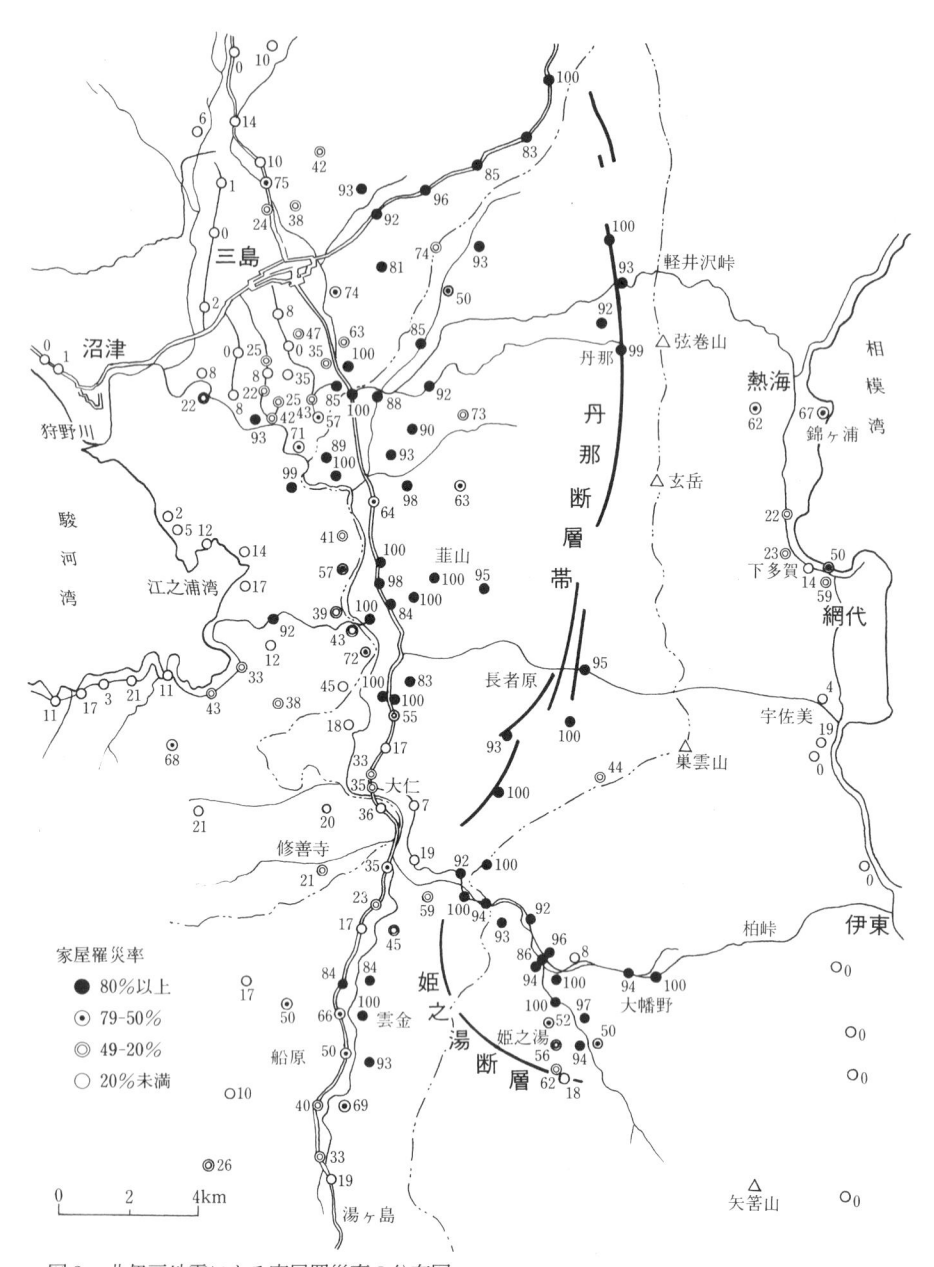

図2　北伊豆地震による家屋罹災率の分布図

る長さ約6㌖の右ずれ北側隆起の地震断層である。いずれも周辺の集落は甚大な被害を受けた。両地震断層の出現はこの地域が北北西－南南東方向を最大圧縮応力(最も大きな圧縮の力)とする地殻応力場にあることを示している。北伊豆地震の地震波の初動分布も同様の発震機構を示し，後年確立された地震の双力源説の基礎となった。活断層が活動直前に多数の前兆の有感地震を伴った例として，この北伊豆地震のほかに伊賀上野地震，濃尾地震(根尾谷断層)，陸羽地震(千屋断層)，三河地震(深溝断層)などがある。このような例は近年の地震断層を伴った顕著な内陸活断層の活動例10例のうちの半数にあたる。これらは活断層からの大地震予測に際しての貴重な参考例である。

北伊豆地域の大きな被害地震として承和8年(841)5月の伊豆国地震(推定M約7.0)がある。『続日本後紀』7月5日条には「伊豆国地震(中略)里落完からず，人物損傷し，あるいは圧没せらる(原漢文)」とみえ，そ の年の租税を免除し倉を開いて救済するようにとの詔が出ている。このことから，国府があった現在の三島市や付近の狩野川平野にかなりの被害があったと推定される。このとき震源になった断層は狩野川の東方数㌖にある丹那断層であった(丹那断層発掘調査研究グループ1983)。丹那断層は，鉄道の建設計画に関連して1910年代からその存在は知られていた。地震後の地形地質調査ではこの断層が活動をくりかえして第四紀に地盤を約1㌖も左横ずれさせている横ずれ活断層であることが明らかにされた。

表1　北伊豆地震による被害

	静岡県	神奈川県
死　者	257	4
負傷者	566	6
行方不明	2	9
全潰戸数	2,077	88
半潰戸数	5,424	92
全焼戸数	75	—
半焼戸数	—	—

(中央気象台地震掛1930より)

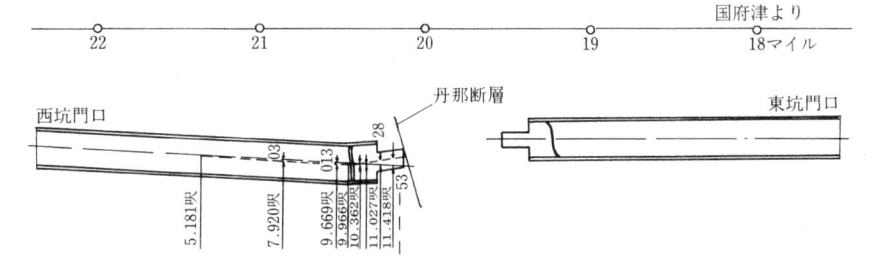

a　丹那断層のため喰い違った東西の坑道(平面図)。南へ移動した西坑の変形が著しい。

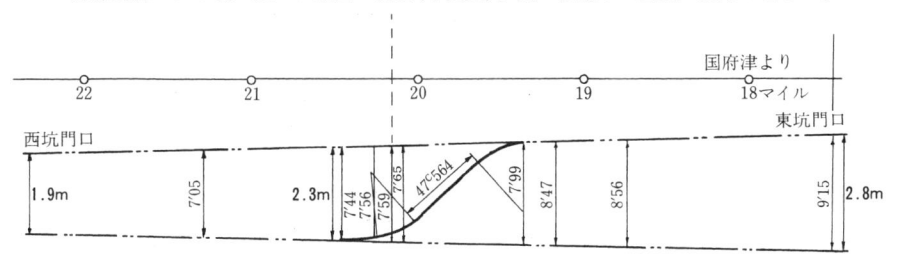

b　S字区間(太実線)を挿入して完成したトンネル内鉄道線路(平面図)

図3　丹那トンネルの変形(『丹那隧道工事誌』より)

その後，丹那盆地における掘削調査によって，この断層が過去約7,000年間に700～1,000年の間隔をもって9回も活動をしていることもわかった。昭和3年の北伊豆地震はその断層の最新の活動であった。

被害の概要

北伊豆地震によって丹那断層沿いの集落や狩野川平野などで多くの被害がでた（表1）。静岡・神奈川両県で死者261，負傷者572，住家被害は全壊2,165，半壊5,516であった（中央気象台地震掛1930）。伊東町・函南村・韮山村などで火災があり伊東町では全焼家屋57であった。家屋被害率の分布図として中央気象台（1930），静岡県沼津測候所（1931），今村明恒（1931），宇佐美龍夫（1996）などの報告がある。

図2は静岡県沼津測候所（1931）の字別の家屋罹災率から新たに作成した被害分布図である。図2にみるように，全潰＋半壊家屋数が総戸数の80％以上に達した集落は丹那断層を含む東西の幅8㌔程度の南北に長い地帯に分布している。丹那断層の直上ないし至近の集落では全家屋の90％以上が潰滅した（田代・軽井沢・畑・浮橋・田原野・下畑・大野・年川などの各集落）。田方平野では狩野川右岸の函南町大場付近から田京付近までの多くの集落（主に函南村・韮山村など）で家屋罹災率が80％を超えた。それらの被害甚大の集落は概して標高20㍍以下の沖積低地であり，海成層を含む厚さ30㍍以上の厚い沖積層の分布地（松原彰子1984）にある。大仁以南の狩野川にそう集落（北狩野村・下狩野村など）では被害は減じたが（大部分家屋罹災率50％以下），その上流の佐野・雲金などの集落（中狩野村）および大見川沿いの年川・田代・八幡・原保・冷川（下大見村・中大見村）では被害が著しかった（家屋罹災率80％以上）。このように狩野川上流部および大見川沿いの諸集落が孤立して比較的高被害であった理由は明らかでないが，位置的に姫之湯断層に近いこ

とと関係があるかもしれない。

丹那断層の東側では，海岸沿いの多くの集落は丹那断層からの距離が狩野川沿いの諸集落とほぼ同じ距離にあるにも関わらず被害はきわめて小さかった（家屋罹災率は熱海町で4％・宇佐美村で1％，伊東町で2％）。このような断層線を挟んで被害などの非対称な分布は，断層に直交する丹那トンネルの坑道の変形（図3ａ）の程度（鉄道省熱海建設事務所1936）でも，また，断層両側の三角点の変動（Tsuboi1932）でも指摘されている。地震活動も本震前後の地震発生も大部分断層の西側である（Kunitomi1931）。このような地震断層線を挟んで被害などの程度が非対称であった原因の一部は地盤の差異によると思われるが，このほか丹那断層の断層面が垂直ではなくわずかに西傾斜していることも関係していると思われる。この地震で建設中に変形切断された丹那トンネルは隧道を湾曲させて昭和11年（1936）に完成した（図3ｂ）。昭和39年には再び丹那断層を貫通して新幹線の新丹那トンネルが建設された。函南町における「丹那断層」の通過地点と伊豆長岡町における魚形水雷の表面に残された「地震動の擦痕」は，それぞれ国の天然記念物に指定され保存されている。

参考文献　中央気象台地震掛「北伊豆地震被害調査」（『験震時報』4，1930），今村明恒「北伊豆大地震の計測学的研究」（『地震』3，1931），Kunitomi: Notes on the North Idu earthquake of November 26,1930. *Geophys. Magazine*, 4 (1931), 松田時彦「概論：丹那断層」（『月刊地球』6，1984），静岡県沼津測候所『北伊豆地震報告』，1931，丹那断層発掘調査研究グループ「丹那断層（北伊豆・名賀地区）の発掘調査」（『地震研究所彙報』58，1983），鉄道省熱海建設事務所『丹那隧道工事誌』，1936

（松田時彦）

1932 白木屋デパート大火 (昭和7年12月16日)

災害の概要

白木屋デパート火災は、わが国初の本格的なビル火災として有名である。昭和7年(1932)の年末商戦たけなわの12月16日に、当時随一の近代的百貨店である日本橋白木屋百貨店で発生した。地下2階、地上8階の百貨店4階玩具売り場から出火した火災は、たちまち全館に拡大し、14名の死者と500名余りの負傷者を出した。8階建ての当時としては高層のビルで本格的な火災が起きたのはわが国でははじめてであり、また避難や救助の方法が話題となり、その後のビル防火対策の教訓ともなった火災として位置づけられる。14名の火災による犠牲者のうち、半数の7名が建物屋外避難の途中で落下して死亡するという悲劇も伴った。一方、消防隊による梯子車や救助袋で46名が救助され、また屋上に避難した260名が下火になってから消防隊の誘導で屋内階段を下りて助かっている。

火災と避難・救助

出火原因は、玩具売り場に飾ってあったクリスマスツリーの豆電灯の接続箇所がスパークしてツリーに燃え移ったものである。さらにこの火が近くにあったセルロイド製玩具に引火し、急激に四方へひろがると同時に、階段室とエレベーターシャフトを通って上階にも延焼した。当時はまだビル火災の経験が少なく、耐火造建物での火災において煙の伝播や延焼拡大がどのように進展するかは、一般の人はもちろんのこと、消防機関(当時は警視庁消防部)の者ですら、予想し難い時代であった。そのなかで、不幸中の幸いであったのは、出火時刻が午前9時15分ころで開店後間もない時間帯であったため買い物客が少なかったことである。出火当時の店員は約1,000名であったといわれている。火災の2、3ヵ月後に行われた店員への避難行動調査によると、大部分は階段で1階に降りて助かっているが、約100名が特殊な方法で避難をしている。そのうちの50人は危険を冒して避雷針のワイヤーロープを伝ったり、堅樋を伝って避難した。煙突を伝った者、呉服をつなぎ合せてロープ代わりにして降りた者もいるが、前述のようにこれらのうち7名が途中で落下して命を落としている。残りの死者7名はビル内に窒息状態でいるところを消防隊により発見・救出され、病院に搬送されたが死亡した。このほかに、消防隊によって、救助袋で24人、救助梯子で22人が救助されている。このように多くの人が救助袋や救助梯子で救出された背景には、写真に見られるようにこの百貨店の窓外にベランダがあったことを指摘しておく必要がある。こうした出っ張りがあることによって、救助袋や救助梯子を伸ばして安定して架けることが可能となり、また、ベランダ伝いに横の窓から救出箇所に至って救出された人もいた。

屋上に避難していた人たちに対して、消防隊がその救出に向かったが、幸いなことに北側の小階段には火が回っていなかったので消防隊はそれを上って屋上まで行った。また、下火になってから避難者を説得してこの階段を使って下に誘導している。ただし、屋上も下の窓から煙が四方から上ってきたので決して安全な場所とはいえなかったが、風向きにあわせて移動すれば耐えることができた。いずれにせよ、建物内に残って濃煙、熱気と一酸化炭素などの毒性ガスに曝されて座して死を待つよりはずっとましであるというべきである。

本火災の教訓

白木屋デパート火災に関しては、女性店員が避難途中で落下して死亡したのは羞恥心

のため裾を直そうとしたことが理由だとして，女性下着の普及との関係で語られることが多い。しかしながら，この火災が女性の洋風下着普及のきっかけとなったとする説に対しては，消防戦術の研究家である矢島安雄が，本火災について記したその著書のなかで明確に否定している。はじめ消防隊が梯子だけで店員を降下させようとしたところ，恐怖心で降りようとしないので救助袋を使用したところ，外が見えないので袋の中を降下したことを紹介し「救助袋使用の際に女性の多くが腰巻であったため話題となったが腰巻のために女性店員が墜落死亡したというのは誤りである」と述べている。本火災から得るべき教訓として，もっと強調すべきことは，わが国初の本格的ビル火災において，現在においても重要な示唆となるビル火災時の避難の心得と原則とも言うべき以下の教訓である。

1) 屋上避難の有効性　この火災は，耐火造建物火災において屋上への避難が有効であることを実証した。もし，火災階が下にあり，屋内の避難階段が急速に煙で汚染されて下方向への避難が困難となった場合には，建物内部に籠城するよりは外気に開放された屋上へ避難し，そこに一時待機して，火災が鎮圧されたのちに建物外への避難を行うことも有効な避難方法の一つである。ただし，この場合には，階段から屋上に出られる構造であること，また，屋上に避難者を収容するだけでの十分なスペースが確保されていることが必要である。

2) 外周部のベランダの有効性　本火災では，幸い建物の外周部にベランダがあったことにより，消防隊による救助が可能となった。消防隊の救助梯子も救助袋もベランダに架けることにより安定し，避難者も安心してこれを利用することが可能となる。また，救助梯子から離れた場所にいる人もベランダ伝いに横移動して，救助梯子に至り助かっている。

図1　消火・救助中の白木屋デパート火災

火災時の避難では「二方向避難の原則」というものがあり，在館者の居場所から2つ以上の避難ルートが確保されることが重要であるが，なかでも最終的な選択可能性として窓側からの屋外避難ルートを確保することの重要性を指摘しておきたい。建物内に充満した煙や熱気流から身を避けながら，救助を待ったり，水平避難を行うスペースとして，外気に開放された手すりのあるバルコニーなどの存在は非常に重要である。この火災ではたまたまベランダであったが，それでも屋外避難ルートとして有効であることを示した。しかし，最近のビルでは，建蔽率やデザインの観点からあまり採用されていないのが現状である。なお，当時，白木屋デパートの設計者は，ベランダを設け贅沢だと批評されていたが，これが避難・救助に役立ったことを受けて，火災のあと大いに感謝されたというエピソードが残っている。

参考文献　北沢五郎「白木屋の火災の思い出」(『火災』5ノ2，1955)，矢島安雄『ビル火災の避難と救助』(全国加除法令出版，1973)
(関澤愛)

1933 昭和三陸地震津波 （昭和8年3月3日）

災害の概要

昭和8年(1933)3月3日午前2時31分，日本海溝に沿って，太平洋プレートの折れ曲がり地点で正断層運動が発生した。沿岸では震度5の激しい揺れが生じ，津波が30分から1時間内に北海道から三陸地方を襲った。直後から，科学者による詳細な現地学術調査とともに，対策に向けての国や県の調査立案も行われた。6月には，「津浪予防に関する注意書」がまとめられ，高地移転を中心とする復旧事業が実施された。当時普及し始めていたラジオを使っての津波予報が，昭和16年に三陸地方を対象として，世界で始めて実現する。水槽を使った実験をも含めて，津波とその影響に関する科学的研究が始まる契機となった災害である。

津波の状況

地震発生数時間前に不思議な流れが体験されていた。岩手県唐丹湾湾口付近で夜の延縄漁をしていた内海留三郎と吉田国三郎は，3月2日夜8時過ぎに数回激しい上げ潮下げ潮を経験した。帰港する時にも早い流れに乗って，小白浜に帰り着いた真夜中12時ころ，1ｍ近い潮の上下を経験する。帰宅して寝たのが1時半ころ，まもなく地震が発生したという。この不思議な潮と思われる上下運動はいくつかの潮位計で記録されている。

本震による津波は検潮儀記録で見る限り，わずかな上げ潮で始まったが，この上げ潮を目撃した人はきわめて少ない。岩手県大野湾湾奥など2，3ヵ所で2，3尺（約0.7ｍ）増水し，5分位で引いて行ったことが認められている。これに引き続く引き潮は，多くの場所で確認され，津波の始まりと受け止められた。この引き波で生じた流れで砂礫が動かされ「ザワザワ」「ゴロゴロ」と音を立てて引いたと表現された。続いて場所によるがおおむね5分位経過後，最初の押し波が襲来した。水深の大きな所では波面が屏風を立てたようになって襲来した。湾口から急に水深が浅くなった所では山のように盛り上がってきた。遠浅の場所では海岸へ打ち寄せて来た風波のように泡だって来るか重なり合うように来た。屏風のように切り立ち，高さが5ｍを越える津波が海崖に衝突すると，発破のような音が生ずる。泡立つか重なり合うように来る場合，2.5ｍを越えると嵐が近づくような，重量トラックが数台走ってくるような音がする。このような音は全世界共通で，

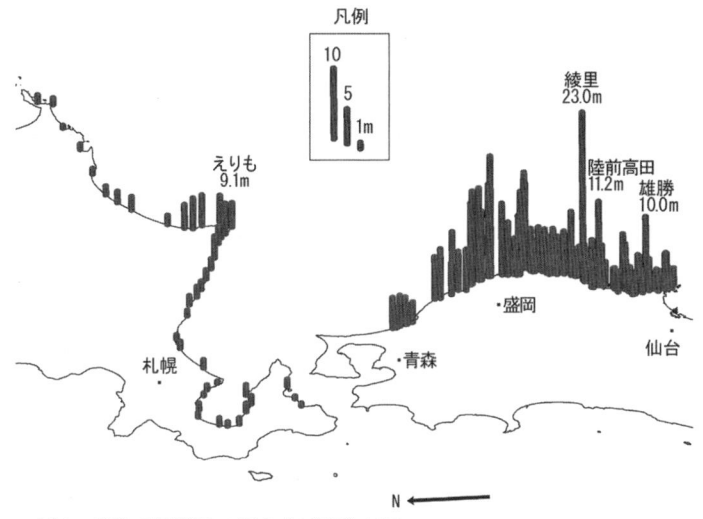

図1 昭和三陸津波の打ち上げ高分布図

津波襲来の警報と考えることができる。
津波の這い上がった高さを図1に示す。最高は岩手県綾里湾奥で生じ，28.7メートルであった。ここは，典型的なV字状湾で，湾口が東向きで丁度日本海溝に正対しており三陸沖で発生した津波が入りやすい。明治29年（1896）の明治三陸大津波でも38.2メートルの打上高の生じた所である。こうした打上高は，津波の残した痕跡を頼りに測定されるが，測定者によって，測量日程の忙しさ，使用する痕跡の良否，測定者の技術など，さまざまな因子に影響される。その好例を図2に示す。上図の鍬が崎（宮古市）の痕跡高は3-4メートルと思うが，実は下図のように変化している。水平方向に150メートルも離れると，3メートル以上も異なっているのである。それどころか，大船渡湾の東岸である上清水では，同一地点であるにも関わらず，地震研究所は5.1メートル，土木試験所は7.8メートルとなっている。明治の際と異なり震度が大きかったが避難しなかった人がいた。他所から来ていた人は，地震と津波の関連を知らず逃げ遅れた。工事現場の人夫や沿岸にあった会社住宅の人々である。明治の津波で大被害を受けた集落でも，たとえば，岩手県姉吉など再度大被害となったところがいくつかある。明治被災後の集落再建に際して，他地方出身者を家の跡継ぎとしたが，そのとき津波哀話のみ引継ぎ，地震と津波の知識を受け継いでいなかった。折角明治の被災後に集落を高所に再建したにも関わらず，日常生活の不便さから低地に戻り，今回も全滅に近い被害となった。
肉体疲労が原因と考えられるものもある。宮城県鮫の浦では，津波前1ヵ月にもわたり鰯の大漁で夜遅くまで働き，体が非常に疲れていたため，津波への警戒が疎かになったというのである。
そのほか，誤った思い込みが避難しない言い訳となった。宮城県桃生郡雄勝町周辺では，強震であったがために避難せず，被災した。明治29年の三陸津波は，いわゆる津波地震で地震の揺れは小さいのに津波がきわめて大きかった。その翌年，今度は震度5～6の強震であったが津波が1メートル程度であったから，地震が強いと津波は弱いと思い込んだのである。また，「明治の津波は地震後30分で来た。もう30分経ったから大丈夫」と立ち返り，波にさらわれてしまった。これらは近い過去の津波経験

（『東京大学地震研究所彙報』別冊1より）

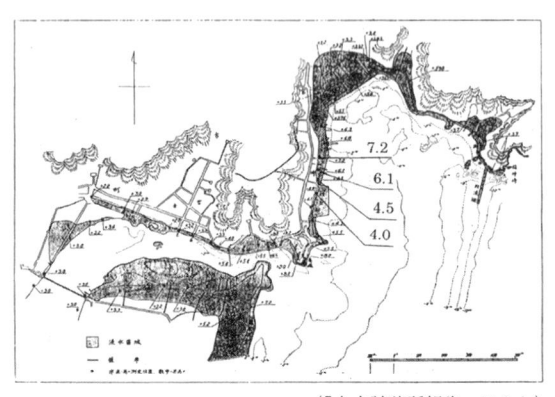

（『土木試験所報告』24より）

図2　宮古市鍬が崎の津波痕跡高

が負に働いた例である。
慣れもあった。岩手県広田町泊では前年ころより津波が来ると頻りに伝えられており，地震のたびごとに警戒していたが津波がなかったため，今度もそうだろうと津波襲来の警告を聞いても起きなかった人が遭難した。そのほか，根拠のない自分勝手な思い込みで避難せず遭難した。「寒いときには津波はない」「夜には津波はない」「人間一代に二度とは津波はない」などである。「晴天・満潮に津波はない」は，風津波のことである。三陸地方を低気圧が横断すると，湾内の海面は一時吸い上げられ，ついで解き放されて暫時自由振動をする。これも津波といわれていた。本震前の津波を経験した前記の内海らは，「今夜はお月さまが出ているのに津波とは」と不思議に思ったと述べている。浜で生活する人の，風津波に関しては正しい知識が，地震津波と混同されたのは地震津波の頻度が極端に低いためで，無理からぬところがある。

上手に避難した人も多かった。そのきっかけは，①警戒と警告によるもの。地震に伴い，各地の浜で津波を警戒する人々がいた。異常な引潮で津波と判断し，警鐘を乱打し，または鈴を鳴らしながら町中を触れ回るなどの警報が功を奏したが，一部には，警鐘の意味がわからず，火事と間違えて逃げ遅れた者もいた。田老では沖の船がボーボーと長い汽笛を鳴らした。知識のある人は，これを聞いて津波と知り，早く逃げたという。②電話による情報伝達。岩手県大槌電話局の交換手は，津波と知るや山田電話局・釜石電話局へ通報した。両電話局は，それぞれ加入者に電話で通知，受け取った人々はそれぞれに周辺へ呼びかけて避難した。釜石では消防団が警鐘を鳴らすだけでなく，自動車ポンプで町内を巡り警告を発した。③船の異常体験からの通報。宮城県女川港に碇泊していた農林省漁業監視船新知丸は激しい海震を感じ，津波を予想して，直ちに海岸近くにいた船に銅鑼を鳴らして予告しながら港外に出た。この非常合図を及川部長・菅原巡査が海岸に面する家々に予め伝えて警戒を呼びかけたことが，津波襲来時の早期避難に役立った。

避難の問題点も浮かび上がった。①避難路の不備がみられた。岩手県唐丹本郷では，「地震と同時に津浪を予想して早速高所に避難した人は勿論助かったが，津浪に襲われた人々は適当な避難路が少なく遂に多数の人々が犠牲となった」。避難訓練もなされておらず，暗いなかをただ高所を目指し，道は狭くて渋滞し，津波にさらわれた。同じく田老でも，避難すべき山地が遠いこと，その山道が険悪で容易に登れないこと，その道路も数が少ないことのため，渋滞して避難速度が「のろのろと逃げる」と表現されるまでに落ちたことが述べられている。②立ち戻り被災。津波てんでんこを実行して命を助かった人も多かったのであろうが，財産を持ち出そうと立ち戻り，遭難している。特に，当時は銀行破綻が多く，現金を自宅に保存していた人がこうした行動に出たといわれている。祖先の位牌を取りに戻った人もいる。肉親，特に老母をつれに戻り，背負っての避難中に津波に呑まれた人人もいる。③家屋の構造上の障碍。宮城県女川町石浜の例によれば，「多くの住宅は，海岸に面せる一方のみに，出入口を設け，裏口とも謂ふべき方面は，窓格子，その他の採光方面のみ注意せられ，出入すべき個所なき為，津浪の急襲に際しては，背面の丘陵に避難せんとして多大の困難を感じ」たとしている。

被害の概要

人命などの被害を表1に示す。資料によっては数字に差があるので例として『岩手県昭和震災誌』『宮城県昭和震嘯誌』のものを，それぞれ斜体文字で併記してある。岩手県の罹災は36ヵ町村におよび，沿岸部で全く死者・行方不明を出さなかったのは，

下閉伊郡崎山村，九戸郡久慈町・中野村のみであった．罹災前全人口133,246人中，死者1,408名，行方不明者1,263名，重傷者170名，軽傷者635名となり，これに避難した者を加えると，罹災者総数は36,978名となった．なお，一家が全滅したのは123戸の599名であった．

宮城県で死傷者を出したのは，亘理・桃生・牡鹿・本吉郡の14町村である．その被害前全人口は76,072人であった．このほか，名取・宮城2郡では人命被害はなかったものの，家財被害などが発生した．

宮城県では，年齢別・性別での死者・行方不明者・負傷者の統計が得られている．10歳ごとに区切られているが，10歳未満が117人と最も多く，内105人（男63人，女43人）が死または行方不明である．次に来るのが，男では60歳台が20人，女では50歳台が20人であった．また，女子の20歳台で17人と多いのは，母性愛故の犠牲と説明する．結論として，非常災害時には，「まず老幼婦人を避難させる」ことが必要だと主張している．

田老村（現宮古市田老町）の場合，戸数は昭和7年（1932）現在と思われる数字で現住戸数840，職業専業別に見ると，農110，林22，工25，商38，雑43で，これに加えて水産専業95，兼業の主業152，副業261であった．

同じく，本籍人口4,992人，現住人口5,080人と記されている．沖合によい漁場があり，沿岸漁業用の発動機船10隻，無動力船686隻であった．

5月21日の村役場調べによる被害状況は次の通りである．罹災戸数505（全戸数824），罹災者数2,729人（全人口4,982人），死者848人，行方不明363人，罹災生存者1,828人（内負傷者122人）であった．家屋では，住家流失428棟，床上浸水4棟，床下浸水4棟，被害額は642,000円，非住家の流失218棟で被害額は120,800円となった．

漁業では動力船14隻，被害額71,000円，無動力船895隻，被害額89,500円，漁具被害額10,980円，網具被害額28,500円，船具被害額9,850円と見積もられた．林産・農耕の被害額は，流失木材68,500円，流失薪炭67,500円，大麦13,375円，小麦7,500円，桑畑10,000円であり，これに加えて畑地は125町5反が被害額77,500円となった．これに，食料品・衣類布団・家具・貨幣などの被害金額1,246,859円や公共土木施設被害などを加えると，「被害総額2,908,755円」と，積算された．昭和3年から昭和6年度までの毎年の村費が34,000円台であった田老村にとっては，目も眩むような巨額の被害であった．

この津波の際，火災は3ヵ所で発生した．

表1　人命・家屋・船舶被害（内務省警保局『震災被害状況報告』33より）

道県名	人命（人）				家屋（棟）					船舶（隻）		
	死者	傷者	行方不明	計	流失	倒壊	焼失	浸水	計	流失	破損	計
北海道	13	54		67	19	48		131	198	162	44	206
青森県	23	70	7	100	151	113		107	371	320	312	632
岩手県	1,316	823	1,397	3,536	2,914	1,121	216	2,259	6,510	5,860	右に含む	5,860
	1,408	805	1,263	3,476	2,969	1,111	201	2,076	6,357	6,768	1,536	8,304
宮城県	170	145	138	453	950	528		1,520	2,988	948	425	1,373
	315	151	105	571	399	240		1,645	2,284			2,208
福島県								1	1	5	2	7
山形県						7			7			
計	1,522	1,092	1,542	4,156	4,034	1,817	216	4,018	10,085			8,078

まず，岩手県大船渡湾湾口付近の細浦である。海岸近くの家屋はほとんど全部倒壊され，漁船は陸地に押し上げられて民家に突入し破損するものなどが数多かった。道路上で大型発動機船竜神丸の発動機室あたりから出火して半焼した。この集落の惨状のため，翌4日の午後まで交通が遮断された。田老村では，町，川向方面の家屋が荒谷へ津波で集められ，そこから出火して40数名が焼死した。出火の場所・原因は定かではないが，「ランプの付いた家が流れて行って，倒れて火事になった」「波が来る前に風で家がバリバリと壊され，若い者の集まり場所から火がその風で飛ばされて火事の元になった」などと当時を振り返る話が得られている。

最悪の火事は釜石町で生じた。地震直後に一旦停電したが，まもなく復旧して避難の足元を照らしてくれたのだが，これの漏電が火事を起こした可能性も捨てきれない。津波は3時10分から押し寄せ始めた。第4波来襲中に，松原およびその対岸の繁華街より出火した。街路が水浸しのため近づけず，やっと5時半ころより消火活動が始まったが，そのうち後ろの山に飛火し遂には山火事を起こした。この火事で299軒が焼けたという。

救　助

さまざまな場所で必死の救助に当たった人人が多数いる。青森県三沢村四川目の月館栄三（当時43歳）は真裸で波濤の中に折り返して3回も飛び込み4名を救助した。岩手県大槌の消防手たちは，避難を呼びかけて町の中を走り回るだけでなく，「顔中を血だらけにし，ハアハア苦しげに空を仰いで，歩むことも出来ない土方三人を消防手二名にて安全地まで運ぶ（中略）。このほかにも，道路に押し上げられた破船の陰から14, 5歳の娘，破壊家屋の屋根から4, 50歳の女性などを第2波，第3波にめげず，同僚と連携を保ちながら救い上げるなどと活躍した」。

「（釜石電話）三日午前五時頃気仙郡唐丹村小白浜沖を通過した三陸汽船の乗客の語る処によれば，「同村本郷花露辺両部落には全く人家が見当らず暗夜の洋上から助けてくれとの絹を裂くやうな悲鳴が各所から聞こえたが波浪高くなんとも手の施しやうもなくただ見殺しにして同部落を通過した」という」（『岩手日報』3月4日号外）。

明るくなると助けが来た。「ずっと屋根の上に居るうちに，救助の舟がやってきた。手漕ぎのサッパ（アワビ採りなどの小型漁船）だった。（中略）サッパは一隻だけでなく数隻が来て海上を捜索していた。助けられたのは昼頃だったと思う」（箱石兵三（当時30歳）の体験）。

宮城県十五浜村大須は，明治の津波で大被害を請け，全集落高地へも移転しており，昭和の津波では全く影響を受けなかった。隣接する荒がやられたと知って，「大須部落水難救護組合で，組合長阿部善助氏外十三名の組合員は，津浪襲来と聞くや，激浪を衝いて救助船を下し，同村被害部落中最も惨害を極めた荒部落沖合に出動し，押流されて漂流中の部落民十三名を救助し，更に屍体三個を発見，直ちにこれを引き揚げ，安全の地帯に送り届け，手厚い取扱をなし，引続き波浪治まらないのに，危険を冒し，全組合員必死の勇を奮つて，漂流物の捜査やら死体捜査に出動し，同部落から小船五十艘（見積価格五千七百円）を拾ひ上げ，一般から非常に感謝されて居る」（『河北新報』3月11日）。

救　援

国は青森・岩手・宮城3県知事の要請に基づき，翌4日には臨時閣議を開き，続いて帝国議会本会議で説明し，午後2時には各省次官会議を開催して，租税減免・米穀無償貸付・低利融通などを決定する。関連省庁は3日中に被害調査などの具体的行動を開始していた。内務省は3日に三陸地方震

害対策協議会を開き，①地方税減免，②衣食住等物資の供給，③治安維持，④復旧工事，⑤防疫について対処することを決める。農林省は，4日午後9時50分，政府保管米2,500俵を貨車11両で岩手県へ発送。5日午前9時には，監視船白鳳が白米・食料品を満載して月島を発し，釜石・田老へ向かう。7日には，さらに5,000俵を発送する。
陸海軍もすぐに動きだす。3日午前11時には霞ヶ浦航空隊および館山海軍航空隊の合計4機が岩手県上空に姿を現した。陸軍は，3日午前8時，被害地に隣接した在郷軍人に総出動を命じ，衣糧の配給，死者捜索収容，負傷者救護，交通路復旧，破壊家屋の整理および警備に当たらせる。岩手県分だけで，延べ22,830人に及んだ。続いて工兵隊を派遣し，電信電話線・道路橋梁の応急修理，障害物排除，橋の架設などを行わせた。3月12日までには工兵隊は帰還する。海軍では，横須賀鎮守府から駆逐艦5隻に被服・食糧を満載して4日午前11時には大船渡・釜石・宮古・久慈に投錨，救恤品陸揚げを始める。6日早朝には，軍艦厳島が衣類や救恤品を釜石や宮古へ運んだ。これら物品は，県担当者協議して，岩手30，宮城10，青森1の比率で分配された。大湊要港部からは，駆逐艦4隻が4日午前6時半には宮古・八戸・大槌・釜石に到着し，海上捜査・救援作業を行なった。また特務艦大泊が建築材料の運搬に従事した。
医療救護には，軍・赤十字社・帝大が，地元の医者と協力しながらあたった。盛岡・弘前・仙台衛戍病院からは，計6班の救護班が赴き，長いものでも10日には帰還した。赤十字社岩手支部からは，釜石・山田・小本・種市の4ヵ所に救護班を派遣し，3日より21日まで延べ4,212名の患者に施療した。赤十字社宮城支部，東北帝大も医者団を派遣している。
岩手県は，3日午前10時に，当時存在した国防後援統制委員会を招集し，罹災応急救助計画を策定，県に本部を置き，内務・警察両部長，盛岡連隊区司令官を常任委員に任命し，統制委員会を通じて各団体を指示し動かすこととなった。警備・跡片付け・死体捜索・道補修・仮小屋建築には，消防組(92組，人員数7,068人，総数89,145人日)，青年団(112団体，人員数2,908人，総数13,847人日)，在郷軍人会(延べ22,830人)が活躍した。
宮城県は，臨時災害善後委員会を設置，委員長は内務部長，副委員長は警察部長と学務部長とした。救護部・配給部・復興部の3部を置いた。ここでも，消防組(罹災地町村9組，延べ52日，人員5,298人，他町村12組，延べ28日，人員1,322人)，青年団(他町村30団体，延べ61日，延べ1,564人，罹災地内11団体，青年団類似のもの5団体)が働いた。
こうして救護療養・生活への援助が進むと同時に，復旧に忙しい親への手助けとして，臨時託児所も開催された。岩手県では愛国婦人会が25集落に設置し，児童数は2,102人。宮城県では，社会事業会と愛国婦人会が地方篤志家の応援を得て，5ヵ所を設置し，開設期間450日，児童数延べ4,661名であった。
仮小屋建設も3月4日から始まる。資材調達にも，その運搬にも難題が多かった。岩手県は必要戸数4,300戸，対象人員2万6千人と考えた。仮小屋の構造は，一戸に付き間口奥行各2間のもの4戸1棟もしくは5戸1棟のものを基準とした。1戸平均の所要額を材料費運搬費合計で40円以内に限定し2,007戸を建築予定であったが，地方の実情により現金の交付に代えたところや，また罹災町村において自給したものもあり，結局県の建築戸数は1,614戸であった。
宮城県でも6日にはバラック建築を開始した。各地で移動村会を開催して，県のバラック設計を説明して起工した。時には，県設計より遥かに劣る掘立小屋を建設したも

のには，工事を中止させ，県設計のものと入れ替えた場合もあったという。

食料・医療・衣料・仮小屋に加え，暖房も重要であった。3月3日とそれに続く数日は，零下7.8～17.1度と酷寒であった。木炭を貨物自動車・岩手軽便鉄道を使って3月15日までに8,650俵を送ることとなった。田老村では3月3日午前7時，消防員1名を陸路宮古へ駆けつけさせ，第1報を県知事宛てに発送した。近在の無被害集落の住民がいち早く炊き出しを行い昼食を配る。宮古からの白米供給を受け3日夜には自警団が炊き出し。引き続き県からの配給米によって3月25日まで炊き出しを継続した。罹災者は学校に避難し，階上10室，階下9室，講堂は皆満室となり，加えて各方面からの救護班，応援隊も仮宿としたので，大混雑となった。避難者収容数は3月12日の119家族451名を最高とし，30日の7家族13名となり，4月1日の新学期には全員引揚げた。

仮小屋は，村内応援団の奉仕により3月8日から建設が始まり，12日に156戸515名分が全部終了した。県の仕様に基づいた大きさであったが，側は杉板一枚張り，屋根は杉皮葺きであったが雨雪寒気を防ぐにはあまりにも粗末であった。3月15日からこれへの移動が始まり，3月末日までに，ほとんどバラック生活に入った。

都医師会救護班の3日到着を始めとして，県救護班，第八師団，仙台大学病院，仙台通信局救護班などの治療救護が，深夜不眠の姿で続けられた。3月9日には勅使大金益次郎侍従が視察と慰問に訪れ，18日には御内帑金7,500円の下賜があった。

復　興

復興への提案は，直後からなされた。たとえば，民政党の三陸津波対策委員会は8日午後1時から開会し協議の結果，応急対策，恒久対策の2つに分けて以下の提案をしたが，後者では(イ)防波堤の修築，(ロ)住宅地域の制限，(ハ)住宅の地盛り，(ニ)漁村区画整理，(ホ)防風波林の設置，(ヘ)三月三日を津波記念日として三陸海岸の各小学校に於て津波に関する講演会を開き災害の記憶を新にし合せて津波避難訓練を行わしむる事，(ト)太平洋潮流及び金華山沖に於ける津波の調査研究」(『岩手日報』昭和8年3月9日)をあげている。岩手県土木・山林・耕地三課の合議による防潮施設定規(同8年3月12日)では，原則は高地移転としながら，移転出来ない市街地では建築物は鉄筋コンクリートその他堅固なる不燃質構造とすること，移転できない村落では前面に防浪堤(高さ5メートル以上)，背面に幅20メートル以上の防潮林を設けるなどとしている。

6月10日付けの震災予防評議会の「津浪災害予防に関する注意書」では，最善の高地移転の他，防浪堤，護岸，防潮林，防浪地区，緩衝地区，避難道路，津浪警戒，津浪避難，記念事業の9項目を挙げた。内務大臣官房都市計画課は，津浪被害対策として，高地移転，敷地の地上げ，防浪建築，街路の整備，埋立護岸，避難道路，防潮林，防波堤，津浪予報装置の10項目をあげている。いずれの案でも提案されている防潮林は，津波後，植林が進み，平成23年(2011)の東日本大震災まで三陸沿岸に見られるもののほとんどが，この時のものであった。江戸時代からの防潮林は陸前高田市の名所「高田の松原」などに限られていたが，それも東日本大震災によって1本を残してなくなった。

住宅適地造成および街路復旧の2事業の所要経費は675,870円と見積もられたが，罹災町村の昭和7年度予算の40.9％にあたる額であった。住宅適地造成費には，預金部低利資金を融通した。ただ，宮城県は費用の27.5％を義援金より支出した。街路復旧費107,110円については，その内100,000円を国が調達することとし，その85％を国庫補助，残りの15％には預金部低利資金をあ

て，利子を国庫補助とした。

高地移転・敷地の地上げを行なったのは，宮城県で15ヵ町村60集落（うち11集落は集団移転），岩手県で18ヵ町村38集落（全部集落）であった。街路復旧は，市街地を中心として隣接地との連絡の緊密化，市街地内の道路整備，高地にある住宅と海岸との連絡道路，および避難道路整備を目的として行われた。復興計画作成のため，航空写真測量により52枚の地図が作成された（『岩手日報』昭和8年3月14日）。陸軍習志野飛行学校などが技術を持っていたようである。宅地造成は翌年3月末にほとんど完成した。岩手県での漁民住宅の復旧では，産業組合組織による住宅購買利用組合を設立するよう促し，さらにこれを転機として漁村集落の改善を目指した。単に住家の復旧に止まらず浴場・作業場・倉庫・集会場・託児所・冠婚葬祭具の共同設備をも建設し，理想的新漁村の建設を目指すものとした。28集落1,965棟の復興を図った。産業組合組織以外のものに関しては，分譲式公営住宅および住宅組合による方法をとり7町村654戸分の低利資金32万7千円を供給した。このとき，石黒英彦岩手県知事は，罹災全部落を廻り，県の方針を説示し，「高台に宅地造成のものには資金を与へ，住宅建築資金も出す。現地復旧のものには，県は何等お構ひしない」と説いて回った。

宮城県でも水産課が，岩手県類似の新漁村計画を構想し始めた（『河北新報』昭和8年3月8日）が，バラック建設が進むとともに自力で本建築を開始するものが出始めたので，県保安課が「各町村当局を通じ本建築に際しては将来危険のおそれのない土地を選定し，殊に海岸寄りの窪地等は絶対に避け高所に建築するよう注意方の通牒を発した」（同8年3月11日）。ついで，被害の甚だしかった6地区には臨時海嘯罹家屋復興計画委員会を設け，高地での住宅復旧を協議してもらうこととした。たとえば，十五浜村では区長山下東四郎外18名からなる委員会で，委員長は区長，副委員長は助役，委員として所轄警察署長，所轄土木工区主任，遠藤県営繕技師，草野県都市計画係主任技師の4名が加わった（『河北新報』昭和8年3月30日）。これに加え，宮城県令第33号で土地利用に規制をかけた。海嘯罹災地建築取締規則（昭和8年6月30日制定）である。知事の指定する津波罹災のおそれのある地域には，住居および一部を住居用に使用する建物を建築してはならないとする。これに違反するものには，拘留または科料という罰則も付け加えられていた。建物には許可証として径8㌢の琺瑯焼付板を表示する。この県令制定の記録はあり，廃止の記載はないのだが，昭和29年（1954）にはじめて編集された『宮城県例規集』には見当たらず，いつのまにか廃止の取り扱いとなっている。

田老村でも市街地の復興は，災害復興工事計画に基づいて行われた。当初，高地移転や地盤嵩上げの案もあったが，結局市街地を防潮堤で囲むことに落ち着いた。県道およびこれに平行する市街を造り，かなり多数の避難道路を設けることとした。自動車の走る県道と高地へ向かう避難路の交差点では，避難速度を落とさずとも左右が見渡せるよう，隅切りがしてある。工事は耕地整理法によることとし，住宅地の区画，割り当て，耕地の土砂取り除け，道路の切り換えなどで，工費は32,000円（起債15,000円，県補助金17,000円）であった。防浪堤は村費で建設し，工費60,000円を宅地造成資金として，預金部より借り入れた。住宅建築のためには，資金借入希望の250戸にたいし，罹災者住宅建築の割当金8万5千円を使って，最高1,200円，最低800円を転貸しした。水産・養蚕・畜産・林業・副業・商工などの共同施設には，義援金から25,000円を交付した。漁業の復活のため，漁船漁具建造費として，殖産銀行から50,000円借

図3　津浪予報装置塔

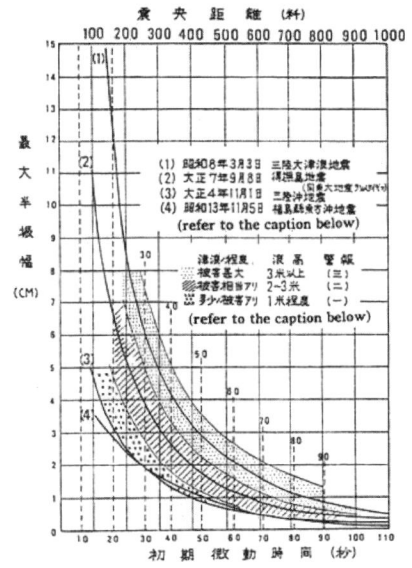

図4　世界最初の津波予報図

入，商工業復興資金から35,000円を得て，漁具の購入並びに小漁船（サッパ）700艘の建造にあて，組合員全員に分け与えた。その他，農家へは耕地被害復旧費，農具・種子の現品支給など各産業へのきめ細かい配慮を行なっている。消防団は，震災による団員欠員の補充や三輪自動ポンプなどの購入(10,898円)を義援金によって行なった。

津波研究の促進

この津波後，津波発生機構の理論的考察や水理実験，津波伝播・変形の理論，津波波力の水理実験などが，東京大学地震研究所や内務省土木実験所で盛んに行われるようになる。

なかでも成果の上がったのは津波予報であろう。急速な限度以上の海面上昇下降を検知してサイレンを自動的に吹鳴する津波予報装置塔が釜石に実現した。建造費・電気設備を含め，計3,500円であった。当初18ヵ所に予定されていたが，結局釜石のみで実現した。その後世界最初の津波予報が，三陸地方を対象として昭和16年(1941)に実現する。この予報は，予報図（図4）に各地の震央までの距離と，標準的な地震計に記録された最大振幅をプロットし，図中の分布範囲から大津波・津波・津波なしのレベルを判定するものであった。各地の値を電話で集めるため，発震から判定まで約20分を要した。なお，この津波で気象台の宮古験潮所は測器や建物が流失。なかを倉庫代わりにして収められていたこれ以前の宮古測候所の地震観測のすす書き記録多数も一緒に流失してしまったという。

参考文献　岩手県田老町『地域ガイド―津波と防災～語り継ぐ体験―(改訂版)』，1995，『岩手県昭和震災誌』，1934，室谷精四郎編『宮城県昭和震嘯誌』(宮城県，1995)，首藤伸夫「昭和三陸大津波来襲時の人間行動」(『津波工学研究報告』27, 2010)，渡辺偉夫『日本被害津波総覧(第2版)』(東京大学出版会，1998)，内務大臣官房都市計画課『三陸津浪に因る被害町村の復興計画報告書』，1934　　　　　　　　（首藤伸夫）

1934 函館大火 (昭和9年3月21日)

函館と火災

昭和9年(1934)3月21日,北海道函館市で発生した大火災である。函館市の市街地は,渡島半島の南側,津軽海峡に突き出した岬を中心に形成され,函館山(標高334㍍)を要として扇を開いたように平野部に広がっている。西・南・北の3方向は海に面し,北方の内海である函館港は,その地形から「巴港」ともよばれ,幕末の開港以来,天然の良港として栄えてきた。しかし,風速10㍍以上の強風に見舞われる日が年間150程度あることもあって火災が頻発し,防火対策の未熟さから被害が拡大することも多かった。

明治元年(1868)から大正10年(1921)までの間に,100戸以上焼失した火災は22回(2年5ヵ月に1回)をかぞえ,特に明治40年8月25日と大正10年4月14日の大火の被害は甚大であった。またこの2度の大火の間に,100戸以上焼失の火災が計9回,実に20ヵ月に1回の割合で発生し,平均焼失戸数は約1,890戸,平均損害額も580万円に達した。このため,防火意識を高めて耐火建築を増やす取り組みがなされ,特に大正10年以降は,防火線の設置や上下水道の拡張,消防専用水道・貯水槽の増設,火災報知器の設置や自動車ポンプの増設など消防設備の充実につとめ,2昼夜勤務から1昼夜勤務制に増員するなど消防体制も整備された。その結果,明治40年代に年間焼失率が1,000戸に対し92戸だったものが,大正11年から昭和7年の間には2.7戸に減少し,全国最高率だった火災保険料も低下するなど一定の成果をあげた。しかしこのような努力も,昭和9年の大火には全く効果がなかったというのが現実であった。

出火から鎮火まで

大火当日の3月21日は低気圧が接近し,午後4時半ごろから風速毎秒12㍍の南南西の強風と雨が降り,午後6時ごろには低気圧の中心が渡島半島付近を通過した。函館市における気圧は973hPa(730㍉)程度とみられ,南南西の風は次第に強まり,出火約30分前の午後6時20分には毎秒20㍍に達していた。一方,この日は消防組が非番の人員も一部召集して警戒にあたっていたが,午後5

表1 明治・大正期の主な火災

年月日	出火地点	出火時刻	鎮火時間	焼失戸数
明治2年(1869)5月11日	弁天町	午前11時	不明	871
4年(1871)9月2日	常盤町	不明	不明	1,071
11年(1878)11月16日	鰪澗町	午前2時15分	不明	954
12年(1879)12月6日	堀江町	午後8時30分	翌朝	2,245
29年(1896)8月26日	弁天町	午前1時	不明	2,280
32年(1899)9月15日	豊川町	午前9時	不明	2,494
40年(1907)8月25日	東川町	午後10時20分	翌日午前9時	8,977
45年(1912)4月12日	音羽町	午後2時	午後4時10分	733
大正2年(1913)5月4日	若松町	午後1時50分	午後5時	1,532
3年(1914)4月8日	蓬萊町	午前11時	午後2時45分	849
3年(1914)12月1日	鰪澗町	午前0時15分	午前2時	673
5年(1916)8月2日	旭町	午後3時50分	午後6時	1,763
10年(1921)4月14日	東川町	午前1時55分	午後8時	2,041

注1 焼失戸数500戸以上 2 明治5年以前は陰暦 3 常磐町は,のち旅籠町,現弥生町。鰪澗町は,現入舟町。堀江町はのち東浜町,現末広町。音羽町は,現若松町,蓬萊町は現宝来町 4 『函館大火災害誌』『函館大火史』より作成

時40分ごろから弁天町・住吉町・海岸町・蓬萊町・大縄町・新川町の6ヵ所で漏電による火災が発生し，直ちに出動してこれを鎮火した。しかし，まもなく全市停電となり，市内各所で煙突の折損，電線の切断などが発生し，家屋の倒壊や屋根が吹きとばされたものは，すでに1,000戸に及んでいたとみられる。そんななか午後6時53分，住吉町91番地の家屋の屋根が飛ばされ，住民は避難したが，2階のいろりの残り火が風にあおられて飛散したことから，火災が発生した。出火地点の住吉町は，函館市の最南端部に位置し，町の東・西・南側は海に面し，北方に向かう風向き以外は大火災の火元となる危険の少ない地点とされていた。また消防組が火災を確認したのは，出火から5分後の6時58分で，ポンプ自動車3台，水管自動車4台で出動し，火災確認から約5分後には注水を開始したが，おりからの強風と風向きの変わりやすい地形に翻弄され，出火から約10分で火は住吉町一帯と谷地頭町の一部に燃え広がった。

午後7時20分には風速24.2メートルを記録し，各地に飛び火して8時ころには風下の谷地頭町・青柳町方面に延焼し，海岸に沿って蓬萊町，宝町，東川町，栄町の一部にも火が及んだ。午後8時から9時ごろには，風速が毎秒25～26メートルになったとみられ（午後7時40分に風力計破壊，午後10時ころ復旧），最大瞬間風速は推定で約40メートルに及び，松や杉などの倒木や折損は4,000本以上に及んだ。またこのころから，風向きは南西，西南西，あるいは西と変化して，火災は元町方面，東雲町・大森町方面に拡大し，道路幅員約30メートル，軒高約7メートル以上，奥行約10メートルの防火地区である銀座通りも火を食い止めることができず，またこのころ松風小学校付近で単独出火があり，新川町や千歳町の一部を焼き，東川橋に及んだ。午後9時を過ぎても依然として推定25～26メートルの西風は止まず，風下の町々に延焼し，ついに新川（亀田川下流部）を越えて宇賀浦町，高盛町，堀川町，的場町，砂川町の一部にも及んだ。午後10時から11時にかけて20メートル程度の西風となり，風は弱まり始めたが火勢は衰えず，末広町・豊川町方面，および新川町から的場町，時任町，金堀町方面もついに灰燼に帰し，出火から約11時間後の22日午前6時ごろようやく鎮火した。

被害の概要と火災拡大の原因

この大火による焼失面積は4,163,967平方メートルで市街地面積の約3分の1にあたり，全町焼失22町，一部焼失も19町に達した。被災戸数24,186戸（函館市役所調査），焼失建物11,176棟で，函館警察署や市役所，消防組本部，税務署や函館地方裁判所など主要官庁も焼失した。被害総額は1億2,785万1,317円にのぼり，被災者124,558人のうち，死者2,054人（その後の病死者112人を加え2,166人），被災傷病者（重軽傷者）12,592人，行方不明者662人をかぞえた。当時の函館市の人口は218,900（1935年国勢調査では207,480人）で，被災者はその半数以上にのぼる。

特徴的なのは死者が多数なことと，その死因である。内訳は，焼死748人，窒息死143人，溺死917人，凍死217人，その他29人で，猛火や猛煙による焼死・窒息死より溺死・凍死のほうが多い。これは，①当初大森海岸方面が安全と考えられ，多数の避難民が殺到したが，8時から9時にかけて風向きが西に変わって風下となり，人々は猛火に追い詰められて海に入ったが，大しけと満潮が重なり波にさらわれたこと，②松風小学校付近の単独火災が東川橋にまで及び，東方への避難が困難となり，木造の新川橋や高盛橋は避難民が殺到して破壊され，やはり木造の大森橋は避難民の荷物に飛び火して焼失し，人々が満潮時の新川（幅13メートル，深さ4メートル，水深1メートル）に転落したこと，③猛火と猛煙，屋根や瓦などの飛散，家屋の倒壊，停電，3月の残雪による悪路で歩行

も困難なうえ，強風や突風，気温2℃～－1℃以下，雨や霰，雪などの気象条件により，生存者のなかにも体力を失った人がいたことなどが，その原因とみられる。

また日本建築学会などの分析により，火災が拡大した原因としては，①強風により延焼速度が速く，飛び火による出火が39ヵ所に及ぶなど，飛び火が多発したこと，②西への風向きの変化という最悪の事態が起ったこと，③火災確認までに5分を要したこと，④消防士が吹き飛ばされるほどの強風により消火活動を邪魔され，局所注水が困難だったこと，⑤出火地点の住吉町は上水道の終点で消火栓の水圧が弱く，水量が乏しかったこと，⑥出火地点付近や海岸付近を含め市内にはまだまだ粗末な木造家屋が多く，耐火建築物にも設計や施工などに不十分な点がみられたこと，⑦道路が狭いうえに防火地区が少なく，公園や広場など都市計画上の設備が完備していなかったことなどが指摘された。

救援・救済

函館市長が内務大臣，陸海軍大臣，北海道庁長官，各新聞社に対して救援要請の電報を打ったのは，火災発生から約2時間後の午後9時のことであった。関係機関は直ちに必要な物資や人員の手配に着手し，道庁ではゴザやストーブ，石炭やランプ，食糧や衣服，寝具，防寒具などの物資，避難所建設のための資材の調達と大工の手配を行い，大学病院などに救護班の派遣を依頼した。このため翌22日，函館へ向かう救援・救護班の多くが午前9時45分札幌発の列車に同乗し，午後4時30分の函館到着までに，各団体の責任者が列車内の一室で打ち合わせをするといった効率的な準備がなされた。函館市内では，被災者の収容，傷病者の救護，迷子の収容，死体の捜索と収容・検死，炊き出し，食糧・衣服などの配給，焼け跡・道路整理，橋梁の架設などが進められ，市内・市外の青年団や女子青年団，在郷軍人分会や婦人会，警察官や消防組のほか，函館軍砲兵大隊などが協力した。特に当時最も懸念されたのは，治安の悪化であった。市内は電燈が復旧せず，流言飛語も続出し，暗闇に乗じた窃盗や，死者の家族や親族を装い死体から現金や貴金属を強奪する者，避難途中に放棄された金品を横領する者，

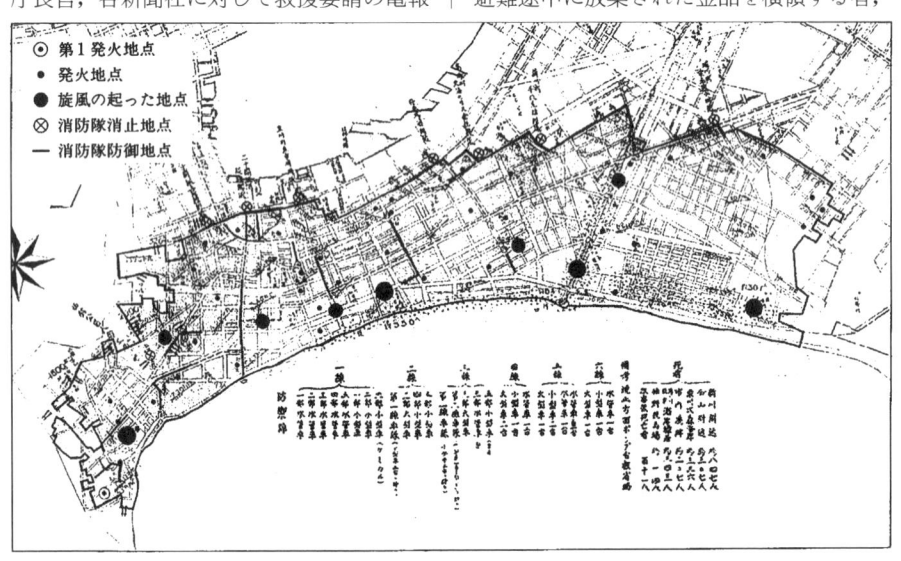

図1 函館大火説明図（部分，『函館大火史』付図より）

図2　昭和9年大火後の函館市街（相生町・恵比須町方面）

図3　昭和9年大火後の函館市街（春日町・蓬莱町方面）

銀行や会社などの焼け跡からお金などを発掘する者、被災者を装い焼け跡から衣類などを持ち出す者もいた。また道内外から入り込んだスリが、銀行や保険金払渡し場所の混雑を利用して犯行に及んだ。そのため警察は、26日には51名の特別隊を編成して治安の維持につとめた。

また大火直後から、函館市職業紹介所は、青森地方職業紹介事務局と道庁の協力のもと、被災失業者救済のための職業紹介と復興上必要な労働力の需給統制に着手した。これは、被災失業者を登録し、前職と扶養家族数、被災程度によって就職を斡旋するとともに、被災地外からみだりに労働力が流入するのを抑制するねらいがあった。この結果、7月までに2,483名の登録があったが、求人・求職ともに利用は十分ではなかった。このため担当者たちは、市内各所から必要とする労働力の情報を集める「求人開拓」を実施するなどして宣伝につとめたが、民間の紹介業者、日雇労働や港湾労働関係の紹介業者が労働力を囲い込んで市の参入を許さず、復興に必要な労働力の確保を阻害する側面もあった。

復興事業

本格的な復興事業は、函館市や道庁より、むしろ内務省主導で行われた。当時、国内の都市政策のなかでも防火対策は重視され、函館の復興が他の地方都市の都市計画のモデルになると期待されたからとみられる。また復興計画は、関東大震災後の東京の復興事業を手本とし、たとえば義捐金によって昭和9年（1934）11月に設立された函館共愛会は、関東大震災後の同潤会をモデルに、住宅事業をはじめとして、託児事業や職業紹介事業などを行なった。また日本建築学会や東京市政調査会の意見書や、昭和4年函館市が内務省から認可を受けた都市計画

案なども復興計画に盛り込まれた。具体的には，土地区画整理事業を断行し，緑樹帯の新設，幹線道路の幅員拡張やその他道路の整頓，公園の設置，工業地域の変更や官庁街の位置変更のほか，防火地区の設定，不燃質橋梁の新設，市内東部方面への上水道の増設などが計画された。

このうち道路拡張では，交通施設としてではなく，防火線としての街路の役割が重視された。具体的には，幅30間（約55メートル）の緑樹帯主要幹線道路5路線を南北に配置し，同じく20間（約36メートル）の道路1路線を東西に配置することで，延焼を防ぎ消防隊の活動の円滑化を図るというものである。また道路を相互に交差させることで，市内を20以上の防火ブロックに分け，重要路線に沿って防火地区を設定して耐火建築を促進し，上水道や消火栓を拡張・増設するとともに，公園を設置して，市民の健康に資するだけでなく避難場所を確保しようとした。また復興計画に関連して，小学校を緑樹帯の終端か交差付近に配置し，教育の環境整備とともに，防風・防火に役立てることとした。一方計画実施の絶対条件ともいえる区画整理は，施行区域が127万坪に及ぶ市街地であったことから困難が予想されたが，大蔵省が費用をほぼ全額認めたこともあって意外にも進展し，昭和11年8月ころまでには家屋移転をほぼ終了した。

防火地区に指定されたのは，銀座通りおよび二十間坂から駅前を経て大門にでて，さらに昭和橋に至る区域で，銀座通りによって西部の山の手方面，二十間坂から昭和橋に至る道路で南・北と，全市を3つのブロックに分けて保護するかたちとなった。一方耐火建築物については，木造長屋の制限や外壁・軒裏・窓や出入り口などの耐火性に厳重な規定が設けられた。しかしもともと函館では，富裕な商人が金融業や不動産業を営み，借地や借家が多く，焼失区域に多い小商人や低所得者層に耐火建築を望むのは経済的に無理であった。そのため結局は，地主や商人など富裕層の自覚に頼る以外になく，課題として残された。

慰霊堂と記録映像

大火から1年後の昭和10年(1935)3月21日，「昭和九年大火災横死者慰霊祭」が新川尻大森町慰霊祭場で行われた。当時の様子はラジオで中継されて全道に放送されるとともに，午前10時40分から20分間，全国にむけて坂本森一市長の「感謝の辞」が放送された。また昭和12年(1937)7月函館共愛会は，大森橋に近接した地に慰霊堂を起工し，その後函館市が引継ぎ翌年10月8日入仏落慶式を挙行した。慰霊堂における最初の慰霊祭は，耐火から5年後の昭和14年で，その後は毎年慰霊祭が実施されている。現在，函館市大森町の大森公園内に所在し，青少年ホールとしても使用されている。さらに昭和12年には，大火の概要や復旧・復興の記録である『函館大火災害誌』(北海道社会事業協会編)や昭和9年以前の函館の火災史を含めた『函館大火史』(函館消防本部編)が刊行された。一方，函館からの一報を受けて，北海タイムス社(現北海道新聞)の記者が大火翌日の未明に函館に到着し，鎮火前の市内の様子や鎮火後の人々を写したニュースフィルムの一部が発見され，昭和54年(1979)3月21日，UHB北海道放送がこれをもとに30分の特別番組「ドキュメント函館大火」をテレビ放送し，大火の惨状を伝えた。

参考文献　『函館市史』(都市・住文化編，通説編3，1995・1997)，合田一道『ドキュメント函館大火』(恒友出版，1979)

（一瀬啓恵）

1934 室戸台風 （昭和9年9月）

室戸台風の特徴
昭和9年(1934)9月12,13日ころ天気図上にかろうじてその存在を認められる程度であった台風は15日になってやや判然とし，16日には発達しながら徐々に北西に進むのが認められた。台風はその後も発達しながら北上し，20日朝には那覇市の東約100㌔に達し，この時から進路を北北西に変えた。この時の中心気圧は，数少ない周囲の観測資料から965hPaと推定されてはいるが，むろん当時は飛行機観測も気象衛星観測もない時代であり，上陸時の中心気圧などから，この段階ではすでにもっと発達していたものと思われる。台風はその後，速度を早めながら，21日5時ごろ高知県室戸岬の北に上陸し，紀淡海峡を通って8時ころ神戸市付近に再上陸した（図1）。この台風による被害は，表1の通りである。

最低気圧と名前の由来
台風が近くに上陸した中央気象台付属室戸測候所(室戸岬測候所を経て現在は特別地域観測所)では，最大瞬間風速60㍍/秒を観測した5時ころに機器が壊れ，それ以上であったと思われる風の観測が残っていない。そして，21日5時10分に912hPaの最低気圧を観測したが，これは，当時特筆すべきものであった。というのは，明治18年(1885)9月22日6時30分にインドのカルカッタ南西のフォルスポイントの燈台兼測候所で観測した919hPaが当時の世界最低気圧とされていたからで，これを7hPaも更新したからである（図2）。このため，この昭和9年(1934)9月の台風は，世界最低気圧を更新した室戸岬の名前をとって室戸台風と付けられ，いろいろな報告書などに使用された。なお，それまでの日本記録では，大正9年(1920)9月3日の石垣島で観測した931hPaである。

阪神地方で台風眼を観測
神戸測候所では21日7時44分から5分間，風雨ともに小康状態となり，一時的に空が明るくなった。つまり台風の眼に入ったわけである。阪神地方は，前方に四国や紀州の山脈を控えていることもあって，しっかりした眼を持ち発達したままの台風がそのまま襲来することは稀であった。そしてこの発達したままの台風は大阪湾などに高潮を引きおこし，大惨事が発生した。

日本初のノーベル賞(物理学賞)を受賞した湯川秀樹が受賞の理由となった中間子理論を発見したのは，室戸台風の襲来の直後であり，のちに「私にとっても生まれて初めての恐ろしい風で，大変ショックでありました。しかし，このショックが私にはブレーン・ストーミングとして作用してくれたのかもしれません」と述べている。天才が考えに考えた蓄積があり，そこに室戸台風の刺激が着想の契機となったということであろうが，室戸台風の直径がおよそ25㌔という眼は，兵庫県西宮市の湯川の自宅を通過している。

不連続線と上陸後の早い進行速度
室戸台風の前方にあたる日本海には，前日来の不連続線があった（不連続線は気圧や気温などが大きく変わっている場所を結んだ線で，前線は不連続線の1種）。この不連続線の北西側では前日来降雨が相当あるなど，雨に関する現象が顕著であった。また，上陸後は進行速度を増し，時速100㌔を超している。これらのことから，室戸台風は上陸後まもなく温帯低気圧に変わっていったのではないかと思われる。

室戸台風の被害
室戸台風の被害は，大阪府が一番大きく，近畿・四国を中心として死者・行方不明者合わせて3,066名(大阪府1,888名)という大

表1 被害概要

被害状況		府県別死者・行方不明者	
死者	2,866名	大阪府	1,888名
行方不明者	200名	兵庫県	261名
負傷者	15,361名	京都府	233名
全壊家屋	27,303世帯	岡山県	152名
半壊家屋	36,137世帯	高知県	122名
流出家屋	20,171世帯	鳥取県	81名
床上浸水	227,230世帯	滋賀県	49名
床下浸水	164,793世帯	徳島県	39名

(『室戸台風調査報告』より)

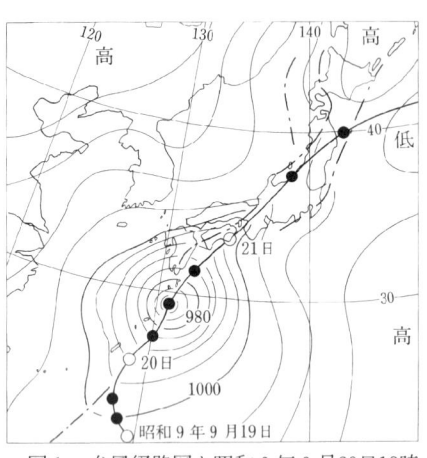

図1　台風経路図と昭和9年9月20日18時の地上天気図

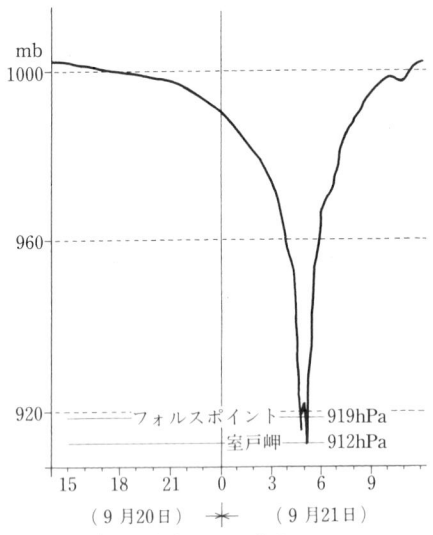

図2　室戸測候所の気圧変化

きなものであった。これらの被害は、主として風害、高潮害および水害によるものであった（表1）。のちに室戸台風は、昭和20年(1945)の枕崎台風、34年の伊勢湾台風とともに、昭和3大台風と呼ばれている。図3は、台風の惨状を伝える新聞記事の第一夕刊であるが、4面しかない新聞において、1～4面の全てが台風記事で埋め尽くされている（同じ日の夕刊でも、第2夕刊以降は台風以外の記事も少しは掲載されている）。

風害

室戸台風は、世界記録を更新するほど中心気圧が低く、このため風が非常に強いという特徴を持っていた。中心付近の最大瞬間風速は60㍍/秒を超え、台風の中心付近や南東側では、学校・工場・神社・仏閣など大建築の倒壊（大阪では四天王寺の五重塔が倒壊し彼岸もうでの参拝客を押しつぶした）や、列車の転覆（東海道本線草津～石山間の瀬田川鉄橋上では、8時25分にちょうど通過していた東京発下関行きの急行列車が転覆し、死者11名・負傷者約160人などの被害）など風による被害が著しかった。中でも小学校の倒壊による惨害は、深刻な社会問題とこなった。最も被害の大きかった大阪市の状況をみると、市内の小学校の7割以上を占めていた古い木造建築の176校がすべて大被害を被っている（図4）。教室数では、6,649室の約2割の1,482室が風水害により喪失した。建物の被害に加えて、この台風は、折悪しく、午前8時を中心として激甚を極めたため、職員・児童の大部分は、既に登校の途中か、登校後であった。このため、職員・児童をはじめ、出迎えにいった父兄らまでも校舎の倒壊に巻きこまれ、多数の死傷者がでた。

一方、幼稚園は、建物が木造建築であり、約8割の31園が全壊・半壊・大破しているものの、災害時刻が幼児の登園時刻より早

図3 台風の惨状を伝える『大阪朝日新聞』
昭和9年9月21日の第1夕刊の記事

かったため，職員・幼児の死傷者は小学校の場合に較べて少なかった。

また，中学校以上についてみると，私立のプール高等女学校が最も悲惨を極め，校舎の一部が倒壊し，17名の生徒が死亡している。9月30日の『東京朝日新聞』には「苦しい息で賛美歌。唱いつつ瞑目。忠孝の軸（注：東郷元帥の掛軸）を胸に惨死したプール高女の乙女」という記事がみられる。一般に，府立の学校に比べて，私立の学校に被害が多かったのは，私立の学校の多くが木造建築であったためといわれている。室戸台風による学校の木造校舎被害は，その後の鉄筋校舎の建設を促進させた。

室戸台風は広い暴風域を持った台風ではあるが，地形などの関係で，台風がごく近く（淡路島付近）まで接近し，風向が南に変わった途端に記録的に強い風が吹いている。大阪府立大阪測候所では，6時00分が北東の風6.4メートル/秒，7時00分が東南東の風12.8メートル/秒，7時50分が南の風23.3メートル/秒，8時00分が南の風29.8メートル/秒である。8時03分には風速計が吹き飛んだため平均風速は求められなくなり，このときの瞬間風速は南の風60メートル/秒以上となっている。もし台風の接近とともに風雨が強まっていたら，多くの人々が21日早朝から警戒をし，これだけの被害にならなかったかもしれない。

高潮被害

室戸台風は南よりの強い風により，大阪湾沿岸を中心に四国東部，和歌山県などで高潮が発生した。この台風の被害の大半を占めている大阪湾では，天文潮からの偏差が3.1メートルという高潮が起こり大被害となった。満潮と干潮の中間（神戸港の当日の満潮は5時であり，高潮は満潮のほぼ3時間後と考えられる）での高潮であったが，大阪城付近まで高潮が進入した。もし，室戸台風の接近が満潮時であれば，さらに惨害が発生したであろう。図5は，大阪市における高潮の最高位到達時刻を示したものであるが，これから推定すると，高潮は時速8～13キロで川の上流へと向かったことになる。中央気象台大阪支台（府立の大阪測候所とは別の国の組織）の観測では，増水が始まってから2.3メートルの最高位まで達するのにわずか20分であったなど，急に潮位が高くなり，比較的早い速度で（人間が走る早さに比べて）押しよせてきたわけである。

なお，室戸台風について調査報告を

図4 倒壊した大阪の天王寺小学校

まとめるにあたって，関西では高潮，関東では津波または風津波（地震津波や山津波に対応する言葉）と呼ばれていた現象をどう呼ぶかというのが問題となった．議論の結果，関西の台風ということでもあり，高潮という言葉が使われたわけであるが，この調査報告書以後，高潮という言葉が全国的に広まり定着した．

水　害

台風による総降水量（9月19—21日）は，山陰，九州東部，紀伊半島および四国で所により300〜400㍉であった．このため，高知・大分・岡山・鳥取など各県では水害が発生し，鳥取県では日野川の洪水で伯備線の根雨鉄橋が流失している．

暴風警報の改正

当時の中央気象台（現気象庁，台長は岡田武松）の予報係（無線・有線の要員までいれ20人）は，予報当番技師のもとに，毎日8回（午前6時，正午，午後6時）の天気図を描いて予・警報を作成し，通報していた．予報当番技師は，藤原咲平・大谷東平・荒川秀俊の3人で，1週間ごとの交代制であった．つまり，1人がまる1週間続けて天気予報や暴風警報を発表する責任者となっていた．室戸台風時の予報当番技師は大谷で，異常な台風が接近というので，特別に地方の測候所に要請して前夜9時の天気図を臨時に作り，暴風警報を発表して警戒をしていた．当時，中央気象台は，全国を9つに分けて暴風警報を発表していたが，近畿地方を含むⅡ区に対しては，同14時10分に「風雨強かるべし」，同20時20分に「暴風雨の虞あり」という暴風警報を発表している．大阪測候所の地方暴風警報は，20日15時に大阪府管内に第1回目の警報を発表し，21日2時には大阪府管内に暴風雨が来襲し高潮を伴うことを内容とした2回目の

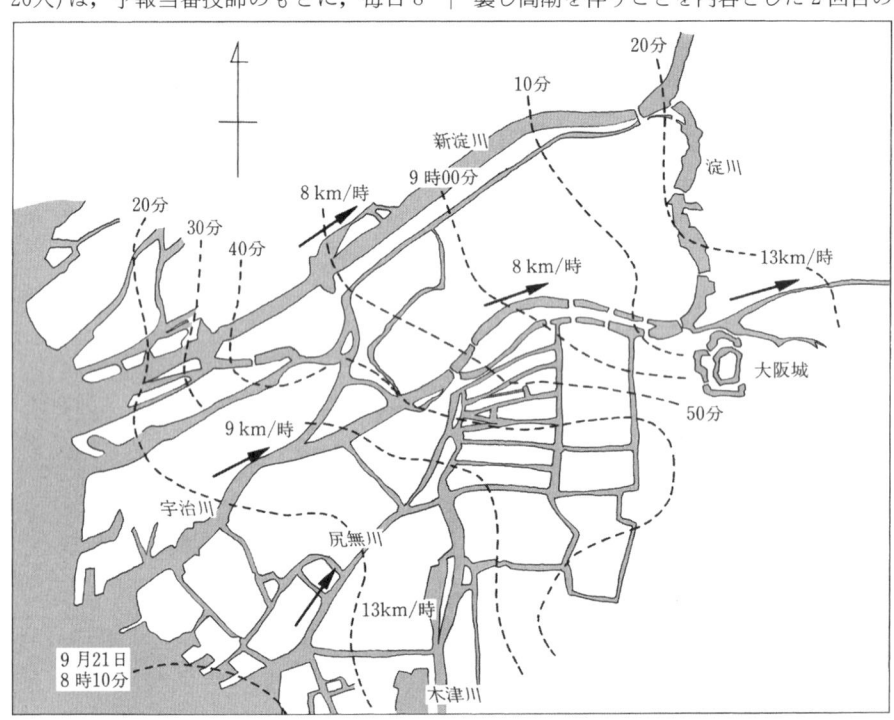

図5　大阪市における高潮の最高到達時刻

警報を発表した。また，20日21時30分からNHKのラジオで放送された漁業気象は，次のようなものである。

「台風の中心は，725ミリ程度(注：約968hPa)で，東経130度半，北緯29度半にあり，中心から300キロメートル以内では大暴風雨です。進行方向は北北東で毎時45キロメートルとなっておりますから，このまま進めば，夜半九州の東海上，明朝紀淡海峡か大阪湾あたり，それから次第に北東に進むでしょう。従って進路付近の漁船は，最も厳重な警戒を要します。又，進路を外れた地方でも九州，四国，本州全部にわたって総て相当な警戒を要します」

このように，中央気象台や地方の測候所では，台風はきわめて強いものであることが分かっており進路は中央気象台の予想したコースをとっていた。室戸岬近くに300年ほど前に土佐藩家老の野中兼山が残した防潮堤があり，この防潮堤が室戸台風の巨浪と高潮をほぼくいとめ，室戸測候所の「暴風雨の虞あり」の警報で警察署が精力的に立ちのきを指示したこともあって，多くの人命と財産が守られている。『岡田武松伝』には，兵庫県の駒ヶ林の漁業組合では，神戸測候所の暴風警報によって大警戒をしたために，組合の漁業者はほとんど被害を受けなかったことや，徳島市でも徳島測候所の「暴風雨の虞あり」の警報で警察署や消防団，青年団の手配が整って災害が軽減されたことが記されている。室戸台風では，適切な暴風警報が出され，それを利用したために，少なくとも生命の損失を免れた例は少なくない。しかし，暴風警報がすばやく伝達されなかったこと，伝達されてもその意味が理解されずに利用されないことが多かった。また，室戸台風の被害が極端に大きかった原因としては，この台風の規模が破格の大きさであったことが，第一にあげられる。

室戸測候所は，通常は3名の職員が交代で1日5回の観測を行なっていたが，このときは全員で，1時間ごとに観測を行い，21日3時からは，30分ごとに観測を行なっている。激しい風により部品が壊れた風速計などを修理・調整を行いながらの観測で，窓ガラスが割れ，その破片で手首を切り血まみれになった職員もいた。こうして得られた観測データ，これまでに観測されたことがないほど気圧が低い台風の襲来というデータは，有線の切断によって直ちに東京や大阪に伝わらなかった。3時すぎに中央気象台あてに発信された電報は，途中の電信線切断のため直ちに伝わらず，電報はいったん室戸に船で運ばれ，十数通も溜まったものが，台風が過ぎ去った23日に，まとめて東京の中央気象台に届けられている。もし，直ちに届けば，大阪湾で高潮が発生する2時間前に，世界記録を抜く記録的な台風であることが分かり，暴風警報にこのことが加えられ，官民あげて，もっと警戒をしていたのではないかと思える。

当時もいろいろな警報の周知の方法がとられてはいたが，台風情報が伝わらなかったところも多く，十分でなかったことが指摘されている。また，台風が発生したり襲来してくる南の海上に観測点が少ないことがあり，丈夫な建物や頑丈な防潮堤建設などの恒久的な防災対策が進んでいないという台風対策の根本問題もあった。明治の初期に始められてから60年を経過しようとしていた気象事業にとって，これほど大きな衝撃ははじめてであり，気象業務について厳しく反省せざるをえなかった。そして，その結果，暴風警報の全面的改正など色々な改革が行われた。

室戸台風時の暴風警報

暴風警報は，明治16年(1883)に開始されたのち，幾つかの変遷を経て，明治41年4月1日の中央気象台告示第128号「天気予報，暴風警報規程」で改正されてからは，大正5年(1916)2月1日の中央気象台告示1号

「天気予報，暴風予報規程」で一部変更されたほかは，大きな改正もなく継続して行われてきた。このため，当時，一般利用者の各種要望に添えなくなりつつあり，また，気象学の進歩を盛り込むことができなくなりつつあった。

改正された暴風警報

室戸台風の約1か月後の10月29日から31日には，緊急全国気象協議会（当時，ほとんどの測候所は県営であり，この協議会が気象部内の最高の会議である）が開催され，暴風警報の在り方や利用の方法などが検討され，翌昭和10年（1935）7月13日に中央気象台告示第1号「天気予報，気象特報，暴風警報規程」が作られ（実施は7月15日）暴風警報が全面的に改正された。この改正の大きな特徴は，大風雨の襲来時に発表すべき暴風警報と，さして大なる被害がないか注意を要するという場合に発する気象特報をはっきり分けた点である。暴風警報は，元来海難防止のために開発されたもので，その基準は低く，風速10㍍/秒以上の強風の場合に発表されていた。このため，かなりの頻度で発表となり，陸上ではほとんど被害がないことから，まともに受け取られない傾向があった。岡田武松は『続測候瑣談』の中で，「実際に於て「風雨強かるべし」なんて云うのを，暴風警報の中に入れておくと，風の強い土地では，警報がしょっ中出ていることになるから，大衆もアア亦かと云う位になり，遂に「狼来たれり」の二の舞をやって仕舞ったので，我々同業者も遂に根本的の改正をする決心をし，（下略）」と述べている。また，「注意報という言葉にする案もあったが，大げさすぎるということで特報になった」とも述べている。戦後，特報という言葉が誤解を招くとの指摘が強くなり，気象特報という呼び名が気象注意報に変わっているが，考え方は同じである。最初に候補にあがっていた名前になったのである。

また，今まで全国を9区に分けて全国暴風警報を発表していたのを10区に分け，さらにおのおのは2〜4の小気象区に細分し，地域による気象の違いについて，より細かい予報が出せるようになった。そして，これらの警報・特報に使用する用語も全国的に改め，豊富で，かつ平易にし，「暴風雨の虞あり」といった，素人に判りにくい述語を一切廃止した。こうして，暴風警報の不徹底という批判に応えようとした。

また，瀬田の鉄橋上で列車が転覆するなど鉄道被害が多かったことから，鉄道省（現JR各社と国土交通省鉄道局）と中央気象台との申しあわせにより鉄道気象通報が本格的に始まっている。それまでは，鉄道に対して，中央気象台からスキー列車に対して気象情報を伝えるなどの試みがあったのにすぎなかった。鉄道気象通報は，異常気象などが発生し，鉄道の業務に支障を及ぼすおそれがあると予想される場合には，気象機関から鉄道の機関に対して通報を行うものであり，たとえば，一定風速以上になると予想されるときには列車の運転を見合すなどの措置がとられ，運行の安全確保に資するものである。その後，組織形態がお互いに変わり，予報精度向上のため，鉄道での気象観測結果を気象機関に伝えることが追加されるなどしたが，現在も続いている。

相つぐ自然災害と凌風丸

無線電信の威力を知っていた，中央気象台の岡田武松は，海洋気象台（神戸），中央気象台（東京），中央気象台沖縄支台などに無線設備を設置していたが，さらに全国の重要な気象官署と無線で結ぶことを計画していた。しかし，気象事業への関心の低さなどから実現しないでいた。

台風被害救済のため，昭和9年（1934）11月28日から12月9日に開催された第66臨時帝国議会では，中央気象台が属している文部省から要求された気象事業整備の予算を承認している。これは，室戸測候所観測の世

界記録の気圧を速報できなかった有線通信の欠点を補うための無線施設の拡充，台風をいち早く知るため大東島・ラサ島・硫黄島など南の離島に測候所の新設，これらの離島の職員交替や物資の補給をかねて海上気象観測を行う観測船の新造が含まれている。

昭和9年は，室戸台風だけでなく，西日本の干ばつ，北日本の冷害など，いろいろな気象災害が一度に起きている。特に冷害は，東北地方の水稲の作況指数が61となるなど深刻な社会問題となっている。そして，冷害の原因がオホーツク海にあるのではとの考えから，観測船による成果が期待されていた。こうしてできたのが中央気象台所属の凌風丸(1,180㌧)で，昭和12年8月に竣工すると，相生から黒潮の海流調査を行いながら東京港に向かい，9月18日に東京に入港している。処女航海は，同年10月31日からの南西諸島海域の観測であり，その後，12月には小笠原近海の観測，翌13年1月と3月には冬の北千島に向かい，幌筵測候所と占守測候所に補給と建築用資材を届けている。その後，夏は小笠原から沖縄までの気象観測を行い，台風接近の予報のための観測資料を送り，冬はオホーツク海などで北日本の冷害対策のための海流や流氷の観測を行い，その合間に離島の測候所に物資を届けている。

このように，各種の防災対策が検討され，実現していったが，根本的な対策の多くは中国大陸での戦火の拡大とともに先送りされている。南の島々への観測所設置は，国際情勢の緊迫化のなかで進められるが，戦争が始まり，戦況が悪化するにつれ機能しなくなっている。室戸台風の教訓が生かされたのは，戦争が終わり，戦後の相つぐ自然災害からの復興してゆく過程においてである。

第2室戸台風

室戸台風から四半世紀後の昭和36年(1961)9月16日，室戸台風と同じ規模の台風が，同じようなコースを通って大阪湾を襲った。この台風は，のちに第2室戸台風と名付けられるわけであるが，室戸台風の貴重な教訓は防災対策に生かされ，室戸台風とは比べものにならないほど被害が軽減している。その時の大阪管区気象台長が，室戸台風時の中央気象台の当番技師で，のちの対策などで活躍した大谷東平であった。

大阪城公園の教育塔

室戸台風当時の新聞などをみると，生徒をかばって死亡した先生たちが非常に多かったことがうかがわれる。たとえば，大阪府豊能郡豊津小学校(現吹田市立豊津第一小学校)で，潰れた校舎から5名の女の子をかばって亡くなった吉岡藤子教諭の話は，美談として映画や芝居，レコードにもなっている。また，大きな被害がでた地域では，犠牲者を悼み，災害を忘れないために，祈念塔や慰霊碑が作られている。大阪市の栄照寺境内には，鯰江第2小学校(現聖賢小学校)と鯰江第3小学校(現今福小学校)で，倒れた校舎の下敷きとなった児童の慰霊碑が建てられている。大阪城公園にある高さ36㍍の教育塔は，大阪市教育会が室戸台風によって大阪地方で死亡した教員18名，児童676名の慰霊の記念碑を作ろうとしたのが発端となってできている。計画中に，帝国教育会が全国規模の事業とし，昭和天皇の下賜金や国の補助金，さらに児童や教員からの募金などがあり，教育にかかわる殉難・殉職者を祀ることになって，昭和11年(1936)に完成した。塔の設計も備え付けるレリーフの製作も公募によるものである。レリーフ制作者の長谷川義起によると，「静を常として，動を非常時の気分で」構想し，この中に教育者の心があるとしている。「動」のレリーフは，暴風雨をものともせず，児童を誘導しつつ避難するもので，「静」のレリーフは，講堂内で校長先生が訓辞をしている(教育勅語を読んでいる)レ

リーフである。

一般大衆はもとより，各機関の防災に関係する職員までが，気象知識の低かったことが，室戸台風による被害を大きくさせた原因として指摘され，文部省は，昭和9年10月30日に「非常災害に対する教養に関する件」という訓令をだしている。中央気象台でも，優れた研究成果を出すことが必要であるが，一般の気象知識普及に努めるのも大事との方針をとっている。

室戸台風の被害の原因は，主に暴風と高潮であったとはいえ，大きな被害になったのにはほかにさまざまな要因がからんでいる。日本学術振興会は，大阪地方災害考査委員会をつくり，そこで研究所の新設を決定している。こうして，昭和12年1月に災害科学研究所ができ，第一部は中央気象台大阪支台長の和達清夫を部長として災害に関する地球物理学的研究を，第二部は大阪帝国大学工学部長の鉛市太郎を部長として理工学的研究を進めた。高潮の被害が大きかったのは，大阪湾周辺の地盤が低いことが影響したが，その地盤が年とともに沈下しつつあるのは，主として地下水の汲み上げに起因することを確認したのは，災害科学研究所の研究成果の一つである。

建築基準法の耐風性数値根拠

耐風性数値とは，建築物がどのくらいの風の圧力まで耐えることができるかという，安全性を示すもので，室戸台風を機に明確化された。室戸台風の風害に対し，その原因を調べて対策をとるための各種の調査が行われた。岡田武松が『続測候瑣談』の中で，「大阪測候所で記録された瞬間の風速60米というやつが新聞紙上で宣伝されて以来，瞬時の風速と云うのを測候表の一隅に入れなくては納まらなくなって来た」と述べているように，室戸台風で「最大瞬間風速」や「60㍍/秒」という言葉が人々の印象に強く残った。秒速60㍍，時速に直すと216㌔という速さは，当時の人々にとって想像できない速さであった。

大正8年(1919年)に施行された市街地建築物法(建築基準法の前身)には，風荷重の基準が盛り込まれなかったが，室戸台風で大きな被害を受けた府県では，府県規則で風荷重を定めている。たとえば警視庁は高さ20尺(6㍍)未満の建物には，庁令で風荷重をこれまでの45kgから75㌔重/m²引き上げたが，これは室戸台風の最大瞬間風速に空気の密度から求めた圧力を下回らないような数値であった。太平洋戦争中は臨時日本標準規格において風圧力が規程され，昭和25年に公布された建築基本法では風荷重の基準が盛り込まれた。これらの耐風性の数値基準となったのは，いずれも室戸台風時に室戸測候所で観測した最大瞬間風速62㍍/秒(この観測を最後に風速計が故障したため，正確な数値は分かっていない)をもとに計算した設計用速度圧である。その後，伊勢湾台風や第2室戸台風で大きな強風被害があったが，建築基準法の耐風性数値の変更は行われず，変更されたのは平成12年(2000年)になってからである。このときの建築基準法の変更は大規模なもので，耐風性の数値については，これまでの室戸台風での観測値に基づいた全国一律の速度圧の基準から，地域ごとの基準風速に基づいた風速の基準へと変わっている。

参考文献　『室戸台風調査報告』(『中央気象台彙報』9, 1935)，岡田武松『測候瑣談』続(岩波書店, 1937)，『昭和42年度運輸白書』, 1967，須田瀧雄『岡田武松伝』(岩波書店, 1968)，饒村曜『台風物語』(日本気象協会, 1986)，同『台風物語―記録の側面から―続』(同, 1993)，「「室戸台風」襲来！(1934)」(『日録20世紀』，講談社, 1998)，日本地学史編纂委員会編「日本地学の展開(大正13年～昭和20年)その2」(『地学雑誌』, 2001年)
　　　　　　　　　　　　　　　(饒村曜)

1938　塩屋崎沖地震　(昭和13年5月—11月)

災害の概要

昭和13年(1938)に福島県の塩屋崎の沖合を中心に茨城県北部から福島県の沖合の広い範囲で，5月に1回，半年後の11月には立て続けに大地震が発生した。福島県東方沖地震ともいわれる。1938年5月23日16時18分M7.0，11月5日17時43分M7.5，19時50分M7.3，6日17時54分M7.4，7日6時38分M6.9，22日10時14分M6.9，30日11時29分とM6.9以上で7個である(図1)。

この群発地震で福島県浪江町などを中心に茨城県北部から福島県沿岸部中心に被害が発生した。津波は全振幅で1㍍内外と軽微であったため，M7地震が何個も立て続けに発生した割には，被害は破損などで軽かった。しかし地震の機器観測が始まった明治18年(1885)年以来現在までで群発地震活動としては最大である。震源域が沖合であるにも関わらず有感地震が1年間で464回，無感地震も含めた観測地震回数2,371回という多数の地震が発生した。

この群発以外には福島県沿岸部では江戸時代以降大粒の地震発生は知られていなかったため，平成23年(2011)東日本大震災のM9.0の地震が発生するまでは，福島県沿岸部ではM8超の巨大地震の震源域にはならないと思われていた。しかし東日本大震災の時には数㍍以上の滑りを起こす震源域の一部となった。

被害の概要

まず5月23日の地震では，福島県と茨城県の沿岸部を中心にところどころの煉瓦煙突の破損，家屋の壁の剝落，炭焼き窯の破損，塩谷崎燈台のレンズの破損などの被害を生じた。福島県下では小名浜付近の海岸地方および福島・郡山・須賀川・猪苗代・矢吹・白河などで家屋や土蔵の壁が剝落，または亀裂を生じたものがあり，煉瓦煙突の折損，器物商品などの損害もかなりあった。

11月5日の地震では，福島県下では死者1名，負傷者9名，全壊住家4，非住家16，半壊住家29，非住家42などの被害を生じた。この地震に伴って福島・茨城・宮城・岩手などの諸県の沿岸地方に軽微な津波が襲来し福島県小名浜港で全振幅107㌢，同鮎川105㌢，茨城県湊95㌢，岩手県宮古45㌢などを記録した。小規模な崖崩れを生じた所もあり，常磐線および東北本線では築堤沈下または石垣崩壊などのために一時列車の不通になった箇所もあった。6日の地震では津波は鮎川が最も大きく全振幅130㌢であった。鮎川では7日の地震でも128㌢の津波があった。11月中だけでも300回の有感地震があり，多数の地震は福島県浜通り(沿岸部地域)の人々を不安にさせた。

参考文献　『気象要覧(昭和13年)』，1938
(松浦律子)

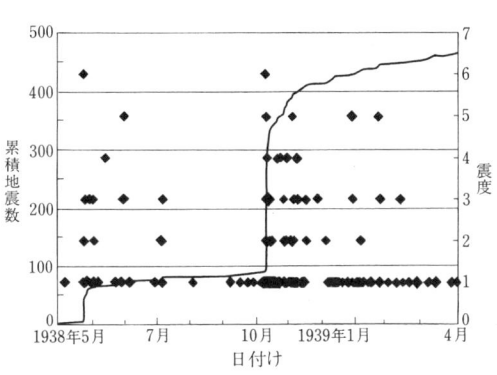

図1　有感地震の震度と累積地震数の推移

1938 阪神大水害 （昭和13年6月－7月）

災害の意義

阪神大水害は、梅雨期の末期に発生する典型的な豪雨災害であり、昭和時代でも最大級の規模であった。神戸市などの背後には、真砂土で構成されている六甲山地があるために、豪雨に伴って土砂を含む濁流の流出が被害を大きくしたものである。阪神大水害は、日本における都市型の大規模水害の先駆け的な災害であった。そこでは、市街地が災害に対して持つ弱点が明らかにされた。つまり、崖や擁壁の崩壊が多発したことから、その後、市街地建築物法が改正されたという点でも画期となる災害であった。阪神大水害が発生した時期は、日中戦争が始まった翌年の昭和13年(1938)であったために、復旧などには充分な対策がとられずに、その後神戸では大規模水害が頻発していくことになる。

気象条件

昭和13年(1938) 6月下旬から7月初旬にかけて、梅雨前線が活発に活動し日本各地に豪雨を降らせた。この間の豪雨のピークは、前半と後半の2回に分けられる。前半の6月28日から30日までは、台風が南方海上にあって関東から東海道にかけて顕著な前線が生じ、関東・東海・東北南部を中心に豪雨がもたらされた。この間の雨量は箱根山では750㍉にも達するなど、特に関東地方で大きな被害を出し、利根川などの諸河川が氾濫している。東京では、江東地区や隅田川沿いの低地、牛込や小石川などにおいて、浸水が起こり多くの家屋が被災した。麻布区(現港区)の台地では、崖崩れも発生している。このように前半は、主に東日本に被害をもたらす結果となった。

これに対して、後半の7月1日から5日にかけて、前線を伴う降雨の中心は近畿地方に移動した。近畿地方では、7月3日18時ころより北東から東の風が吹いて雨の勢いが増し、4日17時ころより少し衰えたものの5日1時ころから風は西寄りに変わり再び豪雨になった。神戸測候所は、3日18時の天気図(図1)にもとづいて、21時になって管内に対して注意を促す気象特報を発表し、ラジオでもこれを流した。神戸付近では、3日から5日にかけての3日間に総雨量400㍉を超える記録的な豪雨に見舞われた。特に雨の降り方が強くなったのは5日の8時～12時で、神戸測候所の記録では、この間の平均時間雨量は41.5㍉にも達している。六甲山ではそれよりさらに多くの降雨があって、この結果、大規模な山地崩壊を発生させ、神戸中心部の大半を濁水と土砂が襲う大災害を引き起こした。そのため、この災害を阪神大水害と呼んでいる。

近畿地方の主な地域の7月3日から5日までの雨量は以下の通りである。六甲山615.8㍉、西宮362.9㍉、布引402.4㍉、神戸456.9㍉、住吉436.7㍉、篠山249.8㍉、洲本358.9㍉、池田341.8㍉、大阪136.6㍉、京都240.1㍉。地域的には、図2にも示されるように、特に六甲山を含めて神戸から西宮に多く、ほかにも淡路島東部などに局地的に豪雨域がみられた。

日単位で降雨量の特徴をみると、3日には神戸の西部から中心部、西宮などのごく狭い範囲に100㍉を超す降雨があった。4日になると、西宮から神戸、淡路島東部にかけて帯状の地域に、場所によっては400㍉を超すような豪雨があった。5日には、4日とほぼ同じような地域に350㍉を超す豪雨がみられた。つまり、同じような地域に連日豪雨がもたらされ、結果的に図2に示すような雨量分布になったことが、阪神大水害を引き起こした素因であったといえる。これ以外の近畿地方でも降雨があったもの

の，これほどの累積雨量になった地域はなかった。なお風に関しては，平均風速で4～5メートル/秒程度であり，最大風速でも4日6時～9時の9.1メートル/秒程度であった。

六甲山の環境
六甲山は，神戸市東灘区にある標高931.3メートルの山であるが，神戸市街地の北側にある一連の山地(六甲山地)を六甲山と呼ぶこともある。六甲山地は，神戸市街地の北側に北東－南西方向に連なって存在し，その規模は東西約30キロ，南北約5キロ程度である。標高は北東部が高く，南西部に向けて徐々に低くなっている。山地の大部分は，中生代白亜紀の花崗岩で構成されている。今から約100万年前から六甲変動と呼ばれる地殻変動によって隆起を続けた結果，それまでは低い丘であった場所に六甲山地が形成された。この地殻変動によって山地の走行方向と一致する複数の断層が形成され，この断層を境として六甲山地は，階段状の地形を形成するにいたった。

六甲山地を構成する花崗岩は，このような六甲変動により破壊されて脆くなり，長年の風化作用を受けて，地表面よりかなり深

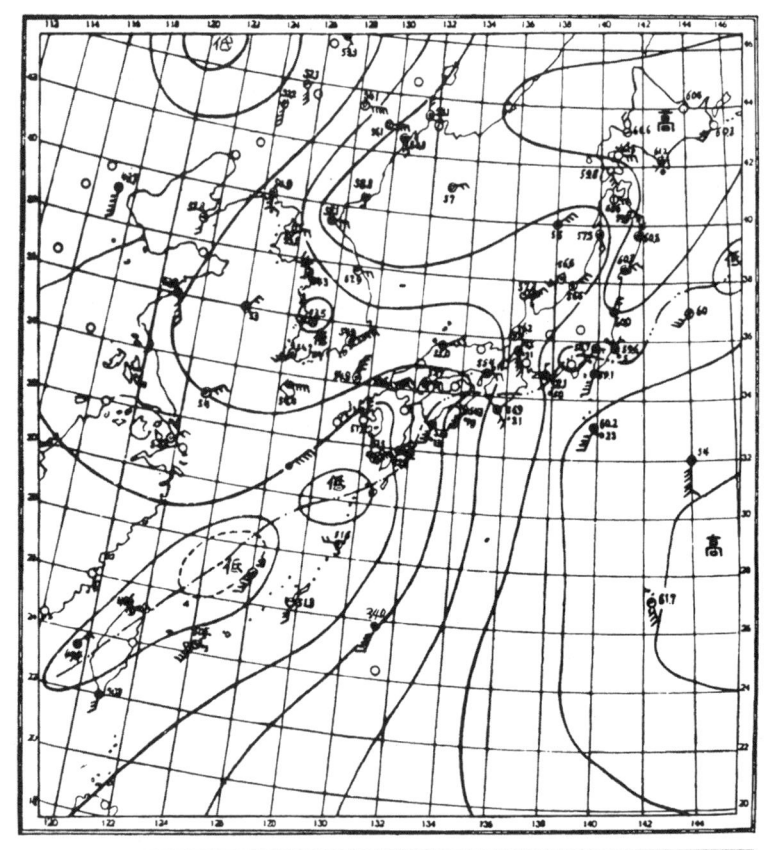

図1　7月3日18時の天気図

いところまで真砂化していることが大きな特徴といえる。このため，六甲山地はもともと崩壊しやすく，河川などによって運搬された真砂土が神戸市街地に堆積して，扇状地が複合的に形成されてきた。

阪神大水害には，このような六甲山地の形成に伴う地形・地質的な特徴が，大きく影響しているのである。つまり，神戸市街地の北側にある六甲山地の崩壊が，被害を大きくしたと考えられる。神戸では，都市が拡大し市街化する過程の中で，六甲山地の斜面を宅地開発するなど防災上，課題の多い行為を繰り返してきた。六甲山地は，近世から明治時代にかけて禿げ山の状態であり，植林が行われ始めるのは明治35年(1902)以降のことであった。阪神大水害が起こった昭和13年(1938)は，戦争のために治山事業が充分に行われなかった時期にあたった。まさに，六甲山地は，豪雨があれば容易に崩壊し土砂が流出する環境にあったのである。

災害の経緯

六甲山地を中心とする地域では，前述のような短期間に平年雨量の3分の1にも相当する雨量がもたらされた。六甲山地には，河川流路を挟んで崩壊しやすい急斜面がいたるところに存在した。それに加えて，都市の発展が平野部から山麓・山地に及び，いっそう崩壊の危険性を高めていた。また，山麓・山地の開発に伴う土砂を用いて，海岸部を埋め立てて市街地を拡大してきたことも，被災域を増加させることとなった。以上のように，阪神大水害が発生するための前提を把握しておくことは，きわめて重要なことである。六甲山地における崩壊の多くは，神戸から芦屋にかけての山地の南斜面において発生している。もちろん六甲山地の北斜面でも崩壊は起こっている。崩壊した総面積は，河川流域ごとにみると石屋川50㌶，都賀川60㌶，青谷川20㌶，生田川100㌶，新湊川139㌶，妙法寺川80㌶，千森川20㌶，一の谷川60㌶，境川5㌶などとなり，合計で606㌶にも達している。当初発表された情報では，流出した土砂量は186万立方㍍であったが，その後300万立方㍍ないし600万立方㍍という推定値も出された。

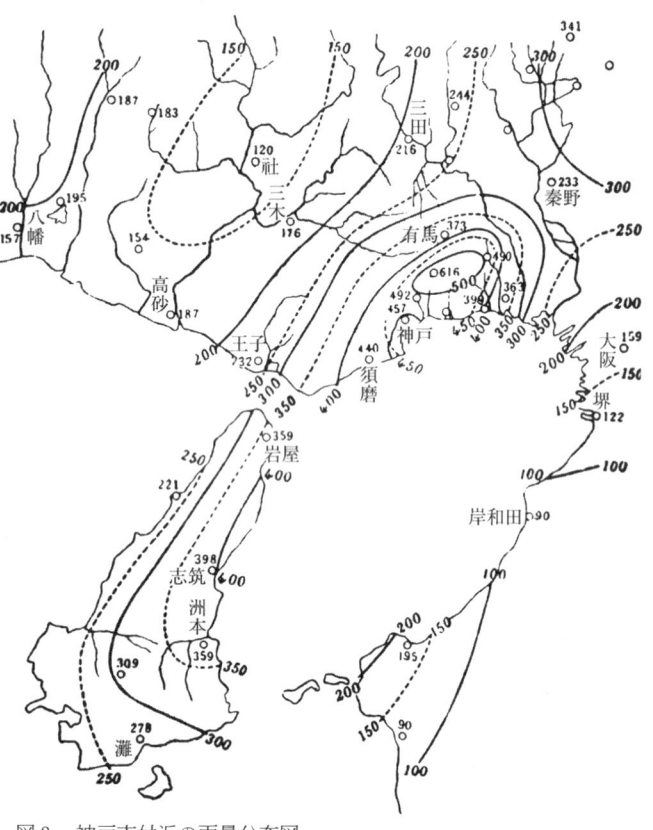

図2　神戸市付近の雨量分布図

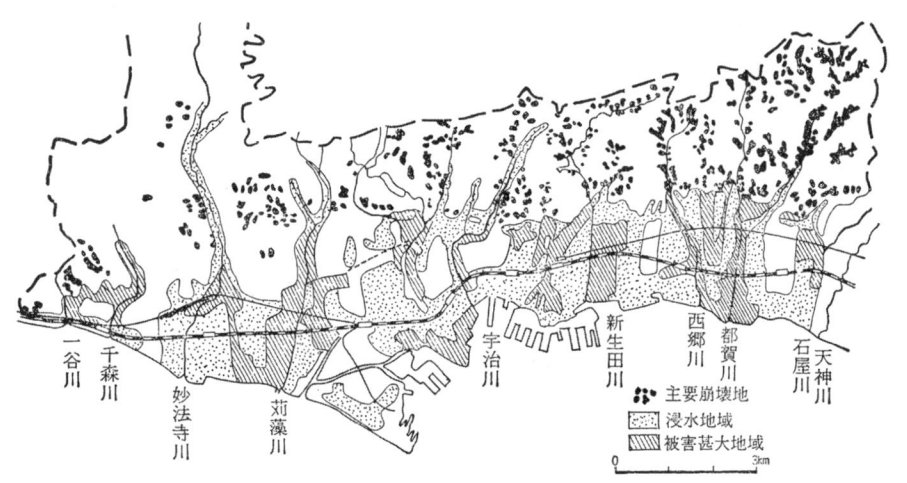

図3 六甲山地と河川周辺被害の概要

宇治川の上流域にあたる再度谷を例にして，崩壊の詳細をみてみよう。再度谷では，崩壊は413ヵ所で起こり，その総面積は約20㎢(斜面全体の10％の面積に相当)に達した。再度谷において崩壊した土砂量は34万立方㍍で，そのうち山麓まで流出された量は33万立方㍍と見積もられ，崩壊した土砂のほとんどは宇治川によって神戸市街地にまで運搬されたことになる。崩壊を起こした斜面の傾斜は40度前後が最も多く，崩壊した土層の厚さは0.5㍍程度であった。このような崩壊が，六甲山地のいたるところで発生したのである。

これらの崩壊土砂は，濁水と流木とともに市街地にいたり，家屋の浸水・流失をはじめとして，道路・鉄道を切断し，都市機能を完全に麻痺状態にするなど大きな被害を与えた。濁流は，阪急線や国鉄東海道線を越えて阪神線にいたり，道路を含めて交通網は大きな被害を受けた。西宮・芦屋から明石までの各交通機関は，長期間にわたり不通になった。この水害によって，甚大な被害を受けた地域は，山麓部や各河川周辺であるが，河川から離れた地域や海岸付近などでは被害が及んでいない地域もなかった。また，阪神大水害の特徴を地域的にみると，芦屋から神戸の東部にかけての地域では土砂による家屋の流失などが多かったのに対して，神戸の西部では浸水被害が多かったことが指摘できる。

図3は，昭和13年(1938)7月5日の神戸市における被害を示す地図である。凡例にあるように六甲山地の黒い点は崩壊地を，ドットは浸水地域を表すが，斜線部分はその中でも特に甚大な被害を受けた地域である。このように，阪神大水害では，東部か西部かという位置関係や河川流域によって，被害の種類や内容などは大きく異なっている。そこで，いくつかの河川流域における被害の実態を捉えてみよう。まず宇治川であるが，この河川は前述の再度谷を流れ，途中で平野谷川を合流させ，暗渠化して神戸港に流入する。阪神大水害では，流木が暗渠の入り口付近を閉塞して，特にその上流部の山麓部で浸水・土砂の堆積を引き起こした。山麓部では家屋の流失・全壊などが，暗渠化した下流部では家屋半壊が多いなど，同じ流域内でも被害の程度には場所による大きな違いがみられた。

市街地の中心部を流れる生田川では，明治4年(1871)に河川の付け替え事業が行われた。現在の新幹線の新神戸駅付近から，南

図4　神戸市生田区大丸付近の生田川の浸水

図5　住吉川の被災

図6　水害記念碑「禍福無門」

東方向に直線状に付け替えられ新生田川となり，その後暗渠化された。阪神大水害では，暗渠の入り口付近で流木や土砂が閉塞され，かつての生田川であったフラワーロードに濁流がいたり，家屋の全壊・半壊などが集中した。新生田川の周辺では，浸水は起こったものの，大きな被害にはいたらなかった。図4は，神戸市生田区（現中央区）大丸付近の写真であるが，ここは比較的軽度の被害域だったことを示している。

住吉川では，阪急線や千苅水源地からの送水管などが破壊され，巨石が阪神国道付近まで押し流された。阪急鉄橋の上流部で右岸が決壊し，洪水流は阪急線一帯に巨石や大量の土砂を堆積させた。河道も土砂の堆積で高くなり，その後決壊した左岸は河川のような状態になっている。図5は，住吉川の河床に堆積された巨石の写真である。浸水域は，住吉川の両岸域を海岸にまで連続している。現在，阪急線のすぐ下流の右岸側にある財団法人住吉学園には，この水害で運ばれてきた巨石を水害時の水位になるように台に載せた水害記念碑「禍福無門」（図6）が建てられており，そのすさまじさを想像することができる。

芦屋川は，神戸市の東にある芦屋市を流れる河川であるが，ここでも山麓に出たあたりから，両岸に濁流・土砂が溢れ，海岸まで被害が及んだ。阪急鉄橋では，堰き止めが起こり，上流側に3㍍もの厚さに土砂が堆積した。

以上いくつかの河川流域の被害をみてきたが，阪神大水害の被災規模が大きかったのは神戸市であった。ほかにも播磨では市川・夢前川・揖保川などで氾濫の結果，道路・橋梁・堤防の決壊・流失などを起こしている。また但馬・丹波では，円山川・出石川・佐治川などでも大きな被害を出している。淡路島では，山腹の崩壊とともに河川の氾濫が起こり，1,500ヵ所にも及ぶ溜池の決壊を引き起こし，耕地にも多大な被害を与えた。

なおこの災害は，小説にもとりあげられている。谷崎潤一郎は，昭和11年（1936）から兵庫県住吉村反高林（現神戸市東灘区住吉東町）に住んでいて，この災害を体験した。その後執筆した名作，『細雪』の中に揚子

江や黄河のような状態になったことを記載している。まさに災害を体験した作家ならではの，詳細な文章となっている。他にも，妹尾河童の小説『少年H』や，手塚治虫の漫画『アドルフに告ぐ』でも取り上げられるなど，体験者に強い印象を与えた。

被害の概要

この水害による人的被害は，死者・行方不明者が925人（うち兵庫県が686人で，そのうち神戸市は616人である），負傷者が3,393人であった。また物的被害は，全壊家屋2,905戸，半壊家屋4,465戸，流失・埋没家屋1,753戸，床上浸水家屋152,060戸，床下浸水家屋349,140戸，田畑被害面積52,210町歩などであった。

被害の地域的特徴をみると，死傷者・行方不明者の数，建築物の被害は神戸市およびその周辺（武庫郡住吉村・本山村など）に最も多く，耕地・農作物の被害は淡路島に多かった。まさに，図2の降水量分布図の豪雨域と被害の程度は一致しているといえる。なお，社寺も六甲山地と平野の境界付近および平野に位置していたものが被災し，各社寺の平均被害額は約12,700円であった。被害額は，公共建造物約184万円，民有土地建物約1.6億円，土木施設約3,084万円，交通上下水道施設約371万円，電気ガス施設約107万円，商工業約1,600万円，農作物ならびに桑園約1,102万円，畜産業約26万円，耕地約871万円，林業約423万円，水産業約12万円で総計が2億2,306万円に達した。

復旧と復興

この災害による被害は甚大であったため，国は大臣や政治家を派遣して視察を行なった。これらの結果をもとに，兵庫県は救援本部を設置し，対策にあたった。まず応急措置として，被害の実態把握，罹災者への物資の提供，物資価格の統制などを行なった。しかし，兵庫県が立案した抜本的復興計画の予算1億4,300万円も，政府査定によって半額に削られるなど，復旧は大幅に遅れた。

神戸市でも非常警戒本部や臨時水害応急措置部などを設置し，罹災者の救助，救援を行い，復旧計画を策定するための各種委員会を立ち上げた。神戸市においては，復興都市計画の中で，災害の教訓を活かした各種の立案がされたが，戦争のために実際上はほとんど空文に等しい状態になった。ただし，河川の改修工事だけは重点的に実施されて，土石流を流下させることができるような構造にした「三面張り」方式による大がかりな工事が行われた。

復興計画の中で，特に力を入れたのが渓流砂防計画で，堰堤・床固工・護岸・山腹工などが，六甲山地の南斜面を中心に実行に移された。また，林野関係施設計画も同時に進められ，荒廃林野復旧施設の建設などが植林とともに行われることとなった。

なお特筆すべきは，阪神大水害の被害が新聞で報道されると，勤労奉仕をする人々（奉仕団）が現れ，たとえば本山村（現神戸市東灘区）では災害後の48日間で，延べ1万人を超える参加があったことである。災害ボランティアの先駆的な事例といえよう。なお奉仕団の4分の3は，近郷の住民で日帰りでの参加であったことも知られている。

参考文献　災害科学研究所編『阪神大水害調査報告』，1938，神戸市編『神戸市水害誌』，1939，稲見悦治『都市の自然災害』（古今書院，1976），谷端郷「1938阪神大水害における被災社寺の空間的特徴」（『歴史都市防災論文集』3所収，2009），加藤尚子「昭和13年「阪神大水害」おける旧本山村(現神戸市東灘区)の災害対応と復旧支援」（『自然災害科学』26ノ3，2007）

（吉越昭久）

1938 黒部峡谷雪崩 (昭和13年12月27日)

被害の概要

昭和13年(1938)12月24日—26日にかけて，低気圧が太平洋岸を通過し銚子沖で発達したため，顕著な冬型の気圧配置となり，風雪が強くなった。着雪と強風によって電話の切断や電柱の倒壊があり，富山市を中心に県内で電話1,800回線が被害を受けた。その翌日，12月27日午前3時30分ころ，志合谷では爆風を伴う大雪崩（泡雪崩，「大正7年豪雪」参照）が発生し，4階建の作業用宿舎（1・2階が鉄筋コンクリート，3・4階が木造）を襲っている。木造部分が峡谷の対岸へ600㍍余も吹き飛ばされ，84名が死亡する大惨事が発生している。

軍需物資増産のための電力確保

富山県の立山連峰と後立山連峰の間を流れる黒部川は，水量が多く高低差があるため水力発電に適した川である。軍需物資の生産のために飛躍的に高まった電力需要に応えるため，昭和11年(1936)9月から，黒部川に3番目となる発電用のダム建設が始まった。しかし，山奥へ建築資材を運搬するための隧道建設では，岩盤温度が次第に高くなり，昭和13年7月には100度を突破した。戦時統制経済の導入などを内容とした国家総動員法が3ヵ月前に作られており，軍需優先で工事が進められた。黒部川の冷水をかけながらの人海戦術であったが，熱中病で作業員が倒れ，8月23日にダイナマイトが自然発火して8名が死亡するなど事故も起きている。ダイナマイトにエボナイトをかぶせて熱伝導を防ぐなど対策がとられたが，ダイナマイト事故は続いている。

この間，自然災害も相つぎ，昭和13年の梅雨末期は，前線活動が活発で，7月1日には低気圧の接近と地形の影響で，近畿地方，特に六甲山では記録的な豪雨となり，神戸市で未曾有の大水害（阪神大水害）が発生している。全国で死者925名（兵庫県では686名）であった。さらに，9月1日に神奈川県に上陸した台風で中部から東北地方にかけて死者245名，5日に徳島県に上陸した台風で徳島県を中心とした近畿，四国で，死者104名と被害が相次ぎ，鹿児島では，10月14〜16日には近海を西進した台風で山崩れが発生し，死者455名（全国で467名）という被害が発生している。

多くの犠牲で完成した仙人谷ダム

当時の情勢は，ダム建設の冬期休止をゆるさず，泡雪崩の危険がある黒部峡谷の阿曽原谷や志合谷などに，雪崩防止対策が施された作業用宿舎を作り，冬場でも作業を続けていた。

昭和15年(1940)1月9日にも阿曽原谷の宿舎を泡雪崩が襲い，直後に発生した火災などによって26名がなくなるなど，泡雪崩による災害が続いた。このように多大な労力と犠牲を払いながら仙人谷ダムが完成し，黒部川第3発電所が発電を開始したのは，昭和15年11月である。

戦後，高度経済成長期を迎えると電力不足が発生し，関西地方では停電が頻発した。その事態を受け，当時の費用で513億円（関西電力の資本金の5倍）という巨費とのべ1,000万人の作業員で，昭和38年に仙人谷ダムの上流に黒部ダムをつくり，黒部川第4発電所が建設された。この場所は，黒部川の水量も多く，水力発電所設置に適した場所であることは大正時代から知られていたところで，仙人谷ダム建設当時も候補地にあがったものの，あまりにも奥地で見送られた場所であった。

（饒村曜）

1942 周防灘台風 （昭和17年8月27日—28日）

気象報道管制

昭和16年(1941年)12月8日の太平洋戦争が始まると同時に，藤原咲平中央気象台長は，陸軍から「気象報道管制施行ニ関スル件通牒」，海軍から「気象報道管制実施ニ関スル訓令」を受け取り，気象報道管制に入った。藤原台長は全国気象官署長などに対し，次のような訓令の電報を打っている。

　　ホンヒ　エイベイレウコクニタイシ　センセンフコクニアラセラレルニツキ　ゼンキセウカンシヨハ　カネテ　5ンエ(準備)セルトコロニシタガヒ　タダチニ　センジタイセイニイレリ　キシヨクハブカヲトクレイシテ　2カナ(観則)　5ツレ(通報)ノ　バンゼンヲキシモッテヒツセウユウグン(必勝友軍)ノ　タイゲウ(大業)ニ　キヨセラルベシ

こうして，気象情報の伝達は暗号化され，新聞やラジオでの一般国民向けの天気予報などの気象情報発信はこれを聞いた敵国が利するということで，中止された。ただ例外として，防災上の見地から暴風警報の発表は特命により実施されることになっていた。しかし，運用に関して取り決めは何もなく，昭和17年の周防灘台風と呼ばれる台風による被害直後の9月1日に具現化された。

周防灘台風で顕著な高潮

周防灘台風は，昭和17年(1942)8月27日長崎県に上陸した台風16号で，鹿児島県阿久根で709.7mmHgを観測するなど，中心気圧は700mmHg(≒933hPa)前後と発達したまま九州を通過し，瀬戸内海では

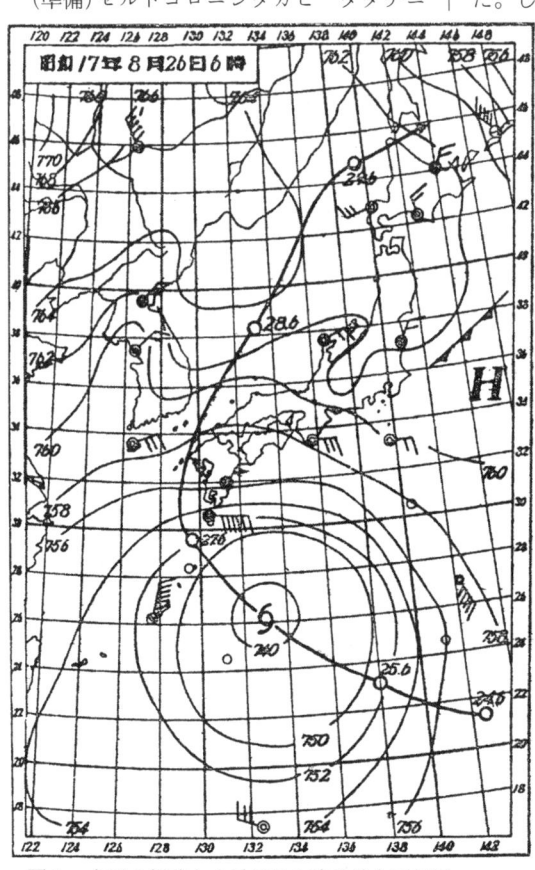

図1　台風の経路と8月26日6時の地上天気図

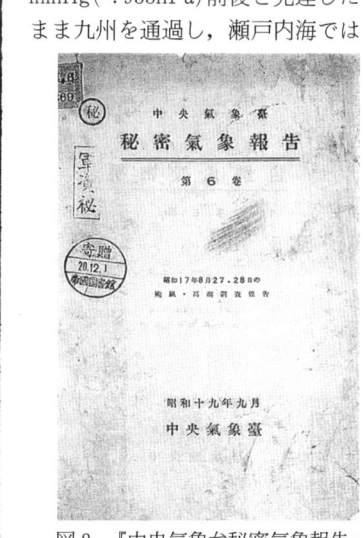

図2　『中央気象台秘密気象報告』第6巻

200年来の高潮が発生した(図1)。死者・行方不明者1,158人(このうち山口県794人),全壊家屋3万3,000戸などの被害が発生した。1〜2㍍の高潮が大潮の満潮時と重なった周防灘では大きな被害が発生したのは,干拓地が多く,海岸低地に工業都市が発達していたこと,これまで災害に見舞われた経験が少なく防災設備が不備だったこと,気象報道管制下であったために,台風についての情報が住民にほとんど伝わらなかったことが原因として指摘されている。このころの戦局は,6月5日のミッドウェー海戦の敗北に続いて,8月7日にアメリカ軍のガダルカナル島上陸があり,開戦以来の日本軍の破竹の快進撃は止まり,米軍の本格的攻撃が始まりつつあった。

中央気象台は,周防灘台風についての調査をただちに行い,『中央気象台秘密報告』第6巻(1942)をまとめている。従来の高潮は津波型(低い気圧に吸い上げられ台風により沖合で発生した波が加わる)と考えていたが,今回の高潮は吹き寄せ型であるなど,台風の高潮について詳しい分析がなされている。高潮研究においては,有力な資料であるにもかかわらず,秘密扱いで,一般の人の目にはふれなかった(図2)。また,同秘密報告の高潮が書かれている第3章の序文には,驚異的とはいえない高潮で,記録的な被害がでたことについて「それに加えて該地域(有明海方面を含む)には干拓地が多く,又海岸低地には工業都市が発達している。而して又瀬戸内海は従来この様な災害に見舞われる経験少なく,その為か防災設備が不充分の様であった。之等のことが重なって災害は想像以上に大きい。抑々この種の災害は,近代に至り,工業或いは種々の施設が発達増加するに比例して益々増大すると云う一般的情勢があるが,之を免れ得なかったと見るべきである。但しこの点は防災設備に関することであるから今は暫く措く」と記されているように,根本的な解決については,戦争中ということで先送りにされていた。また,周防灘台風によって暴風警報の発表が特命により実施されることになっても,実際には機能せず,自然災害による被害は繰り返された。

昭和18年7月24日に広島県に台風が上陸したときは,台風によって梅雨前線の活動が活発となり,九州北部から近畿地方では大雨となって死者・行方不明者240名など,9月20日に高知県に上陸した台風でも,秋雨前線の活動が活発となり,島根県や大分県では,山崩れや洪水が多発して死者・行方不明者970名などの被害があった。翌19年10月7日に愛知県に上陸した台風でも,前線活動が活発となり,死者・行方不明者103名などの被害がでている。これは,強い台風が相次いで襲来したというより,気象報道管制がしかれているために,防災行動がとれず台風被害が大きくなったためといわれている。

参考文献　中央気象台編『台風に伴う降雨量分布図』(日本台風資料3,1950),饒村曜『台風物語―記録の側面から―続』(日本気象協会,1993)　　　　(饒村曜)

1943 有珠山噴火 （昭和19年6月—7月）

災害の概要

昭和18年(1943)12月28日夕刻より，北海道南部に位置する有珠山北麓で異様な地震を感じはじめた。それは次第に震度と頻度を増し，時計の振子が止まり，一部では戸・障子が外れる程になり，洞爺湖温泉市街地で特に顕著であったので，この地域の住民は噴火を怖れ避難した。30日には地震は次第に減じたが有珠山北西麓の金毘羅山付近に隆起と断層ができて，上水道が断水した。年が明けた5日には活動の中心が有珠山東南麓の伊達と壮瞥の村界に集中し始め，無数の亀裂が走り，地殻変動は徐々に北に移動しながら道路，鉄道，家屋，田畑山林に甚大な被害を与え，一帯は次第に隆起して丘に変じ，6月23日には畑から水蒸気爆発が始まった。10月末迄に7個の火口を開き，規模の大きな噴火17回(1時間以上のもの)を含め，無数の中小爆発が続いた。その間も刻々大地は隆起し，昭和19年末には固結した溶岩ドームの尖頂が確認され，その後のドームの成長とともに，隆起域は急激に上と横への成長を早めた。全てが終息した昭和20年9月20日には海抜407㍍の新火山が誕生し，のちに昭和新山と命名された。きわめて希有な火山活動が展開されたのであるが，敗色濃い第2次世界大戦末期であったので，軍はこれを極秘にして世間に知らしめず，科学者の火山観測も満足にできなかったのは惜しまれる。

被害の概要

噴火レベルとしては小規模で，北海道の僻地での出来事とはいえ，人々の生活の場に火山が誕生したのであるから生活の基盤全てを失うことになった。特に12戸72名が生活していたフカバ集落は壊滅，最高152㍍地点まで持ち上げられ火山の一部に化した。もともとは有珠山の湧水を利用して長流川を遡上する鮭・鱒の孵化場が開かれたことで発展した所であるが，明治43年(1910)の有珠山噴火で，通年18℃であった湧水が40℃に変じ，孵化事業が存続できず，字名としてフカバを残すのみであった。その後温泉宿が開設され，次第に賑わいを取り戻したが，湧水の温度が元の冷泉に戻って再度寂れてしまった。

有珠山麓の畑地利用のため，田園集落を形成したが，今日では栄枯盛衰の痕跡さえ留めぬ急峻な斜面となっている。地殻変動地域の壮瞥と伊達を結ぶ主要道路と鉄道，電話・電線，用水路は日々痛めつけられ故障と補修のいたちごっこで，空しい努力を強いられた。広域での降灰，傾斜地での土石流による農作物の減収は人々の餓えに繋がった。活動域周辺の田畑は縦横に走る亀裂断層で壊滅した。

人々は五里霧中状態の中で火山災害と闘ったが，戦時の緊張感のもとでの被災であったためか，意外にも人的被害は少ない。噴火が激しくなったので，母親が2人の子供を連れて隣家に避難する際，柳行李で寝ていた零歳児に，屋内に吹き込む火山灰を吸わない様に一反風呂敷をかけていった親心が災いし，火山灰の重みで風呂敷が顔を覆い，窒息死したという記録が残されている。被害状況は伊達警察署長から警備本部長宛報告文書(昭和19年7月15日付，伊警防第474号)に「本年6月23日爆発前は，主たる被害は灌漑溝使用不能となりたる為下流約400ha，水田作付不能となりたるに止まりたるも，爆発により九万坪高地約100haの内永久畑地不能に至りたるもの70ha，収穫皆無となりたる畑面積は4～500ha。降灰厚薄により三分作，五分作，山林焼失等壮瞥村全村及び伊達町の一部に亘り被害甚大なり。又降灰の結果牛馬其の他家畜の粗飼

料，青草に窮し惨澹たるものあり」とある。
災害の対応
昭和18(1943)-20年の噴火は軍部の意向で極秘であり，基本的にこの地では何も起きていないという建前であった。何も起きていないから罹災者は存在しないということになり，公的な支援ができない状況であった。新聞報道も前兆地震期に3回地元紙に小さく書かれたが，見出しは「鳴動沈静」「終息間近」であり，火山活動が活発化してからは戦後まで紙面に一切報道されなかった。反対に「天の恵み，空から天然セメントが」「銃後の民，鉄路を死守」という戦争美談が大きく紙面を飾ることはあった。噴火が始まって初めて現地に配備された警備関係者も「憶測的流言飛語ヲ慎メ」との掲示をしたが，この地で起きつつあること，警戒すべきこと，避難などの情報は公表されず，「食糧増産に励むべし，田畑を捨てるのは非国民」といわれる状況であった。物資・食糧の配給も滞り，自給自足の生活であったが，火山灰で収穫皆無という辛酸状況であった。さらに軍需物資を運ぶ鉄道線路が地殻変動で日々運行障害が発生するため，「一本たりとも列車を止めるな」という厳命により，老幼婦女子が保線工事に動員される日々であった。また洞爺湖の唯一の放水路である河川が大地の隆起で堰き止められ，村の中心街まで水没の恐れが出たため，これの排水溝工事の勤労奉仕にも追われた。

何故極秘にしたのか？もちろん公文書は残されていないが，①日本は「神の国」であり，元寇の役の如く連合軍を本土に引き寄せ，最終的に「神風」が吹いて敵国を壊滅させるという戦意高揚教育に反する天変地異は伏せたかった。②自然災害に伴う国力低下を知らしめたくなかった（この期にあった三河地震・東南海地震も伏せられた）。③溶岩ドームに点在する溶岩光が，敵爆撃機の目標になる（近隣の室蘭港・軍需工場の存在）ということで，軍部から村役場に溶岩光を消すようにという極秘命令（洞爺湖の水による放冷，長流川堰止めによる火山水没）が村役場に届いていた（敗戦で実行せず）。

火砕サージ発生
昭和19年(1944) 7月11日の第5次噴火はそれまでの噴火と一変し，噴煙は地面を這い，洞爺湖の水面を走り抜け，対岸の洞爺村に至るいわゆる火砕サージであった。火口から1㌖の民家は焼失，流域の樹木は爆風になぎ倒され，あるいは火口側の樹皮が焼けてのちに枯死した。湖畔民家の窓の透明ガラスは「すりガラス」に変じ，円形の小石の貫通孔が残されていた。この噴火時，現地調査中の東京帝国大学教授水上武は上記の状況から「熱雲(火砕流)」類似現象の発生を警備本部に示唆，今後の警備体制に厳重注意と報告（伊達警察署蔵「九万坪噴火干係書類綴（7月13日付）」）をしているが，その後の水上論文にはこの噴火が触れられておらず，そのためにその後の科学者は昭和新山の噴火は「軽微な水蒸気爆発に終始した」と誤認されたようである。

災害の記録
有珠山の明治噴火時，調査に来訪の東大教授大森房吉のサポートをした三松正夫（当時22歳）は科学者の言動を見守り，「火山の噴火は地球を科学し，次の噴火に備え，その火山の活動の癖を見抜く絶好の機会」であることを学んでいた。時を経て昭和18年(1943)前兆地震が始まるや，壮瞥郵便局長となっていた三松はこの地震が有珠山の活動開始と悟り，知己の科学者に急を打電したが，戦時下のため科学者も戦争に役立つ調査研究に追われ，または海外植民地の地下資源調査で不在であり，腰を据えて現地調査に駆け付けられる状況でなかった。やむなく三松は素人ながら知りうる限りの情報を克明に収集・記録し，客観的情報として科学者に報告を続けた。彼の行動には，

有珠山噴火 493

図1 昭和新山生成前

図3 昭和16年のフカバ集落

図2 昭和新山生成後（図1と同場所より撮影）

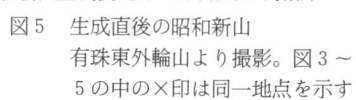

図4 昭和19年9月20日の昭和新山

図5 生成直後の昭和新山
　　有珠東外輪山より撮影。図3〜
　　5の中の×印は同一地点を示す

図6 昭和19年9月20日，火山に変じつつあるフカバ集落

図7 昭和19年7月11日，第5次噴火熱雲大地を渦巻き，洞爺湖対岸にいたる

494 歴史災害

図8 ミマツダイヤグラム関連図

図8-1 定点観測手法

図8-2 観測図No.1（昭和19年5月1日）

図8-3 観測図No.24（昭和20年9月20日）

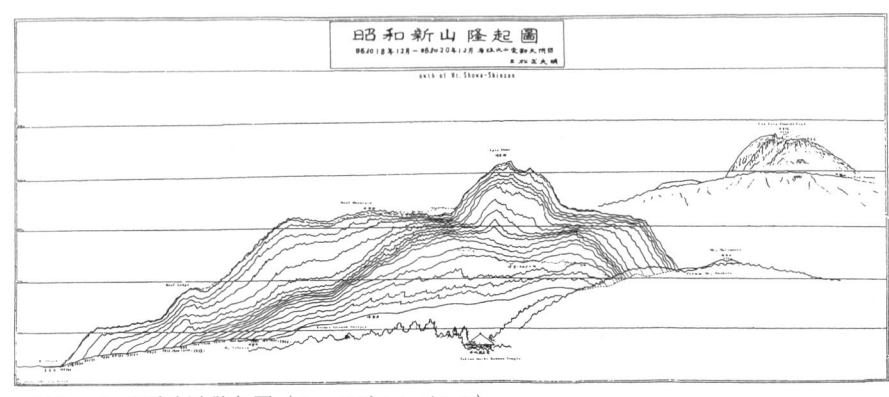

図8-4 昭和新山隆起図（ミマツダイヤグラム）

重症かもしれない患者がいるのに診断，治療する医師が不在という無医村状況と同じ村の行く末に情報を欲しいという思いが込められていた。

地震学者であった大森が明治噴火現地調査で得た結論，「有珠山に限って言えば，地震の推移は火山現象のバロメーター」という言葉に従い，有感地震を数え続け，のちに地震と噴火，大地の隆起，溶岩ドームの成長などを一表にまとめ，それぞれの現象が無関係でないことを暗示する図面を残した。

三松は絵心があり，当時の物資不足で写真フィルムの入手が出来ないため無数のスケッチで観察記録を残している。中でも，東九万坪台地に活動が集中するころより，ここに新山生成の可能性を感じ，局舎裏を定点と定め，目線を常時一定に固定出来る簡単な工夫をして，日々スケッチを続け，のちに「昭和新山隆起図」という図面を残した。これは「隆起型火山」の存在を初めて実証したもので，これら２点の図面は昭和23年にオスローで開催された「万国火山会議」に提出され，高い評価を得て，以来「ミマツダイヤグラム」と呼称されている。

また三松は局長の立場上，変動区域を縦断する電話線に多発する通話不通事故の報告をする必要もあり，詳細な亀裂・断層・隆起の分布図を残している。当時蒸気機関車によって運行されていたため，わずかの線路の異変でも停車した。その位置をその都度駅長から連絡を貰うことで，また電話・電線の断線，伸び・縮み，電柱の横ずれなどで異変のポイントを探る計測器として利用し，方位・範囲は自分の足で調査した。この調査の中で偶然に初爆の前に「放射線状」に伸びる断層を書き残している。結果的にその中心部が６月23日に開口した第１火口の位置であった。これはマグマ上昇に伴う山体膨張を記録したことを意味する。

また，このころ東大教授水上武は偶然その火口から約１㌔の位置に地震計を据え付けており，従来の地震波とは異質の，今日「火山性微動」と呼ばれる波形をとらえていた。

こうした調査の中から劇的なドーム推上による山体形成に先立って，有珠山北西麓の洞爺湖温泉市街地に始まった火山活動が180度転じた東南麓の字村界に飛び，その後字柳原，西九万坪にそれぞれ西洋皿を伏せたような30㍍弱の小隆起体を作りながら北上，東九万坪地域に至って噴火し，新山を形成したことが読み取れる。この活動区域の移動は壮瞥と伊達を結ぶ道路の管理者北海道室蘭土木現業所が測量班を派遣し，詳細な水準測量を実施しており，その記録からも裏付けられている（水上1948）。

自然災害史の１頁を空白とせぬよう，調査記録を残した科学的努力のほか，形成過程の明白なドーム型火山の保全と農民救済のため私財で昭和新山を購入して次世代へ引継ぐ社会的貢献を果たした三松正夫の生涯は高く評価される。

参考文献　三松正夫『昭和新山生成日記（複刻版）』（三松正夫記念館，1995），同『昭和新山』（講談社，1970），同『昭和新山物語』（自然の記録シリーズ，誠文堂新光社，1974），『写真集麥圃生山』（昭和新山50周年記念事業実行委員会，1994），水上武「最近の有珠山噴火について」（『地球の科学』２ノ１，1947），石川俊夫「有珠火山最近の活動について」（『科学と科学研究』１ノ１，1947），新蔵博雅『昭和新山』（噴火湾社，1975），勝井義雄他『有珠山』（北海道防災会議，1973）

（三松三朗）

1943 鳥取地震 （昭和18年9月10日）

災害の概要

昭和18年(1943)9月10日17時36分に鳥取市郊外で発生したM7.2の地震である。鳥取市では震度6が観測された。第2次世界大戦末期に発生したため翌年および翌々年の東南海地震・三河地震と同様に残されている被害資料が少ない。一方，東南海・三河両地震とは異なり，大学や陸軍陸地測量部などが当時としては先端的な調査を地震直後から行い成果が論文としてまとめられている。萩原尊禮・永田武ら調査に従事した研究者による現地調査の回顧録も残されている。阿武山観測所などでは地震波形記録もとられた。鹿野断層（長さ約8㌔）と吉岡断層（長さ約4.5㌔）という2つの地表地震断層が現れ津屋弘逵らによる詳細な調査も行われた。地震断層上の目撃者の証言も得られ，地震の物理的過程を考える上で重要な情報が得られた。図1に余震分布および地表地震断層を示す。これらデータはのちに震源の物理を明らかにする研究において重要な役目をはたした。

被害の概要

『鳥取県震災小誌』によると被害は以下のとおりである。死者1,210人，重軽傷者3,860人，家屋全壊13,295戸，同半壊14,110戸，火事による全半焼299戸。死者の多くは家屋倒壊によるもので，鳥取市に全死者の約80％が集中している。図2に市町村単位で集計した家屋の倒壊率（全壊＋半壊）を示すが，鳥取市を含む千代川沿いの鳥取平野内で家屋の倒壊率が高く，それ以外の場所では低い。地表地震断層が現れた鹿野町と吉岡村でも家屋倒壊率は20％未満にとどまっている。これは平野内の軟弱な表層地盤によって地震の揺れが大きく増幅されたためと考えられている。地震発生の約半年前にあたる3月には震源付近で群発地震活動があり，4日と5日にはM6.2というやや規模の大きい地震も発生している。普段地震活動が活発でない地域で発生する内陸地震の中には，このような顕著な前震を伴うものが少なからず存在することがあり，鳥取地震

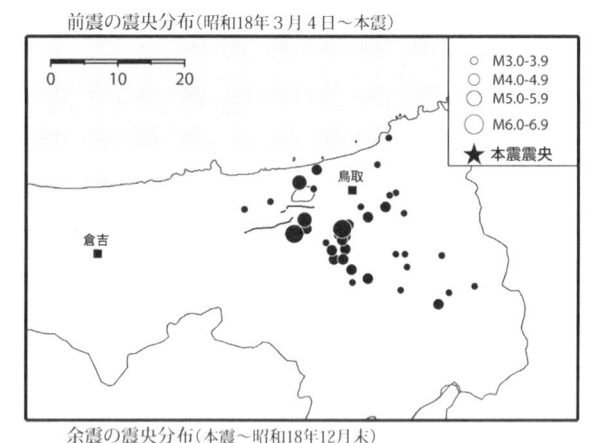

図1 鳥取地震の前震と余震の震央分布図

もその1例として知られている。
本震の際に地表にあらわれた鹿野断層および吉岡断層は右横ずれ型で，これは後に観測された地震記録から推定された断層運動とも調和的である。

ずれた断層の真上に位置し1㍍ほど食い違いながらも倒壊を免れた家が複数存在し地震の発生原因を考察する上で貴重な情報がもたらされた。家屋の状態や家人の証言から，断層の食い違いは地震で揺れている最中に起こり，ずれは瞬間的に起こるのではなく，ずるずると数秒程度かけて生じたものと考えられた。

火災は13ヵ所発生したが，降雨直後で湿度が高く，また風も弱かったこともあり比較的小規模の延焼で食い止められた。バケツリレーによる消火活動が効果を発揮した地区もあったという。

荒金鉱山(岩美郡岩美町)では地震の揺れで堰堤が決壊し約4万3千立方立㍍の鉱泥が流出して，堰堤直下にあった朝鮮人労働者の飯場や荒金集落を直撃した。この災害で朝鮮人労働者とその家族28名と日本人37人の合計65人が犠牲となった。

参考文献 岸上冬彦「昭和18年9月10日鳥取地震の被害」(『東京大学地震研究所彙報』23，1947)，表俊一郎「鳥取地震余震観測2」(同33ノ4，1956)　　(林能成)

鳥取県における災害対応

鳥取県は，軍隊などの協力を得て被災者の救出・救護・医療・警防・消防・治安などの応急措置を講ずる一方，半壊になった県庁舎前庭のテント張りの中に「鳥取県震災対策本部」を知事を本部長として急設し，総務部(庶務係・調査係・会計係)，実施部(食糧係(第1・第2))，物資配給係(第1・第2)，救助係，救護係，救援係，罹災地整理係，住宅復興係，金融係)，警務部(警防係・警備係・治安係・交通係・経済係・防犯係・労務係)の3部20係をおいて応急・復旧・復興措置をとった。

流言飛語抑制への対策

市民への情報提供にも積極的であり，地震当夜，米子気象台の報告と被害状況，人心の安定・流言への注意を記した「知事告知」500枚を徹夜で作成し，11日早朝，警察官に持たせて各避難場所に配布するとともに口頭でも指導した。またラジオが復旧した

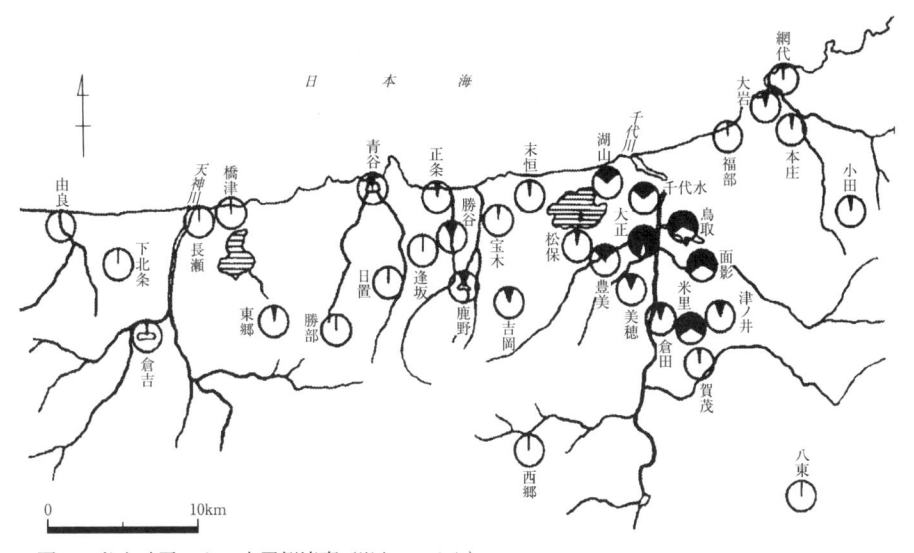

図2　鳥取地震による家屋倒壊率（岸上1947より）

14日午後12時10分から鳥取放送局で知事が人心安定・復興意欲の高揚を目的とした放送を行なった。また工場が倒壊して発行不能になった地元紙『日本海新聞』に代わって県当局発表の災害状況を中心とする発表を謄写版刷で市民に配布し，また岡山県へ依頼して13日付より岡山「合同新聞社」において『日本海新聞』の代行印刷が実現した。ラジオ放送については県庁内や集団避難所・その他要所に非常用受信機を設置し，ラジオ自動車(ラジオを登載した自動車)を運行し，連日にわたり復旧の進捗状況・物資の配給・復興精神の作興・周知事項などの放送を行なった。これらの措置は大正12年(1923)の関東大震災における流言飛語の発生を恐れたものだと考えられ，震災の1年後の昭和19年(1944) 9月に発行された『鳥取県震災小誌』においても「震災といえばすぐにもわれわれの脳裏に浮かんでくるのは関東大震災の民心の動揺とそこから醸し出された幾多の不幸な出来事への連想である」と記載されていることからも窺うことができる。

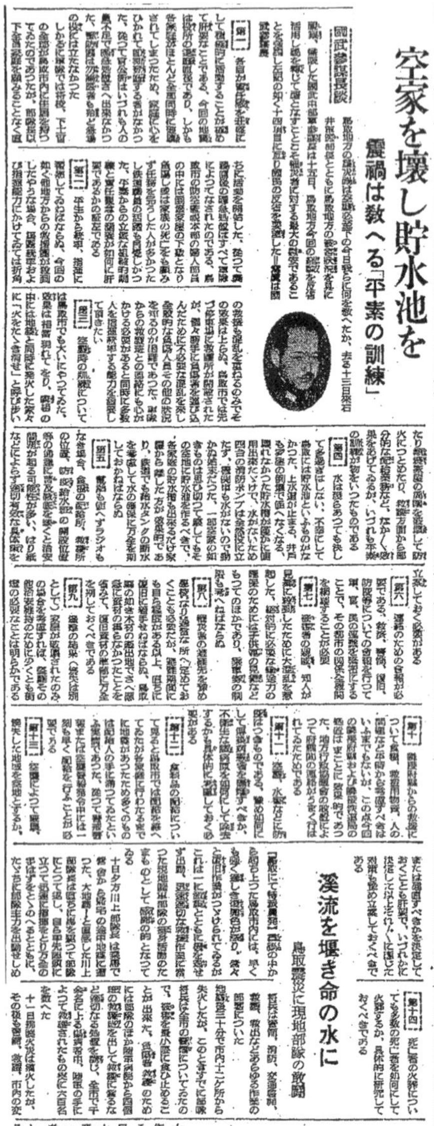
空家を壊し貯水池を
震禍は教へる「平素の訓練」
国武参謀長談
渓流を堰き命の水に
鳥取震災に現地部隊の敢闘

図3　国武参謀長談話(『朝日新聞(大阪版)』昭和18年9月16日)

新聞報道

第2次世界大戦の戦時報道管制下に発生した震災であったが，翌年昭和19年(1944)の東南海地震，翌年の三河地震における新聞報道と比較すると，地震そのものの情報や被害情報，対応状況など，1面トップを飾ることこそなかったものの，震災に関する記事を，地元紙である『日本海新聞』はもちろん全国紙においても連日掲載していた。地震翌日の『朝日新聞(大阪版)』の3面では「鳥取で五千戸倒壊　昨夕関西方面の地震」とあり，鳥取県当局発表として，10日午後5時37分ごろ鳥取市を中心として上下動の激震あり。鳥取市内では1万戸の家屋中，過半分倒壊，市内5～6箇所から出火，猛炎に包まれているが，倒壊家屋の下敷きになったものは目下軍隊が出動，救助作業中，死傷者多数ある見込み。(中略)鳥取県下でもっとも被害のひどかったものは鳥取市付近で，米子市は小震程度である。列車は山陰線は上り岩美，上井(現倉吉)，因美線は郡家でとまっている，岩美から上り以東異常なし，下り上井から西は変りなし，と報じている。その後，中央気象台の発表，

大阪管区気象台の観測結果，現地地図を交えながら，詳細に地震情報や被害程度が報道されていた。

鳥取の震禍を防空に活かせ

連日の報道で，災害対応や支援の報道が続けられる一方で，鳥取地震を防空に活かすことを目的とした記事も多く掲載された。地震5日後の9月16日の『朝日新聞（大阪版）』の3面では，現地視察を終えた国武三千雄中部軍参謀長の談話が大きく掲載され，「鳥取地方の震災禍は空襲必死下の今日の我らに何を教えたか（中略）鳥取地方の今回の経験を反省活用し禍を転じて福となすことこそ罹災者に対する最大の慰安」として，14ヵ条を「国民への反省」として挙げている。震災を国防に利用することが目的ではあるが，その内容は現代の災害教訓につながるものも多い。以下に要約する（図3）。

第1　各自が責任感を旺盛にして積極的に活動することが極めて肝要（役所の退庁後の地震で，家庭での対応に心奪われて登庁する者が少なく，人員不足で必要な応急対応ができなかった。警防団も医者も同じ）。

第2　平生から統率・指揮に習熟する（他地方から救援団が殺到したが，鳥取県側の統率・指揮能力が欠けていた。鳥取市の臨時救護所には個々勝手に負傷者が運び込まれ，全般的な負傷人数や状況を把握できなかった）。

第3　空襲時の訓練という「平素の訓練」が物をいった（効果は相当あり，地震と同時に発火した家々に「火をたたき消せ」と呼び歩いたり，類焼家屋の周囲を破壊して防火につとめる隣組があった）。

第4　水は幾らあっても多すぎない，空き地に貯水池を作るべき（鳥取には貯水池がなく，上水道が止まり，家屋の倒壊で井戸が使えず，4台の消防ポンプは役に立たなかった）。

第5　電話も使えずラジオもない場合，貼り紙などによらない適切有効な具体的情報伝達策を立案する（食糧の配給所・救護所の位置，防疫給水班の開設位置等の通達に普及徹底を欠くと治安問題が起きる可能性が高い）。

第6　軍，官，民の連携を緊密にするための会議が必要（救済，警備，復旧，防疫等の会議を行う。会議には関係全機関を網羅することが必要）。

第7　絶対的に必要な輸送力を確保する（被災者の親戚・知人が見舞いに殺到して大混乱した。子ども連れの見舞いなどもってのほか。鉄道における乗車券の制限なども検討すべき）。

第8　被災者の避難先をあらかじめ定めておくと同時に，避難期間にも限界があるので，直ちに復旧に着手すべく復旧資材の準備にも万全を期す（木材の産出地である鳥取でも資材が集まっていない）。

第9　盗難その他の治安維持のために少なくとも街燈の整備が必要。

第10　地方行政協議会の設置により，隣接府県間の連絡が上手くいって，食糧，救援用物資，人などの救援が効果的に行われた。

第11　空襲，水害などに疫病はつきものである（伝染病者の隔離，不衛生な諸病原の除去を具体的に考慮する必要がある）。

第12　警戒警報または空襲警報発令中には一刻も早く配給を行う（食料品の配給が地震にために配給人の手に滞っていた）。

第13　空襲によって破壊・焼失した地域を，空地とするか，または建て直すべきかを決定し，それぞれに応じた対策を予め立案しておくべきである。

第14　多数の死亡者をいかに火葬するか，具体的に研究しておくべきである。

これら「国民への反省」は，戦時下で壮年男子が少ない現状下，地域内で防災力を高める方向が読み取れるが，この原則は現代の防災にも有効な点もある。　　（木村玲欧）

1944 東南海地震 （昭和19年12月7日）

災害の概要

昭和19年（1944）12月7日13時36分に紀伊半島の沖合で発生したM7.9の地震である。気象台などで観測された最大震度は三重県津と静岡県御前崎の震度6であるが，のちの詳細な被害分析からは愛知県と静岡県の一部地域で震度7相当の強い揺れに見舞われた場所があった。海域で起きたM8クラスの大地震であるため規模の大きな津波も発生して紀伊半島東海岸の浦々に大きな被害をもたらした。

東南海地震で大きな被害を受けたのは愛知・三重・静岡の3県であるが，各県のおかれた自然および社会環境の差により発生した被害状況には違いが見られた。愛知県では耐震性を無視して改造されたレンガ造りの工場が倒壊したことによる被害集中が目立つ。三重県では揺れによる被害は少なく津波による死者がほとんどを占める。静岡県では軟弱地盤上の集落に被害が集中し，家屋や学校校舎の倒壊によって多くの人が亡くなった。

静岡県掛川付近で水準測量をしていた陸軍陸地測量部の測量隊が地震発生直前に地震の前兆と思われる異常な地殻変動を計測したとされており，このデータは東海地震の予知計画の重要な根拠となっている。

地震の特徴

東南海地震はフィリピン海プレートの沈みこみによって発生したM7.9のプレート境界型大地震である。地震学的な解析から，震源は和歌山県新宮市沖と推定されており，ここから北東方向に向かって地震波を放出しながら断層が広がり浜名湖付近まで到達して停止した。最終的な震源断層の大きさは長さ140キロ×幅80キロ，断層面上の平均すべり量は3メートル程度，最大で4.4メートルと推定されている（図1）。

フィリピン海プレートが沈み込む南海トラフ沿いの領域では100年から150年程度の間隔で繰り返し地震が発生している。また，似たタイプの地震が繰り返すことから震源域の場所ごとに名前がつけられており，紀

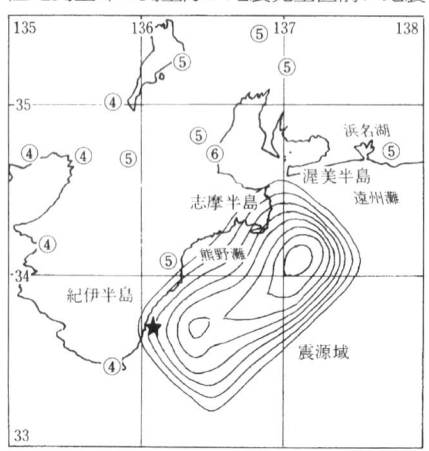

図1　震源域と震度分布図

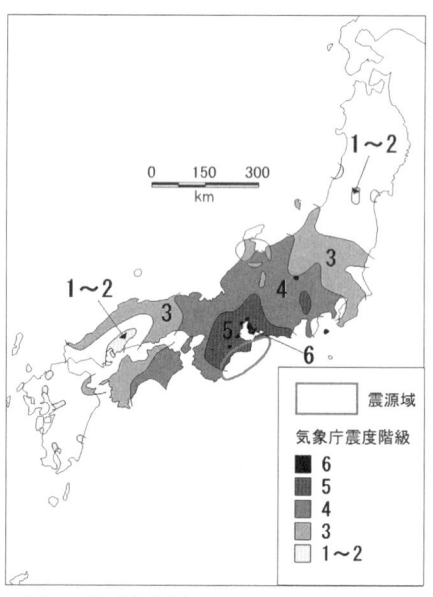

図2　震度分布図

伊半島から東側で起こるものを東海地震，四国沖で起こるものを南海地震と呼んでいるが，昭和のこの地震はそれまでの東海地震より震源域が狭かったので東南海と呼ばれた。これらの地震は数時間から数年という時間差で連続発生する例もあれば，両方一度に発生する例も知られている。

昭和19年(1944)の例では東南海地震が発生した約2年後の21年12月に南海地震が発生した。しかし駿河湾では地震が起きなかったことからのちに東海地震発生の切迫性が懸念される事態となった。

その約90年前の嘉永7年(安政元，1854)には，まず東海のエリアを破壊する地震(安政東海地震)がおき，約30時間後に南海エリアを壊す地震(安政南海地震)が連続して発生している。さらに約150年前の宝永4年(1707)に起きた地震は東海と南海が両方一度に破壊する巨大地震となった(宝永地震)。慶長10年(1605)の地震(慶長地震)は地震被害の記述が見られず津波被害のみが記録されていることから「津波地震」であったと考えられている。

これら過去の地震と比較すると，昭和19年の東南海地震はその震源域が紀伊半島沖の部分に留まっており歴史上の東海・東南海地震の中では小規模なものであったと考えられているが，どこで起きた地震かを含めて不明な点が多い

被害の概要

表1に東南海地震による死者・全壊家屋数を示す。ここでは飯田(1977)による数字に基づいて記述するが，東南海地震は地震直後の被害集計に不明な点があり，資料によって数字にばらつきがある。これは戦時中の地震であり被害の報道に厳しい制限が加

表1 1944年東南海地震の被害

県 名	死者	負傷者	住家 全壊	住家 半壊	非住家 全壊	非住家 半壊
愛知県	438	1,148	6,411	19,408	10,121	15,890
静岡県	295	843	6,970	9,522	4,862	5,553
三重県	406	607	3,376	4,537	1,417	2,228
岐阜県	16	38	406	541	459	388
奈良県	3	17	89	177	244	224
滋賀県			7	76	28	38
和歌山県	51	74	121	604	46	63
大阪府	14	135	190	1,629	124	63
山梨県			13	11	14	3
石川県			3	11	6	8
福井県			1	2	2	3
兵庫県		2	3		23	9
長野県			12	47	1	2
計	1,223	2,864	17,611	36,565	17,347	24,472

(飯田汲事1977より)

えられていたことと，その後の戦災や戦後の混乱によって資料の一部が失われてしまったことによる。死者は全体で1,223人を数え，愛知県438人，三重県406人，静岡県295人の3県が突出している。ついで，和歌山県51人，岐阜県16人，大阪府14人，奈良県3人となっている。以下，被害が大きかった3県についてその特徴を詳述する。

愛知県における被害の特徴

愛知県は東南海地震でもっとも大きな被害が出た県であるが，地震動の強さを見ると家屋に甚大な被害をもたらす震度6や震度7となった市町村はあまり多くない。

死者数を市町村別に見ていくと，震度7と判定された福地村で21人が亡くなっているのをはじめとして，一般に揺れが強かった市町村で大きな被害が出ている。だが，震度6以上と判定された自治体でまんべんなく死者が出ているわけではなく，半田市(188人)と名古屋市南区(91人)の2市区が際立って多い。この2市区では，いずれも工場建屋が倒壊して1ヵ所で多数の死者を出しており，この災害現場が愛知県における人的被害を特徴づけている。

半田市の中島飛行機製作所山方工場では，153名の人が亡くなっている。この工場は現在の半田市役所付近にあったもので，阿久比川河口の埋立地である山方新田に立地していた。もともとは明治35年(1902)ごろに建造されたレンガ造りの紡績工場(東洋紡績知多工場)であったが，第2次世界大戦末期に，軍用飛行機の生産拡大のために航空機生産工場に転用された。この工場では艦上攻撃機や偵察機などの主要部品を生産しており広大な作業空間が必要であったことから，紡績工場時代にあった内部の屋根支柱をすべて撤去していた。また軍事機密保護のために出入口の数を一つにしぼり，さらにその内側には，戸を開けても外から中が見えることがないように衝立が設置されていた。そのため，地震に気がついて外へ出ようとした人が集中し，団子状態になって脱出できないでいるうちに，外壁のレンガが崩れて多くの人が下敷きになってしまったという。

なおここでの犠牲者153人中96人が中学生・女学生といった13歳から16歳くらいの「勤労学徒」であった。太平洋戦争末期のこのころは，こういった若い世代が工場における主力労働者として軍需産業を支えていたことを物語る。

名古屋市では南区の三菱重工道徳工場で64名の人が亡くなっている。この工場も中島飛行機製作所・山方工場と同様に，戦時中になってレンガ造りの紡績工場(旧日清紡名古屋工場)を買収・改造してつくられた工場であった。

三重県における被害の特徴

三重県で死者が多かった町村は，尾鷲町(現尾鷲市，96人)，錦町(現大紀町，64人)，吉津村(現南伊勢町，39人)，島津村(現南伊勢町，34人)，国府村(現志摩市，32人)など，いずれも同県南部の熊野灘に面した漁村である。これらの町村における地震の揺れは，「震度5」又は「震度5～6」であり地震動による家屋倒壊は皆無である。だが津波は高く尾鷲町の9メートルを最高に，錦町7メートル，吉津村5.5～6メートル，島津村6メートルの津波が襲来している。

尾鷲では測候所屋上からの所員による目視記録が残されている。それによると地震発生の26分後14時2分に湾内の防波堤が隠れて第1波の最高潮位になり，その後から40分の間隔で6回の高い波が繰り返し襲来している。津波は市内を流れる2つの河川に沿って内陸まで遡上して海岸から150メートルの家まで破壊され400メートルの家まで浸水している。このとき貯木場の木材や漁船などが津波によって陸地へと運ばれ被害を拡大した(図3)。

三重県は歴史上何度も津波に襲われた経験を持っていることもあり「地震のあとに津波がくる」という教訓が比較的広まっていた。錦町で被災した人の体験談では「地震のあと津波がくるということで，多くの人が高台の小学校へ向けて避難していたけど，慌てて走る人などはなく，皆，半信半疑の気持ちだったように思う」と記録されている。一方，津波では第1波よりも2波目，3波目の方が高くなる場合があることについてはあまり知られていなかった可能性があり，「流亡者の多くは，第1波後に避難していた高台から下りて家財を持ち出そうとした人びとが，さらに強かった第2波にさらわれたためである」といった記録も散見される。

静岡県における被害の特徴

静岡県ではいくつかの町村で震度7に相当する強い揺れがあった。大きな揺れになったのは太田川および菊川という2つの中小河川の中下流域に限定されている。

飯田(1977)によれば太田川流域では周智郡山梨町，久努西村，磐田郡袋井町，上浅羽村，西浅羽村，久努村，今井村(以上，現袋井市)，磐田郡田原村(現袋井市，現磐田市)，向笠村，南御厨村(以上，現磐田市)の

10町村が震度7である．特に今井村では，総戸数336戸中322戸（全壊率95.8％）という激甚な被害が発生している（図4）．

菊川流域では，小笠郡平田村，横地村（以上，現菊川市）の2村で家屋全壊率が30％を超えており震度7と判定されている．

太田川・菊川沿いのこれら12町村における死者数の合計は158人になり，静岡県の全死者数295人の50％以上を占めている．これら被害が集中した集落は粘土質の沖積層が10ｍ以上の厚さを示す，いわゆる軟弱地盤の場所に限られていて，地震の揺れに表層地質の違いが大きく影響することを示す典型例としてのちの教科書などでも繰り返し引用されている．

静岡県下では学校校舎の倒壊による児童・園児の犠牲者が目立つ．中でも袋井町は袋井西国民学校で児童20人，袋井保育所で園児21人，保母1人が亡くなり，町全体の死者の70％近くをこの2校の被災現場で占めている．校舎の倒壊は他の学校でも発生しており，以下の国民学校で校舎の下敷きによって児童が亡くなっている．三川校8人，周南校7人，久努西校5人，平田校2人，田原校1人，上浅羽校1人．　　（林能成）

図3　陸にうちあげられた漁船（尾鷲町）

戦時報道管制下における報道

東南海地震は，第2次世界大戦の敗戦濃厚となった時期（終戦の約9ヵ月前）に発生した地震である．特に名古屋重工業地帯の被害は甚大で，軍用機をはじめとする軍需生

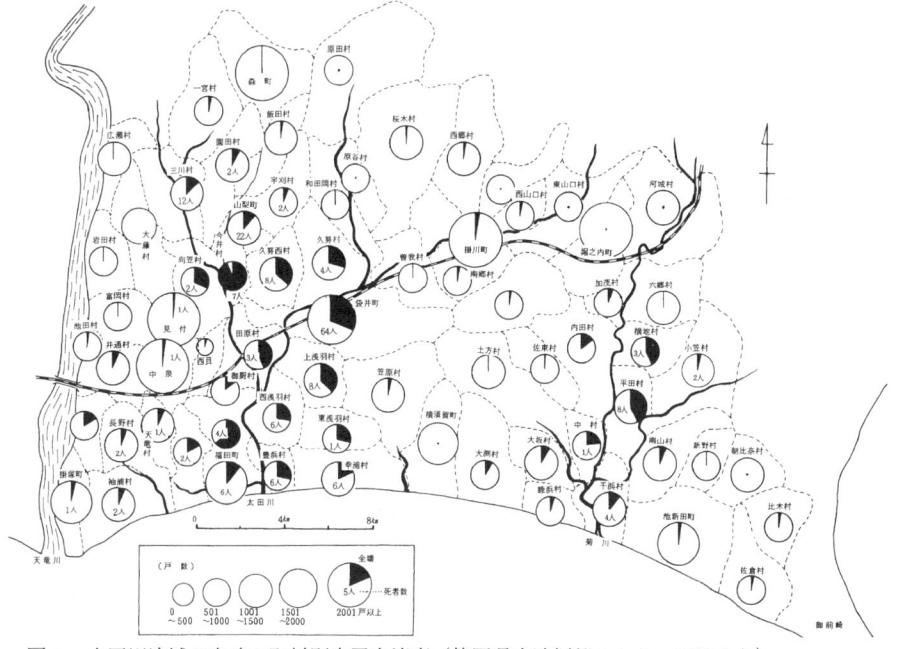

図4　太田川流域の当時の町村別家屋全壊率（静岡県中遠振興センター1982より）

産力にも大きく影響したといわれている。このため、地震に関する調査資料は極秘とされ、戦時報道管制の下、被害に関する報道は厳しく統制された。

東南海地震の翌日の12月8日は、日本にとっては日米開戦3周年にあたる開戦記念日であった。新聞各紙とも昭和天皇の軍服姿の立像の写真が一面を飾っていた。被災地の新聞社である中部日本新聞(中日新聞の前身)では、物資不足のため当時は1日2面で、この日だけは特別に4面であったが、「決戦第四年 一億特攻・米英必殺」「聖上・夙夜の御精励 畏し親しく決戦御統帥」とあり、地震ではなく開戦記念日の特集が組まれていたことがわかる。東南海地震の記事は、3面の隅に「天災に怯まず復旧 震源地点は遠州灘」という見出しで、「【中央気象台十二月七日十五時五十分発表】本日午後一時三十六分ごろ遠州灘に震源を有する地震が起って強震を感じて被害が生じた所もある」「地震による被害復旧は急速に行われている」「特別警備隊や緊急工作隊が地元警防団や特設防護団と協力復旧にあたっており医療救護団また救護に万全の処置を講じ、隣接応援隊もあり一億戦友愛を発揮した頼もしい風景が織りなされている」「罹災者にもそれぞれ十分の給与を行い情勢緊迫に備えまず待避壕、貯水池、貯水槽の修理にとりかかったところもあり敵機来らば来れ―の闘志は満満と満ちあふれている」といったように、正確な被害を伝えるのではなく戦意高揚を目的とした報道がなされていた(図5)。

海外での報道

しかしいくら日本の軍部が隠そうとしても、この地震はM7.9と大きかったために、アメリカ本土をはじめ世界中で観測された。翌日のニューヨークタイムズでは第1面で取り上げ、「中部日本を襲った大震災 地球が6時間にわたって揺れ、世界中の地震観測所は『壊滅的』とさえ言い放った」というタイトルとともに報道され、また翌9日には地図入りでの詳しい分析が掲載された。ただし軍需工場が被害を受けたという内容は正しいものの、被害を受けたのは東京ではなく愛知であり、津波が20㍍に達して関東大震災を超える被害が出たはずという、事実とは違った報道もされており、震源近くの日本の地震観測データなしには当時はそれほど正確に震源などの位置を決めることができなかったことも窺える(図6)。

愛知県における対応・復旧

地震翌日の8日、愛知県は県庁に愛知県震災対策協議会を設け、12日に県庁で愛知県政調査会が開催され、県庁から県議に対して被害状況と復旧対策が示され、対策費については追加予算で対応するとの決議がなされた。特に応急的な復旧方針として「軍需生産、運輸交通機関及電気・瓦斯・水道等動力源ノ確保ヲ最優先トスルコト」が提示された。具体的な対策としては、①名古屋市内の全壊家屋は原則として復旧せず、愛知県・名古屋市で買い上げること、②名古屋市内の全壊家屋居住者のために市内の空き家を優先的に提供すること、③農村の全壊家屋は強力に復旧して、食糧増産に支障のないようにすること、④復旧資材は総力を挙げて収集すること、⑤新潟県から来援の「麦蒔応援隊」200人に、県内の農場練習生300人を加えて、奉仕隊を組織して年内に麦蒔きを実施すること、⑥県から死亡者に弔慰金として30円を贈ること、⑦勤労学徒の死亡者に対しては、県内の者には2,000円ずつ、県外の者へは1,000円ずつの弔慰金を贈り、戦死者に準じて学校葬を執り行うことが決定された。

また、13日にははじめての名古屋空襲という事態を受けて、震災対策は同時に空襲対策となった。愛知県は、空襲・震災の罹災者に対して、日用品の特別配給を実施した。アルミニウム製鍋を1世帯1個、茶碗1人1個、皿5人に2個ずつ、湯沸かし・火鉢

1世帯1個，ローソク1世帯5個，マッチ1世帯2個，地下足袋1世帯1足，軍手1世帯1双，ちり紙1人50枚，下駄1世帯1足という特配基準が示された。

三重県における対応・復旧

地震発生の翌8日，三重県は知事名で震災被害に対する「傷心ノ極ミ」を表するとともに，「罹災民ノ救護ヲ全クスルト共ニ銃後ノ安固ヲ確保シ，以テ非常時難局ノ突破ニ全力ヲ傾注セラレンコトヲ望ム」という趣旨であった。また，同時に「三重県復興本部規程」を告示し，知事が本部長となって災害対応・復旧・復興作業が開始された。本部には総務・資材・経済・勤労・土木部の5部が設けられ，各地方事務所に支部が置かれた。

戦時下の資材不足などさまざまな制約がある中，被災地では復興作業が進んだ。特に倒壊家屋や流失家屋の復興が大きな問題で，復興本部などで仮設住宅の建築が絶えず議論された。錦町では，14日に青年学校敷地内に3棟のバラックが建築された。これらの建築は県内各地から大工などの工作隊が来て実施したが，17日は緊急町会でバラック50棟の建築計画が立てられ，24日には県営バラック（第一次計画として総被害戸数3割の134戸）の建築が決定された。さらに，倒壊家屋の古材を使用し，県から板釘などの資材を受けて建築する町営バラックもあった。

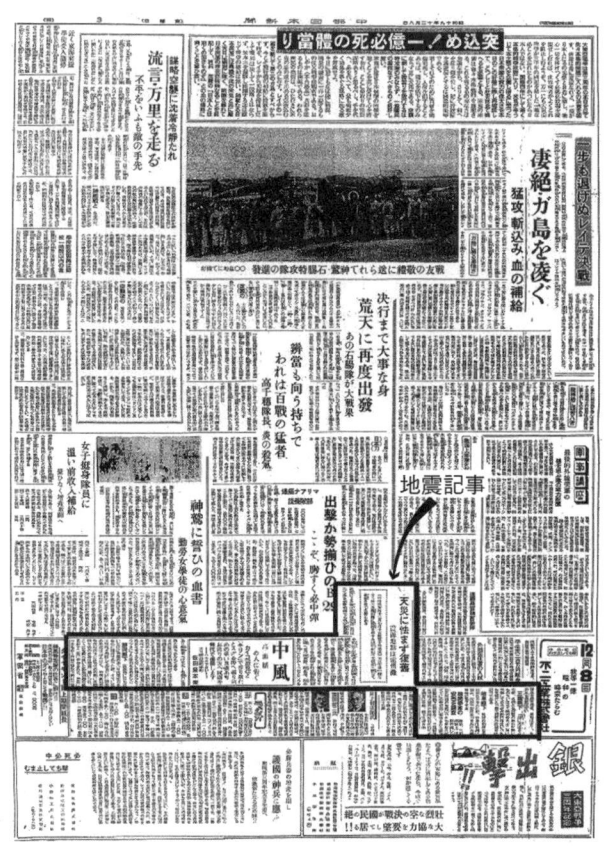

図5 『中部日本新聞』3面の地震記事　図6 『ニューヨークタイムズ』1面の地震記事

なお，県営バラックの建築に関しては，尾鷲町の『地震・海嘯災害関係書類綴』に孔版刷りの「三重県震災復興本部北牟婁支所県営仮設住宅建設要綱（第一次建築）」という資料が綴られている。その内容は，①北牟婁郡支部実行機構，②各係任務大略，③資材入手出荷，④用材規格，⑤資材受渡し，⑥県営仮設住宅建築町村協力委員，⑦建設用地選定・建設戸数の決定，⑧建設労力，⑨建設に関する事項，⑩建設状況報告，⑪罹災者収容標準で，細部にわたって決められていた。⑧の建設に関わる労力のうち，建設地地均し工事・町村内の資材運搬・大工手伝いなどの雑作業は，当該町村民の勤労奉仕によることとし，できる限り町村内の大工・工業組合員を動員して仮設住宅の建築にあたるように指示した。やむを得ず町村外から工作隊の出動を要請する場合は，宿舎・寝具・食事などに関する受入れ体勢を，関係町村で整備することが定められていた。また，⑪の収容標準は以下のようであった。「一，一人以上三人以下ハ六畳ニ同居，一，同居家族二人以上六人マデ 六畳，一，同居家族七人以上 九畳（六畳・三畳）」。1人1畳の標準で，これに押入・炊事場が付随した。たとえ仮設住宅とはいえ，当時の経済・社会状況がうかがえ，まるで都市部のような狭い住宅の中で不自由な生活を余儀なくされた。

静岡県における対応・復旧

地震発生直後，静岡県庁では，総務部，食糧部，資材部，復旧部，警備本部からなる非常対策本部を開設した。①総務部は情報の整理伝達，罹災者の救護・収容・扶助，②食糧部は食料品の調達配給，③資材部は夜具衣類など罹災者の日用生活用品・復旧用物資などの調達配給，④復旧部は応急建築物の工作，道路・橋梁・港湾・河川・水道の応急復旧などを分担した。⑤警備本部は警察部であるが，15時25分には特別警備隊員を清水・堀之内・掛川・磐田・森町・浜松の各警察署へ派遣し，被害情報の収集，各種情報の発表統制，流言飛語の取り締まり，自動車の動員，経済かく乱の防止などの活動にあたらせた。また警防団も，各自2食分の食糧と復旧工作用具を携行して派遣され復旧作業に従事した。軍からも各警察署管内や太田川付近の鉄道復旧作業に派遣された。

静岡県は，7日21時，緊急非常対策会議を開き，罹災救助基金法を発動し，地方事務所長をして，市町村長の救助事務の指揮をとらせた。翌8日早朝，被災地に職員を派遣し，食糧営団，食料品配給統制機関，町内会などを動員して，炊き出し，食品給与などの応急救助の指揮を執らせた。清水・磐田・新居駅付近で立ち往生している東海道線の乗客約4,000人に対し，付近住民や工場などの協力により炊き出しを行い旅館・公会堂・学校などに分宿させ，翌朝，自動車輸送，また一部は徒歩で目的地に向かわせた。また，死亡者一人当たり弔慰金30円を13日に支給，軍人関係罹災者に対しては，軍人援護などによる見舞金の贈呈，生業資金・厚生資金の貸付，復旧整理作業に対する経費給与などを実施した。

参考文献　『東南海大地震調査概報―昭和19年12月7日―』（中央気象台，1945），内閣府中央防災会議・災害教訓の継承に関する専門調査会編『1944東南海・1945三河地震報告書』，2007，山下文男『戦時報道管制下隠された大地震・津波』（新日本出版社，1986），静岡県中遠振興センター編『昭和19年東南海地震の記録』，1982，中日新聞社会部編『恐怖のM8―東南海，三河大地震の真相―』（中央新聞本社，1983），袋井市総務部防災課編『袋井市防災史』，2010，愛知県防災会議編『昭和19年12月7日東南海地震の震害と震度分布』，1977

（木村玲欧）

1945 三河地震 （昭和20年1月13日）

災害の概要

昭和20年(1945)年1月13日午前3時38分に，愛知県三河地方でM6.8，深さ約10キロの地震が発生した。震央は三河湾内の東経137°06.8'，北緯34°42.0'であり，活動度の低い深溝活断層や横須賀断層に発生した，内陸の浅い活断層に発生した地震であった。地表に現れた深溝断層は10数キロにわたり追跡でき，断層のずれは昭和50年12月，愛知県の天然記念物に指定され，現在でも保存されている(図1)。

三河地震の37日前，昭和19年12月7日午後1時36分には，昭和の東南海地震が発生している。三河地震は，東南海地震の断層面からそれほど離れていない地域に起きた地震で，37日前の東南海地震により誘発されたと見なすこともできる。

三河地震に関する地震活動には2つの特徴がある。1つが顕著な前震活動である。本震2日前には，M5クラスが3回(最大M5.7)，M4クラスが5回発生した。また前震の発生した場所は本震の震源近傍である三河湾の中に限られており，余震の広がりに較べると著しく狭い。もう1つの特徴が余震の多さである。昭和20年1月末までの期間に，M4以上の余震が百個以上発生し，そのうちM6クラスが1回(M6.3)，M5クラスが16回含まれている。これは大正12年(1923)年8月以降の地震記録において，平成16年(2004)年10月23日の新潟県中越地震より有感余震が多い(図2)。なお余震は，本震の震源断層域とほぼ同じくらいの広がりを持っていた。

被害の概要

三河地震は第2次世界大戦末期の報道管制下で発生したため，被害の詳細な調査や報道が困難だった。そのため明治以降の他の地震災害と比べると，被害の正確な様相は不明である。ただし地震後に各地に散在している資料を収集・整理をしたところ，死者2,306人，負傷者3,866人，全壊住家7,221棟，半壊住家16,555棟，全壊非住家9,187

図1　三河地震後の断差約1.5mの深溝断層

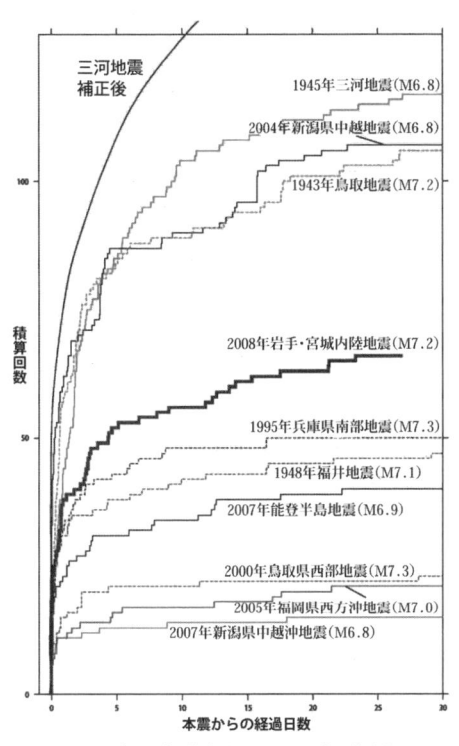

図2　過去の地震活動における余震活動

棟，半壊非住家15,124棟となっている。

被害は，震央の北西に位置する当時の愛知県幡豆郡・碧海郡・宝飯郡の3郡で死者2,258名（全死者の約98％），全壊住家6,855棟（同約95％）に至った。現在の愛知県安城市南部から西尾市を経て蒲郡市に至る距離約20㌔×幅約10㌔の狭い範囲に被害が集中し，これらの地域は断層の近傍にあたる。特に断層の直上にある幡豆郡福地村では住家の全壊率66.9％（死者234人），三和村では同59.3％（同196人），横須賀村43.9％（同275人），碧海郡明治村44.0％（同325人），櫻井村36.6％（同179人）と，いずれも震度7相当の激しい揺れに襲われ被害を拡大させたことがわかる。これは集落ごとの全壊率を見るとより顕著になり，断層近傍の西尾町徳次明大寺で96.0％，西尾町寄近郷西では93.8％，櫻井村藤井で92.8％などと9割以上が全壊していたことがわかる（図3）。

断層を境にした被害の違い

断層付近における家屋の被害状況を調べた飯田汲事(1978)によれば，地表に現れた断層を境にして被害の様相が著しく異なることがあげられる。上盤側ではほとんどすべての家屋が倒壊したのに対し，下盤側では屋根瓦も落ちないという場所が見られた。形原町金平地区の家屋の被害状況は，集落のほぼ中央を南北に走る深溝断層を境にして一変している。断層の西側が東側へのしあがるように動き全壊・半壊の家屋は，断層の西側すなわち上盤側に集中し，上盤側ではほぼすべての家屋が倒壊している。また，家屋の倒壊方向はすべての家屋が東側，

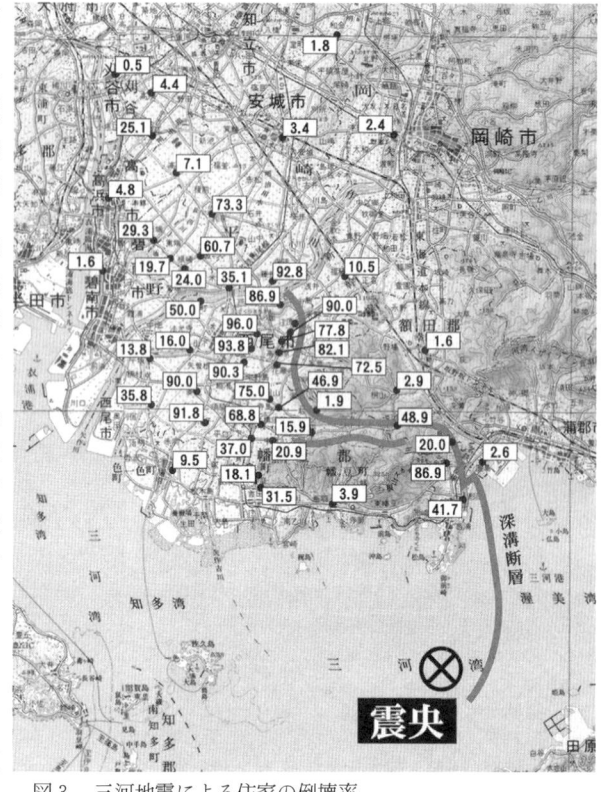

図3　三河地震による住家の倒壊率

断層の方向に向かって倒れている。

一方，断層の下盤側となる東側は，地表に現れた断層に接した場所も含めて，倒壊した家屋は一軒もない。このような断層を境にした非対称の被害分布は断層運動そのものによる。下盤側はほとんど動かず，薄くて動きやすい上盤側が大きくのし上がるように動くため上盤側に被害は集中する。また，家屋の倒壊方向が地表に現れた断層の方向を向いて揃うことは，断層運動が急激に停止し，一斉に家屋が倒壊したことを示唆するものと考えられている（図4，安藤・川崎1973）。

37日前に発生した東南海地震の影響

被害拡大の原因として，37日前に起きた東南海地震によって家屋の梁や柱の接合が弱くなっていたことがあげられる。たとえば

福地村では住家の全壊率46.1％，死者21人を出しており，やはり震度7相当の揺れを受けていたことがわかる。つまり福地村では，東南海地震によって46.1％（全壊数553／総戸数1,200）が全壊し，三河地震によって66.9％（全壊数450／総戸数673）が全壊したため，2つの地震で全壊を免れた家は16.4％であった。当時の被災者からは「戦時中で物や人手がなく，また年末年始の時期だったこともあり，12月の東南海地震で影響を受けた家屋を修理せずにそのまま住み続けた」（明治村城ヶ入集落（現安城市城ヶ入町），17歳男性）との証言があり，連続地震が，被害拡大の一因であることが推察される。

また当時，戦禍を避けるために碧海郡・幡豆郡の寺院に集団疎開をしていた学童のうち，学童97人および教員・寮母などをあわせた計108人が，寝泊まりしていた寺院の本堂の下敷きになって死亡した。屋根が重く壁も少ない寺院の本堂は必ずしも耐震性に優れた建物ではなく（図5），戦争による疎開のためにそのような場所に寝泊まりせざるを得なかったことは悲劇的な史実である。

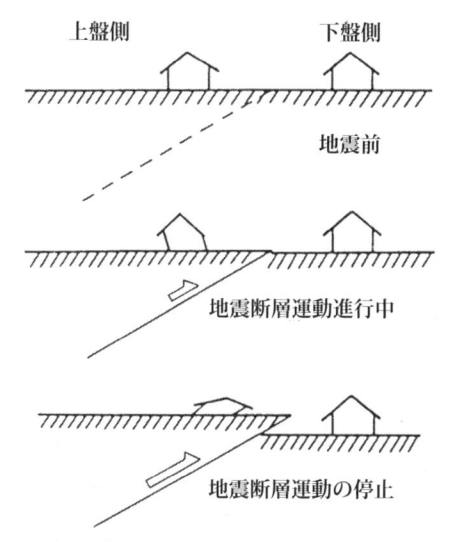

図4　断層周辺の被害模式図

前震避難
三河地震には顕著な前震活動があり，体に感じる有感地震が多発するという状況によって避難した人がいた。前震の震源に近い宝飯郡形原町では多くの住民が自主的に避難を行い，「三河地震の数日前に「ダーン」という音がしたため，わらぶき小屋を作って近所の人たちと一緒に2〜3日そこで寝泊まりした。その後，静かになったので家に戻り「何かあったらすぐに出られるように」ということで母と妹2人の女は1階で，父と弟と自分の男は2階に寝た」（宝飯郡形原町（現蒲郡市形原町），10歳男性）などの証言が多くある。避難の仕方は屋外にむしろなどで仮小屋を作った場合もあれば，地震の揺れを感じたらすばやく外にでることを考慮して屋内へ避難した場合もあった。しかし顕著な地震活動が収まってすぐに避難生活をやめてしまったために，大きな被害にあってしまったというケースもあった。

本震後の救助救出活動
三河地震は午前3時38分に発生したため，ほとんどすべての人が就寝中であった。そのため「訳がわからないまま激しい揺れに襲われ，気がついたら家の下敷きになっていた」（福地村八ヶ尻集落（現西尾市八ヶ尻町），18歳男性）という体験談が多く聞かれ，「地震に気がついて，揺れの中を外へ出るために移動した」（明治村城ヶ入集落（現安城市城ヶ入町），17歳男性）というような何らかの行動をとった人はごくわずかであった。多くの家屋倒壊による生き埋め者が発生したが，深夜で真っ暗な中，戦争中で道具がなく，救助救出作業は困難を極めた。被害の大きくない地域では，夜が明けない段階で近所の人たちによる救出作業が行われ「生き埋めになった母親の捜索を，近所の隣組の人たちが総出で行ってくれた」（安城市城ヶ入町，17歳男性）という体験談が聞かれた。一方で，住家の全壊率が90％を

超える桜井村藤井集落(現安城市藤井町)では「火事になった家から,生き埋めになった女学生の「助けてくれ」という声が聞こえてきた。しかしどの家でも死者が出ていてみな自分のことで精一杯,しばらくすると「助けてくれ」という声はだんだん小さくなっていき,最後は消えてしまった」(18歳男性)と,あまりの甚大な被害に地域による共助活動もなかったことがあげられる。在郷軍人や基地の兵隊による救助も行われた。海軍の明治航空基地が隣接していた明治村和泉集落(現安城市和泉町)では,「倒壊した家の中に挟まって身動きがとれず,もうろうとした意識の中,夜が明けるころになって明治航空基地の軍人さんたちが私を助け出してくれた」(安城市和泉町,15歳女性)という体験談が聞かれ,明治航空基地にあった第２１０海軍航空隊(ふたひとまる)による救助活動が行われていたこともわかる。

戦時報道管制下での報道

大被害を出しながら,翌日の新聞では大きく報道されなかった。三河地震発生の翌日,昭和20年(1945)年1月14日の記事は,「東海地方に地震　被害,最小限度に防止」(朝日新聞),「中部地方に地震　旧臘七日の余震　重要施設の被害僅少」(読売新聞)という見出しで,全2面の新聞の第2面の片隅にベタ記事が掲載されているのみであった。両方とも「火災発生は中京には一軒もなく,重要施設の被害は殆どなかった,死傷者も極めて少なく,生産陣は全く健在」という内容の報道であった。これは戦時報道管制下にあったため,自国の損益となるような報道ができず,特に軍需重要産業地である中京地域の地震被害を報道することができなかったことが原因である。

このような中でも地元紙である『中部日本新聞』は三河地震について大きく扱った。しかし,報道管制下にあるため,被害の詳細については報道されていない。その結果,『中部日本新聞』は「人心の安定」に焦点

図5　三河地震で倒壊した康順寺本堂

を置いた報道が行われた。見出しは「再度の震災も何ぞ,試練に固む特攻魂。敵機頭上,逞しき復旧」とあり「中央気象台発表【十三日午前五時】本日午前三時三十八分ごろ中部地方の大部分から関東,近畿,四国地方の一部に亘る広範囲に地震を感じた。震源地は渥美湾で十二月七日の地震の余震である」と発表された(図6)。被害は,「十三日早暁一部電燈線が切断する程度の可成の地震が東海地方を襲ったが,昨年12月7日の激震に較べると震度は遥かに小さく愛知県下三河部方面で若干全半壊の家屋があり死傷者を出しただけで名古屋を中心とする尾張部と工場その他の重要施設には殆どこれという被害のないのは不幸中の幸いであった」と,事実とは異なっていた。さらに「この朝地震発生と同時に県警備隊本部では警備隊員を急遽現地へ派し又県衛生課の救護班は現地の救急班と協力し応急医療救護にあたれば更に軍事,厚生,教学,地方の各課係員も調査班と救護班を組織,現地の軍人遺家族一般罹災者その他の救護活動に当った。一方県庁四階地方課に「県震災対策事務局」を開設北村県次長以下が早朝出勤,早くも罹災相談を開始し,また交通機関も非常点検を行った結果異常を認めないので平常通り運転を行った。罹災者は再度の震禍にも拘わらず不安動揺の色は微塵もなく頻襲する敵機に備え必勝防空態勢を堅持していることは心強い限りである」

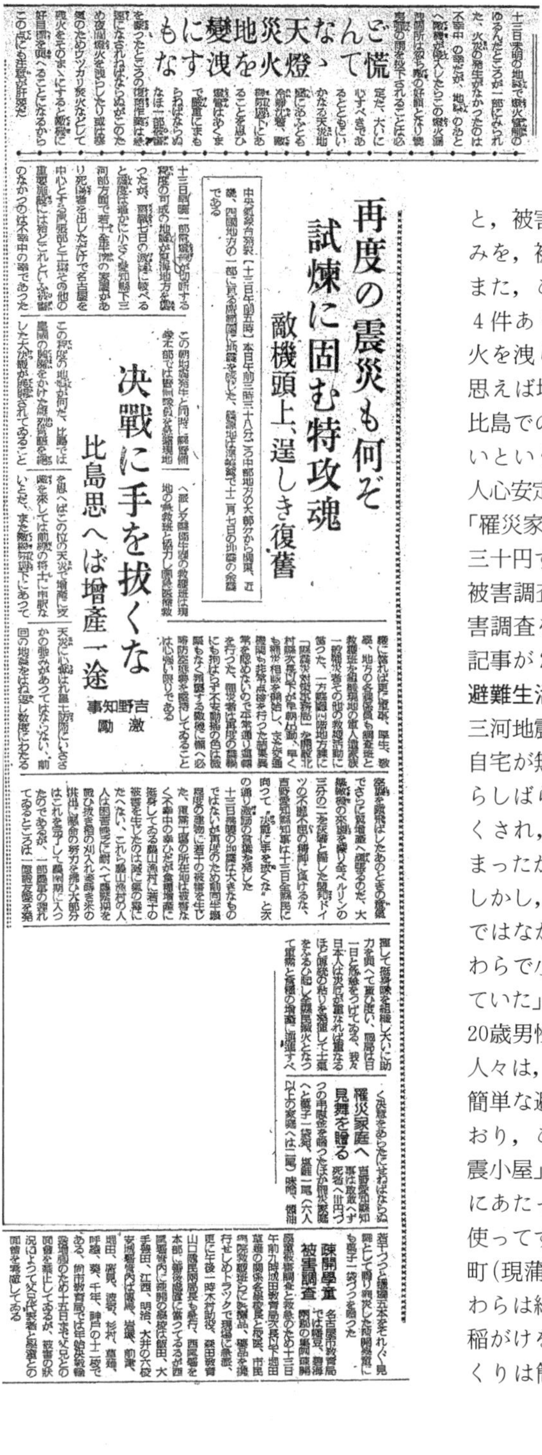

図6 『中部日本新聞』の記事
（昭和45年1月14日）

と，被害が軽微な一部の地域の復旧状況のみを，被災地全体のように報道した。

また，この日の地震に関する記事はほかに4件あり，「どんな天災地変にも慌てて燈火を洩らすな」「決戦に手を抜くな　比島思えば増産一途（この程度の地震が何だ，比島での戦いに較べればたいしたことはないという吉野愛知県知事の声明）」という人心安定・国威高揚に関する記事が2件と，「罹災家庭へ見舞を贈る（吉野知事が死者へ三十円ずつ弔慰金等を贈った）」「疎開学童被害調査（幡豆・碧海郡の集団疎開学童被害調査を行う）」という災害対応に関する記事が2件報道された。

避難生活

三河地震は余震が多い地震であったため，自宅が無事や一部損壊であったが，地震からしばらくは自宅外での避難生活を余儀なくされ，「集落の家のほとんどが傾いてしまったが，全壊したような家は少なかった。しかし，余震がひどくてとても住める状態ではなかったため，表の通りの真ん中へ，わらで小屋を作って2週間ほど寝起きをしていた」（明治村東端集落（現安城市東端町），20歳男性）との証言があった。

人々は，わらや雨戸・ふすまなどを使って，簡単な避難のための小屋を作って生活しており，これらの小屋のことを，当時は「地震小屋」と呼んでいた（図7）。小屋の制作にあたっては「壊れた家の雨戸と船の帆を使ってすぐに仮小屋を作った」（宝飯郡形原町（現蒲郡市形原町，15歳女性），「1月でわらは納屋にたくさんあり，百姓としての稲がけを普段からしていたのでわら小屋づくりは簡単だった」（明治村根崎集落（現安

城市根崎町），12歳男性）と述べていた。
さらに，地域社会や親族のつながりが強く，日常生活のなかで互助関係が成立していたことも，いち早く小屋を建築できた理由であると考えられる。「明るくなってからは，隣組の人たちとお互いに助けあった。道具とかでも，隣近所で「縄がない」っていえば「はい」っていって縄を融通した。助けは来なかったけど，自分たちで何でもやった」（明治村根崎集落（現安城市根崎町），12歳男性）との証言があり，自給自足できることと，地域のつながりの強さが地震直後の「住」を保証していたことがわかる。

住宅再建
家の修理・補修・建て直しについての支援は，町村や区（大字）が地域の大工や鳶に依頼した「工作隊」と，愛知県地方事務所が組織した「復旧工事勤労挺身隊」であった。この挺身隊は，大工・鳶・瓦師で構成され，名古屋・尾張方面出身者がほとんどであった。その作業内容は「最高度に援助」するもので，地元には宿舎・寝具・食事の無償提供を求めている。被災者にとってはこの2つはどちらも「工作隊」と認識されていて，区別されていないようである。
家屋の建て直しといっても，実際は柱・梁・垂木を組み立てる程度で，建築予定だった震災応急住家の図面上の計画では6〜7坪しかなかった（実際にはもっと大きく建てられた）。それ以上は被災者自身や親せき，下宿（下士官などが休日に地域の家などで休んだり，飲食の世話になったりすること）をしている兵隊の手伝いによって行われた。

産業への影響
農村地域の狭い範囲で起きた直下型地震のため，産業への影響は限定的だった。しかし地殻変動により，農業・漁業への被害・影響が発生した。まず農業については「地震によって土地が隆起したり，水脈が切れたりして，水田に矢作川用水の水が行かなくなってしまい，田んぼが干上がってしま

図7　地震小屋（愛知県宝飯郡形原町）

った」（幡豆郡三和村小島集落（現西尾市小島町），23歳女性）との証言があった。
愛知県三河地方を代表する形原港の中の断層が走ったために，一方の岸壁が1.5㍍ほど隆起し，反対の岸壁は70㌢ほど沈降した。そのため漁船を岸壁に付けることができなくなった。港の機能が失われたことで，漁師が生業を続ける上での死活問題となった。その問題を速やかに解決することを意図して，形原町の漁師は，戦後の昭和22年（1947）年に町会議員に代表者を送り出し，港の復旧のために関係各方面に働きかけをした。そのかいもあって，昭和25年には災害復旧として港の浚渫が1.5㍍認められ，27年に竣工した。また，形原港は第三種漁港にも指定され，災害復旧工事と併行して2.5㍍の深さまで修築される工事が進められた。この工事は，全国の第三種漁港の中で最も早く，昭和29年に竣工した。

参考文献　安城市歴史博物館編『三河地震―直下型地震の恐怖―』企画展図録，2006，内閣府中央防災会議・災害教訓の継承に関する専門調査会編『1944東南海・1945三河地震報告書』，2007，飯田汲事『昭和20年1月13日三河地震の震害と震度分布』（愛知県防災会議地震部会，1978），木股文昭・林能成・木村玲欧『三河地震60年目の真実』（中日新聞社，2005），川崎一朗・島村英紀・浅田敏『サイレント・アースクェイク』（東京大学出版会，1993）　　　（木村玲欧）

1945 枕崎台風 （昭和20年9月16日—18日）

戦後初めての天気予報と台風11号

昭和20年(1945) 8月15日，多くの犠牲を伴った太平洋戦争が終った。気象官署は，全焼が福井・甲府・浜松など8ヵ所，一部または大半焼失が東京(中央気象台)・大阪・神戸・福岡など17ヵ所と，ほとんどが被害を受けている。8月15日までは，100ヵ所以上の記入があった天気図は，16日以降は10～20ヵ所と減っているが，これは，戦後の大混乱のため通信事情が極端に悪くなったためであるが，大混乱の中でも多くの気象官署では観測だけは続けられていた。

8月21日の昼すぎ，陸軍大臣，海軍大臣，並びに運輸大臣から気象報道管制解除の文書が中央気象台に届くと，直ちに藤原咲平中央気象台長は，天気予報の放送のため飛びまわり，翌22日には東京地方の天気予報が復活している。当時NHKの大橋八郎会長が，夕刻訪ねてきて明日からの番組編成を変更してくれという，藤原台長の唐突な要求を即刻承認してくれたことが，素早い天気予報の復活に結びついている。8月22日12時のニュースに続いて，東京地方の天気予報「東京地方，きょうは天気が変わりやすく，午後から夜にかけて時々雨が降る見込み」が放送された。戦争が始まり，天気予報が国防上の理由で中止されてから，実に3年8か月ぶりである。ラジオから流れるこの天気予報のアナウンスは，いかにも戦争が終わったという安心感を国民に与えたという。しかし，天気予報を出す側では混乱がみられたという。依然として天気図は空白が多かったし，天気予報を発表するための体制もできていなかったからである。22日，予報当番者は午前6時の天気図をもとに，戦後はじめての天気予報を発表したわけであるが，通信線の故障が多く，思うように気象通報が集まらないために天気図が完全にはできず，小型の台風11号(台風番号が使われるのは昭和28年からだが，便宜上遡ってつけられた番号を使用，以下同じ)が房総半島の南東洋上にあることに気がつかずに予報を発表している。あとになって，八丈島の天気がおかしかったのは，付近に台風があったということが推測できた程度で，天気予報は，北西進して房総半島に上陸した台風によって，再開と同時に黒星を喫している(図1)。

和達清夫初代気象庁長官は，当時の様子を，「風は強く，雨は激しくなり，天気図の上で，小さな台風が，南の海から東京の方角をめがけて一目散にやって来ることが認められた時は，すでに東京では暴風雨になりつつある。慌てて暴風警報を出したが，もう残念ながら手遅れである。私は当時中央気象台の予報部長をしていたが，この時ほど天を恨んだことはない」と，窓ガラスがほとんど破れ，床はどろまみれ，雨や風が吹きまくっている室内での様子を述懐している。この台風による暴風雨の中，最後まで抗戦を主張していた厚木戦闘機部隊の抗戦派たちが帰順している。関東平野の戦略的重要基地である厚木への，連合軍の進駐は8月26日と決まっていたが，戦後の大混乱の中で，基地周辺の日本軍の撤退，アメリカ先遣隊の受け入れ準備など，とても26日までには片付かない大問題が山積みしていた。しかし，「神風特別攻撃機の国である日本は時間かせぎをして反抗の準備をしているのではないか」という疑いを持つ連合軍は，どうしても8月26日進駐という方針を崩さず，終戦処理にあたっている人々は，準備の不手際から，万一事故があればとり返しがつかないことになると非常に心配したという。

しかし，実際は，図1で左下に見える大型

の台風12号によって，進駐は2日延期となっている。この2日間は貴重で，第一次先遣隊が沖縄基地から厚木基地に飛来した8月28日には，進駐軍の受け入れ準備が一応終わり，日本国民も平穏に連合軍進駐を受けとめるようになっていた。連合軍司令長官マッカーサー元帥が，厚木に降り立ったのが8月31日，降伏文書の調印が東京湾に停泊したミズリー号上で行われたのが9月2日と，すべて予定より2日遅れで行われている。降伏文書の調印が8月31日と区切りの良い日ではなくなったが，受け入れ準備が整ってからの進駐であり，お互いの不信感からトラブルもなく，連合軍自身が拍子抜けするくらい平穏に進駐が行われた。

戦後初の大型台風の襲来

太平洋戦争終結の約1ヵ月後の9月12日にグアム島の東海上で台風16号が発生し，16日に沖縄の南海上に達したころは，中心気圧が960hPa以下と推定されるほど発達していた（アメリカの病院船リポーズが沖縄本島の南東海上で台風の眼に入り，未公認であるが856hPaを観測したとされているが，この情報は使われていない）。このため，中央気象台では，16日10時に台風の進路に当たる気象官署に対して，台風は沖縄付近で転向し，明後日朝には九州または四国に達すると警戒態勢をとらせている。当時の沖縄は戦争により観測が中断したままであり，米軍占領下の沖縄から本格的な占領が済んでいない日本のために観測資料が届くはずがなかった時代である。今のように気象衛星による観測もない。台風が沖縄付近にあり，中心気圧が960hPa以下と推定されていたが，九州に接近するにつれ著しく強力なことがわかってきたという状況であった。その後台風は，予想通りに沖縄付近で転向したものの，速度は予想より早まり，17日14時ころ，鹿児島県枕崎町付近に上陸した（図2）。台風16号は北東に進んで日本海に出たあと，向きを北東に変え，北陸地

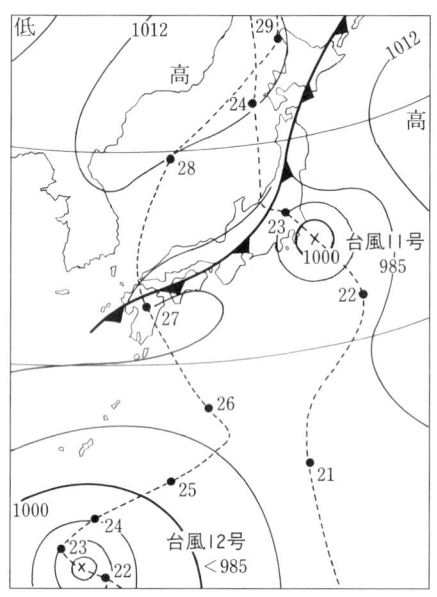

図1　昭和20年8月22日18時の台風11号と台風12号（●印は06時の位置）

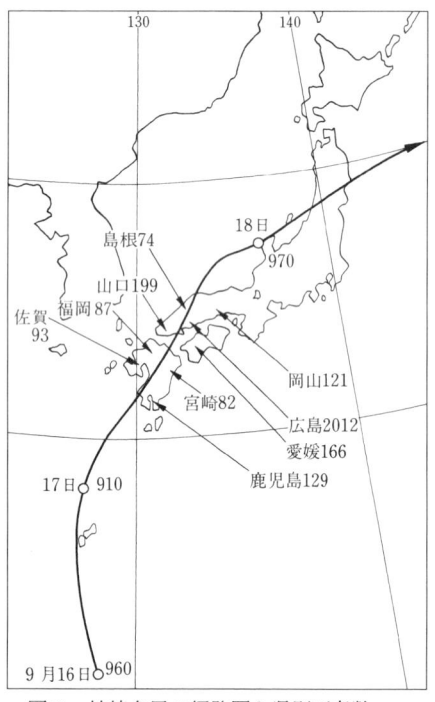

図2　枕崎台風の経路図と県別死者数

方から三陸沖へ進んだ。このため，宮崎県細島(燈台)で最大風速51.3㍍/秒(最大瞬間風速75.5㍍/秒)，枕崎で40.0㍍/秒(同62.7㍍/秒)，広島で30.2㍍/秒(同45.3㍍/秒)，宮崎で39.2㍍/秒(同55.4㍍/秒)，新潟で27.7㍍/秒(同36.9㍍/秒)，青森県八戸で27.7㍍/秒(同35.8㍍/秒)を観測するなど，各地で猛烈な風が吹いた。なお，枕崎観測所(現特別地域気象観測所)では，台風16号の接近とともに風速が増大し，風向は東南東に釘付けされたようになった。このことは，台風が真っ直ぐに枕崎へ向かっている公算が強いことを示していた。17日14時16分に最大瞬間風速62.7㍍/秒(東南東の風)を観測したが，ものすごい風は自記計室の屋根を庁舎の東半分とともに吹き飛ばしている。このため，風速計は壊れ，この台風の最大平均風速は測れなかった(枕崎台風の最大風速は14時30分に西の風50㍍/秒と推定されている)。この時の強い風は，この地方の古老の言を借りれば，40～50年に1回の岩起し，巨大な岩石をも風力でひき起こす風の意なる風が吹くといい今回のものはこの岩起しの中でも最強のものであった。

『枕崎市史』には，『田布川部落郷土史』による次のような記載がある。

「九月十六日は南九州に向け進行中と測候所よりの通報あり。翌十七日北東の風強く妖雲矢の如く南西へ飛ぶ。風速50，中心は枕崎に向かいつつあり厳重警戒せよとの気象特報あり，正午過ぎ一大暴風雨と化し，樹木は裂け，屋根は飛び，崖は崩れて家は倒れ，その凄惨言語に絶す。人これを称して戦没勇士の霊魂の怒りなりと」

台風16号は，4時間をかけて九州の東海岸寄りを北上したため，沿岸各地で高潮被害が発生し，特に台風がすぐ西側を通過した鹿児島湾では顕著であった。鹿児島市では船舶流出11隻・破損50隻・防波堤破壊1ヵ所，喜入町では船舶流出47隻・大中破16隻・道路堤防破壊10ヵ所などの被害があった。

ただ，台風の接近が大潮ではなく，台風通過時と満潮時刻が2時間程差があったことから，被害が幾分軽かったともいわれている。しかし，九州沿岸の各検潮所のほとんどは，戦災による破損や故障放置などでほとんど記録がとられておらず，特に，鹿児島湾の記録は全くない。また，鹿児島湾沿岸地方は，小漁村まで空襲被害を受けており，空襲による被害と高潮による被害の区別がつかないことが多いことなどから，直後に行われた福岡管区気象台の調査は多くの人からの聞き取り調査などを行ない，鹿児島市の高潮は満潮面より2.5㍍高くなったなどと推定している(のちの調査では高潮の痕跡から2.0㍍の高潮としている)。そして，調査報告の高潮についてのまとめでは「各測候所の努力にも拘わらず，沿岸地方の戦災と，終戦後の混乱と通信機関の破壊により，高潮の報告の集積状態は極めて悪く，十分其の全貌を伺う事は出来ないが，長時間陸上を通過した割には甚大な高潮被害は一般には起こっていない様である」と結論付けている。

また，同じ調査報告では，都市部の被災状況について，たとえば，「鹿児島市内は本年6月中旬に於ける焼夷弾攻撃により，殆

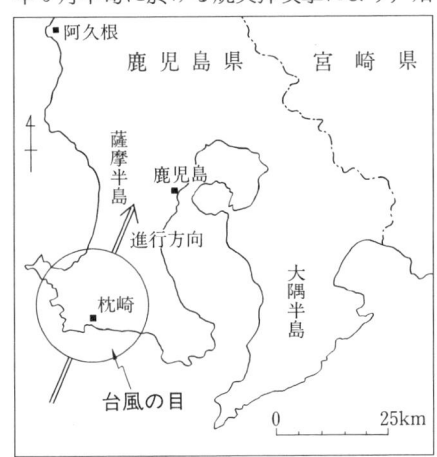

図3　枕崎台風の眼

ど灰燼に帰したため，その後の復旧家屋は全部バラック建なので，台風には一とたまりもなく吹飛ばされてしまい，倒壊の姿さえ見えぬ程である」とか，「宮崎市に一歩足を入れると，空襲による被害と台風に依るものと一緒になり，昔日の面影は更にない」とあり，戦災の傷跡が癒えないうちの台風被害であることが如実に記されている。

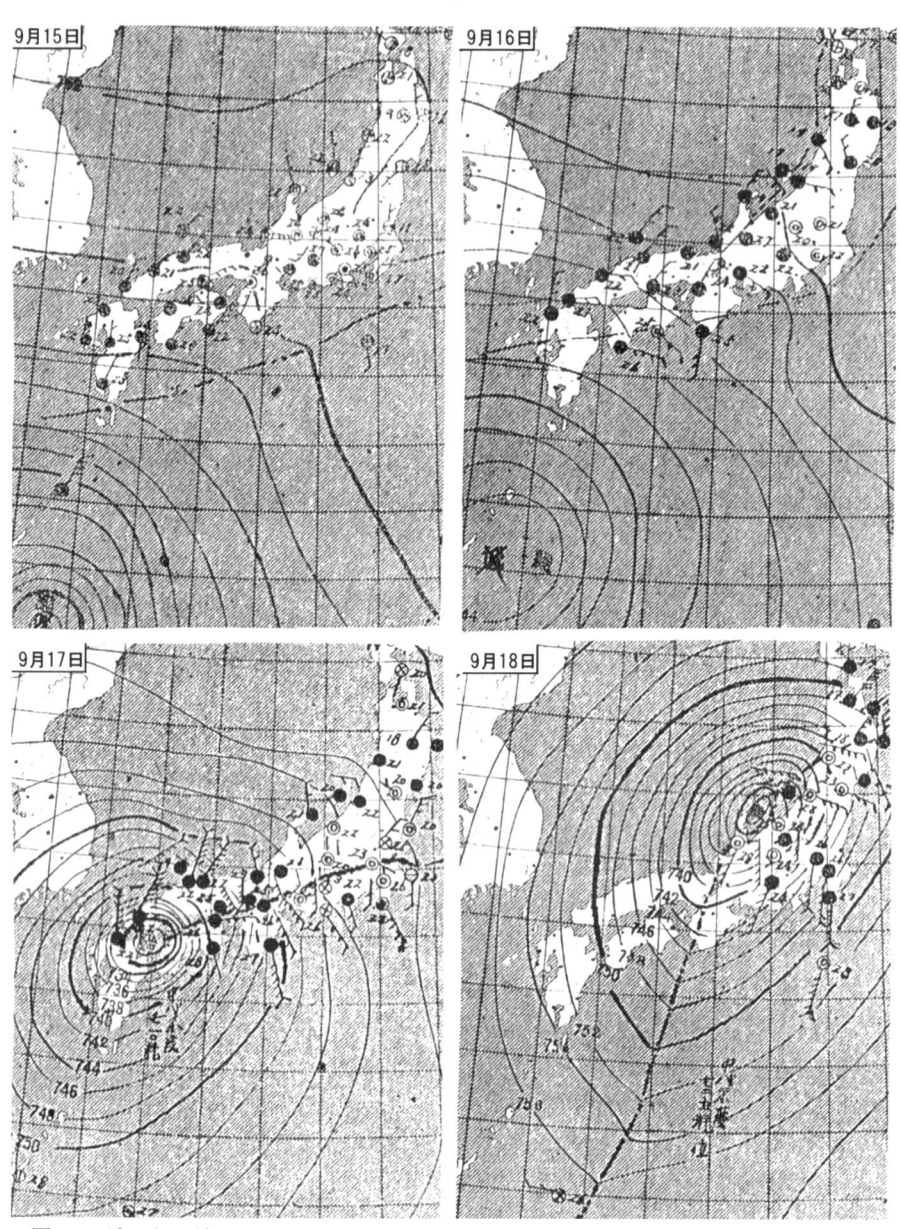

図4　昭和20年9月15日―18日の天気図

図5 『枕崎台風の概報』

被害調査にはこのような困難があり，当時の資料によって被害集計の数字には差があるものの，今となっては調べようがない。

枕崎台風と命名

枕崎観測所では，14時38分に急に風速が弱くなり，天空はそれまでの暗雲低迷の状態からにわかに雲が薄らいで眼の状態に入った。台風の中心が枕崎観測所の西を通過していることを意味する，風向が東から南，西と時計まわりに変化するとともに雲に覆われ，15時12分に再び猛烈な風（西風）が吹き始めた。台風の眼に入っていた時間(34分)と台風の速度(このころは約40～50㌔/時)から眼の大きさを計算すると，25～30㌔となる。この値は，台風後に枕崎観測所で土地の古老，国民学校，官公署を訪ねて踏査し，台風の眼の現象を観測した範囲から推定した眼の大きさ，約30㌔とほぼ一致している（図3）。

枕崎観測所では，台風の眼に入った直後の14時40分に最低気圧916.6hPaを観測した。これは当時の世界記録である昭和9年(1934)の室戸台風時に室戸測候所で得られた911.9hPaにつぐ値であり，台風の規模でも，被害の甚大さでも室戸台風と匹敵していた。このため，室戸台風の例にならって，台風16号が上陸した枕崎の名前をとって枕崎台風と特記されることになった。

枕崎台風の眼については，精力的に聞き取り調査が行われ，次第にはっきりしなくなるものの，枕崎から九州東岸を通過して広島市に至るまで保たれていた。このことは，強い勢力を保ったまま北上していることを示している。

空白の天気図

台風の災害を防ぐためには，学問の発達による予報技術向上が必要ではあるが，何といっても，まず現在の状況を素早く，正確に知ることが絶対条件である。日華事変から太平洋戦争へ進む過程で，気象情報の通信回線も強化・充実が計られていたが，皮肉なことに，この戦争によって通信回線はズタズタになってしまい，戦後しばらくはかろうじて通信できる程度であった。したがって，台風が襲来のたびに天気図では最も肝心な台風の中心付近のデータが入らないため，台風の中心付近の様子は，外側の気圧傾度などから推定せざるを得ない状態が続いていた。当時の印刷天気図は，即日印刷・配布されていたので，定刻までに電報が入らないとデータが未記入となる。昭和20年(1945)9月15日から18日までの印刷天気図(図4)をみると，枕崎台風の接近により，天気図は観測データが記入されない地域が増えてくる。これは，台風の暴風により通信線が途絶したための未記入であり，この場所は台風の被害がすでに発生している地域を示している。そして，この空白の地域が広ければ広いほど台風の被害が大きいことを意味していた。また，中国大陸や朝鮮半島は，ほとんど観測データが記入されておらず，国内では広島の観測データが，原爆直後の8月6日から1年近く天気図に記載されていない。これは，通信事情などによるもので，原爆投下があっても，広島ではそれまでと同様の観測が継続されていた。当時の広島地方気象台(現気象資料館として広島市指定文化財)は市内の江波山にあり，爆心地から見ると少し山陰にある

ため，建物と職員は原爆の直撃を免れていたからである。

枕崎台風による広島で観測された最低気圧は9月16日22時43分の721.5mmHg(962hPa)で，このころ一時風が衰えている。また，風向が時計回りに順転しており，台風が広島市の西を通ったことを示している。また，最低気圧出現の3時間後に30㍍/秒の北風が吹き，総降水量は218.7㍉であったが，9月初旬から連日のように降雨があった上での台風の強雨であり，広島では大規模な災害が発生した。広島市内は水浸しとなり，中心部の幟町付近でも深さ50㌢を超える浸水であった。また，広島城開城当時からあり，西国街道筋の橋であった天満橋は原爆により大きな損傷を受けていたものの，人々が通行できる橋であったが，枕崎台風により流出，渡船による通行をよぎなくされている。このように，原爆で損傷しながらも残っていた多くの橋が流出し，太田川のデルタ地帯に住む広島市民の生活を極端に不自由にした。

被害の中心は広島
枕崎台風の日雨量は，米軍軍政下にあった沖縄地方は不明であるが，鹿児島県屋久島では427.8㍉，宮崎県都城で257.1㍉，大分で253.2㍉を観測するなど，台風が接近・通過した九州南部から東部，四国西部，中国西部と，台風に向かって南東風が吹き込んだ紀伊半島南東部で日雨量が200㍉を超える大雨となった。全国の被害は，判っているだけで，死者・行方不明者3,756名・負傷者2,452名・住家損壊89,839棟・浸水273,888棟など大きな被害をもたらした（『理科年表』）。昭和9年(1934)の室戸台風，昭和20年の枕崎台風，昭和34年の伊勢湾台風は，ともに死者が3,000人を越す大被害が発生し，昭和3大台風と呼ばれている。

枕崎台風で被害が特に大きかったのは広島県である。広島の最大日雨量は195.5㍉，最大1時間雨量は57.1㍉であり，主として水害による被害が著しく，急斜面で多数の山くずれや土石流がおこり，河川の堤防の決壊・流出が相ついで2,000人以上が亡くなっている。台風が上陸した九州全体よりも多い死者数である。広島県の中でも最も被害の大きかったのは呉市で，土砂くずれなどの災害で1,154名もが亡くなったり行方不明となっている。昭和26年8月に広島県土木部が作成した「昭和20年9月17日における呉市の水害について」という報告書では，呉市における被害を大きくした誘因として，①戦争中の山林の伐採や軍用道路の建設，爆弾の投下などによって山が荒廃したこと，②軍港都市として特異な発達をしたため，山腹や渓谷沿いに無計画に家屋が建てられたこと，③終戦直後で気象予報がなく，市民はこのような大災害を予知できなかった（災害に対して備える余裕がなかった）ことをあげている。

大野村宮浜（現廿日市市）にあった赤十字病院大野結核療養所は，昭和20年5月に大野陸軍病院（約800人収容）となり，米軍の原爆投下以後は約100名の原爆被爆者も収容されていた。8月15日に終戦となるが，27日に中国軍管区指令部から京都大学に対し，原爆被爆者調査と早急なる対策樹立のために研究員派遣の要請が行われている。これを受けた京都大学は，医学部の教授陣を中心とし，理学部の物理学者を加えた研究班を組織し，9月3日よりこの大野陸軍病院に本拠を置き，診療研究を開始した。また，「原子爆弾災害調査研究特別委員会」が発足することとなり，9月12日には文部省から京都大学へ協力依頼がなされ，爆心地の残留放射能について科学的に研究し，広島の復興に役立てることも始まった。京都大学の第3次調査隊が広島に到着したのは，台風接近で前線活動が活発になっていた9月16日であり，翌17日からはフルメンバーでの調査が行われた。しかし，その日の午後10時20分過ぎに丸石川で大規模土石流が

発生し，宮浜地区を襲っている。丸石川が敷地の中央部を流れていた大野陸軍病院は，病院の本館を壊し，山陽線路を越えて海まで押し流され，原爆被爆者のほとんどと職員，合わせて156名が犠牲となっている。この中には，敗戦直後という困難な状況下で，原爆への対策調査や研究，被災者の治療に従事していた内科学の真下俊一教授・病理学の杉山繁輝教授など京都大学の原爆災害総合研究調査班11名が含まれている。なお，京都大学の花谷会館（生協本部）は，このとき亡くなった理学部大学院生花谷暉一の兄が，学生の福利厚生のためとして寄贈したものである。

枕崎台風によって広島県の被害が著しかったのは県の防災機関の中枢である広島市が8月6日の原子爆弾で壊滅した直後で，機能がマヒしたことが大きいといわれている。広島地方気象台は天気予報を再開していなかったし，唯一のラジオ局であるNHK広島中央局も，臨時放送所で東京からの全国放送を中継するのがやっとであった。また，住民も原爆・敗戦と続く混乱の中で日々の食料を確保するのがせいいっぱいで，多くの人々は，台風が接近していることさえ知らずに災害に巻きこまれていったといわれている。

調査報告と土石流

枕崎台風の記録を残そうとする動きは，終戦直後の大混乱の中で多くの気象関係者によって精力的に行われていた。中央気象台では，昭和20年(1945)12月に『枕崎颱風の概報』を刊行しているが，海軍気象部が用いていた気象電報整理用紙の裏白を使い，ガリ版刷りであった(図5)。調査報告で特筆すべきは，広島で原爆当時の気象記録や被害記録のとりまとめが，極限状態の中で続けられており，これに加えて，枕崎台風による災害記録も集められたことである。そして，昭和20年10月末には，広島管区気象台(現広島地方気象台)から『中国管区に於ける枕崎台風調査』がまとめられた。この調査報告は，昭和24年3月に中央気象台が刊行した『枕崎・阿久根台風調査報告』のなかにも含まれている。広島管区気象台の調査で特筆すべき点は，土石流の発生機構という気象学以外の項があることであり，これは，当時の菅原芳生台長の熱意によるものといわれている。当時，山くずれや土石流の発生の原因やメカニズムについては，まだまだ未開拓の学問分野であった。菅原台長は，家族を呉から奥へ入った下黒瀬村(現東広島市)に住まわせており，土曜から日曜に出かけたおりには，下黒瀬村などの大規模な山津波現場へ行って，崩壊斜面の流出表土層の厚さや斜面流，土石流の到達範囲をこつこつと測量していたといわれている(図6)。

阿久根台風

枕崎台風から一ヵ月もたたない10月5日に東海沖を東進した台風19号と前線によって

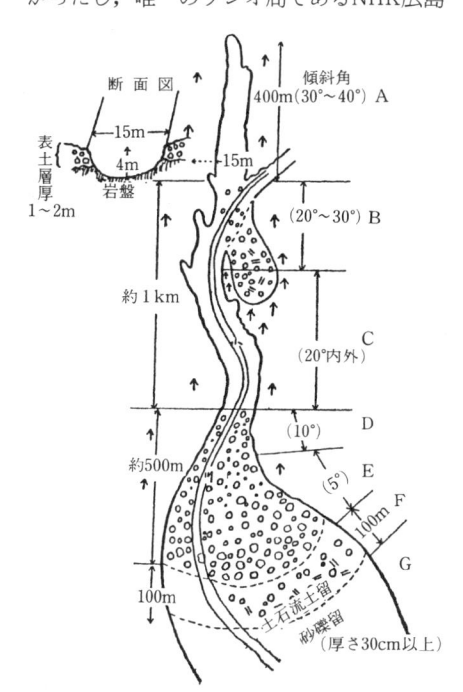

図6　広島県下黒瀬村の土石流

東海から関東地方にかけて300～500ミリの雨が降っている。そこに、また台風20号が襲来した。10月6日ころにサイパン島の東海上で発生した台風20号は、北西に進みながら発達し、9日に沖縄本島の東海上で次第に進路を北寄りに変え、10日14時に鹿児島県阿久根市付近に上陸した。枕崎台風と同様に上陸地点をもって命名された阿久根台風は、上陸時の中心気圧が960hPaで、鹿児島県枕崎では、最大瞬間風速51.6メートル/秒を観測（自記風力計の配線がきれたため最大風速は27.0メートル/秒が最高）し、長崎県平戸で最大風速27.5メートル/秒、鹿児島市で27.5メートル/秒を観測するなど、九州や中国地方では暴風が吹いた。しかし、上陸後は急速に衰えながら北東に進み、周防灘から中国地方を通って日本海に出て津軽海峡の西海上で消滅した。このため、風による被害は台風が上陸した九州南部を除き、それほど大きくはなかった。

しかし、枕崎台風によって荒らされ、未だ立ち直っていないうちに19号台風と前線で大雨が降り、間を置かずに再び阿久根台風と前線により九州から中部地方にかけて200～300ミリの大雨である。2つの台風により各河川の氾濫、土砂災害、橋梁流出が相つぎ、農作物に甚大な被害が発生した。阿久根台風により、全国で死者・行方不明者451名・負傷者202名・住家損壊6,181棟・浸水174,146棟などの大きな被害が発生した（『理科年表』）。被害の中心は、台風の上陸地点から遠く離れた兵庫県で、台風が接近する前日から強い雨がふり、そこに台風の強い雨が加わった。神戸では日雨量262.8ミリ、最大1時間雨量49.6ミリを観測し、淡路島の洲本でも日雨量217.0ミリ、最大1時間雨量45.2ミリを観測した。加古川水系は、川の勾配が少ない河川の一つであるが、上下流とも降った大雨により、明治以来最大の出水となっている。武庫川水系も宝塚の蓬萊橋が流出し、鉄橋流出で福知山線は1ヵ月不通となった。兵庫県では、わかっているだけで、死者・行方不明者231名、全半壊・流出家屋1,415棟、浸水家屋51,285棟、堤防決壊936ヵ所などの大きな被害が発生している。また、長野県では天竜川流域で土石流や堤防決壊が相次ぎ、死者・行方不明者43名、全半壊・流出家屋106棟、浸水家屋7,047棟と主として雨による被害が、鹿児島県では死者・行方不明者40名、全半壊・流出家屋2,076棟、浸水家屋195棟と主として風による被害が発生した（『中央気象台彙報』より）。

昭和20年(1945)は、枕崎台風や阿久根台風の前から北日本を中心とした冷害により凶作の年といわれていたが、この2つの台風によって食料難は一層深刻なものとなった。『理科年表』によれば、この年の水稲の作況指数は、北海道44，青森47，富山63などであった。枕崎台風と阿久根台風は、戦争の荒廃をねらったように上陸した台風であり、戦禍から立ち上がろうとした人々を再度うちのめした台風である。そしてこの経験は、国土と国民を守るという新しい方針となって戦後の気象事業の中に活かされている。

参考文献 中央気象台編『枕崎台風の概報』、1945，同編『枕崎・阿久根台風調査報告』(『中央気象台彙報』33，1949)、柳田邦男『空白の天気図』(新潮社，1975)、饒村曜『台風物語―記録の側面から―』(日本気象協会，1986)、同『台風物語―記録の側面から―続』(同，1993) (饒村曜)

1946 南海地震 （昭和21年12月21日）

災害の概要

昭和21年(1946)12月21日4時19分，和歌山県潮岬沖約50㌔(東経135°51.1′，北緯32°55.9′，深さ24㌔)を震源とするM8.0の南海地震が発生した。地震の揺れは，九州から関東・北陸地方に及び，波源域から発生した津波は，九州西岸から房総半島にまで達した。

震度5の揺れに見舞われた地域は，九州から中部地方に及び，震害は九州の国東半島・別府湾沿岸，四国の太平洋岸，吉野川流域，瀬戸内海沿岸，出雲地方，大阪湾沿岸，伊勢湾沿岸，岐阜地方と広域に及んだ(図1)。高知・徳島・和歌山・三重県沿岸で4～6㍍の津波に見舞われた(図2)。また，この津波はハワイやカリフォルニアにまで達している。それでも，この地震は，それ以前に起きた1707年宝永地震(M8.6)や1854年安政地震(M8.4)など過去の南海地震に比べれば，地震・津波の規模ともに小さかった。

この地震でも南海地震特有の地盤変動，温泉の湧出や停止が起きている。紀伊半島の潮岬0.7㍍，四国の室戸岬1.27㍍および足摺岬0.6㍍の隆起，高知市・須崎1.2㍍，宿毛でも沈下が起きた(図3)。そのため，津波に襲われた高知市付近で9.3平方㌔，須崎で3.0平方㌔浸水した状態がしばらく続き，宿毛でも3.0平方㌔浸水した(宇佐美龍夫2003)。

和歌山県那智勝浦，愛媛県湯山(松山市)，大分県別府近郊の温泉では湯量の増加，逆に和歌山県周参見(すさみ町)，白浜(西牟婁郡)，愛媛県道後(松山市)の温泉では湧出量の停止や減少が認められた。井戸水にも変化が見られ，三重県尾鷲，高知県浦戸，小室(四万十町)，下田(四万十市)では水位の低下，徳島県撫養(鳴門市)や高知県須崎，久礼(中土佐町)では逆に水位の上昇が確認されている。三重県賀田(尾鷲市)や和歌山県由良(日高郡)では井戸水に泥水や濁りが生じた。

この地震は，太平洋戦争終戦翌年の暮に起き，空襲で焦土と化した各地が戦災復旧も十分でない状況下で起きている。しかも，冬の寒い未明，地震の揺れに加え，津波に襲われる二重，三重の苦難を住民に課した。被災各地，物資の乏しい中での復旧，復興には苦労を要した。

被害の概要

この地震で25の府県が被害を受けた。内務省警保局の被害統計(昭和21年12月21日現在)によれば，死者1,330人，負傷者3,842，行方不明者113，住家全壊9,070棟，同半壊19,204，非住家全壊2,521，同半壊4,283，工場その他の全壊70，同半壊79，家屋浸水28,879，同流失1,451，同焼失2,598，船舶損失2,349隻，田畑流浸水67平方㌔，損傷

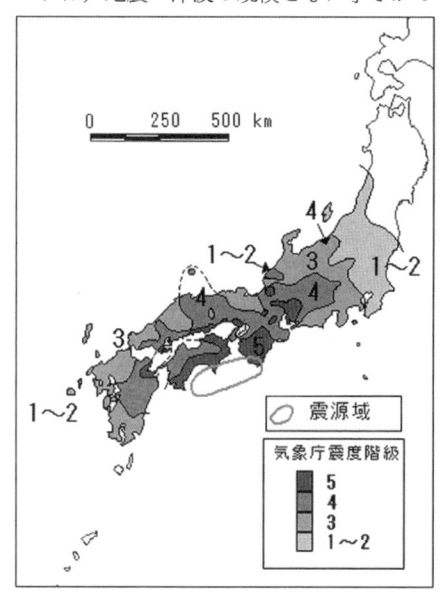

図1　震度分布図

道路・橋梁・堤防は1,532,160および,627ヵ所以上に及んだ(表1).
以下,各府県の被害の比較は表1で,府県内市町村の顕著な被害については,海上保安庁水路局『水路要報』増刊号(昭和21年南海大地震調査報告地変及び被害編・津波編,1948)および中央気象台編『昭和21年12月21日南海道大地震調査概報』(1947)をもとに,各種被害の全体被害数とその割合の上位の府県から被害像を見る.

1) 人的被害　死者・行方不明者数の総数1,443人に対し,高知679(47%),和歌山269(19%),徳島211(16%)で,被害総数の81%を占める.この3県で人的被害の1～2位を示した市町村は,高知県では中村町(四万十市)273,高知市231,和歌山県では田辺市50,新宮市42,徳島県では浅川村(海陽町)85,牟岐町(海部郡)53である.この内,高知県中村町では,家屋の倒壊と火災により,最大の死者を出した.負傷者も高知1,836,徳島665,和歌山562とこの3県が多い.

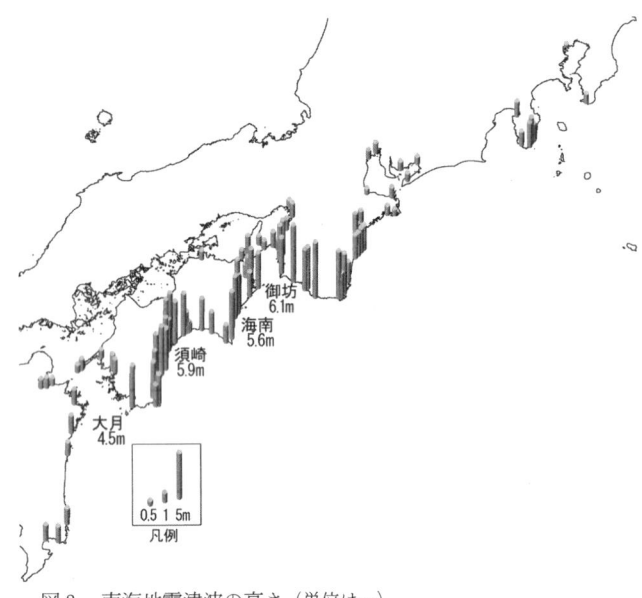

図2　南海地震津波の高さ(単位はm)

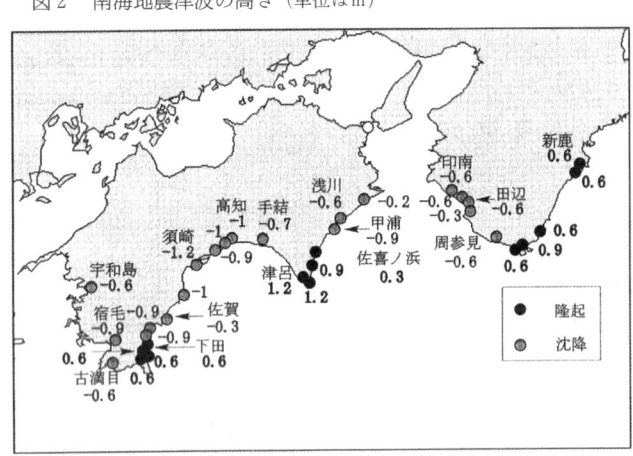

図3　南海地震による地盤昇降

2) 建物被害　住家・非住家の全壊棟数の総計11,591棟に占める各府県の全壊棟数およびその割合(%)の順位は,高知4,834(42%),徳島1,377(12%),岡山1,092(%),和歌山969(8%),兵庫700(8%),香川608(5%),岐阜586(5%),大阪261(2%)と続く.その内,住家被害の多い上位の高知・徳島・和歌山3県について各市町村の1～2位の全壊家屋棟数を示すと,高知県では中村町1,621,高知市1,095,徳島県では浅川村(海陽町)364,牟岐町(海部郡)305,和歌山県では新宮市1,000,海南市734である.
津波による全流失家屋の総計1,451棟に占める被害棟数の上位3県は,高知566(39%),徳島536(37%),和歌山325(22%)となり,

この3県だけで被害の98%を占める．全浸水家屋28,879棟については和歌山14,102 (49%)，高知5,608(19%)，徳島5,562(19%)で87%を占めている．

建物被害は，地震・津波による直接被害だけではなく，和歌山県新宮市や高知県中村町で起きた火災による被害も見逃せない．新宮市では，この地震発生時とほぼ同時に火災が発生，2,398棟が焼失，17時間にわたり市街の3分の1以上を延焼，市民の約4分の1が被災した．中村町でも，火災で163棟が焼失した．新宮市・中村町とも，水道管の破裂により，消火用の水が使えず，延焼を拡大させたこと，倒壊家屋が道路を塞ぎ，消防車の到着を遅らせたことなども被害を大きくした．

3) 船舶被害　被害船舶総計2,349隻に占める各県の被害数とその割合は，高知800隻(34%)，和歌山723(31%)，徳島656(28%)，『水路要報』(1948)によれば，この3県のうち，徳島県日和佐(美波町)，高知県浦尻(土佐清水市)の船舶総数は不明であるが，この2地域を除けば，この3県の総船舶数は5,699隻である．壊滅的被害を受けた主な地域は，高知県須崎で，全船舶414隻中，流失，沈没，全壊，中・小破の計は400で97%が被災．新宇佐(土佐市)で253隻中198 (78%)，和歌山県田辺で282隻中197 (70%)，徳島県橘浦(阿南市)125隻中82 (66%)，浅川170隻中128 (75%)に及んでいる．

4) 田畑の被害　地震に伴う地盤沈下後の津波の遡上により，多くの農地に塩水が流入，浸水した．全浸水面積は67平方kmにも及び，最大は高知県30平方km (45%)，以下，徳島27平方km (41%)，和歌山6平方km (9%)，岡山3平方km (4%)となっている．

近年，水田は多様な生態系を育む場所として見直され，塩水の浸水は農作物の被害ばかりか，これらの生態系にも大きな影響を及ぼす．そうした観点からも，今後の対策が望まれる．

5) 道路被害　道路被害は総数1,532ヵ所以上，高知県の716ヵ所(47%)が最大，ついで香川238 (16%)，徳島201 (13%)，和歌山128 (8%)の順となる．しかし，『南海大震災誌』(高知県，1949)には，高知県下だけでも道路の849ヵ所が被災し，その応急措置に1億1千万円を要している．

6) 橋梁被害　橋梁の被害総数は160橋以上で，香川県78，和歌山県29，徳島県24である．高知県は多数と記され『南海大震災誌』には，高知県だけでも橋梁109橋が被害を受け，復旧費に7,400万円を要したとある．高知県中村では，四万十川(渡川)に架かる全長507mの橋梁が被災し，トラス橋8連のうち3連が河床に落下，さらに3連が，トラス部分の片方のみ河床に傾斜落下した．この橋は四万十川の両岸を結ぶ主要道路の一部をなすため，河川内の洪水敷に仮道を作り，渡船で人馬などを運び急場をしのいだ．和歌山県周参見(すさみ町)では，津波により漂流した船舶の衝突により橋が流失している．

7) 堤防被害　堤防の被害総数627ヵ所以上，和歌山県で240，香川154，岡山91，愛媛67，徳島31と続く．高知県は，多数とだけ記され，『南海大震災誌』には，高知県の河川・海岸堤防の被害は県市町村合わせ250ヵ所に及び，約6億490万円の費用を要している．

8) その他の被害　岸壁の破壊で船舶の係留ができなくなった漁港，地盤の隆起で港内水深が浅くなり，船舶の出入りが困難になった漁港，逆に地盤の沈下で水深が深くなり，船舶の係留が困難になった漁港なども高知・徳島・和歌山3県で多くみられる．また，津波による木材の流失に伴う2次災害も見逃せない．高知県須崎では木材28,320石が流失，須崎湾奥部の多ノ郷(須崎市)を襲った津波が反射して須崎駅前周辺の貯木場を襲い，それらが多くの家屋を破壊し，また流木が避難道路を塞ぎ多くの犠牲者を

出している。
徳島県橘浦(阿南市)でも5,300石,和歌山県新宮2,000石,田辺1,000石,三重県引本(紀北町)で1,200石を流失させている。津波による木材の流失対策は解決すべき重要な課題である。

救援・救護の概要

本地震で最大の被害を受けた高知県の西村直己(にしむらなおみ)知事は,地震発生当日,直ちに臨時災害対策本部を設置,通信が途絶えた県内被災地に係員を派遣し,情報収集,被災者の収容,救援・救護,救援物資の配給などにあたらせた。一方,治安維持,水防,消毒,通信,闇物価の抑制・取締などの応急措置も各課に指示し,翌日には,官民合同の臨時災害対策本部協議会を開くなど危機管理に努めている。県に対して,他府県からの救援金のほか,香川県から救援米,山口県赤十字支部より医療班,京都市より青年行動隊の救援なども寄せられた。また,進駐軍からも救援品として毛布9,010枚,上衣7,160着,ズボン7,070着,食糧105トン,出産用セット223箱,優良薬品4車両のほか,多量の優良燃料も受けている。一方,甚大

表1　南海地震の被害

府県名	死者	負傷者	不明者	住家 全壊	住家 半壊	非住家 全壊	非住家 半壊	工場・他 全壊	工場・他 半壊	家屋 浸水	家屋 流失	家屋 焼失
長野				2	4		5					
岐阜	32	46		340	720	246	232	8	6			1
静岡		2			1					296		
愛知	10	19		75	122	81	69	18	6		1	
三重	11	35		65	92	71	18			1,435	23	
滋賀	3	1		9	23							
京都												
大阪	32	46		234	194	27	23					1
兵庫	50	91		330	759	370	242	6		786		
奈良		13		37	46	106	350	3	6			
和歌山	195	562	74	969	2,442					14,102	325	2,399
鳥取	2	3		16	8	6	5					
島根	9	16		71	161	202	84					
岡山	51	187		478	1,959	614	1,798	2	1			1
広島		3		19	42	30	32					
山口					2		1					
徳島	181	665	30	1,076	1,523	301	456			5,562	536	
香川	52	273		317	1,569	291	840	12	28	505		
愛媛	26	32		155	425	147	118			320		
高知	670	1,836	9	4,834	9,041			21	32	5,608	566	196
福岡				1		5						
長崎					2							
熊本	2	1		6	6	3						
大分	4	10		36	91	21	18					
宮崎		1			1		2			265		
計	1,330	3,842	113	9,070	19,204	2,521	4,283	70	79	28,879	1,451	2,598

な被害を受けた道路・橋梁・堤防などの補修には，英軍建設隊も協力している。

和歌山県では，応急救援対策として，被災者に3日間の炊き出しを行い，生活に窮した県民15,000人に15日間の食料を供与した。また県では，身元不明の死亡者の埋葬，住宅を失った者には収容施設へ，生活困窮者には生活保護法を適用，それらの児童生徒には学用品購入資金を与える措置もなされている。救護費総額は約3,800万円に及んだ。

災害を免れた市町村では，各家庭から衣料や子供用品，食器，縄やむしろなどの供出運動も行われた。地震翌日には大阪府から日常品・食料のほか，10班80人の救援隊も受入れ，同日には，三重県からも救援米5,000俵が届き，その後も同県から米の供与が続けられている。

復興への道

戦後の復旧もまだ進んでいない時期に起きたこの地震に対し，各地の住民，行政は一丸となって，二重の苦難に立ち向かい，地域の復旧・復興を目指した。高知県では，地震発生4日後の12月25日には，臨時災害対策本部を震災対策復興本部に切り替え，復旧・復興に全力を注いでいる。新たに官民合同の復興対策委員会を設け，復興に関する重要事項の調査審議，計画の樹立を図っている。その後，救助が必要な被災者の収容，伝染病の予防，住宅に対する応急措置，震災義捐金などの措置を着実に進めた。さらに，住宅，上水道，電力供給，交通，通信，教育・文化などの各事業，商工業・経済界などそれぞれの復興に努め，被災した道路，河川，海岸・港湾などの改修は，昭和25年(1950)3月までにほぼ終了した。復興計画の進捗途上，堤防・橋梁・道路などの応急修理・修復に要する労働者の確保が困難となり，日雇い労務者賃金協定を定め不当な高騰の防止なども図られた。

和歌山県でも，この地震被害に対する復旧・復興が着実に進められている。『和歌山県災害史』(1963)によれば，21日の地震後，交通が途絶えていた鉄道では，紀勢西線木ノ本―勝浦間が24日に上下1往復，和歌山市紀伊―富田間も24日，勝浦―和深間が26日，富田―周参見間は翌年1月1日，周参見―串本間は同12日迄にそれぞれ開通した。海南市では，家屋の全壊70棟，半壊734棟，津波により5,586棟が浸水，39棟が流失，市内の約80％の家屋が浸水被害を受けた。市では，家を失った約1,000人を学校や寺院に収容し，橋梁や道路の復旧費などに12

船舶損失	田畑流浸水	損壊		
		道路	橋梁	堤防
	町 0.6	13		
105	9ヵ所			
		48	23	41
				1
64				
	2.1			
		100	1	
723	625	128	29	240
		1	1	1
	293	38	15	91
		2		
		1		1
656	2,730	201	24	31
		238	78	154
		56	8	67
800	3,030	716	多	多
		8	1	
2		2	3	
2,349	6,718	>1,532	>160	>627

(宇佐美龍夫2003より)

万5千円の支出を決めている。道路復旧，倒壊家屋の撤去には和歌山市や隣接町村から奉仕隊が出動している。市電は22日までに全線復旧，電気も同夜にはほぼ回復した。新宮市では，地震発生直後に起きた火災で2,398棟が全焼し，3,000人の被災者を出した。地震の翌日には三重県から応急米600俵を受けている。県では，特別都市計画法の適用を受け根本的土地区画整備事業を行うとともに，緑地貯水などの設置，上水道の速やかな復旧などの計画を進めている。和歌山県下では，震災と同時に被害地域の大工の賃金やその他の闇物価が暴騰したため，県では復興を阻害するとして，同業組合の協力のもと取り締まる方針なども出されている。

災害の記録と情報

地震翌日22日の新聞には，「西日本に大地震と津波，和歌山・高知被害は甚大，四国に死傷者多数」（朝日新聞），「日本最大の地震　昨暁近畿，中四国を襲う，紀州・四国・九州・静岡に津波，新宮に猛火，串本全滅か，和歌山県下の被害甚大」，また当日21日午後5時までの被災各府県の人的・物的被害についても詳細な報道がなされた（毎日新聞（大阪版））。

一方，南海地震発生後，直ちに各分野の専門家による科学的な現地調査が各研究機関でなされ，翌年の昭和22年（1947）には東京帝国大学地震研究所，中央気象台から，翌23年には海上保安庁水路局から調査報告書が公表されている。最大の被害を受けた高知県では，昭和24年地震発生3年目の同日，地震研究所の学術的記録を含む880頁に及ぶ『南海大震災誌』を発刊した。総説，災害，救援，公安，復興，市町村被害の実情とその対策，各地方機関の活動，将来の防災対策，震災体験談と美談哀話の各編から成る。この中に，当時の知事が「約百年後に再び起る災害に備えて」その貴い体験を活かすために，日本映画社に激震地の撮影

図4　四万十川に架かっていた鉄橋の落下

図5　平成8年の南海地震50周年記念碑

を依頼，映画「南海地震」全3巻を，昭和22年2月に完成させたことを記し，さらにフィルムライブラリーでは16㍉に複写して機会あるごとに上映，平素より次の南海地震に備えるよう注意を喚起している。

徳島県で最大の津波犠牲者85人を出した浅川村（海陽町）では，昭和24年に『南海大地震　浅川村震災誌』を発刊。そこにはこの地に残る宝永（1707）および安政（1854）の南海地震津波碑や扁額の内容と昭和南海地震津波の津波高や被害状況，体験談が綴られている。また，海陽町では，昭和61年に『南海地震津波の記録～宿命の浅川港～』を発刊，体験者の証言を記録する一方，当時の浸水高の調査結果に基づき，津波高を印した石柱を集落各所に建て防災意識の向上に努めている。さらに，南海地震から50年目の平成8年（1996）には50周年の記念碑，

津波10訓のほか，碑面が風化した安政碑などには，碑文が読めるよう復元した新しい碑をもとの碑のそばに再建し，地震・津波に対する心構えを伝えるなど，碑に込められた先人の，心の継承に努めている（図5）。体験者の証言のなかには，避難途中で橋が流され，近くの避難所へ行くことができず，別の避難所へ向かう途上で2人の娘を津波で失った母の哀話などもある。

和歌山県新庄（田辺市）でも，10歳の少女が2歳の妹を背負い，5歳の妹の手を引いて祖母の家へ逃げる途中，駅のプラットホームに上れず，遠回りしたため子供たち全員が津波の犠牲になっている。

高知県の体験談にも，悲話が多く残されている。倒壊した自宅の梁に挟まれ，動けず助けを求める人を，道具がなくて助けられず，間もなく押し寄せた津波で溺死させた話や，津波ではなく火事により焼死させた話。陸上に散乱し，漂流した多量の木材が凶器と化し，人・家・船を襲った悲話も多い。日本最古の津波碑ともいわれる正平南海地震（1361）の碑が徳島県東由岐（美波町）にあり，それ以降の南海地震・津波の碑も四国に多く存在する。これらの碑には単に被災者への供養だけでなく，後世の住民が二度と同様な悲惨な目に遭わないようとの願いも込められている。碑は，無言の防災教育の教材といえ，こうした災害文化の継承が今求められている。

この地震は，昭和20年8月太平洋戦争終戦1年4ヵ月後，わが国の各都市部の中心的市街地が空襲で廃墟と化し，その傷跡が癒えない状況のなかで起き，被災地では，戦災と震災の二重の苦が強いられた。空襲による死者は，和歌山・徳島両市でそれぞれ1,000人以上，高知市で400以上，罹災戸数は，和歌山市2万7千余戸，徳島市1万6千余，高知市1万2千余に及ぶ。徳島市では，全人口約8万人および全戸数1万9千戸に対し，死者約1,000人（1.25％），罹災者約7万人（88％），罹災戸数率（84％）にも及んだ。一方，この地震における死者は2人，住家全・半壊59戸で，体験者への調査に基づく推定震度は6弱以上の地区もあり，戦災がなければ，家屋の倒潰などによる人的・物的被害はさらに増加したと推測される。高知市では，震害に加え，津波による浸水にも見舞われ，被害が増加したに違いない。

戦災による被害を受けた地域では，この地震・津波による人的・物的被害の数値だけで，被害像を描くと，戦災による被害分だけ過小評価し，当該地域における地震・津波被害の実像を見誤ることに注意を要する。

参考文献　海上保安庁水路局編『水路要報』増刊号（昭和21年南海大地震調査報告地変及び被害編，津波編，1948），中央気象台編『昭和21年12月21日南海道大地震調査概報』，1947，宇佐美龍夫『最新版日本被害地震総覧［416］-2001』（東京大学出版会，2003），渡辺偉夫『日本津波被害総覧（第2版）』（同，1998）　　　　　（村上仁士）

1947 カスリーン台風 (昭和22年9月)

災害の概要

昭和22年(1947)9月8日，マリアナ東方1,000㌔の海上で発生したカスリーン台風は15日夜半に房総半島南部を通過し，本州付近に停滞していた前線を活発化させて関東・東北地方に大雨をもたらした。特に関東地方では，この大雨による土砂災害や洪水氾濫災害から死者数1,100名，家屋の浸水303,160戸，家屋の倒半壊31,381戸の甚大な被害が生じている(表1)。そして，その被害の多くは，わが国最大の流域面積をもつ利根川流域において発生した。ここでは，カスリーン台風災害について，広い利根川流域に生じたさまざまな災害事象を見ることにする。

降雨は，台風の接近に伴って9月13日より各地で激しくなり，台風が房総半島をかすめて北東へ去る15日夜半まで継続した。この間の約3日間雨量は，埼玉県秩父で611㍉，群馬県三ノ倉で415㍉，万場410㍉，前橋393㍉などいずれも記録的な大雨となり(図1)，それが引き金となって利根川上流域にある赤城山を中心に斜面崩壊や土石流による土砂災害が多発し甚大な被害に及んだ。また，多くの河川で記録的な高水位となり，利根川やその支川である渡良瀬川の全川で堤防の高さを決める計画高水位を上回る水位を経験し，各所で氾濫が生じた。

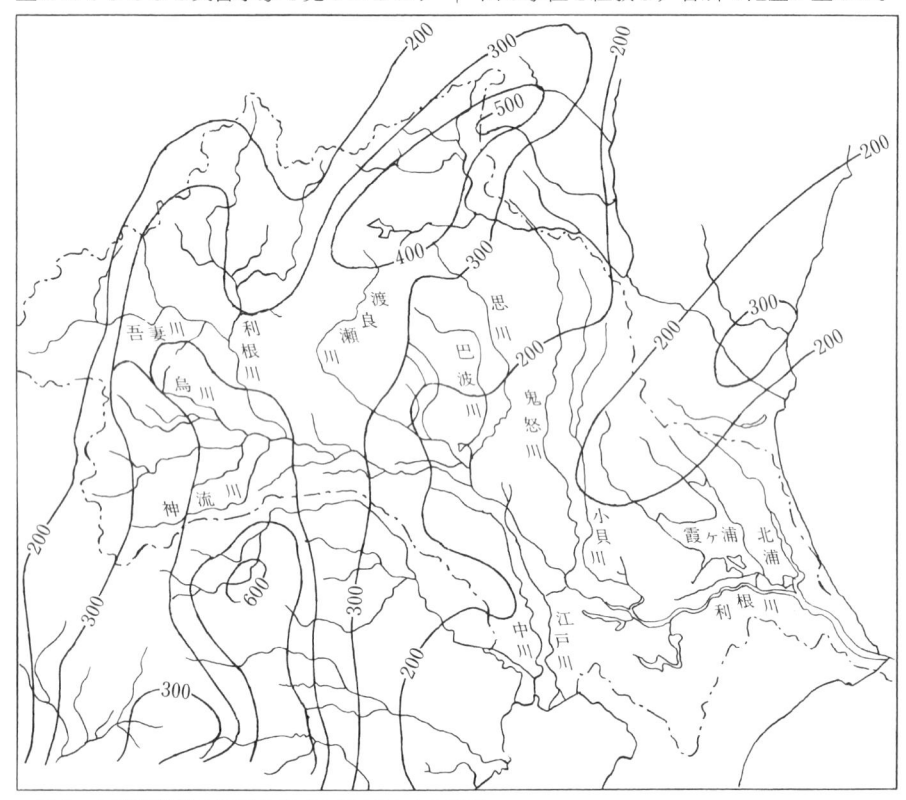

図1 利根川流域の雨量分布(9月13日から3日間)

この中で特に甚大な被害をもたらしたのは，渡良瀬川扇状地区間での洪水氾濫(群馬県桐生市，栃木県足利市での被災)および利根川中流部にあたる北埼玉郡東村(大利根町，現加須市)新川通地先での堤防決壊であり，この破堤によって利根川の氾濫流は埼玉県を流下して東京を襲うことになった。

被害の概要

利根川上流域に位置する標高1,828メートルの赤城山は50万年も昔から数多くの噴火活動を繰り返し，大量の火山噴出物が積み重なって形成されている。赤城山頂にある大沼から発し西側斜面を下る沼尾川では，9月15日午後，降雨がいっそう強くなり，15時ころ，山鳴りとともに斜面が崩れ，30分後には高さ約10メートルほどの土石流が敷島村(現渋川市)深山地区を襲った。土石流の通過した地点では浸食により深さ6～10メートルの切り立ったU字型の谷が形成され(図2)，その下流では宅地や農地に，大量の巨石と流木などが2～5メートルの高さで堆積した。土石流による敷島村での被害状況は，死者行方不明83名，重傷者14名，流失家屋167戸など未曾有の被災規模となった。赤城山南麓の荒砥川では土石流が沿川の大胡町(現前橋市)を14時半ころに襲い，犠牲者72名を出す惨状となり，同じく南麓の富士見村(現前橋市)では16時ころ赤城白川で土石流被害が生じている。また，赤城山東麓の黒保根村(現桐生市)では深沢川の土石流により死者行方不明者28名が生じた。深沢川沿いにある梨木地区では15時ころに石礫が河底を移動するすさまじい音が聞こえたとの証言があり，赤城山麓の土石流はほぼ同時刻(15日14時から16時の間)に発生したことが分る。それらは，赤城山雨量分布(武田(1950)による推測値)によると，積算雨量300ミリを超え，時間雨量30ミリから40ミリの間で発生した(17時時点では積算雨量400ミリ，時間雨量60ミリの豪雨が生じたと推測される)。

小出ら(1950)は被災後の赤城山麓の調査から，崩壊地のほとんどが凝灰集塊岩の上で生じており，水流による浸食に弱く，脆弱な地質構造となっていることを指摘した。一方，土石流は河川渓谷の上流を浸食し，そこにあった石礫を運搬し下流に堆積させたもので，土石流を構成した主材料は山地崩壊から供給されたものではないとしている。この点について，被災当時の敷島村収入役の証言は興味深い。それによると，土石流が浸食した谷間の底から2，3百年程度は経過したと思われる木材とその下に軽石層(噴火物)が現われたとのことである。すなわち，過去の洪水土砂災害によって運ばれた樹木が埋没し土石などが堆積して谷間を埋めた小河川・小渓流において，カスリーン台風ではこれを浸食しながら再び土石流災害に及んだことが推測される。

急流河川の氾濫による被害

カスリーン台風では渡良瀬川流域において

表1　関東地方における被害状況

都県名	死者数	家屋の浸水(戸)	家屋の倒半壊(戸)	田畑の浸水(ha)
東京都	8	88,430	56	2,349
千葉県	4	917	6	2,010
埼玉県	86	78,944	3,234	66,524
群馬県	592	71,029	21,884	62,300
茨城県	58	18,198	284	19,204
栃木県	352	45,624	5,917	24,402
合　計	1,100	303,160	31,381	176,789

(『利根川百年史』より作成)

図2　土石流の通過により浸食された沼尾川

犠牲者709人という甚大な被害が生じている。渡良瀬川は栃木県足尾町(現日光市)にある標高2,144㍍の皇海山(すかいさん)から発し，山地河道として赤城山東麓を右岸にして下り，群馬県大間々町(現みどり市)から群馬県桐生市と栃木県足利市に広がる扇状地と，それに続く平野部の緩流区間と渡良瀬遊水地を経て埼玉県栗橋町(現久喜市)上流で利根川に合流している。最上流の足尾町では古くから銅山開発が進められ，鉱業用材として樹木伐採，山火事，精錬による煙害などから周囲の山肌は裸地化し，そのため，岩石風化や豪雨時の斜面浸食，土石流により土砂流出が盛んに生じる荒廃地が渡良瀬川の水源地となっている。カスリーン台風での渡良瀬川の水害は洪水氾濫と足尾や赤城山東麓などからの大量の土砂が河川に供給されたことによって特徴づけられている。渡良瀬川の洪水氾濫によって群馬県桐生市では146人，栃木県足利市では319人の死者行方不明者が出ている。これらの市街地中央を流れる渡良瀬川は河床勾配が100分の1から300分の1と急勾配河川であり，氾濫した洪水流も扇状地の地形勾配に支配され流速の速い氾濫流として市街地を襲った。被災の状況について桐生市の例から見てみる。桐生市内の東小学校での観測によれば総雨量は382㍉であった。9月15日15時ころには渡良瀬川左岸赤岩地先付近の堤防が危険な状態になり，消防団による必死の水防にもかかわらずついに越水氾濫が生じ，これが原因となって堤防が300㍍にわたり決壊した。また，その下流左岸にあたる境野地区でも決壊氾濫が生じている。証言によれば渡良瀬川の洪水流は左右の河岸に衝突しては方向を転じて堤防を攻撃した。これは扇状地の急勾配河川に見られる特徴である。また，上流崩壊地域からの大量の土砂が洪水流によって運ばれており，河床上昇に伴う洪水氾濫であることも推測される。さらに，桐生市を南東に貫流する桐生川も随所で氾濫して被害をもたらした。

渡良瀬川の氾濫水は市内を流れる新川(渡良瀬川の水を取り込む小河川)への流れ込みが強く，これによって市街地の氾濫被害が拡大した。氾濫の状況について被災体験者からその特徴的なものを抽出すると，①水回りが早く避難できない(家屋の天井の梁に逃げて一晩過ごした)，②氾濫流が速く逃げることができない，③氾濫流によって流木が家の壁を突き破ってきた，④氾濫流による家屋の倒壊が多く，また，野球場であった新川グランドの観客席の倒壊によってそこに避難していた人々が洪水流に飲まれた(死者33人)(図3)，⑤人や物が速い水流に流されて橋脚などに衝突するなどが挙げられる。すなわち，被災過程では氾濫流がもたらす浸水深にのみならず扇状地の地形勾配によって生じた氾濫流の流速が被害を拡大する要因となることが分かる。また人が氾濫流の中で障害物と衝突し，流木や家屋の破片などに巻き込まれることで生

図3　氾濫流によって倒壊した新川グラウンド

図4　洪水後の新川左岸の浸食状況

命を奪われている．物体に作用する氾濫流の流体力は流速の2乗と水深の積に比例するため，高速の氾濫流が生じて大きな力が人や家屋に作用し被災につながった．

洪水後に見る新川は川幅の拡大が顕著であり（図4）これは渡良瀬川からの大きな洪水流量の流れ込みによって河岸浸食が進んだものであり，新川沿いの家屋流失をもたらした．一方，氾濫流が走った市街地には大量の土砂堆積が生じている．扇状地という地勢とともに山間部に近く大量の土砂を含む洪水氾濫がもたらした災害として特徴づけられる．

利根川の破堤付近の被害

埼玉県東村（現加須市）新川通地先では9月15日21時ころ，利根川の堤防が増水で切れる恐れが生じて村民は堤防上で必死の水防活動を行なった．しかし22時ころには新川地先菖蒲古河県道付近で越水が生じ，その後約1,400 m にわたって越水は広がり，濁流は膝までとなって水防（土俵積み）は不可能な状態となった．9月16日0時20分ころ，利根川中流部にあたる埼玉県栗橋町の量水標の水位は最高9.17 m に達し，これは計画高水位（利根川増補計画）を1.62 m 上回るものである．そして，ほぼ同時刻，栗橋の上流にあたる新川通地先では利根川右岸堤防が延長100 m にわたり決壊した（16日11時こ

ろには決壊幅は350 m まで拡大した）（図5）．決壊口付近では民家が流失し，家屋の屋根や水塚，また堤防の上に多くの人々が避難した．濁流の中で屋根の上から助けを求める人や水に飲み込まれた牛馬の光景は，とてもこの世のものと思えないほどの悲惨なものであったと伝えられている（大利根町では死者12名，行方不明者4名）．

新川地先の堤防決壊は明治43年（1910）洪水以降，利根川での洪水処理方式を連続堤防に委ねた治水整備のもとではじめて越水決壊したものである．決壊の原因として，この洪水が異常な規模であったこと，すなわちこれまでの計画高水位を全川で超えて多くの箇所で越水する状況となったことがまず挙げられる．そして，決壊地点では道路として使用されていたことで堤防の補強工事が遅れたこと，対岸への渡し場のため堤防に坂路があり越水した水流がそこに集中したこと，また，直下流の鉄道橋に大量の流木が集積して水位を堰き上げていたことなどがいわれており，幾つも要因が重なって堤防決壊に至ったことが推測される．

氾濫流の流下による被害

新川地先からの氾濫流は，北に利根川，東に江戸川，西に荒川と大宮台地に囲まれた低平な中川流域を流下し，5日目の9月20日午後2時ころ，破堤地点から75 km 隔てた東京都江戸川区の新川堤防でようやく止まった（図6）．その間の氾濫流の流下と被害状況を見てみよう．

中川流域は元荒川系の支川と古利根川系の支川に分けられる．これはかつて（江戸時代に行われた利根川東遷事業以前）の利根川や荒川は乱流しながらそこを流れ東京湾に注いでいたことによる．この中川流域には自然堤防と後背湿地が発達し，江戸時代には自然堤防や旧川堤防を利用した水除堤で区切られた地域が「領」と呼ばれて存在した．この領は利根川の洪水に対し二線堤として機能し，このため地域の水防活動の

図5　新川通地先（埼玉県東村）の利根川決壊

単位もこの領が基本であった。カスリーン台風で切れた利根川の氾濫流は支川堤防のほか、この領によって特徴づけられた微地形に支配され、かつての利根川筋にもどって流下した。自然堤防は氾濫水を一時的に貯留させ、後背湿地内に溜め込む。このため自然堤防上の家屋は浸水を免れるか浸水しても被害が小さく、一方、後背湿地内にある家屋の被害は大きい。破堤口付近の後背湿地内ではおよそ120戸の家屋が流失し、その後、氾濫流は東武線沿いに5㌔を3時間で進み、栗橋町に集中する。16日午前5

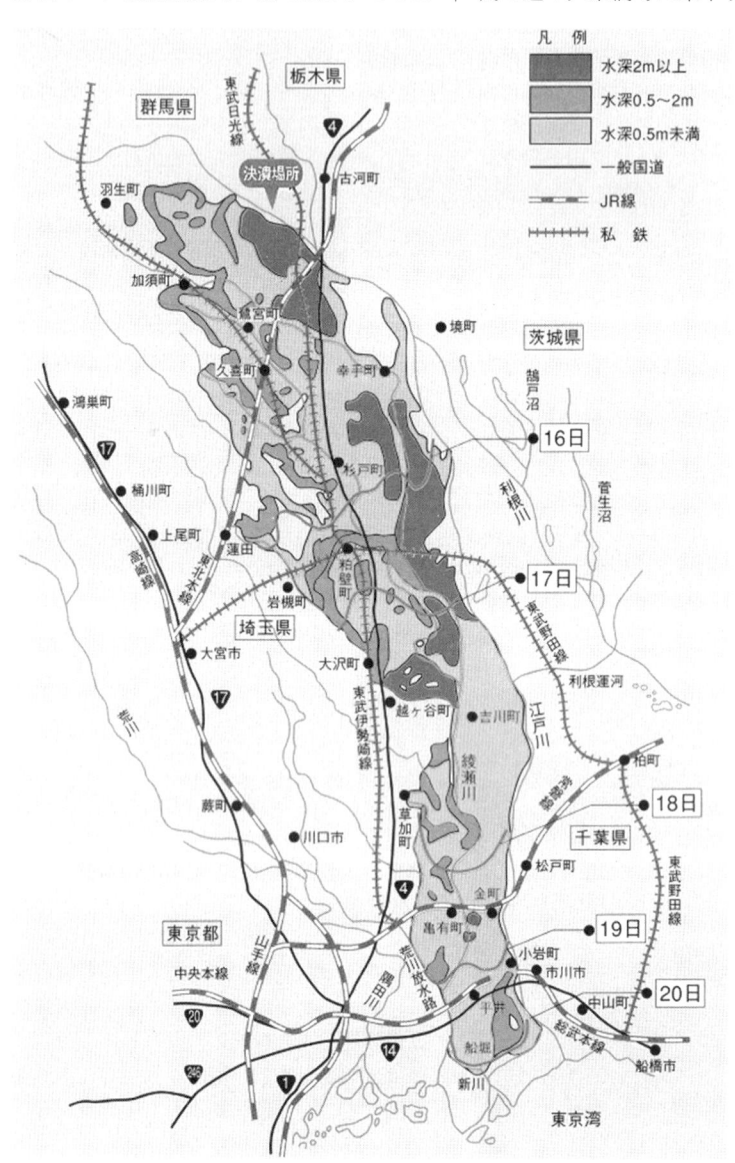

図6　利根川氾濫流の流下過程

時ころ，栗橋町がほぼ全域で水没し死者18名，流失・全壊116戸の被害に及んだ．その後も氾濫水は一時貯留され，水位の高まりによって下流の自然堤防や人工堤防を破って南下して行く．16日午前8時30分ころには行幸村（現幸手市）と桜田村（現久喜市）が満水，9月17日午前2時ころには利根川の氾濫水が東武野田線の盛り土を突破，荒川からの氾濫水と春日部町（現春日部市）で合流する．この氾濫流によって幸手市で死者4名，行方不明者1名，杉戸町で死者3名，行方不明者1名，春日部市で死者5名の被害となった．18日午前5時ころ，利根川の氾濫水は埼玉の穀倉地帯である吉川町（現吉川市），彦成村（現三郷市），越ヶ谷町（現越谷市）に達し，午後7時ころには東京都の北端にあたる葛飾区水元小合新町の大場川桜堤が6㍍にわたり決壊し，濁流が葛飾・江戸川・足立区に流れ込む．桜堤は東京都への氾濫水流入を止める最後の防衛線であり，桜堤上流の水位を上昇させながら氾濫流は一時停滞したが，その後高水位に耐え切れず堤の決壊に至った．なお，内務省は桜堤上流での氾濫水を江戸川右岸堤を開削して江戸川に落とすことを試みるが（人力だけでは無理で進駐軍に堤防の爆破作業を依頼したが成功せず），間に合わず桜堤の決壊に至った．

桜堤を越えた氾濫流は葛飾区金町を襲い，水道局金町浄水場（給水人口は88万4千人で東京都下の浄水の約4分の1を受け持つ）への浸水によって19日午後9時ころ，浄水地及びポンプ室の浸水により断水となる．これにより氾濫した江戸川・葛飾・足立区のみならず他の区にも多大な被害を与えた．その後，氾濫流は金町から新宿町（現葛飾区）に向かい，中川堤防にあたって北へ逆流する流れと南下する流れに分かれた．氾濫流は道路や常磐線・総武線などの盛土に堰止められつつもそれを越えて南へと広がり，一方，西に向かう氾濫水も生じ，その流れは中川堤防を破って綾瀬川までの範囲を水没させた．20日の午前3時ころには葛飾区亀有2丁目で中川堤防が決壊し，氾濫水は1時間45分で亀有（葛飾区）を満水にする．そして，20日午後2時ころ，江戸川区船堀の新川堤防に到達して氾濫流は停止した．結果的に葛飾区の全域と江戸川区や足立区のほぼ半分の地域が浸水した．利根川の氾濫による埼玉県および東京都の被害状況を表2にまとめる．

救援・救済の概要

群馬県は9月15日に災害対策本部を設け，被害状況把握とともに救助・救援の準備を整えた．応急の食糧・被服・ローソク・マッチ・薪炭などを現地に急送し，罹災者の救護にあたっては，県衛生課及び日本赤十字社からの救護班を厚生省からの医薬品とともに現地に派遣した．また罹災地の消毒と水害後の伝染病発生の防止に努めた．復旧にあたっては，通信施設をはじめ，食糧その他救護，復旧用資材の輸送路となる道路等の復旧に努め，おおむね6ヵ月内で整備することとした．9月25日には水害応急対策臨時県会において，復興支援に対する国庫負担，治山・治水に関する政府直轄工事に関する意見書が決議されて関係各省に

表2　利根川氾濫による被害集計表

		埼玉県	東京都	計
家屋 （戸）	床上浸水	17,389	82,931	100,320
	床下浸水	5,079	22,551	27,630
	流　出	331	27	358
	倒（全）壊	374	67	441
	半　壊	1,538	59	1,597
罹災者 （人）	人　口	128,628	357,473	486,101
	死　者	46	6	52
	負　傷	1,829	3	1,832
	行方不明	7	1	8
冠水 （ha）	田	9,689	16,039	25,728
	畑	5,052	9,230	14,282
流出・埋没 （ha）	田	745	552	1,297
	畑	535	84	619

『1947カスリーン台風報告書』より

要望した。

埼玉県では9月15日知事室に災害対策本部を開設し、現地には17日に加須と岩槻に罹災者救援のための出張所を設置し、その後、大越(加須市)、久喜、幸手などにも出張所を設置して、救護所・避難所の設置、運搬用の舟艇の手配、救援物資の配給、保健衛生、本部や町村との調整などを行なった。また、ニューヨークに本部を持つアジア救援団体ララLALA(Licensed Agencies for Relief in Asia)の救援物資もあった。これらの物資や飲料水を、各町村や堤防上などの罹災者に配るのに、舟艇の確保が非常に重要な課題であり、これは進駐軍(埼玉軍政部)と隣接都県の警察部からの支援に委ね、その結果9月21日時点での応援舟艇数は、進駐軍64隻、警視庁10隻、神奈川県30隻、千葉県46隻、茨城県15隻等計168隻になった。特に埼玉軍政部の活躍が注目される。軍政部ティモシー・J・ライアン指令官らを中心に献身的な被災者救助、食糧物資輸送・補給、伝染病予防がなされ、これらが埼玉県の救援・救済に大きく貢献した。

千葉県では、埼玉の被災者救護のために野田に救護本部を設置している。9月18日の千葉県警察本部の報告では、「金杉、松伏領、旭、三輪野江、早稲田の各村住民約2万人が目下江戸川堤防に避難し、逃げ損じた住民が樹木又は屋上に救を求めている。これに対し当管下野田、流山両警察署が中心となり、隣接町村消防団及び水防団は、水深二米に及ぶ濁流を侵してこれが救助に死闘中なるも、舟艇少なきため十二分の成果を挙げざる憾あり」とある。野田町(現野田市)の水害救助記録には、17日午後から人命救助や家屋に残った住民への飲料水や握り飯の分配、医療救護など様子が記されている。

猿島郡新郷村(現茨城県古河市)では、対岸の埼玉県栗橋町の人命救助のために消防団を派遣し、9月16日から18日の3日間で計463名を救出した。さらに、応急診療所を開設し、延べ118名を診察、炊出班、給水班により陸路および水路より補給を行なった。村立小学校を収容所にあて、罹災者計475名を収容した。古河市でも、初期は利根川北岸の川辺村、利島村への救援を中心に、後期において東村(大利根町)、栗橋町に対しても、給水、炊出、医療、生活物資の支援、罹災者の収容などの援助を行なった。また、猿島郡五霞村は幸手町方面の堤防上の罹災者に対し、舟による食料及び飲料水の補給を行なった。

東京都では、利根川堤防が決壊した16日、民生局臨時水害対策本部を設置、翌17日には、東京都臨時水害対策本部を設置、18日には東京都水害対策本部とした。桜堤が決壊した19日には、東京都議会臨時水害対策委員会も設置された。

罹災者の収容は、被災3区以外に、都下の墨田・荒川・台東・中央・千代田・港・豊島区と、千葉県下の市川・松戸・船橋市の計227ヵ所の施設に最大で12万455人が避難収容された。市川・松戸市の収容所には、江戸川堤防上にいた避難者を収容した集団収容所が含まれている。被災3区以外の収容所としては、主として学校があてられたが、中には鴻ノ台兵舎(市川市)、交通営団宿舎(台東区)や工場、寺社などもあった。被災3区では、これらに加え、個人宅やアパートのほか、江戸川や中川などの堤防上、常磐線などの線路上なども収容所としてあげられている。これらの収容所の人数の外、千葉県下への縁故先収容もかなりあった模様で、9月22日の警視庁発表では、市川市に1万5,003人、松戸市に47人、船橋市に456人などという縁故先収容者の人数が掲げられている。

家屋や堤防上に残留した罹災民の移動や食糧等の補給のために、東京都でも舟の確保が課題であった。進駐軍により約100隻の上陸用舟艇を現地に動員したほか、和舟234

隻，ボート175隻，鉄舟16隻が用いられた。和舟は品川・大森・蒲田・芝・葛西・神奈川などの漁業会に依頼して動員したものである。

復興への道
利根川堤防の復旧工事については，内務省関東土木出張所栗橋事務所に災害復旧工事本部が設置され，決壊口の締め切り工事のための人員，資材が関係都県やGHQの支援のもとに調達された。利根川決壊口付近には濁流の勢いを弱める水制を設けて，杭打割石詰工による第1次締め切りから大半の水を止め，続く杭打土俵詰工による第2次締め切りによって決壊口からの氾濫水を10月25日に遮断した。

締切工事の終了とともに本堤復旧工事が開始され，資材運搬のための蒸気機関車や機械蒸気掘削機の活用とともに，延べ人員40万人，工費5,000万円の大工事が行われた。これによって従前に比べ断面の拡大強化した堤防が破堤後242日間かけた翌年6月30日に完成した。そして現在，決壊口付近はスーパー堤防として整備され，カスリーン公園としても利用されている。堤防の上には「決壊口跡」とした石碑が建てられ，2度と利根川決壊による水害を起こさないよう願いが込められた碑文が刻まれている。

利根川流域の治山・治水
利根川上流域では赤城山を中心に崩壊土があり，砂の流出で各流域に不安定土砂が堆積した。このため砂防施設を導入する対策が必要となり，昭和24年(1949)に利根川水系砂防工事事務所が開設され本格的な直轄砂防事業に着手することになった。渡良瀬川上流域にあたる赤城山東斜面や足尾においても大量の流出土砂を処理する必要が生まれ，流域で一貫した土砂災害防止のために対策が進められることになる。昭和25年には渡良瀬川砂防工事事務所が開設され，直轄砂防事業が始まった。なかでも渡良瀬川最上流の足尾ダムは計画貯砂量500万立方メートルの東洋一の砂防ダムとして29年に完成している。

カスリーン台風による洪水流量は利根川，渡良瀬川などの計画高水位を大きく上回る規模であり，治水計画の見直しが緊急の課題となる。カスリーン台風での利根川の八斗島（やっただじま）における最大流量は17,000立方メートルと推定され，これをもとに治水計画が改訂された（昭和24年利根川改修改訂計画）。しかし，この洪水流量を河道のみで安全に流下させることは不可能なため利根川の治水計画にはじめてダム計画が位置づけられる。また，河道においても堤防の高さや幅を大きくし，河道横断面の不足する箇所は堤防の引堤（ひきてい）によって拡大させ，流下能力を高めた。引提とは河川改修の際，既設の堤防を堤内地側に移動させて河道横断面を広げる工法で，福川から江戸川分派点までは五大引堤として大規模な引堤が行われた。さらに，利根川中流部においては渡良瀬川遊水地，田中・菅生・稲戸井調節池を整備して洪水の貯留効果を高めた。

カスリーン台風災害の経験後，これらの利根川治水事業が進められ，その治水効果を着実に向上させてきた。しかし，利根川流域全体では，未だカスリーン台風規模の洪水流量に対応できる治水計画の実現には至っていない。

【参考文献】内閣府中央防災会議・災害教訓の継承に関する専門調査会編『1947カスリーン台風報告書』2010，群馬県編『カスリン台風の研究』（日本学術振興会群馬県災害対策特別委員会報告，1950，東京都編『東京都水災史 昭和22年』，1951，埼玉県編『埼玉県水害誌 昭和22年9月』，1950，利根川百年史編集委員会・国土開発技術研究センター編『利根川百年史―治水と利水―』1987，防災科学技術研究所「カスリーン台風60年企画展」，2007 (http://dil.bosai.go.jp/library/exhibition/exhibition kathleen/index.html)。　　　　　　　（清水義彦）

1948 福井地震 （昭和23年6月28日）

災害の概要

福井地震は，昭和23年(1948) 6月28日16時13分に福井平野東縁断層帯で発生したM7.1の地震である。GHQ(連合国最高司令官総司令部)の占領下で発生した内陸の大地震だったので，九頭竜川の鉄橋が落ちた状態などが占領軍によって詳しく調査された。また地震予知の必要性を米軍も強く意識し，日本の地震学の再出発を促進する契機になった地震である。

南北20キロ，東西10キロの平野全体が強く揺すられたため，農作業中だった人は，周囲の稲が全部自分に向かってくるようにゆれ，次に全部遠ざかるようにゆれる，という体験をした。これは盆地の地震波速度の遅い部分に地震のエネルギーが取り込まれて定在波という状態で長く振動し続けたことによる。このために平野部にある，木造家屋は地震動の強さによるというよりは，継続時間が長いことによってほぼ全部倒壊した。福井市中心部は戦災で焼けていたが，この地震によって農村部の家屋も真っ直ぐ建っている物は一つもない状態になった。この被害を受けて，気象庁震度階に震度7が新設されることになった。震度7は，「激震家屋の倒壊が30％以上に及び，山崩れ，地割れ，断層などを生じる」となっており，実際に適用されたのは，47年後の阪神・淡路大震災であった。

また，占領下であっても日本の学者が地震後に地震や地磁気の臨時観測を実施した。この時，浅田敏・鈴木次郎によって地震の規模がM1-2である微小地震が観測可能であることが世界に示された。微小地震はグーテンベルグーリヒターの式から予想されるように従来観測されていた中小地震の数十倍以上発生するので，短期間で余震発生地域を把握できるなどの利点が示された。

被害の概要

死者5,172名，負傷者16,375名，住家全壊35,420戸，半壊11,449戸，焼失3,960戸で福井平野のほぼ全域で木造建築物が殆ど全壊という状況だった。九頭竜川の鉄橋が落橋し，堤防が方々で崩れたため，7月24・25日に大雨が降ると，被災者には洪水被害も降りかかった。

この地震で，古文書によく記述がある，地震で割れ目が開いて人が落ち，割れ目が閉じて死ぬ，という事象がはじめて1件確認された。福井市東南部で田の草取り中だった女性が，眉毛まで土中に埋まった遺体として収容されたが，手には稲束を持った立位で発見され，収容時には割れ目が周囲には開いていなかったという。割れ目の開閉であったのか，急激な液状化により沼に嵌った状態であったのだろうか。しかし，この地震による活断層の変位は地表では確認されなかった。いわゆる福井地震断層とされているのは，地表で亀裂がみられた場所をつないだものである。

鉄筋コンクリートの建築物では，地盤条件が悪かった北陸配電ビルと大和百貨店ビル以外は，戦災で焼けているビルでも残っていた。

参考文献 日本学術会議福井地震調査研究特別委員会編『昭和23年福井地震調査研究速報』(日本学術会議福井地震調査研究特別委員会，1949)，総理府地震調査研究推進本部地震調査委員会編『日本の地震活動―被害地震からみた地域別の特徴―(第2版)』，2009，浅田敏・鈴木次郎「福井地震の非常に小さな余震に就いて」(『東京大学理学部地球物理学教室研究報告』2ノ16．1949

（松浦律子）

地盤条件と被害の関係

福井地震の家屋全壊率分布(図1)と福井平

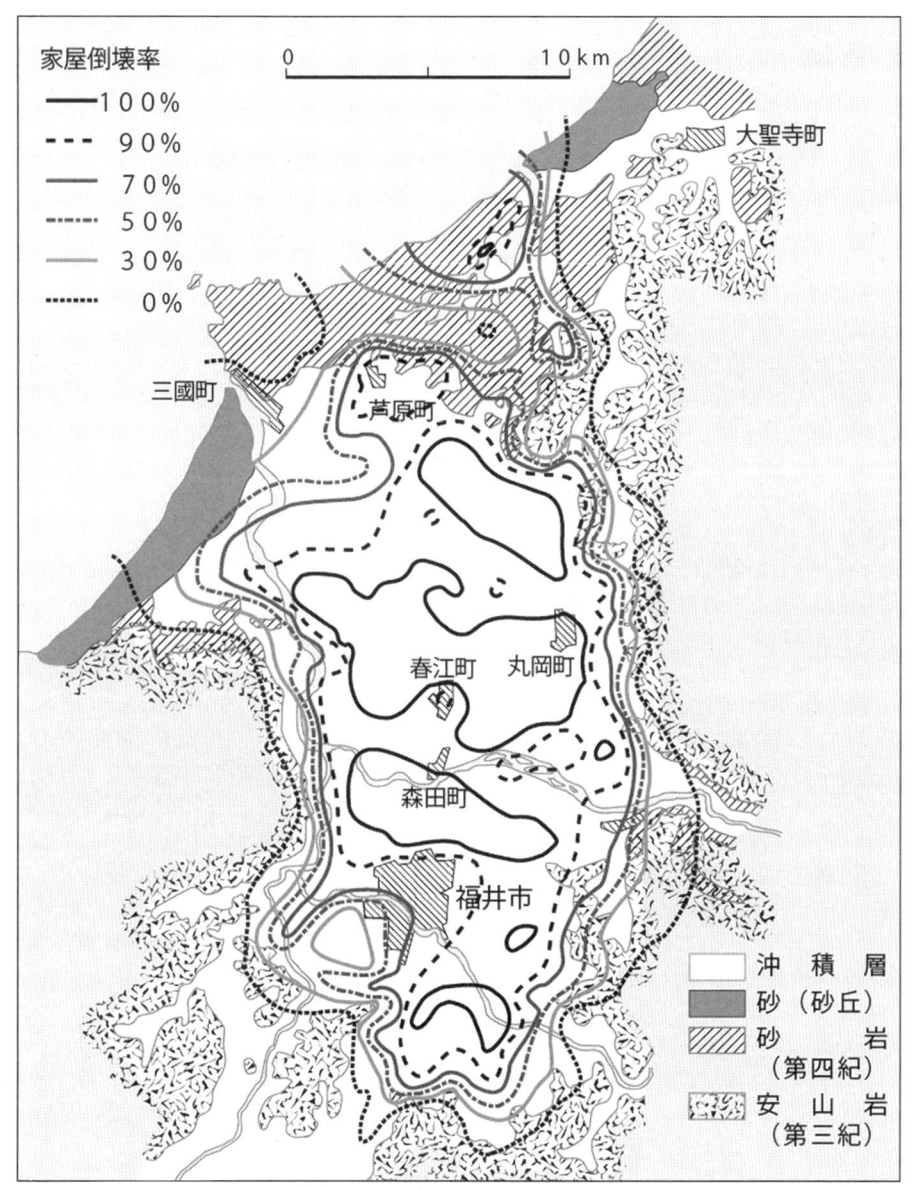

図1 家屋倒壊率と地盤条件

野周辺の地形区分を比較すると，地震被害の特徴点を4つにまとめることができる。①家屋全壊率の高い(80%以上)地区は，沖積平野に限られていた，②九頭竜川北側の坂井平野(福井平野北部)に立地する各集落の家屋の大部分が壊滅的な被害を受けた，③沖積平野縁辺における家屋全壊率の減少の仕方がきわめて急である，④福井市街地では，家屋全壊率はやや低い。

福井平野北部できわめて高い家屋倒壊率と

なった理由としては，太い梁を使った家屋造りを競い合っていたという家屋の構造そのものに起因する点もあるが，福井平野には厚く（100㍍以上），きわめて軟弱な地盤が分布することが，まずあげられる。軟弱地盤が薄い平野周辺部では家屋倒壊率が急激に減少しており，高い倒壊率の最大の原因が地盤にあるといえる。④の市街地での倒壊率減少についてはよくわからないが，福井市街地では空襲を受け，多くの家屋が新たに家を建て直していたことが影響していることも推測される。また，噴砂（液状化現象地点）の分布を見ると，旧河道と一致しているところが多く見られる。特に，九頭竜川左岸に沿う土砂噴出地点は，旧河道とよく一致している。

サマータイムの実施による影響

福井地震の起きた昭和23年（1948）は，5月3日の日曜日からサマータイムが実施されていた。サマータイム（夏時間）とは，夏（正確には晩春から初秋まで）のあいだ太陽の出ている時間帯を有効に利用するために，中央標準時に1時間加えた時刻を採用する制度で，ヨーロッパ各国やアメリカ，ニュージーランドなどで採用されている。日本では終戦後，連合軍統治下で，夏時刻法に基づき昭和23年から26年までの4シーズンにわたり，サマータイムが実施された。

当時の体験記などには，地震は午後5時14分に起きたと書かれているが，サマータイム下であるから，中央標準時では午後4時14分であった。福井地震では火災によって4,000棟あまりが焼失し，福井市だけを見ても24ヵ所からの出火が確認され2,407棟が焼失したとされる。出火原因について，夕食の支度のために火を使っていた家庭や総菜屋・料理屋が多かったこと，風呂のかまどからの出火などがあげられるが，サマータイムが実施されていなかったならば，午後4時すぎの地震発生であり，大部分の世帯で，夕食等の準備には取りかかってはいなかったと思われ，出火箇所は大幅に減少していたことも推測される。サマータイムによる人間行動の変化が，午後4時台の大規模地震火災を招く要因になった。

空襲からの復興と地震火災

第2次世界大戦の末期，昭和20年（1945）7月19日の深夜，福井市は米軍機による空襲を受け，市街地の9割前後が焼け野原になった。空襲による死者は1,500人あまりと伝えられる。戦災の翌月に終戦を迎えたものの，市民は食職危機と物資不足に苦しむなかで，生活の再建と復旧に努めなければならなかった。そして終戦から3年近く，ようやく復興の目安がつき落ち着いた地域社会に，再び壊滅的な打撃を与えたのが福井地震だった（図2）。

福井地震は，福井平野を中心に全壊率100％近くを記録した集落が多いにもかかわらず，出火件数は比較的少ない。ただし，『火災便覧』（1997）によると，福井地震の総出火件数は57件で，夕食準備の時に発生したため，大正12年（1923）関東大震災と同様，多くの火気器具が使用されており，出火点数が多くなった。また，出火原因には，かまどや七輪など固体燃料を使用する火気器具からの出火といった，時代が反映されており，固体燃料による出火があった最後の地震といってもよい。兵庫県南部地震では電気に起因する出火が神戸市内（1月17－19日）では21件と多くなった。反面，化学薬品の漏洩混合などによる出火は，時代を問わず，地震時の出火原因になっていて，学校からの出火では特に化学薬品に関連していることが特徴的である。

丸岡城の悲劇と復興

丸岡城は，福井平野の丸岡市街地東部にある平山城である。柴田勝家の甥にあたる柴田勝豊によって天正4年（1576）築城され，「霞を噴いて城を守った」との言い伝えから霞城とも呼ばれている。その後，丸岡城は城主を変えながらも守られ続け，昭和9

年(1934)には国宝(旧国宝)に指定され，戦時中にもかかわらず，14年に大改修が提案・実行され，3年後の17年に無事大改修を終えた。この大改修から6年後，活断層に大変近かった丸岡城は一瞬にしてガレキと化し原形もとどめない程であった。当時の被災者によれば「丸岡城が石垣から離れて空中に浮かんでいるのが目に飛び込んできた」と回顧しているほど強烈な地震であった。被害は，天守閣ばかりでなく石垣まで完全に崩壊した（図3・図4）。
昭和24年倒壊残料を保存する建屋が建設さ れ，再建を切望する地元の人々の努力によって26年復興修理工事が着工された。そして4年後の30年3月30日，再び丸岡城がよみがえることとなった。

福井城石垣の崩壊

福井地震によって，震源地からやや離れた福井城跡においても城内にあった福井県庁の建物の一部が倒壊し，本丸を取り囲む石垣が何ヵ所も崩れた。地震直後に撮影された空中写真では，内堀に沿った道路には多数の亀裂が生じ，本丸の西側・南東側および北側の石垣が大きく崩壊している様子を

図2　地震発生から17時間後の福井市街（GHQ撮影）
　　　図中の番号は，1大和デパート，2福井市役所，3福井警察，4米極東軍居住地，5米極東軍総司令部，6福井銀行，7福井税務署，8レーヨン倉庫，9福井通信局（電話局），10松竹座，11人絹会館，12九十九橋，13是則倉庫，14裁判所

図3 壊滅した丸岡城天守閣

図4 石垣の上になだれ落ちた丸岡城天守閣

読み取ることができる。これらの崩れた石垣は修復されたが、現在でも、石垣の中には大きく膨らみ出し今にも崩れそうな場所が何か所も存在している。

本丸北西隅にある天守台にも福井地震によって崩れかけた石垣がそのまま残されている。本丸北西隅には天守曲輪と天守台の2段の石垣があるが、特に上部にある天守台の石垣は大きく膨らみ、たわみ、天守が建てられていた地面も大きく波打っている。

2次災害としての豪雨災害

福井地震によって、明治以降に構築・改修された九頭竜川・足羽川・日野川の堤防は、いたるところで被害を受け、その機能は著しく低下した。九頭竜川や足羽川などの堤防は、1〜5メートルも沈下し、各所で亀裂や崩壊を生じた。これが、ひと月後の大水害を引き起こす原因となった。

地震から1ヵ月近くを経た7月23日から25日にかけて、梅雨末期の集中豪雨が福井地方を襲い、山間部では総雨量が300ミリにも達した。地震によって地盤がゆるんだり、ひび割れたりしたうえ、戦時中の乱伐によって山が荒れていたため、大雨とともに福井県嶺北全域で無数の土砂崩れが発生した。大野郡五箇村では、大規模な土石流も発生した。九頭竜川・足羽川・日野川など、堤防の陥没が著しい箇所では、地震のあと応急的な復旧工事も行われていたが、7月25日午後から激しさを加えた豪雨によって、九頭竜川左岸、灯明寺において堤防が約300メートルにもわたって決壊した。濁流は4〜6メートル/秒の勢いで、福井市の西北部および西・中藤島村一帯に押し寄せ、浸水深は2.4メートルにもなり、福井市内の浸水家屋は約7,000戸、被災人口約28,000人、浸水面積は約1,900ヘクタールに及び、平野は一面泥の海と化してしまった。九頭竜川だけでなく、足羽川や荒川なども氾濫し、溢れた水が市街地に流れこんだ。当時の福井市総面積の約60％が浸水し、総戸数の約40％が罹災したという。これらはまさに、地震と豪雨による複合災害の様相を呈したのである。

災害救助法を適用した最初の大規模災害

災害救助法が施行されたのは、福井地震が

発生するわずか8ヵ月前の昭和22年(1947)10月20日であった。福井地震は災害救助法が適用された，最初の大規模災害であった。新たに施行された災害救助法では，都道府県知事が救助の主体となり，市町村が補助することとなっており，その実行部隊として災害救助隊を編成することとなっていた。終戦に伴って軍隊を保持しなくなった日本における災害救援の実行性をあげるためという背景もあった。福井県においては，災害救助法第22条および災害救助法施行令第7条に基づく福井県災害救助隊が昭和23年1月15日に，ついで福井市に市長を支隊長とする福井支隊が結成されたばかりだった。福井支隊は，総務厚生部・公安部(警察)・消防部(消防)・衛生部・経済部・技術部・協力部にわかれていた。

このようにして編成された災害救助隊ではあったが，編成されたのが地震の5ヵ月前で，まだ訓練不足であり，対応すべき災害があまりにも大きく予想以上であったこと，また発災時刻が職員の退庁後であったこと，ほとんどの職員の居宅が全壊・全焼の災厄にあっていること，交通機関・通信機関の途絶によって隊員との連絡が困難だったことなど支障が重なりあったため，災害救助隊も最初は統制のある活動は不可能で，少数幹部と役場に居残りの職員による応急措置による外はなかった。したがって当初の数日は，災害救助隊の活動ではなく，消防部をはじめ本来の使命に基づく各課職員の救援活動に頼るしかなかった。

建築基準法の制定

現在，ごく普通の木造住宅(在来軸組構法で，2階建て，延べ床面積100平方メートルあまり)の耐震設計は，ほとんどすべて，いわゆるビルのように力学的な構造計算をすることなく，壁量計算という簡便な方法によって行われている。この方法は，昭和25年(1950)に制定された建築基準法の施行令第3章第3節木造の中に書かれているが，福井地震の被害調査結果に鑑みて採り入れられたものである。しかも，建築基準法の前身である，大正8年(1919)の市街地建築物法が，適用地域はだんだん拡大されてきていたとはいえ都市に限られていたのに対して，建築基準法は日本全国に適用されることになった。いいかえれば，現在の日本における戸建て木造住宅の耐震性が保たれているとすれば，それは福井地震の被害の教訓が生かされているといっても過言ではない。

たとえば当時の建設省建築研究所の竹山謙三郎と久田俊彦は，福井地震における耐力壁の多寡と被害程度の関係の調査結果の1つとして，木造の被害程度と壁の量の関係を明らかにし，ばらつきは大きいものの，壁の量の多いものほど被害程度が小さいことを示した。

道路・鉄道の復旧

道路・橋梁は，被害総額4億1,000万円，被害延長距離599キロ，被害橋梁は福井県内179橋，石川県58橋であった。九頭竜川にかかる橋梁の多くが崩れたため，福井市内と周辺地域との間の陸上交通はほとんど遮断された。そのため，長期間にわたり救援物資や復旧資材の運搬が滞った。加えて，いたるところに積み上げられた瓦礫や幅の狭い道路が車両の運行を妨げ，大挙して福井県内に入ってきた救援車両が，応急復旧した箇所を再び破壊し，交通渋滞を引き起こしてしまうという悪循環が生じた。高木橋・舟橋・中角橋・長畝橋は，7月20日ころまでに仮橋が完成したが，同月24日の豪雨で流出してしまい，再度仮橋を架け，第2次復旧したのは8月であった。福井震災以前，福井県の道路は，狭くて屈曲している上に未舗装部分が多いという道路事情の悪さで知られていたが，災害復旧を機に，根本的な道路改良が図られた。福井市内では大胆な区画整理が実施され，幅員44メートル道路(駅前大通り)や36メートル道路(本町通・大名

町通)の敷設をはじめ，主要道路の拡幅と直線化，公園緑地の整備，墓地移転，下水道整備などが行われた．福井市は，城下町の面影の残る街並から，近代的な地方中核都市へと急速に様変わりしていった．

鉄道は，被害総額8億2,183万円，路線202ヵ所，建物450件，列車脱線3件，震害区間総延長距離96.0㌔であった．国有鉄道については，九頭竜川を境に，以南を敦賀管理部，以北を金沢管理部が担当して復旧にあたった．災害復旧にはおよそ6億円を要した．武生以南および石動橋以北は地震発生当夜に復旧し，他の区間も比較的早期に復旧した．7月23日に九頭竜川に仮橋梁が完成し，北陸本線全線の運行が可能となった．本橋梁は昭和24年(1949)1月20日に完成した．私鉄の中では，震央に近かった京福鉄道の被害が最も大きかった．8月11日までに大半の区間で運転を再開したが，九頭竜川橋梁(9月3日開通)と金津－本丸岡間(11月22日開通)の復旧には数ヵ月を要した．鉄道の運転再開までは，バス・渡船による応急連絡が全地域で実施された．福井鉄道は比較的被害が軽微で，市内線は7月7日には復旧を終えた．

ライフラインの復旧

上水道・下水道については，福井市・丸岡町・芦原町は地震と同時に断水し，丸岡町では全戸(100％)，福井市では全戸の98％，芦原町では70％が被害を受けた．下水道では，福井市で軽微な被害があった．運搬給水が昭和23年(1948)12月末まで続けられた．並行して，10月初旬までの3ヵ月間に，共同栓設置のための応急工事が行われたが，福井市内の各戸給水は翌昭和24年度まで持ち越した．地震による地下水の変化により，井戸水の涸れた地区が出現しため，簡易水道設置を計画しなければならなくなった．

電気は，水力発電所17(軽微)，変電所(倒壊1，軽微16)，送電線(平野部の3万ボルト以下の低圧線の被害大)，配電線(市街地や村落内部で被害大)という被害があった．末端設備である変配電施設での被害が大きかったが，基幹施設である発電施設では地震被害が比較的軽かった．そのため，比較的早期に送電が再開された．

通信・電話の復旧費は約1億円であった．被災地の加入電話の91％(3,032／3,340)は不通となった．地震発生後約1週間，電話連絡はほとんど不可能であった．地震発生翌日の6月29日午前7時に開通した金沢－福井間の公衆線が，警察・新聞社などの非常連絡や報道に活用された．電信・市外電話回線については，京阪方面への連絡を優先して復旧にあたり6月30日に回復した．7月4日より一般公衆通話の一部が開通し，8月末までには応急工事が一応完了した．市内回線は，非常連絡用，福井駅，福井市役所，県庁，警察，軍政部，新聞社，測候所といった重要施設から順に開通させ，11月末までに福井市内加入者820名などの回線も復旧した．

産業の復旧・復興

農林水産業では，被害総額177億6,719万円であった．地震による激しい上下動のために地盤が不均質に沈下したことや，田植直後の震災であったことなどにより，耕地や水稲はきわめて大きな被害を受けた．用排水路・井堰・揚水機の応急復旧，稲苗の補給が最優先課題となった．7月3日～11日にかけて近畿・愛知の6府県から47万把余りの苗の救援を得たことで，被害の拡大を防ぐことができた．また，福井県では震災直後から，坂井平野の農地乾田化を重点課題として推進した．この乾田化対策は，応急的な農地の復旧にとどまらず，洪水の防御と農業増産を目指す恒久的地盤整備の一環として実施され，耕地排水(工事予算1億6,600万円)と河川改修(工事予算約2億5,480万円)，道路改修(工事予算8,653万円)に関する土木工事が行われた．

工業では，被害総額105億8,658万円のうち，

繊維工業70億円であった。繊維工業では，全設備の54％が罹災した（被災工場1,393，被災機械20,192台＋292,433錘）。ただし，絹・人絹織物機械や撚糸機械の復旧がきわめて迅速であったこと，当時のインフレの進行による影響もあって，紡績工業の生産額は年々大きく増加し震災の影響を受けていないようにも見える。

商業では，被害総額12億7,435万円（うち建物6億2,840万円）であった。福井県内商業の中心地であった福井市が主な被災地であったため，県内商業の60-70％が機能を消失し，食糧・衣料など生活必需品の大部分を他府県からの供給に頼る状態であった。露天商的な応急店舗が設営され，商業の再建がはかられた。

金融業では，銀行・信用組合のうち全壊15，半壊2，全焼15であった。当時，福井県で流通していた約27億円の銀行円のうち約2億5,000万円が焼失し，地震発生後数日間，金庫が開けられなかった。7月3日，大きな混乱はなく，銀行は一斉に開店した。

福井県財政の予算措置

福井県政の目標として6大振興対策を掲げて編成した昭和23年(1948)度の県予算成立直後に，福井震災，さらに水害が発生したため，当初の振興対策を予定通り遂行することは困難となった。しかし，当時の小幡治和知事は，あくまで振興対策に沿って復旧対策を行うことを原則に，予算の捻出に努め，昭和23年度から25年度までは6大振興対策，24年度から26年度までは6重点対策を実施した。6大振興対策のなかでは農地乾田化，また，6重点対策のなかでは道路対策を福井県政の柱として，予算が手厚く配分された。昭和22年度予算に比べて，23年度予算は6倍余りも増加している。これは，最終的に全予算の6割を超えた震水災対策費の上乗せと当時のインフレーションの加速とが原因と考えられる。この震水災対策費はわずか2年で消滅し，代わって，農地乾田化を含む耕地事業費や都市計画費を含む災害土木費が比重を増している。つまり，応急対策費の支出は短期間に限られ，恒久的な対策費に切り替えられ，長期的展望に沿った重点的な予算配分が行われた。

[参考文献] 福井県編『福井震災誌』，1949，福井市編『福井烈震誌』（福井県書店組合，1978），日本火災学会編『火災便覧(第3版)』（共立出版，1997），内閣府中央防災会議・災害教訓の継承に関する専門調査会『1948福井地震報告書』，2011　　　（木村玲欧）

1948 アイオン台風 （昭和23年9月）

災害が相次いだ昭和23年

昭和22年(1947)のカスリーン台風当時，日本の経済は悲惨な状態であり，洪水被害を防ぐために堤防を作るなどの恒久対策がいつできるかわからない状態であった。そこで，応急対策で何とか人命だけでも守ろうと，昭和23年7月に作られた消防法では，水防活動のために消防組織の活用を考え，火災とともに水害も扱っていた。しかし，災害は相ついでいた。

昭和23年9月は，11日に九州北部では低気圧による大雨で，死者・行方不明者247名などの大きな被害が発生し，その5日後には，東日本をアイオン台風が襲っている。

アイオン台風は，カスリーン台風と良く似たコースを通って16日に静岡県伊豆半島南部をかすめて千葉県房総半島に上陸し(図1)，千葉県館山市富崎では最大風速46.7㍍/秒，最大瞬間風速60.1㍍/秒を観測するなど，千葉県を中心に家屋倒壊が多く発生した。また，台風前面の前線活動が活発となり，仙台市で351.1㍉など東北地方の太平洋側で大雨となり，北上川などが氾濫した。カスリーンは洪水停滞型，アイオンは土石流型での被害である。岩手県一関市では，死者・行方不明者が700名を超え，前年のカスリーン台風の大きな被害を上回る深刻な災害が発生した(図2)。アイオン台風の被害は，全国で死者・行方不明者838名，負傷者1,956名，住家全壊5,889棟，半壊12,127棟，床上浸水44,867棟，床下浸水75,168棟など（『消防白書』より）であった。太平洋戦争後の気象業務は，昭和27年の連合軍占領終了まで，連合軍司令部によって細部まで管理されており，アイオン台風という名称は，昭和22年5月からアメリカ軍が台風につけていたアルファベット順の女性名を使っていたことによる。

指定河川洪水予報

アイオン台風の被害を受け，北上川上流の改修計画がスタートするなど，被害地では恒久対策への取り組みが始まった。また，応急対策としての洪水予報が検討された。洪水予報には，気象庁が発表する一般の利用を目的としたものと，気象庁が河川管理者（国土交通省や都道府県）と共同して河川を指定し，水位または流量を示した水防活動用の洪水予報の2種類がある。この水防活動用の洪水予報が始まったきっかけは，カスリーン台風とアイオン台風である。

カスリーン台風の被害を受け，中央気象台（現気象庁），建設省（現国土交通省），地方

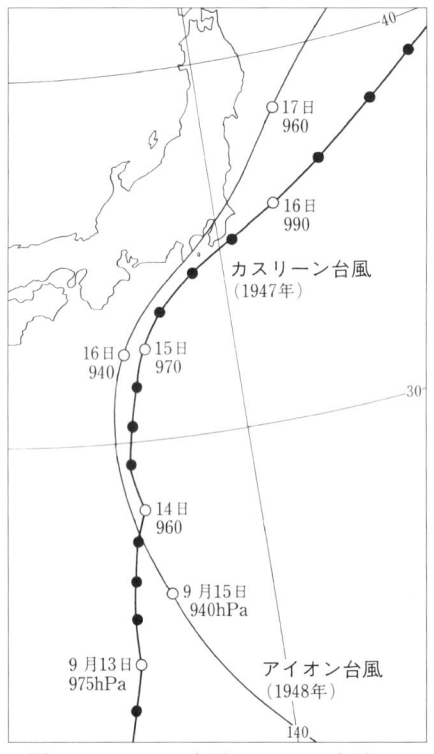

図1　カスリーン台風とアイオン台風の経路

図2　アイオン台風時の仙台駅

図3　アイオン台風時の磐井川

自治体などの機関によって利根川洪水予報連絡会ができ，アイオン台風では，中央気象台の情報を受けて，建設省が利根川および荒川の出水予報を試験的に行なっている。アイオン台風により関東地方も，所によって500㍉を超える豪雨となったが，この連絡会が有効に機能し，被害を最小限にくいとめたといわれている。

翌24年6月には，水防活動そのもののために水防法が新たに作られている。その後，各地で洪水予報連絡会が組織され，また法体系，観測・通信施設などの整備も進んだことから，昭和30年9月より指定河川洪水予報が始まった。

参考文献　饒村曜『台風物語―記録の側面から一続』(日本気象協会，1993)，建設省編『アイオン台風洪水報告書』，1958

(饒村曜)

東北地方におけるアイオン台風

この台風が東北地方に最も接近したのは9月17日零時ころである。しかし，雨は15日22時ころから降り始め17日10時までには一部を除いてほとんど止む。この間，16日午後から夜にかけて大雨となり，特に宮城県下並びに岩手県南部では記録的なものとなって北上川流域に大災害を惹起した。この水害の特徴は，次の通りである。

上流部では流水による被害で，農耕地の流失・埋没，橋梁・道路・用水路・家屋などの破壊であり，下流部では湛水により主として農作物の被害となった。氾濫による被害発生の直接原因は，流木，橋脚・道路・鉄道盛土・ため池の崩壊，山崩れなどで，特に流木は橋梁破壊の原因となっている。山地各所では山崩れが生じ，土石流や流木の原因となり，あるいは河川を一時閉塞して山津波を惹き起した。岩手県盛岡市と宮古市を繋ぐ国道106号線中間地点の南側に早池峰山がある。この北側斜面の御山川石合沢では，大規模な深層崩壊が発生して水を塞き止め，これが崩壊して山津波が閉伊川を流下し大災害となった。この沢の現在の名称は，アイオン沢である。

最大の人命被害は，北上川が狐禅寺狭窄部に入る直上流の一関市で生じた。ここでは，右支川磐井川が狭い河道内から開けた北上盆地に流れ出してもいる。狭窄部からの逆流，磐井川からの直接洪水と，性質の異なる氾濫の影響を受ける場所である。

一関市は，1年前のカスリーン台風でも，死者101人，家屋流失・全壊331戸となり，寸断された磐井川の堤防は予算不足や用地交渉難航で修復されていなかった。

15日は未明からの雨だったが激しくはなく，小降りの雨の中，カスリーン台風犠牲者の慰霊祭が磐井川の堤防で行われた。16日午後からは暴風雨が吹き出し，小中学校は休校となった。午前10時から午後2時にかけては降雨量15.5㍉，午後2時から4時にか

図4　一関駅周辺の被害（横田實提供）

図5　旧一関市役所前の被害（同上提供）

図6　一関市内の全壊状態の家と家族（同上提供）

けて89.1㍉，午後4時から6時には95.0㍉と増えていった。磐井川の水位は，午後5時に0.3㍍，6時に3.3㍍，7時20分には8.0㍍と急上昇した。上流部の山崩れで溜まった水が一気に押し寄せたものと考えられる。

前年の経験から盛岡測候所を中心として，北上川洪水予報連絡会が5月に設立されたばかりであった。9月16日夕刻の大雨に際し，電話による情報は十分には入らず，洪水予報を発信した時はすでに遅かった。応急修理の堤防は各所で決壊。地主町では倒れたローソクの火がガソリンに引火し，15軒が焼ける大火も発生したが，皮肉にも，避難を助ける燈りにもなった。そのうち，狐禅寺狭窄部からの逆流で水位が再び上昇し，17日午後6時ころからゆっくりと引き始め，18日午後5時ころ市内から完全に水が引いたのであった。

総人口35,011人中，死者・行方不明473人，負傷者4,960人，被災者19,348人。全戸数6,493戸中，被災家屋は3,883戸，流失・全壊792戸となった。

道路は15ヵ所で決壊流失し主要幹線道路はすべて通行不能となった。青年による磐井川堤防促進同盟が結成され，土砂の排除などに大活躍をした。この水害を契機にし翌年夏，岩手県で最初の水防団が一関市に結成された。

参考文献　経済安定本部資源調査会編『北上川流域水害実態調査―アイオン台風による水害について―』（資源調査会報告6，1950），高崎哲郎『沈深，牛の如し』（ダイヤモンド社，1995）　（首藤伸夫）

1949 キティ台風 （昭和24年8月―9月）

横浜港に開港以来の高潮

昭和24年(1949)8月28日に南鳥島近海で発生したキティ台風は，31日10時ころ八丈島を通過後，進路を北寄りに変え，19時過ぎ神奈川県小田原市の西に上陸した(図1)。八丈島(東京都八丈町)では最大風速33.2メートル/秒(最大瞬間風速47.2メートル/秒)，横浜で35.2メートル/秒(同44.3メートル/秒)を観測するなど，東海・関東・北日本の日本海側で暴風が吹き，台風の通過と満潮時刻が重なった東京湾では大正6年(1917)以来の高潮がおき，横浜港では推算潮位より1メートル以上高くなって停泊中の90隻中26隻が沈没するという開港以来の被害が発生した。推算潮位とは，満潮と干潮を繰返している潮位を，月や太陽の引力などから計算したもので，実際に観測された潮位との差が高潮となる。東京でも荒川沿いと多摩川沿いの低地に高潮が河川や水路を遡上して進入し，新荒川沿岸堤防の決壊により，荒川沿いに広がる0メートル地帯は，ほぼ全域が浸水した(図2)。広い範囲の大雨による大河川の洪水被害は，防災対策が進んだために減り，キティ台風時の降水のように，まとまった地域が浸水するということは減ってきている。しかし，都市化とともに昔なら住まないがけの下や低地に住むようになり，農地の宅地化が急速に進んだ結果，都市を流れる河川へ急速に雨水が流れ込むことによる水害が増えている。このため，最近では，広い範囲に比較的狭い浸水地域が散在する形になっている。

台風は，その後東京西部，埼玉県熊谷市付近を通って9月1日0時ころ新潟県柏崎市付近から日本海に抜けた。山岳部では降水量が多くなり，群馬県東村沢入では土砂災害で32名が生き埋めになった。渡良瀬川上流部で堤防決壊するなど，小河川の氾濫が相ついだ。また，鏑川(かぶらがわ)では木造で長さ158メートルの鏑川橋は，その4分の3を流失した(図3)。

全国の被害は，死者・行方不明者160名，負傷者479名，住家全壊3,733棟，半壊13,470棟，床上浸水51,899棟，床下浸水92,161棟などあった(『消防白書』より)。また，台風通過後には赤痢が発生し，戦後まもない混乱期の人々に追い打ちをかけた。

太平洋戦争後の気象業務は，昭和27年の連合軍占領終了まで，連合軍司令部によって細部まで管理され，中央気象台の台風予報は，昭和22年5月からアメリカ極東空軍の発表と一致させさせられている。キティ台風という名称は，昭和22年からアメリカ軍が台風につけていたアルファベット順の女性名を，カタカナ表記で使ったことによ

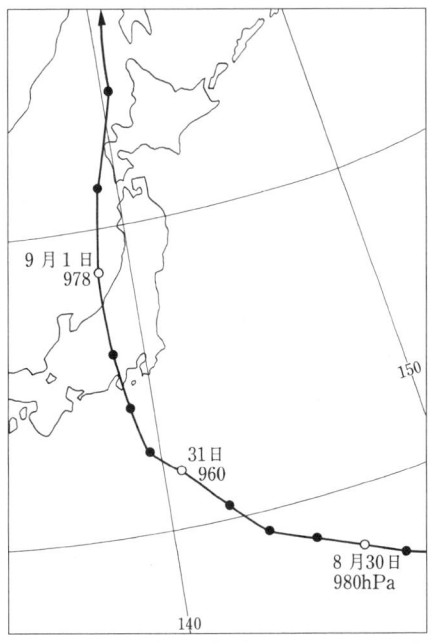

図1 キティ台風の経路（図中の○印は9時時点の位置）

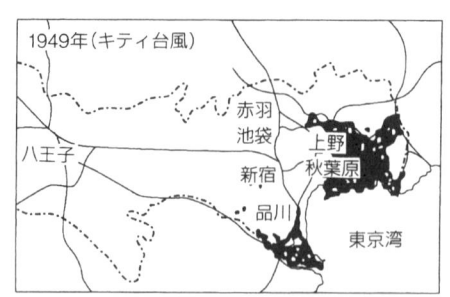

図2　キティ台風による東京都の浸水区域

図3　鎬川橋の流出

る。

キティ台風に際し，中央気象台では平均風速が17ﾒｰﾄﾙ/秒以上の強い風と雨の中，800gのゴム球に水素ガスを詰めて観測機器を上空にあげ，日本初となる台風の眼付近の高層観測を成功させている。台風研究のためには，まず台風の実態を知ることが必須として，台風が近くを通るタイミングで観測を強行し，地上から24ｷﾛ上空までの気圧・温度・湿度などの観測（ゾンデ観測）を得た。キティ台風の眼の大きさは半径24ｷﾛ，東京に最も接近した時が50ｷﾛであるので，台風で雨や風が最も激しい場所を観察したことになる。

防災の日

昭和22年(1947)のカスリーン台風による大洪水(利根川中流で破堤)に続く，昭和24年のキティ台風による洪水(渡良瀬川・鬼怒川で被害)は，利根川下流域での堤防嵩上げや河道浚渫などの利根川の洪水対策を本格化させている。

キティ台風による災害の後に，当時の大阪管区気象台長の大谷東平は，「9月1日は二百十日である。日本の国民全部が台風のことを思い出す日である。しかも，昭和13年と昭和24年には東京付近がこの日に台風の襲来を受け，2度とも高潮の被害まで受けている。又9月1日は関東大震災の起こった日でもある。東京・横浜の大半は震災に焼かれて，10万人の死者を出した日であるから地震の災害を思い出すのに最も意義のある日である。こんなことから，9月1日を「天災を顧みる日」とせよ」と提唱している。防災の日が具体化したのは，昭和35年6月17日の閣議了解であるが，その直接のきっかけとなったのは，前年9月の伊勢湾台風である。

参考文献　饒村曜『台風物語―記録の側面から―』(日本気象協会，1986)，同『台風物語―記録の側面から―続』(同，1993)，「湯川秀樹，ノーベル賞受賞1949」(『日録20世紀』，講談社，1998)，饒村曜『気象災害の予測と対策』(オーム社，2002)

(饒村曜)

1950 ジェーン台風 （昭和25年9月）

台風の概要

昭和25年(1950)9月3日10時ころに徳島県日和佐町付近に上陸したジェーン台風は、淡路島を通過し、12時過ぎ神戸市垂水区付近に再上陸、速度を上げて北上し13時半ころ京都府舞鶴市付近から日本海に進んだ(図1)。降水量は、四国東部で台風による総降水量が200ミリ以上となったほかは、全般的に少なかったが、中心付近で非常に風が強く、和歌山で最大風速36.5メートル/秒(最大瞬間風速47.2メートル/秒)となったほか、四国東部、近畿、北陸、東海で最大風速が30メートル/秒前後の暴風となり、大阪の四天王寺金堂が倒壊した(図2)。

高潮被害

台風に伴う強風による吹き寄せで、大阪湾や北陸地方沿岸で高潮が発生した。特に、大阪湾では、台風の強風による吹き寄せで2.7メートルもの高潮が発生し、大阪市の西部臨海工業地帯の全域など市域の21％が被害を受け、最大浸水深は4メートル近くになり(図3)、避難所への物資輸送の障害となった。最大潮位はほぼ干潮時にあたっていたが、大阪の臨海低地の浸水は56平方キロと、ジェーン台風より勢力が強かった室戸台風時の49平方キロを上回っている(満潮時なら、さらに40センチほど水位が高くなることから浸水地域は拡大したと考えられる)。これは、昭和初頭から始まった工業化に伴う地盤沈下が、戦争中の軍需物資増産の影響で加速し、室戸台風以降の沈下量が沿岸部で1.5メートルに達していたからである。

ジェーン台風による全国の被害は、四国・中国・近畿・北陸・北海道におよび、死者・行方不明者539名、負傷者26,062名、住家全壊19,131棟、半壊101,792棟、床上浸水93,116棟、床下浸水308,960棟などであった(『消防白書』より)。ジェーン台風の大被害を受けた大阪市では、地盤や防潮堤の嵩上げ、台風時には大型船を港外避難など

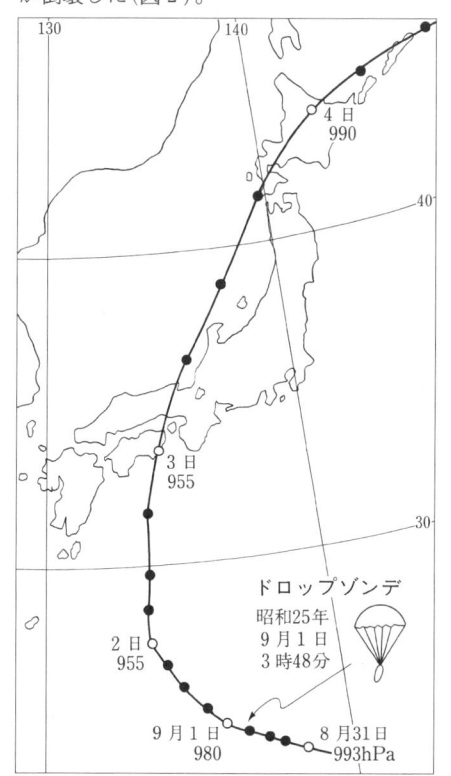

図1　ジェーン台風の経路と最初のドロップゾンデ観測

図2　倒壊した大阪の四天王寺金堂

の高潮対策事業を推進している。

太平洋戦争後の気象業務は，昭和27年の連合軍占領終了まで，連合軍司令部によって細部まで管理され，中央気象台の台風予報は，昭和22年(1947) 5月からアメリカ極東空軍の発表と一致させさせられている。ジェーン台風という名称は，昭和22年からアメリカ軍が台風につけていたアルファベット順の女性名を，カタカナ表記で使ったことによる。

ドロップゾンデによる観測

高層の気温・湿度・気圧などの気象データを観測するため，観測機器を水素を詰めた風船につけて飛揚し，地表付近から風船が膨張して破裂する高さまでを観測するゾンデ観測は，観測場所がほぼ一定し，台風の中心が通らない限り，中心での高層観測はできない。このため，考えられたのが，ドロップゾンデである。これは，飛行機からパラシュートをつけた観測機を落として飛行高度から地表面までをゆっくり落下しながら観測するものである（上層から下層を観測）。ドロップゾンデが実用化したのは第2次世界大戦からで，敵地後方の高層気象観測のために使われた。日本でも陸軍が中国大陸で使ったといわれる。台風の眼の真ん中でドロップゾンデを最初に落としたのは，昭和25年(1950)9月1日で，ジェーン台風に対してである。この方式では，飛行機で眼の中に飛び込んで投下するので，眼内の鉛直観測は任意の時間に得られる。しかし，欠点もある。飛行高度より下の大気しか測れないことと，風向風速が測れない（気圧・気温・湿度のみ観測）ことである。台風観測に用いる飛行機は，頑丈であることに加え，長い航続距離があり広いスペースが必要である。そのため，爆撃機や輸送機が気象偵察用に改造された。初期の飛行機観測はB-29爆撃機を気象偵察用に改造したものが使

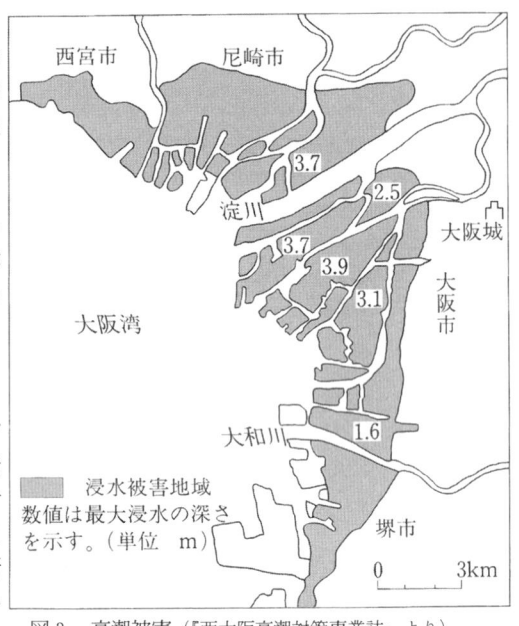

図3 高潮被害（『西大阪高潮対策事業誌』より）

われた。太平洋戦争中に日本の各都市に爆弾を落として灰にした爆撃機B-29は，戦後は日本を襲う台風にとびこみ，その正確な位置を観測し，台風の中心ではドロップゾンデを投下してその強さをはかり，日本の台風防災で重要な役割を果たしていた。台風観測機は，B-29爆撃機が老朽化した昭和30年からはB-50爆撃機が，昭和40年からはC-130輸送機が用いられている。しかし，昭和52年に静止気象衛星「ひまわり」が打ち上げられ，その利用技術がすすんだことから，危険で費用がかかる飛行機による台風観測は，昭和62年で終了となっている。

参考文献　中央気象台編「ジェーン台風報告」（『中央気象台彙報』36ノ1－4，1951），大阪府土木部・大阪市土木局・港湾局編『西大阪高潮対策事業誌』，1960，饒村曜『台風物語―記録の側面から―』（日本気象協会，1986），「朝鮮戦争勃発と日本1950」（『日録20世紀』，講談社，1997）

(饒村曜)

1951 ルース台風 (昭和26年10月)

干ばつで電力不足の日本を襲った台風

昭和26年(1951)は7月7～15日に京都市を中心として中部地方以西では前線による大雨で死者306名という被害があったが、梅雨明け以降、太平洋高気圧の範囲にすっぽり入ったり、移動性高気圧に覆われることが多く、全国的に雨の少ない状態が続いて早魃気味であった。当時は水力発電が主であったために、各地で電力不足がおき、地域別輪番制で緊急停電が行われていた。このように、雨が望まれていた10月9日、グアム島近海でルース台風が発生した。ルース台風は、発達しながら西北西に進み、12日夜には中心気圧924hPa、最大風速60メートル/秒まで発達した。その後、13日夜に宮古島と沖縄本島の間を通って東シナ海に入り、14日19時ころ鹿児島県串木野市付近に上陸した(図1)。この台風は勢力が強く、暴風半径も非常に広かったため、九州南部を中心に全国的に強い風が吹き荒れた。宮崎県細島燈台では最大風速69.3メートル/秒を観測した。船舶被害は9,596隻にも達し、長崎県古志岐島付近で国鉄の金期丸(7,081トン)が座礁するなど、貨客船の海難が相ついでいる。台風はその後、時速100キロ前後の猛スピードで九州を縦断、山口県・島根県を経て日本海に出た。その後、北陸沖で本来の中心は次第に消滅し、関東地方の東沖に新たな中心が生じそれが東北東に進むという「ジャンプ現象」を起こし、太平洋に抜けた。

また、台風の接近で前線活動が活発となり、九州東部、四国、中国地方の所々で大雨となり、朝鮮戦争特需で逼迫していた電力事情は一気に好転したものの、北海道を除く全国で大きな被害が発生した(図2)。山口県では土砂災害や河川の氾濫が相つぎ、徳山漁港は高潮被害が発生した。

また、鹿児島県では強風と高潮による被害が大きかった。全国で死者・行方不明者943名、負傷者2,644名、住家全壊24,716棟、半壊47,948棟、床上浸水30,110棟、床下浸水108,163棟などのであった(『消防白書』より)。

警察予備隊による最初の災害出動

ルース台風で一番大きな被害を受けたのは山口県、それも広島県との県境付近を流れる錦川の上流の広瀬町(現岩国市)やそのま

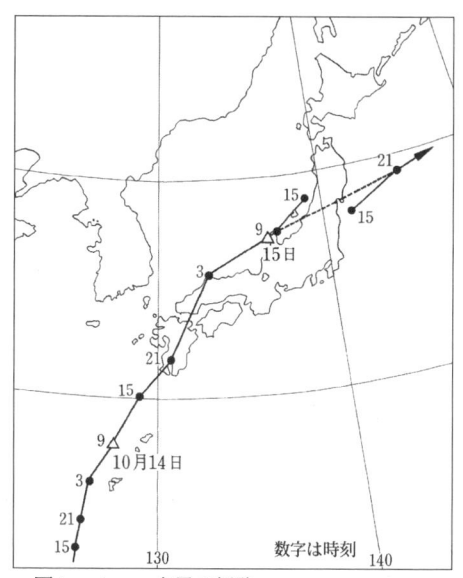

図1　ルース台風の経路

図2　水の引かない大阪市内

わりの村々で，山崩れが多発したために，死者・行方不明390名，重軽傷1,228名などの大きな被害が発生している。このため，田中龍夫山口県知事から警察予備隊（自衛隊の前身）福岡第四管区隊への出動要請が行われている。警察予備隊は，昭和25年（1950）6月25日に始まった朝鮮戦争をうけ，同年8月10日に警察予備隊令（GHQのポツダム政令の1つ）で設置されたもので，4つの管区隊があり，第4管区隊（本部は福岡）は山口県と九州地方を担当していた。要請に対し，吉田茂首相の決裁という形で警察予備隊の災害出動が行われた。下関市の第4管区小月キャンプの300名が救援物資輸送と復興協力のため，21日早朝に出発，車で連絡の道を開きながら40ヵ所の決壊箇所を突破し，同日夕方に喜びの声をあげる町民に迎えられ広瀬町に入った（図3）。「飢えと寒さにふるえる陸の孤島」となっていた広瀬町が生き返った瞬間であり，その後，のべ2,700人が救助活動をした。

地震や水害等の大規模な天変地異などの災害によって，救助活動や予防活動など自治体による対応限界を超えた地域に自衛隊を派遣し，救助活動を行う災害派遣が戦後最初に行われたのがルース台風である。

徐々に日本独自の台風予報

太平洋戦争後の気象業務は，連合軍司令部によって管理され，中央気象台の台風予報は，昭和22年（1947）5月からアメリカ極東空軍の発表と一致させさせられている。ルース台風という名称は，昭和22年からアメリカ軍が台風につけていたアルファベット順の女性名を，カタカナ表記で使ったことによる。しかし，連合軍の日本占領終了がスケジュールに入り始めた昭和26年ころになると，中央気象台の台風予報に自主性がではじめた。昭和25年10月に開催された中央気象台全国予報課長会議では，台風進路予報の精度や通信事情の問題があり，中央気象台に情報を集めて判断を下しそれを

図3　警察予備隊の初出動を伝える新聞
（『朝日新聞』昭和26年10月21日）

利用していたのでは時間的に間に合わないことから，中央気象台の指示をまたずに各管区ごとに独自の判断で発表することが決められた。このため，ルース台風では，中央気象台が東海沖を通って上陸しないという予報を，大阪管区気象台ではこれよりも北に予想し，九州南部に上陸するという予報を発表したが，実際は，大阪管区気象台の予報よりもさらに北を通った。通信事情は徐々に回復してくると，台風予報が気象官署によって違うことによる防災上の問題点のほうが大きくなり，昭和28年から予報業務体系化が行われた。これは，現在行われている役割分担で，台風予報は東京の気象庁本庁で行い，地方官署はこれをもとに警報や注意報などの情報を発表するようになった。

参考文献　海上保安庁海事検査部編『ルース台風総合報告書』（海難防止参考資料4，1952），饒村曜『台風物語―記録の側面より―続』（日本気象協会，1993），「日本，「独立」回復！1951」（『日録20世紀』，講談社，1997）　　　　　　（饒村曜）

1952 昭和十勝沖地震 （昭和27年3月4日）

災害の概要

昭和十勝沖地震は，昭和27年(1952)3月4日10時22分に北海道襟裳岬沖から釧路川沖にいたる沖合い地域の太平洋プレートと北海道東部の陸地である北アメリカプレートとの境界で発生した逆断層地震。規模はM8.2。震動による被害は北海道に限られたが，津波が東北地方北部の太平洋岸に被害を与えた。

前年夏から1月中旬まで鳴動して活動的であった雌阿寒岳は2月中は鳴動がほとんどなかったが，この地震発生後，1日半ほど鳴動が活発となった。新冠の泥火山では，地震によって活動が活発となり，直径80㍍高さ60㍍の噴泥塔を形成した。

この地震は気象庁の津波警報システムが正式に実施される直前であったが，東北地方では，前日が奇しくも昭和三陸津波の記念日であり，津波訓練を実施したばかりであったため，津波予報が有効利用され，被害を軽減できた。しかし北海道では実際には札幌管区気象台は「津波なし」という誤った予報を発令した。しかしはじめてのこの予報は伝達がうまく行かず，誤報が伝達されたころには，実物の津波が被災地には到来していたので，誤予報による実害は幸いにして発生しなかった。釧路地方気象台は独自に津波を地元に警告していた。

被害の概要

警察庁で集計された被害は，死者・行方不明者33名，負傷者287名，全壊家屋815，半壊家屋1,324，流失家屋91，浸水328，全焼14などだったが，北海道内で義捐金などの配分の元となった被害集計では道内の被害が全壊1,614戸，流失196戸，半壊5,449戸，浸水399戸，焼失15戸，死者行方不明者29名，負傷者621名。暖房を使っている時期であったが，火災が少なかったこととほぼ無風で延焼しにくかったことは幸いした。被害は十勝・日高・釧路支庁に多く，何らかの被害を受けた世帯の割合は各支庁でそれぞれ52％，30％，13％であった。

震動被害の多くは，地盤のわるい泥炭地や湿地帯近辺に多く，特に十勝川・大津川下流域の沖積層地域は全半壊家屋が半数以上という被害を受けた。しかし，屋根の軽い家屋が多く，全壊と雖もある程度の構造を保った木造家屋が多かったので，家屋倒壊数に対して圧死者が少なかった。大きい構造物は逆に大きく長い揺れによって捩れるような振動を起こして壊れた。

釧路では，炭鉱でズリ山(選炭後のくず石の廃棄山)が崩れ，8名の死者が出た。北海道の鉄道橋は古く，煉瓦の下部構造の物が多かったので，橋梁が92変形し，脱線事故が4件発生した。また，池田町では58中52のサイロが破損など被害を受け，うち2割は倒壊した。これは地震規模が大きく，通常の家屋より背の高いサイロなどが大きく揺れるやや長周期の地震動が大きかったためと推測される。家畜は馬が多いが，羊・

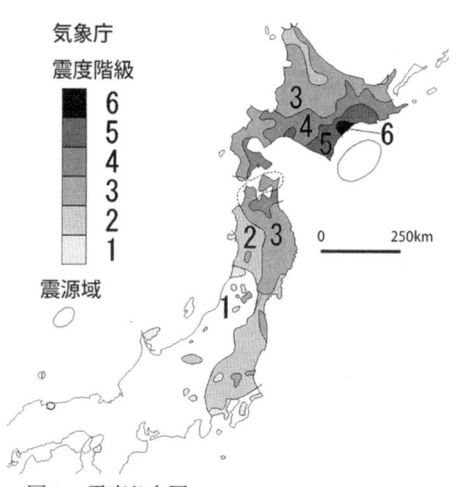

図1 震度分布図

牛も合わせて1,729頭が犠牲になった。津波による船舶や漁具の被害が，特に厚岸と浜中で多く，漁船の滅失102のほか，利用できなくなった船が600隻以上だった。海苔・昆布・牡蠣の養殖施設も損害がでた。霧多布ではまだ流氷があり，津波とともに割れた流氷が押し寄せて浜中湾沿いの家屋を破壊した。津波は2㍍四方で厚さ60㌢程度の氷塊を運び込んで，総戸数500戸ほどの浜中村の9割以上の世帯に被害を与えたという。流氷はきれいな氷だったが，海岸氷は昆布や砂が層状になって凍った状態で，後片付けが必要だった。津波自体の高さは北海道東部で3㍍前後，三陸沿岸で1〜2㍍に達した。

被害総額は百数十億円といわれ，港湾や鉄道，道路など土木施設が大きいが，その他に農地では田2,910反，畑11,580反が地割れや水路の破損などの被害を受けた。公共施設の被害が31億74百万円，文教施設124万円という。

地震と救済

北海道では3月6日復旧対策本部を設置し，災害救助法が15町村（厚岸町・浜中村・音別村・昆布森村・幕別町・池田町・大樹村・浦幌村・大津村・更別村・豊頃村・浦河村・三石町・様似村・荻伏村）に適用された。米など食料や衣料，毛布が，戦後復興のためのララ物資や米軍からの寄贈なども加えて調達され，被災者に支給された。避難所は22ヵ所設けられて場所により設置期間は18日間〜4ヵ月間で，収容人員は時期により30〜1,500人で，費用は1,200万円を要した。この他，医療防疫対策が日本赤十字社などを中心に行われた。戦後復興途上で物資が貴重であったため，全国からまず救援物資16万余点（点数が多い順に日用品・薬品・衣料品・学用品）がつぎつぎとよせられ，これは厳密な公平性より迅速性を重んじて寒さに困窮する被災者に分配された。義捐金は天皇の御手元金15万円と，米軍キャンプからの100万円などを含む公共団体や一般からの義捐金合わせて4,928万円弱が，NHK助け合いやボーイスカウトなどの活動で集まった。罹災戸数7,673戸なので1戸あたり6,400円位の支給となった。

復興

船や漁具，農地など生業の手段を失った被災者向けに，3月中は北海道庁が延べ15,138人を緊急工事などに雇用し，4月からは，国が3ヵ月間の間に18,750人を失業対策として雇用して道路復旧などに当たらせるとともに，労働者用に米3,878俵を加算配給した。仮設バラックを370戸建設し，家を失った世帯が入居した。

復興のための資金は金融公庫などの貸付が2,764万円，融資保証は申込の85％の3億7,400万円分が認められた。北海道は昭和26年度中に3億3,683万円，翌27年度分として9億5,530万円の予算を復興に充てた。費用の多い順に用途は，26年度分が，応急土木工事費，被害施設応急処置費，罹災者収容施設費，生業資金貸付費，衛生処置費，災害救助費用，失業対策費，病院修繕費，林道修復費と応急対策費ばかりで，27年度は土木施設復旧費，治山工事費，港湾施設復旧費，耕地復旧費，水道復旧費，入殖施設復旧費，村道整備費，保育所設置費，住宅設置費，公共建造物設置費と，復旧への項目が並ぶ。国も11億500万円を支出して復旧に寄与した。1年後の復旧状態は，家屋・学校が8割，開拓入殖施設や個々のサイロなど畜産施設は9割，水産・林業は95％，農業倉庫などは85％，土地改良事業が7割，土木施設が6割であった。

参考文献　伊福部宗夫他「十勝沖地震調査報告」（『北海道開発局土木試験所彙報』4，1952），北海道編『十勝沖震災誌』，1953，十勝沖地震調査委員会編『十勝沖地震調査報告1952年3月4日』，1954　（松浦律子）

1952 明神礁噴火災害 （昭和27年9月24日）

災害の概要
東京から南に400㌔の伊豆諸島南部には，ベヨネーズ列岩といわれる岩礁群がある。人が住んでいる青ヶ島からさらに65㌔南であり，八丈島と鳥島の中間に位置する。海上にまで達していない海底火山が岩礁の周囲には多数ある。昭和27年(1952)9月24日，この海底噴火活動調査のために付近を航行中だった海上保安庁の測量船第五海洋丸が，大噴火に巻き込まれ，爆発やベースサージなどで船体が破壊沈没し，乗船していた31名全員が犠牲となった。

被害の概要
ベヨネーズ列岩から東に8㌔付近では，粘性度が高く爆発的噴火活動が特徴の，デイサイト質マグマを噴出する海底火山活動が繰り返し発生していた。記録されている明治以降でも明治2年(1869)から10年に1度程度の頻度で，島が一時的に形成されたり，噴煙や軽石，海水変色などが見つかる海底噴火が繰り返されてきた。昭和21年(1946)にも10ヵ月間島が形成された時期があり，公海上で新たに形成された島は第1発見国がその領有を宣言できるため，当時はアメリカ，ソ連，中国などの艦船が頻繁にこの近辺に出没していた。

昭和27年9月17日，この列岩付近で焼津港所属の漁船第十一明神丸が噴火を発見し，島の形成を最初に報告した。このため，この新たな岩礁が明神礁と名付けられた。21日東京水産大の神鷹丸が第1回明神礁学術調査隊として，東京大学地震研究所の津屋弘達所長など研究者を乗せて，22日には海上保安庁の第五海洋丸が測量と噴火研究のため，22名の乗組員と東京教育大学教授河田喜代助ら9名の火山研究者も乗船して現地に向かった。この島は海食や噴火活動の爆発などで海面下に消滅したり海面上に頭をだしたりを繰り返しながら，結局翌28年9月3日には海面下となり，明神礁カルデラの東縁の海底丘となった。

23日未明に現地に到着した神鷹丸は，到着時には噴火活動が休止していたため火口付近まで近づくことができた。ほどなく噴火活動が始まり，午後の大噴火では，次の大爆発まで間隔があるとの思い込み，軽石採取のため火口に近づいた時，30分も間隔を置かず次の大噴火が始まった。神鷹丸は全速力で後退してかろうじて遭難を免れた。24日現地に到着した第五海洋丸は，至近距離で大爆発噴火に遭遇したようで，ベースサージの痕跡である突き刺さった火山岩をつけたわずかな船体の破片と，搭載品の欠片の多数の漂流物だけを残して消滅した。調査研究活動で犠牲者が出たため，これ以後の海底噴火調査にあたっては十分な距離を保って無線操縦などによる観測を安全に行う注意が払われるようになった。

災害後の対応
河田教授の夫人らが中心となって，遺族の会誌『五海洋』が昭和30年(1955)から21号発行され，海上保安庁水路部内に「五海洋会館」という和室が用意され33回忌まで毎年命日には遺族が集まった。昭和59年時点で連絡先不明の遺族が2家族だけという結束ぶりだった。この活動は，日本が第2次世界大戦後の占領から独立したばかりで貧しかった時代において，予期せぬ災害によって家族を亡くした人たちを悲嘆や孤立から救済するとともに，水路部や火山学者たちに，この事故を風化させず，海底火山調査時の安全確保を怠らないようにさせるという役割を果たした。

参考文献　小坂丈予『日本近海における海底火山の噴火』(東海大学出版会，1991)

（松浦律子）

1953 西日本大水害 （昭和28年6月）

災害の経緯

この水害は，戦後の混乱からまだ抜け出せなかったころに，西日本の広い範囲で梅雨期の前線性豪雨によって起こった大規模災害である。

昭和28年(1953) 6月下旬に，西日本各地（山口・福岡・佐賀・長崎・熊本・大分県が中心）において400ミリから1,000ミリの豪雨があって，九州中部以北の多くの河川が未曾有の大水害に見舞われた。この災害を昭和28年西日本大水害という。

この豪雨は，九州北部に梅雨前線が停滞して，南北に振動したために多量の湿気を含む気団がつぎつぎに東進した結果起こったものであり，6月25日から29日にかけて続いた。この間の各地の総雨量は，門司646ミリ，飯塚535ミリ，久留米564ミリ，福岡621ミリ，平戸604ミリ，佐世保563.8ミリ，佐賀590.6ミリ，大分713.3ミリ，下関529ミリなどであった。

筑後川では，明治20年(1887)以来，国によって河川改修工事が実施され，久留米市から下流域の蛇行部分は，直線化されたり堤防の補強工事が行われてきた。しかし，これらの河川改修工事の効果もなく，この豪雨によって20ヵ所以上で破堤し，杷木町から下流の鳥栖市・久留米市・佐賀市・大川市などの広い範囲にわたって浸水したほか，上流部の日田市などでも浸水をみた。昭和24年には，治水調査会によって筑後川の改修計画の再検討が行われ，基本高水量は7,000立方メートル/秒に改訂されていた。しかし，この出水ではその流量を大幅に上回り，恐らく荒瀬における流量は9,100立方メートル/秒に達したと考えられている。そこでこの災害後，基本高水量は8,500立方メートル/秒に改訂された。この水害では，筑後川流域だけでも浸水家屋が95,524戸に達するなど規模の大きなものであった。このため，その後上流部にダム建設を伴う抜本的な治水計画が立てられて実施に移されたが，一部のダムで地元の反対運動が起こり大きな社会問題になったことはよく知られている。

遠賀川でも，中島橋において28日に最大流量が2,272立方メートル/秒に達し，それが長時間継続した。これまでに流出したボタが堆積し河床が上昇したことや，堤防の不等沈下に伴う弱体化が原因で，破堤して甚大な被害をもたらした。

白川流域では，雨は24日に降り始めて26日まで激しく降り続き，熊本では26日夜までに総雨量は500ミリを超えた。熊本では白川が氾濫して市域の62％に浸水し，大量の土砂を堆積させた。この土砂は阿蘇山の火山灰が主体であった。阿蘇山では，同年4月に，大規模な爆発があり6人の観光客の死者を出すなどの被害があったが，その際に噴出した大量の火山灰がこの豪雨で流出したことになる。白川の下流部は，蛇行しているために排水が悪く，しかも流出した時刻が島原湾の満潮時と重なり，熊本市内に泥を含んだ水が流入することとなった。降水のピークが夜半でしかも停電になったこともあって，熊本市では死者331人，流失家屋641戸，全壊家屋872戸，浸水家屋48,000戸という記録的な被害になった。熊本市内に流れ込んだ火山灰の量は，600万トン以上で，泥の厚さは最大で1.8メートルにも達した。

門司においては，6月25日から28日までの総雨量が646ミリになり，阪神大水害の雨量を上回っている。風師山をはじめとする背後の山では，660ヵ所におよぶ山崩れ・崖崩れが起こり，崩れた土砂は市街地にまで達した。門司の市街地は，177万立方メートルの土砂や流木で埋まり，死者・行方不明者89人，全壊・流失家屋459戸，半壊家屋1,308戸，床上浸水家屋2,700戸以上という大災

害になった。門司の中心街は，山の急斜面に発達していて市街地化の過程で山を切り崩した結果，いっそう山崩れや崖崩れが起こりやすい状態になっていた。しかも，山地は風化が進んでおり，豪雨によって崩壊が起こり易かった。同じ門司でも周防灘に面した地区では傾斜が比較的緩く，人口も少なかったために，被害は小さく押さえられた。八幡においても背後の丘陵地で山津波が続出し，土石流が市街地に流れ込んで大きな被害をだした。26日の夜になると雨は一時的に小降りなったが，28日朝から前線の北上に伴って，この付近では再び激しい雨になった。門司市役所（現門司区役所）の裏手にある清滝公園では，大池が決壊した。この濁流は国鉄関門海底トンネルに流れ込み，トンネルを約1,800㍍にわたって水没させた。結果的に，関門間の鉄道は，7月半ばまで不通になった。関門トンネルの浸水に対しては，その後両方の入り口に，500㌧の水圧に耐える浸水防止壁を設置する対策がとられた。

被害の概要

被害の概要は以下の通りである。福岡県で筑後川や遠賀川が決壊するなど，山口・福岡・佐賀・長崎・熊本・大分の6県を中心に，689人が死亡，負傷者2,096人，行方不明者477人，床下浸水家屋200,874戸，流失埋没耕地342.1㌶，冠水耕地1,647.1㌶，道路損壊12,689ヵ所，橋梁流失2,486ヵ所，決壊堤防4,950ヵ所，沈没船舶18隻，流失船舶197隻，崖崩れ14,206ヵ所，石炭流失23,000㌧，鉄道被害401ヵ所，被災者1,542,283人，被災総額1,400億円（推定）の被害をだした。

復旧・復興

災害の状況が国に伝えられると，福岡に西日本災害対策本部が設置された。また，東京では西日本総合対策中央本部が設置され，副総理を本部長に関係閣僚を委員に，関係各局長を幹事にして活動が開始された。災害救助法に基づき，災害救助国庫負担金として5億円の支出が決定された。具体的な工事としては，たとえば河川では，破堤箇所の仮締切工事や仮橋の架設，迂回路の建設が進められた。熊本市内の泥土排除については，土木機械を用いて行われた。また，国鉄が関門トンネルで不通となったために，関門連絡船による輸送に切り替えられた。国会は8月10日までに議員立法として災害特別立法を成立させた。こうして，制度面からも復旧対策を容易にする努力がなされた。このような復旧対策は国レベルだけでなく，県や市町村レベルでも行われた。たとえば，福岡県では福岡県災害対策本部を設置し，各部局では土木災害対策本部などさらに対策実務を行う組織を作った。福岡県管轄の河川では，316ヵ所で8,500万円の応急復旧費を用いて，排水処理などを行なった。また，福岡県内に1,924ヵ所の避難所を作り，約20万人を収容するなどした。この水害を契機に日本の水害対策として米国のテネシー川流域開発公社（TVA）方式を採用し，ダムの設置による治水・水力発電・水資源開発などと，大規模な河川改修工事を同時に実施することで対処しようとした。このような基本方針を受けて，筑後川流域には，松原ダム・下筌（しもうけ）ダムなどが造られたし，流下能力を増す目的で原鶴や大石には分水路が，東櫨原には引堤が造られ，下流域の治水に対応してきた。また矢部川流域では本流の日向神（ひゅうがみ）ダムなどが，白川流域では洪水調節用に立野ダムなどが建設された。

[参考文献] 西日本水害調査研究委員会編『昭和28年西日本水害調査報告書』（土木学会西部支部，1957），建設省九州地方建設局筑後川工事事務所編『筑後川五十年史』，1976

（吉越昭久）

1953 南紀豪雨 （昭和28年7月17・18日）

災害の経緯

昭和28年(1953)7月17日から18日にかけて，日本海を東に進む低気圧から伸びた梅雨前線の活動によって，関東から近畿地方の各地に強い雨が降った。特に紀伊半島の山地部には18日未明から記録的な豪雨があり，和歌山県北部から奈良県南部にかけての地域で24時間雨量が400㍉以上に達したところもあった。17日・18日の2日間降雨量は，前鬼666㍉，龍神550㍉，玉置山490㍉，高野山452㍉，寺垣内447㍉などであった。しかし，近くでは和歌山132㍉，潮岬96㍉，御坊100㍉，大阪ではほとんど降らなかったなど，この豪雨は局地的でもあった。この豪雨を南紀豪雨といい，それによって起こされた災害を紀州大水害ないしは地元では一八水害とも呼んでいる。

この豪雨のため，紀伊半島の山地部で土石流が発生して，和歌山県の有田川・日高川・貴志川・熊野川などで多くの堤防が決壊した。洪水位が計画水位をはるかに越えためであるが，有田川の粟生では最大流量が8,500立方㍍/秒になったと推定されており，この値は計画高水量2,000立方㍍/秒の実に4倍以上になっていた。箕島・御坊などでは，大水害に見舞われ，濁流と流木で埋め尽くされた。国鉄紀勢線・和歌山線などの鉄道や道路では不通箇所が続出し，通信網も寸断された。また，山地部の崩壊によって，各地で河川が堰き止められたりして孤立する集落が続出した。復旧に最も時間がかかった日高川上流部では，1ヵ月もの間米軍機や新聞社のヘリコプターによる空輸によって，食料の運搬がなされるなどした。伊都郡花園村新子・金剛寺付近では，堰止湖の規模が，高さ約80㍍，幅約300㍍，長さ5㌔，貯水量約3,000万立方㍍にも達した。堰止湖は比較的短時間で崩壊したために，それが土石流を引き起こし，下流部に大きな被害を与えた。

被害の概要

被害の規模は，死者・行方不明者1,015人，負傷者5,709人，被災者26.2万人，全壊家屋3,209戸，流失家屋3,986戸，半壊家屋1,678戸，床上浸水12,734戸，床下浸水15,313戸，道路破壊8,102ヵ所，流失・破損橋梁1,293ヵ所，山崩れ4,005箇所，流失・埋没農地5,929㌶，冠水農地7,322㌶という大きなものであった。被害金額は，耕地関係で51億円，土木関係で81億円，林業関係で31億円，農業関係で80億円，水産関係で6億円，商工関係で64億円，公共建物関係で17億円，一般住宅関係で114億円となり，合計444億円とされている。

和歌山県としては，明治22年(1889)の暴風雨による災害以来の規模になった。地域別にみると，西牟婁郡・日高郡・有田郡・和歌山市，流域別にみると，日高川と有田川で特に被害が大きかった。有田川上流域の花園村では，大規模な山地崩壊と土石流によって，中心集落が壊滅している。有田川下流部では10㍍もの増水をみて，田殿・宮原・保田村など各地の堤防が相ついで決壊している。橋梁，紀勢線などが流失したほか，学校や多くの家屋が流失し，濁流が退いたあとには，1㍍もの厚さで流木や土砂が堆積した。橋梁の流失と濁流のために有田川周辺の交通は途絶した。また，山地の斜面などが崩壊したが，大規模なもので10ヵ所，中規模なもので50ヵ所，小規模なもので数百ヵ所にも及んだ。日高川では河口部において，上流から流された被災者の遺体が海岸を埋め尽くしたといわれている。増水は7㍍ほどに達し，ほとんどの橋梁は流された。各地で堤防が決壊し，下流部の御坊は大部分冠水した。最下流部左岸にあ

る丘陵が障害になって，洪水流が右岸側に振られ，そのために濁流が御坊の市街地を襲ったものである。水深は，藤田町の専念寺の門で133㌢，御坊町島の日高高等学校で118㌢，栄町の四海亭旅館で155㌢，大浜通の御坊中学校で178㌢にもなった。御坊の被害は，死者26人，行方不明者100人，負傷者3,000人，床上浸水4,000戸，流失家屋365戸であった。日高川流域でも，交通が途絶したところがあったため，食料などは米軍機による投下で確保されていた。

熊野川では本宮・三里・九重などで被害が大きく，流木が12万石にも達し，126㌶の農地が一瞬にして流失した。新宮を中心とする木材業者の被害甚大であった。なお，熊野川の河口付近に昭和20年代まで木造の組立て式商店である川原家(かわらや)が存在していた。川原家は，くぎを使わず木材だけで組む独特な建築方法の家で，増水時には短時間で解体して河原から避難し，水位が下がれば戻って簡単に組立てることができる。最近になって，観光目的ではあるが数戸が再現された。

これらの水害の規模が大きくなった原因として考えられることは，まずは豪雨にある。特に，今回は山地の崩壊によって，堰止湖が形成され，その崩壊によってさらに多くの流量になったことと，橋梁に流木などがつまり，そこから氾濫につながったケースなども原因の一つであった。

復旧と復興

救済は，比較的迅速に行われたといえる。災害発生直後の18日9時25分に災害救助法が発動され，災害対策本部が設置された。和歌山県知事を隊長に，副知事を副隊長にし，その下に総務厚生・公安・消防・衛生・農林・経済・技術・協力などの部長をおいて，活動を開始した。10時には海上保安庁の警備船が海域での漂流者の救助に向かっている。16時には，孤立した被災者の救助が米軍に要請された。18時には伊丹・福知山・姫路などの保安隊へも救援派遣の要請があり，21時には早くも伊丹より保安隊が到着している。19日朝には，警察電話が復旧し，被災の様子がわかり始めた。20日になると各地に救助が入り，救援物資が届き始めた。21日には，被害の実態調査が行われるなどして，緊急の復旧は進んでいった。7月下旬から8月にかけて，政府・国会の関係者が視察に訪れ，支援体制が整っていった。

そして，災害対策特別措置法が成立したために，その適用を受け，仮設住宅や被害家屋の復旧，生業資金の貸し付けなどが行われ，復旧を容易にした。

長期的な復興については，水系を単位とした抜本的な対策がたてられるようになった。戦後，多数の大規模水害が戦争で疲弊した日本を襲った。特に昭和28年(1953)には，6月に西日本水害，7月に南紀豪雨，8月には南山城豪雨があって，年間で6,000億円近くの被害を出した。これらの災害に対して，治山，ダムの建設，河道拡幅，堤防整備など一連の事業を行なって防御しようとした。これは，南紀豪雨だけが直接の契機になったものではないが，その一つの要因になったことは間違いがない。こうして，和歌山県(一部は奈良県になるが)でも，紀ノ川に津風呂ダム・大滝ダムなど，熊野川に風屋ダム・池原ダムなど，古座川に七川ダム，有田川に二川ダム，広川に広川ダム，日高川には椿山ダムなどが建設されていった。

[参考文献] 『和歌山県災害史』，1963，藤田崇・諏訪浩編『昭和二八年有田川水害』(シリーズ日本の歴史災害6，古今書院，2006)，田畑茂清・水山高久・井上公夫『天然ダムと災害』(古今書院，2002)

(吉越昭久)

1953　昭和28年台風13号　（昭和28年9月）

災害の概要
台風13号は，昭和28年（1953）9月25日17時ころに中心気圧945hPaの勢力で志摩半島に上陸したのち，伊勢湾を経て知多半島を横断して三河湾に抜け，19時に碧南市付近に三度上陸した。その後，日本列島を縦断し，翌26日の6時ころに三陸沖に抜けたが，その被害は全国に及び，死者・行方不明者は478名に達した。この間，三河地方全域で20～30㍍/秒の暴風が吹き荒れ，13時過ぎには電線などが切れる被害が発生し，伊良湖では17時28分に最大風速30㍍/秒を記録した。この強風のために三河湾では高潮が発生し，それが秋の大潮に重なり，湾奥の豊橋港では既往最高潮位を1.45㍍上回るT.P.＋3.36㍍の潮位（T.P.は日本の代表的平均潮位として用いられる東京湾中等潮位）となった。これに高波が加わって，明治27年（1894）の築造以来その規模の雄大さ（堤防高T.P.＋6.5㍍）を誇っていた神野新田堤をはじめとするほとんどの堤防が，寸断されてしまった。このため，三河湾周辺の広い範囲で高潮の氾濫による浸水被害が発生し，愛知県の死者・行方不明者75名中50名が三河湾周辺地域に集中した。

被害の概要と特色
この台風は，戦争による国土の荒廃から立ち直り切ってない中での来襲ということもあり，近畿地方から中部・関東地方の広い範囲にわたって大雨による河川の氾濫と沿岸部での高潮氾濫を中心に大きな被害をもたらした。その規模は，家屋の被害だけで全半壊家屋数86,398棟，床上・床下浸水495,875棟に及ぶ膨大なものであった（『台風・気象災害全史』，2008）。大雨による被災の面では戦後毎年のように続いた台風災害と同じであったが，この台風の際立った特色は，愛知・三重両県の海岸施設とその背後地に未曾有の高潮災害をもたらし，海岸法制定を決定付けた点にある。海岸法自体は，戦後増加傾向にあった海岸災害に対処するために作成準備が昭和25年（1950）ころから進められていたが，台風13号による高潮災害の惨状は，高潮対策などの事業推進の必要性と緊急性を強く認識させ，昭和31年5月の制定に拍車を掛けたといえる。

高潮災害の原因
このように，台風13号は三河湾沿岸域を中心に堤防が寸断される大災害をもたらしたが，その最大の原因は三河湾での既往最高潮位を1㍍以上上回る高潮の来襲に対し，ほとんどの堤防の高さが不足していたことにあったといわれている。しかし，神野新田堤のように高潮による潮位に対して十分な高さがあった堤防でも破堤してしまっていた。当時のほとんどの堤防が土堤石張構造で三和土を固めて茅や芝で天端および裏法を被覆した構造であったため，高波の越波による洗掘・侵食に耐えられず，簡単に

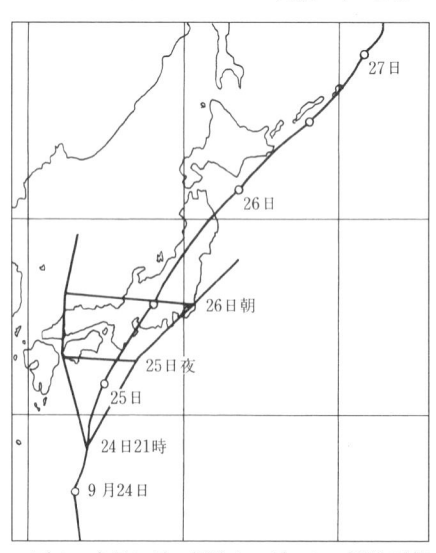

図1　台風13号の経路と9月24日の進路予報

破堤した。しかも，築造以来の圧密沈下に昭和19年(1944)東南海地震および同20年三河地震の影響が加わり，さらに沈下が進んだだけでなく，亀製などが生じて堤防の天端高不足と弱体化も破堤の背景にあったと推察されている。

参考文献　愛知県土木部編『昭和二十八年十三号台風　海岸復興誌』，1957

(安田孝志)

独立後の台風予報

日本が独立した昭和28年(1953)からは，台風は発生順の番号で呼び，英語の女性名は，船舶向けの情報など一部を除いて使われなくなった。また，カスリーン台風当時の予報は，予報位置を点で示し，それに誤差範囲をつけるという方法で，48時間予報まで行なっていた。軍事目的のためには精度が悪くてもいちばん確からしい位置が長期間にわたって予報されたほうが使いやすいということかもしれないが，当時の予報技術ではかなり難しいことだった。日本が独立後，日本独自で台風予報を行うようになった昭和28年からは，進行方向の誤差を表示するため，この範囲に進むという2つの点を結んだ，いわゆる扇形表示が使われている(当初は24時間程度先まで，のちに12時間先と24時間先のみを表示となる)。

伊勢湾で大きな高潮被害

昭和28年(1953)は，6月25-29日に九州から中国地方で死者1,013名，7月16-24日は南紀豪雨で死者1,124名，8月14-15日に京都南部，三重県伊賀と伊勢の豪雨で土石流や堤防決壊で死者429名という前線による大雨被害が続き，河川氾濫が相次いだ。台風はカタカナ名から台風番号で呼ばれるようになったが，台風による大きな災害が引き続き発生していた。

9月18日にグアム島の南東海上で発生した台風第13号は，22日になって急速に発達し，非常に強い勢力を保ったまま北上し，25日17時に三重県志摩半島を横断し，18時半ごろ愛知県知多半島に上陸した(図1)。四国から関東地方にかけての広い範囲で20〜30㍍/秒の最大風速を観測し，京都府舞鶴市で総雨量が507.0㍉に達したほか，四国・近畿・東海・北陸地方で200㍉を超えた。台風の東側の伊勢湾に接続している知多湾や三河湾の沿岸では最大3㍍という高潮が発生し(台風の左側の名古屋港でも2.34㍍という高潮で市内の3分の1が浸水)，大きな高潮被害が発生している。台風の被害は，近畿地方を中心に全国で死者・行方不明者478名，負傷者2,559名，住家全壊5,989棟，半壊17,467棟，一部損壊60,321棟，流出2,615棟，焼失6棟，床上浸水144,300棟，床下浸水351,575棟などの被害が発生した(『消防白書』より)。

この被害を教訓に，津波・高潮・波浪などによる被害から海岸を防護することを目的とした海岸法が昭和31年5月に制定され，堤防・護岸などの海岸保全施設整備が促進された。しかし，台風13号の6年後の昭和34年に伊勢湾台風が伊勢湾を襲い，死者数が5,000人を超える大災害が発生した。このとき，台風13号で大きな高潮被害を受けた三河湾沿岸の市町村はただちに避難命令を出し，住民もただちに避難して人的被害が少なかったが，台風13号で大きな被害を受けなかった地域では，大丈夫だったという安心感からか，事前避難対応はほとんどなかった。名古屋では，伊勢湾台風によってこれまでの伊勢湾の記録はおろか，日本最高記録(昭和9年の室戸台風時の大阪湾での3.1㍍)を塗り替える3.89㍍を観測し，伊勢湾西部では大きな高潮被害が発生した。高潮はほんのわずかのことで大きく様相が異なるので，過去の事例だけにとらわれるのは非常に危険である。

参考文献　「昭和28年台風13号報告」(『中央気象台彙報』39ノ2，1955)，饒村曜『台風物語—記録の側面から—』(日本気象協会，1993)

(饒村曜)

1954 洞爺丸台風 (昭和29年9月)

北海道の台風被害
北海道では，台風の襲来数が沖縄や鹿児島といった常襲地帯に比べると少ないことや，本州などに大災害を発生させたのちにやってくるものが多いが，台風に慣れていないため意外な被害をこうむることがある。北海道に大きな被害をもたらす台風は，日本海を大陸よりに通過する日本海大回りコース，日本海を日本よりに北上する日本海北上コース，三陸沖を北上し北海道の東側に上陸する道東接近コースがある。日本海大回りコースは，前線を刺激して大雨となりやすく，道東接近コースは，東よりの湿った空気が流入してくるため，太平洋側の地方を中心に大雨になりやすい。これに対して，日本海北上コースは，速い速度で勢力が衰えないまま接近することが多く，早めに十分な警戒が必要である。特に，台風の東側の地方では，台風の移動速度と台風に吹き込む風の相乗効果により，強い南または南東の風が吹くので警戒が必要である。加えて，台風が北海道に接近したあと速度を落とすことが多く，あっという間に近づいて暴風雨になり，その暴風雨がなかなか去らないことがある。このような危険な速度変化は，発達した台風が温帯低気圧に変わるときなどでは珍しくはない。

青函連絡船「洞爺丸」
昭和23年(1948)11月に中日本重工業(現三菱重工業)神戸造船所で建造された洞爺丸は，全長113㍍で，昭和25年にはレーダー設備が設置されるなど，青函連絡船の中では一番新しく，かつ信頼性の高い優秀船の一つであった。このため，昭和29年8月に

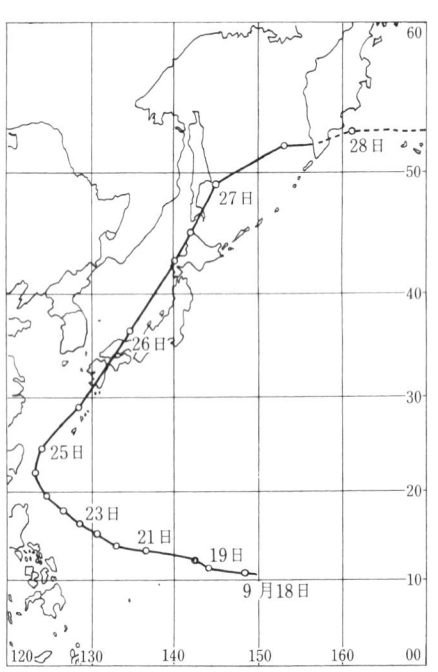

図1　洞爺丸台風の経路

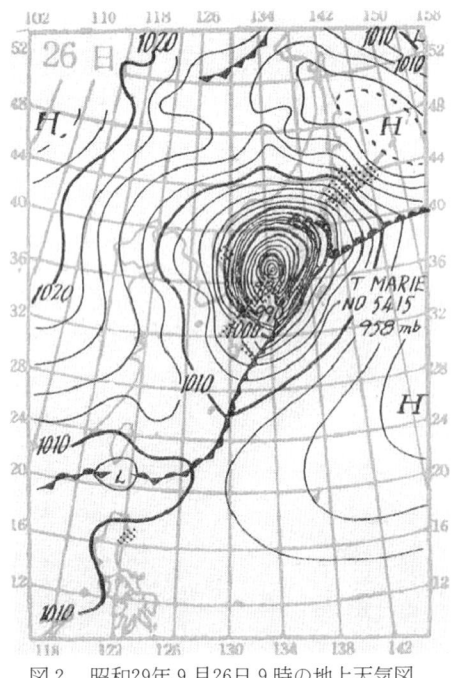

図2　昭和29年9月26日9時の地上天気図

は昭和天皇・皇后両陛下の御召船となっている。

御召船となった翌月，9月21日にフィリピンの東海上で発生した台風15号は，発達しながら西北西に進み，その後台湾の東海上で向きを北東に変え，速度を早めなが26日2時ころ鹿児島県に上陸した。その後，九州・中国地方を通って日本海に抜けたこの台風は，時速80～100キロという猛スピードで北上し，九州上陸後，わずか15時間で津軽海峡の西海上に達している（図1・2）。台風15号は，日本海に入っても発達を続け，西日本や東北，北海道の各地で30ﾒｰﾄﾙ/秒以上の暴風が吹き，被害は九州から北海道まで全国に及んだ。

函館地方は，26日9時ころは風速が10ﾒｰﾄﾙ/秒内外であったものが，青函連絡船の洞爺丸の出航予定時刻，14時30分には20ﾒｰﾄﾙ/秒を超す強風が吹き荒れていた。このため，洞爺丸は出航を延期し，嵐が納まるのを函館桟橋で待っていた。函館海洋気象台は「17時頃最も風が強くなる」との情報を出していたが，17時すぎになると，風雨がおさまり，青空まで見えてきた。まるで台風の眼が通過したように，あるいは弱まって函館の東側を通過したと思わせたが，これは津軽海峡の東口に発生した副低気圧のせいで，実際の台風は奥尻島の西海上を発達しながら北上中であった。洞爺丸は出航準備を急ぎ，18時40分に出航したが，そのときの函館港は再び荒れ始めていた。台風15号は，このころから急に速度を落とし，洞爺丸は，函館港内で40ﾒｰﾄﾙ/秒を超える南寄りの風と，7～9ﾒｰﾄﾙの激浪と長時間闘うこととなった。洞爺丸は錨を下ろし，船首を風浪に向けて立ち続けたが，鉄道連絡船特有の貨車を乗せる後部扉のすき間から海水が流れ込み，エンジンが停止，錨も切れて転覆・沈没し，乗員1,314名のうち実に8割の1,155名が死亡している。このため，台風第15号は洞爺丸台風と呼ばれているが，

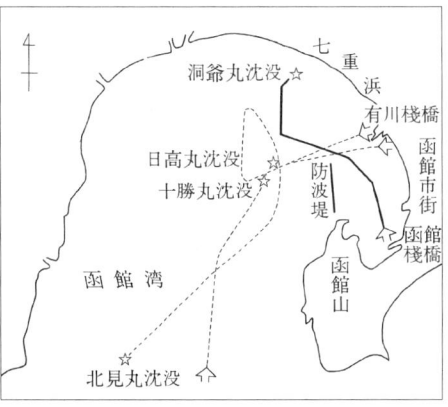

図3　青函連絡船の沈没位置（第11青函丸は日高丸と十勝丸との間で沈没）

洞爺丸だけでなく，日高丸・十勝丸・北見丸・第11青函丸という4隻の青函連絡船（貨物便）も次々に転覆・沈没し，5隻で1,430名が亡くなっている（図3）。また，洞爺丸が台風と闘っていた20時ころ，北海道岩内町では，40ﾒｰﾄﾙ/秒を超える突風にあおられ，町の8割にあたる3,300戸が焼失し，63名もの死者をだす岩内大火が発生している。洞爺丸台風による降水量は，九州と中国地方では200ﾐﾘを超えた所があったものの，ほかの地方はそれほど多くなく，暴風による被害が顕著だった。北海道を中心とする倒木の被害も非常に大きく，大雪山系の森林を中心に北海道の伐採量の3年分（蓄材総量の5％）に相当する被害が出て，この影響は長いこと残った。全国の被害は，死者・行方不明者1,761名，負傷者1,601名，住家全壊8,396棟，半壊21,771棟，床上浸水17,569棟，床下浸水85,964棟などであった（『消防白書』より）。

数値予報と青函トンネル

洞爺丸以後の青函連絡船は，強風が予想されると，大事をとって運休することがしばしばあった。しかし，再び遭難しないための年間平均80便以上という欠航は，北海道の経済にもそれだけの影響を与えていた。洞爺丸台風以後，青函連絡船が安全運転に

図4　洞爺丸台風新聞記事（『毎日新聞』昭和29年9月27日号外）

徹する一方，暴風に影響されない新しい動脈，青函トンネル建設を急ごうという機運が急速に盛り上がったのも当然の成り行きであった。昭和21年（1946）から地質調査が始まっていた青函トンネルは，昭和29年に着工，以来約7,000億円の巨費をかけて昭和63年3月14日に開通し，同日，青函連絡船は最後の航海をしている。

中央気象台は，洞爺丸台風の被害をうけ，これまで行なってきた業務の抜本的な見直しを迫られた。中央気象台は，昭和31年7月1日に運輸省の外局となり，気象庁が誕生している。また，台風の速度が異常に速かったとはいえ，この状況を正確に伝える台風情報が発表できなかったことから，台風の進路予報の精度をあげるため，アメリカで開発されたばかりの数値予報（気温や気圧，風などを記述する多くの物理方程式を数値解析という手法でとき，将来を予測する方法）を導入することとした。気象庁は，昭和32年に予算要求をし，日本で初めての大型計算機を昭和34年3月に稼動させた。この間，33年9月には狩野川台風による大被害があり，より台風予報への期待が高まったが，計算機の能力の問題もあり，当時の数値予報は，大規模な低気圧の予報程度の実力しかなかった。台風のように狭い範囲で激しく変化する現象に対しては世界で初めての試みであり，導入して半年後の伊勢湾台風では目立った成果を出していない。しかし，数値予報は日進月歩で進歩し，現在では，台風予報には欠かせないものになっている。

参考文献　中央気象台編『気象要覧』9月号，1954，上前潤一郎『洞爺丸はなぜ沈んだか』（文芸春秋，1983），饒村曜『台風物語―記録の側面から―続』（日本気象協会，1993），「「第五福竜丸」被曝とゴジラ誕生，1954」（『日録20世紀』，講談社，1997）

（饒村曜）

1957 諫早豪雨 (昭和32年7月25日)

災害の概要

昭和32年(1957)7月25日正午ころから夜中まで半日の間長崎県大村・諫早・島原市にかけて,集中豪雨に襲われた。長崎中部に停滞していた梅雨前線に,南西から湿舌(高温多湿の空気)が流入して大気を不安定化させたためであった。長崎海洋気象台大村気象通報所の記録では,総雨量は732㍉(7月25日10時～26日9時),1時間最大の降雨量129㍉(25日午後9時～10時)であり,この集中豪雨が災害の誘因となった。

集中豪雨による洪水は中小河川の排水能力を超え,各所で氾濫した。特に本明川の狭窄部,縦断勾配の遷移点に位置していた諫早市街地で甚大な被害が生じた。豪雨となった多良岳周辺は,火山性の地質で,表土は保水力がない火山灰で,その下に礫層,さらに不透水性の岩盤となっている。その

ため山津波・山潮と呼ばれる,土石流や崩壊が多良岳・五家原岳などの山地に多発し,洪水被害を増幅した(図1)。また,天明年間(1781-89)築造の橋脚が川の中程にある眼鏡橋では,大量の流木が引っかかり川をふせぎ,さらに被害を増した(図2)。

豪雨の経過

諫早市街地は,多良山系から28㌔で有明海に注ぐ本明川の中流部に位置し,両側を台地に挟まれた,川幅がわずかに50㍍程度の狭窄部の川岸に発達している。この付近から本明川は緩勾配となるため土砂も堆積しやすい。この上流部に午後と夜中に2回のピークを持つ梅雨末期の豪雨があった。最初の降雨により本明川の水位は午後3時半には危険水位を超え,午後5時ころには市内の約2,000戸が浸水した。その後,雨は一端弱まり,午後8時ころには本明川の水位は1㍍近く下がった。午後8時過ぎから再び強まった雨は雷を伴い,前回を上回る猛烈な豪雨となった。ピークは25日午後9時～11時の夜間の豪雨で,午後10時20分ころから本明川は氾濫し始め,市街地中心部を濁流が襲った。夜間に一段と強まった雷雨のなか,停電も重なり,住民の多くは避難できずに大惨事に至った。

被害の概要

この豪雨により,長崎県下で発生した主な

図1 多良岳周辺山地の崩壊状況

図2 眼鏡橋の流木

図3 諫早市内被災図

被害は死者・行方不明者782人、家屋の全壊・流出・半壊3,956棟などであった。そのうち諫早市の被害の占める割合は、死者・行方不明者586人で県全体の75％、家屋の全壊・半壊は1,817棟で県全体の46％と、大半を占めている。諫早警察署の8月15日時点の調査による死者・行方不明者は本明川沿いにおびただしく、30人以上を記録した場所について見ても、現在の諫早市永昌東町で106人、天満町で123人、本町で54人、高城町で44人、八天町で37人となっている（図3）。この豪雨では大村市・森山村・高来町などのほか、広く島原半島の国見町・島原市・瑞穂村・有明村でも数十人以上の死者・行方不明者が出たが、諫早市はそれらをはるかに上回っている。そのため「諫早豪雨」といわれている。諫早市の被害は25年後の昭和57年（1982）7月23日に発生した長崎豪雨災害での長崎市の被害に比べると、死者・行方不明で2倍以上、住家の全壊・半壊で約1.5倍である。

救援活動と復興

長崎県は災害直後に被災した市町村の要所に、県災害対策地区本部および連絡所を設置して、現地に即応した応急対策を推進した。救援活動は、先ず行方不明者の捜索、負傷者の救護、医療、防疫に力が傾注された。行方不明者の捜索は、消防団・青年団・警察・陸上および海上自衛隊・海上保安部などから延べ数万余の人員、艦艇巡視船数10隻、飛行機、ヘリコプター数機、福岡・佐賀県からの漁船を含めて600隻余が参加し、陸海空から捜索が続けられた。

伝染病予防には、県内各医療保健機関の参加のほか、自衛隊、福岡・大分・兵庫・岡山・広島・山口の各県からの医療班・防疫班が応援した。被災直後、きわめて深刻であった諫早市内の給水には、長崎市の撒水車・消防車、大村自衛隊および米軍の濾過機などが出動し全力で給水した。被災者の衣食および日常雑貨類は、長崎から諫早市までは陸路輸送、陸路が途絶した島原半島北部、北高地区被災地へは、米軍ヘリコプター、自衛隊、海上保安庁の舟艇により輸送が行われた。

一方、河川・水路に山積した材木、土砂などの排除とともに、主要交通路確保のため、道路・橋梁などの応急復旧が昼夜兼行で行われ、応急復旧箇所の調査には、建設省九州地方建設局、福岡・大分・宮崎の各県、長崎市・佐世保市から技術者が派遣された。また、冠水田の死滅した水稲の植え替え、代替作物の指導が急がれ、福岡・佐賀両県からは救援苗が提供された。被災農家の営農資金、大打撃を受けた商工業者の再興資金のために、財政金融措置がとられた。

関係機関らによる災害からの復興は精力的に実施された。末曾有の大水害によって荒廃した本明川は災害後の昭和33年（1958）に建設省の直轄河川に編入され、直轄河川改修工事として諫早市内の狭窄部河道の拡幅などが推進された。

地域の復興については、昭和32年10月からの都市計画事業一般縦覧開始、昭和33年11月の眼鏡橋の国重要文化財指定、昭和34年2月の眼鏡橋解体式を経て、翌年10月の水害復興・諫早市役所新庁舎落成記念祭典が実施された経過をみるとおおむね3年余を要しこととなる。被害を増幅させた眼鏡橋は、その後、現在の諫早城址公園に移設され、当時のたたずまいを今にとどめている。

参考文献　諫早市教育委員会社会教育課編『諫早水害誌』、1963、科学技術庁資源局編『諫早水害に関する調査』（資源局資料、1959）、長崎県治水砂防ボランティア協会編『碑文が語る土砂災害と闘いの歴史』、2009、高橋博他編『豪雨・洪水防災』（白亜書房、1987）、長崎県編『本明川のはんらんについて』、1955、諫早市秘書広報課編『あの日を忘れない―諫早大水害50周年記念誌―』、2007

（松井宗廣）

1958 阿蘇山噴火 （昭和33年6月24日）

活火山阿蘇

阿蘇火山は、東西17キロ、南北25キロに及ぶ巨大なカルデラと、その中にほぼ東西に配列する10数座の中央火口丘から成り立っている。中央火口丘群のうち、有史以後も噴火を繰り返しているのは中岳である。中岳は、玄武岩質安山岩〜玄武岩からなる3重式の成層火山で、数個ある火口のうち、現在も活発な活動を続けているのは、北端にある第1火口である。阿蘇山は、九州でも有数の観光地となっており、しかも、中岳第1火口という活動火口を、観光客が直接覗くことができる、日本でも数少ない火山の一つである。そのため、突然の爆発によって、観光客などが死傷する事故がしばしば発生してきた。

噴火による人的被害

昭和28年（1953）4月27日の噴火では、人身大から人頭大の噴石を600メートルの高さに噴き上げ、その一部は、火口縁の付近にいた多数の観光客を直撃、死者6人、負傷者90人あまりをだした。戦後に最も多くの犠牲者をだしたのは、昭和33年6月24日の噴火で、午後10時15分、中岳第1火口が爆発した。夜間であったため、目撃者はいなかったものの、大量の噴石をまじえた低温の火砕サージが、火口から西へ1キロ離れた山上広場を襲った。広場に立地していた気象庁の阿蘇山測候所は、火口から約1.2キロの距離にあったが、二重窓になっている観測室の窓ガラスがすべて破壊されたうえ、室内は吹きこんだ砂礫やガラス片によって惨憺たる有様になったという。強烈な爆風によって、木造の家屋5戸が全壊、4戸が半壊した。この爆発によって、死者12人、重軽傷者28人がでた。死者12人のうち6人は、ロープウェイの支柱工事をしていた作業員であり、残りの6人は、倒壊した家屋の下敷きになったものである。また山腹一帯に多量の降灰があり、農作物に深刻な被害がでた。その後も、中岳の活動はたびたび活発化し、昭和54年9月6日の噴火では、火砕サージによって、火口北東の楢尾岳周辺で、死者3人、重軽傷者11人という人的被害を招いた。また、火口周辺での火山ガスによる死亡事故も起きており、平成元年（1989）から11年までのあいだに、7人の死者がでている。なかでも9年11月23日には、二酸化硫黄によって2人が死亡する事故があった。このように、活動中の火口周辺で、観光客などが被災する事態が相次いだため、阿蘇火山防災会議協議会は、阿蘇山測候所からの火山情報を受けて、随時立ち入り規制を行うとともに、火口周辺のガス濃度の監視を強化するなどの防災対策を実施している。

参考文献　気象庁編『日本活火山総覧』、2005、久保寺章『火山噴火のしくみと予知』、1991、渡邉一徳（『阿蘇火山の生い立ち』、2007）　　　　　　　（伊藤和明）

図1　阿蘇中岳第1火口

1958 狩野川台風　(昭和33年9月)

昭和33年の台風

昭和33年(1958)の東日本は，春先から雨が少なく渇水状態であった。3～5月の雨量は山形・仙台など観測開始以来の少なさであり，東京でも明治39年(1906)につぐ52年ぶりの少なさであった（平年の約半分の191㍉）。その後梅雨期に入っても，6月末には真夏のように暑くなるなど前線の活動が活発で，水不足は一層深刻となった。したがって，7月下旬に台風11号が日本に接近したときには，これで，水不足が解消できると歓迎するムードがあった。台風11号が

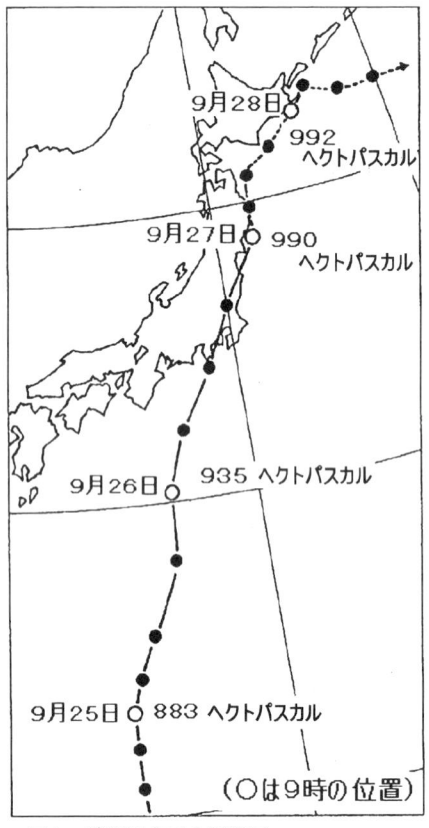

図1　狩野川台風の経路図

7月23日の朝に静岡県に上陸し，東海・関東地方では20㍍/秒を超す暴風雨となり，長期に続いていた渇水状態が解消したことにより電力・農業・水道などの面では助かったものの，死者・行方不明者40名などの大きな被害が発生した。そして，台風11号以後は台風がつぎつぎに上陸し，逆に雨が降り過ぎることになった。8月25日昼ころ，台風17号が紀伊半島に上陸したのを始め，9月18日の朝方には台風21号伊豆半島の南端をかすめて神奈川県に上陸し，9月26日の夜から27日の朝にかけて台風22号が伊豆半島の南端をかすめて神奈川県に上陸している。これら3つの台風は，日本付近に停滞していた前線を刺激したため，近畿地方から東日本にかけて大雨となった。死者・行方不明者は，台風17号が45人，21号が72人，そして第22号（狩野川台風）では1,157人という非常に大きな被害が発生した。このうち，台風17号は渇水状態であったこともあって，洪水の被害は少なかったが，静岡県沿岸から東京湾沿岸では高潮にによる被害が発生した。また，台風21号は，東京23区のほとんど真上を通過したため，9月18日に965.0hPaの最低気圧を観測した。

狩野川台風の概要

昭和33年(1958)9月20日15時にグアム島の東海上で発生した熱帯低気圧は，発達しながら西へ進み，21日3時に台風22号となった。その後台風は，次第に進路を北西から北北西にかえ，急速に発達した。22日21時から23日21時までの24時間に85hPaも気圧が低くなっている。24日13時30分の飛行機観測で得られた台風の中心気圧877hPaは，信頼できる観測値として，それまでで一番低いものであった。その後，昭和54年10月12日に台風20号で870hPaを観測しているが，大変な発達をした台風であったことにはか

わりない。

台風22号は，その後衰えながら北東に進み，26日21時ころ，伊豆半島の南端をかすめて27日0時ころ神奈川県三浦半島に上陸し，1時ころ東京を通過し，早朝に三陸沖に進んだ。関東南岸では，26日午前から暴風となったが，北緯30度線を越えたあたりから急速に衰え，暴風域も小さくなったため，強い風を観測したのは，台風の中心が近くを通過した地域およびその南東側であった。最大風速は静岡県長津呂で37.8㍍/秒，東京都大島で36.0㍍/秒，東京で20.5㍍/秒であった。

また，最盛期には直径約15㌔の非常に典型的な眼をもっていたが，北上につれて眼の大きさは拡大し，眼を作る雲の壁も次第に不活発となっていった。そして上陸するころにはかなり衰弱していた。急に風が和らぎ，雨が止んで雲の切れ間を生じるという，台風の眼に入った場合の典型的な現象が観測できたのは，伊豆半島南端に位置する長津呂（石廊崎）のみであった。長津呂では，台風の接近により風勢ますます強まり，35.0㍍/秒前後にまで風が強まっていたが，21時5分ころから10㍍/秒程度まで急に風が弱まった。この状態は，22時55分まで続き，その後再び風は20㍍/秒程度まで急に強まった。この弱風域を台風の眼とすると，台風の経路からみて，眼の直径は約40㌔ということになる。なお，気温は，21時15分から22時5分まで，20℃から23℃へ昇温しているが，これから推定すると台風の眼の直径は32㌔となる。

被害の概要

台風の接近につれて，日本の南岸沿いの温暖前線がゆっくり北上し，25日には四国地方から東北地方南部にかけて雨が降りはじめた。26日になると台風の影響を受けて近畿地方から西の地方では200〜400㍉，特に伊豆半島では700㍉を超える豪雨となった。伊豆半島の湯ヶ島では，26日早朝から強い

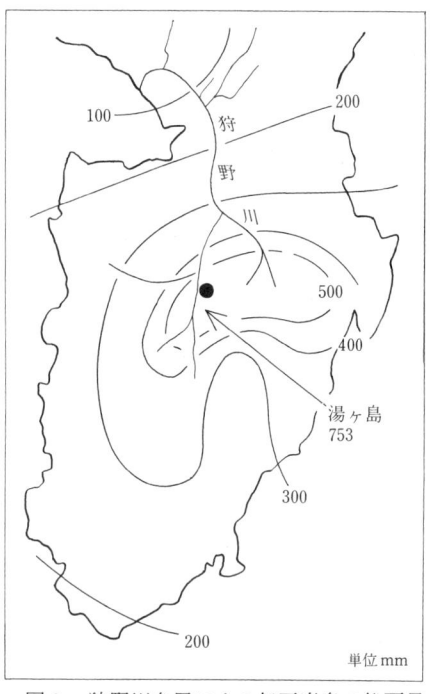

図2　狩野川台風による伊豆半島の総雨量
（9月25日9時—29日9時）

雨が降り始め，台風が30度線に達するころから前線活動が活発化した。そして，台風が伊豆半島に接近した夕方から夜にかけては，3時間に200㍉以上という豪雨となった。

伊豆半島は，最高峰の万三郎岳（1,406㍍）を主峰とする天城山脈がほぼ東西に走り，この山脈の東側にある大室山から北へ箱根山系が，西端にある猿山から北へ達磨山系が伸びている。そして，この3つの山系に囲まれた地域が，狩野川集水域である。このため，台風22号によってもたらされた北よりの風は，地形の影響で強制的に上昇させられ，狩野川沿いに記録的な豪雨をもたらした（図2）。

台風22号の記録的な大雨は，狩野川の上流部の山地一帯で鉄砲水や土石流を集中的に発生させ，中伊豆町（現伊豆市）の筏場地区においては激しい水流によって山が2つに

割れた。狩野川上流の猛烈な洪水は，途中の屈曲部の堤防を破壊しながら流下した。そして，修善寺町では，町の中央にある修善寺橋の橋梁に大量の流木が堆積し，巨大な湖を作った。そして，22時ころに「ダム崩壊現象」を起こしてさらに大規模な洪水流となって下流にあった多くの避難者が収容されていた修善寺中学校を襲い避難者もろとも流失した。さらに下流の大仁橋の護岸を削り，同町熊坂地区を濁流に飲み込み多数の死者を出した(図3)。平成20年(2008)に国土交通省沼津河川国道事務所は狩野川台風50年を期に検証を行なった。それによれば，26日21時ころから上流部での土砂崩れや流された橋のよって生じた流木や土砂が，川底から高さ10㍍の修善寺橋でせき止められ，ダムを造りはじめた。ダムの高さは12㍍となり，水面はさらにダムの3㍍上まであった。その後，21時50分に修善寺橋が崩壊し，高さ15㍍の土石流となって下流の町を襲ったことで大きな被害が発生したと推定している。ただ，ごく少数ではあるが，屋根に載ったまま駿河湾まで漂流後に助けられた，運の強い人もいる。

台風22号は，風による被害は少なかったが，雨による被害が大きく，東日本を主とする29都道府県の広い範囲にわたり，死者・行方不明者1,157名，全・半壊3,779棟，浸水家屋520,121棟，山・がけ崩れ2,174ヵ所，被災者556,978名などであった(『気象庁技術報告』より)。これらの被害の大部分は台風の通過した静岡県と関東地方で，大小河川の増水・決壊によってもたらされた。なかでも，伊豆地方では狩野川の氾濫によって，死者・行方不明者が900名を超えるなど大きな被害が発生し，修善寺町(現伊豆市)では，死者・行方不明者が464名と悲惨をきわめた。

9月26日の日雨量は東京で371.9㍉，横浜で287.2㍉と，ともに開設以来の記録(この記録は現在も破られていない)するなど，関東地方でも記録的な大雨となり，大災害が発生した。東京都では，郊外の宅地化に下水道整備が追いつかないことなどから，ゼロメートル地帯の広がる，下町(大河川沿いの低地)での大被害だけでなく，台地上にあって水害は起こりにくいと思われた，いわゆる山の手でも「山の手水害」と呼ばれる水害が発生した。中小河川や水田など，以前は降雨の排水口や湛水池の役割を果たしていた土地が埋められて住宅地に変わり，行き場のなくなった雨水があふれたためで，東京の深刻な問題となっていった。低地帯の江東地域で3㍍も浸水した所があり，上野不忍池など各地の池があふれ出し，道路などで逃げ出した魚のつかみ取りができたといわれている。東京都の浸水家屋は33万戸と，死者数が非常に大きかった静岡県全体の20倍にも達したため，昭和22年(1947)10月に，災害直後の応急的な生活救済を目的として制定された災害救助法が東京都に初適用された。また，埼玉県川口市の内水氾濫は，荒川の水位が下がるまで支川である芝川の水門閉鎖をしたため，4日間にわたって2万棟が水浸しとなるなど，大河川の支川の洪水も問題となった。

横浜港の後背地の新興住宅地ではがけ崩れが相つぎ，705棟が壊れ61名が死亡するな

図3　狩野川台風による狩野川の氾濫

ど，東京や横浜での死傷者の多くは，戦後斜面を削って建てた住宅が密集していた所でのがけ崩れ・土砂崩れによる災害であった。これは，その後増大してきた新しい災害形態であり，これらの新しいタイプの災害について，現在はさまざまな対策がとられている。しかし，当時とは比べ物にならないくらい都市化が急激に進んだ現在は狩野川台風並みの雨はいまだ経験していない。

狩野川台風の名称

台風は，年ごとの発生順に従って番号が付けられ，普通この番号で呼ばれているが，特に顕著な異常現象については，特別に名前を付けることがある。昭和33年(1958)の台風22号については，気象庁では，部内はもちろんのこと，部外においても引用されることが多いのではないかと考え，特別に名前を付けることになった。検討の結果「伊豆台風」という名前と，「狩野川台風」という2つの名前に絞られ，最終的には「狩野川台風」に決められた。

狩野川台風という名前は，狩野川流域に大きな被害を与えたということを後世に残す意味で大きな役割をしているが，その反面，狩野川流域以外の被害が忘れられるのではないかという指摘もある。伊豆半島では伊東など狩野川流域ではない地域でも大きな災害が発生しているし，東京や横浜という大都市の大きな被害が発生しているのに，狩野川流域のみに大きな災害が発生したとのイメージがでてくるからである。

飛行機からみおろした台風の眼

『気象庁技術報告』の「狩野川台風調査報告」の巻頭には，米軍の飛行機からみおろした狩野川台風の眼が載っている（図4）。9月26日に，高度約20㌔の成層圏から撮影したもので，最盛期を過ぎたとはいえ，中心気圧が940hPa程度という強い勢力を保っていたときの写真である。台風の真上からその姿をみるためには，10㌔以上に達する台風の雲の上空，つまり成層圏を飛ぶ観測

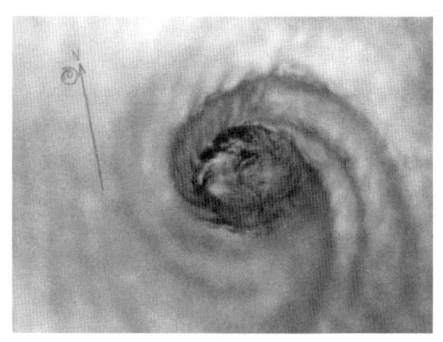

図4　狩野川台風の眼

機が必要であった。この飛行機による台風の真上からの観測および，これを用いた研究結果は，すぐに到来した気象衛星による本格的な観測や解析の礎となっている。人類初の気象衛星タイロス1号（アメリカ）が打ち上げられたのは昭和35年(1960)4月1日と，狩野川台風の2年半後である。

月ヶ瀬温泉治療学研究所

狩野川台風により，狩野川上流の中洲にあった慶応義塾医学部附属月ヶ瀬温泉療養学研究所が流されている。この研究所は昭和16年(1941)8月に，静岡県上狩野村（現伊豆市）に開設され，昭和20年3月からは診療所も開設されている。狩野川東方の山々にかかる美しい月を見ることができることから月ヶ瀬とも，温泉が湧き出ている島ということから中之島温泉と呼ばれていたところで，食糧難から閉鎖していた旅館を買い取り，研究所とした。

昭和21年8月に責任者として赴任してきた藤巻時男は，温泉気象医学の研究を始める。温泉と気象を組み合わせれば，よりよい治療が出来るとの考えに加え，中州にあり出水の危険がある場所ということから独自の気象観測を行い，ラジオで天気予報や漁業気象を聞き，毎日天気図を書いていた。狩野川台風が襲来したときも，気象観測やラジオの情報，自分の描いた天気図から，職員や患者30人を引き連れ早めに避難をしている。台風の大雨で狩野川は決壊，温泉治

療研究所は跡形もなく流されているが，人的被害はでていない。

自分の住んでいる場所の危険性を正しく認識し，情報入手に勤め，みずからも周囲の状況に気をくばり，適切な行動を素早く行なって人命を守るという藤巻時雄の行動は，「月ヶ瀬の教訓」として語り継がれている。その後の河川改修で温泉療養学研究所のあった中州は左岸と陸続きとなり，昭和52年からは慶應義塾月が瀬リハビリテーションセンターとして最高の医療を行なっている。

防災対策発展につながった災害

狩野川の氾濫に対処するため，被害が大きかった大仁町白山堂地区では狩野川の流れを直線化する工事が行われた。昭和26年（1951）6月から工事が始まったものの完成が遅れていた狩野川放水路は，台風被害を受けて水路の幅が広げられ，トンネルの数を2から3に増やした仕様に変更され，かつ完成が急がれ，昭和40年7月に完成した。狩野川放水路の効果は，平成19年（2007）9月7日0時前に伊豆半島南部に台風9号が上陸し，狩野川台風以来という大雨が降ったときに顕著に表れている。この時は，堤防の計画高水位まであと1㍍に迫っているが，放水路がなかった場合の水位は，観測水位より3.7㍍高くなると推定されていた。

日本の防災対策は，大きな被害をうけるたびに強化された。昭和27年3月の十勝沖地震と昭和29年9月の洞爺丸台風がホップ，狩野川台風がステップ，昭和34年9月の伊勢湾台風がジャンプといわれている。ホップで防災対策への本格的な取組がはじまり，ステップで具体的な対策案が作られ，ジャンプで対策案が再検討・修正されて実行にうつされている。

狩野川台風の土砂災害被害をうけて検討が進められていた宅地造成等規制法は，昭和36年6月の梅雨前線豪雨で再び横浜などで発生した傾斜地の多い大都市で大きながけ崩れ被害をうけて修正され，昭和36年11月7日に成立した。また，狩野川台風の大きな被害をうけて検討が進められていた災害対策基本法は，翌年の伊勢湾台風の被害で再検討が行われ，昭和35年5月22日のチリ地震津波の被害で修正が加えられ，昭和36年11月15日に制定されている。

降雨状況を素早く把握するための気象レーダーは，昭和29年から大阪，30年から福岡・東京に設置されていたが，狩野川台風の被害を受け，全国を20ヵ所のレーダーで覆う計画がスタートする。昭和34年に鹿児島県の種子島と名瀬，以後，高知県室戸岬，名古屋，北海道の函館と整備され，39年には遠距離からの台風補足を主目的として富士山レーダーが設置された。

参考文献　藤巻時男「患者を救った月ヶ瀬の教訓」(『気象』1月号，日本気象協会，1959)，「狩野川台風調査報告」(『気象庁技術報告』37，1964)，饒村曜『台風物語―記録の側面から―続』(日本気象協会，1993)，「巨人軍・長島茂雄デビュー！1958」(『日録20世紀』，講談社，1997)　　　　（饒村曜）

1959 伊勢湾台風 （昭和34年9月）

災害の概要

昭和34年(1959) 9月26日午後6時過ぎに，台風15号が潮岬に中心気圧929.6hPaの勢力で上陸した。この台風は，上陸前の26日9時の時点で，中心気圧が925hPa，風速25㍍/秒以上の暴風域が中心の東側に400㌔，西側に300㌔それぞれ広がり，超大型で猛烈な勢力を有していた。そのため，この台風が直撃した伊勢湾周辺地域，とりわけ湾奥部の名古屋市を中心とする臨海低平地に未曾有の大災害が引き起こされることになった。のちに伊勢湾台風と命名されることになるこの台風による全国の犠牲者の数は，地震・津波以外の災害としては明治以降最多の5,098名に達した。その犠牲者の多さから，この台風は，昭和5年の室戸台風（上陸時最低気圧911.8hPa）および昭和20年の枕崎台風（同916.6hPa）とともに昭和の3大台風（犠牲者数が3,000名以上の台風）の筆頭に数えられることにもなった。

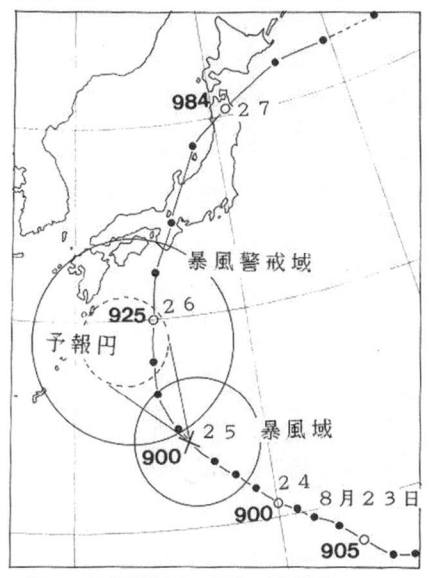

図1　伊勢湾台風の経路と予報図
　　　（9月25日観測）

しかも，犠牲者の83％を占める4,214名が湾奥部を中心とする愛知・三重両県に集中した点に，この災害の特異性があった。その原因となった伊勢湾台風による高潮の潮位偏差は，それまで最大であった室戸台風による2.9㍍（大阪港）を0.65㍍も上回る3.55㍍（名古屋港）という未曾有のものであった。一方，被害が集中した名古屋市を中心とする湾奥部低平地は，木曾三川の三角州に16世紀以降の干拓によって形成されたものであり，名古屋城周辺の丘陵地と明治以降の臨海埋立地以外の大半は海抜0㍍以下であった。しかも，濃尾平野自体が東高西低の傾動地塊上に木曾三川からの氾濫堆積物によって形成されたものであり，地塊の沈降に堆積物の沈下が加わり，地盤高が恒常的に低下する宿命にあった。そのため，地下水の汲み上げによる地盤沈下の影響はその当時まだ顕在化していなかったが，昭和19年(1944)の東南海地震による地殻の沈降なども加わって，湾奥部の低平地は構造的に水害に対して非常に脆弱な状態にあった。ここが，第1次大戦後の好景気を契機として，その後の第2次大戦中の軍需景気や朝鮮特需後の経済復興・拡張とともに市街化されたため，日本最大のゼロメートル市街化地域となりながら，それに見合った防災対策は不十分なままであった。その上，住民自身に自分たちが危険地帯に住んでいることの自覚も欠けていた状況にあった。しかも，伊勢湾はわが国3大湾の中で高潮が最も発達しやすい湾でありながら，湾奥部低平地の市街化が始まる大正以降，大きな高潮が発生していなかったこともあり，むしろ高潮に対して安全な湾と誤解されていた面もあったようである。いずれにせよ，こうした低平地を守る堤防がT.P.（日本の代表的平均潮位として用いられている東京

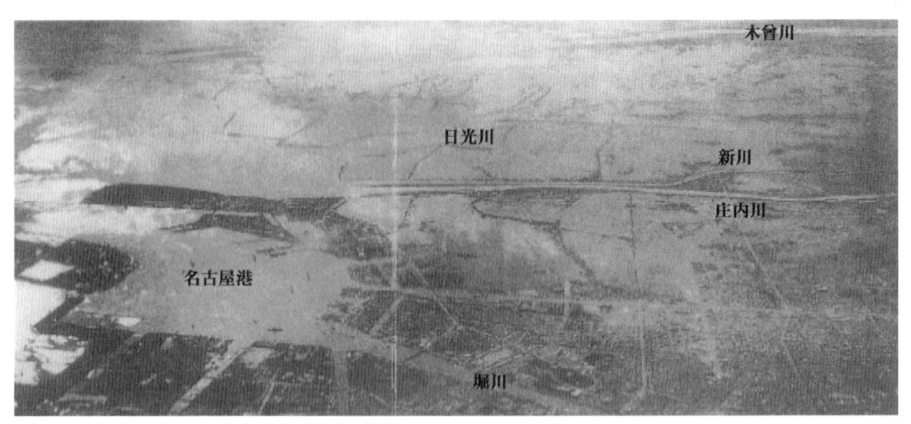

図2　伊勢湾台風による湾奥部の浸水状況

湾中等潮位）+3.89メートル（名古屋港）に達するような高潮と2メートルを超える高波を想定していなかったことは確かであった。また，戦争による国土の荒廃のためもあって，戦後毎年のように台風災害が続いたが，その後自然災害も小康状態に入り，災害対策も戦後の混乱期を脱して効果を上げて来たという安心感が避難対策の不備につながったのではないかとも思われる。

加えて，名古屋港は木曾檜の集散場であった熱田の港から発展したこともあり，戦後も原木の輸入とその製品の輸出が貿易の柱の1つとなるなど木材の取扱量が多く，貯木場に集まっていた100万石（約28万立方メートル）ともいわれた大量の木材の半分近くが市街地に「暴走木材」として流出したことも被害を拡大させた大きな原因であった（図3）。このように災害の誘因として超大型台風の来襲によって未曾有の高潮が発生する一方，湾奥部には大きな高潮災害の洗礼を受けないまま市街化や農地開発が進んで来た低平地が拡がり災害の素因となっていた。しかも，災害の拡大要因として，名古屋港での大量の木材の集積に加え，「もはや戦後ではない」という言葉が広がり始めた当時の世相を背景にした水害危険地帯の自覚や高潮への警戒心の不足による避難対策の不備，台風の来襲が夜間であったことや停電などがあった。

これら3つの要因が不幸にして重なったことが，伊勢湾台風災害を激甚化させた最大の原因であったといえる。もちろん，堤防が切れなければ，被害は通常の台風災害のレベルに留まっていた可能性はある。また，台風の来襲が昼間であれば，あるいは夜間であっても事前に避難が行われていれば，犠牲者の数はもっと少なく済んだとも考えられる。いずれにしろ，伊勢湾台風は，想定を超える台風やそれによる高潮が来襲した場合，想定台風や高潮に対して積み上げられてきた対策や過去の被災経験が無実化され，拡大要因をテコに想像を絶する大災害が引き起こされることを2011年東日本大震災の52年前に既に実証した典型的事例であったといえる。

被害の概要

伊勢湾台風は，わが国観測史上最強・最大の上陸台風である室戸台風に比べ，高橋浩一郎によって定義された台風の破壊力を表す台風エネルギー（佐藤ほか1979）が半分程度でありながら，これを格段に上回る被害をもたらした台風として特筆される。伊勢湾台風による死者・行方不明者数5,098名は，室戸台風による死者・行方不明者数3,036名の約1.7倍に達し，来襲時刻が室戸台風の朝に対して夜という違いはあるが，その

比率は昭和9年(1934)と34年のわが国の人口比1.38をはるかに上回り，台風エネルギーから想定される被害者数1,598名の3倍を超えていた(建築学会伊勢湾台風災害調査特別委員会，1961)。

しかも，伊勢湾に面した名古屋市南区および港区，愛知県飛島村および弥富町，三重県木曾岬村および長島町の2区2町2村だけで，愛知・三重両県の全犠牲者の7割弱が占められていた。とりわけ，名古屋市南区における1,417名に達した犠牲者の数は突出している。これを死亡リスク(＝死者・行方不明者数／人口)で見ても，隣の港区の死亡リスク$4.1×10^{-3}$(1,000人あたり4人の犠牲)の2.37倍の$9.7×10^{-3}$(1,000人あたり10人の犠牲)に達していた。その原因は，貯木場から直径1㍍，長さ5㍍，重さ数㌧に及ぶ木材が大量に流出し，住宅を破壊するなどによって被害を拡大させたことにあった。また，木曾岬村での死亡リスクは0.1を超え，村民2,993名中328名が犠牲になるという凄まじさであった。これらの区町村の土地は，いずれも江戸時代以降の干拓によって陸地化されたものであり，堤防が機能を失えば元の海に戻り，被害が一層激甚化されることを思い知らされる(図4)。

低平地を守るべき堤防が湾奥部を中心に220ヵ所総延長33㌔にわたって被災し，機能を失ったことが多くの犠牲者を出す引き金となった(図5)。

その第1の原因は，名古屋港でのそれまでの最高潮位T.P.＋2.97㍍を1㍍近く上回るだけでなく，当時の海岸堤防の計画天端高(堤防上面の高さ)T.P.＋3.38㍍を上回るT.P.＋3.89㍍に達する高潮であった。

第2の原因は，越流・越波に弱い堤防の構造にあった。事実，湾奥の干拓地の堤防は高さこそT.P.＋5.03㍍〜6.40㍍を超していたが，天端および裏法(堤防背面)ともに葦根上張りであったため，T.P.＋3.90㍍近い潮位と2㍍を超える高波の越波・波力

によって寸断されてしまった。このような越流・越波による洗掘に弱い海岸堤防の致命的欠陥は，昭和28年に来襲した台風13号による三河湾沿岸を中心とする被災において既に明らかとなっていた。そのため，この台風災害を契機として始まった当時の海岸災害防止事業では，越流・越波によって壊れないように，天端および裏法も含めて堤防全体をコンクリートで巻き立てる三面張りとすることが定められた。この台風による被害は三河湾沿岸が中心であったため，そちらの工事が優先され，被害が比較的軽微であった伊勢湾区部での工事は未完成の状況にあった。そこに伊勢湾台風による高潮・高波が来襲し，ほとんどの堤防はその越流・越波によって破壊されてしまった。

こうして，愛知県飛島村南岸において最初の浸水が26日20時ころに始まり，20時過ぎには名古屋市港区でも広い範囲で浸水し，それが低平地全体に拡大した。なお，湾奥部やそこに流入する河川流域での降雨はそれ程多くなく，揖斐川支流の牧田川の水位が中部地方で唯一計画高水位を0.43㍍上回る洪水の発生に留まった。それによって堤防が決壊した岐阜県多芸輪中では浸水家屋が1,700戸に及ぶ被害となったものの，破堤箇所は根古地などに留まり，湾奥部での浸水に対する河川からの氾濫や内水の影響は高潮の氾濫後に若干現れた程度であった。このように，湾奥部低平地の浸水は高潮による海水流入によるものであったため，海岸堤防の破堤は浸水を長期化(湛水化)させることになった。その結果，T.P.以下の低平地，いわゆる海抜ゼロメートル地帯と呼ばれる185.4平方㌔(地理調査所(現国土地理院)調べ)に及ぶ地域全域が湛水化した。こうした低平地の復旧では堤防の締め切りが最優先課題となり，全破堤個所の仮締め切りは11月21日に完了したが(図6)，排水が完了して浸水地域が完全になくなったのは被災から実に3ヵ月後の12月下旬であっ

図3　貯木場から流出した夥しい木材

図4　泥の海と化した名古屋市西部

図5　名古屋市南区山崎川右岸堤防の
　　　決壊と流入する海水

図6　最後の堤防締切工事
　　　（愛知県海部郡東末広）

た。そのため，湛水が長期化した地域では，復旧工事の遅れに留まらず，避難生活や工場の操業停止の長期化，建物の損傷の拡大による社会・経済的損失の拡大などによって被害が増大した。このように湛水地域を中心として被災地の活動が長期にわたって麻痺する事態となったこともあり，愛知・三重両県だけで当時の日本のGNPの4割近い推定被害総額5,050億円に達する大災害となった。

救助・救援活動

名古屋市では台風が最接近する前から市内の通信網は不通となり，水防本部が被害情報を収集できる手段は警察・消防の非常通報だけになっていた。その非常通報で甚大な被害が発生していることを知った名古屋市は，21時に水防本部を災害対策本部に切り替え，災害救助隊を編成して被災市民の

救助を始めた。しかし，激しい風雨や停電による暗闇に浸水が加わった状況下での救助作業は困難を極めたため，22時に自衛隊に出動を要請することを決定し，陸上自衛隊が災害救援活動を開始することになった。一方，各区の水防隊および消防団は，家屋倒壊などによる被災者の救助，浸水地域の被災者の避難誘導・救助などに奔走し，被災者救援の大きな力となった。特に，名古屋市南部地域の大半は，高潮による浸水で道路・小河川などが水没し，孤立した被災者の人命救助が最重要課題となっていた。そのため，水防部(現消防局)では浸水被害を免れた地区の水防地区隊を浸水地区に派遣するための特別応援隊を編成するとともに，市内の公園などで使用されていた100隻以上のボートを被災地に急送して，救助作業を行なった。

愛知・三重両県では全壊と流失を合わせた被災家屋数が28,796戸に及び，多くの人々が住む家を失うことになった。このため，当初は仮設小屋や不通になった関西線の列車などまで緊急避難所として利用されたが，被災者の救助・収容活動が本格的に始まると，指定避難所にほとんどの被災者は移り住むようになった。また，被災地の治安対策としては，名古屋市南部や海部郡南部などの湛水地域を中心に50ヵ所を超える警備屯所が設けられ，警視庁・神奈川県警・静岡県警などからの応援人員や車両・舟艇の派遣，警察学校生徒の動員などによりパトロールが強化された。

災害対策基本法の制定

伊勢湾台風以前においては，昭和21年(1946)12月の南海地震，翌22年のカスリーン台風を契機として成立した災害救助法のように災害発生のつど個別に法律が制定され，対応されていた。しかし，実際に災害が発生すると各省庁や自治体の対応が一貫性と計画性を欠いたものとなり，災害対策の実施に齟齬をきたすことがあった。

伊勢湾台風の場合においては，被災規模の大きさから，政府によって中部日本災害対策本部が設置され，そこで調整された統一的な方針の下にさまざまな災害対策が実施されたが，自治体ごとの個別的状況への対応や，体系的な防災・復興体制の構築が課題となった。それに応えるものとして，「災害を未然に防止し，災害が発生した場合における被害の拡大を防ぎ，および災害の復旧を図る」と，はじめて防災の概念を明確にした災害対策基本法が昭和36年10月に成立した。そして，防災に関して国・地方公共団体・公共機関・住民等の防災責任を明確化し，具体的な対策・措置について明記するとともに，国・都道府県・市町村の各レベルに防災会議を設置し，それぞれ防災基本計画(国)，防災業務計画(指定行政機関(各省庁)，指定公共機関(日本赤十字社など公益的事業を営む法人など)，地域防災計画(都道府県・市町村)を定めることとされた。

こうした国の対応の一方，災害対策の前線に立つ自治体においても独自に条例を制定し，対策の実質化が推進された。伊勢湾台風によって，自治体として最大の死者・行方不明者(1,851名)を出した名古屋市では，浸水危険度の高い南部一帯を災害危険区域に指定し，建築制限の具体的実施などを計画・実行するために名古屋市臨海部防災区域条例を制定した。

参考文献　内閣府中央防災会議災害教訓に関する専門調査会編『1959伊勢湾台風報告書』，2008，高橋浩一郎「台風のエネルギーについて」(『中央気象台彙報』35，1961)，佐藤武夫・奥田譲・高橋裕『災害論』(科学論・技術論双書 3，勁草書房1979)，日本建築学会伊勢湾台風災害調査特別委員会編『伊勢湾台風災害調査報告』，1961

(安田孝志)

昭和の3大台風

昭和9年(1934)の室戸台風(死者・不明者

3,036人), 同20年の枕崎台風(同3,756人), 同34年の伊勢湾台風(同5,098人)を「昭和の3大台風」と呼ぶことがある。いずれも超大型で非常に強い勢力を保って上陸, 暴風雨や高潮によって建物の損壊や流失, 河川の氾濫や洪水, 土砂崩壊など大きな被害をもたらし, 3,000人を超す犠牲者を出した点で共通している。また, 災害に関する情報の収集・伝達・受容の過程が機能せず, 行政の対応や住民の避難など十分な防災態勢が取られずに被害を大きくした点でも, 3つの台風は共通している。

ここでは, のちに伊勢湾台風と命名される昭和34年の台風15号について, 台風史上最悪の被害を生じた要因と背景, その後の災害対策に及ぼした影響などを概観する。

台風情報の伝達不全
災害に関する情報の適時・適切・的確な伝達は防災のカギである。台風の勢力や進路, 予想される被害をリアルタイムで伝え人々に台風への備えと避難を促すことが防災の効果を上げる。台風15号の接近に伴い気象庁, 名古屋・津の地方気象台は上陸前日の9月25日から観測・連絡体制を強化した。名古屋地方気象台は25日18時30分に台風情報第1号を出したのを手始めに26日22時50分までの間に11回の台風情報を発表した。津地方気象台は26日午前8時に暴風雨警報を, また名古屋地方気象台は11時15分に暴風雨警報と高潮警報を発表,「今回の台風は近来まれにみる規模の大きなもので, 大きな災害が続出するので厳重な警戒を」と呼び掛けた。

伊勢湾台風以前の放送メディアの台風報道は, 被害が判明してから取材と報道が始まる"被害報道"が主であったが, 伊勢湾台風では時々刻々情報を伝えて注意を喚起する"防災報道"に重点が置かれ, 災害放送の転換点とされた。NHK名古屋放送局と中部日本放送CBCは気象台にマイクを特設, 台風情報や警報の発表を気象台職員の解説を入れてラジオで速報した(昭和34年時点でのテレビの世帯普及率23%に対しラジオは80%以上で, ラジオが主たる速報メディアであった)。またNHKははじめての試みとして気象庁にテレビカメラを持ち込み予報課長や天気相談所長へのインタビューを織り込んで台風の現況と進路予想, 注意の呼びかけを伝えた。NHK, CBCのラジオは台風が最悪のコースを取ると予想され, 東海地方に大被害をもたらした昭和28年(1953)の台風13号に勝るものであることや夜に入ると東海地方全域が暴風圏に入り大災害が心配されることを繰り返し伝え, 非常持ち出しの食糧や飲み水, 医薬品の準備を促し, 停電に備えてロウソクや懐中電灯の用意, 水の汲み置きなどの行動を指示する情報も織り込んだ。

午後6時ころ和歌山県潮岬付近に上陸した台風は東海地方を暴風圏に巻き込み北上。19時30分発表の台風情報7号は「三重県ですでに大災害。今後愛知・岐阜・静岡県でも風雨が強まり近来まれな災害が予想される」「夜半前後には海岸地方では高潮と高さ10㍍くらいの大波による著しい災害のおそれ」と厳重な警戒を重ねて呼び掛けた。しかし, 愛知・三重県下では強風で26日夕刻から送・配電線の断線・停電が相つぎ, 電話もほとんどが不通になった。気象台から県や市町村, 警察, 水防本部などへは電報と電話によって台風情報を伝達することになっていたが, 台風接近時にそのルートが断たれた。NHKとCBCは自家発電装置を動かして放送を続けたが, 停電時でも聞ける電池式ポータブルラジオの普及率は当時, 名古屋市内でも21%にとどまり肝心の情報が住民には伝わらず, 警戒や避難などの適切な対応が取れなかった。

危険情報の欠如
伊勢湾台風災害の特徴は, 伊勢湾で発生した高潮が湾奥に広がる広大な海抜ゼロメートル地帯を襲って人命・財産に大きな被害

を与えたことである。

０メートル地帯の水害の危険性に関する情報がなかったわけではない。資源調査会は地理調査所と協力して全国各地の水害地形分類図を作成していた。空中写真や等高線図，現地調査をもとに水害の型を予測したもので，「木曾川水域濃尾平野」の図は昭和26年(1951)につくられている。ここでは海部地方南部の三角州は過去・現在・将来にわたって水害の危険度の高いところと判定しており，伊勢湾台風の浸水地域と一致している。しかし，この図が行政やメディアに取り上げられた形跡はなく，０メートル地帯に住む人々はその危険性について知らされていなかった。

名古屋港から堀川にかけての一帯には17ヵ所・総面積122万平方メートルの貯木施設があった。戦後復興が進むとともに木材の需要が増え原木の輸入量は急速に伸びた。昭和34年9月までの輸移入量は前年同期比123％の88万トンにのぼり，貯木場に収容しきれない木材が河川や運河の水面に繫留されていた。高潮は貯木場の護岸を壊し巨大な原木を背後の低地帯に押し流した。なかでも名古屋港8号埋立地貯木場は高潮と波浪を正面から受ける形となって900メートルの堤防が一挙に崩壊，28万石の木材が背後の南区柴田・白水地区に流出して住宅を押しつぶし大勢の死傷者を出すことになる。南区の死者は伊勢湾台風の全犠牲者の28％に当たる1,417人を数える。そのほとんどは高潮と流木の直撃によるものであった。南区浜田南公園には「くつ塚」の通称で知られる慰霊碑がある。水が引いた後たくさんの靴が流れ着き人々は靴を集め花や線香を手向けて犠牲者の冥福を祈った。その場所に翌年，名古屋市が台風殉難者の碑を建てた。

名古屋港の材木いかだは，明治45年(1912)の高潮と大正10年(1921)の台風で流出し護岸や沿岸の建築物に大きな被害を与えたが，その被災経験と教訓とが継承されず，危険性についての十分な認識を欠いたまま，伊勢湾台風の接近に対しても適切な防災対策が講じられなかった。海岸堤防や護岸の安全性に対する行政や住民の過信もあった。堤防が老朽化しているうえ戦中戦後の資材や資金，労働力不足で維持工事が不十分なところに加えて毎年のように発生した災害の復旧工事も進まず堤防自体「極めて危険な状態にあった」(名古屋市総務局調査課編『伊勢湾台風災害誌』，1961)のに，その危険が住民に認識されていなかった。

知多半島東部の愛知県半田市では，高潮で防波堤が決壊，290人が死亡した。半田市では昭和28年の台風13号の後，三河湾沿いの約5キロに高さ4.5メートル，厚さ50センチのコンクリート壁が建設された。半田市は26日16時に避難命令を出すが避難者は40～50人にとどまった。「完全な護岸工事が行われたと見えたこと，13号のときは大潮だったのに高潮は腰までしか来ず，26日は小潮で市民は安心していたのではないか」との半田署の話を，気象庁『伊勢湾台風調査報告』(1961)が紹介している。「まさかこの堤防が決壊することはあるまい」「よもや自分が被害に遭うことはあるまい」などと危険や脅威を無視ないしは軽視する「正常化の偏見」(normalcy bias)は災害時にしばしば見られる対応である。災害の危険について的確な情報が欠落していたり，危険を認識する体験や知識がなかったりした場合，人々は避難など適切な防災行動をとることができず被害を大きくしてしまう。伊勢湾台風では，人々に０メートル地帯や海岸堤防，貯木場などの危険性を認識させる情報が不足していたことが被害を大きくした。

遅れた避難指示

伊勢湾台風災害の最大の要因は高潮の来襲であった。高潮災害は被災地域が臨海部やそれに続く低地帯に限定される。避難が適切に行われていれば人的被害は相当に軽減されたはずである。名古屋地方気象台は26

日10時，官公庁や報道関係者を呼んで台風の勢力や特徴，予想進路などを説明，警戒と報道に万全の措置を取るよう要請した。名古屋市では11時15分，暴風雨・高潮・波浪警報の発令と同時に水防本部を設置し，消防・土木・水道・区役所などで警戒態勢に入り，夕刻には水防資材の手配や危険個所の補強にあたった。だが，高潮による護岸の決壊や濁流の浸入といった事態までは予想しえず，住民への避難の呼びかけや指示は行われなかった。

名古屋市水防計画書は市立学校56校・収容人員2万1千人を避難所としていたが，0メートル地帯の人口だけでも14万人余。伊勢湾台風ほどの大規模災害を想定した避難計画はなかった。「名古屋市の立退き避難計画には，危険個所の立退き区域，立退き先等の指定があるのみで，立退き指示の時期，指示方法，避難の範囲，どの地区のものはどこに避難するのか，伝達担当者および避難誘導責任者，避難の経路等避難を的確に実施出来るような具体的な計画を欠いて」おり，「名古屋市について県，市とも何ら事前の立退き避難の実施につき検討，あるいは協議された形跡がない」（行政管理庁行政管理局編『伊勢湾台風災害実態調査結果報告書』，1960）ことが，犠牲者を増大させる要因となった。同報告書は「他の都市においては（避難）計画が水防計画上明確にされているものがあり，計画がなくとも水防管理者の適切な判断で之（避難）を行ったものもある」と指摘しているように，高潮警報の発令など台風情報を的確に分析し早期の避難で減災に成功した地域もあった。

人口1万人の三重県楠町（現四日市市）は町内のほぼ全域が0メートル地帯，昭和28年（1953）の台風13号では高潮で海岸堤防が決壊し大きな被害を受けた。このため水防に対する町民の関心は高く，町も気象観測機器や非常連絡無線機の整備を図るとともに，緊急時の避難などについて地区ごとに座談会を開いたりパンフレットを配ったりして町民の啓発を重ねていた。26日は午前中から2,500人の消防団・水防団員を動員して危険個所の点検補修と住民の避難誘導にあたらせた。15時には避難命令を発令，婦女子や高齢者ら2,300人余が2～3日分の食料や衣類などを持って所定の学校や公民館に避難した。夜に入り高潮で隣接する四日市市と鈴鹿市の海岸堤防が決壊，楠町内のほぼ全域が水没した。これにより家屋の損壊80戸の被害を出したものの死傷者はゼロであった。

同じ13号台風で高潮による被害を受けた知多半島から三河湾にかけての市町村では，26日午後から夕方までに避難命令を出したところが多く犠牲者を抑えることができた。それに対して13号台風の被害が軽微で済んだ伊勢湾奥の市町村は，名古屋市港区が20時，南区20時30分，三重県桑名市21時，長島町19時（いずれも警察や水防団などが避難を指示）など夜に入ってからの避難命令が多かった。停電で暗闇となったなか，勢いを増す暴風雨をついての避難は容易なことではなかった。

救援と復旧・復興

被災地では台風一過の27日朝から警察・消防・自衛隊によって被災者の救助と犠牲者の遺体収容が始まる。

水没した地域の住民を安全な避難所に移動させることが急がれたが，我が家への愛着や盗難被害への心配から屋根裏などに寝起きして水中に孤立した家屋に踏みとどまる住民も多く，行政は繰り返し避難を説得，警察は被災地の治安確保に力を入れることになる。その結果，名古屋市では261ヵ所の避難所に8万1千人余の被災者が避難，不自由な避難生活は最長で2ヵ月に及んだ。政府は愛知県庁内に中部日本災害対策本部を開設，救援と復旧対策を一元化するとともに政府関係の業務を現地で処理する態勢をつくった。被災者の救援には行政の呼び

掛けに応えて自治会や婦人会，日赤奉仕団，大学生・高校生らがボランティアとして参加，避難所の維持・救援物資の整理や配給・衛生管理などに従事した。

台風が東西日本をつなぐ要衝である名古屋圏を直撃，住宅や工場のほか鉄道や道路，港湾などのインフラに多大の損害を与えた結果，被災地の社会経済的活動が長期にわたってストップした。被害額は愛知・三重両県だけで，当時の日本のGNPの4割近い5,050億円に上った。

被災地の復興は，破堤した堤防を締切り湛水を排出することから始まった。堤防の仮締切りには大量の土砂が必要で，東京・大阪など全国各地からポンプ浚渫船を集め，自衛隊をはじめ土木事業者，消防団，学生らの人海作戦で作業が進められた。湛水の排出が終わったのは名古屋市内で11月25日，全部の被災地で湛水が消えたのは台風から3ヵ月後の12月下旬であった。

本格的な復興と防災対策として昭和39年鍋田干拓地と対岸の知多半島を結ぶ7.6㌔に高さ6.5㍍の名古屋港高潮防波堤が完成した。さらに名古屋港一帯の26㌔に高さ6～6.5㍍の防潮壁が張り巡らされた。

災害対策基本法の制定

伊勢湾台風以前，災害への対応は発生の都度個別に措置されてきた。災害救助法（昭和22年(1947)）をはじめ，消防法（23年），水防法（24年）など個別の災害に対応する法律はあったが，所管官庁の縦割り行政のため災害が発生すると各省庁や自治体の対応がバラバラで計画性と一貫性を欠くきらいがあった。

伊勢湾台風のほか昭和33年の狩野川台風，同35年のチリ地震津波など大災害が続いたことから，災害対策に関する基本的な法律をつくろうという機運が高まり昭和36年災害対策基本法が制定される。災害対策基本法は，「災害を未然に防止し，災害が発生した場合における被害の拡大を防ぎ，及び災害の復旧を図る」（第2条）ことを目的とした。その上で国・地方公共団体・公共機関，住民の防災責任を明確にした。国・都道府県・市町村それぞれのレベルで防災会議を設置，防災基本計画（国），防災業務計画（各省庁と日銀，日赤，NHKなど指定公共機関），地域防災計画（都道府県，市町村）の作成を義務付けた。地域防災計画では防災に関する組織，災害時の情報伝達・避難，被災者の救出，生活物資の供給などを具体的に規定。市町村長には事前措置や避難の指示，住民を応急措置業務に従事させることなどの権限を与えた。

災害報道の転換

伊勢湾台風は放送メディアの災害報道が従前の被害報道から防災報道に転換するきっかけとなった。放送は台風の現況や予想される被害を伝え，それへの対策を繰り返し呼び掛けた。台風後も長期間の湛水で大勢の被災者が水中に孤立，救援の手が差し伸べられるのを待ち続けた。NHKとCBCテレビは繰り返し被災地からの中継特別番組を編成，被災者を救おうという反響を全国に巻き起こした。ラジオではNHK・民放ともに被災者に向けて，救援物資の配分や住宅再建，融資の案内，健康や教育相談などきめの細かい生活情報を連日放送した。交通・通信が途絶している中で「自分の無事を親戚に伝えてほしい」との依頼がNHKの取材班に託されて電波に乗った。安否情報放送の始まりである。9月27日から10月31日までの間に放送された定時ニュースを除く伊勢湾台風関連の番組は，NHKラジオ230回延べ70時間，CBCラジオ90回44時間，NHKテレビ60回28時間，CBCテレビ39回13時間などにのぼった。

伊勢湾台風は防災報道に特化して災害放送を大きく変えるものであったが，それにもかかわらず多大な被害が出たことで災害時に放送が果たす役割について課題を残した。NHK報道局は今後に生かす教訓として，①

台風情報をそのまま放送するだけでなく不安に駆られた視聴者がどんな行動をとるべきかを具体的に伝える，②日頃から防災知識を高める啓発報道と防災のキャンペーン放送を行う，③ラジオ第1と第2，総合，教育テレビの4つの放送波のどれを聞いていても緊急の災害情報が伝わるようにする，④被災地向けのニュースや情報を全国向けのニュースより優先して放送することの4点を取りまとめた。その後NHKの災害放送の柱となったものである。
これらの教訓が生かされ，放送が減災に役立ったのが2年後の第2室戸台風であった。

教訓が生きた第2室戸台風
伊勢湾台風の2年後の昭和36年(1961)9月16日，超大型の台風18号が近畿地方を襲う。勢力や進路が昭和9年の室戸台風と酷似していたことから第2室戸台風と命名された。大阪管区気象台は16日朝，行政や報道機関に「最悪の事態，厳重な警戒と予防態勢を」と要望。高潮警報の発表と同時に大阪湾沿いの14区市町村に避難命令が出された。テレビとラジオは繰り返し台風情報や警報，避難命令を伝え，左藤義詮大阪府知事も放送を通じて台風への備えと早急の避難を呼び掛けた。その結果，1,056ヵ所の指定避難所に44万人が避難を済ませた。貯木場では前日のうちに木材をつなぎ留め船は港外に退避した。
第2室戸台風の被害は大阪府を中心に死者・不明者202人，負傷者4,972人，住宅の全半壊61,901棟など全国に及んだ。しかし，激しい暴風雨や4メートルもの高潮にもかかわらず伊勢湾台風に比べると犠牲者の数ははるかに少なく，特に0メートル地帯が広がる大阪府で高潮による死者はゼロであった。
これは台風の襲来が昼間だったことに加えて，適切な情報の伝達と防災態勢の整備・早めの避難など伊勢湾台風の教訓を生かした対策が講じられたことによる。伊勢湾台風から半世紀が経過した。この間，台風防災の体制は強化され，大型の台風や高潮の被害も免れてきた。しかし，台風災害の潜在危険性はむしろ増大しているとの指摘がある。臨海部の開発が進んだ結果，0メートル地帯は伊勢湾の336平方㌔をはじめ東京湾・大阪湾の3大湾を合わせて577平方㌔に広がり，ここに404万人が居住する。伊勢湾で61％，東京湾と大阪湾で各20％の海岸堤防が建設後40年以上を経過して老朽化と耐震性の不足が心配されている。

参考文献　内閣府中央防災会議・災害教訓の継承に関する専門調査会編『1959伊勢湾台風報告書』，2008，NHK編『20世紀放送史』上，2001，建設省編『伊勢湾台風災害誌』，1962，気象庁『伊勢湾台風調査報告』(『気象庁技術報告』7，1961)，行政管理庁行政監察局編『伊勢湾台風災害実態調査報告書』，1960　　　　　(小田貞夫)

1960 チリ津波 （昭和35年5月24日）

前触れなき大津波

昭和35年(1960)5月24日早朝，わが国の太平洋沿岸は，地震もないのに突如として大津波に襲われた．津波常襲地帯である三陸地方では，「地震があれば津波の用心」が語り継がれていたが，その常識を破るものであったので，古老の権威が疑われる原因となり，「世間の掟と自然の掟の差」と表現された．日本では北海道から千葉県まで6道県と，当時まだ米国統治下だった沖縄県と合わせて142人の死者・行方不明者を出した．

津波の原因と特徴

津波の原因となった地震は，日本からは地球の反対側になる南米チリのバルディビア沖の，南米プレートの下にナスカプレートが年間8.4ｾﾝﾁの速度で沈み込むアタカマ海溝で日本時間昭和35年(1960)5月23日4時11分に発生した．典型的なプレート境界での低角逆断層型の断層運動で，震源域の広がりは南北約1,000km，震源時間は約200秒にも及んでいた．当初，気象庁は周期5秒程度の地震波に基づきM8.75と判断した．しかし，チリ地震では，エネルギーの主要部分は周期400秒前後の周波数帯で放出されたので，この見積もりは不正確であった．のちに，地震波形から推定された断層モデルを用いるとモーメントマグニチュード(Mw)9.5となった．観測された地震としては今も世界最大である．

断層モデルに基づいて津波の初期波形を計算すると図1となる．東西に切った断面での波形が下図である．波長はほぼ700ｷﾛ，波高は約10ﾒｰﾄﾙである．この波が秒速200

ﾒｰﾄﾙほどで太平洋内へ広がり，途中ハワイで死者61人などの被害を起こし，23時間後の翌日未明には日本の沿岸部へ伝播してきた（図2）．チリから日本までは約17,000ｷﾛあるが，津波の波長が700キロなのでこの間には波が24個ほどしか入らない．つまり波として24回ほど揺れるだけの近さで日本まで到達した．このような長周期成分はエネルギーを失うことなく地球を半周して日本まで来たのである．地球で最も広い海洋である太平洋でも，チリ津波のような波長の長い波に対しては大きな入れ物ではなかった．地震の揺れも長周期成分が大きかったので地球を何周も伝わった地震波が観測可能だったが，海水の揺れである津波も何日も観測可能なレベルで継続した．

1960年当時から，震源域北端に近いチリのバルパライソ近郊での潮位記録が注意を引

INITIAL PROFILE OF THE CHILEAN TSUNAMI OF 1960

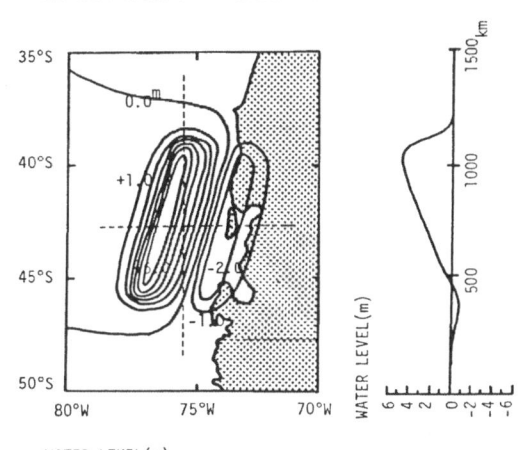

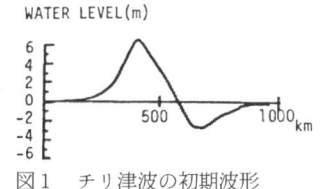

図1 チリ津波の初期波形

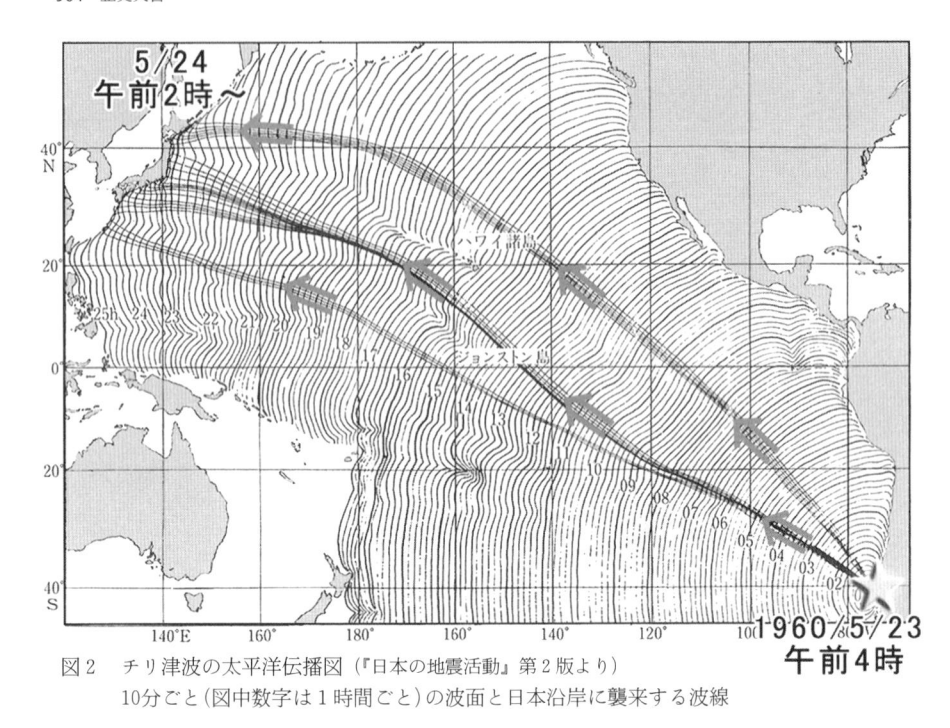

図2　チリ津波の太平洋伝播図（『日本の地震活動』第2版より）
10分ごと（図中数字は1時間ごと）の波面と日本沿岸に襲来する波線

図3　日本各地の津波打ち上げ高分布

いた。震源に近いにも関わらず，地震当日ではなく2日遅れで津波の最大振幅が記録されたのである。おそらくアジア大陸からの反射波が原因であろうと推測されていた。後に計算機の処理能力が上がって地球半分の伝播の数値計算が可能となると，35時間後に太平洋を往復してきた第1波より高い津波が再現できて，推定が裏付けられた。発生時の現実の津波が図1のような単純な波形をしている訳ではない。地盤が一様ではないことなど，さまざまな原因から短周期成分も多く含まれていたに違いない。ただ，短周期成分は伝播途上で海山や島など水深が相対的に浅い部分によって捕捉・分散されたから，日本まで到達した波では長周期成分が卓越したものになっていた。日本での津波の観測記録からは，北日本・東日本では60分以上の周期が卓越し，西日本では約40分の周期が卓越していた。何故このような差が生じたかについて，当時はマリアナ諸島から伊豆までの海嶺部分の影響だとされたが，数値計算で海嶺の影響では

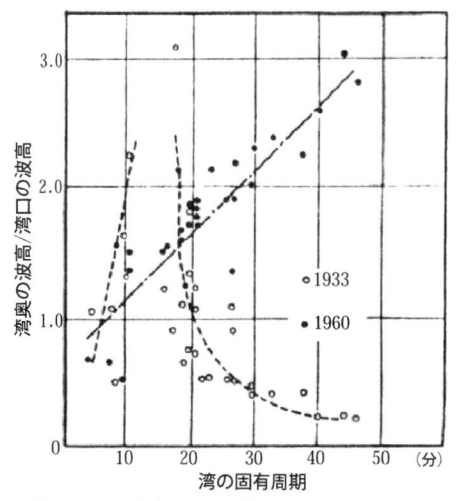

図4 湾の共鳴による増幅率

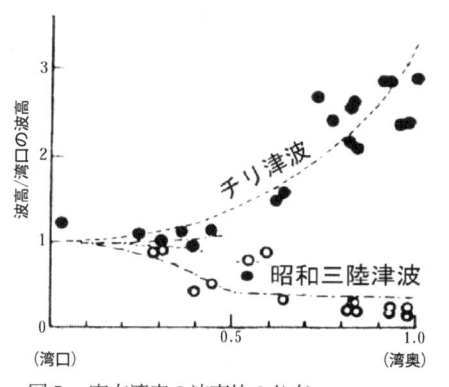

図5 宮古湾内の波高比の分布

ないことが確認されており，未だに原因が確定していない。

津波の高さは，図3が示すように，それほど大きいものではなかった。ほぼ4㍍止まりであるが，6㍍にも達したところは，周期の長い津波に共鳴した細長い湾の奥部に限られる。湾と津波の共鳴効果を図4に示す。縦軸は湾口での津波高に対する湾奥での津波高の比，横軸は湾の固有周期となっている。昭和三陸大津波では周期15分ほどのところに共振点があるが，チリ津波では40分を超えてもまだ増加している。代表的な湾として岩手県大船渡湾や宮古湾がある。

宮古湾内の波高比の分布を示したのが，図5である。横軸は湾口から奥の方への距離を湾の全長で除して無次元化した距離となっている。近地津波の代表ともいえる短周期の津波である昭和三陸津波では，湾奥へ向かって波高が下がるが，長周期のチリ津波では湾奥ほど高くなる。一口に津波と言っても，周期によって湾内で被害を受ける場所がこの様に変わる。

津波予報が遅れた理由

わが国の津波予報は昭和16年(1941)に三陸地方を対象として始まり，昭和27年に気象業務法に基づき全国を対象とすることとなった。正式実施の直前，昭和27年十勝沖地震津波では東北地方に限れば成功をおさめている。ただし，対象は地震の揺れが国内で観測可能な近地津波のみとされていた。前日にチリで大津波が発生したとき，中央気象台地震課では日本沿岸に到達する津波の高さは30〜50㌢と見積もったとされている。当時の規程からは「ツナミナシ」か津波警報を発表しなくてもよい程度の予測値であった。津波の第一波が到達し，各地の気象官署からメートル単位の津波の高さが報告されても，大規模にならないと判断し，「ヨワイツナミ」を発表したらしい。その意味するものは「津波は予想されるが大きいものではない。被害はない見込みですが一応用心して下さい。予想される津波の高さは高いところでは2〜3㍍程度，多くのところで1㍍あるいはそれ以下と思っていいでしょう」であった。発表時刻は，札幌管区気象台5時00分，仙台管区気象台4時59分，中央気象台5月24日5時20分，名古屋管区気象台6時7分，大阪管区気象台6時35分，高松管区気象台6時30分，福岡管区気象台7時45分であった。しかし，津波は早いところでは2時半ころから始まっており，「弱い津波」の警報も結局間に合わなかった。当時すでに過去にチリ沖の大地震が三陸海岸に津波の被害をもたらしたこ

表1　チリ津波の主な被害

県名	人的被害（人）			建物被害（棟）					船舶被害(隻)	
	死者	行方不明	負傷者	全壊	半壊	流失	床上浸水	床下浸水	沈没	流失
北海道	8	7	15	38	82	158	2,082	985	33	93
青森	3		3	24	91	8	1,476	2,490	12	7
岩手	58	4	206	523	709	656	3,628	2,239	17	233
宮城	45	9	641	977	1,167	434	6,035	3,628	13	674
福島	4		2				6	59		
茨城								1	1	
千葉	1		2		11		2	86	4	
静岡							1	234		
愛知							1	44		
三重				2	85	1	3,267	2,885	2	3
和歌山							920	1,633	2	5
兵庫								70		
愛媛							5	168		
徳島							1,055	1,032		
高知			1	7	38	2	619	475	6	21
熊本							3	13		
宮崎							168	145	3	
鹿児島			2				595	1,145	1	
沖縄	3		1	19	75					7
合計	122	20	873	1,590	2,258	1,259	19,863	17,332	94	1,043

（『気象庁技術報告』26号より）

とは研究者の間では知られていた。また，途中のハワイで被害がでたことも外電で判っており，それからでも日本到達までまだ8時間の猶予はあったのに，歴史の教訓が生かされなかった。

被害の実態

日本では津波予報がでなかったことが人命被害につながったが，津波伝播経路上のハワイでは，予報が出たための被害が発生した。1952年，1957年のごく小さな津波が思い起こされ，夜中の津波見物客を増やしたからである。また，第1波が小さく，次に最も大きかった第2波が到達するまで長周期で間隔が長かったため，もう大丈夫と低い場所へ行ってしまった犠牲者も出た。

津波が日本沿岸に到達したころ，浜では漁の準備が始まっていた。まず時ならぬ異常な潮の動きに気づいたのは漁師たちであった。また，夜を徹して火の見櫓の上で警戒していた消防団員も各所で海の異常を発見した。その他，海をよく見，よく知る人たちの判断が消防団・警察とよく連携して避難に役立った。三重県尾鷲や高知県須崎では，停泊中の巡視船が激しい引き潮の流れから津波と判断し，警告を発した。

一方で，折角の警告が全く役立たず，多数の犠牲者が出たのが，大船渡湾奥の地帯である。近地津波では被害を受けにくい場所のため，津波に対しては安全との思い込みがあった。昭和16年(1941)大火後に都市区画整理がなされ急速に発展した町で，転入者が多く，津波の無経験者が多かった。毎年行われていた津波避難訓練にも消極的であった。夜も朝も遅い人が多い新開地的な商業地域であった。急を告げるサイレンも最初のものが魚市場からであったため，水揚げ開始の合図と勘違いした。さらに，その後のサイレンも近火信号と津波避難信号

が同一であったため，行動にはつながらなかった。津波が浸水し始めて気がついたが，避難には遅すぎた。こうして死者・行方不明者53人を出したのである。出港したばかりの漁船が引潮時に座礁し次の波で転覆，船が岸壁・橋桁に衝突して転落，あるいは早い流れで転覆，なども死につながった。一旦避難したのに忘れ物を取りに立ち戻り，干いた浜へ魚貝拾いに，さらには津波見物に出かけて一命を失った人もある。流出した家屋にすがり，自衛隊のヘリコプター，海上保安部巡視船，あるいは漁船に救われた例もあちこちに見られた。被災後，将来を悲観しての自殺も1例報告されている。結局岩手県下の人的被害は死者58人，行方不明4人，負傷者206人だった。大船渡に次ぐ41名の犠牲者が出たのは宮城県の志津川湾（現南三陸町）である。

家屋も多数被災した。日本建築学会の調査結果では，太平洋に面した場所のみならず，兵庫・熊本のようなところにも津波が回り込んで家屋浸水などの影響が出た。被害の原因は，①津波の水圧力，②浮流物の衝突であった。浮流物としては，まず船舶と流木であり，さらに破壊された建物が次の破壊力に変化した。そのほか，建物基礎地盤が津波の水勢にさらわれ倒壊原因となったものもある。原因種別を考慮せず，津波浸水高と被害の関係を示したのが図6である。量的な表現の嚆矢であった。

湾の奥まった所が良い漁港であったが，チリ津波は長周期でそのような場所ほど大きかったため，漁船の被害が多かった。表1からも全国的な広がりがうかがえる。東北6県に限ると，6月9日までに第2管区海上保安本部がまとめた集計として，被災船舶は4,296隻（31,046㌧）にのぼり，海難事故14,5年分に相当し，その大部分が小漁船であると報告されている（『河北新報』昭和35年6月10日）。岩手県の最終的な数字は，動力船517隻，無動力船1,509隻，被害額1億6千8百万円となっている。全保有船舶の何割くらいが被災したかの資料が残されて居るのは岩手県大船渡市である。当時，市内の漁船保有数は1,324隻で，うち無動力船は1,115隻であった。津波による滅失・大破・中破の被害を受けたのは無動力船250隻，動力船43隻であり，零細漁民への打撃となった。

水産養殖では牡蠣・海苔なども大打撃を受けたのであるが，最も象徴的なのは三重県の真珠養殖であろう。平時に潮流が速い水道部は，漁場としては最優秀の珠が産出される区域であったが，津波による被害率が大きくなった。佐藤（1969）は筏の流出破壊の過程と被害率をつぎのように観察している。まず，筏の移動開始（ほとんど無被害），→流出開始（垂下貝の落下率約10％），→他の筏との接触混乱開始（落下率20〜30％，筏の回収可能），→混乱した筏は流出して団塊を形成（落下率70〜80％，筏の改修不可能），→筏団塊は外海へ流出あるいは沈没（貝・筏とも被害100％）。前年の伊勢湾台風でも被災し，このときは落下貝を海底から回収できたが，今回は難しく，せいぜい10％程度の回収率であった。風波では海底近くの流速は大きくならないが，津波で

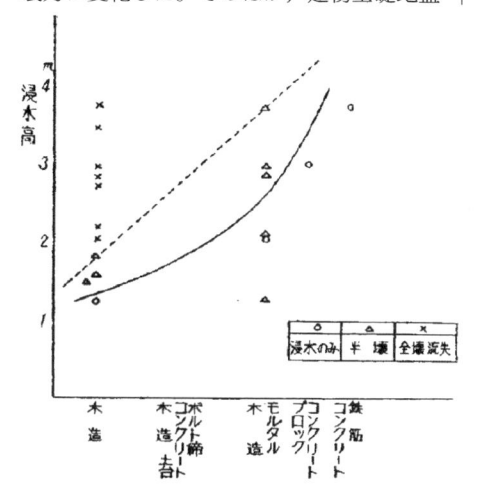

図6　建物構造と被害の関係

は海底まで流速が大きく,底土と激しく混合されたからである。『伊勢新聞』によると,真珠業界の受けた被害額は全国で72億円,三重県が52億円,筏は平均8割が流失,と報じられている。

農業被害では土砂による用排水路や田畑の埋没といった物理的障害,塩水に冠水した生理的障害とが生じた。特に,田植え時期であったため,苗の確保も勿論だが,水田の除塩が急務であった。宮城県では,農業共済保険金の対象とするため,除塩の不十分な田への田植えを奨励したが,稲はすぐ真っ赤に枯れた。共済に明確な規定がないからだと,農民に徒労を嘆かせる結果となった。この津波で防潮林は各所で効果があったと判定された。特に,漂流物の阻止能力が認められた。

ライフラインでは,上水道では流出家屋の給水管破壊,電力では電柱の破壊流出,電話線の地上からの立ち上がり部の破壊などの障害で使えなくなった。配水管が橋梁を利用して川を横断しているところでは,橋梁の破壊が水道破損につながった。下水道を伝わっての浸水が発生した。釜石市では,市中央部へ下水道を伝わって海水がふきだし鮫までふきだされた。発電所の初の津波浸水被害が,八戸火力発電所で生じた。冠水深はせいぜい50㌢程度であったが,護岸決壊流失,取水口ロータリースクリーン破壊,18台におよぶモーター,変圧器,電源装置,ケーブル端子の浸水が発生した。

道路交通の最大の弱点となったのは,橋梁であった。木橋が水流や浮流物の衝突で破壊されたのは各所で見られた。コンクリート橋は強くて生き残ったものの,やはり使えなかった例がある。沖縄県羽地村真喜屋大橋の場合,橋に繋がる道路堤防が高く津波は乗り越えることが出来ず,開口部の川へと水が集まって来た。この流水で取付道路が破壊流出してしまった。鉄道は,堤防決壊,道床流失,橋梁部破壊などに加え,軌框(レールを枕木につけたもの)の移動が生じた。当時の枕木は木製であったから,10㌢あたりの重量は1.1㌧,浮力は0.9㌧で,少しの波の圧力でも動かされたのである。都市部の臨港線では土砂堆積による障害も生じた。

この時期,土が基本の海岸堤防は海側だけが石かコンクリートで被覆され,天端や陸側はむき出しであった。越流する津波で土の部分が削り取られ,破壊に至った。港湾構造物の被害も水流によるものが顕著であった。八戸工業港入り口では引潮時最大流速13㍍/秒,上げ潮時最大8㍍/秒に達した。このため,小中野魚市場岸壁は基礎の深さが3㍍構造のものの前面が深さ9㍍余りも洗堀されて基礎がえぐりとられたため,岸壁を構成する全8基の函塊中6基が転倒水没した。釜石港では,流れによって動かされた土砂によって逆に3㍍も浅くなった。

救援・復旧の概要

大船渡市は電話の障害が多く,県などの状況把握には影響が出たが,大船渡市市役所が被災していなかったため,直後から緊急対応が開始された。津波は24日午前3時10分ころ到達した。同4時40分には市役所内に災害対策本部を設置。災害救助隊を編成。同4時45分,東北電力の保安電話を使用して災害状況の第1報を県知事に報告,災害救助法の発動を要請。午前4時47分,消防団員非常呼集。人命救助に全力で当たることが指令される。午前4時50分には先発隊を大船渡・赤崎・末崎地区へ派遣するとともに大船渡小学校・赤崎漁業組合中赤崎支所の2ヵ所に対策本部連絡所を置き,地元住民・地元消防団の協力を得て救助活動に入った。救助活動の重点を,人命救助,犠牲者の収容および防疫におき,ついで食料品・衣料品の確保供給に置いた。県立気仙病院長は災害発生後,直ちに被災地を視察,医療班を5班編成し救護に入った。大船渡連絡所には先発隊とともに医療班が到着,

開業医の協力を得ながら救護にあたった。小中学校の講堂に罹災者を収容し，炊き出しの配給も開始した。消防団は対策本部の指令により，人命救助・負傷者救出，死体捜索・運搬，主要道路の啓開，炊き出し運搬配給，糧食運搬（女子青年団，高校生応援）の活動に入った。

午前6時には被害状況が次第に判明してきたので，市職員が住田町役場へ行き，ここから電話により第2報を県に報告。救助物資および自衛隊の派遣を要請した。午前8時30分，市職員2名が県庁に緊急派遣され，詳細な被害状況を報告するとともに救援要請。日赤共同募金会に災害救助協力要請。午前10時，緊急臨時市議会協議会招集。各委員は市の救助隊と合流しての対策事業推進を決議。午前12時20分，災害救助法の適用が決まった。救助の内容は，収容施設の供与，炊き出しなど食品の給与および飲料水の供給，被服寝具その他生活必需品の給与または貸与，医療および助産，死亡における埋葬，学用品の給与などであった。しかし，救助法発動の基本となる罹災調査に必要な調査カードが200部しか準備がなかったこと，災害救助法実施における事務繁雑さが，道路寸断などの物理的条件とともに救援の遅れを招いた。応援の自衛隊は24日の夜に到着。25日から応急復旧・防疫作業を開始する。防疫では，対策本部衛生係と大船渡保健所が主宰し，自衛隊・高校生の協力下に薬剤散布などを行うとともに，作業後に流水で手を洗うこと，生水を絶対に飲まないことを市民に徹底させた。その結果，伝染病の発生は例年の平均を下回ったのである。

大船渡に限らず自衛隊が救援に活躍した。5月24日6時20分，三陸沿岸各地に津波が到達して約2時間後，東北各地にある陸海空のあらゆる自衛隊に緊急出動命令が出された。それから6月12日までの20日間，延べ約4万人が被災地に泊まり込み，救助作業，堤防補修，家屋の補修，救援物資の輸送，汚物の処理から飲料水の給水，防疫活動などの災害応急措置を一手に引き受けるなど大活躍をした。持ち込んだ機動力は，輸送機33機，ヘリコプター19機，自衛艦11隻で，陸の孤島となった被災地に海空からも救助に努めた。特に，陸前高田市では堤防復旧で重要な役割を演じた。古川沼と外海の間にあった堤防が約200㍍にわたって決壊，古川沼北縁の土手も決壊して，約150㌶の水田に潮水が進入して泥海の状態となった。市対策本部は，6月上旬の田植え時期までの堤防復旧を自衛隊に要請した。自衛隊は6月6日，青森第9混成団が隊員1,463人，2.5㌧車45両，4㌧ダンプカー30両，門橋（船艇3隻合わせて橋にする）13個，その他の車両を合わせて約170両の最新機材や技術を駆使して翌7日から工事に着手し，昼夜兼行の突貫工事により約500㍍にわたる外海との応急締め切り工事と，北縁堤防8ヵ所総延長1,200㍍・高さ3㍍の応急工事を10日間の短期間で完成させた。こうした活躍ぶりが，各方面から高く評価・感謝され，婦人会の「野天風呂，お世話さまでした」との感謝状なども出された。

復興の概要

北海道・青森・岩手・宮城・三重だけでも358億円の被害となった。うち，岩手県115億円，宮城県114億円と大半を占めた。当時一般会計総額1兆5千億円，国土保全費520億円であったから，約1,365億円の被害となった前年の伊勢湾台風に引き続く沿岸地域の大災害であった。当時は日米安全保障条約改定にあたり，騒然としていたが，6月6日に被災した1道15県の緊急知事・議長合同会議が「伊勢湾台風に準ずる特別立法」措置を要望，9日に各省事務次官会議で特別立法8法案を内定，15日には衆議院上程，17日衆議院可決，20日参議院可決となる。こうして第34回国会で成立した「昭和35年5月のチリ地震津波による災害

を受けた地域における津波対策事業に関する特別措置法」は、6月27日に昭和35年度法律第百七号として公布された。
この特別措置法の第2条は「津波対策事業」を「施設の新設または改良」と規定している。また、これに伴う政令により、「施設は海岸堤防、河川堤防、防波堤、防潮堤、導流堤、離岸堤、突堤、胸壁、護岸、防潮林、水門及び閘門」と限定された。構造物の建造には巨額な経費が必要となるが、この時期からの所得倍増計画により、財政的な裏付けが整いつつあった。また、技術的な裏付けも整っていた。昭和31年(1956)の海岸法施行に伴い、海岸保全施設築造基準が昭和33年(1958)に出来上がっていたのである。さらに、チリ津波の高さが、どんなに大きくても6㍍程度と、過去の近地津波に比べてかなり小さく、構造物で対処可能だったことも構造物というハード対策のみが「津波対策事業」とされた理由であろう。大船渡湾湾口の水深38㍍の箇所に世界最初の津波防波堤が建設されることになり、5年間で完成する。沿岸各所には海岸堤防、河口には津波水門が次々と建設された。チリ津波対策事業が終了した直後、昭和43年(1968)十勝沖地震津波が発生するが、大きさがチリ津波を上回らなかったため、ほぼ完全に海水進入は阻止され、津波は構造物で対処できるとの考えが広まることになる。
チリ津波緊急対策事業終了後、岩手県だけは昭和や明治の三陸津波を考慮に入れて、海岸堤防の新設や嵩上げが続けられ、平成23年(2011)東日本震災前でも完成には至っていなかった。昭和50年代に入り、東海地震の危険が認識されるようになると、静岡県でも構造物での対処が始まる。こうした構造物への依存が万全ではないとの深刻な反省には、平成5年北海道南西沖地震津波まで待たねばならない。
さらに、最近は構造物特有の問題が顕在化しつつある。強度や機能の劣化である。築造後20年を経過した海岸堤防の背後地盤が突然陥没するなどの事故が、岩手県久慈市で発生した。前面の砂浜が浸食でやせ、波が日常的に届き、構造物内部の土砂を吸い出したことが原因であった。構造物維持補修管理の継続を長期間続けて行けるかが問題として上がってきている。これに加え、自然の砂浜が欲しい、構造物は海岸に似合わない、との環境維持との相剋が各所で表面化している。
チリ津波後に進歩した唯一のソフト対策は津波予報の国際協力である。昭和39年、UNESCO/IOC(ユネスコ・政府間海洋委員会)が太平洋津波警報組織の新設を決議、その中心として昭和40年ITIC(国際津波情報センター)がハワイ・ホノルルに設立された。2004年スマトラ地震後には、同様の仕組みをインド洋に構築することになり、日本も技術協力を行なった。

参考文献　今村文彦ほか『1960年チリ津波の数値計算』(『津波工学研究報告』6, 1989), Siers, H. A. *et al.*: "The seismic sea waves of 22 May 1960 along the Chilean Coast", *Bull. Seis. Soc. Am.*, 53, 1963, 内閣府中央防災会議・災害教訓の継承に関する専門調査会『1960チリ地震津波報告書』, 2010, チリ津波合同調査班『Chilean Tsunami of May 24, 1960』, 1961, 佐々木忍『チリ地震津波について』(第7回海岸工学講演会, 1960), 岩手県編『チリ地震津波災害復興誌』, 1969, 大船渡市『チリ地震津波1960大船渡災害誌』, 1962, 岩手県編『チリ地震津波災害復興誌』, 1969,『陸前高田史』8, 1999. 地震調査研究推進本部編『日本の地震活動-被害地震から見た地域別の特徴(第2版)』, 2009　　　　(首藤伸夫)

1961 第2室戸台風 (昭和36年9月)

台風の概要と被害

昭和36年(1961)9月8日に発生した台風第18号は、西北西に進んで発達し、12日から13日にかけて中心気圧が900hPa未満の猛烈な強さの台風となった。その後、次第に進路を北寄りに変え、奄美大島付近で転向し、発達した勢力のまま16日9時すぎ高知県室戸岬付近に上陸した(図1)。室戸岬では最大風速66.7メートル/秒(最大瞬間風速84.5メートル/秒以上)、大阪で33.3メートル/秒(同50.6メートル/秒)、和歌山で35.0メートル/秒、新潟で30.7メートル/秒など、各地で暴風となった。室戸岬は台風の眼に入り、最低気圧930.9hPaを観測し、前年8月に設置された室戸岬レーダーは直径80キロくらいの台風の眼と、中心部を取り囲んで巻き込む雨域を観測した(図2)。台風第18号は、室戸岬に上陸後、神戸市付近を通り、大阪湾に室戸台風以来という高潮を引き起こしながら、能登半島、北海道の西海上を通過した。のちに第二室戸台風と名づけられたように、この台風は昭和9年の室戸台風によく似た、大阪にとって最悪のコースを通った。大阪市では高潮により市の西部から中心部にかけて31平方キロが浸水した(図3)。また、兵庫県・和歌山県、四国東部でも高潮による浸水被害があった。台風の通過した近畿地方と吹き返しの強い風の吹いた北陸地方で暴風による家屋の倒壊などの被害が特に大きかった。

全国の被害は、死者・行方不明者202名、負傷者4,972名、住家全壊15,238棟、半壊46,663棟、床上浸水123,103棟、床下浸水261,017棟などであった(『消防白書』より)。しかし、台風の規模、経路が似ていても、死者・行方不明者数が室戸台風の7%に減少したのをはじめ、全壊家屋が36%、流失家屋が11%というように、半壊や浸水という被害の減少に比べて深刻な被害の減少が著しいという特徴がある。この最大の原因は、防災機関や報道機関などの防災対策が室戸台風時に比べ格段に進歩したことである。大阪湾では昭和25年のジェーン台風後に作られた防潮堤が効果を発揮し、建物が丈夫になった。台風の上陸が昼間であり、2年前の伊勢湾台風の教訓もあって早めの避難が行われた。このため、室戸台風時のように校舎倒壊で多数の生徒が死傷することも、鉄道事故が起きることも、高潮で多

図1 第2室戸台風の経路と進路予報

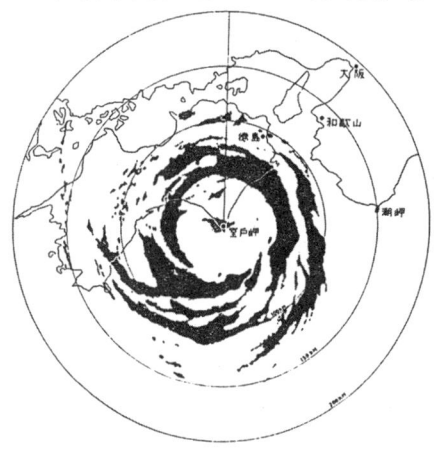

図2 第2室戸台風の眼 (9月16日9時23分)

図3　水の引かない大阪市内

「ガガーリン少佐，宇宙へ！1961」(『日録20世紀』，講談社，1997)　　　(饒村曜)

数の死者がでることもなかった。適切な情報と対策が気象災害，特に人的災害を減らせることができるという例となった。

今から見れば大災害が相ついだ
第二室戸台風直後の週刊誌に，「まだ不十分な点もあるが，今回は"まずまず"の採点が与えられる。不意に室戸猛台風におそわれた時代に比べると，"夢"のような進歩といえる」という記事がある(『サンデー毎日』)。死者数が1,000人以上という大災害が相つぎ，「大きな台風でも四桁ではなく，せめて三桁の犠牲者に抑えたいと思って仕事をした」という時代の話であるが，いまから見れば，夢どころか，とんでもない被害である。

昭和36年は，6月26日—27日に梅雨前線豪雨で北海道を除く全国で死者357名などの被害が，10月29日に低気圧豪雨で九州から中部地方で死者114名などの被害が発生するなど，死者数が100名を超す災害が年に何回も発生していた。

参考文献　「関西を"直撃"した第二室戸台風」(『サンデー毎日』，1961)，「第二室戸台風阪神を襲う」(『気象』11月号，1961)，「第二室戸台風調査報告」(『気象庁技術報告』，54，1967)，饒村曜『台風物語―記録の側面から―続』(日本気象協会，1993)，

1962—63　三八豪雪　（昭和37年12月－38年1月）

災害の概要

　昭和37年(1962)12月末から昭和38年2月初めまでの約1ヵ月にわたって日本を何回かの寒気が襲い，東北・北陸・山陰地方および九州・四国など広い範囲で降雪が持続した。なかでも北陸地方では1月中旬から下旬にかけて数十年ぶりという記録的な豪雪に見舞われた。このため，鉄道の運休が長期にわたるとともに，都市間を結ぶ道路交通も長期間不通となり，山間部で孤立集落が続出した。また，豪雪災害としては過去最多の死者・行方不明者を出したほか，雪による建物倒壊，輸送機関のマヒによる生活必要物資の不足，商工業活動の停止，果樹を中心とした農業被害，雪崩災害などが多発した。気象庁はこの豪雪を「昭和38年1月豪雪」と命名しており，公式に名前が付けられたはじめての豪雪災害となった。しかし，一般的にはこの名前よりも「三八豪雪」という通称の知名度が高く，現在では市民権を得ている。三八豪雪では島根県32市町村，新潟県23市町村など全国で合計109市町村(11県)に災害救助法が適用されている。これは豪雪災害に対するはじめて適用事例であり，昭和36年制定の災害対策基本法において災害の原因たる異常な自然現象の1つとして豪雪が明記されたことに基づく。三八豪雪に対し，政府は建設大臣を本部長とする北陸地方豪雪非常災害対策本部を設け，速やかな除雪作業を指示した。また，雪に埋もれた鉄道の復旧，道路輸送の確保などのために自衛隊の災害派遣がなされ，新潟県で延べ約34,000人，富山県で延べ約27,000人などの出動となった。

大気循環場の特徴

　昭和37年(1962)・38年冬の半球各地は期間を通じて，欧州～北極海，北米東部などで低温，グリーンランドなど北大西洋の西側一帯，西アジア，オホーツク海など東シベリアでは高温が持続していた。日本を含む極東一帯では12月はやや高温だったが，1月と2月は朝鮮半島～西日本～東シナ海周辺を中心に低温となった。一方，オホーツク海に近い北海道など北日本では冬を通じて高温傾向だった。この冬の特徴は1月に顕著に現れており(図1a)，北半球のほぼ全域で低温または高温偏差の程度が著しかった。欧州はほぼ全域が低温偏差で，特に東欧～中欧では平年より4～10度低く，北米も中部～東部で2～7度低かった。一方，同じ北米でもアラスカやラブラドル海周辺では3度以上高かった。またオホーツク海～ベーリング海などシベリア東部一帯，カスピ海～中東～アフリカ北部などはいずれも平年より2～7度高い状態であった。
　偏西風ジェットの状況は，北極の寒気が極東，北米東部，欧州東部の3地域に南下するいわゆる3波構造(トラフの張り出し)の特徴が冬を通じて見られ，特に1月の蛇行の程度は著しかった(図1b)。極東で等高度線が大きくくびれ，日本海～北太平洋北部に袋状にトラフが張り出している。北極からの寒気が引きちぎれているような状態で，その中心(低気圧性偏差)は西日本上空に位置していた。一方，カスピ海付近～東シベリア～アラスカにかけてほぼ帯状に高気圧偏差となっており，地上の高温域ともよく対応している。欧州では，グリーンランド付近に12月に発生したブロッキング高気圧が1月～2月にかけて発達したまま居座り，北大西洋上で偏西風ジェットが完全に分流している様子がみられる。
　1月の海面気圧分布(図1c)の特徴をみると，北太平洋ではアリューシャン低気圧が東西に伸びるような形状で発達，平年より10ヘクトパスカル以上低い領域が日本まで

及んでいる。これにより東風偏差に伴う暖気移流の影響を受けて北日本～オホーツク海～東シベリア一帯は高温、北風偏差が顕著になった西日本や朝鮮半島など東アジア一帯で低温となったと考えられる。より異常さが目立つのは北大西洋で、アイスランド付近では平年より20ヘクトパスカル以上高く、アイスランド低気圧はほぼ消滅、むしろアイスランド高気圧となっている。この高気圧偏差の南東側では平年より北風や東風が強まり著しい低温をもたらしたと考えられる。反対にイベリア半島沖には10ヘクトパスカル以上低い領域が広がり、こちらもアゾレス高気圧（ポルドガル沖の大西洋上のアゾレス諸島にちなむ呼称）ならぬアゾレス低気圧となっている。

気象概況と積雪状況

日本のこの冬の特徴を一言で表せば、顕著な北暖西冷傾向である。12月はほぼ全国的に高温であったが、1月に入ると関東や北陸より西側に寒気が継続して流入するようになり、この状態は3月前半ころまで続いた。特に1月は北海道各地で平年より2度以上高かった一方、近畿以西では2～3度低かった。図1bで明らかなように1月は西日本の上空を中心に寒気が居座ったため、寒波が頻繁に襲来していたというよりは、寒気にすっぽり覆われていたといえよう。輪島上空500ヘクトパスカルの気温経過によると、1月から2月前半にかけて－32度

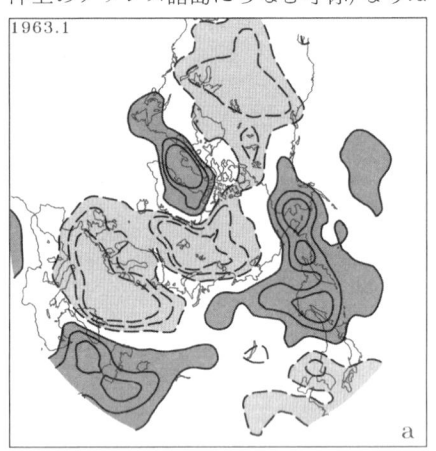

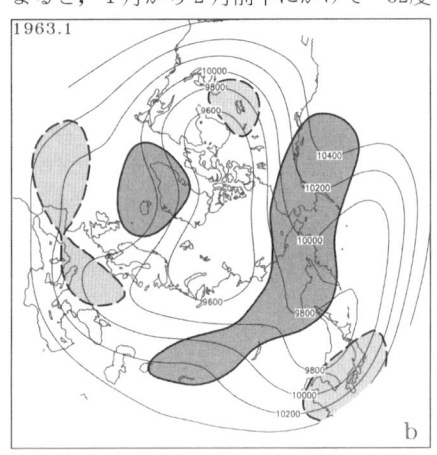

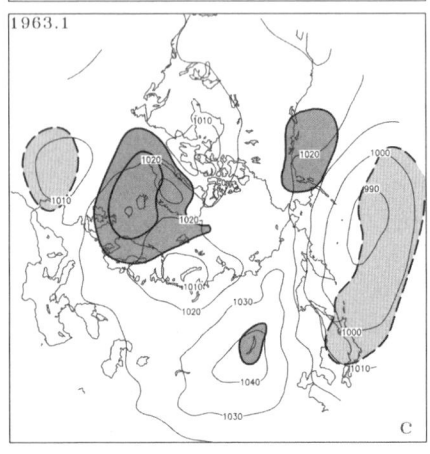

図1 昭和38年1月の北半球の気象概要
(a)地上気温(℃)、(b)250ヘクトパスカル面高度(m)（対流圏界面付近）、(c)海面気圧（ヘクトパスカル）の分布図。陰影は平年値からの偏差が、(a)2℃、(b)150m、(c)10ヘクトパスカルより大きい領域を示す。太実線は正偏差、太破線は負偏差で、等値線は(a)±2、±4、±6℃、(b)±150m、(c)±10、±20ヘクトパスカルを示す。細実線は実況値であり、(a)では省略している。

〜-40度前後を行き来している。海面気圧場を見ると(図1c)アリューシャン低気圧が日本付近まで勢力を拡大しており，日本海では等圧線が平仮名の「く」の字状になっている。実際1月の日々の天気図をみても，日本海上で等圧線が「く」の字状の日が多い。このような気圧配置で上空に寒気を伴っている状況では，しばしば日本海寒帯気団収束帯(JPCZ)と呼ばれる帯状の雪雲が発生しやすくなり，日本海沿岸の各地(特に平野部)にしばしば豪雪をもたらすことが知られている。JPCZの発生維持機構については現在も完全には明らかにされていないが，この冬は月平均場でもJPCZが発現しやすかった，または発生頻度が高かったことが推察される。1月は北陸地方を中心に日本海沿岸の平野部でも断続的に雪が降り続いた事実とも整合的である。

上記のような気象の推移のなか，新潟県長岡318㌢，富山県高岡市伏木225㌢，金沢181㌢，福井213㌢，鳥取県米子80㌢，鳥取県境港94㌢，熊本県阿蘇山123㌢など北陸地方や西日本の多くの観測点で観測史上1位の積雪を記録した。北陸・山陰地方では1月に大雪が集中しており，最深積雪は北陸地方では1月下旬に，山陰地方では2月上旬に出現している。最深積雪の平年からの偏差は，新潟県中部から山形県にかけての地域，富山県・石川県・福井県，兵庫県北部，島根県などで著しく大きい（プラス）。北海道は全体的に平年より少なく，東北地方では偏差がプラスの地域とマイナスの地域が混在しており，最深積雪が極端に大きいあるいは小さい地域はあまりない。北陸地方と新潟県中部にはさまれた新潟県南部・西部の上越線や信越線の沿線地域は，偏差が大きなマイナスとなっており，昭和37-38年の冬季において局所的な少雪地域が出現していたことが特徴的である。新潟県内107ヵ所の積雪深観測点のデータを集約して作成した三八豪雪における最深積雪の分布(図2)を見ると，長岡市や三条市などの海岸平野部では最深積雪が3㍍前後に達しているのに対し，山間部の十日町市以南では2㍍以下の地域が認められる。三八豪雪は里雪型の豪雪としてよく知られ，図2でも海岸部や平野部の積雪が著しく多い状況が明らかであるが，新潟県と山形・福島県との県境付近の山間部に4㍍を超える多雪地域が見え，必ずしも里雪型の降雪分布のみが出現したわけではない。北陸地方を概観すると，1月上旬は山雪型となり，中旬には山雪型と里雪型が同時に現れ，下旬は主として里雪型であった。

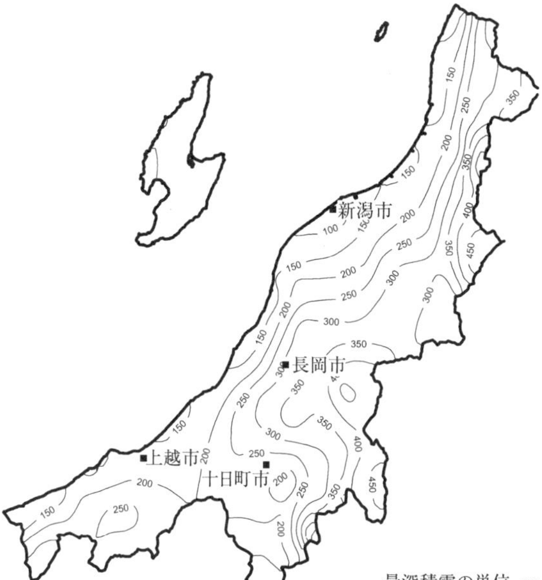

雪氷災害の特徴

三八豪雪による被害は24道府県に及び，人的被害は死者・行方不明者231人，負傷者356人，住宅被害は全壊753棟，半壊982棟に達している。人的被害，住宅

図2　三八豪雪における新潟県の最深積雪の分布図

被害の両方とも戦後の豪雪災害のなかでこれまでで最も多い。人的被害の原因や道府県別の件数などの情報は確定的な報告が少なく，詳細を把握しにくく，また資料によって件数や人数が異なる場合も多く見受けられる。以下に人的被害に関してその特徴を述べるが，数値に関しては必ずしも確定的なものではない。

まず県別の死者・行方不明者数としては，最も多いのが島根県の33人であり，福井県25人，石川県24人，兵庫県17人，富山県16人，岩手県16人，新潟県12人がこれに続く。山陰・北陸地方で死者・行方不明者が多いのが大きな特徴であるが，気象庁の資料によると福岡県や愛媛県でも死者が発生している。人的被害をもたらした原因は，雪崩が最も多く，ついで雪の重みによる家屋・建物の倒壊や屋根の落下である。その他，屋根雪の落下や吹雪による凍死などがある。五六豪雪や平成18年豪雪など近年の豪雪災害では，屋根雪下ろし中の転落，除排雪中の川・流雪溝などへの転落，除排雪中の発病，屋根雪の落下によって死亡した人が圧倒的に多いが，三八豪雪ではそのような除排雪作業中の死者はあまり多くない。

気象庁の資料によると，三八豪雪による雪崩災害は北海道から中国地方に至る1道1府20県で約600件発生しており，合計で約120人の死者を出している（図3）。これは全死者・行方不明者数の約52％に当たる。雪崩による死者数は福井県（22人），島根県（19人），兵庫県（15人）などで多い。このうち福井県では，勝山市野向横倉において1月24日に表層雪崩が集落を襲い，住宅5棟，

図3　三八豪雪における日本全国の雪崩災害の発生件数及び死者数

土蔵4棟，納屋2棟，神社1棟，道場1棟などが全壊し，17人が生き埋めとなった（死者16人，重傷者1人）。また，兵庫県では，美方郡温泉町（現新温泉町）において2月4日に民家を直撃する雪崩が3件も発生しており，合計で死者14人，負傷者6人を出している。このように，三八豪雪における死者を伴う雪崩災害は集落雪崩（人家集落が被災した雪崩）がきわめて多いという点が特徴である。一方，件数だけみると福島県や広島県が多いが，この多くは雪崩が鉄道や道路に被害を与えたものである。

人的被害や住宅被害の多さに加えて，三八豪雪の被害の大きな特徴として，長期にわたる鉄道の運休および都市間道路交通の途絶，山間部における孤立集落の多発，食料・燃料などの日常生活物資の不足，中小企業関係への大きな経済的被害があげられる。鉄道輸送に関しては，北陸本線では1月11

日から貨物列車の計画運休が始まり，15日には猛吹雪や凍結のため列車の遅延・立往生が続出した。その後数日間，雪が小やみになったため，やや回復しかけたかにみえたダイヤも，22日から再び混乱を始め，新潟鉄道管理局管内では，合計約1万人の乗客を乗せた26本の列車が駅に立往生している。北陸本線では1月25～31日に，信越本線では1月23～30日，上越線では1月24～30日に不通区間がでており，この結果，半月余にわたって幹線の長距離列車を全休するという国鉄(現JR)史上空前の事態となった。また，山間路線の米坂線では，1月24日から完全に不通となり，2月19日の開通までの1ヵ月近くにわたって運休を余儀なくされた。これに対して，新潟県内では，1月22日から2月10日の間，国鉄職員・臨時雇用員，自衛隊，消防団など約23万人余(延べ)で鉄道の除雪にあたった。

一方，幹線道路である元一級国道は1月24日ころまでは一部の区間を除いてかろうじて交通を確保できたが，1月24～26日の3日間で除雪能力をはるかに上回る降雪に見舞われ，27日には長岡市や小千谷市などの都市部でも積雪深が3㍍前後にも達し，各地で寸断された。当時の建設省北陸地方建設局は除雪機械をわずか27台しか保有しておらず，大雪に対応できる除雪体制ではなかった。このため，自衛隊，関東地方建設局，長野県，さらには消防団の協力を仰ぐことになった。富山県では「県民総ぐるみ除雪実施計画」を策定し，1月25日から27日までの3日間，県，市町村，住民が一体となって除雪にあたり，延べ40万3千人が参加するという一大県民運動となった。なお，新潟～東京間の国道は2月10日になって半月ぶりに全線回復している。

長期にわたる鉄道の運休及び都市間道路交通の途絶は，山間部における孤立集落の多発，食料・燃料などの日常生活物資の不足，中小企業関係への大きな経済的被害を招いた。新潟県では150余もの集落が孤立し，2月2日からヘリコプターや雪上車による緊急物資の輸送が行われた。富山県でも1月15日以降，孤立集落が相次ぎ，ヘリコプターによる救援物資の空輸が実施された。このほか北海道から中国地方まで各地で孤立集落が生じており，宮崎県の椎葉村や五ヶ瀬町などでも積雪により孤立したとの記録がある。中小企業関係の被害は，商工業活動の停止，生産減，出荷不能，滞貨の激増，代金決済の停滞などによるものである。たとえば，新潟県では長岡市を中心とする栃尾市(現長岡市)・見附市・三条市・燕市などの産業都市で3㍍前後もの積雪になり，莫大な損害を被った。

生活必需品の流通圏が狭い範囲で，市民が非自給物質を備蓄することで対処していた戦前の大雪に対し，すでに鉄道や自動車交通への依存度が強まっていた三八豪雪は住民生活に大きな支障を及ぼした。また，経済の高度成長期に至り，豪雪は工業生産や流通機能を阻害するという新たな様相を示すようになった。すなわち，三八豪雪は鉄道・道路の除雪対策に多くの課題を残し，これを契機に国鉄の除雪体制は年々強化され，流雪溝，散水消雪装置や電気融雪器などが整備されたり，MCロータリー・MCラッセルなど各種除雪車両が導入など機動力の増強が図られたりした。一方，道路交通ではこれまで冬期の交通確保を国鉄だけに頼っていた考え方を大きく変えざるを得ず，国道改良と雪寒事業に関する法制度の拡充が推進されることになった。

参考文献　新潟県豪雪害対策本部編『38.1豪雪害の状況と対策』，1963，気象庁編『昭和38年1月豪雪調査報告』(『気象庁技術報告』33，1964)，富山地学会編『豪雪―五六豪雪と三八豪雪―』(古今書院，1982)，日本積雪連合編『雪の科学的研究50年の歩み―豪雪譜―』，1998

(河島克久・本田明治)

1964 新潟地震 （昭和39年6月16日）

災害の概要

昭和39年(1964)6月16日13時1分に新潟県村上市沖合の粟島付近から南は新潟市の阿賀野川河口沖まで、北は(現鶴岡市)五十川の沖合辺りまでの長さ100kmほどの震源域で発生したM7.5の逆断層の地震。被害は主に新潟市の東方から山形県南部にかけての海岸沿い150kmほどの地域に生じた。特に新潟市の被害が大きかった。

秋田県から新潟県まで東日本の日本海沿いの広い範囲で液状化(当時は流砂現象と呼ばれた)が発生した。特に新潟市の信濃川や阿賀野川の周辺部では液状化が激しく、鉄筋4階建てアパートの横転や、住宅敷地の変形などが発生した。丁度昼休みが終わる明るい時間に発生したため、家庭での調理は終わっており一般住宅からの火災は殆ど発生しなかった。新潟市や村上市、佐渡島には15分程度で最大波高3㍍以上の、輪島で2㍍、敦賀で1㍍程度の津波が発生した。大きい地震だったことに加えて、新潟の軟弱な地盤によって周期がやや長いゆれが数分以上継続したため、スロッシングによる石油タンクの火災などが発生したが、全体でも死者26名と、地震規模に比べて犠牲者が少なかったのは不幸中の幸いであった。

東京オリンピック開催準備で沸く戦後復興から高度経済成長への途上であった日本では、まだ化学消防車が新潟にはなかった。石油タンク火災鎮火のため、富山県高岡や、東京から化学消防車や消防隊員が派遣されたほか、企業からも化学消火資源の提供が相ついだ。

被害の概要

この地震による被害は9県に及んだが(表1)、石川・島根両県の被害は津波によるものだった。日本海で津波が発生すると、2時間程度で大陸沿岸に達してそこから反射して日本側へ戻って来るために継続時間が長い。粟島が最大で1.5㍍隆起したが、海底も同様に上下して津波が発生した。対岸の山形県〜新潟県村上市などの沿岸部は20㌢程度沈降した。

新潟市は砂地であったため、木造家屋を倒壊させるような周期の揺れに対しては「免震地盤」として作用して揺れを軽減した。一方、砂地は液状化を発生させ、町の至る所で液状化で地割れが生じてそこから湧き出た水が洪水のように流れる状態となった。これに、信濃川の堤防がやはり液状化で決壊し、河川からの水、津波による海水が合わさって、新潟市の、関屋駅から新潟駅にかけての越後線より北東側から信濃川・阿賀野川河口付近まで、海抜の低い所は軒並み浸水した。この浸水は、昭和石油の火災が延焼し始めた際に臨海町など周辺部から

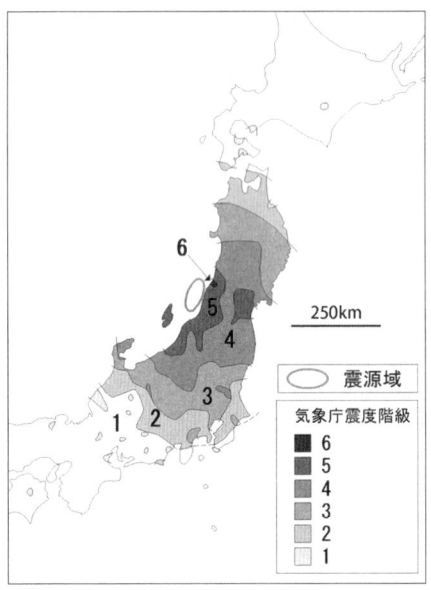

図1　震度分布図

避難する際に多大の困難をもたらした．
液状化で基礎ごと地面から浮きあがって横転した川岸町の県営アパートでは，横転がゆっくりであったため，死傷者はでなかったし，中の家財も無事であったものが多かった．液状化で拠って立つ地面が崩れた結果として家が倒れるという新潟特有の家屋倒壊は，短周期の強震動で破壊された阪神大震災などの家屋倒壊とは異なり，倒れつつある建物から無事に脱出できた場合が多かった．山形県鶴岡市では幼稚園が倒壊して園児3名が犠牲になった．
地盤の液状化は川底でも起こり，支柱が抜け上がって信濃川にかかる多くの橋が落橋した．特に地震前の6月6日から10日まで新潟市で開催されていた第19回春季国民体育大会に間に合わせて6月1日に新しくなった信濃川河口から4番目の橋である昭和大橋は，完成からわずか2週間程で接合部がほとんど落下した．これは，短周期を避けて固有周期3秒程の柔構造に設計されていたものが，丁度信濃川流域でのゆっくりした揺れに合致したためであろう．一方，河口から2番目でより震源域に近かった昭和4年(1929)竣工の鉄筋コンクリート製，8つのアーチでできた3代目万代橋は，本体は無事であった．川に設置された6アーチ部分は，深い基礎によって沈下が10cm程度だったため，両端の接続道路部分が1.4メートル沈下したのとずれて，接合部分は破損した．万代橋は，応急処置後に復旧のための市内南北の通行を支え，補修や改装を経て平成16年(2004)には重要文化財に指定されている．関東地震以降戦況悪化以前の10年ほどの期間中に建造された構造物は，その後の地震時に十分な耐震性能を発揮している例が多いが，万代橋もその1例である．
山形県の酒田では最上川に近い旧市街の校庭に液状化で生じた，水を噴き出す割れ目に，中学2年の女生徒が落ち込み，周囲の者が引き上げようとしたが，大量の泥砂に阻まれて救出前に死亡した．
津波は護岸や砂浜に広がっただけでほとんどの地域で浸水被害を出さなかったが，佐渡の両津港周辺と，村上市岩船の石川河口部から百川の合流点付近までの標高の低い場所では，浸水被害が生じた．

昭和石油の火災
昭和石油新潟製油所の3万キロリットル原油タンクは，地震による長い揺れで中の油に，蓋部分が揺れ動いて生じた火花が引火して，地震直後に出火した．石油工場にはタンク火災を防ぐ自動消火剤投入の仕組みが備えられてはいたが，地震による停電で作動せず，全く初期消火できずに爆発炎上し，近隣のタンクに延焼していった．近くに民家があって爆破によって燃焼物を除去する手段が取れず，初期消火に失敗した化学火災では数台の化学消防車により類焼を防ぐのがやっとであった．東京から化学消防車5台と消防隊員36名が17日朝9時に出発し，23時半に新潟へ到着した．実際の東京消防庁部隊も加わった消火作業は18日未明から始まった．戦争中にスマトラ島の石油コンビナート火災消火の経験者だった東京応援部隊小野寺慶治隊長は，消火作業開始前に，未発火のタンクに素手で触って温度を確認して作戦を練ったという．まだ無事だった新工場部分の5,000キロリットルタンク9基，2,500キロリットルタンク1基と水素ボンベ，四エチル鉛混合施設への類焼を防ぐという目標での消火作業開始から3時間ほどで，一旦は新工場付近の消火に成功する．しかし，液状化と津波と洪水が合わさって浸水している信濃川河口の工業地帯の現場では，ゆれや火災によるタンクの溶解で周囲にあふれ出ていた重油が浸水上に浮いて広がり，すぐにまた引火して再燃した．1日遅れて到着した東京消防庁の2次隊も加わって19日午前中に漸く新工場直近部分の火勢が下火になった段階で，自衛隊員100名を投入して最も内容量が多かったNo. 1103タンクの油が他

へ広がらないように長さ200メートル，幅1メートル，高さ70センチの防油堤を2時間で築きあげた。これによって燃える物がなくなった他のタンクは20日2時ころまでに鎮火した。No.1103タンクだけは火勢は下がったものの地震から360時間，結局燃え尽きるまで火災が続き，7月1日未明に漸く鎮火した。

なお，17日昼過ぎに米軍機が消火剤を空輸して着陸不能な新潟空港へ投下したが，一部報道は，米軍が空中からの消火剤散布をあきらめて空港へ投下した，と誤って伝えた。当初から予定どおりの空港への消火剤投下が，煙をさけて近づく様子を見て，火勢に押されてやむなく消火をあきらめたように見えたためらしい。消火剤は16日にはトラックで，17日からは自衛隊と米軍による空輸で大量に用意された。猛毒の四エチル鉛や水素ボンベに類焼しなかったことは，消火剤の調達・輸送まで含めた多方面の総力結集による消火活動の成果であった。

新潟地震と地震予知研究計画

当時は，戦後の工業化進展とともに，どこの平野も地下水の汲み上げが急激に増加したため地盤沈下が問題となっていた。特に新潟平野はガス水の汲み上げによって他の平野より急激に進行した。これを捉える目的で，通常なら数十年に1度しか行われてこなかった国土地理院による水準測量が，昭和30年（1955），33年，36年と，震源域に近い柏崎－鼠ヶ関の海岸沿いの路線で頻繁に実施されていた。これを地震後に解析すると，朝日村（現村上市）から岩室村（現新潟市）まで30年以降はそれ以前より大きい速度で隆起が見られた。33年から36年まではその隆起速度が減少して，新潟地震の発生で各地点とも大きく沈降した。

これは大地震の前に前兆的地殻変動が存在した証拠として，前年勧告されたばかりの地震予知研究計画に明るい展望を与えた。同様に井戸の水位データや潮位データからも前兆的変動が報告された。新潟地震の発生後，占領下の福井地震以来の大きい被害は，経済成長に重要な工業にとって地震は重大な脅威ということを，改めて社会に認識させた。このような状況下で，地震予知研究計画が翌年4月からスタートした。

表1　新潟地震の県別被害

	県　名	宮城	秋田	山形	福島	群馬	新潟	石川	長野	島根	合計
人的被害	死者		4	9			13				26
	負傷者	1	25	91	12	1	315		2		447
建物被害	全壊		18	650	14		1,443				2,125
	半壊		65	840	6		5,323			4	6,238
	全焼						290				290
	半焼						1				1
	床上浸水		9	16			9,433	3			9,461
	床下浸水		142	25			5,544	113		1	5,825
	一部損壊	13	6,116	5,554	83	1	19,413		25	38	31,243
	非住家被害		3,859	2,766	86	5	10,546		5		17,267
耕地被害	水田流埋		47	787			3,824				4,658
	水田冠水		25	42			2,111	74		10	2,262
	畑流埋						392				392
	畑冠水						476				476
罹災世帯数			88	1,505	24		16,315				17,932
罹災人数			425	7,337	114		78,357				86,233

(1964年6月27日現在中央防災会議事務局調)

国際的にも新潟地震の前兆地殻変動は広く紹介され，国際的にも1970年代の楽観的地震予知研究へと学界全体が向かう契機になった。残念ながら昭和45年に鼠ヶ関の潮位記録の前兆変動は潮位データの地殻変動以外の成分によるものとして否定された。昭和57年には水準測量の前兆は昭和30年の測量誤差であるとの指摘が出た。井戸の水位データにはもっと早期に地震直前の降雨の影響が指摘された。現在では新潟地震に前兆的地殻変動があったか疑問視する専門家が多い。

応急対策と復旧

最も被害を受けた新潟市では，当日の夕食から食料支給を実施した。浸水被害や液状化被害の軽い地区で炊き出しを行い，当日5,500食，17日は最大で75,474食，その後3日間は45,000食以上，さらに1週間3万食以上を提供したが，7月に入ると提供数が減少し，7月15日に提供を終了するまでで合計668,124食に加えて，乾パン197,112食が提供された。液状化で水道管があちこちで壊れ，地震当日千トン，17日2,280トン，18日からは自力で炊事する人が増えたためか給水量が4千トン程になり，21日から徐々に水道

図2　新潟地震の被害を伝える新聞

図3　新潟市川岸町の横転した県営デパート

が復旧した地域が増えて給水量は2千トンレベルになった。最終的に給水が終了したのは，7月末で合計76,772トンの水が給水車で供給された。この内，8分の1は自衛隊が10日間延べ114両で，残りは新潟市が給水車を借り上げて実施した。

海外メディアは，救援が欧米や途上国のようにボランティアではなく自衛隊や消防団，自治体職員などが組織的に行なっているた

め，指揮命令系統が整然としているとか，軍隊（自衛隊を指す）が市民と友好的に活動しているとか，流言飛語がない，物資分配が公平である，など，大きい災害後も治安が乱れない日本の被災地に感心した。これは東日本震災時も同様である。

参考文献　金倉忠之「震災からの経済復興過程とまちづくり―新潟地震を中心に―」（『都市問題』87ノ4，1996），新潟市編『新潟地震誌』，1966，新潟県編『新潟地震の記録―地震の発生と応急対策―』，1965，『朝日新聞（縮刷版）』1964年6月
　　　　　　　　　　　　　　　（松浦律子）

政府の初動対応

この地震が発生した昭和39年(1964)10月1日に東海道新幹線が開通，東京―新大阪間を「ひかり」4時間，「こだま」5時間で結び，同じ月の10日には東京オリンピックが開幕した。この地震は，日本の戦後の発展を象徴するこの2つの出来事のわずか4ヵ月前に発生したことになる。いわば，高度成長絶頂期に遭遇した災害ということができる。『新潟日報』の地震発生当日の号外には紙面の半分を占める格好で，新潟市川岸町の県営アパート横倒しの写真が掲げられている。幸いに入居者は避難して死傷者はいないとの説明が付けられている。この県営アパートの倒壊は，この地震を象徴する昭和石油新潟製油所のタンクの爆発，炎上とともに，地震災害とは時代の先端的技術を集めた構築物さえも容赦なく転覆させてしまうものだということを強く印象付けた。

すでに当日の午後3時には，当時の池田勇人首相を本部長とする中央防災会議緊急幹事会が開かれ，新潟市に災害救助法が発動され，赤沢正道自治大臣が現地入りした。また，政府は河野一郎建設大臣を本部長とする新潟地震非常災害対策本部を設置した。設置にあたった記者会見で，河野建設大臣は，①現地住民の気持ちを踏まえ，現地からの要望に先んじて対策を立て，②18日までには一切の対策を打ち出し，③救援，復旧には質量とも過大に行うと指示したと新聞は伝えている（『朝日新聞』6月17日）。その具体策として，自衛隊を大量動員して，復旧に集中的なマンパワーを投入，緊急融資措置なども含め，本格的対策を打つとした。翌17日には自衛隊が出動し，津波による信濃川沿岸地帯への浸水防止のための河川締切り工事，重油流失防止などで7,000人以上が民間建設会社とともに作業に従事した。信濃川河口部の工場地帯では，石油タンクがつぎつぎと爆発と炎上を繰り返し，原油タンク70基以上を焼き尽くした。民家357世帯，隣接工場の類焼に及び，18日夕方に昭和石油製油所をほぼ全滅状態で漸く鎮火に至るという状態だった。

支援制度

水道・電気・瓦斯・通信など，地下埋設のインフラはすべて地盤の液状化によって壊滅的打撃を受けたため，被災者は情報の途絶えるなかで，食糧・飲料水の確保に追われた。しかしながら，食糧は周辺農村の炊き出し，握り飯などの支援によってある程度，急場を切り抜けることができたと報道されている。18日，新潟県は仮設住宅200戸の建設を決定，これは26日に完成，続いて被災者への住宅獲得の困難を配慮して，「罹災者借地借家臨時措置法」を発令した。この震災に対して政府は，16日自治大臣，17日田中角栄大蔵大臣が池田首相の代理として自衛隊ヘリで現地入り，19日河野大臣現地視察，21日には池田首相現地視察を行うなど，主要大臣がつぎつぎと現地入りして，早急な対応を示した。23日には政府は災害特別予備費から3億5千万円の支出を決定した。現地視察の池田首相に対して，塚田十一郎新潟県知事は激甚災害法（正式名称は激甚災害に対処するための特別の財政援助等に関する法律，昭和37年公布）の発動を要請，中央防災会議は30日この発令

を指令し，財政援助措置を受けることができるようになった。激甚災害法とは，昭和37年に制定された公共土木施設災害復旧事業について財政援助を受ける場合の規定を定めたものであり，新潟地震の被災地が沖積層100メートルという軟弱地盤上に構築された港湾都市であるために復旧に多額の土木費が必要と見込まれたからである。さらに，17日現地を視察した田中蔵相は「地震による災害に損害保険が支払われない今の保険制度は問題」として，地震保険の新設を打ち出し，昭和41年に具体化された。

優先された土木構造物の復旧

この地震災害をきっかけに，和達清夫・中村左衛門太郎など地震学者の発言が伝えられ，すでに発表されていた河角広の関東震災67周年説に基づく大地震発生への社会的危惧が一挙に高まった。そのため，地震予知の可能性についても広く社会的関心が喚起された。新潟地震は港湾部の製油所などの産業施設，防潮堤などの構造物，信濃川に架かる昭和大橋の落橋や万代橋などの大規模な損壊，鉄道被害など海岸埋立地に築造された被害が大きかったため，これら構造物の復旧にまず主力が注がれた。第3次池田内閣の国土開発推進の強力な布陣からもわかるように，災害からの社会回復はまずは土木構造物の復旧からなされるということが疑問視されることはなかった時代でもあった。

では，被災民たちはどうであったのか。比較的地盤のよい一般住宅地に建てられた木造家屋は相対的に被害が少ないと観察されたが，仮設住宅内の生活の不便さなどを訴える新聞記事はほとんど見られない。恐らくは，被災者は日常生活への復帰には多大の不便と我慢を強いられたものの，そうした不便さを社会的に吸い上げる機構もまた，それを受け止める世論も一般的には形成されていなかったと思われる。しかしながら，この時期は，高度成長期真っ最中で時代を象徴する県外への出稼ぎ者が多い地域ということもあり，県外の新潟県人会は義援金・義援物資の募集に奔走，各地から支援物資が寄せられた。

いずれにしても，被災地の復旧に対する政府の矢継ぎ早の対応策は，世界中からスポーツ関係者はもちろんのこと，さまざまな人々が集まるオリンピックという祭典を控えた時期であったことも大きく影響していたであろうが，経済的上昇期という背景が大きく作用し，復旧への早急な道筋を付けることが政治的に求められ，経済的に可能であったという背景を見逃すことはできない。

参考文献　新潟日報社編『新潟地震の記録』，1964，全国科学技術団体総連合編『新潟地震防災研究総合報告』(山海堂，1965)

(北原糸子)

1965-70　松代群発地震　（昭和40年―45年）

災害の概要

松代群発地震は，昭和40年(1965) 8月に微小地震レベルから始まり，3回のピークを経て，翌年秋から漸時終息に向かい，45年末に漸く被害地震が終息した．有感地震回数でも期間でも世界で最大級の群発地震である．有感地震総数は，昭和42年末までで6万回を超えた(図1)．

第2次世界大戦末期に天皇の御座所や政府機関を長野県埴科郡松代町周辺(現長野市松代町)に移して本土決戦に備えようとした軍部によって作られた松代大本営の予定地であった3つのトンネルの内，舞鶴山のトンネルを使って，世界的にもきわめて雑音の低い地震観測を行なっていた．本地震は，その気象庁松代観測所のすぐ傍に発生した．冷戦時代の核実験探知のため，西側諸国中心に世界で展開された地震観測網WWSSN(World Wide Standardized Seismographic Network)の地震計が松代観測所(現気象庁精密地震観測室)に据え付けられて3日後に始まった．当初は無感であった地震は徐々に地域の人々が感じる大きさとなり，丁度始まったばかりの地震予知研究計画のほとんどの資材が投入されて観測が実施されることとなった．

最初は皆神山という第四紀前期の小さい火山の直下数kmの深さに限られていた地震は，次第に活発化し，昭和41年4月には地震数としてはピークを迎えた．4月11日朝には，地表に「松代断層」と呼ばれる地割れが出現し，この日を境に徐々に地震の発生する領域が拡大し始めるとともに，地震数は指数的に減衰した．これは地下深部から上昇してきた炭酸塩に富む発泡する水の第1陣がついに皆神山の下のシールドを破壊して地表付近まで迫った状態であった(図2)．

8月になると，第2陣の地下水の噴出が到来し，今度は松代断層や周辺の亀裂を利用して一説に約1ヵ月間で総量一千万トンといわれる大量の水が面的に地表に湧き出るとともに，地殻変動を起こした(図3)．

9月半ばから漸くこの群発地震は終息期に入り，皆神山周辺の地震数は減少し始めた

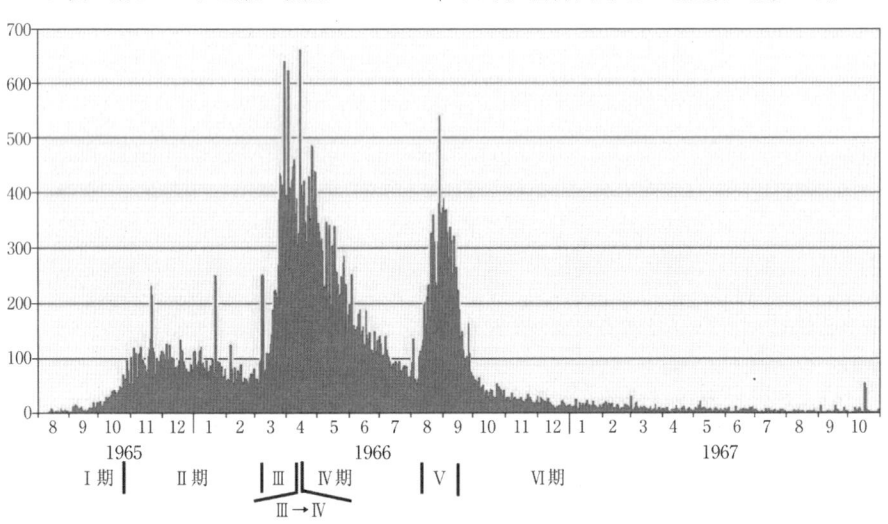

図1　1日あたりの有感地震回数

が，北東―南西方向へ水の浸潤によって拡大した地震発生域では，8月以降にM4級以上の大粒の地震が散発的に発生したため，破損などの被害域が拡大した。また，拡大していった地域の地震活動はその後数年は小破損被害を起こした。

この群発地震は，マグマや火山灰など熱い噴火ではなく，火山起源の炭酸水の噴出という「冷たい噴火活動」によるものであった。通常の大地震による災害と異なって，災害原因となる地震の発生が長期間にわたり，またその様相を変化させながら地域を苦しめるという，多くの大規模火山災害と同様の特徴をもっていた。なお，不思議なことに松代群発地震が最も活発だった昭和40年後半から翌年は日本の他の地域の地震活動は低く，他の地域の被害地震はもちろん有感地震数も少なかった。そのため全国の地震予知研究のための観測者も器材も，松代に貼りつけられていた。

被害の概要

70万人の松代町や近隣住民は，最盛期は1

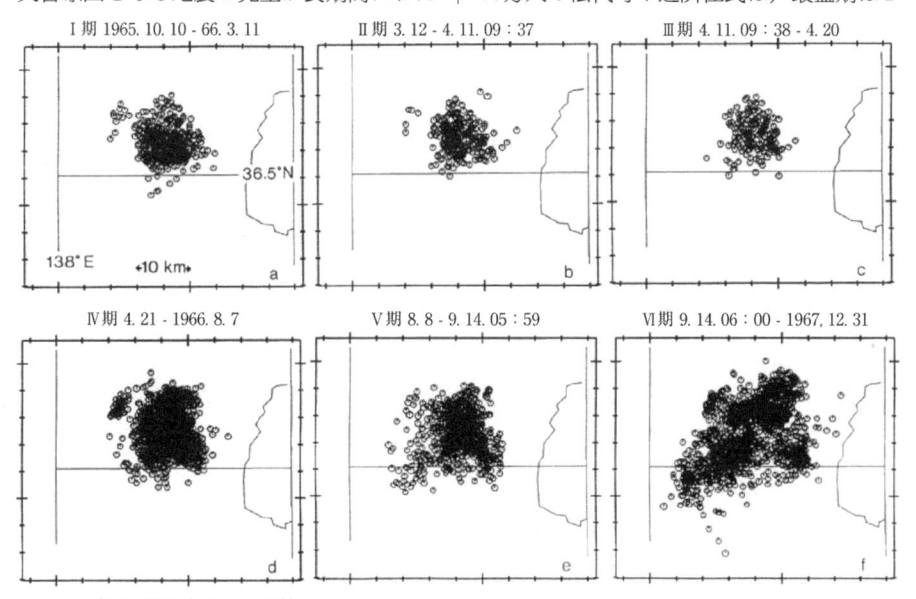

図2　松代群発地震の活動範囲

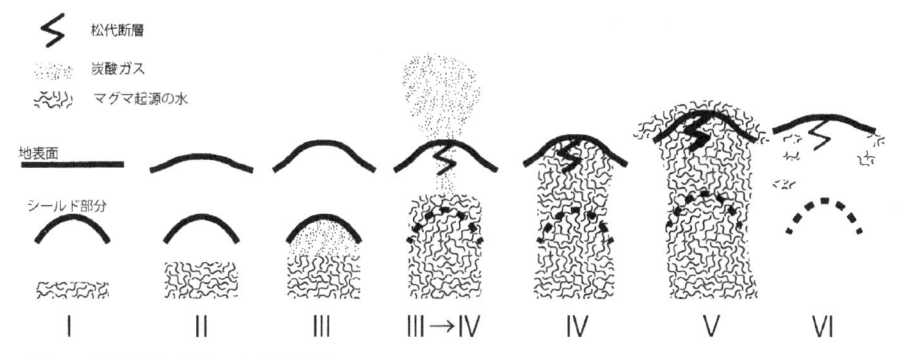

図3　松代群発地震の水噴水過程

日の有感地震回数600回以上というゆれ続ける所で生活するという心理的苦痛が実は最大の被害だった。昭和41年(1966) 2月ころには一旦有感地震数は減少傾向を見せた。この時坪井忠二の「歪堆積」による考え方にたてばすでに十分地震が当時発生していた領域の歪エネルギーを解放済みであると判断した地震学者たちが、社会的に要望が強かった展望を示すべく、群発は終息に向かいはじめた、と発言した。ところが群発地震は3月に入ってから一層数も大きさも増していき、当時の松代町長に、「科学が欲しい」と慨嘆される結果となった。以後学者側は将来展望を語るのに慎重になった。物的被害額は16億2,020万円で、45％が農業施設など、農業関係の被害、23％が住家等被害、15％が公共土木施設の被害だった。人的被害は、幸い重軽傷15名だった。住家全壊10棟、半壊4棟であるが、破損は8,800棟におよび、強烈ではないゆれでも繰り返されることで破損が多くなった。

被害が大きくなったのは、活動第Ⅴ期に炭酸塩を含んだ大量の地下水が皆神山周辺の多数の場所から大量に湧出したことによる。この大量温泉水湧出によって、牧内地区は集落全体が地滑りで移動した。現在でも炭酸の気泡を含んだ湧水が各所で残っており、農地内に入らないように排水されているが、当時はいろいろな場所から面的に大量に湧水が続いたため、農作が不可能となり、農業被害が深刻となった。

地震と救済

発生当初は通常の長野県地域防災計画に基づく配備体制で自治体が対処しようとしたが、長期にわたったため、昭和41年(1966) 4月からは松代群発地震災害対策本部が設置され応急活動を実施した。大震災に発展した場合は、新潟県・群馬県・東京都・埼玉県に応援を要請する体制も準備された。第Ⅳ活動期以降、震源域が拡大するにつれて特に南側で落石による人的被害などが発生したので、危険度に応じて資力に関係なく避難用応急仮設住宅が620戸供与された。世帯更生資金や、生活保護家庭の家屋修理費扶助、児童の安全確保のための季節保育所の設置など、長引く活動は救済する行政も疲弊させた。

復興

地震前年の長野県の財政状況は11億円以上の赤字であったが、地方交付税の繰上げ支給や、地方債の起債などで資金を集めて校舎の補修など必要な工事を実施した。また被災者の復興を助けるために地方税や国税の減免処置が適用された。見舞金は227万円余が寄せられた。特に牧内の地すべりは集落ごと大きく地すべりしたため、現在も地すべり防止のための排水設備が扇状地上部で稼動している。この地すべりは、現地でつぶさに観察を行なっていた中村一明によってすべりが始まる直前に察知され、地区の住民に伝えられた。また大規模に全体で滑落したため、人的被害がなかった。群発地震の原因となったと同種の地下深部起源の湧水は、酸化鉄を含む炭酸泉として現在は穏やかに湧き出ているので、加賀井温泉や、国民休暇村の温泉の湯として観光産業などに利用されている。

参考文献　長野県編『松代群発地震記録』, 1969, R. S. Matsu'ura and I. Kara-kama, Point Process Analysis of Matsushiro Earthquake - the role of water - *Pure appl. geophys.*, 162, 2005　（松浦律子）

1966 昭和41年台風26号　（昭和41年9月）

3つ子台風

同じ日の同じ時刻に2つの台風が発生することは，年平均0.7組程度あり，それほど珍しくない。月別には9月が一番多く，ついで8月となっている。一般的に，台風が多く発生する月は双子の台風の発生も多いといえる。3つ子以上の台風となると，昭和41年(1966)9月22日21時に発生した台風25号，26号，27号の三つ子台風しかない。このときは，すでに台風24号が発生していた（9月16日発生）ので，日本の南海上では4つの台風で急ににぎやかになっている。台風は発生順によって番号がつけられてるが，双子台風，3つ子台風のように全く同時に発生した場合，どちらを先にとるかといった明確な定義がなく，ケースバイケースで命名されている。一般的には，多くの台風が存在しているときは，強力な台風はないといわれており，台風24～27号の最低中心気圧は，おのおの978hPa，990hPa，960hPa，976hPaとなっており，どれも極端な発達をしていない。しかし，台風はつぎつぎに北上し，大きな災害を引き起こしている。図1は，9月23日に気象衛星エッサ2号が観測した写真をつなぎ合わせたもので，台風26号の中心部には眼が映っており，4つの台風の中で，一番発達していることを示している。

同じ日に台風が2個上陸

9月24日は，台風24号が沖縄近海から北上し，九州上陸を警戒していたが，遅れて発生した台風第26号が，時速70キロという非常に速い速度で北上し，25日0時過ぎ静岡県御前崎の西方に上陸した。発生から51時間で上陸というスピード台風で，最盛期で上陸したことから強い暴風域を伴っていた。御前崎では，最大風速33.0メートル/秒，最大瞬間風速50.5メートル/秒を観測するなど，東北南部から静岡県にかけて最大風速20～30メートル/秒，最大瞬間風速30～50メートル/秒の暴風が吹いた。駿河湾沿岸では高波が起こり，家屋が流出したりした。暴風域の範囲は狭かったが，進路に近い東側では，内陸に入っても強い風が吹いた（図2）。

富士山頂では，昭和39年(1964)11月から富士山気象レーダー（探知範囲800キロ）の運用が始まっており，刻々と迫る台風を観測するなど通常通りの観測が続けられていた。その中で，25日1時すぎに最大瞬間風速91メートル/秒（南東の風）を観測している。これは，日本の最大瞬間風速の記録であり，時速に直すと毎時328キロである。

また，静岡県の北部から山梨県にかけての山間部と栃木県北部の山間部では，1時間に60～100ミリの大雨となり，期間降水量も200～400ミリの大雨となった。特に，進路に近い地方では，1時間に100ミリをこえる集中豪雨となった。

台風26号が上陸した10時間後の，25日10時ころ，26号より先に発生していた台風24号が南西諸島付近から大隅海峡を通って高知県安芸市付近に上陸した。上陸時の中心気圧が988hPaと勢力が衰えており，上陸後さらに衰えたものの，台風前面の秋雨前線を刺激して西日本では大雨となり，宮崎県では期間降水量が300ミリを超えた所もあった。台風24号と台風26号による被害と合わせ，全国で死者・行方不明者317名，負傷者824名，住家全壊2,422棟，半壊8,431棟，床上浸水8,834棟，床下浸水42,792棟などの被害が発生した（『消防白書』より）。特に静岡県の南アルプスにある梅ヶ島温泉では，25日1時すぎに山津波（土石流のことで，土砂が雨水など一緒に河川を流下する現象）がおき，旅館9軒が倒壊し，泊まり客33人が死亡した。富士山の山麓でも被害が大き

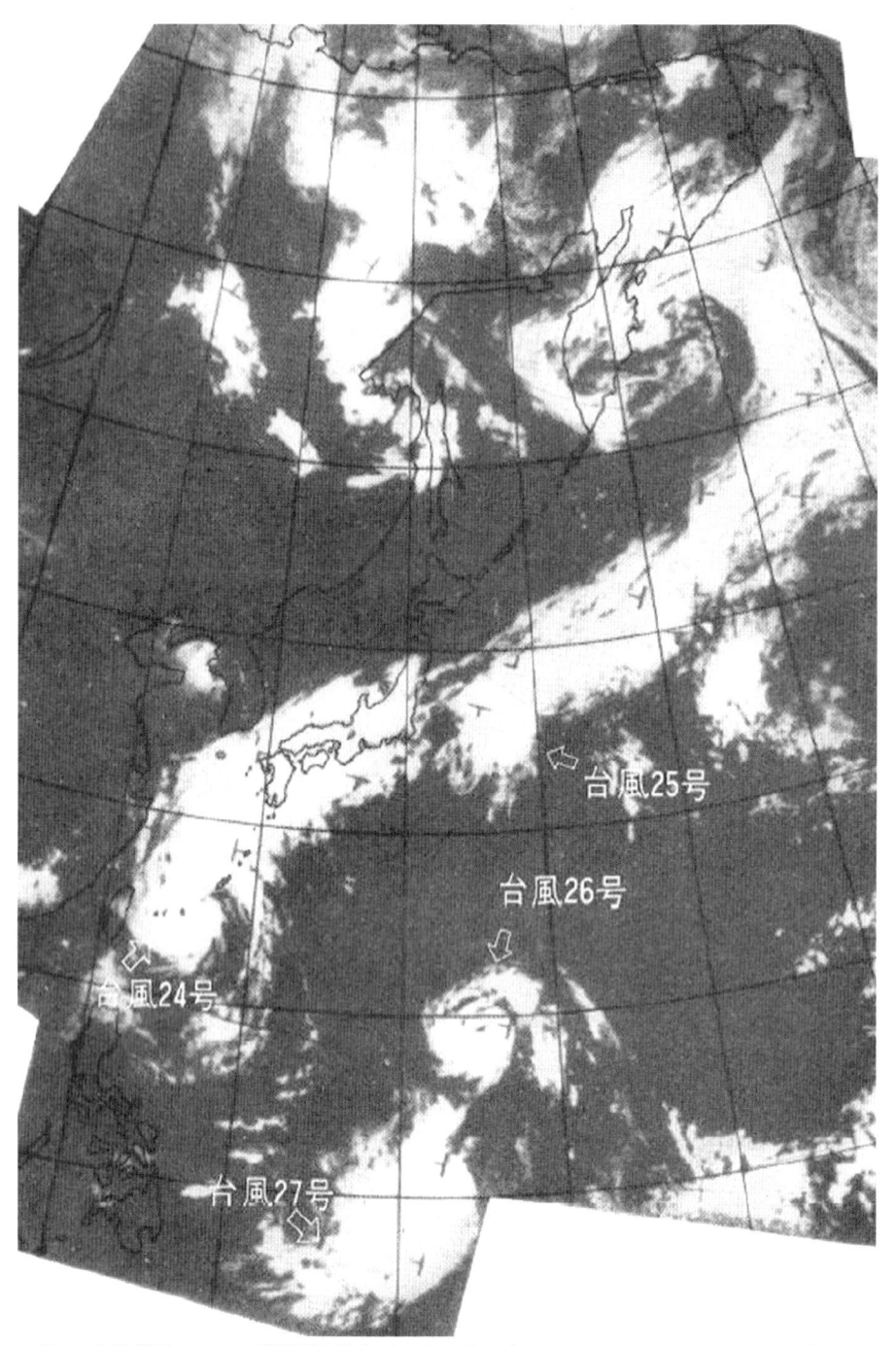

図1　気象衛星エッサ2号撮影写真（昭和41年9月23日）

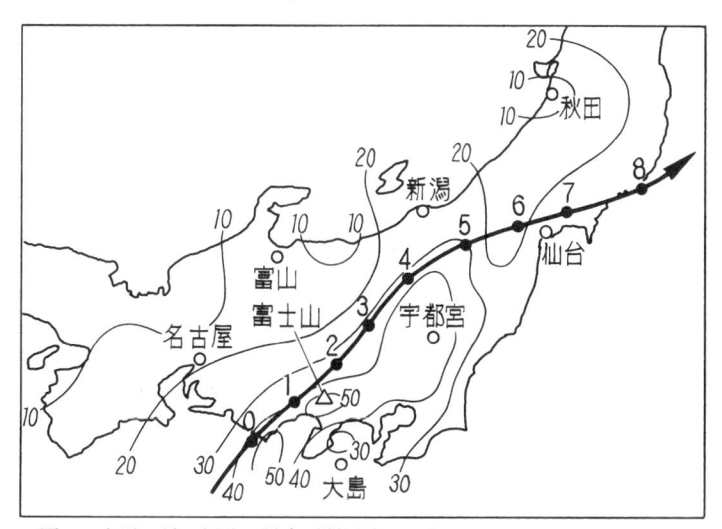

図2 台風26号の経路と最大瞬間風速の分布

図3 被害を受けた牛舎（山梨県足和田村）

く，山梨県足和田村（現富士河口湖町）の根場と西湖では25日1時すぎに55戸が山津波にのまれ，死者・行方不明102名という大惨事がおきている（図3）。また，関東地方や東北地方でも河川の氾濫や強風による家屋倒壊により多数の死傷者が出た。

これらの大災害は，日本でどこでも起こりうることから，日本の治山治水の問題や集中豪雨の予報精度向上に向けての検討が始まり，全国に多くの観測機器を配置し，観測データを素早く集める必要性が議論された。多額の予算を必要とするため，すぐに実現はできなかったが，その後も集中豪雨による土砂災害が相つぎ，大きな問題となったことから，昭和48年にアメダスが誕生した。

[参考文献] 日本気象協会編『1976年版気象年鑑』（森重出版，1968），饒村曜『台風物語―記録の側面から―続』（日本気象協会，1993），「ビートルズがやって来た！1966」（『日録20世紀』，講談社，1997）

（饒村曜）

1967 昭和42年7月豪雨 （昭和42年7月）

昭和42年7月豪雨と神戸水害

昭和42年(1967)7月は，梅雨前線に台風7号から変わった熱帯低気圧から暖湿気流が流れ込み，8日から9日朝にかけ，熱帯低気圧から変わった温帯低気圧が前線上を九州北部から関東まで速い速度で進んだため，前線の活動が非常に活発となり，地形の影響で特定の場所で大雨となった(図1)。佐世保(長崎県佐世保市)で125㍉，福江(長崎県福江市)で114㍉の1時間降水量を観測，呉(広島県呉市)や神戸でも70㍉を超える大雨となった。2日間の降水量も佐世保・呉・神戸などで300㍉を超え，これらの三市を中心に甚大な災害が発生した。

神戸市及び阪神地区では，昭和13年7月3日から7月5日にかけて，阪神大水害と呼ばれる水害が発生し，死者616名，家屋の倒壊・流失3,623戸，埋没家屋854戸などの大災害が発生している。市街地の背後にある六甲山は花崗岩質で，岩盤が風化し脆くなっており，多いところで総雨量600㍉という雨によって土石流が発生したのであるが，これを機に，六甲山の南側の治水・砂防事業は兵庫県から国に移管され，強化していたにもかかわらず，大規模な水害に見舞われた。

全国の被害は，死者・行方不明者369名，負傷者618名，住家全壊901棟，半壊1,365棟，床上浸水51,353棟，床下浸水250,092棟などであり(『気象庁技術報告』より)，気象庁は，7月7日から10日までの大雨を「昭和42年7月豪雨」と命名した。

集中豪雨の研究と観測体制

高度経済成長にもとづいて生活環境が大きく変わり，生活圏が急傾斜地へ拡大したことなどを背景として，集中豪雨による斜面崩壊，都市河川・中小河川の氾濫が続出するようになり，集中豪雨の予報について，国民から厳しい批判と期待が寄せられた。昭和42年7月豪雨をきっかけとして，気象研究所による5年間の梅雨末期集中豪雨特別研究が特別観測を含めて行われ，積雲対流によって生成・維持される下層ジェットの入り口領域で集中豪雨がおきるなど，多くの事実が発見され，体系化が行われた。集中豪雨をとらえるため雨量観測所を増設し，気象レーダー観測網が作られていったが，集中豪雨予測にはレーダーの観測結果をファックスで伝達することが非常に有効であることが分かり，整備・強化されていった。そして，気象庁本庁が総観規模の天気図と予報図による集中豪雨生起の全般的な可能性の検討，管区気象台などが天気図およびレーダー観測による地域内の集中豪雨の可能性の予報，地方気象台などが雨量観測値などによる大雨の開始の確認とそれに伴う必要な行動と，役割分担がなされた。

参考文献　気象庁「昭和47年7月豪雨調査報告」(『気象庁技術報告』84，1973)，饒村曜『続・台風物語』(日本気象協会，1993)

(饒村曜)

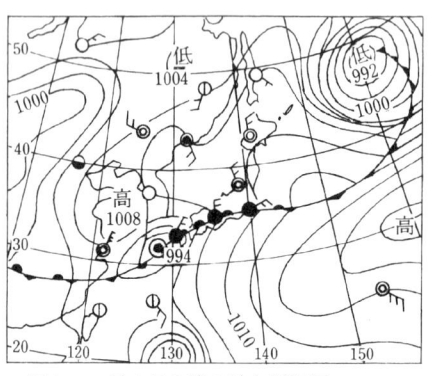

図1　7月9日9時の地上天気図

1968 えびの地震 （昭和43年2月—3月）

災害の概要

えびの地震は、霧島山の北麓のえびの高原地域で発生した、深さ5㎞程度の浅い群発地震災害である。昭和43年(1968)2月21日10時45分のM6.1の地震をピークに半年ほど続いた群発地震だった。被害を生じた地震はこのほか2月21日8時51分M5.7、22日19時19分M5.6、3月25日0時58分M5.7、1時21分M5.4で、全部で5回、気象庁で震源決定できた地震数はわずか27回であるが（図1上）、無感まで含めると1日数百回以上地震が発生した。えびの周辺では1日10数回以上の有感地震が長期にわたり人々を苦しめた。4月1日には、離れているが、日向灘でM7.5の地震が発生した。

この地域では、これ以前にも同じような群発地震が発生していた。大正2年(1913)にも5月からこれと同様の群発地震が真幸町（現えびの市）に発生し、8月末で一旦沈静化後、10〜11月に再び活発化し、霧島連峰の高千穂岳で噴火が発生している。昭和36年には2月27日に日向灘地震(M7.6)が発生すると同時に群発活動が始まった。この時は後で新燃岳の山頂付近に群発地震が発生し始めたが、噴火には至らなかった。

被害の概要

被害は宮崎県えびの町の真幸地区と鹿児島県吉松町の、きわめて限られた地域で、加久藤盆地の沖積層地域で特にシラス（軽石流堆積物）が厚く分布する所の被害が大きかった。5回の強震により、合計で死者3名、負傷者44名、住家全壊498戸、半壊1,278戸、鉄道3、道路226、橋梁22ヵ所が被害を受け、耕地埋没が57.3㏊、林地崩壊449ヵ所と、狭い地域の中で深刻な被害が生じた。被害総額は89億円弱である。ほとんどの被害は地盤が固い溶岩流地域ではなく、シラスが厚く堆積する盆地の南東側に集中した。建物被害の多くは、震動そのものではなく、震動で地盤が崩れたために崖から転落したり、倒れたりした。

地震と救済

宮崎県は2月21日にえびの地区地震対策連絡会を設置し、翌日それを対策本部に格上げし、26日には宮崎県地震対策本部として自衛隊に災害派遣を要請するなど、迅速に体制を整え、災害救助法の適用を受けて被災者に対応した。道路被害で孤立した地区の住民は避難所を設置して移し、炊きだしの実施、飲料水の供給、衣類や寝具の給与、医療体制の確保、応急住宅修理など応急対応を行なった。1ヵ月以上有感地震が続いたことから、救助法の適用をたびたび延長して4月末日までとし、プレハブの仮設住宅の提供や、道路工事の実施などで、耕地を失った住民の復興を支援した。

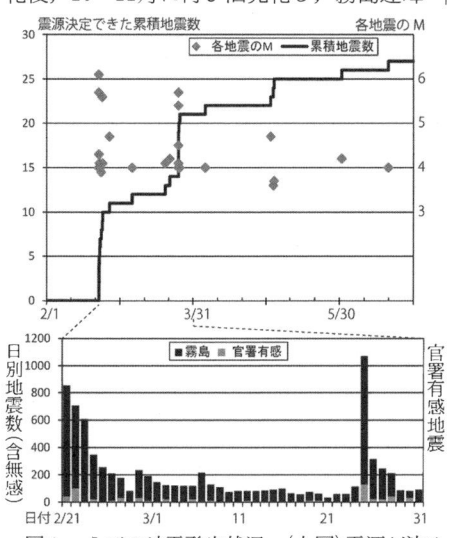

図1 えびの地震発生状況 （上図）震源が決められた地震 （下図）霧島での日別地震数と人吉や鹿児島まで有感だった地震数

参考文献　宮崎県総務部消防防災課編『えびの地震の記録』、1969　　（松浦律子）

1968 日向灘地震 （昭和43年4月1日）

災害の概要

日向灘地震は，日向灘の沖合で昭和43年(1968)4月1日9時42分に発生した地震で，規模はM7.5であった。宮崎県と高知県のほか，愛媛・熊本・大分県で被害が発生した。震源域は日向灘北部の沖合いで土佐清水からも延岡からも50㌔程度離れていたことから，震害は小さかった。津波によって，日向灘から豊後水道沿岸の地域が被害を受けた。

被害の概要

負傷者15名，住家全壊1，船の沈没・破損3，道路損壊18ヵ所のほか，1～2㍍の津波によって港湾施設や，真珠筏，はまち網などの水産施設に被害があったほか，床上浸水などが主として高知県の土佐清水から愛媛県の豊後水道沿岸域にかけて生じた。日向灘という名称がつく地震にはやや深いプレート内地震でゆれの被害があるが津波被害は殆どない地震も含まれる。津波被害にも注意が必要な昭和43年のようなプレート境界の地震は，昭和6年(1931)11月2日M7.1，同16年11月19日M7.2，同36年2月27日M7.0，としばしば発生している(図1)が，昭和6年と36年は宮崎の沖合いで発生し，被害は主として宮崎県南部と鹿児島県の大隅半島地域になる。昭和16年や43年は宮崎県日向の東方沖，高知県宿毛の南方沖に発生し，高知県西部から愛媛県の宇和海沿い，大分県の佐賀関以南の沿岸部や宮崎県の北部が被害を受ける。同じ名称でも備えるべき地域が異なるので注意が必要だ。

図の中で最も被害と地震後の地殻変動が顕著だったのは寛文の地震である。宮崎県南部の沿岸沿いに800㌶程度の田が沈降したというので，昭和南海地震後の高知平野のような状況だったと推定される。昭和43年の地震は寛文の北東隣に発生し類似の規模であり，その他の地震は寛文より1回り小さくて場所を変えて頻繁に発生している。東日本震災の震源域の一部であり，平成23年(2011)3月11日の東日本大震災以前にはそこでは数メートル以上の食い違いを生じるような巨大地震は発生しないと思われていた福島県東方沖と，20世紀の日向灘地域の地震発生様式は類似している。寛文程度かやや大きい地震が発生する可能性も考慮して万一の場合の津波避難を予め備えて置くことが有効だろう。

（松浦律子）

表1 歴代の日向灘のプレート境界地震

年　月　日	M
寛文 2年　　　　9月20日 　　　(1662年10月31日)	7.6
明治32年(1899)11月25日	7.1
明治32年(1899)11月25日	6.9
昭和 4年(1929) 5月22日	6.9
6年(1931)11月 2日	7.1
16年(1941)11月19日	7.2
36年(1961) 2月27日	7.0
43年(1968) 4月 1日	7.5
平成 8年(1996)10月19日	6.9
8年(1996)12月 3日	6.7

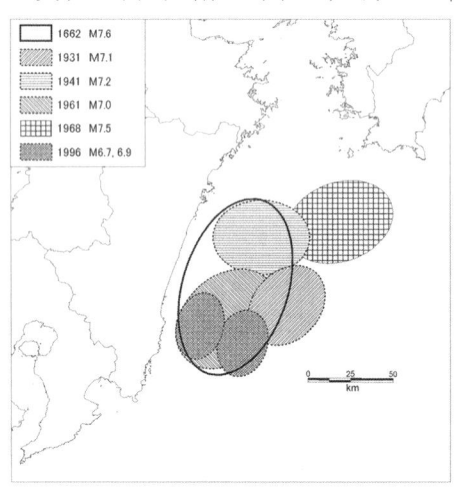

図1 日向灘での寛文の地震と20世紀のプレート境界地震の震源域

1968 十勝沖地震 （昭和43年5月16日）

災害の概要

昭和43年(1968)5月16日9時49分に発生したM7.9の地震である。青森県東方沖を震源とする太平洋プレートと東北日本の陸側プレートとの境界で発生した逆断層の巨大地震で、青森県八戸を中心に、北海道の襟裳岬から岩手県北部にかけて震動被害が、釧路から青森・岩手・宮城県北部の太平洋岸沿いに数㍍の津波による被害が発生した。10時間後の19時39分に襟岬沖でM7.5、6月12日22時42分に岩手県沖でM7.2と、大きい余震が発生し、それぞれ小被害が発生した。なお、1952年や2003年十勝沖地震とは違い、実際の震源域は三陸北部沖である。この地震と同様の被害をもたらした地震は、近世の史料からは、過去延宝5年(1677)4月13日、宝暦13年(1763)1月29日、安政3年(1856)8月23日に発生しており、概略百年に1回程度の頻度である。また、平成10年(1998)12月28日にはM7.6の三陸はるか沖地震が沖よりの部分でまず発生し、翌年1月7日に今度は陸より部分にM7.2が発生し、合わせてこの地震の震源域の半分程度の領域に発生した。

この地震発生の3日前から青森県東部の沿岸部と尻内～五戸などの火山灰の多い山地に160～200㍉の降雨があったため、地すべりが起こりやすくなっていた。土砂崩壊は震度5から発生するが、あらかじめ緩んでいたことによって地震による土砂崩壊被害が増幅した。

津波は八戸・野田・宮古・大槌などで5㍍以上となったが、ちょうど干潮時にあたったため津波被害は軽くなった。また1960年チリ津波後に津波防潮堤の設置が進んでいたことも被害軽減に役立った。この地震直後から十勝岳で地震活動が活発化し、火山性地震や噴煙量が増加した。

被害の概要

最大の被害地は青森県東部であるが、死者は岩手県・北海道・宮城県でも発生し、死者52名、負傷者はさらに秋田・埼玉も加えて329名となった。住家全壊は青森県657棟、北海道17棟、岩手県2棟の合計676棟、半壊が2,994棟、全焼13棟、破損は15,483棟に及んだ。津波や堤防決壊による住家の流失はなかったが、床上浸水221、床下浸水308であった。

道路損壊417ヵ所、橋梁流失25、堤防決壊40、山崩れ38、鉄道の軌道被害58、通信回線被害473、木材流失200平方㍍、船舶の流失97、沈没30、破損126で、罹災者総数は22,259名であった。うち9割以上にあたる20,451名が青森県である。なお、このほかには、6月12日の余震によって岩手県で破損などの被害が発生した。

この地震では、このころから一般的になった鉄筋コンクリート造の学校などの建物被害が目立った。特に3～4階建のRC構造の振動による破壊被害が多かった。1階がつぶれた函館大学校舎などのほかにも、柱のせん断破壊で建替えや大規模補修が必要なものが八戸市や十和田市で調査対象の1割に上った。原因は、巨大地震で周期0.2～0.4秒のやや周期の長い振動が長く継続したため、木造家屋より固有周期の長い3～4階建が大きく揺れたことに加えて、東北や北海道ではコンクリートに使用される粗骨材に火山性の軽石の率が高く、コンクリートの強度が不足していたことが大きかった。この地震の被害分析から昭和46年(1971)に建築基準法を改正して鉄筋コンクリート造の柱がせん断破壊に対して強度を増すように帯筋の基準が上げられた。鉄骨造は体育館のような柱間隔が長い部分をつなぐ梁部分の、挫屈や切断被害が多かった。

木造住家は軟弱地盤地域に被害が集中した。規模の大きい地震で津波警報は10時15分に発令された。干潮時にあたって津波被害が大きくなかったことや，多くの船舶が津波警報によって避難できたこと，朝10時と，朝食後でまだ昼食準備前という時間帯でしかも厳冬期ではなかったので，火元が少なく，火災被害が少なかったなど，幸運に助けられ，通常の被害は規模の割に抑えられたが，大量の降雨後に地震動を受けた青森県の特に東部の山地は犠牲者が多かった。当時は汲み取り式便所が一般的であり，札幌平野では，この地震の揺れによって各家屋の便槽がゆさぶられ，臭気が上がった。丁度朝の家事が一段落する頃合いに発生したこの地震では，地震の振動が収まるや一斉に各家庭でトイレの窓を開けたという。八戸市では揺れに驚いて一旦屋外へ飛び出したものの，ストーブの火が心配で揺れのなかを戻ってストーブを外へ持ち出した25歳の女性など，大きい揺れにも関わらず火の始末に成功した例もあるが，石油ストーブや電気のショートなどが原因で32件の火災が発生した。比較的消化活動が円滑で，全焼は半分以下に抑えられた。八戸港では地震時に三沢で使うジェット燃料の荷揚げ作業中だった。タンカーは直ちに港外への避難を目指したが逃げ切れず津波によって岸壁に叩きつけられ大破した。300キロリットルの油漏れが発生し，中和剤やオイルフェンスが使われたが，6メートル/秒の強風によってほとんどが拡散してしまった。青森港では石油タンクが傾き，油漏れが発生した。

実際の被害は八戸など青森県が最も大きかったが，地震の名称が「十勝沖」とされたため，地震直後は支援物資などが青森県を素通りして北海道へ行ってしまったという。この教訓から，1983年日本海中部地震では，津波被害が出た後で震源を決め直すと，秋田県能代沖と呼ぶのが相応しいことが判明したが，青森県選出国会議員などの運動で地震名称が変更にならなかった。この十勝沖地震以後は，それ以前のような，地名によって地震発生域がよく判る個性的地震名称から，某県西方沖など震源地域も分かり難い機械的な名前がつけられている。

当日夜に発生したM7.5の大余震によって，震源域が近かった北海道の日高・胆振(いぶり)支庁の沿岸部では，様似(サマニ)町で防波堤の破損，室蘭市で家屋や埠頭施設の破損，登別で崖崩れなどの被害が発生した。青森市などもこの余震によってより被害が増したと思われるが，本震・余震による被害の分離はできてはいない。

地震と救済

県知事も副県知事も上京中だった青森県庁では，電話が不通になり県内の状況把握は進まなかったが，大きい揺れから甚大な被害が予想されたため，地震から50分もたたない10時半に青森県対策本部が設置され，自衛隊には通信援助や災害派遣が要請された。各地の状況把握には，停電後自家発電で維持された警察無線が最も活躍した。自

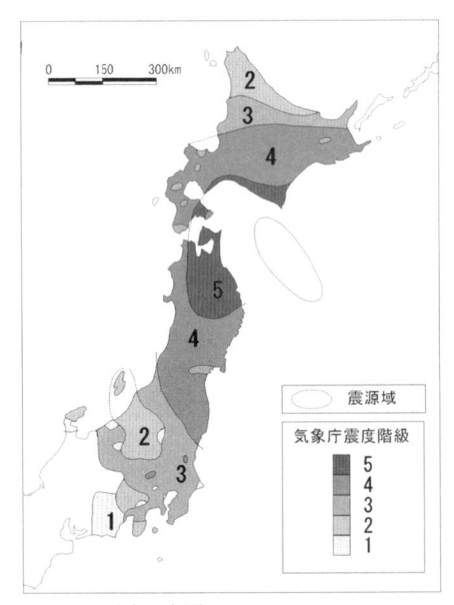

図1　震度分布図

衛隊員延べ10,824名が，まず青森県の地すべり被害の犠牲者の捜索活動を中心に，水道施設が破損したため，青森市内の給水活動，水道復旧作業，国鉄の線路復旧作業などに従事した。通信手段が限られたため，状況把握に手間取り，最初に被害程度が判った八戸市に16日21時，17日に十和田市，三沢市，むつ市，五戸町が順次，18日に六戸町・東北町など22日昼までに13市町村に災害救助法が適用された。

八戸市では市庁舎3階のコンクリート外壁が落下して庁舎から飛び出した女子職員が死亡するなど，庁舎が使用不能となったが，10時05分には庁舎前テントに対策本部を設置した。国も16日午後には対策本部を設置し，県知事たちは自衛隊機で三沢に戻り直ちに県東部の被害の大きい地域を視察した。当日は煮炊が不要なパンを弘前から1,000人分調達して八戸市に運んだり，被害が深刻な県東南部に県西部から機動隊や警官を応援派遣したり，東西に幅が広い青森県の利点を生かした県内支援が行われた。

避難所は，被害が大きかった市町村程長期間開設され，八戸市と五戸町では何度か延長して6月5日までそれぞれ11ヵ所，12ヵ所の避難所で延べ11,118人，3,110人を収容した。十和田市は1ヵ所6日間，三沢市は2ヵ所4日間，六戸町と下田村は3ヵ所2日間，七戸町2ヵ所2日間，百石町2ヵ所1日と短期間で延べ合計1,246人を収容した。仮設住宅は，八戸市36戸，五戸町3戸，三沢市20戸，十和田市10戸，天間林村2戸，青森市1戸合計100戸設置された。炊き出しは被害が大きい八戸では7ヵ所で5,895人，五戸は1ヵ所で456人に6月5日まで，ほかは当日夕食～数日間合計522人に支給された。毛布・シャツ・タオル，石鹸など緊急支援物資として1,500万円相当が被災世帯に配布された。水道施設が最も復旧に時間がかかり，2～10日間は給水活動が自衛隊などによって実施された。

復興

東北本線は自衛隊なども動員して5月19日には徐行運転可能となり，6月14日には通常ダイヤで運行し，青函連絡船は港湾施設などを直して5月21日には一部再開され，27日には平常運航となり，観光シーズン前に北海道への交通が再開された。河川も馬渕川堤防が6月2日に復旧するなど，6月中に一応の復旧を果たした。青森県内では被災家庭の高校生には，育英資金や授業料免除などの処置がされた。住宅金融公庫は建設1,123戸，補修1,615戸を災害認定するなど住宅の復旧を補助し，被災世帯のうち4分の3が冬前には住居の確保ができていた。義捐金や義捐物資が全国から寄せられた。青森県には都道府県からの見舞金が総額2億円以上寄せられ，まず住居を失った者から順に被災者へ配布された。死者の遺族には25万円，重傷者に5万円，全壊家屋世帯に9万4千円，半壊世帯には8千円，流失世帯で保護世帯には12万4千円，遺児に154万円，学校に18百万円，老人施設や児童施設に2,400万円など配分された。

救助や捜索活動で54人と294団体が表彰された。避難所などでの奉仕活動に参加した個人が1,458人，復旧応援活動に5,584人，災害事務応援に全国の自治体から派遣された公務員783人と，災害時ボランティアともいうべき人的支援が青森県に向けられた。青森県では，建物被害が76億円，河川堤防等13億円，海岸設備15億円，道路設備7億円，港湾設備15億円，公共施設5千万円，農林業被害115億円，水産業被害8億円，商工業被害94億円，鉄道被害51億円など被害総額は470億円余に上った。

北海道は被災が533世帯。被害額は土木施設が鉄道の26億円を含めて66億円など総額で113億5,600万円だったが，1952年十勝沖地震に比較すれば3分の2程度であった。

参考文献　日本建築学会編『1968年十勝沖地震災害調査報告』，1968　（松浦律子）

1972　千日デパートビル火災　（昭和47年5月13日）

災害の概要

昭和47年(1972)5月13日の夜10時半ころ，大阪市南区(現中央区)の中心，千日前の千日デパートビルで火災が発生した。3階で出火した火災は5階で延焼阻止されたが，区画に不備のあった階段を通じて最上階の7階で営業中であったキャバレーに大量の煙と熱気が伝播し，消防隊による懸命の救出活動にも関わらず，死者118名，負傷者78名を出す日本のビル火災史上最悪の惨事となった。このビル火災によって，用途の混合した雑居ビル(複合用途)における防火管理体制の問題が大きくクローズアップされ，消防・建築関係者はもとより，ビル管理関係者各方面に数多くの課題と教訓が提起された。

火元建物の概要

千日デパートビルは，昭和33年(1958)12月1日に開業した商業ビルであるが，いわゆる百貨店ではない。昭和7年に竣工した大阪歌舞伎座の建物を新歌舞伎座の竣工に伴い改装して，物品販売用途や劇場，キャバレーなどの複合用途の商業ビルとしたものである。火災発生当時は，1，2階が専門店街形式で直営の千日デパート，3～5階はスーパーなどの売り場，6階がゲームコーナーと元千日劇場，7階がキャバレー「プレイタウン」となっていた。また，火災当時3階の洋品売場は改装工事中であった。建物の構造は，鉄骨鉄筋コンクリート造一部鉄骨で地下1階，地上7階で建築面積3,770平方㍍，延面積25,924平方㍍であった。建物の北側は2車線の幅員38㍍の幹線道路であり，東側は9㍍，また西側と南側はそれぞれ6㍍と7㍍の道路で，建物敷地は一街区を占めているが，東側の千日前通りにはアーケードが設けられており，梯子車などの接近が困難な状態であった(図1)。

火災の発見と初期消火

当日，改修工事を行なっていた作業者が，22時30分ころ3階婦人肌着売場の通路で火災を発見した。「火事だ」と叫び，同僚4名と付近の消火器などを探しながら監督者に伝えた。この監督者は直ちに西側正面階段に走り，階段付近にある火災報知機のボタンを押すとともに1階にある保安室に向って「火事だ」と叫んだ。一方，保安室にいた者は，22時34分ころ火災報知機の受信盤を見て3階で火災が発生したことを知り，2名の保安係に確認に出向かせ，その後に119番で消防局に通報した。消防局におけるこの火災通報の受信時刻は22時40分である。

火災を発見した工事会社の4名は，2基のエスカレーター中央付近から火災に向って消火器を放射したが，すでに火災が拡大しており効果はほとんどなかった。また，保安係1名は，屋内消火栓を使用してエスカレーター部分から上階へ放水したが，火勢はすでに2階天井付近まで延焼拡大しており，初期消火の時機は逸していた。

火災の延焼と煙の伝播

3階において発生した火災は，防火シャッターが開いたままとなっていたエスカレー

図1　炎をあげる千日デパートビル

ターの開口部などから4階および2階に延焼拡大したが，5階でエスカレーター部分の水平防火区画により延焼拡大は阻止された。しかしながら，煙の上階への伝搬という面からみると，この建物の防火区画については，構造的にも管理的にも多くの欠陥があった。

第1に，階段回りの防火区画については，各階毎に防火シャッターや防火戸による区画が構成されていたが，A階段では防火シャッターの上部の壁が耐火構造になっていない箇所があり，この部分が焼き抜かれている。B階段は区画が一応有効であったと認められるが，E階段は3階部分で防火戸および防火シャッターが開いたままになっていたため煙の伝播経路となった。またF階段は2階部分でデザインを変えて壁体を開放し，ここに横引きシャッターを設けていたが，これが開放されたままとなっていた。

第2に，エスカレーター回りの防火区画は，各階ともシャッター区画が施されており，また4階以上はエスカレーターが床を貫通する部分で，横引きシャッターで水平に区画する方式を採用して6階に至っていたが，火災時，前者はすべて開放されたままで放置され，後者は4階部分において開放されたままであった。

3階で発生し，2階，4階に延焼した火災による大量の煙は，これらの区画不十分なA，E，Fの各階段室やエスカレーターに流入して上昇した。7階では，A階段は最後まで扉が開放されず，E階段は開放されたもののすぐ閉められた。F階段ではボーイが客を避難させるべく電動シャッターのボタンを押して開放したが煙が勢よく吹き出して，急速に室内に充満した。また，7階のエレベータードアの隙間からもキャバレー場内に煙が吹き出した。

避難と救助

従業員やキャバレーの客は，ホールにうっ

表1 避難および死者の発生状況

	7階にいた者			死者		
	男	女	小計	男	女	小計
客	55	1	56	33	1	34
ホステス	0	78	78	0	65	65
その他の従業員	39	8	47	15	4	19
合計	94	87	181	48	70	118

表2 死者の発生率

	死者の発生率（%）		
	男	女	小計
客	58.9	100.0	60.7
ホステス	0.0	83.3	83.3
その他の従業員	38.5	50.0	40.4
合計	51.1	80.5	65.2

すらと白い煙が流れてきたのを見て異変に気づいている。本来は，このとき直ちに避難誘導を開始しなくてはならなかったが，従業員など店側の関係者はその危険性を十分認識していなかったと思われる。座席を立ち上ってフロントへ向う一群の客に「何でもありませんから静かにして下さい」と押し止め，放送も「ホステスの皆さん落ち着いて下さい」と繰り返し具体的には避難を指示していない。危険となった最後の段階で「避難誘導しますから落ちついて下さい」「お客さん，逃げて下さい」と叫んでいるが，このときはすでにホール内には黒煙が立ちこめ手探りで避難場所を探さねばならない状態となっていた。

火災時に7階のプレイタウンにいた人は181名で，男女はほぼ同数であったが，男性94名は客（55名）と従業員（39名）であり，女性は87名のうち大半がホステス（78名）であった。死者数118名は火災時に7階にいた人の65.2%というきわめて高い死者発生率である。男女別に見ると，男性の51.1%に比して，女性は80.5%とさらに高い比率であった（表1・2）。

7階から脱出できる避難経路としては，4つの階段に，2基のエレベーターと救助袋が1つあった．施設ごとにみた避難誘導を含めた従業員や客の避難行動は，おおむね次のようであったと考えられている(図2)．
1) A階段　エレベーター付近は濃煙が立ちこめ，A階段の扉を開いて避難することはできない状況にあるうえ，扉は施錠されていた．鍵を置いてある事務所付近も排気口からの噴煙が激しいため近づくことができず，この階段から避難しようとしたものは誰もいない．
2) B階段　B階段は外気に開放された付室が一部についていて扉は施錠されておらず，火災の初期においては比較的安全な階段であったと考えられる．この階段への非常出口の前にクロークがあり，クローク係の女性1名がいたが，早い時期に火災に気づいて隣室の電気係に伝えたのちクロークに戻ると，ホールはすでに黒煙がたちこめていた．場内に2㍍ほど入って叫ぼうとしたが煙で阻まれ，1人でB階段から逃げた．これと前後して，ボーイに誘導された客約30名がB階段に向った．先頭に立っていたボーイは，エレベーターシャフトから流れ出す濃煙によってどうしてもB階段に到達することができなかった．なお，ホステス1名は避難場所を求めて場内をさまよったのちこのB階段から避難している．
3) E階段　E階段はホステスの更衣室に設けられている階段である．その時更衣室にいた10数名のホステスは事務所方面から流れてくる煙で火災を知った．事務所から鍵をとってきてE階段の扉を開いたが，煙が吹き出したため直ちに閉鎖したもののホールの方向へも避難できず，逃げ場を失う状態となった．窓から消防隊によって2名救出されたのみでほかは全員死亡した．
4) F階段　この階段は厨房からは防火戸で，客席からはシャッターで閉鎖されていた．防火戸の部分は避難の際，支配人が椅子でノブの部分をなぐりつけているが開放不能であった．ボーイがシャッターを持ち上げたところ濃い煙が出てきたが，人々はこの中に飛び込み屋上と階下に向った．しかし屋上への出口には鍵がかかっており，また階下に向った者も煙の上昇にさまたげられて，ともに引き返えさざるを得なかった．
5) エレベーター　A階段の近くに大小2基のエレベーターがあり，エレベーターホー

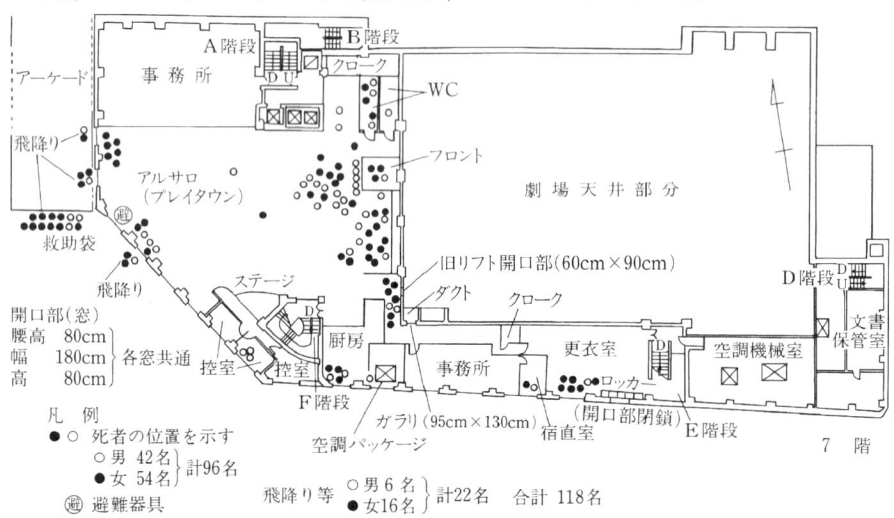

図2　千日前デパート7階平面図と死者位置図

ルにははじめ避難者が大勢集まっていた。しかし，煙のためにそこで待つことができず他の方向へ避難したためエレベーターは使用されていない。なお，上階の様子を知らなかった客とホステスがこのエレベーターで7階に到着し，ドアを開けたとたんに煙が吹き込んで来た。あわてて扉を閉め下へ降下しようとしたとき，7階からホステス1名が飛び込んできて3人で地階へ降りた。シャフト内の煙が換気扇を通じて中に入りこみ，苦しくて床に座りこむほど危険な状態であったが，このとき飛び込んできた1名がエレベーターで助かった唯一の人である。

6) 救助袋　窓際に救助袋1基があり標示灯も完備されていた。火災時に従業員数名がこれを降ろしたが先端が照明スポットに引っかかってやや手間取った。さらに押しあう人々によって上部が正しくセット出来ていない状態であった。このような状態でありながら，最初の数名が馬乗りになって降下に成功したのを真似て，煙で苦しくなった10数名の人が先を争ってまだ口の開いていない救助袋にすがり，またはぶらさがって降りようとした。このため，せっかく降ろした救助袋であったが，これで避難に成功したのはわずか5名に過ぎず，ほとんどの人は途中で手を離して転落，死亡した。

7) 窓　窓には金網を針金で止めてあったが，ボーイたちが苦労してそれをほどき，ビールびんで窓ガラスを割ったので一部の客はこの開放された窓から救助を求め消防隊の梯子で救助された。なお窓から直接地上に飛びおりた者は11名であったが，そのうちアーケード屋根上に落下した者2名を除き残る全員が死亡した。バンドマン室，タレント室(ステージ裏の控室)の窓からも多数の者が救出されているが，この部屋はホールと2ヵ所の扉で区画されていたため煙が比較的薄く，ここに飛び込んだものはほとんど救出されている。

本火災の問題点と教訓

この火災において犠牲者を多く出した要因には，雑居ビルにおける共同防火管理体制，工事中の防火管理，従業員の防災訓練や避難誘導体制，非常階段や避難器具などへの習熟など主として防火管理や避難誘導に関するソフトの要因のほかに，古いビルにおけるスプリンクラーや火災報知設備の不遡及による未設置，避難階段防火戸の遮煙性能不足や煙感知器連動閉鎖機能の不備といったハードの要因もあったことを指摘する必要がある。つまり，本来，避難経路となるべき直通階段が逆に煙の伝播経路となり，使用できなかった点をもっと重視する必要がある。従業員などに対する注意喚起や防火管理の徹底など人間に頼った対策だけでは不十分であり，発災時に人が仮にあわてても，あるいは多少のミスを犯しても致命的な危険には至らないようなシステムによる補完対策が重要である。

なお，千日デパートビルの火災後に，消防法関係では雑居ビル(複合用途防火対象物)の防火管理体制の強化と自動火災報知設備の既存ビルへの遡及適用の拡大が行われた。また，建築基準法関係では，防火ダンパーへの遮煙性能の要求や避難階段の防火戸に対する遮煙性能と煙感知器連動化の要求など，主として煙対策を中心とする規制の強化が行われている。

参考文献　大阪市消防局「千日デパートの火災概要について」(『火災』22ノ4，1972)，東京消防行政研究会編『火災の実態から見た危険性の分析と評価—特異火災事例112—』(全国加除法令出版，1983)　(関澤愛)

1972 昭和47年7月豪雨 （昭和47年7月）

ほとんどが土砂災害だった豪雨

昭和47年(1972)の梅雨末期は，本州に停滞していた梅雨前線に暖湿気流が流入し，3つの豪雨があった。7月3日―6日にかけては，九州と四国でこの期間の降水量が500～800㍉に達する局地的な大雨が降った。このため，大規模ながけ崩れが発生して，熊本県姫戸町(現上天草市，図1)で122名，高知県土佐山田町(現香美市)で61名の死者・行方不明者が出た。7日―9日は，北日本にあった梅雨前線上を低気圧がつぎつぎと通過し，北日本で大雨となった。米代川の堤防の決壊，青森県と秋田県では河川氾濫による浸水害が多発した。

9日―13日にかけては，梅雨前線が南下して，本州南岸から四国，九州北部付近に停滞した。また，日本の南海上にある台風6号，7号，8号からの暖湿気流の流入で梅雨前線の活動は活発となり，西日本から関東地方南部にかけては400～600㍉，山間部の多い所で1,000㍉前後の大雨となった。このため，中国地方では河川の氾濫による浸水害が多発し，愛知県や岐阜県，神奈川県では山崩れやがけ崩れ，河川の氾濫により多数の死者が出た。

全国的に豪雨災害が相つぎ，死者・行方不明者447名，負傷者1,056名，住家全壊2,977棟，半壊10,204棟，床上浸水55,537棟，床下浸水276,291棟などの被害となった(『消防白書』より)。このため，気象庁は，7月3日―13日の大雨を「昭和47年7月豪雨」と命名した。また昭和44年の夏に，新聞などのマスコミが現状把握や予想が非常に難しい局地的な豪雨を，ベトナム戦争で優勢と思われていたアメリカ軍に対する北ベトナム軍などのゲリラ戦法にちなんで「ゲリラ豪雨」と命名し，以後この言葉が使われている。

アメダスの誕生

昭和42年(1967)7月を教訓に，さまざまな検討が行われ，集中豪雨の起きるポテンシャル予報技術の開発，警報に短時間雨量基準の導入，前兆としての雷雨の重視など予測技術を開発し，本格的に集中豪雨対策に取り組まれるなかで，昭和47年7月豪雨が発生し，再度の検討が行われた。大きな問題点として，警報に踏み切る契機となる雨資料入手の確実性，定常性がないことがあげられた。そして，参議院災害対策委員会の決議に基づき，気象庁・自治省(消防庁)・建設省・国鉄・電力会社・電源開発会社などの協議が行われ，昭和48年から当分の間，暖候期(6～9月)には，雨量があらかじめ定められた値に達した場合，それぞれの所管の雨量観測所の観測結果が気象台に通報されることになった。また，ここ数年来の集中豪雨災害を背景に，昭和47年から福島県で試験が行われていた地域気象観測網計画が本格的に勧められ，昭和49年11月にアメダスが誕生した。

参考文献　日本気象協会監修『気象年鑑』，1973，気象庁「昭和47年7月豪雨調査報告」(『気象庁技術報告』84，1973)，饒村曜『台風物語』(日本気象協会，1986)，同『続・台風物語』(同，1993)　　　　(饒村曜)

図1　7月6日の熊本県姫戸町の山崩れ

1973 根室半島沖地震 (昭和48年6月17日)

災害の概要

根室半島沖地震は，昭和48年(1973)6月17日12時55分に発生したM7.4の地震である。根室半島南東沖を震源とした，太平洋プレートと北アメリカプレートとの境界で発生した逆断層の大地震で，根室や釧路など北海道東部で被害が生じた。この地震は，明治27年(1894)3月22日の根室半島沖地震(M7.9の地震，死者1，家屋全壊12，岩手県三陸地方にも2〜4㍍の津波)の発生域の一部を破壊した。長期的には明治の根室半島沖地震の再来が危惧される地域なので，昭和45年2月20日に地震予知連絡会の特定観測地域に指定され，地震や地殻変動の研究が実施されていた。第1種空白域として，長期的ではあるが，大地震の発生が予測されていた場所(宇津徳治1972)に発生したため，開始して間がない地震予知研究に対して，長期予知とはいえ最初の成功例と当時は社会的に認識された。丁度ダイラタンシー−拡散モデルなど地震の直前予知の可能性が高い地震発生モデルが提出された時期とも重なり，地震予知研究にさらなる成果を期待させる一因になった地震である。

実際に発生した地震は，予想されていたM8クラスよりだいぶ小さかったため，その後すぐにさらに大地震が発生する前震であるのか，あるいは，これが予想された地震であったのか，学者の間では議論が分かれた。すでに30年以上経過し，北海道根室郡根室町花咲検潮所の沈降は依然として継続していることから，現在では，まだ大地震が発生する可能性がある地域であるとされている。この地震の1ヵ月後の7月14日に国後島の爺々岳が161年ぶりに爆発し，女満別や北見などで異常音響が聞かれ，標津から根室，釧路の範囲では降灰も確認された。噴煙は2㌔程度上がったという。

被害の概要

沖の地震で，予測されていた明治の根室半島沖地震程度よりは規模が小さかったことと，明治のときに津波被害があった色丹島や国後島には日本人がいないため，被害は根室から釧路にいたる地方に留まり小規模であったが，損害額は39億26百万円に達した。重軽傷者28名，家屋全壊2棟，津波は花咲で4㍍以上，十勝港で1.2㍍と道東では床上浸水62世帯，床下浸水8世帯，船舶の沈没4の被害であったが，満潮の1〜2時間前であったのが幸いだった。根室市フレシマでは，後日の調査で津波が6㍍近い波高であったが，昭和27年(1952)の経験を生かして，居住者が津波警報を待たずに強震後すぐに家畜とともに高台へ避難して事なきを得た。この他，根室市では1割程度の家屋が破損するなど道東地域に広く軽い被害が広がり，家屋5,080棟が破損，学校など公共施設の亀裂等破損や，漁船101隻の被害があり，根室から標津，釧路にかけて広い範囲で道路や橋梁にも破損が生じた。1週間後の24日11時43分にM7.1の大きい余震が発生し，根室で負傷1，厚岸で家屋の一部損壊2の小被害が生じた。

参考文献　宇津徳治「北海道周辺における大地震の活動と根室南方沖地震について」(『地震予知連絡会会報』7，1972)，酒井良男編『1973年6月17日根室半島沖地震調査報告　昭和48年度』(文部省科学研究費補助金研究成果報告書，1974)　(松浦律子)

1973 大洋デパート火災 （昭和48年11月29日）

災害の概要

昭和48年(1973)11月29日の午後1時過ぎころ，熊本市の中心部(熊本市下通1丁目)にあった大洋デパート(鉄筋コンクリート地下1階，地上13階建て，一部9階建て)で火災が発生した。2階の階段踊り場付近から出火(放火の疑い)し，3階以上最上階まで延焼して，延べ13,500平方メートルを全焼した。火災発見後の火災と煙の拡大が速かったこともあるが，館内の避難誘導放送がなされなかったことから，突然の煙の侵入によって火災に気づいた在館者は，煙の中で避難出口を探し求める状態になった。昼間の火災にもかかわらず買い物客や従業員，工事関係者らを含めて死者103人，負傷者121名を出す惨事となった(図1)。

事実上，従業員の通路兼倉庫と化していた階段部分には，大量の荷物が置かれており，スプリンクラー設備なども工事中で作動しなかったことも被害を大きくした。戦前・戦後を通じて百貨店で発生した火災として最大規模の火災であり，防災設備や防火管理体制の不備が被害の拡大をもたらしたともいえることから，この火災を契機に，避難階段の幅員の拡充やスプリンクラー設備等の防火設備設置の既存防火対象物への遡及適用がなされるなど，建築基準法や消防法の改正が行われた。

火元建物の概要

大洋デパートは昭和27年(1952)に竣工して以来，数度の増改築を重ねた，いわゆる既存不適格建築物であった。火災当時は増築の工事中であり，既存部分を含め防火設備の改良工事も実施中であったが，その整備が終らない段階で火災が発生し，初期消火の失敗，館内非常放送や消防への通報の遅れなども重なって大惨事を招く結果となった。火元のＣ階段は，実質的に従業員階段として利用されており，また商品を集積する倉庫代りにもなっていた(図2)。

火災発見・通報の状況

1時5分ころ，南側の外壁塗装工事をして

図1　燃えさかる大洋デパート

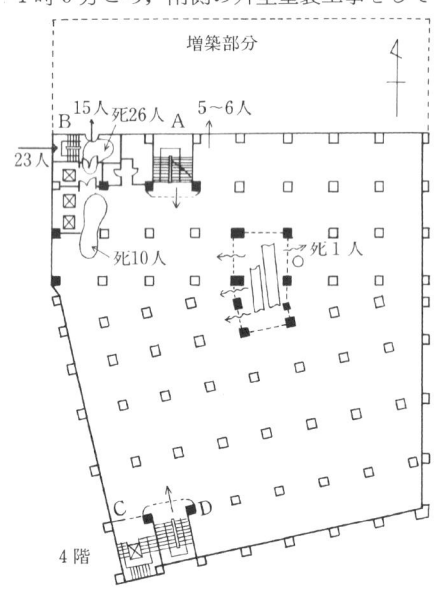

図2　大洋デパートの4階平面図

いた工事人が作業を開始したころ，3階のC階段の窓の隙間から白い煙が出ているのに気がついたが，すぐにガラスが割れ，赤い炎が50㌢ほど吹き出した。一方，道路向いの理髪店の主人は店内で仕事をしていたときに，大洋デパートの3階から灰色の煙が出ているのを見て火災を知り，1時23分自宅の電話で通報した。

店内では3階寝具売場の店員3人が，1時10分ころC階段のシャッター前に積まれた布団と天井の間に薄い白い煙を発見して火災と思い，シャッター前まで行った。しかし，C階段の下から薄黒い煙がたちこめ，踊場付近に火の手が見えたので引き返し，3階の課長に知らせるとともに，内線で電話交換台に知らせた。電話交換手4名は非常放送の許可を上司に求めているうちに，交換室の隣接B階段で人の走る音，叫び声などがして異様な状態となったため，非常放送をしないまま避難した。

火災の延焼拡大と煙の伝播

外壁塗装の工事人は西南出入口付近にいたタクシー整理員とともにC階段を上がったところ，2階踊場の壁添いにあったダンボール箱積みの部分が高さ1.5㍍，幅2.0㍍にわたって炎をあげていた。しかし，1階の従業員の持ってきた消火ポンプは水圧がなく，粉末消火器についても彼らはその使用方法を知らなかったため初期消火の時期を逸した。

2階C階段の踊場付近から燃えあがった火炎は階段に集積してあった商品を伝って上昇するとともに，3階売り場の寝具類に燃え移ってフロア側へも延焼し本格的な火災に成長拡大した。3階売り場を燃え広がった火災は，さらに階段やエスカレーターの防火シャッター，防火戸の閉鎖されていない部分を通じ，上階に急速に延焼して各階で全面燃焼となるに至った。

避難と避難誘導の状況

出火当時，客の数は多くなく従業員を含めても全体で1,200名弱程度であった。店内の人たちは自動火災報知設備が工事中で機能しなかったことに加え，電話交換室からの館内非常放送がなされなかったため，各階とも煙の進入や人の叫び声などによってはじめて火災の発生を知ることになった。従業員たちは懸命に客の避難誘導を行おうとしたが，煙の進入が速いことに加え，階段が濃煙の伝播経路となり，本来は避難路であるべき経路を絶たれたために，100余名の死者を生ずるという大惨事となった。

本火災の問題点と教訓

昭和47年(1972)の大阪千日デパートビル火災，翌年の熊本大洋デパート火災など多数の死者が出るビル火災が続発したことから，昭和49年6月に消防法の改正が行われ，これまで改正後の技術基準が原則として適用されないこととなっていた既存防火対象物におけるスプリンクラー設備などの設置についても，百貨店・旅館・病院などの特定防火対象物にあっては遡及適用されることとなったが，これは防火法制史上画期的な改正とされている。

また，本火災の責任の所在を問う裁判は，17年間という長い期間の末に1審，2審，最高裁で無罪，逆転有罪，再逆転無罪と判断が揺れるという異例の裁判となった。最高裁では，消防法上の防火管理者には，防火管理に必要な権限が必要だとのはじめての判断を示して，営繕課員のまま社長に防火管理者に任命された担当者については，消防法上の防火管理者に当たらないとした。最高裁の判断では社長らは業務上過失致死罪が成立するものの，2人は死亡しており，刑事責任は誰も問われなかった。

参考文献　熊本市消防局予防課「熊本市大洋デパートの火災概要(『日本火災学会誌』94，1974)，東京消防行政研究会編『火災の実態から見た危険性の分析と評価―特異火災112例―』(全国加除法令出版，1981)

(関澤愛)

1974 伊豆半島沖地震 (昭和49年5月9日)

災害の概要

昭和49(1974)年5月9日午前8時33分ごろ，静岡県伊豆半島南端付近でM6.9の地震が発生した。気象庁は伊豆半島沖地震と名付けたが，震源は石廊崎北側の陸域にありいわゆる直下型地震であった。この地震は，活断層の調査が本格的に始まって以来の最初の既知活断層からの被害地震であった。その位置だけでなく土地のずれの向きも予測通り(右ずれ)であった。新聞は活断層の用語を解説を加えて報道した。このころから活断層は現代用語の一つとして社会に知られるようになった。

地表には石廊崎集落付近を通る長さ5～6㌔の地震断層(石廊崎断層)が現れ，それに沿って南西側の土地が多少の隆起を伴って最大約50㌢右ずれした。地震波の解析から推定された震源断層もそれに調和的で傾斜はほぼ垂直でわずかに南西に傾斜し断層面でのずれは1～2㍍程度であった。

伊豆半島での直下被害地震としてこの地震以前に昭和5年の北伊豆地震と同9年の天城山付近の強震がある。本地震はそれ以来ほぼ40年ぶりの伊豆半島の被害地震であったが，以後地震活動が活発になり53年伊豆大島近海地震，55年伊豆東方沖地震が相ついで起こった。

被害の概要

この地震による被害は静岡県災害対策本部によると(宇佐美1996)，死者30，負傷者102，建物の被害は全壊134，半壊240，一部損壊1,917，道路被害箇所86，山崩れ101であった。震源断層から約1㌔南の石廊崎の気象庁測候所では震度5であった。震源地に近い南伊豆沿岸では沖積低地は発達せず，多くの集落は入り江に面した山間の谷間あるいはその付近の急傾斜地に立地していた。

被害地は主に石廊崎断層に沿う沿岸の集落で生じた。特に活断層の直上ないし至近に位置する南伊豆町の石廊崎・中木・入間の集落で家屋被害が著しく，この地震による全壊家屋の約80％がこの3集落で生じた。家屋被害率(全壊数＋半壊数×2分の1の総戸数に対する割合)はこれらのいずれの集落でも20％かそれ以上であった。このほかこの北西の妻良・子浦・伊浜集落も被害が比較的大きかったが，それに直交する北東方面へは被害が急速に減じ下賀茂・下田では被害は比較的軽微であった(図1)。下田市では負傷者34，全潰家屋23棟，半壊42棟，一部損壊1,118棟であった。

石廊崎断層の直上にあった石廊崎集落では宅地内に地割れを伴う土地の食い違いが現れ家屋は土台とともに剪断され破壊された。しかし，断層から10～30㍍以上離れた家屋の被害は軽微ないし無被害であった(図2)。断層の直上では土地の横ずれによる土台のゆがみや移動によって建物が破壊された。断層直上の家屋での住人の証言によると，地震動は家が瞬時に破壊されるほどの急激な衝撃ではなかった。この地震で家屋による圧死もなかった。

入り江の奥の低地に立地していた入間集落ではその宅地の北部を断層が通過していたが，宅地の大部分が厚く盛り土した砂地であったため，被害の分布は面的となり地震動による地盤の移動によって多数の家屋が損壊した。中木の集落は谷の出口の海岸にあったが，その北辺を通る断層付近の宅地の背後の斜面が崩壊し，家屋が埋没し27名の犠牲者を出した。

復旧活動など

この地震では山地斜面の地滑りや沿岸の海食崖の崩壊が著しかった。そのため道路が損壊して一時孤立した集落もあった。救出や災害復旧のため緊急の土木作業などに自

図1 伊豆半島沖地震の家屋被害率(%)分布
（土隆一他1975に地震断層を加筆）

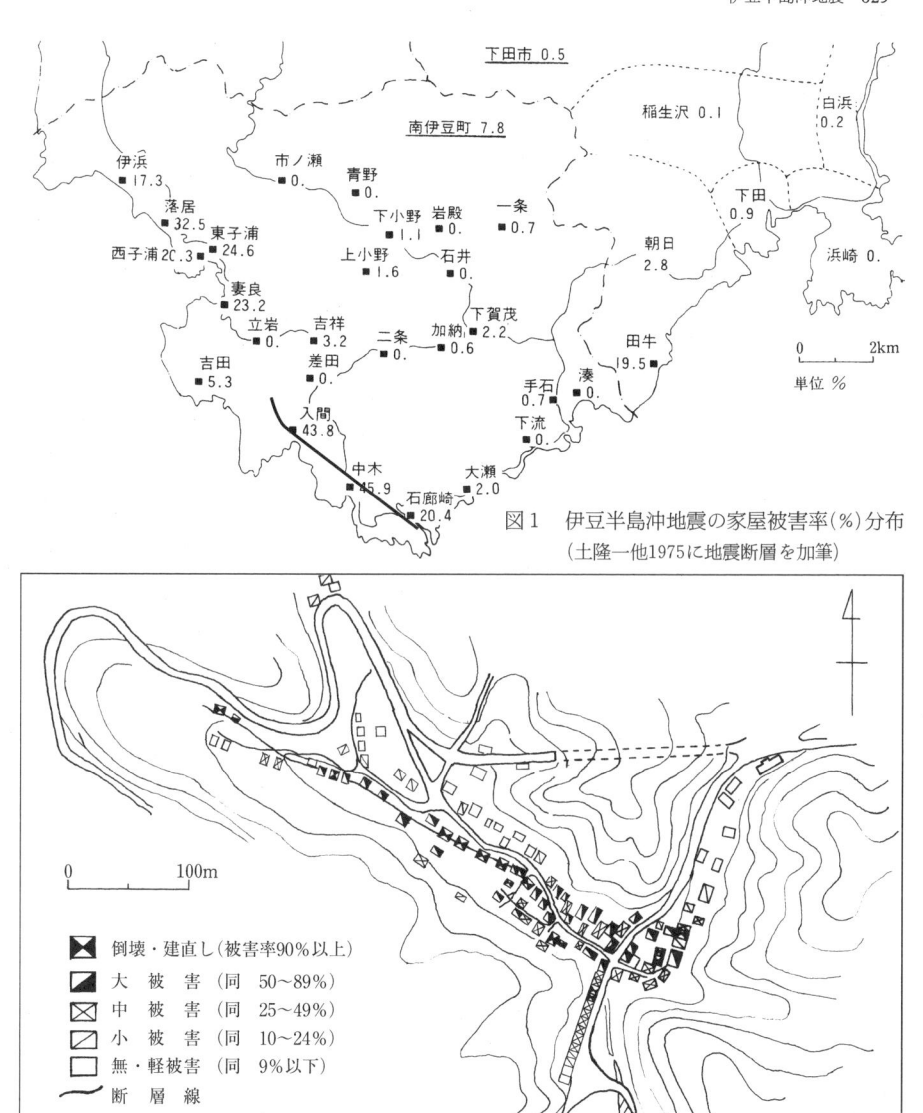

図2 石廊崎における家屋被害と断層線（土隆一他1975）

衛隊員が大いに貢献した。孤立した集落には海上からの物資の輸送も行われた。この地震をきっかけにして半島で地震活動が活発化して一時観光客の減少をもたらした。
参考文献　東京大学地震研究所「1974年伊豆半島沖地震調査概報」（『東京大学地震研究所研究速報』14，1974），地質調査所編『1974年伊豆半島沖地震調査報告』（地質調査所特別報告6，1975），土隆一他『1974年伊豆半島沖地震災害調査研究報告』（昭和49年度文部省科学研究費自然災害特別研究（1），1975），宇佐美龍夫『新編日本被害地震総覧(増補改訂版)416-1995』（東京大学出版会，1996）
　　　　　　　　　　　　　　（松田時彦）

1974 昭和49年多摩川水害 （昭和49年9月）

被害の概要

昭和49年(1974) 8月26日にサイパン島付近で発生した台風16号は，発達しながら北西に進み，28日に父島の西海上に達するころから進行方向を西北西に変え，9月1日18時すぎに高知県に上陸。台風の接近で四国から紀伊半島の南東斜面では南よりの湿った空気が流入して総雨量が所によって600㍉の大雨となり，台風から離れた関東地方でも，台風の外側降雨帯が収束気流に強められて集中豪雨となり，総雨量は関東西部や北部の多いところで500㍉に達した。死者・行方不明者9名，家屋全壊流出192棟で，西日本と関東の交通機関は大混乱となった。多摩川は東京都狛江市で堤防が260㍍にわたり決壊し，住宅19戸が流された（図2）。明治43年(1910)以来という多摩川の堤防決壊と激しい迂回流による住宅地の浸食の模様は3日間テレビ生中継され，大きな反響を呼んだ。このことをもとに作られたテレビドラマ「岸辺のアルバム」もヒットした。

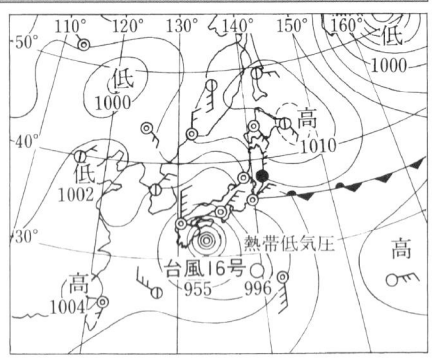

図1　昭和49年9月1日9時の地上天気図

図2　決壊した多摩川堤防

洪水予報指定河川の拡大

国内の主要な大河川は，河川の改修などが進み，破堤や氾濫などは減少したものの，昭和49年(1974)の多摩川決壊以後も，56年小貝川・石狩川，58年千曲川，61年小貝川・吉田川など，近年大洪水がたびたび発生し，多くの人命と資産が失われ，よりきめ細かい洪水予報の必要性が指摘されている。しかし，指定河川洪水予報は，昭和37年末までに17河川となったが，それ以後は増えていなかった。建設省では河川管理の情報システムを整備し，気象庁では，気象レーダー，アメダス，気象衛星（ひまわり），気象資料総合処理システムを整備するとともに，降水短時間予報などの予測技術の向上を図った。そして，気象庁と建設省は，これまでの大河川の対象とした洪水予報について，多摩川程度以下の規模の河川まで洪水予報指定河川を拡大することにより，きめ細かい洪水予報の充実を図ることとした。昭和63年4月20日に多摩川などが洪水予報指定河川となり，その他の一級河川についても，順次，洪水予報指定河川を増やし，現在では，すべての一級河川が指定となっている。また，都道府県が管理する2級河川についても，気象庁と都道府県が協力して，同様の洪水予報が計画され，順次始まっている。

参考文献　日本気象協会編『気象年鑑1975年版』，1975，饒村曜『台風物語―記録の側面から―続』（日本気象協会，1993）

（饒村曜）

狛江水害の経過

9月1日前夜からの豪雨による増水によって，多摩川上流の小河内ダムは最大毎秒670立法㍍という，大量の放水を行なった。このため，多摩川の下流部の水位は異常に高まった。1日午後から宿河原堰の堰堤取り付け部分の締切小堤がまず破壊され，夕方には本堤で越流や洗掘が始まり，午後8時には完全に決壊した。夜には狛江市猪方の川際で住宅の流失が始まった。水流が弱まらないので，2日午後に自衛隊が堰の爆破を試みた。しかしこれは爆風で両岸の民家の窓ガラスを壊しただけで堰はびくともしなかった。4日になって建設省が堰堤中央部を9回爆破して幅20㍍，深さ1.8㍍の流出口を作り，迂回流の締切作業が可能となった。6日早朝漸く破堤部分の応急締切に成功した。流出口ができるまでの3日間で3千立方㍍の土地が流失した。

水害後の経過

水害発生後，河川管理者の建設省は流出地を国が埋め戻し，上屋は自己責任で再建するという復旧方針を示したが，被災住民はこれを不服として，昭和51年(1976)提訴した。差戻控訴審まで4回の裁判を経て平成4年(1992)原告の完全勝訴まで16年を要し，水害は予測不可能な天災ではなく，国の河川管理の手落ちであるとされた。

流出地周辺は当時，「多摩川の自然を守る会」の活動によって堤防上の道路建設計画が頓挫している状態であった。水害当時はこの地域の堤防が自然保護運動のために草刈りが遅延して弱かったという報道も一時されたが，裁判では原告も被告も，破堤の原因は宿河原堰が台風によって流量が増した多摩川の流れを妨げ，取水口と反対側の狛江側に水流を迂回させたためとした。宿河原堰は，対岸川崎市側の二ヶ領用水取水口として，着工昭和11年(1936)，戦争を挟み昭和24年(1949)完成の二ヶ領用水改良事業で造られたコンクリート製の堰である。

二ヶ領用水は徳川家康の命で慶長2年(1597)に着工された多摩川最古の農業用水である。二ヶ領用水改良事業は，昭和8年(1933)東京市が小河内ダムの建設を含む第2次水道拡張計画を立て，数年神奈川県と水利調整した結果，153万円の改修費を東京市が出すことで決着して着工された。この工事事務所所長は農業土木技術者の平賀栄治で，用水の流量が変化しても一定比率で水が複数の水路に分配されるという，久地の円筒分水施設を昭和16年に完成させた。平賀は一帯の小河川である小支河・平瀬川・三沢川改修も含め，治水と灌漑とを両立させた工事を指揮した。宿河原堰も多摩川の伏流水の流れを考慮して設計されていた。

この堰堤は狛江側では水害当時，本堤に接合されず，内側に低い小堤に取り付けられていた。実際の決壊はこの中途半端な小堤が河川敷部分による洪水時の流量確保を中途半端に妨げ，伏流水も含めて狭い範囲に水圧を集中させた可能性がある。宿河原堰は戦中戦後の物資不足にも関わらず，水害訴訟結審後の平成7年(1995)からの解体に87億円費用計上される丈夫さだった。この強度は，改修以前は竹蛇籠を川幅一杯何段にも積み重ねた取水口が出水の度に崩れていた経験を経て，維持管理が容易になるよう工夫された結果だった。堰が農業用水として設計されたころは，周囲に田畑や湿地など堤外氾濫地が十分あった。地域が川際まで宅地化した後は，周辺部の護岸まで含めて土地利用状況に応じた利水と治水との調和を新たに図るべきではなかったか。平賀のような地域総体の設計を抜きに，コンクリートで部分的に自然を抑え込もうとする危険を，狛江水害は教えている。

参考文献 小林孝雄『水恩の人―多摩川治水と平賀栄治―』(出版文化社，2000)，横山理子「多摩川に家を沈めて―水系として川を把える治水計画を―」(『施工技術』12月号，1974)

(松浦律子)

1975 大分県中部地震 （昭和50年4月21日）

被害の概要

昭和50年(1975)4月21日午前2時35分ころ，大分県中部でM6.4の浅い地震が発生した。震源の深さは10㌔以浅，震源断層はほぼ垂直の北西-南東方向の左横ずれ断層であった(Hatanaka and Takeo, 1989)。九州中部は正断層と火山が多い地域であり群発的な地震活動の盛んな地域でもある(図1)。被害は主に大分郡湯布院町(現由布市)の山下池付近・扇山・田伏付近，庄内町(現由布市)の直野・内山地区，玖珠郡九重町の寺床・千町無田，直入郡直入町の田北地区など山間地の集落で生じた(図2)。

住家被害は全壊73，半壊106，一部破損1,720，重軽傷者は73であった(村井・松田他1975によると全壊58，半壊93，一部破損2,089，重軽傷者は22)。死者はなかった。道路の

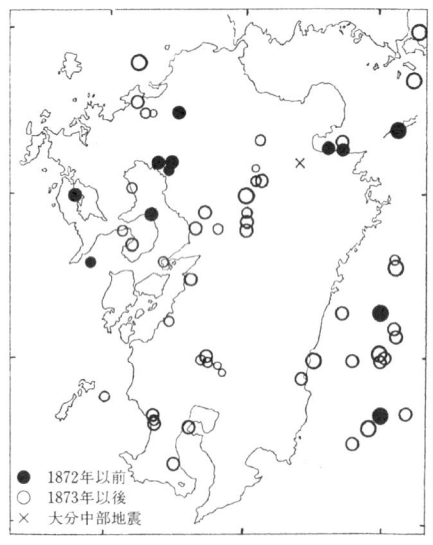

図1　九州付近の主な地震

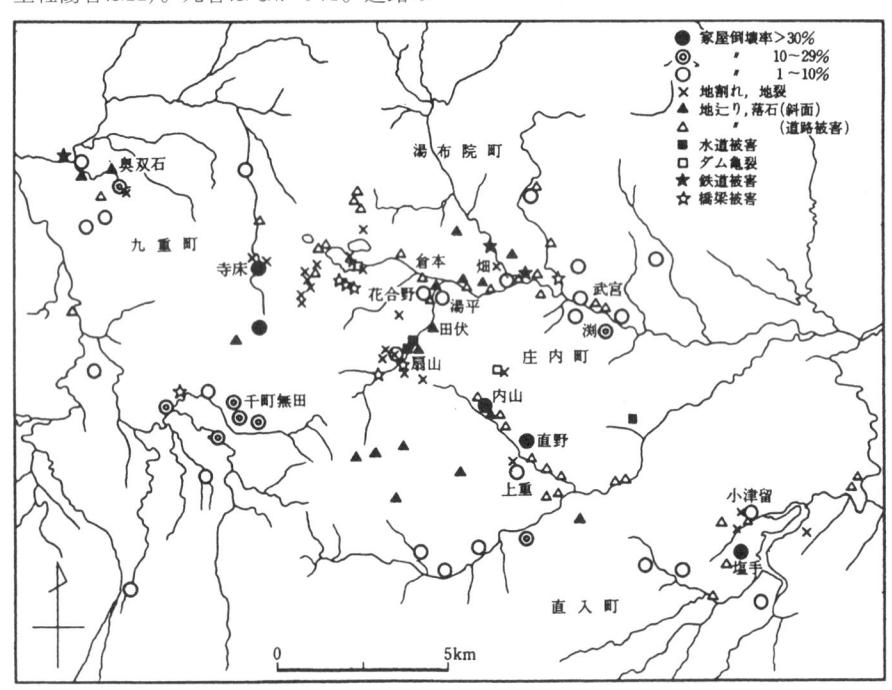

図2　大分県中部地震の被害分布図

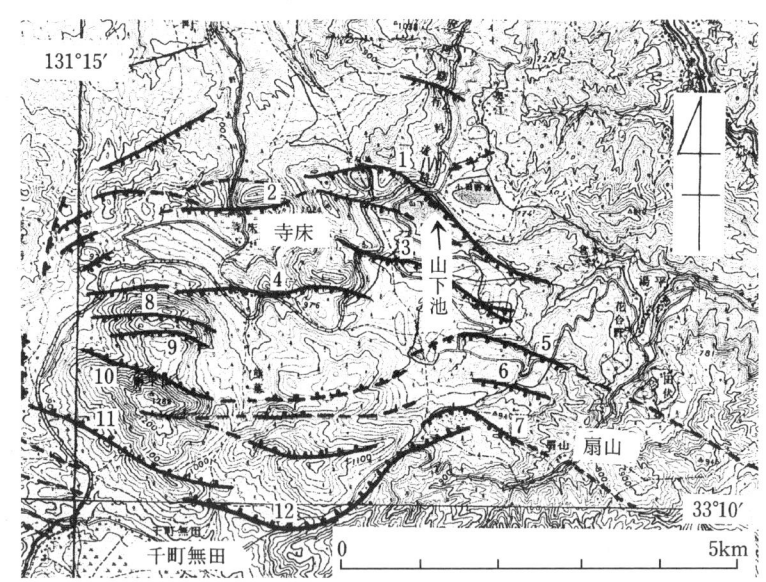

図3 震央地域の主な活断層（村井・松田1975に加筆）

被害は182ヵ所に及んだ。そのほか地割れ・崩壊があり農地などに被害が出た（図2）。特に湯布院－阿蘇を結ぶ九州横断道路の被害が著しく復旧に長期間を要した。山下池付近で鉄筋コンクリート造のホテルの一部が倒壊した。建築物の被害や墓石の転倒などから南北方向の強い揺れ（付近の断層線にほぼ直交）が推定された例がある。また、地震に伴う発光現象が震央付近の複数の人によって観察されている。

被害地域と断層

被害の分布域は北西-南東にやや伸びていて、被害の大きかった集落もほぼその方向に並んでいる（寺床－山下池－田北、扇山－内山－直野など）。被害地には多数の概して東西走向で北西あるいは北東へ湾曲する活断層が分布する（図3）。被害の著しかった扇山集落付近は北西走向の活断層の延長上にあるが、この地震時に北西方向の長さ約100㍍で左ずれ数㌢を伴う地割列が現れた。それがこの地震の地表地震断層であると思われる断層性のずれはなかった。

本地域のように正断層が密集する地域は日本列島の陸域では珍しいが、この大分県中部地震はそのような正断層地帯で生じた。

参考文献　村井勇・松田時彦「1975年大分中部地震の被害調査報告－とくに被害・地変と活断層との関係について－」（『東京大学地震研究所彙報』50, 1975）, Hatanaka, Y. and Takeo, M.: Detailed rupture process of the 1975 central (1989), Oita, Japan, earthquake inferred from near-field data. *J. Phys. Earth*, 37, 宇佐美龍夫『新編日本被害地震総覧（増補改訂版）416-1995』（東京大学出版会, 1996）

（松田時彦）

1976 昭和51年台風17号 （昭和51年9月）

一つの台風が降らす雨の総量

水害を起こした原因のうち半分が台風によるものといわれている。1時間雨量や10分間雨量といった短い時間の雨量となると，雷雨や低気圧によって台風以上に強い雨を降らせることがある。しかし，広い地域に多量の雨ということになると，やはり台風による雨ということになる。

雨台風は雨による被害が大きい台風，風台風は風による被害が大きい台風と，便宜的に使われているが，関口・福岡両氏(1964)は，250億㌧以上の雨をもたらした台風を雨台風，200億㌧以下の台風を，風台風と分類している。

全ての台風について計算が行われているわけではないが，昭和22年(1947)のカスリーン台風が455億㌧，昭和34年の伊勢湾台風で426億㌧，同36年の第2室戸台風が398億㌧と推計され，最大雨量は降っても，500億㌧程度と考えられていた。一つの台風が日本に降らせる雨の総量は，ほとんどの場合，200億トンに達しない。しかし，昭和51年の台風17号は，834億㌧と，桁違いに多くの雨をもたらした。

日本で一番多くの雨をもたらした台風

昭和51年(1976) 9月4日にトラック島の北西海上で発生した台風17号は発達しながら北西に進み，9日に南西諸島を通過後，10日から12日朝にかけて鹿児島市の南西海上でほとんど停滞した(図1・2)。前線が関東から四国付近に停滞していたため，九州から中部地方にかけては，総雨量が500～1,000㍉に達し，四国地方では2,000㍉を超えた。まれにみる長い豪雨継続時間と降雨量が記録され，徳島県那賀郡にある四国電力の目早ダム管理所では，日降水量が1,114㍉，総降水量が2,781㍉という日本記録を作った。この記録的な雨により，岐阜県で

図1　気象衛星ノアから見た台風17号（9月10日9時）

図2　岐阜県長良川の堤防決壊

は長良川の堤防が決壊し，5つの町が浸水した。また，香川県小豆島では年間降水量を超える雨により山くずれが多発した。全国の被害は，死者・行方不明者171名，負傷者537名，住家全壊1,669棟，半壊3,674棟，床上浸水101,103棟，床下浸水433,392棟などであった(『消防白書』より)。

参考文献 「角栄逮捕！政界に激震1976」，(『日録20世紀』，講談社，1997)，饒村曜『台風物語―記録の側面から―』(日本気象協会，1986)　　　　　（饒村曜）

1976 酒田大火 （昭和51年10月29日）

災害の概要
昭和51年(1976)10月29日の夕刻5時40分ころ、山形県酒田市の中心繁華街の木造映画館「グリーンハウス」から出火した火災は、風雨波浪注意報発令下の平均風速10㍍/秒を超すような強風に火勢をあおられて隣接のデパートに燃え拡がり、さらにつぎつぎと市街地に延焼していった。強風下の悪条件の中で、風下側からの消火活動は困難を極めるとともに、また大量の飛火が発生して延焼を助ける要因となった。火災は最終的に新井田川にまで至り、対岸地域へも飛火によって延焼する怖れがあったが、対岸における直上放水や必死の飛火警戒努力によって延焼を食い止め、翌朝午前5時にようやく鎮火した。鎮火に至るまで約11時間継続した大火による焼失地域は、中心部の商店街を含む22.5㌶に及び、焼失棟数は1,767棟、死者1名、被災者約3,300名という大きな被害をもたらした。この酒田大火はあらためて市街地大火の恐ろしさを世間に知らしめたが、一方ではこの酒田大火以降、平常時の大火は発生しておらず最後の都市大火としても語り伝えられている。

火災当日の気象
酒田大火は、前日の28日に発令され29日に更新されていた風雨波浪注意報の発令下で発生した。酒田測候所の記録では、29日18時から翌日5時までの平均風速は11㍍/秒程度であり極端に大きくはなかった。図1は、山形地方気象台発表の29日21時の天気図で、西からの強い季節風が吹きつける西高東低の気圧配置を示している。日本海の低気圧が津軽海峡を抜ける29日夕刻ころから西よりの風が一段と強まり、火災発生時の17時から22時ころまでは特に強い風が吹いていた。また、その間の最大瞬間風速は26㍍/秒を超すまでになっていた。

昭和44年(1969)加賀市大火以来7年ぶりに酒田市で都市大火が発生した背景には、この強い風速の影響があることは間違いない。平均風速が10㍍/秒を超すようになると、過去の大火の事例から、延焼速度は300㍍/時程度になっても不思議ではないのだが、酒田大火における平均延焼速度は90㍍/時であり、最大時でも160㍍/時と比較的遅かった。この原因の一つとして、火災時に平均1㍉/時の雨が断続的に降っていたことがあげられる。鎮火に寄与するほどでなかったが、この雨が飛火の発生や延焼速度の増大を抑えていたことは確かであろう。

火災の発生と初期の延焼拡大
17時40分ころ、2階で事務作業中の映画館の支配人は、従業員からボイラー室上方の廊下の電気が消え、きな臭い匂いがするとの異変を伝えられた。間もなくして火災警報器のベルが鳴りだしたので、支配人は客を避難させるため階段を上り客席に入ろうとしたときに、入口左側の壁についた換気口から白い煙が噴いていたのを目撃した。ドアを開け客席をみたが誰もいなかったので階段を降りた。このとき白い煙が黒い煙に変わっていた。映写技師は17時35分ころ、映写機のランプが消えたので復帰措置を行い再開したが、何秒も経ないうちにまた消

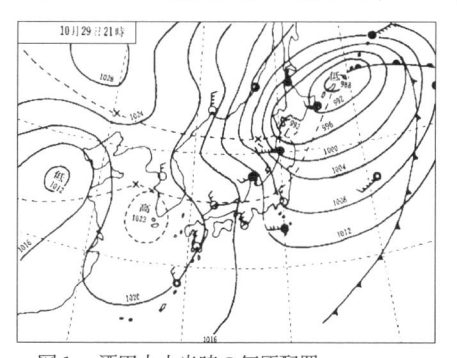

図1 酒田大火当時の気圧配置

図2　酒田大火の延焼動態図（自治省消防庁消防研究所の推定による）

え，映写機後方にあったサイレンが鳴り出したので異常を知り，映写機の各電源を切った。映写室内とスクリーンには火，煙が認められなかったので「火事はボイラー室だ」と考え消火に向ったが濃煙のため初期消火を断念した。1階喫茶で調理をしていた従業員の1人は，火災報知機のベルが鳴ったのでボイラー室を確かめるため，その方に行ってみると電気が消えていたので不審に思っていたところ，2階事務室の方から支配人の「消防署に電話してくれ」という指示を聞き消防署に通報した。

初期消火に失敗した火災は，火元映画館が古い木造建物であることからたちまち建物全体に燃え拡がる結果になった。火勢は，18時30分ころ，風下側の木造建物に延焼しはじめた。その後，火災はビルの谷間を吹き抜ける強風に乗って北側街区へ延焼する様相をみせはじめたため，消防隊はホース筒先を幅員11㍍の中町通りへ部署変更する

とともに，後続の消防隊をこの通りに進入させて延焼阻止を試みた。しかし，またたく間に街の中央付近への飛火によってあらたな火元が発生し，2つの街区にまたがる市街地火災となって拡大することになった。

酒田大火の延焼状況

木造の映画館「グリーンハウス」から17時40分ころに出火した火災は，はじめ大沼デパートなど付近の耐火建物，簡易耐火建物に阻止されてその拡大がきわめて緩慢であった。しかし，火が大沼デパート近くの3棟の木造家屋に移ってからは強風に煽られて急激に拡大した。さらに，大沼デパートに延焼して上階に拡大し始めると，地元の少ない消防隊ではどうすることもできなくなった。大沼デパートの5階には風上側と風下側の両サイドに窓があったため，窓ガラスが破損すると5階全体が吹き抜けの状態になり，風下方向へ火の粉を撒き散らす結果となった。これらの飛火によって，火

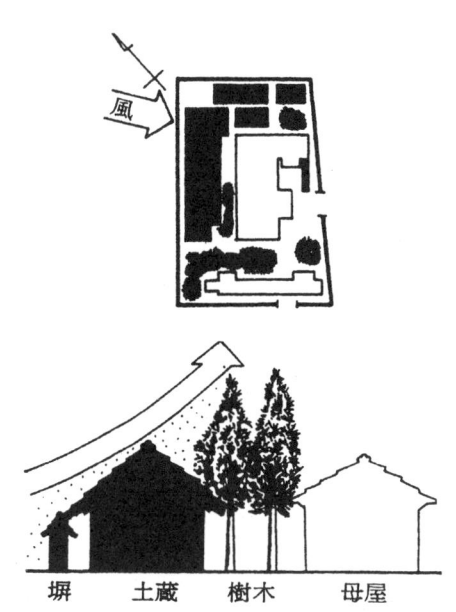

図3　本間家本邸の平面図・断面図

は幅員11㍍の中町通りを突破し，風下の街区へと延焼した。中町2丁目から中町1丁目に延焼したころから風向が西南西から西北西に変化し，それに応じて延焼方向も変化した。中町1丁目から二番町，一番町，新井田町と順々にあるいは飛火によって，おおむね風向に沿って火災は燃え拡がった。図2は，自治省消防庁消防研究所が推定した酒田大火の延焼動態図であるが，延焼区域はほぼ矩形で風下方向に伸びる長い形となっている。強風下の市街地大火の場合，風上側や風横側からは延焼域に向かって空気の流れができ火炎は延焼域の内側へ傾く。このことにより，熱気流の対流が外側へは起きにくいとともに，輻射熱の影響も小さくなる。したがって，風上側だけでなく風横側にも延焼があまり広がらず，風下側にのみ大きく延焼区域が伸びる傾向がある。酒田大火では，延焼区域北側には樹木に囲まれた寺院が並んでおり，また，南の6～8㍍の比較的狭い幅員の街路でも新井田川から中継送水した水を使った必死の消防活動によって風横側の延焼を食い止めることができた。

一方，風下側では延焼区域の南北方向に幅員15㍍の浜町通りがあったものの，強風によって伸びた熱気流や煙，激しい飛火によって消防活動は困難となり，防御線とはならなかった。酒田大火に対しては，地元および応援の公設消防や消防団の合計217台の消防車両が投入されたが，その風下側延焼は幅約70㍍の新井田川の自然焼け止まり線の存在なしには止められなかったのである。

飛火の発生とその怖さ

酒田大火では無数の飛火が発生し風下方向に飛散して延焼を助長した。飛火のサイズはさまざまであった。火災現場に近いところでは，火の粉(玉)の最大径は5～10㌢程度のコブシ大のものが多かったようであるが，風下方向に離れるにしたがって小さくなり，新井田川から1㌔ほど離れると最大径は1～2㌢であった。

これらの飛火の大部分は道路，庭に落下したり，樹木や建物の外壁などに衝突して粉々になって自然鎮火するが，一部の飛火は飛散した先であらたな火元になり延焼拡大の要因となった。酒田大火の場合，風横の延焼区域外への飛火は比較的早く発見されて消火され，その周辺には延焼しなかった。その一方，風下地域に大量に降り注ぐ飛火に対しては，風下地域での消火活動そのものが危険となり，消火できなかったことから，あらたに出火点となり，あるいは元の火災流と合流して延焼を速める要因となった。

新井田川を挟んで対岸である緑町は延焼区域の東端から500～600㍍も風下であるが，その住民の証言では「火の粉は吹雪のようだった。火の粉は夜6時すぎにバラバラと飛んできて朝の4時過ぎまで飛んできたが，箒でたたいても消えなかった。大きいのは直径が4～5㌢ぐらいだった。一番多くな

ったのは，夜8時から朝の3時ころまででひっきりなしに飛んできた」という。このように，飛火は新井田川を越えて対岸地域へも飛散したが，これらに対しては消防団や地域住民が懸命の初期消火努力を行なって新たな延焼の火種となることを防いだ。これは，延焼区域からの距離があったため，火炎からの輻射熱や熱気流の危険に阻まれることなく飛火警戒を実施することができたからである。新井田川の存在が風下への延焼阻止の大きな要因となった。

過去の教訓と先人の智恵

この火災で特筆すべきことの一つは，周囲が全て延焼した中で県文化財に指定されている本間家旧本宅が唯一つ焼け残ったことである。延焼が間近に迫りながらも延焼からまぬがれた背景には，昔の人の火災に対する知恵と工夫の深さがあった。この本間家宅が今回の防火に果した家の構造や樹木の見事さについて，平井邦彦は次のように説明している。酒田市では風はいつも西北の方から非常に強く吹くが，本間家では周囲に土塀がめぐらされており，敷地西側には土蔵などの耐火建物を配置し，その中に樹木をおき，さらにその内側に母屋があるという構造になっている。塀と土蔵は接近してつくられていて，たとえ西北からの風で火の粉が吹き付けてきたとしても，最初に塀と土蔵で飛火をブロックし，次に樹木が火の粉を上に吹き上げるとともに落ちてくる火の粉を樹木で防御している。また，その背後の母屋は土蔵より低く造ることにより飛火を受けにくくし，二重三重に火災防御の深い配慮がなされている(図3)。

その後の見本となった復興計画

災害後の対応の中で，酒田市が2年半という短い期間に復興を成し遂げたことは特筆すべき点である。酒田市の復興計画の最大の特徴は，地域住民との協議・合意を踏まえたうえで，各方面との調整や手続きを迅速に進めて，区画整理事業，市街地再開発事業，商店街近代化事業などを速やかに実現したことである。酒田市のこの経験は「酒田方式」と呼ばれ，短期間での都市復興の事例として，阪神・淡路大震災後の復興計画のモデルにもなった。

もう一つは，市の災害対策本部が山形新聞社の協力を得て，被災直後の11月1日から「広報さかた災害速報」を発行し，避難を余儀なくされた被災者をはじめ市民に対して，正確な情報の提供を行なったことである。この災害速報による広報は，市民に大変好評であっただけでなく，誤った情報やデマが広まることを防止することに役立った。

最後の平常時都市大火としての酒田大火

平常時の都市大火は，1960年代末までは東北や北海道，あるいは日本海側の中小都市でたまに起きることがあった。これは，フェーン現象の起こりやすい地域性のほかに，こうした地方都市では中心部になお旧来の木造密集市街地が残されていたこと，また大都市では進んでいた公設消防の整備が遅れていたことによるものであった。酒田大火は加賀市大火以来7年ぶりに発生した都市大火であるが，震災時の都市大火は別次元の話として，少なくとも平常時の大火については，この酒田大火を最後に姿を消した。戦前からの念願であった大火を防ぐという課題は，ようやく終焉するに至ったのである。

参考文献 酒田市大火の記録と復興への道刊行会編『酒田市大火の記録と復興への道』(酒田市，1978)，自治省消防庁消防研究所編『酒田市大火の延焼状況等に関する調査報告書』(『消防研究所技術資料』11，1978)，平井邦彦「酒田大火(1976年)」(『建築防災』397，2011)，内閣府中央防災会議・災害教訓の継承に関する専門調査会編『災害史に学ぶ』風水害・火災編，2011　　(関澤愛)

1977-78 有珠山噴火 （昭和52年8月7日—53年10月27日）

災害の概要

昭和52(1977)−53年の噴火が始まる前，山頂火口原は嘉永6年(1853)の噴火から120年余りが経過して樹木が育ち，銀沼と呼ばれる池と牧場があった。そこは市民のハイキングや遠足登山の場となっていた。

52年8月6日午前1時ころから，有珠山に設置された気象台の地震計は微小な地震を記録し始めていた。午前3時半ころから山麓で前兆の地震や音響を住民が感じ始め，次第に激しさを増していった。前回の昭和19−20年噴火の際は前兆地震が6ヵ月も続いたので，多くの住民は噴火がまだ先のことだと思っていた。札幌管区気象台が臨時火山情報を出したにも拘わらず，恒例の昭和新山噴火再現火祭りが予定通り6日夜に開始され，3万人を超える観光客が詰めかけていた。南西山麓の海岸では短い夏を楽しむ海水浴場が開かれていた。7日午前7時45分に有珠山ロープウェイは始業点検でロープの異常な弛みを発見，点検のため運休となった。8時50分頃山頂火口原の牧場では管理人たちが地割れを見つけ，急遽山麓に向かって避難を開始した。32時間の前兆地震が続いた午前9時12分，山頂火口原でプリニー式の軽石噴火が始まった。この時点では洞爺湖温泉街でも海水浴場でも人人はただ噴煙を見上げるだけであった。1時間半後には噴煙は高度12㌔に達した。噴煙は東に流されて，有珠山から30㌔以上離れた室蘭・白老方面までも軽石や火山灰が降り注ぎ，道路の視界は不良となった。各自治体は災害対策本部を設置し，洞爺湖温泉街の住民6,500名の避難が開始された。しかし，2,500名の住民が洞爺湖温泉街に残っており，自衛隊の支援の下で避難が完了したのは9日未明になってからであった。この噴火は2時間半程度で一旦休止したが，9日までにつぎつぎと噴火を繰り返して，山頂部には第1から第4までの4つの火口ができた。12日と14日に再び第3火口から噴火した(図1)。降灰域は噴火の度に変わり，札幌方面や遠くオホーツク海沿岸までも降灰が観測された。危惧された火砕流の発生に至らずに1週間で第1期の噴火が収まった。8月23日には日中の避難命令が解除されたが，その後もマグマの上昇が続いた。小有珠溶岩ドームの東山麓からオガリ山潜在ドームを通り大有珠溶岩ドームにかけての火口原が，北東—南西方向に引き伸ばされ，北東側がポットの蓋を上に開くのと同様の隆起をして，新たな潜在ドーム(有珠新山)が成長し始めた。10月末には有珠新山は4,50㍍の高さになり，断層崖の南西側には幅100〜250㍍の溝が出来て小有珠は沈下していった。こうした地盤の変動は北山麓の洞爺湖畔にも及んだ(図3)。この間8月16日から11月19日までに延べ15回泥流が発生して南西と東山麓に達した。

52年11月16日から山頂の火口原で第2期の噴火が始まった。マグマが地下水にふれて小規模な水蒸気爆発を繰り返すタイプの噴火であり，周囲に細かな火山灰が降り積もった(図2)。小有珠溶岩ドームの頂上，成長中の断層崖，そして火口原にAからNまでの火口が次々と出来た。特に翌年7−9月に噴火が頻繁となり，火口原のJ−M火口に噴火が集中した。火口から繰り返し低く噴き上げる噴煙は崩れ落ちて，周囲に低温の火砕サージを流した。一時火砕サージは北山麓の湖畔にも達した。火口は拡大して1つとなり，のちに銀沼火口と呼ばれるようになった。53年10月16日と24日には泥流が発生した。10月27日を最後に噴火は終わった。潜在ドームの隆起や火山性地震の発生はその後徐々に減衰した。57年3月に

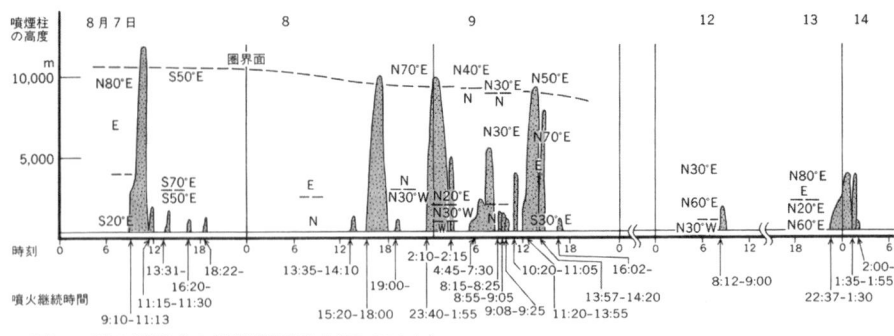

図1　第1期噴火の推移(門村浩他編1988より)

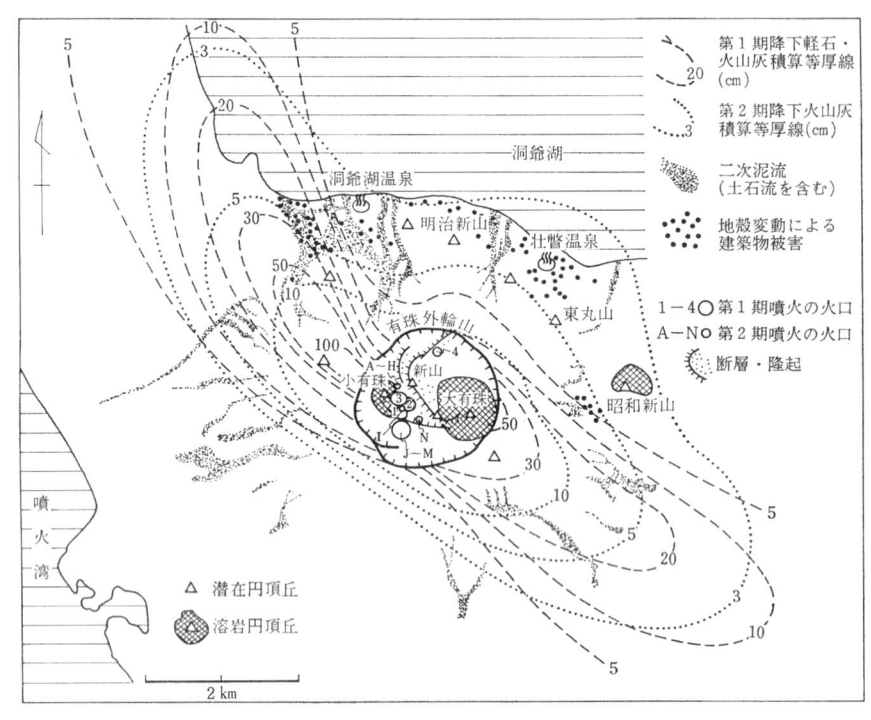

図2　軽石・火山灰の降下，泥流，地殻変動による建物の被害(勝井義雄1980より)

地震の発生回数が噴火前のレベルに突然落ちて火山活動は終息した。有珠新山の隆起量は約180メートルに達し，小有珠溶岩ドームは約50メートル沈下した。大有珠溶岩ドームと有珠外輪山の北東部は洞爺湖側に約190メートルせり出した。

被害の概要

第1期の噴火では軽石や火山灰の降下により，住宅・農地・山林・観光などに総額243億円の被害が発生した。昭和53年10月24日に発生した降雨型泥流は洞爺湖温泉街の山側の木の実の沢住宅団地や温泉街中心部を

有珠山噴火　637

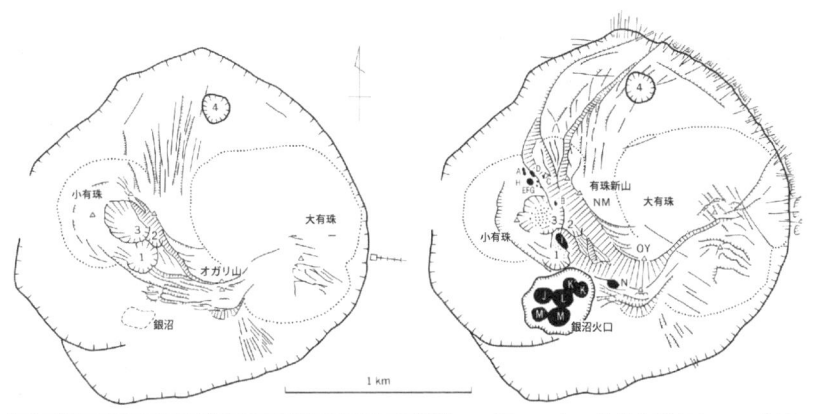

図3　火口分布と潜在ドーム成長に伴う山頂部の断層の分布　(左)第1期噴火終息後　(右)第2期噴火終息後(門村浩他編 1988より)

図4　昭和53年10月の泥流が流れ込んだ木の実の沢のアパート

図5　断層により徐々に倒壊した病院　(左)倒壊が進行中の昭和53年8月撮影　(右)現在の状況

図6　協会病院前の道路の断層変位　(左)変位が進行中の昭和53年8月撮影　(右)現在の状況

襲い，3名が犠牲となった（図4）。
北東山麓にあった三恵病院は建物直下まで徐々に進行した断層変位により倒壊してしまった（図5）。洞爺協会病院は明治43年（1910）噴火の際に断層ができたと記録されている洞爺湖温泉街西部に建てられていた。今回の噴火の際には再び建物を横切る断層の横ずれ変位が生じた。病院の建物は断層に沿って大きく破損したが，改修して平成12年（2000）噴火直前まで使用された。この噴火の際にも同じ断層がわずかに変位し，亀裂を生じたため，移転を余儀なくされた。この病院前の道路は断層運動による1車線分ほどの変位が今も残っている（図6）。このほか，ホテルや住宅など74戸が全壊，162戸が一部損壊し，上下水道や温泉施設，道路に大きな被害が発生した。

次期噴火への備え
昭和54年（1979）から3ヵ年間かけて，山頂部や山腹などで山頂噴火を想定した泥流対策工事が実施された。泥流と断層の被害を受けた木の実の沢住宅団地は完全に移転して，砂防ダム群が作られた。有珠山山腹の12の谷筋に砂防ダム群が建設され，山麓に遊砂地や人工河川が掘削された。山頂部では有珠新山の北側斜面から泥流が発生した際に北山麓への流下を食い止める目的で堤防が作られた。火砕サージと降灰により植生が失われた北山腹には緑化工事が行われた。断層運動で倒壊した三恵病院は洞爺湖の対岸に移転した。洞爺協会病院は移転用地を取得しただけに留まり，移転は平成12年噴火後に持ち越された。木の実の沢の住宅団地は温泉街西側に新たに住宅地が造成するなどして全面的に移転した。
今回の噴火の進行中には火山研究者の助言を踏まえて火砕流発生を想定した避難計画も極秘のうちに立てられたが，火砕流の発生には至らなかった。噴火終息後には火砕流災害の危険性のある温泉街の全面移転が火山研究者から提言された。しかし，高速道路が開通し，春から秋にかけては連夜の湖上花火大会，冬季には昭和新山雪合戦が企画されるなど，居住人口が減りつつも折からのバブルの潮流に乗って洞爺湖温泉は復興を遂げた。有珠山火山防災会議協議会はほとんど機能せず，噴火湾対岸の北海道駒ヶ岳で始まっていた火山ハザードマップの制作は禁句の年代が続いていた。
この状況に転機をもたらしたのは平成5年（1993）7月に奥尻島を襲い，約200名の犠牲者が出た北海道南西沖地震に伴う津波災害であった。火山ハザードマップ制作に補助金を出すという国土庁の政策も後押しとなって，首長や町議会そして観光協会首脳部の意識が変わり，虻田町長は「防災に舵を切る」と町民に語りかけた。7年に火山ハザードマップが完成して全戸配布され，住民組織や次世代も巻き込んだ国際火山ワークショップが開催された。次期噴火を意識した防災講演会が繰り返されるなかで平成12年の噴火を迎えた。

参考文献　虻田町教育研究会編『火の山有珠』，1978，北海道新聞社編『2000年有珠山噴火』，2002，門村浩・岡田弘・新谷融編『有珠山その変動と災害』，1988，勝井義雄「有珠山の噴火とその災害」（『月刊地球』2，1980），勝井義雄・岡田弘・中川光弘『北海道の活火山』，2007，小池省二『北の火の山』（朝日ソノラマ，1995）

（宇井忠英）

1978 伊豆大島近海地震 （昭和53年1月14日）

災害の概要

昭和53年(1978)1月14日午後0時24分に伊豆大島の元町の沖合から伊豆半島の東伊豆町稲取まで東西方向、稲取から河津町大峰山へ北西-南東方向に延びる右横ずれ断層で発生したM7.0の浅い地震。気象庁による震度は伊豆大島と横浜で震度5であるが、震源断層直上の伊豆半島東岸中部や半島中央部にかけては震度6以上の強い揺れであった。伊豆急行の稲取トンネルを断層が横切って50～70㌢トンネルが右横ずれしたほか、稲取海岸～大峰山東麓の3㌔余で断層変位が確認された。

この地震の前日から伊豆大島の西岸沖を震源とする群発地震活動があり、当日朝9時45分と47分にはM4.9の地震が連発し、伊豆大島の元町の住民などは度重なる有感地震に警戒していた。気象庁も10時50分には「多少の被害を伴う地震が発生するかもしれない」という地震情報を発表していたが、本震は群発活動より伊豆半島寄りに発生し、被害も伊豆半島がほとんどであった。

翌日7時31分にはM5.8の地震が、天城の猫越峠付近で本震と直交する北東-南西方向の左横ずれ断層で誘発された。この地震の発生前にも付近で微小地震が多数発生する前震活動が見られた。　　　　（松浦律子）

被害の概要

人的被害は、死者25名、負傷者211名、住家被害は全壊96棟、半壊616棟、一部損壊4,381棟であった。死者25名は、見谷入谷における地すべり（7名）、走行中の自動車への落石・土砂崩れ（11名）、土砂崩れによる家屋の圧壊（4名）、落石（2名）、鉱滓堆積場のかん止堤の崩壊（1名）であった。

伊豆半島は傾斜地に立地している家屋が多く、宅地の多くは切土・盛土で構成されている。建築物被害も土砂崩れや擁壁崩壊などに起因するものが大部分であった。

道路被害では、盛土部分における路面の亀裂と沈下や、切土部分における落石と法面の崩落が数多く見られた。特に国道135号線と県道13号線（修善寺―下田）で法面の大規模な崩落が見られた。

鉄道被害は、伊豆半島の東海岸沿いに伊東と下田を結ぶ伊豆急行でほぼ全線に被害が生じた。稲取トンネルが断層で横ずれしたほか、土砂崩れや地すべりで道路と同様路盤が無くなったり塞がれたり、稲取を中心に白田―河津間で被害が大きかった。稲取―河津間の運休は5ヵ月間に及んだ。

余震情報から発生した避難騒ぎ

政府の地震予知連絡会の「最大M6程度の余震があり得る」という見解を受け、本震発生4日後の18日に、静岡県災害対策本部は「今回の伊豆大島近海地震の余震は、可能性として、最悪の場合はM6程度の発生もあり得る」という趣旨の余震情報を県下の市町村への防災無線や静岡県知事の記者会見で広く住民に伝えられた。この曖昧な表現の「余震情報」が伝達過程で変容し、各地で混乱を引き起こした。

特に「マグニチュード6」が「震度6」、「可能性としては～あり得る」が「近いうち」「今から3時間以内」などと変容した結果、学校は「まもなく地震が来るという速報がありましたので生徒をすぐに帰宅させてください」と生徒を一斉帰宅させたり、逆に子どもを連れて小学校などに避難をするという避難騒ぎになり、余震情報の内容や伝達方法のあり方に大きな課題を残した。

参考文献　伯野元彦・藤野陽三・片田敏行「1978年伊豆大島近海地震被害調査報告」（『地震研究所彙報』53, 1978)、廣井脩『災害と日本人―巨大地震の社会心理―(新版)』（時事通信社、1995）　　　（木村玲欧）

1978 宮城県沖地震　（昭和53年6月12日）

災害の概要

宮城県沖地震は，昭和53年(1978)6月12日17時14分に発生したM7.4の地震である。金華山沖を震源とした，太平洋プレートと東北日本の陸側プレートとの境界で発生した逆断層の地震で，宮城県を中心に被害を受けた。宮城県沖地震の震源域は，東北地方のプレート境界の地震としては，小さめであり，代わりに40年に1回程度の短い繰り返し間隔で発生してきた。これまでわかっているこの地域の地震の中では享保2年(1717)4月3日の地震が最も類似している。1回前の昭和11年11月3日の地震はやや南よりで岩手県側への影響が小さく，仙台がまだ大都市ではなかったことも加わり，被害も小さかった。その前の明治30年(1897)2月20日の地震も昭和53年の地震に類似する。

発生場所が陸に近いが，その分海溝から遠ざかるため，深さが40キロ以上となる。したがって津波による人的被害の心配が少ない地震である。発生間隔が短いため，30年間の地震発生予測の確率は，90％以上と高くなる。しかし，仙台市では，震度5強程度の揺れとなる，常時備えるべき地震の範疇にはいり，近地の活断層に発生する地震や，海溝沿いでM8超の巨大地震に比べると，遙かに対策を立て易い地震である。

地震の犠牲者28名中，18名はブロック塀など屋外における石造物品の崩れによる圧死であった。丁度夕方に発生し，下校途中の小学生や買い物中の高齢者が多く犠牲になった。地震以前の昭和45年の政令改正で，建築基準法施工令第62条の8として，はじめてブロック塀の構造強度の基準が示され，基礎や縦横の鉄筋の間隔，控壁の間隔などが指定はされていた。しかし，改正より古い塀には遡及されないので，地震当時の塀で筋が十分あったものは少なかった。また，宮城県沖地震での倒壊状況から，強度基準が強化され，昭和55年に高さ制限を3メートル以下から2.2メートル以下に抑える改正がされた。3メートル近い高さで古い塀は筋がない可能性が高い。また，筋が入っていても施行時の性能を保持できるのは，風雨にさらされることを考えると高々20年程度であるが，家屋本体より維持管理に留意されていないものも多い。古い塀は震度5程度で十分崩壊する状態は変わっておらず，その後も昭和62年千葉県東方沖地震や平成12年(2000)福岡県西方沖地震でブロック塀の倒壊による死者が生じている。強震時には，屋外では石塀から離れるという注意が現在でも必要である。

日本にとっては，昭和23年福井地震以来，はじめて人口50万人以上の大都市が強震動に見舞われた。建築物の被害は限られた地

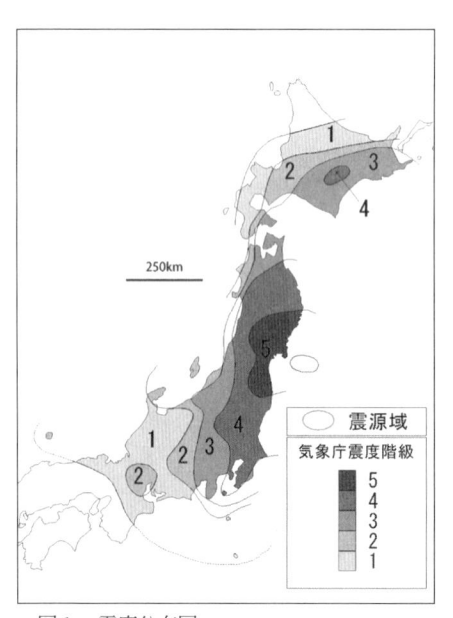

図1　震度分布図

盤条件の場所に集中したが，ガス・上下水道・電気・電話などライフラインの被害が仙台市を中心に，広範囲に点々と発生したため，広い範囲に長期にわたり影響し，日常生活に及ぼす困難と，当時のライフラインの耐震性の低さとが広く認識される契機となった。ブロック塀の倒壊が注目されるということは，逆にさほどの大規模な震動被害が少なかった証左である。実際江戸時代から住宅があった地域の震動被害は軽微であり，仙台地域の都市化の進行で，従来居住していなかった地域に膨張した新規開発地域での被害が目立った。

被害の概要

ほとんどの大きい被害は宮城県に集中したが，福島と岩手両県でも破損や道路損壊，崖崩れなどの被害が生じた。死者は宮城県27名，福島県1名。住家全壊が両県で1,183，半壊が5,574。火災は岩手県と宮城県で7軒の半焼に留まった。仙台湾に面した工場では石油タンク3基が壊れ重油流出があったが幸い火災にならなかった。火災が防げると地震の被害を押さえ込める好例の地震といえるが，暖房を要しない季節で，まだ明るく，夕食の支度時間よりやや早かったという好条件によるところが大きい。

住家全壊は福島県北東部の古い木造住宅を除けば，仙台市東部の軟弱地盤地域，西部と北部の宅地造成地，古川市など旧北上川沖積平野など地盤条件が悪い地域に限られた。特に盛土による造成地の亀裂や地すべり，変形によって倒壊した住宅が多かった新規開発地では，高額なローンを抱えたまま持ち家が消えた都市部勤労者の悲惨さが浮き彫りになり，宅地造成にも耐震性への配慮が必要であることが認識された。

東北新幹線は線路を建設中であったが，高架橋に亀裂や損壊が生じた。営業していた鉄道も線路の変形など139ヵ所の被害を受けた。このほか，液状化による水田の被害，河川堤防の決壊や亀裂，ガス管や通信ケーブルの断線など，都市化による地震被害の種類の多さと影響の広さが社会に衝撃を与えるとともに，塀や門柱など屋外での圧死者の多さが際立った地震であった。

建物被害，土木社会資本被害，農林水産林業および商工関係や衛生施設，文教施設などの被害総額は，東北6県合計で2,717億円を超えた。

参考文献　伯野元彦他「1978年宮城県沖地震被害調査報告―土木関係を主として―」（『東京大学地震研究所彙報』54ノ1，1979），地震予知総合研究振興会編『江戸時代の歴史地震の震源域・規模の再検討作業中間報告書』，2005，村井勇「1978年宮城県沖地震の被害分布調査」（『自然災害科学資料解析研究』7，1980），気象庁「1978年宮城県沖地震調査報告」（『気象庁技術報告』95，1978）

（松浦律子）

都市型災害の特徴

この地震は，当時の人口50万人以上の都市がはじめて経験した都市型災害の典型といわれた。この地震は仙台市において震度5を記録したが，過去の同程度のものと比べても人的被害・家屋被害はそれほど甚大ではない。しかし建物の耐震性能が向上した中でのブロック塀などの倒壊による死傷者の発生や，ライフライン被害，交通・通信障害による都市機能のマヒや停滞，それによる市民生活や諸活動への長期的影響は，これまでにない都市型災害の特徴として，当時の社会に大きな衝撃をもたらした。

ブロック塀等の倒壊への対応

この地震で多くの犠牲者を出したブロック塀は，高さ1.6メートル，長さ1メートルで重さは320～400キログラムであり，その破片でも人間の力で支えられるものではなく，社会問題として取り上げられた。

地震を契機にして，仙台市では通学路などの安全性向上や緑豊かな環境づくりも兼ね，安全性に問題のあるブロック塀の取り壊しを推奨し，新たに生け垣整備に対する助成

図2　倒壊したブロック塀

制度を設けるなどの措置を講じている。

ライフライン被害が市民生活に与える影響
電気・ガス・水道などのライフラインが被害を受け，市民生活に大きな影響を与えた。仙台市を例にとると，電気については，火力発電所の機能の一部停止や変電・送電設備の被災により全面供給停止となり，災害発生後1日目で85％が復旧，2日目でほぼ全面復旧した。しかし停電によって交通信号機が全て滅灯し，それが夕方のラッシュと重なったため，激しい交通渋滞が発生した。仙台駅前で午後11時ごろ，国道45号線では午後11時半ごろまで渋滞が続いたが，幸い特に事故や混乱はなく，2次災害の発生はなかった。

ガスは，ガスホルダーおよび導管の被災により全面供給停止し，災害発生後4日目で0.3％が復旧，27日目になってようやく99％が復旧した。また水道は，配水・給水管の被災により約7,000戸で断水，災害発生後2日目で17％が復旧，8日目でほぼ全面復旧した。

電話は，電話通信施設の被害は比較的軽微であり，被害を生じた加入者数は1,429戸

図3　倒壊したブロック塀

にとどまり災害発生当日でほぼ全面復旧したものの，安否確認などの電話で市内通話が災害発生当日および2日目において輻輳し，市外通話がかかりにくい状態が続いた。また電話の輻輳によって，緊急通信や行政活動が支障を来し，コンピュータや精密機器などの脆弱性が示された。

参考文献　安倍北夫・秋元律郎編『都市災害の科学－市民のライフラインを守る－』（有斐閣選書，有斐閣，1982）

（木村玲欧）

1980 川治プリンスホテル火災　(昭和55年11月20日)

災害の概要

川治プリンスホテル火災は，昭和55年(1980)11月20日に発生した。国内のホテル火災としては戦後最大の死者45名(負傷者22名)という犠牲者を出した火災である。この火災が発生するまでは，栃木県内では多数の死者を伴う火災は起きないものというジンクスが語られていたが，根拠のない伝説は悲惨な現実によって覆された。本火災はまた，旅館・ホテルなどで最近まで大変有効に機能した「適マーク表示制度」(防火基準適合表示制度)成立のきっかけとなった火災としても有名である。この火災では，多数の犠牲者を出した原因として，建築構造上，消防用設備上および避難誘導上の問題点などが多々指摘されている。このうち避難誘導と避難経路の問題が，とりわけ人命安全と直接関係する要因となった。

火元建物と火災の概要

火元の川治プリンスホテル(栃木県塩谷郡藤原町)は，本館(鉄骨造4階建)，新館(防火造2階建)および別棟である別館(防火造2階建)から成っている。このうち本館と新館の部分は，過去に4回増改築が行われ，その度に各棟が複雑に接続され，非常に入り組んだ平面となっている。本館と新館の接続部分は，1階で2ヵ所，2階で1ヵ所あるが，防火戸などの防火区画はなされていなかった。これら，本館と新館の接続状況の外観，および隣家を含めた屋根の様子を鳥瞰的に示したものが図1である。ところで，本館は仮にその1棟だけを独立に扱った場合，建築基準法上では地上階に通じる2つ以上の直通階段が必要であるが，3つある屋内階段のうち4階からの階段2つはどちらも2階までで止まっている。ほかの1つの階段は，2階から1階へ降りるだけのものである。地上に通じる直通階段といえるものは，棟の東側に取り付けられている非常用階段だけで，避難施設はきわめて不十分であった。

火災は，新館1階西側大浴場付近から，15時10分ころ(推定)出火し，天井裏部分を通じて，新館の西側階段から2階廊下に伝わり，2階廊下中央部にある本館と新館をつなぐ渡り廊下から本館内部へ延焼拡大した。煙の伝播経路も火災の拡大経路とほぼ同じと考えられ，渡り廊下から本館に進入した煙は2階から4階に通じている本館西側および中央の階段を通って3階，4階に急速に伝播して行ったものと思われる。出火後，非常ベルは鳴動(1回目15時13分ころ)したものの，宿泊客からの問い合わせに対しても「訓練」などと称して事実が伏せられ，宿泊客には火災の報は伝えられなかった。やがて，15時18分ころ一気に伝播した濃煙によって大半の宿泊客が避難路を絶たれ，死者45名，負傷者22名の大惨事となった。119番通報は，従業員らの火災認知からさらに18分後(15時34

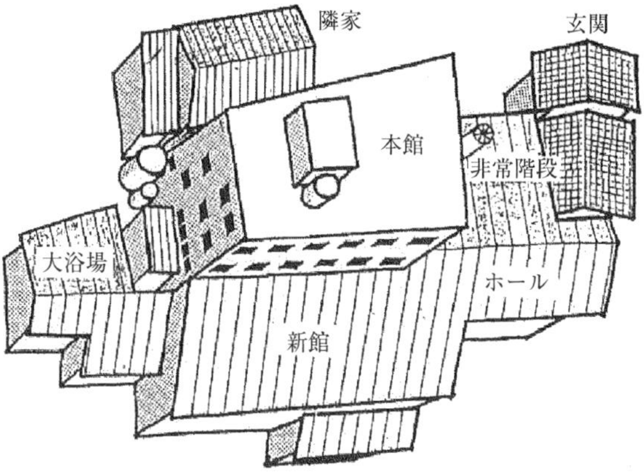

図1　川治プリンスホテルの外観

分）できわめて遅れたが，この火災で犠牲者が多く出た最大の要因は，従業員らによる宿泊客の避難誘導の遅れと避難施設の貧しさといっても過言ではない。

宿泊客の避難行動と死者の発生要因

表1に宿泊客の滞在階別の避難方法別人数とその成否を，また，図2・3に3階と4階の宿泊客の避難行動の状況を示しておく。多数の死者が発生した最大要因は，もちろん避難誘導の遅れであるが，ここでは特に出火時の3階，4階の在室者数が同数であるにもかかわらず，4階の方が3階に比べて20名多く死亡している理由について述べる。これは，4階の人はホテルに着いたばかりであること，煙の回りが4階の方が幾分早かったことなども考えられるが，もう一つの理由は二方向避難の欠如である。

表1 宿泊客の避難方法別人数

生死および避難・救助方法		3階		4階	
生存	非常階段で避難	38	11	18	3(2)
	窓からの飛び降り，または救助		27(2)		15(9)
死亡	室内で死亡	10	6	30	29
	廊下で死亡		3		1
	飛び降りて死亡		1		0
出火時在室者合計		48		48	

( ) 内は入院した人数

図1をみればわかるように，3階の人は直接窓から隣棟の屋根に逃げられるようになっていたが，4階の人は約4メートル下の屋根に飛び降りなければならなかった。そのため，3階の方が4階に比較して窓からの脱出または救助された人が12名も多い。このことは，屋内階段が煙で使用できなくなる可能性のある場合，バルコニーの設置など窓側からも避難できるようにしておけば，助かる人が多くなることを示唆している。本火災で45名もの多数の死者が発生した要因について主なものを以下に整理する。

1) 避難体制の不備と避難誘導の失敗　避

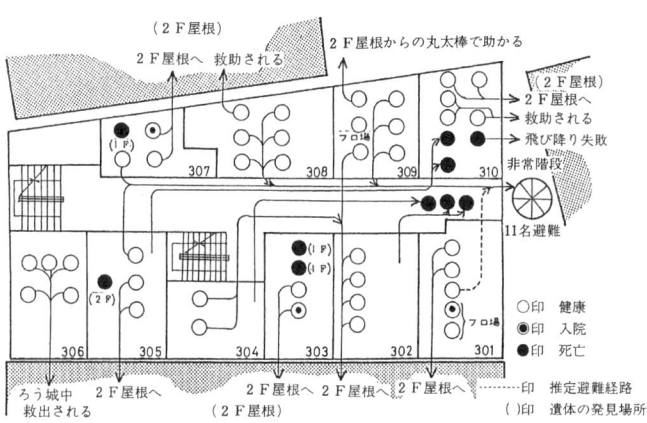

図2　3階の宿泊客の避難経路

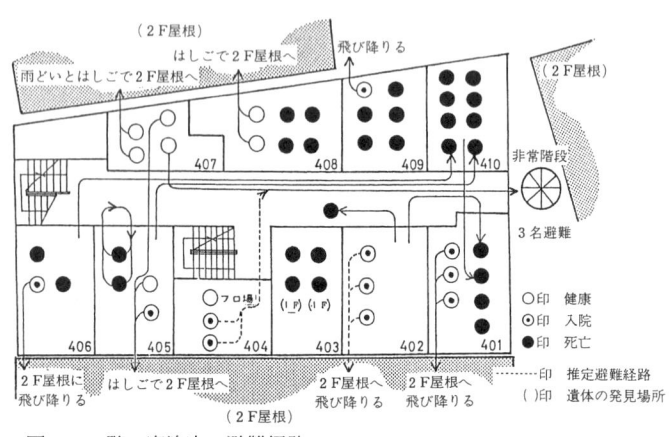

図3　4階の宿泊客の避難経路

難可能な時間が第1回目のベルの鳴動後約6分間あったにもかかわらず，その間従業員による避難誘導が全くなされなかった。このホテルでは，防火管理者未選任，消防計画未作成，避難訓練未実施など日頃の防火体制が不備で，防火意識が低かった。
2)防火区画の不備　火元の新館(2階建)と多数の死者を出した本館(4階建)との間に防火区画が設けられていなかった上に，本館内の階段部分の竪穴区画もなかったために，本館上階への煙の急速な伝播を許し，避難可能時間を縮めた。
3)消防用設備　消防用設備の維持管理不備により，廊下の屋内消火栓からも，厨房の消火栓からも水が出なかった。
4)宿泊客の特性　4階の宿泊客にとっては旅館に到着した直後の火災であり，館内の様子，特に避難路がわからなかった。また，高齢者の団体だったため火災時の対応が幾分遅れたことも多数の死者の発生に多少の影響があったかも知れないが，これは適切な避難誘導さえなされていれば解決していた要素である。

本火災の教訓
この火災事例調査から得られた避難上の教訓は以下のとおりである。
1)火災時の避難に関しての教育　この火災では，危険を察知した後，何も持たずにすぐ避難行動を開始した者は助かっている。熱い煙ははじめ天井にはり付きながら廊下を進んでいく。しかし，この煙が冷えるといっせいに床面に下りてくる。したがって，今まで安全だった廊下が一瞬にして避難不能な状態になる。防災教育面でこのことをもっと強調すべきであろう。
2)居室からの二方向避難　居室からの二方向避難の重要性は従来から指摘されていることであるが，今後への提言として，二方向避難の内容をさらに具体化して，「二方向以上の避難ルートの中で最終的な選択可能性として窓側からの屋外避難ルートを確保することを強調したい。このためには，建物内に充満した煙や熱気流から身を避けながら，救助を待ったり，水平避難や垂直避難を行なったりするスペースとしてバルコニー等の存在が非常に重要となる。
3)各室へ直接情報を伝達する手段　ホテルなどでは，宿泊客が就寝中，あるいは起床中でもテレビや話に夢中になっている場合がある。このようなとき，廊下のベルや非常放送を聞きもらすことも考えられる。従って，緊急時には，テレビやラジオに割り込みをかけ，フロントからの緊急情報が各室に直接流れ込むようなシステムを今後検討する必要がある。

参考文献　神忠久・渡部勇市・関澤愛「川治プリンスホテル火災における宿泊客の避難行動について」(『火災』31ノ4, 1981)，東京消防行政研究会編『火災の実態から見た危険性の分析と評価―特異火災事例112―』(全国加除法令出版, 1983)　　　(関澤愛)

1980―81 五六豪雪 （昭和55年12月―56年2月）

災害の概要

昭和55(1980)―56年冬季は，12月中旬から2月下旬までの約2ヵ月半にわたって，日本列島を何回かの持続的な寒波が襲い，東北地方南部，北陸地方，中部地方北部，近畿地方北部に多量の降雪をもたらした。特に12月下旬から1月中旬までは，ほとんど連続して降雪があったため，山地・平地の両方でいわゆる五六豪雪と称される大雪に見舞われた。この豪雪では，山形・高山・敦賀において最深積雪の極値を更新するとともに，北海道から山陰地方に至る多くの気象官署において最深積雪が昭和38年1月豪雪(三八豪雪)を上回った。この結果，送電鉄塔倒壊，交通障害，建物倒壊，雪崩災害などが多発し，市民生活や経済活動に大きな混乱をもたらした。五六豪雪に対し，政府は国土庁長官を本部長とする昭和五十六年豪雪対策本部を設置するとともに，新潟県38市町村，長野県1市1村，福井県1市の合計41市町村に対して災害救助法を適用した。なお，五六豪雪という名前は通称であり，気象庁による正式名称ではない。

大気循環場の特徴

昭和55(1980)―56年の冬季の北半球各地は期間を通じて，日本を含む極東一帯，北大西洋北部～欧州各地，北米南東部などで低温，一方中央アジア～シベリア北部と北米西部で高温が持続していた。偏西風ジェットの状況は，北極の寒気が3地域に南下するいわゆる3波構造(トラフの張り出し)の特徴が見られ，12月と1月は極東を中心に蛇行の程度が強かったといえる(図1)。12月にはカムチャツカ半島上空でブロッキング高気圧が発生し，その南西側の日本上空は低気圧偏差となり，日本を含む極東一帯に寒気が入りやすい状態が継続した(図1a)。この影響で12月はバイカル湖付近～朝鮮半島～西日本を中心に2～5度の低温偏差となっていた。一方ブロッキング高気圧に伴って東シベリア付近で発達した地上の高気圧と，日本付近まで勢力を拡大したアリューシャン低気圧によって，海からの東風が入りやすくなった東シベリア～オホーツク海～北日本では2～5度の高温偏差となっていた。このような大気循環場と気温場の状況は昭和38年(1963)1月の偏差の程度に及ばないが，共通した特徴を示している。1月になると上空の高圧部(リッジ)はユーラシア北部と北米北部を覆い，また北太平洋北部は広く低気圧偏差(トラフ)に覆われるようになった(図1b)。カムチャッカ半島上空は12月とは反対に低気圧偏差の中心となり，地上ではアリューシャン低気圧が北部に拡大したため，オホーツク海を中心とした高温偏差は解消された。日本付近では1月の寒気の中心も西日本であったが，日本は北太平洋を覆う低気圧偏差(トラフ)の西の縁に当たり，全国的に寒気が入り易い状態となっていた。2月の循環場は3波構造を保ちつつも振幅は弱まり，寒気も12月や1月ほどは入りにくい状態となった。シベリア高気圧は1月にやや強まった程度で目立った発達はなかった。したがって12月と1月に日本を襲った寒波は，シベリア高気圧による「押し」の寒波ではなく，主にアリューシャン低気圧の発達による「引き」の寒波であったと考えられる。この冬の熱帯太平洋域の海面水温は平年並みで，日本への目立った影響はなかったようである。

気象の経過と積雪状況

この冬は期間を通じて低温の持続が特徴的で，昭和55年(1980)12月初めから2月末まで，北海道を除く東日本以西では2月前半以外はほぼ低温状態が継続した。特に12月

中旬〜1月中旬にかけて4回にわたって強い寒波が押し寄せ，最初の寒波(12月中旬)は東北地方を中心に，続く3度の寒波(年末，1月上旬・中旬)は東北南部・北陸・山陰の各地に大雪をもたらした。年末の寒波では輪島上空500hPaで氷点下42度を記録している。1月15日前後を境に寒波のピークは去ったが，1月下旬にかけて山間部や北海道では大雪となった。2月前半は強い寒波の襲来はみられず，中旬を中心に全国的に高温となったが，2月下旬にはこの時期としては記録的な寒波に見舞われ，全国的に平年より5度前後低温となった。輪島上空500hPaでは氷点下45.1度を記録，北陸地方を中心に平地でも大雪となり，この冬最後のまとまった降雪となった。冬季平均では北海道を除き低温であった。降水量は，12月下旬〜1月中旬には日本海側を中心に多かったが，冬季を通じてみると平年並の地域が多かった。

上記のような気象の推移の中，3回目の寒波(1月2〜8日)では山形において観測開始以来最大の113㌢，金沢125㌢，福井196㌢，敦賀196㌢など主に北陸地方において昭和55—56年冬季の最深積雪に達した。富山・石川・福井県の平野部の積雪深は4回目の寒波以降漸減したが，新潟県ではその後もほとんど減少することなく，小さな変動を加えながらピークを約2ヵ月間維持した。このため，新潟県では昭和55—56年冬季の最深積雪を1月下旬もしくは2月下旬に迎えた地点が多い。

新潟県内168ヵ所の積雪深観測点のデータを集約して作成した五六豪雪における最深積雪の分布を図2に示

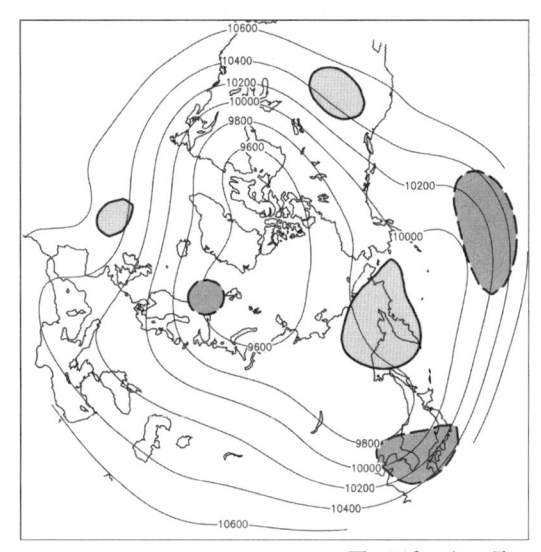

a図　昭和55年12月

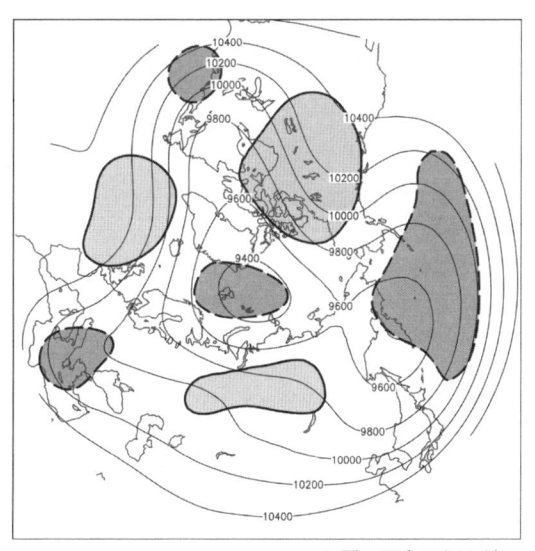

b図　昭和56年1月

図1　北半球の250hPa面高度(対流圏界面付近)の月平均高度分布図(細実線，単位m)。陰影は平年値からの高度偏差が150mより大きい領域で，太実線は正偏差，太破線は負偏差を示す。

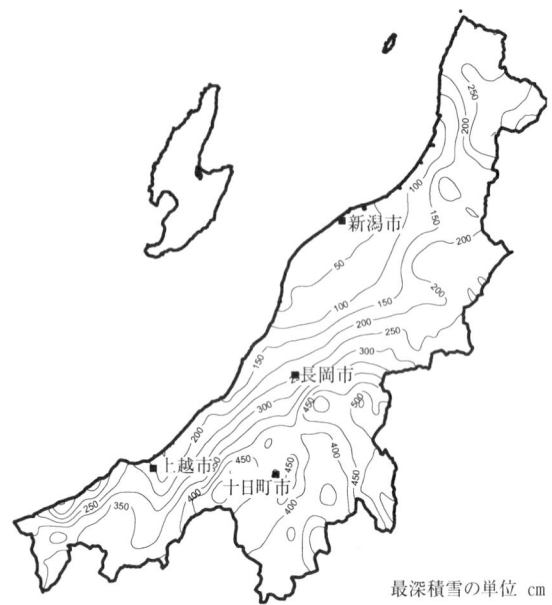

図2　五六豪雪における新潟県の最深積雪の分布図

す。新潟県では海岸平野部から山間部にかけて最深積雪が急増しており，安塚町(現上越市)，松代町・松之山町(現十日町市)，十日町市，小千谷市，山古志村(現長岡市)，入広瀬村・湯之谷村(現魚沼市)などの山間集落では積雪深が5㍍を超えた地点もみられた。一方，雪が比較的少ない海岸平野部でも最深積雪が2㍍程度に達している地点が多く，五六豪雪は必ずしも山雪型の降雪分布とはいえず，山雪型と里雪型が混在していたものと考えられる。

雪氷災害の概要

昭和38年(1963)1月豪雪以来の大雪となった五六豪雪では，大規模停電(送電鉄塔倒壊)，交通障害，建物倒壊と住宅の除雪中の事故，農林業被害(冠雪害)，雪崩など多様な災害が広域にわたって発生した。以下に代表的な被害状況を分野ごとに取り上げる。

電力関係では，福島・宮城県内(東北電力管内)において12月24日に大規模な電線着雪によって送電鉄塔倒壊62基，電柱倒壊約3,400本，電線断線約5,400ヵ所が発生した。そのため約62万戸が2昼夜にわたって停電し，そのうち約30万戸は8日間も停電が続いた。一方，富山県(北陸電力管内)では1月2～3日に送電鉄塔11基が倒壊しており，約2万2千戸が停電した。

鉄道では，北陸地方と中部地方山間部の路線を中心に，再三にわたりダイヤ麻痺の状態に陥った。雪による鉄道の輸送障害は，主に除雪に起因するものと雪崩に起因するものに分けられるが，前者は北陸本線において，後者は高山本線・大糸線・飯山線などにおいて顕著に見られた。福井駅では12月28日から1月27日までの1ヵ月間における運転率は52％であり，約半分もの列車運行が取りやめとなった(特に12月29日は運転率0％)。また，高山本線では1月6日から約1ヵ月もの間，雪崩およびその危険性のため富山・岐阜県境で不通となった。国鉄の運休本数は旅客列車15,000本，貨物列車12,000本の合計27,000本にも上っている。

道路交通では，除排雪作業，雪庇(せっぴ)処理，道路雪崩，降雪による視程障害，路面状況の悪化などのため，広範な通行規制・交通渋滞・交通事故が見られ，道路交通の混乱を招いた。国道では主として補助国道で通行止めが多く見られ，県道については長期間通行不能となった路線も多かった。道路の途絶は北陸地方の各地で孤立集落を生み，ピーク時には福井県3,000世帯，岐阜県1,000世帯をはじめとして9府県で約5,700世帯が孤立した。一方，北陸自動車道は，速度規制はあったものの，ほぼ通行が確保され，北陸地方の住民に生鮮食品を供給できたとの報告もある。

住家被害は全国で466棟が全半壊となって

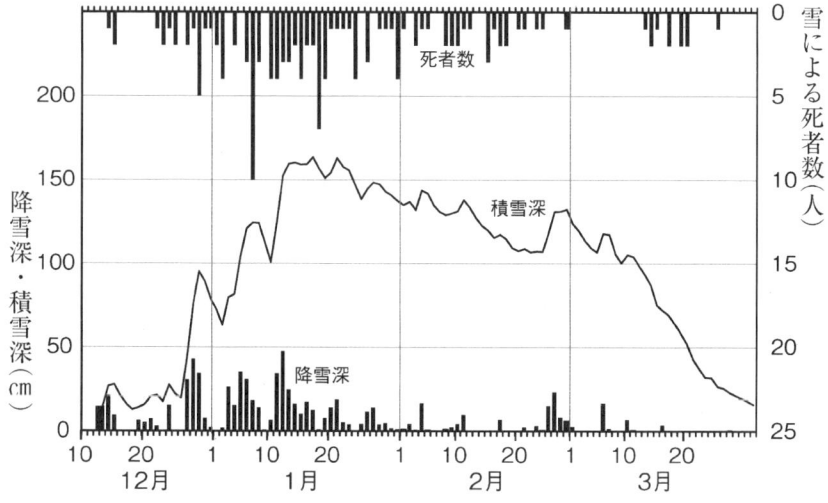

図3 高田・富山・福井・山形における降雪深・積雪深の平均値およびの全国の雪による死者数（栗山1982より作成）

いる。この数は，昭和38年1月豪雪の1,735棟と比べると4分の1程度であるが，平成18年豪雪の46棟の約10倍にあたる被害件数である。住家の雪問題は，住家自体の破壊・損傷という被害のみならず，住家を雪から守るための屋根の雪下ろしや家屋周辺の除排雪などの作業時にも人的被害をもたらす。五六豪雪でも雪下ろし中の転落，落雪の下敷，過労・発病，流雪溝への転落などによって多くの人命が失われている。

豪雪による農業被害は，北陸4県だけでも52億円余に達した。その内容を見ると，園芸などの施設被害（ガラス室やパイプハウスの倒壊など）が全体の約40％を占め，ついで農作物被害（ブドウ・ナシなどの棚の前面崩壊と枝の裂開・折損）が約33％であった。また，林業被害（主にスギ人工林の冠雪害）も深刻であり，福井県だけでも200億円を超える被害額となった。

雪崩災害は北陸地方の山間部で多発した。件数としては新潟県49件，富山県23件との報告があり，全国では100件以上の雪崩災害が発生したのではないかと考えられる。中でも，新潟県北魚沼郡（現魚沼市）内で発生した2件の雪崩災害（1月7日守門村大倉の面発生乾雪表層雪崩，1月18日湯之谷村下折立の面発生乾雪全層雪崩）は，ともに厳冬期の夜半に発生した集落雪崩（人家集落が被災した雪崩）であり，合計で死者14人，重軽傷者10人を出す大惨事となった。雪害対策の進歩にもかかわらずこの豪雪によって甚大な被害が生じた理由として，連続的かつ多量な降積雪や低温といった気象的要因のみならず，社会環境の変化が背景に潜んでいることが多く指摘されている。すなわち，高度経済成長は急激なモータリゼーション化，人口の都市集中，鉄道沿線や幹線道路沿いへの住宅の密集，山間部の都会生活化などの社会変化をもたらし，市民生活を大きく変貌させるとともに都市構造を複雑なものにした。その結果，雪国の地方都市においても，「都市雪害」という言葉が用いられるほど雪に対する抵抗力が低下したこと，また複合的，相乗的な被害が発生しやすくなったことを五六豪雪の被害は物語っている。

人的被害の特徴

五六豪雪による雪氷災害の犠牲者は，死者・

行方不明者152人，負傷者2,158人にも達し，死者・行方不明者数は昭和38年(1963)1月豪雪には及ばないものの戦後2番目の多さとなった(平成18年豪雪と同数)。死者(133人)の発生は1道1府13県に及び，道府県別にみると新潟県38人，富山県22人，福井県15人，北海道13人，山形県12人の順に多い。新潟県を含めた北陸4県で全体の約6割に達している。

死者を原因別にみると，屋根雪下ろし中の転落23人，除排雪中の川・流雪溝などへの転落22人，除排雪中の発病19人，屋根雪の落下(落雪)17人といった除排雪作業中に死亡した人が最も多く，全体の61％を占めている。これに続いて雪崩による死者が多く，21人(16％)である。雪崩による死者の割合は，昭和35～45年の期間は50％前後で推移していたが，それ以降減少傾向にある。新潟県北魚沼郡(現魚沼市)において死者14人を出した2件の雪崩災害が発生したにもかかわらず，五六豪雪でもその割合としてはさほど高くない。

死者の年齢に関しては，51歳以上の死者数が全体の65％を占めており，五六豪雪以前と比較してこの割合が高まったと報告されている。五六豪雪から25年後に発生した平成18年豪雪では，65歳以上の高齢者の死者割合が同じく65％であり，高齢者比率が徐々に上昇しつつあることがうかがえる。

死者数の多かった新潟・富山・福井・山形県から各1地点(高田，富山，福井，山形)ずつ代表的な気象観測地点を選び，それらの日々の降積雪の深さの平均値と死者数の変化を比較したのが図3である。死者数は，積雪期後半(2月～3月)にもみられるものの，積雪期前半が圧倒的に多く，12月～1月で96人(72％)に達している。降積雪の変化との関係でみると，12月中旬から1月下旬までほとんど毎日降雪があり，屋根雪下ろしや家屋周辺の雪処理を連日のように実施しなければならなかったため，多数の除排雪作業中の犠牲者を生んだものと考えられる。

参考文献　気象庁予報部『昭和55年12月中旬から昭和56年2月末までの北陸・東北地方を中心とした大雪』(災害時自然現象報告書，1981)，石原安雄『昭和55・56年豪雪によるなだれ・地すべり災害及び交通障害の調査研究』(文部省科学研究費自然災害特別研究突発災害研究成果，1981)，農林水産省北陸農業試験場「昭和56年豪雪北陸地域雪害緊急調査報告」(『北陸農業研究資料』9，1981)，栗山弘「56年豪雪における人的被害の特徴」(『雪氷』44ノ2，1982)，国土庁編『防災白書(昭和57年版)』，1982

(河島克久・本田明治)

1982 ホテルニュージャパン火災　（昭和57年2月8日）

災害の概要

昭和57年(1982)2月8日の午前3時24分ごろに，東京の中心部千代田区永田町に立地していたホテルニュージャパンで火災が発生した。9階の客室でたばこの不始末から出火した火災は，たちまち9階全体へ拡がるとともに，上階の10階，あるいは下の7階へも延焼した。鎮火までに9時間を要したこの火災では，避難誘導の遅れもさることながら，欠陥だらけの防災設備，防火区画の不徹底などのさまざまな防災対策の不備により，逃げ遅れた宿泊客を中心に死者33名，負傷者34名を出す惨事となった。まさに人災ともいえる火災であった。

火災と避難・救助の概要

火元の建物は，地上10階地下2階の鉄筋鉄骨コンクリート耐火造で，東京都心の一等地に立つホテルであり，宿泊客には外国人も多かった。出火原因は，9階の938号室に宿泊していた男性客の寝たばこと推定されている。ホテルの従業員がたまたまこの客室から漏れてくる白い煙を発見し，室内に進入して粉末消火器で初期消火を試みたが消しきれず，その後，ドアを開けたまま退避したために早期にフロア全体に延焼したものである。わが国におけるホテルの火災で多数の死傷者が生じた例は過去に幾つもみられるが，その多くが観光地のホテル・旅館であり，都市型ホテルでしかも出火場所が宿泊室であるという例はきわめて少ない。こうした耐火造高層ホテルでは，客室どうしは通常は細かく区画されていて，仮に火災が発生し，初期消火に失敗したとしても本来は出火室内に留まるはずであった。しかし，この事例では，火災がきわめて短時間に9階のフロア全体に拡がり，さらに上下階にまで延焼した。また，屋内に充満した煙と炎のために廊下側への逃げ場を失った宿泊客の多くが窓側からの屋外避難を強いられた。自力で避難できた人もいたが，13名が転落して亡くなった。また，63名が消防隊による懸命の活動によって救助されたが，内43名は屋外からの救助であった。

本火災の教訓と影響

本火災で，このように延焼が速く，逃げ遅れにより多くの犠牲者を出した背景には，防災軽視，金儲け優先というホテル側，あるいはオーナーの姿勢があった。火災の起きる前に，消防当局から度重なる指導を受けていたにもかかわらず，スプリンクラー設備の偽装をはじめ，火災報知設備や館内放送設備の故障を放置したことがまず挙げられる。また，加えて客室間区画の不備により容易に隣室への延焼を許したことや，ホテル従業員の訓練不足による初動対応や避難誘導の不備などがさらに重層的に作用して被害を大きくしたものである。ホテルニュージャパン火災の影響で，川治プリンスホテル火災を契機として前年にスタートした「適マーク表示制度」（防火基準適合表示制度）の知名度が一気に高まり，対象範囲が旅館・ホテルだけでなく劇場やデパートにも拡大することになった。

参考文献　塚本孝一「ホテル・ニュージャパンの火災について」（『火災』32ノ3,1982）

(関澤愛)

1982 長崎豪雨 （昭和57年7月23日－25日）

気象の概要

昭和57年(1982) 7月23日から25日にかけて，長崎県を中心に西日本の広い範囲で低気圧と前線による大雨となった。特に，長崎県では記録的な豪雨により25年前に発生した諫早豪雨につぐ被害が生じた。長崎地方を中心に降雨状況の経緯を振り返ると，7月23日朝，梅雨前線上の九州の西海上を低気圧が発達しながら東進するのに伴って，梅雨前線は九州北部まで北上した。低気圧に向かって南からは暖かく湿った気流が入り，前線の活動が活発となった。

気象衛星「ひまわり」は，23日正午前に対馬の西海上に発達を始めた雨雲を捕らえていた。この雨雲は，発達しながら東南東に進み，午後3時には対馬付近に達した。対馬の厳原では午後3時までの前1時間に64㍉の非常に激しい雨となった。この雨雲はさらに強まりながら南東に進み，長崎県北部に掛かり始めた。長崎海洋気象台は，背振山気象レーダで捕らえた活発な雨雲の動きや平戸測候所の雨の降り方から，午後4時50分に長崎県（島嶼部を除く）に大雨・洪水警報を発表した。長崎市内では朝から断続的に弱い雨が降っている程度であったが，午後5時を過ぎると雷を伴った強い雨となった。午後7時を過ぎると雨脚は滝のように降る猛烈な雨となり，視界も遮られるような状況となった。それまでは暫時，南下していた雨雲が長崎県南部で停滞し始め，長崎海洋気象台では午後8時までの1時間に111.5㍉，午後9時までに102㍉，午後10時までに99.5㍉と，この3時間で313㍉の豪雨となった。また，この豪雨では，長与町役場において23日午後7時から8時までの1時間に187㍉という猛烈な雨を記録した。この記録は，それまでの1時間降水量の記録167.2㍉(徳島県福井)を大幅に上回る記録的な豪雨で，現在も日本における1時間降水量の第1位の記録となっている。なお，23日午前9時から24日午前9時までの24時間最大の降水量は東長崎の608.5㍉であった（図2）。

被害の概要

記録的な豪雨により長崎県内の死者・行方不明者は299人，重傷者16人，軽傷者789人に上ったが，地域的にみると長崎市内の死者・行方不明者が262人(87.6％)，重傷者13人，軽傷者741人と長崎市の人的被害が大部分を占めている。死者・行方不明者の被災種別についてみると，浸水氾濫では37人(12.4

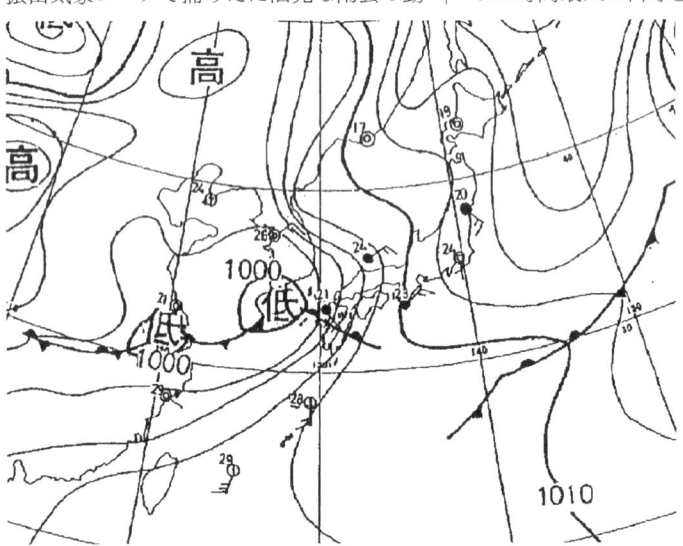

図1　昭和57年7月23日午後9時の天気図

%)に対して，土砂崩れ・土石流など土砂災害によるものが262人(87.6%)と圧倒的に多かった．水系別にみると，中島川・浦上川・八郎川水系に大きな被害が集中しており，水系の上流域では土砂崩れや土石流による被害，下流域では浸水氾濫による被害が生じた．土砂災害については川平地区・鳴滝地区・本河内奥山地区の3地区だけで40世帯85人もの犠牲者がでており，生き埋め被害のあった現場は約40ヵ所に上った．
住家被害は長崎県内で全壊家屋584棟，半壊954棟，一部破損1,111棟，床上浸水17,909棟，床下浸水19,197棟に上った．住家被害の特徴としては，全壊・半壊家屋のほとんどが土砂崩れ・土石流などの土砂災害によるものであったことである．
上水道関係については，長崎市内では6ヵ所ある浄水場の内3ヵ所が，冠水による土砂流入により，浄水機能および送水ポンプ機能が停止した．そのため，長崎市水道局の給水戸数の62%にあたる101,200戸が断水し，被害総額は17億5,000万円に上った．電気関係についてみると，河川の増水による護岸決壊や土砂崩れによる電柱の倒壊・流出，冠水による変電所の機能停止により，長崎市を中心として広い地域で停電が発生し，周辺市町の都市ガス・LPガスも大きな被害を受けた．電話関係については，長崎通信部管内の電話総加入数487,969軒に対して故障件数13,330(故障発生率3%)，被害額は約17億円にのぼった．
車社会を反映して多くの車両が被害を受け，放置された車両は，四輪車が約2,500台，原付を含む二輪車が約2,200台に上った．主要な道路上に放置された車両は，被災地内の一般交通や緊急輸送を阻害するなど大きな問題となった．
教育施設については，長崎市内にある25の小学校において合計52件，11の中学校において合計23件の浸水被害が発生した．長崎市民病院では，中島川・銅座川の氾濫により病院地下室が冠水し，病院施設としての

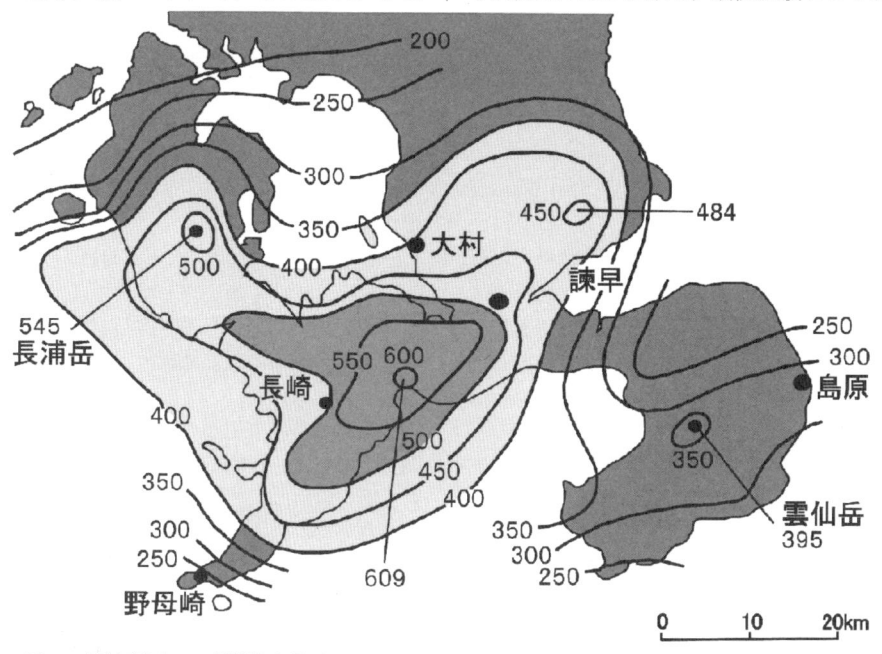

図2　長崎豪雨の24時間降水量（7月23日午前9時―24日午前9時）

機能が完全に失われた。文化財については，国指定2ヵ所，県指定2ヵ所，市指定16ヵ所の計20ヵ所において被害が発生した。特に，中島川にかかる11の文化財橋のうち9橋が被災し，6橋が流される被害となった。国指定重要文化財の眼鏡橋と袋橋は全壊を免れたが大きな被害を受けた。

商工業関係の直接被害額は，長崎市の857億円を含め，960億円に上った。長崎市最大の繁華街を通る中島川下流部で氾濫が発生したことにより，経済活動が完全に麻痺したこと，また，被害が発生した時期が中元商戦，夏休み観光の時期と重なったことが被害額を大きくさせた。

農林業は，総額842億6千万円の被害を受けた。この被害額は，長崎県の全被害額3,153億円の約30％，長崎県農業粗生産額1,672億円（昭和56年）の約半分に相当する額となった。全体の被害を市町別にみると，長崎市が418億円で被害総額のおおよそ半分を占めた。水産関係については，長崎市をはじめ県南地域を中心として，ほぼ県下全域で被害が生じた。被害件数は956件，被害総額は約26億円に上った。大量の泥水の養殖漁場への流入と塩分低下により，タイやハマチなどの養殖業が大きな被害を受けた。

公共土木施設関係については，河川関係は一級河川本明川水系の9河川および二級河川中島川ほか81河川で被害が生じた。道路関係については，長崎市の東部に隣接する多良見町・諫早方面への幹線道路である一般国道34号，同長崎バイパスおよび県管理の国道202号・206号，県道および市町村道が各所で決壊，山崩れなどによる被害を受けた。このため，災害直後の長崎市への通行可能な幹線道路は国道206号1路線のみとなった。また，諫早方面へは主要地方道長崎多良見線・国道207号1路線で結ばれるのみとなった。

救援・救済の概要

水害の惨状は連日マスメディアを通じて報道されたこともあって，天皇・皇后よりの下賜金をはじめ国内外から寄せられた義援金は総額28億円（長崎県1,842件，12億円，日本赤十字社長崎県支部114件，4億1千万円，長崎県共同募金会(NHKと共同)27,000件，4億2,500万円，長崎県社会福祉協議会39件，900万円，被災市町村2,310件，7億4千万円）に上った。

義援金の配分に当たっては長崎県災害義援金配分委員会が設置され，①同じ基準に基づいて各市町村へ配分すること，②県が受託した一部（1億円）を長崎県児童救済基金に充てること，などが決定された。義援金配分の対象地域は，被災した県内全市町村とされ，死者・行方不明者には20万円，重傷者は5万円，物的被害については全壊16万円，半壊8万円，一部破損・床上浸水3万2千円が配分された。

また，日本全国から集まった救援物資の総受付件数は，14,277件，総受付個数は，56,322個に上った。このように膨大な数の救援物資が寄せられた理由の一つとしては，国鉄をはじめとする各輸送機関が一定期間無料輸送を実施したことが挙げられる。個人車両で救援物資の輸送を行う人も後を絶たず，道路は救援物資の横断幕をなびかせた車であふれた。

災害の特徴

長崎豪雨は，長崎県によって「長崎大水害」と命名されている。災害形態からは，主として郊外部に発生した土石流などによる土砂災害と長崎市中心部の都市水害の二面性を持っている（図3・4）。これは災害の素因となった長崎市周辺の地形と土地利用が関係している。長崎市は深い入り江に面した斜面丘陵地に囲まれた狭い平地に立地し，商業などの都市としての活動の場となる平地が少ない。明治以前にはすでに中島川三角州である狭隘な平地に，長崎市の中核となる市街地が形成されていった。さらに第2次世界大戦後，住宅街は山腹へ展開され

ていくとともに，車社会の到来に呼応して北部や南部に新たな団地開発がなされ，市街地が拡大していった。このような都市形態は，豪雨時における平地の浸水被害や斜面崩壊などによる土砂災害の原因となった。長崎豪雨における土砂災害の特徴は，「同時多発」であったことが挙げられる。長崎県の調査によると4,457ヵ所の土砂災害が，また，建設省土木研究所の調査によると人的，物的被害のなかったものを含めると9,240ヵ所で土石流・崩壊などが短時間に同時多発した。このため，長崎市内を中心とした被害住民からの救助要請の電話が不通になるなど，住民の通信手段が機能しなくなった。また，救助要請に応えるべき公的機関の方でも対応限界をはるかに超えた件数が一時に集中したため，体制・要員面での対応不能の状況に陥った。

河川災害については，観測史上まれにみる降雨があったことから浸水被害は避け得なかったといえるが，その特徴として，県下最大の都市である長崎市の中心市街地の河川が短時間のうちに急激に増水し，都市機能を麻痺させたという都市災害であったといえる。

災害からの復旧

上水道関係については，浦上および本河内浄水場の浄水施設の機能回復とポンプおよび電気系統の点検補修は順調に進んだ。しかし，八郎川の氾濫で浄水場全体が冠水した矢上浄水場は交通が途絶したこともあって機能回復が遅れた。浄水場は長崎の地形上の制約から小さい水系ごとに分散されているが，一部を除いて，他の水系と交流できるネットワークシステムとなっていた。このシステムのために，一部の地域では各浄水場の復旧の前に水系を切り替えることによって給水を早めることができた。

図3 奥山地区の斜面崩壊

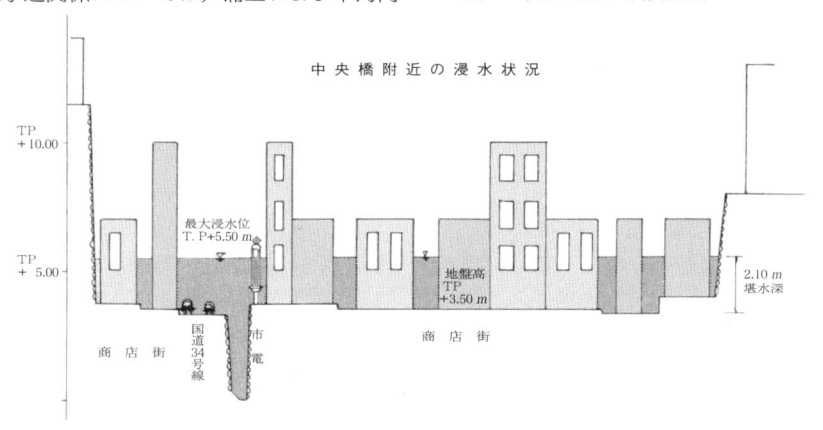

図4 中島川下流の中央橋付近の浸水状況

電気関係については，冠水した賑橋変電所の影響を受けた長崎市役所を含む長崎市の中央部停電の復旧が急がれたほか，主要な道路が寸断されているため復旧作業は困難を極めた。東長崎・茂木地区の孤立地区についてはフェリーやヘリコプターをチャーターして資材を搬入するほか，周辺から約180名の応援を受けて，26日午前0時の配電率は99.9％に復旧した。

長崎市の都市ガスである西部ガスは土砂崩れ，護岸の流失によるガス管の切断およびガス漏れ事故が続発した。復旧は西部ガスと全国のガス事業者からの応援による体制がとられた。まず，ガス導管の修復工事，ついで供給開始に必要な各需要家の閉栓作業が行われ，7月26日にほぼ都市ガスは復旧した。

電話・通信施設の被害は多岐に渡った。電話器の冠水による故障，土砂崩れや護岸の流失による電柱の倒壊，路肩流失や橋梁の流失に伴うケーブルの切断，河川の氾濫による交換設備の冠水，さらに停電に伴う電力施設の障害である。交換設備の被害は神ノ浦局で生じたが，26日17時までにすべて復旧した。長時間停電になったところでは，電話の電力設備に障害が生じた。

道路の復旧はバスの通行道路の確保が優先して行われたために，バス路線を中心に順調に進んだ。最も被害の大きかった国道34号芒塚町付近は懸命の復旧作業が行われ，当初の見込みよりも10日ほど早く，8月20日に2車線同時に全面開通した。

国鉄(現JR九州)長崎保線区の被害は，旧線の線路は海岸沿いの低い位置にあるために被害が大きかった一方，新線は高い位置でかつトンネルが多いために被害が小さかった。旧線は土砂の撤去に時間を要したために復旧が遅れ，大草－浦上は28日24時に，喜々津－大草は31日1時57分に開通となった。

長崎市民の足となっている路面電車は7月23日19時35分ころから，豪雨による軌道敷内冠水のため電車の運転不能が出始めた。復旧は7月24日に西町変電所及び浦上車庫信号機器の泥水・泥土の除去から着手され，26日15時から運転は再開された。

長崎市の市街地に溢れた濁流はビルの1階部分の事務室や売場を使いものにならないものにしたが，特に，地下室に電気設備，災害停電時に使う自家用発電機，空調設備，ボイラー設備などを備えたビルは，その中枢機能に致命的な被害をうけた。

市中心部を流れる中島川下流にある長崎市立病院はその典型的な事例で医療機器が集中していた地下の排水作業は約9,000㌧の排水に1週間を要した。ホテル・デパートなども地下の電気設備・自家用発電設備・空調設備・ボイラー設備・防災設備・上水道設備などが冠水した。

災害と情報

人的被害を防止・軽減するために必要な情報として，気象警報がある。長崎豪雨においては災害当日の23日以前の7月中に，大雨洪水警報が4回も発令されていた。1回目は7月11日午前6時15分で，10日から11日にかけて県内各地で100㍉を超す雨量となった。2回目は13日午前8時15分で10日の降り始めからの雨量は雲仙・絹笠山で400㍉を記録したが，長崎市の24時間雨量は47.5㍉だった。3回目は16日午前9時25分で，壱岐・佐世保・松浦・上五島など県北を中心に軒並み100㍉を超えたが，長崎市内の降水量は21㍉に過ぎなかった。4回目は20日午前6時20分で口之津や五島・福江，島原など主に県南部を中心に大雨が降り，長崎市の日雨量は243㍉を記録した。7月21・22日は晴天であったが，災害当日の23日午後4時40分に，7月に入って5回目の大雨洪水警報が発令された。

東京大学新聞研究所が中島川流域の浸水被害地域22町の住民を対象におこなったアンケート調査によれば，23日当日災害が起き

る前に警報発令を聞いていた人は23.5％，水害後に聞いたと答えた人は10.6％で，実に半数以上の65.9％が警報の出ていることを聞かなかったと答えている。また事前に警報を聞いていた人のうち「本当に大雨になる」と思った人は6.8％に過ぎないという結果であった。住民への情報伝達の困難性と，災害前に4回も大雨洪水警報が発令されたことが，情報の信頼性に影響を与えた可能性を示唆する結果となっている。

災害からの復興

長崎豪雨の甚大な被害の原因は，驚異的な集中豪雨であったが，一方で，25年前の諫早豪雨時にも被害がなかったこともあり，都市計画において防災が十分に配慮されていなかったことが指摘された。また，半壊した国の重要文化財である眼鏡橋は，長崎の重要な観光資源でもあり，市民の憩いの場ともなっていたので，現地復元の可否については市民の関心も高いものであった。そこで，災害の反省と教訓および中島川の石橋の復旧のあり方を含めて，防災面からの新しい県都，都市づくりを進めるために，関係行政機関，学識経験者，諸団体の参加によるハード・ソフトの両面にわたる防災対策を検討するため「長崎防災都市構想策定委員会」が設置された。この委員会では，単に防災性を高めるための防災都市づくりではなく，長崎経済の活性化，効率的な都市機能の発揮，快適な住環境の整備，住民の総合的かつ計画的な都市の復興を目指した検討がなされた。

まず，中島川・浦上川など緊急に対応すべき治水対策について昭和58年(1983)3月に中間答申が出され，つぎに銅座川対策，土砂災害に対応する斜面対策が審議された。続いて基幹道路・都市計画についての防災対策が個別に審議され，翌59年3月に最終答がまとめられた。その主な提言は，①総合的な治水対策の推進，②安全な斜面空間の創成，③安全で快適な街づくりの推進と都市基盤の整備，④災害に強い基幹交通網の確立，⑤住民と行政が一体となった総合的な防災体制の確立である。この委員会には，専門家だけでなく，地域団体の代表（住民・商工団体・議員）も参加し，すべて公開のもとで委員会が開催された。当時としては異例で，画期的な取組みであった。その後，各行政機関によってこの提言を踏まえた計画検討及び事業実施が行われた。主な事例として，河川改修及び緊急治水ダム事業については，長崎豪雨と同程度の規模の豪雨に耐えることを基本として，洪水流量の低減を図るために，抜本的な河川の改修および洪水調整を図ることが決定された。中島川・浦上川については上流の既設水道専用ダムの利水容量を治水目的に変更し，ダムによる洪水調整および河道改修事業が進められた。中島川の復興事業については，「景観に十分配慮するとともに新しく架け替えられる橋は住民の意向を踏まえ，可能な限り石橋とし，道路橋についても周囲の環境を十分に配慮した近代橋とする」方針とされ，暗渠バイパスを両岸に掘削して計画洪水流量を確保し，代替橋(石橋6橋)なども架け替える事業が実施された。土砂災害対策としては，緊急砂防事業(昭和57年度)および砂防激甚災害対策特別緊急事業(昭和58～61年度)で49渓流114ヵ所に砂防ダム80基，沈砂池1ヵ所，流路工32ヵ所，山腹工1ヵ所が整備された。崖崩れ急傾斜緊急事業(昭和57年度)では，154地区で擁壁工・法枠工・排水工が施工された。地すべり激甚災害対策特別緊急事業(昭和57～60年度)では9ヵ所の対策工事が実施された。また，土砂災害対策のためのソフト対策として，長崎市は平成4年(1992)5月に「防災マップながさき」を公表するなど，積極的な土砂災害危険箇所の公表が行われた。

道路関係については，災害に強い基幹交通網の1つとして一般国道日見バイパスの工

事が昭和61年度に開始された。その後，現在では長崎自動車道が全線開通するなど，道路整備も精力的に実施された。

災害後の施策

長崎豪雨を契機として，行政の施策として新たな取り組みが開始された。その主なものとして，気象予報関係，土砂災害対策が上げられる。長崎海洋気象台は，昭和57年(1982)7月11日から21日までに4回の大雨・洪水警報を発表した。そして，23日夕方に大災害に至った5回目の大雨・洪水警報が発表された。防災担当者も住民も「また大雨警報か」と受け止めたものが多かった。たび重なる警報でも大した災害も発生しなかったことで，大災害時の警報も軽んじられたという指摘もあった。当時は，島嶼部を除く長崎県全域を対象に注意報・警報が発表されていた。このため，県内のどこかで大雨が予想されると，全域に警報が発表された。長崎災害を契機に，気象庁はこうした警報の運用形態の見直しを進め，62年6月1日に全国的に予報区を細分した。その結果，長崎県（島嶼部を除く）は，南部，北部の2予報区に細分して発表されることとなった。平成12年(2000)以降，全国でさらなる予報区の細分に向けた見直しがなされ，長崎県は同15年3月からは6予報区に細分された。

土砂災害対策に関しては，長崎豪雨災害を契機として，それまでは構造物によるハード対策を主とする砂防事業から，住民参加による「自分の命は自分で守る」という防災意識の高揚を含め，ソフト面の強化を図る施策が打ち出された。長崎豪雨災害は土砂災害対策においてソフト対策が本格的進められる転機となった災害といえる。建設省は昭和57年8月10日に「総合的な土石流対策の推進について」と題する建設事務次官通達を出し，①土石流に対処するための砂防工事の推進，②土石流危険渓流の周知・表示，③警戒避難体制の確立，④住宅の移転の促進，⑤情報の収集，伝達及び防災意識の普及の積極的推進など，土木的手法によるハード対策とあわせ，土砂災害警戒避難体制の整備をはじめとするソフト対策の推進を強く打ち出した。この通達および同年9月（さらに昭和59年6月）の砂防部長通達によって，全国における土石流危険渓流ごとの土石流警戒避難基準雨量の設定，土石流予警報装置（雨量計）の設置などの施策が展開されることになった。これらを受け，長崎県は昭和59年に土石流警戒避難基準雨量を策定し，県地域防災計画書に掲載，公表した。また，雨量計により計測した雨量データを前述の土石流警戒避難基準雨量の手法により処理し，設定した危険ラインを超えた場合にサイレン，もしくは電話で警報を伝達する処理装置を組み合わせた土石流予警報装置の設置が進められた。

参考文献　長崎県編『7.23長崎大水害の記録』，1984，長崎県土木部河川砂防課編『7.23長崎大水害誌』，1983，長崎大学7.23長崎豪雨災害学術調査団編『昭和57年7月長崎豪雨による災害の調査報告書』，1982，岡部慶三編『1982年7月長崎水害における組織の対応－情報伝達を中心として－』，1983，長崎県土木部編『長崎防災都市構想策定委員会報告書』，1984，内閣府中央防災会議・災害教訓の継承に関する専門委員会編『1982長崎豪雨災害報告書』，2005

（松井宗廣）

1983 日本海中部地震津波 (昭和58年5月26日)

多様な顔が確認された津波

昭和58年(1983)5月26日12時00分,能代から津軽の沖合100㌔ほどの日本海で,M7.7の地震が発生した。震源域は,南北に長さ100㌔程で,平面形状はJの字型をした低角逆断層で電源は深さ20㌔～数㌔と浅かった。この地震によって,日本海側では天保4年(1833)天保庄内沖地震以来の大きい津波が近い所には10分も経たずに到達した。津波は日本海全体に及び,能登半島や隠岐,北海道の西岸に被害をもたらした。対岸の韓国などでも被害があった。また秋田県では地盤の液状化によって田畑や構造物に被害が生じた。

この地震は,日本海側で太平洋側のプレート境界の巨大地震と同様,図1の余震分布から判るように,陸に向かって海から角度20～30度の低角な面で発生した逆断層地震だった。この地震は,ユーラシアプレートが北米プレートの下に沈み込み始めている境界で発生したとして,当時諸説があった,北米プレートとユーラシアプレートとの北日本での境界位置の候補に日本海の東部を急浮上させた。図2に相田(1984)の津波データと最も合致する断層モデルを示す。実は,図2の断層モデルにも重要な問題が残っている。現実の津波に比べ到達時間が10分遅いことを説明できなかったのである。それをも満足させるには,たとえば震動を伴わない先行する滑りのような別の機構を取り入れる必要がある。

津波の状況

波源に直面する,男鹿半島から北へ約55㌔延びる屈曲のない滑らかな海岸線の地域へ

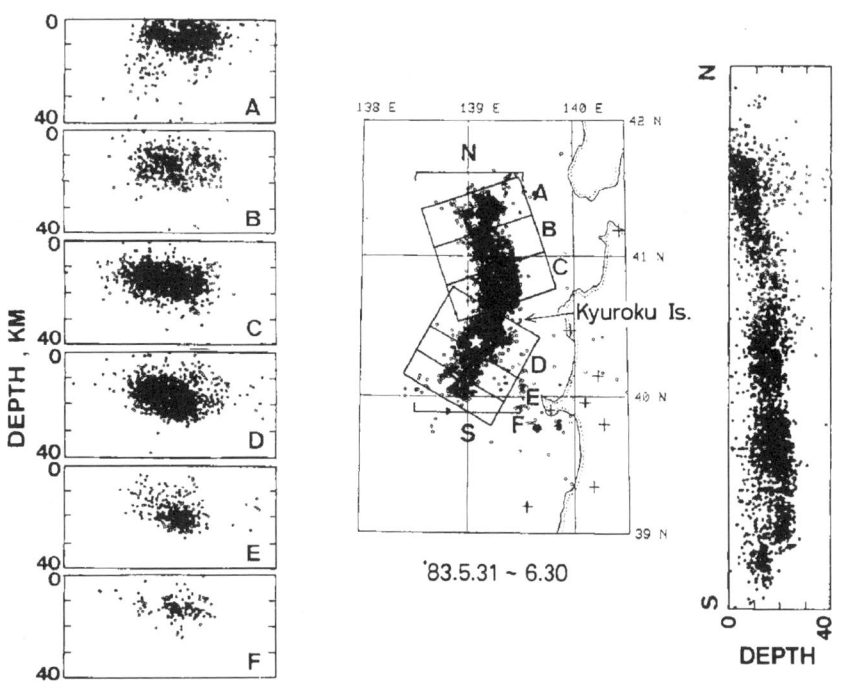

図1 日本海中部地震震源域(東北大学理学部による)

の第1波は12時10〜15分ころ襲来した。突然白波が一直線になって向かってきたと表現されるところが多い。図3は各地で目撃された津波の波形を写真などを参考にして描いている。八竜町以北八森町までの津波の前面は切り立ち，崩れており，砕破段波と呼ばれる形をしている。男鹿半島北側では，津波先端に周期10秒程度，波長でいえば150㍍程度の，風波と同程度の波が発生・発達した波状段波となっていた。これはソリトン分裂，ソリトン波列とも呼ばれ，川に入った津波の先端部で良く見られる現象である。これが深い海でも発生することが写真やビデオに記録されたのは，これが最初である。また，反射されて沖へ戻る第1波の先端に波状段波が増幅していく模様も男鹿半島の山上から写真に撮られている。続いて第2波が12時25分ころ到達する。津波の伝播速度は水深に依存する。浅ければ遅く，深い所で速い。進むにしたがって浅い方へと曲がり込む。これが屈折である。図4で，波向線としてあるのが，津波の進行方向を示すものである。陸側へと向かい，男鹿半島で反射されて沖へ向かったはずのものが，次第にまた陸側へと曲がり戻ってくる。こうした屈折のため，男鹿半島や青森県境付近では，1波あるいは2波しか津波を目撃しなかったのに，能代沖で船に乗っていた人は，少なくとも7回は大津波を体験したという違いが生じたのである。

津波の最大打上高14㍍は能代北方の峰浜村で発見された。砂丘の発達した遠浅海岸の中程に位置しており，津波に不利だとされるリアス式海岸のような屈曲した地形ではない。津波が大きくなったのは，水面上からは見えない海底地形の深浅で津波の伝播速度が違うため，伝播が遅くなる浅い部分が津波を集める凸レンズ効果を果たした結果である。図5は日本海全体の海底地形である。中央に大和海嶺，大和堆などの浅瀬があり，ここも津波を限られた部分に集めることが予想される。図6にその模様を示す。波向線の集中するところは津波が高くなる。波源から遠く離れていても，隠岐島（図中6の地点）で津波が高くなり，多くの床上・床下浸水，および被災漁船254隻などの被害となった。逆に，近くであっても直江津（図中4の地点）では大きくはない。韓国の臨院（図中7と8の中間付近）では3.6〜4.0㍍の高さとなり，行方不明者2人，漁船約50隻の破壊沈没，また軽油タンクの流出などの被害が生じている。

被害の概要

津波予報が津波到達より遅れて人的被害が多かった。地震発生とともに各管区気象台では，直ちに予報作業に入り，全国18の津波予報区（図7）の内，7つに予報を発表した。札幌管区気象台は，3区ツナミ，2区ツナミナシを12時14分に，仙台管区気象台は5区オオツナミ，4区ツナミナシを12時14分に，気象庁本庁は6区ツナミ，10区ツナミチュウイを12時13分に，大阪管区気象台は13区ツナミナシを13時45分に発表した。この時点で，まだ発生原因が確定されていない第1波が来襲して，被害が出始めていたのである。そのうえ誤解もあった。東北地方日本海側が第5区であったが，「ゴク

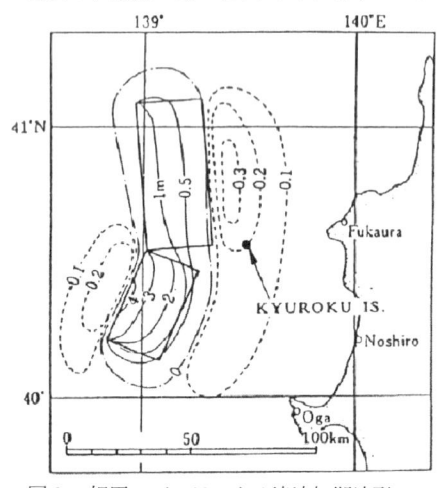

図2　相田モデル10による津波初期波形

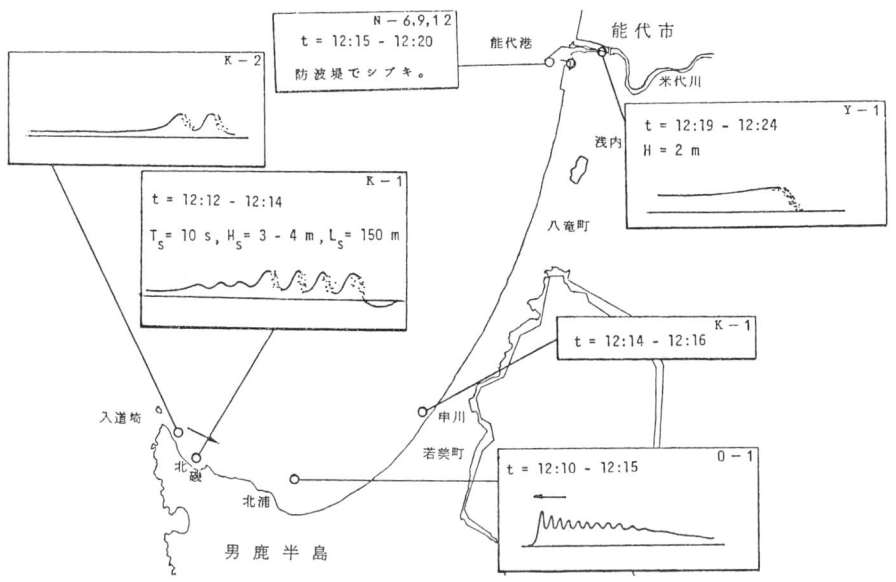

図3 目撃された津波第1波

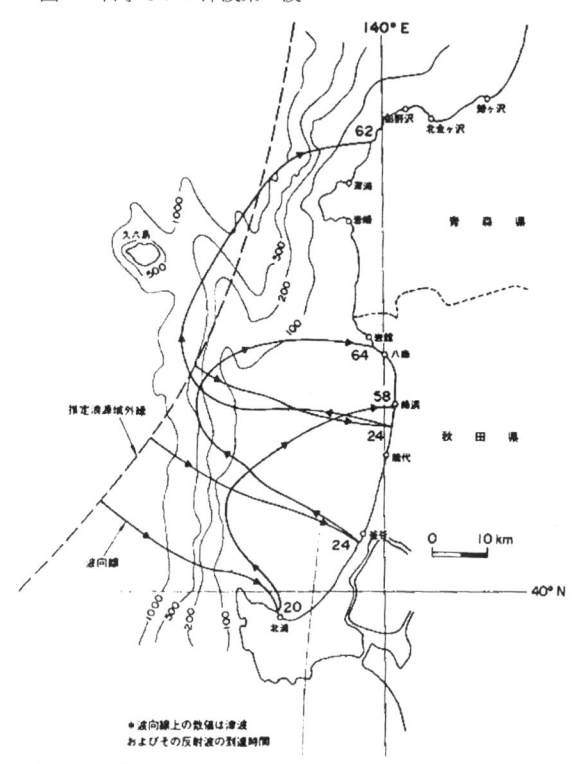

図4 反射されても陸へ戻る津波

(五区)オオツナミ」が「極く大津波」と受け止められ，これに加えて「日本海側は津波に無縁」との思い込みも重なって避難に結びつかなかった。この地震での死者は104名，うち津波によるものが100名であった。北海道4名，青森県17名，秋田県79名である。その内訳は，港湾工事中40人，釣り人・海藻採り23人，遠足・観光14人，船舶の転覆10人，海岸で作業中5人，港内見回り中3人，農作業・放牧中3人，海岸で飲酒中2人である。なお，津波に巻き込まれたが助かった人も多く，その数は死者の数倍はいたと，八森町などの面接調査から，推測されている。

多数の死者を出した能代港では，当時東北電力能代石炭火力発電所の用地造成及び北防波堤の築造工事が行われていた。用地造

成のために，将来は護岸となる締め切り工が，海岸から離れた沖合で建設中であった。津波と知っても駆け上がるべき陸地の高所はなく，船に乗って構造物から離れる以外に避難方法はなかった。275人の作業員中97名が海中へ転落，死者34名，負傷者60名を出した。構造物上にいた53名は全員海へさらわれ，死者24名，負傷者24名となった。船に乗り，構造物から離れるほど，大型の船に乗っているほど，死亡や負傷は少なくなった。構造物より100㍍以上離れていた大型船は転覆もせず，全員が無事であった。秋田県男鹿半島の加茂青砂では，北秋田郡合川南小学校の4，5年生45名が昼食のため立ち寄って津波に呑まれ，13人が死亡した。バス移動中に地震が発生，バスの振動との区別がつきにくかったこと，山奥の小学校で津波に対する十分な認識がなかったこと，などが原因なのであろうが，もともとコースになかった海岸になぜ立ち寄ったのか，などの学校の説明をめぐって4年にわたる民事訴訟が起こされた。最後には和解が成立した。

言葉が通じないが故の遭難もあった。男鹿水族館では，館員が浜の人に津波だと呼びかけたが，スイスからの新婚夫妻には意味が通ぜず，津波来襲とともに新郎は岩によじ登って避難したが，新婦は間に合わず一命を落とした。今，マグダレーナ・マリア像として水族館脇に立ち，人々の安全を祈念している。

秋田県内の地震と津波による住宅被害は，全壊1,132棟，半壊2,632棟，一部破損2,875棟となった。さらに，津波による床上浸水65棟，床下浸水277棟がこれに加わる。非住家についても全壊587棟，損壊2,108棟，浸水194棟となった。津波による全半壊などは74棟であったが，八森町に集中した。なお，船庫・浜小屋は海岸近くに配置されており，これらが被災した。津波そのものによる被害で，木材などの漂流物はあまり影響していない。

水産関係被害は約130億円であった。漁船の被害が約50億円，漁具の流出が約43億円である。秋田県約57億円，青森県約53億円，北海道約16億円，島根県約5億6千万円，石川県1億4千万円に上った。漁船被害の形態は，沈没，係留中に船同士が衝突破損，

図5　日本海海底地形

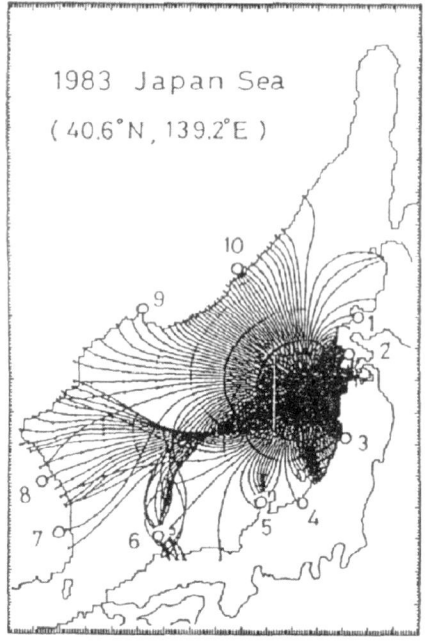

図6　日本海での津波の進行

アンカー切断による流失・座礁。岸壁・防波堤への乗り上げ，漂流中に水中部の障害物と衝突・破損，などであった。漁具被害の大半は，定置網・刺し網などの漁網が津波で流失あるいは切断されたものである。漁港関連施設の被害は，秋田県約15億円，青森県約13億円，北海道約2億6千万円，島根5千万円である。島根は隠岐諸島津波のみによる被害であり，他は地震・津波両者によるものである。

土木構造物の被害は総額約810億円に達したとされるが，多くは地震の揺れ，地盤の液状化によるものだった。河川や海岸で津波に起因する土木構造物被害が発生した。津波波源に直面する男鹿半島から八森町までの河川の河口付近に河川構造物被害は集中した。最高遡上高14㍍を出した地点は水沢川の左岸の砂丘であるが，水沢川に沿っても800㍍上流近くまでも津波が侵入した。津波は蛇行する川筋を無視するように進行し，湾曲部外側を保護する護岸を乗り越え，護岸背後の堤防を削った。こうして安定性が失われた護岸を，戻る津波が引き倒したものと思われる。中小河川の河口部では護岸の破壊，それに続く堤防破壊が生じている。大河川の米代川高水護岸などで，小ブロックを鉄筋でつないだ連結ブロックが使われていたが，下流側からめくり取られる被害が発生した。海岸では砂浜の浸食を防ぐため，やや岸から離れた位置に設置される離岸堤や汀線・砂浜上におかれる消波堤の被災が顕著であった。ともに，コンクリート・ブロックを積み上げたもので，風波エネルギーの減少を目的とし，外力へは自重およびブロック間の噛み合わせで抵抗する構造である。離岸堤の場合，津波の流れで端部の海底が掘れ，その近傍のブロックから噛み合わせがはずれて崩壊して行った。消波堤の場合，乗り越えた津波で天端最陸側のブロックが持ち去られ，全ブロックの崩壊につながった。峰浜海岸の場合，4㌧ブロックが最大で原位置より135㍍も陸側へ，高さにして10㍍近く上に運ばれ，広範囲に散乱して人目を引いた。

救援・復旧の概況

行方不明者の捜索は1ヵ月に及び，大規模であった。遺体は，海底で発見されたものが43人，海上に浮流しているところを発見されたもの26人，海岸・離岸堤などに漂着しているところを発見されたもの16人，その他作業現場・砂防林・水田などで発見されたもの12人であった。発見者は，ダイバー38人，陸上捜索員31人，船舶18人，航空機5人，その他4人(漁船の底引き網や陸上からの四つ目錨による)であった。最後の一人は，秋田県雄物川河口沖の漁船転覆による犠牲者で，対馬暖流で北に運ばれ，その分枝である津軽暖流で東へ向かい，北海道恵山岬から西北へと噴火湾内に入り，湾奥に近い豊浦漁港付近で発見された。遭難場所から400㌔も離れており，遭難から37日目のことであった。海中・海上の捜索

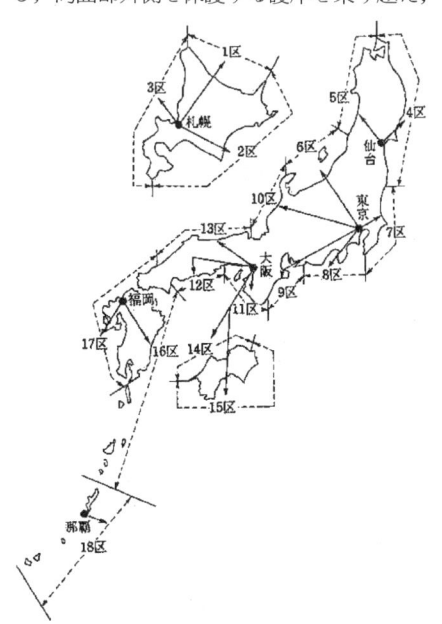

図7　全国の18津波予報区と対応管区気象台
　　　1952年から1998年まで使われた

には，ダイバー延べ2,041人(警視庁160人，警察150人，東京消防庁204人，消防4人，自衛隊339人，民間1,184人)および船舶延べ2,093隻(巡視船284隻，警察チャーター船1隻，消防捜索船1隻，自衛隊支援艇29隻，民間捜索船1,829隻)があたった。陸上の捜索には，延べ13,517人(警視庁88人，警察1,669人，自衛隊127人，市職員38人，消防団1,328人，民間捜索員9,267人)，空からの捜索には警察ヘリコプター13機，自衛隊航空機3機が従事した。

秋田県では復旧対策のため，秋田・山本両土木事務所内に住宅相談所を設置し，相談業務を開始し，住宅金融公庫の利用を斡旋するとともに，技術的な相談をも受け付けた。特に，軟弱地盤対策のための指針を作成するなどに努めたが，津波に強い住宅のあり方などは特には触れられていない。

災害救助法の適用を受けた市町村では，プレハブの応急仮設住宅を6月4日までに全棟94戸を完成し，被災者を入居させた。うち43棟は各個人の敷地内建設であった。

津波観測の改良

沿海州や朝鮮半島を含め，日本海沿岸各地で検潮儀(tide gauge)により記録されたが，その高さは2㍍程度かそれ以下であり，多くの所で目視や痕跡から得た遡上高よりかなり低いものであった。特に，大きな津波となった港湾では，その差が著しく，マスコミを通じて報道された検潮儀の観測値に疑問が出された。図8に青森県深浦港での観測値を濃い線で示す。最高値は第8波で，1.1㍍程度となる。図9は検潮所構造の模式図である。主な目的は12時間25分を基本的な周期とする潮汐による海面の変化をとらえることである。ところが，常時存在する風波は，周期数秒で海面を変位させるから，これを上手く取り除かないと平均水位としての潮汐が精度よく記録できない。このため，細くて長い導水管で外海と検潮井戸をつないで，短周期成分を除いている。これを水理フィルターをかけるという。チリ津波のように基本周期が40分と長い津波に対しては水理フィルターが効かないが，周期の短い近地津波には効いたのである。この補正をした深浦地点の津波は図8に薄い線で示したものとなる。最高値は第3波で，高さは2㍍に近いものであったはずである。この後さまざまな津波観測器が開発された。図9のものでは，検潮儀を上回るものが来襲すると器械が水没して記録できなくなるが，こうした事態に備え，陸上から海面に超音波を発射して津波を測る巨大津波計などが今では検潮所に併設されている。

その後の津波対策

昭和35年(1960)チリ津波以降，日本における津波対策は，津波予報の充実と防災構造物の築造とを柱として進行していた。昭和50年代に入り東海地震の危険が認識されるようになった時，総合的な見地からの見直しが始まり，昭和58年3月，正に日本海中部地震津波の直前に「津波常襲地域総合防災対策指針(案)」(建設省河川局・水産庁)がまとまっていた。防災施設計画，防災地域計画，防災体制の3つの組み合わせで津波に対処しようとするものである。

3つの組み合わせでといいながら，最も重点を置かれたのは，海岸堤防や防波堤などのハード対策であった。ただ，日本海中部地震津波のみを対象とするのではなく，青森県など北方では寛保元年(1741)渡島大島津波，山形県など南方では天保4年(1833)鼠ヶ関地震津波をも考慮して構造物の高さを検討した。特殊な場所を除き，大体青森・秋田・山形各県で5㍍程度の津波高になると想定されたことも，ハード対策が優先された理由であろう。

もちろん，他の2つの手法についての目配りもなされていた。そのうち，実現したのは，避難への便宜，情報伝達手段の整備などであった。港に存在する油などの危険物

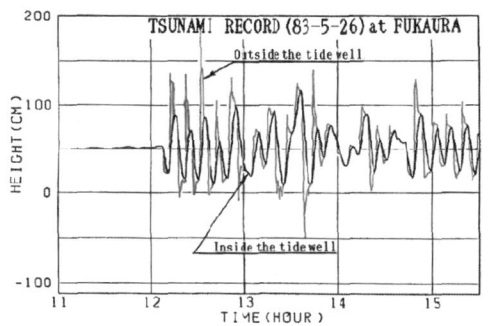

図8　深浦港の観測値と補正値

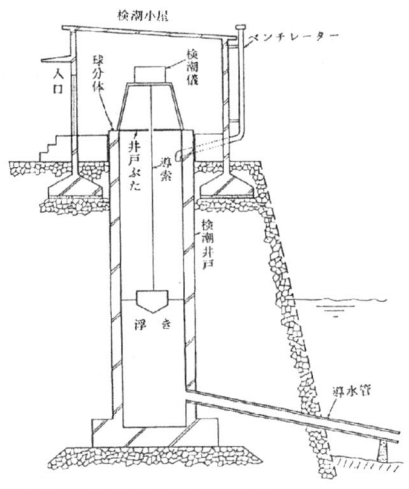

図9　検潮所の模式的構造

や流出すると凶器に変わる木材などについては，言及されたものの改良された実例は見当たらない。背後に切り立った崖を控える集落では避難階段が設置され，海岸堤防前面にも数多くの階段が設けられた。また緊急を告げる防災拡声器も，その音声到達範囲を確かめながら設置密度をあげた。

また，この地震を契機に津波警報発令までの時間短縮に努め予報時間は約7分に短縮された。この地震の震源は，能代から西へ100㌔ほどで昭和39年(1964)5月には小規模の被害を起こした地震が発生していた場所であったが，当初気象庁では相当沖合のまさに「日本海中部」に震源を求めた。そして地震発生から13分後に北陸沿岸に津波警報を発令した。地震から14分後には仙台管区気象台が東北地方の日本海沿岸に大津波警報を発令したが，すでに能代や八森，男鹿には津波が到達した後であった。なお，地震の名称は，秋田県だけに救援物資が行くことのないよう，青森県選出の国会議員などの要望もあり，能代沖や秋田県沖ではなく，当初の誤った震源位置で決まった「日本海中部地震」のままとなった。この地震の教訓から，地震発生から10分以内に津波警報を発令できるよう，気象庁は，地震活動等総合監視システム(ETOS)を本庁に，津波警報を発令する管区に地震津波監視システム(EPOS)を順次導入して，震源決定までの時間短縮を図り，地震波形の自動処理を導入するなど津波警報発令までの時間短縮に努めた。

参考文献　応用地質調査事務所編『昭和58年日本海中部地震－土木施設等災害記録－』(秋田県土木部，1984)，首藤伸夫『日本海中部地震津波の発生・増幅機構と破壊力』(文部省科学研究費報告，1988)，第二管区海上保安本部編『日本海中部地震に関する報告書』1984，土木学会日本海中部地震震害調査委員会編『1983年日本海中部地震震害調査報告書』，1986，『日本海中部地震津波対策調査報告書』(建設省河川局，1985)，首藤伸夫「秋田県北部海岸における日本海中部地震津波」(土木学会海岸工学委員会編『海岸工学講演会論文集第31回(1984)』1984，Uchiike, H. and K. Hosono , Japan tsunami warning system: Present status and future plan, *Advances in Natural and Technical Hazards Research*, 1993，田中和夫他「1983日本海中部地震の余震活動と断層モデル」(『弘前大学理科報告』31，1984)，相田勇「1983年日本海中部地震津波の波源数値モデル」(『東京大学地震研究所彙報』59ノ1，1984)　　　　　(首藤伸夫)

1983 山陰豪雨 (昭和58年7月)

被害の概要

昭和57年(1982)7月の長崎豪雨や8月の台風10号による被害をうけて、気象警報と気象情報の改善を検討中に本豪雨が起こった。昭和58年(1983)7月20日から21日にかけて、低気圧が日本海を進んで梅雨前線の活動が活発となり、九州北部から東北地方に及ぶ広域で降雨があり、中国や中部地方では100〜300㍉のまとまった雨が降っている。その後、朝鮮半島南東部で発生した低気圧が日本海を進んだことから梅雨前線の活動が再び活発となり、22日夜から23日にかけて島根県西部の浜田では、1時間降水量91.0㍉(23日)、日降水量331.5㍉(23日)を観測するなど本州の日本海側を中心に記録的な大雨となった。2日前の雨で土壌水分が多かった中国地方では、山がけ崩れ、土石流・洪水が相ついで発生し、特に島根県西部と山口県北部では甚大な被害をもたらした(図2)。死者の多くは山・崖崩れによる埋没で、多数の浸水家屋は集中的な強い雨による中小河川の洪水によってである。全国の被害は、死者・行方不明者117名、負傷者193名、住家全壊1,098棟、半壊2,040棟、床上浸水7,484棟、床下浸水11,264棟などの被害(『消防白書』より)から、気象庁は、7月20日から23日の大雨を「昭和58年7月豪雨」と命名し、この災害経験も検討に反映させた。

気象警報の精緻化

気象庁では、2年連続の災害の教訓をもとにした検討の結果、昭和58年10月1日より、より重要な事項の速報を意識するため、気象警報の本文冒頭に、防災上特に必要とする事項を、48文字以内で新たに付け加えた。また、現在の降雨がその地域にとって災害の発生につながるような、稀にしか観測しない雨量であることを知らせ、より一層の警戒を呼びかけるため「記録的短時間大雨情報」を発表することとした。さらに、昭和59年から地域細分が実施され、予報・警報発表を都・府・県・支庁などの行政区としたものから、同一行政区内でも、地形などの影響で気象特性のちがう地域に対しては別々に発表されることになった。

参考文献 日本気象協会監修『気象年鑑1984年版』、1984 (饒村曜)

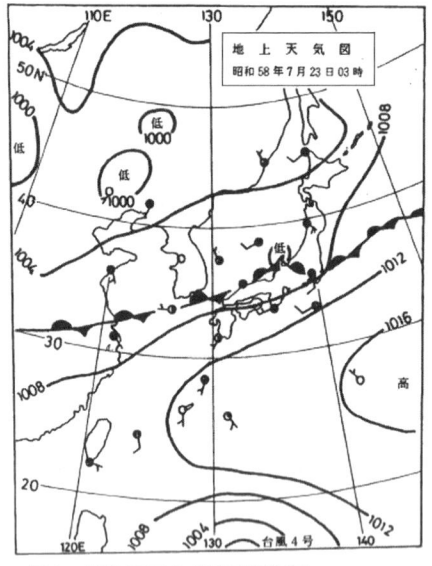

図1　昭和58年7月23日天気図

図2　島根県三隅町の被害

1984 長野県西部地震 （昭和59年9月14日）

地震の概要

昭和59年(1984)9月14日8時48分，長野県木曾郡王滝村の御岳山南東地域を震源として，M6.8の地震が発生した。有感地震域は東北から中国地方にかけてで，王滝村の震度はⅤ～Ⅳであった。御岳山南斜面では，御岳崩れ（伝上崩れ）と呼ばれる大規模な土砂移動が発生し，移動岩塊は岩屑なだれとなって，伝上川から濁川を10㌔以上も流下して，王滝川に流入・堆積した（図1）。また，松越・滝越・御岳高原などでも土砂移動が発生した（図2）。御岳崩れからの土砂流出によって，濁川沿いでは濁川温泉の旅館が完全に埋没して，4人が行方不明となったほか，きのこ狩の5人が巻き込まれた。王滝川沿いでも営林署（氷ヶ瀬）や住宅（柳ヶ瀬）が流出し，道路を通行中だった6人が死亡した。また，松越で13人，滝越で1人が死亡し，合計29人の犠牲者を出した。

図1 御岳山と御岳崩れ・岩屑なだれ（建設省多治見工事事務所1984年撮影）

犠牲者はいずれも大規模な土砂移動による被災であった。

御岳山の昭和54年の噴火

御岳山は標高3063.4㍍（日本第2位の火山）75-42万年前の古期御岳火山と10万年前以降の新期御岳火山に分けられる。マグマ活動は2万年前に停止し，それ以降は水蒸気爆発が時々発生するだけであった。現在は放射状の開析谷が発達し，谷頭部には多数の崩壊地形が分布する。昭和54年10月28日の火山性地震を先駆けとして噴火活動が始まった。噴石が剣が峰周辺に落下して，山頂部の神社や山小屋に被害を及ぼした。

御岳崩れと岩屑なだれ

御岳崩れ（伝上崩れ）は山頂南側の伝上川上流部で発生したものである。戦後初めての大規模な土砂移動であったため，前後の空中写真で地形変化の状況が把握できた。土砂移動発生箇所は，山頂部より南南東にのびた尾根の標高2,550㍍から尾根部末端の1,900㍍にかけて，最大幅430㍍，最大層厚160㍍にわたって崩落したものである。この尾根は火山岩類を主とする尾根で西側にあった旧崩壊地（空中写真判読で確認）の一部を含む形で崩落し，長卵形の谷が形成された。崩落土砂は岩屑なだれとなって，伝上川を高速で流下し，一部は1㌔下流の火砕流台地を乗り越えて鈴ヶ沢（東股）と中股に流入した。大部分の土砂は伝上川を高速で右にゆるくカーブしながら流下し，2㌔下流で右岸側の火砕流台地（比高100㍍）を乗り越えて一部は濁沢に流入した。濁川に流入した岩塊・火山砕屑物は，濁川温泉を巻き込み（堆積層厚30～40㍍），王滝川との合流点では比高90㍍の尾根を乗り越えた。濁川から王滝川に流入した土砂は，数分後に合流点から1㌔下流の餓鬼ヶ咽と呼ばれる狭窄部に達し，この付近に厚く堆積した

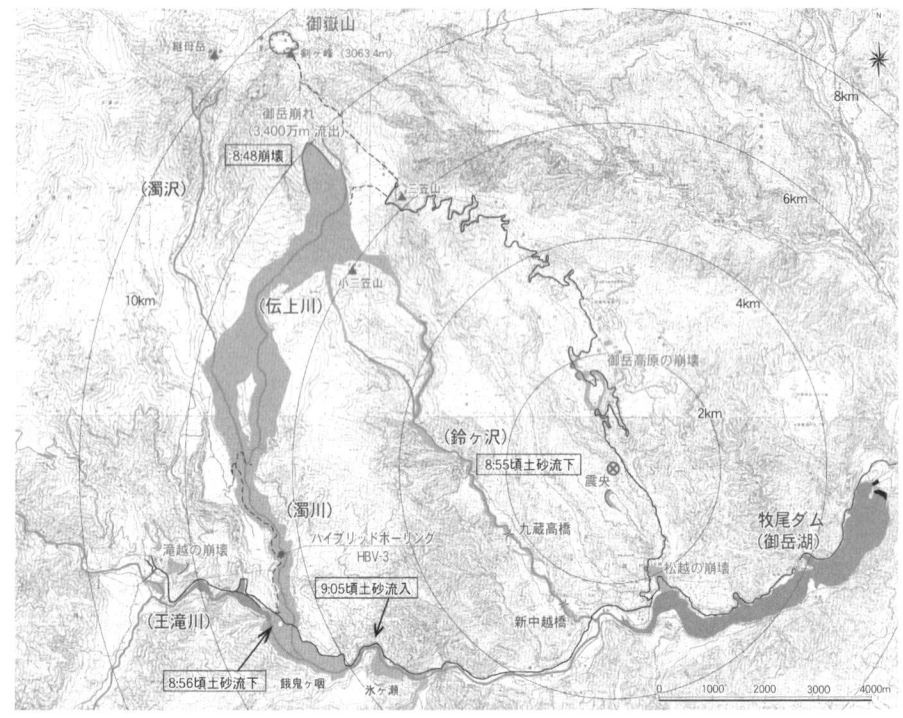

図2　長野県西部地震による土砂移動（国土交通省多治見砂防国道事務所2004）

（堆積層厚30〜50㍍）。

天然ダム（王滝湖）の形成

これらの堆積土砂によって，王滝川の河床は上昇し，濁川合流点より上流側に王滝湖と呼ばれる天然ダム（湛水高22㍍，面積33万平方㍍，湛水量365万立方㍍）を形成された。目撃者の証言によると，御岳崩れは地震発生と同時に発生し，流下土砂は8分後に餓鬼ヶ咽に達したのでこの間の平均流下速度は，23㍍/秒（80㌔/時）と算出される。17分後に氷ヶ瀬に達していることから，この間の平均流下速度は4㍍/秒（15㌔/時）である。

この天然ダムにより，上流側の道路・トンネル・橋梁が水没し，上流側の集落は完全に孤立した。この天然ダムは30-50㌢/日で水位が上昇していったため，天然ダムの決壊が懸念された。その後の調査で急激な決壊はないと判断され，多くの流路工や砂防施設が順次施工された。このため，現在も安定した湖水となって残っている。また，濁川には多くの治山・砂防施設が建設され，2次的な土砂流出が防止されている。孤立した王滝村には自衛隊や国・長野県がさまざまな救援を行い，全国から多くの義損金・物資が送られた。

参考文献　長岡正利「1984年御岳崩れの地形特性と発生条件」（『地形』8ノ2，1987），国土交通省多治見砂防国道事務所編『資料集御岳崩れ』，2004，長野県西部地震の記録編纂委員会編『まさか王滝に，長野県西部地震の記録』，1986，井上公夫『建設技術者のための土砂災害の地形判読実例問題中・上級編』（古今書院，2006），長野県木曾建設事務所『震災－長野県西部地震災害復旧の記録』，1986　　　（井上公夫）

1986 伊豆大島噴火 （昭和61年11月15日）

災害の概要

昭和49年（1974）の三原山山頂の小噴火を最後に火山噴火が休止していた伊豆大島火山では，昭和61年6月ごろから，山頂部近くのプロトン磁力計が全磁力の低下を示していた。地下の温度が上昇し，岩石の磁気が低下していると考えられる現象であった。三原山火口を横断する測線で定期的に測られる三原山直下の地下の電気抵抗も減少を続けていた。地下に電気抵抗の低い物質，マグマかあるいはそれから分離した水蒸気がじわじわと地表に近付いていることを暗示する結果だった。山頂付近の地震活動も極端ではないが普段の静穏期よりも回数が増していた。これらの観測事実は噴火が近づいていることを示していた。一方，水準測量の結果は山頂部がむしろ沈下していることを示していた。当時伊豆大島とマグマ組成が比較的似ているハワイのキラウエア火山では，噴火の直前に山頂部が必ず隆起することが知られていた。このため，10月30日の火山噴火予知連絡会では水準測量の結果を重視して，「大規模な噴火が切迫していることを示す兆候は認められないが，将来の噴火へ移行する可能性が否定されたわけではない」とする会長コメントを発表した。

しかし，ほぼ2週間後の11月15日になって，火口内の南壁から真っ赤な溶岩が噴出しているのが発見された。12年ぶりの噴火発生であった。その後，火口付近では時に高さ500メートルに達する火柱が噴出し，噴煙は3,000メートルの高さにまで及んだ。火口からの溶岩の噴出は続き，有感地震も頻発した。16日には55回，17日は48回，18日時点で40回に達した。噴火前には深さが230メートルあった山頂火口は19日10時35分には溶岩で完全に埋め立てられ，溶岩は山頂部で流動を始めた。14時43分には高温の溶岩流に飲み込まれて火口茶屋を焼失，さらに15時55分には三原神社が焼失し，三原山山頂からあふれ出した溶岩がカルデラ床に向かって流下を始めた（図2）。19日午後11時過ぎには噴火活動が弱まり，有感地震も急激に減少した。19日の有感地震は9回にとどまった。20日午前中には溶岩流が停止し，有感地震も1回のみであった。

ほぼ半日以上の静穏の後，11月21日未明からは山頂部で断続的な爆発が発生し，昼ころには激しい空振を伴ってマグマのしぶきが飛び散る噴火が発生するようになった。また，14時頃から群発地震が発生し，震度4の地震が十数回発生した。16時15分，カルデラ床に割れ目が生じ，水蒸気の放出による白煙に続き，黒煙とマグマの火柱が立

図1　三原山火口から噴き上げる溶岩噴水
　　　（1986年11月17日）

ち上った（図3）。割れ目は三原山山頂部とカルデラ床北西方向の2方向に拡大，高さ1㌔あまりのマグマの噴泉が立ちあがり，噴煙は10㌔の高さにまで達した。このため直ちに御神火茶屋周辺の人々への避難指示が行われた（図4）。

西風に流された噴煙は房総半島にも少量ながら降灰をもたらしたが，島内では一周道路を越えて，「海のふるさと村」に直径数十㌢の発泡した噴石が降下した。これを受けて，16時25分に泉津地区の「海のふるさと村」に避難指示が発令された。16時40分に東海汽船の定期旅客船シーホークが観光客など400人を乗せて出航した。

16時40分ころ，外輪山山頂付近の登山道路に亀裂が発見され，16時54分に外輪山の上にある大島温泉ホテルおよびその周辺の人に対して避難指示が出された。17時ころ，東京都の災害対策部は海上自衛隊・海上保安庁・東海汽船に対して船舶の待機を要請したが，ほぼ同時に内閣官房からも海上自衛隊・海上保安庁に対して出動要請が行われた。この要請を受けて，東京に向かっていた定期船シーホークはUターンして大島に向かうことになる。

17時22分，大島町は三原山噴火災害対策本部を設置した。大島支庁舎は地震の揺れで被害のおそれが生じたため，17時30分に大島町役場に移動した。17時40分には同報無線を通じて，元町・岡田・泉津・野増に避難準備指示を発令したが，これが地域住民

図2　三原山山頂火口からあふれ，カルデラ床に流下する溶岩流（1986年11月19日）

図3　カルデラ床の割れ目火口から噴き上げる溶岩噴泉（1986年11月21日，阿部勝征撮影）

に対する最初の指示であった。

東京都では17時30分に三原山噴火対策会議を開催し，18時30分に災害対策本部の設置を待たずに，海上自衛隊等に艦艇の出動要請を行なった。

外輪山山頂から下山した研究者や報道陣のグループが元町に到着したころ，中腹からマグマのしぶきが噴きあがった。17時47分，400年ぶりに外輪山外側での割れ目噴火が発生したのである。割れ目の延長上にあった測候所は気象庁本庁からの指示に従って，観測を停止し，職員避難を決断した。外輪山外側のC火口列からの噴泉は20時ころに

は下火になったが，C6火口からは溶岩流が元町方向に流下し始めていた。この報を聞いて，岡田港に避難していた気象庁職員は岡田港からの避難船で東京に向かった。

18時46分には元町地区に対し避難指示が行われた。19時には大島町に対し災害救助法を適用し，東京都は知事を本部長とする災害対策本部を設置した。19時2分に島外避難の第一陣388名がシーホークで元町港を出港した。その後も，島内各地区に対してつぎつぎに避難指示が出され，20時23分には島内全域に避難指示が出され，住民は岡田・元町・波浮などに集結した。しかし，この時点では全島避難は想定されておらず，島内避難場所で噴火推移を見守る予定であった。21時には気象庁が「昭和61年(1986年)伊豆大島噴火」と噴火の正式名称を決定した。島南部でのマグマ水蒸気爆発を懸念して島外避難指示が発令されたのは22時50分であり，全島避難が完了したのは22日午前5時20分であった。

22日まで活発な噴煙活動を行なっていたカルデラ内の割れ目火口では，23日になって新たに長さ約500メートルの溶岩流出が認められた。山麓で谷沿いに流下していた溶岩流は元町黒まま地区集

図4　三原山山頂御神火茶屋の規制線

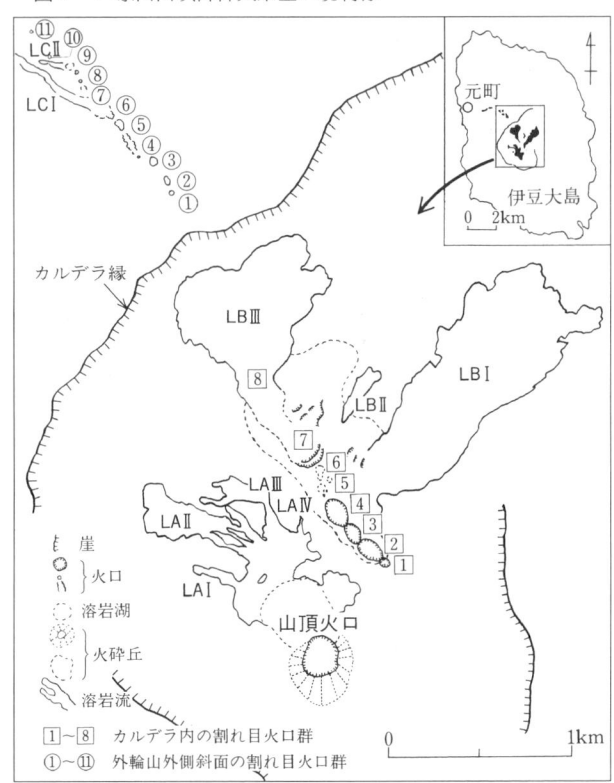

図5　噴火火口と溶岩流の分布図

LA I ～LA IV：三原山山頂火口を埋めた後，三原山斜面を流れ下った溶岩流で，11月19日から20日にかけて形成された。LB I からLB III：B火口群から流出した溶岩流．主に11月21日から22日に形成されたが，LB II は23日に流出した。LC I，LC II：C火口群から21日に流出した溶岩流で，LC I は元町方向に流下し，島外避難のきっかけの1つとなった。

落の200㍍上流側にまで達したものの，流下速度は急速に衰え，24日にはほぼ停止状態になった。

東京都および内閣官房からの要請に基づいて，21日19時ころから，22日朝にかけて，海上自衛隊の艦船12隻，海上保安庁の巡視船23隻および東海汽船の船舶6隻が伊豆大島に向かい，住民の島外避難に際しては，このうち13隻が延べ17往復した。これらにより災害対策関係者ら314人と報道関係者以外の10,476人の島民，観光客らは島外避難を果たしたが，一部は漁船・航空機なども使用された。住民の多くは，東京都30ヵ所，静岡県22ヵ所の避難所に避難した。最終便の「のじま」が東京港に着いたのは22日午前10時20分であった。その後，避難しなかった島民などがあいついで島内で発見され，最終的に全員が都内の避難所に入ったのが11月25日であった。なお，避難指示が出る前に漁船などで自主避難していた住民もふくめ，静岡県内への避難者は，東京都からの迎えで都内の避難所に収容された。町の幹部職員は島嶼会館に，町長らは約300人の住民とともに千代田区総合体育館に滞在した。ほかの住民はさまざまな地区の体育館などに分散滞在した。

全島民の島外避難ではあったが，大島町の助役・総務課長・消防本部水道課職員ら6名が，大島支庁・警察署・東京電力・NTTその他の関係者とともに残留した。特に東京電力職員の発電所への残留によって島内の停電が回避され，気象庁・国立研究機関・大学による観測が継続できたことが，その後の噴火推移の予測に有効であった。

11月25日には地元消防団員80名からなる島内見回り団がヘリコプターで島へ出発，家畜などへのえさやりを行なって，同日帰京している。11月29日の東京都災害対策本部会議で，1世帯1名の日帰り帰島を決定した。11月29日および12月1日には基幹的要

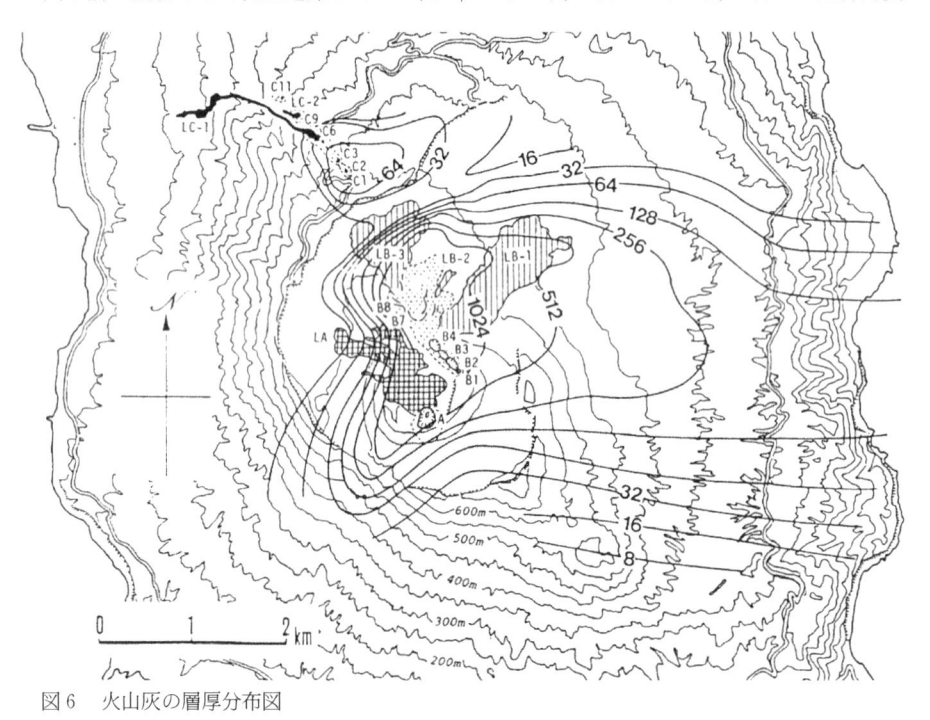

図6　火山灰の層厚分布図

員が帰島し，島民の一時帰島に備えた。3日から7日にかけて，一般島民2,704名が「日帰り帰島」した。この間，自衛隊および海上保安庁は待機体制を強化し，火山活動の急変に備えた。

12月12日の東京都災害対策本部会議では12月19日の本格帰島を決定し，15日および16日には本格帰島に備えるための受け入れ準備要員の帰島が行われた。18日17時23分に三原山が再噴火したため，差木地および波浮地区の受入準備要員などに対し，避難指示が発令された。しかし19日の災害対策本部会議で，18日の噴火は山頂に限定された小噴火であると認定し，本格帰島を予定通りに実施することが決まった。19日には11月21日に発令されていた避難指示が解除され，19日から22日にかけて，一般島民7,823人が帰島し，24日，25日には福祉施設入所者など199名も帰島した。

被害の概要

1986年伊豆大島噴火では人的被害はなかったが，地震により住居5棟が一部破損したほか，溶岩流による休憩所の全焼をはじめとして非住居7棟が被害を受けた。そのほか，道路の路面亀裂，崩壊土，河川の埋没などの被害が生じた。また，農地や林道に被害が生じたほか，林地の荒廃なども生じた。約1ヵ月にわたる島外避難に伴い，花卉などの農作物の出荷遅れ，生鮮食料品ほかの在庫品，材料の腐敗などの被害が生じた。施設関係の被害は大島町で22億8,700万円，千葉県で1,300万円の計23億円に上った。

なお，家に鍵をかけずに島外避難したことから，留守中の電話料金が普段の3倍以上請求されたケースなどの2次被害も若干ながら生じた。これは島に自由に出入りしたメディア関係者によるものと見なされたが，同様の事件がのちの雲仙普賢岳噴火の際にも発生し，これが一因となって悲劇が発生することになる。島原市避難勧告地域の民家の電源がメディア関係者に無断使用されたことを受け，防犯を目的として避難勧告地域に戻った消防団員たちが平成3年(1991)6月3日の雲仙普賢岳の火砕流の犠牲となったのである。

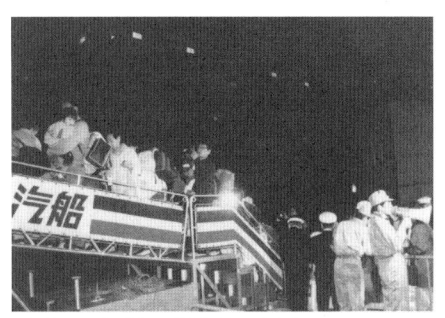

図7 大型船で帰島する島民

島外避難前の混乱

全島避難指示が11月21日22時50分に出されて，約7時間後の翌朝5時20分には約1万人の全島避難が終了するというめざましい避難の成功の陰には，災害対策本部が立ち上がる以前に，内閣官房と東京都から自衛隊・海上保安庁・東海汽船に対する出動要請がほぼ同時期に行われていたという背景がある。当時は東京から大島までは約5時間の航行時間を要したので，全島避難指示を受けて出動要請が行われていたとしたら，これほど短時間には避難が終結しなかったはずである。この点では全島避難は成功裡に行われたが，これに至る島内避難の段階ではかなりの混乱が生じたことも指摘しておく必要があろう。

18時46分の避難指示を受けて，元町の住民が波浮に集結していたころ，新たな事態が発生した。波浮港の北方にある一周道路で割れ目が発見されたのである。当時，下鶴大輔火山噴火予知連絡会会長とともに大島警察署に詰めていた東京大学地震研究所教授荒牧重雄は，この連絡を受けて警察に詳細な調査を求めた。警察署長の命で派遣された警察官は割れ目に手を突っ込み，生温かい蒸気が出ていることを確認した。この

報を受けた荒牧は，割れ目が波浮港に向かって進行していると考えた。割れ目噴火が波浮港付近で発生すれば，15世紀の噴火の時と同じようにマグマ水蒸気爆発が発生して，火山岩塊が波浮港に集結している避難住民を直撃する可能性が考えられた。荒牧の解説を受けて，警察署長は波浮の避難場所にいた警察官に警察無線を通じて，避難住民を元町に戻すとともに，波浮港周辺の住民も元町港に向かって避難させるよう命じた。警察署と町役場は離れており，警察の判断と指示は町役場の災対本部にはすぐには伝わっていなかった。また，避難支援の中心的な役割りを果たしていた消防団は町役場の指揮下にあり，連絡系統も異なっていたことから，この警察情報は伝わらず，波浮港周辺ではバスの進行方向をめぐって，混乱が生じた。命令系統，情報伝達の一元化が行われていない故の混乱であった。

この時点で元町からの住民の一部は湾の外側に停船したサルビア丸にはしけから乗船しようとして果たせなかった。サルビア丸のような大型船舶は波浮港湾内に入れないため，はしけから乗り移る以外の方法はなかったのであるが，素人の住民にとって，乗船口の高いサルビア丸にはしけから乗り移ることはほとんど不可能であった。このため，子ども連れや老人は漁船に乗り移り，元町港に送られ，元町港から避難船で島外避難を行うことになったのである。

一部，上記のような混乱はあったものの，最終的には7時間という短時間で約1万人が無事避難を終えたのである。島外避難の訓練はそれまで一度も行われていなかったにも拘わらず，一人の犠牲を出すこともなく島外脱出が行われたことは画期的なことであった。

東京での避難生活

きわめて順調に全島民の島外避難が行われたが，島民が生活したのは主に各区あるいは小中学校の体育館であった。1週間程度の体育館生活ならば耐えられても，1ヵ月もの生活は困難なものであった。当時の首相や都知事が，科学者の懸念とは反対に，早期から帰島を口にした最大の理由は，島民の体育館生活を慮ってのことであったであろう。当初入居した時には8千人を超えたが，11月25日には都内38ヵ所，5,980人に，帰島時には都内25ヵ所5,267人にまで減少したのは，体育館での不自由な生活を嫌って，縁故をたよって一般住宅へと転居した住民も多かったからである。

この1ヵ月に及ぶ体育館での悲惨な生活を眼のあたりにした東京都の関係者は，2000年三宅島噴火に伴う島外避難の際に，短期間のうちに都営住宅などの空き家に島民を住まわせるという方策をとることになる。空き家は各地に分散しているために，島のコミュニティをまとめて同一の住宅地に配置することは不可能であった。結局，居住の快適さと引き換えにコミュニティの崩壊という新たな問題を引き起こすことになるのである。

帰島をめぐる判断の齟齬

全島避難直後の11月24日，火山噴火予知連絡会が開催され，マグマ水蒸気爆発の可能性と噴火拡大を予想する内容の統一見解が発表された。このような科学者による予測を無視するかのように，中曽根康弘首相は24日に住民の一時帰島を示唆する発言を行い，28日には鈴木俊一東京都知事が噴火の終息を示唆する発言を行なった。11月28日に開催された火山噴火予知連絡会では，噴火推移をめぐって議論が行われ，「11月15日に始まる火山活動は短期的には低下しつつあるものの，新たな噴火の可能性も否定できない」との会長コメントを発表した。この「短期的には低下しつつある」という部分を受けて，東京都は翌29日に一時帰島を発表したが，下鶴予知連会長が記者会見を行い，「すぐの帰島と，島全体の帰島には問題あり」との趣旨の意見表明を行なっ

た．それに対し，東京都は「帰島の判断は，行政機関が行う」と対応し，29日の災害対策本部会議で一時帰島を決定した．

このような行政側の判断と科学者の噴火推移に関わる判断の齟齬は，伊豆大島噴火だけでなく1977年有珠山噴火の際にも生じたが，行政側が独自に判断して避難解除にむかうという構図も同様であった．

次期噴火に向けての課題

伊豆大島火山では，昭和61年(1986)噴火とほぼ同程度の噴出物を放出する中規模の噴火は20～30年おきに発生している．昭和61年噴火からすでに25年が経過した現在，地下のマグマも着実に蓄積しており，総蓄積量は前回噴出規模に達していると考えられる．また，伊豆大島では過去1,500年以上にわたって，100～200年間隔で島中に被害がおよぶような大規模噴火が発生してきたことが知られている．最後の大規模噴火は山頂の三原山を造った安永6年(1777)の噴火であり，すでに200年以上経過している．これらの点からすると，伊豆大島ではいつ噴火が発生してもおかしくない時期にきているといえる．しかしながら，前回の噴火時にみられた，全島避難の奇跡的成功を次回には到底期待できない状況にある．

第1には島民の高齢化がある．61年当時に比べれば人口は減少したものの，高齢者の比率は増加し，避難時に支援を要するものの割合が圧倒的に増加しているのである．

第2には自家用車の増加に伴い，前回の島内避難で活躍した公共交通機関であるバスの保有台数と運転可能者数が激減していることである．退職者まで含めた運転可能者はすでにひと桁であり，島内での大量移動が困難となっている．また，道路整備は当時よりははるかに進んだとはいえ，う回路がほとんどない島内での自家用車による移動は確実に道路渋滞を引き起こすことが考えられる．第3には大型船舶の減少である．前回噴火の際の緊急輸送で活躍したサルビア丸やシーホークなどの大型旅客船は近年，高速ジェット船で置き換えられ，航行時間は短くなったが，輸送力は圧倒的に低下している．このため，島外避難が決断されても前回のような短時間での島外避難は困難であろう．

噴火の規模が小さければ問題はないが，大噴火が発生すれば再び島外避難が必要になる事態が生じるかもしれない．前回は避難訓練が一度も行われたことがなかったにも関わらず，奇跡的に全島避難が成功したのであるが，次回には条件が整わないことを念頭において，綿密な避難計画の策定と避難訓練など事前の準備を行う必要がある．

参考文献　東京大学新聞研究所「災害と情報」研究班編『1986年伊豆大島噴火における災害情報の伝達と住民の対応』，1988，東京都総務局災害対策本部編『伊豆大島噴火災害の避難時の状況調査報告』，1988，大島町教育委員会編『伊豆大島噴火の記録　昭和61年』，1988，東京都総務局災害対策部編『昭和61年伊豆大島噴火災害活動誌』，1988

（藤井敏嗣）

1990 雲仙岳噴火 （平成2年11月17日—7年2月）

噴火と災害の概要

平成2年(1990)11月17日未明，主峰普賢岳が，198年振りに噴火を開始した。最初の噴火は水蒸気爆発で，翌3年2月12日にはマグマ水蒸気爆発へと進展，激しい降灰をもたらした。5月20日には溶岩噴出を開始し，溶岩ドームを成長させた。その期間は，3年9ヵ月に及んだが，消長によって，3期に分かたれる。

第1期目は平成4年末までで，最盛期には1日30〜40万立方メートルの溶岩を噴出した。やがて火口からはみ出し，局部的崩落を開始，その溶岩塊は高温で内部に火山ガスを包蔵しているため，砕けてガスを放出しながら斜面を高速で流れ下った。わが国でははじめて目撃された崩落型火砕流である(図2)。5月24日の最初の火砕流は平原川方向に約1キロ流下，5月26日には1.8キロまで伸びた。そこで，火口から2.9キロの至近距離にある島原市上木場町などに避難が勧告された。6月3日には4.2キロ流下し，上木場の集落を瞬時に壊滅させ，43人が死亡(図1)。この最初の大火砕流の先端は，避難勧告地域内に留まっていたが，8日には5.4キロに伸び，多くの人家が焼損したが，死亡発生直後に避難勧告地域が拡大，6月7日には国道57号線より山側に警戒区域が設定されていたことや，6月3日の大惨事で防災意識が向上していて，新たな死者はなかった。その直後，警戒区域は，7キロ離れた海岸まで拡大された。

その後も溶岩ドームは成長し，火砕流が続発した。また降り積もった火山灰は，土石流を誘発し，5月15日の小土石流以後，6月30日の大土石流は集落を貫き海に達した。9月15日には，大火砕流が北東側の湾曲したおしが谷を流下，谷の出口から南東に直進し，熱風が這い上がって深江町立大野木場小学校(現南島原市)を焼失させた。その後，地域経済や住民生活への悪影響に配慮し，警戒区域は国道251号線まで縮小された。溶岩噴出は，翌平成4年には次第に衰え始め，年末にはほぼ停止状態になった。他方，8月8日には，水無川に沿って大土石流が氾濫し，多数の家屋が埋もれたが，死者はでなかった。

第2期の平成5年2月になると，噴火活動が劇的に復活した。6月23日から24日にかけて東北側の千本木へも大火砕流が襲い，避難勧告がなされていたが入域していた住民1人が死亡した。7月19日には安中地区で国道57号線を約80メートルこえ，最長到達距離5.6キロを記録した。他方，4月末から8月にかけて大土石流も頻発し，安中地区での堆積土砂は国道251号線付近が最も厚く4〜5メートルであった(図3)。同期末の10月にかけての溶岩噴出量は，1日10〜20万立方メートル

図1　6月3日の上木場死者発生地点

表1　雲仙岳噴火の被害

区分	死傷者（人）		家屋損壊（棟）		
	死者*	負傷者	住家	非住家	計
火砕流・噴石	44	9	282	537	819
土石流	0	1	1,117	575	1,692
合　計	44	10	1,399	1,112	2,511

＊含行方不明者：3人　報道関係者：20人　消防団員：12人　警察官：2人　外国火山研究者：3人　一般人：7人
　　　　　　　　　　　　　　（島原消防本部資料）

雲仙岳噴火 677

図2 崩落型火砕流

図3 土石流堆積物で1階部分がほぼ埋没した民家（安中地区国道251号付近）

図4 火砕流（山腹〜千本木）と土石流（安徳扇状地）の堆積物分布状況（安中地区）

図5 火砕流堆積物分布状況（杉谷地区千本木）

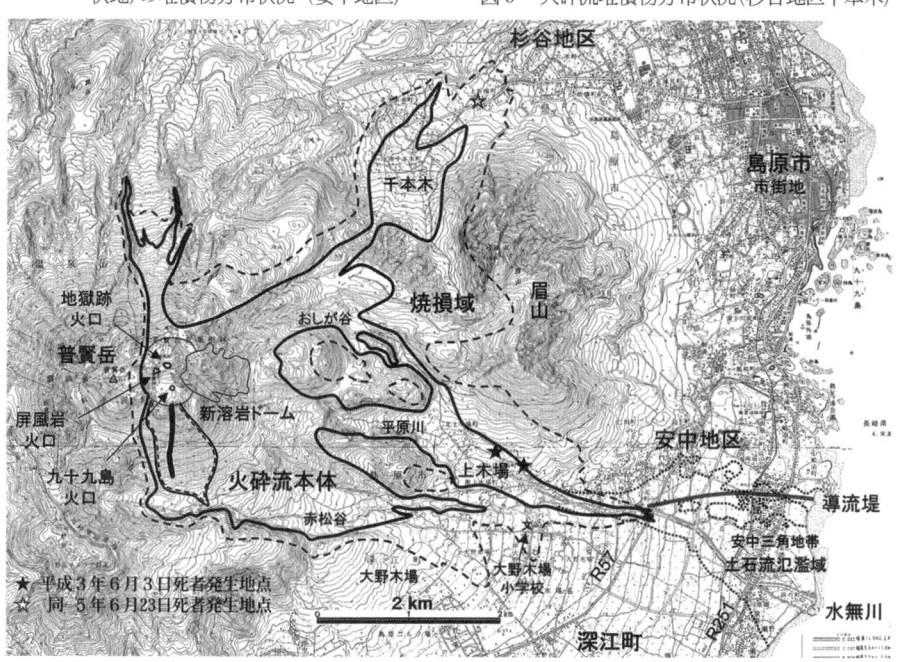

★ 平成3年6月3日死者発生地点
☆ 同 5年6月23日死者発生地点

図6 火砕流・土石流の流下範囲と火砕流による死者発生地点

の間で増減し，火砕流も頻発した。
その後の第3期では，平成6年2月までの約3ヵ月間は，溶岩噴出が激しく増減したが，やがて低調化し，平成7年2月には噴火を停止した。

最終的な溶岩噴出量は2億立方㍍で，その約半分が溶岩ドームから崩落して火砕流となり，東側の安中地区の山腹から国道57号付近にかけて（図4），また東北側の千本木（図5）に堆積した。火砕流の発生総回数は，自衛隊の目視観測で約6,000回，気象庁が火砕流とみなした薊谷設置地震計の震動（0.0025㌘/秒以上）継続時間30秒以上のものは9,000回に達した。これらのうち流下距離が4㌔をこえる大火砕流は16回を数えた。火砕流堆積物の厚さは，溶岩ドームからの距離や地形により異なり，谷間で50～100㍍，上木場で約10～30㌢㍍であった。火砕流による被災面積は約14平方㌔，土石流氾濫面積は約3平方㌔㍍であった（図6）。

被害の概要

災害の元凶は，火砕流と土石流で，降灰や一部区域に噴石被害もあった（表1）。平成3年6月3日の火砕流で死者43人のうち，20人が報道関係者（含タクシー運転手4人）。死者が出た上木場町には，その8日前に避難勧告がなされ住民は避難していた。報道陣は，5月29日と31日の2回にわたる島原市災害対策本部からの退去要請を，報道の自由と使命を盾に無視した。その背後には，過熱した取材競争と危機管理の希薄さ，報道陣としての特権意識があった。

死亡した消防団員12人は，5月29日の当局の警告を受け一旦退去していたが，6月1日，一部の報道陣による避難住民の留守宅の電源や電話の無断使用が発覚したことから，翌2日に，警備のために再度上木場に戻ったばかりだった。また，警察官2人は，火砕流の危険性が高まったことから，退去を要請するため，避難勧告地域に入った直後だった。また，平成5年6月23日の大火砕流による千本木での住民の死亡も，避難勧告地域内だった。この時も，島原市災害対策本部は，防災無線で入域者の退去を繰り返し呼びかけていた。

火砕流による家屋被害は，倒壊と焼損，埋没であった。土石流による被害家屋は約1,700棟に達したが，警戒区域や避難勧告地域が設定されていて，負傷者1人に留まった。

危機管理

1）住民避難区域などの設定・解除　噴火開始とともに，火口が位置する小浜町（現雲仙市）主催の「雲仙岳火山活動警戒連絡会議」（任意協議機関）が設立され，九十九島火口中心に半径2㌔の範囲に入山規制がなされた。島原市側への火砕流発生2日後の平成3年（1991）5月26日には，島原市災害対策本部が，東側山麓の同市上木場町より国道57号線までの集落に，災害対策基本法に基づいて避難勧告をした。6月1日に上木場を除き避難勧告は解除されたが，6月3日の大火砕流は上木場内に留まっていた。その後，長崎県知事の強力な指導で，島原市は6月7日に，深江町は8日に，いずれも国道57号線より山側に，法的強制力が高い警戒区域を設定し，それより海側には避難勧告がなされた。はじめて居住区域に警戒区域が設定された。6月8日と9月15日の大火砕流も警戒区域内に留まっていた。火砕流は4年近く続いたが，警戒区域や避難勧告地域は，その噴火活動の盛衰に応じて拡大・縮小された。住民避難数は，最大時で11,012人（2,990世帯）であった。

住民避難に関する危機管理は，災害対策基本法で市町村長に責任と権限が課されているが，死者発生後は，実質的には知事主導でなされた。最初の3ヵ月間は，まず知事が九州大学理学部島原地震火山観測所長と協議，その後，島原市長・深江町長の見解を聴取し，警察署長・消防長・自衛隊災害派遣隊長・長崎海上保安部（9月5日の第6回目以降に雲仙岳測候所長と建設省長崎

国道工事事務所長，平成5年6月26日の第25回目より建設省雲仙岳復興工事事務所長参加）などとの調整・合意後に，法に基づいて，市・町の災害対策本部が追認決定した。しかし，ほぼ1年経過後は，市・町長と観測所長が事前協議するようになった。このような調整会議は，正式名称のない任意協議機関で，平成8年6月3日の第50回目で初めて，災害対策基本法に基づいた島原半島16市・町による雲仙岳防災会議協議会と，活動火山特別措置法に対応した雲仙岳防災連絡会議との合同会議として開催された。この会議で，九州大観測所長は，「噴火活動は終息した」との判断を表明，各機関は，災害対策本部の解散を決定した。

2）特異な火山監視体制　この噴火時の危機管理の最大の特徴は，九州学理学部大島原地震火山観測所と一体化した陸上自衛隊による火山監視である。自衛隊は，平成3年（1991）6月3日の最初の大火砕流被害発生直後に知事の要請を受け，「行方不明者の捜索・救助」を目的に災害派遣された。主力である第16普通科連隊は捜索・救助活動の安全確保のため，偵察隊と飛行隊を参加させて火山活動状況を監視，火砕流の危険にさらされながらも，装甲車を使って4日間にわたり，27遺体を収容，後日1遺骨を採集した。ところが，地域の火山監視体制の脆弱さを痛感した災害派遣隊長は，その後，災害派遣目的に「情報収集」を知事に追加要請させ，普通科連隊の目視観測や偵察隊の野戦用地上レーダーを用いた24時間火山監視体制を構築した。さらに，大学観測所にも，3～4人の自衛隊員を24時間体制で常駐させ，地震計の震動波形から火砕流や土石流の発生を即時検知，目視やレーダー監視結果と合わせて，その流下方向，先端到達位置を無線発信し，同時に，地上監視カメラの映像を，民間ケーブルテレビを通じて放映した。また溶岩ドームや被災状況を空中撮影し，これも地元ケーブルテレビを通じ自治体や防災機関，地域住民に映像を提供した。これらは，最初の1年5ヵ月間は，中央通信隊によるわが国でははじめての空中生放映であったが，その後は普通科連隊によるビデオの放映に切り替えた。また，自衛隊は，火山研究者の空中観察用に，天候が許す限り連日ヘリコプターの運行とともに，商用電源のない山頂部観測点のバッテリー交換にも協力した。

これらの監視・観測結果は，自治体の危機管理や危険区域での災害警備，防災工事の安全確保に活用され，住民のパニック防止にも役立った。このような自衛隊主導による実用的な火山監視体制の構築は画期的で，わが国では初めてであった。自衛隊の災害派遣日数は，1,658日（4年6ヵ月余），延べ20万7,225人で，車両約6万7千台，ヘリコプターは約6千機が投入され，そのうち約1,400機が火山観測に供された。

被災者の生活支援

被災者の多くは，災害発生と同時に，まず体育館・公民館などの公共施設に避難し，食事現物供与を受けたが，やがて災害救助法の適用で，1人1日千円の「食事供与」支援がなされた。また，「生活安定再建資金」として百万円限度（償還10年間，5年間据え置，利率3％）の貸付もなされた。政府はこれらのほか，現行法を弾力的に運用し，21分野・100項目にわたり被災者の救済に当たった。他方，県は，生活支援策として雲仙岳災害対策基金を10年期限で設けた。同基金は段階的に増額されたが，最終的には県からの出資金30億円を基本財産とし，県債により調達された1,000億円の災害対策金を「財団法人雲仙岳災害対策基金」に無償で貸付けるもので，その運用金（利子，利率前半5.5～6.3％，後半3％）が，県や関係市町などで運営する財団の自由裁量で被災者支援に供された。なお，県債の利子支払いは，その95％が地方交付税によって補填されたので，実質的な国費による

被災者支援であった。このような方策は，わが国でははじめてのことであった。また，県関係として171億円余の義援金が寄せられ，そのうち，60億円がこの基金に拠出され，運用するとともに，義援金の一部は被災者支援のために取り崩された。最終的な運用益は274億円であった。

義援金は，島原市にも43億円余，深江町に18億円余が寄せられ，これらや県からの義援金配分を受けて，島原市で48億円，深江町で26億円の災害対策基金を設置し，県と連携しながら運用益や取り崩しで，被災者支援がなされた。なお，日赤や共同募金を含めた県関係と市町へ寄せられた義援金総額は，233億円余にも達した。

災害長期化のため，行政はプレハブ仮設住宅を，最終的に1,505棟建設したが，入居後にも，食事供与支援を継続した。入居者には，市・町より台所用品・寝具が支給され，県からテレビ・冷蔵庫・洗濯機・クーラーを貸与された。また，県基金より，生活雑用費として，1世帯3万円が支給された。なお，仮設住宅生活の長期化で，県基金より，近郊ホテル・旅館・客船への3泊4日の慰労宿泊もなされた。

4年後には，補修延長されていた仮設住宅も耐用年数が切れたため，有償の災害公営住宅が建設され，あるいは民間借り上げ住宅（5年期限）が供された。さらに，民間賃貸住宅入居者には，基金から住宅家賃補助（月額2万円まで全額＋超過分2分の1加算，4万円限度）もなされた。他方，被災者みずからの家屋新築も多くなされた。

基金からの見舞金としては，県・市町合算すると，死亡者900万円・入院者150万円，住家全壊世帯450万円・半壊250万円が贈られた。また，住宅再建に当たっては新築550万円，改修2分の1（350万円限度）の助成がなされ，非再建者には全壊者300万円，半壊者150万円が支給された。さらに家具購入費として，被災程度に応じ20〜150万円が助成された。その他，島原市では，義捐金から全世帯へ，市内限定通用商品券（2万円分・1万円分の2回）を配布，深江町は現金を支給するなど，基金や義捐金による支援は，多岐にわたった。

復興への道

上木場と国道57号線より山側の水無川流域や，千本木は火砕流でほぼ壊滅したが，下流域の安全確保のため，砂防ダム群の建設や河川拡幅が予定され，砂防指定地として国が買収した。そのため該当地区住民の多くは，市・町内の5ヵ所の集団移転団地（399区画）に移住し住宅を再建した。また独自に土地を取得再建したり，公営住宅や賃貸住宅に住まい，転出する者もいた。

国道57号線より海側の安中地区の245世帯は，相つぐ土石流で大半が埋没し，水無川堤防の嵩上げや新たに構築された導流堤にはさまれ，周囲より低地となり，安全性が危惧された。そこで一部の残存家屋も取り壊し，上流側の砂防工事で排出される火砕流・土石流堆積物を搬入して，農地も含め地域全体93％を，元の地盤より平均6メートル嵩上げし，現地再建を図った。安中三角地帯嵩上事業と称するもので，総事業費90億7千万円は，砂防工事の土砂捨て場に供し，1立方メートル当り土捨て料2,810円を徴収することで賄われた。また，水無川や中尾川も拡幅改修され，安全が確保された。

参考文献　陸上幕僚監部編『普賢岳噴火災害派遣行動史』，1997，長崎県総務部消防防災課『雲仙・普賢岳噴火災害誌』，1998，NPO島原普賢会編『雲仙・普賢岳噴火災害を体験して』，2000，高橋和雄『雲仙火山災害における防災対策と復興対策』（九州大学出版会，2000），島原市企画課編『平成島原大変―雲仙・普賢岳噴火災害記録集―』，2003，内閣府中央防災会議・災害教訓の継承に関する専門調査会編『1990-1995雲仙普賢岳噴火報告書』，2007

（太田一也）

1991 平成3年台風19号 （平成3年9月）

概　要

台風19号は平成3年(1991)9月24日，那覇市の南方650キロ地点で，中心気圧925ミリバールと「大型で非常に強い台風」と報じられ，27日15時ころに九州北部に上陸し，いったん日本海に出てからも日本列島に並行して北上した。28日3時には石川県輪島市西方にあっても中心気圧950ミリバールと衰えず，日本海を80キロ/時で進み，28日6時には青森県深浦沖130キロに達した。この時にも，中心気圧955ミリバール，最大風速40メートル/秒と強い勢力を保ちながら進み，北海道渡島半島に再上陸した。この台風は典型的な風台風で，広島で58.9メートル/秒，青森で53.9メートル/秒の最大瞬間風速を記録するなど，30気象官署で最大瞬間風速を記録した。

被害と防災上の課題

19号台風による被害は全国に広がっており，昭和36年(1961)第2室戸台風(死者行方不明者202名)以来の，死者62名と近年にはない死者数を記録した。台風19号により全国各地に大きな物的被害を与えたため，災害保険金の支払いは約5千億円に達し，台風の被害額としては過去最大となった。

台風19号の被害の主なものは，第1に人的，物的被害，第2に林業被害，第3に果樹への被害，第4にライフラインへの被害である。人的被害としては，強風による転倒だけではなく，屋根からの落下，瓦などの飛来物の衝撃，建物の倒壊や倒木によって，死者の8割以上が強風による被害であった。この台風以前，しばらくの間，このような強風をともなった台風がなかったため，強風への怖さが薄れ，その対処方法を誤ったことが，こうした大きな被害を生んだ背景にある。平成4年度の防災白書でも，この点を指摘し，ほとんどの人が台風の接近を知っていた反面，「来襲を知っていたが，被害はないと思っていた」という回答が7割をしめ(中略)暴風警報発令については，「知っていたが，気にとめなかった」という回答が6割を占めている」というアンケート調査結果を紹介しながら，暴風に対する防災意識の低下を問題として指摘してい

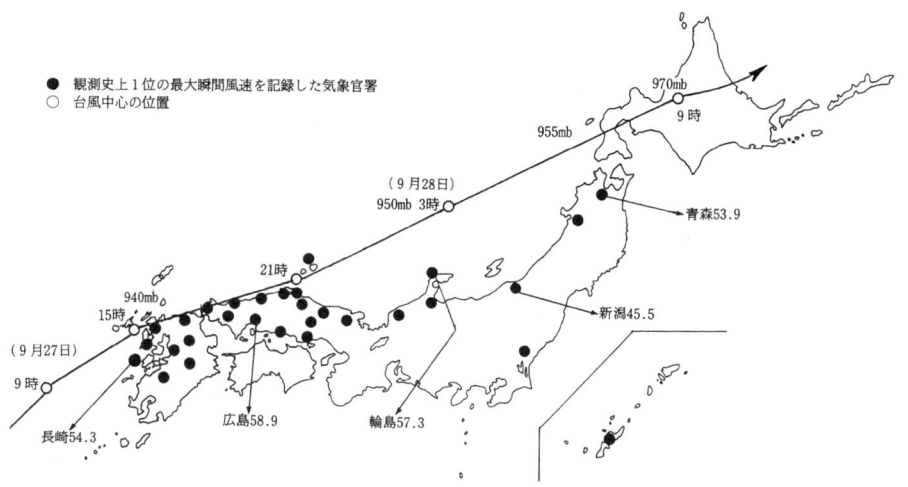

図1　台風19号の経路と最大瞬間風速（『平成4年度防災白書』より）

第2は，林業被害である。九州地方北部を中心に，強風による倒木，折損木などの森林被害が発生し，長期の林業不況に追い打ちをかける結果となった。この年は，台風18号をはさんで台風17号，19号とあいつぐ台風により，民有林の被害面積は6万㌶に達した。なかでも，大分・福岡両県は3万6千㌶と集中的な被害を受けた。林業被害は，たんに森林資源への被害にとどまらず，治山・砂防にも影響を与える。そのため，風倒木による2次被害を防止するために公共事業が実施された。

図2　大分県日田市大山町の森林被害

第3は果樹への被害である。19号台風の農作物被害の45％は果樹被害であり，ミカンなどの柑橘類，リンゴ，カキ・ナシの被害額がほぼ3分の1ずつとなった。リ

図3　青森県津軽地方のリンゴ被害

ンゴに関しては，全国のリンゴ生産量の半分を出荷する青森県津軽地方に被害が集中し，同地方園地の被害率は70％，被害額731億円に達した。過去に青森県で台風によるリンゴの被害率が30％を超えたことはなかったため，青森県のリンゴ農家に大きな衝撃を与えた。この台風では田畑の冠水被害が少なかったが，森林と果樹への被害とあわせて農林分野では15県が激甚被災地に指定された。

第4は，ライフライン被害である。強風による電線の切断だけではなく，電柱の倒壊，送電鉄塔の倒潰が各地で発生し，全国の停電は736万戸，停電率は13％にも達した。なかでも，各電力会社は送電鉄塔が強風で毀れる事態を想定していなかった。瀬戸内海沿岸地方では，塩分を含んだ強風により送電線に大量の塩が付着した。その塩分が降雨によって溶け出して，いったん停電が復旧したものの，再度長期停電となり，水道も止まるという事態となった。広島では27日夕刻から台風が近づき，夜7時13分には瞬間風速58.9㍍/秒を記録，8時過ぎには市内の39万戸，99％が停電した。30日未明には復旧に近づいたが，そのころから降り始めた雨によって塩害被害が発生し，再び24万戸が停電し，最終的な復旧は10月2日となった。一方，青森県弘前市では28日早朝に強風が襲い，6万7千戸，85.0％が停電した。停電戸数が2日後には4万1千

戸まで，3日後には2万4千戸まで減少したが，なかには1週間停電した地区もみられた。両地域では，おおむね3日間程度の停電下での生活を強いられた。

こうした高い停電率は過去30年間，日本にはなかったことである。さらに，電力依存度の大きい社会での長期停電もはじめての経験であった。電力依存社会では，電気なしには，家庭では食事はもちろん暖房も通信も不能となり，社会全体としても信号機は停止し，ガソリンスタンドでの給油もできなくなった。その意味で，電力依存性が高い社会で広範に発生した停電災害としては，これまでにはなかった「新しい災害」の様相を呈した。しかし現在に至るまで，こうした「台風19号は新しいタイプの災害である」という認識も，この「新しい災害」に関する研究の蓄積も少ない。

ライフライン災害への対応としてもっとも重要なのは，情報である。人々は「停電は3日程度なら我慢できる」としているが，情報はそうはいかない。「停電がいつまで続くのか」「いつ復旧するのか」といった情報はもっと迅速にほしかったと，各種アンケート調査で回答している。その点で，台風19号では電力会社の広報活動が遅れたために，電力会社の電話がつながらなくなるほど，電力会社へ住民から問い合わせや不満が殺到した。また，停電は生産・生活への波及性が大きく，広範な分野に影響を与える。そのため，こうした事態において住民が必要とした情報は，電力の復旧見通し情報だけにとどまらない。たとえば，給油可能なスタンドの位置，利用可能な風呂屋，買い物ができるスーパーマーケットに関する情報といった，生活全般にわたる「生活情報」の提供が必要となった。

こうした長期間の停電という状況下で，もっとも威力を発揮したのはラジオであった。国土庁の調査でも，情報収集に役立ったものとしてラジオをあげるものが圧倒的に多く，ラジオが情報提供，収集の両面にわたって活用されていると報告されている。ラジオは，前災害期での気象警報にとどまらず，たとえば交通機関の運行状況や休校措置の情報といった緊急の情報はもちろん，暴風が吹き荒れている最中(衝撃期)での各地の被害状況，台風が去ってからの緊急情報や生活情報を幅広く伝えるのに役立った。さらに，こうしたラジオによる情報提供は，災害時の電話回線の輻輳を緩和するに役立ったばかりではなく，人々の不安低減にも役立った。さらに忘れてはならないのは，東北地方以北に住む人々にとって，台風19号は「洞爺丸台風に似た台風」，「リンゴ台風」として記憶されていることである。一般に，北日本には台風来襲回数が少ない。たしかに，この台風以前，これほどの大規模な被害を与えたのは昭和29年(1954)の洞爺丸台風だけである。しかし，こうした点を見ると，北日本に住む人々は台風に関する災害文化が希薄であることに気づく。こうした点から見ると，地域ごとに台風の災害文化の蓄積のあり方が異なり，そのために地域の災害履歴にあわせた防災教育が必要となるのである。

参考文献　田中重好『共同性の地域社会学―祭り・雪処理・交通・災害―』(ハーベスト社，2007)　　　　　　　(田中重好)

1993 北海道南西沖地震 （平成5年7月12日）

被害の概要

平成5年(1993)7月12日22時17分，北海道南部の日本海側の奥尻島北方沖から島の西側を震源とするM7.8の地震が発生した。この地震によって犠牲者230名，重軽傷者323名の被害が生じた。多くは地震発生後わずか5分で奥尻島に来襲した津波による。この地震は日本海中部地震以降，日本海東縁部で北米プレートとユーラシアプレートの収束境界域と目されている帯状域で，昭和58年日本海中部地震と，昭和15年神威岬沖地震との間に発生した。震源域は，くの字状で幅40㌔，長さが170㌔，西傾斜の低角逆断層であったが，奥尻島に近い部分で高角のスプレー断層のような部分が付随したようで，これが大変波高の高い津波が短時間で島に到達した原因と目されている。しかし，昭和58年の日本海中部地震時の津波体験が10年後のこの時点では奥尻島民に残っており，強震後に素早く高台へ避難した人が多く，夜間で，しかも高い津波だったという危険な状態であったことからみると犠牲は少なかったとの見方もある。

津波状況

北海道西岸の松前半島から積丹半島までの海岸のうち，ほぼ南北に走る大成町太田から茂津多岬までの海岸の一部で10㍍に近い津波高となったが，その他は5㍍程度であった。大きな津波高となったのは波源に直面した奥尻島で，津波のエネルギーは水深の浅い島の周囲に集中した（図3）。そして島を時計回りに伝わる津波と反時計回りものと2つの波が合わさるタイミ

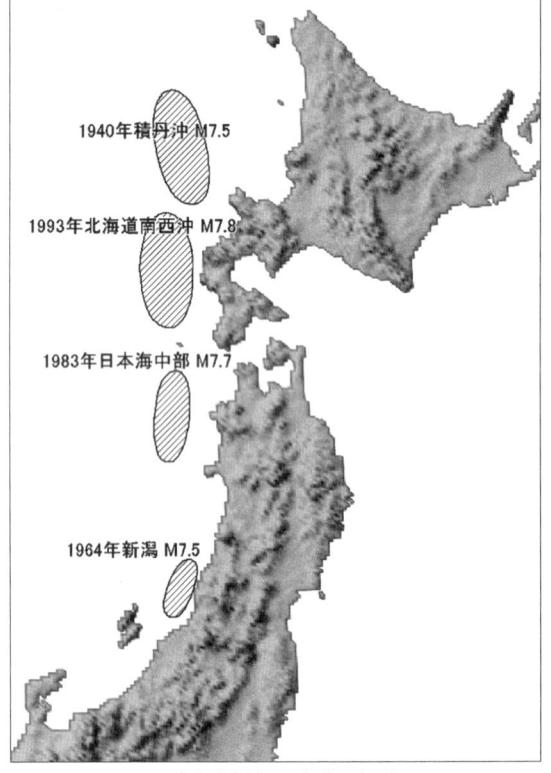

図1　近年の日本海東縁部の地震分布図

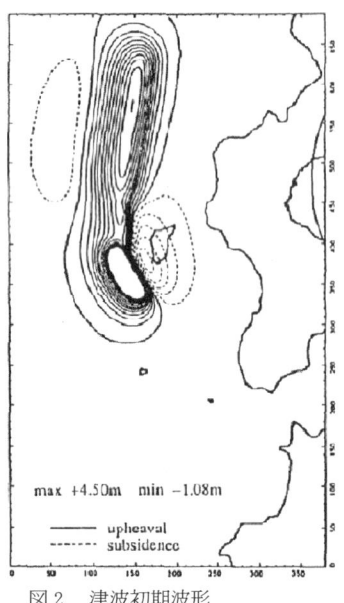

図2　津波初期波形

ングにより，東岸北部に顕著に見られるように場所によって波高が波状に変化した。南方の青苗岬で保護されている東南部の初松前では20メートルに近い値となった。これは南に延びる青苗海脚という浅瀬による津波の屈折(津波の伝搬方向が海の水深の変化で曲がること)と，上記2波の出会いの結果であろう。西岸の藻内では30メートルを超える高さが発見された。ここは入り口幅50メートルほどの狭い谷で，入り口での痕跡高は22.3メートル，それより50メートル程入った所で31.7メートルと大きく変化している。このような急激な這い上がりは，津波の数値計算でよく用いられる，水の鉛直加速度は重力加速度に比べて小さいとする長波理論では説明できない。このように，ある程度以上波高の大きい沿岸部の津波の挙動を考えるためには，これまでの近似の見直しが必要とされる契機となった。日本海を伝わった津波は，昭和58年日本海中部地震津波と同じく海底地形の分布に影響され，能登半島や隠岐島などで漁船被害が生じた。

朝鮮半島と大陸，日本の島弧に囲まれた日本海は，小さい海であるため，日本海の北端近くで発生したこの地震による津波でも，2時間もしないで南端にあたる朝鮮半島まで到達して反射して戻る。こういう日本海の周囲全体からの反射波や，津波の後続波との出会い方で，池に石を投げこんだ後の波紋のように，津波が日本海の中に定在波状に長く継続する。太平洋岸の三陸地方とはまた違う津波の特性である。

被害の概要

人的被害のほか，北海道では家屋全壊590棟，半壊など3,811棟，浸水347棟，さらに農産物，道路，橋梁，港湾，空港，漁船などに被害が及び被害総額約1,045億円，うち奥尻町が約429億円であった。なお，島根県で床下浸水50所帯が発生した。船舶被害は，北海道渡島支庁管内7隻，桧山支庁管内1,133隻，後志支庁管内373隻，宗谷支庁管内1隻の計1,514隻(沈没・流失676隻，破損838隻)，青森県1隻，山形県1隻，新潟県15隻，石川県16隻，富山・島根県100隻であった。日本海を挟んで韓国江原道三陟陟港で1メートルの津波が観測され，係留中の漁船15隻が沈没，11隻が破損した。

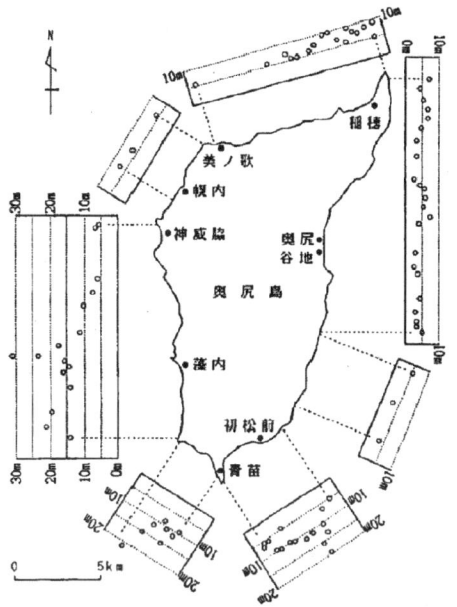

図3 奥尻島の津波痕跡高分布図

奥尻島青苗地区の被害

奥尻町の南端に細く突き出た丘陵が青苗岬である。丘陵終端先には低い砂州があり，青苗5区が位置していた。地震とともに，10年前の記憶から，住民は一斉に北の丘陵へと避難を開始した。しかし，迅速とはいえず，人命が失われた。第1波は西からやってきた。砂州上の青苗5区は10年前の経験後，水面上の高さ4.5メートルの防潮壁で守られていたが，津波はこれを完全に乗り越え，防潮壁はほぼ無傷で残ったものの，堤内の建物は全て流失した。推定される津波高は11メートルであった。

標高22~23メートルの高台の東麓には，北から青苗1区から4区の町並みが続く。海岸沿い

図4　北東上空から見た奥尻島青苗地区の被災状況
（阿部勝征撮影）①②は，第1，第2出火点，星印は船火事発生地点

には2本の道路が南北に走っている。これらの集落は，高台に守られたため，西からの第1波には無被害であった。第2波は東から来て，図4中①の印あたりの海岸通りまで浸水した。津波は防波堤を乗り越え，港内の漁船は水をかぶると同時に発火した。ついで，①の地点の家屋から出火した。この最初の火災発生は22時35分ころと推定されており，地震および津波が誘因の出火と推測されている。民家のほとんどは木造1，2階建てであった。第2の火は，13日0時15分ころ，漁業協同組合付近からはじまった。この辺で転倒した燈油タンクなどから漏出した燈油に飛び火した，あるいは燃えた漁船などが原因としてあげられている。道路はいずこも流出物などで閉塞されており，有効な消防活動は行われなかった。火は13日9時20分まで燃え続けた。

救援・復旧の概況

地震後は島と外部の連絡手段が崩壊した。奥尻島と北海道本島とを結ぶ電話は，奥尻・熊石間が66本の無線回線で，青苗・大成間は光ケーブルの48回線でつながっていた。この2系統の回線に被害はなかったが，通話が殺到して10時2分には通話が自動的に規制され，約9割が切られた。こうした事態に備えて，奥尻町役場と青苗支所に孤立防止用無線が配備されていたが，これも不通となった。受話器を取るだけで電源が入り，超短波で対岸の関内無線中継所につながり，ここからは専用回線で函館情報案内センターにつながる仕組みとなっていた。しかし，この専用回線が1本しかなく，5台の孤立防止用無線が共用するようになっていたので，どれか1台が使われていれば他の4台はつながらない。複数の孤立防止用無線が同時に使われることを想定していなかったため，緊急の役に立たなかった。

奥尻空港は被災せず，13日午前6時過ぎには道警ヘリや医療チームを乗せた自衛隊ヘリが到着。外部との連絡が着き始めた。海路での入り口，奥尻港では地震による岸壁・防波堤の損壊に加え，津波にさらわれて落ち込んだ自動車や廃材の除去が，まず問題であった。幸い，自航式の起重機船を確保できた。港内を隈なく音響測深機で走り回って障害物を発見しては除去していき，1日半程度の作業で港が利用可能となった。，15日午後には，本島瀬棚からのフェリー第1便が，乗客に加え災害復旧に使う資材車，NTT衛星通信車，自衛隊給水車，北海道電力の発電機車など作業車両22台を運んできた。17日には，函館からのエアーニッポン機と江差からの東日本フェリーが運行再開，復旧・生活物資が定期的に運ばれた。被災住民のメンタルケアの重要性が認識された災害でもあった。現地に一番乗りした自衛隊病院の医師は「けが人や内科疾患，精神的に不安定な人がたくさん来た。医師災害派遣には，外科医ばかりでなく，内科医や

精神科医が必要」と報告している。被災3日後には江差保健所の緊急派遣チームも奥尻に到着し，地元保健婦と共同で活動を開始した。負傷治療と同等にメンタルケアが重要だった。平成5年(1993)9月の健診では，受診者786名中ケアの必要な人は52名と判断され，そのうち38名が精神科医の指導を受けた。未受診者には精神科医と保健婦同伴の訪問などを行なった。翌年6月の健診時の問診では，精神的症状を訴える人は大幅に減少した。わが国で自然災害後にメンタルケアが系統的に行われた最初のケースであろう。

図5　復興なった青苗港

復興の概略と防災対策への影響

津波で流失した青苗5区は高台へと移転し，岬一帯は公園など非住家地区として整備された。火事で壊滅した青苗3区，4区などは，旧地を基本水準面より8㍍以上まで嵩上げし，その上に住宅を建設した。初松前でも地盤に盛土をして宅地とした。

青苗5区の被災に触発されて，津波防災に関連する7省庁(国土庁，農水省構造改善局，水産庁，運輸省，気象庁，建設省，消防庁)が平成9年(1997)に「地域防災計画における津波対策強化の手引き」に合意し，その後の対策はこれに基づいている。各地の過去の記録の最大津波，および現在の科学的知見において想定される最大地震による津波，この両者の大きい方を計画津波に選択する。それへの対処は，防災構造物(防潮堤など町を守るハード対策)，津波に強いまちづくり(高地移転や建築物の耐浪化など立地条件の克服)，防災体制(津波予警報，防災訓練，防災教育などのソフト対策)の3つの組み合わせで行うのである。

日本海中部地震津波以降，津波警報発令の自動化が進み，予報に要する時間は7分程度になっていたが，これでも今回の津波には間に合わなかった。気象庁は，それまでのS波利用からP波利用に切り換え，予報に要する時間を3～5分に短縮した。しかしP波利用が2011年東日本大震災では地震規模の過小評価になり，津波の過小予測の原因となってしまった。

参考文献　第一管区海上保安本部『平成5年北海道南西沖地震津波における捜索救援活動の記録』，1993，『地震工学振興会ニュース』133(平成5年北海道南西沖地震特集，1993)，朝日新聞「奥尻その夜」取材班『奥尻その夜』，1994，『北海道南西沖地震奥尻町記録書』(奥尻町，1996)，『北海道新聞』平成5年7月15日夕刊，奥尻町『蘇る夢の島』，2009，北海道新聞社編『1993年7月12日北海道南西沖地震全記録』，1993

（首藤伸夫）

1995 阪神・淡路大震災 （平成7年1月17日）

震災を起こした地震
この震災を起こした地震は1995年兵庫県南部地震と呼ばれる。本震は平成7年（1995）1月17日午前5時46分52秒（日本時）に発生。地震断層面は、明石海峡下、北緯34度35.9分、東経135度2.1分、深さ約16㌔を震源として六甲・淡路断層帯で発生した。M7.3の地震で、地震断層面は震源から南西へ六甲・淡路断層帯の淡路島の江井崎まで、北東へ伊丹市中心部付近までの、北東－南西方向に伸びる約50㌔、深さ5～18㌔の面である。淡路島北部では震源断層面が野島断層に沿って地表に現れ、北淡震災記念公園に野島断層保存館として観察することができるようになっている。

地震発生までの調査記録
本震の前に判明していたことを列挙する。①本震地域には、六甲・淡路断層帯があり六甲変動と呼ばれる運動をしていること、②神戸市の調査報告により神戸に予想される3つの型の地震動があり、最大の場合、「活断層群の実在するこの地域で、将来都市直下型の大地震が発生する可能性はあり、その時には断層付近でキ裂・変位がおこり、壊滅的な被害を受けることは間違いない」と指摘されていたこと、③西南日本が南海トラフのプレート境界地震の前数十年の期間に地震活動期を持っていることである。

兵庫県南部の地震環境
この地震が発生した地域の地震観測の公的機関の歴史を見ると、近畿の地震計観測の開始は和歌山が明治12年（1879）、大阪が15年、京都が18年、彦根が26年、神戸が29年、橿原が30年、宮津が33年などである。そのころからの地震活動の歴史がわかる。大阪では明治17年以来、震度5は昭和11年（1936）の1回、神戸では大正3年（1914）から平成6年（1994）まで震度5以上はなかった。

歴史地震資料からは、近畿地方には地震活動期と静穏期の繰り返しが見られ、安政時代の南海トラフの巨大地震をピークとする地震活動期のあとの静穏期を経て、1995年兵庫県南部地震から次の活動期に入ったと考えられる。その前の地震活動期に、兵庫県南部地震の震源域で、中規模地震が発生した。大正5年（1916）11月26日、明石海峡の近くでM6.1の浅い地震で、死者1名の被害があった。また、震源域の近くでは、明治32年7月に、有馬温泉付近で鳴動が多く発生し、温泉の温度が37℃から翌年10月には47.9℃に上がったという記録がある。昭和50年から兵庫県南部地震の発生する前年、平成6年末までの20年間の震央分布図を見ると、この期間の終わりに丹波山地の小地震活動が目立って活発になった。それまでは六甲・淡路断層帯を中心に活動が低調であり、神戸地域には地震活動の空白域の存在が石川有三によって指摘されていた。この期間が明治18年以来、もっとも活動度の低い時期を含んでいる。本震の前日微小地震が震源地域に集中して発生した。

兵庫県南部地震のあと、その余震域を除いて地震活動が全体としてはしばらく低調となった。この地域のM4以上の地震は、余震として、本震の震源断層帯とその近くに発生している。M4未満の地震は、余震域のほか、山崎断層帯、丹波山地などにも本震直後から目立って増加した。本震の震源断層帯では余震は急速に減少しているが、丹波山地や山崎断層帯の小地震の活動はなかなか減少しないという特徴が見られる。最大の余震は、本震直後、1月17日07時38分のM5.4の地震である。

被害
倒壊家屋の割合が3割を超えることを基準として福井地震後に制定された震度7が初

めて報告された。神戸市須磨区鷹取，長田区大橋，兵庫区大開，中央区三宮，灘区六甲道，東灘区住吉，芦屋市芦屋駅付近，西宮市，宝塚市，淡路島の津名郡北淡町・一宮町・津名町（現淡路市）の一部である。被害は甚大で，死者6,434人，行方不明者3人，負傷者43,792人，被害建物689,776棟。被害総額は約10兆円に達し，自然災害によるものの中で史上最大といわれている。死者は，兵庫県内6,402人（99.5%），県外（大阪府・京都府など）32人（0.5%），重傷者は兵庫県内10,494人（98.2%），県外189人（1.8%）であった。避難した人数は30万人以上，住家の全壊104,906棟，半壊144,274棟，一部損壊390,506棟という統計がある。

復興の過程

神戸市の震災前の人口は約150万人，震災後一時139万人に減り，平成16年（2004）11月には震災前の人口に戻った。人口が減少に転じた区もあり，長田区において顕著である。土建業・土木機械製造業などは，本震後約10年間にわたり好景気といういわゆる震災景気の現象があった。消火のために瓦礫を除去して現場へ急行する仕組み，ヘリコプターの配備が不備であり，応援が来ても消火栓とホースの規格が合わないことなどの問題が指摘された。送電が一時的に再開されて発火の火種になったという指摘があった。また，発生時刻が冬季の早朝であったために，死者が最低限となったという試算もある。造成斜面において大規模な地すべりが起こり34名が犠牲になった災害もあった。住居の耐震性能の重要性が認識され，木造住宅の耐震性を見直しつつ木の家に住むことを推進する運動（II災害と現代社会「災害と建築」参照）も推進されている。

地震調査体制の転換

日本学術会議は，阪神・淡路大震災調査研究特別委員会を設置して幅広い分野からの分析結果を報告し，強震計の設置などを提案した。また，阪神・淡路大震災は，日本の地震防災対策に関する多くの課題を浮き彫りにし，全国にわたる総合的な地震防災対策を推進するため，地震防災対策特別措置法が議員立法によって制定され，政府として一元的に推進するために，地震調査研究推進本部が設置され，活断層の調査などを行いつつ，たとえば，今後30年間に震度6弱以上の揺れに見舞われる確率を示した日本地図などを発表している。

その後，地震予知研究と火山噴火予知研究を統合して，地震・火山噴火予知研究協議会が発足し，全国の大学・研究機関の連携と協力関係を強化した研究体制がとられるようになった。

参考文献　活断層研究会編『新編日本の活断層―分布図と資料―』（東京大学出版会，1991），神戸市編『神戸と地震』，1974，宇津徳治「南海トラフ沿いの大地震と西日本の破壊的地震の関係」（『地震予知連絡会会報』12，1974），Shimazaki, K.：Intra-plate seismicity and inter-plate earthquakes: historical activity in Southwest Japan, Tectonophysics, 33, 1976, 石川有三「日本列島内陸部の地震活動空白域―序論―」（『月刊地球』12，1990），消防庁編『阪神・淡路大震災について（確定報）』2006，日本学術会議阪神・淡路大震災調査特別委員会「地震現象の観測体制と研究体制について」（『阪神・淡路大震災調査特別委員会報告』，1997）　　　　　　　　　　　（尾池和夫）

阪神大震災直前の地震学の状況

この地震の半年前には7年ぶりに地震予知シンポジウムが地震学会と学術会議の共催で開催された。地震予知計画は新潟地震や十勝沖地震後の政治的要請から重点的に予算配分され始め，畢竟業務的な観測網構築中心であったが，当時これをあたかも地球科学内での研究費配分のように捉えた一人の地震学研究者が地震予知計画批判を繰り返していた。実際にはGPS測量の登場と，

平成5年(1993)の奥尻震災(北海道南西沖地震)を受けて主として津波警報の迅速化のために気象庁の地震観測点が百ヵ所を超え，漸くM3以上の地震を国内でほぼ業務的に検知できる目途がたったばかりのころである．地震発生の物理研究では理論と実験とをつないで地震発生前の破壊核形成過程という概念も生まれていた．予知研究廃止論者が主張する「日時が特定できて社会が何の傷みもなく受容できる直前地震予知」の目途はないが，関東地震後に目標とされた，地震の学理の究明が漸く緒についていた．理論に基づいた地震発生の準備過程モデルと，実際の観測によるその検証や複雑化へと進展させる段階に地震学の先端は到達していた．直前予知以外は予知ではないとか，地震の破壊停止は偶然が支配するとか，地震は原理的に予知不可能とする主張もあったが，計測技術の進歩で観測精度が向上し地震予知研究に明るい展望を多くの参加者が共有していた．

震災発生と地震学
戦後占領下の福井地震以来の，都市近隣の活断層の地震で震災は発生した．活断層の地震はその後も1974年伊豆半島沖地震など発生していたものの，日本の平野が活断層に縁取られていることや，六甲断層帯が地震予知連絡会の特定観測地域に含まれており，国内では切迫性が高い部類の地域であったことも，「地震加藤」で有名な慶長伏見地震が16世紀末に東隣に発生していたことも，大正5年(1916)には神戸市中心部に中規模の地震被害があったことも，地域の住民はほとんど判っていなかった．頻繁に注目され，20年間継続的に地震予知された場合の対応策も取られている駿河湾の想定東海地震が最も日本で切迫性が高い大地震であり，関西には地震はない，と思い込んでいる人も多かった．不意に親族を失い，突然財産を失った被災者の激しい怒りは，被災後の対策にもたつく行政府に留まらず，

30年間地震予知計画を実施してきた地震学者たちにも向けられた．「出来もしない地震予知で研究費をせしめた馬鹿で嘘つきで人殺し」という者さえいた．前年のシンポジウムでは劣勢だった地震予知不可能論者が注目される一方で，既に「地震後知」ばかりで80年代には下火になっていた動物の異常行動などの宏観現象や電波の異常こそ直前地震予知の決め手だと熱心に研究する，地震の発生頻度などはほとんど知らない人たちもにわかに隆盛となった．その後東日本大震災前までに5個浅い陸部で発生したM6.8以上の被害地震に対して，有効な宏観現象や電波による直前予知はなされていない．地震直前に有意な異常が事前検知されたのは，阪神大震災8日後のM5.1(当時はM4.7)の余震発生1日前の相対的静穏化であったが，小規模な余震であり，防災上の価値は低かった．

震災後の進展
このような中で，静岡に限らず全国的に地震災害から国民を守ろうと政治主導で地震調査研究推進本部が設置され，阪神大震災後の数年間で，世界でも類をみない観測点間隔20㌔程の全国を網羅する強震動観測点，GPS観測点，高感度地震観測点が設置・展開されていった．震災直後は気象庁の地震火山部や国土地理院など省庁を越えて地震関連部門を再編した「地震庁」設立の機運もあったが，微小地震データの一元化処理業務を気象庁が実施するだけとなった．ブループリント以来地震学者が欲していた観測網が阪神の災禍の後に漸く実現した．これらの稠密観測網は着実に有用な地震学・測地学のデータを蓄積しつつある．

地震調査研究推進本部では大地震を発生させる可能性がある主要活断層帯を全国から98個選び出し(後に110個)，発生の切迫性評価のためにトレンチ調査などがそれまでとは桁違いに多く行われた．現在さらに地表変形だけでは見落とされる浅い大地震の

図1　阪神高速道路の倒壊
図2　神戸市長田区の被害 
図3　脱線した阪神電車 
図4　野島断層

震源域候補を洗い出す作業が行われているが，地表情報から判っている大きい活断層を阪神後の15年間で切迫性を評価することで，周辺の住民に存在を認識して貰うことは少なくともできた。

兵庫県南部地震の実体と地震学

兵庫県南部地震は，成人の日の振替休日明け，多くの人々が活動し始める夜明け少し前に発生したため，強震動で素早く目覚めて身を守る姿勢を取れなかった人たちが多数犠牲になった。それでも昭和56年(1981)の耐震基準を満たし，塗装や防蟻など強度保持が適切であった建物では命に関わる倒壊はほとんど防げていた。しかし終戦後に建てられた文化住宅など老朽化した木造家屋，台風に備えた重い瓦屋根の古い平屋建，強度が不足していた山砂コンクリート，重たい高架橋や古い構造物，盛り土で造成された新興住宅地などは，激しい倒壊や崩落を起こし，救助や消火活動も妨げた。

神戸市は昭和56年(1981)にポートアイランド博覧会を開催した後，バブル景気に乗って順風満帆の優良都市として発展していた。しかし地震防災対策はこの都市設計で盲点となっていた。関西で気にされていた台風災害すらも，伊勢湾台風以降半世紀ほどは大型がなりを潜めていたこともあって，自然災害全般が遠いものになっていた。

発災直後は甚大な被害によって被害状況を現地の警察や自治体が外に全く連絡できない状況となっていた。震源域は大阪管区気象台の地震観測点に囲まれていたため，気象庁だけでも地震直後には適切な地震規模も震源地も決定されてはいた。しかしその情報は甚大な被害の推測には用いられなかった。地震時現地はまだ暗かったが，直ぐに薄明となり，朝の7時段階でNHKのヘリコプター中継で少なくとも長田区の火災や倒壊状況などを東京でも十分に把握可能だったのであったが，政府は迅速果敢な救援手配をしなかったし，気象庁も当日の定例会議を予定通り開催していた。

実際には発生時刻が幸いして，倒壊死は就寝場所の安全確保や，自宅の耐震性の確保という自己対策だけでも相当部分防げたであろう。満員電車が多数走る朝のラッシュ時，大勢の買い物客などで商店街が賑わっている昼間，生徒が大勢町や駅にいた登下校時，古いビルにも社員や来客が大勢いた時間，高速道路に沢山の車が走っていた時刻，新幹線が1時間に何本も通過していた時に発生しなかったのは不幸中の幸いである。Mw6.9と活断層の地震としては"普通サイズ"で，天正地震や濃尾地震とは違った。兵庫県内でも武庫川以東の被害は軽く，震源から100㌔圏内からの救援実施が可能な規模の災害であった。電柱の折損も高架橋の破壊も老朽建造物の倒壊も，地震予知があったとしても発生したことである。地震学者の責任は，実は予知云々ではなく，活断層の存在や浅い大地震の潜在的危険性を地震予知計画の成果の一部としてでも，十分社会に伝えて来なかったことに尽きよう。マスメディアも政治や世論に迎合するか，単独ソースの情報を流すばかりで，震災の本質や地震予知計画の真の問題の所在，地震庁の必要性の有無などを独自に掘り下げはしなかった。読売新聞の予知研究廃止論者寄りの一面記事がきっかけで地震予知の予算コードは廃止され，学者は世論を恐れ，理学に必須の徹底討論をますます避けるようになる。

ニュートリノ発見でノーベル賞を受賞した小柴昌俊がその発見は社会の役には立ちません，と明言したように，理学の成果はほとんどすぐには実用に供されないが，その突破と蓄積がある日思わぬところで応用を生み出す。理学の健全な進展には，スポンサーの顔色など窺わない自由な討論を愛し，広い視野を持つ者たちが紳士的だが厳しい競争を行うことが必要だ。30年間の予知計画継続で競争的資金獲得から遊離していた

地震学者は，震災後に漸く観測網を手に入れたものの，それを維持するために，相変わらず政治に翻弄されて，学理の探究に尽くし足りてはいないのではないだろうか。

参考文献 『地震予知研究シンポジウム(1994)』(日本学術会議・日本地震学会刊，1994)，「兵庫県南部地震の余震活動度の準リアルタイム監視－1月25日23時16分M4.7余震の事前予測－」『地震予知連会報』54，1995) （松浦律子）

内陸型地震における死因
阪神・淡路大震災は，現代都市の内陸型地震におけるさまざまな現実を明らかにした。図5は阪神・淡路大震災における死因(直接死)を兵庫県監察医がまとめたものである。阪神・淡路大震災における神戸市内の犠牲者の内，83.3％が建物倒壊や家具の転倒による圧死・窒息死などで死亡した。次に12.8％が焼死などによって死亡したが，ビル火災などでイメージされる，建物内で逃げ惑う中で煙に巻かれて一酸化炭素中毒などで死亡したのではなく，ほとんどが建物や家具などの下敷きになり，逃げ出すことができない中で死亡していたことがわかった。この2つを合わせた96.1％であった。このような結果を受けて，耐震補強・家具固定に関する国民の意識が高まり，平成7年(1995)12月25日には「建築物の耐震改修の促進に関する法律」(耐震改修促進法)が施行され，新耐震基準を満たさない建築物について積極的に耐震診断や改修を進めることになった。

層破壊被害と死者発生の関係
建物被害程度と死者発生の関係が図6である。全体の死者数の84.6％が「層破壊」被害の中で死亡したことがわかった。層破壊とは，全壊の中でも「ある階がつぶれてしまう」「家全体がつぶれてしまう」ような生存空間がなくなる被害実態である。阪神・淡路大震災では，多額の費用をかけて地震でほとんど被害の出ない「完璧な家」を建てたが，隣の家が倒れかかってきて自宅が全壊したり，崖の直上・直下に建っていて崖崩れによって家屋被害が発生した例があった。また近所で火災が発生して，延焼によって焼失した家屋があったり，地盤が弱いところでは，液状化現象により家が傾斜して生活できなくなる実態も見られた。種々の家屋被害実態が明らかになることで，住宅・すまいに対する災害対策・耐震目標として「地震からいのちを守るには，少なくとも層破壊をするような家には住まないし住まわせない，家具転倒によって体がつぶされる状態をつくらない」という具体的な対策・目標が明らかになった。

生き埋め者の救助・救出
図7が，阪神・淡路大震災における日本火災学会の調査結果である。「実際に生き埋めになったり閉じ込められたりしたときに，

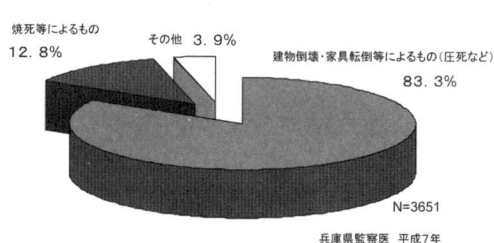

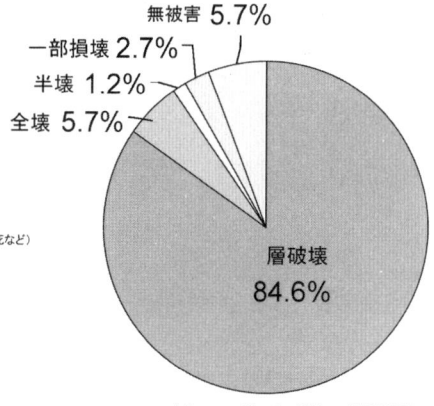

図5　阪神・淡路大震災での死因（直接死）

図6　建物被害程度と死者発生の関係

あなたは一体だれに助けてもらいましたか」と尋ねたところ,「自力で脱出」が34.9％,「家族」が31.9％で,この2つをあわせた自助が約7割,「友人・隣人」が28.1％で,いわゆる共助が約3割だった。
一方「救助隊」によるのは1.7％だった。これは地域の消防・救急の対応能力を超える事案(生き埋め者の救助・救出)が一度に発生したため,119番・110番に電話をかけても電話が輻輳してつながらない,電話がつながっても部隊が残っていない,運良く自分のところへ出動することになっても少しでも細い道に入るとガレキの山で,消防・救急の特殊車両が現場に到着することができない,また消火栓がガレキの下になったり避難する人々がホースを踏んで,消火作業が進まないという事実が背景にあった。このような阪神・淡路大震災の消防活動の教訓を踏まえて,平成8年(1996)12月17日,東京消防庁は,災害時に機動力を発揮する特別な技術と能力を持った部隊「消防救助機動部隊(通称ハイパーレスキュー)」を発足させるなど,大規模災害時の対応技術の開発・向上も図られたが,絶対数の人員・資機材が不足しているために,多数の生き埋め者が発生する大規模災害時に消防・救急が活躍する割合は,図7の割合と大きく

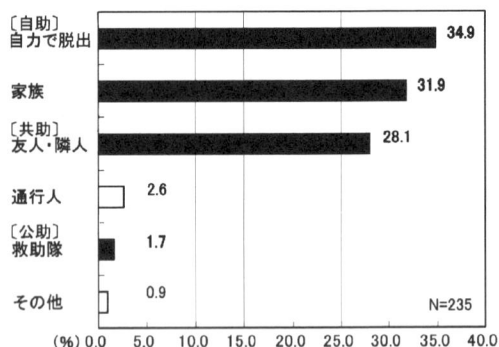

図7 生き埋め・閉じ込められた際の救助
(日本火災学会(1996)による阪神・淡路大震災の火災地域を調査)

は変わらないと考えられている。
災害対応の担い手として,自助(自分・家族),共助(隣人・地域),公助(国や地方公共団体等の公的機関)の3つが挙げられるが,「実際に地域で被害によると,救助・救出に関しては自助で出てくるか,高齢者の単身・2人暮らしのセーフティネットとしての共助しかない」という現実が明らかになった。さらに神戸市消防局による救出時の生存率は,初日が約74.1％,2日目が26.5％,3日目が19.8％,4日目が6.3％と,時間を追うごとに救出時の生存率は低下するために一刻も早い救助・救出が必要である。阪神・淡路大震災以降,行政の重点項目として,自主防災組織の育成など自助・共助による災害対応能力強化が図られることになった。

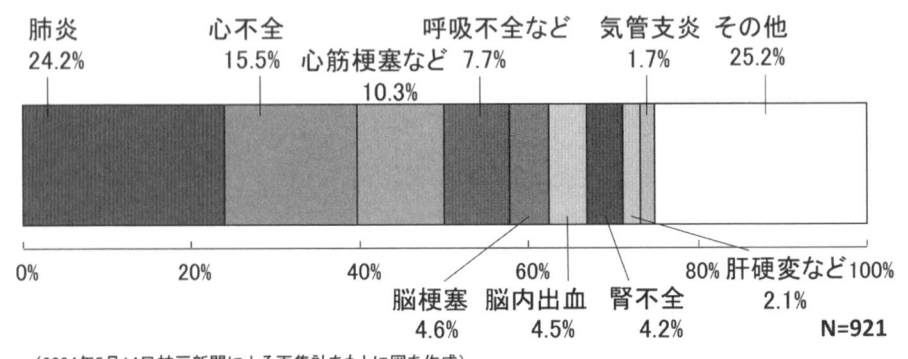

(2004年5月14日神戸新聞による再集計をもとに図を作成)
図8 関連死の死因

関連死の発生

阪神・淡路大震災では，震災に伴う過労や環境悪化などによる病死などの2次的犠牲者も多く発生したが，これらの内科的死因に基づく死亡も「関連死」として認められ，災害弔慰金の支給対象となった。関連死（災害関連死）とは，「災害発生後疾病により死亡した者の内，その疾病の発生原因や疾病を著しく悪化させた事について，災害と相当の因果関係があるとして関係市町で災害による死者とした者」のことである。阪神・淡路大震災では，死者6,433名（2004年5月14日神戸新聞による再集計値）の内，921人（14.3％）にのぼったが，死亡統計の解析などからはさらに多い可能性も指摘されている。また，関連死の認定基準が明確でなかったため，神戸・尼崎・西宮など6市では認定のための委員会などが設置され，医師・弁護士などによる判定が行われた。図8が関連死の死因をまとめたものである。肺炎（24.2％）・呼吸不全（7.7％）・気管支炎（1.7％），心不全（15.5％）や心筋梗塞（10.3％），脳梗塞（4.6％）・脳内出血（4.5％），腎不全（4.2％）や肝硬変など（2.1％）といったように，避難所など密集した場所での不便な生活によって体調を崩したり，持病や感染症が悪化することによって高齢者を中心に死亡したことが大きな原因の1つといわれている。

対策としては，一時的なケアや特別な配慮が必要な高齢者など，災害時要援護者向けの「福祉避難所」を整備することや，避難所における健康相談・回診などの充実が効果的だと考えられている。しかし避難所での避難生活は人々の心身に大きな負担をかけ，「遠くの（被災していない）子供の家・親せきの家に疎開してしばらく身を寄せる」「お金に余裕があればライフラインの支障がないホテル・ワンルームマンションなどを借りる」などして，ライフラインが復旧したり，仮設住宅や災害復興公営住宅が開設されたりするなど，被災地が落ちつきを取り戻すまでは「被災地から一時的に離れる」ことも選択肢として有効である。

図9は，直接死・関連死の死亡日をまとめたものである。直接死は，震災当日から2日目にほとんどが死亡しているのに対し，関連死では震災発生後3日目を過ぎたころから，震災発生後2ヵ月を過ぎにかけて死亡者が大きく増加している。つまり，震災後の環境の変化で大きな心身のストレスを抱える中で，体調を崩したり持病や感染症を悪化させて死亡したり，生活再建のために非日常の毎日を気を張りつめながらオーバーワークで過ごしているうちに過労が原因で死亡したことが推測される。高齢者や災害時要援護者だけでなく，長期的な震災後の健康管理や心身のストレス対策もいのちを守る対策である。

災害発生後の居住地の移動

災害発生後，被災者がどのようなところで寝泊まりをしたのかという「居住地の移動」を表したのが図10である。図10は，4列で構成されており，左端の列（震災当日，10時間），左から二番目の列（震災から2～4日間，100時間），左から三番目の列（震災後2ヵ月，1,000時間），右端の列（震災後数年：5万時間）の順に時間が経過している。たとえば左端の列は「震災当日（震災後10時間）に被災者がどこにいたのか」を表し「自宅63.2％，血縁宅（別居している親・子供の家，親せき宅など）10.2％，勤務先が用意してくれた家2.5％，友人・近所の家2.2％，避難所15.6％」と読み取ることができる。特徴的なのは，震災当日，震度7および都市ガス停止の大被害・影響地域でも，63.2％が自宅に留まっていたことである。「地域住民がこぞって避難所に逃げる」というイメージは覆され，避難所宿泊者は15.6％，神戸市記録からも震災当日の避難所の就寝者は約20万人で，当時の神戸市全体の人口約150万人から計算しても13.3％

であった。これには「家の中の方が安全」「避難指示がでなかった」「一部のライフラインが使用できた」「すまいを守りたかった」という理由があった。

震災後2～4日間ごろ（左から2列目）においては，避難所宿泊者は12.3％に減少し，親せきなどの血縁（13.9％）や勤務先（4.5％）に頼る人が増加した。この時期は友人・知人も合わせ，普段からの個人的な付き合いやつながりが避難を支えていた。

震災から約2ヵ月後（左から3列目）においては，多くの地域で水道やガスなどがほぼ元通りになり，74.6％の人が自宅に戻った。避難所2.6％，仮設住宅1.3％は，公助による支援を受けていた。一方，個人的なつながりを利用する被災者が依然多いものの友人・知人を頼る人はもはやいなかった。

このように，避難所や仮設住宅などの公的支援を頼っている人だけを「避難者」として対応することは，被災者全体への支援としては十分でないことがわかる。

避難所における2種類の避難者

図11は，神戸市がまとめた避難所人数である。縦軸は人数を，横軸は震災発生からの時間経過を表している。横軸の一番右端は震災から約7ヵ月後の8月20日であり，この日に神戸市が避難所を閉鎖したために人数がゼロになっている。

図には「避難所に宿泊した人（破線）」と「避難所で弁当をもらった人（実線）」の2本の折れ線がある。震災翌日の1月18日，もっとも多い人数（22万2,127人）が避難所で寝泊まりをした一方，震災から1週間が経過した1月24日，弁当をもらった人がピーク（23万6,899人）に達した。この事実に対して「避難所に泊まっておらず，無料の弁当だけ避難所にもらいに来るのは不条理である」という意見から，いくつかの避難所でトラブルが発生した。この件について神戸市では以下の2つの理由より，弁当をもらった人を「避難者」としてカウントし，避難所に寝泊まりした人を「就寝者」と呼んで区別した。1つは法律的な理由で，災害対策救助法では「炊き出しその他による食品の給与」について，1人1日（3食）1,010円以内（震災発生時は860円以内）ならば国が負担するとあるが，この場合の対象は「避難所に収容された者」と「全半壊（焼），流失，床上浸水で炊事できない者」である。もし神戸市が「避難所で寝泊まりした人」（破線）のみを避難者としてカウントすると，実際に弁当を支給した人よりも少ない金額しか国に請求できず，「弁当をもらった人＝避難者」とすることで，「約4,000万食分の費用＝約4百億円」を国に請求できたのである。

2つめの理由は，「被災者とは誰か」という問題である。自宅にいて避難所に弁当をもらいに来た被災者は「自宅または避難先の家で寝泊まりすることはできるが，電気・ガス・水道などが止まったうえ，食料も手に入りにくいことから，避難所に弁当などの食料をもらいに来る人」であり，「食事や生活物資の配給を受ける場所」として避難所を利用したわけであり，「宿泊していないから食事は支給しない」という理屈では公平な被災者支援にはつながらないからである。

応急仮設住宅の整備・運営

市町が仮設住宅の整備を行うのは困難であるとの判断から，広域的観点から兵庫県が一括して取り組んだ。県は「応急仮設住宅への希望者全員入居」の方針を打ち出したものの，建設用地の確保は難航した。空き地は限られ，恒久住宅の建設用地として確保するため活用できなかった。そこで被害の小さい郊外地や民有地に加え，他の自治体からの公営住宅などを活用しながら，震災発生から約7ヵ月後の8月11日には追加分を含め48,300戸すべての建設を完了した。震災後，兵庫県と仮設住宅の生産事業者団体であるプレハブ建築協会が協定を締結し，

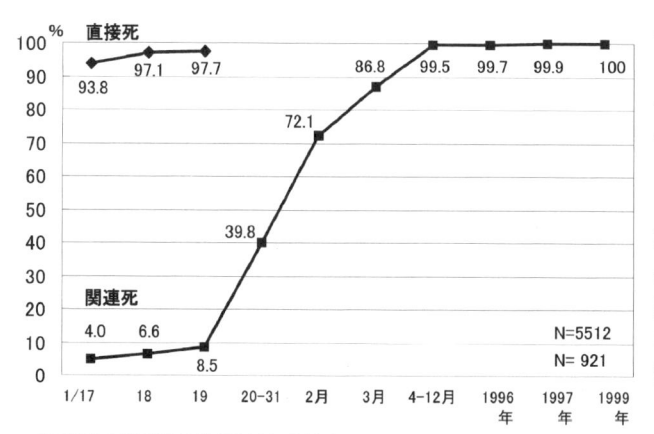

図9 直接死・関連死の死亡日

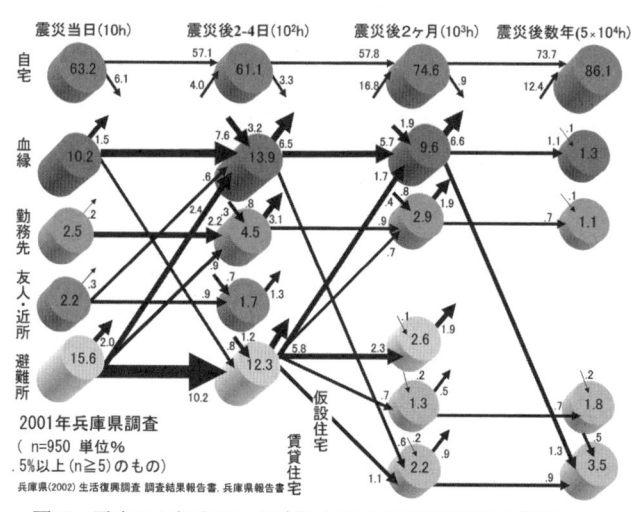

図10 震度7と都市ガス供給停止地域の居住地移動の推移

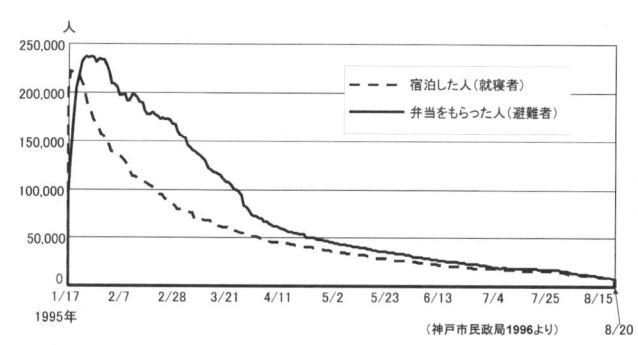

図11 2種類の避難所避難者

仮設住宅の迅速かつ大量の供給体制が全国的に整備されるようになった。仮設住宅の居住環境については，災害救助法による当時の基準では万全を期せないとの判断から厚生大臣と協議し，設置経費の引き上げなどがなされた。しかしながら，断熱性・遮音性に問題があり，また当時は標準仕様ではなかった，ひさし，外灯，エアコン，スロープなど入居者の強い要望に復興基金を活用して整備した。震災後は，ひさし，手すりが標準化され，積雪対応構造や家族構成に応じた整備などの改善も図られるようになった。仮設住宅の入居者選定は，原則，募集・抽選で行われたが，高齢者や障がい者などには優先枠を設けて早期入居を促進した。結果として，被災前の人間関係が断絶したり，高齢者・障がい者が集中した団地ができたりするなど，その後のコミュニティづくりが課題になり，以降の災害ではこの反省が反映されることとなった。

また50戸以上の大規模仮設住宅団地には「ふれあいセンター」が設置され，以降の災害でも取り入れられるようになった。セ

場であると同時に、ボランティア、民生・児童委員、地域団体、生活支援アドバイザー、保健師などの活動拠点となった。
仮設住宅の撤去については、入居者がゼロになった団地から順次、撤去・復旧工事を実施し、震災から5年後の平成12年（2000）3月24日にすべて撤去した。

災害復興公営住宅の整備・運営
震災で住宅に困窮する低所得者や高齢者など、持ち家から借家に移行せざるを得ない世帯を対象に震災7ヵ月後の8月に「住宅復興3ヵ年計画」を策定して、38,600戸を供給した。短期間で大量供給を実現するため、住宅・都市整備公団（現都市再生機構）の全面的な支援を受け、公団への事業委託や、公団が建設した建物を買い取る手法を導入した。

入居者のコミュニティと高齢者の見守り体制をつくるために、入居者のコミュニティの場としてのコミュニティプラザを整備し、高齢者世帯向けのバリアフリーの小規模住宅を多く供給した。コミュニティプラザには、常駐または巡回するLSA（生活援助員）やSCS（高齢世帯生活援助員）を配置して見守り体制を強化した。また高齢者の主体的なくらしを支援するために、室内でペットとの共生を認めたり、芦屋市内の復興公営住宅には住民が自主運営する「だんだん畑」を敷地内に設けた。

共助・公助による住宅の再建
震災当時、住宅再建は自助努力が原則で、私有財産である住宅に対する補助は認められず、貸付制度（融資・利子補給）による支援しかなかった。しかしこれらは住宅ローンを組めない低所得者には機能しない。そのため自宅再建を断念し、住み慣れた場所を離れることを余儀なくされる被災者も少なくなかった。またローンが残っている住宅を建て替えた場合の二重ローンの負担を強いられた被災者も多かった。これに対して、住宅の再建・購入・補修にあたって、復興基金を活用した各種利子補給制度、二重ローン負担軽減、住宅ローンを組めない高齢者への利子補給相当額の補助など行った。

震災後、平成10年（1998）に成立した被災者生活再建支援法では、個人への現金給付が実現し、その後、支援金を住宅の再建にも充てられるように改正がなされた。また兵庫県では平成17年9月に住宅再建共済制度を創設し、義援金の事前の積み立てという要素を用いながら、住宅所有者が相互に助け合うこと（共助）により、自助（地震保険など）・公助（被災者生活再建支援制度）に加え、年5,000円の負担で最大600万円（家屋被害半壊以上の住宅所有者の再建・購入）の給付が可能な仕組みを作り、創設後3年間で12万戸（7.2%）の加入があった。

災害に強いまちづくり
被害甚大な密集市街地では、土地区画整理事業などの都市計画事業が実施された。実施に当たり、時間的な制約と住民の合意形成が十分にできない状況を考慮し、2段階にわけて土地区画整理事業と市街地再開発事業の都市計画を決定した。第1段階は、事業の区域、幹線道路などの大枠のみを決め、第2段階で、まちづくり協議会などでの住民の合意形成を踏まえ、区画道路や街区公園等を決定した。

被災市街地の緊急かつ健全な復興を図るため、震災1ヵ月後の2月に被災市街地復興特別措置法が制定された。同法による被災市街地復興推進地域と都市計画事業の区域等を同時に都市計画決定した。これにより従来は事業計画決定後にしかできなかった事業用仮設住宅や仮設店舗の建設、用地買収に係る税制上の特例措置の適用が前倒しで実現できるようになり、権利者の生活再建を支援し、事業の早期推進につながった。

地域経済の復興
震災によって経営基盤が弱い中小企業を中心に地域経済は大きな打撃を受けた。中で

も，震災以前から産業構造の転換を迫られ，長期的な苦境に立たされていたケミカルシューズ，清酒，粘土瓦などの地場産業は壊滅的な打撃を受けた。県内製造業は，震災で事業所数，従業員数ともに大幅に減少した。中小企業全体で見ると，震災から約9年が経過した平成16年（2004）時点でも，震災前の水準に回復できていない。

地域商業については，神戸市内の6割以上をはじめ，被災地域内649商店街・小売市場の半数近くが全半壊および一部損壊の被害を受けた。災害復旧事業による共同施設の復旧のほか，災害復旧高度化資金の貸付や復興基金の補助で共同仮設店舗の建設などを支援した。しかし震災直後の長引く景気の低迷や，商圏内の人口の減少，経営者の高齢化から，再開発ビルの空き床や既存商店街の空き店舗解消は進まなかった。

全国の事業者の参加により，インフラ復旧や住宅建設などのスピードは目覚ましく，県内総生産も震災前を上回り，いわゆる復興特需が生まれた。しかしこれらの公共投資や民間の設備投資は，震災後2年ほどに集中したため，特需を地元経済に取り込むことが十分にはできなかった。また，復興需要の受注の約9割が県外に流出したともいわれている。復興需要をどれだけ被災地内でまかなえるか，被災地内で循環させるかが課題であり，たとえば兵庫県・神戸市・国の協調融資の「中小企業緊急災害復旧資金」を創設したり，雇用創出を目標とした「ひょうご経済・雇用活性化プログラム」を制定したりしているが，一定以上の効果が上がっていないのが現実である。

復興財政

震災は，バブル経済崩壊の影響を引きずった経済の長期停滞期に発生した。兵庫県内の被災自治体の財政は，歳出面では震災関連経費の新規発生，歳入面では震災と景気後退による減収という局面に陥った。

復旧・復興事業費は，復興計画10年間で16兆3,000億円に上った。内訳は，国が6兆980億円，県が2兆2,960億円，市町が2兆9,050億円，復興基金が3,500億円，その他が4兆6,510億円であった。国は，多大な災害救助・復旧事業費に対応するため，国庫の補助率アップや補助対象の拡大など各種の特例措置を講じた。しかし復興事業費についての特別措置は講じなかった。このように国は多大な財政支援を行なったが，県や被災市長もその負担分を賄うため，多額の地方債の発行を余儀なくされ，震災後の自治体財政を圧迫する要因となった。

7つの生活再建課題

「被災者が震災を乗り越えていく中での，生活を再建するための課題」を明らかにするために，震災から5年目を迎えた平成13年（2001），神戸市民に対してワークショップから，計1,623件の意見が収集された。これを整理すると「すまい，つながり，まち，そなえ，こころとからだ，くらしむき，行政とのかかわり」の7つが生活再建課題であることがわかった（図12）。

「すまい」は，物理的な住宅を建て直すだけではなく，生活の基盤となるくらしも取り戻さないとすまいの解決には至らない，「つながり」は，人とのつながりという意味で，災害を乗り越えるために血縁や既存の地域ネットワーク，そして新しい環境のもとでのネットワークなど，人々とのつながりを大切にしていく必要ある，「まち」は，単にライフラインの復旧や個人の住宅を再建させるだけではだめで，まち全体を活気のある状態へとどう復興させていくかも考えないと，結局は個人の生活再建も達成されないというものだった。

「そなえ」は，被災した後，すぐ次の災害に向けて個人や地域でそなえをしていかなければならない，「こころとからだ」は，自分や家族などの心身の健康を保っていくことが，震災を乗り越える基礎的条件であるという意見であった。「くらしむき」は，

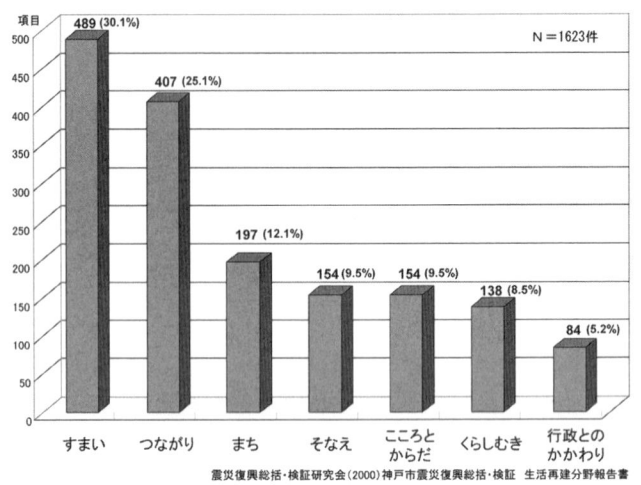

図12　神戸市民が考える生活再建7要素
震災復興総括・検証研究会(2000)神戸市震災復興総括・検証　生活再建分野報告書

めらる。震災直後の安否確認や救助・救出には，地域のネットワークが大切であるし，自宅に住めない場合，血縁ネットワークの活用は効果的である。避難所では，プライバシーが制限される中で人間関係を作りながら，避難所運営にもたずさわっていかなければならず，居住地を移転して新しい土地に移った場合，まったく新しい人間関係の中で生活を確立することが必要である。仮設住宅や災害復興公営住宅での孤独死は「つながり」の欠如が生みだした関連死ともいうことができる。震災前と同じ場所でも，再開発で新しいまちになってしまうと人々のつながりにも変化が生じる。「つながり」が生活再建の重要課題であり，「つながり」の対策は，災害対応従事者がかかわるべき「いのちとくらしを守る」対策であることが明らかになった。

いわゆる資金や経済に関することで，再建にはさまざまな資金が必要で，その調達方法や，景気の落ち込みや地域経済の停滞，生業への影響をどうやって乗り越えていくかがポ課題ある，最後の「行政とのかかわり」は，普段はあまりつきあいのない国や県・市町などの行政と，災害後はさまざまな手続き・対応・支援についてかかわりをもつ必要があり，いかに行政とつきあっていくかが大切だという意見であった。

「すまい」と「つながり」が重要課題

図を見ると，「すまい」と「つながり」が影響力の大きい意見であることがわかる。「すまい」は，私たちの生活の根幹となる「衣食住」の「住」のため，生活再建の重要課題になるのは理解しやすいが，被災者は「すまい」と同じくらい「つながり」が重要であると考えていた。それは「災害を乗り越えるためには，さまざまな人々とのつながりが必要不可欠だ」との理由であった。震災によって被災者は「今までのつながりを失う」「今までのつながりを維持する」「新しいつながりを作る」という人間関係の変化にさらされて，大きなストレスを受けながら人間関係を活用することが求

[参考文献]　神戸市民政局編『平成7年兵庫県南部地震神戸市災害対策本部民生部の記録』，1996，日本火災学会編『1995年兵庫県南部地震における火災に関する調査報告書』，1996，神戸市生活再建本部編『阪神・淡路大震災神戸の生活再建・5年の記録』，2000，震災対策国際総合検証会議事務局編『阪神・淡路大震災検証提言総括』，2000，林春男『いのちを守る地震防災学』(岩波書店，2003)，木村玲欧「統計望楼―数字から知る人々の心理と行動―」(『東海望楼』(名古屋市消防局)，2007-08)，阪神・淡路大震災復興フォローアップ委員会監修『伝える―阪神・淡路大震災の教訓―』(ぎょうせい，2009)
（木村玲欧）

1997 ナホトカ号事件 (平成9年1月2日)

災害の概要
平成9年(1997)1月2日未明，ロシア船籍のタンカー「ナホトカ号」(13,157総トン)が，航行中の島根県沖の日本海で沈没。積載していた重油19,000キロリットルが海に流出した。「ナホトカ号」は，ロシア最大手の海運会社「プリモルスク」の所有。暖房用のC重油を積んで，12月29日に上海を出港し，ペトロパブロフスクへ向かう途中だった。悪天候の影響で，機関出力が低下した同船は，午前3時ごろ，船首近くに亀裂が入り，分断，そして沈没した。乗組員31名は救命ボートなどで脱出，海上保安庁によって救助されたが，船長はのちに遺体で発見された。

被害の概要
タンカー沈没の際に，重油タンクが破損し，海への重油の流出が始まった。船体から分離された船首部分も重油を流出しながら，漂流した。これらの重油が日本海，および沿岸地域に大きな被害をもたらした。積載していたC重油は，揮発性が低く，粘性は重油の中で最も高いもの。日本海の荒波にもまれ，水分を吸収して，体積は2倍以上に膨張し，低温のため，粘性を増しながら，日本海を漂流した。そのため，日本海沿岸に打ち上げられた時には，黒い「つきたてのお餅のような感じの個体」と称された。

図1 沈没し分断されたナホトカ号船首部分

漂流した船首部分は，7日には，福井県三国町(現坂井市三国町)沖で座礁。さらに重油の流出が始まった。強い西風に押され，最初に重油が漂着したのは，1月7日，三国町の越前海岸国定公園の海岸だった。その後，重油の漂着は，福井県をはじめ京都府や兵庫県，石川県など9府県に及んだ。

災害対応の概要
海上保安庁は，乗組員の人命救助を実施した後，関係自治体へ通報すると同時に対策本部を設置。政府は災害対策本部を設けて，流出した重油の対策に取り組んだ。また，関係閣僚会議で，被害状況の把握，賠償問題などの被害対策，再発防止策への対応などを協議した。災害の対応の中心となったのは，重油の流出の食い止めと，流出した重油の回収だった。海岸の岩場に流れ着いた重油は，機械による回収が困難で，大部分が人の手によって回収された。そこで大きな力を発揮したのが，災害発生後4ヵ月間に全国から駆けつけたおよそ28万人(自治省消防庁，1997)のボランティア。しかし，同時に，その活動の在り方，マネジメント方法が問われた機会でもあった。
ナホトカ号の船体は，現在も水深およそ2,500メートルの海底に沈んでいる。重油の回収は，完了したものの，自然分解可能な程度の微量の重油の流出は継続しているとされている。三国町沿岸で座礁した船首部分については，重油の抜き取りが行われ，同年4月，撤去された。

ボランティア活動の概要
平成7年(1995)の阪神・淡路大震災が「ボランティア元年」と呼ばれ，日本でのボランティア活動が根付いた年と位置付けられているが，この日本海重油災害においては，ボランティアの受け入れ態勢や，活動内容などマネジメントの方法が，問われたとい

7日に船首部分が座礁した福井県三国町（当時）では，町創設以来，はじめての災害対策本部を設置。しかし，ボランティアの受け入れは想定していなかった。一方，素早い動きを見せたのが，阪神・淡路大震災でボランティアのマネジメントを行なってきたベテラン・ボランティア（神戸ベテランズ）だった。さっそく現地入りし，地元の青年会議所メンバーにこれまでの活動体験から確立したノウハウを伝達。資材や宿舎の手配などができないことを理由にボランティアの受け入れに二の足を踏む行政に対し，ボランティアの「自己完結・自己責任主義」を説き，活動を始めた。さらには，地元の社会福祉協議会とも業務分担を行うことで，行政・ボランティア・地元団体がそれぞれの機能を活かす形で自分たちの地域の重油回収のみならず，他地域の後方支援をも視野に入れた活動を展開した。

一方，ノウハウが生かされなかった地域もある。福井県美浜町では，1月23日，町外からのボランティア受付を開始。行政・地元団体・ボランティアと三位一体型の活動を実施していたが，1ヵ月後の2月23日，突然ボランティアの募集を中止した。原因は，①住民らがボランティアを"もてなす"ことに疲れた，②ボランティアがいる限り，災害のイメージが払拭されず，風評被害につながる，③一部の非自己完結型のボランティアに未熟な行動がみられた，④本部要員をボランティアから調達する自己組織化が行えずスタッフが疲弊したことなどが挙げられた。

阪神・淡路大震災では，手さぐりで始まったボランティア活動が，この日本海重油事故においては，ボランティアが自己責任において自己完結型で活動すること，継続して活動を行うために，ノウハウを引き継ぐための伝達系統が必要であること，そして行政，地元住民との適度な距離感や関係性を保つことの重要性が問われた。また，この災害では，はじめてインターネットが広範に活用された点も特徴として挙げられる。ボランティア募集など情報発信の新しいツールとして，影響力を発揮した。

図2 三国町海浜公園に集結するボランティア

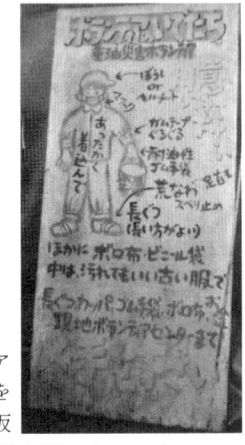

図3 ボランティアのいでたちを説明する看板

参考文献　『プロジェクトX挑戦者たちよみがえれ，日本海～ナホトカ号重油流出・30万人の奇跡～』（DVD，NHKエンタープライズ，2011），重油災害ボランティアセンター編『日本海からの熱い風―ナホトカ号重油災害ボランティアからのメッセージ―』（マルジュ社，1998），立木茂雄編『ボランティアと市民社会―公共性は市民が紡ぎ出す―(増補版)』（晃洋書房，2001）

（立木茂雄）

1999　東海村ウラン加工施設事故　（平成11年9月30日）

事故の概要

大手の原子力燃料の製造会社であったJCO（ジャパンコンバージョン）の東海村事業所で臨界事故が起こったのは，平成11年（1999）9月30日である。わが国はじめての放射物質臨界事故であり，原子力安全神話が崩壊した事故であった。従業員が被爆し，そのうち2人が生命を落とした。

事故の結果，JCOは加工事業許可取り消し処分を受け，ウラン再転換事業を廃止した。平成12年10月16日に茨城労働局・水戸労働基準監督署がJCOと同社東海事業所所長を労働安全衛生法違反容疑で書類送検，翌11月1日には水戸地検が所長のほか，同社製造部長，計画グループ長，製造グループ職場長，計画グループ主任，製造部製造グループスペシャルクルー班副長，その他製造グループ副長の6名を業務上過失致死罪，法人としてのJCOと所長を原子炉等規制法違反及び労働安全衛生法違反罪でそれぞれ起訴した。製造グループ副長は現場責任を問われたが，現場にいて被曝し，労災認定された。平成15年3月3日，6名に執行猶予付き有罪判決，JCOに罰金100万円の判決が言い渡された。

臨界保安基準－質量制限と形状制限

核物質は分解してエネルギーと中性子（電荷がなく重さだけある核粒子）を出す。その中性子が近傍の核原子にあたると，その核原子の核反応を引き起こす。これが連鎖するのが臨界連鎖反応（臨界反応）である。原子力発電は，この臨界反応を起こし，そこから出る熱（エネルギー）を利用して電力を作る。したがって，原子炉のなかでは，暴走せぬように管理して臨界反応を起こしている。原子炉以外のところでは，臨界反応が起こらないように取り扱いの基準が2つ定められている。それが質量制限と形状制限である。

1) 質量制限　一度に取り扱う核物質の量が少なければ，中性子が隣の核原子にあたる確率が低く，臨界反応が起こりにくい。そこで，「一度に取り扱う核物質の絶対量をウラン正味の量にして二・四キロを超えなければ安全だ」という基準が生まれる。これを質量制限という。この量を「一バッチ」と称し，質量制限を「一バッチ縛り」と呼んでいる。

2) 形状制限　核物質から出た中性子が隣の核物質にあたる確率は，核物質の容器の形状がずんぐりしているほど高く，形状が棒状に細長くなっているほど低い。そこで，「核物質を細長い円筒形にして取り扱えば安全である」という基準が生まれる。これが形状制限である。具体的な形状制限は，取り扱う核物質の種類，液体・固体の別，核物質の濃度（％），核物質濃度の均一性によって異なってくるので，それらの変数を代入して算出する。液体で，高濃度で，濃度不均一なほど臨界が起こりやすい。

臨界安全はこのふたつの原則を，つねに守ることを要求している。

事故が起こった物理的要因

商業発電用の原子力燃料は，条約により，濃縮度6％以下となっており，通常は5.5％である。事故が起こった「もんじゅ」の実験用燃料は，特に認可されて作製されていた18.5％の高濃縮燃料だった。事故の物理的要因としてつぎのことがらがあげられている。

1) 溶液の濃縮度が18.5％で，通常の核燃料（5.5％）より高い濃縮度であったこと。
2) 7バッチもの溶液を一度に扱ったこと。
3) この沈殿槽の筒の部分の直径が45㌢だったこと。この施設では，形状制限に適した容器の直径は約17.6㌢だったが，臨界を起

こした沈殿槽だけが形状制限を課せられていなかった。
4)沈殿槽のまわりに冷却水があったこと。タンクのなかで発した中性子が，タンクを囲んでいる水に反射して，タンクのなかに跳ね返ったために，核原子にあたる確度が高くなったのである。

事故が起こったとき，従業員S氏が溶液を沈殿槽に入れ，O氏が漏斗を支えていた。O氏は推定18グレイ当量，S氏は推定6～10グレイ当量の被曝をしたと推定されている。世界の原子力事故の歴史で未曾有の被曝量である。臨界は2度起こったことがのちにわかった。これは再臨界という非常に稀な事態だった。ふつうは最初の臨界によって核物質が空間的に飛散してしまうため，中性子が隣の核原子にあたらなくなる。ところが，今回の場合，臨界がタンクのなかで起こり，溶液が飛散せずタンクのなかにとどまり，かつ，タンクを取り囲む冷却水で中性子が内部へ反射し続けたので再臨界が起こり，継続した。再臨界を止めるために，JCO職員が，被爆量を計算したうえで，分刻みの交代作業のリレーによって冷却水を排出する作業にあたった（『計画被曝』）。

手順違反の積み上げ

この建屋の製造過程は，科学技術庁に届けのないままに，違法に何度も変更されていた。図1は，この製造工程の変遷を図示したものである。

1)当初の工程　図1-aの工程図が，当初，認可された工程である。工程の目的は，粉末の八酸化三ウランを投入し，それを精製し，濃縮度の高まった八酸化三ウランの粉末を得ることである。そのための装置が概略，溶解塔・貯塔・沈殿槽の3つである。溶解塔は，粉末の八酸化三ウランを硝酸に溶かすための装置である。溶解塔・貯塔には形状制限がかけられていたが，沈殿槽には，形状制限がかけられなかった。沈殿作業は直径が大きいほうが効率がよく，かつ

この手順の工程では，沈殿槽に来るまでには濃縮度が相対的に均一化して臨界安全度が増すと国の安全審査で認められたからである。この工程の認可申請が科技庁にあり，科技庁は審査のうえ，認可した。この時点では，この装置で粉末の八酸化三ウランを製造し，粉末で納品していた。

2)液体ウランへの納入条件変更　そのうち，納入条件が変わった。粉末の八酸化三ウランでなく，これを硝酸溶液にした硝酸ウラニルの形での納入となった。

この注文の変更に対して，JCOは，同じ工程で八酸化三ウラン粉末を作った後，工程のはじめで使用した溶解塔に投入し，硝酸溶液に溶解することにした。その工程が図1-bである。溶解塔から出た硝酸ウラニルは，そのまま，4リットルのステンレス瓶に注入され，納入は4リットル瓶10本の40リットルを単位として行われるようになった。科技庁にJCOから，この工程の追加の認可申請があり，科技庁は審査のうえ認可した。

3)ステンレスバケツの使用とクロスブレンディング　ところが，この手順に，一つ面倒な問題があった。精製した八酸化三ウランを溶解させる溶解塔は，工程のはじめに未精製の八酸化三ウランを溶解させた同一の容器である。未精製の原料の溶解に使用した溶解塔で，せっかく精製した八酸化三ウランを溶解させるためには，そのたびに，溶解塔の洗浄が必要で，時間と手間の負担が大きかった。そこで，平成5年(1993)1月の第6次キャンペーンから，溶解塔を使わず，精製された八酸化三ウラン粉末を，10リットルのステンレスバケツのなかで，ステンレスのしゃもじを用いて，手作業で硝酸に溶かす工程が考案された。この変更で，相当な時間的短縮が得られたとJCOは説明している（ウラン加工工場臨界事故委員会資料3-11）。それでも，納入に適した均一濃度が得られにくかったので，前段階で用いられていた4リットルのステンレス瓶を用いて，

「クロスブレンディング」という工程が加えられた。図1-cにその工程を図示する。10リットルのステンレスバケツで攪拌した溶液を，5リットルバケツを経て，4リットル瓶10本にとりわける。そして，11本めの4リットル瓶に，それぞれの瓶から0.4リットルずつの溶液を10回とって，これを4リットルにする。同様に12本目の4リットル瓶にも各瓶から0.4リットルずつとる。この作業を100回から200回繰り返して濃縮度の均一化をはかるのがクロスブレンディングである。10リットルのバケツにウラン溶液をとるのは，形状制限違反であった。直径が形状制限より大きく，臨界を起こす危険があった。それを4リットルの瓶10本にとって1ヵ所に置くのも，安全基準違反の可能性が大きい。この場合，瓶と瓶の間隔を一定以上あけて固定することが求められるが，固定はされていないようだった。したがって，この作業工程の変更は，保安基準違反で認可され得ないものであった。JCOはこの工程変更を科技庁(当時)へ届け出なかった。

4)最初の溶解作業へのステンレスバケツの使用　工程手順違反はさらに続いた(図1-d)。この前の手順変更によって，ステンレスバケツを使用すれば，溶解塔の洗浄が省略できることを経験した。平成7年10月の常陽第7次キャンペーンから，それがさらに拡張され，正規工程の最初の粉末八酸化三ウラン粉末の硝酸への溶解にも，同型のステンレスバケツが使用されることとなった。この工程変更によって，溶解塔は全く用いられなくなった。さらに，もう一つの変更が加えられた。精製された八酸化三ウランをふたたび硝酸に溶解したのち，クロスブレンディングの直前に，貯塔を使用することになったのである。この変更で，ステンレスバケツを用いた攪拌手作業の負担が減ったとJCOは事故調査委員会に対して報告している(『ウラン加工工場臨界事故委員会資料』3-11)。

この段階での貯塔の使用が，最終的な事故の重要な伏線となった。貯塔は，形状制限を満たしていた。それに便乗して，質量制限違反の7バッチもの処理をしても臨界が起こらなかったのである。この工程は，平成8年11月に終わった常陽第8次キャンペーンまで用いられた。第8次キャンペーンの後，「もんじゅ」のナトリウム漏れ事故が起こった。そのため高濃縮度燃料を用いた実験がしばらく凍結され，実験用の高濃縮度ウラン燃料の需要が途絶えた。注文が途絶えた3年間，この施設は使用されることがなく，また，この間，大幅な「リエンジ」(リストラ)が行われたため，これらの作業を担当していた人が去り，この作業に関する知識すら失われることとなった。

5)事故につながった工程　図1-eに，今回事故に至った工程を示す。3年ぶりに注文のあったのが平成11年9月だった。この製造作業にあたることとなった「スペシャル・クルー」の3人は，いずれも，この作業ははじめてだった。経験者はおらず，限られたメモと情報でこの作業を行わなければならなかった。手順を検討するうち，スペシャル・クルーのチーフは，精製後の八酸化三ウランの溶解を，貯塔ではなく沈殿槽で行うほうがよいと考えたらしい。沈殿槽のほうが溶解速度が早く，貯塔よりもさらに時間の短縮が期待できると考えたという(『ウラン加工工場臨界事故委員会資料』3-11)。その結果，精製された八酸化三ウラン粉末の硝酸溶液を7バッチ，沈殿槽に投入することになった。沈殿槽は半径が45センチで，形状制限がかかっていなかった。そこに7バッチを投入したので臨界が起こったのである。

JCOの経営的背景

核燃料の世界は，激しい国際競争の世界で，日本の核燃料メーカー，アメリカの核燃料メーカーが，従来から激しい価格競争を繰り広げていた。JCOは昭和54年(1979)に住友金属鉱山を100％株主として設立された。

前身は，住友金属鉱山核燃料事業部東海工場である。主要な製造物は，通常の商用発電用の軽水炉が使用する低濃縮度(5.5%)の核燃料だった。事故が起こった高濃縮度の核燃料は，実験用のもので，利益率は高いものの，会社としてはマイナーな仕事だった。JCOは核燃料メーカとしては国内最有力のひとつだったが，平成5年に経営のピークを迎えたのち，生産量，売り上げ，ともに下降を始めたことがわかっている。JCOの売り上げは，平成5年に32億7,600万円だったが，その後，悪化し，同10年には17億2,300万円にまで下がった。営業収益は実質赤字で，収益が副業の営業外収益(主として資産の賃借)に大きく依存していた。収支の悪化を受け，JCOは，大がかりなリストラ(JCOではリエンジと称していた)を平成6年から開始していた。リストラは，直接部門に重くかかっていた。平成8年以降，直接部門の人員は68人から38人へと大きく減少したのに，間接部門は77人から72人に減っただけの小減にとどまっている。軽水炉用の燃料施設(第一加工施設，第二加工施設)では，リストラに着手した平成8年には48人だったが，10年には20人に減少している。この間，これら施設の年間生産量は495トンウラン(年あたり)から374トンウラン(年あたり)に減産しているが，一人あたりの生産量は年ひとりあたり，10.3トンウランから18.7トンウランへと80%ほども上昇しているのである(ウラン加工工場臨界事故調査委員会資料2-5)。

スペシャルクルー

この作業に従事していた「スペシャルクルー」は，5人のグループ(リストラ後に3人から5人に増員されたが業務はそれに伴う以上に増加している)で，主たる業務は，軽水炉ラインの仕事，排水処理工程の運転，クリーニング液の処理(濃縮度切り替えの際のクリーニング廃液，粉末の処理)，固体廃棄物の処理，30Bシリンダーの5年定

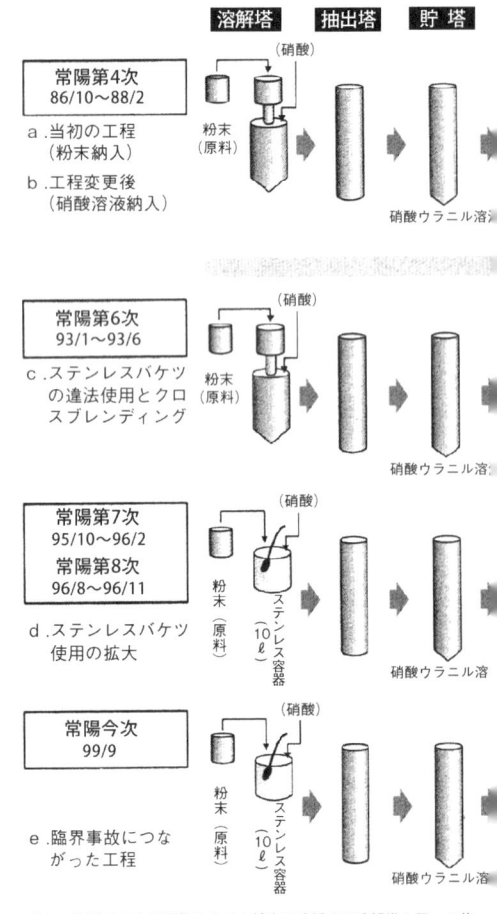

図1　JOCのウラン製造工程の変遷概念図
（岡本浩一『無責任の構造』より）

期検査などであり，ウラン再転換を行う工程に関わったことはなかった。彼らが「オン・ザ・ジョブ・トレーニング」以外に，臨界を含む核物質の取り扱いの注意について組織だった教育を与えられていなかったことがわかっている(ウラン加工工場臨界事故調査委員会資料2-5)。

まとめ

JCOが，実験用の高濃縮度のウラン燃料の製造を始めたのは昭和61年(1986)である。

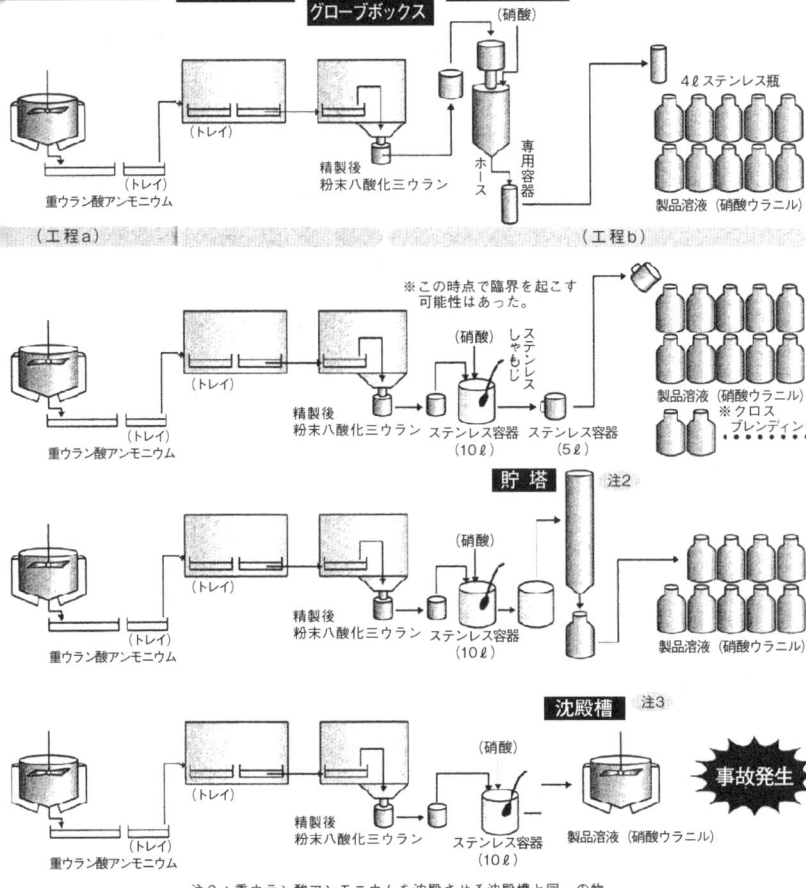

東海村ウラン加工施設事故　707

注3：重ウラン酸アンモニウムを沈殿させる沈殿槽と同一の物

主力製品である商用炉用の低濃縮度核燃料（年に715トンウラン生産）に対し，実験用高濃縮度の燃料の生産量は，年間3トンウラン前後と少なく，マイナーな製品であった。平成5年(1993)をピークに，JCOの経営が悪化し始めた。軌を一にして，この年，この高濃縮度燃料の再溶解に，ステンレスバケツの使用という「工夫」が導入された。科技庁，原子力安全委員会に無届けで行われたこの工程変更が，すでに，臨界の危険を含むものであった。さらに工程には「工夫」が追加され，臨界安全がより強く冒さ

れるようになっていた。リエンジが開始された平成8年には，貯塔を再溶解に使用し，しかも貯塔の形状制限を利用して，質量制限違反の7バッチを投入するという工程が編み出された。平成11年，貯塔ゆえの質量制限違反の7バッチ投入を，形状制限のかけられていない沈殿槽に対して行なったため，とうとう臨界が起こった。

参考文献　岡本浩一『無責任の構造』(PHP新書，PHP研究所，2001)，「計画被爆」，『ウラン加工工場臨界事故委員会資料』2-5・3-11
　　　　　　　　　　　　　　　（岡本浩一）

2000 有珠山噴火 （平成12年3月31日—8月）

災害の概要
平成12年（2000）の有珠山噴火は，有感地震が頻発する3日半の前兆活動を経て，3月31日午後1時7分に北西山麓に新しい火口を開きながら始まった。噴煙は火口直上500メートルまでしか上昇せず，小規模で低温の火砕サージが発生した。4月18日までに総計60を超える火口が次々と形成された。一部の火口とその周辺の沢からは間欠泉のように熱水が吹き出し，噴出物と混ざって泥流が発生した。噴火の初日には少量の細かな軽石が放出されたが，上昇したマグマ本体は地下に潜在ドームとして留まり，地表の隆起量は最大約80メートルであった。4月をピークとして8月末までの間に地盤の隆起に伴う変動も進行した。この変動に伴って多くの断層が徐々に成長し，地盤の伸縮や傾きなどの変形も起きた。噴火は開始後5ヵ月で収束したが，その後2年余りの間，地熱活動の領域が拡大していった。

被害の概要
この噴火で国道と町道はその上に火口が形成されただけでなく，階段状にずれた断層群が生じて寸断され，下り坂が上り坂になってしまった。高速道路は路面が傾き，橋脚やトンネルの一部が破損した。住宅・工場・幼稚園の建物は穴だらけとなった。泥流は砂防施設や河床を埋め，国道などの橋を押し流し，河川からあふれて住宅団地や公共浴場・町立図書館・小学校に流れ込んだ。噴火前に避難したため，住民や観光客の死傷者は出なかった。北海道の統計資料によると，国道や高速道路を除く被害総額は約233億円に達した。

復興への道
被災した道路や公共住宅・小学校などは，法制度上の課題を乗り越えて，原状の復旧ではなく将来の噴火に際して安全な場所への移転が行われた。海岸部と洞爺湖温泉街を結ぶ国道230号は，併設した下水道上を徒歩による避難路としても使えるトンネルルートで再建された。被災した町道は観光道路を兼ねた移設が行われた。小学校は温泉街から離れた集落に新校舎が建設された。平成12年噴火での避難所の実態から学んで，災害時に避難所として使いやすい設計となっている。被災した病院や公共住宅も安全な地区に新築移転した。

次期噴火への備え
江戸時代以降20—60年程度の間隔で噴火災害を繰り返す有珠山は，被災経験を生かした噴火対策が肝心である。噴火終息後に，次期噴火への備えを視野に入れた防災マップの改訂版が配布され，防災啓発ビデオと副読本が制作された。噴火時に対策本部として使う機能を備え，普段は火山防災展示室と集会場として使う防災センターが新設された。平成12年噴火で泥流に襲われた地区など山麓2ヵ所には，将来の噴火に備えた遊砂地が建設された。遊砂地の中に被災した公共住宅などを保存展示した噴火遺構公園も作られた。移転した小学校の跡地は環境省のビジターセンターと町立火山科学館が新築された。被災した図書館は多くの火山関係の蔵書を備えて再開され，啓発活動の一翼を担っている。平成21年には洞爺湖有珠山地域が世界ジオパークの一員となり，防災を視野に入れつつ大地の変動を学ぶ火山観光地となった。近い将来やってくる次期噴火でこうした施策の有効性が確かめられるであろう。

参考文献　北海道編『2000年有珠山噴火災害・復興記録』，2003，北海道新聞社編『2000年有珠山噴火』，2002　　　（宇井忠英）

2000 三宅島噴火 （平成12年7月14日）

2000年火山活動の概要

三宅島は東京から約150㌖南南西に位置する玄武岩質火山で，歴史時代から噴火を繰り返してきた。特に20世紀には昭和15年（1940），37年，58年，平成12年（2000）と4回も噴火している。平成12年の噴火は山頂部にカルデラが形成されるという，2,500年前に発生したとされる事件の繰り返しであった。ただし2,500年前には島全体を噴出物が覆い尽くす大噴火の結果，山頂部が陥没した。平成12年のそれは，マグマが島の西方海底下に貫入することによって地下に空洞を生じて，山頂部がへこんだもので，通常のカルデラ形成過程とは非常に異なるものであった。山頂の陥没カルデラから噴火も起こったが，噴出物の総体積（1,100万立方㍍）は，山頂に形成されたカルデラ体積（6億立方㍍）のおよそ60分の1に過ぎない。

本島噴火では，2つのマグマ溜りが関与していた。噴火の前には，明瞭な前兆現象が捉えられていた。昭和58年噴火の前から2年おきに繰り返されていた水準測量により，深さ約10㌖にある深部マグマ溜りが58年マグマ放出によって収縮し，再び膨張を続けていることが分かった。平成11年には昭和58年収縮量のほぼ80％が回復しており，いつ噴火してもおかしくないとされた。一方地磁気連続観測により，平成8年中頃から山頂カルデラの南壁直下のあたりで温度が上昇していることが明らかになった。これは深さ約2.5㌖にある浅部マグマ溜りから分離した熱水が，円柱状に岩石を温めながら上昇していると解釈され，現在の火口につながる火道を形成する動きであった。

平成12年6月26日夕方に浅部マグマ溜りからマグマが上昇を始めたが，地表には到達せず，三宅島の西方海底で翌27日午前中に小規模な海底噴火を起こした。マグマはさらに西方海底下に貫入して，神津島・新島付近の地下に存在する流紋岩質マグマを刺激した。このマグマが地表近くまで貫入したため，M6クラス5回を含む激しい群発地震が6月末から8月まで続いた。幸いにして噴火には至らなかった。

7月8日18時41分山頂部が陥没して少量の火山灰が放出されたが，新鮮なマグマは検出されなかった。7月14日と15日に陥没孔南側の火口から，最初の噴火が起

表1　三宅島噴火の歴史

年	概要
応徳2年(1085)	噴火
久寿元年(1154)	噴火
文明元年(1469)	噴火
天文4年(1535)	噴火
文禄4年(1595)	噴火
寛永20年(1624)	溶岩は海中へ約1㌖流出。約3週間。
正徳元年(1711)	山麓（？）で噴火，溶岩が海中にまで流出。約2週間。
宝暦13年(1763)	雄山山頂噴火，阿古村薄木でも噴火。
文化8年(1811)	北側山腹噴火。約1週間。
天保6年(1835)	西山腹の笠地付近で噴火，噴石，溶岩流。約10日間。
明治7年(1874)	神着村南方の山中で噴火。人家45戸が溶岩に埋没。死者1名。約2週間。
昭和15年(1940)	7月12日北東山腹より噴火，溶岩流出。14日から山頂噴火。死者11名，負傷20名，牛の被害35頭，全壊・焼失家屋24棟。約25日間。
昭和37年(1962)	8月24日北東山腹の海抜200～400m付近から噴火。噴火は30時間で終了。焼失家屋5棟，山林耕地等に被害。
昭和58年(1983)	10月3日南西山腹から噴火。溶岩噴泉，溶岩流。溶岩流で阿古地区の住宅の埋没・焼失約400棟。山林耕地等に被害。総噴出量2000万㌧，噴火は約15時間。
平成12年(2000)	全島民島外避難。火山活動は継続中。

（気象庁資料による）

こった．火山灰は白色で石膏など を多く含み，従来の三宅島噴火に 共通する赤黒色のスコリアとは異 なって水はけが悪く，降雨によっ て土石流の原因となった．6月27 日海底噴火と7月噴火に伴うマグ マ物質は，昭和58年噴出物と化学 成分が同じで，浅部マグマ溜りに は58年噴火のマグマが残留してい たものと判断された．8月10日に 2回目の噴火が起こったが，火山 灰に含まれるマグマ物質の化学成 分はよりケイ酸が少なく，浅部の 溜りは深部溜りから上昇したマグ マによって置き換えられたと見ら れる．

陥没孔は8月の中頃まで拡大を続 けて新たなカルデラ（新八丁平カ ルデラ）が形成された．GPSのデ ータはマグマ溜りが収縮を続けて いることを示していたにも拘わら ず，8月18日最大噴火が発生した． 新カルデラ直下に熱泥溜りが形成 され，マグマ水蒸気爆発に至ったらしい． さらに8月29日低温の火砕流は，大きな人 的被害をもたらしかねないきわめて危険な ものであった．

9月上旬に全島民3,800人が島外に避難し たが，その後大きな噴火は発生しなかった． しかし大量の有害な二酸化硫黄（SO_2）ガス が山頂火口から放出されるようになった． 火山ガスに対する安全対策が確立されるま で，三宅村民は平成12年9月から17年5月 までの4年8ヵ月の間，島外での避難生活 を強いられた．帰島後も火山ガスの影響を 受ける生活が続き，三宅村の定住人口は約 2,800人に留まっている．

被害と防災対応

三宅村は平成6年（1994）「三宅島火山防災 マップ」を作成し，数年に1回，1,000人 以上が参加する避難訓練を実施してきた．

図1　8月18日の最大噴火　約20㌔南方の御蔵島より

6月26日に緊急火山情報が出されて，島の 南部の住民が2時間以内に北部に避難でき たのは，この訓練の成果である．また地震 計，傾斜計，GPS連続観測のデータがテレ メータされ，気象庁による火山情報が迅速 に出されるようになった．6月26日の緊急 避難から8月10日噴火ころまでの三宅島に おける防災対応は，事前準備と的確な情報 伝達のおかげで合格といえる．

7月1日神津島では大雨で地盤がゆるんで いた所に，M6.5の地震によって崖崩れが 起こり，死者1名が出た．平成12年三宅島 噴火関連の災害における，唯一の犠牲者で あった．群発地震によって，神津島・新島・ 式根島では観光客が激減し，大きな経済的 被害をこうむった．

7月26日大雨によって，三宅島では初めて 土石流が発生した．8月18日の最大噴火は

噴煙高度が14㌔に達したが，無風であったため一周道路に噴石は飛んだものの，人的被害は皆無であった。噴火が夕方に起こったため，被害状況が直ちには明らかでなく，気象庁は火山観測情報を出すにとどまった。8月29日朝に低温火砕流が発生したが，たまたま噴煙の温度が30℃しかなく，人々は噴煙の中を歩いていた。温度が70℃以上で人は死に至るので，8月18日最大噴火とあわせて，死者が発生しなかったのは幸運であったとしかいいようがない。8月18日の段階で気象庁は緊急火山情報を出すべきであったし，それに合わせて行政側は全島避難を急ぐべきであった。

9月1日三宅村長は全島民に避難勧告を出し，2日から4日にかけて村民3,829人（住民登録者）は島外に避難した。滞在先は主に東京都内で，2,539人が公営住宅，1,145人が縁故を含む民間住宅であった。平成14年ころから帰島準備が始まった。「火山ガスに関する検討会」によって，SO_2ガスに対する安全基準が定められたが，平成15年ころから火山ガスの放出量が横ばいになり，三宅島の半分位の地域では，火山ガスの安全基準を満たさない状態が翌年まで続いた。三宅村では平成16年に前村長の病気辞任を受けて新村長が選出され，村長は「火山ガスが現状のままでも，十分な安全対策をとって帰島する」との方針を表明，国と東京都も全面的に支援した。17年2月に住民に対する避難勧告が解除され，同年5月に帰島がかなった。

三宅村は「安全確保条例」を定め，島内の2地域（東側および南西側の一部）を高濃度地域に指定して居住を禁止し，それ以外の地域に対しても火山ガス監視システムによって警報（屋内・他地域への避難）を発令・解除する体制を作った。帰島後6年を経た平成23年現在，三宅島で火山ガスによる急性患者は出ておらず，三宅村の火山ガス対策は成功している。火山ガス放出量も減りつつあり，21年には阿古高濃度地区の指定が解除され，坪田高濃度地区についても23年から条件付きで居住制限が解除されている。

今後に向けて

平成12年(2000)三宅島噴火は，防災対応への反省から，気象庁が火山警報をレベル化する契機になった。火山噴火警報レベルは噴火状態の危険度を示すだけでなく，防災対応を指示しているのが特徴である。行政はレベル5（緊急避難）を想定した防災計画を策定し，平常からの備えを要請されることになった。爆発的噴火では，噴火地点から半径4㌔以内では噴石の飛ぶ危険がある。したがって伊豆諸島の全ての島では，数千人から1万人（観光客を含む）の緊急避難が要請される可能性がある。東京都は平成21年に新たな地域防災計画（火山編）を策定し，全島避難をも想定した防災訓練を各島の自治体とともに実施している。全島避難には大型客船や航空機が不可欠であるから，観光産業を含む地域振興策の一環として取り組まれるべきである。一方，過去の履歴からの安易な「噴火想定」に頼らず，研究者がより柔軟な噴火シナリオを構築する試みもなされている。この噴火の教訓が次に生かされることを望みたい。

[参考文献] 特集「三宅島2000年噴火と神津島・新島周辺の地震活動」（『地学雑誌』110ノ2，2001)，気象庁地震火山部火山課「地上気象観測からみた平成12年(2000年)三宅島噴火の仕組み」（『気象庁技術報告』128，2006)，三谷彰『三宅島島民たちの一年』（岩波ブックレット542，2001)，東京都総務局総合防災部編『三宅島噴火災害誌ー平成12年(2000年)ー』，2007，『三宅村防災のしおり』，2005，気象庁『火山噴火予知連絡会最近10年の歩みー火山噴火予知連絡会30周年特別号ー』，2005　　　（笹井洋一）

2000 東海豪雨 （平成12年9月11—12日）

災害の概要

平成12年(2000)9月11日の夕刻から12日未明にかけて，名古屋市を中心に集中豪雨が来襲し，未曾有の被害となった典型的な都市型水害である。この集中豪雨は，台風と秋雨前線の組み合わせで発生した。まず，9月11日の午後4時には，台風14号は南大東島付近の北緯25.3°，東経131.0°付近にあり，中心気圧925hPa，最大風速50㍍/秒の勢力を保ちながら時速15㌔で北西に進んでいた。一方，秋雨前線が山陰沖から能登半島，東北地方北部から太平洋にかけて横たわり，ゆっくりと南下しつつあった。この前線に向かって台風から伸びた湿舌（台風の中心付近から温かくて湿った気流が舌状になって一定方向に吹きつけること）が，鈴鹿山脈に衝突してつぎつぎと積乱雲を発生させた。この雨雲がゆっくり西進し，名古屋市を中心とした東海地方に未曾有の豪雨を降らせた。

もっとも雨が激しく，かつ大量に降ったのは，名古屋市内であり，図1にそれを示した。名古屋地方気象台が観測した降雨量は，最大1時間降雨量93.0㍉(11日18:06～19:06)，最大日降雨量428㍉，総降雨量566.5㍉であり，いずれも統計開始以来109年間でもっとも高い値である。ちなみに，それまでの最大日雨量は218㍉であり，約350年に一度の大雨が降った。また，名古屋市が管理する雨量観測所は市内に30ヵ所を数えるが，最大降雨量は647㍉，最小降雨量は382㍉で，平均して494.7㍉降ったことがわかっている。名古屋市の面積は326.35平方㌔であるから，約1億6千万立方㍍の雨が市内に降ったことになる。

名古屋市とその周辺市町村において，市街

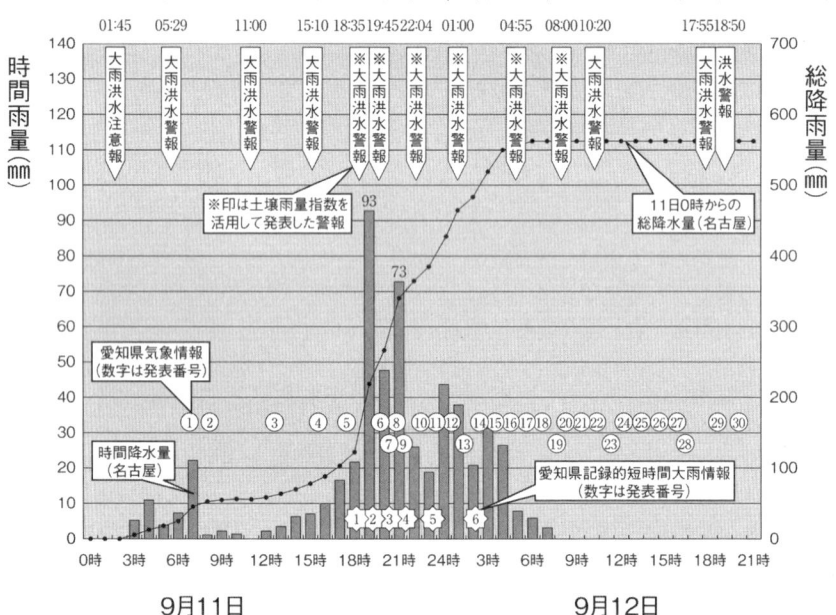

図1　名古屋の雨量の時間変化と大雨洪水警報の発令（愛知県提供）

地に降った雨水（内水という）の下水処理能力は，1時間に50㍉である。たとえば，前述した名古屋市の30ヵ所の観測所のすべてにおいて，最大1時間降雨量は50㍉を超えていることから，市内の至る所で下水がマンホールなどから逆流して道路が冠水していたと推定される。結果的には，内水氾濫により名古屋市内は37％の市域が浸水した。

しかし，被害は，内水氾濫だけではなく，外水氾濫によるものも合わせたものだった。堤防の破堤氾濫は，12日午前3時半ころに，新川左岸の名古屋市西区あし原町地先で，図2のように発生した。このときの推定流量は約350立方㍍/秒であった。すでに，庄内川には約4,000立方㍍/秒の洪水が流れており，洪水の一部が，本堤の一部が低くなっている越流堤（新川洗堰）を越えて右岸から流れ出る右派川の新川に流入することによってピークカットされた。

図2　新川左岸の決壊個所

図3　河道が狭められた新川右岸の工事現場

同時刻には下流の国道1号線の一色大橋上流左岸では，越水が始まっており，この新川への流入というピークカットによって破堤氾濫による名古屋市街地の広域浸水という最悪の事態は免れた。

新川の左岸の破堤は，対岸の右岸側に立地している水場川排水機場の改修工事のために，図3のように，河道内に鋼矢板が打設され流路幅が狭くなっており，この付近で水面が局所的に上昇して堤防を越水して発生したと推定される。また，名古屋市内の天白川なども越水しており，市内では内水氾濫と外水氾濫の同時発生による浸水が多発した。

名古屋市の若宮大通地下には容量10万立方㍍の調節池があるが，東海豪雨のときには早い段階で満水となっており，効果を発揮できなかった。わが国では，東京や大阪などの大都市で地下河川が建設されてきたが，貯水容量はいずれも数10万から数100万立方㍍程度であって，地下河川は，最近，夏季に発生する雨域の小さな（数平方㌔程度）

ゲリラ豪雨に対しては有効であると考えられる。しかし，総降水量が1億立法㍍に達するような集中豪雨では治水効果は見込めない。

被害の概要

この水害では，愛知県の名古屋市を含む20市町と岐阜県の1町の合計21市町（いずれも当時の名称）に災害救助法が適用された。被害として，死者10名，負傷者115名，床上浸水22,894棟，床下浸水46,943棟，総被害額は8,656億円となり，そのうち家具や家財道具の被害額は全体の32％に当たる約2,775億円に上った。1件の豪雨災害としては史上最大の経済被害となった。泥水を被って使えなくなった家具や電化製品，畳などの図4のような水害ゴミの量は，愛知県内の21市町で合計81,400㌧にも上がった。その処理作業が終わったのは7ヵ月後にあたる翌年の平成13年（2001）4月上旬だった。また，浸水域における図5のような水損車両は10万台に達した。全町が外水氾濫による浸水被害を受けた西枇杷島町（現清州市）では，調査対象となった2,332台のうち，83％に当たる1,935台が「修理不能で廃車」となった。

ライフラインのハード施設被害よりも，その利用というフローの被害が大きかった。まず，東海道新幹線は，最長22時間21分の遅れを記録し，東京―新大阪間で74列車が立ち往生して，約52,000人が車内で一夜を明かした。この最大の原因は，雨は短時間で弱まるという判断から，後続列車を東京駅や新大阪駅から発車させ続けたために起きた。

また，在来線についてはレールや駅舎，地下通路などが冠水してJRや近鉄，名鉄などの鉄道各線は不通になった。名古屋市営地下鉄も，野並駅のように地下の駐輪場の斜路から浸水して，ホームの直下まで水没した。斜路の入口の床に止水板が設置されていたが，日頃の管理が悪く，隙間に砂やゴミが詰まっていて引き起こせなかったのである。4駅

図4　住宅から運び出された水害ゴミ

図5　水没した痕跡が窓ガラスに残る車

で浸水が起こり，地下鉄桜通線・鶴舞線・名城線が一時，不通になった。これらの鉄道・地下鉄の運休は，駅における多くの滞留者を発生させた。たとえば，JR名古屋駅では，約5,000人，近鉄名古屋駅と名鉄新名古屋駅では，それぞれ約1,000人が駅構内で一夜を明かした。一部の地下鉄駅構内や車輌を開放し，約1,300人が仮眠をとった。東海豪雨では，11日から14日までの4日間に，少なくとも110万人の利用客に影響が及んだと見られている。

なお，電気・都市ガス・水道などは大きな施設被害は発生しなかったが，直後の停電によって，信号が点灯せず，浸水していない幹線道路に車が集中したことや見舞客などが大量に被災地を訪問したために，大交通渋滞を引き起こした。

救援・救済の概要

この災害は，人的被害は少なく経済被害が大きいという特徴を有していた。そのために，たとえば，被災者生活再建支援法も適用されなかった。この災害がきっかけとなって，改善された救援・支援では水害時のボランティア活動が特記される。

平成7年(1995)阪神・淡路大震災では延べ140万人に達するボランティアが活躍した。しかし，大規模水害時のボランティア活動は今回が初めてであった。最終的には愛知県だけで3,962件の派遣要請に対し，延べ19,598人のボランティアが活躍し，水害ボランティア活動に対する実績が蓄積された。水害が発生した9月12日には，被災地ではボランティアの姿はほとんど見られなかった。水害の場合には，浸水が続いている地区もあり，容易に被災地を訪問できるわけではない。地震災害の場合は，道路が通れなくても，被災地には徒歩で入ることが可能であるが，浸水が継続している被災地を訪問することは困難である。連日，被災地の調査に入って，気がついたことがある。それは浸水被害後いち早く跡片付けをしている住宅と被災したまま放置された住宅が混在するという現象である。前者では，職場や友人などの応援部隊が水損した家財道具を道路に運び出したり，仮置き場に移動させたりしていたが，後者では人影がなく，ひっそりとしていた。これは震災と水害の被害の出方が違うことに起因している。すなわち，揺れによる住宅被害は，それぞれの住宅の耐震強度に依存する。すなわち，地域全体の住宅が被災するわけではない。ところが，水害では，地域の住宅はほぼすべて被災するのである。だから，すべての住民が水害後，後片付けをやらなければならない。ところが，高齢者は体調を崩したり，自分一人の力では後片付けをできないので，水損家具などを放置せざるを得ない。つまり，被災後に早くボランティアが駆け付けないと，床下の泥の掻き出しから水損家具の搬出などが遅れ，被災地の復旧が長引くというわけである。

図6は，高齢者の住んでいる住宅の復旧が非常に遅れるというアンケート調査結果である。ますます高齢化社会になっている現状で，この事実は大変深刻といえる。

愛知県では，愛知県地域防災計画において，県も含めた12の団体で「防災のためのボランティア連絡会」を組織し，団体相互間で協定書を締結し，連携が図られていた。また，名古屋市でも，社会福祉協議会の協力を得て，ボランティアの需給調整，コーディネートに関することおよび災害ボランティアセンターの設置と運営が計画され協定書が締結されていた。

しかし，水害直後にはいずれもすぐに立ちあがらなかった。それは，これらの組織が阪神・淡路大震災後に立ちあがったもので，しかも震災を想定したものであったからである。水害を想定した立ち上げ訓練をやっていたわけではなく，その分，活動の開始が遅れた。これは被災地外のボランティア組織にしても同様の事情であった。

水害から2日後の14日16時に愛知県庁に本部と県内4ヵ所(その内，名古屋市内は2ヵ所)に，官設民営の水害ボランティアセンターが開設された。この開設・運営にあたっては愛知県が阪神・淡路大震災の翌年から実施していた「災害ボランティアコーディネータ養成講座」の修了生約400名の

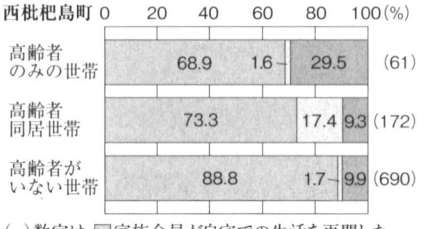

うち約100名が県庁に参集し，社会福祉協議会職員と協力して立ち上げたことが特記される。

活動の初期の内容は，汚水に浸かった家具・畳・電気製品・仏壇などを集積場への運び出しと室内の清掃，食器整理などであり，その後は，床下のヘドロの掻き出し，側溝

図6 被災60日後時点の高齢者世帯の生活再開の難しさ

表1 河川激甚災害対策特別緊急事業の治水効果

	東海豪雨の被害	激特事業後(推定)
床上浸水戸数	約1万1,900戸	約1,100戸
軒下以上	約1,400戸	約0戸
軒下以下	約1万500戸	約1,100戸
床下浸水戸数	約6,200戸	約8,600戸
浸水面積	約1,900ha	約1,000ha
想定被害額	約6,700億円	約1,200億円

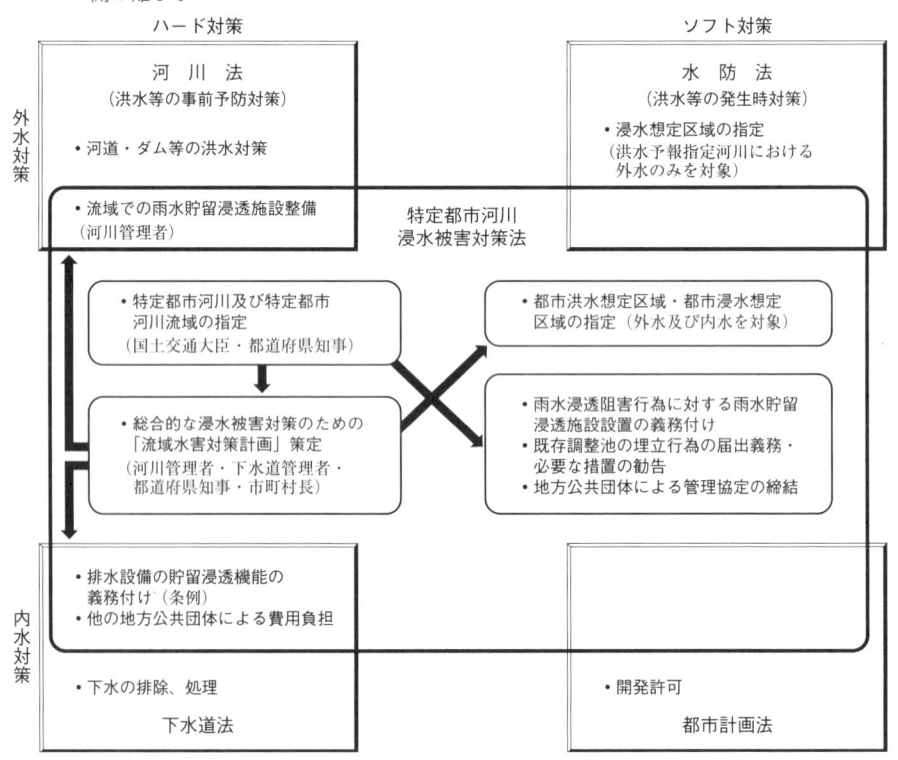

図7 特定都市河川浸水被害対策法の概念図(国土交通省)

の清掃，消毒液の散布が多くなり，新しい畳が搬入後は家財道具の移動などであった。これらの作業は9月15—17日3連休に集中した。4ヵ所のボランティアセンターへのボランティア・ニーズの減少に応じてセンターの統合・縮小を経て，10月6日に24日間の活動を停止し，閉鎖となった。

復興への道

この水害をきっかけとして，平成12年度より，おおむね5年で完成させる目標で，庄内川や新川に対して河川激甚災害対策特別緊急事業（激特，総額610億円）が採択された。ただし，今回の水害のように，およそ350年に一度発生するような異常な豪雨に対して，水害被害をゼロにする防災は不可能であり，減災を目指すことになった。工事の基本方針は，この水害の後，建設省（現国土交通省）がまとめた「都市型水害対策に関する緊急提言」を受けて策定された。具体的には，庄内川では，320億円の事業費で，①河道掘削で水位を低下させるとともに，築堤して高さの不足する堤防の嵩上げを行う。②堤防を点検した上で必要な強化を図り，漏水，法崩れなどが起こらないようにする。③越流堤（洗堰）を改築して嵩上げを行い，越流量を低下させる。④遊水地越流堤を改築してその効果を向上させる。⑤浸水した西枇杷島町（現清州市）や名古屋市中区下之一色町地区で，水防活動と水害に強いまちづくりを支援するため水防拠点を整備する。

また，新川では，290億円の事業費で，①堤防を強化して計画高水位を超える出水に見舞われても破堤しにくい堤防にする。②河床を掘削して流下能力を高める。③桁下が計画高水位以下にあり，洪水が起きた時に水の流れを邪魔する橋梁や，河床掘削に差し障りのある橋梁を改築・補強する。④遊水地を新川の最上流部に整備する。⑤内水氾濫被害を軽減するために，新川の支川である水場川・鴨田川・中江川の3つの河川ポンプを増強する。

また，両河川に関係して防災情報システムやハザードマップの作成をサポートする。そうした水防活動や避難誘導の支援などソフト対策を行なって，ハード面の対策を補う。これらの対策の推進によって，将来，同じ規模の水害が発生した場合，被害を少なくすることができる。その効果は表1にまとめて示した。推定では，両河川流域における住家の浸水被害は，約18,000棟から約9,700棟に減少し，総被害額も約6,700億円から1,200億円に軽減して，治水事業の経済効果は約5,500億円に上るとされた。

今回の集中豪雨災害では，外水氾濫と内水氾濫がほぼ同時に発生するというような，これまで経験してこなかった大規模な都市水害となった。そのために，被害軽減策が検討され，平成15年4月より特定都市河川浸水被害対策法が施行される運びとなった。これは，著しい浸水被害が発生する恐れがある都市部を流れる河川およびその流域について総合的に浸水対策を講じることを目的としたものであって，①特定都市河川の整備のための流域水害対策計画の策定，②河川管理者による雨水貯留浸透施設の整備，③下水道管理者による特定都市下水道の整備，④特定都市下水道のポンプ施設の操作，⑤河川管理者，下水道管理者以外の地方公共団体による雨水の一時的な貯留，又は地下への浸透，⑥都市洪水想定区域及び都市浸水想定区域の指定とこれらの区域における迅速な避難を確保するための措置，などが含まれている。わかりやすく述べると，図7に示すように，それまで河川管理者と下水道管理者が別々に実施していた洪水対策を一緒に行うことを義務付けたものである。現在，この法律の適用は，神奈川県の鶴見川流域，大阪府の寝屋川流域，愛知県の新川流域となっている

東海豪雨災害後，毎年のように豪雨災害が発生し，特に平成16年には風水害によって，

死者235人，床上浸水43,994棟，床下浸水120,742棟，総被害額2兆1,828億円に達する大被害となった。そのため，国土交通省は「豪雨災害対策緊急アクションプラン」などに基づく洪水対策の充実を，つぎのように図ってきた。①大河川のみならず，集中豪雨の頻発にも対応するため，中小河川においても水位計テレメータを増設して，リアルタイムの水位情報の取得と配信を充実させるとともに，短時間での豪雨・洪水予測精度を向上させる。②浸水想定区域図を公表する河川を増やし，浸水想定区域図やハザードマップの作成を「努力目標」から「義務」とする。③従来の水防団に加え，公益法人等を「水防協力団体」として指定できることにし，水防団員の高齢化問題に対処しつつ水防活動の充実を図る。④迅速な避難を実現するため，高齢者，障害者，乳幼児などが利用する施設への洪水予報の伝達方法を定める。これらの事業推進では，特に都道府県知事が管理する2級河川における洪水対策が喫緊の課題となっている。たとえば，平成21年8月に兵庫県佐用川で発生した豪雨災害では，20名の死者・行方不明者を数えているが，佐用町が利用できる水位計テレメータのリアルタイム情報がなく，避難勧告の発令が遅れる一因となった。平成21年の政権交代による公共事業費の大幅な削減が，治水対策の進捗の遅れの主因となっている。

東海豪雨後には，市街地氾濫に対する2件の訴訟が発生した。1つは野並のポンプ場に関するものであり，他の1つは越流堤に関するものである。①野並訴訟(原告住民708人)。平成11年竣工の新鋭ポンプ場の6基のポンプが浸水によってつぎつぎに停止し，全基停止した結果，最大浸水深3メートルに達する市街地の内水被害が起こり，停止の原因がポンプの燃料を送るポンプが浸水によって停止したためであり，行政の瑕疵が原因であるというものであった。判決は，国の基準に沿う時間雨量50ミリの対応はできており，たとえポンプが稼働していても浸水は避けられなかったから，浸水の直接原因はポンプ停止でないことを理由に，住民敗訴となった(名古屋地方裁判所)。このような問題が起こった原因は，名古屋市がポンプ場を新設したとき，どのような規模の雨が降っても浸水被害が起こらないかのような期待を住民に与えていたことである。ポンプ場の外観は浸水被害がいかにも今後起こらないかのような期待を住民に与えるものであり，公共施設の設計やその住民説明の重要性を示唆した訴訟であった。②越流堰訴訟(原告住民34人)。破堤氾濫した新川は，江戸幕府が庄内川の氾濫危険性を避けるために開削した河川であった。したがって，洪水時に庄内川の右岸の越流堰(本堤より3.5メートル以上天端が低くなっている)から一部の流水(推定約320立方メートル/秒)が新川に流れることは当然のことであった。しかし，このメカニズムは流域住民に十分説明されていたわけではない。今回浸水した地域(浸水家屋数18,100棟)は，そのような危険の存在を周知せずに都市開発された地域に含まれ，一級河川の庄内川の河川管理者に責任があるとした。住民敗訴(名古屋地方裁判所)を受けた控訴審で名古屋高等裁判所の判決は，「治水計画が格別不合理ではなく，早期改修が必要な特段の事情がない限り，未改修だから瑕疵があるとはいえない」という従来の判例(昭和59年(1984)大東水害最高裁判決訴訟)を踏襲したものとなった。わが国にはすでに存在する各種危険性を行政が積極的に開示しない悪弊があり，今回の訴訟もそれが一因となった。

[参考文献] 防災科学技術研究所編『2000年9月東海豪雨災害調査報告』(主要災害調査38，2002)，群馬大学工学部片田研究室編『平成12年9月東海豪雨災害に関する実態調査調査報告書』，2001，愛知県建設部編『東海豪雨災害』，2002　　　(河田惠昭)

2000 鳥取県西部地震 （平成12年10月6日）

災害の概要

平成12年（2000）10月6日午後1時30分に島根県境に近い鳥取県の日野町から米子平野にかけて浅い幅10㌔，長さ25㌔の左横ずれ断層に発生したM7.3の地震。中国地方は日本の中では地殻構造が単純であり表面波が発達し易い条件を備えている。遠くまで大きい揺れが伝わり，震度5弱以上の揺れとなった範囲は島根・岡山・香川・兵庫・広島・徳島県と広かった。この地震で計測震度導入後初めて震度6強が鳥取県境港市と日野町で観測された。

震源断層はほとんど地表まで到達したはずであるが，変動地形からは地震前も地震後も活断層は確認されなかった。M7.2以上の陸の浅い地震でも地表で活断層が認識できない場合があることを示した嚆矢の地震である。また，震源となった地域では明治期に群発地震があったほか，昭和30年（1955）M4.6，平成元年M5.5と小被害の地震が時々は発生していた。西に25㌔ほど離れた島根県の奥出雲町では直後から微小地震が発生し始め，2日後にM5.5の地震が誘発された。　　　　　　　　　　（松浦律子）

被害の概要

死者・行方不明者0名，重傷者39名，軽傷者143名，住家被害は全壊435棟，半壊3,101棟，一部損壊18,544棟であった。火災による被害は発生しなかった。人的被害では，大山一ノ沢付近で作業中の建設会社社員（20代男性）が地震により50～100㍍滑落したり，塀が倒れてきて下敷きになった40代男性と60代女性がいた。いずれも重傷であったものの幸いなことに死者は出なかった。境港市・米子市を中心に液状化が発生，噴砂や地盤流動が生じた。境港の荷揚場も1㍍あまりの側方流動により地盤沈下，上屋の柱が大きく傾斜するなどの被害を受けた。米子市内の住宅地でも砂・水が噴き出し，基礎下の地盤が陥没するという被害が生じた。住宅団地では，液状化により軽微ながら基礎ごと傾いた住宅も多くあった。

傾斜地や，築後長期間経過している家屋が多く，高齢者も3割を超えている中山間地域では，屋根土に瓦葺き，土壁，布石基礎，筋交いのない農家住宅が多く，被害が大きかった。また，地域によっては，ほとんどの住宅で屋根瓦が被害を受けており，外観は無事でも建物内部で柱が折れたり，梁がはずれたりしたものもあった。これらの地域の大きな特徴として，斜面が多いことから，石垣・擁壁が多くあり，石垣の上に直接基礎が乗っている住宅の中には，住宅が無事でも，地盤崩壊や，隣の石垣が崩れて住宅に迫ってきているものがあった。

鳥取県での被害総額は約498億円で，うち約231億円が公共土木施設，約73億円が農林水産業施設の被害であった。

住宅本体の再建への公的補助

鳥取県では，住宅が被害を受けて建替えや補修などが必要となった世帯に対して，「住宅本体の再建に補助金を交付する」という，鳥取県独自の新たな住宅再建支援を行なった。住宅の新築，既存の住宅面積の5割以上の建替えまたは購入の世帯には限度額300万円（県が3分の2，市町村が3分の1を負担），住宅の補修または既存の住宅面積の5割未満の建替えには限度額150万円（50万円以下は県が2分の1，50～150万円は県が3分の1，残りを市町村が負担）を交付した。また液状化による被害からの基礎の復旧には150万円，石垣・擁壁補修にも150万円を限度に公的補助を行なった。

参考文献　鳥取県防災局防災危機管理課編『震災誌―平成12年（2000年）鳥取県西部地震―』，2007
　　　　　　　　　　　　　　　　（木村玲欧）

2003 十勝沖地震 （平成15年9月26日）

災害の概要

平成の十勝沖地震は，平成15年（2003）9月26日4時50分に襟裳岬沖から釧路川沖にいたる沖合い地域に発生した。太平洋プレートと北海道東部の陸地である北アメリカプレートとの境界の逆断層地震。規模はM8.0。初秋の早朝だったため，鮭釣りに十勝川河口に出かけていた2名が行方不明となったほかは北海道で負傷者847名，青森，岩手両県で各1名と人的被害は幸い少なかった。住家全壊116棟，半壊368棟，津波による床下浸水9棟。津波警報によって避難勧告が北海道の14町と岩手県の1村に出されたが，避難対象人数37,000人に対して，実際に避難した人数は6,295人と，6分の1程度であった。

この地震は，昭和27年（1952）とほぼ同じ場所を震源域として発生したが，再来間隔が100年程度と思われていたところにやや規模が小さいこの地震が51年後とほぼ半分の間隔で発生した。昭和27年の地震はまだ戦争の疲弊から回復途上にあり，発生も3月だったが，今回は，まだ寒さが厳しくない時期の早朝であり，日本では半世紀ぶりのM8以上の地震であったが，特に人的被害が抑えられたのは幸運だった。

被害の概要

苫小牧市の出光興産の石油タンクで2度にわたって火災が発生した。50年ぶりのM8以上の地震は，周期数秒の大きい揺れを励起した。新潟地震の時の昭和石油の火災と同様，固有周期の長い大型構造物である石油タンクは，中身の重油がスロッシングを起こして共振によって漏れ出し，火災となった。本震の揺れによる原油タンクの火災は7時間後に鎮火したが，2日後に今度は老朽化していたナフサタンクで火災が発生し，ほぼ2日間燃え続けた。新潟地震での石油タンク火災被害以来40年ほどが経過し，社会から忘れられてきた大型構造物に影響の大きい，やや長周期地震動に対する関心が再び高まる契機となった。

釧路空港では天井パネルが大量に落下したが，早朝で利用客がおらず死傷者は出なかった。

津波は検潮儀では十勝港で2.6㍍，厚内で1.8㍍など北海道東南部から岩手県にかけて1〜2㍍，遡上高でも様似，えりも町，生花苗沼などでは3〜4㍍，と昭和27年のものより小規模だった。それでも，十勝港に駐車した車両が津波にさらわれて海に転落した。

被害は，公共施設が217億円，農産被害580万円，水産被害5億3,500万円，商工被害25億円などで合計259億円であった。

参考文献　消防庁編『平成15年(2003年)十勝沖地震(確定報)』，2004）　　（松浦律子）

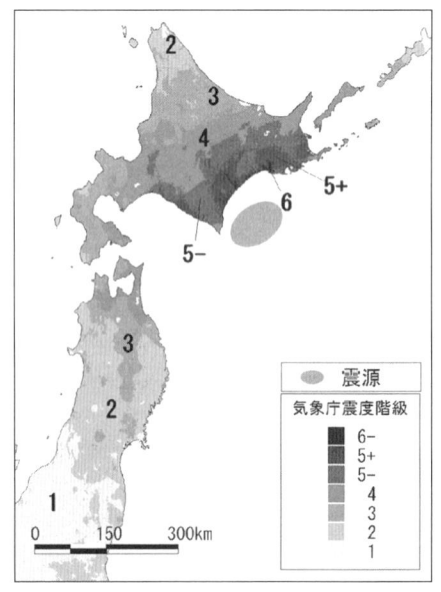

図1　震度分布図

2004　平成16年新潟・福島豪雨　（平成16年7月12日－13日）

災害の概要

平成16年(2004)には10台風が上陸し，梅雨前線や台風の影響で集中豪雨が頻繁に起こった。7月には新潟・福島豪雨と福井豪雨が発生，さらに日本に上陸した台風のうち第21号と第23号が顕著な豪雨を発生させた。7月12日夜から13日にかけて，日本海から東北南部にのびる梅雨前線の活動が活発となった。新潟県や福島県では，12日夜から雨が降り始め，13日には北陸沿岸で発生した雨雲が新潟県中越地方や福島県会津地方につぎつぎと流入し，同じ地域で雨が持続した。9時50分までの1時間に新潟県栃尾市守門岳で63㍉，10時までの1時間に福島県只見町で50㍉を観測するなど，朝から昼ころにかけて非常に激しい雨が降った。12日夜の降り始めから13日までの総雨量は，新潟県栃尾市で427㍉に達し，7月の月間降水量の平年値(242.6㍉)を大きく上回ったのをはじめ，栃尾市守門岳で362㍉，加茂市宮寄上で324㍉，福島県只見町で333㍉を観測するなど，記録的な大雨となった。

被害の概要

信濃川水系の五十嵐川・刈谷田川・中之島川など計11ヵ所で堤防が決壊し，三条市・見附市・中之島町を中心に新潟県で床上浸水12,466戸，床下浸水13,936戸となり，崖崩れによる家屋倒壊や浸水による被害により，死者16人(新潟県15人・福島県1人)となった。犠牲者に占める高齢者の割合は85％を超え，国に災害時要援護者対策への対策を強く促すきっかけとなった。

破堤の状況としては，11ヵ所の破堤箇所のうち破堤時刻が推定されている10ヵ所についてみると，時間雨量50㍉を超える強い雨が降った直後の9時台と13時台に破堤は集中している。朝9時の時点では，村松町下大蒲原での能代川左岸，長岡市富島町での猿橋川左岸の2ヵ所で破堤している。人的被害の発生原因となった三条市諏訪での五十嵐川左岸の破堤氾濫，中之島町中之島での刈谷田川左岸の破堤氾濫はともに13時ころ発生している。この時点で，それ以外にも，中之島町下沼新田で中之島川の両岸，見附市池之島町で稚児清水川の両岸で破堤が発生している。堀込み河川が流下能力を超え，両岸に溢水する状況が窺える。14時20分ころには刈谷田川が見附市内の明晶町で右岸，河野町で左岸が破堤している。

新潟県三条市での被災状況と対応

三条市の被害は8月11日現在で，人的被害として死者9人，重傷1人，軽傷79人，住宅被害は全壊1戸，半壊55戸，床上浸水5,437戸(含集合住宅138棟)，床下浸水1,336棟(含集合住宅15棟)であった。

死者9人が出た三条市諏訪地区での五十嵐左岸の破堤氾濫に至る経緯と被害状況，ならびに破堤前後の市役所を中心とする対応を三条市役所がまとめた『平成16年度7.13豪雨水害の概況』(2004)から概観する。

三条市での降雨の状況について消防本部の記録では，7月13日零時から24時までの日降水量は217.5㍉となり，最大時間雨量は午前6時から7時にかけての44.5㍉であった。三条市は昭和36年(1961)以降4回の水害に襲われている。昭和36年8月，42年8月，53年6月，平成11年(1999)7月である。これらの水害の際の日雨量の最大値をみると，昭和36年8月5日184.0㍉，42年8月28日106.0㍉，53年6月26日の169.0㍉，平成11年7月21日の91.6㍉となる。今回はすべての記録を上回る日降水量があった。

五十嵐川の水位変化は島田川吐口地点で観測されている。この地点での最高水位は11.60㍍であり，堤防高が13.35㍍あったため，洪水の発生を免れている。しかし，この地

点は午前9時の段階で「通報水位」を超え，その後も水位は急激に上昇し，13時ころ諏訪地区での破堤を迎える。その後もこの地点の水位は上昇を続け，15時台に最高水位に達していることがわかる。

三条市がとった対策を見ると，災害対策本部を7月13日午前9時に市役所3階第2応接室に設置している。その後，災害規模の拡大に伴って災害対策本部は2階大会議室に移されている。11時18分には新潟県知事に自衛隊の派遣を要請している。五十嵐川左岸の破堤時刻は13時15分と記録されている。避難勧告の発令状況に関しては，7月13日破堤までの間に10時10分，11時00分，11時40分の3回にわたって発令されている。

新潟県中之島町での被災状況と対応

中之島町では，人的被害は死者3人，負傷者数不明，住宅被害は全壊15戸，半壊139戸，床上浸水496戸，床下浸水375戸であった。特に刈谷田川左岸の破堤によって今町大橋下流地域に3人の死者をはじめとする大きな被害が発生している。中之島町内での降雨量や刈谷田川の水位に関する時間的な変化に関する情報は提出されていない。そこで降雨量に関しては同じ刈谷田川水系に属する前述の栃尾市でのデータを参考とする。中之島町災害対策本部がまとめた『7.13水害速報(7月24日発行)』から，中之島町での7月13日の対応状況を概観する。当日は，11時前後より今町大橋から猫興野橋下流までの土のう積みが開始されている。災害対策本部の設置は12時20分〜40分の間であり，この段階で大字中之島・猫興野・真弓・野口に避難勧告を発令している。刈谷田川が今町大橋下流，妙栄寺裏手で決壊したのは12時52分であり，そのとき上通・中条・信条・西所・三沼地域に避難勧告が発令されている。

破堤後の対応をみると，13時34分から刈谷田川ダム放流を開始している。14時00分から県警ヘリが中之島・猫興野地区で救助活動を開始している。15時27分から航空自衛隊による中之島保育園児の救助活動が開始されている。夕刻の18時40分に町庁舎が停電し，役場機能が停止したため，災害対策本部機能を事実上町民文化センターに移す。19時40分に中之島保育園児が全員救出される。22時35分から陸上自衛隊先遣隊ボートによる救助が開始された。

犠牲者発生の3つのパターン

犠牲者発生の3つのパターンを表1にまとめた。パターン1は，中之島町中之島地区でのハザード(外力としての水流)の影響によるものである。犠牲者の住居は破堤点から100m以内にあり，住宅は一階部分が倒壊している。また，浸水深は3mを超えていたことがわかる。破堤後も降雨は継続しており，浸水は住宅の2階に達した。水が引いた後には氾濫による土砂やさまざまな漂流物が堆積し，浸水深が3mを超えた地区の住宅がすべて撤去される必要があるほどの激しい被害を受けたことがわかる。

犠牲になった3人には以下のような共通点が存在していた。第1に，全員家の中で被災している。第2に，全員の住宅が倒壊している。第3に，全員が後期高齢者である。第4に，全員が健常な高齢者である。自宅が倒壊する状況の中で，この3人だけが犠牲になったという事実は，後期高齢者であるために避難が難しくなった面は確かに存在している。しかし，第5の共通点である「それぞれの家を襲った洪水の高さは3mを超えていた」というハザードの厳しさが大きな影響を与えている。

以上の点を総合すると，浸水深が3mを超える強い水流の洪水が発生した場合，破堤点のすぐ近くの木造住宅は倒壊の危険性が高く，こうした環境下で個人資産の形成を進めること自体が，地域の脆弱性を高めることになり，その中での個人として脆弱性が高い後期高齢者に犠牲が集中する傾向があると結論できる。

表1　新潟・福井豪雨犠牲者の特徴

パターン		パターン1	パターン2	パターン3
地　域		中之島町 (現長岡市)	三条市嵐南 (信越本線東側)	三条市嵐南 (信越本線西側)
ハザードの状況	浸水	3m以上	1.5m程度	1.5m程度
	強さ	家屋倒壊させるような氾濫	流速は早いが，家屋を倒壊させるような威力はない	流速早い。破堤から1.5時間はどしてから，急速に浸水する
被災の状況		倒壊した屋内で死亡	・屋外で被災 ・指定された避難所への移動中が2名	・自室で死亡 ・歩行に障害を持つ ・当時，そばに避難支援者がいなかった
原　因		脆弱性の高い場所に住宅が存在する	浸水深が増してから屋外へ出る	高齢者特有の問題：避難支援者が側にいない
年齢　◇男 ◆女		◆75, ◇76, ◆78	◇37, ◆42, ◇6, 3◇72, ◆78	◆76, ◇78, ◆85, ◆88

パターン2は，三条市五十嵐川左岸破堤点近傍での5例である。このパターンの最大の特徴は全員が屋外で死亡していること，高齢者ではない3人の犠牲者がすべてこのパターンに属している点である。破堤点に最も近い住宅でも，破堤点まで約400㍍離れていた。この地域の浸水深は約1.5㍍程度であったと考えられる。

5人の犠牲者のうち，2人は避難所への移動の最中に犠牲になったと推測されている。2人は路上で犠牲になっている。最後の例では，信越本線の線路に面している工場の様子をみずから点検するために工場に着いたところで犠牲になっている。1.5㍍の浸水深であっても，水流があるところでの歩行は大変難しい。五十嵐川の破堤によって信越本線の東側地域ではかなりの水流があり，破堤点近傍の曲淵や諏訪地区の避難所として指定されている月岡地区では，救助に入った自衛隊の救助用ボートが強い水流のために転覆する状況だった。

パターン2での5例では全員が屋外で死亡している。犠牲者の中には37歳，42歳も含まれており，高齢が要因とはいえない。こうした事例は1.5㍍程度の浸水深で，しかも水流がある中を，屋外で移動することの危険性を強く指摘している。破堤点に近く，被害を受けた住宅でも構造的には一部損壊程度にすぎないことを考慮すると，住宅の2階に留まる，あるいは市外の人でも近傍の住宅に一時的に退避していたならば，犠牲を免れた可能性が高いことが示唆される。住宅が破壊されない程度の浸水で，強い水流の中を徒歩で指定された避難所に向かうことがはたして安全な避難行動とよべるかという課題を提起している。

パターン3は，三条市五十嵐川左岸(信越本線西側地域)の4例である。この地区は嵐南地区と呼ばれ，五十嵐川左岸で信越本線西側の地域である。浸水深は1.0から1.2㍍程度で，浸水の開始は15時以降であり，破堤開始から浸水開始まで約2時間の余裕が存在していた。この地域は五十嵐川が信濃川に流入する部分に近く，土地が低いため，ポンプによる排水を常時行っている。また，年に何度かは20㌢程度の浸水を経験している。7月13日も朝激しい降雨があり，内水氾濫が一部の地域で発生していたが，日常的な浸水と解釈していたという。

嵐南地区で浸水したある自治会の副自治会長は「15時ごろになって，地面にあった水の中に黒い蛇のようなものが見えはじめた」という。これは内水氾濫の水に信越本線東側での外水氾濫の水が破堤開始から約2時間で信越本線西側にも流入したことを示している。「透明な水たまりの中に下水から

蛇のように黒いものがもくもくと出てきたのを見て，昔母親が言った「下水に黒い蛇を見たら気をつけろ」という言葉を思い出した」という。この母親の経験は，五十嵐川が今回と同じ場所で大正15年(1926)に破堤していたことに由来している。そのことを副自治会長は思いだし，慌てて避難を始めた。彼の証言では，水位の上昇は早かったものの，流速はさほどなかったという。
4人の犠牲者には，次の4つの共通した特徴が見いだされる。第1の特徴として，4人全員が居室で死亡している。第2に，全員が後期高齢者である。第3の特徴として，4人全員が何らかの理由で歩行に障害を持っていた。具体的には，杖歩行，要介護，寝たきりの状態にあった。第4の特徴は，4人全員が浸水発生時に，近くに介助者が存在していなかった点である。3人は独居生活者である。77歳の寝たきり男性の場合には，そばに妻が居たものの，妻自身も後期高齢者であり，「一生懸命，夫を上に引っ張り上げようとしたが，寝たきりの夫を動かすことができなかった」という状況だった。いいかえれば，後期高齢者で，歩行が不自由で，2階などの安全な所に引き上げる手助けをしてくれる人がそばにいない状態で暮らしていた人だけが犠牲になっている。つまり，この3つの条件のどれか1つでも変えることができれば犠牲にならずに済むことが考えられる。

新潟県豪雨水害の教訓
新潟県豪雨水害は，7.13水害による犠牲者の発生原因として「高齢」という要素は脆弱性を高める重要な要因であるが，それだけですべてが説明されるわけではないことを明らかにした。
1) 木造家屋を倒壊させるような激しい洪水氾濫が予想される場合　住宅を倒壊させるような激しい洪水に対する備えとして，基本的には危険性が高いところに木造住宅を建設させないような土地利用を推進することが重要であると結論できる。可能であれば危険性の高い場所での個人の資産形成を抑止することが望ましい。住宅を建設する必要性がある場合には，鉄筋コンクリート造などの耐災性の高い建築様式を利用するか，昔から行われてきたように土地の嵩上げや1階部分を水が通りやすいピロティー形式を採用するなど，ハザードに配慮した住宅建設の工夫が求められる。
2) 木造住宅を破壊しない程度の浸水（1階床上浸水程度）の場合　木造住宅が破壊されなかった三条市では2つの被災パターンがあった。特に，三条市信越本線東側の破堤点近傍で発生した屋外で死亡した5人の場合は，避難のあり方について整理することで，この種の被害を抑止することが可能であると考える。木造住宅を破壊しない程度の浸水被害の場合は，1階部分が床上浸水する被害が予想される時には，地域の堅牢な建物，または自宅の2階以上の部分・近隣の2階家を避難場所に利用する「屋内退避」を，避難の重要な手段として地域に浸透させる必要がある。
3) 避難行動に支援が必要な人が地域にくらす場合　木造住宅を破壊しない程度の浸水（1階床上浸水）であっても，三条市信越本線西側地域での4高齢者が自室で犠牲になっており，屋内退避は必ずしも安全な避難手段とはいえない。しかし，この4人の犠牲者の場合には，後期高齢者で，歩行に障害があり，支援者が周囲にいなかったという，犠牲者の個人属性の影響が大きい。

[参考文献]　気象庁編『平成16年夏から秋にかけての集中豪雨・台風等について』，2004，林春男・田村圭子「2004年7月13日新潟水害における人的被害の発生原因の究明」(『地域安全学会論文集』7，2005)，田村圭子「次の災害にいかにそなえるか―災害時要援護者への避難支援を考える―」(『月刊東京消防』12月号，2006)　　　　(林春男)

2004 浅間山噴火 （平成16年9月1日−12月9日）

噴火の推移

平成16年（2004）9月1日から12月9日にかけて断続的に起きた一連の噴火は、昭和48年（1973）以来31年ぶりの中規模噴火であった。9月1日20時過ぎの爆発的噴火が最大のもので、噴出物量は約4.9万トン、火口の北東方向6キロの地点で最大直径3センチの軽石が降下し、降灰域は福島県相馬市まで達した。その後の噴火を含めて多くはブルカノ式爆発噴火であり、9月1日は爆発地震M1.6、23日同M2.3、29日同M1.9、11月14日などが比較的大きな中規模爆発であった。衝撃波（空振）が火口から3.5キロの地点で200Paに達する噴火が2回あった。9月15日から18日の間は、ほぼ連続的に火口内で小爆発を繰り返し、約4.5万トンの火砕物を放出した。この間の活動はストロンボリ式噴火と呼んでも差し支えない様式の噴火であった。9月14日、25日、10月10日に小規模な噴火があり、11月18日及び12月9日は微噴火であった。噴火の全期間を通じて噴出物の総量は約15万トンと推定される。

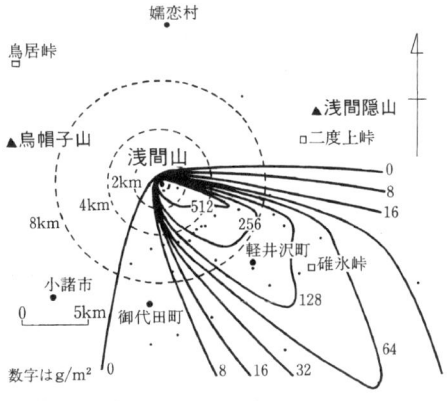

図2　9月15日噴火の噴出物分布

噴火災害と風評被害

浅間山は明治時代以降では、昭和5年（1930）ごろから35年ごろまでの30年間が顕著に活動的であり、10〜数十万トンの火砕物を投出する大規模なブルカノ式噴火が数多く発生している。37年以降は爆発的噴火がほとんど起こらず、わずかに48年に中規模のブルカノ式爆発が3回起きたのみであった。48年以降約30年間続いた静穏な期間に、住民の世代は交替し、浅間山の噴火を実体験したことがない人々が多くなっていた。

このため、平成13年（2001）9月1日に起きた爆発的噴火は、その規模は大きくなかったにもかかわらず、火山周辺の住民に大きな衝撃を与えた。東京にも降灰したためもあり、マスコミの反応も過大であり、噴火は大きく報道された。噴火の実害は、降灰による葉物野菜の被害など、比較的限られたものであったが、浅間山麓の観光産業は宿泊キャンセルなどにより大きな被害を受けた。このような風評被害は噴火が収束した後もしばらく続いたとされる。

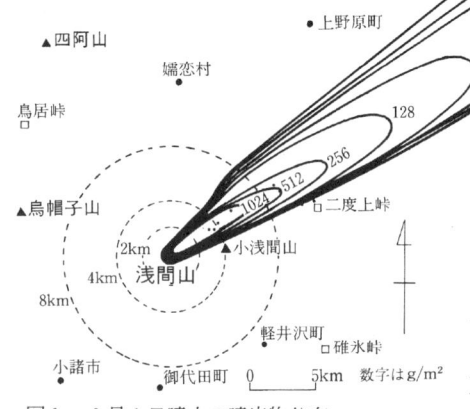

図1　9月1日噴火の噴出物分布

（荒牧重雄）

2004 平成16年台風23号 （平成16年10月20日）

災害の概要

平成16年(2004)10月20日13時ころに台風23号が高知県土佐市付近に上陸し（上陸時の中心気圧955hPa，最大風速40㍍/秒），15時過ぎ室戸市付近を通過して，18時前大阪府泉佐野市に再上陸後，近畿・東海地方を経て21日3時過ぎに関東地方で温帯低気圧となった。この台風によって秋雨前線の活動が活発化し，広い範囲で大雨となった。ただし，気象庁のアメダスの観測点のうち，最大日降雨量の記録を更新したのは30地点で京都府から兵庫県の府県境付近に集中しているのに対し，最大1時間降雨量の更新は1地点となっており，短時間に非常に激しい雨が降ったわけではない。たとえば，死者が淡路島とともに多かった兵庫県但馬地方では，20日15時から19時の4時間にわたり30～50㍉/時の激しい雨が広範囲に降っている。これは台風の進行速度が時速約40㌔と比較的遅かったために，総雨量は300㍉前後の値となり，一級河川の円山川（流域面積1,300平方㌔）と由良川（同1,882平方㌔）が氾濫したためである。図1は円山川の立野観測点での水位であり，既往最大となった昭和34年(1959)の伊勢湾台風の時の出水に比べて87㌢も高くなっていることがわかる。この時点での洪水量は4,200立方㍍/秒であり，流下能力を300立方㍍/秒上回っていた。特に円山川は，兵庫県豊岡市立野大橋付近の右岸堤防が決壊し，ほぼ市街地の全域が浸水もしくは水没した。

この台風は，つぎの2つの点で記憶に留めておかなければならない。その1つは，わが国の波浪観測史上最大波浪を観測したことである。10月20日14時から16時にかけて，室戸岬沖13㌔，水深100㍍の位置で，最大波高26.15㍍，有義波高（観測期間中に計測された波浪を大きいものの順番に並び変えて，上位1/3の平均値）15.00㍍を記録した。このような高波浪が来襲した室戸市菜生海岸では，海岸堤防が約30㍍にわたって決壊し，背後の市営住宅11棟がほぼ全壊して，3名が死亡，4名が負傷する被害が発生した。原因は設計波高を上回る高波浪だったことと，海岸堤防の老朽化であった。
ほかの1つは，この台風は秋雨前線を活発

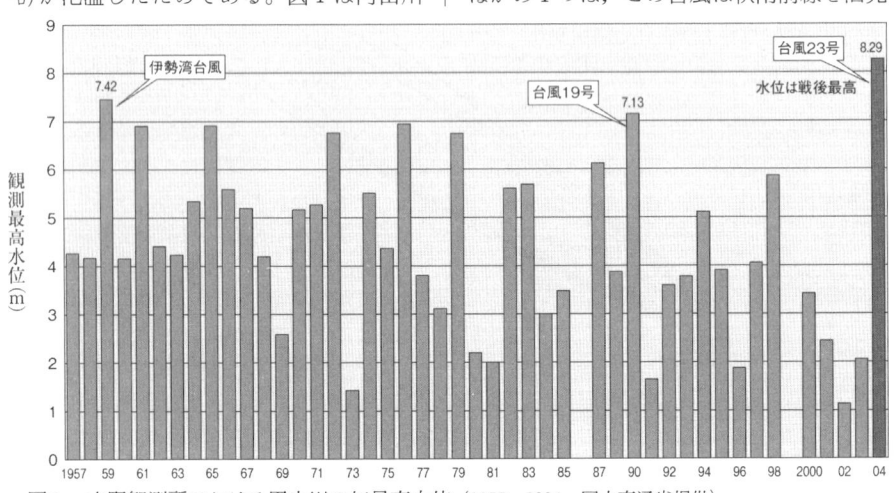

図1　立野観測所における円山川の年最高水位 (1957—2004，国土交通省提供)

化させ，新潟県中越地方にもまとまった降雨があったことである。たとえば，長岡市では19日から23日まで累積雨量は125㍉を記録した。そのことが大きな原因となって，台風上陸3日後の23日に発生した新潟県中越地震時に土砂災害を多発・激化させた。被災地の中山間地では約4千ヵ所に及ぶ土砂崩れを誘発し，複数の大規模な天然ダムが生まれ，河川を閉塞した。

被害の概要

被害として，死者98名，負傷者721名，床上浸水14,289棟，床下浸水41,120棟，総被害額は7,710億円に上った。人的被害については，兵庫県が最大で，死者26人，負傷者135人を数えた。これらの被害の中で特筆されることは，つぎのようである。

第1点は，激甚な被害となった豊岡市では円山川と出石川が氾濫し，市内（本水害後，平成17年(2005)4月1日に周辺5町と合併

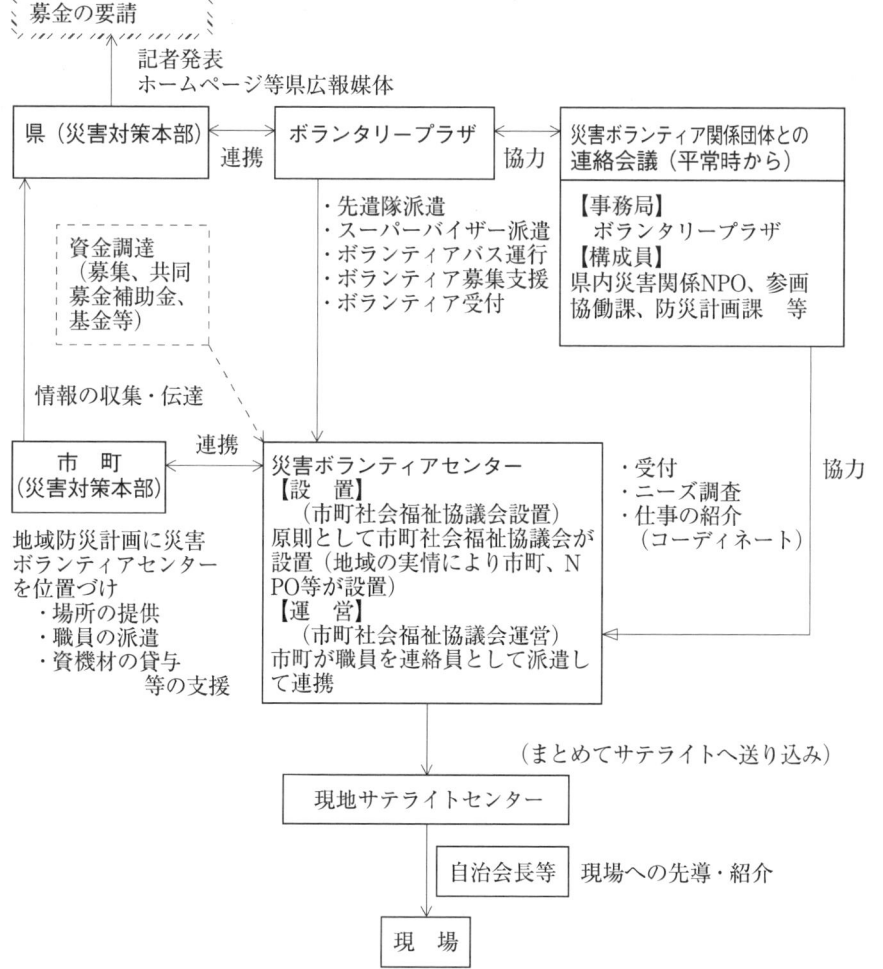

図2 災害ボランティアを中心とした被災地支援システムの高度化

し，一体的に復旧・復興事業を実施したので，この新しい行政区域を対象）で死者7名，床上浸水545棟，床下浸水3,326棟となり，台風23号による最大被災市となったため，この水害は豊岡豪雨災害とも呼ばれている。豊岡市ではこの水害による避難指示は54,119名，避難勧告は5,122名に発令された。現在の人口の約66％にあたる（旧豊岡市域では，当時の人口の約90％に避難指示を発令された。ただし，対象者42,794名中，避難した住民は3,753名で8.8％しかなかった）。

第2点は，土地不案内の観光バスやトラックが被災したことである。京都府舞鶴市の由良川が無堤部で氾濫し，国道175号線を通行中の観光バス，トラックなど40数台が立ち往生した。これらの車両はすべて他府県ナンバーであって，土地の事情をよく知っている地元の車は1台も被災しなかった。特に観光バスには37人が閉じ込められ，増える水かさの中で屋根に避難し，ヘリコプターや救命ボートで全員が救助され九死に一生を得た。

第3点は，台風時の操船の誤りによる海難事故が発生したこと。この台風による高波浪と強風で，外国船籍の船舶が3隻難破し，外国人船員30名が死亡した。台風時の船舶の航行の困難さに直面して操船を誤った結果と考えられている。さらに，独立行政法人航海訓練所所属の練習船「海王丸」(2,556㌧，乗務員167人)が強風で漂流し，約7㌔南の富山県岩瀬港防波堤に衝突した。船が航行不能になっただけでなく，衝突時に負傷者まで出るという事故が発生した。

救援・救済の概要

被害が集中した兵庫県では，これまで災害ボランティアを受け入れたことのない多くの市町で，最終的に3万人を超える災害ボランティアが活動した（豊岡市11,339人，洲本市5,090人など）。活動内容は，平成12年(2000)9月の東海豪雨災害や同16年7月の新潟および福井豪雨災害とほぼ同じものであったが，円山川から流出した水害廃棄物が竹野海岸に大量に漂着し，その除去にも活躍した。兵庫県ではこの災害後，『台風23号災害検証報告書』を公表しており，そこでは，図2のような災害ボランティアセンターを中心とした活動の高度化を提案している。

また，被災住民に対しては，国の生活再建支援法が適用されたほかに，阪神・淡路大震災以後，兵庫県が独自に展開してきた兵庫県住宅再建共済制度が有効に活用され，全壊家屋に600万円が支給され，水損家具にも補償金が支払われるなど被災地のすまいの早期再建に大きく貢献した。このような施策があり，たとえば豊岡市では新たに仮設住宅の建設はやらず，災害救助法に基づき，民間賃貸住宅を借り上げ，43世帯125人を収容した。

復興への道

台風23号による被害拡大の原因は，単に降雨量が多かっただけではない。兵庫県では豊岡市を中心とした但馬地方や淡路島で大きな被害が発生したばかりでなく，全県的に被害が発生した。その最大の理由は治山・治水対策の遅れであった。その一方で，既存の河川・ダム・治山・砂防・海岸などの防災施設が機能を発揮した。被害資料がまとめられている兵庫県を例にとれば，風倒木(2,765ヵ所)，土砂崩壊(917ヵ所)，ため池の決壊(212ヵ所)が連鎖的に被害を拡大したことがわかっている。そこで，兵庫県では，従来の農林・土木，国・県・市町の縦割り行政を排した流域全体にわたる総合的な推進を提言し，施策を実行中である。内容は，①災害に強い森づくり，②土砂災害対策，③ため池の防災対策，④洪水対策，⑤高潮対策から構成されている。

参考文献　兵庫県編『台風23号災害検証委員会報告書』，2005

（河田惠昭）

2004 新潟県中越地震 （平成16年10月23日）

災害の概要

平成16年(2004)10月23日17時56分六日町断層帯北部を震源として発生したM6.8の浅い地震である。1828年三条地震の南隣を震源域としているが，本震の断層面は西傾斜であり三条地震とは向きが異なる。大森房吉は大正2年(1913)に善光寺地震と三条地震に挟まれたこの地域を地震頻発地帯と指摘していた。地表では北部の水田部分で小尾平断層に数㌢程度の変位が観測された以外は大きい断層変位は現れなかった。

長岡市の山古志や小国，小千谷市・魚沼市などで倒壊や土砂崩壊など大きい被害がでた。この地域は小千谷の活褶曲地帯であり，長野盆地の西側と同様中山間地としては地盤が悪い。このため，道路の寸断などで孤立した集落や，河道閉塞で水害を受けた地域は全員空輸などで近隣に避難し，長期の避難生活を強いられた。豪雪地帯であるが，幸いこの年は降雪が遅く，震生湖の決壊を防ぐための緊急排水工事などの実施期間がある程度は確保できた。

同日の18時11分にM6.0，18時34分にM6.5，27日10時40分M6.1，と大きい余震がそれぞれ2次余震を発生させたため，大変余震数が多く，本震後の被災者に多大な不安を与えた（図1）。本震では川口町で震度7がはじめて計測震度として記録された。

被害の概要

死者68名中，圧死など地震による直接の犠牲者は4分の1であり，多くは被災後に地震のストレスや避難生活の過労などが原因で亡くなった。重傷633名，軽傷4,172名，住家全壊3,175棟，半壊13,810棟，火災9件。中山間地区で発生した浅い地震であったため，土砂崩壊が多く，道路の損壊6,064ヵ所，崖崩れ442ヵ所などが避難も救助も妨げ，ヘリコプターなど空からの初期救助が活躍した。大規模に道路に土砂が崩れた長岡市妙見では，走行中に巻き込まれて埋

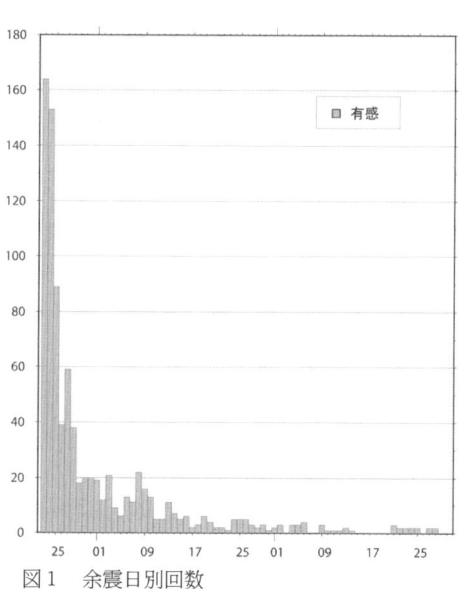

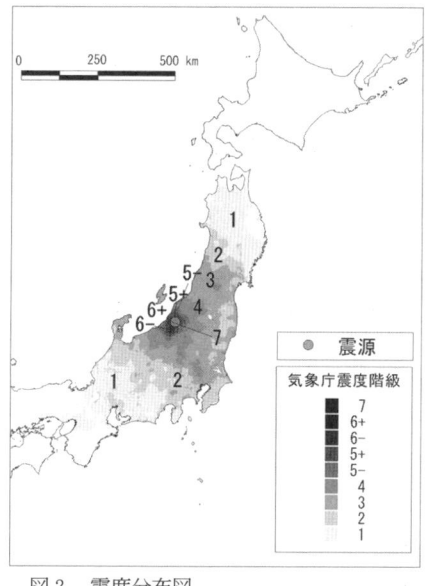

図1　余震日別回数

図2　震度分布図

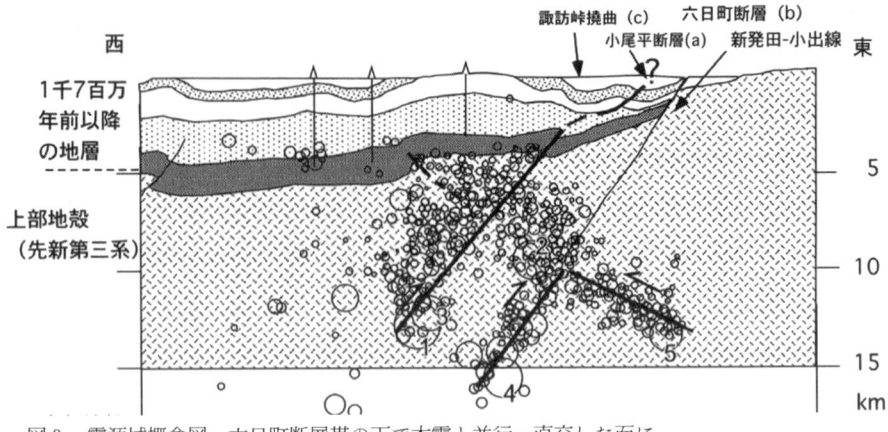

図3 震源域概念図 六日町断層帯の下で本震と並行・直交した面に
M6級の有感余震が発生した（東京大学地震研究所2005）

没していた車両から地震から4日後に閉じ込められていた母子3名がレスキュー隊によって車外へ搬出された。このうち，2歳の幼児だけは奇跡的に生還した。

新幹線運転開始から40年目ではじめて，上越新幹線が浅い近地の大きい地震に営業運転中に遭遇した。高崎－新潟間には9台の新幹線が走行中だったが，1台は回送電車で乗客はおらず，1台は駅構内に停車中，1台は駅構内に侵入中だった。2台は震源域から距離があったので，緊急停止後の停電で長時間停車したものの，1台は1時間半後に，1台は4時間後に運転して駅まで乗客を無事運んだ。震源地近くを走行中で駅間に緊急停止した2台は，その後地震による停電で走行できず，6時間程度駅間に停車した後，乗客は高架軌道の最寄の避難路から下へ降りて，バスやタクシーなどでピストン輸送されて避難所へ収容されたが，震源地近くは駅も避難に不適格だったり沿線自治体の施設も被災で受け入れ不可能だったりで，収容先の確保や輸送手段の確保で時間がかかった。この時，1台にはJR貨物社長が乗客として居合わせ，アナウンスで絶対に安全であることと，必ず安全な場所へ誘導することとを，乗客に知らせたことは，余震の揺れにおびえる乗客を長時間待機して貰う間の不安解消に有効だったという。「とき」327号は大清水トンネル内に停電で停車し，乗客410名と乗員2名は，500段の階段である非常脱出用通路を使ってトンネル上の山腹へ登って，救助された。これが避難経路としても，人数も実は最も大変で困難なケースであったが，乗員の誘導と落ち着いて行動した乗客の協力，病気の乗客を2名の乗客の医師が救護することで，非常通路を無事に登り通せた。最も震源域近くを走行中だった「とき」325号は，長岡市の高架橋上で脱線したが，転覆は免れ，乗客乗員155名は全員無事だった。脱線した10号車の乗客1名も幸い怪我がなく，地震発生後6時間程度経ってから，乗客は徒歩で数時間かけて長岡駅へ避難した。負傷者も出なかったことで，新幹線の地震時早期停止システムの優秀さや全体としての安全性は世界的に高く評価された。奇しくも，前日にJR新潟支社は見附の避難口を使った非常時訓練を実施していた。新幹線の高架橋は阪神大震災時の落橋や橋脚の崩壊を受けて耐震補強されていたため，倒壊や崩落は逃れたが，強い地震動や，橋脚周囲の液状化によって長岡市内で破断や亀裂が多数

生じた。また2つのトンネルでコンクリートの剥離や、地殻変動による変形などが発生したので、2ヵ月運休して復旧工事が実施された。地震前に耐震補強してあったため、早期に運転再開可能となったといえる。この地域は善光寺地震の被害地と同様の地質的特徴があり、もともと地すべりの危険度が高い。加えて直前の10月20日には台風による降雨が多く、地震時には土砂が緩んだ状態であった。またこの年は7月に長岡地域は大雨による水害に悩まされた多雨の夏の後でもあった。山古志地区では数ヵ所で芋川が土砂で塞き止められて湛水が発生し、倒壊を免れた家屋を水没させた。幸い例年より降雪が遅く、地震後積雪に妨げられる前にある程度の緊急排水や堤防構築などの対策工事を実施できる期間が確保できた。また善光寺地震のような雪どけ時期ではなかったため、河川流量も多くはなく塞き止め箇所の決壊による下流の洪水被害は防がれたが、翌年春の融雪時には、土砂崩落地の拡大が見られた。多数の有感余震と土砂災害による2次災害の恐怖は、避難した人々に多大な精神的負担を与えた。

参考文献 地震調査研究推進本部地震調査委員会編『日本の地震活動―被害地震から見た地域別の特徴―(第2版)』, 2009, 東京大学地震研究所「2004年新潟県中越地震」(『地震予知連絡会会報』73, 2005)

(松浦律子)

人的被害の特徴

中越地震における人的被害は、前述の通りであるが、死者68名はすべて新潟県、重傷者は1名が長野県、軽傷者は6名が群馬県、2名が長野県、1名が埼玉県、それ以外の重傷者・軽傷者は新潟県であったが、死者のうち、地震のショックや長期にわたる避難生活に伴うストレス及び疲労などに起因するいわゆる「災害関連死」が3分の2程度含まれている。災害関連死とは、災害に伴う持病の悪化や発作などが原因による死亡のことで、明確な基準は定められていないが、自治体が災害との因果関係を認定すれば、弔慰金の支払い対象となる。認定作業は審査会を設置して行われるが、医師の死亡診断書などが重要な判断材料となる。また、車中で避難生活を送っていた避難者の中には、エコノミークラス症候群(肺動脈塞栓症)の疑いのある死者も発生した。エコノミークラス症候群とは、旅行中(特に飛行機の中)に起こることで知られる、長時間同じ姿勢でいるため、血栓が発生することで身体に危険を及ぼす症状である。航空機内のエコノミークラスの旅客から多く報告されたため、エコノミークラス症候群という名前で知られるようになった。中越地震では、自家用車の中で避難生活を送る人が増大したため、エコノミークラス症候群と診断される人が増えたと考えられている。

雪国仕様住宅の建物被害

中越地震での住家被害は、全壊3,175棟、半壊13,810棟、一部損壊105,682棟(全壊・半壊は新潟県のみ、一部損壊は新潟県104,619棟、群馬県1,055棟、長野県7棟、福島県1棟)、建物火災9件であった(平成21年10月21日現在)。これらの被害は、地震規模の割には、層破壊ならびに倒壊した建物が少なかった。被災地は日本でも有数の豪雪地帯であることから、雪の重みに耐える構造であったことが幸いしたのではないかと考えられている

土砂災害と孤立集落の発生

新潟県中越地震においては、被災地の地理的要因(中山間地域、地すべり地帯、豪雪地帯)、社会的要因(農山村社会、過疎化、高齢化など)の影響で、特徴的な被害が発生した。特に土砂災害の多発と孤立集落の発生が大きな問題として取り上げられた。国土交通省の解析によれば、斜面崩壊の発生箇所数は約3,800ヵ所であった。土砂災害が多発した原因は、新潟県中越地震が発

生した地域には多くの地すべり危険箇所が存在し，また地震発生2日前に，台風23号による影響で大量の雨水が斜面に染み込んでいたことが原因だと考えられる。

道路の陥没や斜面崩壊の発生により，本震と余震で延べ224ヵ所の通行止めが発生し，地震発生から4日後の10月27日に170ヵ所とピークとなり，このような陸路の遮断により61集落が孤立した（図4）。懸命な応急復旧の結果，地震発生から1週間後の10月30日には孤立集落は27集落に半減し，地震から約1ヵ月後には通行止め箇所の約3分の2が解消するに至った。

また高速道路については，路盤崩壊などの大きな被害が発生した北陸道および関越道は通行止めとなった。しかし，緊急的に約19時間という驚異的な時間の中で，緊急車両の交通を確保した。通常車両が全線で通れるようになったのは11月5日であった。

河道閉塞の発生

中越地震では，河道閉塞が多数発生した。その中で，特に規模が大きく，対応が困難であったものが一級河川芋川の寺野お

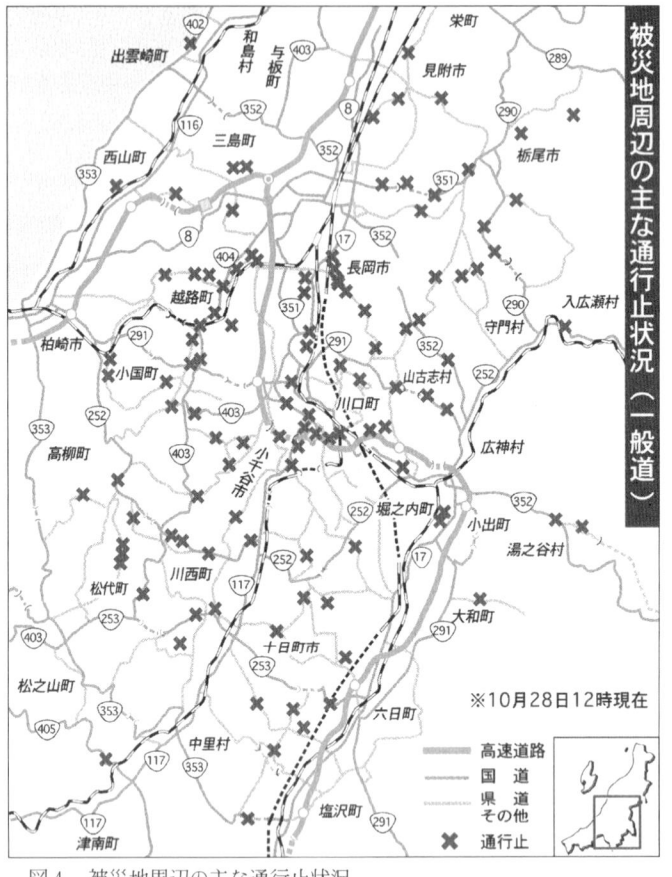

図4　被災地周辺の主な通行止状況

図5　長岡市妙見堰土砂崩れ

図6　妙見堰現場で活動する緊急消防援助隊

よび東竹沢地区にできた2ヵ所の河道閉塞である。
2ヵ所の河道閉塞の復旧には高度の技術が必要であったことから、新潟県知事の要請に基づき11月5日に直轄砂防災害関連緊急事業として実施された。国土交通省北陸地方整備局は、応急対策として越流による河道閉塞の決壊を防ぐことを目的に、融雪時の出水にも対応可能である排水路の整備を進め、寺野地区は12月17日に、東竹沢地区は12月28日という本格的な積雪期となる直前に工事を完了した。また、前述のように営業中の新幹線が地震の影響により脱線したのははじめてのことであった。運転が再開された12月28日まで、上下線とも長期間不通となった。なお、新幹線の代替輸送機関として、10月24日から平成17年1月4日まで、新潟空港と羽田空港間に臨時便が運航された。被害が甚大であった山古志村（当時）では、村長が、県庁・警察・自衛隊などと連絡をとりながら、24日の昼過ぎには避難勧告を出し、24日中に自衛隊ヘリコプターが8回往復、250人ほどを救出、25日朝には、避難指示を出して救出を続け、25時間ほどで全村の避難を完了させた。

ハイパーレスキュー隊の活躍

図5の崩壊現場から4日ぶりに2歳児を救出したのは、長岡市、新潟県と緊急消防援助隊で、そこで中核となり救助に当たったのは、東京消防庁消防救助機動部隊、通称「ハイパーレスキュー隊」であった（図6）。ハイパーレスキュー隊は、平成7年(1995)1月の阪神・淡路大震災を教訓として、東京消防庁が平成8年12月に組織したものである。この部隊は、震災時や大規模な災害に対処できるよう、高度な救助・救急技術と重機の運転資格などを有する選りすぐりの隊員および震災対策用救助車・特殊救急車・大型重機などの車両で構成され、赤外線スコープや電磁波探査装置などの人命探索機材を備えているもので、マスコミを通してハイパーレスキュー隊の存在を大きく知らしめることになった。

余震の多数発生に伴う避難者数の増大

中越地震の特徴は、最大震度7という本震の強烈さだけでなく、震度6強から5弱の強い余震が本震直後から何度も繰り返したことがあげられる。強い余震の発生に加えて、土砂災害などによる避難勧告・指示区域が多く発生した（最大23市町村、約8万人）ことにより、避難者の数が最大10万3千人、避難所603ヵ所にのぼった。
ピーク時には、避難者数が被災市町村人口の7割から8割以上に達したことで、避難所の数が圧倒的に不足した。そのため、ビニールハウス、テント、車庫などを地域の避難所とするケースが多く見られた。また河川敷など一般的には危険も多い場所に避難スペースが確保されることも増えた。

防災集団移転促進事業

災害が発生した地域または災害危険区域のうち、住民の居住に適当でないと認められる区域内にある住居の集団的移転を促進するため、当該地方公共団体に対し、事業費の一部補助を行い、防災のための集団移転促進事業の円滑な推進を図るものである。中越地震においては、この事業を活用し、長岡市・小千谷市・川口町の9地区において94戸が移転した。この事業について市町村は、移転促進区域の設定、住宅団地の整備、移転者に対する助成などについて、国土交通大臣に請議し、その同意を得て、集団移転促進事業計画を定める。その考え方は「住民の生命、身体及び財産を災害から保護するため住居の集団的移転を促進することが適当であると認められる区域」である。一般的には、住宅団地の規模は、10戸以上（移転しようとする住居の数が20戸を超える場合には、その半数以上の戸数）の規模であることが必要であるが、中越地震被災地においては、移転先の住宅団地の最低規模を現行の10戸以上から5戸以上に緩

和するとともに，一般地域よりも高い補助基本額（「特殊土壌地帯」と同様の措置）を適用した。

中山間地域の復旧・復興
1) 営農と協業　中越地震で被害の大きかった166集落で，営農体制の再編・強化に向けた支援が行われ，156集落（94％）で営農体制が整備され，うち29集落（19％）では法人組織が設立されており，ともに地域農業の担い手確保に向けた動きが進展した（2011年現在）。営農とは，集落のような地縁集団を単位として，さまざまな農業生産過程の一部またはすべてを共同で行う組織であり，機械の共同利用や共同作業，特定の担い手に作業を委託する受託組織など多様な形態がある。また，農業とともに被災地域において盛んである養鯉業においても，施設の早期復旧とともに，養鯉業の経営再建と協業化などによる体質強化が図られた。

2) 闘牛の復活　中越地震で大きな被害をうけた旧山古志村を中心に，小千谷市・長岡市・川口町，旧広神村の一部を含むこの地域は，かつて二十村郷と呼ばれた地域で，自然環境や歴史，民俗などで共通点が多い地域であり，なかでも珍しい習俗として伝統を受け継いでいるのが，越後の「牛の角突き」である。古来からの伝統が受け継がれ，文献なども多数あること，興行化されていなくて，郷の生活にとけ込んでいることなどが認められ，昭和53年（1978）に国内の闘牛文化の中では唯一，国の重要無形民俗文化財に指定され，その再開は復興のシンボルと位置づけられた。全村避難が続く山古志村において，農家および関係者は，どうしたら牛を救出できるかいろいろ検討した結果，陸路での救出を断念し，過去に経験のないヘリコプターによる大救出作戦が実行されることになった。牛救出作戦は，11月初旬より約1ヵ月をかけて，特製のコンテナに1回に数頭ずつを入れ，山から里に300回以上ピストン輸送され1,100頭余りを無事救出した。

中山間地域の復興のあり方
中山間地域では自給的農業を営む高齢者世帯が多く，これらの住民は長年培われてきた集落のつきあいの中で生活の多くを営んでおり，被災後も元の状態に戻ることを希望する傾向が強い。

一方，その子ども・孫世代に当たる世帯では，中心都市に車で通勤・通学していることも多く，地元で農業などの事業を行なっている場合でも地域特性を活かしつつ幅広い顧客を対象に企業的な経営を行なっていることも少なくないことから，その目指す生活再建のかたちもさまざまである。このように，同じ中山間地域の集落の住民といえども，世代によって生活や就労のスタイルは異なっている。

全村避難から約3年をかけて，地域での集落の復興を実施した山古志村（当時）には，発災当時の住民の約7割が帰村したが，3割については帰村しなかった。小千谷市や川口町では，多くの集落が元の場所からの集落移転を実施したが，全ての住民が行動をともにしたわけではなかった。今後の中山間地域の復興を考えるにあたって，生活のうつりかわりをモニタリングしながら，系統的に検証する必要がある。

[参考文献]　農林水産政策研究所『編過去の復興事例等の分析による東日本大震災復興への示唆―農漁業の再編と集落コミュニティの再生に向けて―』，2011，東京消防庁編『平成16年版消防白書』，2004，警視庁編『平成17年版警察白書』，2004，内閣府編『新潟県中越地震復旧・復興フォローアップ調査報告書』，2008　　（田村圭子）

2005 福岡県西方沖地震 （平成17年3月20日）

災害の概要

平成17年(2005)3月20日午前10時53分に福岡市内を走る警固断層の延長上にあたる，幅10㌔，長さ25㌔程の浅い左横ずれの海底活断層に発生したM7.0の地震。震源域は博多湾に面した志賀島から玄界島を通って玄界灘まで北西－南東方向に延びていた。地震後の沿岸域調査でも海底地形からは活断層を確認できなかった。

最大余震は1ヵ月後の4月20日に志賀島付近で発生したM5.8である。一連の多数の有感余震によって，この地震発生以前は有感地震が少なく，震度3でも屋外に飛び出すほど揺れに敏感であった福岡周辺の住民の多くが，地震のゆれに慣れていった。

（松浦律子）

被害の概要

地震による被害は福岡県を中心に，佐賀・長崎・山口・大分県で発生した。福岡市で75歳女性がブロック塀の下敷きになり全身打撲により死亡したほかに，負傷者1,204名（重傷者198名，軽傷者1,006名），住家被害は全壊144棟，半壊353棟，一部損壊9,338棟，うち建物火災は福岡県と長崎県で各1棟ずつであった（消防庁確定報）。

玄界島の被害と復興

福岡市西区にある玄界島は，博多湾の入り口に浮かぶ円錐形の島で，人口は700人，世帯数は232世帯（平成17年(2005)2月28日住民基本台帳），一本釣りや延縄漁業などの漁船漁業などを中心とした漁業の島であり，集落は島の南東側の傾斜地を中心に形成されていた。震源に近い玄界島では島のほとんどの家屋が一部損壊以上の被害を受け，重軽傷者10名の人的被害も発生した。地震当日は漁の解禁日で，ほとんどの男性が漁に出ていた。島には消防も警察もなく，漁業のため男手がない時間帯が多いため「自分たちの身は自分たちで守る」といった意識が都市部より強かった。島に残った女性や子供，高齢者たちで声を掛け合い，ガスの元栓を締めながら避難するなど，幸い死者はなく火災などの2次災害も防ぐことができた。

全壊家屋の多くは急な傾斜地に建築されており，地震動による傾斜地の崩落や上部に位置する家屋の崩落により2次的に損害を受けたものが目立った。また，傾斜地内の道路も崩落により所々通行できない状態であった。海岸沿いは比較的被害が少ないが，岸壁の陥没，ケーソンのずれ，亀裂などの被害が見られた。

地震発生直後より余震が断続的に続いたことから，島民はその日のうちに，福岡市中央区の九電記念体育館などの避難所へ自主避難した。地震発生から約1ヵ月後に，かもめ広場（博多漁港）と玄界島に各100戸ずつの仮設住宅が完成した。

その後玄界島では，平成17年度～平成19年度にかけて，玄界島復興事業（総事業費約71億円）が立ち上がり，被災住宅が密集している地区の住環境改善及び災害防止を図るため，小規模住宅地区改良事業の手法により，土地の買収や建物の除却を行なったのち，公営住宅の建設や戸建て用地の造成，道路・公園などの公共基盤整備を行なった。地震から3年が経過した平成20年3月25日に，かもめ広場に残っていた島民が玄界島へ引っ越しを行い，地震発生当日の全島避難以来1,100日ぶりに全員帰島が実現した。

参考文献　山崎広太郎「福岡県西方沖地震から1年―玄界島の被害と復興への取り組み―」（『砂防と治水』171，2006），福岡県西方沖地震震災対応調査点検委員会編『福岡県西方沖地震震災対応調査点検委員会報告書』，2005

（木村玲欧）

2006 平成18年豪雪 （平成17年12月—18年1月）

被害の概要
平成17年（2005）12月上旬から翌年1月上旬にかけて日本列島は非常に強い寒波に襲われ，北海道から中国地方に至る日本海側の山沿いを中心に，広い範囲で記録的な大雪となった。また，大雪は1月中旬以降も断続的にもたらされるとともに，甚大な人的被害や交通障害が全国的に多発したため，気象庁は「平成18年豪雪」と命名した。豪雪ではいわゆる三八豪雪の「昭和38年1月豪雪」についで2回目の正式命名であった。

気象の経過
平成17年（2005）11月中旬に強い寒気の南下のよって低温となったのをきっかけに，12月から1月上旬にかけて断続的に寒気が日本付近に南下し，全国的に平年より2〜3度低温の状態が継続した。等圧線が南北になる，いわゆる「山雪型」の気圧配置の日が多く，平野部より山沿いの降雪量が多くなった。1月中旬以降は寒暖の変動が大きく，2月は高温少雪となったため，冬平均（12月—2月）ではやや低温〜平年並となった。山沿いでは2月前半までしばしば大雪に見舞われたため，最深積雪や降雪量は平年を上回った地点が多い。

大気循環場の特徴
平成17（2005）—18年の冬は前半を中心に，日本を含む中央アジア〜極東一帯，欧州，北米東部など北半球各地で低温となった。低温であった3地域は，偏西風ジェットの蛇行によってもともと北極の寒気が南下しやすい地域で，この冬は特にその蛇行（いわゆる3波構造）がより強まっていたとえる。北極寒気の蓄積と放出の程度を表す北極振動は11月下旬〜1月上旬にかけて低指数（寒気が中緯度帯に流出しやすい）で，日本の低温の期間と対応している。しかし北極振動の低指数時に，日本は必ずしも低温や大雪になっていないことにも注意を要する。熱帯の動向をみるとこの冬は弱いラニーニャ状態であった。ラニーニャ出現時には初冬を中心に日本は低温になりやすく，この冬は12月の大気循環場にラニーニャ出現時の特徴が現れていた。海面気圧場では大陸のシベリア高気圧と北太平洋のアリューシャン低気圧は12月を中心に双方とも発達（西高東低の強化）し，12月の東西気圧傾度としては過去50年で最も強かった。半球規模の大気循環場の特徴からも，この冬は日本一帯に北極の寒気が流入しやすい状態であったことが示唆される。

積雪状況
12月は全国的に極端な低温となり，全国153ヵ所の気象官署のうち29地点で月平均気温の最低値を更新した。またアメダスを含む339地点の積雪観測点のうち12月は106地点，1月は54地点で，2月は18地点で，3月は4地点で月最新積雪の最大値を更新した。ひと冬でみると，新潟県津南町では2月5日に416㌢の積雪を観測したほか，全国23地点で観測開始以来の最深積雪記録を更新した。

2月6日時点で，特に積雪深が大きいのは，北海道後志地方の山間部，青森県八甲田山周辺，秋田・岩手県境の山間部，朝日・飯豊山地周辺，新潟県上中越地方山間部，両白山地周辺などであった。これらの地域は3㍍を超える積雪がみられ，その中でも新潟県上中越地方山間部の豪雪エリアは著しく広く，海岸平野部を除いたほとんどの地域で積雪深が2〜6㍍に達していた（図1）。また，新潟県のような比較的温暖な積雪地域では，豪雪年に積雪の硬度が著しく増加する特徴があるが，平成18年豪雪においてもその傾向が認められ，家屋周辺や道路などの雪処理・除排雪を著しく困難なものに

雪氷災害の特徴

平成18年豪雪による雪氷災害の犠牲者は，死者152人，重傷者902人，軽傷者1,243人にも達し，死者数は三八豪雪に続いて戦後2番目の多さとなった（消防庁平成18年9月25日発表）。都道府県別にみると，死者数は新潟県32人，秋田県24人，北海道18人，福井県14人の順に多かった。人的被害の大きな特徴は，65歳以上の高齢者の死者の割合が高いこと（総死者数の約65％）と，屋根雪下ろしなどの除雪中の死者が多いこと（総死者数の約74％）である。さらに，平成18年豪雪の特徴として，雪崩に伴う道路全面通行止めによる山間部集落の長期孤立（新潟・長野県の秋山郷など），都市部を中心とした大規模な停電（平成17年12月22—23日の新潟大停電など），雪崩災害の多発（全国で161件），鉄道の長期運休（只見線・大糸線・木次線）などがあげられる。

このような広域的，長期的災害の発生を受け，多数の地方公共団体で豪雪対策本部を設置するとともに，新潟県や長野県の山間部に位置する合計19市町村に災害救助法が適用された。また，北海道・秋田県・福島県・群馬県・新潟県・長野県では，集落孤立や住宅損壊の危険が生じたため，自衛隊に対して災害派遣を要請し，緊急車両の通行確保，孤立予想世帯・公共施設などの除排雪などの作業にあたった。

平成18年豪雪は，近年の暖冬少雪傾向の中で社会や地域住民の雪に対する危機意識が低下しつつある中でもたらされたものであり，中山間地が多い豪雪地域にさまざまな課題を投げかける結果となった。少子高齢化と過疎化による雪処理の担い手不足，雪に対する経験・知識・技術（経験知）の伝承の途絶えなどはその最たるものである。また，近年の財政状況を考えた場合，ハード対策への依存には限界があり，真に機能するソフト対策の充実を図ることがますます重要視されることになった。

図1 新潟県とその周辺の積雪深の分布図（2月6日9時）

参考文献 佐藤篤司・防災科学研究所『2005—06年冬期豪雪による広域雪氷災害に関する調査研究』（平成17年度科文学科学省学研究費補助金研究成果報告書，2006），本田明治・楠昌司編「2005/06年日本の寒冬・豪雪」（『気象研究ノート』216, 2007），日本雪氷学会編『雪氷』69ノ1（平成18年豪雪特集，2007） （河島克久・本田明治）

2007 能登半島地震 （平成19年3月25日）

災害の概要

能登半島地震は，平成19年(2007) 3月25日午前9時41分に，石川県能登半島に位置する輪島市門前町の西方沖の活断層を震源として発生したM6.9の浅い逆断層地震である。震源域の東端10㌔は陸上にかかった。石川県七尾市・輪島市・穴水町で震度6強が観測され，同県志賀町・中能登町・能登町では震度6弱が観測された。9時43分には石川県に津波注意報が発表されたが，11時30分に解除された。観測された津波の最大高さ22㌢であり，珠洲市長橋で11時13分，金沢で11時8分に到達した。能登半島の地震による動きが富山湾内の海水を揺らしたため，地震後短時間で，富山湾内でプレジャーボートが転覆する事象も発生した。能登半島では近世以降でM7以上の地震は知られていないが，享保14年(1729)にはM6.6程度の地震がこの地震の東側延長にあたる珠洲市西方で発生している。明治25年(1892)にはM6.4，6.3が志賀町付近に3日の間に続けて発生したほか，昭和8年(1933)にはM6.0の地震が七尾市石崎付近で死者3人，平成5年には金剛北方沖でM6.6の地震で重傷者1人などM6級の被害地震が多い。

（松浦律子）

被害の概要

石川県における被害をまとめると，人的被害としては死者1名（輪島市において，52歳女性が自宅敷地内にて燈籠の下敷きになり死亡），重傷者88名，軽傷者250名が発生し，近隣の福井・富山・新潟県の重軽傷者も含めれば計357名の被害が発生した。住家被害では石川県で全壊686棟，半壊1,740棟，一部損壊26,955棟の被害が発生した。道路被害としては，能登有料道路の柳田ICから穴水ICまでの48.2㌔が通行止めとなり，大規模崩落は11ヵ所，橋梁損傷6ヵ所，路面段差・クラック37ヵ所の被害が発生した。別所岳SAでは観光バス4台を含む137人が孤立した。

土砂崩れ，斜面崩壊など，64ヵ所の土砂災害（崖崩れ57ヵ所，地滑り6ヵ所，土石流1ヵ所）が発生し，家屋被害が2件発生した。

被害金額としては，公共土木施設などで242億円，農林水産施設で58億円，上下水道施設で27億円，社会福祉施設などで8.8億円，学校施設7.6億円，能登空港ほかの公共施設で5.5億円が発生し，合計で350億円にのぼった。

応急対応

石川県は，七尾・輪島・珠洲市，志賀・中能登・穴水・能登町の3市4町に災害救助

図1　地場産業の被災　漆器店の土蔵

図2　門前町における家屋被害

法を適用した．輪島市など2市4町で避難所が設置され，避難者数が最大となった発災日の翌朝，26日6時には，47ヵ所の避難所に2,624人が避難した．なお，輪島市は，土砂災害などのおそれのある地区の9世帯13人に対して避難勧告を発令した．最も避難者の多かった輪島市では，避難者数が2,214人を数えたピーク時においては，26ヵ所の避難所を設置することで収容規模に応じた避難者の分散収容を行い，混乱を避けた．最大収容施設は輪島市門前町の諸岡公民館であり，300人を収容した．

また，石川県は余震による建物倒壊での2次災害を防ぐために，応急危険度判定調査を翌日の3月26日から30日までの5日間で実施し，865棟が危険，930棟が要注意，3,858棟が調査済と判定した．

住宅再建支援

住宅再建に向けた一時的な居住空間を提供すべく応急仮設住宅が建設され，平成19年(2007)5月から順次，被災者へ提供された．輪島市宅田・山岸・舘・道下地区の計4ヵ所に建設された応急仮設住宅は250戸に上り，最大で538名の被災者が入居した．入居に際し輪島市では，住宅再建過程において被災者が仮設住宅と自宅とを頻繁に移動することを考慮し，移動が困難な被災者には被災時の住宅に近い仮設住宅を優先的に割り当てた．また，被害の密集地から離れた場所に大規模な仮設住宅団地を建設し，移動手段を有する被災者を割り当てた．

図3は，被災時の自宅と仮設住宅の距離と位置関係を表したものである．左の大きな円の中心は大規模な仮設住宅団地，右の小さな円の中心は小規模で被害密集地に近い仮設住宅団地である．これをみると，右の円では移動が困難な被災者への配慮をみてとることができる．このような住まいに関するきめ細やかな配慮が，被災者の生活再建支援に大きく寄与することとなった．

平成19年5月11日には250戸の災害復興公営住宅が建設され，最大で538名の被災者が入居した．すべての被災者は平成21年4月40日には退去し，同年6月25日には復興公営住宅は撤去された．一部の被災者に対しては，自己所有の土地を担保に入れ，市がその敷地内に戸建ての公営住宅を建設し従前居住地において継続的な居住を可能とする，新しい取り組みがなされた（図4）．

能登半島地震復興基金の創設

地震からの早期復興の各種の取り組みを補完し，被災者の救済および自立支援，被災地域の総合的な復興対策を進め，魅力ある地域に再生させることを目的

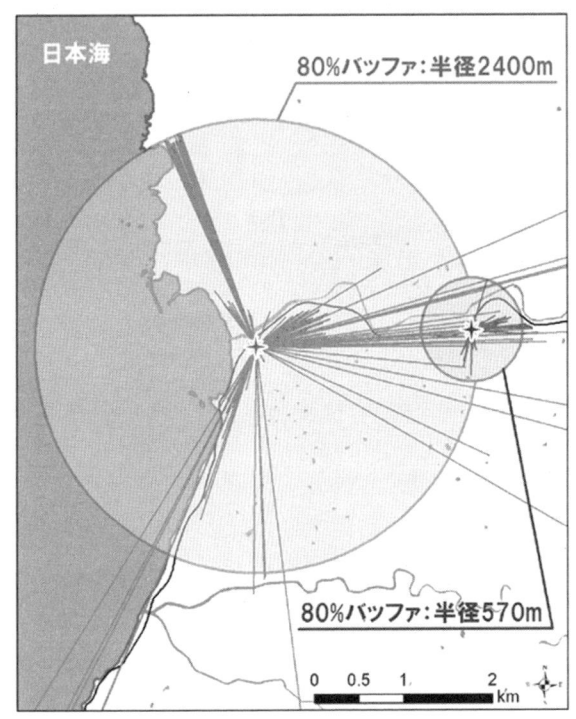

図3　輪島市における被災時の自宅と仮設住宅の位置関係

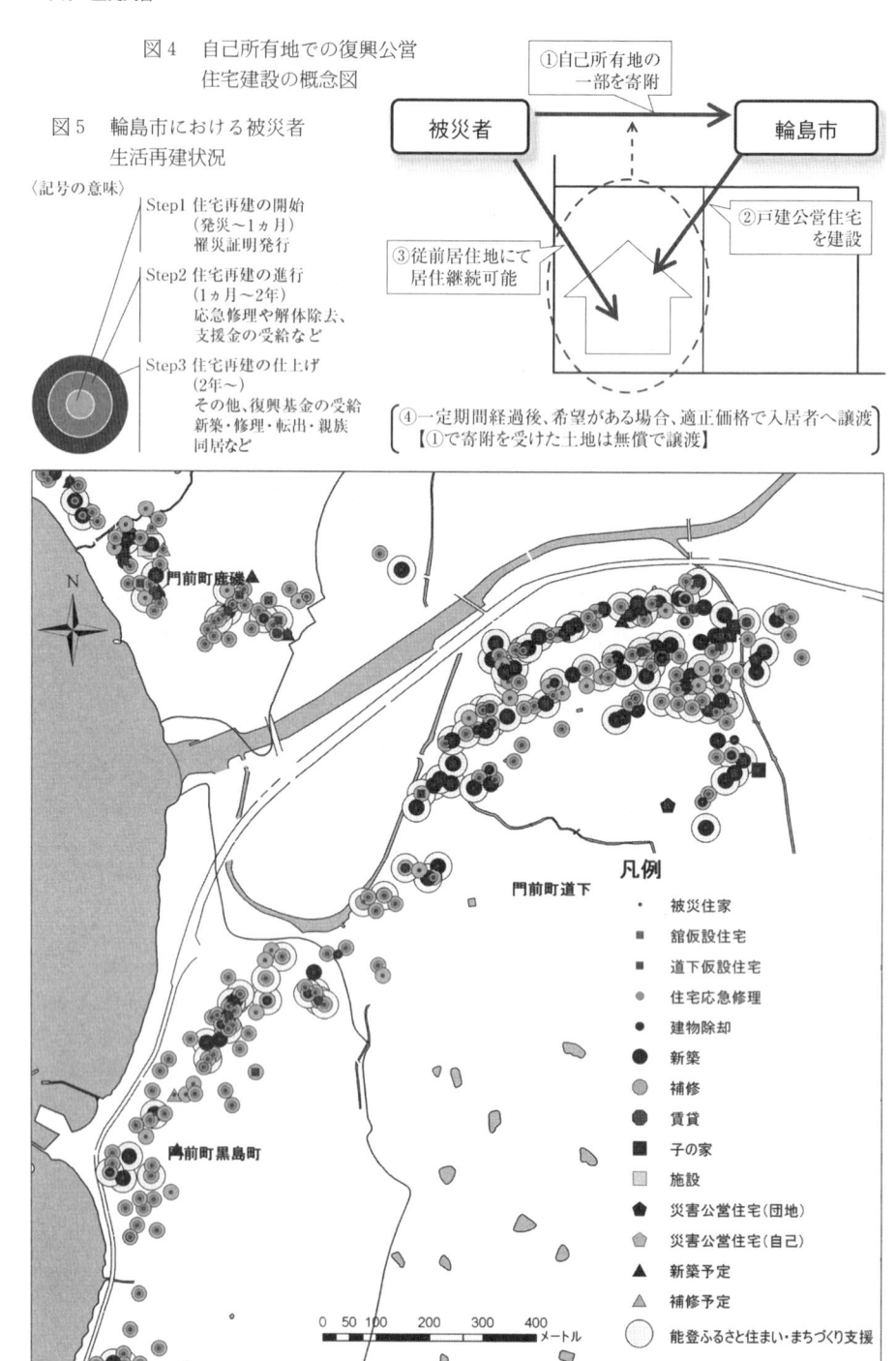

図4 自己所有地での復興公営住宅建設の概念図

①自己所有地の一部を寄附
被災者 → 輪島市
②戸建公営住宅を建設
③従前居住地にて居住継続可能
④一定期間経過後、希望がある場合、適正価格で入居者へ譲渡
【①で寄附を受けた土地は無償で譲渡】

図5 輪島市における被災者生活再建状況

〈記号の意味〉
Step1 住宅再建の開始（発災〜1ヵ月）罹災証明発行
Step2 住宅再建の進行（1ヵ月〜2年）応急修理や解体除去、支援金の受給など
Step3 住宅再建の仕上げ（2年〜）その他、復興基金の受給新築・修理・転出・親族同居など

門前町鹿磯
門前町道下
門前町黒島町

凡例
・ 被災住家
■ 舘仮設住宅
■ 道下仮設住宅
● 住宅応急修理
● 建物除却
● 新築
● 補修
● 賃貸
■ 子の家
□ 施設
⬟ 災害公営住宅（団地）
⬠ 災害公営住宅（自己）
▲ 新築予定
△ 補修予定
○ 能登ふるさと住まい・まちづくり支援

0 50 100 200 300 400 メートル

図6　高齢被災者の生活再建相談受付

とした能登半島地震復興基金が平成19年(2007)8月20日に設立された。基本財産は石川県出資の3,000万円，運用財産は500億円である。

特に住宅被害が甚大であった輪島市では，能登半島地震復興基金を用いた「能登ふるさと住まい・まちづくり支援事業」を創設した。この事業は，全壊，大規模半壊の被害を受け，耐震・耐雪，バリアフリー，景観配慮など一定の基準を満たす住宅の新築，補修を行なった場合に，能登半島地震復興基金から補助を受けられる制度である。全壊世帯には最大で200万円，大規模半壊世帯には最大で120万円が支給された。

被災者生活再建支援

4月17日災害復興支援室を設置し，輪島市では同日から本庁および門前町支所において相談窓口を開設した。災害復興支援室は，被災者の生活再建支援に関する各種制度の紹介，相談対応，申請受付を行い，被災者の生活再建支援を担当した。

効果的な被災者生活再建支援の1つの形として「取り残しのない被災者生活再建支援」がある。「取り残しのない被災者生活再建支援」を目指して，輪島市では，相談対応時に被災者から生活再建の実態を聞き取り，1つの台帳へ記録することで，関係部局間で情報を共有する仕組みを構築した。これは被災者台帳と呼ばれるもので，被災者の世帯，家屋，被災程度を関連づけて一元化する仕組みである。被災者台帳には，その後の行政からの支援や被災者自身の生活再建に向けた対応が入力され，個々の被災者の生活再建実態を把握できる。2004年新潟県中越地震では，世帯・家屋・被災程度の関連づけに関する基礎的な仕組みが構築されたが，能登半島地震では行政からの支援状況および被災者の再建状況を記録化する仕組みが構築された。

輪島市では，被災者台帳に記録された被災世帯に対して，その被災時住宅の場所を地理空間上で同定し，各種支援の状況を地図で整理した。この整理を定期的に実施し，支援の滞っている被災者を空間的に把握することで，被災者の移動や集落の実態を反映したきめ細やかな支援が実現された。

市町村合併の課題

一般的に市町村合併後は行政の災害対応力は低下するといわれる。能登半島地震の被災地である輪島市においては，旧輪島市内において一部甚大な被害が発生したものの，被害の多くは，旧門前町に集中した。輪島市と門前町の合併は，発災の約1年前，平成18(2006)年2月1日であり，輪島市役所と門前支所(旧門前町役場)の災害対応は，平行して開始され，物理的な距離も手伝って，発災当初はお互いの情報共有も不十分なままに対応が進んだ。旧門前町は，地域の結びつきが強い反面，高齢化率が高く(65歳以上が人口に占める割合が，旧門前町で47％，旧輪島市で36％)，高齢者に配慮した対応が求められた。

参考文献　石川県編『平成19年能登半島地震災害記録誌』，2009，井ノ口宗成他「短期の学習モデルを取り入れた自治体職員によるGEOINTデータベース利用型の効果的な危機対応業務の実現—2007年能登半島地震災害への輪島市の対応を事例として—」(『地域安全学会論文集』9，2007)

(井ノ口宗成)

2007 新潟県中越沖地震 （平成19年7月16日）

災害の概要

平成19年（2007）7月16日午前10時13分柏崎～観音岬の沖合でM6.8の地震が発生した。震源は新潟県柏崎市出雲崎～柏崎の沖合沿岸部の東下がりで長さ25㌔程の逆断層で，西側に分布する長岡平野西縁断層帯の西下がりとは逆の傾斜であった。柏崎市・長岡市，および刈羽村で震度6強，上越市・小千谷市・出雲崎町で震度6弱を記録したほか，新潟県内の広範囲で震度5強から4の強い揺れに見舞われた。このほか，長野県飯綱町で震度6強，石川県でも震度5弱など，有感範囲は青森県から鳥取県まで広範囲であった。気象庁は，10時14分に新潟県上・中・下越と佐渡に津波注意報を発表した。柏崎で10時22分に32㌢，小木で同33分に27㌢と，秋田県から石川県にかけた日本海沿岸で小さい津波が観測されたが，11時20分に津波注意報は解除された。

震源域に面していた東京電力柏崎刈羽原子力発電所は，原発として世界ではじめて地震で被災した。3号機建屋壁面のブローアウトパネルが強震動で脱落して建屋の気密性が一時失われたほか，6号機プールから微量の水が放射性物質と外部へ漏洩，7号機排気筒から極微量の放射性ヨウ素が外気に排出してしまったが，放射性物質の総領は問題にならない微量であり，原子炉の緊急停止や冷却にも成功した。IAEAは事故後の査察で地震動の強さに対して被害の軽さに驚いた程である。むしろ緊急時対策室の入り口ドアがゆがんで開かなかったとか，消火栓水が出なかったなど，非常用施設の不具合や，緊急時の消化活動や周辺自治体への連絡など各種対応の不備が露呈した。この教訓から免震の事務棟を用意するなど，各地の原発で非常時のための施設や訓練体制の見直しが進んだ。　　　　（松浦律子）

被害の概要

中越沖地震による被害は，新潟県内で，死者15人，負傷者2,316人（平成23年3月31日現在）。死者15人は，年齢別では65歳以上が10人を占めた。被災場所別では柏崎市が14人，刈羽村が1人である。避難者（ピーク時）1万2千人余り，被害を受けた建物は住家が約4万棟，非住家が約3万棟の計7万棟に及んだ。宅地の損壊，商工業や農林水産関係施設，道路など公共インフラや水道，ガスなどのライフラインの被害も大きかった。新潟県柏崎市，刈羽村，出雲崎町を中心に被害が発生し，特に個人財産である住宅被害が多かった。ゆれによる建物倒壊のみならず，宅地被災も多くみられ，具体的には砂丘地の液状化，段丘地での擁壁転倒，盛土造成地の滑動などによるものが発生した。

柏崎刈羽原子力発電所の被災と風評被害

地震発生直後に3号機の所内変圧器で火災が発生，これは原子炉の安全に直接影響を与えるものではなかったが，黒煙をあげる様子は，国内のみならず全世界に発信され，中越沖地震を代表する被害の1つとなった。過去の被災地においても，災害が発生すると，復旧・復興が進む段階においてもなお「災害が起こった危険な場所」として国民に認知され，観光客が減るなどの影響が出ることはよく知られている。中越沖地震ではさらに柏崎刈羽原子力発電所での火災が発生したことを受けて，有害物質による汚染の危険性がなくなっても「原発の被災が発生した危険な場所」という風評被害を受け，その影響は甚大な2次災害となった。また，今回は特に海外メディアにおいて，ひどいものでは「日本全体が放射能に汚染されている」という間違った情報がHP上に散見される状況となった。

新潟県では「発災翌日に県民向けの知事メッセージを発信」「海外向けのメッセージを英文で発信」加えて「放射線監視情報等も英訳し海外メディアに情報提供」を実施した。また海外記者クラブへの情報提供についても実施した。

風評被害への対応については，その効果についての測定は難しく，対応がどの程度効果的，効率的であったかについて，知ることは難しい。「有害物質による汚染に対する安全情報」という目に見えないものをいかに広く知ってもらうかについての困難さを浮き彫りにする結果となった（図1）。

図1　柏崎刈羽原子力発電所の火災

夏の避難生活への対応

中越沖地震では，避難所での暑さ対策が課題となった。柏崎市の，震災当日の最高気温は26.0度であり，その後7月中は28〜29度以下で推移したが，8月に入ると30度を超え，8月2日の最高気温は36.7度を記録する厳しい暑さが8月下旬まで続いた。

暑さ対策として，扇風機・冷風機の配置，米軍や企業から提供を受けたエアコンの設置などを各避難所の特性を考慮して行なった。また，7月19日から8月21日までの間，柏崎市および刈羽村の避難所に「シロクマ作戦」と銘打って，氷柱を避難所に配置し，周囲に冷涼感をもたらすだけでなく，飲料を冷やすのにも活用され好評を得た。また，殺虫剤（ハエ・蚊など）についても対応が求められた。さらに各避難所に可能なかぎり洗濯機を配置し衛生環境のために配慮した。

被災自治体の支援①地図作成班

中越沖地震発生の翌朝に開かれた県災害対策本部会議の席上で，泉田裕彦新潟県知事から「災害対応の状況をわかりやすく地図化できないか」という要請が出され，それに応じる産学民のボランティアメンバーからなる「新潟県中越沖地震災害対応支援GISチーム」が官と連携する形で編成された。GISとはGeographic Information Systemの略で，日本語では地理情報システムと訳される。チームは，京都大学・新潟大学などの学，地元GIS関連企業からなる「にいがたGIS協議会」などの産から構成され，官である新潟県と連携して活動が行われた。質の高い災害対応を実現するためには，各関係機関が状況認識の統一を図り，有機的に連携して対応を進めることが必要である。そのためには，GISを用いて被災状況と対応状況を「見える化」し，それにもとづいて意思決定を行うことが有効である。しかし，それが自治体の災害対応の現場において実現されたことはこれまでのわが国の災害では一度もなかった。

活動は7月19日から，新潟県庁内でデジタル地図の作成を本格的に開始し，8月10日に活動を終了するまでの23日間に，およそ200種類の主題図（テーマごとの地図）が作成された。地図作成班の試みは，デジタル地図作成を通して災害対策本部での状況認識の統一を支援するというわが国の防災史

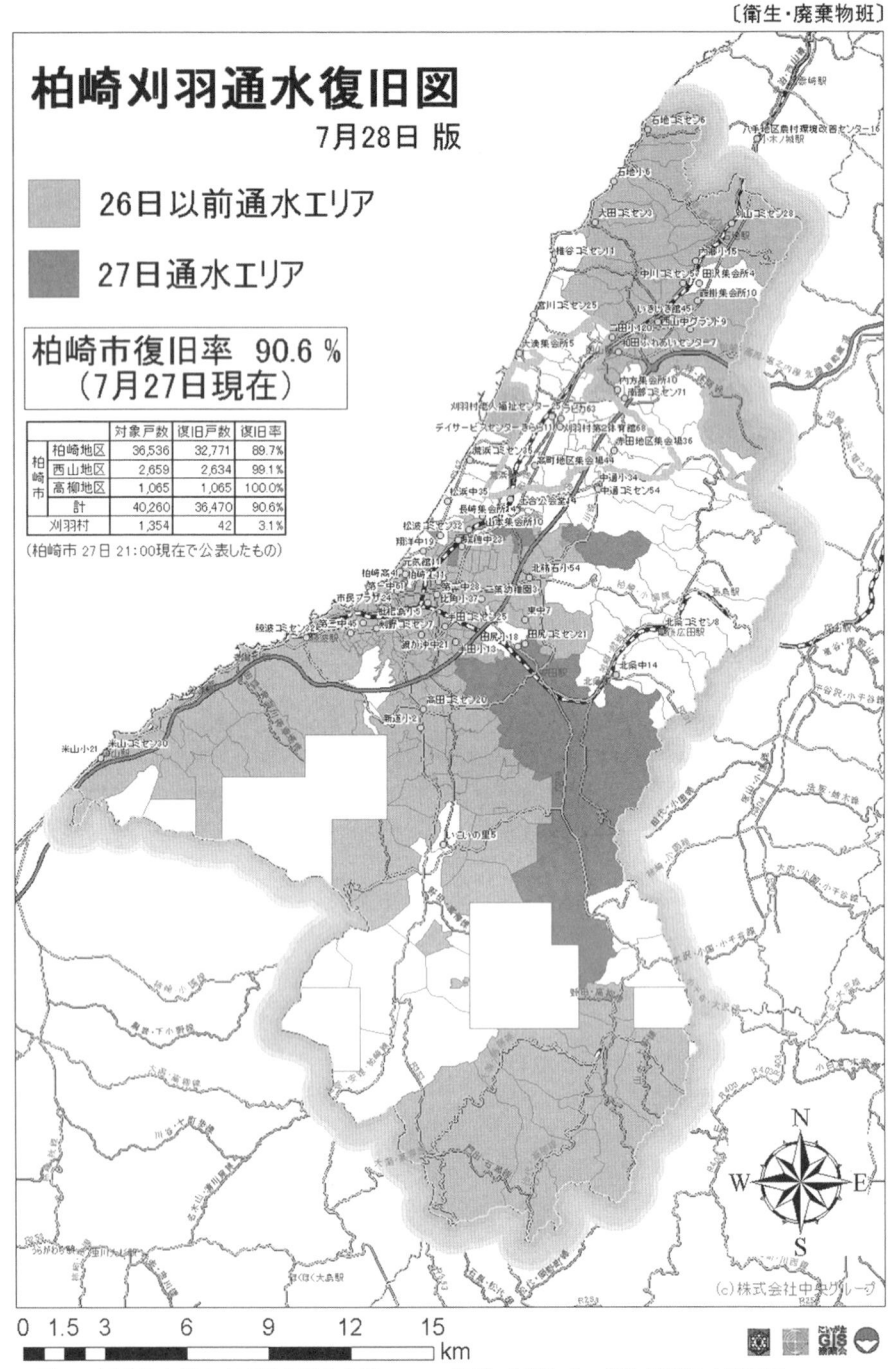

図2 新潟県中越沖地震災害対応支援チーム地図作成班作成の柏崎刈羽通水復旧図

表1　報道モニタリングの例—平成19年7月23日（月）朝

NHK	BSN	NST
4:25〜【おはよう日本】 地震から1週間長引く避難生活 死者10人，負傷者1,800人以上，建物被害14,000棟現在も3,000人以上避難生活146世帯，334人に避難勧告・指示今日から仮設住宅の建設開始自治体の住宅被害調査進まず，受けられる支援，融資決まらず。 住宅再建の目処たたず 風評被害による県内の旅館・ホテルのキャンセル20,000人超 住民の生活や産業の再建にいかに支援するか課題 原子炉の安全確認来月中旬 目視による確認ほぼ終わる。原子炉等重要施設に損傷なし。原子炉内はふたを開けカメラで	みのもんたの朝ズバ【全国】 5:55〜「一面どっと見」 エコノミークラス症候血栓16人で確認(読売新聞) みの「持病をもっている高齢者は辛い」 解説者「水を飲まなければいけないのに，高齢者に浸透していない。中越のときと一緒」 みの「家がかろうじて残っても，余震が不安で帰れない」 6:05〜「ニュース」 中越沖地震から1週間　復興進む被災地は ・高校野球　今日から再開 ・仮設住宅　今日から着工 ・水道，ガスの復旧時間がかかる ・新潟県知事が安全性をPR(寺泊，出雲) ・えんま通り商店街で営業再開に動き	5:30〜【めざましテレビ】 復興の歩み徐々に インフラの整備徐々に，柏崎で水の供給再開も，貯水槽に不具合で再び使用中止 新聞フロントページ トップで「読売」高血圧，ぜんそく，暑い，眠れぬ　持病抱えつらい避難「毎日」避難所でエコノミー症候群286人中16人から血栓 中越沖地震1週間たつも… ナレーター「長引く避難生活のストレスと疲れから体調崩す高齢者が継出 復興の歩み徐々に ナレーター「今日から1,000戸の仮設建設，徐々に復興の歩み

TeNY	UX	
5:20〜【ズームイン】 中越沖地震から1週間　被災地の復旧作業本格化 住宅建て替え窓口スタートや倒壊家屋の撤去，仮設住宅の測量など，「ゆっくりではあるが少しずつ復旧が進んでいる(羽鳥)」 中越沖地震から1週間　愛犬が吠え九死に一生 飼い主「21日に自宅に赤い紙を貼られたが，地震があってから21日まで家に入っていいか分からなかった。市の具体的な指示がなかった。」 市職員の「避難勧告は携帯サイトでお知らせしています」との言葉に，住民「年寄りは携帯を使わない。」 被災地は今　羽鳥が現地リポート	4:55〜【やじうまプラス】 波打つ敷地　崩れたドラム缶　原発内部を公開 知事「海外の動向を見ていると誤った情報が伝わっている。政府の信用は十分なのかと言う段階まできている」 (ぶら下がり映像) 避難所のテントにマイク　民放テレビに抗議文送付 スポニチ記事。柏崎市が中京テレビに抗議文。コメンテータ「取材時は一言言うべき」 「中越に泥かぶってもらう」上越選出県議が失言 梅谷県議「軽率な発言で反省している」 コメンテータ「当事者意識が欠けている」 準Vで被災地に勇気　刈羽村出身	

上で初めての試みとなった。
地図作成班が作成した主題図には，被災地をローラー作戦で巡回するために地区別に基盤図（道路や町丁目などの基本的情報が表示された地図）を出力して担当者に持たせたいというものから，その時点での対応の全体像を見える化したものとして毎日更新され，災害対策本部会議の席上で紹介されたものまで多様なものが含まれている。最も多くの部局で活用された主題図は，水道の復旧状況と避難所の位置，避難者数を示したものである（図2）。この図には応急

対応において県が特に関心を払っていた断水状況と避難者の関係が「見える化」され、情報分析担当から毎日の災害対策本部会議において知事をはじめとする関係者に対する進捗状況の説明資料として活用された。さらに、この図は避難者対策班、住宅確保対策班、障害福祉課、福祉保健課、健康対策課、医薬国保課、財政課、人事課などでの対応の根拠としても使われた。

被災自治体の支援②資源管理班

災害対応においては、日常業務と違い、多くの被災自治体職員がさまざまな場所に派遣されたり、多くの救援物資などが被災地域に送られたりと、人的、物的資源が短期間に大量に動く。これらの資源についてたとえば新潟県では「支援職員の派遣調整」は総務班の業務として位置づけられ、「物資の輸送調整」は救援物資班の業務として位置づけていた。ところが、それらを総合的に把握する機能については、どこが担うかについての取り決めのない自治体が新潟県を含めてほとんどである。現実には、人的支援については、「県内市町村応援職員」は市町村課が、「庁内応援職員」は人事課が、「他県からの応援職員」はそれぞれの要請した部局が把握しており、それらを総合的に集計して全体像を把握することについては、のちのち整理ができればよいと考えていた。人的、物的資源の管理を今現在、何人の応援職員がどこに応援に入っているかについて、一元的把握を目標として、資源管理班の立ち上げが検討された。

しかし、被災自治体である新潟県職員の立場としては、目の前にある個別具体的な災害対応を1つ1つこなすことで手一杯であり、資源管理の即時把握の重要性を理解していたとしても、人員を割くことができなかった。そこで中越沖地震において、県災害対策本部の資源管理班は他府県応援職員と研究者が担うこととなった。

中越沖地震での資源管理班の活動は、①災害対応における人的、物的資源の一元的把握を実現した、②一般的に応援業務としてイメージされる現地での対応ではなく、「事務処理業務」のアウトソーシングの可能性を示した、という点で画期的であった。発災後6日目の7月21日より8月31日にわたって、新潟県職員・近畿ブロックの応援職員・研究者(京都大学・新潟大学・名古屋大学)からなる混成チームは新潟県災害対策本部・資源管理班としてさまざまな活動を行なった。具体的には近畿ブロックを構成する大阪府・京都府・奈良県・和歌山県・滋賀県・三重県・福井県・徳島県の職員が、平均3泊4日のローテーションで資源管理班の応援活動を行い、最終的に延べ20人が活動を行なった。

資源管理班は、新潟県災害対策本部内の正式な班として位置付けられ、結果的に8月31日の資源管理班の活動終了まで、計39,205件のデータが応援要請データベース(DB)に入力され、人的資源は11,444件、物的資源は26,817件、不明が944件というDBが完成することになった。

災害報道のモニタリング

新潟県災害対策本部による能動的な情報分析が試みられた。広報局では、情報発信のほか、マスコミ(新聞とテレビ)から報道される中越沖地震に関わる報道内容のモニタリングを行なった。これにより、行政だけでは気付かない被災者や県民の関心事を洗い出し、また行政ルートでは時間がかかりがちな現地情報の迅速な把握を図った。内容については、県の災害対応の方針決定の際に、基礎情報の1つとして活用された。今後は、災害対策本部にも県内の全テレビ局をモニタリングできる設備と人的資源を事前計画することが検討課題である(表1)。

参考文献　新潟県編『新潟県中越沖地震記録誌』、2009、新潟大学災害復興科学センター編『新潟県中越沖地震検証報告書』、2009

(田村圭子)

2011　平成23年台風12号　（平成23年9月）

気象状況と被害

平成23年(2011) 8月25日マリアナ諸島の西の海上で発生した台風12号は、ゆっくり北上して9月3日朝、高知県に上陸、その後も自転車なみのゆっくりした速度で四国地方、中国地方を縦断して4日未明に日本海へ進んだ。台風12号は動きが遅いうえに強い勢力を維持していたため、台風の進行方向右側にあたる地域は雨雲の発達により強雨が長時間継続した。8月30日17時からの総雨量が奈良県上北山村では、約2,400㍉ (奈良県HP)を観測するなど広い範囲で記録的な大雨となった。この台風災害により奈良県・和歌山県を主に死者81名、行方不明者16名、全壊家屋377棟、半壊家屋3,155棟、床上浸水5,539棟などの甚大な被害（消防庁第18報）が発生した。

台風12号がもたらした降雨の特徴は、①長時間降雨が継続したこと、②時間雨量が大きいこと、③広域かつ同一場所に降雨があったこと、の3点にまとめられる。

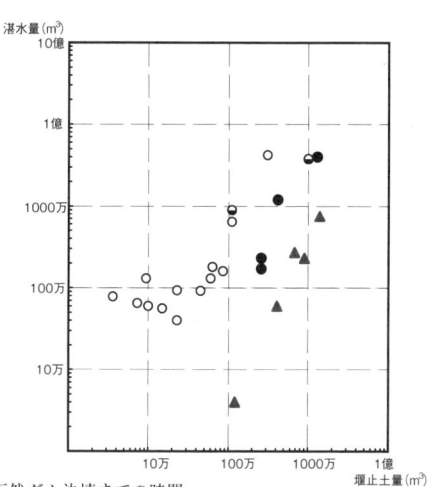

この特徴は風水害に対して以下のような影響をもたらした。①長時間の強雨は地下深くまで浸透し、保水能力の大きいといわれている紀伊半島でも保水能力を上回る状況となった。そのため、深層崩壊と呼ばれている大規模な崩壊が多数発生し激甚な土砂災害を生じさせた。②広域に強雨が降ったことから1つの流域内全域が強雨に見舞われたため、各支川からの出水が集中して下流域に到達、短時間に急激な水位の上昇をもたらして、洪水氾濫による被害を発生させた。

台風12号による災害としては、特に大規模な崩壊や土石流など多様な土砂災害による被害が目立った。和歌山県田辺市伏兎野地区では、大規模な崩壊により家屋5棟が全壊し、死者5名という悲惨な災害が発生している。記録的な降雨は洪水となって氾濫し多くの被害を与えている。特に熊野川・那智川での氾濫による被害が顕著となっていて、那智勝浦町井関地区や市野々地区では那智川沿いの集落が洪水により流失した。また那智川にかかるJR紀勢線の鉄橋が流されるなど鉄道や道路が各所で寸断され、集落の孤立化が問題となった。

天然ダムの形成と決壊

台風12号災害で最も話題となったのは、天然ダムの形成と決壊の危険性である。天然ダムとは崩壊した土砂又は土石流となって流下した土砂が河道を閉塞して、上流側に水溜まりを形成する現象のことで土砂ダム、堰止湖などとも呼ばれている。

台風12号によって形成された天然ダムのうち特に奈良県で形成された地域は、明治22年(1889)にも豪雨により天然ダムが多数形成されたところである。

国土交通省の資料によると、明治の十津川災害の発生は明治22年(1889) 8月19日、台

図1　天然ダムの堰止土量と湛水量の関係
天然ダム決壊までの時間
平成23年豪雨　7日以上 ▲
明治22年豪雨　1日以下 ○　1～7日 ◐　7日以上 ●

風による降雨量は和歌山県の田辺で日雨量901.7㍉を観測した。十津川災害による死者は1,492名，全壊家屋は約5,000棟と記述されている。特に十津川郷では集落が壊滅的な被害を受け，住民の一部は北海道に移住して新十津川村を開拓した。

この災害では天然ダムが53ヵ所形成されたが，そのうち，地質が四万十帯に属していて且つ決壊時間がほぼ推定できた19ヵ所の天然ダムについて，湛水量(㎥)と堰止土量(㎥)との関係を決壊までの時間で整理したのが図である。

平成23年(2011) 9月台風12号の豪雨では奈良県と和歌山県の17ヵ所で天然ダムが形成された。現地調査によるとこれらのうち，天然ダムが河川の一部を閉塞(河道を完全に閉塞していないものとその判別ができていないものを含む)しているもの4ヵ所，河道を閉塞した後早い時期に決壊したもの5ヵ箇所，河道閉塞状態のもの8ヵ所となっている。なお，特に規模が大きく，災害の恐れのある5ヵ所については国土交通省が土砂災害防止法に基づいて，緊急調査を実施し土砂災害緊急情報を県ならびに市町村に出している。

明治22年と平成23年の天然ダムの相違を見てみると，明らかに天然ダムの決壊状況が異なる。明治22年に形成された天然ダムは19ヵ所中13ヵ所が1日以内で決壊しており，7日以上決壊しなかったものは4ヵ所に過ぎない。そして，その決壊の大部分は流水の越流が原因となっている。

特に1日以内に決壊した天然ダム13ヵ所中12ヵ所は天然ダム上流の流域面積が50平方㌔以上の地点に形成されていた。すなわち，豪雨による流水が集まりやすい場所に形成されたため，容易に流水の越流が生じ，早期に決壊したものと考えられる。

一方，平成23年の天然ダムは平成23年11月末現在，一部閉塞を除いても8ヵ所は決壊していない。これは17ヵ所中11ヵ所が流域

図2　奈良県五條市大塔町赤谷の天然ダム

面積20平方㌔以下の小支川に形成されていて，特に国が緊急調査を実施している5ヵ所の天然ダムは，流域面積が最大でも14平方㌔，ほとんどが5平方㌔以下という比較的水の集まりにくい場所に形成されていること，崩壊土砂量が最小でも120万立方㍍，最大では1,390万立方㍍と湛水量に比して土砂量が大きいことから決壊に至っていないものと考えられる。図1からも平成23年に形成され，国が緊急調査を実施した天然ダムは湛水量に比して崩壊土砂量が充分大きいことが分かる。また，平成23年の天然ダムのうち，早期に決壊したと考えられる5ヵ所を調べてみると3ヵ所は流域面積40平方㌔以上の水の集まりやすいところに形成されていた。

これらの事実からも天然ダムの決壊は堰止土量，湛水量および形成された場所や流域面積(水の集まりやすさ)などに大きく影響されるもので，平成23年の天然ダムは明治22年の天然ダムに比して早期に決壊しにくい条件を有していたといえよう。しかし，多量の水が堰止め土塊内にあることは間違いないので，天然ダムの決壊による2次災害を防止するという点からも早期の防災対策の実施が求められているところである。

(池谷浩)

V 災害基本用語

上げ舟（あげぶね）

水害時の避難，救助や物資運搬のために軒下や納屋の天井に常備された小舟。常備の方法は，伏せて，軒下の横木に乗せる，天井から縄で吊るすなど。同名の使用は特に濃尾平野の木曾三川に囲まれた輪中地域が顕著。呼称に地域差が見られ，関東では「揚舟」，九州では「上げ舟」「吊り舟」などもあり，かつ「船」の文字もみられる。わが国の平野部では，低地の湿田地帯で使用された田舟などもあり，近代以前から避難時に小舟が多用されたことは想像に難くない。治水と排水技術の近代化による水害の減少，乾田化の進行とともに，常備数は減少した。このため，今日水害対応の小舟の常備は民俗学的特徴となっていることが多い。　　　　　　　　　　（知野泰明）

アスペリティ

地震発生前に断層をはさんで両側の岩盤の結びつきの程度は均一ではなく，周辺に比べて強く固着している部分をアスペリティという。地震が発生する震源域内には通常いくつかのアスペリティがあって，その部分は周辺よりも蓄積した歪みエネルギーが大きいので，地震の際には大きい断層すべりを生じ，ほかの部分よりも強い地震波を励起する。また，非地震時の定常的な断層すべりでは，岩盤が強く固着しているアスペリティで断層のすべりの進行が阻まれ，周辺よりも断層両面の相対運動が小さくなる。一般に，断層面内の固着の程度と分布を知ることは困難であるため，地震波または非地震時の地殻変動の解析を通じて，アスペリティが調べられている。　　（林豊）

雨乞い（あまごい）

降雨を願う儀礼。主に稲の生育には多くの水を必要とするため，降雨への願いは古代から確立していた。『日本書紀』には，村村で牛馬を殺したり，市を移すことがあったことを記す（皇極元年7月条）。8世紀の国家的な祈雨は，諸社への奉幣が一般的だが，なかでも丹生川上社に黒毛馬を奉るようになる（『続日本紀』）。一方，仏教的な祈雨の法要も断続的に行われ，9世紀には読経や密教的祈禱など多様な祈雨儀礼が成立する。また，10世紀には陰陽寮による五龍祭も行われる。中世以降の史料にも共同祈願として記録されている。雨乞いの方法には，堂社に籠る，山上で火を焚く，太鼓踊り，聖地の水をもらう，池や淵をわざと汚し神を怒らせるなどがある。　　（大江篤）

池田　宏（いけだひろし）

1881―1939。明治末から昭和初年にかけての内務官僚。明治14年(1881)静岡県に生まれる。明治35年第一高等学校卒業，在学中から脚気のため転地療養を兼ねて京都帝国大学法科大学へ進み明治38年卒。同年内務省入省，地方局に勤務，奈良・神奈川・三重の各県事務官を経て，明治44年内務省土木局道路課長，道路法制定にあたる。大正2年(1913)から1ヵ月欧米各国へ出張。帰国後東京市区改正委員会幹事，同6年後藤新平が会長を務める都市研究会理事となる。翌7年内務省都市計画課長。9年後藤新平東京市長のもとで助役に就任，12年助役退任。同年9月5日内務省社会局長官に就任，9月27日帝都復興院理事にして帝都復興院計画局長，みずからの都市計画理論に基づく理想の都市を実現すべく関東震災後の復興計画に身を挺した。子息池田善長によれば，同潤会の設立を唱え，理事長としても活躍したこの時代は「父の最も生気溌剌たりし時期」であったと語る。大正13年京都府知事，同15年神奈川県知事，昭和4年(1929)退官。14年59歳にて死去。都市計画の先覚者にして都市問題研究の権威として『都市公論』に論文多数を発表した。

（北原糸子）

石本巳四雄（いしもとみしお）

1893―1940。昭和時代の地震学者。陸軍大臣だった石本新六の息子で東京生まれ。大正6年(1917)東京帝国大学実験物理学科を

卒業後，工科大学造船学科実験室勤務，同8年三菱造船勤務を経て，10年から3年間フランスに留学し音響学などを学び，14年地震研究所の助教授，昭和3年(1928)教授。同8年2代目の所長となった。地震の原因は，地下へ激しく貫入するマグマであるとする岩漿貫入説を唱え，土地の傾斜を測るシリカ傾斜計や，大きい地震動を記録する加速度計などを考案した。大正12年関東震災当時，在仏であったこと，ドイツ語主流のなかフランス語で論文を書くなど，当時の地震研究所のなかで異色であったといえる。また，鯰絵などを収集し，災害文化への関心も高かった。　　　　　（松浦律子）

異常震域（いじょうしんいき）
地震の際，震源から遠いにもかかわらず，大きな震度となる領域のこと。一般に震度（または計測震度）は，震源地付近で大きく，震源から遠ざかるほど小さくなる。しかし，震源から遠い場所に，周辺の震度分布からはかけ離れて大きな震度になる地域が現れる場合がある。このような領域を異常震域という。沈み込んだプレート内で発生する深発地震において，東北日本の太平洋岸で異常震域を生じる例がよく見られる。これは，地球内部の地震波の伝わり方に地域的な相違があり，プレートはその周辺に比べ地震波を減衰させにくい性質があることから，沈み込んだプレートの中を通って地震波が到着する地域の震度が周囲より特に体感し易い周期で強くなるためである。
　　　　　　　　　　　　　　（林豊）

出雲神話（いずもしんわ）
出雲地方を舞台にした神話。『古事記』『日本書紀』と『出雲国風土記』などに記されてる。『古事記』『日本書紀』では，スサノオが高天原から出雲に降りて住み，その子孫オオクニヌシが国を造り，やがて天孫降臨によって国を譲り，身を隠す物語である。記紀の出雲神話は，政治的に編成された物語といえるが，『風土記』にみるような出雲地域の伝承を背景にしている。たとえば，ヤマタノオロチ退治は，三種の神器の一つ草薙剣に関わる物語であるが，水神である蛇神の巫女（クシイナダヒメ）による祭祀を基層に，斐伊川の洪水を制圧し，治水によって豊穣をもたらす物語であった。また，ヤマタノオロチの表象は斐伊川上流の製鉄とも関係している。　　　　　　（大江篤）

一部損壊（いちぶそんかい）
建物の被災程度を示す言葉の一つであり，建築物災害統計調査や災害報告に用いられる。全壊および半壊に至らない程度の建物の破損であり，かつ補修を必要とする程度を示している。国が定めた「災害の被害認定基準」(2001年6月28日府政防第518号通知)によれば，建物が破損した部分の床面積が建物の延床面積の20％に満たない場合，あるいは，建物の主要な構成要素の経済的被害の建物全体に占める損害割合が20％に満たない場合，のいずれかの場合，その建物を一部損壊として扱うこととなっている。ただし，建物が一部損壊と認定された場合，国が定めた被災者生活再建支援制度による支援金給付や災害援護資金貸付の対象とはならない。　→全壊　→半壊　（西澤泰彦）

稲むらの火（いなむらのひ）
昭和7年(1932)から約10年間，小学校5年の国語読本にのっていた「高台に住む庄屋の五兵衛が地震のあと海水の異常に気づき，収穫したばかりの稲むらに火を放って，消火にかけつけた村人全員を津波から救った」という物語で，現在でも不朽の防災教材としてよく引用される。原作者はラフカディオ・ハーンで，安政南海地震津波の際に，紀州広村の浜口儀兵衛(梧陵)が，稲むらに火を放って，暗夜に逃げ遅れた村人を高台に導き救った実話をヒントに，明治三陸大津波の直後に創作したフィクションである。中井常蔵がこれを教材化した。実話の浜口は，津波のあと，村人救済と将来の津波に備えて，私財を投じて海岸に大防潮堤(広

井上友一（いのうえともいち）

1871—1919。明治から大正時代の内務官僚。明治4年(1871)金沢生まれ，第四高等中学校を経て帝国大学法科大学を明治26年卒。同年内務省入省，市町村課・府県課に勤務，のちに課長，その後神社局長に進む。この間，明治27年東京地震で内務省の建物も煙突の倒壊などの被害を受けたが，一人省内に残り，書類の整理に余念がなかったという逸話が残る。大正4年(1915)45歳で東京府知事に就任，在任中の大正8年死去した。内務省在任中は地方自治の調査研究と地方自治の充実，人材養成に取り組んだ学究肌の人物で，数多くの地方自治関係の著作を著わした。最大の行政関心事として，日露戦争後の「農村の衰退と都市の頽廃」をどう防ぐかに取り組み，都市文明がもたらす弊害を先進西欧諸国の実例から点検，わが国の「伝統的美風」を生かす地方改良運動として二宮尊徳の理念を継承する報徳会を創設，雑誌『斯民(しみん)』を刊行した。また社会事業の中央機関である中央慈善協会創設など救済事業にも実践的に取り組んだ。大正6年1,300人もの死者を出した東京湾高潮災害(1917年関東大水害)では救済に尽力，大正7年米騒動の折には米の廉売市場，簡易食堂を設けるなど，救済事業の実践に尽力した。なお，大正6年の水害に襲われた経験に基づいて，翌7年5月8日災害時の緊急組織体制を目論んだ「非常災害事務取扱規程」(東京府訓令第12号)を設けたが，この規定は関東大震災の時にはじめて生かされることになった。 （北原糸子）

伊吹弥三郎（いぶきやさぶろう）

滋賀県の伊吹山麓に伝わる伝説上の人物。中世の説話集『三国伝記』では，盗賊として佐々木頼綱に討伐されたのち，その怨霊が毒蛇となって水田を荒廃させ，人々を飢饉で苦しめ，神としてまつられる。『御伽草子』は，伊吹大明神(八岐大蛇の化身)に仕える暴れ者で妻の父に謀殺され，その子伊吹童子がのちに酒呑童子となる物語である。さらに，弥三郎が鉄人であったとする伝承や巨人とする民間説話もある。また，大風を「弥三郎風」と呼ぶこともあった。これらの伝説は，鎌倉時代初めの，天皇の命に背いた柏原弥三郎が追討された事件を基盤に，伊吹山や高時川の自然が蛇神としてイメージされ，土地の記憶として地域の歴史に定着しているのである。 （大江篤）

今村明恒（いまむらあきつね）

1870—1948。地震学者。鹿児島県出身。明治27年(1894)帝国大学理科大学物理学科卒。本職は陸軍の学校教授(数学)だったが理科大学で無給の助教授を兼任，歴史地震の研究から関東大地震の接近を予言して震災対策を提起，人心の動揺を危惧する教授の大森房吉と対立する。関東大地震後，地震学科の創立とともに専任の教授に就任，のち地震研究所所員などを兼任した。昭和4年(1929)地震学会創立とともに会長に就任。帝大退官後は四国，和歌山県，のちには愛知県などの海岸線に地殻変動の観測所を設置して予想される南海地震や東南海地震の予知研究にとりくむが戦争のために挫折。地震予知計画の先駆者として評価が高い。主著に『理論及び応用地震学』(英文)，『地震の征服』(1926)などがある。

（山下文男）

牛　枠（うしわく）

河川堤防や護岸の河道内前面に据えられ，洪水などを遠ざけ，かつ砂の堆積を促す伝統的水制工。牛枠は牛類と枠類に分けられるが，牛類の総称とするのが一般的。牛類は，木を三角錐形に組み，端部を縄で結束し，河川に投入する。固定には内部に蛇籠が載せられた。洪水に対峙する牛とみたのが名称の由来。枠類は四方形に木を組み，河川に投入後，内部に石が投入された。牛

枠は形状や大きさが多岐にわたり，河床勾配に応じて選択され，投入された。多くは武田信玄時代の甲州で考案されたとされ，江戸幕府は中期の享保年間(1716—36)から普請定法書として示方書化した。牛類・枠類は取水堰本体にも使用され，牛類は河川の締切・付替，枠類は砂防堰堤などにも使われた。
（知野泰明）

液状化（えきじょうか）

地震の震動により砂質地盤が地下水と混じり液体化すること。地下水位が高くて，ゆるく堆積した砂質地盤（たとえば埋立地・干拓地・旧河道・砂州）では，砂粒同士が噛み合うことで地盤が支えられ，砂粒の間隙に地下水が存在している。このような地盤に強い地震動が加わると，砂粒の接触が解けて地下水中に砂粒が混じった状態となり，地盤は支持力を失い，液状化する。液状化すると，水や砂の地表への噴出（噴砂現象），地面の亀裂や陥没，比重の小さい地下埋設管やマンホールの浮き上がり（抜け上がり現象），重い建造物の傾斜と沈下（不同沈下）などが生じる。液状化して水が抜けた後も，浮き上がったり沈下したりした建造物はそのまま残る。また土地は低くなるものの，砂は締め固まり，地盤の支持力は以前の状態に回復する。　→地盤
（林豊）

疫癘（えきれい）

流行性の伝染病のこと。流行病，疫病，疫疾，時疫，瘟疫，エヤミ，トキノケなどともいう。腸チフスなどの急性の熱病をさす傷寒が代表的なもので，史上たびたび流行し多数の死者を出してきた。特に，飢疫，餓死・疫死などと書かれるように，飢饉には疫病が付きものであった。近世の大飢饉でも飢え死により疫病に罹って死ぬ者のほうが多かった。大凶作になった翌年の5～7月頃に，傷寒や痢病（赤痢など），瘧（マラリア）などの疫病が流行し，家族がつぎつぎと病に臥し，田植えなどの農繁期の作業に支障をきたした。流行時には，藩や村による疫病退散の祈禱や御札配り，疫病送りなどがさかんに行われ，施薬などの医療への期待も高まった。（菊池勇夫）

S　波　⇒　地震波（じしんは）

エルグ　⇒　物理量の単位（ぶつりりょうのたんい）

大森-宇津公式（おおもりうつこうしき）

余震の数の減少の時間的推移を表す式のこと。単位時間あたりの余震の回数 $n(t)$ は $n(t)=K/(t+c)^p$ で表される。K，c，p は各余震活動によって定まる定数である。c は十数分～数時間程度で，長い場合でも1日程度であり，本震直後の余震の発生率に寄与する。$p=1$ の場合の公式（余震の大森公式）を大森房吉が明治27年(1894)に発見し，宇津徳治が昭和26年(1951)にパラメータ p を含む公式（大森-宇津公式または改良大森の公式）を導入した。p 値が大きいほど余震の減り方が著しいことを示す。
（林豊）

大森房吉（おおもりふさきち）

1868－1923。福井県生まれの地震学者。下級武士の五男で，明治23年(1890)帝国大学理科大学物理学科を卒業後，気象学と地震学を学び同27年から3年間欧州に留学。29年関谷清景の早世により帝国大学理科大学物理学科地震学教室の2代目教授となった。濃尾地震の余震観測から余震の時間的減衰を表す大森公式（現在は大森-宇津公式に拡張）を27年に，水平動を連続的に記録できる大森式地震計を31年に開発した。22年には初期微動継続時間（P波とS波の到達時間差）から震央を求める大森公式を発表したが，震源に深さがあることには思い至らなかった。長岡半太郎や日下部四郎太，志田順のように観測事実から物理的に原理を探求する姿勢はなく，統計学的にも不完全で博物学的な研究に留まっていたため，当時としては大量のデータを自由にできる立場にありながら残念なことであった。一度大地震が発生した場所には相当の期間再び

大地震は発生しないと考えており，37年に同じ講座の助教授だった今村明恒が防災対策の推進を願って東京での50年以内での大地震発生を雑誌で警告した際には，人心安定に今村の説を廃する論陣を張った。大正12年(1923)汎太平洋学術会議でシドニー滞在中に関東大震災が発生し，失意のなか帰国する船中で脳腫瘍に倒れ，帰国後ほどなく亡くなった。　　　　　　　　（松浦律子）

岡田武松（おかだたけまつ）
1874—1956．大正・昭和時代の気象学者。千葉県生まれ。明治32年(1899)東京帝国大学物理学科卒，だだちに中央気象台に勤務，日本海海戦当日に出した天気予報文「天気清朗ナルモ波高カルベシ」は有名。予報課長を経て，大正10年(1921)自ら創設に尽力した海洋気象台長に就任，同11年には同台から世界初の気象無線放送が開始された。同年設立に奔走していた気象技術官養成所が新設され，以後みずからも講師として気象事業の根幹となる技術者の養成に努めた。同12年2月第4代中央気象台長に就任，太平洋戦争直前の昭和16年(1941)7月退任まで18年間在任し，日本の気象事業の発展に大きく貢献した。主なものとしては，関東大震災後の全国地震観測網の整備，室戸台風後の気象通信網の強化，測器工場による各種測器の国産化，海洋観測船(昭和2年春風丸，同12年凌風丸)の建造，同14年全国の府県立測候所の国への移管などがある。岡田は優れた行政官であるとともに一流の気象学者でもあり，『気象学講話』，『気象学』など多くの著書があり，昭和6年刊行の"Climate of Japan"(日本の気候)はそれまでの日本の気象観測成果を集大成したもので，長年東京帝国大学教授を兼任して，多くの人材を育てた。それらの中には，気象事業に加わっただけでなく，藤原咲平(気象学)，和達清夫(地震学)，日高孝次(海洋学)など，のちに各分野の専門家として活躍した者も多い。　　（津村建四朗）

お救い小屋（おすくいごや）
江戸時代に地震・火災・水害・飢饉といった災害の発生時，窮民救済のため幕府や藩などが公的に設置する簡易な居住・宿泊施設。御救小屋とも書き，施行小屋，飢人小屋ともいった。現在の避難所に相当する。最低限の食料などが保証され，状況によっては医師が診療にあたることもあった。小屋の経営に必要な食料や金銭は幕府や藩の出金だけでなく，富裕層の施行により賄われることも多い。地方によっては他人に施しを受けることを嫌い小屋入りを恥とする風潮もあったため，ごく一時的な避難所となることもあったが，江戸などの都市部に設けられたお救い小屋は，そこを根城に稼ぎに出かけさせ，被災窮民の自立・自活を促すという性質のものであった。
　　　　　　　　　　（白石睦弥）

お救い普請（おすくいぶしん）
主に江戸時代に飢饉・水害・地震や噴火といった災害の発生後，復興時期に幕府や藩などが窮民救済のために行なった公共事業。安土桃山期にも記録がある。享保の蝗害や天保の飢饉の際に江戸で堀浚いをさせた事例もあるが，基本的には幕府や藩が材料費や人件費を負担し，河川浚渫や堤防修築など治水に関する土木工事が行われることが多い。被災地における復旧を目指して行われたお救い普請は，幕府や藩が費用を供出し，現地の被災住民や近隣の村落などから人足を募り，賃金を払うことで被災地の経済基盤を支え，所領を守る領主の意識を示すこともできた。　　（白石睦弥）

恩賜金（おんしきん）
特別の功労者，または特に救済の必要があると判断された機関または個人に皇室から与えられる金。戦前は御下賜金あるいは皇室所有財産庫からの支出を意味する内帑金などとも呼ばれた。明治18年(1885)の内閣制度成立以降は大規模な火災・水害・噴火・地震などの災害の場合に宮内大臣から下賜

の旨が内閣に伝えられた。明治21年の磐梯山噴火では3,000円が下賜され，費目を限定されていない災害救援費として有効に活用されたが，その3年後の濃尾地震では岐阜・愛知両県へ各14,000円に与えられ，それぞれの県で決めた死亡者，被害戸への配分基準に基づいて配られた。大正12年(1923)の関東大震災では天皇の下賜金は1,000万円に上り，2週間後には被災者へ現金でわたされることが閣議決定されるなど，特に迅速な配分への配慮がなされた。

(北原糸子)

温暖化 ⇨ 気候変動へ
海岸段丘 ⇨ 段丘
海溝（かいこう）
深海底で幅数十から百㌔程度，長さ数百㌔以上の細長い溝状の地形を形成している場所のうち，溝の両側が急傾斜で最深部の水深が6,000㍍以上のものを海溝という。また，海溝に比べて浅くて幅が広い地形は，トラフと呼ばれる。海溝とトラフは，海洋プレートと大陸プレートの境界の沈み込み帯に沿って位置する。世界中に26(定義によって多少異なる)ある海溝の大部分は太平洋周縁部に位置し，島弧あるいは大陸縁弧を伴う。日本周辺には，太平洋プレートの縁辺に沿って，千島海溝，日本海溝，伊豆・小笠原海溝が，フィリピン海プレートの縁辺に沿って，相模トラフ，駿河トラフ，南海トラフ，琉球海溝が連なっている。

(林豊)

海溝型地震（かいこうがたじしん）
直下型地震と同様学術用語ではなく，海溝付近に発生する地震を種類の区別なく包括的に指し示す言葉として平成7年(1995)から使用され始めた。包括された地震は，海溝からスラブが沈み込んでいることに起因して海域から沿岸部に発生する地震であり，プレート境界で発生する逆断層型のプレート境界地震と，プレート内地震である，海溝に達する前の大洋側の海のプレートが破断して発生する正断層型の地震，海溝から陸の下へ沈み込んだスラブが破断するスラブ内地震，の3種類が含まれる。古い地震ではこれらを正確には区別できないことから，海域での地震3種を区別せず防災のために包含して指す場合に用いる。

(松浦律子)

海嘯（かいしょう）
満潮時に至って海水が河川を遡上し始めると，上からの河の流れと衝突するため，前面が垂直の壁のようになって激しく波立ちながら逆上する形になる。中国の銭塘江や南米・アマゾン河などでの現象が有名で，銭塘江では観光の対象にさえなっており，接近しなければ危険もない。海嘯が河を逆上する際のそうした情況が，海底の地殻変動によって発生する地震津波が海岸に接近する際に見られる「海の壁」の状態とよく似ていることから，安政の地震津波のころまで「つなみ」あるいは「津波」と表記していたのを，明治29年(1896)の三陸津波の報道では，新聞などが中国語の海嘯に「つなみ」とカナを振って無理に「海嘯」と読ませ，当て字として使った。しかし，地震学者から津波と海嘯はメカニズムからして「似て非なるもの」との批判が出て，以後，ほとんど使われなくなった。 (山下文男)

海底地震計 ⇨ 地震計
カイン ⇨ 物理量の単位
河岸段丘 ⇨ 段丘
火砕サージ（かさいサージ）
高速で地表に沿って移動する火山灰などの火砕物の希薄な流れのこと。ベースサージ，灰雲サージなどを含む総称として用いられる。マグマ水蒸気爆発に伴う比較的低温のベースサージと区別して，火砕流に伴う火砕サージのことをさすこともある。火砕流に伴う火砕サージは，時として数百度以上に達する。火砕流本体が停止した後も先端部で移動を続け，周辺部に大きな災害をもたらすことがある。平成3年(1991)の雲仙

普賢岳噴火での43名の犠牲者はこの火砕サージによるものである。通常，火砕流本体から1㌔程度の領域にとどまる。流走速度は時速100㌔を超すこともまれではない。
（藤井敏嗣）

火災旋風（かさいせんぷう）
一般に旋風は，小規模な空気の旋回運動と定義されるが，火災旋風は，大規模な火災の熱エネルギーによって発生する旋風でその規模には幅がある。地震時の同時多発火災，山火事，空襲など広域にわたって火災が拡大した場合に発生する。大規模な火災時には，旋風が発生しやすいが，発生メカニズムや発生条件は明確ではない。大正12年(1923)9月1日の関東大震災における東京市では同時多発火災により，約100個に及ぶ火災旋風が報告されている。なかでも本所被服廠跡地に発生した火災旋風では，風速が約80m/秒にものぼり，約38,000人に上る死者を出している。また，昭和18年(1943)7月28日のハンブルク市では空襲により発生した火災旋風で約40,000人が死亡している。

参考文献　日本火災学会編『火災便覧(新版)』，1984，内閣府中央防災会議・災害教訓を継承する専門調査会編『1923関東大震災報告書』1，2006
（西田幸夫）

火災保険（かさいほけん）
火災によって生ずる損害を塡補するための保険であるが，実際は，それ以外の損害も塡補している。火災保険は，基本的には住宅総合保険・住宅火災保険の2種類があるが，その他にも，自由化によって保険会社の独自商品が存在する。火災保険では，地震を原因とする火災による損害や，地震により延焼・拡大した損害は補償されない。火災保険は，建物と家財を分けて契約することになっている。借家の場合は家財のみの契約となる。火災保険の保険金額であるが，再調達価額をもとに設定する方法と，時価をもとに設定する方法がある。火災保険は損害保険として，商法第2編第10章の保険契約の箇所において規定されていたが，平成22年(2010)に施行された保険法にとって代わられ，同時に，商法第2編第10章は削除された。保険法の制定によって，保険約款ならびに保険契約申込書・パンフレットなどの平易化，保険契約者などの保護強化がはかられている。
（山崎栄一）

火砕流（かさいりゅう）
高温の溶岩片，火山ガス，取り込まれ加熱された大気などが高密度で混じりあって，斜面を高速で流れ下る現象のこと。速度は時速100㌔を超えることもある。火砕流には，激しく立ち上った噴煙の一部が崩れ落ちて斜面を走り出すもの，激しい爆発にともなって火口から高密度な噴煙があふれ出し流下するもの，不安定な場所に出現した溶岩ドームや溶岩流の一部が崩壊して流下するものなどさまざまなものがある。溶岩ドームが崩壊して発生する火砕流は，インドネシア，ジャワ島のメラピ火山で数年おきに発生することから，メラピ型火砕流と呼ばれることもある。カルデラ噴火に伴う火砕流は数十から数百㌔も流走することがあり，海上を走ることもまれではない。
（藤井敏嗣）

火山ガス（かざんガス）
地下のマグマ中に溶け込んでいた水や二酸化炭素などの揮発性成分が，マグマが地表に近づいて圧力が下がるとマグマ中に溶け込めなくなり，気体として分離したもの。二酸化硫黄・硫化水素・塩素なども含まれるのが普通で毒性が強い。水蒸気以外の成分は大気よりも重く，火口から斜面に沿って流下し，山麓の低地に滞留して被害をもたらすことがある。平成12年(2000)伊豆三宅島噴火の際には一時期，日量10万㌧トンを超える二酸化硫黄を放出した。その後も4年以上にわたり日量1万㌧以上のガス放出が続き，住民の全島避難は4年半後の平成16年2月まで続いた。
（藤井敏嗣）

火山学会 ⇨ 日本火山学会にほんかざんがっかい

火山灰（かざんばい）

火山噴火で放出される岩石片を火砕物とよんで、粒子の径によって区分されるが、このうち直径が2㍉以下のものを火山灰という。なお、2㍉と64㍉の間のサイズは火山礫、64㍉以上は火山岩塊とよばれる。マグマが地表に近づくと、周囲の圧力が下がるため、マグマ中の水蒸気などの揮発性成分が気泡となって分離する。この気泡がはじける際にマグマが粉々に破砕され、火山灰を構成する主要な成分となる。多くは、破砕された刺々しいガラス片であるので、呼吸器内に入ると健康に悪影響をもたらす。また、爆発によって周囲の古い岩石が破砕されることもあり、これらのうち直径が2㍉以下のものも火山灰とよばれる。

（藤井敏嗣）

火山博物館（かざんはくぶつかん）

火山に関する資料や情報の公開と普及を目指す展示施設。昭和20年(1945)の敗戦後、日本は荒廃した国土の復興にひたすら励んで来た。幸いに大きな自然災害もなく経過したこともあり、自然の摂理を見つめる機会を失っていた。復興が進み、人々に観光の余裕ができたころから、昭和35年チリ地震津波の日本襲来、45年秋田駒ヶ岳の突然の噴火、49年140年ぶりの鳥海山、そして54年の観光客で賑う阿蘇山で犠牲者を出す噴火などが起きた。さらに有史以来噴火歴のない御嶽山までが昭和59年に噴火し、人々は地球の驚異に注目し、安全対策も講じられるようになった。ややもするとローカルな、一時の痛みとして扱われた噴火を各地の火山の教訓とし、積極的に火山を理解するための教材として火山博物館が設立された。たとえば磐梯山噴火記念館は山体崩壊100周年記念で、伊豆大島火山博物館は昭和58年の噴火、雲仙災害記念館は平成3(1991)から翌年の噴火を受けて設立されたものである。また、三松正夫記念館では、昭和18～20年の昭和新山の造山活動の定点観察を行なった三松正夫の資料が展示されている。美しい景観や温泉のある有名観光地の多くは火山地域にあり、国立・国定公園に指定されている。火山は地球の営みを知る絶好の場所であり、その地のビジター・センターや郷土資料館、情報館、道の駅など多くの施設で初歩的な学習や情報がえられるようになっている。なかでも火山博物館では自然科学的展示ばかりでなく、災害と火山の恵み、周辺の探索情報、火山図書のコーナーが準備されている。特に昨今、全国各地でジオパークの整備が進められ、

主要火山博物館

名　称	住　所	展示内容
十勝岳火山砂防情報センター	北海道上川郡美瑛町字白金	十勝岳
三松正夫記念館	北海道有珠郡壮瞥町字昭和新山184-12	昭和新山
虻田町立火山科学館	北海道虻田郡洞爺湖町字洞爺湖温泉町142	有珠山
イーハトーブ火山局	岩手県八幡平市松尾寄木第2地割字畑515	岩手山
磐梯山噴火記念館	福島県耶麻郡北塩原村桧原剣ヶ峰1093-36	磐梯山
嬬恋村郷土資料館	群馬県吾妻郡嬬恋村	浅間山
浅間火山博物館	群馬県吾妻郡長野原町北軽井沢	浅間山
伊豆大島火山博物館	東京都大島町元町字神田屋敷617	三原山
立山カルデラ砂防博物館	富山県中新川郡立山町芦山弁字ブナ坂68	立山
阿蘇火山博物館	熊本県阿蘇市赤水1930-1	阿蘇山
雲仙岳災害記念館	長崎県島原市平成町1-1	雲仙普賢岳
大野木場砂防みらい館	長崎県島原市南下川尻町7-4	雲仙普賢岳
桜島国際火山砂防センター	鹿児島県鹿児島市野尻町203-1	桜島
桜島ミュージアム	鹿児島県桜島町	桜島

博物館はその拠点施設として，単なる展示施設に止まらず，講座やフィールド学習，火山実験など多彩な活動を展開している。
（三松三朗）

鹿島の要石（かしまのかなめいし）
茨城県鹿島市の鹿島神宮で地下の大鯰を抑えているとされる石。要石は，中世には地底の金輪際から生えた大地の支柱が地上に露出したもので，神が宿る聖石とされた。古歌にも「揺るぐとも，よもや抜けじのかなめいし，かしまの神のあらんかぎりは」とある。鹿島の神（武甕槌命（たけみかづちのみこと））は地下の大鯰を要石で抑えつけているが，要石の力が弱まると大鯰が暴れ地震が起るとされた。中世日本では大地を揺するものは巨大な龍であった。しかし近世には水田と用水路が整備され，そこを生息域とするマナマズが増えた。マナマズの地震感知能力は科学的に解明されており，水底から姿を顕し地震の前兆を知らせることもあったのだろう。近世以降，地震を起こすものは龍から大鯰へと変化した。
（富澤達三）

仮設住宅（かせつじゅうたく）
昭和22年(1947)の災害救助法に規定している被災者支援の一つである。災害によって自宅を失い，自力では仮住まい確保が困難な被災者への支援策である。正式には応急仮設住宅という。当初は木造で簡易的に築造していたが，現在は簡易プレハブ住宅で，ユニットバスを整備している。災害後速やかに公有地を確保して建設し，抽選で入居先を決める。救助法では最大2年間は家賃などの費用を免除するとしているが，阪神・淡路大震災では住宅再建が長期化することを想定して，被災者の権利に関する法律により2年間以降の応急仮設住宅の居住が認められた。阪神・淡路大震災では，最長5年間におよぶ長期居住がなされた。近年の経済状況を反映して簡易プレハブの生産ラインが縮小し，供給量の低下が危惧されている。
（中林一樹）

加速度型強震計　⇨　地震計（じしんけい）

活断層（かつだんそう）
最近の地質時代に地震発生などを繰り返し，今後も活動する可能性があると推定される断層のこと。最近の地質時代の範囲は，新生代第四紀(258.8万年前から現在)とする考えと過去数十万年前からとする考え方がある。活断層は，過去に繰り返し地震を発生させ，今後も地震が発生する場所だと考えられることと，内陸で震源が浅い大地震は活断層で発生することが多いことから，活断層の評価(活動の可能性，活動した場合の地震の規模)が長期的な地震の予測に役立つと考えられている。　→断層
（林豊）

河道閉塞　⇨　震生湖（しんせいこ）

ガ　ル　⇨　物理量の単位（ぶつりりょうのたんい）

カルデラ陥没（カルデラかんぼつ）
火山体の直下の大量のマグマが地下で水平方向に移動したり，大規模な爆発的噴火を起こすと，山頂部が陥没して巨大な凹地形を作ることがあり，この直径が2㌔よりも大きい場合にはカルデラと呼ばれる。平成12年(2000)三宅島噴火の際に，大量のマグマが神津島方向に地下を移動したため，それほど大きな噴火を伴わずに，山頂部がピストン状に陥没を続け，最終的には深さ450㍍，直径1.7㌔の陥没地形ができた。直径は2㌔に満たないがカルデラと呼ばれている。1991年のフィリピン，ピナツボ噴火のように爆発的噴火と多数の火砕流発生を繰り返した後，山頂部に強大な凹地形を作った例もある。数十立方㌔以上の噴出物を放出するような巨大噴火はほぼ確実にカルデラ陥没が起こる。
（藤井敏嗣）

川　倉（かわくら）
牛枠(牛類)の一種。組まれた三角錐の形状が馬の鞍を想起させることから川鞍と呼ばれ，転じて川倉となった。牛枠の中でも大型の聖牛と酷似する。中間部にて棟木を支える合掌木の数が聖牛で2組，川倉は1組

であり，小型の聖牛ともいえ，かつ牛枠と聖牛の中間の構造を持つ．古来，川倉は各地で利用され，形状の類似から名称が牛枠をはじめその他の牛類と混用された．設置場所としては聖牛と同様に，かなりの急流河川の地点に用いられて，水制効果がある．聖牛数組を設置する際は，その最上流に川倉を前衛として設置することに効果があるとされた．　　　　　　　　　　（知野泰明）

川普請（かわぶしん）

河川工事の旧名称．江戸時代には自普請・定式普請・公儀普請・国役普請・大名手伝普請などに分類された．自普請は近隣農民が労働・費用とも負担し毎年実施されたもの．定式普請も毎年農民が実施したが，経費は領分藩の補助があった．公儀普請は洪水被害などを受け，緊急に行われる普請について幕府が経費の一部（1割が多い）を補助するもの．国役普請は複数地域の普請費用の確保のために，複数領国の農民から経費が徴収されるもの．大名手伝普請は，手伝藩が現場監督・経費の負担などをするもの．近世後期は経費負担のみのお金手伝が主流となった．いずれの普請も労働力は現地農民が主体であったが，請負や専門土工労働者も存在した．　　　　（知野泰明）

岩屑流（がんせつりゅう）

火山体の崩壊に伴う，高速・高密度の流れで，小山のようなサイズから砂サイズに至るさまざまな大きさの岩塊，土砂からなる．堆積物の厚さよりも大きなブロックは小山として堆積物上の突起として残り，流れ山地形をつくる．かつてドライアバランシェと呼ばれたものもこの一部である．山体崩壊の原因として1980年米国のセントヘレンズ噴火のように地下のマグマが貫入して地形的不安定を起こす場合や，明治21年（1888）磐梯山噴火のように水蒸気爆発が原因で大規模地すべりが起こる場合や，地震によって本来不安定な火山体がゆすぶられて崩壊する場合などがある．山体深くに至る地す

べりの原因として，火山体内部の変質帯の存在が想定される．　　　（藤井敏嗣）

旱魃（かんばつ）

夏季などに長期間にわたり降水がない場合，河川流量が減少し地表面は水不足の状態になり，動植物など生態系への悪影響が及ぶだけでなく，人間活動にも被害が生じる状態をいう．これは干害（旱害）とも呼ばれ，代表的な気象災害の一つに数えられる．比較的広い地域において，長い期間に渡り影響がでることを特徴とする．旱魃を定量的に表現するには，無降水継続日数や期間内降水量の数値などを用いることがある．日本では，西日本に高気圧が定着する場合に発生しやすく，そのような地域では，ため池・ダムなどに貯水することで対処してきた．

参考文献　荒川秀俊・大隈和雄・田村勝正編『日本旱魃霖雨史料』（気象史料シリーズ5，気象研究所，1964）　　（吉越昭久）

義援金（ぎえんきん）

主として新聞などの社会的メディアを通じて同じ志を持つ広範な層の人々から資金を集め，救済事業や新規の企画事業を遂行するために集められる支援金．義捐金とも書く．明治以降，災害が発生すると，多くの場合，災害義援金（義捐金）が新聞紙上で呼びかけられ，義援金を出した人の名前・住所・義援金額などが誌面に掲載されることが慣例となった．災害に限らず，明治43年（1910）の白瀬中尉の南極探検などにも新聞で探検費用の義捐金募集が行われた．大正期で最も多額の災害義捐金が集められたのは関東大震災で，国内・外国からの義捐金（義捐物資も換算して算入）をあわせると1億円の規模になる．戦後では，平成7年（1995）の阪神・淡路大震災で1,800億円の義援金が集まったといわれているが，同23年の東日本大震災は恐らく義援金応募額としても最大規模になると推定される．

（北原糸子）

飢饉（ききん）

凶作によって食べ物が不足し，飢えた状態になること。ケカチ（飢渇）やガシ（餓死）などともいう。凶作の原因としては，風水害や冷害，旱魃，病虫害などがあるが，近世の飢饉ともなると天災的要素に加え，市場経済の展開によって穀物が地方農村から大都市へ移出され，穀物の偏在や価格高騰が生じるなど，人災的な要素が強くなっていく。そうしたリスクを防ぐため，寛政年間（1789—1801）以降，社倉・義倉といった備荒貯蓄が積極的に取り組まれた。大飢饉では，凶作に始まって翌年の梅雨期の疫病を乗り越えるまで，ほぼ１年の長きにわたる困難を伴った。山野河海に救荒食を求めたり，流民化して施行を受けるなど生命維持に必死であったが，おびただしい人命が失われた。　　　　　　　　　　（菊池勇夫）

菊池大麓（きくちだいろく）

1855—1917。江戸に生まれた数学者・政治家。蘭学者箕作秋坪家の次男から，父の実家で岡山の儒者の家であった菊池家の養子となった。蕃書調所（のちに大学南校）で英語を学び明治維新前後に２度英国に留学した。２度目の留学はケンブリッジ大学で数学と物理学を学び学位を取得し，明治10年（1877）設立された東京大学理科大学教授としてはじめて日本に近代数学をもたらした。同35年男爵に叙せられた。東京帝国大学総長・文部大臣・京都帝国大学総長・理化学研究所所長・学士院長や貴族院議員・枢密院顧問官など数学者としての学問だけでなく，その政治的力量も生かした要職を歴任した。次第に大森房吉の地震学に不満を募らせたようで，京都大学総長時代に志田順を招聘して京都でも地学観測所を開設して，のちの地球物理学教室開設への道を開いた。震災予防調査会の設立からしばらくは，指導的役割を果たし，大森を地震学研究に導いたのも菊池であった。

（松浦律子）

気候変動（きこうへんどう）

気候とは，天気・気温，降水量，風など，ある地域の特徴的な大気の状態の傾向のこと。気候変動とは，地球の気候の変化を指す一般的な用語である。広義には，気温・降水量その他のさまざまな気象要素について，変動の要因が自然起源か人為起源かを問わず，また，さまざまな時間・空間スケールでの気候の変化に対して使われる。狭義には，地球環境問題などの文脈の中で，人類が化石燃料を燃焼させる過程で大量に二酸化炭素を放出したヨーロッパの産業革命以降，現在までおよび近未来の期間に関し，地表面付近の平均気温の上昇（地球温暖化）のことを特に指して用いる。　（林豊）

気象要覧（きしょうようらん）

気象庁（およびその前身である中央気象台）が観測・収集・解析した気象・地象・水象の概要を記した報告書。創刊は明治33年（1900）１月号で，インターネットのホームページに役割が引き継がれて平成14年（2002）12月号で廃刊になるまで，空白期間なく刊行された。ただし，第２次世界大戦中の一部の期間は戦後に補充刊行された。年代により多少の変遷はあるが，各月号には毎月のものが，12月号には各年の観測値・統計値などの概要も掲載された。詳細な観測値などは分野ごとの定期刊行物に収録する方針が採られた。顕著な風水害・震災・火山噴火災害の発生後に号外が発行された場合もある。　　　　　　　　　　（林豊）

木曾三川宝暦普請（きそさんせんほうれきぶしん）

木曾川・長良川・揖斐川の三川が合流する濃尾平野の下流部は，古くから洪水の常習地域であった。このため，徳川幕府は宝暦３年（1753）に薩摩藩に治水の普請を命じたが，これを木曾三川宝暦普請という。この背景には，薩摩藩の財政を弱体化させる目的があったという。薩摩藩は，家老平田靱負を総奉行にして947名の藩士を派遣した。

工事の内容は，堤防の建設，河川の拡幅・浚渫，洗堰の建設などで，工事は宝暦5年に，40万両の費用をかけて完成をみた。しかし，大変な難工事で，病気・自害者も含めて80名以上の犠牲者を出した。その後，河床への土砂の堆積が起こったため，洪水被害はあまり減っていない。

参考文献　牛嶋正『宝暦治水－歴史を動かした治水プロジェクト－』(風媒社，2007)
（吉越昭久）

祈禱（きとう）

神仏に降雨や降り続く雨のやむことを祈る行為。祈雨に関わる祈禱は，古代においては国家的な儀礼として執行された。旱魃や霖雨になると，軒廊御卜(神祇官，陰陽寮)によって，原因が特定される。多くは，神の祟りや理運(道理にかなっている)であり，その対処法が指示される。『西宮記』巻12の「祈雨」には，次のように列挙されている。顕密寺院によるものとして，大極殿・東大寺・竜穴(室生)での読経，神泉苑の請雨経法がある。また，神社などへの祈禱には，諸社への奉幣，神祇官斎院や山陵での祈禱がある。なかでも丹生川上社・貴布禰社は特に効験があり，祈雨のときは黒毛馬，止雨のときは白毛馬を奉献する(『延喜式』)。その他，陰陽寮の五龍祭，犯罪者の赦免があげられている。　→雨乞い　（大江篤）

逆断層（ぎゃくだんそう）

ずれの様式によって断層を分類した場合の一つで，傾斜した断層面を境界として，一方の岩盤が他方の岩盤の上に断層面に沿って乗り上がる方向に食い違ってできた断層のことを逆断層という。逆断層は，岩盤を水平方向に圧縮する応力場となっている地域に存在する。逆断層のうち，断層面の傾斜が45°以下という垂直よりも水平に近い断層を衝上断層という。　→断層　（林豊）

救恤規則　⇒　恤救規則（じゅっきゅうきそく）
強　震　⇒　震度（しんど）
共　震　⇒　長周期地震動（ちょうしゅうきじしんどう）

京都大学防災研究所（きょうとだいがくぼうさいけんきゅうしょ）

新制京都大学の誕生から2年後の昭和26年(1951)，宇治市のキャンパスに理工学的な防災に関する研究を行う機関として付置された。地すべり・水理・風力・火山・微小地震・地殻変動などの観測研究を主として西日本で展開して，風水害・土砂災害・火山災害・地震災害など自然災害の防災に関する研究を行なってきた。何度かの改組で理学部付属だった地震や火山，地殻変動の観測所も防災研所属になり，平成9年(1997)に全国共同利用研究所となり，災害観測実験・地震予知研究・火山活動研究・水資源研究・巨大災害研究の5つのセンターに改組された。
（松浦律子）

共役断層（きょうやくだんそう）

地震を起こす断層運動時に震源に作用する力は，図のように互いに直交する2組の偶力(図中の黒矢印)と等価である。直交する二つの節面(図中の破線)のどちらが実際の地震の断層面であっても力学的な区別はない。このように同じ応力で活動可能な直交する断層面を，共役断層という。たとえば昭和2年(1927)北丹後地震時に活動した，郷村断層は北西－南東方向に延びる左横ずれ断層，山田断層は東北－南西方向に延びる右横ずれの断層で，互いに共役である。

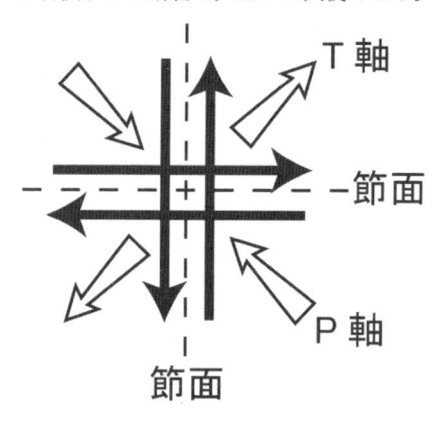

昭和59年に発生した長野県西部地震の本震は北東―南西方向が長軸の断層面で，翌日発生した最大余震は共役な北西―南東方向の断層面で発生した。　→断層。（林豊）

緊急地震速報（きんきゅうじしんそくほう）
地震の発生直後にその情報をいち早く知らせることを目指した警報。震源に近い地震計でとらえた観測データを解析し，震源の位置と地震の規模（マグニチュード），さらには各地での主要動の到達時刻や震度を予測できる。このような予測を，数秒以内に知らせることができるようになった。気象庁が発表している地震動警報と地震動予報がある。地震動警報は，最大震度5弱以上の揺れが予想されたときに，地震動により重大な災害が起こるおそれのある旨を警告して発表される。また，地震動予報は，最大震度3以上またはM3.5以上などと予想されたときに発表される。地震の震源域直上では，原理的に地震動の到達よりも早く警報を発表できないことにも留意した利用が必要である。　　　　　　　　（林豊）

グーテンベルグ・リヒター式（グーテンベルグ・リヒターしき）
マグニチュードの大きい地震は小さい地震より稀であり，この性質を経験的な関係式で示したのがグーテンベルグ・リヒター式（G-R式）である。一定地域で一定期間内に発生する地震を集計してマグニチュードが$M \sim M+dM$の範囲地震の頻度を$n(M)dM$とすれば，$\log_{10} N(M) = a - bM$（aとbは定数）という規模別発生頻度分布の関係が成立する。定数bをb値という。b値は地域や地震群により異なるが，一般に1に近い値（0.7～1.2程度）であるから，平均的な地震活動では，マグニチュードが1小さくなるごとに地震の頻度が10倍程度になる。b値が大きければ，小地震の発生回数の割には，大地震が少なく，b値が小さければその逆，というように，b値は地震活動の特徴を表す指標である。b値は地下構造や力学的条件を反映していると考えられており，火山性地震や海嶺付近では大きく，前震活動や大陸地域では小さい傾向がある。地震動の振幅にも指数関数的な頻度分布（石本・飯田式）が成り立つことが知られている。すなわち，ある点で一定期間に観測される最大振幅が$A \sim A+dA$の地震動の回数を$N(A)dA$とすると，$\log_{10} N(A) = k - mA$（kとmは定数）の経験的関係がある。定数mは，グーテンベルグ・リヒター式のb値と$b = m - 1$の関係がある。　　　　　　　　（林豊）

群発地震　⇨　本震

計測震度（けいそくしんど）
地震の振れの程度を表す指標で，地震波の振幅・周期・継続時間に一定の数式をあてはめて算出される値。1990年代から実用化された震度計は，観測した地震波から自動的に計測震度を算出でき，観測者の体感に頼らずに無人で震度を求められる。計測震度は通常0.1単位まで求められる。気象庁から発表される際には，計測震度が6.5以上であれば震度7，6.0以上6.5未満であれば震度6強，5.5以上6.0未満であれば震度6弱のように，気象庁震度階級の震度に対応づけて発表される。　　　　　　（林豊）

減　　衰　⇨　振動の減衰

建築基準法（けんちくきじゅんほう）
建築物の敷地・構造・設備・用途に関する最低限の基準を定めた法律。昭和25年（1950）5月24日公布。同年公布の建築基準法施行令，建築基準法施行規則とともに一体運用される。前身となった，大正8年（1919）4月4日公布，翌9年12月1日施行の市街地建築物法と関連する政令や規則に示された用途地域・防火・高さ制限・構造・設備・美観に関する規定や概念を引き継ぎながら，建築士法と一体運用によって建築士制度の導入を図った。その後，高さ制限の緩和（昭和36年），容積率制限制度の導入（38年），新耐震基準の導入（56年），木造建築物の規制緩和（62年），木材の性能規定評価（平成

12年(2000))などが行われ，現在に至る。
（西澤泰彦）

減免（げんめん）

政府が田租・年貢・住民税など税の徴収率を減じたり免除したりすること。古くは平安期の輸租帳に，災害に際して半免・田租免などの減免措置が記録される。主に定免法により豊凶にかかわらず同率の年貢米を納めていた時期に，異常気象などによる凶作や火山災害などで著しく収穫が減少した場合に適用された。また，近世期には減免などを要求する騒動・騒擾など零細農民や町人を中心とする民衆の動きも見られた。定免法の適用自体は平安期以降たびたび見られるが，本格的に導入されるのは近世期享保年間(1716—36)以降である。また，近代から現在に至っても津波や地震の被災者に対して県税や市税をはじめとする税金の減免が行われる。
（白石睦弥）

蝗害（こうがい）

蝗は稲虫のことで，稲につく害虫の総称。蝗害はイナゴの害であると説明されるが，日本ではウンカ（雲蚊・雲霞・浮塵子）による被害のほうが大きかった。西日本ではウンカのことをサネモリともいう。享保の飢饉はウンカの異常増殖が原因であった。ウンカにはセジロウンカ（夏ウンカ）やトビイロウンカ（秋ウンカ）などの種類があり，梅雨の頃より中国大陸から飛来して大発生する。口針を稲に刺して汁を吸い，稲枯れを引き起こす。被害対策として，享保の飢饉以降，鯨油を水田に注ぎ，そこにウンカをたたき落として窒息させるという方法が広まり，大きな被害が避けられるようになった。大蔵永常の『除蝗録』(1826年)はこのウンカの駆除法を解説する。
（菊池勇夫）

剛構造 ⇨ 耐震

後藤新平（ごとうしんぺい）

1857－1929。岩手県水沢藩の下級武士の家に生まれた。幼少より学問に秀で，福島県那珂川医学校で近代科学と出会い，19歳で愛知県病院の三等医となった。明治14年(1881，25歳)に愛知県医学校長兼病院長となり，翌年に板垣退助の襲撃事件で治療を担当した。その縁もあり，明治16年には内務省御用係として在官のままドイツに留学した。22年帰国後に内務省衛生局長に就任。一時在野ののち，明治31年3月台湾総督府衛生局長に就任し台湾の生活環境改善に尽力した。同39年南満洲鉄道株式会社の初代総裁となり，新京(現長春)の都市開発計画にも従事した。41年逓信大臣兼鉄道院総裁に任じられ，その後一時在野するが，大正9年(1920)東京市長に推され，その後に受理。翌年，東京市予算の6倍以上の「東京市政要綱」を公表，大風呂敷の異名となった。市長在任中に，財団法人東京市政調査会を設立し，安田財閥の寄付を得て日比谷公会堂を完成させた。12年4月に東京市長を辞するが，同年9月の関東大震災後に再び内務大臣となり，帝都復興に尽力，復興院総裁も兼ねた。先の東京市政要領が帝都復興計画の先触れとなり，焼失地買い上げ案の提起を含め，将来の大東京の形成を視野に，都市計画を基本とする帝都復興計画を推進した。
（中林一樹）

小藤文次郎（ことうぶんじろう）

1856－1935。石見国津和野(島根県)生まれの地質・火山・岩石学者。明治3年(1870)津和野藩の貢進生として大学南校で学び，東京大学理科大学校でナウマン博士から地質学を学んだ。卒業後ドイツへ留学し，19年帝国大学教授となった。それ以前の17年には玄武岩を発見して名付けている。20年には帝国大学から日本初の理学博士を授与された。22年の熊本地震発生時に九州を調査中だった小藤は現地で被害分布から地震断層説を着想した。明治26年の濃尾地震では「陥没地震」という報告を聞いて断層出現を確信して現地に赴き，根尾谷断層の写真撮影を実現させた。この写真と彼が発表

した断層地震説は，当時世界に広まった。震災予防調査会設立にも参画し，27年の庄内地震の時にも亀裂をたどった断層線を提案している。その後は火山学に傾注し，日本の火山の地質鉱物的分類などを精力的に推進した。大正10年(1921)退官後も地質学の指導的研究者として要職を歴任した。
(松浦律子)

孤独死（こどくし）

誰かに看取られることなく1人きりで死亡すること。1970年代以降，核家族化に伴う高齢者の単身世帯に発生する現象として取り上げられたが，災害では平成7年(1995)阪神・淡路大震災以降，大きな注目を集めている。仮設住宅という慣れない住環境およびコミュニティが希薄な状態の中で，持病を悪化させたり，アルコール依存によって死亡したりする被災者が，仮設住宅が解消する平成12年までの5年間に渡って200人以上にのぼった。年齢別では50代・60代男性が孤独死のハイリスクグループとされ，高齢者に焦点をしぼった孤独死対策では不十分といわれている。また，仮設住宅が解消した後の阪神・淡路大震災5年後の平成12年から21年までの10年間で，被災者が入居するために設けられた災害復興公営住宅における孤独死は600人以上にのぼることから，長期における対策の必要性も求められている。
(木村玲欧)

御霊神（ごりょうしん）

疫病消除のために催される御霊会でまつられる神霊のこと。その初出は，貞観5年(863)に神泉苑で開かれた御霊会である。この時の御霊は，早良親王・伊予親王・藤原吉子・藤原仲成・橘逸勢・文室宮田麻呂ら政変などに敗れた者の霊であり，疫病の原因とされ，歌舞や法会が行われた。10世紀の御霊会では，神輿にのせて鎮送される疫神（『日本紀略』）や京中の辻にまつられている木に刻まれた神が岐神とされる得体の知れない神が御霊と称されている（『本朝世紀』）。その後，祇園御霊会が年中行事として開催され，上下御霊神社のように御霊を祭神とする神社も現れる。いずれも疫病退散を目的とするが，その祭祀対象は異なっていた。
(大江篤)

災害記念碑（さいがいきねんひ）

災害で犠牲者が出た場合に供養の慰霊碑が建てられる伝統が古くからある。正平16年(1361)南海地震津波で1,700戸が流失した徳島の津波碑が現在確認されるもっとも古い記念碑と考えられている。近世に至ると，城郭普請などの仕事を終えた石工が各地に石を刻む技術を伝え，地震・噴火・津波に限らず，飢饉・風水害などの犠牲者を供養する碑も多く建てられた。これらの石碑は多くの場合，3周忌・7周忌などのように死者供養の周年忌に合わせて建てられ，なかには50周忌・100周忌などのものもみられる。ただ，死者の供養に限らず，三陸海岸のように津波襲来の歴史を持つところでは，「地震，海鳴り，ほら津波」などの警句を刻むものや，津波が到達した地点に建てられる津波標石碑ように，それ自体が防災の役割を果たすものなどもある。また，必ずしも人間ばかりではなく，弘化4年(1847)善光寺地震の場合にみられる馬頭観音などのように地震の犠牲になった牛馬の供養碑なども建てられた。
(北原糸子)

災害救助法（さいがいきゅうじょほう）

昭和21年(1946)の南海大震災を契機に，22年に施行された。本法は，発災直後の被災者を直接救助・保護するものであり，災害応急対策の中でより重要な役割を担うものである。本法は，一定の程度の災害が発生し，被災者が現に応急的な救助を必要とする場合に適用される。救助にあたっては，経済的要件や住民・国籍要件は問われないことになっている。本法の救助内容としては，避難所，応急仮設住宅，炊き出しその他による食品の給与，飲料水の供給，被服・寝具その他生活必需品の給与・貸与，医療

および助産，災害を受けた人の救出，住宅の応急修理，生業に必要な資金・器具・資料の給与・貸与，学用品の給与，埋葬，死体の捜索・処理，障害物の除去がある。本法による救助は，都道府県知事が法定受託事務として行うことになっている。市町村長は，都道府県知事の委任をうけて事務の一部を実施するか，都道府県知事の行う救助を補助することになっている。

（山崎栄一）

災害対策基本法（さいがいたいさくきほんほう）

昭和34年（1959）の伊勢湾台風を契機に，従来の防災体制の不備が指摘され，総合的かつ計画的な防災行政体制の整備を図るため，36年に施行された。本法の主たる内容としては，①防災に関する責任の所在の明確化，②国及び地方を通じた防災体制の確立，③防災の計画化，④災害予防対策の強化，⑤災害応急対策の迅速・適切化，⑥災害復旧の迅速化と改良復旧の実施，⑦財政負担の適正化，⑧災害緊急事態における措置などがあり，災害全般にわたる施策の基本の確立を図っている。本法は，ほかの災害関係法律に対しては，一般法としての性格を有している。平成7年（1995）の阪神・淡路大震災を契機に，同年6月ならびに12月の2回にわたり大規模な改正が行われた。この改正は，阪神・淡路大震災後の防災体制全般の見直しの総括的な意味を持つものであった。

（山崎栄一）

災害復旧事業費（さいがいふっきゅうじぎょうひ）

自然災害により被災した施設などを迅速・確実に復旧するための事業費。わが国では，昭和25年（1950）に「農林水産業施設災害復旧事業費国庫補助の暫定措置に関する法律」（通称「暫定法」）が，翌年に「公共土木施設災害復旧事業費国庫負担法」（通称「負担法」）が制定された。前者は農林水産業の維持と経営の安定に寄与する目的で農林水産業施設（農地・かんがい排水施設等），後者は公共の福祉を確保する目的で公共土木施設（河川・海岸・港湾・砂防設備等）の災害復旧事業に対し，復旧に要する費用の一部を地方公共団体の財政力に応じた割合で，国庫補助が行われている。また昭和37年には「激甚災害に対処するための特別の財政援助等に関する法律」（通称「激甚災害法」または「激甚法」）が制定され，災害対策基本法（1961年）に規定する著しく激甚である災害が発生した場合，国によって地方公共団体に対する特別の財政援助（国庫負担率のかさ上げ等）や被災者に対する特別の助成措置が実施されている。

（木村玲欧）

災害復興公園（さいがいふっこうこうえん）

被災後の復興にあたって防災機能を特たせて設置された公園。震災や火災によって密集市街地が大きな被害を受けると，市街地の復興にあたって，市街地の基盤整備とくに街路や公園を整備するために災害復興土地区画整理事業を行う。減歩によって大規模公園を整備することは被災者への負担が大きくなる。土地区画整理事業による小規模公園と併せて，公園整備事業を都市計画として進め，市街地の安全性の向上を図る。大正12年（1923）の関東大震災後の帝都復興事業では，小規模公園を復興小学校と隣接配置し，市街地の狭隘な小学校の校庭との一体利用と災害時の安全性向上が計画された。また大規模公園としては，皇室から下賜された土地をもとに恩賜公園が整備された。現代でも市街地復興にあたって公園が整備されることがある。阪神・淡路大震災では，六甲駅南地区の約1haの復興公園は，復興都市再開発事業によって整備された防災公園である。シカゴ大火からの復興では延焼防止の目的も込めて市街地内に公園を繋いでネットワークするパークシステムが有名である。

（中林一樹）

災害復興道路（さいがいふっこうどうろ）

被災後に市街地の復興にあたって，都市計

画に従い建設される道路。市街地の基盤整備とくに街路や公園を整備するために災害復興土地区画整理事業を行うが，減歩によって幹線街路を整備することは被災者への負担が大きくなる。復興都市計画として街路計画を策定し，街路事業として実施する。大正12年(1923) 9月関東大震災からの帝都復興計画では，すでに8年に都市計画法が制定されていたが都市計画の決定には至っていなかったため，特別都市計画法によって街路計画を決定した。広幅員街路が構想され，幅員22㍍以上の幹線街路(昭和通りなど)55路線114㌔，幅員11㍍以上の補助幹線街路122路線139㌔が，土地区画整理街路605㌔とともに生み出され，道路率は14%から26%へ上昇した。現在では都市計画決定されている街路整備計画を持っており，この既定の都市計画を基礎に復興道路計画が検討される。駅前広場や橋梁も道路として都市計画決定される。　　(中林一樹)

災害復興土地区画整理事業（さいがいふっこうとちくかくせいりじぎょう）

被災後に市街地に必要な街路や公園などの基盤施設を整備するために，一定規模以上の土地所有者が一定割合で土地を提供(減歩)し，その土地で必要な施設を整備するとともに敷地形状を整えて土地の有効利用を図る事業。大正12年(1923)の関東大震災後，帝都復興事業で最も重要な役割を担ったのが土地区画整理事業であった。東京の焼失地域を中心に920万坪を66の区域に分けて7年間の短期間で行われた土地区画整理は，街路整備事業とともに東京の都心地域の市街地基盤を形成し，都市活動を支えてきた。帝都復興土地区画整理事業の規模は，今日でも世界最大の事業規模である。帝都復興以降，震災や都市大火，さらに空襲によって焼失した市街地の復興都市計画の事業手法として，土地区画整理事業はその中心である。土地所有者が組合を結成して行う組合施行と，組合に代わって公共団体などが行う公共施行があるが，災害復興では被災者の負担(減歩)を軽減するために公共施行で行うことが多い。また，災害復興では国費による補助率が高い。現代では，1976年酒田大火(約25㌶)，1995年阪神・淡路大震災(約200㌶)で災害復興土地区画整理事業が実施された。　　(中林一樹)

災害用伝言ダイヤル（さいがいようでんごんダイヤル）

地震・噴火などの災害の発生により，被災地への安否確認・見舞・問合せなどの通信が増加し，つながりにくい状況(電話の輻輳)になった場合に提供が開始される声の伝言板。平成7年(1995)阪神・淡路大震災において，電話の輻輳が5日間続いたことがきっかけとなり，円滑な安否確認手段として開発され，10年3月31日から稼動している。一般電話・公衆電話および携帯電話・PHS(一部の通信事業者を除く)から「171」(イナイ)をダイヤルし，音声ガイドに従いながら「被災地内の電話番号」をキーにして，メッセージを録音・再生する。伝言録音時間(1伝言30秒以内)，伝言保存期間(録音してから48時間)，伝言蓄積数(電話番号あたり1〜10伝言)が災害ごとに設定され，暗証番号をつけて録音・再生することもできる。同じような機能として，各携帯電話会社においては，災害用伝言板サービスが提供され，電子メール送信機能などをあわせながら，安否情報を登録・送信・確認することができる。　　(木村玲欧)

最大圧縮応力（さいだいあっしゅくおうりょく）

応力とは，物体内に小さい面を考え，その面に作用する単位面積あたりの力であり，向きと大きさとを持つ。震源断層に働くダブルカップルの力の向きと合致するように三次元空間を表す直交座標軸をうまく設定すれば，応力を3方向の主応力軸で表せる。3方向のうち，中間の力を基準に取って，それとの差異で残り2方向の主応力を表し

たのが，概説「地震災害」の図2 (17頁)の白矢印である。実はこの図では三次元空間のもう1方向(紙面の上下方向)の力を真ん中の大きさとして基準としている。この基準である中間の力が中間主応力，これより小さいので，差異をとれば断層面を引き伸ばす方向の力となる引張力が最小主応力軸，そして断層面を押す方向である圧縮力で示したものが最大主応力軸である。

（松浦律子）

佐野利器（さのとしかた）

1880－1956。山形県生まれの建築学者。大地主山口家に生まれたが，実家の没落や父の早世によって中学時代に佐野家の養子となり，東京帝国大学で辰野金吾に建築学を学んだ。卒業後講師，助教授として国技館や東京駅の構造設計を担当した。明治44年(1911)から3年間ドイツに留学後，大正4年(1915)家屋耐震構造論で工学博士，教授となる。建築構造物の耐震理論構築は世界初の試みであった。彼が構造設計した鉄骨煉瓦造の丸善書店は，大正12年関東地震の際，ゆれには耐えたものの，火災で鉄骨が変形し，内部の書籍が消失してしまった。帝都復興院理事として，復興事業を推進し，東京市に復興小学校という，延焼防止のために一定の空地を持つ鉄筋コンクリート造小学校の建築を推進し，都市の不燃化に努めた。20世紀末にまでにその多くが都心部の児童数減少によって統廃合され，空地が失われつつあるのを，佐野はなんと思うであろうか。昭和4年(1929)に東京帝国大学を辞任して清水組副社長として建設会社組織の近代化を図ったのち，日本大学工学部長・東京工業大学教授を同14年まで務めた。戦後も復興建設技術協会長などを務めた。デザインより構造に重きをおく建築家であり，構造計算の必要からメートル法の普及を推進した。

（松浦律子）

ザ　ン

琉球地方でジュゴンあるいは人魚のこと。ジュゴンは琉球列島一帯でザンと呼ばれていた。肉が美味なためか琉球王府に貢納されており，八重山の新城島では税として納付が義務づけられていた。ジュゴンと人魚が結びついて，人魚もザンと呼ばれた。ザンと関連した津波伝説が各地にある。八重山にある代表的な伝承は以下のようである。漁師の網に重い物がかかり，見ると上半身が女，胴から下は魚という人魚だった。これが泣いて命乞いをし，助けると人魚は礼として，間もなく津波が来ることを教える。漁師は周囲に伝え，信じて避難した者は助かるがほかの者は波にさらわれる。あるいは，漁師の村の野底村は助かるが，信じなかった隣の白保村は全滅する。この津波は1771年明和八重山津波のことだったともいわれる。

（加藤祐三）

自在堰（じざいぜき）

新潟平野の治水の要，大河津分水路の呑口に設置された分水堰。同分水路は信濃川河口から約60㌔上流にて洪水などの余剰水を日本海へ放流する。分水量調節のために建設され大正11年(1922)に通水した。堰扉に採用されたベアー・トラップ構造は，圧縮空気と水流の水圧により，伏臥・開放にそれぞれ1分20秒，5分以内に閉じることができた。洪水時の堰操作の迅速性が期待されたものであり，電動利用以前の近代化施設。しかし，昭和2年(1927)に，基礎部の土砂吸出しにより陥没転倒し，流量調節機能を失った。同6年までの補修工事によって，自在堰から100㍍上流に可動堰が設置された。可動堰も築後70年を経て改築工事が進行中である。

（知野泰明）

自主防災組織（じしゅぼうさいそしき）

「自分たちの地域は自分たちで守る」という自覚・連帯感に基づき，自主的に結成する組織で，災害による被害を予防し，軽減するための活動を行う組織。昭和26年(1951)成立の災害対策基本法第5条2において「住民の隣保協同の精神に基づく自発的な

防災組織」と定義され，市町村長はその充実に努めなければならないことが規定されている．自主防災組織は，主に自治会・町内会などの地域住民を母体として結成される．平常時は，防災訓練の実施，防災知識の普及啓発，防災巡視，資機材ほかの共同購入など，災害時は，初期消火，避難誘導，救出・救護，情報の収集・伝達，給食・給水，災害危険箇所ほかの巡視などが主たる活動である．組織率（各地域における組織による活動カバー率）は全国平均で74.4％（平成22年(2010)）であるが，地域によって組織率に差がある．サラリーマン世帯・マンション住民などの参加率が低い，構成員が高齢化して世代交代が進まない，行政主導型で住民の自主性が乏しいなどの問題点もあげられている． （木村玲欧）

地震学会 ⇨ 日本地震学会（にほんじしんがっかい）

地震・雷・火事・親父（じしん・かみなり・かじ・おやじ）
災害を表す言葉．親父は，大山嵐（おおやまじ）が訛ったものともいわれる．語句の順序は，天災を前に置いた，あるいは，人間の力の及ばぬ災害を前に置いた，という解釈が可能だが，定かではない．人間は，地震と雷の発生を防ぐことはできないが，火事のほとんどは失火によって起きるので，人間の努力によって発生予防が可能であるため，人間にとって恐怖の大きい順に並んでいるともいえよう．また，災害として洪水が入っていないのも奇異に思えるが，洪水は天候次第によっては発生予測が可能であり，発生場所も予測できることから，これらの災害に比して人間が受ける恐怖心は小さいと考えられる． （西澤泰彦）

地震雲（じしんぐも）
地震に先立って，特異な形の雲や異常な夕焼けが見られたという現象．そのような記録は，内外諸国で古くから残されている．現在でも大地震の後でアンケート調査を行うとそういえば何日前に見たあれが地震雲ではなかったのかという回答が多く寄せられる．また「地震雲の研究者」と自称する人々による見分け方の本なども出ている．たとえば，筋状・帯状に長く続き，長時間消えない雲，波状の雲，放射状の雲などが地震雲であり，遠隔地の地震も予知できたなどと書かれているが，判断の根拠が明らかでなく，科学的に理解できる内容ではない．地震雲として報告されているものは，気象条件によって通常にも見られる雲で，地震に関係はないというのが，気象庁や地震学会の見解である． （津村建四朗）

地震計（じしんけい）
地震動を測定する装置．地面に固定するが，内部にある振り子が，地面の動きと異なる振動をするので振り子の動きによって地面の動きを測定できる．通常は振動方向を上下動と水平動2成分に分けて測定する．記録対象の違いにより，固有周期を長くして地震動の変位を記録する変位型地震計，固有周期を短くした加速度型地震計，振り子の制振力を大きくして固有周期付近の周期の地震動の速度を測定する速度型地震計がある．電磁式地震計では，信号のフィードバックおよび積分などの処理によって，変位・速度・加速度を求める機構になっている．また，長周期地震計と短周期地震計があり，それぞれ数秒～数百秒，0.5～1秒程度の周期帯で感度が高い．広帯域地震計は，周期0.1～100秒程度の周波数帯域の地震動を観測できる．国内では，微弱な地震動の記録を目的とした高感度地震観測網，さまざまな周期の揺れの観測を目的とした広帯域地震観測網，強い揺れの確実な観測を目的とした強震観測網が展開されている．地震動の増幅手段により機械式，光学式があるが，現在の主流は電磁式地震計である．設置環境により，縦穴の観測孔内に設置されるボアホール型地震計，海底に設置される海底地震計もある．海底地震計には，設置から一定期間経過後に機器を回収する自

己浮上式と，陸上局と接続してリアルタイムに観測記録を伝送できるケーブル式がある。　　　　　　　　　　　　　（林豊）

地震痕跡（じしんこんせき）
地震に伴って地表面・地層・建造物などに残されたあとのこと。地震痕跡あるいは地震痕という。地震計の動きを記録した紙，文字・絵図などによる人工的な地震の記録は含めない。地震痕跡の種類は，活断層の断層活動に伴った地層のずれ（断層変位の痕）や，地層を貫いて地上に噴出した砂泥のあと（液状化のあと），地震動で生じた建物の柱のずれが補修されずに残されているものなど，さまざまである。特に，遺跡発掘に伴ってしばしば発見される断層変位や液状化のあとは，過去の地震活動を解明するための材料となることから注目されており，これを研究する学問分野は地震考古学や古地震学と呼ばれている。なお，このほか間接的に地震があったことを示す痕跡もあり，湖沼に堆積した津波由来の砂層，土砂崩壊の跡があげられる。　（林豊）

地震＝津波連想（じしんつなみれんそう）
地震が起きたら，即座に津波ことを思い浮かべること，またはその結果としての行動。地震＝津波連想に基づいた具体的な人間心理・行動は「沿岸部にいて地震の揺れを感じたら，即，津波の危険性を思い出して，外部からの情報などを待たずに，津波から遠く高い場所（高台・高く頑丈な建物の上層階など）に避難する」ことである。人は地震に遭遇すると「この地震はどこで発生した，どのような規模の地震なのか」「どこか大きな被害を受けたところはあるのか」「津波は発生するのか，いつ到来するのか」など地震の情報を獲得しようとする。しかし，たとえあいまいな状況で，現時点の状況が非常事態なのか違うのか，逃げてよいのか悪いのかがわからなくても，自分のとるべき行動を熟考したり他から情報を得ようとしたりするよりも，まずは津波の危険から回避するために津波から遠く高く逃げることが防災上適切な対応である。また，地震＝津波連想によって避難したにもかかわらず，津波が発生・強襲しなかったとしても，「損をした」（逃げ損）と思うのではなく「上手に危機管理ができた」と行動を強化することが，個々人の防災力向上には必要である。地震＝津波と連想させるためには，古くは「津波てんでんこ」であり，また「グラッときたらすぐ高台」「地震だ，津波だ，すぐ避難」などの標語の流布も求められる。　→津波てんでんこ
　　　　　　　　　　　　（木村玲欧）

地震動（じしんどう）
地震に伴う地震波が地表面に達して生じる地面または地盤の揺れのこと。しばしば混乱の原因となるが，一般には地震動のことも地震ということが多い。地震動の強さは，建造物の被害や土砂災害の発生と深い関係がある。強い地震動のことを強震動という。地震動は，揺れの強弱，揺れの振幅の大小，揺れの周期の長短，揺れの継続時間の長短などを使ってその特徴が表現される。たとえば，揺れの強弱を表す指標としては震度，最も大きい揺れの成分の周期を表す卓越周期などである。地震動は，断層運動の様式，地下構造，地盤の影響を受けやすいため，震源から遠く離れた軟弱な地盤の場所に局所的に強い地震動が現れる場合もある。
→スロッシング　　　　　　（林豊）

地震年報（じしんねんぽう）
わが国の全国的な地震調査事業は，内務省地理局によって明治17年（1884）12月に始まった。当初は，測候所や郡役所などから地震を感じた都度，地震の大小にかかわらず，その時刻や震度などを東京気象台（中央気象台）に電報や郵便で報告させ，震源地や震度分布を推定することに始まり，後には測候所に逐次設置された地震計による観測結果も考慮されるようになった。この調査結果は，明治18年から43年までの分が中央

気象台から地震年報として刊行され，各年の全国各地の地震発生状況，主な地震の震度分布や被害状況の調査結果が載っており，明治時代の地震活動や災害の調査研究の基礎資料の一つとなっている．以後の13年分の調査資料は刊行されないまま，関東大震災により焼失してしまった．震災以降の地震年報には主な地震の観測データや震源決定結果だけがとりまとめられており，被害についての記述はない． (津村建四朗)

地震のタイプ (じしんのタイプ)

地震は，震源の深さ，発生場所，規模，地震波の周期，前後の地震との関係などによって分類される．震源の深さがおよそ60㌖以浅の地震を浅発地震，200㌖以深(この値を300㌖とする場合もある)を深発地震という．その間の深さの場合は，やや深発地震という．約670㌖より深い場所では地震は発生しない．地震の発生場所となる断層(震源断層)がプレートの境界に位置する場合はプレート間地震，プレート内部の上部地殻内で起きる地震はプレート内地震(またはイントラプレート地震)という．地震の規模を指すマグニチュードが8以上，7以上8未満，5以上7未満，3以上5未満，1以上3未満の地震は，それぞれ，巨大地震，大地震，中地震，小地震，微小地震と分類される．短周期の地震波が相対的に少なく，長周期の地震波成分が卓越する低周波地震と呼ばれるタイプの地震もある．低周波地震は，地殻深部からマントル最上部付近や活火山体内部での発生が観測されている．発生メカニズムは上述の断層運動とは異なり，マグマや熱水などの流体の地下での移動に関連していると考えられている．また，地震は空間的，時間的にまとまって起こりやすい性質があり，同じ領域内で時空間的にまとまって発生した地震のうち最も規模が大きい地震を本震，その後に発生した地震を余震，本震に先立って発生した地震を前震という． (林豊)

地震波 (じしんは)

地震で岩盤がずれ動くことに伴って発生し，周囲に伝わる弾性波を地震波という．地球内部を伝播する実体波と地表面を伝播する表面波がある．実体波には，波の進行方向と同方向に岩盤が振動する縦波(P波)と，波の進行方向に垂直な方向に振動する横波(S波)がある．P波は流体(液体・気体)中でも伝わる粗密波であるが，S波は剪断波で固体中しか伝わらないので，中心部のコア(核)を通り抜けることができない．表面波には，波の進行方向と直交し地表面に平行な方向に振動するラブ波と，波の進行方向に平行な鉛直面内に振動するレイリー波がある．地殻内の岩盤中を波が伝播する速度は鉱物の種類，圧力・温度によって異なるが，P波が6～7㌖/秒程度，S波が3.5～4㌖/秒程度と，P波の方が約1.7倍速い．表面波の伝播速度はS波よりやや遅い．このため，地震発生後，最初にP波が到達し，遅れてS波が到達する．S波の振幅はP波よりも大きいので，P波が到達してからS波到達までの揺れを初期微動，S波の到着後の揺れを主要動という．P波とS波の伝播速度が分かれば，P波とS波の到達時間差(初期微動継続時間またはS-P時間)から，観測点から震源までの距離を求めることができる．地震波は周期により，周期が2秒以下を短周期地震波，20秒以上を長周期地震波，その間のものを中周期地震波(あるいはやや長周期地震波)と分類される．最近，大型構造物に影響する周期が2秒より長い地震動が注目されており，工学分野では人間の体感周期としては長いという意味で周期が数秒の揺れを「長周期地震動」と称している．なお，地震波を生じる原因として，火山の爆発，発破(人工的な火薬爆発)，大規模な地滑り，地下核実験などもあるが，これらによる地震波はS波とラブ波の振幅が小さいという特徴がある． (林豊)

地震発生層（じしんはっせいそう）

地殻中で浅い地震を発生させる領域のこと。日本では地殻の平均的な厚さは約30㌔であるが，地殻全体で地震が発生しているわけではなく，定常的に微小地震が発生しているのは上部地殻に限定されている。震源の深さの下限は，日本では地下15～20㌔程度である。また，地表から3～5㌔程度以下の浅い場所でも，地震の発生はまれである。定常的に微小地震が発生している深さの範囲から求められた地震発生層と，その地域の活断層から発生する大地震の際に地震波を励起する領域が一致しているかどうかは必ずしも明らかではない。　　　　（林豊）

地震保険（じしんほけん）

地震による被害・損失を補償する保険。昭和39年（1964）の新潟地震を契機として，「地震保険に関する法律（通称地震保険法）」が41年に施行された。地震保険は，地震もしくは噴火またはこれらによる津波を直接または間接の原因とする火災，損壊または流出による損害を補てんすることを内容とする。地震保険は火災保険契約を主契約としており，原則自動付帯として契約される。地震保険の保険金額は，火災保険の保険金額の30～50％の範囲内で設定されることになる。建物は5,000万円，家財は1,000万円が契約の限度額になる。地震保険の保険料は，保険対象である建物および家財を収容する建物の構造，所在地により算出される。また，免震建築物割引・耐震等級割引・耐震診断割引・建築年割引といった割引制度が設けられている。政府が保険会社などの負う地震保険責任を再保険する点が大きな特徴となっている。　　　（山崎栄一）

地すべり（じすべり）

斜面破壊のうち，特定の地質，地質構造を有する山地や丘陵地において，比較的緩斜面の部分が豪雨や地震など等に起因してすべり面を移動境界に滑動する現象のこと。一般的には粘性土をすべり面として，継続的または断続的にゆっくりと滑動するもので，急傾斜の斜面が豪雨などに伴って崩壊する斜面崩壊とは次のような点で区別される。地すべりの滑動は緩慢なことが多く滑動する土塊がほぼ原形を保ちながら移動するが，斜面崩壊の移動速度はきわめて速いため，滑動土塊はほとんど原形をとどめていない。地質的には第三紀層・変成岩・断層破砕岩・温泉余土などの地域に多く，地質構造的には，褶曲に伴う緩い背斜構造（上方に凸形の馬の背状の構造）や流れ盤構造（地層の傾斜がその場の地形の傾斜とほぼ平行である地質構造）などの場で発生しやすい。　　　　　　　　（池谷浩）

志田　順（しだとし）

1876－1936。千葉県生まれの地球物理学者。東京帝国大学理科大学物理学科を卒業後，広島高等師範や第一高等学校で教授。菊池大麓の招きで明治42年（1909）京都帝国大学理工科大学助教授となった。同時に上賀茂地学観測所において，大森房吉が輸入後使用していなかったドイツ製傾斜計を譲り受けて観測を始め，潮汐力による地球の弾性変形の水平成分の定数「志田数」を発見した。大正6年（1917）には，地震のP波の初動の押し引き分布に特徴があることを発見し，同年天竜川付近で発生した右横ずれ地震できれいな四象限図を作ったが，論文化しなかった。現在でも四象限発見の引用文献は学士院の晩餐会講演や学会発表，東大地震学教室への書簡しかない。大正15年までには震源の深さが数百㌔の深い地震があることを最初に発見した。深発地震研究をさらに発展させようと，弟子の佐々憲三と研究していたが，この情報を得た中央気象台の岡田武松の命で同じ問題に取り組んだ和達清夫が，中央気象台の全国的な観測網を生かして，深さ決定精度で先んじたため，深発地震発見者の国際的栄誉は得られなかった。　　　　　　　　　（松浦律子）

七分積金（しちぶつみきん）

18世紀末，江戸の町で積み立てられた一種の備荒貯蓄。天明7年(1787)の打ちこわしなどの経験を踏まえ，新たに老中に就任した松平定信の社会的危機に対応する施策の一環として取り組まれた。寛政3年(1791)幕府は江戸の町々の町入用を調査させ，節約を命じ，その節約の10分の7を積み立てさせ，幕府からも1万両の基金を出して，翌寛政4年町会所を設立した。1,650町ほどの江戸の町々の1ヵ年の積立額はほぼ2万両と試算された。これらの積金は火事や流行風邪，飢饉などの際の災害時の下層町人の救済にあてられるとともに，零細地主層の低利金融資金として活用すべく10人の札差の運用に託された。江戸地震の折にも町会所から救済金が出され，炊出し，米の廉売などに活用された。　　　（北原糸子）

実体波 ⇨ 地震波

地盤（じばん）
地下で，建造物の基礎になる範囲の表層部分のこと。地盤は，固結の程度が強い順（固い順）に，固結地盤（または岩盤），半固結地盤，未固結地盤に分類される。未固結地盤とは，土・砂・粘土からなる地盤であり，特に，粘土や砂で構成される非常に柔らかい地盤は軟弱地盤と呼ばれる。軟弱地盤は，埋立地の人工地盤のほか，河川周辺の低湿地・谷など新しい地層である沖積層が成す地盤などである。地盤の地震動に対する性質も固結の程度によって異なる。軟弱地盤は地震動による液状化，不同沈下を起こしやすく，建造物を支える力が弱い。

→液状化　→不同沈下　　　　（林豊）

渋沢栄一（しぶさわえいいち）
1840—1931。近代日本の主導的実業家。天保11年(1840)，武蔵国榛沢郡血洗島村（現埼玉県深谷市血洗島）に養蚕，藍玉の製造なども手掛ける豪農の家に生まれた。幕末の政治動乱期に血気逸る青年として文久3年(1863)には高崎城乗っ取りを計画するなどした。翌元治元年(1864)には幕臣を通じて一橋家に仕官，慶喜が将軍となるにおよび，弟徳川昭武の随員としてフランスへ渡航。江戸幕府崩壊後の明治元年(1868)に帰国，静岡藩に出仕，翌年明治政府民部省改正掛に登用され，政治的中枢部へ進出の機会を得た。同3年大蔵少丞となり，国立銀行条例などを手掛けるが，明治6年井上馨とともに財政改革を建議したが入れられず大蔵省を辞め，民間の実業家として出発した。第一国立銀行頭取，東京会議所会頭などを長く務めた。この間，幕臣出身という立場から東京府共有金の管理などを委ねられ，東京会議所管轄下の東京府養育院長を亡くなる昭和6年(1931)まで努めた。明治・大正期の日本資本主義の発展期を支えた財界人の一人であったが，明治末年～大正期に発生した東京地方の洪水，東北地方の凶作，陸羽地震，大正桜島噴火，関東大震災などに対して衆議院議員・貴族院議員などに呼びかけ救済委員会を組織して義捐金募集を率先して行うなど，災害時の民間の救済事業にも意を尽くした。　　　（北原糸子）

蛇籠（じゃかご）
河川の護岸・根固工・水制工・護床工などに使われる河川施設。近世では牛枠の固定，堰本体などにも使用された。形状は竹や藤・柳・粗朶などを亀甲目の長円筒形に編み，内部に石を詰めて堤防に縦横に並列に積み重ねるなどして設置される。屈撓性に富み，透過性もある。中国の古い史料にもみられるなど，わが国では渡来技術と考えられており，奈良時代以降の設置例がある。名称は設置形状から多種あるが，一般的に水平使用にて蛇籠，竪伏せのものを立籠，または籠と呼んだ。近世では長さ約9ｍ以下，直径は約91ｃｍ以下が一般的。近代以降，鉄線の使用により形状が「ふとん籠」ほか多様となった。　　　（知野泰明）

弱震 ⇨ 震度

褶曲（しゅうきょく）
水平方向に働く力を受けて，地層が波状に

曲がりくねって生じた形態のこと。褶曲で盛り上がった箇所の軸を背斜，沈み込んだ箇所の軸を向斜という。一方，水平あるいは傾斜のゆるやかな地層で，地層は連続しているものの，局所的に急傾斜となって段差を生じる現象を撓曲（とうきょく）という。断層面が地表まで到達しない正断層または逆断層が伏在して，断層活動によって地表面に撓曲を生じている例もある。新生代第四紀(258.8万年前から現在)に活動を続けている褶曲と撓曲をそれぞれ活褶曲，活撓曲といい，これらと活断層をあわせて活構造という。

（林豊）

柔構造 ⇨ 耐震（たいしん）

集中豪雨（しゅうちゅうごうう）
比較的狭い地域に短時間に集中して降る大雨のこと。降雨の継続時間や面積についての量的な定義はない。発生の予測が難しく，全国的に土砂災害や都市部での水害を引き起こしている。日本における集中豪雨の記録としては，10分間雨量では平成23年(2011)7月26日，新潟県東蒲原郡阿賀町(室谷観測所)における50ミリ，1時間雨量としては昭和57年(1982)7月23日，長崎県西彼杵郡長与町役場における187ミリ，日雨量としては平成23年7月19日，高知県安芸郡馬路村(魚梁瀬観測所)における851.5ミリなどが挙げられる。特に過去に大きな被害を発生させた集中豪雨では，2～3時間から半日程度の間に，数百ミリの雨が直径数十キロの範囲内に集中した場合が多い。（池谷浩）

恤救規則（じゅっきゅうきそく）
明治7年(1874)太政官達第162号として成立したわが国の最初の近代救貧法。昭和4年(1929)の救護法制定にいたるまでの約半世紀間のわが国の公的扶助の根幹となった。この法律の特質は「済貧恤窮ハ人民相互ノ情誼」，つまり貧窮者は人民相互で助け合うべきだが，今貧窮に喘ぐ窮民を天皇の仁恵によって救済するというもので，受給要件・救済対象・救済内容・救済期間ともきわめて限定されたものであった。近代の自由・平等に基づく福祉理念の出発点となるべきわが国の救貧法は当初から天皇の仁恵に対して独立した思想として展開することが阻まれていたのである。なお，災害後一時的に創出される災害窮民のなかで，生活回復に至らず「恒常的」窮民になる層はこの法律の規程による救助を受けた。

（北原糸子）

消防組合（しょうぼうくみあい）
消防の事務を2つ以上の市町村で共同で処理するために設置した組織のこと。事務の一部共同処理のため複数の市町村が共同して設置する「一部事務組合」と，事務を広域的に実施するため複数の団体が共同して設置する「広域連合」とに区分され，これらの組織の総称として用いられることもある。昭和22年(1947)に制定された消防組織法では，市町村は，当該市町村における消防を十分に果たす責任を持ち，その消防事務を処理するため，消防本部・消防署・消防団の3機関の全部，または一部を設けなければならない。しかし，小規模市町村では，経費面から単独での消防本部設置が難しかったり，単独処理が非効率で不適切であったりするため，地方自治法が定める事務の共同処理方式を適用して，消防事務について小規模市町村が共同で組合を設置したり，単独で消防事務を実施する自治体が周辺の小規模市町村を組み込んで広域消防組合を設立することが行われている。また，市町村合併に伴う消防体制の広域再編においては，合併協議の段階から積極的に消防関係者が参画し，時機を失することなく，消防体制について実施に即した議論・討論を行うこと，都道府県は積極的に助言・指導を行うことが求められている。

（木村玲欧）

消防団（しょうぼうだん）
昭和22年(1947)に制定された消防組織法に基づき，市町村が当該市町村における消防

事務を処理するために設置する，消防本部・消防署・消防団の3機関のうちの1つ。消防団は，市町村の非常備の消防機関であり，構成員である消防団員は，非常勤特別職の地方公務員として消防・防災活動を行う。消防団は，地域密着性（消防団員は管轄区域内に居住または勤務），要員動員力（消防団員数は消防職員数の約6倍），即時対応力（日頃からの教育訓練により災害対応の技術・知識を習得）という3つの特性を活かした活動を行なっているが，常備消防の進展，過疎化，少子高齢化の進行，産業・就業構造の変化，コミュニティにおける消防団の地位低下などに伴い，戦後まもなくは200万人いた消防団員も，昭和45年(1970)には121万人，平成2年(1990)には100万人，22年には88万人余りと年々減少し，地域防災力の低下が懸念されている。また，時代・地域特性に即した消防団の役割や活動形態の見直しの議論もある。　　　（木村玲欧）

初期微動継続時間　⇨　地震波

震源域（しんげんいき）
断層運動による地震に伴い，地下の断層面に沿って両側のある広がりを持った範囲の岩盤が急激にずれ動き，この広がりを震源域という。震源域は面的に広がっており，その面積はマグニチュードが1大きくなるごとにおよそ10倍になる。たとえば，M9.0の東日本太平洋沖地震の震源域は500㌔×200㌔の広がりを持つ。震源が震源域の中央付近にある場合もあれば，端に位置する場合もある。震源域は，地震波解析のほか，余震の震源分布，地震に伴う地殻変動の状況，津波の状況などからも推定される。よって，震源が地震波から速やかに求められるのと比較して，震源域の推定には時間がかかることが多い。　　　　　　（林豊）

震源断層（しんげんだんそう）
震源域に対応する範囲の地下の断層のこと。震源断層の上端が地表に達して地上に現れた断層のことは地震断層（または地表地震断層）と呼び，区別されている。　→断層
　　　　　　　　　　　　　　　（林豊）

信玄堤（しんげんつつみ）
戦国武将武田信玄(1521—73)が甲州地方の治水を手掛けた時代に設置された堤防。特に有名なものとして，山梨県甲府盆地西部の釜無川と御勅使川の合流処理で設置された信玄堤，東部の笛吹川沿川の水防林「万力林」近辺の不連続堤防である霞堤などがしられる。その他の地域にも霞堤は複数みられ，築堤時代は確定できないものも含め，信玄が治水に関わった時代の発祥とされる堤防や，機能を持つ堤防が信玄堤と称されている。築堤で洪水を封じ込めるのではなく，不連続な堤で，水勢を弱めて被害を軽減したことは，減災の工夫として今日学ぶべき点が多い。　　　（知野泰明）

震災記念堂（しんさいきねんどう）
震災犠牲者の慰霊を中心に，震災記念物の展示・保存，社会的教化などを目的として建設された施設。震災記念館ともいわれる。近代日本において最初に建設されたのは，明治24年(1891)濃尾大震災を記念して26年に竣工した震災紀念堂である。その後，大正12年(1923)の関東大震災後には，東京都本所区（現墨田区）に現在東京都慰霊堂と称される震災記念堂が昭和5年(1930)に，昭和2年の丹後大震災後には丹後震災記念館が5年にそれぞれ建設されている。また，慰霊施設ではないが，関東大震災に関連して震災を記念することを目的とする展示施設の復興記念館（昭和6年竣工）が関東大震災の震災記念堂に併設され，横浜では展示施設である震災記念館（昭和3年竣工，現存せず）が建てられた。その他，平成5年(1993)の北海道南西沖地震により発生した大津波に関して奥尻島津波館（平成13年竣工），平成7年の阪神・淡路大震災後には防災・減災の世界的拠点になることを目的に翌年には阪神・淡路大震災記念人と防災未来センターが竣工している。これらの施

設は，当初は震災の犠牲者を悼み，災害の記憶を後世に伝えるために建てられたものが多いが，戦後の大震災を経験して以降は，単に犠牲者の慰霊のためだけでなく，災害そのものの分析から防災意識を高める役割を担うものとして位置づけられ，その社会的役割に変化がみられる。　　（高野宏康）

震災予防調査会（しんさいよぼうちょうさかい）

濃尾地震の災禍を踏まえて明治25年（1892）勅令55号で成立した国家の地震災害予防のための調査研究機関。設立時に地震災害だけでなく火山災害も含めてその軽減のため，6の目的を掲げ，当面取り組むべき17の研究課題と研究成果の公表を挙げているが，このうち11項目は理学的，残り6項目が工学的課題であった。初代会長は帝国大学総長加藤弘之，幹事に菊池大麓，ほかに委員10名，嘱託にジョン・ミルンが任命され，調査事項に応じて臨時委員を任命した。第1回委員会で耐震構造の建築手法の考案や，古来各地で発生した地震災害の資料蒐集着手，濃尾地震の震害調査実施などが決議された。第2回は客観的なデータ集積のため帝大構内で深井戸掘削，耐震実験家屋の建設などがきまった。設置翌年には菊池大麓が会長となり，名実ともに会を主導し，10月には早くも最初の出版物である『震災予防調査会和文報告』第1号が発行された。大正6年（1917）に2度目の会長職にあった菊池が逝去して以降会長は空席で，創設時は大学院生であり，明治30年末から幹事となった大森房吉が，会長事務取扱として実質的に会を一人で背負っていた。19世紀末の各地の地震災害や噴火災害の記憶が一般から薄れ，日露戦争後の財政難も加わり活動が尻すぼみとなっていた時に関東大震災が発生した。大森房吉は逝去前6日間だけ正式な調査会会長に任命された。調査会は関東震災を受けて大正14年に廃止され，地震の学理追究は地震研究所が，防災事業は震災予防評議会が継承した。大森逝去後最後の幹事となった今村明恒が和文報告99～101号，欠号だった欧文報告25号，1号ずつしかなかった欧文紀要の10・11巻にそれぞれ2号を発行して区切りをつけている。特に今村が陣頭指揮を執り編んだ関東震災の調査報告である6分冊の100号は有名である。調査会の34年にわたる活動によって，建物の耐震性能の検討は特に学校校舎の強化などとして活かされた。また地震の地域性の研究や地震史料の編纂，火山の地質的調査も調査会によって進展した。

（北原糸子・松浦律子）

震生湖（しんせいこ）

一般的にいえば，地震によって河川が堰き止められてできた湖のこと。大正12年（1923）9月1日の関東大地震により神奈川県秦野市南部の丘陵地で土砂の崩壊が発生し，渓流を堰き止めて湖を形成した。現在自然公園として利用されているのが固有名詞としての秦野市の震生湖である。なお，地震や豪雨などにより崩壊が生じ，その土砂が河川を堰き止めて背後に河川水が貯留されて湖水が形成する現象を天然ダムと呼んでいる。平成16年（2004）10月に発生した新潟県中越地震においても52ヵ所で天然ダムが形成された。しかし，この時は天然ダムという言葉が災害にふさわしくないとの理由で河道閉塞という言葉が使われている。

（池谷浩）

心的外傷後ストレス障害（しんてきがいしょうごストレスしょうがい）

災害・戦争・事故・凶悪犯罪・性的虐待・家庭内暴力などによって，生死にかかわるような実際の危険にあったり，死傷の現場を目撃したりするなどの体験によって，大きな衝撃，耐えがたい苦しみ，強い恐怖などを感じ，それが記憶に残りトラウマ（心的外傷）となって心身に変調をきたすこと。PTSD（Post-traumatic Stress Disorder）の日本語訳。PTSDは1980年の米国の精神

医学会の診断基準によってはじめて用いられ，日本では平成7年(1995)に発生した阪神・淡路大震災および地下鉄サリン事件によって「こころのケア」という言葉とともに広く注目されるようになった。PTSDは，再体験(トラウマ体験が，本人の意思とは関係なく繰り返し思い出されたり(フラッシュバック)，夢に登場する(悪夢))，回避(トラウマ体験を思い出すような状況や場面を意識的あるいは無意識的に避け続けたり，その状況・場面になると感情や感覚などが麻痺する)，過覚醒(神経がはりつめてしまい，あらゆる物音や刺激に対して過敏に反応し，不眠やイライラなどが続く)という3つの主要症状が1ヵ月以上持続している場合に診断される。治療法は，薬物療法・認知行動療法・精神生理学的治療など，患者の生活環境や症状にあわせて多岐にわたっている。　　　　　　　　　(木村玲欧)

震　　度 (しんど)

地震によるある場所の揺れの大きさの尺度。多くの国で十数のレベルの震度階級(震度階)で表される。ヨーロッパでは1988年からEMS震度階という12段階の共通震度を用いている。アメリカと韓国では同じく12段階の改正メルカリ震度階を用いる。日本は0～7の気象庁震度階級を用いてきた。震度は被害程度を推測して必要な救援などを実施するのに便利な指標であるので，発災後速やかに対応できるよう，平成8年(1996)から計器観測した地震の加速度波形から計算で即時に導き出される計測震度を用いている。静止している人がかろうじて感じる程度の軽いゆれの1から最も激しいゆれの7まで報告されるが，震度5と6をそれぞれ弱と強とに分割して全部で10段階である。仮に周期1秒の揺れならば，0.6gal以上の揺れが0.3秒以上続かなければ震度0(無感相当)となる。計測震度が採用される以前は日本でも世界各国と同様，人体感覚から震度が決められており，大きい震度の決定には周辺被害の状況把握が必要だった。揺れの強さは通常震源から離れるほど小さくなるが，場所によって地盤の影響が大きいので，無人で多くの箇所の震度を短時間で把握できる利点は大きい。日本の震度階は明治17年(1884)にまず微震・弱震・強震・烈震の4段階ではじまり，同31年に無感を表す微震(感ナシ)と弱震(弱キ方)，強震(弱キ方)が追加され無感から烈震まで7段階となった。同41年にはこれに0から6まで数値表現が与えられ，昭和11年(1936)には無感・微震・軽震・弱震・中震・強震・烈震と呼称が変更された。同23年福井地震における福井平野のほぼ全域で倒壊率9割以上という災禍は震度6では表せないという声を受けて，翌年に家屋倒壊率30%以上を目安とする震度7，激震が追加された。なお，激震などの呼称は平成8年から用いられなくなった。日本では地震災害のたびに建築基準法の改正など社会全体の耐震化が進展してきたので，時代によって同じ震度でも家屋の倒壊や圧死など直接的損失は着実に減少してきた。したがって歴史地震の震度判定は，昭和24年の震度階を参考にしつつ，時代に応じた建物強度などを考慮してなされている。　　　　　　(松浦律子)

振動の減衰 (しんどうのげんすい)

地震動による建造物の揺れは，時間とともに小さくなり，やがて静止する。このように時間とともに振動が小さくなる現象を減衰という。減衰の要因は，主として建造物の部材内部や部材の継ぎ目の摩擦による振動エネルギーの減少や，基礎を通じた地盤への振動エネルギーの放出である。減衰の度合いの大小を表すのが減衰定数であり，減衰定数が大きいと早く振動が静まる。この定数は建造物の構造・基礎，地盤によって異なる。一般に，剛性が高くがっちりした剛構造の建物は小刻みに振動し，減衰定数が大きい。それに対して，揺れに柔軟な柔構造の建物は減衰定数が小さい。　(林豊)

水蒸気爆発（すいじょうきばくはつ）

マグマやマグマから分離した気体などによって加熱された地下水などが急激に気化・膨張して，爆発する現象をいう。爆発に際して周囲の岩石を破壊して放出することから，火口周辺に大きな被害をもたらすことがある。マグマが直接関与して爆発を起こし，放出物中にマグマに由来するガラス片や岩片などを含む場合には，特にマグマ水蒸気爆発という。少量でもマグマ物質が含まれる場合は，その後マグマ噴火に移行することも多いので注意が必要である。

〔藤井敏嗣〕

水防管理団体（すいぼうかんりだんたい）

昭和24年（1949）に制定された水防法に規定されている，水防の責任を有する市町村（特別区を含む），水防に関する事務を共同に処理する市町村の組合（以下「水防事務組合」），水害予防組合のこと。水防は古くから村落等を中心とする自治組織により運営され発展してきた歴史的経緯等から，第一次的水防責任は市町村（あるいは水防事務組合，水害予防組合）が持っている。これらの背景から，水防法ではこれらの団体を水防管理団体として定め，平成21年（2009）4月1日現在，全国で1,808の水防管理団体が組織されている。なお水防管理団体である市町村（特別区を含む）の長，または水防事務組合・水害予防組合の管理者のことを水防管理者といい，水防に関して水防団および消防機関は水防管理者のもとに活動する。

〔木村玲欧〕

水防団（すいぼうだん）

昭和24年（1949）に制定された水防法に基づき，水防管理団体が，水防事務を処理するために設置する組織のこと。水防団は，災害発生時に洪水や高潮などの被害を最小限にくい止めるための活動，危険箇所の巡回・点検や水防訓練，水防月間や水防訓練を通した地域住民などに対する啓発活動などを行う。消防団員の多くは水防団員を兼任しており，平成21年（2009）4月1日時点で，専任水防団員は15,439人，兼任水防団員（消防団員）は881,851人である。水防団員も消防団員同様，非常勤特別職の地方公務員として活動を行う。なお，消防団の所管官庁は総務省消防庁，水防団は国土交通省となっているが，実際に水防団の指揮・監督するのは水防管理者（市町村などの首長など）である。水防団員数は，消防団員数と同じく，少子高齢化の進行，産業・就業構造の変化，コミュニティにおける水防団の地位低下などによって減少する傾向にある。団員数減少による指導者不足を補うために，水防訓練・講習会などに水防専門家を派遣して水防工法などを指導する「水防専門家派遣制度」を平成19年2月に創設するなどの対策をとっている。

〔木村玲欧〕

水防林（すいぼうりん）

河岸などにおいて，水災害から防御する目的で人工的に植林された樹木をいう。マダケ，モウソウチクなどの竹類のほか，ケヤキ，ヤナギ，マツなど，水に強く根をしっかり張る樹種が適する。水防林の防災効果としては，河岸の浸食防止，堤内への土砂流入阻止などがある。水防林は，古くから優れた伝統的な治水工法の一つとして評価されており，現在でも残されているところが多い。また，水域の生態系や優れた景観を維持する効果もある。国は，これまで河川の高水敷などにある水防林は，治水機能を損なうとして認めない方針であったが，近年になって環境や景観という観点から見直すようになった。

参考文献　国土交通省河川局治水課監修『堤防に沿った樹林帯の手引き』（山海堂，2001）

〔吉越昭久〕

スコリア　Scoria

火山活動により火口から放出された破片状の固形物質（火山砕屑物）のうち，黒色・暗褐色を示すもので，岩滓（がんさい）ともいう。玄武岩

マグマがしぶきとなって火口から放出されて固化したもの，あるいは溶岩流表層のガサガサした部分で，多孔質で見掛け密度が低い。なお淡色のものは軽石(パミス)と呼ばれ，珪長質(シリカと長石に富み，安山岩，デイサイト，流紋岩などに分類)マグマの発泡で生ずる。　　　(笹井洋一)

ストロンボリ式　⇨　噴火

SMAC型強震計（スマックがたきょうしんけい）
耐震工学のために大きい地震動を記録しようと，昭和28年(1953)十勝沖地震の翌年，日本強震測定委員会が開発した機械式加速度計ペン書き式の強震計。重力加速度(980ガル)程度の地震波加速度まで測定可能とされた。明石製作所が量産し，全国的に主として建物内に数千台設置された。地面自体の動きを探る点では問題があるが，電子工学が今のように発達していなかった昭和中期の大地震の波形記録として貴重なデータを残した。　　　　　　(松浦律子)

スロッシング
液体を入れた容器が振動した時に液面が揺れ動く挙動のことをスロッシングという。船舶に積載されているタンクの液面揺動や，地震の際の大型タンクの液面揺動などがあり，著しい場合では，容器の破壊につながることがある。新潟地震ではじめて注目されたが，最近では平成15年(2003)の十勝沖地震で，北海道苫小牧市の石油コンビナートで石油タンクの火災が生じ，地震動によるスロッシングへの注目が再び高まった。この火災は，堆積平野で長周期地震動が増幅され，その周期が石油タンクの固有周期と一致したためにタンク内の重油やナフサが共振して蓋の上に溢れ出し，蓋と側壁の接触で火花が発生したことが原因であった。
→地震動　　　　　　　　　　(林豊)

制　震　⇨　耐震

正断層（せいだんそう）
ずれの様式によって断層を分類した場合の1つ。傾斜した断層面を境界として，一方の岩盤(上盤)が他方の岩盤(下盤)の上を断層面に沿ってすべり落ちる向きに食い違ってできた断層のことを正断層という。正断層は，岩盤に水平方向の伸張力がかかる地域に存在し，日本では逆断層に比べて数が少ないが，九州中部に多く見られる。　→断層　　　　　　　　　　(林豊)

関谷清景（せきやきよかげ）
1854―96。明治時代の地震学者。岐阜県大垣生まれ。名は，せいけいともいった。大学南校(東京開成学校)に学び，英国に留学するも肺結核で帰国。明治16年(1883)東京大学地震実験所の助手，翌年助教授。同年にお雇い教師ミルン，ユーイングらが設立した日本地震学会で，日本人で最初の地震の専門家として活躍，19年世界で最初の地震学の教授となった。また，内務省地理局(東京気象台)の験震課長を兼務，17年末に全国的な地震調査事業を創始した。21年磐梯山噴火では調査を実施し，2ヵ月後には助教授の菊地安と「磐梯山破裂実況取調報告」を官報に出した。24年濃尾地震の直後には，激震の再来をおそれる人心の沈静化や震災の現地調査(専門の学者だけでなく大工などの職人も含む)の重要性を訴える意見書を広く配布。翌年発足した震災予防調査会の初期の活動の中心となるなど，病と闘いながらも，地震予知と耐震化による震災軽減を目指す地震の研究・教育・行政・社会啓蒙に生涯尽力した。　(津村建四朗)

施　行（せぎょう）
本来は仏教用語で布施の一つをいう。慈悲としての施行は平安期以降に盛行し，さまざまな施主により寺社の門前などで，災害時に限らず行われた。近世期には，災害時に富裕層の町人が金銭や物資をお救い小屋に寄付するほか，みずから粥などの食料をを施与する場合もあった。特に居廻り施行と呼ばれる形態では，富裕層が地縁者のほか，抱地の店子，出入りの職人など雇傭

者に対しての救済を行い，みずからの社会的な下支えとなる人々の生活基盤を復旧することで所属する地域社会を守る意味もあった。武家や寺院が行う施行も地縁などに基づく場合が多い。また，施行は災害時の慣行として，被災窮民に限らず，広く困窮民を救う場合もあった。　　　（白石睦弥）

全　　壊（ぜんかい）
建物の被災程度を示す用語の一つであり，建築物災害統計調査や災害報告に用いられる。国が平成13年（2001）6月28日に定めた「災害の被害認定基準」によれば，住家全部が倒壊・流失・埋没・焼失したもの，または住家の損壊が甚だしく，補修により元通りに再使用することが困難なもので，具体的には，住家の損壊・焼失もしくは流失した部分の床面積がその住家の延床面積の70％以上に達した程度のもの，または住家の主要な構成要素の経済的被害を住家全体に占める損害割合で表し，その住家の損害割合が50％以上に達した程度のものとする。なお，濃尾地震・関東地震など明治・大正時代の地震被害報告などでは，全潰と表記している。　→一部損壊　→半壊
（西澤泰彦）

前　　震　⇨　**本震**（ほんしん）

蘇民将来（そみんしょうらい）
疫病除けに関する民間説話。『備後国風土記』逸文の伝承が古い。武塔神が旅の途中で日没になり，裕福な弟に宿を借りようとしたが，貸そうとしなかった。貧しい兄の蘇民将来は宿を貸し，饗応をした。数年後再訪した武塔神は，茅の輪を腰に着けた蘇民将来の娘を除いて，その土地の人々をみな殺してしまう。そして，速須佐雄能神と名乗り，疫病の流行時に，蘇民将来の子孫だといって茅の輪を腰に着けている者だけは死を免れるであろうと説く。平安京では「蘇民将来」と記す呪符木簡が発掘され，この伝承が9世紀初頭まで遡る可能性がある。さらに，祇園社起源伝承と習合し，各地に伝播するとともに，木製六角柱の呪符や護符が全国に現存する。　　（大江篤）

耐　　震（たいしん）
強い地震動を受けても倒壊・破壊しないこと。耐震性が高いとは，優れた耐震の性能を有することである。建築基準法では，地域・地盤・構造の種類の組合せごとに，満たすべき耐震基準が決められている。昭和53年（1978）の宮城県沖地震後の56年の改正では，2段階の耐震性能を設定し，比較的発生頻度の高い中地震では，構造が維持されること，発生頻度の低い大地震では，崩落をしないで最悪でも生命を守れるような強度を要求されるようになった。実際には地域によってさらに耐震性能レベルが細分化され5段階になっている。日本における建築物の耐震基準は，特に昭和56年に施行された建築基準法改正の前後で大きく異なることから，旧耐震基準当時に建てられた建築物の耐震診断や補強の普及が大きな課題となっている。強い地震動に耐えられる建造物を設計するには，2つの考え方がある。一つは，固有周期が短く剛性の高いがっちりとした構造（剛構造）にすることによって，地震動を受けると小刻みに建造物が振動して，早く減衰するように設計することである。もう一つは，剛性が低くても地震の揺れに追随しないように固有周期が長い構造（柔構造）にすることで，地震時にはゆっくりとしなるように建造物を振動させることである。建造物にかかる地震力そのものを弱めて，建造物の耐震性を高める設計の考え方もあり，免震と制震がある。建物本体の全部または一部と基礎の間に振動を吸収する素材を挟み，地震動のエネルギーを和らげる方法が免震である。免震の設計を免震設計，震動を吸収する機構を免震装置という。一方，建造物の揺れを監視し，揺れに対応しておもりを移動させるなどの方法で，建物の揺れを小さくする力を働かせることが制震である。　　　（林豊）

台　風（たいふう）

熱帯低気圧のうち，南シナ海を含む北西太平洋で，最大風速が17.2m/秒以上のもの。熱帯低気圧は，水蒸気が凝結して雲粒になるときの熱エネルギーで発達する。水蒸気が豊富な熱帯の海上で発達し，少ない陸上や高緯度地方で衰弱する。また，上空に寒気が流れ込むと温帯低気圧に変わる。大西洋北部・太平洋北東部と北中部はハリケーン，インド洋・太平洋南部はサイクロンである。気象庁は年ごとの発生順に台風番号を付けており，元号年あるいは西暦年の下2桁と組み合わせる。台風は上空の風に流されて動き，また地球の自転の影響で北へ向かう性質を持っているため，上空が東風の低緯度では北西に，西風の中・高緯度では北東へ進む。台風は暴風や大雨などの災害をもたらすが，梅雨以後の夏の水源としての役目もあり，台風がこないと水不足になることがある。　　　　　（饒村曜）

ダイラタンシー-拡散モデル

実験で岩石試料に応力を加えていくと，はじめのうちは体積が直線的に減少するが，加える応力がある限界を超えると今度は膨張し始める。これは応力が破壊強度の3割〜7割程度になった時点で始まる。この現象をダイラタンシーという。1973年にショルツら(1973)が，当時信じられていた，地震発生前に地震波速度の変化などの地震前兆が出現する仕組みを，このダイラタンシー現象で説明しようとした仮説をダイラタンシー-拡散モデルという。岩石中にはもともと微細な亀裂が入っており，これを空隙という。空隙には通常水分など流体成分が含まれており，これを空隙流体という。空隙流体の圧力は応力に対抗して亀裂を押す力として働き，これを間隙圧という。ダイラタンシー-拡散モデルによれば，応力を加えていくと①新たに岩石中に微細な亀裂が沢山生じる。これが前震活動にあたる。この時点で岩石は，新たな亀裂が開くことで，体積が大きくなってダイラタンシーが起きる。②やがて空隙流体の量が不足して間隙圧は小さくなり，実際に有効な応力がその分高くなり（ダイラタンシー硬化），地震が発生し難くなって地震活動度が一旦低下する（空白域の出現）。さらにこの時点では弾性波を伝える速度が減少する。その減り方は流体中は伝搬しない剪断波であるS波ではわずかで，音波と同様の性質を持ち流体中も伝搬する粗密波P波では大きいので，P波の速度やP波とS波との速度の比が，両方とも小さくなる（Vp, Vp/Vsの減少）。③やがて周囲から新しい空隙に向かって水が浸透していくと，間隙圧は回復し，弾性波速度も元に戻る（Vp, Vp/Vsの回復）。④さらに空隙が多くなっているので以前より周囲から浸透する水の量が多くなっていき間隙圧が最初より高くなって，地震が発生し易くなり，ついに主破壊である本震が発生する，という4段階を経て大地震が発生するという。これによって①での地盤隆起，前震活動や空白域の出現，②での地震波速度の変化，地下水のラドン含有量の変化など1970年代当時信じられていた地震の数々の前兆現象を説明可能なモデルとして一時期持て囃された。しかし，そもそも地盤の隆起や地震波速度変化などが地震前に当時喧伝されていたほど顕著に見られないことから，90年代以降は廃れてしまった。大地震は，ダイラタンシーが破壊前に起きるようなインタクトロック（瑕のない岩）ではなく既存の断層面に発生するからであろう。　　　　　　　　　　　（松浦律子）

ダイン　⇨　物理量の単位（ぶつりりょうのたんい）

高橋龍太郎（たかはしりゅうたろう）

1904-93。東京府神田猿楽町（現東京都千代田区）で生まれた地震・津波学者。昭和2年(1927)東京帝国大学理学部地震学科を卒業後，地震研究所で，地震波，傾斜，地磁気などの研究を行なった。昭和8年の昭和三陸津波の調査にも参加しているが，16

年教授になってから本格的に津波研究を開始した。第2次大戦中の国際的認知は戦後となったが、17年には浅海から沿海まで海底地殻変動に対応する津波の伝搬の解析的展開を導き出し長波近似など、その後長く使われる津波波形数値計算への道を開いた。戦後になっても数値計算には現在とは違って大きな制約があり、海底地形情報の精度も低い時代にあって、大陸棚や湾内での津波の挙動を検討した。水深200㍍の沖合までの計算を用い、逆伝播図から浪源として津波の原因となった地震による海底地殻変動の概略の領域を求めたほか、以後100年間の日本沿岸の襲来津波予測図なども作成した。昭和35年東京大学地震研究所所長。退官後はほとんど研究所を訪れない「江戸っ子」を貫き、奇しくも平成5年（1993）奥尻島が津波で大被害を受けた北海道南西沖地震発生の2日前に亡くなった。

（松浦律子）

祟り神（たたりがみ）

祟りは神霊の与える罰であり、人に害をなすものであると説明されるが、その原義は神の認識に関わるものであった。『古事記』『日本書紀』や『風土記』では、天皇の病気や堤防の決壊など不可解な出来事の際に、夢や託宣、占いで神の祟りが認識される。祟りとは神が立ち現れて人に祭祀を要求することを示す語であった。律令国家の成立とともに神祇官が神を管理するようになり、火山の噴火や疫病などの災害は、神祇官の卜部が神の祟りを認定することによって対処された。やがて、陰陽師も加わり、10世紀には、軒廊御卜が国家の危機管理で重要な役割を果たすようになる。一方、貴族社会では祟りが通俗的な語として定着し、災いをもたらす祟り神の観念も形成される。

（大江篤）

竜 巻（たつまき）

積乱雲に伴う強い上昇気流により発生する高速の空気の渦巻き。直径は数十から数百㍍で、数㌔に渡って移動する。巻き込まれた空気中の水蒸気が急激な気圧低下により凝結して生じた漏斗状または柱状の雲を生じる。台風や温帯低気圧より規模が小さい低気圧で、地球の自転の影響を受けにくいので、時計回り・反時計回りの両方が存在する。発達した低気圧や台風内で強い上昇気流、暖気の強い突入、強い寒気の流入などで日本のどこでも発生するが、強い竜巻は台風に関連したものが多い。日本で発生した突風は平成3年（1991）〜20年の間の年平均28個、このうち竜巻との確認が14個で、7〜10月に多く発生している。アメリカ合衆国では年間1,000個が発生している。

（饒村曜）

縦ずれ断層（たてずれだんそう）

正断層と逆断層の総称。ずれの様式によって断層を分類した場合の一つで、上下方向の変位が大きい断層のこと。断層面を境界として、断層面内をのり上がるかすべり下がる向きへの地層の食い違いを縦ずれという。

（林豊）

田中舘愛橘（たなかだてあいきつ）

1856－1952。陸奥国二戸（現岩手県二戸市）で南部藩士の家に生まれた物理学者。藩校で学んだのち、一家が上京したため、慶応義塾や東京開成学校に学び、明治15年（1882）東京大学理学部物理学科を卒業。翌年助教授となり、電磁方位計を考案している。21年英国グラスゴー大学に留学。24年帰国後に東京帝国大学理科大学教授。同年の濃尾地震の現地調査も行なった。震災予防調査会の設立や、国際緯度観測参加の緯度観測所を水沢（現岩手県奥州市）に設立するのに尽力した。全国の地磁気測量調査を明治26年から3年間で実施しているほか、重力測定など地球物理的仕事も多い。日露戦争を契機に気球や航空の研究を行うようになった。メートル法の普及やローマ字の普及にも努め、ヘボン式と異なる日本式ローマ字を創案した。彼が大正5年（1916）還暦祝の

席で退官を希望したことが，その後東京大学の60歳停年制の契機となった。

（松浦律子）

タフリング Tuff ring
高さが低い割に火口径の大きい火砕丘（スコリアや軽石からなり，一度の噴火で形成される火山）の1種。浅い海底・湖底などでマグマが水に接触して起こるマグマ水蒸気爆発において，ベースサージ（垂直な噴煙の基部から地表に沿って四方に高速で広がる環状の流れ）に伴って形成される。玄武岩質火山島の海岸付近や浅海に一般的でハワイ諸島などに多い。日本では伊豆諸島や伊豆半島東部などに見られるが，噴火の初期段階でタフリングを形成し，さらに爆発的噴火が収まって火砕丘がリングを覆うように形成される事例もある。最近の日本では，1983年三宅島噴火の際に島の南部海岸付近に形成されたが，波浪によって数日で崩され，現在では見ることができない。

（笹井洋一）

田山　実（たやまみのる）
1865－1907。慶応元年(1865)館林藩（現群馬県）の下級武士の家に生まれた史料編纂家。本名は実祢登。小説家田山花袋は6歳下の弟である。20歳のころから現在の東京大学史料編纂所の前身である修史館に勤めていたようである。ほどなく修史館は帝国大学に移管され，史料編纂掛となっていたが，久米邦武筆禍事件により，明治26年(1893)4月から2年間は廃止されていた。同年7月からその前年に設立された震災予防調査会の事業として，関谷清景の監督下で日本地震史料編纂材料蒐集を田山が担当することになった。28年に帝国大学文科大学に史料編纂掛が設置され，史料編纂事業が復活した時に編纂助員，33年には編纂員となった。35年には恩人の著作権違反事件に連座したのか，史料編纂員を辞職し，震災予防調査会の嘱託も辞めて，40年43歳で病没した関谷の病没後の26年から29年も，主として『大日本史料』の編纂のために集められた編年史料などから地震記事を集めた。その成果は明治32年『日本地震史料目録』，37年『大日本地震史料』甲乙2巻として，いずれも震災予防調査会和文報告として発刊された。これは，西暦416年から1865年までの史料が含まれている。（松浦律子）

段　丘（だんきゅう）
河岸・海岸・湖岸などにみられる平坦面と急崖が交互になっている階段状の地形をいう。平坦な面を段丘面，急崖を段丘崖と呼ぶ。段丘面は，かつての河床・浅海底・湖底が隆起して地上に表れたもので，段丘崖は浸食基準面の変化によって河川・海・湖の浸食によって形成されたものである。なお，堆積作用によって形成された段丘もある。河川を例にとると，その近くにあるものを河岸段丘，河川によって形成されたものを河成段丘として区別して用いられることがある。通常の段丘は，数段程度であるが，信濃川には9段にも達する段丘がみられることがある。

参考文献　吉川虎雄ほか『新編日本地形論』（東京大学出版会，1973）　（吉越昭久）

短周期地震波 ⇨ 地震波

断　層（だんそう）
地層がある面を境界として互いに食い違っている場合，その境界面を断層面，食い違いをずれという。断層面を直接観察できる箇所は，切り立った崖などの地層が露出した断面，または地表に限られる。地表に達している断層面が地表を切る線を断層線という。　→活断層　→逆断層　→共役断層　→震源断層　→正断層　→縦ずれ断層　→伏在断層　→横ずれ断層　　（林豊）

中央気象台（ちゅうおうきしょうだい）
気象観測・地震観測の気象業務を管掌する国の機関。明治8年(1875)6月1日東京の内務省地理寮構内で気象業務を開始し，東京気象台と称した。同16年気象電報，天気図の作成を開始，翌年天気予報，全国的な

地震(震度)観測を開始した。20年には中央気象台と改称した。当初全国の測候所は一部を除き府県に属していた(昭和14年(1939)にすべて国に移管)が，技術的には中央気象台が統括して，観測データを集約・解析，全国的な天気予報や暴風警報を発表した。それらの結果は，有線・無線で配信されるとともに，大正14年(1925)からは天気予報・警報，気象通報がラジオ放送で一般にも周知されるようになり，気象災害の防止・軽減に大きい役割を果たしてきた。また，世界一高密度の地震観測網を展開，地震情報を迅速に提供してきた。第2次大戦中は，気象観測資料は軍事機密扱いとなり，天気予報や警報の公表も禁じられたため，軍以外は不意打ちの暴風雨に見舞われることもあった。明治28年から昭和18年は文部省所管で研究機関的側面もあったが，以後運輸通信省(運輸省)所管となり，昭和31年運輸省外局の気象庁に昇格し，防災機関の性格が強くなった。　　　　　(津村建四朗)

中央防災会議（ちゅうおうぼうさいかいぎ）
災害対策基本法に基づいて，国の防災の基本計画作成や地域防災計画など，防災に関する重要方針を決定する内閣府に設置されている会議。全閣僚，指定公共機関の代表者および学識経験者により構成されている。災害予防，災害応急対策，災害復旧・復興，地震対策，火山対策，大規模水害対策などを審議する。防災基本計画の中には，震災・風水害・火山災害・雪害などの自然災害以外にも，海上・航空・鉄道・道路・原子力・危険物・大規模火災・林野火災などの事故災害も対象となっている。非常災害の際の緊急措置に関する計画の作成およびその実施の推進や，防災に関する重要事項に関し，内閣総理大臣および防災担当大臣への意見の具申も行う。　　　　　(松浦律子)

沖積層（ちゅうせきそう）
河川などが堆積させた礫・砂・泥・粘土などで構成され，地質学的には最も新しい時代のもので，未固結の状態の地層を指す。氾濫原・扇状地・三角州などの地形をつくる物質である。最終氷期には，現在よりも海水準が100㍍以上も低かったが，その後の海面上昇に伴って河川の堆積物によって埋められ，現在の地表面を形成したと考えられている。沖積層とその下にある洪積層には多くの地下水が含まれるが，過剰な揚水によって地盤沈下を引き起こしたことはよく知られている。また地震に伴って液状化を起こすことがある。

参考文献　地盤工学会「濃尾平野の地盤―沖積層を中心に―」編集委員会編『濃尾平野の地盤―沖積層を中心に―』(地盤工学会，2006)，米倉伸之ほか編『日本の地形』1 (東京大学出版会，2001)　　(吉越昭久)

長周期地震動（ちょうしゅうきじしんどう）
人間の体感にとって通常よりも長い2〜20秒程度の周期の揺れをもつ地震動のこと。工学分野で用いられる用語である。地震学では，中周期地震波といい，脈動が強いためあまり観測されなかった周期帯にあたるが，広帯域地震計が開発されたこと，大型で固有周期がこの周期帯に入る構造物が増えてきたことによって，近年工学的に注目される。一方，高層建築物の固有振動数と一致しやすく，高層階ほど揺れが強くなる。従来の建築物の設計では考慮されなかった。長周期地震動は地下構造と関係があり，沖積平野や埋立地などの地盤で揺れが大きくなりやすい。減衰しにくいため，大地震によって励起された中周期地震波が原因となって遠い地域にこの揺れが生じる場合がある。長周期地震動による最大の災害は，1985年のメキシコ地震であり，湿地を埋め立てた軟弱地盤で増幅された長周期地震動との共振で，メキシコシティの高層ビル，高層住宅の多くが倒壊した。　→地震波
　　　　　(林豊)

直下型地震（ちょっかがたじしん）
人の居住地に近接して発生した浅い地震を

限定する呼び名。学術用語ではないので、いかに浅発大地震で岩が飛ぶほどの加速度が近地に発生しても、人里離れた場所であれば使われない。近代都市の地下十数㌖以浅で大地震が発生すると、大勢が被災する上、ガス・水道・電気・通信などライフラインの復旧に時間がかかるので、対策実施の社会的合意形成に有用な単語として20世紀後半に登場した。　　　　（松浦律子）

津波てんでんこ（つなみてんでんこ）
津波の常習海岸と称された三陸沿岸部に伝わる津波による犠牲を少なくするための戒めの言葉。小さな揺れの後で不意に押し寄せて来た明治29年（1896）の三陸津波のとき、親子、兄弟・姉妹など、家族が互いに助け合おうとして結局は共倒れ現象を来たし、岩手県だけでも728戸が全滅した哀しい体験による教え。「てんでん」とは「てんでに」「銘銘に」ということで、それに三陸地方語に特有の「こ」が付いて「津波てんでんこ」となっているのは、津波のときは互いに人のことには構わずに親でも子でも「自分の命は自分で守れ」、共倒れの悲劇を防ごうというのが真意。津波の際の共倒れ現象はその後平成5年（1993）の北海道南西沖地震津波などでも繰り返されている。
　　　　　　　　　　　　　　（山下文男）

津波規模（つなみきぼ）
津波の程度を表すための階級。地震規模のマグニチュード（M）と区別して、通常小文字のmで表される。－1から4まであり、大きいほど津波被害が大きい。昭和24年（1949）今村明恒が、沿岸で観測された津波の最大の高さと被害の発生した沿岸長とから決める0〜4の5段階を定めたことからはじまり、これに33年飯田汲事が被害は起こさないが比較的頻繁に発生する津波のための－1を付け加えて、6段階とした。さらに38年飯田が最高の津波高の対数から求める式を提案したが、「最大の高さ」が局所的な地形に左右される遡上高である場合、規模が適正ではなくなる。そこで51年羽鳥徳太郎が波高H（㍍）とその範囲R（㌖）とから、

　　m＝2.7logH＋2.7logR－4.3

で求めるように改良した。このmを津波規模という。1増えるとエネルギーが5倍、波高が2.24倍となる。津波データから求める地震のマグニチュード津波マグニチュードMtとは、

Mt＝0.37m＋7.1

の関係となる。　　　　　　（松浦律子）

津波予報（つなみよほう）
地震による津波発生の有無、津波の到達地域や時刻、その高さなどの予想を気象庁が発表すること。世界最初の近地津波予報は、昭和16年（1941）三陸沿岸津波警報組織によって始められた。気象業務法に規定されたことにより、昭和27年からは過去の実績に基づく津波予報図を使いながら、日本全国沿岸を対象とすることとなった。平成11年（1999）、量的津波予報が導入された。数値計算結果を収納したデータベースをもとに、地震情報で求められる断層モデルから津波を計算し、全国66予報区ごとに津波警報（大津波・津波）、津波注意報と津波予報の3段階、その根拠となる8段階の予想津波高さ、さらに到達予想時刻を予報する。遠地津波については、津波データベースに加え、伝播途中の観測波高をも考慮しながら、近地津波同様の扱いで予報する。
　　　　　　　　　　　　　　（首藤伸夫）

低周波地震　⇨　地震波

帝都復興院（ていとふっこういん）
帝都復興の実施主体として勅令により設置された国の機関であり、復興計画案の策定を担った。大正12年（1923）9月の関東大震災直後、すでに首班指名を受けていた山本権兵衛は前東京市長後藤新平に内務大臣就任を要請、市街延焼のさなかに復興方針などを協議し、同6日に「帝都復興の議」を閣議に提出する。この中で、臨時帝都復興

調査会の設立，内外債の発行による国費支出，公債による「焼土全部買い上げ案」，帝都復興省設置案・帝都復興院設置案が建議された。19日勅令「帝都復興審議会官制」を発令，閣僚と元老・実業家らによる帝都復興審議会が設置された。この間に内務省都市計画局は復興4案(30億，20億，15億，10億円)を作成，21日に第1回復興審議会が開催され，10億円案を復興計画の基本方針とした。復興計画の実施主体として9月27日に「帝都復興院官制」が発せられ，後藤新平を総裁(内務大臣兼務)とする帝都復興院が設置された。帝都復興の実施計画案の作成は帝都復興院で進められ，11月15日復興計画の原案(15億円，当面実施9.9億円)を作成，閣議で7.3億円の復興計画を承認，帝都復興審議会は縮小を迫り，5.97億円の復興計画案を議会に提出，12月19日衆議院は4.7億円の修正案を可決，同24日に特別都市計画法を公布した。翌13年3月に帝都復興院は内務省復興局に縮小され，事業が引き継がれた。　　　　　(中林一樹)

帝都復興事業（ていとふっこうじぎょう）
大正12年(1923)9月の関東大震災後の東京・横浜両市の復興事業。帝都復興事業は，後藤新平が東京市長時代に提案していた計画などを基に，当初41億円事業案が復興審議会に持ち込まれたが，審議会さらに衆議院での議論で事業案は縮小され，最終的には，同12月11日に，4億6,840万円の復興事業計画が修正可決された。復興は東京都とともに横浜で進められたが，帝都復興事業としては，特別都市計画法に基づく土地区画整理事業(東京で920万坪〈30,400㌶〉，66地区)を中心に，東京では幅員22㍍以上の幹線道路55路線114㌔，11～22㍍の補助幹線道路122路線139㌔の街路整備事業，皇室から下賜された御料地を整備した恩賜公園以外に東京・横浜の各3大公園(錦糸・隅田・浜町，神奈川・野毛山・山下)をはじめ55ヵ所42㌶を整備した公園整備事業，鉄筋コンクリート3階建で耐震化した小学校(東京83校，横浜38校)と小公園の隣接配置による地域防災拠点化を計画した復興事業，都市大火を防ぐため「防火地区建築補助規制」による不燃建築助成(東京約800件，横浜約100件)，義援金を基に内務省社会局の外郭として設置された同潤会による住宅改善事業(仮住宅2,160戸，普通住宅3,760戸，アパートメントハウス2,501戸，〈改良〉共同住宅807戸など約12,000戸を供給)が主な帝都復興事業である。　(中林一樹)

泥　流（でいりゅう）
細粒の火山灰が堆積したうえに大量の降水があると，地下に浸透できないために発生した大量の流水が火山灰を浸食し，高密度になった流れとして山麓部に流下する現象をいい，土石流とも呼ばれる。一旦，山体が削られて浸食谷ができ始めると土石流の発生は加速的に増える。火砕流堆積物の場合，火砕流本体の上に，一旦火砕流から舞い上がった細粒の火山灰が堆積しているために，降水があるとほぼ確実に泥流が発生する。大きな噴火の場合には，噴火終了後も数年以上にわたって土石流が発生し続けることがある。流速は時速100㌔に達することもある。　　　　(藤井敏嗣)

デイサイト質溶岩　⇨マグマ

寺田寅彦（てらだとらひこ）
1878－1935。旧土佐藩士の長男として東京で生まれた物理学者。幼少期を高知で過ごし，第五高等学校で文理両道を志し，東京帝国大学理科大学で田中舘愛橘や長岡半太郎の指導を受けた。明治36年(1903)物理学科を首席で卒業後，翌年には講師，42年助教授，大正5年(1916)教授。明治41年尺八の音響研究で博士。助教授時代に地球物理学を学ぶためベルリンに留学。潮汐の副振動，X線の結晶透過実験などの研究が有名であるが，文学や他分野にも造詣が深く，科学と文学が融合した随筆の筆力は希有な才能であった。藤豆の飛散の初速度の検討

のような身近な物理現象の研究でも有名だった．夏目漱石とは五高以後も師弟以上の親交が続き，作品中の人物モデルにもなってもいる．大正12年の関東大震災後，震災予防調査会を改組して地震調査の体制を再構築する検討に際して，地震予知主体の今村明恒の傾斜計全国展開の観測強化案に対して，長岡半太郎らの学理としての地震の探究に重きを置く側に立ち，理学研究主体の地震研究所が設立された．「天災は忘れた頃にやってくる」とは寅彦が直接書き残した文章ではないが，同意の警告は残している．寺田を慕った門下生には，中谷宇吉や坪井忠二など筆も立つ科学者が多かった．

(松浦律子)

デ・レイケ Johannis de Rijke
1842―1913．日本の河川・砂防・港湾などの技術指導のために明治6年(1873)に来日したオランダ人技術者．デ・レーケともいう．当時技術者は工師と呼ばれていた．オランダでは高等教育を受けず，現場監督で技術を得た．当初担当の淀川低水工事では，上流部の砂防に注目し，技術書を著作．その後，各地で砂防工事が進む．明治5年来日の長工師ファン・ドールンが13年に離日の後，富士山から能登の線の東はムルデルが，西をデ・レイケが担当，23年のムルデル離日後は全国を担当し，特に長期滞在した．河川改修の業績では淀川改修計画，木曾三川改修計画，常願寺川改修計画が有名．30年度着工の大阪築港ではデ・レイケの計画が基とされた．同36年に帰国．

(知野泰明)

伝言ダイヤル ⇨ 災害用伝言ダイヤル

電磁式地震計 ⇨ 地震計

天水桶（てんすいおけ）
天水とは天から降った水つまり雨水のことで，天水桶とは防火用に雨水を貯えておく大桶のこと．火災の頻発した江戸では，慶安元年(1648)には水溜桶・手桶・天水桶に水を入れて置くよう命じる町触が出されている．宝暦5年(1755)には安全や景観の観点から，瓦葺きの建物には屋根上天水桶を設置するかわりに地上に置く水溜桶の数を増やすとされ，天水桶は柿葺きや茅葺きの屋根上に設置するものとされた．ほかの町触でも「町並水溜桶屋根上天水桶差置」などとあるように，天水桶は屋根上，水溜桶は地上に置くものと区別されているが，「妓館ごとに，戸前往来の正中にこの行燈（たそや行燈）一基と天水桶上に手桶十ばかり積みたるとを必ずこれを置く」(『守貞謾稿』)などとあるように，天水桶は地上に置く桶の意味でも用いられている．

(髙山慶子)

天然ダム ⇨ 震生湖

東京大学地震学教室（とうきょうだいがくじしんがくきょうしつ）
世界最初の大学地震学科として帝国大学に明治19年(1886)初代教授関谷清景で成立した．大正7年(1918)京都帝国大学に，同9年東北帝国大学に，それぞれ地球物理学講座が設置されるまでは，日本で唯一の固体地球物理学の講座であったが，明治42年京大に上賀茂地学観測所が設置され，大正2年東北大で日下部四郎太が星学として向山観測所で地震観測を開始するなど，地震学の拠点は実質的にはそれ以前に拡大していた．関谷が結核で早世したため，明治27年大森房吉が教授となり，震災予防調査会の活動を，20世紀にはいると特にほぼ独力で支え，中央気象台とおなじ全国の地震観測報告が大森に集められていた．大正12年大森が逝去すると，関東地震の予言で論争相手となった今村明恒が継ぎ，教室の学生にみずから会長である地震学会の機関誌に研究結果を報告させた．その後は，昭和11年(1936)からは松澤武雄，35年本多弘吉，41年浅田敏，55年佐藤良輔が教授として地震学の研究と後進の育成を担った．平成元年(1989)佐藤が停年退官後は実質的に松浦充

宏が後継したが，大学院重点化などから講座制度の変更や，地球物理学科が地球惑星科学科へと変遷したので，佐藤が最後の教授といえるだろう。　　　　　　（松浦律子）

東京大学地震研究所（とうきょうだいがくじしんけんきゅうじょ）
関東大震災の甚大な被害をうけて，大正14年(1925)地震の学理を探求するために，濃尾地震の災禍を受けて設置された震災予防調査会を解散して設置された。昭和3年(1928)安田講堂裏で現在理学部化学館が建っている場所に本庁舎ができてからは，東京帝国大学付置の研究所となった。設立にあたり，防災のため精密傾斜観測の実践的展開など実地観測中心を主張する予算が高額な今村明恒の案に対して，地震現象の理学的探究を中心に据えた寺田寅彦らの案が採用された。妹澤克惟の波動研究，高橋龍太郎の津波長波近似など国際的成果が1930年代に早くも挙げられるが，欧米中心主義の世界において極東の成果は国際的評価を得難かった。戦時中は軍部への協力を余儀なくされたが，東南海地震や三河地震，終戦後すぐの南海地震の調査を実施している。第2次世界大戦後は昭和39年(1964)新潟地震，40年地震予知研究計画の開始と同期するように発生した松代地震の観測に研究所を挙げて取り組んだ。昭和45年から49年にかけて1960年代後半の大学紛争の余波ともいえる震研紛争のために混乱した。紛争はその解決のために大量の臨時職員定員化によって，若手研究者登用の機会減少という長期にわたる地震予知研究への影響を与えたといえる。その後は徐々に大型化する研究計画の実施のために多大学の共同研究が浸透し，平成6年(1994)全国共同利用研究所となった。　　　　　　（松浦律子）

撓　曲　⇨　褶曲（しゅうきょく）
土石流（どせきりゅう）
水と砂や礫などの混合した固液混相流でいわゆる集合流動の一種である。土石流は河床勾配15度以上の急勾配河川で，豪雨や融雪，時には地震により発生する。発生形態としては，崩壊が流動化したもの，一度天然ダムを形成しそれが決壊して土石流化したものおよび河床堆積物の再移動によるものなどがある。流れは5～20m/秒という速度で流下することから，直進性が強く破壊エネルギーが大きい。多くの場合，10度～2度付近の地形勾配で堆積する。土石流は水量，土砂の粒径分布などによって流れ方が変わる。活火山の火山灰堆積地などでは，小雨でも土石流が発生する。この土石流を泥流型土石流と呼び砂礫型土石流と区別している。広義には土砂流も含む。
　　　　　　（池谷浩）

ドライアバランシェ
山体崩壊に伴う岩屑物の重力流の一種。わが国では最近岩屑なだれあるいは岩屑流と呼ぶことが多い。→岩屑流（がんせつりゅう）
　　　　　　（藤井敏嗣）

トラフ　⇨　海溝（かいこう）
内陸地震（ないりくじしん）
陸域で発生した地震のこと。海域で発生した地震のことを海底地震というが，いずれも定義はあいまいである。大陸または島弧の周辺の陸棚は，現在の大陸や島の続きだと考えて，陸棚や内海直下に震源域がある場合も内陸地震に含める広義な使われ方もある。また，震源域がプレートの境界に位置する場合はプレート境界地震，プレート内部の上部地殻内で起きる地震はプレート内地震というが，陸域にあるプレート境界で発生する地震は内陸地震に含めないこともある。　　　　　　（林豊）

内陸直下型地震　⇨　直下型地震（ちょっかがたじしん）
永田秀次郎（ながたひでじろう）
1876-1943。内務官僚，東京市長，大臣などを歴任。明治9年(1876)兵庫県三原郡倭文村に生まれる。大分県・石川県・熊本県・京都府警察部長などを経て，大正5年(1916)内務省警保局長。同8年，後藤新平市長の

もとで東京市助役となる。関東大震災のおり東京市長を務め，再び昭和5年(1930)東京市長を務め，大東京建設に尽力した。昭和11年広田弘毅内閣の拓務大臣，14年阿部信行内閣の鉄道大臣。青嵐の俳号を持ち，震災時の激務のなかも俳句を詠み，日記代わりとした(国立国会図書館蔵『永田秀次郎文書』)。震災記念堂の建設のために大正13年6月に財団法人東京震災記念協会を民間の寄付5万円をもとに設立，市長在職中の永田や，市議会員などが理事として参加，翌年には記念堂建設計画を本格化させた。記念堂に祭られる霊名の調査は昭和2年2月，各区役所府下町村役場，あるいは全国都道府県の協力を得開始した。被服廠跡の焼死体については9月2日から引き取り手のある遺体の引き渡しを開始したが，その他の遺体は衛生上の理由などから即時火葬に付した。このことについて，市長としての立場から「死者の惨状眼底に新たにして断腸の念永へに去り難」い思いを持っていた永田は，「震災死亡者調査表」で明らかになった54,700人の名簿を1万年保存の目的をもって，高野山奥の院に個人の名において建設した関東震災殃死者霊牌堂に納めた。
(北原糸子)

日本火山学会（にほんかざんがっかい）
昭和7年(1932)世界で最初の火山学会として，日本火山学会が地質学者中心に結成された。それ以前には，火山学としては，震災予防調査会のもとで，小藤文次郎が各地の火山の地質岩石調査を系統的に実施し，大森房吉が『日本噴火誌』で歴史火山研究の端緒を開いていた。戦前の火山学会は独立した学会というよりは，地質学会の分科会のような趣きであった。しかし，学会設立を契機に，野口喜三雄や水上武のように，火山化学や火山物理の研究者が育ち始めた。昭和15年に経済的事情で活動を休止した影響もあり，地質学者と新しい火山研究手法の学者との交流の場とはならなかった。第2次世界大戦後，昭和27年に水上が中心となって活火山研究会が発足し，2年後に火山物理研究会と改名して，小規模だが活発な火山研究集会が始まった。国際火山学協会と連携するためには，日本学術会議地球物理学連合火山分科会の母体となる学会が必要となった。そこで水上らの研究会が中心となって，休止前の業務責任者だった坪井誠太郎も協力して，物理・化学・地質の垣根を越えた火山現象の研究者の団体として，昭和30年12月に戦前の日本火山学会の再開という形で，戦後の再出発をした。これが現在の日本火山学会の成立である。平成15年(2003)にNPO法人となった。
(松浦律子)

日本災異志（にほんさいいし）
小鹿島果(1857－1892)が編んで，死後の明治27年(1894)に発刊された，日本の災害史。自然災害だけでなく，伝染病や飢饉・大風・火災・干魃・霜雨・洪水・疫病・噴火・地震・海嘯・虫害・彗星・太陽黒点の14項目の災害や天変地異の事象を，212の史料から網羅してまとめてある。小鹿島果は，安政4年(1857)大村藩の名家，小鹿島家に生まれ，幼時から神童といわれ，慶応義塾・大学南校・工部大学校で学び，工部省鉱山局・統計局・農務局などに勤務した優秀な内務官吏であった。災害の前には，明治18年に『日本食志』(一名『日本食品滋養及沿革説』)という日本の食品の歴史やその栄養成分の集大成本も上梓している。大学勉学中から結核を煩い，療養専念を周囲に勧められながらも仕事を中断できず，若くして病没した。妻は近代女子教育と，知的障害児福祉の滝乃川学園で有名な渡辺筆子(果の死後，石井亮一と再婚)。男性には時々編纂蒐集に驚異的集中力を発揮する人物が現れるが，果はその最たる者で，明治の菅原道真といえる。統計局勤務時代，修史館が近く，史料を渉猟できたことが，官吏の仕事，欧米への視察随行の傍ら，短い

生涯で食品と災害と2種の歴史を取り纏めることができた大きな契機だった。
　　　　　　　　　　　　　（松浦律子）

日本地震学会（にほんじしんがっかい）
　［1］日本地震学会Seismological Society of Japan（SSJ）は，明治13年（1880）4月に東京で結成された。同年2月の横浜地震を契機に地震を計測しようという80名の外国人を中心に，服部一三・菊池大麓・関谷清景など半分ほどの日本人も加わって世界ではじめて結成された地震を研究するための学会である。初代会長は服部一三。機関誌として，"Transaction of the Seismological Society of Japan"（TSSJ）という英文の冊子が初年から印刷され16巻刊行された。そのうち，5冊は関谷清景によって日本語に翻訳され日本地震学会掲報として出版された。TSSJはミルンやユーイングらの地震を研究しようとする着想や工夫に満ちており，時計精度や信号増幅器などの電子技術がなかったために当時は実用精度にならなかっただけで，たとえば地盤の地震波伝播速度測定の板叩き法など，20世紀以降実際に使われた測定や実験方法と同じ着想はすでにほとんどこのTSSJに現れている。この学会は，濃尾地震発生後の明治35年に解散し，政府機関として文部省の下に同年6月に発足した震災予防調査会が活動を引き継いだ。研究活動の中心は当初理学的なユーイングと工学的ミルンであったが，ユーイングをはじめ，多くのお雇い外国人学会員は数年で離日し，ミルンの実測・経験主義的な地震探究手法が日本では主流となった。関谷の早世によってまだ修行中の身でありながら後を継いだ大森房吉は，結果としてユーイングの理学的手法に全く触れないまま，ミルン流の現象論的に地震を研究する地震学を受け継ぎ，日本では豊富な実例から経験的な公式などの業績を残していくことになった。もしSSJに理学的な会員がもう少し長く残り，観測と弾性論とを結びつける指導があれば，関東大震災までの日本の地震学も全く異なった展開をしていたかもしれない。

　［2］地震学研究者の学術団体。昭和4年（1929）1月に今村明恒を中心として結成された地震学会が，戦況の悪化で19年8月から休会状態であったものを継承する形で，今村の弟子たちが中心となって23年1月に再開された。狭義の地震学に留まらず固体惑星地球物理学・地震工学・岩石物性・破壊力学など，主として理工学的に地震とその周辺分野を研究する者の学術団体となっている。明治13年（1880）4月に結成された世界最初の地震研究者の団体である日本地震学会を間接的に継承している。現在は会員数約2,000の公益社団法人。日本学術会議の学術協力団体，地球惑星科学連合にも参加している。機関誌『地震』（季刊）と共同の欧文誌"Earth and Planetary Science"（月刊）を発行している。
　　　　　　　　　　　　　（松浦律子）

バール ⇨ 物理量の単位（ぶつりりょうのたんい）

ハザードマップ
災害による被害・影響が想定される区域と被害・影響の程度，さらには避難場所・避難経路・関連施設など地域住民が対応行動に必要となる情報などを，地図上に明示したもの。災害発生時もしくは災害発生の危険が高まっている際において，地域住民に避難などの対応行動を迅速かつ的確に実行してもらうように，また，平時においては地域住民へ災害危険性や危険箇所などを周知したり，適切な防災対策を促進するための基礎資料にすることを目的として作成される。日本の多くの自治体で作成されているハザードマップとして，洪水ハザードマップ，内水ハザードマップ，高潮ハザードマップ，津波ハザードマップ，土砂災害ハザードマップ，火山ハザードマップなどがあげられ，その多くがインターネットで公開されている。しかし地域住民のハザードマップ認知度や家庭における保存・掲示割

合は決して高くはなく，災害による被害・影響の状況を的確に表現した，見やすい，わかりやすい，保存・掲示・携帯したいハザードマップのあり方が模索されている。

（木村玲欧）

発光現象（はっこうげんしょう）

地震に関係して，空が光ったり，火の玉のようなものが飛ぶこと。そのような記録が古来内外で残されており，松代群発地震の際には，写真も撮られ，兵庫県南部地震の際も目撃例が報告されている。地震の最中に光ったという例が多いが，地震の前や後に光ったという例もある。地震に伴う発光現象のもっとも詳細な調査は，昭和5年(1930)北伊豆地震について，寺田寅彦や武者金吉によって行われた。4時2分という就寝中の発震であったため，地震で目覚めて，外を見たら光ったという報告が多く，発光の見えた方向や発光の様子は多様であるが，震源地付近でかなり明るい光が目撃されたことは，事実であると認め，寺田はその原因として，地殻内における水の運動のため，地殻中，空中に著しい電位差を起こし，場合によっては，高層の空中放電を生ずる可能性を論じている。発光現象については，今後も大地震時には，その有無を含め正確な事実の調査が重要である。なお，電線のスパークなどを誤認したと思われるものも多いので，今後，光った時刻，継続時間，方向，色など，その状況を記録する目撃者の協力が必要となっている。

（津村建四朗）

発震機構解（はっしんきこうかい）

地震の原因となった力（ダブルカップル）の向きを求めること。メカニズム解ともいう。地震学ではダブルカップルモデルという理論上，震源から放出されるP波の初動が押し（震源から遠ざかる向きに揺れ始める）か引き（震源に近づく向きに揺れ始める）かは，節面という2つの直交する面で区切られる4つの象限ごとに決まることが知られている。そのため，各地で観測されたP波の初動から初動発震機構解（2つの節面とP軸，T軸）が求められる。ただし，両節面のどちらが実際の震源断層面であるかは，P波の初動だけからでは判別できないので，地震に伴う地殻変動・津波・余震の起こり方などから推定される。地震波の表面波や実体波の波形を用いて発震機構を求める方法（CMT解）もある。　→P軸　（林豊）

服部一三（はっとりいちぞう）

1851－1929。長門国長門（現山口県長門市）生まれの文部官吏・政治家。藩士渡辺家の次男から元治元年(1864)服部家の養子となった。慶応3年(1867)長崎で英学を学び，明治2年(1869)苦労して渡米し，8年ニュージャージー州ラトガース大学理学部を卒業して帰国した。文部省，東京大学予備門・大阪専門学校・東京大学などで教育行政に尽力し，ラフカディオ・ハーン（小泉八雲）を松江中学校の教師に世話して日本残留の手助けもしている。若い時から理学者としても地震に関心があったようで，明治11年には「日本に起こりたる破壊的地震」という，世界初であろう長期地震活動の研究を英文で発表している。これは，34点の古文書から西暦416－1872年間の149の被害地震を抽出し，その分布や時期の統計をとり，日本は10年に一度程度大地震に見舞われており，今後も起こるという内容である。明治13年に日本地震学会が設立されると，初代会長に選出された。その後岩手・広島・長崎・兵庫の県知事，貴族院議員を歴任。岩手県知事の時には，29年明治三陸津波が発生した。上京中だった服部は盛岡に急ぎ戻って救済対応を指揮し，半年で一応の復旧を実現する政治手腕を発揮した。関東震災直後には，防災には地震の学理研究に十分な費用が必要という質問を貴族院で行なっている。

（松浦律子）

パニック

パニックには，個人レベルでの「心理パニ

ニック」と人々の集合行動レベルでの「集合パニック」の2種類がある。心理パニックは，自分にとって良くない状況だとわかっていても，どうすることもできない無力感に陥った状態のことで，たとえば，家族が事故に遭った知らせを突然聞いた時，取り返しのつかない失敗をしてしまった時，大地震が発生した時などの心理状態が挙げられる。一方，集合パニックは，ある脅威に対してその場にいる多数が相手のことを考えずに同じ行動を一斉にとり，周囲の環境がそれに対応できない状態のことで，一般的にイメージされている「パニック」はこちらを指す。たとえば，映画館で火災が発生した際の避難口への殺到や，銀行への取り付け騒ぎ，トイレットペーパーや水などの買いだめ行動が挙げられる。集合パニック発生の危険性を下げるためには，①情報そのものを隠さない，②情報を出し渋らない（情報を抱え込まない），③事実通り伝える（被害・状況などを過小に伝えない，嘘をつかない），④適切な行動についての指示・情報をあわせ伝えることが重要であり，緊急時にはこの4点に沿った情報発信の姿勢と実施が求められる。　　（木村玲欧）

ハワイ式　⇨　噴火(ふんか)

半　壊（はんかい）
建物の被災程度を示す言葉の1つ。建築物災害統計調査や災害報告に用いられる。国が平成13年（2001）6月28日に定めた「災害の被害認定基準」によれば，住家の損壊が甚だしいが，補修すれば元通りに再使用できる程度のもので，具体的には，損壊部分がその住家の延床面積の20％以上70％未満のもの，または住家の主要な構成要素の経済的被害を住家全体に占める損害割合で表し，その住家の損害割合が20％以上50％未満のものとする。なお平成19年から被災程度の高い半壊（床面積50％以上，経済的被害40％以上）を大規模半壊と呼ぶこととなった。建物が全壊または半壊と認定された場合，そこに住む住民は国が定めた被災者生活再建支援制度による給付金や貸付金の対象となる。なお，全壊同様，濃尾地震・関東地震など明治・大正時代の地震の被害報告などでは，半潰と記している。　→一部損壊　→全壊　　　　（西澤泰彦）

P　軸（ピーじく）
地震の原因となったダブルカップルと等価な圧縮力の方向。引張力の方向はT軸という。P軸とT軸は直交し，ともに初動発震機構解の2つの節面とおよそ45°をなすことも知られている。さらに，P軸ともT軸とも直交する方向をN軸（または中立軸）という。これらの軸の向きから，周辺の岩盤にどのような力が働いているかを知ることができる。　→発震機構解　　（林豊）

P　波　⇨　地震波(じしんは)

火　消（ひけし）
江戸時代に各都市に設けられた消防組織。江戸の場合，まず江戸城の防火を主眼として大名火消と定火消が設置された。大名火消は寛永20年（1643）に大名16家が4組に編成されたことに始まる。これはそれ以前の奉書火消を恒常化したものであるが，大名が務めた火消には所々火消や方角火消，および大名各家が藩邸近隣の消火に出動する各自火消もある。万治元年（1658）には定火消（江戸中定火之番）が創設され，火消屋敷を与えられた旗本の下で，与力・同心や臥煙(がえん)と呼ばれる火消人足が消防に従事した。のちに定火消は10名となり十人火消と呼ばれた。町方では町奉行大岡忠相が町火消の整備を行い，享保5年（1720）には，いろは四十七組（のちに四十八組）と本所深川十六組が成立した。町火消は次第に鳶人足が主力となり，武家地や江戸城にも出動するようになった。　　　　　　　（髙山慶子）

備荒儲蓄法（びこうちょちくほう）
明治13年（1880）太政官布告第31号を以て公布された明治期最初の災害救済法。その第1条で，凶作・不慮の災害で窮民となった

者に対して食糧・小屋掛料・農具料・種穀料を与え、地租納税不能の場合には租税額を貸与するという支給対象と支給内容の規定、その第3条で災害準備金は政府が毎年120万円を支出し、その4分の3にあたる90万円を各府県の地租額に応じて配分、各府県においても地租の3％をそれぞれ儲蓄、運用して災害に備えると規定した。救済の基本は農民であり、立法の目的は地租の確保にあった。20年の時限立法として成立したが、明治13年後半より開始された備荒儲蓄金は、10年後の明治23年には政府の中央儲蓄金が409万円に達したため、拠出停止となった。しかしながら、皮肉なことに、明治24年には濃尾地震、29年には三陸津波などの大災害の救済に支出して、残余の儲蓄金が底をつく結果となり、30年に廃止された。　　　　　　　　　　（北原糸子）

微　　震　⇨　震度(しんど)
表面波　⇨　地震波(じしんは)

ファン・ドールン Cornelis Johannes van Doorn
1837—1906。日本の河川・港湾の技術指導のために明治政府が招聘したオランダ人技術者の長工師。当時技術者は工師と呼ばれ、その長として明治5年(1872)来日。母国ユトレヒトの工業専門学校を卒業後、デルフトの工科大学を卒業、来日前後には鉄道建設にも従事していた。日本での業績は、宮城県の野蒜築港、福島県の安積疏水事業が有名。野蒜築港は、内務卿大久保利通の東北開発構想の中心港で、東北一円の物資の集積港としてドールンみずからが現地調査と実施計画を立案。安積疏水事業では、進行中の調査計画内容の評価、水理計算による権威付けを行なった。明治13年の離日後に創立したオランダ鉄筋コンクリート会社の筆頭取締役となる。アムステルダムにて永眠した。　　　　　　　　（知野泰明）

伏在断層（ふくざいだんそう）
断層運動によるずれが地表にまで到達せず、地表地震断層を生じなかった断層、あるいは、地表地震断層がその後に堆積物で埋められて、地表では確認できなくなった断層のことを伏在断層という。伏在断層にも活断層はあり、河川の堆積作用が強い沖積平野では、伏在している未知の活断層の有無や活動度を調査することが、防災上重要な課題となっている。　→断層　　（林豊）

藤原咲平（ふじわらさくへい）
1884—1950。諏訪出身の気象学者。東京帝国大学理論物理学科卒業後、明治42年(1909)中央気象台に入り、音の異常伝播の研究で大正4年(1915)理学博士、同9年学士院賞授賞。10年イギリスとノルウェーに留学し前線論など当時の新しい天気予報を学び、天気予報の実務推進、雲や渦動論の研究を行なった。関東大震災後には、地震火災の研究も行なった。昭和16年(1941)中央気象台台長。中央気象台測候技術官養成所(現気象大学校)や教授を兼任した東京帝国大学で後進の育成にも力を尽くしたが、第二次世界大戦時中の風船爆弾研究から、終戦後公職追放となった。　　　（松浦律子）

物理量の単位（ぶつりょうのたんい）
現在日本でも標準として用いられるSI単位系(物理量の国際単位系で、長さはメートル、質量はキログラム、時間は秒、電流はアンペア、温度はケルビン、物質量はモル、光度はカンデラをそれぞれ7つの基本量の単位と定めたもの)では、速度、加速度、力、圧力、エネルギーの単位はそれぞれm/s（メートル毎秒）、m/S^2（メートル毎秒毎秒）、N（ニュートン）=$kg・m/s^2$、Pa（パスカル）=N/m^2=$kg/m・s^2$、J（ジュール）=$N・m$=$kg・m^2/s^2$であるが、地震学や気象学ではそれ以前によく用いられていたCGS単位系(長さをセンチメートル、質量をグラム、時間を秒で測る)で、速度kine（カイン）、加速度gal（ガル）、力dyne（ダイン）、圧力bar（バール）、エネルギーerg（エルグ）がよく登場する。換算表を示す。

1 kine= 1 cm/s=0.01m/s
1 gal= 1 cm/s²=0.01m/s²
1 dyne= 1 g・cm/s²=0.00001kg・m/s²
=10⁻⁵N
1 bar=100万dyn/cm²=10万N/m²
=10万Pa=10⁵Pa=1000hPa
1 erg= 1 dyne・cm=10⁻⁷N・m=10⁻⁷J

重力加速度gは9.8m/S²=980galであるので，地震波の加速度が約1,000ガルを超えると，地表の重力に対抗して物が浮き上がることになる。浅い大地震の震源域周辺では，地震後に苔むした岩が擦った跡もなく数メートルも移動したことが見つかる場合がある。これは重力以上の地震波加速度で岩が飛んだと考えられる。気象では気圧はmbar（ミリバール）が使われていたが，現在は同じ大きさをhPa（ヘクトパスカル）と呼ぶ。地表の標準的気圧である標準大気圧1気圧は1,013hPaである。　　　　　（松浦律子）

不同沈下（ふどうちんか）

建造物の基礎に荷重や外力が働いた際に，場所ごとに沈下量が異り，不均一あるいは傾いた沈み方をすること。不等沈下ともいう。不同沈下は地震による建物被害の主要な原因の一つでもある。地盤が軟弱で基礎を支える地耐力が不足していることや，地盤の不均一や傾斜が，不同沈下の原因となりやすい。不同沈下が起きると，基礎の損傷や建物の傾きや変形によって，建物の機能が低下したり，損傷・崩壊したりする。道路では，路面の凹凸や亀裂の原因になる。
→地盤　　　　　　　　　　（林豊）

フラッシュオーバー　Flashover

部屋のような閉じられた空間で火災が発生したときに，室内の局所的な燃焼の状態から1分程度のごく短い時間に，部屋全体の燃焼状態へと遷移する現象のことを指す。局所的な火災による熱気流や熱せられた天井からの強い放射によって，部屋全体の可燃物が熱せられて熱分解ガスを発生するようになり，これがやがて一斉に着火して部屋全体が炎に包まれる状態となるのである。フラッシュオーバーが発生した後は，部屋全体が600℃～1,000℃程度の高温の環境となるとともに濃い煙が一気に噴出することから，フラッシュオーバー発生前に避難をすることが必要である。この意味で，フラッシュオーバーは火災安全対策上きわめて重要な現象である。　　　（関澤愛）

プリニー式　⇨　噴火ふんか
ブルカノ式　⇨　噴火ふんか
プレー式　⇨　噴火ふんか

プレートテクトニクス

地学現象を地球規模で統一的に解釈するための理論。プレートテクトニクス理論では，地震・火山活動・造山運動など，地球上のさまざまな地学現象の原動力は，地球表面を隙間なく覆う十数枚から数十枚の厚さ100㌔程度の岩盤（プレート）の運動に求めることができる。プレートの運動は，その下のマントル物質が対流することに伴って回転や数～十数㌢/年の移動する。運動する2つのプレート境界は，幾何学的に，互いに離れる発散型，互いに近づく収束型，すれ違うトランスフォーム型の3種類に限られる。いずれも，プレート境界とその周辺で地震活動が盛んな地震帯が見られる。なお，3つのプレートが集合する点（日本周辺では北米プレート，ユーラシアプレート，フィリピン海プレートが集合する房総沖）は三重会合点（トリプルジャンクション）という。発散型境界では，プレート間の裂け目を埋めるように，マントルから高温物質が連続的に噴出して，新しい岩盤が形成される海嶺となる。収束型境界は，比重が似よったプレート同士の境界では互いに盛り上がる衝突帯となり大山脈が形成される。一方が海洋プレートでもう一方が大陸プレートの場合は比重の大きい海洋プレートが大陸の下にもぐり込む沈み込み帯となり，海溝やトラフを形成して，海洋プレートの先端部が大陸プレートの下に沈み込む。地

球深部(700キロ程度の深さ)に達するとプレートとしての性質を失う。トランスフォーム型境界では，大規模な横ずれ断層帯(トランスフォーム断層)が形成される。

（林豊）

プレスリップ
地震の物理から，大地震には大きい破壊核の形成が必要で，それが大地震(高速な岩石の破壊)に至る前には，徐々に準静的に食い違いを起こし始めると期待される。これをプレスリップという。地震波のような振動は出ないが，震源域に十分近い地域では，このゆっくりとしたずれによって，検知可能な地殻変動が現れると考えられる。昭和東南海地震当日の掛川の水準測量データの異常や，日本海側の過去のいくつかの地震前に出現したとされた潮位異常などから，通常は大地震の直前予知に役立つ数日以内の時間スケールで出現することが期待されている。東日本震災の時には数年以上の時間スケールの地殻変動の変化が広域に見られたが，数日スケールの変化は認識できなかった。

（松浦律子）

噴　火（ふんか）
火口からマグマや古い溶岩片や火山ガスなどが勢よく放出される現象をいう。主にマグマあるいはマグマ片が放出される噴火をマグマ噴火と呼ぶ。マグマが上昇途中で地下水や海水などと接触して，水分が一挙に水蒸気となって膨張する際に生じる爆発をマグマ水蒸気爆発(噴火)と呼び，熱水が地下水を加熱するか，熱水の圧力が下がって一挙に水蒸気となって膨張して生じる爆発を水蒸気爆発(噴火)と呼ぶが，周囲の岩石なども破壊されて放出される。マグマ噴火には一般に典型的な火山における噴火様式にちなんだ名前がつけられている。割れ目に沿ってマグマをカーテンのように数百メートルの高さまで噴き上げるハワイ式，火口からマグマのしぶきを噴水のように噴き上げ，降り積もった溶岩片が小丘を作るストロンボリ式，爆発音を伴って激しく噴煙，火山岩を放出し，個々の噴火は数秒から数分程度のブルカノ式などがこの例である。浅海で噴火が発生し，激しいマグマ水蒸気爆発を繰り返す噴火をスルツェイ式噴火と呼ぶ。また，火砕流を発生する噴火として，溶岩ドームが爆発，崩壊して火砕流や火砕サージを発生するプレー式噴火や，溶岩ドームの崩落に伴って火砕流が発生するメラピ式噴火や立ち上った噴煙の一部が崩落し，火砕流となるスーフリエール式噴火などがある。最も激しい噴火で，成層圏にまで噴煙を噴き上げるプリニー式噴火は，火山の名にちなんだのではなく，紀元79年のヴェスビウス火山の噴火を科学的に記述した博物学者小プリニウスにちなんで名づけられている。

（藤井敏嗣）

噴火警戒レベル（ふんかけいかいレベル）
火山活動の状況を噴火時等の危険範囲や必要な防災対応を踏まえて5段階に区分したもので，気象庁が平成19年(2007)12月より導入した。レベル5「避難」，4「避難準備」，3「入山規制」，2「火口周辺規制」，1「平常」と分けられ，地元自治体と住民らに対して防災対応を要請している。日本では108ある活火山の中で29火山に対して，噴火警戒レベルを設定している。それぞれの火山履歴を参考に，上記のレベル(特に4と5)で想定される噴火現象の例を示している。活火山周辺の自治体では，レベル4の段階で直ちに住民避難ができるよう，「地域防災計画」を策定し避難の体制を作っておくことが要請される。2000年有珠山噴火において住民避難が成功した反面，同年の三宅島噴火では住民が危険にさらされた経験から，従来の「火山情報」が噴火現象の記述に留まり，避難対応を直接指示していなかったものを改めた。（笹井洋一）

噴　砂　⇨　液状化（えきじょうか）

ベースサージ
マグマ水蒸気爆発によって噴きあげた噴煙

の下部から，リング状に地表面に沿って高速で広がる火山灰と火山ガス，水蒸気がまじりあった流れをいう。速度は時速100キロを超えることがある。ベースサージそのものは大気よりも密度が高いが，火山灰の濃度は希薄で，堆積時には層理が発達した比較的薄い堆積物を残す。ベースサージの現象そのものは南太平洋における米国の核実験で認識されたが，火山で最初に確認されたのは1965年のフィリピン，タール火山噴火の場合で，火口からおよそ4キロの距離に達し，189名の犠牲者を出した。通常100℃以下で，火砕流に伴う火砕サージに比べて低温である。　　　　　　　　（藤井敏嗣）

ヘクトパスカル　⇨　物理量の単位

変動帯（へんどうたい）
世界の中で現在の地質的変形速度の大きい地域を指す。日本列島のようなプレート境界近辺に帯状に分布し，造山運動や造盆地運動が進行している地域である。地震が活発に発生し，火山活動が活発だったり地形の変形が大きかったり，堆積作用が顕著であったり，活褶曲，活断層などが密に分布する。チベット高原や，日本列島，台湾，南北両アメリカ大陸の西海岸側などが含まれる。　　　　　　　　（松浦律子）

防火基準適合表示制度（ぼうかきじゅんてきごうひょうじせいど）
一定規模以上の旅館・ホテル，劇場，百貨店などについて，立入調査を行なって審査し一定の防火基準に適合する場合に消防機関がいわゆる「適マーク」を交付する制度。通称「適マーク制度」。この制度は，対象となる建物の関係者や利用者の防火に対する認識を高めるとともに，防火安全対策に関する不備の改善に大きな効果を上げてきた。しかし，平成13年（2001）に発生した東京都新宿区歌舞伎町ビル火災後に消防法が改正され「防火対象物定期点検報告制度」が導入されたことに伴い，平成15年9月30日をもって廃止された。従来の適マークの交付を受けていた旅館・ホテルなどについては，引き続き3年間に限り適マーク表示が認められ，平成18年10月1日以降は自主点検報告表示制度に基づく表示がされることになった。　　　　　　　　（関澤愛）

防潮堤（ぼうちょうてい）
高潮や津波の陸上への侵入を防止するために，原地盤に盛土をして作られた海岸堤防。昭和33年（1958）に海岸保全施設築造基準ができ，形式や構造がきめられている。構造物の主体は土砂であり，海水の越流に弱い。したがって，海側斜面（表法），天端，陸側斜面（裏法）の3面をコンクリートなどの固い材料で被覆した三面張りとする。用地が狭く，また地盤が比較的堅固な場合，直立に近いコンクリートの壁とすることもあり，防潮壁という。昭和34年伊勢湾台風，その翌年のチリ地震津波以降，日本各地で海岸地帯防御の主力となったが，時間経過に伴いその機能・強度の維持が問題となりつつある。　　　　　　　　（首藤伸夫）

本震（ほんしん）
地震が発生すると，その震源域と周辺で，それより小さい規模の地震が多数発生することが多い。一連の地震の中で最大規模の地震を本震という。本震に続く多数の地震を余震，余震の震源の分布の範囲を余震域，規模が最大の余震を最大余震という。本震の震源域内で，本震前により規模の小さい地震が発生することがあり，それらを前震という。前震は地震予知に役立つ重要な前兆現象であるが，ある地震が前震か本震であるかは，一般には識別困難であって，一連の地震活動が経過したのち地震の規模を比べて，結果的に判断されている。ある地域に集中的に地震が発生するが，飛びぬけて大きな規模の地震がなくて本震が明瞭ではない場合は，それらの地震を群発地震という。　　　　　　　　（林豊）

本多弘吉（ほんだひろきち）
1906－82。明治39年（1906）鳥取県生まれの

地震学者。中央気象台に入り，昭和5年(1930)北伊豆地震の際は，いち早く現地調査に入って，丹那断層の変位を薄れつつある朝霧の中に見つけている。この経験から北伊豆地震を研究し，翌年には，地震の力源をダブルカップルとすれば志田順発見の初動の押し引き分布などとも整合することを示し，世界に先駆けて数理的に断層地震説を提唱した。当時は本多のような応用数学系地震学者が日本には多かったが，米国では長大な断層が身近なこともあり，直感から理解し易いシングルカップル説が優勢だった。1960年代に数学的証明がなされるまでダブルカップル説は国際的には認められなかった。昭和15年初代地震課長。朝鮮総督府や仙台管区の気象台長を務めたのち，26年東北大学教授，35年東京大学教授。17年に刊行された『地震波動』は地震波動伝播の教科書として長く使われた。

(松浦律子)

マイクロゾーニング

災害対策を行うための基盤情報として，狭い地区・地域を対象に細かく危険度などを区分けすること。周辺の地形・地下構造・表層地質・地盤の種類などにより地面の揺れ方が大きく変わる。このため，マイクロゾーニングには，対象地域の地下構造探査や地質調査により地盤の震動特性を把握し，区域分けをすることが有用である。その情報は，被害予測や災害対策の立案に活用される。たとえば，詳細な地盤情報を用いて市町村が作成する揺れやすさマップ(想定地震が発生した際の自治体内の震度予想分布)が挙げられる。　→マクロゾーニング

(林豊)

マグニチュード

断層運動である地震そのものの規模を示す尺度をマグニチュードといい，M7.3などと表記する。最初は，南カリフォルニアの地震の規模を測る尺度として，震央から100㌔離れた地点のウッド・アンダーソン式地震計で観測された最大片振幅(マイクロメートル単位)の常用対数がローカルマグニチュードと定義された。のちに，ほかの地域やほかの地震計の記録をもとに測定でき，かつローカルマグニチュードに整合するように定義が拡張・汎用化され，表面波マグニチュード，実体波マグニチュードなど，目的に合わせたさまざまなマグニチュードが考案された。マグニチュードは地震のエネルギーの対数と比例関係にあり，マグニチュードが2増えるたびにエネルギーは1,000倍になる。しかし，大地震においては，地震波の最大振幅から求めるマグニチュードでは，比例関係が崩れる。これを改善するために，断層運動の仕事量(地震モーメント)をもとにしたモーメントマグニチュードが定義された。断層運動の大きさの割に地震波を効率的に励起しないタイプの地震(津波地震など)の規模も，適切に表現できる。活断層で起きる地震では最大でマグニチュード7程度(濃尾地震のようにまれに8程度)，プレート境界で起きる地震では最大でM8程度(東日本太平洋沖地震のようにまれに9程度)になる。ただし，阪神・淡路大震災をもたらした平成7年(1995)の兵庫県南部地震は気象庁マグニチュードで7.3，モーメントマグニチュードでは6.9というように，マグニチュードの種類によって若干異なる値になる。

(林豊)

マグマ

地下の岩石が融解した液体状のもので，通常は融解した液体のほかに結晶や水蒸気の気泡を含む。マグマが地下深くにある時は高圧のために水などの揮発性成分は液体中にとけ込んでいるが，マグマが浅い場所に移動し，周囲の圧力が下がると，揮発性成分はとけ込めなくなり気泡となる。さらに圧力が下がって，膨張しようとすると気泡がはじけて爆発の原因となる。マグマの温度は化学組成によってさまざまだが，シリカに乏しい玄武岩マグマは1,100—1,250℃，

シリカに富むデイサイトマグマでも850℃程度であり，中間的組成の安山岩マグマは1,000℃前後の温度を示す。マグマの粘性もリカ量に応じて高くなる。（藤井敏嗣）

マグマ水蒸気爆発（マグマすいじょうきばくはつ）

高温のマグマが上昇の過程で地下水や浅海の海水と接触した際に，水が瞬間的に沸騰，膨張して起こる爆発をいう。水との接触によってマグマが急冷されて，ガラス化するとともに細かく砕かれ，細粒の火山灰が発生する。マグマ水蒸気爆発を起こした場合，ベースサージが発生することも多く，広い範囲が危険にさらされる。通常，粘性の低いマグマが爆発的噴火を起こすことはまれであるが，マグマ水蒸気爆発はマグマの粘性にかかわらず爆発的になる。穏やかに地表を流れていた玄武岩マグマが海岸で海水に流れ込んでマグマ水蒸気爆発を起こすこともある。高緯度地域では氷河の下にマグマが貫入し，氷を融かしてできた水にマグマが接触して，マグマ水蒸気爆発を起こすこともある。2010年4月には，アイスランドの氷河の下でマグマ水蒸気爆発が起こり，生成された細粒火山灰が欧州の航空路に停滞したために，数日間にわたって欧州各地の空港が閉鎖され，多大な経済的損失をもたらした。（藤井敏嗣）

マクロゾーニング

災害対策などで使用する基盤情報を作成するため，国土全体を横断的に見渡せるようなマクロな視点に立って広域を区分けすること。国土全体に適用できる指標を用いて，都道府県や都市を最小単位とする程度のスケールで災害の危険度を評価し，全国一律ではなく地域性を考慮した防災計画などに活用されている。たとえば，地震調査研究推進本部が発行する全国地震動確率予測地図は，マクロゾーニングの観点から全国の地震ハザード分布を概観したものといえる。
→マイクロゾーニング　　　　　（林豊）

ミルン　John Milne

1850—1913。イギリスの鉱山学者・地震学者。明治9年(1876)工部省工学寮教師に招かれ来日。鉱山学の指導に当たるかたわら，13年ユーイングらと日本地震学会を創設して，近代科学としての地震研究の途を開いた。研究内容は地震計の開発，人工地震も用いた地震波動の性質や伝播の研究，歴史地震史料や各地の有志からの地震報告に基づく，日本の地震活動の地域分布や個々の地震の震度分布の特徴を明らかにする研究など多岐にわたり，初期の論文には，現在の緊急地震速報に通ずる考え（ただし地震波速度は，実際よりずっと遅いと考えていた）や南米などからの遠地津波の予報の可能性も述べられている。濃尾地震の現地調査を行い，写真集を出版している。関谷清景に大きな影響を与え，国による全国的な地震調査事業やのちの震災予防調査会の活動の発展につながった。明治28年帰国後も，世界各地40ヵ所にミルン式地震計を展開し，観測報告を集約して，全地球的な地震活動分布を明らかにする研究などを続け，国際協力による地震の観測研究の推進に大きく貢献した。（津村建四朗）

むし倉日記（むしくらにっき）

弘化4年(1847)，信州を襲った善光寺地震について松代藩国元家老の河原綱徳(1794—1868)が記した手記。『むし倉日記』の"むし倉"は虫倉山（長野市中条区）のことを指し，この山麓周辺で地震の被害がもっともはげしかったためである。この地震日記には，松代藩域では2,700人余の死者を出し，山崩れによる村の埋没など多数の土砂災害，あるいは堰き止め湖の決壊による洪水などが発生，被害調査，災害対応に追われる日々が克明に記されている。当時松代藩主真田幸専の養子として田安家から入った松平定信の次男の幸貫は災害後の采配を振るい，また，夜鍋に草鞋作りなどを強要する課業金などの増税策を打ち出し，財

政立て直しを打ち出した。綱徳は藩主の全面的な信頼を得て改革派家老として，震災対応の陣頭指揮にあたった。なお，この日記は昭和6年(1931)に信濃教育会から翻刻されているが，同書には幕末に連鎖的に発生した安政東海地震について『虫倉後記』，安政江戸地震について『虫倉後記続篇』として，綱紀の筆録が収録されている。

（北原糸子）

武者金吉（むしゃきんきち）

1891－1962。明治24年(1891)東京向島(現墨田区)生まれの英語教諭・史料研究家。生家の浅田家からすぐに浅草の武者家の養子となった。早稲田大学英文科を卒業して，早稲田中学(現早稲田実業)で英語・地理を教えた。幼少の昆虫採集と同様，長じても蒐集を好み，研究社の英語辞典の編纂に関わっていた時期もあるようだが，途中で離脱した。昭和3年(1928)から寺田寅彦のもとで地震史料蒐集に携わるようになった。昭和5年の北伊豆地震で発光現象を調査し，8年の昭和三陸津波の際には，「長靴で現地調査に行ったまま数ヵ月帰ってこなかった」ほど，熱心に発光現象を調査した。この長期不在の故か，翌年早稲田中学を追われ，安田学園の英語教諭となった。寺田の死後は今村明恒が後ろ盾となったようである。この間，昭和4年には震災予防評議会から有給で地震史料蒐集方を嘱託され，16年評議会が解散すると，財団法人震災予防協会から同じ嘱託をされた。その成果である『増訂大日本地震史料』は16年に第1巻，18年に第2・3巻が文部省から刊行された。今村の死後，24年にGHQの地質調査所に勤務し，毎日学術奨励金で，増訂の第4巻になるはずだった『日本地震史料』を26年に刊行した。史料は主として図書館で閲覧できるものから渉猟した。熱心に蒐集する天性を地震の史料蒐集に生かした市井の研究家である。

（松浦律子）

免震 ⇨ 耐震

モホロビチッチ不連続面（モホロビチッチふれんぞくめん）

地殻とマントルとの境界面のこと。地球内部は成層構造をしているため，地震波の伝播速度は深さとともに変化し，急変する面もいくつかある。発見者にちなんで名付けられたモホロビチッチ不連続面は，このような面の一つであり，不連続面より上部が地殻，下部がマントルにあたる。モホロビチッチ不連続面の上下で，P波の伝播速度は，地殻下部の6～7㌔/秒から，最上部マントルの8㌔/秒程度へと急変する。この不連続面は，世界中で普遍的に見られ，海洋地域では海底下10㌔以下，日本のような若い陸地の下では30㌔程度，古い大陸の山岳地域は60㌔程度になる場所もある。このように場所によって地殻の厚さは異なる。

（林豊）

安田善次郎（やすだぜんじろう）

1838―1921。明治から大正時代の実業家。天保9年(1838)富山県婦負郡富山町(現富山市)生まれ。21歳で江戸に出て両替屋に奉公，やがて商才を発揮して安田屋と名乗る砂糖・鰹節・海苔の小売兼銭両替屋を営み，慶応2年(1866)に両替専業となった。維新政府の太政官札の流通に尽力した功で御用為替方になる。明治9年(1876)には第三国立銀行の開業免許を取得，明治13年には安田銀行，共済五百名社(のち安田生命)を開業するなど，維新期の貨幣制度の混乱期を才覚によって乗り切り有力金融業者へと成長した。東京府会議員，市会議員を経て明治27年衆議院議員となる。日清，日露，第1次大戦を通じて巨額の資金を活用，三井・三菱・住友に次ぐ財閥となる。大正9年(1920)東京市長就任の後藤新平が説く市政改革のための市政調査機関設立に賛同し350万円の寄付を申出ていたが，翌10年大磯の別邸で国粋主義者に刺殺された。しかし，大正11年財団法人市政調査会設立後，善次郎生前の寄付の申し出は遺族によって

実行され，関東大震災後の昭和4年(1929)市政会館・日比谷公会堂などが落成した。

(北原糸子)

山川掟 （やまかわおきて）

寛文6(1666)年，時の江戸幕府の老中久世大和守広之・稲葉美濃守正則・阿部豊後守忠秋と酒井雅楽頭忠清の連名で出された法令。全三ヵ条からなる。諸国山川掟（しょこくさんせんおきて）ともいわれている。江戸時代になると新田開発や夜間照明のための松根掘りが盛んになり山地が荒廃していった。その結果，各地で土砂災害が発生し，また流出した土砂による河床上昇に伴い洪水害の多発や舟運の阻害などの被害が生じてきた。そこで，その原因となる草木の根株の採取を禁止し，上流の山地に苗木を植えるよう奨励し，山地からの土砂流出を防ごうとしたものである。しかし，令の効果ははかばかしくなく，幕府は貞享元年(1684)に再び山川掟の令を発布している。

(池谷浩)

山奈宗真 （やまなそうしん）

1847-1909。南部藩遠野通横田村に生まれる。牧畜，養蚕の事業などを手掛け，地方にあって，明治草創期の殖産興業に努めた人物。第2回内閣勧業博覧会に絹紋織を出品する。明治29年(1896)の明治三陸地震発生約1ヵ月後の7月，岩手県より「海嘯被害地授産方法取調」を嘱託され，岩手県内沿岸を巡回調査する。9月岩手県内務部勤務となり，『海嘯誌』を担当。33年「海嘯誌編纂資料収集事務」を嘱託された。この仕事に対して岩手県より金50円が給与された褒状が残されている（遠野市立博物館蔵）。36年，この資料収集に基づく調査資料，「三陸大海嘯岩手県沿岸見聞誌一班」，「同被害取調表」，「岩手県沿岸大海嘯部落見取図」，「同取調書」，「大海嘯各村別見取絵図」，「巌手沿岸古地名考」，「旧南部領岩手県地価沿革誌」の7点を帝国図書館に寄贈した。現在，これら津波関連資料は東北大学「津波デジタルライブラリー」で公開されている。山奈の調査目的は単なる津波被害調査ではなく，被災後の漁村をどのように立て直すのかの道筋を示すことであった。そのため，調査内容は，今後の津波被害を受ける恐れのない部落移転の候補地，漁業労働の地理的，社会的環境，今後の漁場の設置，潮流調査，過去の津波被害の調査，農業被害，職人・商人の生活回復の展望など多岐にわたった。しかし，山奈の日誌には，こうした漁村復興に賭けた試みに理解を示さない役場吏員への怒りも記されている。すでに100年以上前に，こうした津波被災後の漁村復興に先駆的な調査がなされていたことが知られている。

(北原糸子)

遊水池 （ゆうすいち）

洪水調節を目的としてつくられた池。平野部の河川に隣接した低湿地の荒地や農地がこれに利用され，ふだんは水がないことが多い。洪水時に河川の堤防を一部低くしてある越流堤から水をこの遊水池に導き，一時貯留し，洪水が去った後，水門より再び河川に排水することで，洪水による被害を防ぐ。遊水池の周囲には堤防が築かれ，遊水池の中には水の勢いを弱め土砂を堆積させる森林が植えられることがある。かつては，洪水のたびに河川の周辺に自然の状態で遊水池が形成されていたが，戦国時代より越流堤を設け，人工的に遊水池を形成させるようになった。現在，利根川の渡瀬・菅生・田中遊水池，迫川の南谷遊水池などが知られている。

参考文献 大熊孝『利根川治水の変遷と水害』(東京大学出版会，1981) (吉越昭久)

ユーイング James Alfred Ewing

1855-1935。スコットランド出身で磁化の履歴効果にヒステリシスと命名したことで有名な物理学者。母国で土木工学を学んで明治11年(1878)来日するが，日本では大学理学部の機械工学教授として物理学や機械工学を田中舘愛橘や長岡半太郎に教授し，日本の物理学の基盤作りに貢献した。滞日

中の地震研究でも終始物理学的探究方針をとった。まず地震による地面の動きを正確に記録するために，地震によって動かない点(不動点)が必要である。明治初期に来日したお雇い外国人教師たちは地震に興味を持ち，地震による地面の動きより固有周期の長い振り子の先端が，地震記録に必要な不動点になることは直ぐに見つけた。しかし十分周期の長い振り子を作るには振り子の長さが随分長くなる。大正時代までは実際に各地の燈台で，上からつるした長い糸の先につけたおもりの先端の軌跡を記録することで，地震波形としていたくらいである。ユーイングは水平振り子を用いれば，不動点を短い腕の振り子で得られることを最初に考案してユーイング地震計を作った。得られた記録に対しても，弾性論から考える物理的態度であって，技術系の人物で終始現象論的に地震を研究したミルンと好対照であった。しかし5年後に帰国してからは地震学への興味を失い，磁気など別の研究を行った。ユーイングの地震観測助手として関谷清景が地震学に関わることになったのは，イギリス留学仲間だった菊池大麓の推薦による。　　　　　　(松浦律子)

溶　　岩（ようがん）
マグマが破砕されずに，地表を流れる現象を溶岩流と呼び，これが固化したものが溶岩である。通常，気泡が抜けた後である小さな空隙が多く含まれている。マグマの粘性や，流れる斜面の傾斜などに応じて，表面の形状は大きく変化する。一般に粘性の低いマグマが固結したものは滑らかなガラス状の表面組織を残すが，粘性が高くなると表面がブロック様のガサガサしたものや，巨大な岩塊の集合となる。粘性の低いマグマでは，流動的部分が流出し，溶岩中に巨大な空洞ができることがあり，この空洞を溶岩トンネルという。　　　(藤井敏嗣)

溶岩ドーム（ようがんドーム）
粘性の高いデイサイトや流紋岩質のマグマが，火口付近に積み重なって作った丘状の地形。溶岩円頂丘と呼ぶこともある。急峻な地形の部分に作られた溶岩ドームは成長につれて崩壊し，比較的規模の小さい火砕流を発生することがある。平成3年(1991)から7年にかけて，無数の火砕流を発生させた雲仙普賢岳の溶岩ドームはこの例である。また，ほぼ固結したマグマが地下から突き上げ，地表を盛り上げてこんもりとした小丘を作ることや，地表を突き破って溶岩からなる小丘を作ることもあり，このような小丘も溶岩ドームと呼ばれている。マグマが地下で固結し，地表を盛りあがらせて，地表に溶岩がみられないものを潜在溶岩ドームと呼ぶこともある。
　　　　　　　　　　　　　　(藤井敏嗣)

横ずれ断層（よこずれだんそう）
断層面を境界として，断層面内で水平方向への地層の食い違いを横ずれという。また，横ずれ断層とは，ずれの様式によって断層を分類した場合の1つで，横ずれしている断層のことである。横ずれ断層は，岩盤を水平方向に引き裂いてずらそうとする応力(せん断応力)がかかっている地域に見られる。断層面に向かって奥側の岩盤・地層のずれる方向が右方向のものを右横ずれ断層，左方向のものを左横ずれ断層という。特に，互いにすれ違う向きに運動していて隣接するプレートの境界に生じる横ずれ断層は，トランスフォーム断層という。　→断層
→プレートテクトニクス　　　(林豊)

余　　震　⇒　**本震**(ほんしん)

ヨナタマ
宮古の津波伝説に現れる魚。下地島で男がヨナタマという人面魚を釣る。珍しいので明日皆で食おうと火に炙っておく。その夜，男の隣家の童子が泣き出し伊良部島に行こうという。なだめるがさらに泣き叫ぶ。止むなく子を抱えて外に出ると，しっかりと抱きつき震えている。母がいぶかっていると遠方から「ヨナタマ，ヨナタマ，なぜ遅

いのか」と声が聞こえる。これに答えてヨナタマは「今網の上で炙られている。早く波をよこして」という。これを聞き母子は身の毛もよだち急ぎ伊良部島に逃げる。翌朝下地島に戻ると村はなくなっていた。この話は『宮古島記事仕次』(1748年) に記されているが，1771年明和八重山津波とそれ以前の2つの津波が混同して語られることがある。　　　　　　　　　　（加藤祐三）

ラブ波 ⇨ 地震波

罹災救助基金（りさいきゅうじょききん）
明治32年(1899)法律第77号を以て成立した災害救助法。備荒儲蓄法の後を受けた20年間の時限立法。備荒儲蓄法に大幅な修正が施され，避難所費用・被服費・治療費・就業費などが新たに加わり(第8条)，より現実に即した災害救助法となった。各府県が儲蓄すべき基金額を最低50万円とし，かつ備荒儲蓄法で明治20—29年に救助費として支出した平均年額の20倍以上でなければならない(第3条)とされ，中央政府は10ヵ年間，年額15万円を支出して基金額50万円に満たない府県へのみ補助する(第5条)とした。日清戦争後の戦費増大化の国家予算の中で災害救助費は縮小されたが，その根幹には，明治24年の濃尾地震や同29年明治三陸津波などの大災害で各地から多額の義捐金が集まったことを踏まえ，災害窮民は当該地方が救済すべきという考え方に貫かれていた。この法律は，修正が加えられながら，戦後昭和46年(1971)の災害救助法が成立するまで存続した。　　　（北原糸子）

リスク
リスクの定義は学問分野や研究者によって異なるが，「被害がどれくらい重大であるかということと，それがどの程度の確率で起こるか，という2つの要素の積で表されるもの」という米国学術研究会議(NRC)による定義が多く使われる。つまり「リスク(R: Risk)」を「ある事象によって発生する被害・影響の大きさ(C: Consequence)」と「その事象が発生する確率(P: Probability)」のかけ算によって算出する考え方(R= C×P)であり，これが最も基本的なリスク評価・リスク定量化の方法である。また，米国学術研究会議は「個人や機関，集団間でのリスク情報や意見のやりとりの相互作用的な過程」のことをリスクコミュニケーションと定義し，このリスクコミュニケーションを円滑に行うことで，ステークホルダー(利害関係者)間のリスク情報の共有およびリスクへの対策が効果的に展開されると考えられている。　　　　　　（木村玲欧）

流動性崩壊（りゅうどうせいほうかい）
豪雨や地震により発生した崩壊の土砂が多量の水と一体化して流動化し，下流へ流れ下る現象のこと。地震に伴う崩壊が流動化し土石流となって流下した例としては，平成20年(2008)6月岩手・宮城内陸地震時に栗駒山に発生した崩壊が流動化して流下し，下流にあった駒の湯温泉で宿泊客など7名が死亡する被害が生じている。豪雨による崩壊の流動化の事例としては，平成15年7月熊本県水俣市集川に発生した土石流により住民15名が死亡する悲惨な被害が生じている。駒の湯土石流では雪解け水と残雪が，また集川土石流では最大時間雨量91$_{ミリ}$という豪雨が流動化に影響していると考えられている。　　　　　　　　　　（池谷浩）

竜吐水（りゅうどすい）
消火活動に用いる手押しポンプ。本体の水槽に桶で水を入れ，その水槽に取り付けられたポンプの横木を動かして，空気の圧力で水を吹き出させる仕組みである。江戸では宝暦元年(1751)に竜吐水の設置が町々に諮問されたが，当初は町奉行所に備えられ，明和2年(1765)に江戸城曲輪近辺の町火消に支給された(申渡は明和元年)。定火消や大名火消でも使用され，寛政7年(1795)には大半の町火消に装備された(複数の組合による共有含む)。竜吐水は火に近い屋根上で活動する火消人足に水をかけ，家作が

建て込んだ所に火が回った折など離れた場所に水を行き届かせる消防第一の道具とされるが，その使用は表店などの広い場所に限られ，小路や裏店での下火の鎮火などには水鉄砲が導入されている。（高山慶子）

レーリー波　⇨　地震波

歴史地震学（れきしじしんがく）
地震の観測が国として実施された明治17年（1884）12月以前の，歴史時代に発生した地震に関して，史料や理学を駆使して学際的に地震像や被害・対処の実態を研究する学問分野。震災予防調査会の事業として田山実を中心に歴史史料から地震に関する過去の情報を収集する作業が実施されて以来，武者金吉や宇佐美龍夫ら地震研究者によって発掘や収集された地震関連の史料が公表されているので，理学中心で展開してきた。今村明恒や河角廣も多くの古い地震に関して史料から研究した歴史地震学者である。本来は過去の文書から歴史時代の地震を研究する学問であり，宇佐美龍夫は当初その境界を太陽暦が採用される以前の明治5年までとしていたが，宇津カタログによって18年以降の地震リストが整備されている一方，歴史地震が5年で途切れると空白期間が生じることなどから，17年までが対象となった。さらに最近は，現代的な観測が行われなかった20世紀前半以前の地震に関して被害情報などから研究する場合も歴史地震学の一部とされるようになった。

（松浦律子）

付　録

主要活断層帯
―――――――
その他の活断層

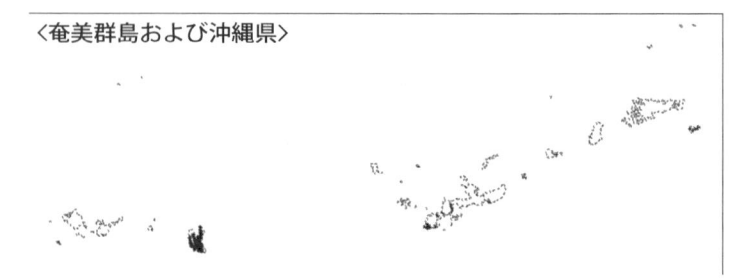

〈奄美群島および沖縄県〉

活断層分布図　805

〈小笠原諸島〉

全国の主要活断層帯

サロベツ断層帯	北海道
標津断層帯	北海道
十勝平野断層帯	北海道
富良野断層帯	北海道
増毛山地東縁断層帯	北海道
当別断層	北海道
石狩低地東縁断層帯	北海道
黒松内低地断層帯	北海道
函館平野西縁断層帯	北海道
青森湾西岸断層帯	青森
津軽山地西縁断層帯	青森
折爪断層	青森・岩手
花輪東断層帯	秋田
能代断層	秋田
北上低地西縁断層帯	岩手
雫石盆地西縁―真昼山地東縁断層帯	岩手
横手盆地東縁断層帯	秋田
北由利断層	秋田
庄内平野東縁断層帯	山形
新庄盆地断層帯	山形
山形盆地断層帯	山形
長町―利府線断層帯	宮城
福島盆地西縁断層帯	宮城・福島
長井盆地西縁断層帯	山形
双葉断層	宮城・福島
会津盆地断層帯	福島
櫛形山脈断層帯	新潟
月岡断層帯	新潟
関谷断層	栃木
関東平野北西縁断層帯	群馬・埼玉
立川断層帯	埼玉・東京
鴨川低地断層帯	千葉
三浦半島断層群	神奈川
伊勢原断層	神奈川
神縄・国府津―松田断層帯	神奈川・静岡
北伊豆断層帯	神奈川・静岡
曽根丘陵断層帯	山梨
富士川河口断層帯	静岡
長岡平野西縁断層帯	新潟
六日町断層帯	新潟
十日町断層帯	新潟
長野盆地西縁断層帯	長野
高田平野断層帯	新潟
糸魚川―静岡構造線断層帯	長野・山梨
伊那谷断層帯	長野
木曽山脈西縁断層帯	長野
境峠・神谷断層帯	長野
牛首断層	富山・岐阜
跡津川断層	富山・岐阜
高山・大原断層帯	岐阜
阿寺断層帯	岐阜・長野
庄川断層帯	富山・岐阜
屏風山・恵那山断層帯	岐阜・愛知
猿投山断層帯	岐阜・愛知
魚津断層帯	富山
砺波平野断層帯	富山
邑知潟断層帯	石川
森本・富樫断層帯	石川
福井平野東縁断層帯	石川・福井
長良川上流断層帯	岐阜
濃尾断層帯	福井・岐阜
柳ヶ瀬断層帯	福井・滋賀
関ヶ原断層帯	滋賀・岐阜
養老―桑名―四日市断層帯	岐阜・三重
鈴鹿東縁断層帯	岐阜・三重
布引山地東縁断層帯	三重
鈴鹿西縁断層帯	滋賀
野坂・集福寺断層帯	福井・滋賀
湖北山地断層帯	福井・滋賀
琵琶湖西岸断層帯	滋賀
頓宮断層	滋賀・三重
木津川断層帯	三重・京都
三方・花折断層帯	福井・滋賀・京都
京都盆地―奈良盆地断層帯	京都・奈良
生駒断層帯	大阪
上町断層帯	大阪
郷村・山田断層帯	京都・兵庫
三峠・京都西山断層帯	京都・大阪
有馬―高槻断層帯	京都・大阪・兵庫
六甲・淡路島断層帯	兵庫
山崎断層帯	兵庫・岡山
中央構造線断層帯	奈良・和歌山・徳島・愛媛
長尾断層帯	香川
五日市断層	広島
岩国断層帯	山口
菊川断層	山口
西山断層帯	福岡
警固断層帯	福岡
水縄断層帯	福岡
別府―万年山断層帯	大分・熊本
布田川・日奈久断層帯	熊本
雲仙断層群	長崎

人吉盆地南縁断層	熊本	大阪湾断層帯	大阪・兵庫
出水断層帯	熊本・鹿児島	安芸灘断層群	広島・山口
宮古島断層帯	沖縄	周防灘断層群	山口・大分・福岡
伊勢湾断層帯	愛知・三重		

注1　主要活断層帯の中で，活断層ではないと評価されたものは除いてほぼ北東から順に列挙した．連続的に分布するものがなるべく離れないように並べてある．

　2　主要活断層帯は現在進行中の活断層の地域評価や，今後の沿岸域の調査によって新たに加わる可能性があるが，この表は平成24年3月現在である．

日本の歴史災害略年表(～1868)

和暦	西暦	記事
推古天皇 7年	599	4 大和地方で地震(各地に地震神を祀らせる)
34年	626	3～7 霖雨，大飢饉
天智天皇 10年	671	11 近江宮火災
天武天皇 元年	672	6 壬申の乱始まる
7年	678	12 天武筑紫地震(水縄?)
13年	684	3 浅間山噴火　10 天武南海地震
持統 4年	690	11 元嘉暦と儀鳳暦の併用を決める
大宝元年	701	3 丹波地震　8 大宝律令成立．四国から関東にかけて風水害
慶雲 3年	706	慶雲飢饉 この年疫病流行
和銅 2年	709	和銅長雨
3年	710	3 平城京遷都　この年 霖雨，凶作
4年	711	6 旱魃，凶作
5年	712	1 太安万侶，古事記撰上
霊亀元年	715	5 遠江地震，翌日三河地震
養老 4年	720	5 舎人親王『日本紀』(日本書紀)奏上
天平 6年	734	4 天平大地震(震源不詳)
9年	737	夏～秋 天然痘流行
17年	745	4 美濃大地震，この月近江紫香楽宮周辺で山火事頻発
天平宝字 6年	762	4 河内国狭山池決壊，修造　5 中部地方で大地震
7年	763	8 大衍暦を採用　この年大旱・飢饉
8年	764	12 桜島噴火
宝亀元年	770	7 疫病・変異を除くため京内諸寺に大般若経転読を命ずる
天応元年	781	7 富士山噴火
延暦 4年	785	1 淀川分流工事
7年	788	3 霧島噴火
9年	790	秋・冬頃天然痘流行
延暦13年	794	10 平安京遷都
16年	797	2 菅野真道ら『続日本紀』を撰進
19年	800	3 富士山噴火(～21，足柄路埋没)
21年	802	5 箱根路開通(足柄路の代替)
22年	803	4 遣唐使船の1隻が暴風雨で破損　5 足柄路復旧
大同元年	806	2 疫病流行　5 飢饉のため正税を貸与　11 京，大洪水，鴨大堰修造
弘仁 8年	817	7 摂津国で大津波，死者220人(風津波)　10 常陸国新治郡で不動倉13字，穀9,990を焼く
弘仁 9年	818	4 太秦広隆寺全焼　7 関東で大地震　9 天然痘流行
天長 4年	827	7 京都地震(余震史料あり)
7年	830	1 出羽地震(秋田城など倒壊)
承和 5年	838	7 三原山噴火
7年	840	12 藤原緒嗣ら『日本後紀』を撰進

和暦	西暦	記事
承和 8年	841	2 飢饉のため出羽国百姓2万人余の課役を1年間免除　2? 信濃地震　5? 伊豆地震(丹那?)
10年	843	飢饉
嘉祥元年	848	8 洪水により河陽橋・宇治橋・茨田橋が損壊
嘉祥 3年	850	秋 出羽地震
仁寿 2年	852	7 肥前・豊後国の貧民の課役を免じる　閏8.16 廩院の米を京師で風害にあった者に賑給する
3年	853	2 天然痘流行,死者多数　12 災害を鎮めるため諸国郡・国分二寺に毎年陰陽書法を行わせる
斉衡元年	854	2 災疫を除くため大和国に灌頂経法を行わせる　4 陸奥国凶作により百姓困窮・兵士逃亡・反乱の恐れあり,援兵を派遣
天安元年	857	1 大衍暦を止め五紀暦に改める
2年	858	5 大雨で京中大洪水となり死者多数
貞観 2年	860	9 暴風雨
3年	861	6 長慶宣明暦を採用
4年	862	冬末期より咳逆病流行
5年	863	6 越中越後地震
6年	864	5 富士山貞観噴火(～8年,青木ヶ原溶岩流)　12 阿蘇山噴火
8年	866	閏3 応天門の変
9年	867	1 鶴見岳噴火　4 凶作で穀価高騰,官米を廉価で売る　5 阿蘇山噴火
10年	868	7 播磨地震(山崎?)
11年	869	8 藤原良房ら『続日本後紀』を撰進　5 貞観三陸津波　7 肥後国,大風のため6郡が水没
13年	871	4 鳥海山噴火(泥流,堤防決壊)　8 筑前国観世音寺五重塔,大風により破損　閏8 大雨のため京中大洪水,洪水対策のため堤を築き,鴨川堤周辺での水陸田耕営を禁ずる
14年	872	1 咳逆病流行し,死者多数
16年	874	3 開聞岳噴火　8 京・諸国暴風雨洪水で死者多数
元慶元年	877	1 畿内飢饉のため,官米を売る
2年	878	4 興福寺焼亡　8 風雨雷電により紀伊国国府破壊　9 関東南部大地震(伊勢原?)　春～秋,旱魃による前年からの飢饉が続く
3年	879	2 紀伊国分寺焼失　11 藤原基経ら『日本文徳天皇実録』撰進
4年	880	10 出雲地震　12 京地震
6年	882	10 能登国分寺,落雷により破壊
仁和元年	885	2 京火災　7 開聞岳噴火
2年	886	3 雷火により東寺新造塔焼亡　8 新島噴火(安房国で地震・雷などが頻発,降灰被害)
仁和 3年	887	7 仁和南海地震(圧死者,津波による溺死者多数,以後断続)　8 京風害
延喜元年	901	8 藤原時平ら『日本三代実録』撰進
4年	904	12 京の北野で雷公を祭らせる　この年興福寺炎上
6年	906	7 新羅船が大風に難破したと隠岐国より報告
8年	908	11 国司に池溝堰堤を修築させる　この夏旱魃,神泉苑の水門を開く
10年	910	7 旱害のため奉幣,大赦などを行う
12年	912	12 京中火災,舎宅を失った人々に米を支給
14年	914	5 京の左京大火
15年	915	6 旱害・疫病により大極殿で臨時御読経を行う　7 十和田御倉山噴火(出羽国で火山灰が降り,農作物を損う)　10 疱瘡流行のため大赦を行う
17年	917	12 旱天続きで渇水のため,冷然院・神泉苑の水を人々に汲ませる
18年	918	8 京で大雨,死者多数

和暦	西暦	記事
延長 6年	928	7 西大寺の西塔に落雷，焼失
7年	929	7〜8 大風・洪水・霖雨
8年	930	春〜夏 疫病流行　6 清涼殿に落雷
承平 2年	932	4 疫病流行し，賑給・奉幣・読経などを行う
3年	933	2 金剛峯寺奥院の廟塔焼失
4年	934	閏1 陸奥国分寺七重塔，落雷により焼失　10 東大寺西塔，落雷により焼失
5年	935	2 将門の乱始まる　3 延暦寺中堂など焼失
7年	937	11 富士山噴火
天慶元年	938	4 京都地震　8 震災を払うため仏像・塔婆各1万を補修　6 鴨川氾濫
5年	942	7 久米寺東院・大塔が雷火により焼失
7年	944	1 長谷寺全焼　9 京で台風・長雨
8年	945	この年 霧島山御鉢噴火，溶岩流出
天暦元年	947	6 この月以降疱瘡流行　7 京，大風
2年	948	この年伯耆国国分尼寺焼失，国分寺類焼
3年	949	1 延暦寺中堂焼失　9 元慶寺焼失　11 大安寺西塔，雷火により焼失
6年	952	6 金剛峯寺奥院焼失
8年	954	3 火災のため冷然院を冷泉院と改める
10年	956	この年 大旱魃
天徳 2年	958	3 法性寺焼失
4年	960	3 摂津四天王寺焼失　9 初めて内裏焼亡
応和 2年	962	5 京の洪水で鴨川堤決壊　6 止雨を祈り，伊勢など16社に奉幣　8 大風雨により大和・近江で寺など倒壊
康保 2年	965	7 雅楽寮の火災ですべての楽器を焼失　10 兵庫の火災で累代の戎具が全焼
3年	966	閏8 京中洪水，五・六条と桂川が海となる　10 延暦寺で火災
天禄元年	970	6 初めて祇園御霊会を行う　9 金剛峯寺焼失
天延元年	973	2 薬師寺，金堂・塔を残して全焼
2年	974	8〜9 疱瘡流行で大祓
貞元元年	976	1 陸奥国不動穀21字焼失，放火という　5 内裏一部焼失　6 山城近江地震
天元 3年	980	7 暴風により宮中の諸門・羅城門など倒壊　11 内裏焼亡
永観 2年	984	12 水旱により公卿らに意見封事を奉らせる
永祚元年	989	8 永祚の風(台風)
正暦元年	990	2 西寺焼失
4年	993	8 天変・疱瘡流行により大祓を行う
5年	994	4〜7 疫病による京中の死者多数　7 金剛峯寺の大塔・講堂など焼失
長徳元年	995	1 この月以降疫病流行，死者多数
2年	996	この年 米価高騰，京中火災頻発
4年	998	5 この月以降疱瘡流行
長保元年	999	3 富士山噴火，神祇官・陰陽寮にこれを占わせる　6 内裏焼亡
2年	1000	6 疫病流行　10 東大寺西塔・正法院，興福寺喜多院焼失
3年	1001	5 疫病流行により紫野(今宮神社)に疫神を祭り，御霊会を行う　11 大内焼亡
寛弘 5年	1008	11 凶作のため信濃国正税の出挙基準数を3年間減少することを許す
6年	1009	12 鞍馬寺焼失
7年	1010	11 京都大焼
8年	1011	9 京都西京町火災　10 法興院焼失
長和 3年	1014	2 内裏焼失　3 内蔵寮・掃部寮などを焼失し，賭射を停止
4年	1015	3 この月から秋にかけて咳病・疫病流行し死者多数

和　暦	西暦	記　　　　　事
長和 5年	1016	9 上皇御所枇杷殿焼亡
寛仁元年	1017	3 大安寺焼失　6 興福寺五重塔・東金堂など落雷により焼失　7 鴨川氾濫　8 蝗虫の害を防ぐために諸国に仁王経・最勝王経を転読させる
4年	1020	春〜夏 疱瘡流行
治安元年	1021	12 宇佐八幡宮焼失
万寿元年	1024	2 京で大火　11 近江国勢多橋焼失
4年	1027	1 京都大火，法興院・安養院など1,000余家焼失
長元元年	1028	9 京・諸国暴風雨洪水
3年	1030	春以降疾病流行
5年	1032	12 富士山噴火
7年	1034	8 京都大風雨，宮中殿舎など顚倒，淀・山崎などで洪水起こる，死者多数
長暦 2年	1038	3 長谷寺の塔・僧坊焼失
3年	1039	6 内裏焼失
長久元年	1040	7 京・伊勢に台風，八省院・伊勢外宮など倒壊　11 京中に放火が続き検非違使に夜警を命じる
2年	1041	大安寺焼失
4年	1043	5 旱魃のため，仁海，神泉苑で請雨経法を行う
寛徳元年	1044	1〜6 疫病流行
永承元年	1046	12 興福寺焼亡　この年 京洪水
2年	1047	6〜7 諸国旱魃
3年	1048	11 内裏焼亡
4年	1049	3 肥後国阿蘇社焼失
6年	1051	6 宇佐宮弥勒寺焼失　冬以降疫病流行し翌年まで続く
7年	1052	2 筑前香椎宮焼亡　8 長谷寺焼失
天喜 3年	1055	2 興福寺講堂・僧房など焼失　8 落雷により東寺の塔焼失
康平元年	1058	2 京大火，法成寺焼失　11 天変地妖を除くため伊勢神宮に奉幣
2年	1059	5 京都，大雨洪水
3年	1060	5 興福寺焼失
4年	1061	11 備中国吉備津彦神社焼失，出雲国杵築社(出雲大社)顚倒
6年	1063	8 清水寺焼失
7年	1064	2 筑前筥崎宮浜殿が大風で顚倒
治暦 4年	1068	12 二条内裏焼失
延久 5年	1073	5 京都洪水
承暦元年	1077	2 筑前国香椎宮焼失　この年 疱瘡流行
2年	1078	1 石山寺焼失
3年	1079	2 京都大火で源師房第など38町焼失，伊勢内宮の外院70宇焼失
4年	1080	2 高陽院内裏焼失　6 大雨のため京都洪水
永保 2年	1082	この夏 諸国旱魃
3年	1083	3 富士山噴火
応徳元年	1084	7 疱瘡流行　8 京都大風
2年	1085	2 筑後国高良大社焼失　10 内裏に放火あり　この秋 疱瘡流行
寛治 3年	1089	2 興福寺金堂焼失　4 法興院・積禅寺焼失
5年	1091	3 清水寺焼失　8 京畿大地震　12 大隅国正八幡宮焼失
6年	1092	3 京都大火で藤原師実第など焼失　8 諸国の大風洪水で伊勢神宮宝殿など顚倒
7年	1093	9 金峰山金剛蔵王殿焼失　この冬 疱瘡流行
嘉保元年	1094	10 内裏堀河殿焼失　11 長谷寺焼失

和　暦	西暦	記　　　　　　　　　　　事
永長元年	1096	3 熊野本宮焼失　6 この月から京中で田楽大流行（永長の大田楽）　9 興福寺焼失　11 東海地震
承徳元年	1097	1 京都大火，因幡堂など焼失
2年	1098	2 京都大火　6 鴨川氾濫
康和元年	1099	1 南海地震　7 天変・地震・疾疫などにより非常赦を行う
4年	1102	7 大風により筑前国筥崎宮神殿・宝殿・浜殿が顚倒
5年	1103	1 仁和寺北院焼失　11 京都大火で因幡堂など数百戸焼失
長治元年	1104	1 六波羅蜜寺焼失
嘉承元年	1106	4 賀茂別雷社焼失　6 京都大火
2年	1107	6 京中落雷多発し京極殿焼失　10 京都大火
天仁元年	1108	7～9 浅間山大噴火
天永元年	1110	閏7 咳病流行
2年	1111	2 六波羅蜜寺焼失　3 円成寺の塔が放火で焼失
3年	1112	2 霧島山新燃岳噴火
永久元年	1113	2 霧島山噴火　閏3 天変・怪異・疾疫により伊勢神宮に奉幣
5年	1117	1 京中火災で法成寺など1,000余家焼失　6 炎旱のため神泉苑で請雨経法を行う　9 大風雨で新造内裏など顚倒
元永2年	1119	4 仁和寺金堂など焼失
保安4年	1123	4 愛宕寺焼失
天治2年	1125	12 京都大火で六角堂など60余所焼失
大治4年	1129	1 京中大火　10 清閑寺焼失
長承3年	1134	3 洪水により乱れた京中の条里を整備　この年 風害・水害・飢饉・咳病流行などが起こる
保延4年	1138	3 京都大火　11 土御門内裏焼失
6年	1140	1 石清水八幡宮焼失　閏5 落雷により行願寺塔・法成寺西塔焼失
永治元年	1141	1 行願寺焼失
康治元年	1142	9 大雨で鴨川氾濫
2年	1143	6 大宰府観世音寺の堂塔・廻廊を焼失
久安2年	1146	3 京都大火
3年	1147	7 旱魃により神泉苑の池を掃除させる
4年	1148	2 京都大火　3 祇園社焼失　6 土御門内裏焼失
5年	1149	5 落雷により高野山大塔・金堂・灌頂堂焼失
6年	1150	1 広隆寺焼失
仁平元年	1151	4 飢饉のため伊勢など9社に奉幣　6 四条皇居焼失　7 大風雨で宇治橋流失　7 京都火災　10 小六条内裏焼失
3年	1153	4 京都火災　9 大風雨により新造中の土御門内裏南殿が倒壊
久寿元年	1154	10 延暦寺西塔の法華堂・常行堂焼失
2年	1155	6 諸国飢饉
保元元年	1156	7 保元の乱
平治元年	1159	12 平治の乱
応保元年	1161	7 大雨で鴨川氾濫
長寛2年	1164	1 紀伊国日前懸社焼失
仁安元年	1166	12 京都大火で1,000余字焼失
2年	1167	この年 霧島山噴火
3年	1168	2 京都大火で3,000余字焼失　12 伊勢神宮焼失
嘉応元年	1169	2 比叡山横川中堂焼失　6 旱天のためたびたび祈雨を行う

和 暦	西暦	記　　　　　事
承安元年	1171	10 羊病と称す病気流行
3年	1173	11 清水寺焼失　12 六波羅蜜寺焼失
安元元年	1175	6 長雨により諸国の作物に被害　9 大風で京中洛外の家屋破損
治承元年	1177	4 京都大火(安元の大火，太郎焼亡)
2年	1178	4 京都大火(次郎焼亡)
3年	1179	3 信濃国善光寺焼失
4年	1180	**治承・寿永の内乱始まる**　夏 西日本干害(翌年にかけて養和の飢饉)
寿永元年	1182	この年 飢饉のため数万人死亡
文治元年	1185	7 近江地震(*堅田*)
建久 2年	1191	3 鎌倉大火で幕府・鶴岡八幡宮など炎上
3年	1192	**7 源頼朝，征夷大将軍となる**
4年	1193	12 京都六角堂焼失
建仁元年	1201	8 暴風雨　近畿・関東(下総葛西郡で1,000余人漂没)
承元元年	1207	7 安芸国厳島神社焼失　7 畿内大風雨
2年	1208	閏4 京都大火　5 落雷により法勝寺九重塔焼失　11 閑院内裏焼失
3年	1209	4 行願寺・誓願寺焼失　9 熊野本宮炎上
建保元年	1213	10 京都の大風・大火で悲田院・六角堂など焼失
2年	1214	8 鎌倉洪水，京都大風雨
6年	1218	4 京都大火で因幡堂など焼失　11 嵯峨釈迦堂(清凉寺)など焼失
承久元年	1219	4 京都大火
2年	1220	3 清水寺本堂など焼失　4 祇園社焼失
3年	1221	5 承久の乱
嘉禄 2年	1226	11 平泉毛越寺焼失
寛喜 2年	1230	7 諸国で降霜(この頃寒冷)　8～9 諸国で大風雨　この冬天候不順　10 蔵王山噴火(噴石で人畜被害)
3年	1231	7 この頃餓死者続出　この年 諸国大飢饉(寛喜の飢饉)
文暦元年	1234	2 北野社焼失　12 霧島山御鉢スコリア噴火，溶岩流出
嘉禎元年	1235	この年 京畿で疱瘡流行
3年	1237	10 六波羅地蔵堂焼失，清水坂南方の在家類焼
暦仁元年	1238	閏2 鞍馬寺焼失
仁治 2年	1241	2 常陸国鹿島社焼失　4 鎌倉地震津波　6 熊野新宮焼失　11 興福寺一条院・宝蔵など焼失
3年	1242	3 行願寺焼失
寛元 3年	1245	7 京都大地震　12 鎌倉大地震
4年	1246	6 京都大火で六角堂・因幡堂など焼失，2日後建仁寺焼失
宝治元年	1247	11 鎌倉寿福寺焼失
建長元年	1249	2 閑院内裏焼失　3 京都大火で蓮華王院など焼失
3年	1251	2 鎌倉大火．紀伊国熊野本宮焼失
6年	1254	1 鎌倉大火
康元元年	1256	8 鎌倉大風雨による山崩れで死者多数　8～9 赤斑瘡流行　12 鎌倉火災
正嘉元年	1257	8 関東南部地震津波
2年	1258	1 安達泰盛の甘縄邸火災で寿福寺など類焼　8 近畿・関東で暴風雨，諸国損亡
正元元年	1259	5 閑院内裏焼失　この年 諸国で飢饉・疫病流行(正嘉の飢饉)
文応元年	1260	4 鎌倉大火
弘長元年	1261	3 幕府政所・問注所など焼失
2年	1262	11 伊勢神宮寺焼失

和暦	西暦	記事
弘長 3年	1263	8 諸国大風雨　11 熊野本宮焼失
文永 2年	1265	2 筑前国筥崎宮焼失
7年	1270	1 厳島社・出雲杵築社焼失　4 東寺塔焼失　11 阿蘇山噴火　この年 房総諸国に疫病流行
8年	1271	6 旱天のため忍性が祈雨を修す
10年	1273	10 京都大火
11年	1274	10 文永の役，蒙古軍撤退　この年 阿蘇山噴火(田畑荒廃)
建治 3年	1277	7 落雷により興福寺金堂など焼失
弘安 3年	1280	3 長谷寺焼失　9 筑前国筥崎宮焼失　11 鶴岡八幡宮焼失
4年	1281	閏7 弘安の役，九州・近畿地方暴風雨のため蒙古軍撤退
10年	1287	12 円覚寺焼失
正応元年	1288	4 京都大火で行願寺・誓願寺焼失
4年	1291	2 熱田社焼失　4 八坂の塔焼失
永仁元年	1293	4 鎌倉地震により死者2万3,000余に及ぶ
4年	1296	2 鶴岡八幡宮焼失　3 伊豆国三島社焼失
5年	1297	**3 永仁の徳政令**
6年	1298	9 延暦寺講堂・戒壇など焼失
正安 3年	1301	2 京都火事　4 日野法界堂焼失　11 鎌倉大火で大御堂など焼失
乾元元年	1302	12 鎌倉大火で死者500人余
嘉元 3年	1305	4 鎌倉大地震
徳治元年	1306	8 若狭太良庄民が大損亡による年貢減免を東寺に要求
2年	1307	3 関東大地震
延慶 2年	1309	1 宇佐宮・弥勒寺炎上
3年	1310	1 筥崎宮焼失　11 鎌倉大火で将軍御所など焼失
正和 3年	1314	1 豊後大分宮焼失　2 白河大火で尊勝寺・最勝寺焼失
4年	1315	3 鎌倉大火で将軍・執権邸・政所・問注所など焼失
5年	1316	5〜9 三日病流行
文保元年	1317	1 京都東山地震
元亨 3年	1323	5 鎌倉大地震
正中 2年	1325	6 大雷雨・洪水で京都の死者500人　10 近江北部地震(柳ヶ瀬?)
元徳 3年	1331	7 大地震，紀伊国千里浜の干潟20余町が陸地となり，富士山頂が崩れる
正慶元年	1332	4 延暦寺火災
元弘 3年	1333	**5 鎌倉幕府滅亡**
建武 2年	1335	この年 阿蘇山噴火
3年	1336	11 室町幕府成立　この年 山城国大谷の親鸞影堂焼失
4年	1337	この年 平泉中尊寺焼失
暦応元年	1338	7 兵火により石清水八幡宮焼失　この年 大飢饉，諸国で子女質入れ・売却する者多数
3年	1340	1 阿蘇山噴火
康永元年	1342	3 法勝寺焼失
延文 3年	1358	1 天龍寺焼失
5年	1360	3 肥後国阿蘇社火災　この年 疫病流行
康安元年	1361	6 南海地震
貞治元年	1362	5 京畿で大地震　この年 京畿で旱魃
3年	1364	6 万寿寺火災
5年	1366	春〜夏 疫病流行
応安 2年	1369	9 大風で鎌倉大仏殿が倒壊

和暦	西暦	記事
応安 3年	1370	4 信濃国善光寺焼失　8 関東地方暴風雨
6年	1373	9 京畿大風，天龍寺焼失
7年	1374	11 円覚寺焼失
永和 3年	1377	2 京都大火，仙洞花御所など焼失
4年	1378	11 臨川寺焼失
康暦元年	1379	12 東寺御影堂炎上
永徳 2年	1382	閏1 春日社焼失
嘉慶元年	1387	閏5 阿蘇山噴火
明徳元年	1390	7～8 大雨つづく，前年より飢饉続く
2年	1391	10 京都地震　この年飢饉，疫病流行
3年	1392	**10 南北朝合一**
4年	1393	6～7 大干魃　8 南禅寺焼失
応永元年	1394	9 相国寺炎上
4年	1397	11 建仁寺炎上
6年	1399	6 炎旱のため降雨を祈る
8年	1401	2 土御門内裏焼失
9年	1402	夏 旱魃
10年	1403	6 相国寺大塔，雷火により焼失
11年	1404	この年 那須岳噴火
13年	1406	8 京都で暴風雨
14年	1407	1 京都大地震　11 円覚寺で火事　12 紀伊・伊勢地震・津波
15年	1408	7 熊野本宮で火事　8 京都・奈良で大風
17年	1410	1 下野那須山噴火(噴石・埋没で死者180余)
18年	1411	閏10 興福寺東金堂など，雷火により焼失
21年	1414	12 建長寺焼失
23年	1416	1 北山に造営中の七重塔，雷火で焼失　7 仙洞御所焼失
25年	1418	3 京都大火
26年	1419	10 関東で洪水・大風・旱魃が続き飢饉
27年	1420	夏 大旱・飢饉
28年	1421	11 円覚寺火災
30年	1423	5 京都・讃岐などで大風雨　7 山城などで暴風雨・洪水
31年	1424	1 疱瘡流行　8 四条道場金蓮寺焼失
32年	1425	閏6～12 京都で断続的に地震　7下旬 大雨洪水　8 京都大火，相国寺鹿苑院等焼失　9 鎌倉府第火事
33年	1426	6 京都地震
34年	1427	3 信濃善光寺火事　5 連日の降雨で鴨川洪水，四条・五条橋及び河原の在家が流失　8 太政官庁火事　9 近畿・関東などで大風雨・洪水
正長元年	1428	4 三日病流行　**9 正長の土一揆**
永享 2年	1430	8 京都に暴風雨
3年	1431	この年 人為的流通阻害で京で飢饉(永享の飢饉)
5年	1433	**8 彗星出現**　9 相模地震
6年	1434	2 京都大火で万寿寺など焼失　3 京都大火で六角堂など焼失
8年	1436	11 法観寺塔・雲居寺など焼失
10年	1438	5 飢饉・疫病流行，死者多数
11年	1439	**2 彗星出現**
12年	1440	6 炎旱のため神泉苑の池を掃除

和暦	西暦	記　事
嘉吉 2年	1442	8 大和・紀伊で暴風雨　この年 伊豆大島で噴火
3年	1443	9 畿内に暴風
文安元年	1444	閏6 彗星出現
2年	1445	6 近畿で暴風雨
3年	1446	1 東大寺戒壇院火事
4年	1447	4 南禅寺焼失　6 三日病・咳病流行　7 天龍寺焼失
5年	1448	4 山城珍皇寺火事　7 京都で大洪水
宝徳元年	1449	4 京都地震
2年	1450	7 周防・長門に暴風　この年浅間山噴火
3年	1451	8 奥羽大洪水
享徳元年	1452	5 疱瘡流行と三星合のため非常赦を行う　この年 諸国で大雨・洪水
康正 2年	1456	4 彗星出現
長禄元年	1457	7 諸国寺社に彗星・炎旱・疾病について祈らせる
2年	1458	2 鞍馬寺火事
3年	1459	1 円覚寺火事　9 近畿大風雨
寛正元年	1460	2 畿内地震　7 皆既日食　この年 炎旱，虫損・大風雨のため諸国大飢饉(寛正の大飢饉)
2年	1461	3 京都真如寺火事
6年	1465	8 近畿，暴風雨・洪水　9 大流星
文正元年	1466	閏2 遣明船が肥前国呼子浦で暴風に遭う
応仁元年	1467	応仁の乱
2年	1468	8 鎌倉大風　9 彗星出現
文明 2年	1470	10 相国寺七重塔, 落雷で焼失
3年	1471	9 桜島噴火(～5年間，溶岩流出，死者多数)
7年	1475	8 暴風雨・洪水, 山梨・近畿で死者多数, 堺などで高波
8年	1476	9 桜島噴火(南西側に溶岩流出)　11 室町第焼失
14年	1482	5 信濃で大雨, 閏7月にかけて, 洪水頻発
17年	1485	12 山城国一揆
長享元年	1487	3 近畿に大雨, 鴨川で溺死者　11 八丈島噴火(のちに飢饉)
延徳元年	1489	5 京都大火, 2,000戸が焼失
2年	1490	11 彗星出現　12 伊勢山田大火で1,000余戸焼亡
3年	1491	この年美濃・尾張・甲斐で飢饉
明応元年	1492	2 播磨書写山円教寺火事　5 疫病流行, 近畿・東海で大雨洪水
2年	1493	6 明応の政変(将軍足利義材廃立)
3年	1494	5 京都・奈良地震
4年	1495	11 大和長谷寺焼失
7年	1498	8 近江百済寺炎上．明応7年地震, 津波のため浜名湖が遠州灘とつながる
8年	1499	5 京都大雨洪水　この年 諸国飢饉
9年	1500	7 京都大火, 2万戸焼失
文亀元年	1501	12 直江津地震(*高田平野西縁*?)
2年	1502	5 大和西大寺焼失
3年	1503	5～8 大旱・飢饉
永正元年	1504	1 京都大雪　この年 疫病流行し, 京都で盗賊出没　東国で飢饉, 死者多数
2年	1505	この年 陸奥飢饉
4年	1507	7 彗星出現
5年	1508	2 和泉堺南荘で1,000余戸焼失　石清水八幡宮火事　3 東大寺講堂など焼失

付　録　817

和　暦	西暦	記　　　　　　　　　　事
永正 7年	1510	8 河内摂津地震．津波で遠江今切崩壊し，浜名湖海水満ち，橋本等水没(風津波?)
8年	1511	8 諸国で暴風雨
14年	1517	5 諸国洪水　7 諸国で暴雨洪水　12 江戸の積雪1.5mなど大雪
17年	1520	3 紀伊地震
大永元年	1521	2 高野山で諸堂塔・坊舎焼亡　10 近畿大地震
2年	1522	この年 八丈島噴火(桑被害)
7年	1527	2 相国寺鹿苑院焼失　12 北野天満宮松梅院炎上
享禄元年	1528	7 諸国炎旱．**享禄の乱**(戦乱の激化)
4年	1531	12 浅間山噴火・洪水
天文 4年	1535	2〜6 旱魃　東北・関東・福井・奈良・山口
5年	1536	4〜7 長雨・飢饉　福島・山梨・福井・京都
8年	1539	8 諸国で暴風雨大雨・洪水(翌年にかけて天文の飢饉)
9年	1540	8 暴風雨　東北・関東・山梨・近畿
13年	1544	7 暴風雨　山梨・西日本　京都死者多し
20年	1551	6 肥後で虫害
23年	1554	この年 白山噴火
弘治元年	1555	8 会津で地震
3年	1557	8 近畿で暴風雨，三重で死者多し，大阪湾高潮
永禄元年	1558	この夏 近畿で早魃．この年 翌年にかけて阿蘇山噴火(新火口生成)
3年	1560	3〜6 近畿旱魃
4年	1561	6 近畿で大雨・雷
5年	1562	1 石山本願寺の寺内大火
6年	1563	4 東寺の塔に落雷　12 円覚寺火事
7年	1564	12 石山本願寺焼亡
9年	1566	9 霧島山噴火(死者多数)
元亀 2年	1571	9 織田信長による延暦寺の焼き討ち
天正元年	1573	7 **室町幕府終焉**
6年	1578	10 遠江・三河などで地震
7年	1579	9 白山噴火(噴石，泥流)
8年	1580	春・夏 諸国で疫病流行
9年	1581	5 京都洪水，四条大橋流失
10年	1582	6 安土城焼失
11年	1583	7 諸国で大雨・洪水
12年	1584	この夏 畿内早魃　7 阿蘇山噴火(田畑荒廃)
13年	1585	7 中部地方地震(阿寺?)　11 天正地震(養老関ヶ原?)
17年	1589	2 駿遠地震
慶長元年	1596	4 浅間山噴火(噴石で死者多数)　6 関東で洪水，浅草で数百人死　閏7 慶長豊後地震(大分別府)．慶長伏見地震(有馬高槻)
慶長 8年	1603	2 徳川家康征夷大将軍となる，江戸幕府成立　3 江戸下町建設開始
9年	1604	12 慶長東海・南海地震
10年	1605	4 徳川秀忠，将軍となる　9 八丈島噴火(田畑被害)
11年	1606	江戸城増築完成
15年	1610	7 近畿諸国，大風雨により被害甚大
16年	1611	8 会津地震(会津盆地西縁)　10 慶長三陸地震
17年	1612	3 キリスト教禁止　6 中部・近畿で暴風雨，岡山で死者5,000など
19年	1614	8 畿内・東海諸国大雨洪水　10 **大坂冬の陣**

和暦	西暦	記　事
元和元年	1615	4 大坂夏の陣　6 江戸地震　7 武家諸法度，禁中並公家諸法度　この年 凶作飢饉で東北・富山餓死多数
5年	1619	3 八代地震(*日奈久*)
9年	1623	7 徳川家光，将軍となる
寛永 2年	1625	春夏 全国で旱魃
10年	1633	1 寛永小田原地震(*国府津松田*)
12年	1635	6 武家諸法度改定，参勤交代制
14年	1637	10 島原の乱　この年 翌年にかけて霧島山新燃岳噴火
16年	1639	7 鎖国完成
17年	1640	6 駒ヶ岳噴火　10 加賀大聖寺沖地震　夏〜秋 東北・北陸・九州などで凶作
18年	1641	夏〜秋 全国的に凶作　この年〜翌年 寛永の大飢饉
20年	1643	2 三宅島噴火(阿古村焼失，坪田村埋没)　3 田畑永代売買禁止令
正保元年	1644	9 本荘地震　12 郷村高帳，国絵図作成の幕命
3年	1646	4 陸前地震
4年	1647	5 江戸地震
慶安元年	1648	閏1 浅間山噴火(融雪洪水)　4 慶安小田原地震
2年	1649	1 日光白根山噴火　2 オランダ人風説書提出，検地条目制定．芸予地震　6 川越地震　7 川崎地震
3年	1650	9 大雨洪水　中部・近畿・九州　岐阜3,000余死
承応 2年	1653	8 洪水により広島で死者5,000萩の高潮で死者106など
明暦 3年	1657	1 明暦江戸大火，死者102,000
万治元年	1658	9 江戸定火消役設置　この秋 諸国風水害
2年	1659	2 下野地震(*田島地震?*)　春 長崎飢饉
3年	1660	8 諸国風水害
寛文 2年	1662	5 寛文近江・若狭地震(*三方花折*)　6 諸国洪水　9 日向灘地震
3年	1663	7 有珠山噴火　11 雲仙岳噴火(土石流で死者30余)　この年 江戸・大坂・京都に定飛脚問屋
4年	1664	この年 硫黄島噴火と地震で死者あり
5年	1665	12 寛文越後高田地震(*高田平野東縁*)
6年	1666	2 諸国山川掟を定め草木乱伐の禁　7 諸国洪水
8年	1668	夏旱魃　東北・関東・西日本
10年	1670	5 西蒲原地震　6 東北・関東　北上川・中津川大洪水　8 近畿で暴風雨・高潮，摂津・播磨で死者2,143など
11年	1671	7 東廻航路開発
延宝元年	1673	5 北陸・西日本で洪水，岡山で死者880など　8 田畑の分地制限令
3年	1675	春 全国的に飢饉
4年	1676	6 石見地震
5年	1677	3 八戸沖地震　10 常陸沖地震
6年	1678	8 陸中地震(*稍深*)　この年 諸国大雨洪水，尾張で耕地8万石以上損失
8年	1680	8 徳川綱吉，将軍となる　閏8 福島〜三重にかけて暴風雨，江戸で死者3,000など　この冬 東海地方大旱，諸国飢饉
天和元年	1681	秋の全国的な凶作・飢饉により加賀国で餓死者2,587など
2年	1682	12 江戸八百屋お七の火事
3年	1683	5 日光地震(翌日も)　9 下野地震(*関谷*)
貞享元年	1684	2 三原山噴火(溶岩流海まで，地震多発)　10 貞享新暦採用を決定
2年	1685	12 芸予地震(*稍深*)
3年	1686	2 岩手山噴火(泥流，降灰)　8 三河地震(*深溝?*)

和暦	西暦	記事
貞享 4年	1687	1 生類憐み令　9 南米ペルー沖地震津波
元禄 4年	1691	4 別子銅山開坑　阿蘇山噴火(～7月，噴石・降灰多量)
7年	1694	5 蔵王山噴火，能代地震　7 駒ヶ岳噴火
8年	1695	この年東日本で飢饉，岩手・青森で餓死者24万
10年	1697	10 相模地震
12年	1699	8 全国的な風雨により加賀国で死者多数など　12 北米カスケード沖地震津波
13年	1700	2 元禄対馬・壱岐地震
15年	1702	8 暴風雨により北陸以西で死者91以上　12 赤穂事件
16年	1703	11 由布院地震，元禄地震
宝永元年	1704	4 岩舘地震　7 諸国水害，利根川出水
3年	1706	11 霧島山御鉢噴火
4年	1707	10 宝永地震　11 富士山宝永噴火
7年	1710	8 磐城地震　閏8 美伯地震
正徳元年	1711	2 因伯地震　7 東海地方大風雨　12 三宅島噴火(阿古村で泥水噴出・埋没)
4年	1714	3 信濃小谷地震(糸魚川/静岡)　12 尾張地震
享保元年	1716	8 将軍徳川吉宗，いわゆる享保の改革着手　9 霧島山新燃岳噴火(火砕流，死者5)
2年	1717	4 享保宮城沖地震
3年	1718	7 伊那地震(伊那谷)　9 定免制
6年	1721	5 浅間山噴火(死者15)　閏7 関東以西の暴風雨で死者125　8 目安箱設置
7年	1722	4 質入田畑流出禁令　7 諸大名へ上米制　8 関東以西で暴風雨・高潮，死者は愛知400，静岡100など
8年	1723	8 北海道～中部地方にかけて風雨・洪水　11 肥後地震
10年	1725	4 日光地震　5 加賀小松地震　夏 全国旱魃　7 伊那北部地震　10 肥前群発地震(～翌年8月)
13年	1728	9 関東で暴風雨，江戸で死者7,988など
14年	1729	7 能登地震
15年	1730	5 南米チリ沖地震津波
16年	1731	9 岩代地震
17年	1732	この夏　西日本各地蝗害，死者96万人とも(享保の大飢饉)
18年	1733	1 江戸米価騰貴，米商高間伝兵衛打ちこわし騒動　8 安芸地震
元文 5年	1740	この年　鳥海山噴火(以後数年間活動，北側の川に硫黄化合物)
寛保元年	1741	7 渡島大島噴火(地震・津波も)
2年	1742	7 寛保2年洪水・暴風雨(江戸で死者6,000など)
延享元年	1744	8 全国で暴風雨，広島で死者142など
寛延 2年	1749	4 宇和島地震(稍深)　8 関東大風雨，江戸洪水
宝暦元年	1751	4 宝暦越後高田地震(高田平野西縁?)
4年	1754	2 薩摩藩，幕命により木曾川手伝い普請開始　10 宝暦新暦採用を決定
5年	1755	8 中国・九州で暴風雨，山口で死者53など　夏秋凶作飢饉　東日本～山陰　岩手餓死49,594など
6年	1756	2 全国人口調査
7年	1757	4～5 東北～中部地方にかけて長雨・洪水，最上川大洪水で死者37
8年	1758	9 田沼意次大名に列す
12年	1762	9 宝暦佐渡沖地震　12 八戸沖地震(～翌年1月)
明和元年	1764	6 恵山噴気活動(死者あり)
3年	1766	1 明和津軽地震(津軽山地西縁)
4年	1767	9 諸国百姓の強訴禁令

和暦	西暦	記事
明和 5年	1768	12 有珠山噴火(火砕流)
6年	1769	7 豊後水道地震(稍深)
7年	1770	夏全国的に早魃
8年	1771	3 明和八重山地震津波　夏に全国的な早魃　この年～翌年　霧島山噴火
安永元年	1772	2 明和大火(行人坂火事)　5 陸中地震(稍深)　この年 阿蘇山噴火(以後9年まで活動,田畑荒廃)
2年	1773	4 諸国疫病流行
3年	1774	6 暴風雨　山形～宮崎　大坂船転覆死1,200　8「解体新書」刊行
6年	1777	5 農民の徒党・強訴逃散の禁止令(9月にも)
7年	1778	1 石見地震　3 三原山噴火(溶岩流海まで，多量のスコリア)　7 京大雨による崖崩れで死者600余
8年	1779	8 中部・関東地方で暴風雨　10 桜島噴火(溶岩流出，死者150余)
天明元年	1781	3 桜島噴火(沖ノ島で噴火，津波，死者15)
2年	1782	7 天明小田原地震(稍深)　この年天明の大飢饉(～7年)
3年	1783	2 大坂で打ちこわし騒動　3 青ヶ島噴火(3年前から噴火活動，噴石で死者7)　5 浅間山噴火(～8月死者2万)　6 東北～岡山にかけて洪水，岡山・広島で死者多数　7 北陸で洪水，加賀国死者500余
5年	1785	4 青ヶ島噴火(死者130余)．宮城以南で早魃
6年	1786	2 幕府，手賀沼干拓着手，失敗　7 天明6年洪水・大雨(東北～近畿，関東一円大洪水)　夏 全国的に不作
7年	1787	5 米価騰貴，諸国騒擾，大坂・江戸打ちこわし騒動　6 松平定信老中による寛政改革始まる　この年 全国的に飢饉
8年	1788	1 天明京都大火，禁裏炎上
寛政元年	1789	4 阿波地震
2年	1790	11 蕨地震
3年	1791	6 寛政松本地震(糸魚川静岡)　8 東北から滋賀まで暴風雨，東京湾高潮3.2m．全国的に暴風雨，熱田の高潮で流失5,825戸など　11 雲仙岳噴火(山崩れで死者2)　12 江戸町法改正，七分積金の法を定める
4年	1792	4 島原噴火(前年から噴火)　4 後志沖地震　7 中部以西で暴風雨　8 ロシア使節ラクスマン大黒屋光太夫を連れ根室に来航，通商要求　12 周防灘地震(稍深)．寛政西津軽地震
5年	1793	1 寛政南三陸地震
6年	1794	1 江戸大火
9年	1797	10 江戸落語の禁　11 寛政新暦採用を決定
10年	1798	1 蝦夷地巡検，この年，近藤守重択捉島に日本国の標柱
11年	1799	1「寛政重修諸家譜」の編纂開始，蝦夷地を直轄地とする　5 加賀地震(森本富樫)
12年	1800	3 昌平坂学問所落成，4 伊能忠敬，蝦夷地測量
享和元年	1801	7 鳥海山噴火(以後3年間活動，登山者8人死)
2年	1802	初春 風邪流行　6～7 諸国大雨・洪水　10 近江地震(稍深)　11 享和佐渡地震
3年	1803	4～6 麻疹流行で死者多数　7 アメリカ船長崎に来航，通商求める　9 イギリス船長崎に入港　9 浅間山噴火　10 三原山噴火
文化元年	1804	6 象潟地震　8 全国で暴風雨，佐賀全半壊7,700戸など
3年	1806	3 江戸大火
5年	1808	8 フェートン号事件
7年	1810	8 男鹿地震
8年	1811	5 幕府天文方に番所和解御用掛設置　6 ロシア艦長ゴローニン逮捕

和暦	西暦	記　事
文化 9年	1812	3 土佐地震　11 神奈川地震
10年	1813	この年 諏訪之瀬島噴火（全島避難で明治16年まで無人島）
12年	1815	この年 阿蘇山噴火（多量の降灰，翌年噴石で死者1）
13年	1816	閏8 宮城から高知にかけて暴風雨
14年	1817	5～7 諸国大旱　9 イギリス船長崎入港
文政 2年	1819	6 文政近江地震（稍深）
4年	1821	2 風邪流行で窮民29万7,000人へ施銭　8 畿内・東海に大暴風雨　9 伊能忠敬「大日本沿海輿地全図」「実測図」完成
5年	1822	閏1～2 有珠山噴火（火砕流，アブタ集落全滅）　4 イギリス船浦賀入港，薪水要求
7年	1824	8 東北～中部地方にかけて暴風雨
8年	1825	2 異国船打払令
11年	1828	5 阿蘇山噴火　6 東北から広島まで暴風雨で駿河国安部・大井川大洪水　8 シーボルト台風により北陸以西で被害，佐賀で死者10,282など．暴風雨により福岡・山口で死者104，福岡で死者多数など　10 シーボルト事件　11 三条地震
天保元年	1830	6 阿蘇山噴火（噴石，降灰多量）　7 文政京都地震（西山?）
3年	1832	この年から天保の飢饉（～9年）
4年	1833	4 根尾谷地震（濃尾?）　10 庄内沖地震　この年 各地で打ちこわし騒動
5年	1834	1 天保石狩地震　2 江戸大火　4 富士山雪代洪水　5 疫病流行し東北・北陸で病死者多し
6年	1835	6 天保宮城沖地震．6月以降諸国で打ちこわし騒動．江戸天文台で気象観測開始　閏7 宮城などで暴風雨，仙台の大洪水で死者40・流失2,416戸
7年	1836	6 長野・中国・福岡で大雨・洪水，萩藩大洪水
8年	1837	春 飢饉により越中等餓死者多数　春～夏 疫病流行し福島・岐阜・和歌山・鳥取・島根で病死2万　10 南米チリ沖地震津波
10年	1839	3 天保10年釧路沖地震
11年	1840	この年，天保の改革始まる
12年	1841	3 駿河地震　6 口之永良部島噴火（死者多数）　12 株仲間解散令．米価急騰・風邪流行で窮民に施米（6月にも）
13年	1842	10 天保新暦採用を決定
14年	1843	2 山梨東部地震（稍深）　3 天保十勝沖地震．人返し令　6 印旛沼開墾　9 上知令
弘化 3年	1846	6 弘化3年大洪水（～7月，大雨）により浅草で1.35m浸水　8 恵山噴火（泥流，死者あり）
4年	1847	3 善光寺地震（長野盆地西縁）．弘化越後高田地震（高田平野東縁?）
嘉永 3年	1850	9 全国的な暴風雨，京都鴨川大洪水
4年	1851	1 アメリカ船土佐漁民万次郎をつれ琉球に来航　3 株仲間再興令
5年	1852	12 長野地震
6年	1853	2 嘉永小田原地震　3 有珠山噴火　春～夏 全国的に旱魃　6 ペリー浦賀に来航．ロシア使節プチャーチン長崎に来航
安政元年	1854	1 ペリー再来．阿蘇山噴火（死者3）　3 日米和親条約調印　4 京都大火　6 伊賀上野地震　11 安政東海地震．安政南海地震．豊後水道地震　12 日露和親条約調印
2年	1855	2 飛騨白川地震（庄川）　8 陸前地震　9 遠州灘地震　10 安政江戸地震
3年	1856	7 八戸沖地震　8 アメリカ総領事ハリス着任．駒ケ岳噴火（死者30近く）．全国的暴風雨・高潮により東京湾の高潮により死者多数　10 立川地震（立川?）
4年	1857	閏5 萩地震．駿河地震　8 芸予地震
5年	1858	2 飛越地震（跡津川）　3 安政大町地震（糸魚川/静岡）　4 日米修好通商条約調印　7 コレラ流行　9 安政の大獄　12 石見地震
6年	1859	7 東北から中部で暴風雨・洪水，桐生・足利大洪水　9 石見地震
万延元年	1860	3 桜田門外の変　5 暴風雨，伊勢湾高潮・木曾三川・天竜川大洪水

和　暦	西暦	記　　　　　事
文久元年	1861	9 文久宮城北部地震
2年	1862	1 坂下門外の変　8 生麦事件，参勤交代緩和策
3年	1863	5 長州藩，下関海峡通航のアメリカ船砲撃　7 薩英戦争　8 8月18日の政変
元治元年	1864	7 禁門の変により京都大火　8 四国聯合艦隊下関砲撃，第1次長州戦争
慶応元年	1865	1 播磨地震
2年	1866	1 薩長同盟成立　6 第2次長州戦争　8 全国的な暴風雨で京都の死者100人以上　この年 世直し一揆
3年	1867	6 大政奉還　9 蔵王山御釜沸騰（硫黄混じりの泥水洪水死者3）　12 王政復古の大号令，8月以降ええじゃないかの騒動各地に伝播
4年	1868	1 戊辰戦争　5 慶応四戊辰年大洪水　岩手～兵庫にかけて大雨洪水，愛知で死者941など

注1　死者数は，死者・行方不明者の合計．死傷は分離できない場合合計していない．
　2　災害は本文掲載のものの他にその時代や地域で代表的な災害を掲載した．『日本三大実録』成立後から中世は特に史料の少なさ等から被害レベルでも領域的にも均質なリストではない．あくまで現在ある程度判明している災害のリストである．
　3　大火は個別災害で言及したものに原則として限った．
　4　地震は規模がM6以上で被害が大きいものを原則として掲載した．
　5　気象災害は主として畠山(1966)に拠った．
　6　地震は震源域や被害地が判り易い地域名称で示した．浅い地震で関連活断層の判る場合は断層帯名称を斜体で示した．浅くないあるいはスラブ内地震と判明しているものには(稍深)を付記した．
　7　明治6年(1873)の改暦以前の西暦欄は，和暦の注記であり，記事欄の月表記は旧暦を示している．記事中，11月・12月の出来事は西暦が変わる場合がある．

参考文献　畠山久尚『気象災害』（共立出版，1966），宇津徳治『世界の被害地震表』(2004年版)，地震調査研究推進本部『日本の地震活動改訂2版』，2009，『日本史総合年表［第2版］』，2005，『火山の事典（第2版）』（朝倉書店，1995），小鹿島果『日本災異誌』，国土交通省各水系河川整備基本方針報告書．
その他，中世の災害記事については，佐々木潤之助編『日本中世後期・近世初期における飢饉と戦争の研究―史料所在調査と年表作成から―』(1997～99年度科学研究費補助金基盤研究（A）研究成果報告書，2000)，外園豊基編『日本中世における民衆の戦争と平和』(2000～2002度科学研究費補助金基盤研究（A）研究成果報告書，2003)などが詳しい．

日本の歴史災害略年表(1869〜)

和　暦	西暦	記　事
明治 2年	1869	5〜8 全国的に凶作・秋飢饉
3年	1870	4 明治小田原地震　9 台風(紀ノ川等近畿大水害, 死三重532, 和歌山137など)
4年	1871	5 暴風雨(西日本, 死大阪100, 和歌山29, 兵庫600, 岡山22など)　9 大火(函館, 焼失1,123戸)
5年	1872	2 浜田地震(死555)　12 阿蘇山噴火(死硫黄採取者数名)
6年	1873	4 大火(函館, 焼失1,314戸)　6〜8 関東以西で旱魃
7年	1874	7 三宅島噴火(溶岩流被害, 死1)　8 暴風雨(西日本, 筑後川水害死510など)
8年	1875	**6 東京気象台設立**　7〜8 旱魃(宮城〜福岡)
10年	1877	5 南米チリ沖津波(房総死有)
12年	1879	3 大火(函館, 焼失2,326戸)
13年	1880	2 横浜地震　**4 日本地震学会創立**　10 台風(東京・神奈川死122など)
14年	1881	10 国後島地震
15年	1882	6 高知地震
16年	1883	5 最初の暴風警報発令　6〜8 全国的に旱魃
17年	1884	**4 天気予報の開始**　8 台風(中国・四国等風水害, 高潮で死岡山722・愛媛345・東京800とも)
18年	1885	7 豪雨(淀川大洪水, 死約100, このうち奈良県18, 治水を低水方式から高水方式に転換)
19年	1886	6〜8 全国的に旱魃　9 台風(愛媛で死167など)
20年	1887	**1 東京気象台, 中央気象台と改称**
21年	1888	7 磐梯山噴火(死461). 火山活動の観測開始
22年	1889	7 熊本地震(死20)　8 明治22年大水害　台風(十津川大水害, 奈良和歌山死1,496, 熊本死79など)　9 台風(高潮, 愛知死800以上・宮城106など)
23年	1890	1 長野地震(死1)　**8 中央気象台官制制定**. 豪雨(久慈川洪水, 死500余)　9 台風(エルトゥールル号遭難死587)
24年	1891	10 濃尾地震(*濃尾*, 死7,273, 根尾谷断層の出現)
25年	1892	**6 震災予防調査会発足**　7 台風　明治25年水害(徳島高磯山大崩壊死65, 吉野川死329など西日本)　12 能登半島西岸地震(*2日後に大きな地震あり*, 死1)
26年	1893	5〜6 吾妻山噴火(調査中死2)　6 色丹島沖地震　6〜8全国的に旱魃　10 台風(死1,898以上, このうち熊本827大分266島根54岡山423鳥取328など)
27年	1894	1 知覧地震(*4ヵ月前に大きな地震あり*)　3 明治根室半島沖地震(死1)　6 明治東京地震(*稍深*, 死31)　**8 日清戦争**　5〜8 千葉以西旱魃. 大雨(雄物川大洪水死334子吉川22)　10 庄内地震(*庄内平野東縁*, 死726)
28年	1895	1 茨城県南部地震(死6)　7 台風(西日本死266以上, 三島丸沈没・尾道鉄道転覆, 筑後川洪水など)　10 霧島山御鉢噴火(噴石で死4)
29年	1896	3 霧島山御鉢噴火(死1)　**4 河川法の制定**　6 明治三陸大津波(死21,959)　8 台風(死石川4, 岐阜26, 兵庫37, 奈良71, 愛知死傷9,000など). 大火(函館, 2,280戸焼失)　陸羽地震(*千屋・生保内*など, 死209)　9 明治29年9月洪水(台風・前線, 死福井128, 山梨58, 岐阜158など)
30年	1897	**淀川改修工事開始**(〜43年, 新淀川掘削など)　2 明治宮城沖地震　**3 森林法・砂防法制定**　8 明治南三陸沖地震　9 虫害(うんか大発生)
31年	1898	4 見島地震　8 糸島地震(*1日半後に大きな地震あり*)　9 明治31年水害　台風(死石狩川112名, 山梨158など)
32年	1899	3 尾鷲地震(*稍深*, 死7)　8 台風(別子銅山山津波死512など)　9 大火(函館, 2,494戸焼失)　11 日向灘地震(*8分*)

和　暦	西暦	記　事
明治33年	1900	2 霧島山御鉢噴火(死2)　4 大火(福井市死7,焼失1,752戸)　5 明治宮城北部地震(傷17)　7 安達太良山噴火(水蒸気爆発,死72)
34年	1901	7 豪雨(遠賀川氾濫岩崎炭鉱水没死69)　8 八戸沖地震(前日に大きな地震あり,死傷)
35年	1902	1 吹雪(八甲田山遭難死199)　3 大火(福井市死6,焼失3,041戸)　6～8 冷害(東北太平洋側)　8 伊豆鳥島噴火(死125,あほう鳥羽毛採取の全島民).台風(九州～中国,死は山口89,広島94,神奈川10,徳島4)　9 台風(足尾台風栃木など死400以上,栃木219茨城114山形75など)
36年	1903	3～8 硫黄島噴火(全島民一時久米島に移住)　4 大火(秋田県横手町,焼失1,200戸)　7 大雨(淀川洪水,死48)
37年	1904	4 大火(小樽,焼失2,481戸)
38年	1905	**5 日本海海戦**　6 明治芸予地震(稍深,死11)　8～9 凶作冷害(減収率82%)　8 台風(九州,珊瑚船遭難・列車転覆死572)
39年	1906	7 大火(直江津,焼失1,418戸)　10 台風(死長崎珊瑚漁船沈没734など1,459)
40年	1907	8 明治40年大水害(死山梨233京都36など)　8 大火(函館,焼失8,977戸)
41年	1908	3 風雪害(北海道死156)　3 大火(新潟市,焼失1,198戸)　9 大火(新潟市,焼失2,122戸)
42年	1909	7 大火(大阪市,死6,焼失11,365戸)　8 台風(高知珊瑚船数十遭難の他に死111).姉川地震(関ヶ原?死41).沖縄地震(死1)
43年	1910	3 寒冷前線(関東・中国,漁船転覆など死1,158余)　4 大火(輪島,焼失1,620戸)　5 大火(青森市,焼失7,519戸)　5 台風(兵庫・和歌山・香川,和歌山丸沈没など死149)　7～10 有珠山噴火(死1,火山活動の器械観測開始)　8 明治43年関東大水害(台風,死1,383,そのうち関東地方921)　**10 臨時治水調査会設置**
44年	1911	**2 荒川放水路の工事開始**　4 大火(東京,吉原焼失6,555戸)　5 大火(山形市,焼失1,312戸).大火(小樽市,焼失1,251戸)　6 喜界島地震(死12)　7 台風(高潮関東死120)　8 稗田山大崩壊(死23).浅間山噴火(死多数,5月も死1).**火山活動の業務的観測軽井沢で開始**
45年	1912	1 大火(大阪市,死3,焼失5,268戸)　3 大火(東京,深川焼失1,000戸)　4 雷雨(北海道死24など)　4 大火(松本市,焼失2,000戸)
大正元年	1912	9 台風(全国死600超,このうち愛知140,鳥取95など)　10 台風(死九州ほかで鹿児島45,宮崎56,大分39,島根15など,吉野川氾濫)
2年	1913	2 大火(東京市,神田区焼失2,180戸)　3 大火(沼津市,焼失1,451戸)　5 大火(函館市,焼失1,532戸).浅間山噴火(死1)　7～8 冷害(北海道の収量7%など)　6～8 中部以西で旱魃　9 大火(福井県武生,焼失1,700戸)
3年	1914	1 桜島噴火(死58,このうち地震だけでは35,噴火前に鹿児島測候所「噴火せず」と予測)　3 秋田仙北地震(2週間後に大きな地震あり,死94)　8 台風(死北陸・関東死1,324,このうち東京56)
4年	1915	3 大火(気仙沼,死1,焼失1,064戸)　6 焼岳噴火(泥流が梓川塞き止め決壊洪水)
5年	1916	2 浅間山麓地震　8 大火(函館市,焼失1,763戸)　11 神戸地震(死1)
6年	1917	1 強風雪(北海道漁船遭難,死160)　5 静岡地震(死2)　9 大正6年関東大水害　台風(東京湾高潮など,死1,324)
7年	1918	1 大正6～7年豪雪(前年の12月～,北陸～山形雪崩など死309　うち,三俣雪崩,山形大鳥鉱山雪崩など)　4 大火(米沢,焼失2,294戸)　9 ウルップ島沖地震(津波死24),台風水害(西日本,死兵庫120,島根85など)　11 大正大町地震(半日後に大きな地震あり,糸魚川/静岡)
8年	1919	4 大火(横浜,死2,焼失3,127戸)　5 大火(米沢,焼失1,207戸)　8 台風(九州・四国,志自岐丸死111ほか)

和暦	西暦	記事
大正 9年	1920	4 大火(東京市浅草, 焼失1,287戸)　9 台風(東日本, 関東東北死156以上)
10年	1921	4 大火(函館市, 焼失2,141戸)　9 富山湾台風(死391, 警報の遅延を攻められ伏木測候所長自殺)　12 竜ヶ崎地震
11年	1922	2 雪崩(列車遭難により親不知海岸死87)　3 低気圧(船舶被害で死134など)　4 浦賀水道地震(稍深, 死2)　8 台風(新高丸沈没死327)　11 南米チリ沖津波　12 千々石湾地震(*9時間後に大きな地震あり*, 死26)
12年	1923	9 関東大震災(*翌日に大きな地震あり*, 死105,385)　この年 霧島山御鉢噴火(死1)
13年	1924	1 丹沢地震(死19)　5 大火(八戸, 死3, 焼失1,233戸)　**6 市街地建築法改正, 耐震基準導入**　6〜8 旱魃(関東以西, 近畿被害大)　**8 国民新聞に天気図掲載**　9 台風(近畿以西, 死108)
14年	1925	3 大火(東京市日暮里, 焼失2,106戸)　**東京放送局ラジオ放送開始**　5 但馬地震(城崎火災など死428)　**11 東京大学地震研究所設立**
15年	1926	5 十勝岳噴火(泥流発生, 死144, 9月にも爆発, 死2)　9 台風(東海・関東死221)
昭和 2年	1927	1〜2 昭和2年豪雪(北陸・信越死197)　3 北丹後地震(*1ヵ月後に大きな地震あり*, 郷村・山田, 死2,925)　9 台風(九州〜東北死439, 有明高潮)　10 関原地震
3年	1928	**11 初の風荷重規定(耐風構造規則)発令**
4年	1929	6 駒ヶ岳噴火(死2)
5年	1930	7 西日本風害(死88)　8 浅間山噴火(死6)　**10 耐風対策法提言**　11 北伊豆地震(丹那, 死272)
6年	1931	8 浅間山噴火(死3)　9 西埼玉地震(死16)　11 日向灘地震(死1)
7年	1932	10 草津白根山噴火(死2)　11 台風(中部〜東北東岸, 死257)　12 白木屋大火(死14)
8年	1933	3 昭和三陸地震津波(死3,064, このうち岩手県2,604)　5 箱根山気噴出で死1　9 能登半島沖地震(死3)　10 小千谷地震(死1). 台風(中国・四国死69, 屋島丸沈没)　12 口之永良部島噴火(〜翌年1月, 死8)
9年	1934	3 函館大火(強風, 死2,015, 焼失, 11,102棟)　7〜8 冷害(北日本, 東北作況指数61)　7 大雨(北陸, 死145, このうち手取川97)　9 室戸台風(死3,036, このうち大阪府1,888)
10年	1935	6 大雨(西日本, 死156)　7 静岡地震(死9)　8 大雨(奥羽, 死201). 台風(群馬など全国で死377)　**10 水害防止協議会を設置(1年足らずで治水に必要な土木構造物等の要求仕様を提言)**
11年	1936	2 河内大和地震(死9)　7 浅間山噴火(死1, 10月も死1)　11 昭和11年宮城県沖地震　12 新島近海地震(死3)
12年	1937	11 地滑り(群馬小串硫黄鉱山死245)
13年	1938	1 豪雪(新潟死70)　5 屈斜路湖地震(死1)　6 阪神大水害(近畿〜東北, 死925, このうち神戸市521を含め兵庫県686)　7 浅間山噴火(死若干, 中部〜東北死245)　9 台風(徳島など四国・近畿死104)　10 台風(南九州死467)　11 塩屋崎沖地震(*半年前にも大きな地震あり*, 死1)　12 黒部渓谷雪崩(死84)　**12 風水害保険創設**
14年	1939	3 日向灘地震(死1)　5 昭和男鹿地震(*2分後に大きな地震あり*, 死27)　6〜8 干害(近畿以西)　8〜12 伊豆鳥島噴火　10 台風(九州〜四国, 宮崎など死99)
15年	1940	1 大火(静岡市, 死4, 焼失5,121棟)　7 三宅島噴火(山腹噴火後山頂噴火, 死11)　8 神威岬沖地震
16年	1941	6 大雨(西日本死112)　7 浅間山噴火(死1). 長野地震(死5). 台風(東海〜東北, 死98)　9 三陸地方に対する津波警報組織発足. 台風(近畿以西で死210)　11 日向灘地震(死2)
17年	1942	8 周防灘台風(高潮など九州〜近畿, 死1,158, このうち山口県794, 広島県179)
18年	1943	7 台風(北九州〜近畿で死240)　8 田島地震　9 鳥取地震(*半年前にも大きな地震あり*, 死1,083). 台風(九州〜中国, 死970, このうち島根県448, 大分県318, 宮崎県114, 愛媛131)　10 長野地震(死1)　12 有珠山噴火(翌年9月まで, 昭和新山形成)

和暦	西暦	記　事
昭和19年	1944	7 大雨(東北〜北陸,死88)　10 台風(四国〜北海道で死103)　12 東南海地震(死1,223)
20年	1945	1 三河地震(*深浅*,死2,306)　2 青森東方沖地震(死2)　3 豪雪(雪泥流で青森赤石死88)　7〜8 冷害(北海道の作況指数42)　9 枕崎台風(西日本,死3,756,このうち広島2,012)　10 阿久根台風(西日本,兵庫など死451)．**米軍機による台風観測開始**(〜1987年まで)
21年	1946	1 桜島噴火(溶岩流出,死1)　12 南海地震(死1,443)
22年	1947	4 大火(飯田市,焼失3,984戸)　7〜8 干害(中部以西)　8 浅間山噴火(死11)　9 カスリーン台風(東海以北,死1,930このうち関東1,100)　9 与那国島近海地震(稍深,死5)　**10 災害救助法制定**
23年	1948	6 紀伊水道地震(死2)．福井地震(*福井平野東縁*,死3,769)　9 大雨(九州北部,死247)．アイオン台風(四国〜東北,岩手などで死838)
24年	1949	2 大火(能代市,死3,住家1,414棟)　**6 水防法制定**．デラ台風(九州〜東北,愛媛などで死468)　7 昭和芸予地震(稍深,死2)　8 ジュディス台風(九州・四国,死179)　9 キティ台風(中部〜北海道,死160)　12 今市地震(*8分後に大きな地震あり*,死10)
25年	1950	1 強風(九州〜関東,死120)　**5 建築基準法制定**　8 熱帯低気圧(中部〜東北,死99)　9 ジェーン台風(四国以北,大阪などで死508)．浅間山噴火(死1)
26年	1951	7 大雨(中部以西,京都などで死306)　7〜8 全国で干害　10 ルース台風(全国,山口などで死943)
27年	1952	3 十勝沖地震(死33)．大聖寺沖地震(死7)　**4 津波警報業務開始**．大火(鳥取市,死2,住家5,228)　6 ダイナ台風(関東以西,死135)　7 大雨(中国〜東海,死140)．吉野地震(稍深,死9)．治山治水対策協議会設置　9 明神礁噴火(観測船遭難死31)　11 カムチャッカ沖地震津波
28年	1953	**2 テレビによる天気予報開始**　4 阿蘇山噴火(死6)　6 西日本水害(九州〜中国で大雨,熊本などで死1,013)　7 南紀豪雨(全国,死1,124)　8 大雨(東近畿,山城などで死429)　8〜9冷害(東日本・北海道減収3割以上)　9 台風13号(全国,近畿などで死478)　11 房総半島はるか沖地震
29年	1954	5 強風(東北〜北海道,死361)　6〜8 冷害(全国,北海道の水稲作況指数61)　9 台風12号(関東以西,死146)．洞爺丸台風(全国で死1,761)
30年	1955	2 強風(全国で死123)　4 大雨(九州〜中国,死95)　5 瀬戸内濃霧(死166)　7 徳島南部地震(死1)　**9 指定河川洪水予報開始**．台風22号(新潟市で大火,全国で死68)　10 桜島噴火(南岳で爆発,死1)．二ツ井地震
31年	1956	**5 海岸法制定**　8 台風9号(大館市で大火,全国死36)　9 台風12号(魚津市で大火,全国で死43)．白石地震(死1)
32年	1957	7 諫早豪雨(長崎など九州で死992)　10 三原山噴火(25年〜の噴火で爆発,死1)
33年	1958	1 強風(本州南岸死201)　3 全国で凍霜害　6 阿蘇山噴火(死12)　9 狩野川台風(死1,269)
34年	1959	1 弟子屈地震(*2時間後に大きな地震あり*)　2 霧島山新燃岳噴火(爆発・降灰)　4 強風(北海道死85)　**6 気象庁がコンピュータ導入,数値予報開始**．硫黄島噴火(86名の全島民移住)　8 台風7号・前線(甲信など近畿〜東北で死235)　9 宮古島台風(死99)．伊勢湾台風(四国以北で死5,098)
35年	1960	1 暴風雪(東北〜北海道,死84)　**3 治山治水緊急特別措置法制定**　5 昭和チリ地震津波(死142)
36年	1961	2 長岡地震(死5)．日向灘地震(死2)　6 昭和36年梅雨前線豪雨(東北以南で死357)　8 浅間山噴火(死1)．北美濃地震(死8)　9 第2室戸台風(近畿など全国で死202)　10 大雨(九州〜中部で死114)　**11 宅地造成等規制法制定．災害対策基本法制定**
37年	1962	**1 激甚災害特別措置法制定．地震予知研究のブループリント作成**　**4 豪雪地帯対策特別措置法制定**．昭和宮城県北部地震(死3)　3〜6 十勝岳噴火(死5)　6 焼岳噴火　7 大雨(九州・東海,死102)　8 三宅島噴火
38年	1963	1 昭和38年豪雪(死231)　**11 学術会議地震予知研究推進を勧告**

付　録　827

和　暦	西暦	記　事
昭和39年	1964	3　アラスカ地震津波　4～10　冷害(青森・北海道, 北海道平年作の3分の1)　6　新潟地震(死26)　7　河川法改正. 山陰北陸豪雨(死128, このうち島根109)
40年	1965	2　アリューシャン地震津波　4　**地震予知研究計画開始**. 静岡地震(死2)　8～翌年　松代群発地震　9　台風24号・前線(全国で死107)　10　台風29号(マリアナ海域, 死209)
41年	1966	3　乱気流(富士山上空で航空機墜落, 死124)　5　**地震保険法制定**　6　台風(中部～北海道, 死83)　6～10　冷害(北日本, 北海道の作況指数73)　9　台風24・26号(山梨など全国死318)
42年	1967	7　昭和42年7月豪雨(九州北部～関東で死371)　7～10　西日本で干害　8　羽越豪雨(死146) この年の硫黄島噴火で硫黄採掘者も撤退で無人島化
43年	1968	2　えびの地震(死3), 日向灘地震(死1)　5　十勝沖地震(*半日後, 1ヵ月後に大きな地震あり*, 死52)　8　宇和島地震(稍深). 台風7号・前線(西日本, 長崎・京都・岐阜バス事故などで死133)
44年	1969	4　**地震予知計画開始**　6　豪雨(西日本・関東で死89)　9　岐阜県中部地震(死1)
46年	1971	7～8　冷害(北日本, 北海道の作況指数69)　9　台風25号(近畿～関東, 死84)
47年	1972	2　八丈島近海地震　5　千日デパートビル火災(死118)　7　昭和47年7月豪雨(全国で死442) 9　台風20号・前線(全国で死85)　12　八丈島東方沖地震
48年	1973	2　浅間山噴火(空振被害)　6　根室半島沖地震　6～8　東北以南で干害　7　**活動火山対策特別措置法制定**　11　熊本大洋デパート火災(死104)
49年	1974	3　鳥海山噴火(降灰と泥流)　5　伊豆半島沖地震(*石廊崎*, 死30)　6　桜島噴火(土石流で8,9月に死8)　7　台風8号・前線(沖縄～中部, 死111). 新潟焼山噴火(死3)　11　**アメダス観測開始**
50年	1975	5　大分県中部地震　6　桜島土石流(8月にも土石流, 死8)　8　台風5号(四国～北海道, 死77)
51年	1976	8　草津白根山硫化ガス滞留(死3)　9　台風17号・前線(全国で死169, このうち小豆島119など)　10　酒田大火(死1, 焼失1,767棟)
52年	1977	1　雪害(前年12月～, 死84)　6　**総合的な治水対策**　7　**気象衛星「ひまわり」観測開始** 8　有珠山噴火(死3, 翌年10月まで)
53年	1978	1　伊豆大島近海地震(*翌日に大きな地震あり*, 死25)　5～9　全国で干害　6　宮城県沖地震(死28)　11　**大規模地震対策特別措置法制定**
54年	1979	6～11　阿蘇山噴火(死3)　10　台風20号(全国で死111)
55年	1980	7～9　冷害(沖縄以外全国)　11　川治プリンスホテル火災(死45)
56年	1981	2　昭和56年大雪(前年12月～, 死103)　8～9　冷害(東北～北海道)
57年	1982	2　ホテルニュージャパン火災(死33)　6～9　冷害(関東甲信～北日本)　7　昭和57年7月豪雨(長崎豪雨, 死345)　8　台風10号(中国～東北, 死95)
58年	1983	4　山林火災(東北, 焼失8,685ha)　5　日本海中部地震(*2週間後, 1ヵ月後に大きな地震あり*, 死104)　6～7　冷害(甲信以北)　7　昭和58年7月豪雨(山陰豪雨, 死117)　8　山梨県東部地震(稍深, 死1)　10　**記録的短時間大雨情報の発表開始**. 三宅島噴火(溶岩流や火山灰で埋没など)
59年	1984	4　大雪(前年12月～, 死96)　4　**火災保険大改定**　6～9　全国で干害　9　長野県西部地震(*翌日に大きな地震あり*, 死29)
60年	1985	7　長野市地すべり(死26)
61年	1986	11　三原山噴火. 桜島噴火(噴石で負傷6)
62年	1987	3　日向灘地震(死1)　12　千葉県東方沖地震(稍深, 死2)
63年	1988	4　**短時間雨量予報の開始**　7～10　冷害(中部～東北)
平成　3年	1991	4　**震度計運用開始**　6　雲仙普賢岳噴火(前年11月～数年, 火砕流死43)　9　台風19号(全国, 死62, 山林荒廃)

828　付　録

和　暦	西暦	記　　　　　　　　　　　　　　　　事
平成 5年	1993	1 釧路沖地震(稍深, 死2)　6〜10 冷害(沖縄以外全国)　7 北海道南西沖地震(死230)　8 平成5年8月豪雨(九州南部など西日本, 死79)
6年	1994	4〜10 全国で干害・酷暑(死14)　10 北海道東方沖地震(稍深, 北方領土で死10以上)　12 三陸はるか沖地震(死3)
7年	1995	1 兵庫県南部地震(六甲淡路, 死6,437)　2 安房トンネル工事中水蒸気爆発(誘発土砂崩れで死4)　6 地震防災対策特別措置法制定　10 建築物の耐震改修の促進に関する法律制定
8年	1996	2 豊浜トンネル崩落(死20), インドネシア沖地震津波(船舶等被害)
9年	1997	1 ナホトカ号重油流出事故　7 八甲田山炭酸ガス滞留(田代平で死3)　9 安達太良山硫化水素ガス(死4)　10 地震データ一元化処理開始　11 阿蘇山で二酸化硫黄ガス(死2)
11年	1999	9 東海ウラン臨界事故　12 原子力災害対策特別措置法制定
12年	2000	3 有珠山噴火(〜翌年9月, 噴石などで被害)　6 三宅島噴火(〜数年, 関連地震で死1)　9 東海豪雨(台風14号・前線, 死11)　10 鳥取県西部地震
13年	2001	3 平成芸予地震(稍深, 死2)　6 ペルー沖地震津波
15年	2003	5 気仙地方地震(稍深)　6 特定都市河川浸水被害対策法制定　7 平成宮城県北部地震　9 平成十勝沖地震(死2)
16年	2004	7 平成16年7月新潟・福島豪雨(死16), 平成16年7月福井豪雨(死5)　9 浅間山噴火(軽被害)　10 台風23号(豊岡水害など, 沖縄〜東北で死99), 新潟県中越地震(六日町, 死68)
17年	2005	3 福岡県西方沖地震(警固断層延長部, 死1)
18年	2006	3 平成18年豪雪(前年の12月〜, 四国〜北海道で死152)
19年	2007	3 能登半島沖地震(死1)　7 新潟県中越沖地震(死15)　10 緊急地震速報, 予警報に　12 火山に噴火警戒レベルを導入
20年	2008	6 岩手宮城内陸地震(死23)　7 岩手北部沿岸地震(稍深, 死1)
21年	2009	7 平成21年7月中国・九州北部豪雨(死39)　8 駿河湾地震(死1)
22年	2010	6〜9 酷暑・大雨(全国で死271)
23年	2011	3 雪害(前年の12月〜, 日本海側死128), 東日本大震災(死19,272), 茨城県沖地震(被害は東日本大震災と区別できず), 長野栄村地震　4 金華山沖地震(稍深, 死4), いわき地震(塩の平・湯ノ岳, 死4)　6 松本地震(死1)　8 台風12号(愛媛〜秋田, 紀伊半島などで死97)

注1　死は, 死者・行方不明者の合計. 死傷は分離できない場合合計していない.
　2　気象災害は死100以上と, 個別災害など各地域で代表的な災害を掲載した. 19世紀は漏れている可能性もある. 1927年以降は理科年表の被害数を採用した.
　3　大火は焼失1,000戸以上, 冷害や旱魃は影響地方が広いものに限った.
　4　最近(平成)の災害は被害の少ないものも掲載した.
　5　明治時代前半の気象災害は死者数がある程度判るものに限られている.
　6　地震は正式名称より震源域や被害地が判り易い地域名称を用い, 浅い地震で関連活断層の判る場合は断層帯名称を斜体で, 浅くない或いはスラブ内地震と判明しているものには(稍深)を付記した. 規模が似た地震が続発したり, 大粒の余震が発生したものには, 時間間隔を斜体で付記した.
　7　東日本大震災の被害は平成24年3月現在とした.
　8　明治6年(1873)の改暦以前の西暦欄は, 和暦の注記であり, 記事欄の月表記は旧暦を示している. 記事中, 11月・12月の出来事は西暦が変わる場合がある.
参考文献　畠山久尚「気象災害」(共立出版, 1966), 中央気象台「日本気象災害年表1900-1947」1949, 理科年表気象編 2012年版(丸善), 国土交通省河川局各水系河川整備基本報告書, 宇津徳治「世界の被害地震表」2004年版, 地震調査研究推進本部「日本の地震活動改訂2版」2009, 消防庁災害情報資料等よりコンパイルした.

図版目録

1　口絵および本文中の図版を掲出順に示した。
2　掲出図版のうち出処，提供者名のない図版は，原則として執筆者提供によるものである。

〈口絵図版〉

東日本大震災　図1　津波の襲来　岩手県九戸郡野田村前浜　野田村提供
　図2　被災前の陸前高田市広田湾　岩手県陸域観測技術衛星「だいち」撮影(2010年8月9日)　データ使用パンシャープン画像　JAXA/横山空間情報研究所提供
　図3　被災後の陸前高田市広田湾　同上撮影(2011年3月24日)　同上提供
　図4　高田の一本松　陸前高田市　津村建四朗撮影(2012年2月19日)
　図5　岩手県釜石市両石漁港の防波堤を越える津波　瀬戸元撮影
　図6　岩手県釜石市両石漁港の残骸を伴って引いていく津波　同上撮影
　図7　岩手県釜石市両石漁港の海底をえぐっていく引き波　同上撮影
　図8　岩手県下閉伊郡山田町市街に襲いかかる津波　山田町役場提供
　図9　岩手県下閉伊郡山田町役場前の引き続く火災　同上提供
　図10　岩手県下閉伊郡山田町田の浜の壊滅した市街　同上提供
　図11　津波被害の仙台空港　仙台市　共同通信社提供
　図12　名取市・岩沼市に浸水する津波
　図13　福島県沖で救助された漂流者　総合幕僚監部提供
　図14　宮城県石巻市の瓦礫撤去　同上提供
　図15　宮城県松島での自衛隊による一斉捜索　同上提供
　図16　福島第1原子力発電所全景　エアフォトサービス撮影
　図17　破壊された福島第1原子力発電所第3号機　同上撮影
　図18　表土の除染作業　福島県立明成高等学校校庭での作業　福島県教育庁提供
災害絵図　図1　宝永富士山噴火図　個人所蔵
　図2　信濃佐久郡浅間ヶ嶽大変略図　三井文庫所蔵
　図3・4　肥前国島原津波之絵図　永青文庫所蔵
　図5　(東海道・南海道)国々大地震大つなミ　東京大学総合図書館所蔵
　図6　安政江戸地震　東京都立中央図書館所蔵
　図7　しんよし原大なまつゆらひ　東京大学総合図書館所蔵
　図8　とてつるけんかへ歌　同上所蔵
　図9　瓢箪　同上提供
　図10　明暦大火の図　『江戸火事図巻』より　田代幸春筆　江戸東京博物館所蔵
　図11　(明和九年)目黒行人坂火事絵　国立国会図書館所蔵
　図12　火之用心大阪今昔三度の大火　東京大学情報学環所蔵
　図13　京都大火　東京都立中央図書館所蔵
　図14　岩代国耶麻郡磐梯山噴火実況之図　渡辺智裕所蔵
　図15　(岐阜県愛知県)震災義捐金一覧表　東京大学総合図書館所蔵

〈本文図版〉

特集東日本大震災　図1　通常の海溝型地震と津波地震が起きる場所とその大連動による巨大地震発生メカニズム
　図2　東北地方太平洋沖地震と過去の津波地震の震源域
　図3　年代別死者・行方不明者の構成比
　図4　市町村別死者・行方不明者数
　図5　市町村別死者・行方不明者数の浸水域人口に対する比
　図6　明治三陸津波と東日本大震災の犠牲者率の比較
　図7　避難先から見た津波　浦山文男撮影　釜石東中学校提供
地震災害　図1　ダブルカップル図
　図2　断層種別

付　録

図3　2004年中越地震後1ヵ月間に近傍で発生した地震の規模別頻度分布
図4　2007年中越地震後1ヵ月間に近傍で発生した地震の規模別頻度分布
図5　2007年中越沖地震(M6.8)の1ヵ月間の余震の減衰

火山災害　図1　マグマの化学組成と性質
図2　日本の活火山
図3　マグマの噴火様式
図4　火山爆発指数
図5　溶岩ドームと火砕流
図6　溶岩流　三宅島阿古小学校
図7　降下火山礫とその被害　霧島山新燃岳
図8　火山ガスの夜森林の破壊　三宅島
図9　土石流に埋もれた家屋　雲仙
図10　霧島山新燃岳ハザードマップ

津波災害　図1　破砕段波と波上段波

風水害　図1　水屋
図2　木曾三川河口付近の輪中　海津町歴史民俗資料館提供

土砂災害　図1　災害発生の場
図2　岐阜県上宝村洞谷土石流災害
図3　雲仙普賢岳噴火に伴う土石流災害

火災　図1　伝熱の基本形式
図2　火災による年齢階層別死者発生状況

コラム地震考古学　液状化現象の痕跡模式図

災害と気象　図1　日本災害消長図
図2　日本海の里雪型の大雪の時の天気図と太平洋側の大雪の時の天気図
図3　関東地方で大雪の時の地上天気図
図4　平成23年9月20日21時の地上天気図
図5　平成23年台風15号の気象衛星画像

災害心理と社会　図1　生活再建過程
図2　阪神・淡路大震災からの再建・復興
図3　阪神・淡路大震災における復旧・復興カレンダー
図4　2004年新潟県中越地震における「最初の激しい揺れの時の行動」
図5　失見当がもたらした三河地震での悲劇

災害観の変遷　図1　ちしんの弁　東京大学総合図書館所蔵
図2　即席鯰はなし　同上所蔵
図3　要石　同上所蔵
図4　難義鳥　同上所蔵

災害と建築　図1　濃尾地震により2階が崩れ落ちた名古屋郵便局
図2　辰野金吾提案の木造耐震家屋雛形
図3　東京市立番町小学校校舎
図4　銀座煉瓦街

コラム防災教育　津波体験談を基にした学習プログラム

古代の災害　図1　高松塚古墳の南海地震による多数の地割れを伝える『朝日新聞』2005年3月17日記事
図2　貞観6年富士山噴火の溶岩流跡の青木ヶ原丸尾　相原淳提供
図3　仁和元年応天門の炎上『伴大納言絵巻』(出光美術館所蔵)より
図4　延暦寺東塔の大鐘
図5　平安京の大火　太郎焼亡と次郎焼亡　北原糸子編『日本災害史』より

コラム地震口説節　善光寺地震やんれぶし　東京大学地震研究所所蔵
　相州小田原箱根地震くどき　同上所蔵
コラム災害と日本赤十字社　濃尾地震救護
コラム足尾鉱毒事件と洪水被害　明治29年洪水による鉱毒被害の範囲
コラム震災写真の虚実　摂政宮銀座巡視　共同通信社提供
　避難民で埋まった宮城前広場とする写真『大正大震災写真帳』(報知新聞社刊1923年9月15日発売)より
　惨害前の被服廠跡の難民とする絵はがき　東京都立中央図書館所蔵

富士山貞観噴火　図1　富士山貞観噴火の火口と溶岩流の分布図
図2　鳴沢付近で見られる青木ヶ原溶岩の断面
図3　富士山の溶岩噴出量と噴火回数

貞観11年陸奥国地震・津波　図1　仙台平野における古代遺跡分布と貞観津波の推定浸水域

開聞岳噴火　図1　開聞岳
図2　橋牟礼川遺跡出土の須恵器
図3　開聞岳の貞観噴出物に覆われた遺跡
図4　橋牟礼川遺跡の火山灰堆積状況
図5　火山灰の重みで倒壊した家屋跡

永祚の風　図1　『源氏物語』28「野分」より
図2　京都付近襲来の年代別の台風数

明応地震　図1　明応地震以前の浜名湖　嶋竹

図版目録　831

秋・向坂鋼二「浜名湖新居町沖湖底遺跡調査予報」『考古学ジャーナル』128より
　図２　旧浜名川推定河口位置図　藤原治他「1498年明応地震による遠州灘沿岸浜名川流域の地形変化」『歴史地震』25より
　図３　紀伊国和田浦関係図　日下雅義『歴史時代の地形環境』より
天正地震　図１　震度分布図
慶長会津地震　図１　慶長会津地震の位置図
北海道駒ヶ岳噴火　図１　有珠善光寺周辺でみられる駒ヶ岳寛永17年津波堆積図
　図２　津波堆積物の発見地点と海抜高度
明暦大火　図１　明暦大火の延焼方向と焼失範囲　『江戸東京年表』より
　図２　車長持ちをひき、長持ちを持って避難する図　『むさしあぶみ』より
　図３　移転後の本妙寺にある供養塔（東京都豊島区巣鴨）
寛文近江・若狭地震　図１　寛文地震の起震断層と震度概要
寛文越後高田地震　図１　震度分布図
貞享三原山噴火　図１　貞享噴火噴出物
宝永地震　図１　震度分布図（全国）
　図２　震度分布図（南海トラフ沿い）
　図３　津波高分布図
宝永富士山噴火　図１　宝永富士山噴火による降灰分布
　図２　須走における宝永スコリア層の断面とその推定形成日時
　図３　足柄平野北部の開成町牛島地区における宝永噴火堆積物の断面
　図４　幕府救済対応の３地域区分　渡辺実華子作図
　図５　山北町河村城跡の天地返しの遺構
　図６　『砂大降記写』
　図７　富士山宝永火口　木村玲欧提供
寛保地震・噴火・津波　図１　津波の被害発生地点
　図２　寛保津波　『北海道旧纂図絵』（函館市中央図書館蔵）より
　図３　無量寺の地蔵菩薩の背面
寛保２年水害　図１　北河原村押堀埋立図
　図２　川通御普請御手伝御大名御場所付絵図　東北大学付属図書館所蔵
　図３　寛保洪水位（埼玉県秩父郡長瀞町）

　図４　鷲宮神社寛保洪水碑（埼玉県久喜市）
　図５　長瀞第２小学校に掲示されている寛保２年洪水位
明和津軽地震　図１　組ごとの倒壊率による震度分布図
　図２　余震の時系列図
明和八重山地震津波　図１　宮古・八重山各島の位置と津波高
　図２　石垣島宮良湾海岸の津波石
明和大火　図１　明和大火類焼地図
　図２　火消しによる消火活動『（明和九年）目黒行人坂火事絵』（国立国会図書館所蔵）より
　図３　明和大火の瓦版「方角道筋町名付」　三井文庫所蔵
安永三原山噴火　図１　安永噴火噴出物
天明の大飢饉　図１　卯辰餓死渇亡無縁塔
青ヶ島噴火　図１　青ヶ島『八丈実記』（東京都公文書館所蔵）より
　図２　東側からみた青ヶ島全景　青ヶ島村役場提供
　図３　火口外の北斜面の集落　同上提供
天明６年水害　図１　寛政12年の大葦神社碑
　図２　修堤記念碑
寛政雲仙岳噴火　図１　寛政四子年肥前国島原山々燃崩城下町々々破損ノ図　東京大学地震研究所所蔵
　図２　前山（眉山）大崩壊前後の地形変化
　図３　島原大変前後の島原城下の図
寛政西津軽地震　図１　千畳敷海岸と揺れ崩れた弁天島　「陸奥国津軽郡之図」（弘前市立図書館所蔵）より
寛政南三陸沖地震　図１　震度分布図
　図２　地震津波の波高分布比較
象潟地震　図１　象潟古景図（牧野雪僊筆，蚶満寺所蔵）
シーボルト台風　図１　被害面積と死者数との関係　高橋浩一郎「過去300年間のＡ級暴風雨」『天気』919）より
　図２　シーボルト肖像
　図３　『シーボルト日本』
三条地震　図１　震度分布図
　図２　地震の様子『越後地震口説』（東京大学地震研究所所蔵）より
　図３　三条地震の被害　『懲震毖鑑』（新津図書館所蔵）より

天保の大飢饉　図1　屍肉を食べる飢人　『天保荒侵伝』より

天保庄内沖地震　図1　地震による津波の波高分布図

富士山雪代洪水　図1　天保14年富士山雪代絵図　富士吉田市歴史民俗博物館所蔵

図2　富士山吉事噺　天保5年の瓦版　防災専門図書館所蔵

善光寺地震　図1　震度分布図

図2　弘化4年の越後高田地震震度分布図

安政東海・南海地震　図1　安政東海地震の震度と津波の高さ　石橋克彦『大地動乱の時代－地震学者は警告する－』(1994)より

図2　安政南海地震の震度と津波の高さ　宇佐美龍夫『日本被害地震総覧(最新版)[416]－2001』より

図3　大坂の津波で道頓堀川を押し上げられた大船が小舟に避難していた人びとをはねとばしている様子　『地震津波末代噺乃種』(大阪府立中之島図書館所蔵)より

図4　安政東海・南海地震による地震・津波被災を伝える瓦版

図5　下田湊で大津波にもまれるディアナ号　モジャイスキー画　早稲田大学図書館所蔵

安政江戸地震　図1　震度分布図

図2　安政大地震『安政見聞誌』より

図3　鯰絵「信州鯰と江戸鯰」　東京大学総合図書館所蔵

図4　新吉原仮宅一覧

飛越地震　図1　震度分布図　松浦律子作成

図2　十万貫石　大場の大転石　立山カルデラ砂防博物館提供

慶応4戊辰年大洪水　図1　(慶応四戊辰年)大洪水細見図　東京大学情報学環所蔵

浜田地震　図1　震度分布図　松浦律子作成

図2　震災紀念之碑

横浜地震　図1　横浜地震による墓石の回転とずれ　J. Milne, The Earthquake in Japan on February 22nd, 1880, *Trans. Seismol. Soc. Japan*, 1, No. 2 より

淀川大洪水　図1　大塚切れ洪水碑

図2　淀川大洪水で浸水した地域　国土交通省淀川河川事務所作成

図3　淀川平面図　武岡充忠編『淀川治水誌』より

磐梯山噴火　図1　噴火直後の磐梯山　国立科学博物館所蔵

図2　磐梯山噴火の堆積物の分布図　同上所蔵

図3　磐梯山噴火の写真　福島県歴史資料館所蔵

図4　磐梯山噴火坑真図　同上所蔵

図5　磐梯山噴火を伝える電信「苅宿家文書」(『福島県庁文書』，同上所蔵)

図6　磐梯山噴火真図

図7　磐梯山　猪苗代町提供

明治22年大水害　図1　明治22年8月の台風経路図

図2　往時の熊野本宮大社と被害後の大斎原

図3　明治22年9月の台風経路図

図4　颯田本真　荘内日報社提供

エルトゥールル号遭難事件　図1　エルトゥールル号

濃尾地震　図1　住家被害率分布と断層の位置図

図2　根尾谷断層　『帝国大学理科大学紀要』5ノ4より

図3　(岐阜県愛知県)大震災実況　東京大学総合図書館所蔵

明治東京地震　図1　震度分布図　松浦律子作成

庄内地震　図1　広域震度分布図　同上提供

図2　庄内平野付近の字毎の家屋全壊率から求めた震度分布　同上作成

図3　酒田町日枝神社の損壊　国立科学博物館所蔵

図4　西田川郡遊摺部村の橋の損壊　同上所蔵

図5　酒田大震災実況図　生駒大飛画　酒田市立図書館光丘文庫所蔵

明治三陸津波　図1　明治三陸地震の震度分布図

図2　各地の津波打上げ高　松浦律子作成

図3　地塁・地溝構造と津波震度

図4　死者数と流失家屋数

図5　宮城県の津波被害(1)　宮内庁書陵部所蔵

図6　宮城県の津波被害(2)　同上蔵

陸羽地震　図1　前震・余震の発生状況

図2　倒壊率から求めた震度分布と活断層分

布
明治29年9月洪水　図1　8月30日22時の台風　『風俗画報』124より
　　図2　9月11日6時の天気図と台風経路
　　図3　東京府下浸水略図　『風俗画報』124より
明治31年洪水　図1　生振捷水路完成後の石狩川
別子鉱山台風　図1　明治32年8月と10月の台風経路図　中央気象台編『日本台風資料』より
　　図2　別子鉱山遭難流亡者碑　愛媛県新居浜市・瑞応寺　住友史料館提供
　　図3　別子銅山変災の図　『風俗画報』197より
伊豆鳥島噴火　図1　伊豆鳥島の地形の変遷　淵本一「鳥島の歴史」(気象庁鳥島クラブ『鳥島』編集委員会編『鳥島』)の図を改変
姉川地震　図1　震度分布図　『震災予防調査会報告』70より
明治43年関東大水害　図1　氾濫域略図　『利根川百年史』より
　　図2　上利根川破堤位置図　大熊孝『利根川治水の変遷と水害』より
　　図3　東京府の水害被災地域
　　図4　亀戸付近の被災者を見舞う慰問隊　国土交通省荒川下流河川事務所編『明治43年の大洪水と荒川放水路』より
秋田仙北地震　図1　震度分布図
　　図2　本震の震源断層と強震動活性域，最大余震の震源位置，住家全壊率10％以上の集落と表層地質の微地形区分の関係
大正6年東京湾台風被害　図1　被害区域図　宮崎正衛『高潮の研究』(成山堂書店刊)より
　　図2　行船公園の石燈籠　井上友幸提供
大正7年豪雪　図1　雪崩の種類
　　図2　三俣雪崩災害見取り図　高橋喜平『日本の雪崩』より
関東大震災　図1　住家全壊率から評価した関東地震の震度分布図
　　図2　関東地震の震源断層と土地の上下変動ならびに津波の高さ
　　図3　関東地震の断層モデルとM7以上の余震の震源
　　図4　火災の延焼地域と死者数分布

図5　根府川地域の災害状況図
図6　震災直後の野天閣議　東京都慰霊堂所蔵
図7　警視庁・帝国劇場の焼失　同上所蔵
図8　神田小川町通の被害　同上所蔵
図9　浅草吾妻橋の被害　同上所蔵
図10　四谷旭町の罹災者仮小屋　同上所蔵
図11　品川付近のバラック群　同上所蔵
図12　築地聖路加病院構内の救護用テント　同上所蔵
図13　本所被服廠跡に建つ東京都慰霊堂
図14　埼玉県行政文書　埼玉県所蔵
北但馬地震　図1　北但馬地震による豊岡市の震火災　『週刊朝日臨時増刊』(大正14年6月3日号)より
十勝岳噴火　図1　白金温泉から見た十勝岳
　　図2　富良野川上流部に露出する大正15年泥流堆積物
　　図3　大正15年噴火後の中央火口丘　多田文男・津谷弘達「十勝岳の爆発」『東京大学地震研究所彙報』2より
　　図4　火口付近の噴出物と大正泥流の流路　同上
　　図5　築堤を流された鉄道線路　上富良野郷土館所蔵
　　図6　破壊された流木とともに流された家屋　同上所蔵
　　図7　流木を敷き詰めたようになった富良野川の上富良野橋　同上所蔵
　　図8　泥流に埋まった耕地　同上所蔵
　　図9　救援本部前での炊き出し　同上所蔵
　　図10　救援に集まった地元の人びと　同上所蔵
　　図11　鉄道の復旧作業　同上所蔵
　　図12　鉄道が開通し支援に向かう人びと　同上所蔵
　　図13　流木の撤去作業　同上所蔵
　　図14　耕地復旧のための客土運搬　同上所蔵
　　図15　昭和37年6月30日の噴煙　十勝岳火山砂防情報センター提供
　　図16　美瑛川に設置された砂防堰堤群　同上提供
　　図17　美瑛町が昭和62年に制作配布したハザードマップ　美瑛町提供
　　図18　上富良野町が昭和62年に制作配布した

834　付　　録

　　　ハザードマップ　上富良野町提供
昭和2年豪雪　図1　豪雪下の新潟県高田市繁華街本町通　高橋義鴬『昭和2年大雪譜』より
　　図2　2階の窓から出入りする金沢市の遊郭
　　図3　積雪世界一の標識
北丹後地震　図1　町村別全壊・全焼率の分布図　『奥丹後震災誌』より土田洋一作成
　　図2　地震直後の峰山市街地　大阪朝日新聞社
　　図3　昭和2年3月24日の峰山市街　『奥丹後震災誌』より
　　図4　1年後の峰山市街　同上より
　　図5　工兵第16大隊による峰山町バラック建設　同上より
　　図6　峰山町の丹後震災記念館　同上より
　　図7　北丹後地震関係資料　京都府立総合資料館所蔵
北伊豆地震　図1　北伊豆地震の前震の日別地震回数　Kunitomi, Notes on the North Idu earthquake of November 26, 1930. Geophys. Magazine, 4, 1931より
　　図2　北伊豆地震による家屋罹災率の分布図
　　図3　丹那トンネルの変形　『丹那隧道工事誌』より
白木屋デパート火災　図1　消火・救助中の白木屋デパート火災　消防博物館提供
昭和三陸地震　図1　昭和三陸津波の打ち上げ高分布図　松浦律子作成
　　図2　宮古市鍬ヶ崎の津波痕跡高　(上図)『東京帝国大学地震研究所彙報別冊』1より　(下図)『土木試験所』24より
　　図3　津波予報装置塔
　　図4　世界最初の津波予報図
函館大火　図1　函館大火説明図(部分)『函館大火史』付図より
　　図2　昭和9年大火後の函館市街(春日町・蓬莱町方面)　『函館市史』より
　　図3　昭和10年大火後の函館市街(相生町・恵比寿町方面)　同上より
室戸台風　図1　台風経路図と昭和9年9月20日18時の地上天気図
　　図2　室戸測候所の気圧変化
　　図3　台風の惨状を伝える『大阪朝日新聞』
　　図4　倒壊した大坂の四天王寺小学校

　　図5　大阪市における高潮の最高到達時刻
塩屋埼沖地震　図1　有感地震の震度と累積地震数の推移
阪神大水害　図1　7月3日18時の天気図
　　図2　神戸市付近の雨量分布図
　　図3　六甲山地と河川周辺被害の概要　稲見悦治『都市の自然災害』より
　　図4　神戸市生田区太丸付近の生田川の浸水
　　図5　住吉川の被災(絵はがき)　立命館大学所蔵
　　図6　水害記念碑「禍福無門」(神戸市東灘区住吉町)　木村玲欧撮影
周防灘台風　図1　台風の経路と8月26日6時の地上天気図
　　図2　『中央気象台秘密気象報告』第6号
有珠山噴火　図1　昭和新山生成前　三松正夫記念館所蔵
　　図2　昭和新山生成後　同上所蔵
　　図3　昭和16年のフカバ集落　同上所蔵
　　図4　昭和19年9月20日の昭和新山　同上所蔵
　　図5　生成直後の昭和新山　同上所蔵
　　図6　昭和19年9月20日，火山に変じつつあるフカバ集落　同上所蔵
　　図7　昭和19年7月20日，第5次噴火熱雲大地を渦巻き，洞爺湖対岸にいたる　同上所蔵
　　図8　ミマツダイヤグラム関連図　同上所蔵
鳥取地震　図1　鳥取地震の前震と余震の震央分布図
　　図2　鳥取地震による家屋倒壊率　岸上冬彦「昭和18年9月10日鳥取地震の被害」『東京大学地震研究所彙報』23より
　　図3　国武参謀長談話　『朝日新聞(大阪版)』より
東南海地震　図1　震源域と震度分布図
　　図2　震度分布図　松浦律子提供
　　図3　陸にうちあげられた漁船(三重県尾鷲町)　宮村摂三撮影
　　図4　太田川流域の当時の町村別家屋全壊率　静岡県中遠振興センター編『昭和19年東南海地震の記録』より
　　図5　『中部日本新聞』の地震記事
　　図6　『ニューヨークタイムス』の地震記事
三河地震　図1　三河地震後の段差1.5mの深溝

断層
図2　過去の地震活動における余震活動　M4以上の累積余震数（気象庁の図に曲線で三河地震の余震規模の補正後の値を加筆）　松浦律子作成
図3　三河地震による住家の倒壊率　『三河地震－直下型地震の恐怖－』より
図4　断層周辺の被害模式図　安藤雅孝・川崎一朗「低角逆断層近傍の加速度－上盤側と下盤側との被害の非対性について－」『日本地震学会秋季大会講演予稿集』(1973) より
図5　三河地震で倒壊し康順寺本堂　原田三郎撮影
図6　『中部日本新聞』の記事
図7　地震小屋(愛知県宝飯郡形原町)宮村攝三撮影

枕崎台風　図1　昭和20年8月22日18時の台風11号と台風12号
図2　枕崎台風の経路と県別死者数
図3　枕崎台風の眼
図4　昭和20年9月15日－18日の天気図
図5　枕崎台風の概要
図6　広島県下黒瀬村の土石流　中央気象台編『枕崎・阿久根台風調査報告』より

南海地震　図1　震度分布図　松浦律子作成
図2　南海地震津波の高さ　同上作成
図3　南海地震による地盤昇降　京都大学防災研究所「1946年南海地震前後の四国西部の隆起沈降について」『地震予知連絡会会報』72より
図4　四万十川に架かっていた鉄橋の落下　幡多郷土資料館所蔵
図5　平成8年の南海地震50周年記念碑

カスリーン台風　図1　利根川流域の雨量分布『利根川百年史』より
図2　土石流の通過により浸食された沼尾川『敷島村誌』より
図3　氾濫流によって倒壊した新川グラウンド　『桐生市水害写真史』より
図4　洪水後の新川左岸の浸食状況　『桐生市水害写真史』より
図5　新川通地先(埼玉県東村)の利根川決壊『1947カスリーン台風報告書』より
図6　利根川氾濫流の流下過程　『TONE FILE 2005』より

福井地震　図1　家屋倒壊率と地盤条件
図2　地震発生から17時間後の福井市街(GHQ撮影)　谷口仁士『よみがえる福井震災』より
図3　壊滅した丸岡城天守閣　『重要文化財丸岡城天守修理報告書』より
図4　石垣の上になだれ落ちた丸岡城天守閣　同上より

アイオン台風　図1　カスリーン台風とアイオン台風の経路
図2　アイオン台風時の仙台駅
図3　アイオン台風時の磐井川
図4　一ノ関駅周辺の被害　横田實提供
図5　旧一関市役所前の被害　同上提供
図6　一関市内の全壊状態の家と家族　同上提供

キティ台風　図1　キティ台風の経路
図2　キティ台風による東京都の浸水区域
図3　鏑川橋の流出

ジェーン台風　図1　ジェーン台風の経路と最初のドロップゾンデ観測
図2　倒壊した大阪の四天王寺金堂
図3　高潮被害『西大阪高潮対策事業誌』より

ルース台風　図1　ルース台風の経路
図2　水の引かない大阪市内
図3　警察予備隊の初出動を伝える『朝日新聞』記事

昭和十勝沖地震　図1　震度分布図

昭和28年台風13号　図1　台風13号の経路と9月24日の進路予報

洞爺丸台風　図1　洞爺丸台風の経路
図2　昭和29年9月26日9時の地上天気図
図3　青函連絡船の沈没位置
図4　洞爺丸台風の『毎日新聞』号外

諫早豪雨　図1　多良岳周辺山地の崩壊状況
図2　眼鏡橋の流木
図3　諫早市内被災図

阿蘇山噴火　図1　阿蘇中岳第1火口

狩野川台風　図1　狩野川台風の経路図
図2　狩野川台風による伊豆半島の総雨量
図3　狩野川台風による狩野川の氾濫
図4　狩野川台風の眼

伊勢湾台風　図1　伊勢湾台風の経路図と予報図　饒村曜提供

図2　伊勢湾台風による湾奥部の浸水状況　『1959伊勢湾台風報告序書』より
　図3　貯木場から流出した夥しい材木
　図4　泥の海と化した名古屋市西部
　図5　名古屋市南区山崎川右岸堤防の決壊と流入する海水
　図6　最後の堤防締切工事
チリ津波　図1　チリ津波の初期波形
　図2　チリ津波の太平洋伝播図　地震調査推進本部編『日本の地震活動』第2版より
　図3　日本各地の津波打ち上げ高分布　松浦律子作成
　図4　湾の共鳴による増幅率　Watanabe, H., Studies or the tsunamis on the Sanriku Coast of the Northeastern Honshu in Japan, *Geophys, Magazine*, 32, 1964より
　図5　宮古湾内の波高比の分布
　図6　建物構造と被害の関係
第2室戸台風　図1　第2室戸台風の経路と進路予報
　図2　第2室戸台風の眼
　図3　水の引かない大阪市内
三八豪雪　図1　昭和38年1月の北半球の気象概要
　図2　三八豪雪による新潟県の最深積雪の分布図
　図3　三八豪雪における日本全国の雪崩災害の発生件数及び死者数
新潟地震　図1　震度分布図
　図2　新潟地震の被害を伝える『読売新聞』
　図3　新潟市川岸町の横転した県営アパート
松代群発地震　図1　1日あたりの有感地震回数
　図2　松代群発地震の活動範囲
　図3　松代群発地震の水噴水過程
昭和41年台風26号　図1　気象衛星エッサ2号撮影写真
　図2　台風26号の経路と最大瞬間風速の分布
　図3　被害を受けた牛舎(山梨県足和田村)
昭和42年7月豪雨　図1　7月9日9時の地上天気図
えびの地震　図1　えびの地震発生状況
日向灘地震　図1　日向灘での寛文の地震と20世紀のプレート境界地震の震源域
十勝沖地震　図1　震度分布図

千日デパートビル火災　図1　炎を上げる千日デパートビル
　図2　千日デパートビル7階平面図と死者位置図
昭和47年7月豪雨　図1　7月6日の熊本県姫戸の山崩れ
大洋デパート火災　図1　燃えさかる大洋デパート　共同通信社提供
　図2　大洋デパート4階平面図
伊豆半島沖地震　図1　伊豆半島沖地震の家屋被害率分布　土隆一他『1974年伊豆半島沖地震調査報告』の図に加筆
　図2　石廊崎における家屋被害と断層線　土隆一他『1975年伊豆半島沖地震調査報告』より
昭和49年多摩川水害　図1　昭和49年9月1日9時の地上天気図
　図2　決壊した多摩川堤防
大分県中部地震　図1　九州付近の主な地震
　図2　大分中部地震の被害分布図
　図3　震央地域の主な断層　村井勇・松田時彦「1975年大分中部地震の被害調査報告」『東京大学地震研究所彙報』50の図に加筆
昭和51年台風17号　図1　気象衛星ノアから見た台風17号
　図2　岐阜長良川の堤防決壊
酒田大火　図1　酒田大火当時の気圧配置
　図2　酒田大火の延焼動態図　『酒田大火の延焼状況等に関する調査報告書』より
　図3　本間家本邸の平面図・断面図　『建築防災』397より
有珠山噴火　図1　第1期噴火の推移　門村他『有珠山その変動と災害』より
　図2　軽石・火山灰の降下，泥流，地殻変動による建物の被害　勝井義雄「有珠山の噴火とその災害」『月刊地球』2より
　図3　火山分布と潜在ドーム成長に伴う山頂部の断層の分布　門村他『有珠山その変動と災害』より
　図4　昭和53年10月の泥流が流れ込んだ木の実の沢のアパート
　図5　断層により徐々に倒壊した病院
　図6　協会病院前の道路の断層変位
宮城県沖地震　図1　震度分布図
　図2　倒壊したブロック塀

図3　倒壊したブロック塀　宮城県土木部提供
川治プリンスホテル火災　図1　川治プリンスホテル外観『火災』31ノ4より
　図2　3階の宿泊客の避難経路　同上より
　図3　4階の宿泊客の避難経路　同上より
五六豪雪　図1　北半球の250ヘクトパスカル面高度月平均高度分布図
　図2　五六豪雪における新潟県の最深積雪の分布図
　図3　高田・富山・福井・山形における降雪深積雪深の平均値および全国の雪による死者数　栗山弘「56年豪雪における人的被害の特徴」『雪氷』44ノ2より
長崎豪雨　図1　昭和57年7月23日午後9時の天気図　饒村曜提供
　図2　長崎豪雨の24時間降水量
　図3　奥山地区の斜面崩壊
　図4　中島川下流の中央橋付近の浸水状況
日本海中部地震津波　図1　日本海中部地震震源域　海野徳仁他「1983年日本海中部地震の前震と余震の震源分布」『地震』第2輯38ノ3より
　図2　相田モデル10による津波初期波形　相田勇「1983年日本海中部地震津波の波源数値モデル」『東京大学地震研究所彙報』59ノ1より
　図3　目撃された津波第1波
　図4　反射されても陸へ戻る津波
　図5　日本海海底地形
　図6　日本海での津波の進行
　図7　全国の18津波予報区と対応管区気象台　気象庁『地震月報』より
　図8　深浦港の観測値と補正値
　図9　検潮所の模式的構造
山陰豪雨　図1　昭和58年7月23日天気図　『気象年鑑(1989年版)』より
　図2　島根県三隅町の被害
長野県西部地震　図1　御岳山と御岳崩れ・岩屑なだれ　建設省多治見工事事務所撮影
　図2　長野県西部地震による土砂移動による土砂移動　『資料集御岳崩れ』より
伊豆大島噴火　図1　三原山火口から噴き上げる溶岩噴火
　図2　三原山山頂火口からあふれ，カルデラ床に流下する溶岩流
　図3　カルデラ床の割れ目火口から噴き上げる溶岩噴泉　阿部勝征撮影
　図4　三原山山頂御神火茶屋の規制線　大島町役場提供
　図5　噴火火口と溶岩流の分布図
　図6　火山灰の層厚保分布図
　図7　大型船で帰島する島民　大島町役場提供
雲仙岳噴火　図1　6月3日の上木場死者発生地点
　図2　崩落型火砕流
　図3　土石流堆積物で1階部分がほぼ埋没した民家
　図4　火砕流と土石流の堆積物分布状況
　図5　火砕流堆積物分布状況
　図6　火砕流・土石流の流下範囲
平成3年台風19号　図1　台風19号の経路と最大瞬間風速　『平成4年度防災白書』より
　図2　大分県日田市大山町の森林被害『広報おおいた』1992年2月号より
　図3　青森県津軽地方のリンゴ被害　りんご大学(弘果総合研究開発株式会社)提供
北海道南西沖地震　図1　近年の日本海東縁部の地震分布図　松浦律子作成
　図2　津波初期波形
　図3　奥尻島の津波痕跡高分布図
　図4　北東上空から見た奥尻島青苗地区の被災状況　地震調査研究推進本部編『日本の地震活動』より作成
　図5　復興なった青苗港　奥尻町役場提供
阪神・淡路大震災　図1　阪神高速道路の倒壊
　図2　神戸市長田区の被害　神戸市広報課提供
　図3　脱線した阪神電車
　図4　野島断層　野島断層保存館提供
　図5　阪神・淡路大震災での死因
　図6　建物被害程度と死者発生の関係
　図7　生き埋め・閉じ込められた際の救助
　図8　関連死の死因
　図9　直接死・関連死の死亡日
　図10　震度7と都市ガス供給停止地域の居住地移動の推移
　図11　2種類の避難所避難者
　図12　神戸市民が考える生活再建7要素

ナホトカ号事件　図1　沈没し分断されたナホトカ号船首部分
　図2　三国町海浜公園に集結するボランティア　山本康史撮影
　図3　ボランティアの出で立ちを説明する看板　同上撮影
東海村ウラン加工施設事故　図1　JOCのウラン製造工程の変遷概念図　岡本浩一『無責任の構造』より
三宅島噴火　図1　8月18日の最大噴火
東海豪雨　図1　名古屋の雨量の時間変化と大雨洪水警報の発令　愛知県提供
　図2　新川左岸の決壊箇所
　図3　河道が狭められた新川右岸の工事現場
　図4　住宅から運び出された水害ゴミ
　図5　水没し痕跡が窓ガラスに残る車
　図6　被災60日後時点の高齢者世帯の生活の難しさ
　図7　特定都市河川浸水被害対策法の概念図　国土交通省作成
十勝沖地震　図1　震度分布図
浅間山噴火　図1　9月1日噴火の噴出物分布
　図2　9月15日噴火の噴出物分布
平成16年台風23号　図1　立野観測所における円山川の年最高水位　国土交通省提供
　図2　災害ボランティアを中心とした被災地支援システムの高度化
新潟県中越地震　図1　余震日別回数
　図2　震度分布図
　図3　震源域概念図　東京大学地震研究所「2004年新潟中越地震」『地震予知連絡会会報』73より
　図4　被災地周辺の主な通行止め状況　『新潟日報』2004年10月29日朝刊より
　図5　長岡市妙見堰土砂崩れ　東京消防庁提供
　図6　妙見堰で活動する緊急消防援助隊　同上提供
平成18年豪雪　図1　新潟県とその周辺の積雪深の分布図
能登半島地震　図1　地場産業の被災　漆器店の土蔵
　図2　門前町における家屋被害
　図3　輪島市における被災時の自宅と仮設住宅の位置関係
　図4　自己所有地での復興公営住宅建設の概念図
　図5　輪島市における被災者生活再建状況
　図6　高齢被災者の生活再建相談受付
新潟県中越沖地震　図1　柏崎刈羽原子力発電所の火災
　図2　新潟県中越沖地震災害対応支援チーム地図作成班作成の柏崎刈羽通水復旧図
平成23年台風12号　図1　天然ダムの堰止土量と湛水量の関係
　図2　奈良県五條市大塔町赤谷の天然ダム

索　引

1) 概説・コラム，歴史災害項目・災害基本用語項目のタイトル，本文中の重要語句を索引語として採取し，五十音配列とし，末尾に欧文索引を付載した．
2) 太字は，概説・コラム，歴史災害項目・災害基本用語項目のタイトルであることを示し，数字はページを，左段，右段の別は，a，bをもって示した．
3) 同音異義語は，原則として括弧内に注記を付して区別した．
4) 索引語には，行文から類推できる災害名や年号を補い整えた場合もある．
5) 語頭に和暦を伴う場合や同一災害名で括弧内に和暦注記を伴う場合には，年代順に配列した．

あ

アイオン台風(昭和23年9月)　　**544**, 95a
会津地震(慶長11年)　　192a
姶良カルデラ　　411b
青ヶ島噴火(天明3年)　　265b
青ヶ島噴火(天明5年3月)　　**265**
青木栄次郎　　354b
青ヶ原溶岩　　170a
青木昆陽　　233b
青コラ　　175a
赤木正雄　　46b
赤沢正道　　602a
赤埴山　　350b
秋ウンカ　　763a
秋雨前線　　70a
秋田(秋田)　　384a
秋田仙北地震(大正3年3月15日)　　**415**
秋田藩　　296a
阿久根台風　　519b
悪夢　　776a
上げ舟　　**750**
揚舟　　750a
浅い地震　　15a, 187a, 771a, 783b　→浅発地震
浅井忠　　354a
浅井了意　　207a
安積疏水(福島)　　792a
朝倉鉄蔵　　353a
浅田敏　　536a, 786b
旭川(北海道)　　368b
浅間山　　255a
浅間山噴火(浅間天明噴火，天明3年)　　28b, 305a
浅間山噴火(昭和48年)　　95b
浅間山噴火(平成16年9月1日−12月9日)　　**725**

足尾鉱毒事件　　388a
足尾鉱毒事件と洪水被害　　**164**
鰺ヶ沢(青森)　　280a
アスペリティ　　**750**a, 425b
吾妻火砕流　　256a
吾妻川　　258b
足羽川　　540a
阿蘇火山防災会議協議会　　567b
阿蘇山　　556b
阿蘇山測候所　　567b
阿蘇山噴火(昭和28年)　　567a
阿蘇山噴火(昭和33年6月24日)　　**567**
阿蘇山噴火(昭和54年)　　567b
アゾノ遺跡(高知)　　58a
アゾノ遺跡出土噴砂跡　　181a
安達太良山噴火(明治33年7月17日)　　**396**
圧力　　792b
跡津川断層　　331a, 337b
姉川地震(明治42年8月14日)　　**402**
安濃津　　181b
アホウドリ　　397b
雨乞い　　**750**a
雨　　773a
雨台風　　630a
アメダス　　609b, 620b
綾瀬川　　406a
荒川　　236a, 267a, 387b, 405a
荒川秀俊　　476b
荒川放水路事業　　408a
荒金鉱山(鳥取)　　497a
荒崎(青森)　　281a
荒砥川　　529a
荒牧重雄　　673b
有明海　　274a
有田川　　558b

2　索　引

有馬-高槻断層帯　189a
安永三原山噴火(安永6年7月29日)　**254**
安政江戸地震(安政2年10月2日)　**322**,314a →江戸地震
安政大町地震(安政5年3月10日)　**337**
安政見聞誌　326b
安政見聞録　326b
安政東海地震(安政元年)　141b, 217a, 313a, 501a
安政東海・南海地震(嘉永7年11月4－5日)　**313**
安政南海地震(安政元年)　141b, 313a, 501a
安政南海地震津浪碑　319b
安政の大転石　335b
安藤惟要記念碑　268b
安中三角地帯嵩上事業　680b
安否情報放送　581b
安否札　12

い

EMS震度階　776a
飯田汲事　35b, 784a
飯山藩　308b
家の重宝　279b
伊賀上野地震(嘉永7年(安政元)6月15日)　**311**, 141b, 161a, 314a
伊木常誠　376a
池田勇人　602a
池田宏　**750b**
諫早豪雨(昭和32年7月25日)　**565**, 652a
石垣島(沖縄)　244a
石垣留　45b
石狩川　390a
石狩川治水期成会　391a
石川有三　688b
石黒英彦　148a, 466a
石巻　377a
石巻の悲劇　12
石橋克彦　87a
石はね　43a
石本・飯田式　762b
石本巳四雄　**750b**
異常震域　**751a**
伊豆大島火山博物館　757b
伊豆大島近海地震(昭和53年1月14日)　**639**, 94a
伊豆大島噴火(昭和61年11月15日)　**669**, 47a
伊豆・小笠原海溝　554a
出石川　727b
伊豆鳥島噴火(明治35年8月)　**397**
伊豆鳥島噴火(昭和14年)　398b

伊豆国地震(承和8年)　455a
伊豆半島沖地震(昭和49年5月9日)　**624**
泉屋　392a
出雲神話　**751a**
出雲国大地震(元慶4年)　126a
伊勢湾台風(昭和34年9月)　**573**, 48a, 95b, 111a, 112b, 548b, 630a, 765a, 795b
板垣退助　380a
1時間降水量　652b
一関(岩手)　545b
一八水害　558a
一部損壊　**751b**
移動境界　771a
緯度観測所　781b
イナゴ　763a
伊奈忠順　228a
伊奈半左衛門　268b
稲むらの火(いなむらの火)　**751b**, 38b, 220a, 319a
犬塚又兵　354a
井上宇胤　86a
井上友一　**752a**, 419b
亥の大変(文化12年)　368a
伊吹大明神　752b
伊吹童子　752b
伊吹弥三郎　**752a**
揖保川　368a
今切口　181b
今城塚古墳(大阪府)　57b, 189b
今村明恒　**752b**, 35b, 85a, 402a, 415b, 437a, 438b, 754a, 775b, 784a, 786b, 787a, 789b, 798a, 802a
今村・飯田のm　36b
居廻り施行　778b
芋川　732b
医療　61a
慰霊碑　764b
石廊崎断層　624a
いろは四十七組　287b, 791b
岩田善平　354b
岩舘地震(宝永元年4月24日)　**216**
巌手沿岸古地名考　799a
岩手県沿岸大海嘯取調書　376b, 799a
岩手県沿岸大海嘯部落見取絵図　376b, 799a
岩手・宮城内陸地震(平成20年)　801b
引張力　767a
イントラプレート地震　770a
インバージョン　308a

う

上野(三重)　311a
上田藩　309a
羽越水害(昭和42年)　96a
ウォートルス　103b
ヴォールト　100a
浮橋中央断層　453b
浮橋西断層　453b
羽後・陸奥地震(宝永元年)　216a
宇佐美龍夫　802a
宇治川　338a, 343a
牛の角突き　734a
牛類　758b
牛枠　**752b**, 758b, 772b
有珠山(北海道)　291a
有珠山噴火(明和6年)　291a
有珠山噴火(寛文3年)　291a
有珠山噴火(文政5年)　291
有珠山噴火(昭和19年6月―7月)　**491**
有珠山噴火(昭和52年8月7日―53年10月27日)　**635**, 446a
有珠山噴火(平成12年3月31日―8月)　**708**, 32a, 446a
有珠新山　635b
巴波川　165b
宇田川興斎　79a
卯建(宇建)　103a
打ちこわし　264a, 298b
内田康哉　147b, 430b
内田祥三　149a
内村鑑三　81b
宇津カタログ　802a
宇津徳治　87a, 753b
宇南山壽庵　352b
梅原断層　362a
浦上川　653a
裏磐梯　355a
ウンカ(雲蚊・雲霞・浮塵子)　763a
雲仙型　349a
雲仙災害記念館　757b
雲仙岳火山活動警戒連絡会議　678b
雲仙岳災害対策基金　679b
雲仙岳噴火(平成2年11月17日―7年2月)　**676**, 27b, 49a, 755b, 800b
雲仙岳防災会議協議会　679a
雲仙岳防災連絡会議　679a
雲仙普賢岳噴火(雲仙噴火, 寛政4年)　31a, 140a
→寛政雲仙岳噴火
運命論　81b

え

永久建築　101a
永享の飢饉　134b
永祚の風(永祚元年8月13日)　**178**, 128a
永仁の大地震　133a
疫死　753a
疫疾　753a
液状化　**753b**, 2, 21a, 57a, 108a, 182a, 189a, 210a, 294a, 332a, 598a, 769a, 772a
疫神　764a
疫瘡大流行　129b
疫病　753a
疫病送り　753b
疫癘　**753a**
回向院(東京)　326a
回向院無縁寺(東京)　201a
エコノミークラス症候群　62a, 731b
SI単位系　792a
S波　18a, 770b
S-P時間　770b
越中街道　332b
越流堰訴訟　718b
越流堤　799b
江戸(東京)　198a, 213a, 224a, 238b, 240a, 267a, 287a, 304a, 322a
江戸地震(安政2年)　142a　→安政江戸地震
江戸城　139a, 198a, 213a, 251a
江戸鯰　329a
江戸の3大洪水　304a
N軸　791b
エネルギー　792b
絵はがき　166a
絵葉書写真　150b
えびの地震(昭和43年2月―3月)　**611**
エヤミ　753a
エルグ　792b
エルトゥールル号　162a
エルトゥールル号遭難事件(明治23年9月16日)　**360**
遠地津波　34a, 784b, 797b
円頂丘　800b
遠藤十次郎(現夢)　355a
遠藤陸郎　354b
煙突地震(明治27年)　369b
塩風害　67b

4　索　引

延宝・房総沖地震(延宝5年)　1

お

応永の飢饉　131b, 134a
応急仮設住宅　739b, 758a, 764b
王滝川　667a
近江八幡(滋賀)　289b
大葦神社(栃木)　269a
大雨害　69a
大井神社(滋賀)　404b
大分県中部地震(昭和50年4月21日)　**628**
　大金益次郎　465a
　大久保利通　792a
　大河津分水路　767b
　大坂(大阪)　220a, 312a, 318a, 338a, 343a, 474a, 513a, 549b, 591a
　大阪洪水(明治18年)　150a
　大阪城公園教育塔　149a, 479b
　大阪地方災害考査委員会　480a
　大阪湾　190a, 220a
　大塩平八郎の乱　298b
　大島火山(東京)　209a, 254a
　太田川　502b
　大岳地獄物語　279b
　大谷東平　476b, 548a
　大津(滋賀)　205b, 321a
　大塚専一　355a
　大塚信豊　355a
　大鳥鉱山雪崩　422a
　大鯰　79b, 329b, 758a
　大野断層　453b
　大庭寬一　395a
　大橋高四郎　435a
　大橋八郎　513a
　大船渡(岩手)　463a, 486b
　大豆田遺跡(福島)　193b
大森-宇津公式　**753b**, 19b
　大森公式　362b, 753b
　大森英郎　352b
大森房吉　**753b**, 85a, 296b, 373b, 398a, 436a, 492b, 729a, 752b, 753b, 775a, 786b, 789a
　大雪　66a, 420a
　岡崎文吉　391b
　小鹿島果　788b
岡田武松　**754a**, 476a
　お金御普請　140a
　お金手伝　268b
　岡山史料ネット　59a

小川湊(静岡)　181a
沖合型巨大地震　211a
沖日記　361a
沖野忠雄　108a
奥尻島(北海道)　684a
奥尻島津波館(北海道)　774b
小口信明　354b
瘧　753a
お七火事　199b
渡島大島津波(寛保元年)　33b
渡島大島噴火(寛保元年)　31a
御救金　228b
お救い小屋(御救小屋)　**754b**, 268a, 288a, 298a, 325b, 778b
お救い夫食　229a
お救い普請　**754b**
遅霜害　69a
小田遺跡(鹿児島)　177a
小田原(神奇川)　138b, 213b, 429a
小田原地震(嘉永6年)　141b, 161a, 314a
御手伝普請　262a, 290a
女川原発　115b
鬼押出し溶岩流　258a
尾上菊五郎　354b
小野寺慶治　599b
小幡治和　543a
御札配り　753b
思川　164a
親不知雪崩　422a
折田平内　352b
尾鷲(三重)　222b, 502b
瘟疫　753a
遠賀川　556b
恩賜金　**754b**, 145b
恩賜公園　765b
温帯低気圧　780a
御岳崩れ　667a

か

灰雲サージ　755b
海王丸　728a
海崖　33b
海岸災害防止事業　575b
海岸堤防　664b
海岸法　94a, 560b, 561b
海岸保全施設築造基準　590a, 795b
戒厳令　431a
海溝　**755a**, 16b, 793b

索 引 5

海溝型巨大地震　211a	火山学　788a
海溝型地震　**755a**, 1	**火山ガス**　**756b**, 27b, 567b, 710a, 794a, 795a
海嘯　**755b**	火山ガス監視システム　711a
海嘯誌　799a	火山学会　788a
海嘯罹災地建築取締規則　466b	火山活動　20b, 33b
海震　321a	火山岩塊　27b, 224a757b
外水災害　40a	火山警報　711b
外水氾濫　713a	火山降灰　140a
海底火山の噴火　33b	**火山災害**　**22**
海底カルデラ　397a	火山砂防事業　47b
海底地震計　768b	火山性微動　495b
海底噴火　398a	火山弾　27b, 255b
海南新聞社　394b	火山等緊急対策砂防事業　47a
海抜ゼロメートル地帯　578b	**火山灰**　**757a**, 27b, 175a, 224a, 255b, 291a, 556b, 755b, 785b, 795a, 797a
開聞岳噴火(貞観16年3月4日)　**175**	火山爆発指数　26b
開聞岳噴火(仁和元年)　176a	**火山博物館**　**757a**
改良大森の公式　753b	火山物理研究会　788b
改良日本風家屋　99a	火山噴火　44a, 139a
海嶺　16a, 22b, 793b	火山噴火警報レベル　711b
街路整備事業　766a	火山噴火予知　32a
カイン　792b	火山噴火予知連絡会　24a, 669b
ガウランド　353a	火山防災マップ　31b
家屋耐震構造論　101a, 767a	火山礫　28b, 224a, 757a
家屋倒壊率　776b	ガシ　760b
家屋被害率　624b	餓死　753a, 760a
科学技術・学術審議会　89a	鹿島神宮　758a
科学技術庁　8, 87a, 704a	鹿島大明神　79b
過覚醒　776a	**鹿島の要石**　**758a**
加賀藩　334b	鹿島の神　758a
賀川豊彦　118a	柏崎刈羽原子力発電所　115b, 742a
河岸段丘　782b	霞堤　774b
餓鬼道の世　263b	**カスリーン台風**(昭和22年9月)　**528**, 95a, 110b, 544a, 545b, 630a
各自水消　791b	河成段丘　782b
学術会議地球物理学研究連絡委員会地震予知小委員会　86b	風荷重　480b
覚林　286a	風台風　630a
籠　772b	**仮設住宅**　**758a**, 764a
囲米　264b	風津波　33a, 461a, 476a
鹿児島(鹿児島)　411a, 515a, 551b	河川改修工事　557b
火災　**50**, 102b, 756a	河川激甚災害対策特別緊急事業　112a, 717a
火砕丘　782a	河川法　46a, 92b, 95a, 108a, 345a, 388b, 410b
火砕サージ　**755b**, 27b, 492b, 567a, 635b, 794b	加速度　2, 792b
火災旋風　**756a**	加速度型地震計　768b
火砕物　757a	加速度計　751a
火災保険　**756a**, 42a	勝海舟　353a
火災保険契約　771a	活火山　24a
火砕流　**756b**, 27b, 194b, 676a, 755b, 758b, 785b, 794b, 800b	活火山研究会　788b
火砕流噴火　411a	活火山法　96a

6　索　　引

活構造　　773a
活褶曲　　773a, 795a
活断層　　**758b**, 14a, 58a, 624a, 795a
活断層帯　　690b
活断層のインバージョン　　308a
活動火山周辺地域における避難施設等の設備等に関する法律　　95b
活動火山対策特別措置法　　96a
活撓曲　　773a
カヅマヤマ古墳(奈良)　　57b
桂川　　343a
加藤清正　　43a
加藤弘之　　436a, 775a
河道閉塞　　356a, 729a, 748b, 775b
加藤愛雄　　86a
加殿断層　　453b
金井俊行　　279b
金沢(石川)　　332b, 420a, 447b, 647a
かなめいし　　207a
要石　　79b, 758a
金目川　　229b
狩野川台風(昭和33年9月)　　**568**, 110b
狩野川放水路　　572a
加部安左衛門　　261b
釜石(岩手)　　284a, 463a
釜石の奇跡　　11
鎌倉(神奈川)　　429a
神風　　180b
上賀茂地学観測所　　771b, 786a
神鷹丸　　555a
上富良野(北海道)　　441b
神威岬沖地震(昭和15年)　　684a
鴨河の氾濫　　127a
仮小屋建設　　464b
苅宿仲衛　　353a
ガル　　792b
軽井沢(長野)　　256a
軽石　　255b, 291a, 778a
軽石噴火　　194b
カルデラ　　209a, 274a, 333a, 397a, 709a
カルデラ陥没　　**758b**
川倉　　**758b**
川鞍　　758b
川越大火(明治26年)　　103a
川治プリンスホテル火災(昭和55年11月20日)　　643
河角広(河角廣)　　603a, 802a
河田喜代助　　555a
川普請　　**759a**

川舟断層　　384b
かわら版(瓦版)　　78a, 161b, 321a
川原家　　559a
寛永の大飢饉(寛永18―20年)　　**196**, 140b
旱害(干害)　　66b, 759b
寛喜の飢饉　　133a
環境史　　131a, 152a
願教寺(滋賀)　　404a
環境防災水利　　117a
環境歴史学　　131a
観光防災　　117a
岩淳　　777b
寛正の飢饉　　135a
寛政雲仙岳噴火(寛政4年正月―3月)　　**272**, 33b
　　→霊仙普賢岳噴火
寛政西津軽地震(寛政4年12月28日)　　**280**, 216b
寛政南三陸沖地震(寛政5年正月7日)　　**282**
寛政四年島原大地変・付図　　279b
冠雪害　　648a
岩屑なだれ　　333b, 349a, 350b, 439b
岩屑流　　**759a**
神田佐久間町火事　　288b
関東地震　　14b
関東大地震(弘仁9年)　　125a
関東大地震(元慶2年)　　125b
関東大地震(大正12年, 関東地震)　　100a, 423a, 752b, 775b
関東大震災(大正12年9月1日)　　**423**, 85a, 108b, 118a, 147a, 162b, 166a, 755a, 756b, 759b, 763b, 765b, 766a, 775a, 785a, 787a, 788a
関東大震災画帖　　151b
旱魃　　**759b**
鎌原火砕流・岩屑なだれ　　258a
鎌原村(群馬)　　139b, 257b
岩盤　　772a, 793b
乾風害　　67a
寛文越後高田地震(寛文5年12月27日)　　**208**
寛文近江・若狭地震(寛文2年5月1日)　　**203**
寛文地震(寛文2年)　　203a
寛保地震・噴火・津波(寛保元年7月19日)　　**234**
寛保2年洪水(寛保2年7月―8月)　　**236**, 305a
蚶満寺　　286a
関門トンネル　　557b
関連死　　5, 62a, 695a　→災害関連死

き

祈雨　　761a
祈雨・止雨の奉幣　　130a

索　引　7

飢疫　　753a
義援金(義捐金)　　**759b**, 92a, 145b, 162b, 344a, 680b
義捐金・義捐物資　　433b
義捐金募集　　772b
祇園御霊会　　130a
祈願　　130a
飢饉　　**760a**, 140b, 196a, 263a, 297a, 753a
菊川　　502b
菊池大麓　　**760a**, 366a, 436a, 775b, 789a, 800a
菊地安　　355a, 778b
気候変動　　**760a**, 131a
岸辺のアルバム　　626a
紀州大水害　　558a
気象衛星　　550b, 571b
気象学(岡田武松)　　754a
気象学講話(岡田武松)　　754a
気象観測　　782b
気象業務法　　784b
気象警報　　656b, 666b
気象研究所　　610b
気象庁　　24a, 544b, 564a, 690b, 760b, 762a, 783a
気象庁精密地震観測室　　604a
気象庁マグニチュード　　18b
気象特報　　478a
気象報道管制解除　　513a
気象報道管制施行ニ関スル件通牒　　489a
気象報道管制実施ニ関スル訓令　　489a
気象要覧　　**760b**
気象レーダー　　572b
義倉　　760a
木曾川　　289b, 387a
木曾三川　　263a
木曾三川改修計画　　786a
木曾三川宝暦普請　　**760b**
北伊豆地震(昭和5年11月26日)　　**453**, 15a, 21a, 790a, 796a
北上川洪水予報連絡会　　546b
北但馬地震(大正14年5月23日)　　**438**, 163a
北丹後地震(昭和2年3月7日)　　**449**, 761b
北見丸　　563b
北村徐雲　　352b
木津川　　338a, 343a
木津川断層　　311a
キティ台風(昭和24年8月—9月)　　**547**
祈禱　　**761a**, 281a
寄人　　247a
飢人小屋　　754b
杵ヶ森古墳(福島)　　193b
城之崎地震　　438a

貴布禰社　　761a
亀卜　　133b
逆断層　　**761a**, 17a, 781b
逆断層運動　　313b
救急医療　　61a
急傾斜地の崩壊による災害防止に関する法律　　47a
急傾斜地法　　95b
救護　　162a
救荒食物　　233b
救護法　　143b, 773a
急性ストレス障害　　62b
旧南部領岩手県地価沿革誌　　799a
窮民一時救助規則　　92a, 143a, 339a
窮民救助法案　　92a
凶歳租税延納規則　　92a
強震　　776b
強震観測網　　768b
強震計　　778a
強震動　　1, 89b, 769b
京都大風(天暦元年)　　128a
京都大風暴雨(天慶7年)　　128a
強度計算　　101b
京都地震(元慶4年)　　125a, 127b
京都地震(天保元年)　　78a
京都水害(昭和10年)　　149b
京都大火(天喜6年)　　128b
京都大火(安元3年)　　132a
京都大火(治承2年)　　129a
京都大火(天明8年)　　270a →天明京都大火
京都大学地質学教室　　450a
京都大学防災研究所　　**761b**
京都大水害(昭和10年)　　149b
京都帝国大学　　786b
京都火消　　270b
行人坂大火　　249a
強風　　39a
享保の大飢饉(享保17年)　　**233**, 140b, 763a
共鳴効果　　35b
共役断層　　**761b**
清浦圭吾内閣　　434a
巨大地震　　1, 14b, 58a, 172a, 181a, 313a, 314a, 770a
巨大地震発生メカニズム　　2
巨大津波発生メカニズム　　1
記録的短時間大雨情報　　666b
緊急火山情報　　32a, 710b
緊急災害対策本部　　10
緊急時規範　　10
緊急地震速報　　**762a**, 18a, 797b

8　索　　引

緊急全国気象協議会　　478a
緊急避難　　711b
緊急炉心冷却システム　　8
銀座煉瓦街計画　　103b
近世の災害　　**138**
近代の災害　　**143**
近地津波　　34a, 585b
近地津波予報　　784b

く

グーテンベルグ　　85b
グーテンベルグ・リヒター式　　**762a**, 19a, 90b
　日下部四郎太　　786b
　櫛ヶ峰　　350b
　孔雀経御修法　　133b
　九頭竜川　　540a
　屈折　　35a, 660a
　くつ塚　　579a
　口説節　　150b, 160a
　国武三千雄　　499a
　国役普請　　759a
　熊野川　　559a, 747b
　熊野本宮大社(和歌山)　　356a
　熊本地震(明治22年)　　341b, 763b
　組物　　97b
　グラム　　792b
　糊沢龍吉　　161a
　久留米(福岡)　　556a
　呉(広島)　　518a
　黒石藩　　242b
　黒岩長左衛門　　261b
　黒田清隆　　353a
　黒部川　　488a
黒部峡谷雪崩(昭和13年12月27日)　　**488**
　桑名藩　　295b
　群速度　　34a
　群発地震　　20b, 411a, 481a, 604a, 611a, 795b

け

慶応 4 戊辰年大洪水(慶応 4 年閏 4 月－ 7 月)　　**338**
　計画津波　　687a
　計画停電　　11
　敬賢翁壽碑　　269b
　警固断層　　735a
　警察予備隊　　552a
　警察予備隊令　　552a

傾斜計　　85b
軽震　　776b
計測震度　　**762b**, 776a
慶長会津地震(慶長11年 8 月21日)　　**192**
慶長東海・南海地震(慶長 9 年12月16日)　　**191**
慶長伏見地震(慶長元年 7 月12日)　　**189**, 57b
鯨油　　763a
芸予地震(慶安 2 年)　　399a
芸予地震(貞享 2 年)　　399a
芸予地震(享保18年)　　399a
芸予地震(安政 4 年)　　399a
芸予地震(明治38年)　　399a
芸予地震(昭和24年)　　399a
芸予地震(平成13年)　　399a
ケカチ　　297b, 760a
飢渇　　760a
激震　　776b
激甚災害　　10
激甚災害に対処するための特別の財政援助等に関する法律　　41a, 602b, 765b
激甚災害法　　602b, 765b
激甚法　　765b
激特　　717a
激特事業　　112a
ゲリラ豪雨　　40a, 620b
ゲリラ災害　　110b
玄界島(福岡)　　735a
減災　　116a
現実への帰還　　73b
原子爆弾災害調査研究特別委員会　　518b
原子力災害対策本部　　11
原子力災害対処派遣命令　　11
原子力船むつ　　7, 114b
原子力損害賠償紛争審査会　　11
原子力損害賠償法　　6
原子力発電　　114a
原子炉　　8, 742a
原子炉緊急停止　　742a
原子炉建屋　　8, 115b
原子炉等規制法　　703a
減衰　　776b
減衰定数　　776b
建築基準法　　**762b**, 94a, 102a, 110b, 114b, 480b, 541a, 613b, 619b, 622b, 776b, 779b
建築基準法施行規則　　762b
建築基準法施行令　　762b
建築士法　　762b
建築年割引　　771a
建築物の耐震改修の促進に関する法律　　102b,

索　引　9

693a
建築防火　53a
建築防災性能評定　53a
検潮儀　664a
検潮所　85b, 664a
元徳の飢饉　132b
原発　114a
原発と地震　114
玄武岩マグマ　796b
県民総ぐるみ除雪実施計画　597a
減免　763a
元禄型関東地震　211b
元禄地震(元禄16年11月23日)　**211**, 138b, 426a
元禄十六年津波精霊供養碑　215a
元禄津波供養塔　214a
元禄能代地震(元禄7年5月27日)　**210**, 216a

こ

小泉八雲　318b
弘安の役の暴風(弘安4年閏7月1日)　**180**
豪雨　39a, 44b, 69a, 482a, 556b, 558b, 620a, 652a, 712b, 801b　→集中豪雨
強雨害　69a
蝗害　763a
降下火砕物　224a
降下火山灰　28b, 296b
降下火山礫　28b
弘化3年大洪水(弘化3年6－7月)　**304**
高感度地震観測網　768b
高規格堤防特別区域制度　95a
公儀普請　759a
公共土木施設災害復旧事業　603a
公共土木施設災害復旧事業費国庫負担法　93a, 765a
剛構造　776b, 779b
甲午火事　288b
向斜　773a
神代鍋島日記　276b
洪水　334a, 799b
高水工事　107a
洪水写真　150a
降水短時間予報　626a
洪水予報　544b
洪水予報指定河川　626a
洪水予報連絡会　545a
洪積層　783b
豪雪　593a, 646a, 736a
構造計算　101b

広帯域地震観測網　768b
広帯域地震計　768b
高地移転　382b, 466a
公儲金　92a, 144b
河野一郎　602a
河野重通　229b
神戸(兵庫)　482a, 610a, 688a
神戸大学附属図書館震災文庫　60a
神戸ベテランズ　702a
郷村断層　449a
郷村地表地震断層　449a
高力種信(猿猴庵)　290b
高齢者　63a
凍りつき症候群　9
郡山(奈良)　311b
五海洋　555b
御下賜金　754b
国際火山学協会　788b
国際原子力事故尺度　9
国際津波情報センター　590b
国際防災の10年　113a
国際放射線防護委員会　9
酷暑害　69b
国土地理院　86b
克服論　83b
固結地盤　772a
こころのケア　776a
古地震学　769a
古代の災害　124
巨智部忠承　366b
五島珊瑚　393b
後藤象二郎　353a
後藤新平　763a, 147b, 431a, 750b, 784b, 785a, 787b
小藤文次郎　763b, 367a, 371b
孤独死　764a
近衛篤麿　391a
狛江水害(昭和49年)　627a
駒ヶ岳(北海道)　194a
コミュニティ防災　116b
小山善　352b
御霊会　764a
御霊神　764a
御霊神社　764b
五六豪雪(昭和55年12月－56年2月)　**646**
強首地震　415a
コンクリート強度　101b
権現堂大堤碑　269b
混成堤　108a

コンドル　98a, 366b
軒廊御卜　133b, 761a

さ

災異改元　130a, 133b
災害援護資金貸付　751b
災害応急対策　764b, 765a
災害科学研究所　480a
災害過程　72a
災害観の変遷　**78**
災害関連死　695a, 731a
災害義援金　759b　→義援金
災害記念碑　**764b**
災害救護　162a
災害救済法　791b
災害救助隊　541a
災害救助法　**764b**, 10, 41a, 93a, 163a, 540b, 554a, 557b, 570b, 581a, 593a, 602a, 611b, 671b, 714a, 737a, 758a, 801a
災害後のユートピア　10　→災害ユートピア
災害弱者　63a
災害準備基金特別会計法　93a
災害時要援護者　**63**
災害時要援護者の避難支援ガイドライン(平成16年)　63b
災害ジャーナリズム　207a
災害衝撃期　9
災害症候群　10
災害情報　150a, 290b, 334b, 353a
災害心理と社会　**72**
災害対策　796a, 797a
災害対策基本法　**765a**, 41a, 48a, 93b, 163a, 572b, 577b, 581a, 593a, 765b, 783a
災害対策救助法　696a
災害弔慰金の支給等に関する法律　96a
災害と医療　**61**
災害と環境の歴史　**152**
災害と気象　**66**
災害と建築　**97**
災害と土木　**106**
災害と日本赤十字社　**162**
災害と法律　**92**
災害土木費国庫補助規定　93a
災害土木費国庫補助ニ関スル法律　40b
災害土木補助費　146a
災害の被害認定基準　751b, 779a, 791a
災害復旧事業費　**765a**
災害復興公園　**765b**

災害復興道路　765b
災害復興土地区画整理事業　**766a**, 765b, 766a
災害文化　38a, 42b, 60b
災害報道の転換　581b
災害ボランティア　**118**, 40b, 353a, 487b
災害メディア　150b
災害ユートピア　73a　→災害後のユートピア
災害用伝言ダイヤル　**766b**
災害予防対策　765a
災害立法　144a
災禍の上に(詩和会)　151b
犀川　308a
サイクロン　780a
西湖(山梨)　170b
西湖災害(昭和41年)　47a
最小主応力軸　767a
最大圧縮応力　**766b**, 455a
最大瞬間風速　480a, 607b
最大波浪　726b
最大余震　90b, 795b
埼玉県行政文書　437a
最低気圧　517a
斎藤市左衛門(月岑)　328a
砂波段波　35a
砂破段波　660a
酒田大火(酒田市大火, 昭和51年10月29日)　**631**, 52b, 766b
相模川　229b
相模トラフ　16a, 211a, 423b, 754a
酒匂川　139a, 225a
酒匂川洪水(享保19年)　225a
象潟古景図　286b
象潟地震(文化元年6月4日)　**285**
崎山節　248a
佐久間象山　84a
桜井於兎吉　352b
桜島　28a
桜島噴火(安永8年)　411b
桜島噴火(大正3年1月12日)　**411**, 146b
桜島噴火(昭和47年)　95b
桜島噴火(昭和60年)　28a
桜堤(東京)　533a
佐々木頼綱　752a
佐々憲三　86a, 771b
颯田本真　359a
左藤義詮　582a
佐藤進　366b
佐藤信寛　340b
佐藤良輔　786b

索　引　11

里雪型　　67b, 595b, 648a	式占　　133b
真田幸貫　　141a, 309b, 797b	時局匡救事業　　46b
サネモリ　　763a	自在堰　　767b
佐野利器　　767a, 101a, 109a	自主点検報告表示制度　　795b
砂防　　44b, 335a	自主防災組織　　767b
砂防工事落成箇所取締の件　　46a	地震　　1, 33b, 57a, 78a, 84a, 97b, 106a, 114a, 138b,
砂防三法　　95b	751a, 755a, 756a, 758b, 762a, 768a, 769a, 769b, 774a,
砂防法　　46a, 92b, 389a	776a, 780a, 789b, 790a, 795b, 796a, 801b, 802a
サマータイム　　538a	地震及び火山噴火予知のための観測研究計画　　88a
佐用川豪雨災害(平成21年)　　718a	地震海嘯考　　78a
砂礫型土石流　　787b	地震学　　84b, 690a, 786b, 789b
ザン　　767a	地震学研究連絡委員会　　88a
山陰豪雨(昭和58年7月)　　666	地震火災　　53b
山陰歴史資料ネットワーク　　59a	地震・火山噴火予知研究協議会　　689b
三重会合点　　793b	地震学会　　86b, 752b, 789b　→日本地震学会
三条(新潟)　　721b	地震・雷・火事・親父　　768a
三条地震(文政11年11月12日)　　294, 160a	地震観測　　782b
山川掟　　→やまかわおきて	地震観測所　　85b
3大飢饉　　233a	地震口説節　　160
山体崩壊　　194b, 234b, 272a, 349b, 759a	地震雲　　768a
暫定法　　765a	地震計　　768b, 341a, 797b
三八豪雪(昭和37年12月－38年1月)　　593, 448b,	地震研究所　　85b, 775a, 786a
646a	地震考(小島濤山)　　78a
三府の法　　279a	地震考古学　　57, 124b, 769a
三陸沿岸津波警報組織　　784b	地震小屋　　511b
三陸海嘯災民救助事務所　　382a	地震痕　　769a
三陸地震(昭和8年)　　35b　→昭和三陸地震津波	地震痕跡　　769a, 57, 138b, 193b
三陸大海嘯岩手県沿岸見聞誌一斑　　376b, 799a	地震災害　　14
三陸大海嘯岩手県沿岸被害取調表　　799a	地震災害予防　　775a
三陸地方震害対策協議会　　463b	地震財特法　　94b
三陸津波(明治29年)　　33b, 784a　→明治三陸地震	地震時市防火　　53a
津波	地震時早期停止システム　　730b
三陸津波対策委員会　　465a	地震草紙　　161b
三陸はるか沖地震(平成10年)　　613a	地震帯　　793b
	地震断層　　774a
し	地震断層説　　763b
	地震地体構造論　　38a
G-R式　　90b	地震庁　　690b
CMT解　　790b	地震調査研究推進本部　　89a, 690b
シーボルト　　292b	地震調査事業　　769b, 778b, 797b
シーボルト事件　　292a	地震津波　　755a
シーボルト台風(文政11年8月9日)　　292	地震＝津波連想　　769a
自衛隊の災害派遣　　679b	地震動　　769b, 2, 14a, 768a, 776b, 778a, 779a, 783b
ジェーン台風(昭和25年9月)　　549	地震動警報　　762a
時疫　　753a	地震動の擦痕　　456b
支援金給付　　751b	地震動予報　　762a
塩屋崎沖地震(昭和13年5月－11月)　　481	地震年報　　769b
市街地建築物法　　101b, 482a, 762b	地震の征服(今村明恒)　　752b
四角四堺(四境)祭　　133b	地震の双力源説　　455a

12　索　　引

地震のタイプ　　770a
地震の発生機構　　1
地震波　　770b, 18a, 84b, 793a
地震発生確率　　89b
地震発生層　　771a
地震波動　　796a, 797b
地震波の伝播速度　　798b
地震防災対策強化地域における地震対策研究整備事業に係る国の財政上の特別措置に係る法律　　94b
地震防災対策特別措置法　　88b, 94b, 689b
地震保険　　771a, 603a
地震保険に関する法律　　94a, 771a
地震保険法　　771a
地震虫　　79b
地震モーメント　　796b
地震山　　317a
地震予知　　536a
地震予知器　　84a
地震予知計画　　86b
地震予知研究　　621a
地震予知研究計画　　600b, 604b
地震予知研究計画グループ　　86a
地震予知研究シンポジウム　　86b, 88a
地震予知研究連絡委員会　　86a
地震予知―現状とその推進計画　　86b
地震予知シンポジウム　　689b
地震予知推進本部　　87a
地震予知と予測　　84
地震予知のための新たな観測研究計画　　88a
地震予知連絡会　　86b, 621a, 690a
地震予報　　85b
地震預防説(宇田川興斎)　　78a
地すべり(地滑り)　　771a, 33b, 216a, 759a
地すべり等防止法　　46b, 95b
自然災害研究協議会　　112b
自然災害総合研究班　　112b
自然主義　　391a
志田数　　771b
志田順　　771b, 760a
七分積金　　771b, 264b
市町村災害弔慰金補助制度　　96a
志津川公立病院(宮城)　　380b
失見当　　72a
湿舌　　712a
実体波　　18a, 770b
実体波マグニチュード　　796b
指定河川洪水予報　　544b, 626a
視程障害　　69a

柴五郎　　353a
新発田藩　　296a
地盤　　772a, 753a, 783b, 793a
渋沢栄一　　772a, 81b, 409b, 419a
渋沢元治　　149a
自普請　　759a
島原港　　274a
島原市災害対策本部　　678a
島原城　　273a
島原大変大地図　　279a
島原大変肥後迷惑　　31a, 33b, 274a
島原藩　　278a
津水(静岡)　　222a
下田(静岡)　　141b, 221a, 321a
下鶴大輔　　673b
社会資本整備重点計画法　　95b
蛇籠　　772b
弱震　　776b
蛇神　　752b
写真　　150a, 166a, 354b, 370a, 374a, 402b
写真絵葉書　　150b
社倉　　264b, 270b, 760a
ジャパンコンバージョン　　703a
斜面破壊　　771a
褶曲　　772b
柔構造　　776b, 779b
集合パニック　　791a
収束型境界　　793b
住宅火災保険　　756a
住宅再建共済制度　　698b
住宅総合保険　　756a
集中豪雨　　773a, 69a, 565a, 610b, 620b, 712a　→豪雨
修堤記功碑　　269b
十二湖崩れ　　216b
十人火消　　791b
十万貫石　　335b
重油の流出　　701a
ジュール　　792b
蛇籠　　752b
宿河原堰(神奈川)　　627a
ジュゴン　　767b
恤救規則　　773a, 92a, 143b
主要活断層帯　　89b
主要動　　762a, 770b
春風丸　　554b
請雨経法　　761a
請雨経御修法　　133b
上越新幹線　　730a

索　引　13

障がい者　　63a	昭和41年台風26号(昭和41年9月)　　607
消火栓　　104a	昭和41年台風27号　　607a
正嘉の飢饉　　133b	昭和42年7月豪雨(昭和42年7月)　　610
傷寒　　753a	昭和42年台風7号　　610b
常願寺川　　46b, 331b	昭和47年7月豪雨(昭和47年7月)　　620, 195b
常願寺川改修計画　　786a	昭和49年台風16号　　41b, 626a
貞観11年陸奥国地震・津波(貞観11年陸奥国大地震, 貞観11年5月26日)　　172, 1, 126a	昭和49年多摩川水害(昭和49年9月)　　626
	昭和51年台風17号(昭和51年9月)　　630
貞享三原山噴火(貞享元年2月14日)　　209	昭和54年台風20号　　568b
常在寺衆中記　　135a	昭和58年7月豪雨　　666b
精進湖(山梨)　　170b	昭和五十六年豪雪対策本部　　646a
定式普請　　759a	昭和3大台風　　474a, 518a, 573a, 577b
小地震　　770a	昭和三陸地震津波(昭和三陸津波, 昭和三陸大津波, 昭和8年3月3日)　　459, 109b, 148a, 585a, 798a
衝上断層　　761a	
捷水路工事　　390b	昭和新山　　491a
衝突力　　36a	昭和新山隆起図　　495a
庄内川　　713a	昭和石油新潟製油所　　599b
庄内地震(明治27年10月22日)　　371, 85a	昭和十勝沖地震(昭和27年3月4日)　　553
小磐梯山　　346b	初期微動　　770b
定火消　　201b, 287b, 791b, 801b	初期微動継続時間　　770b
傷病者　　63a	除却消火　　50b
正平南海地震の碑　　527a	除蝗録　　763a
商法　　756b	諸国山川掟　　799a　→山川掟
消防救助機動部隊　　694a	諸社奉幣　　133b
消防組合　　773b	所々火消　　791b
消防組規則　　95a	初動発震機構解　　790b, 791b
消防組織法　　93a, 773b	消防署　　773b
消防団　　773b, 777b	ショルツ　　780a
消防法　　56a, 93a, 544a, 581a, 619b, 622b	ショルツ説　　87a
消防本部　　773b	白井徳次　　355a
称名寺(滋賀)　　402b	白岩堰堤　　46b
正力松太郎　　114a	白神山地　　216b
精霊供養塔　　214b	白川　　556b
昭和2年豪雪(昭和2年1月―2月)　　447	白川断層　　187a
昭和17年台風16号　　109b	白土湖(長崎)　　274b
昭和28年台風13号(昭和28年9月)　　560, 575b	シリカ　　23a
昭和29年台風15号　　563a	シリカ傾斜計　　751a
昭和33年台風11号　　568a	史料ネット　　59a
昭和33年台風17号　　568b	白井遠平　　353a
昭和33年台風21号　　568b	次郎焼亡　　129a
昭和33年台風22号　　568b	白木屋デパート大火(昭和7年12月16日)　　457
昭和34年台風15号　　573a	
昭和35年5月のチリ地震津波による災害を受けた地域における津波対策事業に関する特別措置法　　589b	神火　　126b
	新川　　530b, 713a
	新幹線　　730a
昭和36年台風18号　　591a	シングルカップル　　16b
昭和38年豪雪　　593a	震源　　18a, 751a, 770a, 774a
昭和41年台風24号　　607a	震源域　　774a, 3, 787b, 795b
昭和41年台風25号　　607a	震源断層　　774a, 14a
	信玄堤　　774b, 43a

14　索　引

人工地盤　772a
震災はがき　166b
震災記念館　774b
震災記念館(神奈川)　774b
震災紀念堂(岐阜)　774b
震災記念堂　774b
震災救済会　386b
震災写真の虚実　166
震災予防調査会　775a, 85a, 98b, 362b, 365b, 436a, 438b, 764b, 778b, 781b, 787a, 789a, 802a
震災予防調査会官制　366a
震災予防調査会報告　374a, 425a, 436b
震災予防調査会和文報告　775a
震災予防評議会　85b, 465b, 775a
信州地震大絵図　310a
信州鯰　329b
震生湖　775b, 729a
震生湖(神奈川)　775b
神泉苑　761a, 764a
新耐震基準　102b
神通川　332b
心的外傷後ストレス障害　775b, 10, 61b
震度　776a, 101a, 751a, 762b, 769b
振動エネルギー　776b
振動台　99a
振動の減衰　776b
震度階　536a, 776a
震度計　762b
新十津川町(北海道)　356b
震度7　2, 688b, 729b, 776b
深発地震　15a, 770a
深発地震研究　771b
仁風一覧　233b
新燃岳噴火(享保元・2年)　32b
新燃岳噴火(平成23年)　32b
心理パニック　790b
森林治水事業　407a
森林法　46a, 92b, 389a
神話　751a

す

水害　106a
水害訴訟　41b
水害防止協議会　110a
水害予防組合　777a
水源涵養法施行緊急の主意　46a
水災善後会　409b
推算潮位　547a

水蒸気爆発　777a, 398a, 635b
水蒸気爆発噴火　794a
水蒸気噴火(爆発)　25b
水素爆発　8
水平振り子　800a
水防管理者　777a
水防管理団体　777a
水防施設　41a
水防事務組合　777a
水防専門家派遣制度　777b
水防団　777a, 41b
水防団員　41b
水防法　41b, 93a, 95a, 545a, 581a, 777a
水防林　777b
水利組合条例　95a
水利組合法　95a
数値予報　564a
スーフリエール式噴火　794b
末広厳太郎　118a
周防灘台風(昭和17年8月27日―28日)　489
菅原芳生　519b
杉山繁輝　519a
スコリア　777b, 175a, 209a, 223a
須崎(高知)　221b
筋違　101b
鈴木俊一　674b
鈴木次郎　536a
ストロンボリ式　794a
ストロンボリ式噴火　398b, 445a
砂置場　230b
砂押川　172b
砂片寄場　230b
砂留　45b
砂退け御救い金　229a
砂退開発金　229a
須走(静岡)　224b
砂降り　225b
SMAC型強震計　778a
住友吉左衛門　395a
住友家　394a
住友別子山気象観測所　394b
住友本店(住友大阪本店)　392a, 395a
スラッシュ雪崩　224b　→雪代
スラブ　15b
スラブ内地震　289b, 755b
駿河トラフ　16a, 313a, 754a
スルツェイ式噴火　794b
スロッシング　778a, 598b
諏訪伊助　352a

索　引　15

せ

生活再建過程　72a
生活再建支援法　728b
生活再建・復興へ　73b
青函トンネル　564a
青函丸　563b
青函連絡船　563a
正常化の偏見　55a
制震　779b
精神復興　82b
精神論　82a
正断層　778a, 17a, 781b
正断層型の地震　755b
世界最低気圧　473a
世界地震観測網　341b
関重麿　262a
赤十字社　162a
積雪日本一　448a
堰止湖　747b
関野貞　374a
石版画　150a
関谷清景　778b, 84a, 346b, 351b, 366a, 782a, 786b, 789a, 797b, 800a
堰止め湖　347a, 351b
施行　778b, 200b, 240a
施行小屋　754b
赤痢　753a
妹澤克惟　787a
瀬田川　345b
瀬田川洗堰　354b
雪害　66b, 420a
設計水平震度　108b
節面　17a
剝海　170b
セメント　109a
全壊（全潰）　779a
線形長波理論　34b
線形理論　34b
善光寺地震（弘化4年3月24日）　306, 141a, 160b
全国地震動確率予測地図　797a
潜在ドーム　635b, 708a
潜在溶岩ドーム　800b
戦時報道管制　498b, 504a, 510a
千畳敷海岸　281a
前震　20a, 507a, 770b, 795b
浅水効果　35b
浅水理論　34b
浅草寺（東京）　287a, 326b
全層雪崩　421a
仙台（宮城）　640b
前兆の地殻変動　600b
全島避難　671a, 711b, 735b
千日デパートビル火災（昭和47年5月13日）　**616**, 52b
浅発地震　770a　→浅い地震
千屋断層　385b

そ

造家学会　99a
総降水量　630a
増上寺（東京）　201a
増訂大日本地震史料（武者金吉）　798a
層破壊　693b
測地学審議会　86b
速度　792b
速度型地震計　768b
側方流動　58b
底雪崩　421a
礎石　97b
會禰達蔵　374a, 400b
蘇民将来　779a
ソリトン波列　660a
ソリトン分裂　660a
損害保険　756b
ゾンデ観測　548a, 550a

た

タール火山噴火　795a
田結（兵庫）　438b
大円寺（東京）　249a
大海嘯各村別見取絵図　376b, 799a
耐火建築促進法　52b
大規模災害対処派遣命令　11
大規模地震対策特別措置法　87a, 94a
第五海洋丸　555b
第五福龍丸被爆事件　7
太極地震記　78a
大地震　18a, 87a, 770a
大正型関東地震　211b
大将軍神社（滋賀）　404b
大正三年三月十五日秋田県大震報告　415b
大正6年東京湾台風災害（大正6年10月1日）　**418**
大正7年豪雪（大正6年12月—7年1月）　**420**
大正十二年関東大地震震害調査報告　100b, 425a

16　索　引

大正震災志　425a
大正震災木版画集　150b
耐震　**779b**
耐震改修促進法　693a
耐震基準　108b
耐震診断割引　771a
耐震性能　97b
耐震等級割引　771a
耐震壁　101a
大震法　87a, 94a
耐震理論　767a
大東水害訴訟　41b, 718b
大日本地震史料(田山実)　782b
第2室戸台風(昭和36年9月)　591, 479b, 582a, 630a
タイ・バー　98a
台風　**780a**, 33a, 39a, 70a, 178a, 292a, 476a, 571a, 577b, 607a, 781b
台風エネルギー　574b
台風観測機　550b
耐風性数値　480a
台風の眼　473b, 548a, 569a, 591a
台風予報　552a, 561a
太平記　134a
太平洋スラブ　15b
太平洋津波警報組織　590b
太平洋プレート　15b
大防潮堤　751b
大名御手伝い普請　140a, 240b
大名手伝普請　268b, 759a
大名火消　253a, 287b, 791b, 801b
大洋デパート火災(昭和48年11月29日)　**622**, 52b
ダイラタンシー–拡散モデル　**780a**, 87a, 621a
耐力壁　101a
耐浪建築　38a
タイロス1号　571b
ダイン　792b
高木清左衛門　141b
高崎藩　295a
高潮　108b, 149b, 222a, 418a, 475b, 490a, 515b, 549b, 560b, 573b, 591a, 795b
多賀城　172a
多賀城廃寺(宮城)　174b
高田(新潟)　447b
高田地震(寛文5年)　208a
高田地震(弘化4年)　307b
高田平野東縁断層　208a, 307b
高梁川　368b
高橋浩一郎　574b
高橋製錬所　394b

高橋龍太郎　**780b**, 787a
卓越周期　769b
宅地造成等規制法　572a
武田信玄　43a, 774b
武甕槌命　758a
多幸症段階　10
祟り神　**781a**
辰野金吾　99a, 374a
竜巻　**781a**, 39a, 71a, 67b
立籠　772b
縦ずれ断層　**781b**
縦波　770b
立山カルデラ　333a
田中角栄　602b
田中正造　164a
田中舘愛橘　**781b**, 366a, 785b, 799b
田中舘秀三　398b
田中智学　353a
田中美代治　354b
田辺朔郎　149a, 366b
田舟　750a
タフリング　**782a**, 175a
ダブルカップル　16b, 766b, 790a, 796a
多摩川　387b, 405a, 626a, 627a
多摩川水害訴訟　41b
多摩川の自然を守る会　627a
玉村康三郎　354b
ダム　557b
多目的ダム　39b, 111a
田山実　**782a**, 802a
田老(岩手)　377b, 461a
太郎焼亡　129a, 132a
段蔵　41a
段丘　**782b**
丹後震災記念館(京都)　452a, 774b
丹沢地震　425a
炭酸ガス　29b
短時間雨量基準　620b
短周期地震計　768b
短周期地震動　2a, 770b
弾性波　18a
断層　**782b**, 34a, 508a, 750a, 758b, 761a, 761b, 774b, 781b, 792b, 800b
断層運動　33a
断層運動の仕事量　796b
断層地震説　796a
断層変位の痕　769b
丹那断層　453a
丹波山地　688b

索引 17

ち

地域気象観測網計画　620b
地域防災　116b
地域防災計画　581b, 711b
地域防災計画における津波対策強化の手引き
　　38a, 687a
地域歴史遺産　59b
地下河川　713b
地学観測所　760a
地殻内地震　15a
地殻変動　3, 14a, 215a
力　792b
地球温暖化　760b
筑後川　556a
治山緊急措置法　95b
治山治水緊急措置法　48a, 95b
治水　229b, 774b, 777b
治水三法　92b, 389a
治水事業　407b
治水ダム　111a
窒息消火　50b
地電流観測所　85b
茅の輪　779a
千葉県文化財救済ネットワーク　59a
地表地震断層　774a
中央気象台　**782b**, 85b, 358a, 476a, 513a, 552a, 760b, 769b
中央気象台秘密報告　490a
中央慈善協会　752a
中央貯蓄金　92a, 144b
中央防災会議　**783a**
中央防災会議緊急幹事会　602a
中央隆起帯　308a
中間主応力　767a
中国管区に於ける枕崎台風調査　519b
中国・九州北部豪雨(平成21年)　64a
中地震　770a
中条堤　407b
中震　776b
中世の災害　**131**
沖積層　**783a**
中部日本災害対策本部　577b
中立軸　791b
潮位偏差　108a
長周期地震計　768b
長周期地震動　**783b**, 2, 770b, 778a
懲震毖鑑(小泉其明)　296b

朝鮮人殺傷事件　435b
腸チフス　753a
直下型地震　**783b**
チリ津波(昭和35年5月24日)　**583**, 38a, 795b
チリ津波対策事業　590a

つ

ついんだら節　248a
塚田十一郎　602b
津軽平野西縁断層帯　242a
月ヶ瀬の教訓　572a
津波代様　214b
豆奈美　79a
津波　1, 21b, 31a, 84b, 106a, 583a, 755b, 769a, 784a, 795b
海波　755b
津波石　244a
津波慰霊碑　215b
津波規模　**784a**
津波強度　36b
津波警報　784b
津波災害　**33**
津波地震　1, 33b, 244a, 375b, 796b
津波高　36b, 784b
津波注意報　784b
津波伝説　767b, 800b
津波てんでんこ　**784a**
津波碑　527a, 764b
津波標石碑　764b
津波防波堤　590a
津波マグニチュードm　35b
津波マグニチュードMt　36a
津波予報　**784b**, 84b, 459a, 660b
津波予報区　660b
津波予報装置塔　467b
角避比古社　181b
坪井忠二　86a, 606a, 786a
津村建四朗　86b
津屋弘逵　496b, 555a
吊り舟　750a
敦賀(福井)　647a
敦賀原子力発電所事故　7

て

ディアナ号　321a
T軸　790b
低温害　69a

18　索　引

泥火山　553a
デイサイトマグマ　797a
定在波　536a
低周波地震　770a
帝都復興案　434a
帝都復興院　784b
帝都復興院官制　434a
帝都復興計画　763b
帝都復興事業　785a, 434b, 765b, 766a
帝都復興審議会　434a, 785a
帝都復興ノ議　432b
泥流　785b, 255a, 439a, 708a
泥流型土石流　787b
碇聯鉄工法　100a
手桶　786a
適マーク表示制度(適マーク制度)　643a, 651b, 795a
鉄筋コンクリート造　100b
鉄骨造　100a
鉄骨煉瓦造　100a
鉄道気象通報　478b
鉄道事故　392b
鉄砲水　70a
デブリ・アバランシュ　349a
寺田寅彦　785b, 85b, 787a, 790a, 798a
デ・レイケ(デレーケ, Johannis de Rijke)　**786a**, 46a, 344a
出羽国大地震(天長7年)　125b
天気図　513a, 782b
天気予報　476b, 513a, 782b, 792b
天気予報, 気象特報, 暴風警報規程　478a
天気予報, 暴風警報規程　477b
天恵論　81b
天譴論　78b
天災は忘れた頃にやってくる　786a
天災を顧みる日　548b
電磁式地震計　768b
伝上川　667a
伝上崩れ　667a
天正地震(天正13年11月29日)　**187**
天水桶　**786a**
伝染病　753a
天地返し　230b
天地或問珍(児島不永)　78a
天和大火(天和2年)　199b
天然ダム　281b, 333a, 347a, 356a, 668a, 747b, 775a, 787b
天白川　713b
伝播速度(C_G)　34a
天平6年の大地震　125a

天文の飢饉　135a
天保庄内沖地震(天保4年10月26日)　**299**
天保の大飢饉(天保3-9年)　**297**
天明浅間山噴火(天明3年4月9日-7月8日)　**255**, 28b, 139b
天明京都大火(天明8年正月30日)　**270**
天明の浅間焼け　255a
天明の打ちこわし　264b
天明の大飢饉(天明3-4年)　**263**
天明6年洪水(天明6年7月)　**267**, 305a
天佑論　81b
電力需給緊急対策本部　11

と

土肥淳朴　352b
東海豪雨(平成12年9月11-12日)　**712**, 95a, 111b
東海豪雨水害(平成12年)
東海地震　500b
東海地震(明応7年)　58a　→明応地震
東海地震説　87a
東海・東南海大地震(明応7年)　135b　→明応地震
東海発電所　114a
東海村ウラン加工施設事故(東海村JOC臨界事故, 平成11年9月30日)　**703**, 8
闘牛　734a
東京(東京)　369a, 387b, 406a, 418a, 427b, 482a, 533a, 547a
東京気象台　769b, 782b
東京地震(明治27年)　369a
東京市政要綱　431a
東京消防庁消防救助機動部隊　733a
東京大学地震学教室　**786b**
東京大学地震研究所　**787a**, 113a, 450a
東京都慰霊堂(東京)　774b
東京風水害救済会　419a
東京防火令　103a
東京湾高潮災害　752a
撓曲　773a
投出火山岩塊　28a
同潤会　785b
動的設計強度　115a
道東接近コース　562a
東南海地震(昭和19年12月7日)　**500**, 109b, 163a, 507a
東南海・南海地震に係る地震防災対策の推進に関する特別措置法　94b
東北地方太平洋沖地震　1, 172b

索引 19

東北帝国大学　　786b	都道府県災害土木費国庫負担に関する法律　　40b
洞爺湖温泉街(北海道)　　635a	利根川　　164a, 236a, 259a, 267a, 405a, 528a, 548a
洞爺丸　　562b	利根川洪水予報連絡会　　545a
洞爺丸台風(昭和29年9月)　　**562**, 683b	鳶人足　　791b
道路法　　750b	飛火　　633b
十勝沖地震　　14b	飛松留　　45b
十勝沖地震(昭和27年)　　553a	土木費補助　　365a
十勝沖地震(昭和28年)　　778a	富山城(富山)　　332a
十勝沖地震(昭和43年5月16日)　　**613**, 102a, 445a	豊岡(兵庫)　　438a, 727b
十勝沖地震(平成15年9月26日)　　**720**, 778a	豊岡豪雨災害　　728a　→平成16年台風23号
十勝岳　　613a	豊臣秀吉　　136a, 188a
十勝岳噴火(大正15年5月24日—昭和3年12月4日)　　**439**	ドライアバランシェ　　**787b**, 759a
十勝岳噴火(昭和37年)　　443b	トラウマ　　775b
十勝岳噴火(昭和63—平成元年)　　47a, 446a	トラフ　　755a, 793b
十勝丸　　563b	トランスフォーム型境界　　794a
トキノケ　　753a	トランスフォーム断層　　800b
読経　　130a	トリアージ　　61b
徳島(徳島)　　220a, 368a	鳥島(東京)　　397a
特定観測地域　　88a	鳥島カルデラ　　397a
特定都市河川浸水被害対策法　　717b	鳥島罹災者招魂碑　　398b
特定防火対象物　　623b	土耳其軍艦アルトグラー号難事取扱ニ係ル日記　　361a
特別都市計画法　　766a, 785a	ドロップゾンデ　　550a
特別の財政援助等に関する法律　　93b	鳶崩れ　　333a
都市型災害　　641b	鳶泥　　335b
都市型水害　　712a	
都市計画法　　111a, 148a	**な**
都市雪害　　649b	
都市大火　　52b, 634b	内水工事　　107a
土砂崩れ　　21a	内水災害　　40a
土砂災害　　**44**, 70a, 95b, 332a, 731b, 799a	内水氾濫　　67a, 713a
土砂災害警戒区域等における土砂災害防止対策の推進に関する法律　　47b	内藤多仲　　101a
土砂災害防止法　　47b, 95b	内帑金　　754b
土砂ダム　　747b	内務省地理局　　769b
土砂崩落　　308a	内務省復興局　　785a
土砂流　　787b	内務大臣官房都市計画課　　465b
土石なだれ　　255a	**内陸地震**　　**787b**
土石流　　**787a**, 30a, 334a, 347a, 412b, 676b, 747b, 785a, 801b	ナウマン　　341a
土蔵　　97b	中井常蔵　　751b
土蔵造　　103a	永井尚政　　197a
栃尾(新潟)　　294a	長岡藩　　296a
土地区画整理事業　　766a, 785a	長岡半太郎　　85b, 149a, 785b, 799b
十津川郷　　356a	長岡平野西縁断層帯　　742a
十津川災害　　747b	中川　　387b, 410a
鳥取県西部地震(平成12年10月6日)　　**719**, 59a	中川耕山　　354a
鳥取地震(昭和18年9月10日)　　**496**, 109b	中川堤防　　533a
土手の花見　　43a	長坂遺跡(静岡)　　223b
	長崎(長崎)　　221b
	長崎豪雨(昭和57年7月23日—25日)　　**652**, 47a

20　索　引

長崎大水害　654b　→長崎豪雨
長崎防災都市構想策定委員会　657a
長崎屋尼崎店火災(平成2年)　54b
中敷領遺跡(鹿児島)　177a
中島川　653a
流す砂防　47b
中曾根康弘　674b
永田武　496a
中谷宇吉　786a
永田秀次郎　**787b**
長野県西部地震(昭和59年9月14日)　**667**, 762a
長野盆地西縁断層　306a
中村一明　606b
中村左衛門太郎　86a, 603a
中村達太郎　373b
永山武四郎　356b
長良川　41b, 387a
長良川水害訴訟　41b
名古屋(愛知)　221a, 290a, 501b, 504b, 573b, 712a
雪崩　66b, 301a, 420b, 648a, 737b
那智川　747b
夏ウンカ　763a
夏目漱石　786a
ナホトカ号事件(平成9年1月2日)　**701**, 118b
鯰　79b
鯰絵　79b, 329a
鉛市太郎　480b
浪江町(福島)　481a
奈良(奈良)　311b
南海地震　14b
南海地震(仁和3年)　125a
南海地震(正平16年)　58a
南海地震(昭和21年12月21日)　**521**, 108a, 319a, 501a
南海地震(映画)　526b
南海地震津波(正平16年)　764b
南海地震津波(昭和21年)　752a
南海大地震(康安元年)　134a
南海大震災(昭和21年)　764b
南海トラフ　16a, 217a, 754a
南紀豪雨(昭和28年7月17・18日)　**558**
軟弱地盤　772a, 783a
難病患者　63a

に

新潟県中越沖地震災害対応支援GISチーム　743b
新潟県中越沖地震(平成19年7月16日)　**742**, 64b
新潟県中越地震(平成16年10月23日)　**729**, 2, 59a, 62a, 64a, 76a, 775b

新潟地震(昭和39年6月16日)　**598**, 94a, 299a, 771a
新潟地震非常災害対策本部　602a
新潟・福島豪雨(平成16年)　63b　→平成16年新潟・福島豪雨
新潟歴史資料救済ネットワーク　59a
新井田川　631a
丹生川上社(奈良)　750b, 761a
二ヶ領用水　126b, 627a
二酸化硫黄　29b
二酸化硫黄(SO_2)ガス　710a
2次災害　71a, 139b, 225a, 310b
西日本旱害(治承4年)　130a
西日本水害(昭和18年)　110a
西日本総合対策中央本部　557a
西日本大水害(昭和28年6月)　**556**, 559b
西村直己　524a
西求女塚古墳(兵庫)　57b
日降水量　630b
日露戦争　399a
二方向避難　645a
二方向避難の原則　458b
日本海大回りコース　562a
日本海溝　755a
日本海溝・千島海溝周辺海溝型地震に係る地震防災対策の推進に関する特別措置法　94b
日本海重油災害(日本海重油事故)　118b, 702a
日本海中部地震津波(昭和58年5月26日)　**659**, 299b, 684a
日本海北上コース　562a
日本学術会議地球物理学連合火山分科会　788b
日本火災学会　52b
日本火山学会　**788a**
日本強震測定委員会　778a
日本航空123便墜落事故　163b
日本災異志(小鹿島果)　**788b**
日本ジオパーク　355b
日本地震学会(明治13年創立)　**789a**, 341b, 778a, 789b, 790b, 797b
日本地震学会(昭和4年創立)　**789b**
日本地震史料(武者金吉)　798a
日本地震史料目録(田山実)　782b
日本自然災害学会　112b
日本赤十字社　162a, 352b, 361a, 363b, 409b, 417b, 464a
日本赤十字社看護婦養成規則　162b
日本赤十字社社則　162b
日本赤十字社天災救護規則　162b
日本赤十字社法　163a
日本に起こりたる破壊的地震　790b

索引　21

日本の気候(岡田武松)　754a
日本漫画会大震災画集　151a
ニュートン　792b
乳幼児　63a
丹羽禮介　151a
人魚　767b
妊産婦　63a
仁和3年の大地震　125a

ぬ

温見断層　362a
抜け上がり現象　753a
野底マーペー　248a
沼尾川　529a
塗屋　103a

ね

根尾谷断層　150a, 362a, 763b
根岸鎮衛　140a
熱雲　492b
熱帯低気圧　780a
熱伝達　51b
熱伝導　51b
熱放射　51b
ねばり(靭性)　102a
根府川(神奈川)　429b
根室半島沖地震(明治27年)　621a
根室半島沖地震(昭和48年6月17日)　**621**
寝屋川　41a

の

濃尾地震(明治24年10月28日)　**362**, 15a, 92b, 98b, 145b, 162a, 187a, 755a, 775a, 797b
濃尾断層帯　362a
農民永保法　279a
農林水産業施設災害復旧事業費国庫補助の暫定措置に関する法律　765a
野口喜三雄　788a
野島断層　688a
能代(秋田)　216a
能代港(秋田)　661b
能代地震(元禄7年)　210a
能代地震(宝永元年)　216a
能代衝上断層群　210b
能代断層帯　210b
野田正太郎　361b

能登遺跡(福島)　193b
能登半島地震(享保14年)　738a
能登半島地震(明治25年)　738a
能登半島地震(昭和8年)　738a
能登半島地震(平成5年)　738a
能登半島地震(平成19年3月25日)　**738**, 59a
能登半島地震復興基金　741a
能登ふるさと住まい・まちづくり支援事業　741a
能登歴史資料保全ネットワーク　59a
野並訴訟　718a
野蒜築港　792b
野分　179a

は

バートン, W. K.　346a　→バルトン
梅雨　69a
背斜　773a
ハイパーレスキュー　694a
ハイパーレスキュー隊　733a
芳賀栄次郎　353a
萩原尊禮　86a, 496a
博愛社　162a
爆発的噴火　23b
白鳳南海大地震　124b
波源　34a
波高　34b
波向線　35a, 660a
函館共愛会　471b
函館大火(昭和9年3月21日)　**468**, 163a
箱根町断層　453b
ハザードマップ　**789b**, 95b, 31b, 42a, 445a
橋牟礼川遺跡(鹿児島)　175a
波状段波　35a, 660a
柱　97b
パスカル　792b
土師川　387b
波速(C)　33b
秦豊助　417a
八郎川　653a
発光現象　**790a**, 629a
発散型境界　793b
発震機構解　**790a**
発電用原子炉施設に関する耐震設計審査指針　115a
馬蹄型カルデラ　274a
服部一三　**790b**, 341a, 380a, 789a
バットレス　98a
破堤氾濫災害　111a

22　索　引

馬頭観音　　764b
羽鳥徳太郎　　35b, 784b
花折断層　　15a, 203a
花輪東断層　　15a
パニック　　**790b**
浜口梧陵(儀兵衛)　　38b, 318b, 751b
浜田(島根)　　666b
浜田地震(明治5年2月6日)　　**339**, 144a
浜名湖(静岡)　　181b
浜松(静岡)　　222a
パミス　　778a
流行病　　753a
バラック　　505b
バラック建築　　464b
バラック設置　　432b
梁　　97b
パリア海退　　131b
ハリケーン　　780a
波力　　36a
バルトン, W. K.　　354b　→バートン
波浪害　　67b
ハワイ式　　794a
半壊(半潰)　　**791a**
半固結地盤　　772a
阪神・淡路大震災(平成7年1月17日)　　**688**, 2, 3, 4, 53b, 59a, 61a, 63b, 71b, 88a, 93b, 108b, 116b, 118a, 163b, 701b, 758a, 759b, 764a, 765a, 765b, 766b, 796b
阪神・淡路大震災記念人と防災未来センター(兵庫)　　60a, 774b
阪神・淡路大震災調査研究特別委員会　　689a
阪神大水害(昭和13年6月-7月)　　**482**, 40b, 109b, 488a
磐梯型　　349a, 350b
磐梯山破裂実況取調報告　　778b
磐梯山噴火(明治21年7月15日)　　**346**, 150a, 162a, 755a, 759a
磐梯山噴火記念館　　757b
万代橋(新潟)　　599a

ひ

P軸　　**791b**, 790b
b値　　762a
p値　　753b
P波　　18a, 770b, 790a, 798b
飛越地震(安政5年2月26日)　　**331**, 49a, 314a, 337a
被害報道　　581b
東園基愛　　353a, 380b
東日本大震災　　1, 14b, 37a, 59b, 90a, 119b, 163b

東日本大震災復興対策本部　　10
東日本大震災復興基本法　　10
東日本大震災復興構想会議　　10
引堤　　535b
ビキニ水爆実験　　7
火消　　**791b**, 104a
備荒貯蓄　　264b, 772a
備荒儲蓄金　　92a, 141b, 364a, 792a
備荒儲蓄金法　　92a, 143b, 144a
備荒儲蓄法　　**791b**, 92a, 801a
ビゴー　　354a
肥後国大風雨(貞観11年)　　126a
被災市街地復興特別措置法　　698b
被災者間格差　　73b
被災者救護活動　　118a
被災者生活再建支援制度　　751b, 791b
被災者生活再建支援特別対策本部　　10
被災者生活再建支援法　　10, 96a, 698b
被災地間格差　　73b
被災地社会の成立　　73a
被災歴史資料の保全と活用　　**59**
非常災害事務取扱規程　　419b, 752a
微小地震　　536a, 770b, 771a
非常徴発令　　430b
聖牛　　758b
微震　　776a
歪みエネルギー　　14a, 91a, 114b, 399b, 750a
肥前温泉災記　　279b
備前渠改閘碑記　　269b
非線形長波　　34b
日高川　　558a
日高丸　　563b
左横ずれ断層　　800b
ピナツボ噴火　　758b
避難解除　　675a
避難勧告　　671a, 676b, 711a
避難訓練　　12, 38b, 675b, 710a
避難行動　　12, 49b, 55a, 457b
避難指示　　670a
避難所　　73a, 764b
避難誘導　　54b
日野川　　540a
非マグマ性噴火活動　　349a
ひまわり　　550b
姫之湯断層　　453b
日向灘地震(昭和6年)　　612a
日向灘地震(昭和16年)　　612b
日向灘地震(昭和31年)　　611b
日向灘地震(昭和43年4月1日)　　612

索　引　23

兵庫県住宅再建共済制度　　728b
兵庫県南部地震　　688a, 790a
表層雪崩　　421a
表面波　　18b, 770b
表面波マグニチュード　　796b
火除地　　104a, 202a
平賀栄治　　627b
日向断層　　203a
弘前藩　　242b, 281a, 298a
広島(広島)　　516a
広島豪雨災害(昭和11年)　　47b
広八幡神社(和歌山)　　318b
広村堤防(和歌山)　　319a, 751b

ふ

ファン・ドールン(Cornelis Johannes van Doorn)　　792a, 786a
フィリピン海プレート　　15b, 211a, 313b, 399b, 423b, 500b, 554a
風害　　42a, 67b
風水害　　**39**, 95a
風船爆弾研究　　792b
風評被害　　6, 702a, 725b, 742b
深沢川　　529a
福井(福井)　　447b, 647a
福井豪雨　　721a
福井市火災(明治35年)　　162b
福井地震(昭和23年6月28日)　　**536**, 18b, 94a, 102a, 776b
福井地震断層　　536b
福井城跡(福井)　　539b
福井史料ネットワーク　　59a
福岡県西方沖地震(平成17年3月20日)　　**735**
福岡水害(平成11年)　　95a
伏在断層　　**792a**
福島(福島)　　396a
福島県東方沖地震　　481a
福島原発事故　　8, 11
福島原発第1発電所(福島第一)　　6, 8, 115b
ふくしま歴史資料保存ネットワーク　　59a
府県災害土木費国家補助ニ関スル法律　　93a
普賢岳　　676b
深溝活断層　　507a
武江地動之記　　328b
藤岡屋日記　　328a
藤岡屋由蔵　　328a
富士川改修　　401a
富士五湖(山梨)　　171a

富士山　　223a
富士山気象レーダー　　607b
富士山3大噴火　　126b
富士山貞観噴火(貞観6年5月)　　**170**, 126b
富士山噴火(延暦19年)　　126b
富士山噴火(宝永4年)　　79a　→宝永富士山噴火
富士山雪代洪水(天保5年4月8日)　　**301**
富士山レーダー　　572b
藤巻時男　　571b
伏見城(京都)　　190b
伏見地震(慶長元年)　　189a
藤原咲平　　**792b**, 476b, 489a, 513a
双子台風　　607a
負担法　　765a
復旧・復興カレンダー　　74a
復興記念館(東京)　　774b
復興協議会　　435a
復興局　　434b
復興省　　432b
復興小学校　　767a
復興促進会　　435a
復興庁　　11
物理量の単位　　**792b**
不等沈下　　793a
不同沈下　　**793a**, 753a, 772a
不動点　　800a
岐神　　764a
不燃化　　102b
ブラウン運動時間分布　　89b
フラッシュオーバー　　**793a**, 55a
フラッシュバック　　776b
富良野(北海道)　　441b
振り子　　341a
振袖火事　　198b
プリニー式の軽石噴火　　635a
プリニー式噴火　　794b
スプリンクラー　　353a
古市(奈良)　　311b
古市公威　　108a, 346a
ブループリント　　86b, 690b
ブルカノ式　　794b
古谷次郎　　354b
プレー式噴火　　794b
プレート　　1, 14b, 22b, 793b
プレート間地震　　313b, 770b
プレート境界　　1, 14b
プレート境界型大地震　　500b
プレート境界地震　　755a, 787b
プレートテクトニクス　　**793b**, 114b

24　索　引

プレート内地震　755a, 770a, 787b
プレスリップ　794a, 87b
ブロック塀　640b
噴煙　26b
噴火　794a, 22a, 757a, 758b
文化遺産防災へ向けて　116
噴火警戒レベル　794b, 32a
文化財　116a
噴火災害　106a
文化財等救援委員会　59b
文化財レスキュー　60a
文化大火(文化3年3月4日)　287
噴火の規模　26a
噴火マグニチュード　26b
噴砂　57b
噴砂現象　753a
分散波理論　34b
噴出量　26b
文政有珠山噴火(文政5年閏正月一2月)　291
文政近江地震(文政2年6月12日)　289
噴石　28b
噴泥塔　553a

へ

丙寅の大火　287a
平成3年台風19号(平成3年9月)　681
平成12年台風14号　712a
平成16年台風21号　721a
平成16年台風23号(平成16年10月20日)　726, 111b, 721a
平成16年新潟・福島豪雨(平成16年7月12日―13日)　721　→新潟・福島豪雨
平成18年豪雪(平成17年12月―18年1月)　736
平成19年台風9号　572a
平成23年台風12号(平成23年9月)　747
ベースサージ　794b, 755b, 782a, 797a
ヘクトパスカル　793a
ベズィミアニ型　349a
ヘダ号(戸田号)　141b, 321b
別子鉱山遭難流亡者碑　395a
別子鉱山台風(明治32年8月)　392
別府湾(大分)　221a
ベヨネーズ列岩　555a
変位型地震計　768b
変動帯　795a
ベンネット　383a

ほ

ボアソナード　353a
ボアホール型地震計　768b
暴雨海嘯　418a
宝永火口　223a
宝永地震(宝永4年10月28日)　217, 78b, 139a, 501a
宝永スコリア　223a
宝永富士山噴火(宝永4年11月23日)　223, 139a, 170b,　→富士山噴火
放火　129a, 249b
防火基準適合表示制度　795a, 643a, 651b
方角火消　791b
防鴨河使　130b
防火帯　202a
防火対策　202b
防火対象物定期点検報告制度　795a
防火地区建築補助規制　785b
防災　130a
防災会議　581b
防災危機管理マニュアル　12
防災基本計画　581b
防災教育　120
防災訓練　711b
防災行政体制　765a
防災業務計画　581b
防災・減災　111a
防災公園　765b
防災集団移転促進事業法　95b
防災の日　548a
防災報道　581b
坊島断層　189a
放射性物質　6, 9, 742a
放射能パニック　7
方丈記　132a
奉書火消　791b
放水路　111a
疫瘠大流行(天平9年)　129b
暴走木材　574a
防潮堤　795b, 591b
防潮壁　795b
防潮林　465b
報道写真　166a
報徳会　752a
泡雪崩　421a
防波堤　664b
暴風　104a
暴風害　67b

索引 25

暴風警報　　478a, 489b, 783a
北陸線脱線　　422a
北陸地方豪雪非常災害対策本部　　593a
保険　　42a, 756a
保険会社　　771a
保険法　　756b
干川小兵衛　　261b
星鳩三　　354a
星清記　　352b
北海道移住　　401b
北海道駒ヶ岳噴火(寛永17年6月13日)　　194
北海道駒ヶ岳噴火(元禄7年)　　194a
北海道駒ヶ岳噴火(安政3年)　　194a
北海道駒ヶ岳噴火(昭和4年)　　194a
北海道駒ヶ岳噴火(平成8—12年)　　194a
北海道治水調査会　　391a
北海道南西沖地震(平成5年7月12日)　　684, 37b, 690a
北海道広尾沖地震(昭和37年)　　445a
北海道防災会議地震部会　　445a
掘立　　97b
北方領土の日　　321b
ホテルニュージャパン火災(昭和57年2月8日)　　651
ボランティア　　118a, 715a
堀切良平　　353a
ポルトランドセメント　　99b, 109a
本願寺別院(滋賀)　　404b
本荘藩　　286a
本所深川十六組　　287b, 791b
本震　　795b, 770a
本多弘吉　　795b, 16b, 786b
本間家　　371b, 634a
本間光丘　　371b
本明川　　565a
本妙寺(東京)　　198a

ま

マイクロゾーニング　　796a
前田玄以　　79b
前山(長崎)　　273a →眉山
真上断層　　189a
マグダレーナ・マリア像　　662b
マグニチュード(M)　　796a, 18b, 770a, 774a
マグニチュードm　　35b
マグマ　　796b, 20b, 22a, 709a, 756a, 757a, 758a, 777a, 794a, 797a, 800a, 800b
マグマ水蒸気爆発　　797a, 25b, 710a, 755b, 777a, 794a, 794b
マグマ水蒸気噴火　　25b, 794a
マグマ性噴火活動　　349a
マグマの粘性　　23a
マグマ噴火　　25b, 777a, 794a
枕崎・阿久根台風調査報告　　519b
枕崎台風(昭和20年9月16日—18日)　　513, 110a
枕崎颱風の概報　　519b
マクロゾーニング　　797a
真下俊一　　519a
町火消　　287b, 791b, 801b
松浦充宏　　786b
松尾春雄　　376a
松方正義　　363a
松澤武雄　　437a, 786b
松代観測所　　604a
松代群発地震(松代地震,昭和40年—45年)　　604, 20b, 790a
松代群発地震災害対策本部　　606a
松代断層　　604b
松代藩　　308b
松平容保　　353a
松平定信　　141a, 264b, 271a, 772a
松平忠馮　　278a
松平大和守生祠碑　　268b
マナマズ　　758a
眉山　　33b, 140a, 272a
マラリア　　753a
丸岡城(福井)　　538b
円山川　　726a
マントル　　14a, 22a

み

身売り　　196b
三方湖(福井)　　203b
三方・花折断層　　203a
三河地震(昭和20年1月13日)　　507, 77a, 109b, 163a
三河湾　　560a
右横ずれ断層　　17b, 800b
未固結地盤　　772a
水島爾保布　　151a
水越塘　　43a
水溜桶　　786a
水鉄砲　　802a
水屋　　41a
道切り　　247a
水塚　　41a, 241a
3つ子台風　　607a

26　索　　引

巳年の飢饉　297b
水鳥断層　362b
水上武　492b, 788a
南山城豪雨　559b
南三陸沖地震(寛政5年)　282
南三陸沖地震(明治30年)　284a
見祢の大石　355a
峰山(京都)　450a
三原神社(東京)　669b
三原山(東京)　209b, 254a, 669a
三原山噴火(貞享元年)　209a
三原山噴火(安永6年)　254a
三原山噴火(昭和61年)　47a
三原山噴火災害対策本部　670a
御母衣断層帯　187a
ミマツダイヤグラム　495a
三松正夫　492b, 757b
三松正夫記念館　757b
宮城県沖地震(昭和53年6月12日)　640, 284a
宮城県沖地震(平成17年)　2
宮城県内陸地震(平成20年)　2
宮城歴史資料保全ネットワーク　59a
三宅島火山防災マップ　710a
三宅島噴火(昭和58年)　27a, 782a
三宅島噴火(平成12年7月14日)　709, 29a, 674b, 756b, 758b
宮古(岩手)　377b, 460a
宮古諸島(沖縄)　244a
宮古湾(岩手)　585b
宮崎歴史資料ネットワーク　59a
宮ノ前遺跡(徳島)　58a
宮部神社(滋賀)　404b
宮森太左衛門　355a
明神礁噴火災害(昭和27年9月24日)　555
ミリバール　793a
ミルン　341a, 775a, 789a
ミルン(John Milne)　797b
ミルン式地震計　341b, 797b
三輪徳寛　353a

む

無縁塚津波精霊様　214b
向山観測所　786b
無感　776a
無筋コンクリート　109a
むさしあぶみ(浅井了意)　198b
虫倉後記(河原綱徳)　798a
虫倉後記続篇(河原綱徳)　798a

むし倉日記(河原綱徳)　797b
武者金吉　798a, 790a, 802a
陸奥国分寺・国分尼寺　174b
陸奥国巨大地震　174a　→貞観11年陸奥国地震・津波
武塔神　779a
村上藩　295a
紫コラ　175b
ムルデル　786a
室戸測候所　473a
室戸台風(昭和9年9月)　473, 104b, 109b, 148b, 163a
室戸台風(昭和36年)　591a　→第2室戸台風

め

明応地震(明応7年8月25日)　181　→東海地震
明治22年大水害(明治22年8月19日)　356
明治25年水害(明治25年7月)　368
明治29年9月洪水(明治29年9月11日・12日)　387
明治31年洪水(明治31年9月6日―8日)　390
明治40年大水害(明治40年8月22―27日)　401
明治43年関東大水害(明治43年8月)　405, 108a, 162b
明治芸予地震(明治38年6月2日)　399
明治三陸地震　1
明治三陸地震津波(明治29年6月15日)　375, 5, 146a, 162b, 384a, 751b, 755b, 790b, 799a
明治東京地震(明治27年6月20日)　369
明暦大火(明暦3年正月18日)　198
明暦大火横死者等供養塔　201a
明和大火(明和9年2月29日)　249
明和津軽地震(明和3年正月28日)　242
明和八重山地震津波(明和8年3月10日)　244, 767b, 801a
メートル毎秒　792b
メートル毎秒毎秒　792b
メカニズム解　790a
目黒行人坂火事　249a
メラピ型火砕流　756b
メラピ式噴火　794b
メルカリ震度階　776a
免震　779b
免震建築物割引　771a
免震設計　779b
免震装置　779b
メンタルケア　686b

も

モーメントマグニチュード(Mw) 18b, 796b
木造建築文化 103b
木造耐震家屋雛形 99a
元島遺跡(静岡) 182a
本栖湖(山梨) 170b
物部川 368a
モホロビチッチ不連続面 **798b**
諸戸北郎 46b
文部科学省研究開発局 89b
文部省特定研究災害科学総合研究班 86b

や

八重山(沖縄) 244a
屋久杉 178a
役割人格 55a
弥三郎風 752b
安田善次郎 **798b**
柳沢吉保 213a
柳久保湖(長野) 308b
矢部長吉 355a
山形(山形) 647a
山形文化遺産防災ネットワーク 59a
山川捨 **799a**, 45a
山川健次郎 353a
山川浩 353a
山崩れ 332b
山口生知 86a
山口弥一郎 382b
山古志(新潟) 731a, 734a
山崎新湖 192a
山崎断層 15a
山崎断層帯 688b
山潮 565b
ヤマセ 263a, 297b
山田地表地震断層 449a
山津波 430a, 565b, 607b
大和川 338a
山奈宗真 **799a**, 146b, 376b
山の手水害 570b
山火 129a
山本権兵衛 147a, 430b, 784b
山雪型 67b, 595b, 648a, 736a
稍深発地震(やや深発地震) 15a, 770a

ゆ

ユーイング(James Alfred Ewing) **799b**, 341b, 789a, 797b
ユーイング地震計 800a
有義波高 726b
遊水池 **799b**
融雪泥流 30b
融雪土石流 30b
誘発地震 3, 20a, 91b, 217b, 307b
雪下ろし 649a
雪代 224b, 301a
雪代堀 301a
ユネスコ・政府間海洋委員会 590b
由良川 728a
揺れの科学 85a

よ

溶岩 **800a**, 411a
溶岩塊 27b
溶岩ドーム **800b**, 635b, 676a, 756b, 794b
溶岩トンネル 800a
溶岩片 794a
溶岩流 27a, 756b, 800a
養鯉業 734a
養老断層 187a
養和～寿永の飢饉 132b
余効変動 3
横須賀断層 507a
横ずれ断層 **800b**, 17a
横ずれ断層帯 794a
横手(秋田) 384b
横波 770b
横浜(神奈川) 341a, 428b, 547a
横浜地震(明治13年2月22日) **341**
吉田貞次郎 441b
吉野川 368a
吉原(東京) 325a
吉原秀雄 354b
余震 3, 19b, 188b, 203b, 314a, 332a, 362b, 425b, 753b, 770a, 774a, 795b
余震域 795b
余震記録 332a
余震減衰 19b
余震情報 639b
余震の大森公式 753b
寄百姓 247a

28　索　引

淀川　45a, 338a, 342a
淀川水源砂防法　46a, 345a
淀川大洪水(明治18年6月—7月)　**342**
淀川低水工事　344b, 786a
世直双紙(高力種信)　290b
ヨナタマ　800b
予報図　467b
鎧留　45b
四四災　335b

ら

楽只堂年録　213a
ラニーニャ　736b
ラフカディオ・ハーン　751b
ラブ波　18b, 770b
ララ　534a
ララ物資　554a

り

リアス式海岸　35b
陸羽地震(明治29年8月31日)　**384**, 15a, 85a, 415a
罹災救助基金　801a, 143a, 419a
罹災救助基金法　92b, 433b
罹災者借地借家臨時措置法　602b
罹災者人口調査　148a
罹災証明書　433b
リスク　801a
痢病　753a
龍　79a, 758a
琉球海溝　755a
流砂現象　598a
龍神　79a
流水力　36a
流速(u)　33b
流動性崩壊　801b
竜吐水　801b
領　531b
両石(岩手)　284a, 378b
了因寺(滋賀)　404a
量的津波予報　784b
凌風丸　479a, 754a
領邑囲穀令　264b
理論及び応用地震学(今村明恒)　752b
リンゴ台風　683b
臨時火山情報　32a

臨時災害善後委員会　464b
臨時震災救護事務局官制　430b
臨時水害救済会　409a
臨時治水調査会　108a, 407a
臨時帝都復興調査会　784b
輪番停電　11

る

ルース台風(昭和26年10月)　**551**

れ

冷夏　70a
冷却消火　51a
レイリー波　18b, 770b
歴史学　152b
歴史地震学　802a
歴史資料保全情報ネットワーク　59a
レスカス　98a
烈震　776b
煉瓦造　98a
連続高堤防方式　107a

ろ

労働安全衛生法　703a
ローカルマグニチュード　796b
六郷地震　384b
六角謙三　352b
六甲・淡路断層帯　688a
六甲山地　482a
六甲変動　688a
論所堤　407b

わ

和漢三才図会(寺島良安)　78a
輪島(石川)　738a
輪中　42b, 289b, 362b, 365a, 750a
和達清夫　85b, 480a, 513b, 603b, 754a, 771b
和田維四郎　355a
渡辺誠一郎　352b
渡辺弥平次　353a
和田浦(和歌山)　181b
渡良瀬川　164a, 387b, 529b
渡良瀬川砂防工事事務所　535a

bar   792b
BPT   89b
CGS   792b
"*Climate of Japan*"(岡田武松)   754a
composite type breakwater   108a
Disaster Process   72a
Disaster Utopia   73b
Disorientation Phase   72a
dyne   792b
Earth and Planetary Science   789b
erg   792b
Flashover   793a
g   793a
gal   792b
Heat conduction   51b
hPa   793a
IAEA   742a
ICRP   9
INES   9
ITIC   590b
JCO   703a
kg・m/s²   792b
kg/m・s²   792b
kg・m²/s²   792b
kine   792b
LALA(Licensed Agencies for Relief in Asia   534a
Life Reconstruction Process   72a

mbar   793a
m/S²   792b
m/s   792b
N   792b
N・m   792b
N/m²   792b
Normalcy Bias   55a
Pa   792b
Philipp Franz von Siebold   292b
Post-traumatic Stress Disorder   775b
PTSD   10, 61b, 413a, 775b
Radiation   51b
Recognition of New Situation   73a
Reconstruction/Restoration   73b
Reentry to Everyday Life   73b
Role Personality   55a
Scoria   777b
Seismological Society of Japan   789a
Seismology   85a
SSJ   789a
tide gauge   664a
T. P.   418b, 573b
Transaction of the Seismological Society of Japan   789a
TSSJ   789a
Tuff ring   782a
VEI=Volcanic Explosivity Index   26b
WWSSN   604a

北原糸子　1939年生まれ　現在 立命館大学歴史都市防災研究センター
　著書　『関東大震災の社会史』(朝日新聞出版, 2011),『近世災害情報論』(塙書房, 2003),『地震の社会史』(講談社, 2000),『都市と貧困の社会史―江戸から東京へ―』(吉川弘文館, 1995),『日本災害史』(編, 吉川弘文館, 2006)

松浦律子　1956年生まれ　現在 公益財団法人地震予知総合研究振興会
　論文　Precursory quiescence and recovery of aftershock activities before some large aftershocks, *Bull. Earthq. Res. Inst.*, 61, 1986、「天正地震の震源域特定―史料情報の詳細検討による最新成果―」(『活断層研究』35, 2011)

木村玲欧　1975年生まれ　現在 兵庫県立大学環境人間学部／大学院環境人間学研究科
　著書・論文　『三河地震60年目の真実』(共著, 中日新聞社, 2005),『超巨大地震がやってきた―スマトラ沖地震津波に学べ』(編著, 時事通信社, 2006),「地域の歴史災害を題材とした防災教育プログラム・教材の開発」(『地域安全学会論文集』11, 2009)

日本歴史災害事典
　　　2012年(平成24) 6月10日　第1刷発行

編　者　北　原　糸　子
　　　　松　浦　律　子
　　　　木　村　玲　欧
発行者　前　田　求　恭
発行所　株式会社　吉川弘文館
　　　郵便番号113-0033
　　　東京都文京区本郷7丁目2番8号
　　　電話03-3813-9151（代表）
　　　振替口座00100-5-244
　　　http://www.yoshikawa-k.co.jp/

印刷＝東京印書館／製本＝誠製本
装幀＝伊藤滋章
©Itoko Kitahara, Ritsuko S. Matsu'ura, Reo Kimura
2012. Printed in Japan
ISBN978-4-642-01468-7

Ⓡ〈日本複製権センター委託出版物〉
本書の無断複製(コピー)は, 著作権法上での例外を除き, 禁じられています. 複製する場合には, 日本複製権センター(03-3401-2382)の許諾を受けて下さい.